이 책에서 다루는 모든 source codes는 필자의 naver cafe인
https://cafe.naver.com/limjongsulab에서 download받을 수 있다.

공학박사 임종수의
STM32 Cortex-M
완벽활용서 Vol.2

이 책은 임베디드 소프트웨어 최고의 전문가를 꿈꾸는 여러분들을 위해 집필하였다.
전체 본문 내용은 STM32 MCU 내부에 저장되어 있는 제조사 bootloader에 대한 사용 방법과
사용자 bootloader를 만드는 다양하고, 자세한 구현 방법을 서술하였다.
또한, C언어와 assembly 언어를 활용하여 RTOS의 구조와 동작 방법을
학습하도록 하였으며, FreeRTOS를 활용하는 방법도 자세히 기술하였다.

도서출판 버무림

┃임종수의 STM32 Cortex-M 완벽 활용서 - 2┃

저 자_임종수
발 행_2024년 10월 27일
교 정_버무림
편집디자인_편집부
표지디자인_임진택

발행처_버무림
발행인_임종수

출판등록_제 561-2022-000005호

주소 경기도 군포시 공단로 284, 6층 606호 우편번호 15809
전화 010)3387-5782(HP) 팩스 031)464-9802

E-mail_limjongsulab@naver.com

정가 48,000원

ISBN 979-11-977727-1-9

머리말

이 책은 임베디드 소프트웨어 **최고의 전문가를 꿈꾸는** 여러분들을 위해 집필하였다.

2022년 2월 출판한 Vol.1과 비교하여 그 내용과 난이도가 10배 이상 복잡하고, 많은 것이 사실이다. 그래서 집필 과정에 과연 이 책이 출간되어 얼마나 많은 독자들이 구매할지 의문이 들었던 것이 사실이다. 그러나, 서 정주님의 **국화 옆에서…**처럼 **인제는 돌아와 거울 앞에 선 내 누님과 같은 마음으로** 집필하였다. 이 책을 출간한 버무림 출판사는 1인 출판사이다. 그러므로, 결코, 여유가 있거나 시간이 남아돌지 않는다. 공휴일을 포함하여 매일 같이 저녁 늦게까지 제품 개발과 외부 개발 용역, 그리고, 교육과 집필 과정을 해도 재정적으로 여유가 없다. 그런 나에게 이번 책의 집필은 과거 집필한 어떠한 책들보다도 큰 도전으로 다가왔다.

어느덧 50대 중반이 다가와 몸과 마음이 예전과는 다르지만, 아직도 마음속 한 가운데 꺼지지 않는 최고의 과학자를 꿈꾸는 용광로는 계속해서 나를 녹이고, 담금질하고, 달려가게 한다. 이와 같은 불같은 열정과 자부심으로 기술의 한국을 꿈꾸며 **이 책을 집필하였다.**

책의 내용을 읽어보면, 알겠지만, 가면 갈수록 여러분의 머리털을 잡아 뽑고 싶을 정도로 계속해서 난이도가 올라간다. **그러나, 이것만은 기억해 두자.** 만일, 여러분이 만든 귀한 제품이 판매 후에는 더 이상 소프트웨어 갱신(Update)을 할 수 없다면, 다시 말해서 **진화(성장)**를 할 수 없다면, 또한, 다양하고 복잡한 기능들을 균등하게 시분할하여 수행할 수 없다면,…. 분명히, 시대에 뒤떨어진 제품이 될 것이다. **이 책에서는 여러분의 제품을 다양한 방법으로 소프트웨어 갱신하는 방법**을 자세히 설명하고, 많은 실습을 제공한다. 그리고, 2014년 출간한 임종수의 Cortex-M3/M4 완벽 가이드(기초편)에서 설명한 많은 내용과 assembly coding 기법을 bootloader 관점에서 활용하게 될 것이다. 무엇보다도 실시간 운영체제(RTOS)를 직접 구현해 가며 **완전 자세히 이해할 수 있는 어느 책에서도 경험하지 못한 기회를 제공**한다.

구체적으로 이 책에서 다루는 각각의 Chapter에 대해서 소개하면 다음과 같다.

Chapter 1.에서는 소프트웨어 갱신을 위한 bootloader가 무엇인지 설명하였다. 또한, MCU boot 방법과 종류에 대해서 소개하였다. 무엇보다도 STM32 MCU의 종류와 구분 방법을 정리하였으니 추후 원하는 STM32 MCU를 선택하는데 귀한 자료가 될 것이다. 마지막으로 UART를 통한 booting에 대한 간단한 실습 시간을 제공한다.

Chapter 2.에서는 본격적으로 STM32 MCU가 제공하는 bootloader를 사용하는 방법을 학습한다. MCU가 내장하고 있는 bootloader가 제공하는 다양한 명령어들을 사용하여 현재 동작하고 있는 소프트웨어를 지우고, Host PC에서 새로 만든 소프트웨어를 전송하여 저장하고, 실행하는 방법을 학습한다. 이때에 여러분은 vector table 재배치에 대한 자세한 내용을 학습하게 될 것이다.

Chapter 3.에서는 build 후에 생성되는 binary file과 hex file에 대한 자세한 내용을 학습한다. 그리고, hex file을 binary file로 변환하기 위해서 **stateflow 기반 C coding 방법**에 대한 학습을 하게 될 것이다. 무엇보다도 hex file의 구조에 대한 자세한 내용을 학습하게 되며, 이들 모든 내용은 **STM32 MCU에 국한 된 것이 아니라 모든 processor에 적용할 수 있는** 귀한 내용들이다.

Chapter 4.에서는 STM32 MCU의 종류에 따른 MCU 내부 main flash memory의 구조와 특징을 학습하고, main flash memory에 임의의 데이터를 지우고, 쓰고, 그리고 읽는 관련 함수들을 만들어 볼 것이다. 또한, 무료 Hex Editor 소프트웨어를 소개 받게 될 것이다. 무엇보다도, STM32 MCU뿐만 아니라 다른 MCU에서도 내부 main flash memory를 사용하는 경우에 주의할 사항들을 정리하였다.

Chapter 5.에서는 SPI interface를 제공하는 Serial Flash Memory에 대한 사용 방법을 자세히 설명하였다. 또한, Parallel Flash Memory와의 차이점도 학습하게 된다. 무엇보다도 JEDEC 표준을 따르는 이들 Serial Flash Memory에서 사용되는 모든 명령어에 대해서 timing diagram 중심으로 설명을 하여 관련 함수를 개발하는데 많은 도움을 제공하였다.

Chapter 6.에서는 Chapter 5.에서 학습한 Serial Flash Memory에 대한 Erase, Write, 그리고, Read 동작을 수행하는 다양한 함수들을 만나게 될 것이다. 무엇보다도 여기서 소개하는 함수들은 과거 여러 종류의 processor들에 적용하여 제품으로 판매되었던 **실전 Code Routine들과 알고리즘**이다. 또한, Code Routine에 대한 이해를 돕고자 다양한 그림들과 계측기 화면들을 제공하며, 모든 내용을 쉽게 따라하며 이해할 수 있도록 구성하였다.

Chapter 7.에서는 Chapter 6.의 내용에 **SPI DMA interface**를 추가하고, Host PC에서 동작하는 **SJ_MCUPro program**이 전송하는 임의의 실행 image를 MCU 내부 flash memory 또는 SRAM에 저장하는 방법을 학습하게 될 것이다. 그러기 위해서 여러분은 Chapter 6.에서 만난 알고리즘 보다 향상된 알고리즘을 만나게 될 것이고, 이것을 구현하는 방법을 학습하게 될 것이다.

Chapter 8.에서는 사용자가 정의한 bootloader를 작성하는 방법을 학습하게 될 것이다. 여러분은 Chapter 8.을 통하여 본격적으로 interrupt vector table이 갖는 의미와 사용방법에 대해서 **철저하게 학습**하게 될 것이다. 이 개념은 다른 모든 processor들에 공통으로 적용되는 내용이므로 집중하여 학습해야 할 것이다. 여러분의 이해를 돕고자 실습과정을 통한 자세한 내용 설명을 추가하였다.

Chapter 9.에서는 본격적으로 모든 종류의 사용자 정의 bootloader를 구현해 볼 것이다. 즉, MCU 내부 main flash memory 또는 외부 serial flash memory를 이용한 **ROM booting 방법**과 MCU 내부 SRAM을 이용한 **RAM booting 방법**을 모두 학습하게 될 것이다. 그리고, 이들 booting에 방법에 대한 장/단점을 학습하게 될 것이며, Host PC에서 생성한 실행 이미지를 SJ_MCUPro program으로 전송하고, 실행하며, 다양한 Test를 수행하는 방법도 학습하게 될 것이다. 또한, 몇몇 적용된 제품 사례들도 확인할 수 있다.

Chapter 10.에서는 OS(Operating System)에 대한 근본적인 개념과 동작 흐름을 소개하며, OS를 사용하는 경우와 그렇지 않은 경우에 대한 장/단점을 직접 실습을 통하여 확인하게 된다. 또한, Task, Thread, Process, 그리고, Kernel Object 등과 같은 다양한 전문 용어들에 대한 설명과 Task 전환을 수행하는 의미와 구현 과정에서 Assembly 언어를 학습해야 하는 이유를 알게 될 것이며, Assembly coding 기법에 대해서 학습하게 될 것이다.

Chapter 11.에서는 Task 전환 과정에서 stack의 관리가 갖는 중요성을 실습을 통하여 학습하고, Task와 interrupt 사이의 전환 과정을 구현한 Code Routine에 대해서도 살펴볼 것이다. 또한, Semaphore, Mutex, Message Mailbox, 그리고, Message Queue와 같은 Kernel Object들이 갖는 의미와 이들의 활용 방법, 그리고, 구현 Code Routine을 여러 그림들과 함께 자세히 학습하게 될 것이다.

Chapter 12.에서는 Chapter 10과 Chapter 11에서 학습한 RTOS에 대한 여러분의 능력으로 다양한 kernel object에 대한 활용 방법을 학습하게 될 것이다. 그리고 나서, 2023년 기준 Embedded Linux와 함께 가장 많이 사용되는 **무료 RTOS**인 **FreeRTOS**를 CubeMX에서 활용하는 방법을 학습하게 될 것이다. 이때, CubeMX에서 FreeRTOS 설정을 위한 수많은 parameter들이 여러분의 학습 결과로 인해서 얼마나 친근감 있게 보이는지 스스로 느끼게 될 것이다.

아마도, 이 책을 모두 읽고, 실험을 하기 위해서는 필자가 그러하였듯이 엄청난 인내와 끈기 무엇보다도 많은 시간이 소요될 것이다. 그러나 그러한 노력과 정렬이 자신이 자신을 더욱 더 믿게 하는 원동력이 될 것이라고 생각한다. 이 책을 읽다보면, 여러 곳에서 너무 긴 문장이 사용되어 이해하기 어려운 부분들이 있을 것이다. 게다가 가능하면 이해하기 쉽도록 하나의 그림에 여러 작은 그림들을 함께 배치하여 글씨 크기가 작아져서 돋보기가 필요한 경우도 있을 것이다. 그럼에도 불구하고, 끝까지 읽고, 이해하며 실험해 본다면, 어느새 자신의 실력이 놀라울 정도로 커진 것을 느끼게 될 것이다. 만일, 반복된 노력에도 이해가 안 되는 부분들이 있다면, 필자의 naver cafe **임종수 연구소**에 문의하기 바란다.

이 책에서 다루는 모든 source 파일을 포함한 자료는 필자의 naver cafe인

http://cafe.naver.com/limjongsulab

를 참조하면 되고, 필자의 email address는 limjongsulab@naver.com이다.

필자가 저술한 Matlab, Simulink와 같은 기존의 책자들뿐만 아니라 앞으로 출간될 책자들, 그리고, 필자의 회사에서 추진하는 여러 교육 과정들과 최신 정보들에 대한 모두 사항들을 앞서 언급한 naver cafe **임종수 연구소**에서 관리하고 있다. 이곳에서 여러분과 함께 질문과 답변을 통한 토론을 하였으며 한다. 그리고 유용한 자료들을 많이 등록하여 공유하였으면

한다. 또한, 이 책에서 사용하는 SJ_MCUBook_M0 보드, SJ_MCUBook_M3 보드, 그리고, SJ_MCUBook_M4 보드를 포함한 제품들과 Windows Program인 SJ_MCUPro와 SJ_MCUFree에 대한 자료와 구매는 다음에 보여준 필자의 homepage를 참조하면 된다. 또한, **고성능 연기 측정기와 유독 가스 측정기** 제품들도 구매할 수 있다.

https://www.sujinpub.com/shop/

간단히 필자는 다음과 관련된 최신 제품들을 회로 설계, PCB 설계, Embedded C code, Windows Program 일체를 직접 개발하여 판매하고 있으며, 무엇보다도 해당 제품에 대한 **CPU module만** 따로 판매하고 있으니, 참조하기 바란다.

❶ **전기화학 관련 제품** :
  각종 바이러스 검출기, 유독 가스 검출기, 의료용 진단기, 등등
  ◼ 적용 사례 :
    – 반도체와 자동차 관련 업체 : CO, H2S, H2 측정기,
    – 스마트 팜 : CO2, CH4 측정기

❷ **연기 측정기 관련 제품** :
  다양한 출력을 통한 정밀 연기, 온도, 습도 측정기
  ◼ 적용 사례 :
    – 바테리 충/방전기 : 0~5[V] 전압 출력 방식.
    – 배전반 개발 또는 자동차 관련 업체 : CAN, RS-485, RS-232 출력 방식

❸ **전력 측정 및 분석 관련 제품** :
  단상 또는 3상 전력량 측정 및 THD, SAG/Swell 검출 및 파형 추출, 등등
  ◼ 적용 사례 :
    – 단상과 3상을 포함한 다양한 고/저압 공용 스마트 미터(Smart Meter).

❹ **교육 관련 제품** :
  다양한 종류의 교육용 보드 및 소프트웨어, 다양한 교육과정 운영 등등

감사의 말씀...

언제나 희망찬 꿈을 만들고, 그리고, 그 꿈을 달성하기 위해서 노력하는 것을 즐기고, 그래서 돈을 벌어서 사랑하는 이들과 함께 식사를 하며 행복해 하는 나의 일상을 만들기 위해서 오늘만 살고 있습니다. 나에게는 내일이 없습니다. 그래서 언제나 여유가 없습니다. 과거 1988년 재수할 때부터 지금까지 항상, 오늘의 행복만을 위하여 최선을 다하여 살아 왔습니다. 그래서, 과거 어느 시점으로 가도 분명히 그때보다 더 노력을 하지는 못할 것입니다. 그렇게 우직하게 50년이 넘도록 지켜주시고, 함께 해주시는 하나님에게 감사하며, 임 종수 저 자신에게도 감사합니다.

무엇보다도 1998년 우연히 집필한 MATLAB 완벽 가이드부터 지금까지 저의 책과 제품에 관심을 가져주시고, naver cafe 임종수 연구소를 통하여 저에게 많은 힘과 도움을 주신 분들에게 감사합니다.

또한, 이 책을 후원해 주신 KEIL Inc.의 공식 대리점인 MDS 테크의 김 종천 부장님과 이 경원 대리님에게 감사합니다. 그리고, 에디트론의 구 자광 회장님과 구 본걸 사장님에게도 감사합니다.

벌써 15년이 넘도록 저에게 언제나 힘과 용기를 주시고, 기회를 주기 위해서 애쓰시는 이 택기 교수님에게 감사합니다. 이 책을 안정되게 집필할 수 있도록 사무실도 알아봐 주시고, 힘들 때 마다 고민 상담도 해 주시고, 함께 술친구도 되어 주시는 교수님은 언제나 저에게 큰형님이랍니다. 그리고, 지금은 천국에 계신 언제나 존경하고, 사랑하는 아버지 **임 문 구**에게 감사하며, 세상에서 가장 아름답고, 사랑스러운 저의 아내 권 정희에게도 감사합니다. 그리고, 이제는 저의 동업자이자 제자인 믿음직한 아들 임 진택군에게도 감사합니다. 이 책의 표지를 만들어 주고, Vol.1.을 두 번이나 읽으며, 멋진 제품을 개발하겠다며 최선을 다하는 모습이 저에게는 큰 기쁨이요 축복이랍니다.

2024년 10월
공학 박사 **임 종 수**로부터

차 례

제1장 제조사 Bootloader 소개 … 13

- 학습 목표 … 14
- 1.1 Bootloader 소개. … 15
- 1.2 Reset의 종류와 특징 정리. … 20
- 1.3 STM32 MCU 종류와 구분 방법 정리. … 23
- 1.4 BOOT Mode 종류와 USART booting 실습. … 26

제2장 제조사 UART Bootloader 사용 방법 - I … 49

- 학습 목표 … 50
- 2.1 USART Kernel Bootloader Protocol 분석. … 51
- 2.2 Get(0x00) Command. … 56
- 2.3 Get Version(0x01) Command. … 70
- 2.4 Get ID(0x02) Command. … 74
- 2.5 Read Memory(0x11) Command. … 80
- 2.6 Go(0x21) Command. … 89

제3장 제조사 UART Bootloader 사용 방법 - II … 107

- 학습 목표 … 108
- 3.1 Write Memory(0x31) Command. … 109
- 3.2 Hex File 구조에 대한 이해. … 123
- 3.3 상태도(State flow)를 이용한 Hex File downloading 방법. … 135
- 3.4 Erase(0x43) Command. … 148

■ 연구 과제 ··· 155

제4장 MCU 내부 Flash memory 사용 방법   157

■ 학습 목표 ··· 158
4.1 HxD Hex Editor 소개. ··· 159
4.2 STM32 MCU 내부 Flash Memory 사용 방법. ··· 172
    4.2.1 Flash memory Read Access Time 소개. ·· 174
    4.2.2 Flash memory Write Access Time 소개. ·· 178
    4.2.3 STM32 내부 Flash memory 특징과 사용 방법. ································ 182

제5장 MCU 외부 Flash memory 사용 방법   201

■ 학습 목표 ··· 202
5.1 Serial Flash Memory W25Q32 소개. ·· 203
5.2 Serial SPI Flash Memory W25Q32FV 사용 방법. ······································· 208
5.3 Serial SPI Flash Memory 동작 원리 분석. ··· 215
5.4 Flash Memory Instruction 정리. ·· 227

제6장 SPI Flash memory관련 Coding 방법   249

■ 학습 목표 ··· 250
6.1 Serial Flash Memory Programming 방법. ·· 251
6.2 Serial Flash Memory 식별을 위한 Code 구현. ·· 267
6.3 Serial Flash Memory data를 지우는 Code 구현. ······································ 274
6.4 Serial Flash Memory로부터 데이터를 읽는 방법. ··································· 283
6.5 Serial Flash Memory에 데이터를 쓰는 방법. ··· 289

제7장 User Bootloader를 위한 downloader 개발　　305

- 학습 목표 ·· 306
- 7.1 실행 binary 파일을 외부 Flash Memory에 저장하는 방법. ············· 307
- 7.2 Host에서 실행 파일을 전송하는 방법. ·· 317
- 7.3 MCU 내부 flash memory 또는 SRAM에 데이터 저장 방법. ············ 349

제8장 User Bootloader 소개와 간단한 예제 구현　　373

- 학습 목표 ·· 374
- 8.1 간단한 User Bootloader 구현 방법 소개. ·· 375
- 8.2 간단한 User Bootloader 개발과정 따라하기. ···································· 389

제9장 실전 User Bootloader 구현 방법　　415

- 학습 목표 ·· 416
- 9.1 MCU 내부 Main Flash memory booting 방법. ································· 417
- 9.2 실제 제품에 적용되는 사례 소개. ·· 432
    - 9.2.1 내부 flash memory 또는 EEPROM을 사용하는 경우. ············ 440
    - 9.2.2 RS-485와 Modbus를 사용한 사례. ··· 441
- 9.3 MCU 내부 RAM booting 방법과 의미. ·· 446
- 9.4 MCU 외부 Serial Flash Memory를 이용한 booting 방법. ··············· 452

제10장 OS(운영 체제)의 구조 이해와 uC/OS-II 소개　　459

- 학습 목표 ·· 462
- 10.1 OS에 대한 개념과 uC/OS-II 소개 ·· 463
- 10.2 Multi-tasking을 위한 task scheduling과 task의 상태 ···················· 473
- 10.3 Multi-tasking을 위한 task 전환 방법과 구현 ································· 496
- 10.4 Hook 함수와 uC/OS-II 간단한 예제 실습 ······································· 512
- 연구 과제 ·· 524

제11장 uC/OS-II OS와 Kernel Object의 구조와 종류 527

- 학습 목표 528
- 11.1 OS 사용에 따른 stack과 heap의 관리 방법 529
- 11.2 Task 전환에 따른 Stack 관리 방법 541
- 11.3 Task와 Interrupt 사이의 전환 방법 556
- 11.4 Kernel object의 개념과 종류 567

제12장 uC/OS-II와 FreeRTOS 사용 방법 579

- 학습 목표 580
- 12.1 uC/OS-II와 다양한 Kernel object 사용 방법 581
  - 12.1.1 Multi-task와 단일 task의 차이점 583
  - 12.1.2 Mutex를 이용한 공유자원 접근과 Priority Inversion 589
  - 12.1.3 Semaphore를 이용한 공유자원 접근 방법 597
  - 12.1.4 Message Mailbox를 이용한 task간 정보 전송 방법 603
  - 12.1.5 Message Queue를 이용한 task간 정보 전송 방법 610
- 12.2 FreeRTOS 소개와 AC6로 compiler 방법 623
- 12.3 FreeRTOS에 Task 등록과 사용 방법 637
- 연구 과제 644

부록 1 SJ_MCUPro 사용 설명서 645

부록 2 SJ_MCUBook_M0/M4 보드 회로도와 설명서 653

부록 3 KEIL MDK-ARM 사용시 주의 사항 673

찾아보기 683

CHAPTER 01

제조사 Bootloader 소개

제품을 개발하고 출시한 이후에 다양한 이유로 기존의 MCU 실행 파일을 새로운 실행 파일로 변경 또는 갱신(Update)해 주어야 하는 경우가 발생한다. 예를 들면, 제품 출하 이후에 오류(Bug)가 발견되어 수정한 새로운 실행 파일을 적용해야 하는 경우, 또는 기존보다 향상된 기능을 추가한 갱신된 실행 파일을 적용하고 싶은 경우, 등등 다양한 이유로 현재 MCU에서 실행하고 있는 파일을 새로운 파일로 교체해야 할 때에 사용하는 code routine을 Bootloader라고 부른다. 구체적으로 Bootloader는 지정한 주변 장치를 통하여 host로부터 새로운 실행 파일을 받아서 MCU 내부의 특정 memory 영역, 일반적으로 flash memory 영역에 저장하는 역할을 수행한다. 또한, 선택적으로 저장한 이후에 바로, 저장한 새로운 실행 파일을 실행시키기도 한다. 이와 같은 역할을 수행하는 Bootloader는 다음과 같이 2가지 종류를 생각할 수 있다.

❶ 제조사가 제공하는 Bootloader를 사용하는 경우.

❷ 사용자가 정의한 protocol에 따라서 동작하는 Bootloader를 사용하는 경우.

Chapter 1.부터 Chapter 3.까지는 제조사에서 제공하는 Bootloader를 사용하는 방법에 대해서 자세히 학습하게 될 것이다. 분량이 너무 많아서 3개의 Chapter로 나눈 것이다. 그리고 나서, Chapter 4.부터 Chapter 6.까지는 MCU 내부 flash memory와 외부 serial flash memory 제어 방법에 대해서 학습하고, Chapter 7.부터 Chapter 9.까지는 본격적으로 여러분과 함께 bootloader를 위한 **다양한 시나리오와 protocol을 정의하고**, 그에 맞추어 동작하는 사용자(User) bootloader를 개발하는 방법을 학습하게 될 것이다. 이번 Chapter에서는 단순히, 제조사에서 제공하는 Bootloader를 사용하는 방법에 국한 시키지 않고, STM32 MCU 제품군들에 대해서 분류하는 방법을 학습하고, 각각의 특징들을 요약할 것이다. 또한, booting과 밀접한 관련이 있는 MCU reset의 방법과 종류에 대해서도 자세히 설명할 것이다.

■ 학습 목표 :
- **Booting**에 대한 개념과 그 종류에 대해서 학습.
- Booting 방법에 따른 회로 구성 방법 학습.
- MCU 제품군에 따른 사용 가능 Booting 방법 학습.
- 제조사 Booting 방법에 대한 학습과 **직접적인 실습**.

1.1 Bootloader 소개.

계속해서 보다 상세한 내용을 설명하겠지만, MCU 제조사에서 MCU를 개발할 때에 내부의 flash memory 일정 영역에 임의의 주변 장치를 통하여 새로운 firmware image를 받아서 저장할 수 있도록 하는 **bootloader**라고 부르는 다양한 code를 저장하고 출시한다. 즉, 현재 실행하고 있는 MCU image를 특정 주변 장치를 사용하여 새로운 image로 갱신할 수 있도록 다양한 명령어(command)들을 제공하는데, 이들 명령어들을 구현한 code routine을 내부 flash memory의 일정 영역에 저장하여 출시한다. 이와 같은 영역을 **System Memory**라고 부른다. 결국, System Memory 영역에는 제조사의 code가 들어 있으므로 일반 사용자가 쓸 수 없고, **읽을 수만** 있다. 그러나, 이처럼 제조사가 제공하는 bootloader를 이용하는 경우에는 해당 bootloader가 제공하는 한정된 기능만 사용해야 하므로 대부분의 경우에는 자신 만의 방식으로 또는 고객사의 요청에 맞추어 새로운 MCU image를 내부 flash memory 또는 다른 저장 매체에 저장할 수 있도록 각 제품 개발 업체가 독립적으로 bootloader code를 개발하여 사용한다. 이처럼 개발자가 새롭게 만든 bootloader code는 **Main Flash Memory** 영역에 저장하면 된다. System Memory와 Main Flash Memory에 대해서 이번 Chapter를 통하여 자세히 학습하게 될 것이다. 뭐든 장단점이 있듯이 MCU 제조사에서 제공하는 bootloader를 이용하면, Chapter 2.부터 학습하게 되겠지만, 적어도 갱신할 image 크기의 2배에 해당하는 flash memory 용역이 필요 없지만, 대신에 bootloader가 제공하는 방식만을 따라야 한다. 어쨌든, 이 책에서는 2가지 방식을 모두 설명할 것이므로 자신의 제품에 맞는 방식을 선택하여 적용하면 되겠다. 만일, 제조사가 제공하는 **Bootloader에 대한 보다 자세한 정보**를 원하시는 분들이 있다면, STM32에서 제공하는 **AN2606과 AN3155** 문서를 참조하면 된다. 이들 문서들은 모두 ST Inc.의 website에서 검색어로 AN2606 또는 AN3155로 검색하면, 쉽게 문서를 download 받을 수 있다. 이번 Chapter의 내용은 이들 2개의 application note들을 참고로 집필한 것이다. 다음은 이들 2개의 문서에 대해서 간단히 요약한 것이다.

- **AN2606 내용 요약 :**
  제조사 Bootloader code는 MCU 내부의 **System Memory**라고 부르는 flash memory의 일정 영역인 **내부 boot ROM 영역**에 저장되어 있다. 주요 역할은 선택한 MCU에 따라서 사용할 수 있는 주변 장치들 예를 들면, USART, CAN, FDCAN, USB DFU, I2C, SPI, 그리고, I3C interface를 통하여 내부 main flash memory에 새로운 application program을 download하는 것이다. 이를 위한 통신 protocol은 각각의 **주변 장치 마다 독립적으로 정의**되어 있으며, 이들 내용과 각각의 STM32 MCU 제품군 마다 주의할 사항들이나 특징적인 내용들을 분류하여 설명하였다. 결국, System Memory bootloader에 대한 전반적인 내용이 수록되어 있다.

■ AN3155 내용 요약 :

제조사가 제공하는 STM32 MCU 내부 bootloader 통신 방식 중에서 **USART를 위한 protocol**을 설명하였다. 각각의 지원되는 command들에 대한 상세한 내용이 수록되어 있다.

MCU 내부의 Flash Memory에 대해서 간단히 정리하기 위해서 [그림 1.1-1]을 보면, STM32F10x의 Flash memory 시작 번지는 0x0800_0000이고, 0x807_FFFF에서 끝나는 것을 알 수 있다.

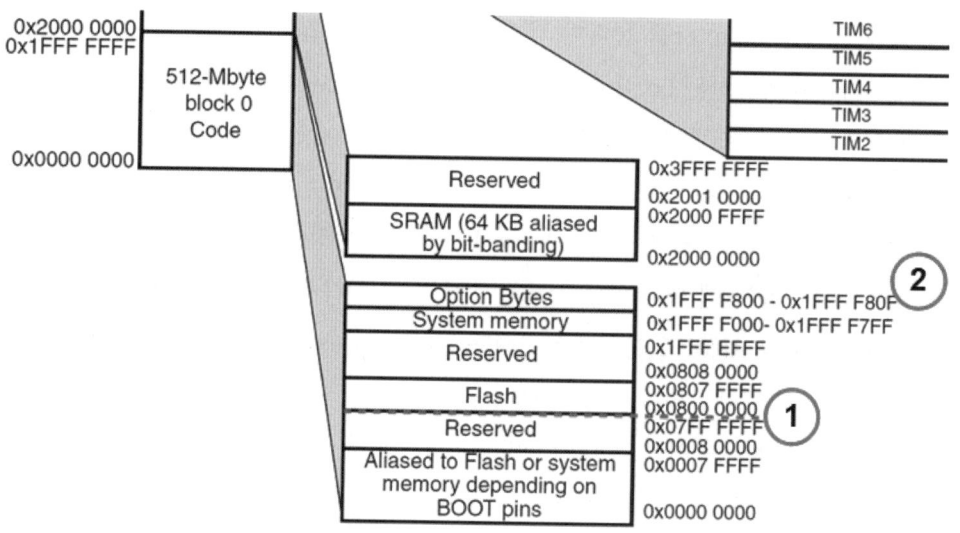

[그림 1.1-1] STM32F10x family의 memory map.

결국, 제품군에 따라서 **최대** Flash memory 크기는 512[KB](0x8_0000)까지 사용할 수 있다는 것을 알 수 있다. 이처럼 특별한 언급 없이 단순히 flash memory 영역을 언급하면,

그것은 Main Flash Memory 영역을 의미하며, 이 영역은 사용자가 읽거나 쓸 수 있다. 외부 Flash Memory를 포함한 Flash Memory에 대한 자세한 내용은 Chapter 5.에서 설명할 것이다. 그리고 보다 상위 번지에 System Memory 영역이 0x1FFF_F000부터 0x1FFF_F7FF까지 **전체 2[KB] 크기**로 위치하고 있는 것을 볼 수 있다. 또한, ②번에서 보여준 것과 같이 System Memory 영역 바로 상위 번지에 **16bytes 크기**의 Option Bytes 영역이 0x1FFF_F800번지부터 시작하고 있는 것도 볼 수 있다. [그림 1.1-1]은 STM32F103VE datasheet에서 발췌한 것이지만, 모든 STM32 MCU의 내부 **Main Flash memory** 크기는 제품군에 따라서 다를 수 있지만 **시작 주소는 항상 0x0800_0000**인데 주의하자. 앞서 언급한 bootloader 중에서 제조사 bootloader에 대해서만 좀 더 자세히 요약하면 다음과 같다.

■ 제조사가 MCU 내부의 System Memory에 저장한 factory embedded bootloader를 사용하는 방법으로서 적용된 protocol은 관련된 주변 장치에 따라서 Application Note가 따로 문서화되어 정리되어 있으므로 ST Inc. website에서 download 받으면 된다. 단, 전반적인 내용은 AN2606를 참조하면 된다. 참고적으로 processor 제조사에 따라서 제조사 bootloader를 **system bootloader, kernel** 또는 **micro-code**와 같이 호칭하는 경우도 있다는데 주의하자.

선택한 MCU가 지원하는 주변 장치에 따라서 제조사 bootloader를 사용하기 위한 회로 구성 방법과 관련 application note를 정리하면 다음과 같다.

❶ USART bootloader의 경우 : AN3155를 참조.
USART를 통하여 현재 실행하는 파일을 새로운 실행 파일로 갱신하는 경우로서 이번 Chapter부터 자세히 설명할 것이다. [그림 1.1-2]에서 보여준 것과 같이 새로운 실행 file은 PC에서 보내 줄 수도 있지만, 다른 MCU에서도 보내줄 수도 있는데 주의하자. 어쨌든, 새로운 실행 file을 보내 주는 PC, 또는 MCU를 host라고 부른다. 주의해서 볼 것은 bootloader로 사용할 **USART의 Tx와 Rx pin들은 모두 pull up 시켜주어야 한다**는 것이다. 여기서, R은 일반적으로 100[kΩ]를 사용해 주면 된다.

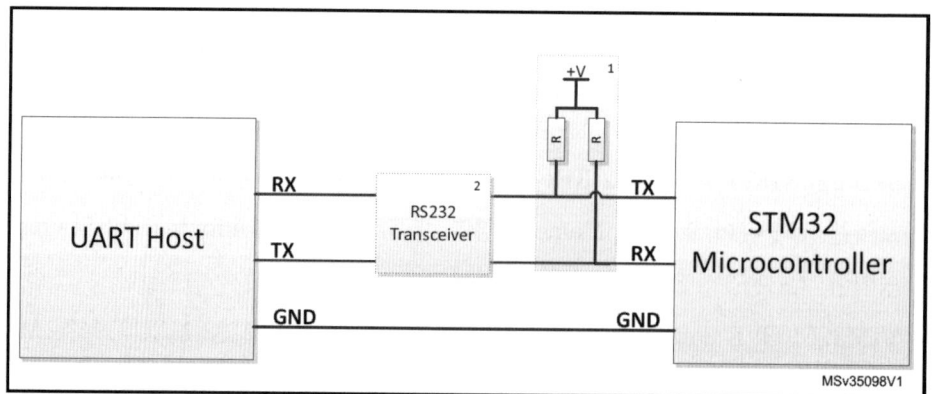

1. A pull-up resistor must be added, if they are not connected on host side.
2. An RS232 transceiver must be connected to adapt the voltage level (3.3 to 12 V) between the STM32 device and the host.

[그림 1.1-2] USART bootloader 연결도.

❷ I2C bootloader의 경우 : AN4221를 참조.

[그림 1.1-3]에서 보여준 것과 같이 1.8[kΩ]으로 SDA와 SCL 신호선 모두를 pull-up해 주어야 한다.

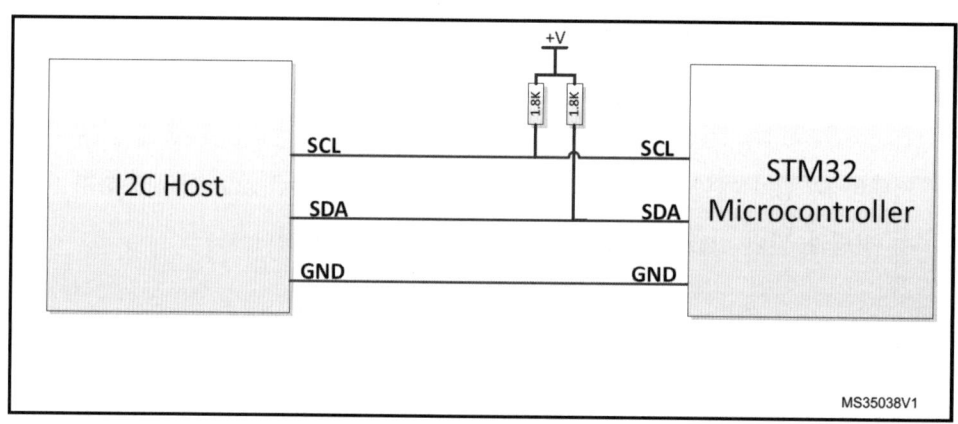

[그림 1.1-3] I2C bootloader 연결도.

❸ SPI bootloader의 경우 : AN4286을 참조.

[그림 1.1-4]에서 보여준 것과 같이 SPI_CS 즉, NSS pin은 Ground에 연결해 주고, SCK 신호선은 pull-down 시켜주어야 한다. R은 일반적으로 10[kΩ]을 사용하면 된다.

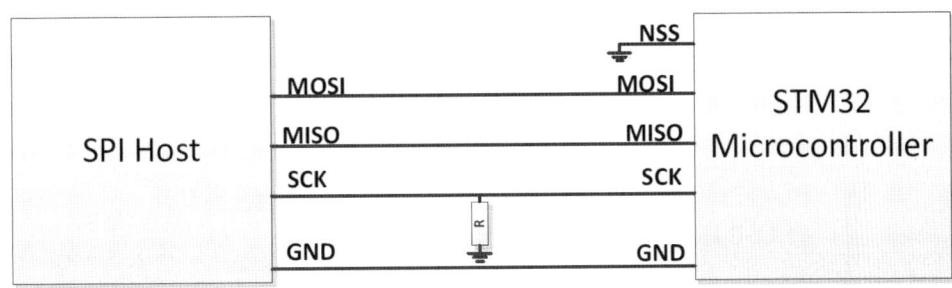

[그림 1.1-4] SPI bootloader 연결도.

❹ CAN bootloader의 경우 : AN3154를 참조.

특별히, FDCAN protocol에 대해서는 AN5405를 참조하면 된다. 또한, [그림 1.1-5]에서 보여준 것처럼 120[Ω] 종단 저항을 추가해 주어야 한다.

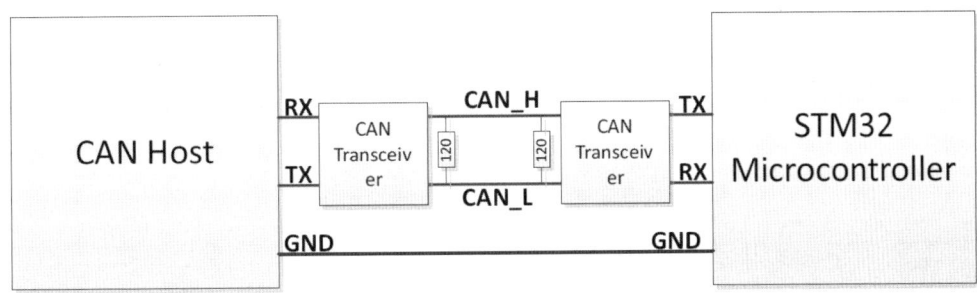

[그림 1.1-5] CAN bootloader 연결도.

❺ USB bootloader의 경우 : AN3156을 참조.

AN3156에서는 USB DFU(Do Firmware Upgrade) protocol에 대해서 설명하고 있으며, protocol에서 제공되는 각각의 command들에 대해서도 상세히 설명하고 있다. [그림 1.1-6]은 USB bootloader를 위한 연결도를 보여주고 있다. 단, 부가적으로 적용된 36[kΩ], 10[kΩ], 1.5[kΩ], 그리고, BJT로 구성된 회로는 사용하는 MCU에 따라서 사용될 수도 있고, 그렇지 않을 수도 있다.

Chapter 7.부터 설명할 사용자 정의 bootloader에 대한 application note로는 AN4045을 참조하면 될 것이다. 이제, booting과 밀접한 관련을 갖는 **reset의 종류**에 대해서 먼저, 살펴보도록 하겠다.

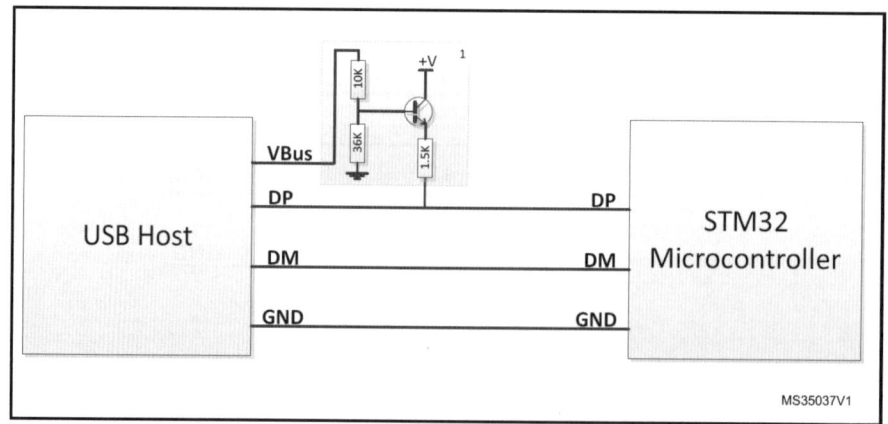

1. This additional circuit permits to connect a pull-up resistor to DP pin using VBus when needed. Refer to product section (table describing STM32 configuration in system memory boot mode) to know if an external pull-up resistor must be connected to DP pin.

[그림 1.1-6] USB bootloader 연결도.

그리고 나서, 단계적으로 Boot Mode의 종류와 각각의 동작 특성을 학습하고, 이어서 USART booting에 대해서 자세히 학습하도록 할 것이다.

1.2 Reset의 종류와 특징 정리.

STM32 MCU는 다음과 같이 3 가지 종류의 reset 기능들을 지원한다.

❶ System Reset :

모든 register 값들을 초기 default 값으로 설정해 준다. 단, clock 제어를 위한 CSR register의 reset flag와 backup 영역의 register들과 RTC 영역의 register들은 초기 default 값으로 설정되지 않는다. System Reset은 [그림 1.2-1]에서 보여준 것처럼 다양한 조건들에서 발생한다. 특별히, 주목할 것은 Standby Mode에서 빠져나올 때 System Reset이 걸린다는 것을 기억해 두기 바란다. 이제 이들 reset에 대해서 좀 더 자세히 살펴보도록 하겠다.

ⓐ External reset :

  NRST pin에 low level 인가한 경우.

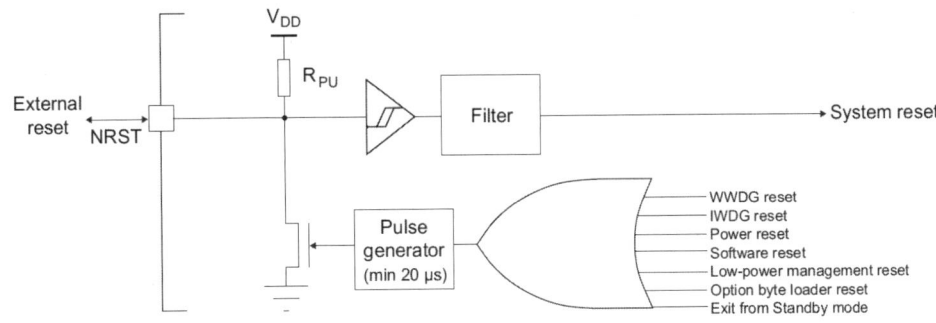

[그림 1.2-1] Reset 관련 회로.

ⓑ **WWDG(Window WatchDoG) reset** :

Window WatchDoG reset이 발생한 경우.

ⓒ **IWDG(Independent WatchDoG) reset** :

Independent WatchDoG reset이 발생한 경우. 특별히, STM32F3, STM32F7, 그리고, STM32L4 family에 속하는 MCU는 Reload register와는 별개로 Window Register 즉, IWDG_WINR을 가지고 있다. 단, Reload register와 Window register의 역할에 대한 상세한 자료를 원한다면, Vol.1의 6.3.단원을 참고하면 된다.

ⓓ **SW(Software) reset** :

Software Reset이 발생한 경우, 즉, 크게 Reset은 Cold Reset과 Warm Reset으로 구분하는데, MCU 외부 reset pin을 이용하는 Hardware reset인 **Cold Reset**과 Cortex-M Core 내부에 있는 **AIRCR**(Application Interrupt and Reset Control register)의 2번째 bit인 SYSRESETREQ를 이용하여 발생시키는 Software reset인 **Warm Reset**으로 구분한다. 구체적으로 **SYSRESETREQ**의 값을 "1"로 설정하면 debugger를 제외한 모든 system에 대한 component들을 reset해 주는 **system reset을 유발**한다.

ⓔ **Low-Power management reset** :

다음과 같은 2가지 방법으로 발생시킬 수 있다.

- Standby mode로 들어갈 때 생성되는 reset :

  이것은 **User Option Bytes** 안에 있는 **nRST_STDBY** bit를 resetting 함에 의해서 enabling된다. 이제, standby mode의 진입이 성공적으로 실행되면, device는 standby mode로 들어가지 **전에 reset**이 걸린다.

- Stop mode로 들어갈 때 생성되는 reset :
이것은 User Option Bytes 안에 있는 nRST_STOP bit를 resetting 함에 의해서 enabling된다. 이제, stop mode의 진입이 성공적으로 실행되면, device는 stop mode로 들어가지 **전에** reset이 걸린다.

ⓕ Option byte loader reset :
FLASH_CR register에 있는 OBL_LAUNCH bit 13이 "1"로 되면 발생한다. 이 bit는 software에 의해서 option byte loading을 시작하기 위해서 사용된다.

ⓖ Power reset :
구체적으로 Control/Status register, RCC_CSR 안에 있는 reset flag들을 조사하면 reset source를 식별할 수 있다. [그림 1.2-1]에서 pulse generator는 **최소 20[us]의 reset pulse duration을 보장**하기 위한 것이다. 단, 외부 reset의 경우에는 NRST low duration으로 reset pulse가 결정된다는 데 주의하자.

❷ Power Reset :
RTC 영역을 제외한 모든 register 값들을 초기 default 값으로 설정해 주며, 다음의 event들이 발생한 경우에 생성된다.
ⓐ POR/PDR reset.
ⓑ Standby mode에서 빠져 나올 때.

❸ RTC domain reset :
다음의 2가지 경우에 발생하며, **RTC domain만 reset된다는 데 주의하자.** 구체적으로 RTC, LSE oscillator, Backup registers와 RCC(RTC domain control register, RCC_BDCR)에만 영향을 준다.
ⓐ RCC_BDCR 안에 있는 BDRST bit=1으로 설정함에 의해서 발생하는 Software Reset.
ⓑ 만일, V_{BAT} 전원이 끊겨져 있는 상태에서 V_{DD}가 OFF 된 이후에 ON 되는 경우.
또한, Backup register들은 다음의 event들 중에서 어느 하나가 발생하면 reset 된다.
- RTC tamper 검출 event.
- read out protection이 level 1로부터 level 0으로 바뀌는 경우.

일반적으로 MCU가 **reset**되면, SRAM과 FLITF(Flash Memory Interface)를 제외한 모든

주변 장치의 clock들은 **비활성화**된다. 그러므로, 사용하기 전에 반드시 활성화 해 주어야 한다는 데 주의하자.

1.3 STM32 MCU 종류와 구분 방법 정리.

STM32 MCU는 ARM Cortex-M0, M0+, M3, M4, M33, 그리고, M7 core를 기반으로 한 단일 core 기반의 MCU 제품군과 M7 core와 M4 core 또는 M4 core와 M0+ core가 함께 있는 dual core 기반의 MCU 제품군, 그리고, 고성능의 Cortex-A core single 또는 M4 core와 함께 있는 dual core 기반의 MPU 제품군 등과 같이 다양한 종류의 MCU들을 출시하고 있다. 이들 제품군들에 대한 특징과 구분 방법을 알아두어야 원하는 MCU를 올바로 선택할 수 있을 것이다. 개발하는 제품의 특징에 맞는 가장 적합한 MCU를 선택하기 위해서는 다음과 같은 사항들을 고려해야 할 것이다.

❶ Flash memory와 SRAM을 포함한 memory 용량.
❷ 전력 소비량과 그에 따른 전력 제어 방법.
❸ USB, I2C, SPI 등과 같은 사용할 수 있는 주변 장치들.
❹ MCU 가격.

구체적으로 [표 1.3-1]은 STM32 Cortex-M core를 사용한 제품군들이고, [표 1.3-2]는 1[GHz] 이상의 고성능 Cortex-A core를 탑재한 MPU 제품군을 정리한 것이다. 또한, [그림 1.3-1]은 STM32 MCU 제품군을 분류하는 방법을 정리한 것이다. 사실, [그림 1.3-1]에서 보여준 line **구분**은 STM32**F1** family 중심으로 정리한 것이지만, 다른 MCU family에도 크게 차이 없이 적용하면 된다. 단, [표 1.3-1]에서 STM32H7 family가 **모두** M7과 M4 core를 갖는 **dual-core 구조는 아니다**. 즉, 다음과 같이 3개의 product line group으로 다시 분류된다.

❶ Bootflash single-core lines : M7 core만 지원, 최대 600[MHz].
  ▪ STM32H7R3/7S3 : I3C, USB HS, FMC 최대 200[MHz], Chrom-ART, JPEG

	Family	Core	최대 주파수(MHz)	Flash 크기	기타
High Performance	STM32H7	M7 & M4	M7(600) & M4(240)	1~2[MB]	M7과 M4로 구성된 Dual-core
	STM32F7	M7	216	256[KB]~2[MB]	
	STM32H5	M33	250	128[KB]~2[MB]	
	STM32F4	M4	180	64[KB]~2[MB]	
	STM32F2	M3	120	128[KB]~1[MB]	
Mainstream	STM32G4	M4	170	32[KB]~512[KB]	
	STM32F3	M4	72	16[KB]~512[KB]	
	STM32F1	M3	72	16[KB]~1[MB]	
	STM32G0	M0+	64	16[KB]~512[KB]	
	STM32F0	M0	48	256[KB]~512[KB]	
	STM32C0	M0+	48	16[KB]~32[KB]	가성비를 고려한 최신 버전
Ultra Low-Power	STM32U5	M33	160	256[KB]~4[MB]	최대 3[MB] SRAM, 그래픽최적화
	STM32L5	M33	110	256[KB]~512[KB]	
	STM32L4+	M4	120	512[KB]~2[MB]	
	STM32L4	M4	80	64[KB]~1[MB]	
	STM32L1	M3	32	32[KB]~512[KB]	
	STM32U0	M0+	48	16[KB]~256[KB]	최고 저전력을 고려한 최신 버전
	STM32L0	M0+	32	8[KB]~192[KB]	
Wireless	STM32WBA	M33	100	512[KB]~1[MB]	
	STM32WB	M4 & M0+	M4(64) & M0+(32)	256[KB]~1[MB]	M4와 M0+로 구성된 Dual-core
	STM32WB0	M0+	512		
	STM32WL	M4	M4(48) & M0+(48)	64[KB]~256[KB]	M4와 M0+로 구성된 Dual-core

[표 1.3-1] STM32 MCU 제품군 종류.

	Family	Core	최대 주파수(MHz)	기타
High END	STM32MP25	2×A35 & M33	A35(1500) & M33(400)	
MID Tier	STM32MP15	2×A7 & M4	A7(800) & M4(209)	
Entry Level	STM32MP13	A7	1000	

[표 1.3-2] STM32 MPU 제품군 종류.

- STM32H7R7/7S7 : I3C, USB HS, FMC 최대 200[MHz], NeoChrom GPU, LTDC, JPEG Codec

❷ Dual-Core Lines : M7(480[MHz])와 M4(240[MHz]) dual core 구조.

- STM32H747/757 : TFT-LCD, MIPI-DSI, JPEG codec

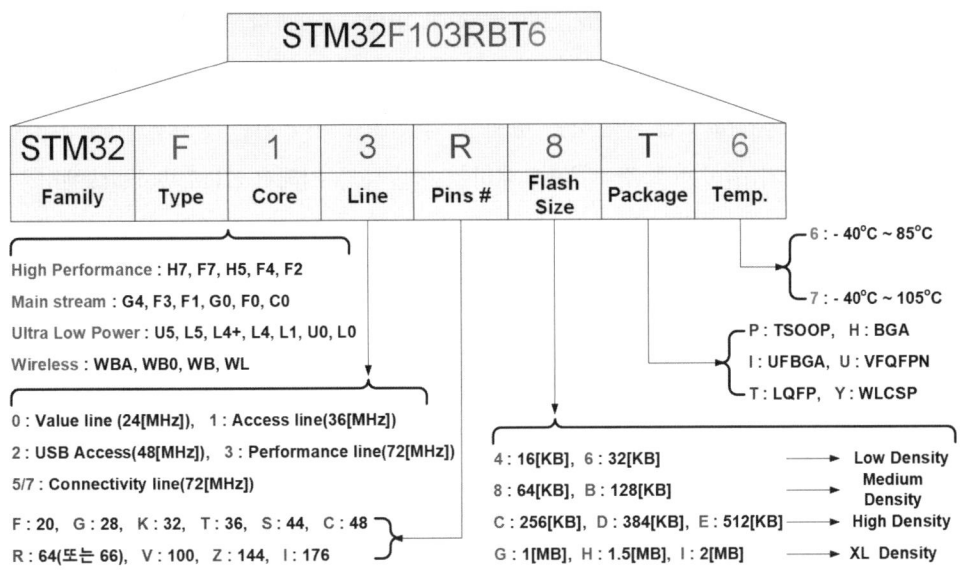

[그림 1.3-1] STM32 MCU 분류 방법.

- STM32H745/755 : TFT-LCD, JPEG codec, 선택적으로 산업용 온도 등급 범위인 -40℃ ~ 125℃ 사용 가능.

❸ Single-Core Lines : M7 core만 지원, 최대 550[MHz]

- STM32H723/733 : 최대 550[MHz], TFT-LCD, Ethernet, dual Octo-SPI.
- STM32H725/735 : 최대 550[MHz], TFT-LCD, Ethernet, dual Octo-SPI, SMPS
- STM32H743/753 : 최대 480[MHz], TFT-LCD, JPEG codec, Ethernet
- STM32H742 : 최대 480[MHz], Ethernet
- STM32H7A3/7B3 : 최대 280[MHz], highest memory integration, TFT-LCD, JPEG codec, Chrom-GRC™, SMPS, dual Octo-SPI.

❹ Value Lines : M7 core만 지원, 최대 128[KB] flash memory, 저렴한 가격

- STM32H750 : 최대 480[MHz], 1[MB] SRAM, Ethernet, dual Quad-SPI
- STM32H7B0 : 최대 280[MHz], 1.4[MB] SRAM, dual Octo-SPI.
- STM32H730 : 최대 550[MHz], 564[KB] SRAM, Ethernet, dual Quad-SPI, SMPS.

한 가지 기억해 둘 것은 STM32F7도 STM32H7과 동일하게 Cortex-M7 core를 사용하지

만, core clock 기준으로 STM32F7은 최대 216[MHz]까지 동작한다. 그러나, 내부 L1 cache를 가지고 있어서 속도를 극대화할 수 있는 특징이 있다. 이처럼 다양한 종류의 **STM32 MCU와 MPU를 구분하는 방법**을 학습해 두어야 하는 중요한 이유가 있다. 예를 들어서, 우리가 원하는 특정 기능에 대하여 학습하기 위해서 STM website에서 제공하는 관련 application note 또는 reference manual을 찾다보면, 해당 문서의 내용 중에 MCU 마다 지원되는 기능들을 분류하기 위해서 **STM32 MCU에만 사용되는 국한된 용어**를 볼 수 있다. 그리고, 이 용어를 모르면 문서 내용을 이해하는 데 어려울 수도 있다. 예를 들면, 잠시 후에 학습하겠지만, STM32F10xxx에서 **High density** MCU는 Bootloader ID가 없다. 그러나, High Density **value** line에 속하는 MCU는 Bootloader ID의 값이 0x10으로 0x1FFF_F7D6번지에 저장되어 있다. 여기서 사용하는 **용어 High density**와 **Value line** 등과 같은 용어는 STM32 MCU 관련 문서에서**만** 사용되는 **국한된** 용어들이며, 이들 용어에 대한 정의를 [그림 1.3-1]에 정리해 놓은 것이다. 심지어 이들에 대해서 이렇게도 말할 수 있다. STM32F100xC/D/E High density **Value** line MCU의 Bootloader ID=0x10이고, 0x1FFF_F7D6번지에 저장되어 있지만, 반면에 STM32F103xC/D/E High density line MCU는 Bootloader ID가 없다는 특징이 있는데, [그림 1.3-1]과 사용된 용어들을 비교해 보면, 무엇을 의미하는지 이해할 수 있을 것이다.

1.4 BOOT Mode 종류와 USART booting 실습.

일반적으로 bootloader는 사용자가 작성한 새로운 application program을 외부로부터 받아서 개발하는 시스템의 MCU 일정 memory 영역에 복사하여 주거나 또는 구동시켜주는 program을 의미한다. 그러므로 새로 개발하였거나 또는 갱신(update)한 application program을 적용할 때 사용된다. 여기서 **bootloader**와 **bootstrap code**를 혼돈하면 안 된다. 임의의 MCU가 reset pin을 통해서 reset 신호를 전달받으면 자기 자신을 초기화한 후에 정해진 주소, 예를 들면, **reset handler**에 있는 code를 실행하여 C code의 시작 지점인 main() 함수로 jump 한다. 여기서 자기 자신을 초기화한다는 것은 관련된 register들을 default 값으로 바꾸고, C 언어가 동작하는데 필요한 stack과 heap 영역을 설정하고, vector table의 시작 번지를 설정한다는 의미이다. 이렇게 MCU가 main() 함수로 진입하는데 필요한 일련의 과정을 assembly code로 작성한 것을 **bootstrap code**라고 하며, 일반적으로 제조사에서 제공한 code를 사용한다. 예를 들면, STM32F103의 경우에 CubeMX가 생성한 EWARM folder, 또는 MDK-ARM folder 안에 있는 **startup_stm32f103xb.s** 파일을 의미한다. 정리하면, bootloader는 host로부터 전달되는 새로운 application program을 받아서 MCU 내부의 일정 flash memory 영역에 writing 하여 주고, 필요에 따라서 writing한 **새로운 application program에 있는 main() 함수** 호출을 준비해 주는 bootstrape code의 reset handler를 호출해 주기도 한다. 즉, bootloader는 새로운 application program을 지정한 flash memory에 저장해 주고, 원하는 application program을 실행하도록 해당 bootstrap code가 저장되어 있는 reset handler 번지로 다음 명령어를 설정해 준다. 즉, PC(Program Counter)를 설정해 준다. 이때, STM32F1과 STM32F4 family는 **booting 방식** 또는 **boot mode**를 결정하는 2개의 boot pin들 중에서 BOOT1 pin이 따로 존재하지만, STM32L0과 STM32F3 family는 BOOT1이 **user option byte의 bit 하나로** 제공되므로 따로 존재하지 않는데 주의하자. 어쨌든, Boot Mode는 1.2.단원에서 설명한 reset이 발생하고, 4개의 system clock 이후에 [표 1.4-1]에서 보여준 것과 같이 BOOT0과 BOOT1의 값에 따라서 3 가지 boot mode들 중에서 어느 하나로 결정된다.

Boot Mode 선택 방법		Boot Mode	설 명
BOOT0	BOOT1		
0	x	Main Flash Memory	Boot 영역으로 Main flash memory가 선택된다.(일반적인 경우)
1	0	System Memory	Boot 영역으로 System memory가 선택된다.
1	1	Embedded SRAM	Boot 영역으로 DCode bus 상의 Embedded SRAM이 선택된다.

[표 1.4-1] Boot Mode 정리.

AN2606 문서의 Chapter 4.에서는 bootloader를 실행시키기 위한 pattern이 **Table 2.**에 나열되어 있다. [표 1.4-1]은 **Pattern 1**에 대한 것이고, XL-density가 아닌 STM32F1 family와 STM32L05가 속하며, STM32F3 family는 **Pattern 2**에 속한다. 앞으로 이 책을 통하여 다양한 실험을 함께 할 수진에서 개발한 SJ_MCUBook_M4 보드와 저렴한 SJ_MCUBook_M0 보드에는 요청에 따라서 원하는 MCU를 장착해 줄 수도 있지만, **기본적으로** 각각 STM32F302R8과 STM32L052K6이 탑재되어 있다. STM32F302R8의 경우에

는 AN2606의 Chapter 19.를 보면, **Pattern 2**를 사용하고, STM32L052K6은 Chapter 58.을 보면, **Pattern 1**을 사용한다고 되어 있다. 그러므로, STM32**F302R8**의 경우에는 [그림 1.4-1]의 ①번에서 보여준 것과 같이 **Pattern 2**이므로 System Memory로 booting하기 위해서는 외부 BOOT0 pin에는 high가 할당되어야 하고, nBoot1 = 1을 할당해 주어야 한다.

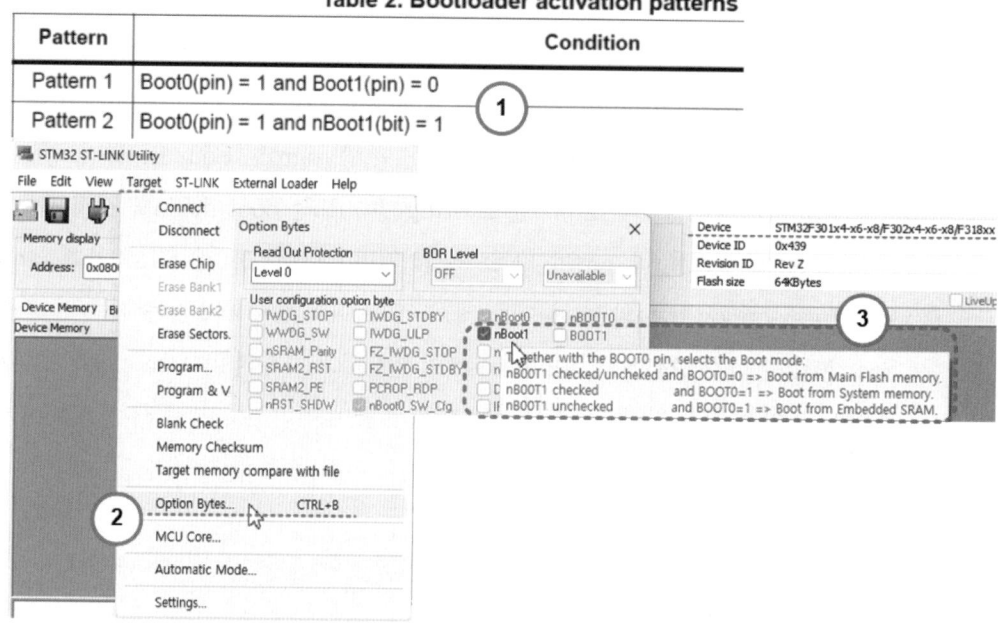

[그림 1.4-1] STM32F302R8의 BOOT0과 nBOOT1 Option Bytes 설정 방법.

그러기 위해서는 SJ_MCUBook_M4 보드를 ST-Link emulator에 연결하고, 이어서 ②번과 같이 ST-Link utility를 실행하여 **Target** menu에서 **Option Bytes...** menu를 선택한다. 그리고 나서, ③번의 tooltip에 나와 있듯이 nBoot1을 check해 주면 된다. 기본적으로 nBoot1은 check되어 있으므로 결국, 외부 BOOT0 pin만 제어하면 되겠다. 이번에는 SJ_MCUBook_M0 보드를 실험하기 위해서 회로도를 참조해 보니, [그림 1.4-2]의 ④번에서 보여준 것과 같이 AN2606 문서에 분명히, STM32F103처럼 **Pattern 1**이라고 하였는데, ⑤번처럼 외부에 BOOT1 pin이 없다는 것이다.

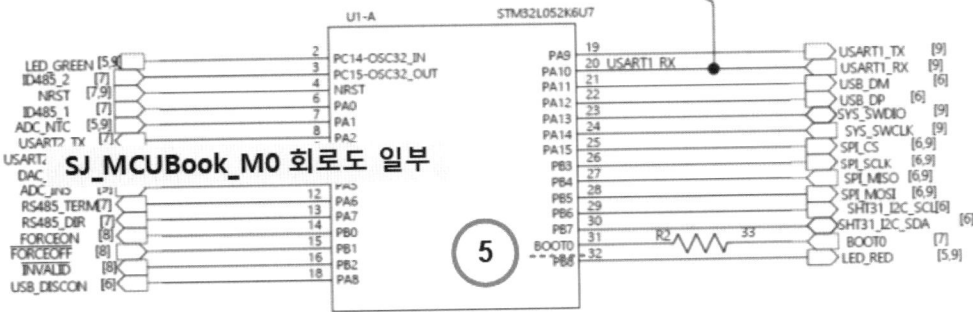

[그림 1.4-2] STM32L052의 BOOT0과 nBOOT1 Option Bytes 설정 방법 - 1.

STM32F103RB의 경우에 datasheet를 참조해 보면, PB2가 BOOT1 pin으로 사용된다. 그런데, ⑥번에서 보여준 것과 같이 STM32L052 datasheet를 보면, nBOOT1 option bit가 사용된다고 되어 있다. 게다가 STM32L052를 탑재한 SJ_MCUBook_M0 보드에 ST-Link utility를 실행하여 Target menu에서 Option Bytes... menu를 선택하여 확인해 보면, [그림 1.4-3]의 ⑦번에서 보여준 것과 같이 STM32F302R8처럼 **nBoot1**이 check되어 있는 것을 확인 할 수 있다.

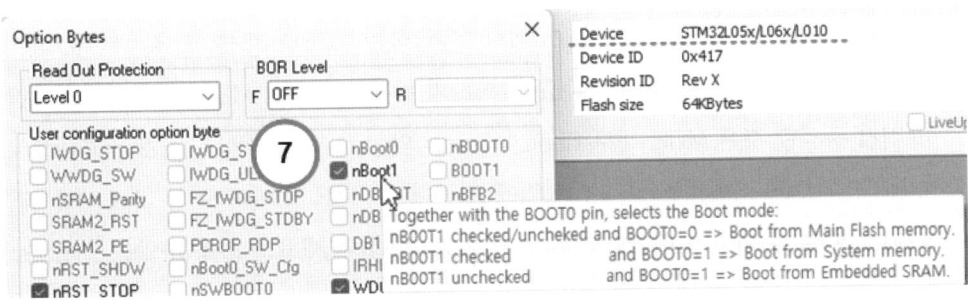

[그림 1.4-3] STM32L052의 BOOT0과 nBOOT1 Option Bytes 설정 방법 - 2.

1 제조사 Bootloader 소개 | 29

결국, AN2606 문서에서 설명한 것과 다르게 STM32L052는 Pattern 1이 아닌 Pattern 2를 사용한다는 것을 알 수 있다. 확인해 보니, STM32L051/2/3 모두 Pattern 2 즉, **STM32L05xxx는 Pattern 2를 사용**한다. 참조한 AN2606 문서는 2024년 3월에 배포한 것이다. 결국, 명백한 문서 오류로 판단된다. 사실, 필자도 미국 Analog Devices Inc.에서 9년 가까이 기술 지원 및 개발을 담당하였다. 또한, 지금도 Fermi Lim 이라는 영어 이름으로 ADI website에 application note가 등록되어 있는데, 사실, 그 당시 application note 작성하면, $1,000을 준다고 프랑스 동료가 얘기해 줘서 작성하고, 기념으로 동료들 이름도 함께 넣어 주었는데, 나중에 그 프랑스 동료가 잘못 안 것이라고 해서 더 이상 작성하지 않은 경험이 있다. 그런데, 기본 원고만 본인이 작성하고, 등록하는 문서는 본사에 문서팀이 따로 있어서 그곳과 계속해서 그야말로 3개월 가까이 통화하며 작성한 경험이 있다. 결론적으로 오타가 나지 않도록 꼼꼼히 봐야 하지만, 더 중요한 것은 문서 형식과 내용 서술 형태, 그리고, 문장 스타일이 더 중요하다. 이미, 돈도 안준다는 것을 확인한 이상, 별로 관심도 없는데, 계속해서 문서팀의 요청이 있어서 얼른 끝내려고 하였다. 솔직히, 다른 개발 관련 직원들도 문서팀과의 그야말로 신경전으로 꼼꼼하게 확인한다는 것이 쉽지 않았다. 물론, 모두 그런 것도 아니고, 이것이 정당한 것도 아니지만, 어쨌든, 여러분이 보는 모든 datasheet, reference manual, 그리고, application note 등도 모두 **충분히 오타가 존재할 수 있다는 것**을 염두해 두고 봐야 한다. 어쨌든, 우리는 현재 자신이 사용할 MCU가 어느 pattern에 속하는지는 AN2606 문서에서 해당 MCU family 단원을 참조할 수밖에 없다는 데 주의하자. 이번 Chapter에서는 2번째 Boot Mode 즉, 제조사의 bootloader를 활용하는 **System Memory** Boot Mode에 대한 사용 방법에 대해서 자세히 살펴볼 것이다. System Memory는 MCU 제조사가 MCU 내부에 자신들이 개발한 **bootloader**들을 저장하는 공간으로서 사용자가 새롭게 writing 할 수 없는 공간이다. 간혹 다른 MCU 제조사에서는 제조사에서 제공하는 bootloader를 **kernel** 또는 **Micro-code**라고 부르는 경우도 있는 데, 이때의 kernel은 OS(Operating System)에서 언급하는 kernel과는 전혀 다른 의미이다. bootloader에 사용할 수 있는 통신 interface의 종류는 선택한 MCU 마다 다른데 주의하자. **한 가지 주의할 것은 MCU 내부 flash memory의** protection을 Level 2 option으로 설정 하였으면, main flash memory 영역에 접근할 수 없으므로 더 이상 제조사가 제공하는 bootloader뿐만 아니라 어떠한 bootloader를 사용하여 새로운 실행 파일을 writing 할 수 없다는데 주의하자. MCU 내부 flash memory의 protection과 관련된 자세한 사항은 **임종**

수의 STM32 Cortex-M 완벽 활용서(Vol.1)의 1.3. 단원에서 Read Out Protection 기능 관련 내용을 참조하면 된다. Chapter 7.부터는 사용자가 원하는 bootloader를 직접 개발하는 방법을 설명하겠지만, 제조사의 bootloader를 마치 자신이 개발한 bootloader처럼 사용할 수도 있다. 즉, 현재 실행하고 있는 application program 임의의 위치에서 System Memory에 있는 제조사의 bootloader 시작 번지를 다음 명령어의 번지로 PC(Program Counter)에 설정하여 제조사의 bootloader를 실행시킬 수도 있다. 물론, 그 전에 boot mode를 System Memory로 설정하고, reset을 걸어주어야 할 것이다. 이처럼 bootloader로 jump하기 전에는 다음과 같은 **사전 작업들**을 수행해 주어야 한다. 왜냐하면, bootloader를 호출하였다는 것은 현재의 application program을 더 이상 사용하지 않고 새로운 또는 갱신된 application program을 처음부터 다시 실행하겠다는 의미가 되기 때문이다.

❶ 모든 주변 장치들의 clock들을 disable한다.
❷ 사용하는 PLL을 disable한다.
❸ 모든 interrupt들을 disable한다.
❹ pending interrupt들은 clear해 준다.

제조사 즉, ST Inc.에서 제공하는 AN3155에 설명되어 있는 UART Bootloader protocol에 포함되어 있는 다양한 **명령어(command)**에 대해서는 Chapter 2.부터 자세히 학습하겠지만, 우선, Go command를 실행하여 새로 저장한 실행 image를 실행할 때에 bootloader에 의해서 사용된 주변 장치의 register들은 그 새로운 실행 image로 jump하기 전에 **default 값으로 자동으로 초기화되지 않는다는 것을 기억해 두도록** 하자. 그러므로, bootloader 통신으로 사용한 주변 장치를 계속해서 **또 다른 목적으로 사용**하고자 원한다면, 새로 실행하는 image 즉, user application에서 반드시, 다시 재설정해 주어야 한다는 데 주의하자. 솔직히, 사용자 bootloader의 경우에는 host로부터 새로운 image를 전송 받을 주변장치를 개발자가 coding하므로 나중에 user application을 실행할 때에 그 주변장치에 대한 설정을 이어갈 것인지 판단할 수 있지만, 제조사 bootloader를 사용하는 경우에는 사용한 주변장치에 대한 설정을 알 수 없기 때문에 만일, 계속해서 그 주변장치를 user application에서 사용할 것이라면 반드시, 원하는 방식으로 설정되었는지 **다시 확인**해 보아야 한다. 이 내용이 쉽게 이해가 가지 않아도 된다. 단순히, 외우듯이 기억해 두고, 계속해서 학습해 나가다보면, 해당 내용을 구현할 때에 좀 더 자세한 설명을 접하게 될 것이고, 그때에 완벽한 이해를 할 수 있을 것이다. 또한, 만일, IWDG가 이전 user application에서 사용되었다면, IWDG prescaler 값은 새로운 application의 요구 사항에 맞도록 수정하는 것도 잊지 말도록 하자. 경험상 실수를 할 수 있는 부분이기 때문에 언급한 것이다. 무엇보다도 제조사 bootloader 는 각각의 MCU에 대해서 **개별적**으로 갱신 즉, 바뀌기 때문에 사용제품에 적용하기 전에 우선, 해당 MCU의 bootloader 부분이 기존에 사용한 내용과 비교하여 무엇이 갱신되었는 지 확인해 볼 것을 추천한다. 특별히, USB DFU 또는 CAN interface를 이용하여 bootloading을 수행하려는 경우에는 외부 clock source 즉, HSE를 사용해야 한다. 단, 여기서 언급한 DFU는 Do Firmware Upgrade를 의미하며, **임종수의 STM32 완벽 활용서 (Vol.1)의 8.2. 단원**에서 좀 더 자세한 내용을 발견할 수 있다. 단, 추후부터는 **임종수의 STM32 완벽 활용서(Vol.1)**을 간단히 Vol.1이라고 생략하여 언급하도록 하겠다. 어쨌든, HSE 값의 **검출**은 bootloader firmware에 의해서 **동적**으로 수행되는데 이것은 내부 clock 에 의해서 계산된다. 그런데, MCU 내부 clock은 온도와 다른 여러 조건들에 취약한 것이 사실이다. 결국, 내부 clock이 1% 이상 그 값이 흔들리면, USB DFU 또는 CAN bootloader 는 정상적으로 작동하지 않을 수 있다는 데 주의하자. 그러므로, bootloading 할 때에는 반복적인 검증으로 비정상적인 상황이 발생하였을 때를 반드시 대비하도록 coding 해 주어 야 한다. 이 책에서는 USART bootloader에 대해서**만** 설명하였지만, 사용하는 MCU에 따라서 제조사 bootloader는 하나 또는 그 이상의 serial 주변 장치를 지원한다. 이제 여러분 은 Vol.2에서 사용할 보드인 STM32F302를 탑재한 SJ_MCUBook_M4를 사용하여 UART bootloader 사용 방법을 자세히 학습하고, 동일한 방법을 사용하여 STM32L052를 탑재한 SJ_MCUBook_M0에 적용해 보도록 하자. Bootloader Identifier(ID)는 MCU가 지원하는 serial 주변 장치들에 대한 정보를 포함한다. 예를 들어서, **2.3. 단원**에서 학습할 bootloader의 **Get Version** command를 사용하면 bootloader의 버전 즉, ID 값을 알 수 있는데, 1byte 크기를 갖는 이 버전은 [그림 1.4-4]와 같은 의미를 갖는다. 만일, ID 값 즉, 버전 정보가 0x10이면, X=1이고, Y=0이므로, 이것은 단지 하나의 USART가 bootloader로 사용될 수 있고, bootloader의 first version을 의미한다. bootloader ID 값은 **Get Version** command 뿐만 아니라 **2.5. 단원**에서 학습할 **Read memory** command 로도 읽을 수 있다. 모든 STM32 MCU에 대한 ID 값에 대한 자세한 정보를 확인하고 싶다 면, AN2606의 Table 3을 참조하면 된다.

X : Bootloader에 의해서 사용되는 serial 주변 장치 종류   Y : Bootloader 버전

X = 1: one USART is used
X = 2: two USARTs are used
X = 3: USART, CAN and DFU are used
X = 4: USART and DFU are used
X = 5: USART and I^2C are used
X = 6: I^2C is used
X = 7: USART, CAN, DFU and I^2C are used
X = 8: I^2C and SPI are used
X = 9: USART, CAN (or FDCAN), DFU, I^2C and SPI are used
X = 10: USART, DFU and I^2C are used
X = 11: USART, I^2C and SPI are used
X = 12: USART and SPI are used
X = 13: USART, DFU, I^2C and SPI are used

[그림 1.4-4] bootloader의 버전 의미.

특별히, [그림 1.4-5]의 ①번에서는 STM32F103RB을 사용하는 Nucleo-F103RB 보드의 bootloader 정보를 보여준 것이고, ②번은 SJ_MCUBook_M4 보드에서 사용하는 STM32F302R8T6에 대한 ID 값을 보여준 것이다. ③번은 SJ_MCUBook_M0 보드에 있는 STM32L052K6U7에 대한 ID 값을 보여준 것이다. [그림 1.3-1]로부터 STM32F103RB MCU는 **Medium Density**이고, Performance line인 것도 알 수 있다. 그러므로, [그림 1.4-5]의 ①번과 같이 STM32F103RB의 경우에 Bootloader ID는 **NA**이고, USART1번만 사용할 수 있으며, 이때에 bootloader protocol은 버전 **V2.2**인 것도 알 수 있다. 그런데, STM32F302의 경우에는 ②번에서 보여준 것과 같이 USART1번뿐만 USART2번도 사용할 수 있고, USB FS로 DFU도 사용할 수 있다. 또한, bootloader ID = 0x40이고, 0x1FFF_F796번지에 저장되어 있으며, USART를 위한 bootloader protocol의 버전은 **V3.1**로 STM32F103과 다른 것을 볼 수 있다. 이제부터 Nucleo-F103RB 보드와 SJ_MCUBook_M4 보드를 이용하여 제조사의 USART bootloader를 이용하여 새로운 application program을 main flash memory에 writing하는 방법을 실험해 보도록 하겠다. 우선, 새로운 application program에 대한 실행 file 즉, ***.hex** file을 USART를 통하여 PC로부터 MCU에 downloading해 주어야 하는데, 이때에 사용할 Windows Program을 STM website에서 download 받아 설치해 보도록 하겠다.

STM32 Series	Device		Supported serial peripherals	Bootloader ID		Bootloader (protocol) version
				ID	Memory location	
F1	STM32F10xxx	Low-density	USART1	NA	NA	USART (V2.2)
		Medium-density	USART1	NA	NA	USART (V2.2)
		High-density	USART1	NA	NA	USART (V2.2)
		Medium-density value line	USART1	0x10	0x1FFFF7D6	USART (V2.2)
		High-density value line	USART1	0x10	0x1FFFF7D6	USART (V2.2)
F3	STM32F373xx		USART1/USART2/ DFU (USB device FS)	0x41	0x1FFFF7A6	USART (V3.1) DFU (V2.2)
	STM32F378xx		USART1/USART2/ I2C1	0x50	0x1FFFF7A6	USART (V3.1) I2C (V1.0)
	STM32F302xB(C)/303xB(C)		USART1/USART2/ DFU (USB device FS)	0x41	0x1FFFF796	USART (V3.1) DFU (V2.2)
	STM32F358xx		USART1/USART2/ I2C1	0x50	0x1FFFF796	USART (V3.1) I2C (V1.0)
	STM32F301xx/302x4(6/8)		USART1/USART2/ DFU (USB device FS)	0x40	0x1FFFF796	USART (V3.1) DFU (V2.2)
	STM32F318xx		USART1/USART2/ I2C1/ I2C3	0x50	0x1FFFF796	USART (V3.1) I2C (V1.0)
	STM32F302xD(E)/303xD(E)		USART1/USART2/ DFU (USB device FS)	0x40	0x1FFFF796	USART (V3.1) DFU (V2.2)
	STM32F303x4(6/8)/334xx/328xx		USART1/USART2/ I2C1	0x50	0x1FFFF796	USART (V3.1) I2C (V1.0)
L0	STM32L01xxx/02xxx		USART2 SPI1	0xC3	0x1FF00FFE	USART (V3.1) SPI (V1.1)
	STM32L031xx/041xx		USART2 SPI1	0xC0	0x1FF00FFE	USART (V3.1) SPI (V1.1)
	STM32L05xxx/06xxx		USART1/USART2 SPI1/ SPI2	0xC0	0x1FF00FFE	USART (V3.1) SPI (V1.1)
	STM32L07xxx/08xxx		USART1/USART2 DFU (USB device FS)	0x41	0x1FF01FFE	USART (V3.1) DFU (V2.2)
			USART1/USART2 SPI1/SPI2 I2C1/I2C2	0xB2	0x1FF01FFE	USART (V3.1) SPI (V1.1) I2C (V1.2)

[그림 1.4-5] Embedded Bootloader 버전과 종류.

다음의 website에서 무료로 Flash loader demonstrator program을 제공한다.

https://www.st.com/en/development-tools/flasher-stm32.html

Google keyword로는 Flash Loader Demo STM32 정도면 될 것이다. 어쨌든, [그림 1.4-6]의 ①번과 같이 Flash loader demonstrator program을 download 받고, 압축을 풀어서, ②번과 같이 flash_loader_demo_v2.8.0.exe을 실행시켜 준다.

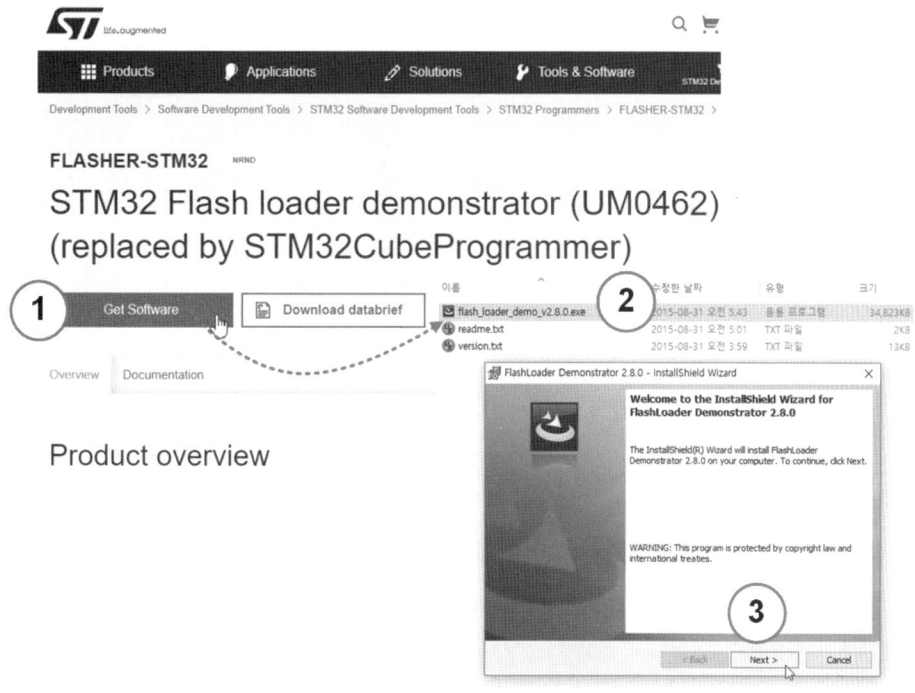

[그림 1.4-6] STM32 Flash Loader Demonstrator 설치 방법.

그리고, ③번과 같이 install 해 주면 된다. 설치가 완료되었으면, 자주 사용할 것이므로 바탕화면에 STMFlashLoader Demo.exe의 단축 아이콘을 등록해 주도록 하자. [그림 1.4-5]의 ①번으로부터 STM32F103RB는 USART1번만 serial bootloading을 위하여 사용할 수 있다는 것을 알 수 있었다. [그림 1.4-7]은 Nucleo F103RB 64pin 보드에 대한 회로도 일부이다. [표 1.4-1]에서 보여준 것과 같이 일반적으로 여러분이 개발한 code가 저장되어 있는 main flash memory에서 booting 하도록 BOOT0 pin은 항상, low로 만들어 주어야 한다. 그러나, MCU 제조사의 bootloader를 이용하여 booting하기 원한다면, BOOT0 pin은 high로 만들어 주어야 한다. 그러기 위해서는 BOOT0 pin에 +3.3[V]를 연결해 주어야 한다. 즉, 우리가 방금 설치한 Flash Loader Demo program을 이용하여 PC에 있는 새로운 실행 file 즉, *.hex file을 MCU의 USART1번에 연결되어 있는 UART로 전송하여 System Memory에 저장되어 있는 bootloader의 도움으로 main flash memory에 저장하기 위해서는 [표 1.4-1]에서 보여준 것과 같이 BOOT0 pin은 high level을 가져야 하고, BOOT1 pin은 low level을 가져야 한다.

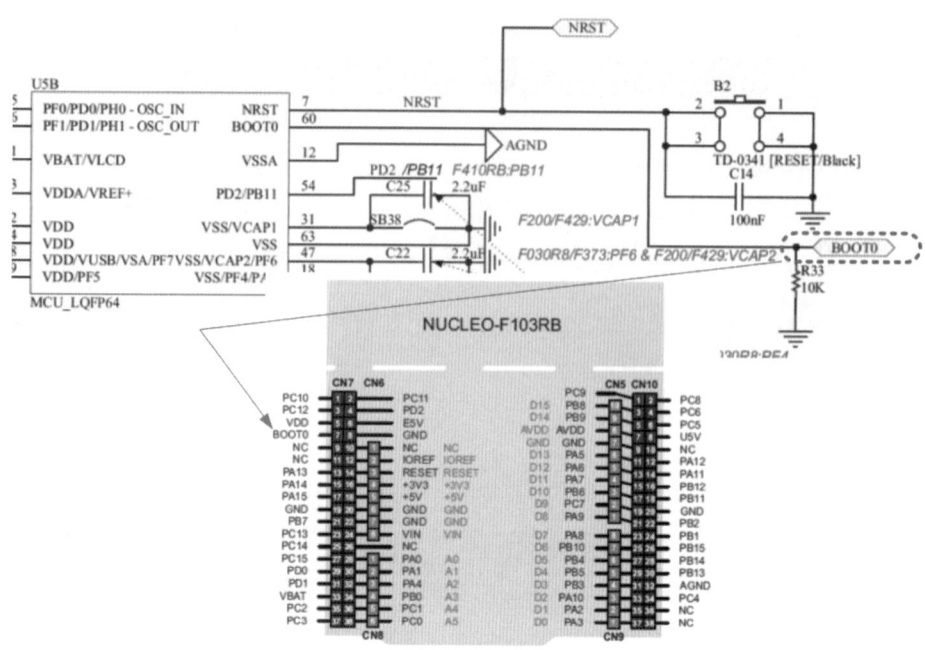

[그림 1.4-7] BOOT0 pin은 항상 low로 설정.

STM32F103RB datasheet를 보면, 쉽게 BOOT1 pin이 **PB2**인 것을 확인 할 수 있을 것이다. 참고적으로 개발한 보드가 ST-Link emulator로 연결하였을 때에는 정상적으로 동작하는데, 전원을 끄고, 다시 켜는 즉, POR을 수행하면 동작하지 않는다면, 이것은 제조사 bootloader 실험을 하고, BOOT0 pin을 low로 바꾸어 주어서 main flash memory로 부팅하도록 하는 것을 잊어 버려서 발생 할 수도 있다는데 주의하자. 개발과정에서 이와 같은 **실수로 시간 소비를 많이** 하는 경우가 있어서 참고적으로 알려준 것이다. 어쨌든, [그림 1.4-7]에서 보여준 것과 같이 BOOT0 pin은 Nucleo-F103RB 보드의 외부 connector인 CN7에 연결되어 있다. 이제, 이 pin에 [그림 1.4-8]에서 보여준 것과 같이 CN6에 있는 **+3V3 단자**를 jumper wire로 서로 연결하여 주면, BOOT0 pin은 High 값을 갖게 된다. 그런데, 한 가지 기억해 둘 것은 [그림 1.4-7]의 BOOT0 pin 관련 회로도를 보면, BOOT0 pin이 10[KΩ]으로 **pull-down**되어 있는 것을 볼 수 있다. 이것은 사용자가 실수로 BOOT0 port를 나중에 GPIO 출력 port로 설정하고, 그 출력 값을 High 즉, 3.3[V]로 설정한 경우를 대비한 것이다.

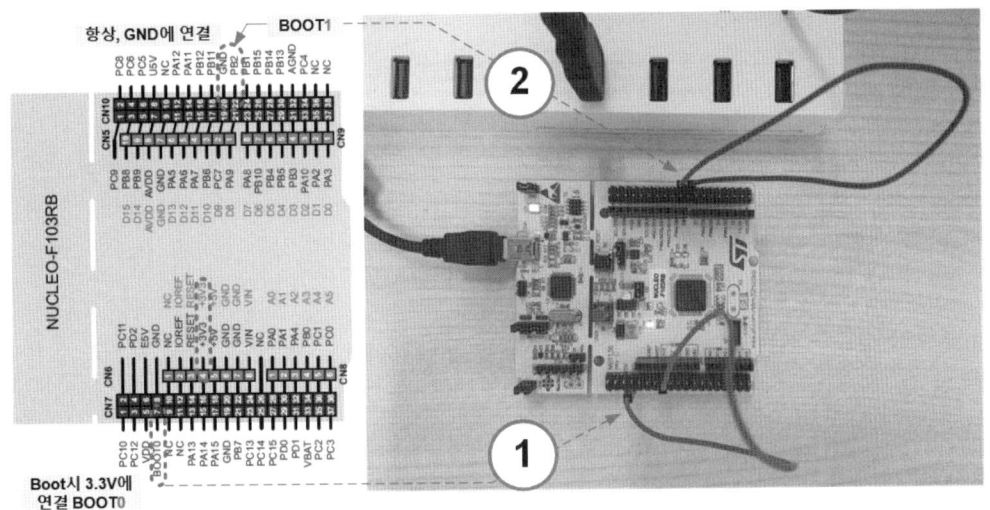

[그림 1.4-8] USART1을 이용한 Serial Booting 방법 - 1.

예를 들어서, bootloading 작업이 모두 끝나고, 새로운 application program이 동작할 때에 BOOT0 pin을 일반 GPIO 출력 pin으로 설정하고, High를 출력하는 경우, 즉, 3.3[V]를 출력하는 경우에 추가된 10[kΩ] 저항에 의해서 I=V/R=3.3[V]/10[KΩ]=0.33[mA]가 저항에 흐르면서 low 값을 형성하게 된다. 그런데, **이 저항이 없다면**, 전원 전압인 3.3[V]가 바로 Ground에 연결되어 **전원 단락**을 형성하게 돼서 **MCU가 파손**될 수 있다는 데 주의하자. 그러므로, 만약을 위해서 BOOT0에 이처럼 **10[kOhm]을 연결해 주는 것**을 잊지 말도록 하자. 대부분의 경우, 개발한 보드를 다른 동료 연구원으로부터 그대로 이어 받아서 부분적으로 수정하고, 확인하지 않은 상태에서 제품을 출하하게 되면, 최종 담당자가 책임을 져야 하기 때문이다. 어쨌든, [그림 1.4-8]의 ②번과 같이 BOOT1번은 ground에 연결하였다. 그런데, 문제는 USART1번 port를 Nucleo-F103RB 보드에서 UART로 사용할 수 없다는 것이다. [그림 1.4-9]의 ③번에서 보여준 것과 같이 Nucleo-F103RB 보드에 있는 ST-Link emulator가 제공하는 UART는 USART2에 대한 것이다. ④번에서 보여준 USART1을 사용하기 위해서는 좀 더 자세히 보여준 ⑤번처럼 **PA9번 pin USART1 Tx**와 **PA10번 pin USART1 Rx**를 상대편 즉, PC의 Tx와 Rx pin과 상호 **교차해서 연결**해 주어야 한다. 이와 같이 UART Tx와 Rx를 상호 교차해 준 cable을 **NULL Cable**이라고 하여 판매 하는데, 9 pin DB9 **커넥터**가 사용된다. 그러나, SJ_MCUBook_M4와 M0, 그리고, M3 보드 모두 단순히 제공하는 jumper wire들로 연결하여 대신 사용할 수 있다.

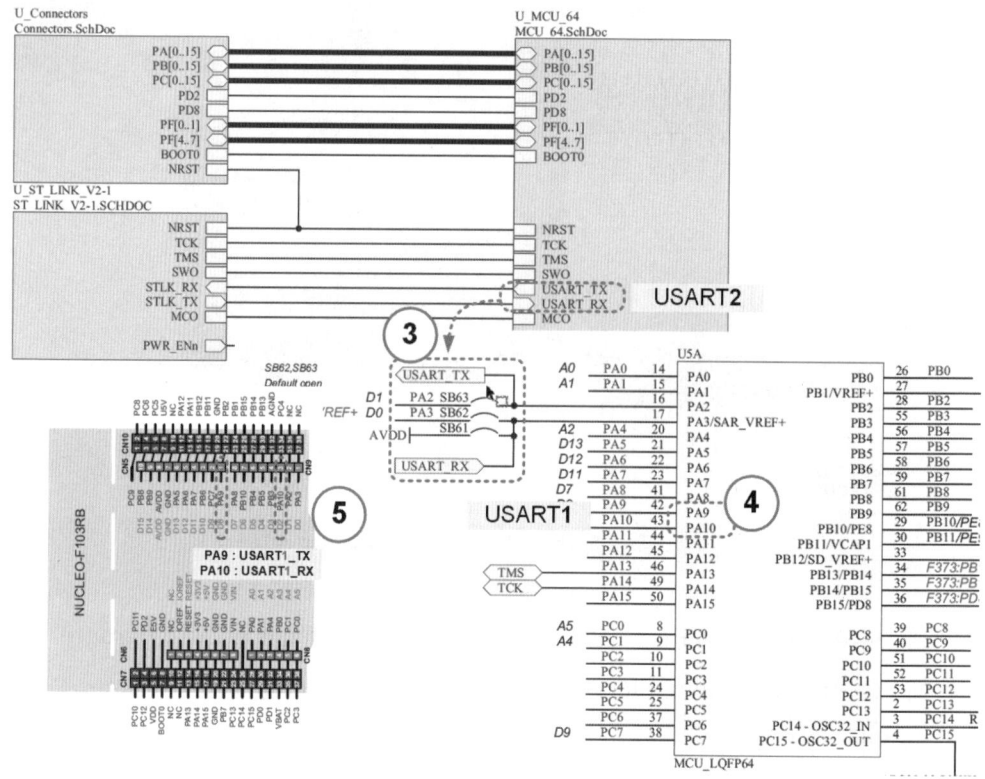

[그림 1.4-9] USART1을 이용한 Serial Booting 방법 - 2.

[그림 1.4-10]은 SJ_MCUBook_M4 보드와 Nucleo-F103RB 보드를 jumper wire들을 이용하여 상호 연결한 것을 보여준 것이다. 특별히, 주의해서 볼 것은 J14에 **pin header가 없고, ⑥번에는 2개가 연결되어 있다는 것**이다. 이에 대한 내용은 [그림 1.4-11]에서 보여준 SJ_MCUBook_M4 보드에 대한 회로도를 참조하면 된다. SJ_MCUBook_M4 보드의 회로도뿐만 아니라 M0와 M3 보드에 대한 회로도와 관련 자료는 모두 **Naver Cafe 임종수 연구소**에서 download 받을 수 있다. 우선, UART 통신을 USB 통신으로 변환해 주는 ⑧번의 CP2102 부품을 보면, TXD pin이 [그림 1.4-9]에서 보여준 PA10번 pin USART1 **Rx**과 연결되고, RXD pin은 PA9번 pin USART1 **Tx**와 연결되어 **상호 교차 연결**된 것을 확인할 수 있다. 그리고, ⑦번과 같이 J11번의 1번과 3번을 pin header로 연결하고, 2번과 4번도 pin header로 연결한 것이 [그림 1.4-10]의 ⑥번이다. 또한, Nucleo-F103RB 보드에서 SJ_MCUBook_M4 보드로 **전원을 공급**해 주고 있다는 것도 기억해 두자.

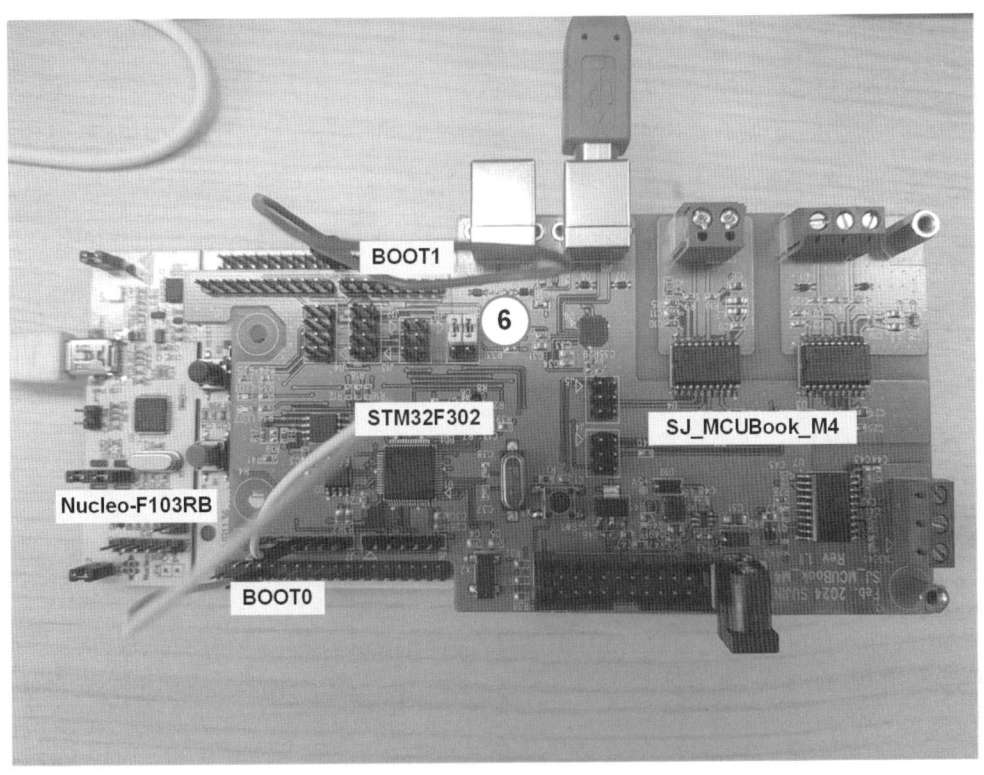

[그림 1.4-10] USART1을 이용한 Serial Booting 방법 - 3.

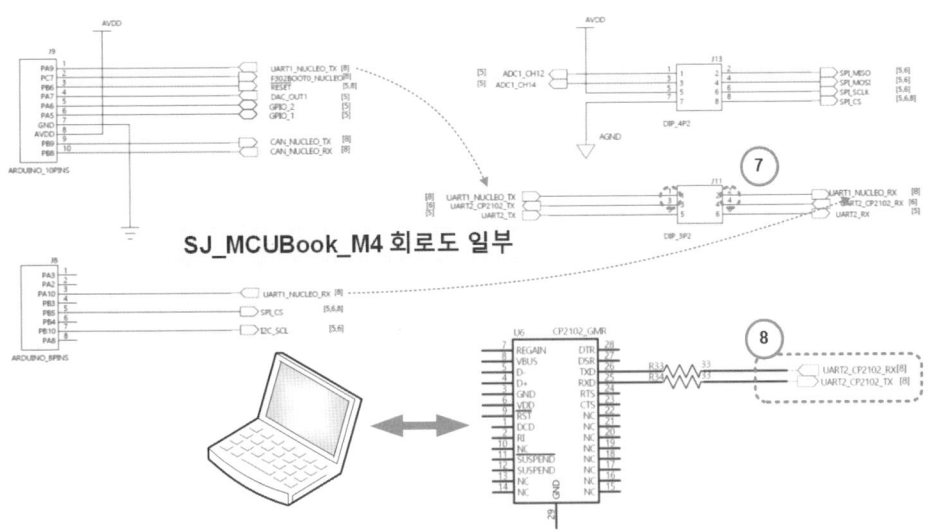

[그림 1.4-11] USART1을 이용한 Serial Booting 방법 - 4.

1 제조사 Bootloader 소개 | 39

최종적으로 Nucleo-F103RB 보드의 USART1 Rx와 Tx를 이용하여 새로운 *.hex file을 보내줄 PC의 USB port와 연결되고, UART로 인식할 수 있도록 하기 위해서 SJ_MCUBook_M4 보드에 있는 USB2UART bridge chip인 CP2102 부품을 사용하는 것이다. 같은 방식으로 기존에 구매한 SJ_MCUBook_M3 보드도 쉽게 연결할 수 있을 것이다. 이제, USART1 port를 이용한 Serial Downloading을 위한 실험 준비가 완료 되었으니 앞서 install한 **Flash loader demonstrator** program을 이용하여 downloading할 간단한 실행 파일 즉, *.hex file을 만들어 보겠다. 예제에 사용할 code는 단순히 Nucleo-F103RB 보드에 있는 녹색 LED 즉, **LD2**를 점멸하는 것이다. [그림 1.4-12]에서 보여준 것과 같이 LD2는 **PA5**번 핀에 연결되어 있다.

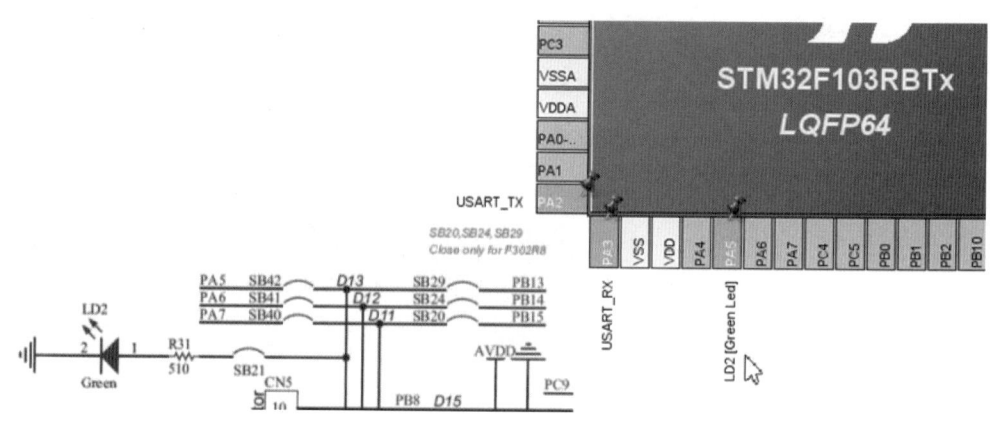

[그림 1.4-12] USART1을 이용한 Serial Booting 방법 - 5.

왜냐하면, 보드의 뒷면을 자세히 살펴보면, SB42는 연결되어 있지만, SB29는 끊어져 있기 때문이다. 이제, CubeMX에서 보여준 것과 같이 PA5를 Nucleo-F103RB 보드 초기 default 상태인 GPIO 출력으로 설정하고, HAL_Delay() 함수와 HAL_GPIO_TogglePin() 함수를 적절히 사용하여 LD2 LED가 0.5[초] 마다 점멸하게 한다. 구체적으로 다음과 같은 순서대로 예제 code를 만들어 본다. 어쩌면, **처음** CubeMX를 사용하시는 분들도 있을 수 있으므로 **이번 한번은** 간단히 CubeMX를 이용한 C framework를 생성하는 과정을 보여줄 것이다. 만일, 보다 체계적이고 자세한 학습을 원한다면, Vol.1을 참조하기 바란다. 우선, 제일 먼저, CubeMX를 실행하고, [그림 1.4-13]에서 보여준 것처럼 ①번과 같이 **File** menu에서 **New Project... Ctrl-N** menu를 선택한다.

[그림 1.4-13] USART1을 이용한 Serial Booting 방법 - 6.

만일, 오랜만에(?) CubeMX를 실행하였다면, 뭔가 download를 받기 시작할 것이다. 그리고 나서, New Project dialogbox가 나타날 것이다. 여기서 ②번과 같이 Board Selector tab을 선택하고, Commercial Part Number 옆에 ③번과 같이 f103이라고 지정하여 주면, ④번과 같이 Nucleo-F103RB 보드가 나타난다. 이제, ④번의 점선 영역을 mouse로 double click하면, [그림 1.4-14]의 ⑤번과 같이 Dialogbox window가 나타날 것이다.

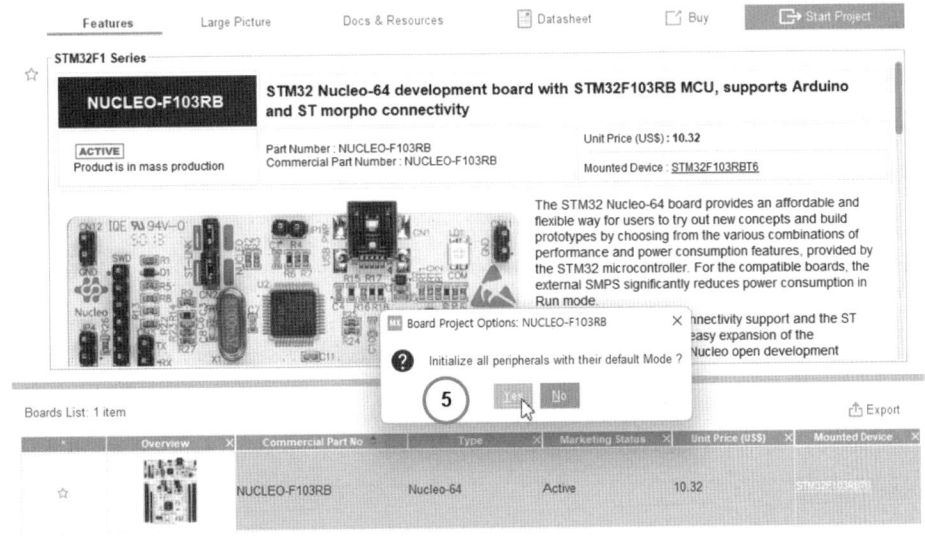

[그림 1.4-14] USART1을 이용한 Serial Booting 방법 - 7.

1 제조사 Bootloader 소개 | 41

여기서 **Yes**를 선택하면, Nucleo-F103RB 보드에 있는 STM32F103RB 주변 장치를 초기화 해 준다. 그리고 나서, [그림 1.4-15]에서 보여준 것과 같이 Nucleo-F103RB 보드 초기화 설정을 보여준다.

[그림 1.4-15] USART1을 이용한 Serial Booting 방법 - 8.

특별히, USART2번이 사용되고 있는 것을 볼 수 있다. USART2번을 위해서 PA2 pin은 USART2 **Tx**로 할당되었고, PA3 pin은 USART2 **Rx**로 할당되었다. 이 내용은 앞서 학습한 [그림 1.4-9]의 ③번에 해당한다는 것을 여러분은 반드시 연관시켜서 이해해야 한다. 보드의 초기 설정 값에 대해서 수정할 것은 없으므로 [그림 1.4-16]과 같이 바로 **Project Manager** tab을 선택하여 준다. 그리고, CubeMX가 생성할 C framework가 위치할 Project 위치와 이름을 설정해 주고, ⑥번과 같이 Application Structure는 Basic으로 설정한다. 이어서 Toolchain/IDE에서는 MDK-ARM을 선택하여 준다. 물론, 선택하기 전에 KEIL에서 출시하는 MDK-ARM이 **이미 설치되어 있어야** 한다.

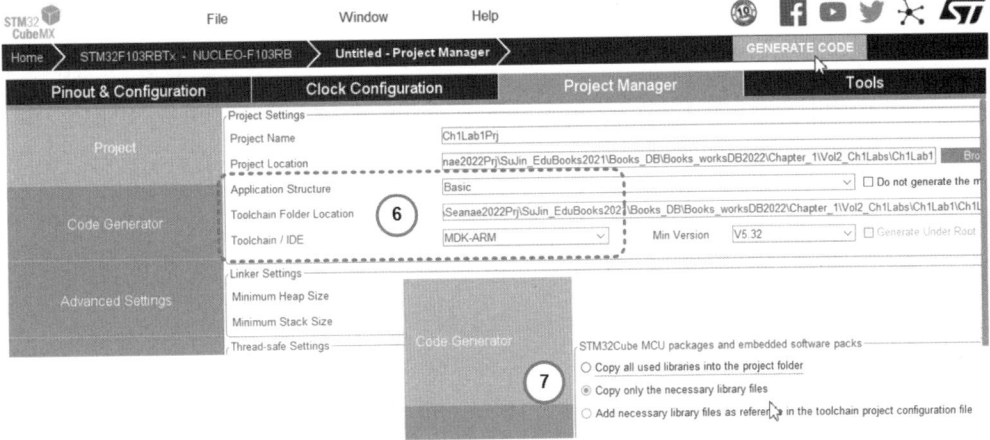

[그림 1.4-16] USART1을 이용한 Serial Booting 방법 - 9.

마지막으로 그림의 왼쪽에 있는 Project tab 바로 밑에 위치한 Code Generator tab을 click하여 ⑦번과 같이 Copy only the necessary library files를 선택하여 **반드시 필요한 library files만** 생성할 project folder에 복사해 놓도록 한다. 이제, 모든 준비가 완료되었으면, 지정한 Project를 위한 C framework를 생성하기 위해서 오른쪽 위에 보여준 **GENERATE CODE** button을 click하여 준다. 그리고 생성된 source files 중에서 Src folder에 있는 Main.c file에 다음과 같이 약속한 기능 즉, 0.5[초]마다 LD2 LED가 점멸하도록 coding하여 준다. 관련 project folder는 Chapter_1 folder 아래에 있는 Ch1Lab1Prj folder이다.

```
while (1) {
    HAL_Delay(500); // 0.5[s] delay
    HAL_GPIO_TogglePin(GPIOA, GPIO_PIN_5);
  /* USER CODE END WHILE */
  /* USER CODE BEGIN 3 */
}
```

Coding이 완료되었으면, MDK-ARM으로 build를 수행하여 *.hex 파일을 생성한다. 여기서 생성될 hex file의 이름은 **Ch1Lab1Prj.hex**이다. 현재, [그림 1.4-10]과 같이 보드 구성이 되어 있는 상태에서 Nucleo-F103RB에 연결되어 있는 USB Mini cable을 PC에 연결하고, CP2102를 위한 J15 USB connector에 연결되어 있는 USB cable도 PC에 연결해 준다.

이때, PC는 반드시 바테리가 아닌 전원 어댑터를 연결해 주어야 한다. 만일, 노트북을 전원에 연결하지 않으면, 여러분의 노트북 정책에 따라서 USB 전원을 줄일 수 있고, 이것은 **데이터 깨짐 현상으로 나타나기 때문이다.** 구체적으로 전원을 연결하면, USB 2.0의 경우, **최대 500[mA]까지** PC에서 전원을 제공하고, 이 전원을 받아서 Nucleo-F103RB가 SJ_MCUBook_M4 보드에 전원을 제공해 주는 것이다. 어쨌든, 전원을 연결하였으면, Flash loader demonstrator program을 실행시킨다. 그러면, [그림 1.4-17]의 ⑧번과 같이 Flash Loader Demonstrator dialogbox가 나타날 것이다.

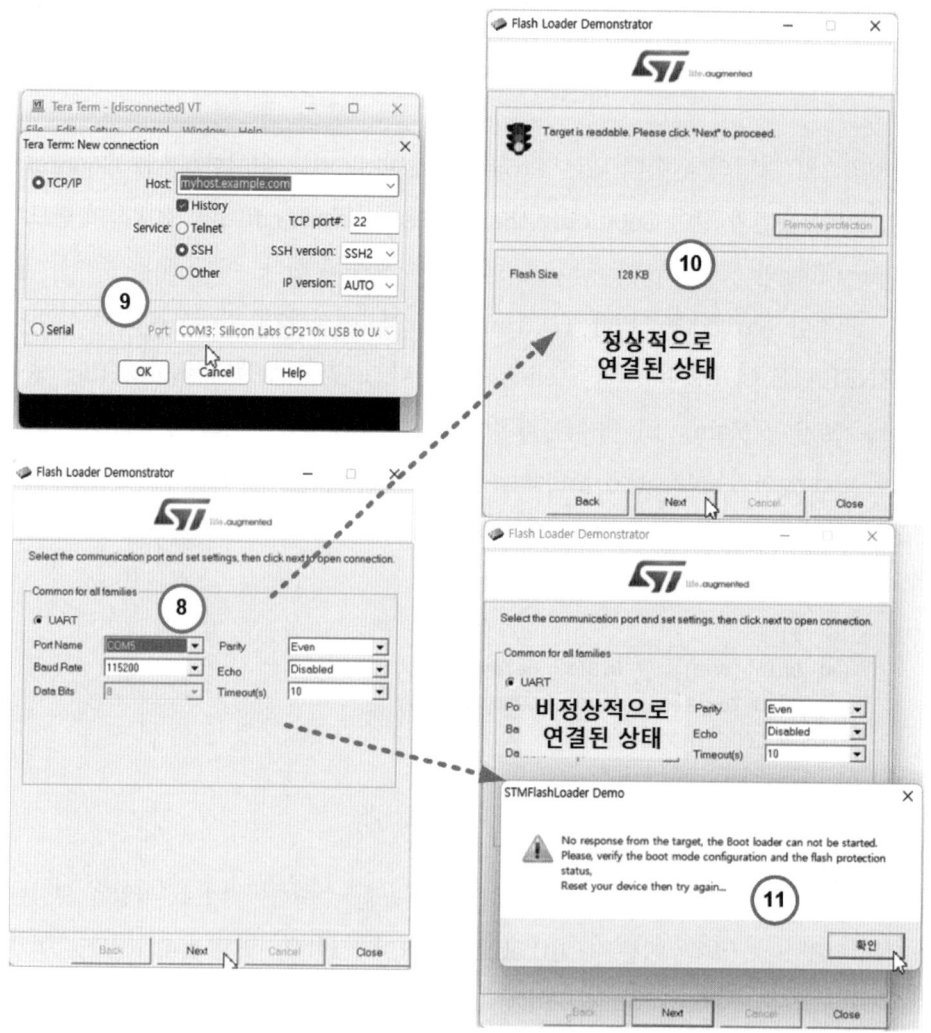

[그림 1.4-17] USART1을 이용한 Serial Booting 방법 - 10.

이때, Port Name은 장치 관리자에서 확인할 수도 있지만, Tera Term을 통하여 보다 쉽게 확인 할 수도 있다. 만일, Tera Term을 처음 접하는 분이 있다면, Vol.1의 2.5.1.단원을 참조하면 된다. Tera Term의 ⑨번을 통하여 CP2102는 PC의 COM3에 할당된 것을 확인 할 수 있다. 그러므로, ⑧번의 Port Name은 COM3로 설정해 준다. 그리고, Next button 을 click하면, ⑩번과 같은 dialogbox가 나타날 것이다. 그런데 이 과정에서 뭔가 문제가 발생하였다면, 대략 30초정도 시간을 끌다가 ⑪번과 같이 Error Message dialogbox가 나 타날 것이다. ⑩번을 보면, 현재, 연결되어 있는 STM32F103RB의 내부 flash memory 크기인 128[KB]가 표시된 것을 확인 할 수 있다. 이제, Next button을 click하여 주면, [그림 1.4-18]의 ⑫번과 같이 STM32F103RB MCU의 내부 flash memory를 page 단위로 구분한 memory map과 각각의 page 크기, 그리고, bootloader ID 즉, BID와 사용하는 USART bootloader protocol Version 정보가 나타난다.

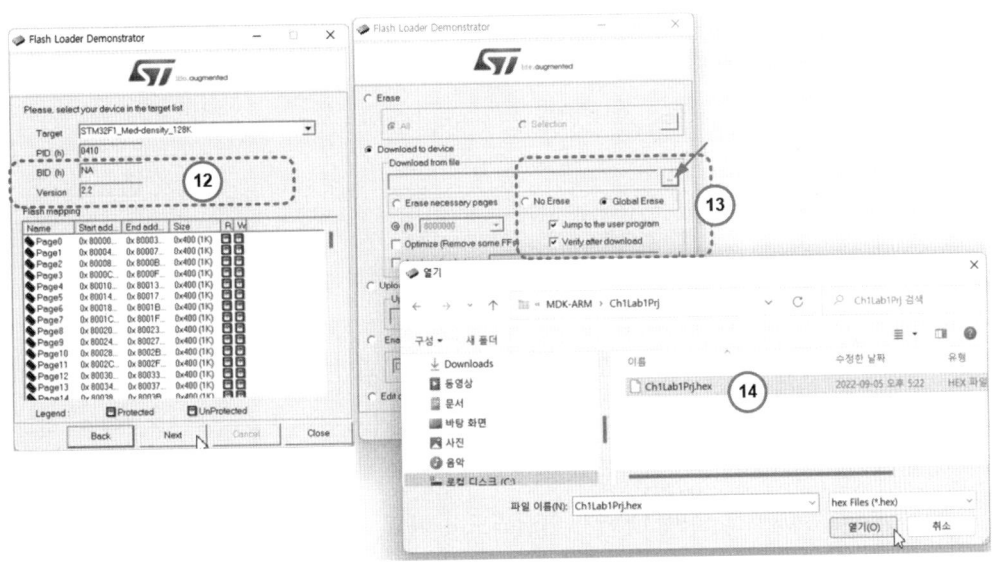

[그림 1.4-18] USART1을 이용한 Serial Booting 방법 - 11.

우리는 이미, [그림 1.4-5]의 ①번으로부터 STM32F103RB의 경우에 BID는 NA이고, protocol version은 V2.2인 것을 학습하였으므로 쉽게 확인할 수 있다. 다시, Next button 을 click하여 주고, 점선의 사각형 안에 있는 ⑬번과 같이 설정해 준다. 즉, Jump to the user program과 Verify after download를 모두 선택하여 준다. 그리고 나서, ⑬번에서 화살표가 가리키는 … button을 click하여 Serial download할 실행 file인 **Ch1Lab1Prj.hex**을 ⑭번과 같이 선택하여 준다. 그리고, [그림 1.4-19]의 ⑮번과 같이 **Next** button을 click하여 주면, ⑯번과 같이 Serial Downloading 시작하고, 선택한 option에 의해서 downloading 이후에 verifying도 수행하여 준다.

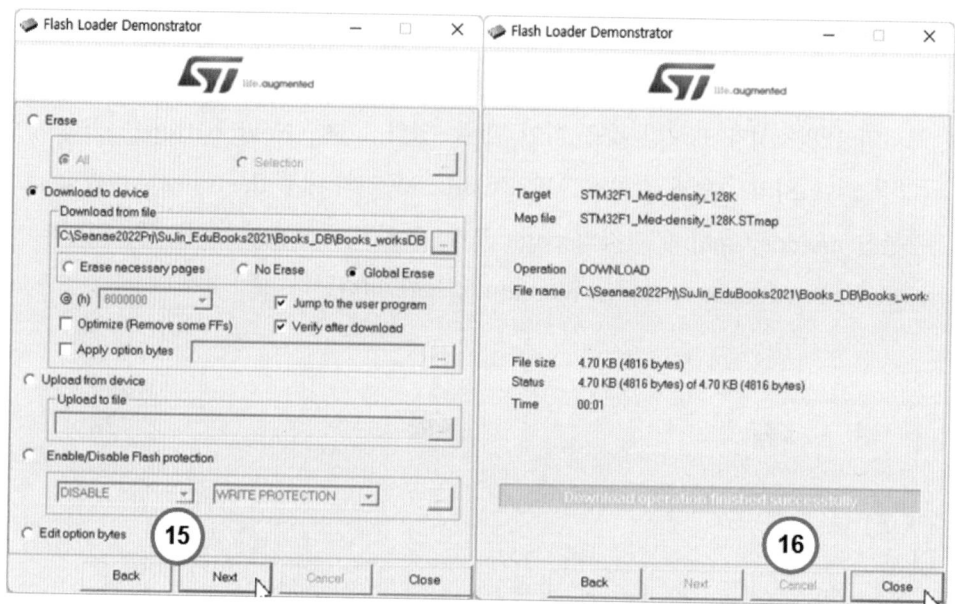

[그림 1.4-19] USART1을 이용한 Serial Booting 방법 - 12.

이제, ⑯번과 같이 성공적으로 downloading이 완료되면, **Close** button을 click하여 **Flash loader demonstrator** program을 닫아 준다. 그리고, [표 1.4-1]에서 보여준 것과 같이 Main flash memory로 booting 하도록 설정하기 위해서 BOOT0번에 연결할 jumper wire를 제거하여 BOOT0 pin에 0[V]가 연결되도록 하고, BOOT1번 cable은 상관없으므로 그대로 유지해준다. 그리고 나서, [그림 1.4-20]에서 보여준 것과 같이 전원을 끄고 다시 켜 준다. LD2 LED가 0.5[초] 단위로 점멸하는 것을 확인 할 수 있다. 이처럼 BOOT0번 jumper wire를 제거하고, 다시 Nucleo-F103RB 보드의 USB cable을 빼고, 다시 넣어주면, 즉, 전원을 끄고, 다시 켜주면, POR(Power On Reset)이 발생하여 Serial Downloading한 image file인 **Ch1Lab1Prj.hex**이 실행되어 LD2 LED가 0.5[초] 단위로 점멸하는 것을 확인 할 수 있을 것이다.

[그림 1.4-20] USART1을 이용한 Serial Booting 방법 - 12.

한 가지 여러분 중에서 [그림 1.4-18]의 ⑬번에서 우리는 이미 Jump to the user program 을 선택하였으므로 downloading이 완료되면, **자동으로** BOOT0번 cable 제거와 상관없이 **Ch1Lab1Prj.hex이 실행될 것으로** 기대했는데, 그렇지 않은 것을 볼 수 있다. 이처럼 예상과 다른 이유에 대해서는 Chapter 2.의 2.6.단원에서 Go command를 설명할 때에 상세히 설명할 것이므로 지금은 그냥 넘어가기 바란다. 어쨌든, 지금까지 새로운 실행 file인 **Ch1Lab1Prj.hex**을 제조사의 USART bootloader를 이용하여 **Flash loader demonstrator** program으로 downloading하는 방법에 대해서 살펴보았다. 일반적으로 공장에서 대량으로 제품을 생산할 때에 그 제품의 개수에 따라서 달라지겠지만, 제품에 사용되는 MCU에 사용할 *.hex file을 writing하고, 그리고 나서 **바로** 제품 **시험 성적서**에 있는 항목별로 기능 시험을 계측기와 물려서 실행한다. 이처럼 MCU downloading과 기능 시험을 일련의 과정으로 **한 번에 수행**하기 위해서는 Flash loader demonstrator program을 제품의 제조 공정에 맞게 수정해야 한다. 앞서 언급한 것과 같이 Flash loader demonstrator program을 download 받아서 설치하면, [그림 1.4-21]에서 보여준 것과 같이 VisualC++ 기반의 solution도 함께 제공하므로 참고하면 될 것이다.

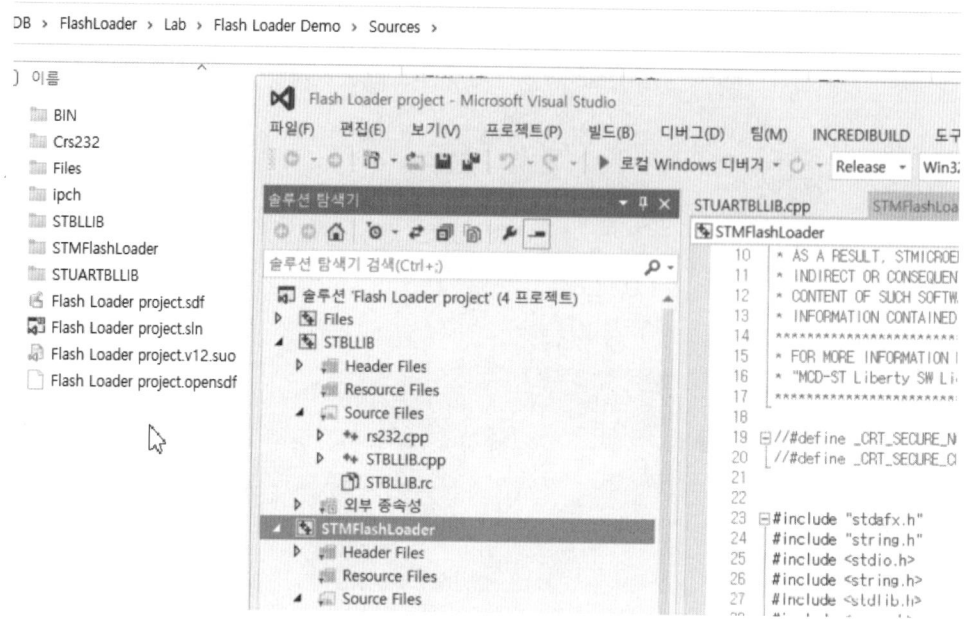

[그림 1.4-21] **Flash loader demonstrator** program VisualC++ solution.

대부분의 경우에는 제공하는 solution에 포함되어 있는 library file들과 필요한 기능들을 추가하여 원하는 Windows Program을 개발하여 사용한다. 그러나, **Chapter 2.**에서 설명하는 UART bootloader에서 사용할 수 있는 command들을 분석하여 **직접 개발하는 것을 추천**한다. 왜냐하면, 이처럼 bootloader에서 제공하는 command들에 대해서 충분히 이해하면, host로 PC가 아닌 일반 MCU를 사용할 수도 있기 때문이다. 공장에서 제품을 생산할 때뿐만 아니라 현장에서도 쉽게 제품의 새로운 실행 파일인 *.hex 파일 또는 binary 파일인 *.bin을 MCU에 writing하기 위해서는 **휴대가 가능한** 작은 USB Memory stick과 같은 host를 개발해야 하기 때문이다.

CHAPTER 02

제조사 UART Bootloader 사용 방법 - I

이번 단원에서는 제조사에서 제공하는 UART bootloader에서 사용할 수 있는 다양한 명령어(command)들에 대해서 학습할 것이다. 또한, 각각의 명령어에 대한 흐름도를 flowchart로 제공하여 여러분들의 이해력을 도울 것이며, Tera Term을 이용하여 학습한 내용을 바로 실험하여 실전 경험을 넓혀 줄 것이다. 무엇보다도 단순히, 제조사에서 제공하는 Bootloader를 사용하는 방법에만 국한 시키지 않고, 제조사 bootloader에 의해서 새롭게 main flash memory에 저장된 실행파일을 실행시키는 방법에 대해서 자세한 학습을 하게 될 것이다. 그러기 위해서 여러분은 실행 파일이 실행하기 위한 기본적인 조건들에 대해서 학습하고, 실행 파일을 형성하는 **binary file**과 일반적인 문서용 문자열을 표시하는 **text file**을 생성하는 표준 C 함수들에 대해서 자세한 사용 방법과 그 개념에 대해서 학습하게 될 것이다. 즉, 그림 문자들로 구성된 Text file의 구조와 각각의 byte 값이 의미를 갖는 binary file에 대한 개념을 학습하게 될 것이다. 이에 대한 개념은 다음 Chapter에서 학습하게 될 실행 파일의 또 다른 구조인 **hex file 구조를 이해**하는 데 많은 도움이 된다. 무엇보다도 제조사 bootloader로부터 새로 main flash memory에 저장한 실행 image로 **실행 순서를 옮기는 과정**에서 필요한 interrupt vector table의 재배치를 위한 **VTOR(Vector Table Offset Register)**에 대한 학습은 향후, user bootloader와 RTOS 학습에 깊은 관련을 가지므로 자세히 학습해야 한다. 특별히, System memory booting 이후 실행하는 제조사 bootloader에서 사용할 수 있는 다양한 명령어(command)들을 통하여 host PC 또는 임의의 MCU에서 새로운 실행 image를 전송하는 과정을 실습하기 위해 필요한 관련 C code routine을 개발하여 제공하고 있으므로 **향후 양산과정에서 제조사 bootloader를 위한 Host program을 개발하려는 분들에게는 귀한 자료**가 될 것이라고 생각한다. 여기서 설명하는 interrupt vector table 재배치와 관련된 내용들이 포함하고 있는 **개념**과 **전문 용어**들은 STM32 MCU뿐만 아니라 **임의의 CPU, MCU 또는 DSP를 포함한 모든 processor에 적용할 수 있는 내용**이므로 철저하게 학습해 보기 바란다. 또한, Chapter 7.부터 학습할 User bootloader에 대한 내용을 이해하기 위해서는 VTOR에 대한 충분한 이해가 필요한 데 주의하기 바란다. 다소 많은 내용과 실습을 다루고 있는 것이 사실이다. 이들 많은 내용들은 바로 현장에서 사용할 수 있도록 단계별로 많은 실습과정들이 준비되어 있으니, 하나씩 하나씩 따라해 보기 바란다.

■ 학습 목표 :

- USART bootloader protocol에 대한 분석과 이해.
- 임의의 binary *.bin과 *.hex file을 생성하는 방법 학습.
- Get command, Ger Version command, Get ID command에 대한 학습.
- Read Memory command와 Go command에 대한 학습.
- NVIC(Nested Vector Interrupt Controller)에 대한 학습.
- **VTOR**(Vector Table Offset Register)을 이용한 vector table 재배치 방법 학습.

2.1 USART Kernel Bootloader Protocol 분석.

이번 단원에서는 USART port를 이용한 booting 방법에 대해서 자세히 살펴보도록 할 것이다. 즉, AN3155 문서를 중심으로 제조사인 ST Inc.에서 MCU에 저장한 USART bootloader에서 사용하는 protocol 분석과 각각의 명령어에 대한 실습을 통하여 자세한 protocol에 대한 이해를 하는 시간을 갖도록 할 것이다. 구체적으로 UART bootloader가 제공하는 각각의 command와 host가 통신을 하는데 필요한 C code를 개발할 것이다. 이들 C code는 ST Inc.에서 제공하는 Flash loader demonstrator program과 같은 기능을 자체적으로 개발할 때에 매우 유용한 자료가 될 것이다. 또한, PC가 아닌 다른 MCU를 통해서 새로운 실행 파일을 전송하는 경우에도 필수적이다. 왜냐하면, 새로운 실행 파일을 MCU 내부의 flash memory에 저장하기 위해서는 이를 담당하는 UART bootloader와 통신을 해야 하는데, 이때에 통신 방식을 정의한 것이 USART bootloader protocol이기 때문이다. 사실 이제부터 설명할 protocol 분석에 대한 내용은 전혀 새로운 내용이 아니다. 왜냐하면, 우리는 이미 Vol.1에서 다양한 UART 전송 protocol들을 만들고, 관련 C coding을 하여 PC의 Windows Program 즉, SJ_MCUBook_Apps와 통신하는 방법을 충분히 학습하여 경험이 풍부하기 때문이다. 간혹, PC 상의 Windows Program에 대해서 무게를 두지 않는 분들이 많은데, 여러분이 반드시 기억해 둘 것은 이처럼 기술을 배우는 것은 우수한 제품을 만들기 위함이고, 이 제품이 대량으로 양산을 하게 되는 경우에 공장에서 자동으로 제품에 새로운 실행 파일을 적용하고, 그리고, 각각의 제품에 대해서 기능을 검증하는 것이 모두 Windows Program으로 수행된다는 것이다. 또한, 대부분의 제품들은 랜덤 한 오차를 포함하고 있는 수동 소자인 R, L, C뿐만 아니라 다양한 calibration을 요구하는 부품들을 사용하게 되는데, 이때에 Windows Program이 자동으로 관련 계측기와 연동하여 Calibration을 수행해서 제품 사이에 편차가 없도록 수행하는 역할도 한다. Windows Program에 대한 구현 방식은 다양한 언어를 사용할 수 있지만, 이 책은 MFC 기반의 Visual C++로 개발한 SJ_MCUPro를 사용할 것이다. 이 프로그램은 Vol.1에서 사용한 SJ_MCUBook_Apps를 발전시킨 것으로 자세한 내용은 부록 1을 참조하기 바란다. 또한, 이번 단원에서는 Protocol 의 분석에 중점을 두고, 실습을 위하여 PC의 Tera Term을 UART terminal program으로 사용할 것이다. 만일, Tera Term에 대한 경험이 없는 분이라면, Vol.1의 2.5.1.단원을 참조하면 되겠다. 기본적으로 Nucleo-F103RB 보드에 있는 STM32F103RB의 UART bootloader를 통하여 새로운 실행 파일을 전송하는 방식에 대해서 학습하고, 추가적으로 SJ_MCUBook_M4에 있는 STM32F302와 SJ_MCUBook_M0에 있는 STM32L052에 대해서도 동일한 학습을 수행할 것이다. [그림 2.1-1]은 USART를 통한 STM32 bootloader 활용 방법에 대한 일반적인 흐름도를 보여준 것이다.

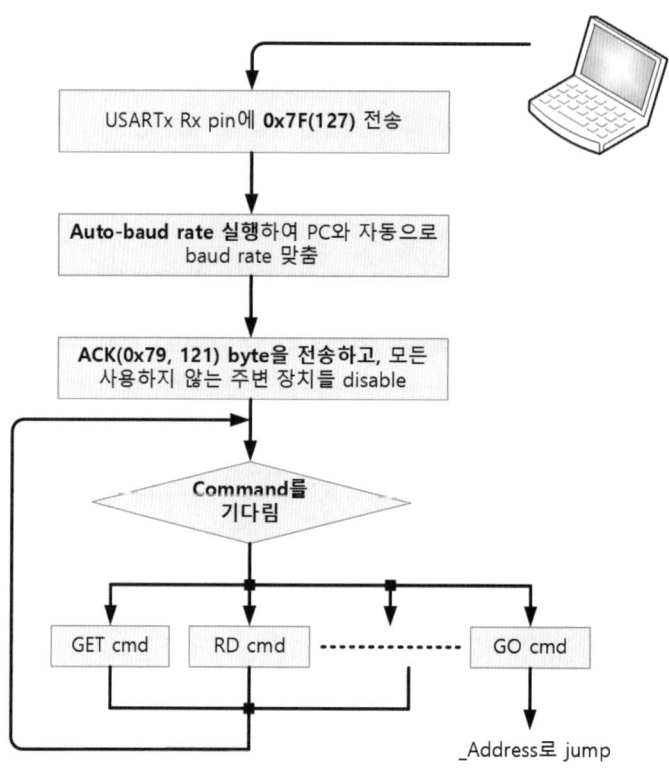

[그림 2.1-1] USART bootloader 흐름도.

일단, Chapter 1.의 [표 1.4-1]에서 보여준 것과 같이 하드웨어적으로 boot mode가 **System Memory** boot mode로 설정되어 있고, reset을 걸어서 System Memory boot mode로 들어가면, bootloader는 [그림 2.1-1]에서 보여준 것과 같이 USARTx_RX pin에 **0x7F가 들어올 때까지 기다린다.** 이때에 UART 구성은 [그림 2.1-2]와 같다. 여기서 주의할 것은 data bits는 8bits, 그리고, even parity bit와 1bit stop bit는 **반드시** 지켜주어야 한다. 그리고, baud rate는 MCU 내부적으로 core timer인 Systick Timer를 이용하여 host(예 : PC)에서 사용하는 **baud rate를 자동으로 검출하여 측정한다.**

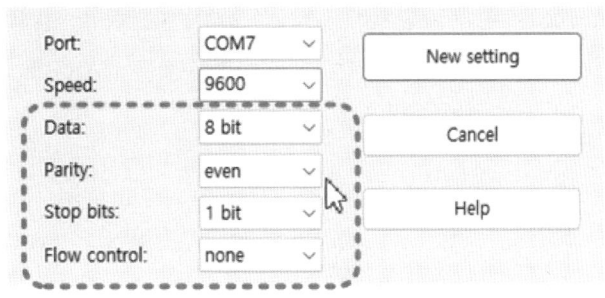

[그림 2.1-2] USART bootloading을 위한 UART 구성.

그러므로, host의 baud rate는 9600[bps]와 다른 값을 사용할 수 있다는 데 주의하자. 이제, host가 보내준 0x7F를 수신하면서 동시에 측정한 baud rate를 이용하여 Acknowledge byte인 0x79(121, 문자 y)를 host로 반환한다. 특별히, **Parity**가 **Even**인데 주의하자. 구체적으로 0x7F가 MCU의 USART port에 들어오면, 이것을 기준으로 host의 UART baud rate를 MCU에 따라서 Hardware 적으로 또는 Software 적으로 검출한다. 그리고 나서 bootloader로 사용할 해당 USART 초기화를 수행한다. 초기화가 완료되면, host에게 0x79(즉, 문자 y)를 **Ack 신호**로 전송해 준다. 결국, host가 0x7F를 전송하고, 0x79를 받는다면, MCU는 [그림 2.1-1]에서 보여준 것과 같이 **임의의 command를 받을 준비가 되었다는 것을** 의미하게 된다. 정리하면, 0x7F 즉, ASCII table 기준으로 키보드 상의 **DEL** key를 click하여 전송하면, MCU가 받고 자동으로 baud rate를 검출하고, 문자 y를 반환하게 된다. 이후에 host와 MCU가 정확한 데이터 **전송을 유지하기** 위해서는 MCU가 자동으로 검출한 baud rate와 0x7F를 전송한 host의 baud rate 사이에 **오차가 2.5% 안쪽**으로 들어와야 한다. 그러나, 이 2.5%라는 수치는 사용하는 MCU의 clock에 따라서 그리고, host의 baud rate에 따라서 달라질 수 있다는 데 주의하자. 일단, MCU 외부에 정밀한 clock을 연결해 주었어도 문제는 현재 동작하고 있는 제조사 bootloader가 그것을 모르고, 오로지 온도에 민감한 내부 RC 공진 oscillator로 clock을 만들어서 사용한다는 것이다. 그리고, 일반적으로 보다 높은 host의 baud rate가 보다 큰 오차 범위를 가진다. 이와 같은 문제들로 인해서 결국, 전송 오류가 발생할 확률이 높아지게 된다. 사용할 수 있는 가장 낮은 baud rate는 1200[bps]이므로 이보다는 커야 하고, 가장 높은 baud rate는 115,200[bps]이므로 이보다는 작아야 한다는 데 주의하자. 그러므로, 일반적으로 [그림 2.1-2]에서 보여준 것과 같이 9600[bps] baud rate를 사용할 것을 권장한다. 참고적으로

9600[bps] baud rate가 다소 원거리 간격으로 설치된 제품들 사이의 RS-485 통신에 일반적으로 많이 사용되는 baud rate 값이다. [표 2.1-1]은 UART bootloader에서 지원되는 command들을 정리한 것이다.

Command	Code	설 명
Get	0x00	version 정보를 얻어 온다.
Get Version	0x01	bootloader version 정보와 flash memory의 read protection 상태를 얻어 온다.
Get ID	0x02	Chip ID를 얻어 온다.
Read Memory	0x11	application에 의해서 지정된 번지로부터 256bytes까지 읽어 온다.
Go	0x21	내부 flash memory 또는 SRAM에 위치한 user application code로 jump 한다.
Write Memory	0x31	application에 의해서 지정한 번지로부터 RAM 또는 flash memory에 256bytes를 쓴다.
Erase	0x43	모든 flash memory pages를 지운다.
Extended Erase	0x44	2 byte addressing mode로 모든 flash memory pages를 지운다. 단, v3.0부터 가능
Write Protect	0x63	몇몇 sector들에 대해서 write protection을 enable한다.
Write Unprotect	0x73	모든 flash memory sector들에 대한 write protection을 disable
Readout Protect	0x82	Read protection을 enable
Readout Unprotect	0x92	Read protection을 disable
Get Checksum	0xA1	4bytes의 배수 크기로 주어진 memory 영역에 대해서 CRC 값을 계산한다.

[표 2.1-1] Bootloader Commands 종류.

이번 Chapter 전체에 걸쳐서 자주 참조될 것이므로 [표 2.1-1]이 몇 페이지에 있는지 잘 기억해 두기 바란다. 우선, 모든 bootloader command들이 **1Byte 크기**를 갖는 것을 알 수 있다. 만일, 잘못된 명령이 수신되었거나 또는 주어진 명령을 수행하는 동안에 error가 발생하였다면, bootloader는 **NACK** byte(즉, **0x1F(31)**)를 host로 보내고, 새로운 command를 수신할 수 있도록 기다린다. 정리하면, [그림 2.1-2]와 같이 bootloader로 사용할 USART를 설정하고, 0x7F(127) 즉, keyboard 상의 **DEL** key(또는 **Delete** key)를 전송하면, bootloader는 baud rate를 계산하여 0x79(121) 즉, 문자 **y**를 반환한다. 이를 실험하기 위해서 [그림 1.4-10]과 같이 System Memory boot mode로 구성하여 준다. 보드 설정과 연결이 완료되었으면, [그림 2.1-3]의 ①번에서 보여준 것과 같이 Tera Term을 설정하고, 검은색 Tera Term 화면에 **DEL** key를 click하여 주면, Ack 문자 **y**가 반환되는지 확인해 보기 바란다. Chatpter 1.에서도 설명하였듯이 RDP(Read protection) option이 활성화 되어 있으면, Get, Get Version, Get ID, 또는 Read unprotect command만 사용할 수 있다.

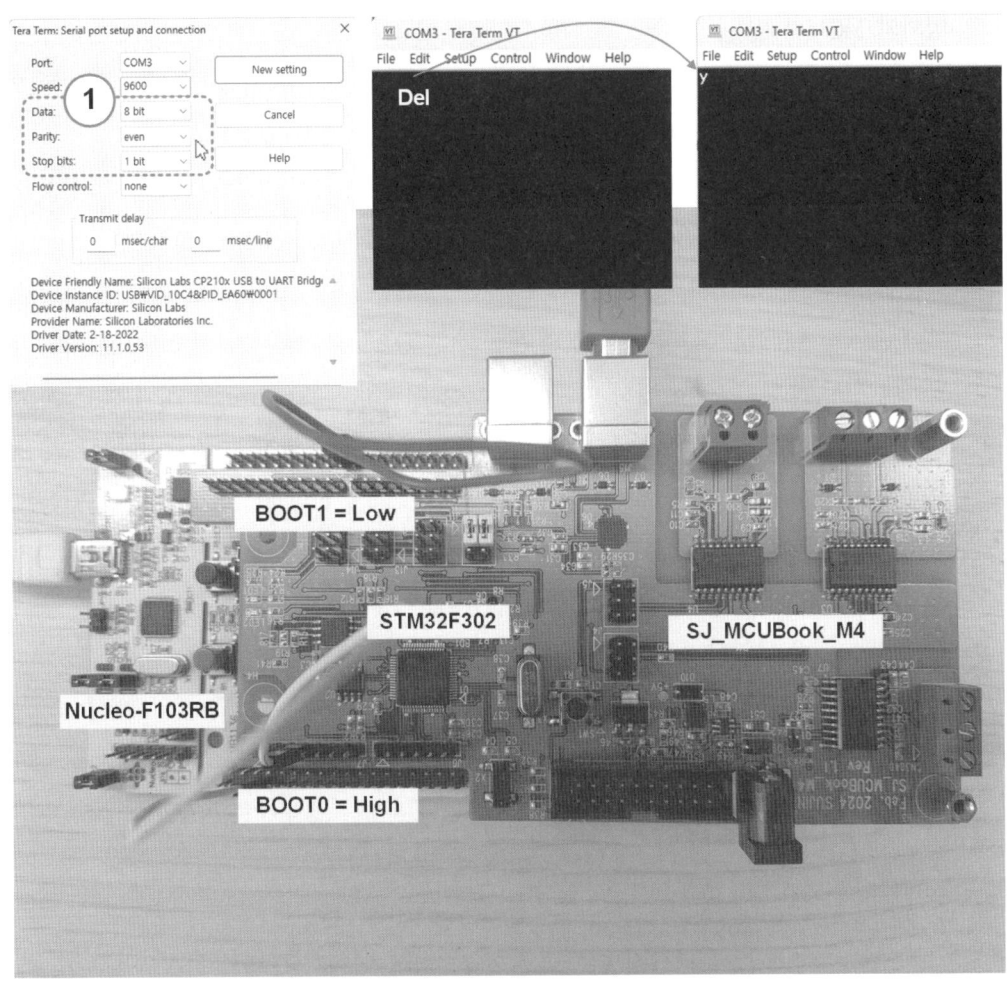

[그림 2.1-3] USART Bootloader Baud Rate 테스트 방법.

그 밖의 다른 명령어들은 NACK byte를 반환 할 것이고, 관련 동작을 하지 않을 것이다. 일단, RDP가 제거되어야 다른 명령어들도 사용할 수 있다는 데 주의하자. Read Memory, Go, Write Memory, Erase, 또는 Extended Erase command들은 선택한 MCU가 제공하는 **유효한 flash memory 영역에 대해서만 사용**해야 한다. 임의의 MCU는 Erase 또는 Extended Erase, 2개 중에서 어느 하나를 이용할 수 있다. host에서 device로 향하는 통신에 대한 **검증 방식**은 다음과 같다. 단, 여기서 Host는 PC 또는 새로운 실행 file을 전송할 MCU를 의미하고, Device는 새로운 실행 file을 수신하여 실행할 MCU를 의미한다. 그러므로, Device에 속하는 MCU는 STM32 MCU가 되어야 하지만, Host에서 사용할 MCU는 임의의 MCU가 될 수 있다.

❶ Host가 데이터를 전송하는 경우 오류 검증 :
모든 전송할 데이터 bytes에 대해서 XORing을 수행하고, 그 XORing한 결과 값을 포함하는 byte를 **데이터 전송의 끝**에 추가해 준다. 이것이 checksum byte이며, 1byte 크기를 갖는다. 사실, 이것은 Vol.1.에서 사용한 UART 통신 규약(protocol)의 맨 마지막 byte에 checksum 1byte를 추가한 것과 동일하다. Device는 host가 전송한 데이터를 수신할 때에 모든 수신한 bytes에서 마지막 byte만 제외하고, XORing을 하여 그 끝에 추가된 byte와 **비교**한다. 결국, 통신 오류 없이 정확히 전송한 데이터를 수신하였다면, 동일한 checksum byte를 가질 것이고, 이것은 결국, 2개의 checksum byte들이 동일한 값을 가지는 경우에 XORing을 수행하면, 0x00이 **된다는 것을 의미**한다는데 주의하자.

❷ Host가 각각의 1byte command를 전송하는 경우 :
[표 2.1-1]에 나열한 1 byte 크기의 Command code를 전송하고, 이어서 그 Command code에 대한 1의 보수 값(즉, XORing)을 전송하면 된다.

❸ 모든 UART 전송은 **Even Parity** check를 수행한다. 전송된 각각이 packet을 accept하는 경우에는 ACK(즉, 0x79(121))로 응답하고, 무시하는 경우에는 NACK(즉, 0x1F(31))로 응답해 주면 된다.

이제부터 [표 2.1-1]에 나열한 각각의 command에 대해서 상세히 학습해 보도록 하겠다. 단, 반드시 필요한 Get command부터 Erase command까지만 살펴볼 것이다.

2.2 Get(0x00) Command.

■ 주요 기능 : bootloader의 버전 정보를 반환해 준다.

[그림 2.2-1]은 Host 측면에서의 Get command 실행에 대한 흐름도를 보여준 것이다. 그리고, [그림 2.2-2]는 Device 측면에서의 Get Command 실행에 대한 흐름도를 보여준 것이다.

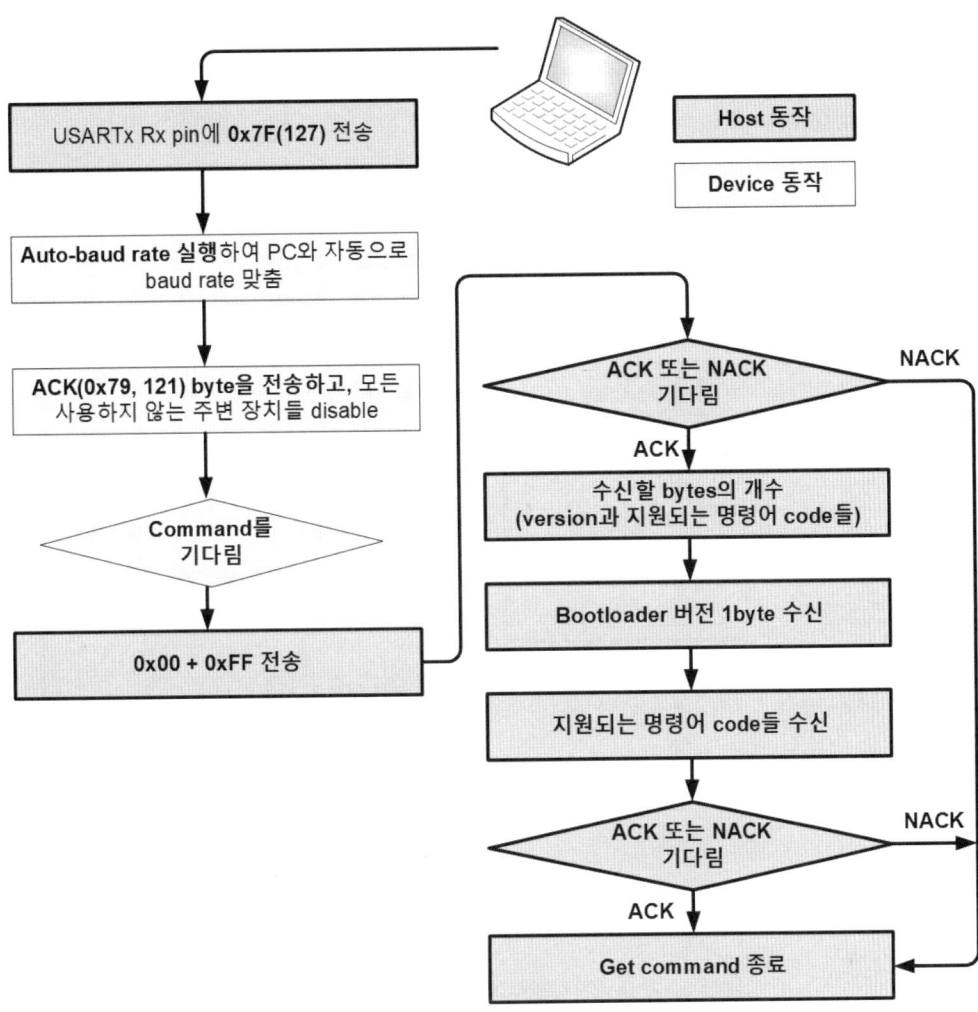

[그림 2.2-1] Host 측면에서의 Get command 실행에 대한 흐름도.

즉, Device의 bootloader는 Get command를 수신하면, bootloader version을 Host로 전송하고, 지원되는 command code들도 host로 전송한다. 지원되는 command code는 [표 2.1-1]을 참조 하면 된다. 이제, 각각의 흐름도에 대해서 실습을 해보도록 하자. 그러기 위해서는 [그림 2.1-3]과 같이 보드를 구성하여 준비해야 한다. 일단, [그림 2.1-3]과 같이 구성하고, Keyboard 상의 Delete key를 click하였을 때에 y 문자가 반환되면, Get command code 값인 0x00을 전송하고, 그리고 나서, Host가 1byte command를 전송하는 경우이므로 앞서 언급한 ❷번에 근거하여 그 command code 값에 대한 1의 보수 값인 0xFF를 전송해 주어야 한다.

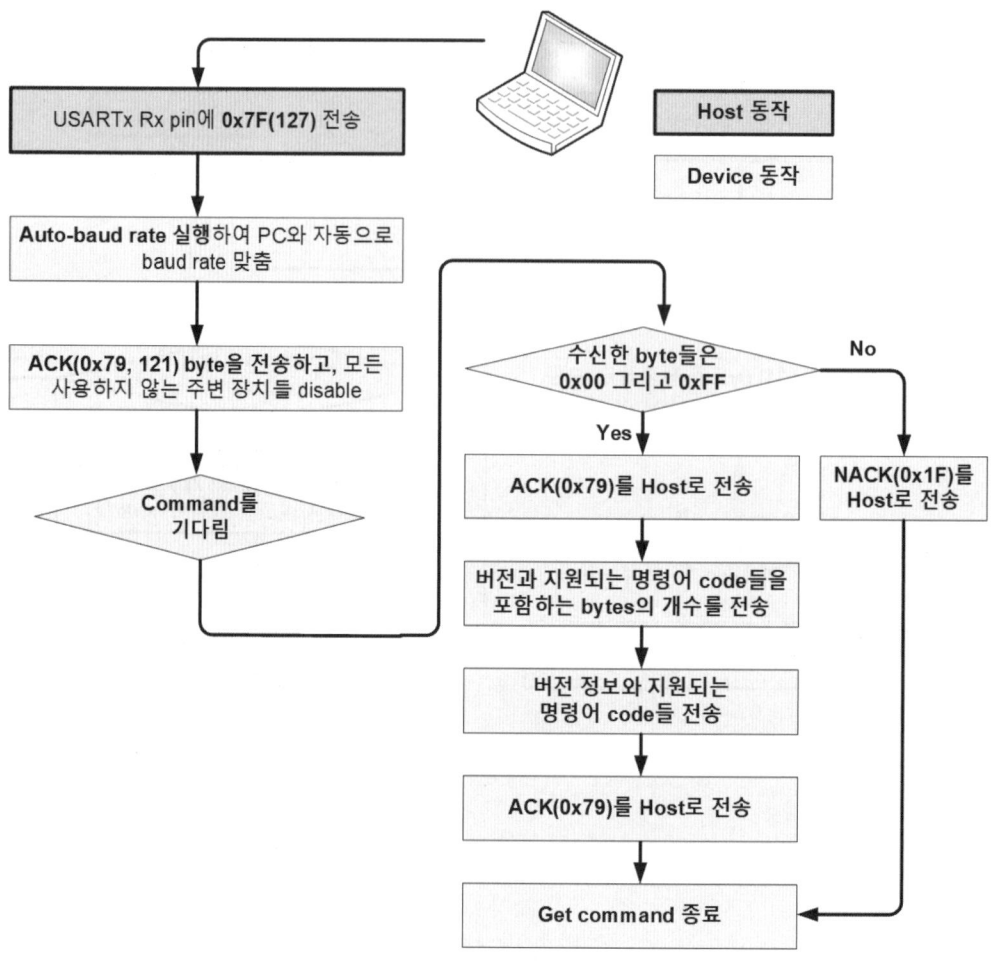

[그림 2.2-2] Device 측면에서의 Get command 실행에 대한 흐름도.

그런데, 문제는 이 값들이 Text format이 아닌 Binary format인데 주의하자. 일단, 이 책은 C 언어에 대한 학습서가 아니므로 여기서는 간단히, Text file과 Binary file에 **대한 내용**과 그에 따른 C 표준 함수들에 대해서만 간단히 정리할 것이다. 사실, Text file, 특별히, Binary File format에 대해서는 hex file format과도 연관이 있으므로 충분히 이해할 필요가 있다. 참고적으로 다음에 수록한 내용은 아직 출간하지는 않았지만 필자가 10년 이상 계속해서 집필한 C 언어 책에서 발췌한 내용이다. 여기서 소개하는 개념과 관련 C 표준 함수들을 이용하여 KEIL의 MDKARM이 생성한 hex file 또는 binary file을 처리할 것이므로 주의 깊게 학습하기 바란다. 무엇보다 추후 여러분이 Windows Program을 개발하는 경우에 사용할 수도 있다. **일반적으로 파일은 형식화 유/무에 따라서 다음과 같이 크게 2가지**

종류로 구분할 수 있다.

❶ Text file : 형식화된 file

모든 파일을 구성하는 각각의 문자는 1byte 크기를 갖고, 그 byte의 값은 대응하는 ASCII code 한 개의 문자로 표시된다. 결국, 저장된 정보는 문자열로 기록된 text file로 표시되고, 처리되어 저장된다. **text mode**는 **기본** file mode이지만, **fopen() 함수**를 이용할 때에 **wt, rt, 또는 at**와 같이 명시적으로 표시해 줘도 된다. 이 mode에서 **Ctrl+Z**는 입력에서 **EOF(End of File, 0x1A) 문자**로 해석되며, Windows OS에서 Carriage Return(0xD)과 Line Feed(0xA) 조합은 **단일 줄 바꿈으로 변환**된다. 즉, **\n문자**는 출력에서 Carriage Return(0xD)과 Line Feed(0xA) 조합으로 변환된다. 단, Tera Term과 같이 사용하는 Serial Terminal program에서 다시 설정할 수도 있다.

❷ Binary file :

저장된 byte 값 자체가 의미를 가지며, **Binary mode**라고 부른다. 그러므로, Carriage Return(0xD)과 Line Feed(0xA) 조합이 단일 줄 바꿈으로 변환되지 않는다. **wb, rb, 또는 ab**와 같이 fopen() 함수에 표시해 주면 된다. 주로 embedded system에서 build하여 생성된 실행할 image를 바로 flash memory에 저장할 때 많이 사용한다. 왜냐하면, 실행할 program을 저장하고 있는 file을 구성하는 각각의 byte는 **그 값 자체가 의미를 가지므로** 어떠한 파일에 대한 처리가 필요가 없기 때문이다. 여기서 "**의미를 갖는다.**"라는 것은 binary file에 저장된 일련의 4개의 bytes 즉, 32bits는 32bits Cortex-M core의 명령어에 해당할 수도 있고, 데이터가 될 수도 있다는 의미이다. 잠시 후에 학습하게 되겠지만, KEIL의 MDKARM과 같은 소프트웨어에 의해서 build 이후에 생성된 binary 실행 파일의 처음 4개 bytes, 32bits는 main stack pointer의 32bits 번지를 가리키는 **의미를 갖는** 값이다. 즉, 사람들에게 보여주기 위해서 대응하는 어떠한 **그림 문자로 변환**되어 표시하는 목적이 아니다.

이처럼 동일한 데이터에 대해서 text file과 binary file로 구분지어 처리할 수 있도록 다음과 같이 **다양한 C 표준 함수들**이 제공된다.

❶ Text file : 형식화된 file.

관련된 file 처리 함수들로서 fprintf(), fscanf(), fputc(), fputs(), fgetc(), 그리고, fgets() 함수가 존재하며, 그 의미는 [그림 2.2-3]과 같다.

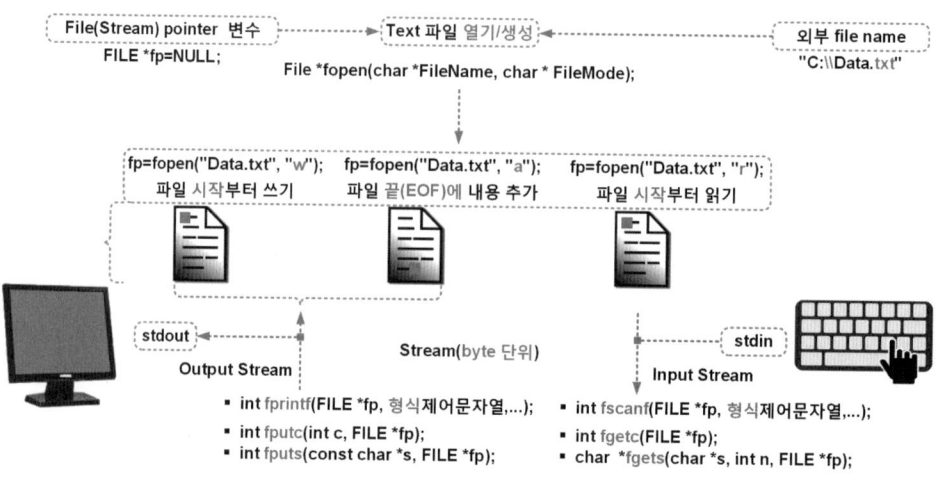

[그림 2.2-3] Text file 처리를 위한 stdio.h의 표준 함수들.

❷ Binary file : 형식이 없는 file

관련된 file 처리 함수들로서 fread()와 fwrite() 함수가 존재하며, 그 의미는 [그림 2.2-4]와 같다.

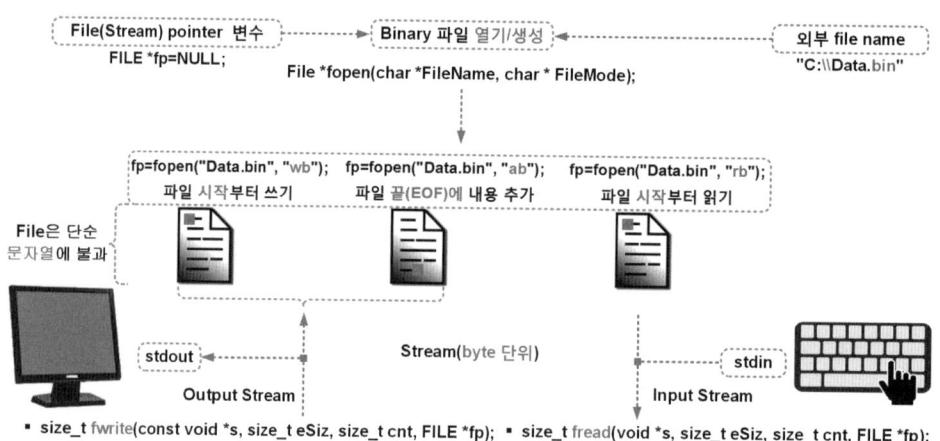

[그림 2.2-4] Binary file 처리를 위한 stdio.h의 표준 함수들.

[그림 2.2-5]는 Text file과 Binary file에 대한 좀 더 명확한 이해를 얻는데 도움이 될 것이다.

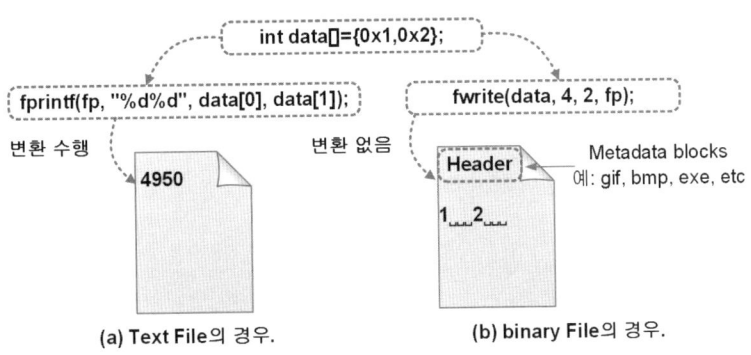

[그림 2.2-5] Text file과 Binary file의 구분 - 1.

즉, Text file은 data[0]과 data[1]을 어떻게 표시할 것인지 %d와 같은 **형식지정**을 하지만, binary file은 형식 지정을 하지 않고, **그 값 자체를 저장**한다. 좀 더 구체적으로 data[0]에 있는 1을 %d 형식 지정자에 넣으면 ASCII code 49로 변환되고, data[1]의 2는 50으로 변환된다. 그러나, 형식지정이 없는 fwrite() 함수에 의해서 data[0]의 1을 저장하면 1 자체가 의미를 갖는 값이 되어 바로 저장된다. 그런데, 나중에 binary file을 notepad.exe(메모장) 등과 같은 문서 관련 소프트웨어로 열어보면, 1을 표시하지 않는 것을 볼 수 있다. 이것은 ASCII code 1에 대응하는 문자는 SOH로 문자로 표시되지 않기 때문이다. 일반적으로 Windows OS뿐만 아니라 Linux OS, 그리고, iOS와 같은 운영 체제에서 이와 같은 binary file을 읽거나 저장할 수 있도록 하기 위해서 [그림 2.2-5(b)]에 보여준 것처럼 header 정보를 포함하고 있다. 즉, 임의의 binary file의 맨 앞에 header 정보를 포함하는 metadata block이 저장되어서 binary file을 어떻게 읽고 사용하면 되는지 그 규격이 저장되어 있다. 예를 들면, Windows OS에서 실행되는 임의의 *.exe 파일은 **PE format**으로 구성되어 있고, 그의 header 정보는 다음의 website를 참조하면 된다.

https://learn.microsoft.com/en-us/windows/win32/debug/pe-format

즉, PE format에 맞게 binary file에 header 정보를 추가해 주어야 Windows OS에서 실행

된다는 의미이다. 낯설게 생각할 필요가 없다. 우리는 8.2. **단원**에서 embedded target을 위한 executable binary image format에 대해서 소개를 받고, 9.1. **단원**에서 자세히 학습하게 될 것이기 때문이다. 여러분이 기억할 것은 아무리 복잡한 Windows OS라고 하더라도, **기본 개념은** embedded target 즉, MCU에서 실행하는 실행 image format과 유사하다는 것이다. 이것은 Chapter 10.부터 학습하는 OS(Operating System)에서 더 분명해 질 것이다. 어쨌든, [그림 2.2-6]은 다음과 같은 C code에 대한 실행 결과이다. 단, Chapter 3.에서 소개할 HxD 소프트웨어를 사용하였다.

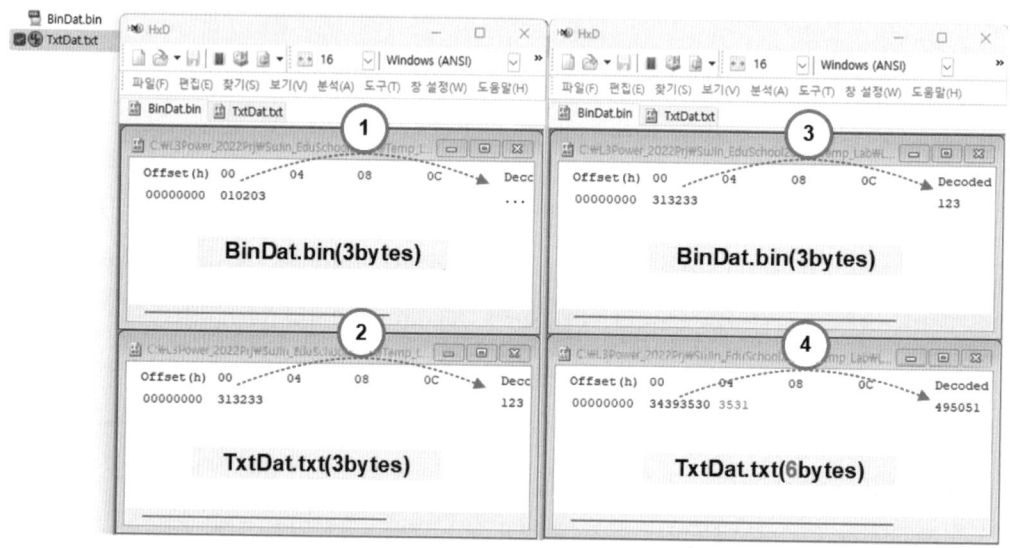

[그림 2.2-6] Text file과 Binary file의 구분 - 2.

```
// 2024, 5, 13,          written by Dr. JongSu Lim.
#include<stdio.h>
#include<stdint.h>

#define BINFILE                                                ▶ ⑤
int main() {
#if 1                                                          ▶ ⑥
  uint8_t dat[3]={1, 2, 3};
#else
  uint8_t dat[3]={49, 50, 51};  // ASCII 1, 2, 3 = 49, 50, 51
#endif
  FILE *fp=NULL;
```

```
#ifdef BINFILE
  fp=fopen("BinDat.bin", "wb");
  fwrite(dat, 1, 3, fp);
#else
  fp=fopen("TxtDat.txt", "wt");
  fprintf(fp, "%d%d%d", dat[0], dat[1], dat[2]);
#endif
  fclose(fp);

  return 1;
}
```

⑤번과 같이 BINFILE을 정의하고, build하여 실행하면, ①번과 같이 dat[3]={1,2,3}이 그대로 저장되어 문자 변환이 발생하지 않았다. 그러나, ⑤번을 주석처리하고, 다시 build하여 실행한 다음에 ②번을 보면, Text mode로 %d 형식 지정자를 사용한 경우에는 **자동으로 1에 대한 ASCII 문자 49(0x31)로 2에 대한 ASCII 문자 50(0x32), 3은 51(0x33)로 변환된 것**을 볼 수 있다. ⑤번의 주석을 풀어주고, ⑥번에서 **#if 0**으로 바꾸어 준 다음에 다시 build하여 실행하여 준다. 그리고 나서, ③번은 dat[3]의 값을 49, 50, 51로 하여 binary mode로 저장한 경우이다. 이때에는 각각의 49, 50, 51이 대응하는 ASCII 문자 1, 2, 3으로 표시된 것을 볼 수 있다. 즉, binary file인데도 메모장으로 열어보면, 문자 123을 볼 수 있을 것이다. 그러나, ⑤번을 주석처리하고, build한 다음에 실행해 주면, %d 형식 지정자를 사용하여 저장한 49, 50, 51은 4와 9에 대한 ASCII code 0x34와 0x39, 2개의 숫자로 분리되어 저장되고, 4문자와 9문자를 조합하여 49로 표시하는 것을 볼 수 있다. 결국, ③번에 대한 binary file은 총 3bytes 크기의 데이터를 저장하고, ④번에 대한 text file은 총 3×2=6bytes 크기의 데이터를 저장한다는 것도 알 수 있다. 즉, binary file과 비교하여 text file의 크기가 2배인 것을 알 수 있다. 이제 Text file과 Binary file에 대해서 학습하였으니, 앞서 언급한 Get Command 흐름도에 대해서 실습해 보도록 하자. 우선, 보드의 전원을 끄고, 다시 켜준다. 그리고, [그림 2.2-7]과 같이 Tera Term을 실행하여 **Setup** menu에서 **Restore setup...** menu를 선택하여 준다. 이어서, Vol.2.의 예제 파일 **DrLimJongSuVol2Ex.zip**을 naver cafe 임종수 연구소에서 공지한 곳에서 download를 받고, 압축을 풀어서 **Chapter_2**의 folder에 있는 Tera Term 초기화 파일인 **Ch2Tera_Config.INI**를 선택하여 준다.

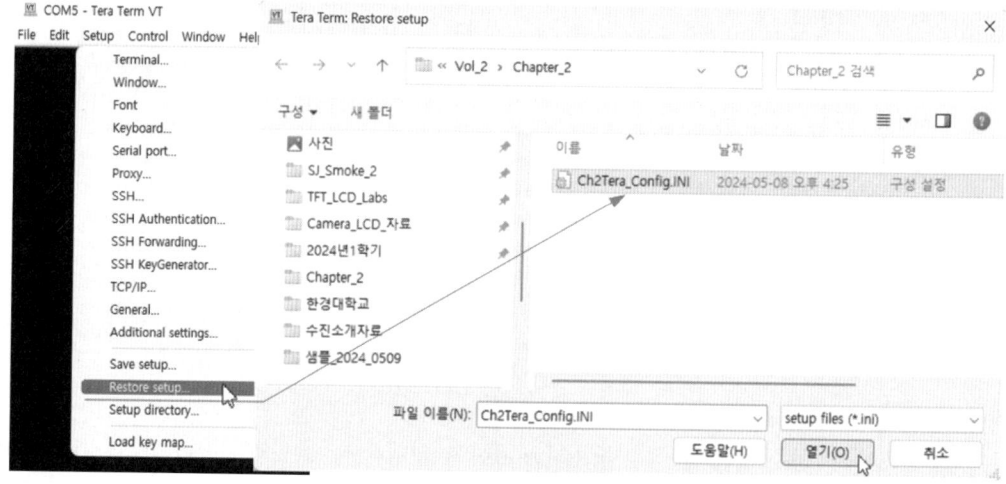

[그림 2.2-7] Tera Term 초기화 설정(Ch2Tera_Config.INI).

그리고 나서, [그림 2.1-3]에서 수행한 것과 같이 Delete Key를 click하여 문자 y가 반환되는 것을 확인한다. 만일, Delete Key를 click하였는데, 문자 y가 반환되지 않는다면, Nucleo F103RB 보드에 있는 검은색 버튼을 click해 준다. 왜냐하면, 일단, Delete Key를 click하여 0x7F를 bootloader에 전송하면, 잠시 후에 학습하겠지만, 임의의 command가 올 것을 예상하고 기다리게 된다. 즉, Delete Key에 따른 문자 y 반환은 reset 이후 **한 번만 실행하게 된다는 의미이다.** 그러므로, Nucleo 보드의 Reset 버튼인 **검은색 button**을 click하여 bootloader가 다시 Delete key를 받을 수 있도록 한 것이다. 이제, 문자 y가 반환 되는 것을 확인 한 상태에서 다음과 같은 C code를 작성하여 [표 2.1-1]에서 보여준 Get command code 0x00과 1의 보수 값 0xFF를 GetCmd.bin file에 저장해 준다.

```
// 2024, 5, 13,              written by Dr. JongSu Lim.
#include<stdio.h>
#include<stdint.h>
#include<stdbool.h>

int main() {
    FILE *fp=NULL;                                            ▶ ①
    uint32_t i=0;
    uint8_t Cmd=0x00;   // 0x00 = Get Command
    uint8_t Packet[2]={0, };
```

```
    fp=fopen("GetCmd.bin", "wb");  // Binary file.              ▶ ②
    Packet[1]=~Cmd;  // 1's complement
    fwrite(Packet, 1, 2, fp); // 0x00(Get command) + 0xff        ▶ ③

    fclose(fp);                                                  ▶ ④
    return 0;
}
```

특별히, ①번부터 ④번 line에서 사용된 **파일 pointer 변수 선언과 관련 함수들에 대한 사용 방법**은 일종의 Template으로 즉, 영어 학습할 때 **숙어**처럼 기억해 두기 바란다. Text file을 다룰 때에는 ③번 함수만 [그림 2.2-3]에서 보여준 함수로 바꾸어 주면 된다. Vol.2.의 Chapter 2에 대한 예제 파일이 저장되어 있는 **Chapter_2**의 folder에는 **Ch2CmdLabs** folder가 있다. 이 folder는 Visual Studio 2019 C++ Solution folder인데, **무료** 버전인 Visual Studio Community 버전에서도 동일하게 열어서 실습할 수 있다. 특별히, 버전에 의존적인 내용이 없지만, Visual Studio 2019로 개발하였으므로 다른 버전으로 solution을 열려고 하면, 사소한 경고문이 발생할 수 있는데, 그냥 무시하면 된다. 어쨌든, 다소 이해할 수 없는 문제가 발생한다면, 부담 없이 naver cafe **임종수 연구소**로 문의하면 성실히 답변하도록 하겠다. 참고적으로 이번 단원에서 설명하는 Visual C++에 경험이 없는 분이 있다면, **Vol.1의 10.4. 단원**에 관련 내용이 상세히 설명되어 있으니 참조하기 바란다. 어쨌든, **Ch2CmdLabs** folder의 내용을 살펴보면, 여러 파일들 특별히, 여러 *.c file들이 보이는데, 이것은 각각의 단원별로 command 학습에 따른 관련 code가 추가 확장된 것으로 여러 분의 학습을 돕기 위해서 여러 파일들로 구분한 것이다. 우선, 이번 **2.2 단원**에 해당하는 **Ch2_2_GetCmd_Tx.c** file 내용은 바로 전에 학습한 C code인 것을 알 수 있다. 이제, build를 수행하고, 이어서 실행하여 Get command에 대한 binary file인 **GetCmd.bin** file이 생성되도록 하여 준비되었으면, [그림 2.2-8]의 ⑤번과 같이 Tera term에서 File menu를 선택하고, 이어서 Log... menu를 선택하여 설정한 UART port로 데이터가 들어오면, 자동으로 **저장할 파일 이름**을 지정해 준다. 여기서는 ⑥번과 같이 **GetCmd_Rx.bin**으로 지정하였다. 이때, 주의할 것은 ⑦번과 같이 Option에서 Binary를 선택하고, 하나의 독자적인 데이터 파일로 사용하기 위해서 Append는 uncheck해 준다. 그리고 나서, **저장** button을 click하여 주어야 한다.

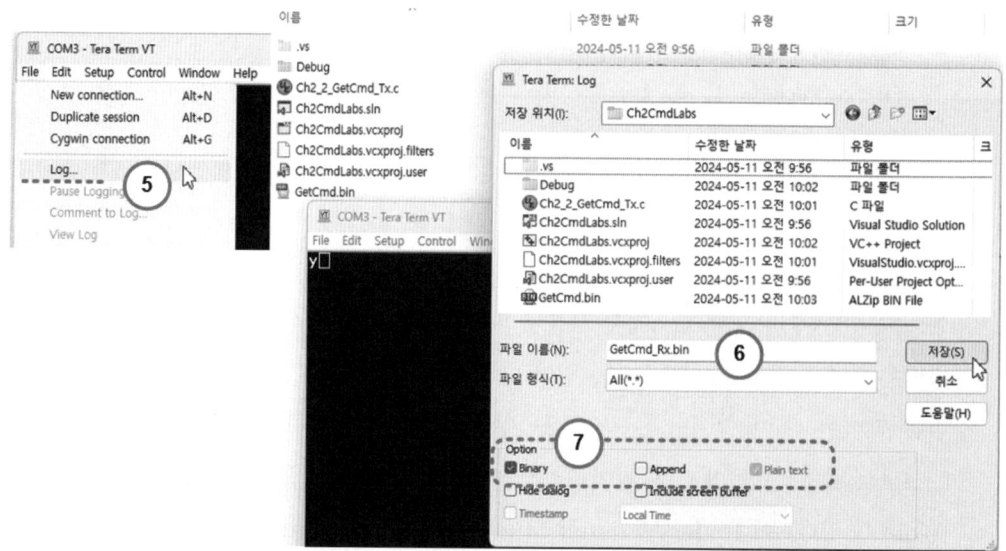

[그림 2.2-8] Get command 반환 데이터 저장할 파일 지정.

이제, [그림 2.2-1]에서 보여준 것과 같이 MCU가 보내주는 데이터를 저장할 준비가 되었으니, [그림 2.2-9]와 같이 Get Command Code, 즉, 0x00과 0x00에 대한 **1의 보수** 값인 **0xFF**를 Binary format으로 저장하고 있는 **GetCmd.bin** file을 MCU로 전송해 주어야 한다.

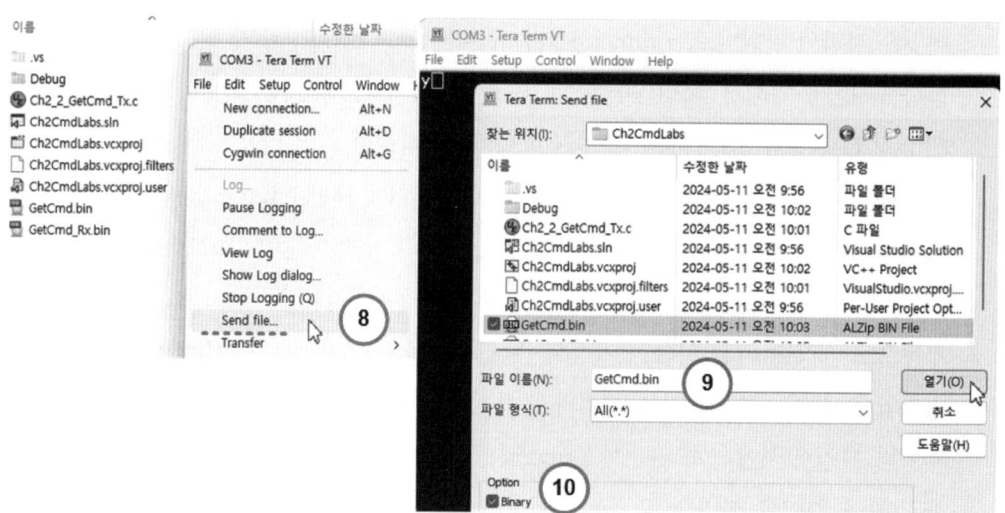

[그림 2.2-9] Get command 관련 데이터를 저장한 파일 선택.

그러기 위해서는 ⑧번에서 보여준 것처럼 Tera Term의 **File menu**에서 **Send file...** menu 를 선택한다. 이어서 나타나는 **Tera Term: Send file** dialogbox에서 ⑨번과 같이 **GetCmd.bin** file을 선택하고, ⑩번처럼 **Option**에서 **Binary**를 check해 준다. 그리고, **열기** button을 click하여 준다. [그림 2.2-9]에서 **열기** button을 click하면, 바로 [그림 2.2-10]의 ⑪번에서 보여준 것과 같이 0x00 + 0xFF를 수신한 MCU 내부의 제조사 bootloader가 반환 데이터 즉, [그림 2.2-2]에서 설명한 데이터들인 bootloader 버전과 지원되는 command code들을 host인 PC 상의 Tera Term으로 전송하여 준다.

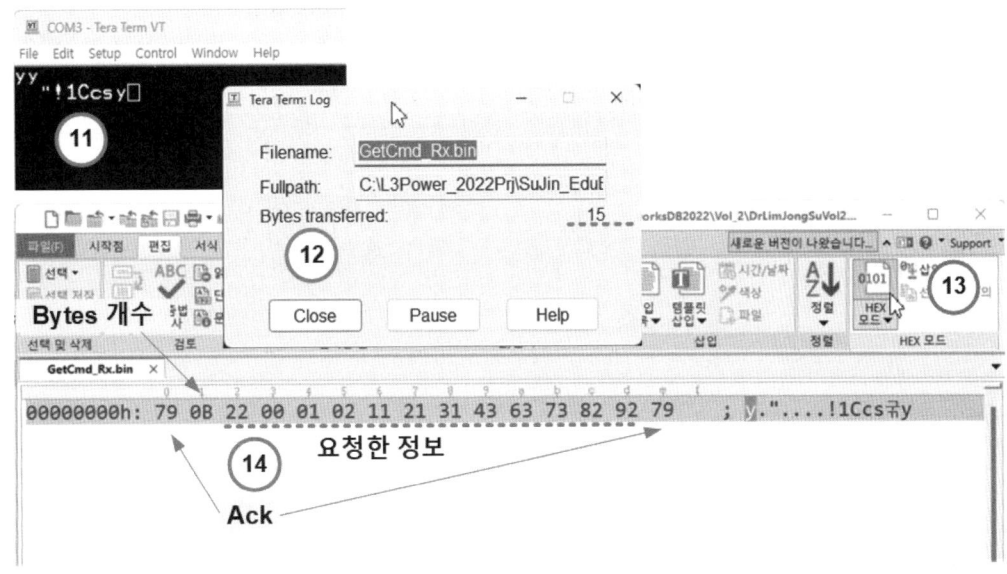

[그림 2.2-10] Get Command 반환 데이터 분석 방법.

bootloader가 보내준 데이터들은 모두 binary data이므로 ⑪번과 같이 일반 Text Mode에서는 데이터를 확인할 수 없다. 그러나, 상용 Text 편집기 소프트웨어인 **Ultra Editor**에서는 Binary data를 볼 수 있는 기능이 있다. 우선, 현재 사용하고 있는 Windows OS의 화면 아래에 있는 **작업 표시줄**에 표시되어 있는 Tera Term icon에 mouse pointer를 가져가면 Tera Term 뿐만 아니라 Log 데이터를 저장하고 있는 **추가적인 화면 icon**이 보일 것이다. 이것을 mouse로 선택하면, ⑫번에서 보여준 **Tera Term:Log** dialogbox가 나타날 것이다. 구체적으로 Dialogbox에 보면, **Bytes transferred:**라고 하고, 오른쪽에 15가 적힌 것을 볼 수 있는데, 이것은 말 그대로 log 데이터로 **수신한 총 byte의 개수가 15bytes**라는 의미이다. 한 가지 주의할 것은 **수신한** 총 byte의 개수가 15bytes가 아닌 **17bytes** 또는 **16bytes**로 보일 수가 있다. 만일, 17bytes로 보인다면, [그림 2.2-11]에서 보여준 것과 같이 Local echo의 checkbox를 선택하였는지 확인하여 uncheck해 주어야 한다.

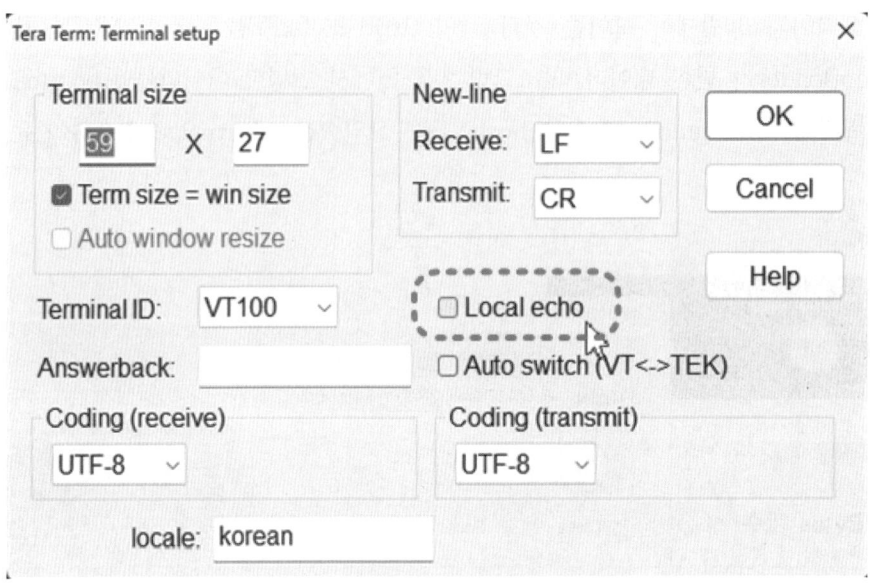

[그림 2.2-11] Bootloader 반환 데이터 수신 방법.

또한, 16bytes가 보인다면, [그림 2.2-8]에서 보여준 log file 설정을 **먼저** 수행한 이후에 Nucleo 보드의 reset 버튼을 click하고 Delete key를 click한 이후에 [그림 2.2-9] 작업을 수행하였기 때문에 설정한 log file에 Delete key로 인한 Ack(0x79) 문자가 기록되었기 때문이다. 어쨌든, ⑫번과 같이 Close 버튼을 click 하고, Ultra Editor로 log file인 **GetCmd_Rx.bin**을 열고, **편집** menu를 선택하여 준다. 그리고, ⑬번에서 보여준 것과 같이 **Hex 모드**를 선택하여 주면, binary 데이터를 볼 수 있도록 ⑭번과 같이 화면이 구성된다. 어쨌든, 요청한 정보는 Ack(0x79) 문자 이후부터 시작하여 Ack(0x79) 문자로 끝나는 총 15bytes인 것을 알 수 있다. [그림 2.2-12]는 Visual C++로 log file인 **GetCmd_Rx.bin**의 내용을 확인할 수 있도록 작성한 예제 code이며, **Ch2_2_GetCmd_Rx.c** 파일을 참조하면 된다.

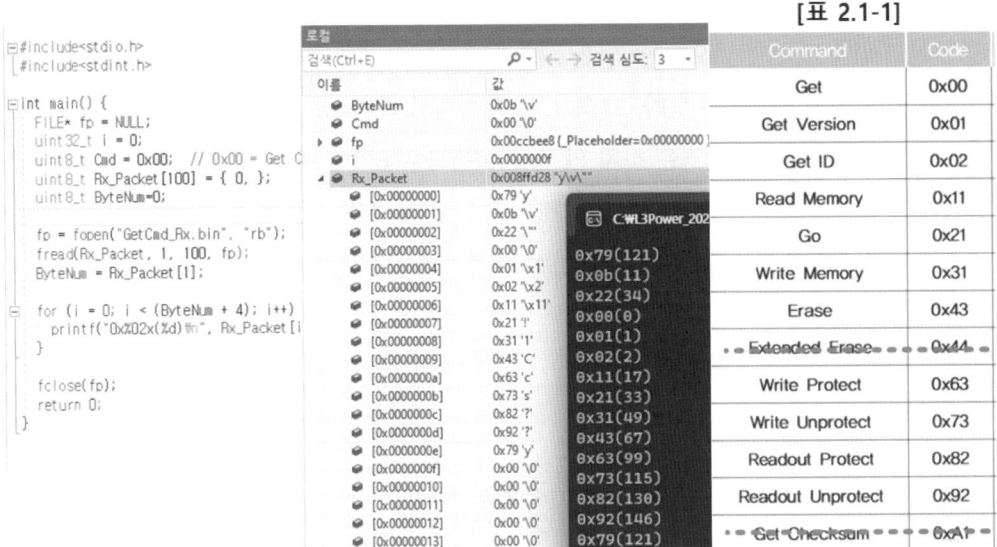

[그림 2.2-12] Visual C++를 이용한 Get Command 반환 데이터 분석 방법.

```
// 2024, 5, 13,                written by Dr. JongSu Lim.
#include<stdio.h>
#include<stdint.h>

int main() {
  FILE* fp = NULL;
  uint32_t i = 0;
  uint8_t Cmd = 0x00;   // 0x00 = Get Command
  uint8_t Rx_Packet[100] = { 0, };
  uint8_t ByteNum=0;

  fp = fopen("GetCmd_Rx.bin", "rb");   // Binary file.
  fread(Rx_Packet, 1, 100, fp);
  ByteNum = Rx_Packet[1];
  for (i = 0; i < (ByteNum + 4); i++) {   // 4 : 0x79, 0x0b, 0x22, 0x79
    printf("0x%02x(%d)\n", Rx_Packet[i], Rx_Packet[i]);
  }
  fclose(fp);
  return 0;
}
```

[표 2.1-1]에 나열한 command 중에서 0x44, 0xA1은 지원하지 않는 것을 알 수 있다. 지금까지 Host에서 **Get(0x00)** command를 생성하여 전송하면, Device의 bootloader가

관련 데이터를 반환하고, 그 결과를 log file로 저장하는 전반적인 방법에 대해서 실습하였다. 이와 비슷한 방법으로 계속해서 [표 2.1-1]에 나열한 나머지 모든 각각의 command에 대한 동작을 실습할 수 있다. 그러므로, 계속해서 다른 command에 대한 동작 특성을 설명할 때에는 **반복적인 설명은 하지 않고, 차이점과 주의할 사항들에 대해서만 설명**하도록 하겠다. 무엇보다도 여기서 보여준 C code들은 command를 계속해서 학습해 나갈 때마다 확장해 나갈 것이다. 또한, 모두 C code로 작성할 것이므로 host로 MCU를 사용해도 쉽게 적용할 수 있을 것이다.

2.3 Get Version(0x01) Command.

■ 주요 기능 : 저장된 bootloader 버전 정보와 내부 flash memory에 대한 read protection 상태를 알려준다.

[그림 2.3-1]은 Get Version(0x01) command에 대한 host와 device 측면에서의 흐름도를 보여준 것이다.

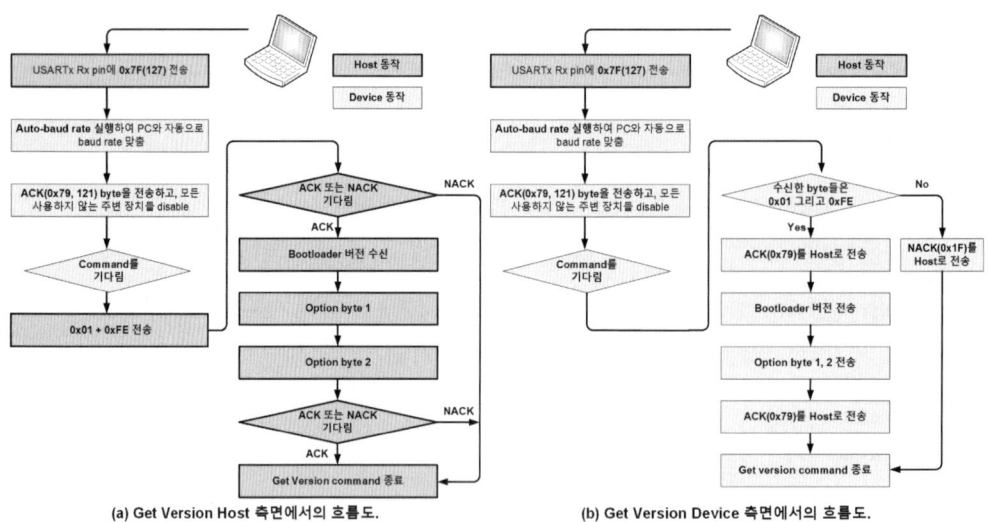

(a) Get Version Host 측면에서의 흐름도.   (b) Get Version Device 측면에서의 흐름도.

[그림 2.3-1] Host와 Device 측면에서의 Get Version command 실행에 대한 흐름도.

구체적으로 MCU 내부에 있는 제조사의 bootloader가 Get Version command를 수신하면, bootloader 버전 정보와 option byte 정보를 전송해 준다. 다음은 Get Version command를 위한 Ch2_3_GetVerCmd_Tx.c 파일의 내용이다.

```c
// 2024, 5, 13,              written by Dr. JongSu Lim.
#include<stdio.h>
#include<stdint.h>
#include<stdbool.h>

#define  GET_CMD                   0x00
#define  GET_VER_ROPS_CMD          0x01

int main() {
  FILE* fp = NULL;
  uint8_t Cmd = GET_VER_ROPS_CMD;   //Command
  uint8_t Tx_Packet[20] = { 0, }, Tmp8 = 0;

  Tx_Packet[0] = Cmd;   // Command Code
  Tx_Packet[1] = ~Cmd;  // 1's complement

  switch (Cmd) {
    case GET_CMD:
    {
      fp = fopen("GetCmd.bin", "wb");  // Binary file.
      fwrite(Tx_Packet, 1, 2, fp); // 0x00(Get command) + 0xff
      fclose(fp);
    }
    break;
    case GET_VER_ROPS_CMD:
    {
      fp = fopen("GetVerCmd.bin", "wb");  // Binary file.
      fwrite(Tx_Packet, 1, 2, fp);   // 0x01(Get Version command) + 0xfe
      fclose(fp);
    }
    break;
    default:
      break;
  }
  return 0;
}
```

앞서 학습한 Get Command 내용과 함께 switch문을 이용하여 좀 더 체계적으로 바꾸어 보았다. [그림 2.3-1]에 보여준 Get Version command 흐름도와 비교하면서 확인해 보기 바란다. build하고, 실행하여 GetVerCmd.bin file을 생성하고, 앞서 학습한 내용대로 다시 반복하여 수행한다. [그림 2.3-2]에서 보여준 것과 같이 ③번 **열기(O)** button을 click하여 주면, ②번에서 설정한 log file인 GetVerCmd_Rx.bin file에 [그림 2.3-3]의 ④번과 같이 5bytes의 데이터가 저장된다.

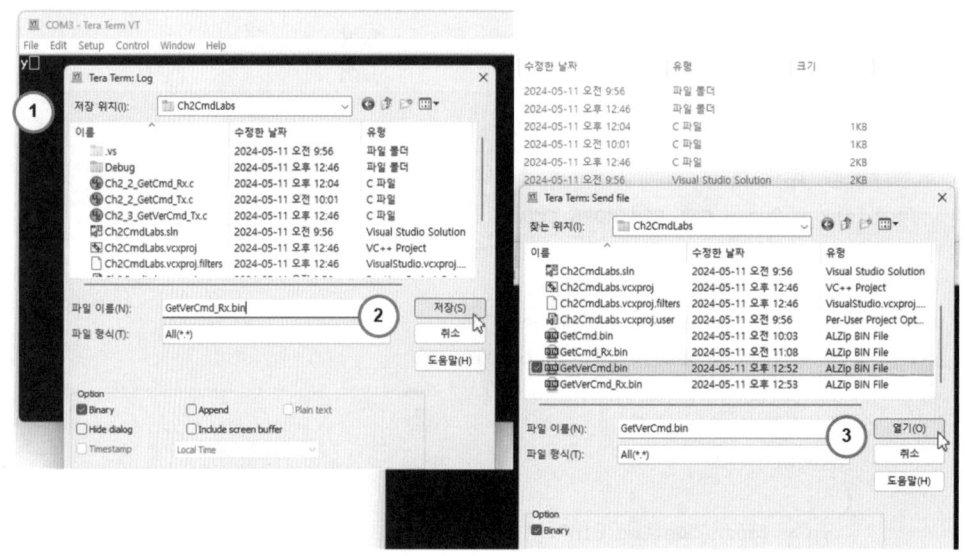

[그림 2.3-2] Get Version command 실행 실습 - 1.

저장된 파일의 내용을 확인하기 위해서 ⑤번에 보여준 Ch2_3_GetVerCmd_Rx.c 파일을 만들어 보았다. 이 파일 역시, switch문을 사용하여 이전 Get command 관련 code와 함께 정리하였다. 다음은 Ch2_3_GetVerCmd_Rx.c 파일의 내용이다.

```
// 2024, 5, 13,            written by Dr. JongSu Lim.
#include<stdio.h>
#include<stdint.h>

#define   GET_CMD                             0x00
#define   GET_VER_ROPS_CMD                    0x01
```

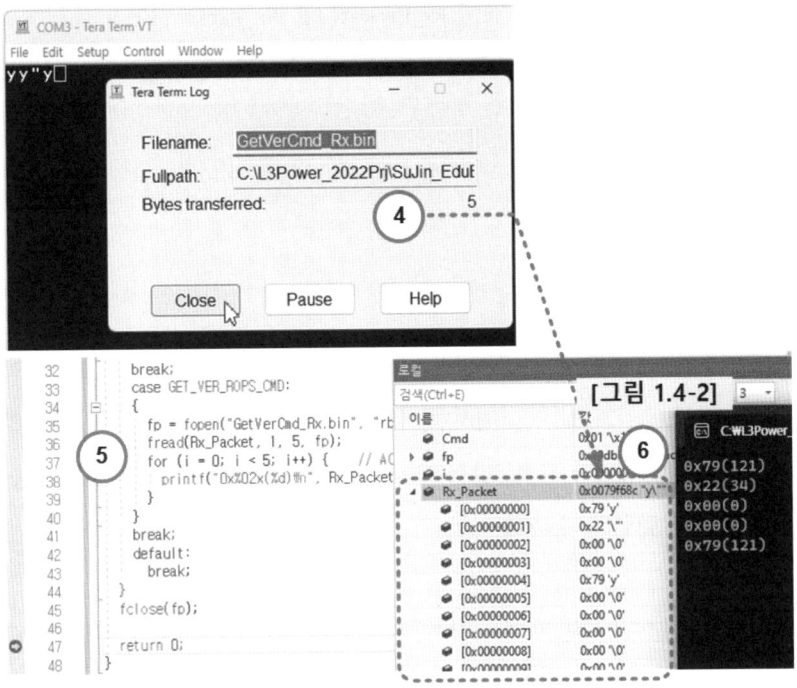

[그림 2.3-3] Get Version command 실행 실습 - 2.

```
int main() {
  FILE* fp = NULL;
  uint32_t i = 0;
  uint8_t Cmd = GET_VER_ROPS_CMD;   // Command
  uint8_t Rx_Packet[100] = { 0, };

  switch (Cmd) {
    case GET_CMD:
    {
      fp = fopen("GetCmd_Rx.bin", "rb");   // Binary file.
      fread(Rx_Packet, 1, 100, fp);
      for (i = 0; i < (Rx_Packet[1] + 4); i++) {   // 4 : 0x79, 0x0b, 0x22, 0x79
        printf("0x%02x(%d)\n", Rx_Packet[i], Rx_Packet[i]);
      }
    }
    break;
    case GET_VER_ROPS_CMD:
    {
      fp = fopen("GetVerCmd_Rx.bin", "rb");   // Binary file.
      fread(Rx_Packet, 1, 5, fp);
      for (i = 0; i < 5; i++) {       // ACK, BID, OptionByte1/2, ACK
```

2 제조사 UART Bootloader 사용 방법 - I | 73

```
                printf("0x%02x(%d)\n", Rx_Packet[i], Rx_Packet[i]);
            }
        }
        break;
        default:
            break;
    }
    fclose(fp);
    return 0;
}
```

[그림 2.3-3]의 ⑤번과 같이 실행하면, ⑥번과 같이 수신한 데이터의 내용을 볼 수 있는데, 다음과 같은 데이터이다. 단, 앞서 언급한 것과 같이 Acknowledge byte 즉, Ack는 0x79(121, 문자 y)인데 주의하자.

```
ACK(0x79) -  Bootloader Version(0x22) - Option Byte 1(0x00) - Option Byte 2(0x00)
 - ACK(0x79)
```

Chapter 1.의 [그림 1.4 5]의 ①번 함께 살펴보면, 현재 STM32F103RB의 Bootloader 버전이 V2.2인 것과 일치한다. 여기서, Option Byte1과 Option Byte2의 값이 0x00인 것은 일반적인 bootloader protocol과 호환성을 유지하기 위해서이다.

2.4 Get ID(0x02) Command.

■ 주요 기능 : 사용하는 MCU의 Chip ID 값을 반환한다.

여기서 언급한 Chip ID 또는 PID(Product ID)라고도 부르는 이 값은 각각의 MCU를 구분하기 위한 값으로 좀 더 자세한 내용을 원하는 경우에는 STM application note인 2022년 4월에 배포한 AN2606(Rev 54)의 73단원에 Table 159를 참조하면 된다. 단, 이 값과 각각의 MCU가 가지고 있는 **고유한 식별번호** 즉, U_ID(Unique device ID) 96bits 값과 혼돈하면 안 된다. U_ID는 임의의 MCU가 고유하게 가지고 있는 식별 번호로서 이것은 [표 2.4-1]에 보여준 것과 같이 system memory 안에 저장되어 있다.

STM32 MCU 제품군	시작 번지
F0, F3	0x1FFF_F7AC
F1	0x1FFF_F7E8
F2, F4	0x1FFF_7A10
F7	0x1FF0_F420
L0, L1	0x1FF8_0050 또는 0x1FF8_00D0

[표 2.4-1] STM32 MCU에 따른 U_ID 시작 번지 정리.

[표 2.4-2]는 AN2606의 73단원에 있는 Table 159에서 F1 family에 대한 내용만 발췌한 것이다.

STM32 Series	Device		PID	BL ID	RAM	System memory
F1	STM32F10xxx	Low-density	0x412	NA	0x20000200 - 0x200027FF	
		Medium-density	0x410	NA	0x20000200 - 0x20004FFF	
		High-density	0x414	NA	0x20000200 - 0x2000FFFF	0x1FFFF000 - 0x1FFFF7FF
		Medium-density value line	0x420	0x10	0x20000200 - 0x20001FFF	
		High-density value line	0x428	0x10	0x20000200 - 0x20007FFF	
	STM32F105xx/107xx		0x418	NA	0x20001000 - 0x2000FFFF	
	STM32F10xxx XL-density		0x430	0x21	0x20000800 - 0x200017FF	

[표 2.4-2] STM32 MCU에 따른 PID, Bootloader ID, 사용하는 RAM과 System memory 영역 정리.

결국, 우리가 사용하고 있는 Nucleo-F103RB 보드에 있는 STM32 MCU는 [그림 1.4-5]의 ①번에서 보여준 것과 같이 STM32**F10xxx** Medium-density이므로 PID는 0x410이고, 이때에 System Memory는 0x1FFF_F000 ~ 0x1FFF_F7FF 즉, 2[KB] 공간을 가지며, 여기에 있는 bootloader code가 실행하는데 필요한 RAM 영역은 512(0x200)bytes이다. 그러므로, 이 영역을 제외한 **전체 20[KB](0x5000)**의 나머지 영역인 0x2000_0200 ~ 0x2000_4FFF을 bootloader에 의해서 main flash memory 영역에 새롭게 저장된 실행 파일이 사용할 수 있다. 결국, datasheet에 명시된 STM32F103RB SRAM 20[KB] 중에서 20[KB]-512bytes만 사용자가 사용할 수 있고, 0x2000_0000~0x2000_01FF는 사용할

수 없다는데 주의하자. 이 내용을 잘 기억해 두기 바란다. 2.6. 단원에서 Go command를 설명할 때에 이 내용에 대한 기억을 요구할 것이다. 특별히, STM32F10xxx USART1 bootloader를 사용하는 경우에 필요한 MCU 내부 자원에 대한 내용은 AN2606의 15.1단원에 있는 Table 29를 참조하면 된다. 또한, [표 2.4-3]은 Table 29이며, 지금까지 학습한 내용과 비교하며 살펴보기 바란다.

Bootloader	Feature/Peripheral	State	Comment
USART1 bootloader	RCC	HSI enabled	The system clock frequency is 24 MHz using the PLL.
	RAM	-	512 byte starting from address 0x20000000 are used by the bootloader firmware.
	System memory	-	2 Kbyte starting from address 0x1FFFF000 contain the bootloader firmware.
	IWDG	-	The independent watchdog (IWDG) prescaler is configured to its maximum value and is periodically refreshed to prevent watchdog reset (in case the hardware IWDG option was previously enabled by the user).
	USART1	Enabled	Once initialized, the USART1 configuration is: 8 bits, even parity and 1 Stop bit.
	USART1_RX pin	Input	PA10 pin: USART1 in reception mode. Used in input no pull mode.
	USART1_TX pin	Output push-pull	PA9 pin: USART1 in transmission mode. Used in alternate push-pull pull-up mode.
	SysTick timer	Enabled	Used to automatically detect the serial baud rate from the host.

[표 2.4-3] STM32F10xxx MCU의 USART1 bootloader가 동작하는데 필요한 자원들.

정리하면, PID 값을 알면, 현재 MCU에 대한 사양을 [표 2.4-2]에 있는 정보를 통하여 알 수 있다는 것이다. Bootloader가 Get ID command code, 0x02를 수신하면, host에 PID를 전송하여 준다. [그림 2.4-1]은 Get ID command에 대한 host와 device 측면에서의 흐름도를 보여준 것이다. 그리고, [그림 2.4-2]는 Get ID command를 수행한 결과로서 5개의 bytes를 수신하였으며, [그림 2.4-1]에서 보여준 것과 같이 다음과 같은 bytes를 의미한다.

```
ACK - 1 - PID_byte3 = 0x04 - PID_byte4 = 0x10 - ACK
```

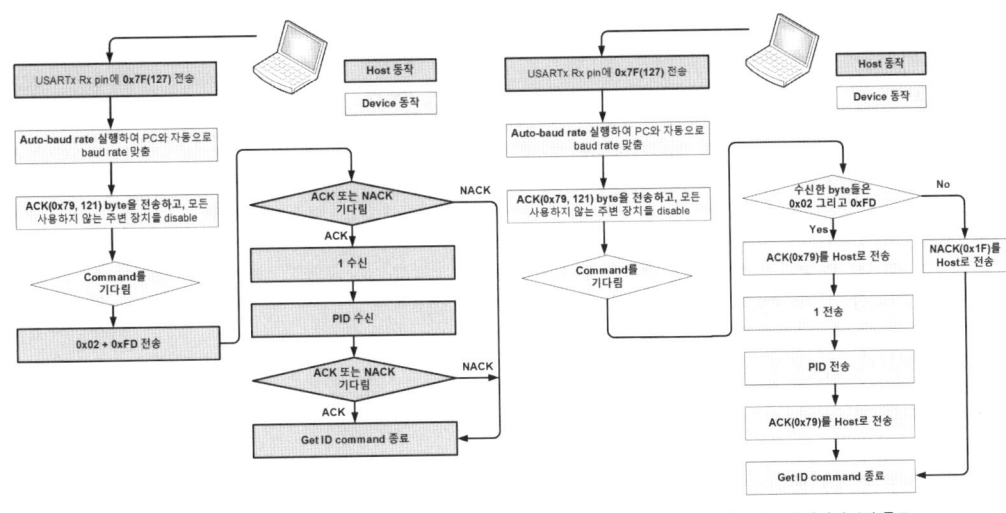

[그림 2.4-1] Host와 Device 측면에서의 Get ID command 실행에 대한 흐름도.

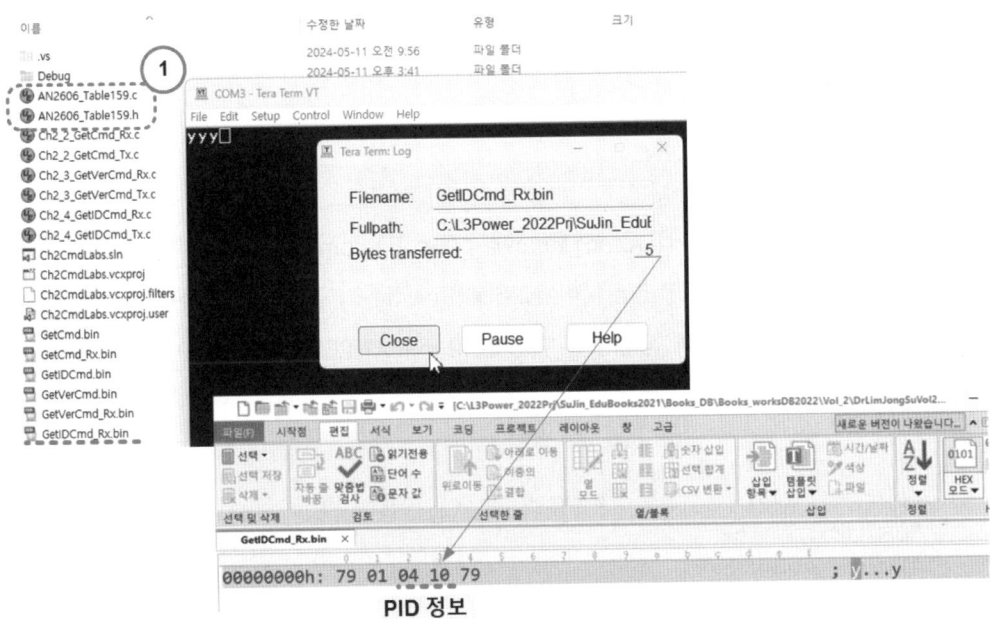

[그림 2.4-2] Visual C++를 이용한 Get ID Command 반환 데이터 분석 방법 - 1.

단, 관련된 source file은 Ch2_4_GetIDCmd_Tx.c과 Ch2_4_GetIDCmd_Tx.c이다. 다음은 Ch2_4_GetIDCmd_Tx.c에서 Get ID command와 관련된 switch문만 보여준 것이다.

```c
// 2024, 5, 13,           written by Dr. JongSu Lim.
#define  GET_CMD                         0x00
#define  GET_VER_ROPS_CMD                0x01
#define  GET_ID_CMD                      0x02 //Get the chip ID

int main() {
  FILE* fp = NULL;
  uint8_t Cmd = GET_ID_CMD;  //Command
  uint8_t Tx_Packet[20] = { 0, }, Tmp8 = 0;

  Tx_Packet[0] = Cmd;   // Command Code
  Tx_Packet[1] = ~Cmd;  // 1's complement

  switch (Cmd) {
          ... 중간 생략 ...
    case GET_ID_CMD:
      {
        fp = fopen("GetIDCmd.bin", "wb");  // Binary file.
        fwrite(Tx_Packet, 1, 2, fp); // 0x02(Get command)
        fclose(fp);
      }
      break;
          ... 중간 생략 ...
```

또한, 다음은 Ch2_4_GetIDCmd_Rx.c에서 Get ID command와 관련된 switch문만 보여준 것인데, 배열 BLInfoTable[]은 AN2606(Rev 54)의 73단원에 있는 Table 159를 Code 상에서 사용할 수 있도록 AN2606_Table159.c와 AN2606_Table159.h로 작성한 것이다. [그림 2.4-2]의 ①번을 통하여 확인 할 수 있다.

```c
// 2024, 5, 13,           written by Dr. JongSu Lim.
#include<stdio.h>
#include<stdint.h>
#include"AN2606_Table159.h"

#define  GET_CMD                         0x00
#define  GET_VER_ROPS_CMD                0x01
#define  GET_ID_CMD                      0x02 //Get the chip ID

#define DEVICE_KIND_NUM                  100
int main() {
```

```c
    FILE* fp = NULL;
    uint32_t i = 0, j=0;
    uint8_t Cmd = GET_ID_CMD;    // Command
    uint8_t Rx_Packet[100] = { 0, };
    uint16_t PID = 0;

    switch (Cmd) {
            ... 중간 생략 ...
      case GET_ID_CMD:
      {
        fp = fopen("GetIDCmd_Rx.bin", "rb");  // Binary file.
        fread(Rx_Packet, 1, 5, fp);
        for (i = 0; i < 5; i++) {      // ACK, N=1, PID_2bytes, ACK
          printf("0x%02x(%d)\n", Rx_Packet[i], Rx_Packet[i]);
        }
        PID = (((uint16_t)Rx_Packet[2]) << 8) | Rx_Packet[3];
        for (i = 0; i < DEVICE_KIND_NUM; i++) {    // ACK, N=1, PID_2bytes, ACK
          if (PID == BLInfoTable[i].PIDVal) {
            printf("Device = %s, RAM Range = %s, System Memory Range = %s\n",
              BLInfoTable[i].pDeviceName, BLInfoTable[i].pRAMRange,
              BLInfoTable[i].pSysMemRange);
          }
          if (!(BLInfoTable[j = i + 1].pDeviceName)) {
            break;
          }
        }
      }
      break;
            ... 중간 생략 ...
    return 0;
}
```

AN2606_Table159.c 파일의 내용은 상당하므로 해당 source file을 참조하기 바란다. 특별히, 이 배열은 많은 시간을 들여 정성껏(?) 작성하였으니 차후 사용할 일이 있으면 내 이름을 기억해 주기 바란다. 앞서 언급한 것과 같이 PID를 알면, 해당 MCU에 대한 기본 정보를 알 수 있다고 하였는데, 여기서 언급한 **기본 정보**란 [그림 1.4-17]에서 보여준 **Flash Loader Demo** program이 표시해 주는 MCU 정보를 의미한다. 즉, [그림 1.4-17]의 ⑩번에서 보여준 Flash Size, [그림 1.4-18]의 ⑫번에서 보여준 BID, Version 정보, 그리고, Target MCU의 **종류**를 의미하며, 이들 정보 각각은 AN2606의 73단원에 있는 Table 159로부터 얻을 수 있다. [그림 2.4-3]은 GET ID command를 실행 한 이후에 얻은 GetIDCmd_Rx.bin log 파일을 읽는 예제 code를 보여주고 있다.

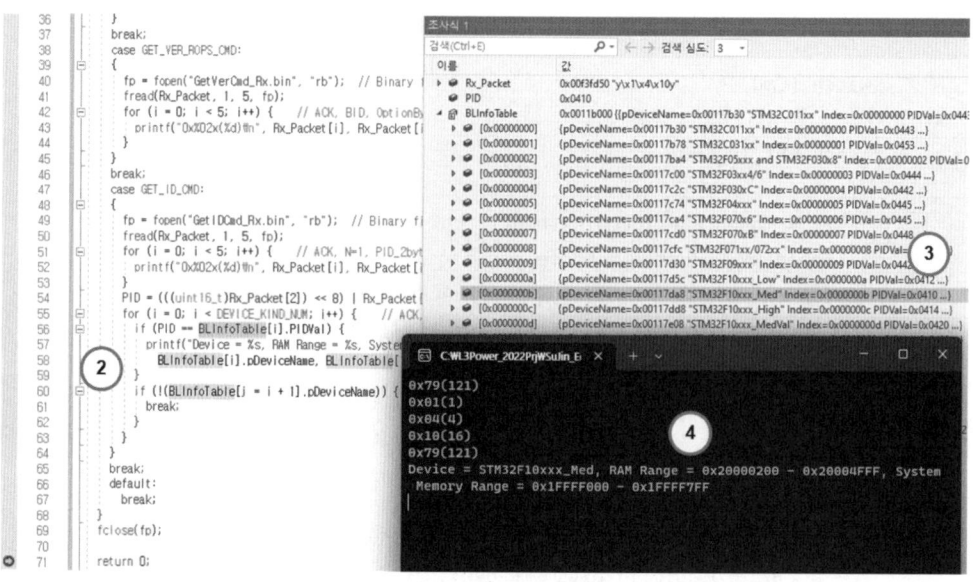

[그림 2.4-3] Visual C++를 이용한 Get ID Command 반환 데이터 분석 방법 - 2.

[그림 2.4-2]의 ①번에서 보여준 AN2606_Table159.c 파일을 ②번과 같이 읽어들인 PID 값과 일치하는 것을 찾아서 ④번과 같이 결과를 보여준 것이다. 사실, AN2606_Table159.c 파일과 AN2606_Table159.h 파일은 추후에 USART bootloader와 통신하는 Windows Program을 개발할 때에 매우 유용하게 사용될 것이다.

2.5 Read Memory(0x11) Command.

■ **주요 기능** : 임의의 **유효한** memory 영역에 있는 데이터를 읽는데 사용된다.

여기서 언급한 **유효한** memory 영역에는 SRAM, Flash memory, 그리고, information block(즉, system memory 또는 option bytes)을 포함한다. [그림 2.5-1]에서 보여준 것과 같이 bootloader가 **Read Memory** command code, **0x11**을 수신하면, host에 ACK byte를 전송하고, 4bytes 크기의 읽을 번지 값을 기다린다.

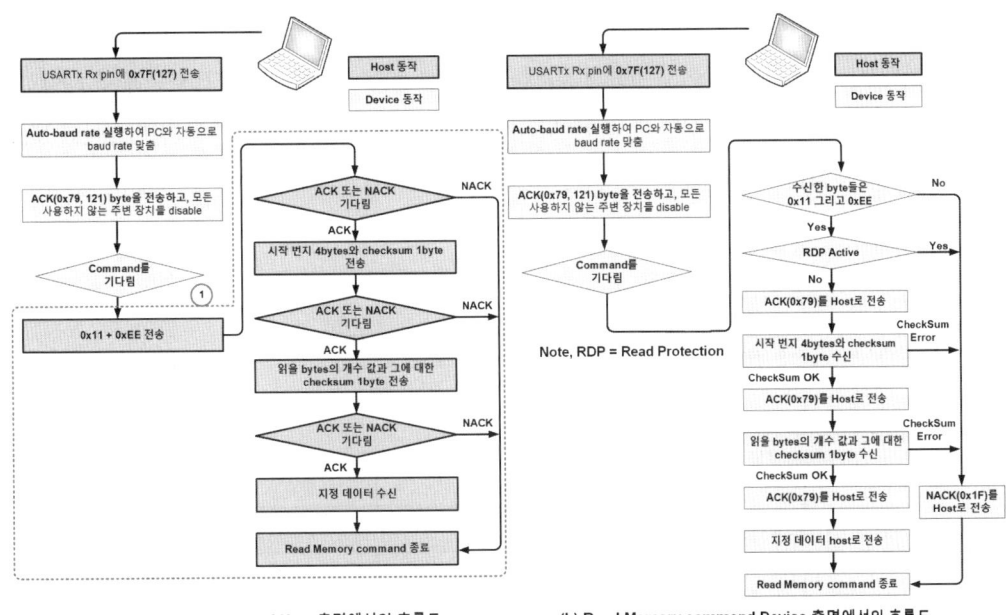

[그림 2.5-1] Host와 Device 측면에서의 Read Memory command 실행에 대한 흐름도.

여기서, byte1은 MSB(Most Significant Byte) 번지 값이고, byte4는 LSB(Least Significant Byte) 번지 값이다. 그리고, 번지를 구성하는 4bytes 각각을 XORing을 수행하여 얻은 checksum 1byte를 기다린다. 이 내용은 2.1. 단원에서 "❶ Host가 데이터를 전송하는 경우 오류 검증"에서 설명하였다. 이제, 수신한 번지와 checksum이 정확하다면, ACK byte를 host로 전송한다. 그렇지 않으면, NACK byte를 전송하고, command를 무시하게 된다. 만일, 주어진 번지와 checksum이 유효하면, ACK byte를 전송하고, 이어서 읽을 bytes의 개수 값을 기다린다. 만일, **N bytes를 읽고 싶다면, N-1의 값**과 그에 대한 1의 보수 값(즉, checksum)을 전송하면 된다. 이제 N bytes 값과 그에 대한 checksum이 정확하다면, ACK byte를 전송하고, 이어서 지정한 번지부터 N bytes 값을 host로 전송하기 시작한다. 여러분은 추후에 MCU 내부 flash memory에 **Write Memory** command code, 0x31을 사용하여 새로 writing한 값이 정상적으로 모두 writing 되었는지 다시 읽어서(readback), host에서 전송한 데이터와 비교하는 **검증 과정**을 가져야 할 것이다. **한 번에 읽을 수 있는 데이터**는 [표 2.1-1]의 Read Memory command의 설명에서 보여준 것과 같이 **최대 256bytes**이므로 ①번의 점선 사각형 부분을 읽고 싶은 데이터 개수만큼 **반복적으로** 수행해야 할 것이다. 근본적으로 [그림 2.5-1]에서 보여준 host 측면에서 flow diagram을 수행하기 위해서는 3개의 조건 판단문들 때문에 3 단계로 나누어서 수행해야 할 것이다. 그러므로, Tera Term을 사용하기 위해서는 3 단계를 구성하는 각각의 단계에 해당하는 전송 데이터 파일을 따로 만들어 주어야 한다. [그림 2.5-2]를 보면, 제일 먼저 Read Memory command code, 0x11을 보내주고, 이어서, 읽고 싶은 시작 번지를 전송해 준다.

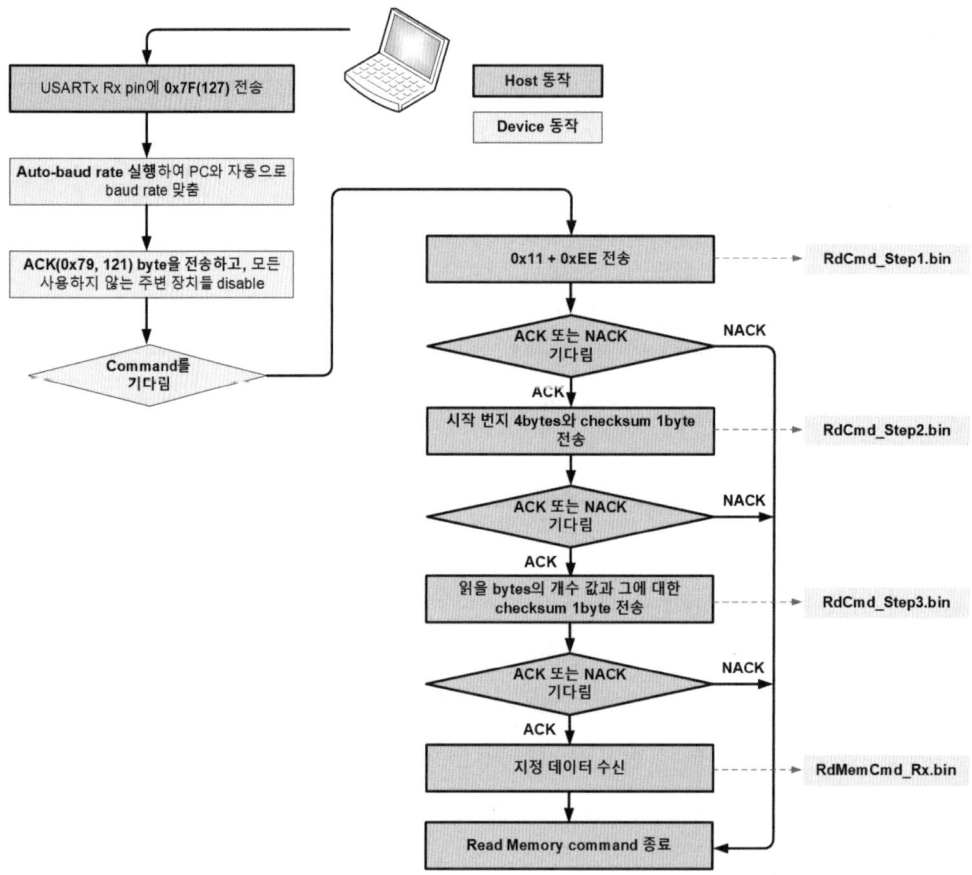

[그림 2.5-2] Host 측면에서 Read Memory command 실행에 대한 흐름도.

그리고 나서, 읽기 원하는 데이터의 개수를 전송해 주면 된다. 관련 데이터를 저장하고 있는 binary file은 각각 RdCmd_Step1.bin, RdCmd_Step2.bin, 그리고, RdCmd_Step3.bin 이다. 또한, 읽혀진 데이터는 최종적으로 RdMemCmd_Rx.bin log 파일에 저장되도록 하였다. 다음에 보여준 code는 [그림 2.5-1]과 [그림 2.5-2]를 참조하여 RdCmd_Step1.bin, RdCmd_Step2.bin과 RdCmd_Step3.bin 파일을 생성해 주는 Ch2_5_RdMemCmd_Tx.c 파일의 내용이다.

```c
// 2024, 5, 13,            written by Dr. JongSu Lim.
#include<stdio.h>
#include<stdint.h>
#include<stdbool.h>
#include"AN2606_Table159.h"

#define STEP_3    // For Read Memory Command, 0x11        ▶ ①
int main() {
  FILE* fp = NULL;
  uint8_t Cmd = READ_CMD;  //Command
  uint8_t Tx_Packet[20] = { 0, }, Tmp8 = 0;
  uint32_t StartAddr = 0, N = 0;

  Tx_Packet[0] = Cmd;   // Command Code
  Tx_Packet[1] = ~Cmd;  // 1's complement

switch (Cmd) {
          ... 중간 생략 ...
    case READ_CMD:
    {
#ifdef STEP_1
      // Step_1 : Read Memory(0x11) Command transmit
      fp = fopen("RdCmd_Step1.bin", "wb");  // Binary file.
      fwrite(Tx_Packet, 1, 2, fp); // 0x00(Get command) + 0xff
      fclose(fp);
#else
#ifdef STEP_2
      // Step_2 : Start Address transmit
      StartAddr = 0x08000000;  // start address of Flash Memory
      Tx_Packet[0] = (uint8_t)(StartAddr >> 24);
      Tx_Packet[1] = (uint8_t)(StartAddr >> 16);
      Tx_Packet[2] = (uint8_t)(StartAddr >> 8);
      Tx_Packet[3] = (uint8_t)StartAddr;
      Tx_Packet[4] = Tx_Packet[0] ^ Tx_Packet[1] ^ Tx_Packet[2] ^ Tx_Packet[3];
      fp = fopen("RdCmd_Step2.bin", "wb");  // Binary file.
      fwrite(Tx_Packet, 1, 5, fp);
      fclose(fp);
```

```
    #else
    #ifdef STEP_3
        // Step_3 : Number of the bytes to be read - 1.
        N = 100 - 1;   // 100 bytes will be read
        Tx_Packet[0] = N;
        Tx_Packet[1] = ~N;
        fp = fopen("RdCmd_Step3.bin", "wb");  // Binary file.
        fwrite(Tx_Packet, 1, 2, fp);
        fclose(fp);
    #endif
    #endif
    #endif
      }
      break;
    default:
      break;
  }
  return 0;
}
```

①번에서 STEP_1, STEP_2, 그리고, STEP_3로 바꾸어 가면서 building을 수행하고, 실행하여 각각의 binary file을 생성한다. 이제 3개의 파일들이 모두 준비되었으면, 다음과 같은 과정으로 **순서대로** 실습을 수행하면 된다.

❶ 우선, 현재 사용하고 있는 Nucleo-F103RB 보드의 STM32F103RB 내부 flash memory 시작 번지 0x0800_0000로부터 시작하는 내용을 알아보기 위해서 **ST-LINK utility**를 이용한다. 단, ST-LINK utility는 Vol.1의 1.3. 단원에 자세히 설명되어 있다. [그림 2.5-3]은 현재 STM32F103RB 내부 flash memory 내용이다. 이제, **Read Memory** command를 이용하여 점선의 사각형 안에 표시한 0x0800_0000번지부터 **100(0x64)개 bytes**의 내용을 읽어볼 것이다. 즉, 0x0800_0000번지부터 0x0800_0064번지까지 읽어보도록 하겠다.

❷ [그림 2.1-3]과 같이 보드를 구성하여 준비한다. 그리고 나서, Silicon Labs CP210x USB port를 선택하고, Tera Term 초기화 파일인 **Ch2Tera_Config.INI**를 선택하여 준다. 이어서, Nucleo-F103RB 보드의 검은색 **Reset** button을 click하여 준다.

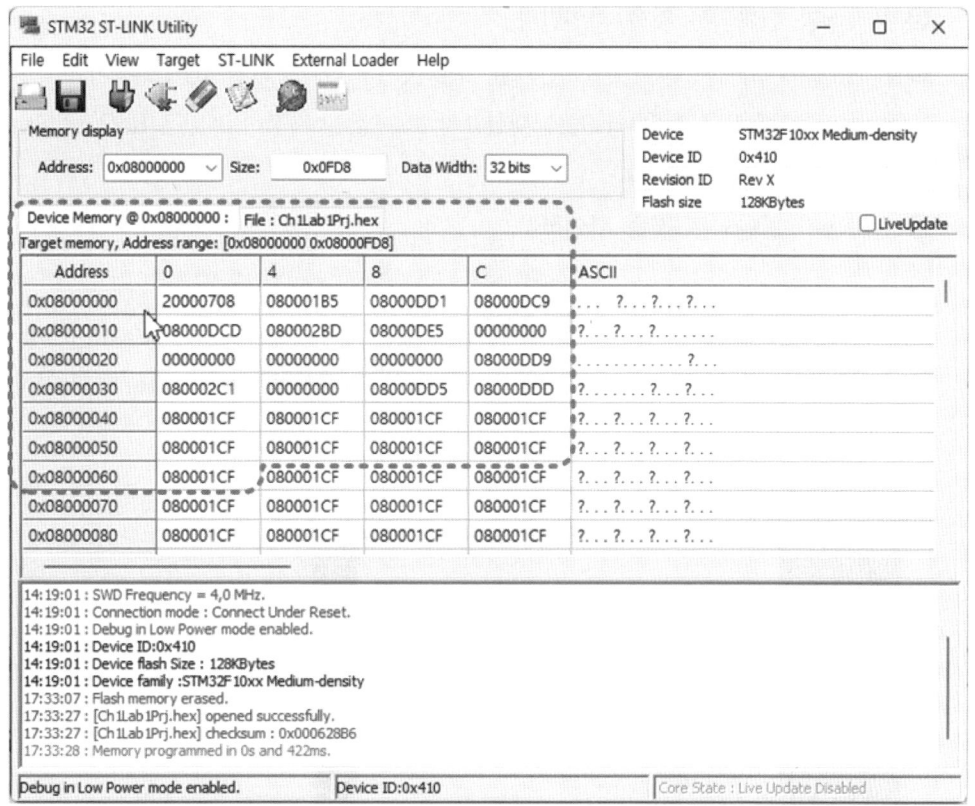

[그림 2.5-3] Nucleo-F103RB의 STM32F103RB 내부 flash memory 내용.

그리고, Tera Term 화면 정리를 위하여 Edit menu에서 Clear screen과 Clear buffer menu를 모두 click 하여 준다.

❸ Delete Key를 click하여 문자 y가 반환되는 것을 확인한다.

❹ Tera Term의 Log... menu를 이용하여 RdMemCmd_Rx.bin 파일을 log file로 설정한다. 이때, [그림 2.3-2]의 ②번과 같이 Binary Option을 선택하고, Append Option은 uncheck 한다.

❺ [그림 2.5-2]에서 보여준 1 단계를 수행하기 위해서 0x11과 1의 보수인 0xEE를 저장하고 있는 RdCmd_Step1.bin을 Tera Term으로 전송한다. 이때, [그림 2.2-9]의 ⑩번에서 보여준 것과 같이 Binary를 선택해 주는 것을 잊지 말도록 하자.

❻ 문자 y가 반환되는 것을 확인한다.

❼ [그림 2.5-2]에서 보여준 2 단계를 수행하기 위해서 시작 번지 0x0800_0000과 이에 대한 checksum byte를 저장하고 있는 RdCmd_Step2.bin을 Tera Term으로 전송한다.

❽ 문자 y가 반환되는 것을 확인한다.
❾ [그림 2.5-2]에서 보여준 3 단계를 수행하기 위해서 읽을 bytes의 개수, 여기서는 100bytes 즉, N=100-1=99와 99에 대한 1의 보수 값을 저장하고 있는 RdCmd_Step3.bin 을 Tera Term으로 전송한다.
❿ 문자 y가 반환되는 것을 확인한다.

이제, 문자 y가 반환되면, [그림 2.5-4]에서 보여준 것과 같이 Tera Term의 log 파일로 등록한 RdMemCmd_Rx.bin 파일의 내용을 이전과 같이 Ultra-Editor로 확인한다.

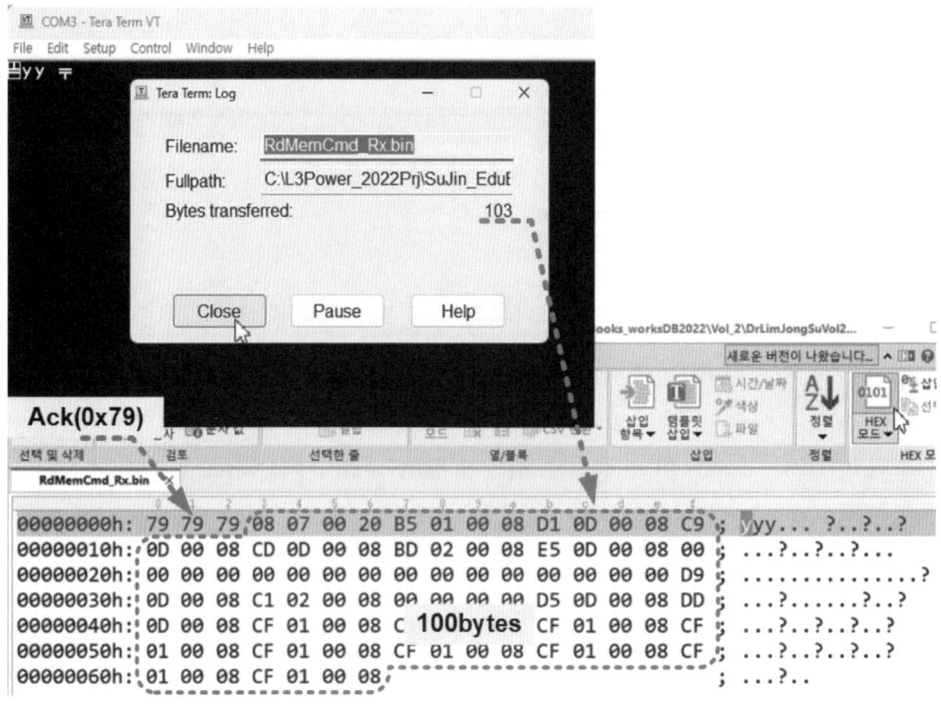

[그림 2.5-4] Read Memory command 실행 결과에 따른 수신 데이터.

전체 103bytes가 수신되었는데, 여기에는 3 단계 각각에 대한 ACK 문자 y(0x79) 반환 값을 포함하고 있기 때문이다. 그러므로, 점선의 사각형만 고려하면 되며, 이것은 요청한 100bytes에 해당한다. 이 파일의 내용을 읽어 들이기 위해서 작성한 C code routine의 파일 이름은 Ch2_5_RdMemCmd_Rx.c이며, 다음과 같다.

```c
// 2024, 5, 13,            written by Dr. JongSu Lim.
#include<stdio.h>
#include<stdint.h>
#include"AN2606_Table159.h"
#define DEVICE_KIND_NUM                              100
#define RxPACKETNUM                                  200          ▶ ②

int main() {
  FILE* fp = NULL;
  uint32_t i = 0, j = 0;
  uint8_t Cmd = READ_CMD;   // Command
  uint8_t Rx_Packet[RxPACKETNUM] = { 0, };
  uint16_t PID = 0;
  uint32_t Tmp32 = 0, RdMemInfo[100] = { 0, }, StartAddr = 0;

  switch (Cmd) {
          ... 중간 생략 ...
    case READ_CMD:
    {
      fp = fopen("RdMemCmd_Rx.bin", "rb");  // Binary file.
      fread(Rx_Packet, 1, 103, fp);                              ▶ ③
      for (i = 3; i < 103; i += 4) {
        Tmp32 = *(uint32_t*)(&(Rx_Packet[i]));
        RdMemInfo[j++] = Tmp32;
      }
      StartAddr = 0x80000000;
      for (i = 0; i < j; i += 4) {
        printf("0x%08x : 0x%08x | 0x%08x | 0x%08x | 0x%08x\n",
          StartAddr + (4 * i), RdMemInfo[i], RdMemInfo[i + 1],
          RdMemInfo[i + 2], RdMemInfo[i + 3]);
      }
    }
    break;
    default:
      break;
  }
  fclose(fp);
  return 0;
}
```

특별히, ③번 line에서 보여준 것과 같이 수신 데이터의 크기가 103bytes이다. 그러므로, 지정한 배열의 크기를 초과하는 데이터 저장이 발생(buffer overrun)하므로 기존의

100bytes 크기를 갖던 Rx_Packet[]을 200bytes로 좀 더 크게 잡았다. 그리고, [그림 2.5-5]와 같이 build하고, 실행하여 RdMemCmd_Rx.bin 파일을 읽은 결과를 보여주고 있다.

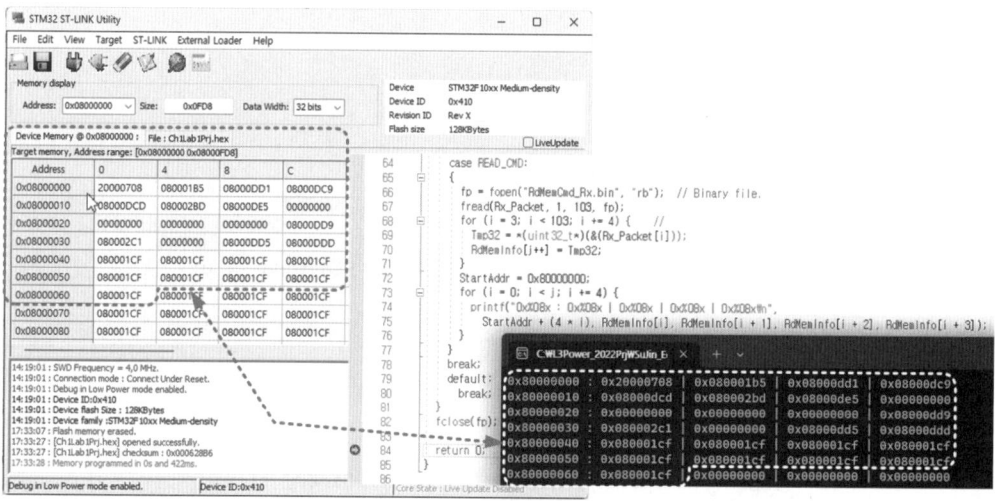

[그림 2.5-5] Read Memory command 실행 결과에 따른 수신 데이터 분석.

[그림 2.5-5]에서 보여준 것과 같이 ST-LINK Utility와 동일한 내용을 보여 주고 있다. 몇몇 MCU는 RDP(Read Protection)가 활성화되어 있는 경우에 하나의 NACK가 아닌 2개의 NACK를 반환할 수도 있다는 데 주의하자. 이에 대한 자세한 내용은 AN2606에서 사용할 MCU에 대한 Known limitations를 확인하면 된다. 예를 들어서, [그림 2.5-6]은 AN2606의 7.3단원에서 설명하는 STM32F03xx4/6 bootloader에 대한 내용을 예제로 보여준 것이다.

Table 14. STM32F03xx4/6 bootloader versions

Bootloader version number	Description	Known limitations
V1.0	Initial bootloader version	For the USART interface, two consecutive NACKs instead of 1 NACK are sent when a Read Memory or Write Memory command is sent and the RDP level is active.

[그림 2.5-6] NACK 반환 개수에 대한 내용.

Known limitations에 대한 내용으로부터 STM32F03xx4/6 bootloader는 2개의 NACK를 반환하는 것을 알 수 있다.

2.6 Go(0x21) Command.

■ 주요 기능 : Flash memory에 저장한 code를 실행하는 명령어이다.

지금부터 설명할 내용은 8.1. 단원에서 학습할 "간단한 User Bootloader 구현"과 연결된 내용이다. Cortex-M core를 위한 **전용 interrupt controller인 NVIC**가 발생한 interrupt들을 처리하는 방법에 대한 내용은 다소 많아서 여기서 모든 내용을 설명하지 않고, 기본적인 내용만 다루고, 보다 복잡한(?) 내용은 8.1. 단원에서 계속해서 **이어서** 설명할 것이다. 그러므로, 8.1. **단원**을 학습할 때 이번 단원을 다시 한 번 읽어보고 학습하면 전반적으로 이해하는 데 많은 도움이 될 것이다. 그럼, booting에 대한 본격적인 학습을 시작해 보도록 하겠다. 구체적으로 Cortex-M core가 "**지정한 번지 + 4**" 번지에 있는 명령어를 해석하기 시작한다. 즉, "**지정한 번지 + 4**"를 범용 register R15인 **Program Counter(PC) register에 할당하여 Core가 수행할 다음 명령어가 저장되어 있는 번지가 되도록** 한다. 갑자기 무슨 의미인지 모르는 분들이 있을 수 있다. 이것은 이제부터 설명할 내용을 압축한 것이다. 어쨌든, bootloader가 Go command code, 0x21을 수신하면, ACK를 반환한다. 그리고 PC register R15에 저장할 32bits 번지와 각각의 byte에 대해서 XORing한 checksum을 기다린다. 이때, byte 1이 MSB이고, byte 4는 LSB인데 주의하자. 만일, 수신한 번지와 checksum이 모두 문제가 없다면, bootloader는 ACK byte를 전송한다. 그렇지 않으면, NACK byte를 전송하고, command를 무시하게 된다. 만일, 주어진 번지와 checksum이 유효하면, ACK byte를 전송하고, 이어서 다음과 같은 작업을 **bootloader가** 순서대로 수행한다.

❶ bootloader에 의해서 사용된 주변 장치들에 대한 register들을 default 값으로 초기화한다.

❷ 새롭게 실행할 파일을 위한 Main Stack pointer를 초기화한다.

❸ 지정한 번지 + 4번지를 PC register, R15에 저장한다. **이 얘기를 주목해야 한다**. 결국, 새롭게 실행할 파일의 시작 번지 즉, PC register, R15에 저장한 번지는 새롭게 실행할 파일에 속하는 bootstrap code에 등록한 reset handler의 번지가 되어야 한다는 의미가 된다. 잘 이해가 가지 않아도 된다. 잠시 후에 자세히 설명하고 실습도 할 것이다. 어쨌든, 이것만 기억해 두자. "새로 실행할 file에 대한 **reset handler 번지 즉, 지정한 번지 + 4번지** 를 PC register, R15에 저장하여 program 실행"을 옮긴다. 그러므로, 지정한 번지는 SRAM 또는 Flash memory 번지 범위 안에 있어야 한다. 만일, 새로운 실행 file을 SRAM 에 저장하였다면, **현재 동작하고 있는** bootloader firmware가 사용하고 있는 SRAM 영역 과 겹치지 않도록 offset을 주어야 한다는데 주의하자. 여기서의 offset의 크기와 의미는 앞서 [표 2.4-2]에서 **RAM 영역**에 대한 내용을 설명한 부분 즉, ... *bootloader code가 실행하는데 필요한 RAM 영역은 512(0x200)bytes이다....*에서 **512(0x200)bytes**가 바로 **offset 크기**이다. 왜냐하면, 이 영역은 앞서 설명한 것과 같이 제조사 bootloader가 사용하기로 예약한 곳이므로 사용자가 사용할 수 없는 영역이기 때문이다.

예를 들어서, Go command code, 0x21에 지정한 번지의 값이 0x0800_0000이면, bootloader는 0x0800_0004번지로 jump한다. **지정한 번지 + 4**를 하는 이유는 interrupt vector table의 첫 번째 번지에는 main stack pointer가 저장되어 있고, 그 다음 vector 즉, 번지에 reset handler 번지가 저장되어 있기 때문에 +4를 하는 것이다. [그림 2.6-1]은 Go command code, **0x21**에 대한 host와 device 측면에서의 흐름도를 보여준 것이다. 우리는 1.4.절에서 LD2 LED가 점멸하도록 하는 실행 파일인 **Ch1Lab1Prj.hex**을 ST Inc.에서 제공하는 **Flash loader demonstrator** program을 이용하여 [그림 1.4-18]의 ⑬번 점선 왼쪽에서 보여준 것과 같이 @(h) 800_0000번지 즉, 0x0800_0000번지를 **시작 번지**로 설정하고, downloading을 수행하였다. 0x0800_0000번지는 [그림 1.1-1]에서 보여준 것과 같이 STM32 MCU의 **main flash memory**의 시작 번지이다. [그림 2.6-2]는 **Ch1Lab1Prj.hex**이 mouse cursor로 가리킨 것과 같이 0x0800_0000번지부터 저장되어 있는 것을 ST-Link utility로 보여준 것이다. 그런데 문제는 [그림 2.6-1]에서 보여준 것과 같이 실행해 보면, 정작 ACK 문자 **y**는 흐름도에서 보여준 것과 같이 반환하지만, 결국, **실행하지 않는 것**을 확인할 수 있다. 사실, 이 문제(?)는 [그림 1.4-18]로 거슬러 올라가야 한다.

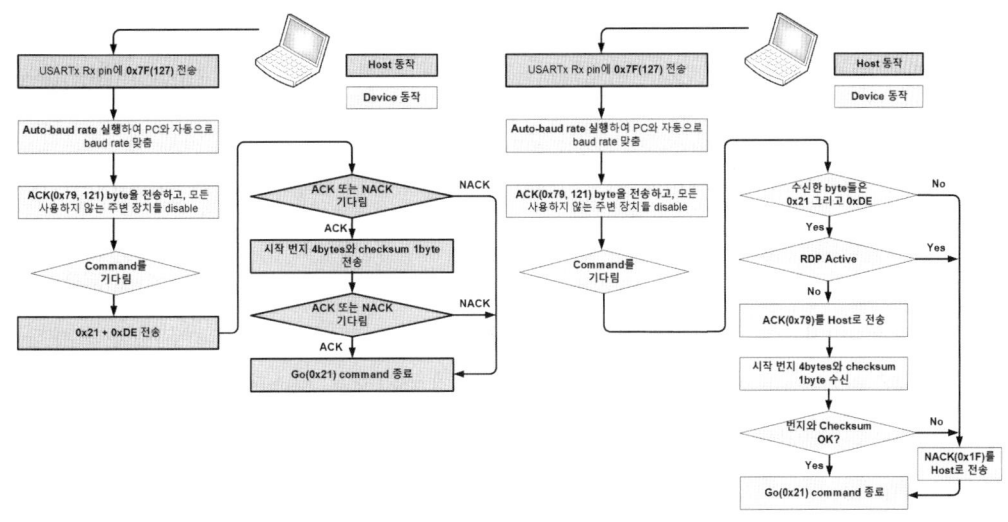

(a) Go(0x21) command Host 측면에서의 흐름도.   (b) Go(0x21) command Device 측면에서의 흐름도.

[그림 2.6-1] Host와 Device 측면에서의 Go(0x21) command 실행에 대한 흐름도.

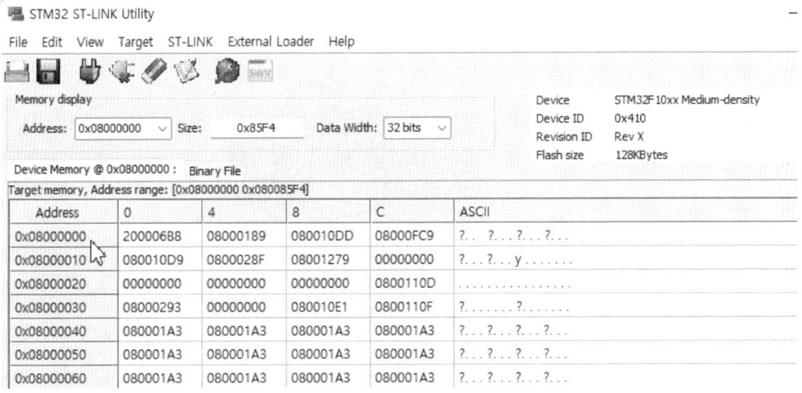

[그림 2.6-2] Ch1Lab1Prj.hex이 0x0800_0000번지부터 저장되어 있는 모습.

[그림 1.4-18]의 왼쪽 그림을 자세히 살펴보면, **Jump to the user program**을 check하였다. 그리고, 정상적으로 새로운 user program을 writing 하였으므로 적어도 [그림 1.4-19]의 ⑯번과 같이 **Close** 버튼을 click하여 주면, 새롭게 flash memory 0x0800_0000번지부터 writing한 내용들이 수행될 것이라고 생각하였는데, 수행하지 않았다. BOOT0 Cable을 제거하고, 전원을 끄고, 다시 켜주었을 때에 또는 BOOT0 Cable을 제거하고, Nucleo F103RB 보드에 있는 검은색 **Reset** button을 click해 주어야만 새로운 user program이

동작하는 것을 확인 할 수 있었다. 그렇다면, 왜? Go command code, 0x21를 정상적으로 실행하였는데, 0x0800_0000번지부터 writing한 새로운 실행 파일 Ch1Lab1Prj.hex을 실행하지 않는 것인가?

이것은 Embedded C coding뿐만 아니라 C 언어 자체에 대해서도 **아주 중요한 의미**를 가지므로 심도 있게 **충분히 고민해 보고**, 그리고 나서 다음 내용을 학습하기 바란다. 힌트를 주도록 하겠다. C 언어의 시작은 main() 함수이다. 이와 같은 함수가 실행하기 위해서는 반드시 memory 안에 stack이 존재해야 한다. 그래서, 앞서 언급한 것과 같이 제일 먼저, *새롭게 실행할 번지를 위한 Main Stack pointer를 초기화* 하는 것이다. 즉, C 언어가 동작하기 위한 stack 영역을 잡아 주어야 하는데, 이에 대한 내용은 Vol.1의 **4.1. 단원**에서 interrupt vector table에 대한 설명을 할 때 간단히 소개하였다. 어쩌면, 이제 설명할 내용과 Chapter 8.에서 설명할 내용에 대해서 간단히 요약한 것이 Vol.1의 **16.1.9.절**이다. 그러므로, 해당 내용을 다시 한 번 읽어보고 왜? Go command code, 0x21을 실행하였는데도 새로운 실행 파일이 실행하지 않는지 연구해 보기 바란다.

이제부터 설명할 내용은 **상당히 많고, 아마도 무척 복잡**하다고 생각할 수 있다. 그러나, STM32 MCU뿐만 아니라 **모든 MCU 또는 CPU, DSP와 같은 임의의 processor가 동작하는데 필요한 가장 근본적인 내용**이므로 반드시 이해할 수 있도록 노력해 보기 바란다. 무엇보다도 반드시 **해당 실습을 직접 수행해야 본인 것이 된다는 것**을 잊지 말기 바란다. 그러므로, 이해되지 않는다면, 몇 번을 반복해서 읽어봐야 할 것이다. 자! 얘기를 이렇게 시작해 보겠다. Go(0x21) command에서 지정한 0x0800_0000번지는 새로운 실행 파일 Ch1Lab1Prj.hex이 저장되어 있는 시작번지이고, 이 시작번지는 [그림 1.1-1]에서 보여준 것과 같이 Main Flash Memory의 시작 번지이다. 그런데, [그림 1.1-1]을 자세히 보면, Boot Memory 공간에 해당하는 0x0000_0000번지부터 0x0007_FFFF번지까지는 Main

Flash memory 또는 System Memory 영역이 **Aliasing**되는 영역이라고 되어 있다. 여기서 언급한 Aliasing을 **Mirroring** 이라고 생각해도 좋다. 즉, [그림 2.6-3]의 ①번에서 보여준 것과 같이 [표 1.4-1]에서 보여준 Main Flash Memory로 booting하면, Main Flash Memory 영역인 0x0800_0000번지부터 0x0801_FFFF 번지까지와 Boot Memory 영역인 0x0000_0000 번지부터 0x0001_FFFF 번지까지는 **동일한 공간**이 된다.

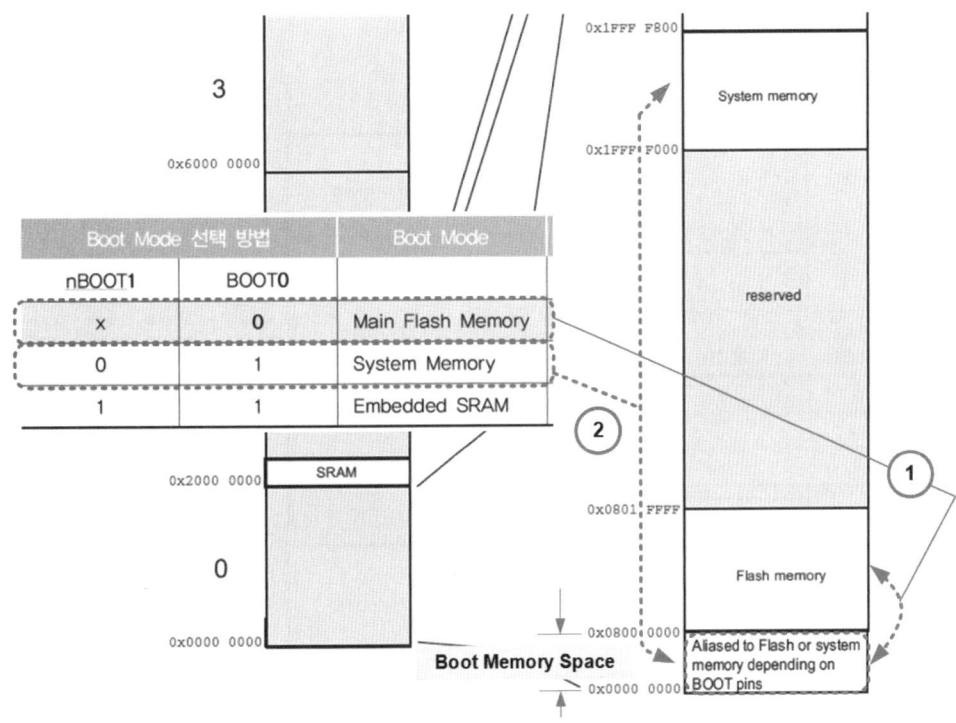

[그림 2.6-3] Boot Mode에 따른 Flash Memory Mapping 관계 정리.

그러므로, 해당 영역은 동일한 영역으로 번지를 해석(decoding)하게 된다. 여기서 **decoding한다**는 것은 아마도 관련 내용을 FPGA로 logic 설계 경험이 있는 분들은 쉽게 이해할 것이다. 일반적으로 FPGA와 같은 비메모리 설계 언어인 VHDL 또는 Verilog에서 어떠한 번지가 특정 논리 소자와 연관을 갖도록 번지 값을 C언어와 유사한 switch문을 사용하여 분류하는데, 이와 같이 특정 번지와 특정 논리 회로 사이에 연관성을 형성하는 것을 **번지 decoding**이라고 한다. 이때, 2개의 영역들을 **동일한** case 문으로 묶는 다는 의미로 해석하면 된다. 즉, 2개의 영역에 해당하는 번지가 switch문으로 들어오면, case 문을 통하여 동일한 해당 논리 회로와 연결되도록 번지 decoding을 수행한다. 이 내용을 확인하기 위해서 Main Flash Memory로 booting하도록 BOOT0 cable을 제거하고, 실행 이미지 파일 Ch1Lab1Prj.hex을 ST-Link Utility로 downloading하기 위해서 우선, Target menu의 **Erase Chip** menu를 선택하여 기존의 flash memory 내용을 모두 지우고, **Program & Verify...** menu를 click하여 준다. 그리고, [그림 2.6-4]의 ③번과 같이 0x0800_0000번지부터 시작하는 내용과 ④번과 같이 0x0000_0000번지부터 시작하는 내용을 비교하면 서로 동일한 것을 확인할 수 있다.

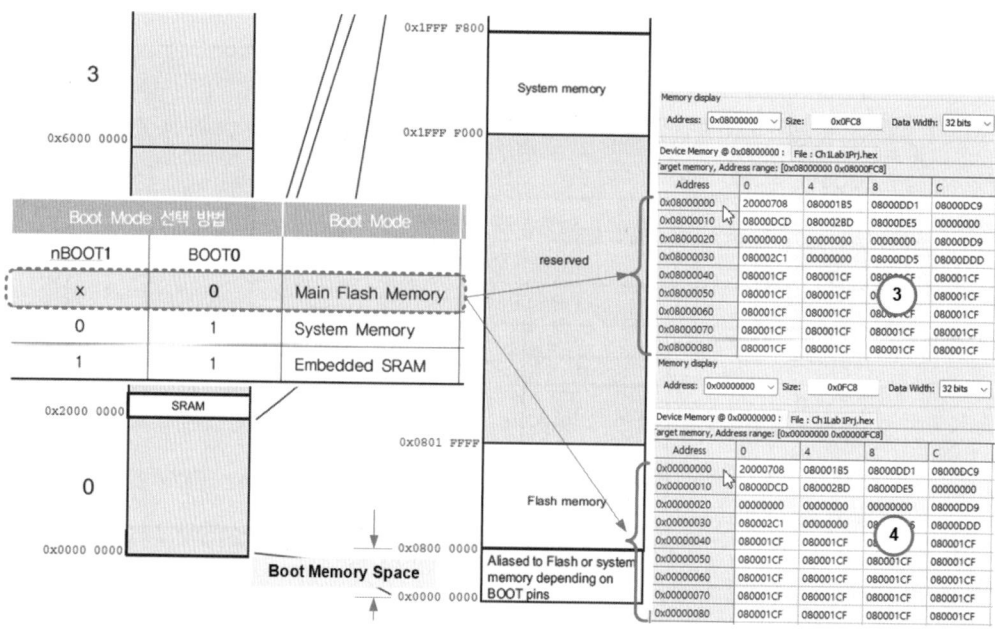

[그림 2.6-4] Main Flash Memory Booting과 Boot Memory Space Mapping 관계 정리.

결국, 2개의 영역은 동일한 영역으로 취급된다. 그런데, [표 1.4-1]에서 보여준 System Memory로 booting하면, 이번에는 [그림 2.6-3]의 ②번에서 보여준 것과 같이 System Memory 영역인 0x1FFF_F000 번지부터 0x1FFF_F800 번지까지와 Boot Memory 영역인 0x0000_0000 번지부터 0x0001_FFFF 번지는 **동일한 공간**으로 취급된다. 이 내용을 확인하기 위해서 System Memory로 booting하도록 BOOT0 pin을 [그림 2.1-3]에서 보여준 것과 같이 High로 **다시** 설정하고, ST-Link Utility로 [그림 2.6-5]와 같이 확인해 보도록 하자.

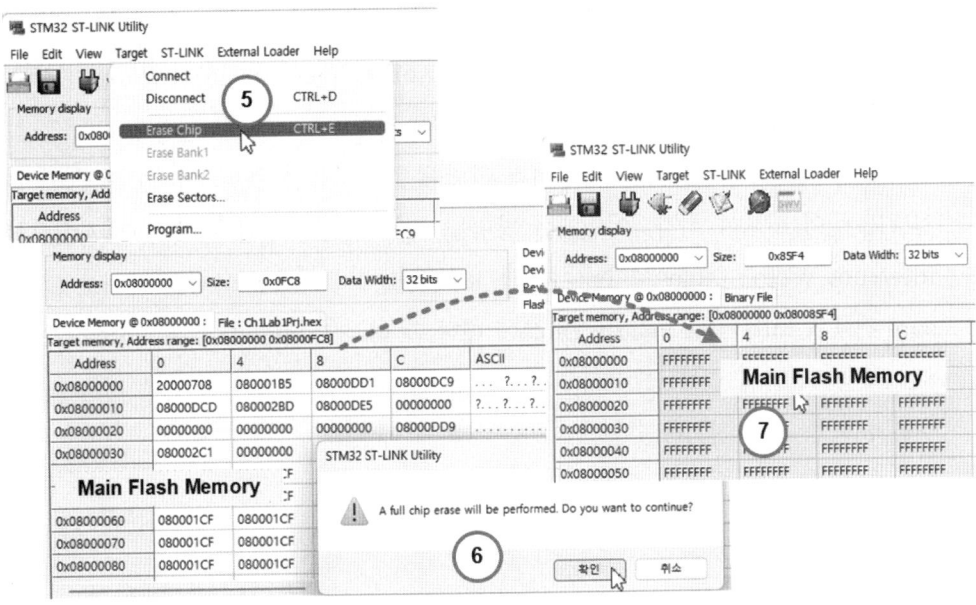

[그림 2.6-5] System Memory Booting과 Boot Memory Space Mapping 관계 정리 - 1.

구체적으로 ⑤번과 ⑥번처럼 전체 flash memory 영역을 지운다. 여기서 **전체**는 결국, Main Flash Memory 영역만을 의미한다. 그러므로, **확인** button을 click하면, ⑦번과 같이 main flash memory 영역이 지워 진 것을 확인할 수 있다. 그런데, 이때, [그림 2.6-6]의 ⑧번에서 보여준 System Memory 영역의 내용이 ⑨번의 Boot Memory 영역의 내용과 일치하는 것을 확인할 수 있다.

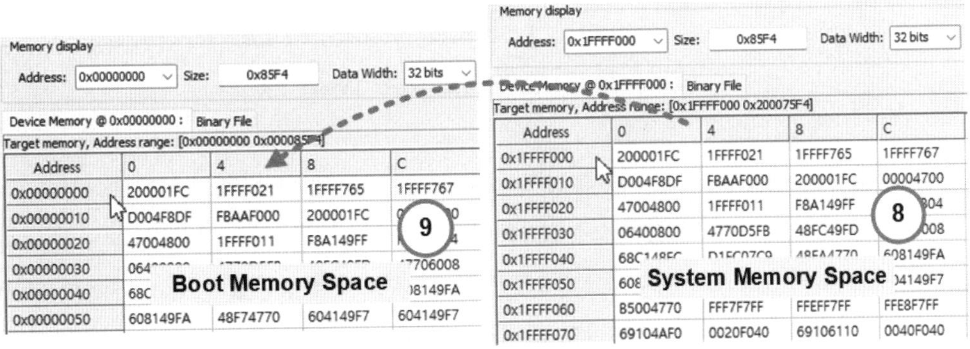

[그림 2.6-6] System Memory Booting과 Boot Memory Space Mapping 관계 정리 - 2.

결국, System Memory로 booting하면, System Memory 영역과 Boot Memory 영역은

동일한 것을 확인할 수 있다. 혹시, 여러분 중에서 지금까지의 설명으로 왜? Go(0x21) command가 정상적으로 실행하였는데, **Ch1Lab1Prj.hex**이 실행하지 않았는지 감 잡은 분이 계신지 모르겠다. 만일, 지금까지의 설명으로 **정확히** 그 원인을 파악했으면, 훌륭하다고 말하고 싶다. 단, 대충 이해했거나 아직 이해를 못하신 분은 좀 더 인내심을 갖고 계속해서 설명을 들어 보도록 하자. 이번에는 방향을 틀어서 앞서 언급한 Vol.1의 **4.1. 단원**에서 interrupt vector table에 대한 내용과 16.1.9.절에서 설명한 내용을 근거로 Cortex-M core 전용의 Interrupt Vector Table에 대한 좀 더 심도 있는 내용을 학습해 보도록 하겠다. 우선, Vol.1에 있는 [그림 4.1-17]과 [표 4.1-1]을 [그림 2.6-7]에 지금까지 학습한 내용과 함께 다시 정리하였다.

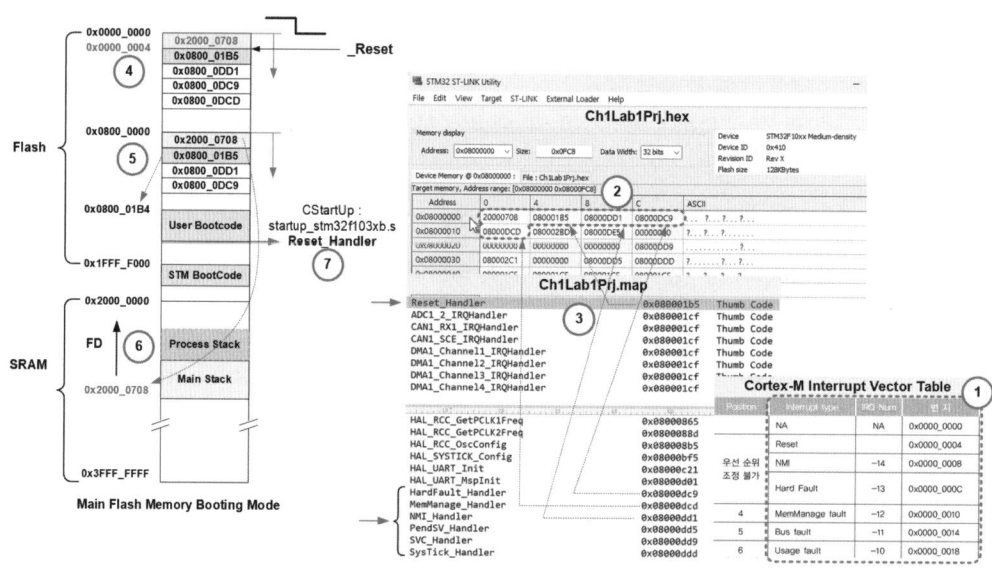

[그림 2.6-7] Cortex-M Interrupt Vector Table과 흐름도 - 1.

그림이 다소 복잡하니 주의 깊게 살펴보기 바란다. Chapter 8.에서 user bootloader를 설명할 때 다시 만나게 될 것이므로 집중해서 설명을 듣기 바란다. ①번에서 보여준 것과 같이 Cortex-M의 Interrupt Vector Table은 **MCU 제조사와 상관없이** Main Stack Pointer가 저장되어 있는 **0번지부터** 16번째 System Tick Timer handler 번지가 저장되어 있는 15×4 = **60(0x3C)번지까지 순서가 고정**되어 있다. ②번은 Main Flash Memory boot Mode 상황에서 Ch1Lab1Prj.hex file을 ST-Link utility로 Nucleo-F103RB 보드에 writing하고, 읽어 본 것이다. 현재, Main Flash Memory의 시작 번지인 0x0800_0000에

는 Main Stack Pointer인 **0x2000_0708**이 저장되어 있고, 그리고 나서, ①번에서 보여준 순서대로 ③번처럼 Reset Handler의 번지인 0x0800_01B5가 저장되어 있다. 그리고, 이어서 NMI handler 번지인 0x0800_0DD1이 **순서대로 저장**되어 있다. 각각의 handler 번지뿐만 아니라 Main Stack pointer 정보는 build 후에 생성되는 해당 *.map file 즉, CubeMX가 생성해 준 **MDK-ARM** folder 안에 있는 uVision의 **Options** dialogbox에서 **Output** tab의 **Select Folder for Objects...** button을 click하여 선택한 folder 안에 있는 **Ch1Lab1Prj.map**을 통하여 얻을 수 있으며, 특별히, Main Stack pointer는 label **__initial_sp**으로 표시되어 있다. 그리고, stack의 크기는 label **STACK**으로 표시되어 있고, 크기가 1024(즉, 0x400)bytes로 표시된 것을 확인해 보도록 하자. Cortex-M series는 기존의 32bits instruction인 **ARM mode**를 지원하지 않고, 16bits 또는 32bits 폭을 가질 수 있는 Architecture V7에 새롭게 포함된 **Thumb-2 mode만 지원**한다. 그러므로 Cortex-M core 이전 ARM Core의 경우에는 PC(Program Counter)가 ARM mode에 관련된 instruction이 저장된 번지를 저장하고 있을 때는 LSB가 "0"이고, Thumb mode에 관련된 instruction이 저장된 번지를 저장하고 있을 때는 **LSB가 "1"**이었는데, Cortex-M series에서는 **항상, "1"만 사용**된다는데 주의하자. 즉, handler 번지의 제일 마지막 bit 값은 항상 "1"이므로 예컨대, [그림 2.6-7]의 ④번에서 Reset Handler 번지가 위치할 0x0000_0004 번지에는 0x0800_01B5로 저장되어 있지만, 실질적으로는 ⑤번처럼 0x0800_01B4번지를 가리킨다는 데 주의하기 바란다. 무엇보다 thumb mode의 16-bit이건, ARM mode의 32-bit이건 최하위 LSB는 항상, 사용하지 않으므로 이곳에 mode setting정보를 담고 있다는 것도 알아두기 바란다. 현재, Main Flash Memory Boot Mode이므로 Main Flash Memory 영역인 0x0800_0000번지부터가 Boot Memory 영역에 aliasing 된 것도 볼 수 있다. 이제, **Reset이 걸리면**, Boot Memory 영역의 0번지부터 실행을 하는데, 0번지는 Main Stack pointer이므로 0x0000_0004번지부터 실행을 한다. 그런데, 이 얘기는 앞서 언급한 aliasing을 고려하면, 이렇게도 말할 수 있다. "이제, Reset이 걸리면, Boot Memory 영역의 0x0800_0000번지부터 실행을 하는데, 0x0800_0000번지는 Main Stack pointer이므로 0x0800_0004번지부터 실행을 한다." 왜냐하면, 2개의 영역은 Main Flash Memory Boot Mode이므로 동일하기 때문이다. 결국, [그림 2.6-7]에서 **interrupt vector table의** 시작번지는 0x0000_0000번지 또는 0x0800_0000번지라고 할 수 있다. C 언어를 포함한 모든 언어는 명령어와 데이터로 이루어지는데, 이들은 전역 변수

를 제외하면, **모두 함수라는 묶음** 안에서 함께 움직이게 된다. 이때, 함수 안에서 데이터를 표시하는 변수들은 **기본적으로 모두** memory 상의 **stack에 저장**된다. 그러므로, stack은 heap과 달리 C 언어가 동작하기 위한 **가장 기본적인 요구사항**이며, stack을 위한 공간이 ⑥번에서 보여준 것과 같이 읽고, 그리고, **쓰기가 가능한 SRAM 영역**인 0x2000_0708 번지부터 **FD**(Full Descending) 방식으로 번지가 할당된다. 이 부분에 대한 자세한 사항은 Chapter 10.**부터** 시작하는 RTOS에서 자세히 설명할 것이다. 어쨌든, reset이 걸려서 호출되는 reset handler 번지에 저장되어 있는 reset vector인 0x0800_01B5에는 MCU 제조사 또는 여러분이 개발한 boot code인 **startup_stm32f103xb.s**에서 ⑦번과 같이 reset handler인 Reset_Handler를 호출하게 되고, 이 Reset_Handler가 main() 함수를 호출하는 것이다. 그런데, 이 흐름은 [그림 2.6-8]에서 보여준 것과 같이 Cortex-M core **전용**의 interrupt controller인 **NVIC**(Nested Vector Interrupt Controller) 안에 있는 **VTOR**(Vector Table Offset Register)과 관련을 갖게 된다.

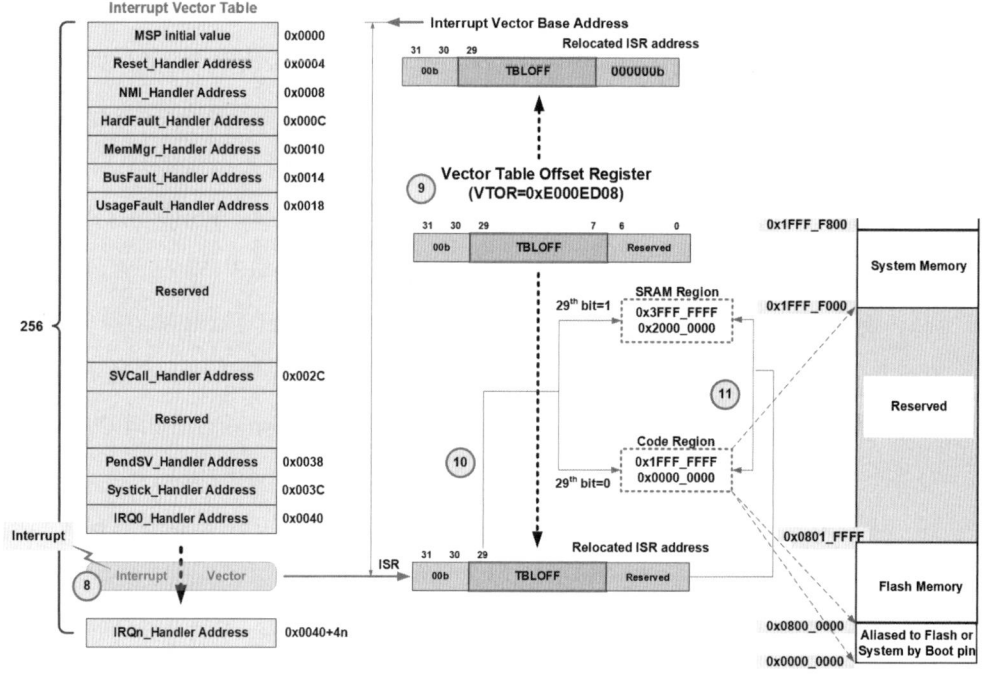

[그림 2.6-8] Cortex-M Interrupt Vector Table과 흐름도 - 2.

여기서 언급하는 **vector table**은 interrupt handler 번지들을 모아 놓은 즉, 32bits **배열**을

의미하는데, handler 자체가 의미하듯이 **함수 pointer**들을 모아 놓은 것이라고 해석하면 된다. 일반적으로 exception 또는 interrupt가 발생하고, 그에 연결된 처리 함수를 **handler** 라고 하며, event 발생에 따른 처리함수를 **callback**이라고 부르는데, 혼용하여 handler라 고 하는 경우도 있다. reset이 걸리면, ⑨번에서 보여준 VTOR은 **default 값**인 0을 갖게 되고, 이것은 결국, reset 이후에 interrupt vector table의 **base(시작) 번지**는 0x0000_0000인 것을 의미하게 된다. 이제, 임의의 interrupt가 ⑧번에서 보여준 것처럼 발생하면, ⑩번에서 보여준 것과 같이 **VTOR**에 지정한 **TBLOFF**의 값을 반영하여 새로운 **Relocated ISR**(Interrupt Service Routine) **address**가 만들어진다. 즉, ⑪번처럼 VTOR 에 설정된 address를 새로운 interrupt vector table의 **base 번지**로 하는 relocated ISR address가 발생한 interrupt의 handler 번지가 된다. 이 말이 아주 중요한 의미를 가진다. 결국, VTOR register에 설정한 번지 값이 새로운 interrupt vector table의 base address 가 되므로 그 번지부터 새로운 실행 image 즉, *.hex file을 저장해 주면 된다는 의미가 된다. 또는 새로운 실행 image가 저장된 시작 번지를 VTOR에 새롭게 설정해 주면, 그곳이 Flash memory 영역(ROM booting)이건 SRAM 영역(RAM booting)이건 상관없이 새로 운 interrupt vector table의 **base 번지 즉, 시작 번지**로 사용된다. 정리하면, VTOR은 16개의 기본적인 exception들을 포함한 모든 제조사의 interrupt 발생을 처리하는 handler 의 번지들로 구성된 배열의 **시작 번지**에 해당하며, 이와 같이 interrupt handler의 시작 번지인 함수 pointer로 구성된 배열을 **interrupt vector table**이라고 한다. 8.1. 단원에서 는 이 내용에 대해서 좀 더 자세히 학습하게 될 것이다. Cortex-M core의 경우, 특별히, **interrupt vector table**의 첫 번째 배열의 원소 값은 main stack pointer의 시작 번지이다. 예를 들어서, 새로운 실행 이미지 파일을 main flash memory 영역인 0x0800_C000번지 부터 저장하고, VTOR의 번지 값을 0x0800_0000번지에서 방금 새로운 이미지를 저장한 0x0800_C000 번지로 바꾸고, 그리고 나서, PC(Program Counter)의 값으로 0x0800_C000+4 번지에 있는 reset handler를 할당하면, 새로 저장한 실행 이미지 파일이 동작을 시작하게 되는 것이다. 사실, 이것이 booting에 대한 기본 개념이며, 이에 대한 내용 과 실습은 Chapter 8부터 시작하게 될 것이다. 구체적으로 생성된 번지의 **29번째 bit**의 값이 "1"이면, 이것은 **SRAM 영역**에 해당하는 것이고, "0"이면, code 즉, **Flash Memory 영역**에 해당하는 것이다. 사실, 이것은 당연한 얘기이다. 29번째 bit만 "1"이면, 0x2000_0000이고, 이 영역은 SRAM 영역이기 때문이다. 그런데, TBLOFF를 지정할 때,

한 가지 주의할 것이 있다. 즉, 그림에서 보여준 것과 같이 TBLOFF는 VTOR의 7번째 bit부터 값을 가지므로 $2^7 = 128 = 0x80$부터 의미가 있다. 그러므로 기본적인 exception들이 16개이므로 추가적으로 **최소 16개의 interrupt들을 포함**하면, 16+16=32word이 된다. 이것은 $32 \times 4 = 128bytes$로 정렬된다. 또한, **2의 거듭제곱을 만족하는 수치로 TBLOFF field**를 지정해 주어야 한다. 예를 들어서, interrupt들이 전체 22개 필요하다면, 16+22=38words이고, 이것은 2의 거듭제곱으로 표현할 수 있어야 하므로, **64word boundary** 즉, **$64 \times 4 = 256$ bytes 정렬**이 될 것이다. 그러므로 새로 생성되는 relocated ISR address는 0x0, 0x100(256), 0x200(512)을 새로운 Vector Table에 대한 **base address**로 하여 만들어져야 한다. 즉, ⑨번에서 보여준 것과 같이 32bits 크기를 가지는 VTOR의 0번부터 6번 bits까지는 **Reserved** 영역인데, 기본 16개 exception들 각각은 32bits handler 번지이므로 제일 마지막 **Systick Handler 번지의 값** + 4 = 64 = 0x40 즉, 0번부터 6번 bits까지는 항상 기본으로 가져가야 하기 때문에 reserved 영역인 것이다. 구체적으로 MCU 제조사와 상관없이 VTOR은 **SCB(System Control Block)**에 속하는 register로서 ARM Inc.에서 기본으로 제공하는 **CMSIS** library에 **SCB_Type 구조체**에 속하는 **VTOR** field 이름으로 이미, **Core_cm3.h** file에 선언되어 있다. 그러므로, MCU를 제조하는 회사에 상관없이 Cortex-M core를 사용하는 경우에는 사용하는 개발 도구에도 상관없이 다음과 같이 C code 상에서 그 값을 바꿀 수 있다.

```
SCB->VTOR = 0x800C000;    // Modifying the base address of Interrupt Vector Table
```

결국, interrupt 처리를 위한 handler 번지들은 VTOR에 지정한 값에 따라서 **동적으로 그 base 위치를 재 할당할 수 있다**는 것을 알 수 있다. 즉, booting 과정에서 VTOR을 이용하여 vector table의 **시작 위치를 임의의 원하는 위치로 옮길 수 있다는 얘기가 된다. 여기서 주의할 것은 특별히, **STM32 MCU는 VTOR의 값이 0x200의 배수가 되어야 한다는 것**이다. 예를 들어서 SCB->VTOR = 0x08004000과 같이 coding해 주면, interrupt vector table의 **시작 위치**가 0x0800_4000 번지로 바뀌게 된다. 그런데, STM32F103RB MCU의 경우에 제공되는 boot code인 startup_stm32f103xb.s 파일을 살펴보면 알 수 있듯이 main() 함수로 진입하기 전에 **SystemInit()** 함수를 먼저, 거치게 되는데, 이 함수에서 SCB->VTOR=0x08004000과 같이 바꾸어 줄 수도 있다. 자! 그렇다면, 이제, Go(0x21) command가 정상적으로 실행되었을 때에 Ch1Lab1Prj.hex이 실행되지 않은 이유에 대해서 실습을 통하여 알아보도록 하겠다. 그러기 위해서는 우선, 이전 명령어들을 실습할 때처럼 [그림 2.1-3]과 같이 SJ_MCUBook_M4 보드를 구성해 주어야 한다. 즉, System Memory boot mode로 들어가도록 BOOT0 pin은 High로 설정해 준다. 또한, 현재, **Ch1Lab1Prj.hex**이 main flash memory에 저장되어 있지 않다면, ST-Link utility program을 이용하여 저장해 주고 나서 닫아 준다. 그리고, [그림 2.6-1]에서 보여준 흐름도에 맞도록 GoCmd_Step1.bin과 GoCmd_Step2.bin을 생성 해 주는 **Ch2_6_GoCmd_Tx.c** 파일을 다음과 같이 작성하였다.

```
  case GO_CMD:
  {
#ifdef GO_CMD_STEP_1
    // Step_1 : Go(0x21) Command transmit
    fp=fopen("GoCmd_Step1.bin", "wb");   // Binary file.
    fwrite(Tx_Packet, 1, 2, fp); // 0x00(Get command) + 0xff
    fclose(fp);
#else
#ifdef GO_CMD_STEP_2
    // Step_2 : Start Address transmit
    StartAddr=0x08000000;   // start address of Flash Memory
    Tx_Packet[0]=(uint8_t)(StartAddr>>24);
    Tx_Packet[1]=(uint8_t)(StartAddr>>16);
    Tx_Packet[2]=(uint8_t)(StartAddr>>8);
    Tx_Packet[3]=(uint8_t)StartAddr;
    Tx_Packet[4]=Tx_Packet[0]^Tx_Packet[1]^Tx_Packet[2]^Tx_Packet[3];
    fp=fopen("GoCmd_Step2.bin", "wb");   // Binary file.
    fwrite(Tx_Packet, 1, 5, fp);
    fclose(fp);
#endif
#endif
  }
  break;
```

생성된 GoCmd_Step1.bin과 GoCmd_Step2.bin을 **순서대로** Tera Term을 이용하여 Go(0x21) command를 [그림 2.6-1]에서 보여준 순서대로 수행해 본다. 정상적으로 ACK 문자 y가 반환 되었지만, LD2 LED가 점멸하지 않을 것이다. 원인을 파악하기 위하여 **현재 상태**에서 [그림 2.6-9]의 ①번과 같이 Ch1Lab1Prj project를 MDK-ARM에서 open한다. 만일, KEIL Inc.의 MDKARM에 경험이 없다면, Vol.1.의 Chapter 4.를 참조하면 된다.

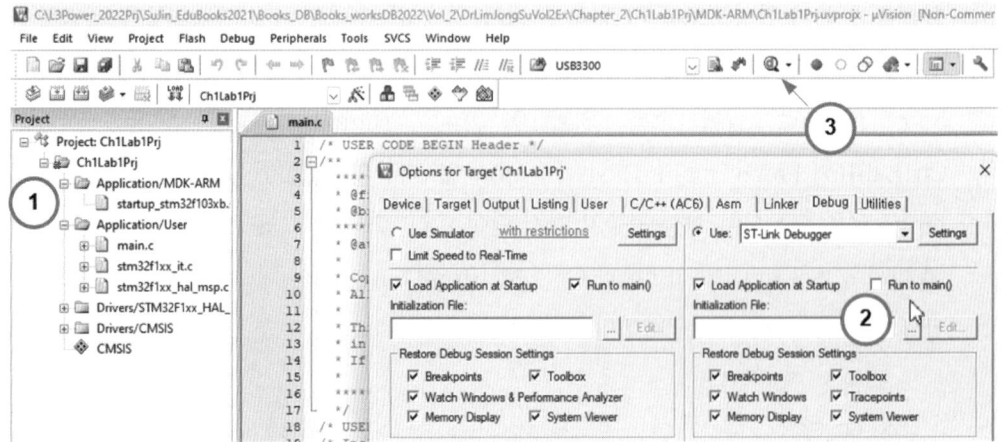

[그림 2.6-9] Go(0x21) command와 VTOR의 관계 - 1.

그리고, ②번에서 보여준 것과 같이 C 언어의 시작인 main() 함수까지 가지 말고, boot code 시작 명령어 즉, reset handler 번지가 저장되어 있는 0x0000_0004번지에 저장된 번지에 가서 멈추도록 Run to main() 앞의 checkbox를 해제해 주고, **Load Application at Startup**은 선택한 상태를 유지해 준다. 그리고, ③번의 Debug mode로 들어가는 icon을 click하여 주면, 제일 먼저, [그림 2.6-10]의 ④번과 같이 현재 project의 실행 파일인 **Ch1Lab1Prj.axf** file이 main flash memory로 loading될 것이다. 즉, ⑥번에서 보여준 **Memory 3** window 내용을 보면, main flash memory 영역에 **Ch1Lab1Prj.axf** file의 내용이 저장되어 있고, reset handler 번지인 0x0800_01B5가 reset vector 0x0800_0004 번지에 저장되어 있는 것도 확인할 수 있다. 이것은 [그림 2.6-7]에서 충분히 설명한 내용이다. 그러나, 현재, Core가 다음에 해석할 명령어 번지를 저장하고 있는 **R15(PC, Program Counter)**에는 System Memory 영역의 reset handler 번지인 0x1FFF_F020이 ⑤번처럼 저장되어 있는 것을 확인 할 수 있다. 또한, System Memory Boot Mode로 Booting하였으므로 ⑦번과 같이 Boot Memory 영역도 System Memory 영역에 aliasing되어 있는 것도 확인할 수 있다. 그런데 문제는 ⑧번에서 보여준 **VTOR**, 이 register는 [그림 2.6-8]에서 보여준 것처럼 0xE000_ED08 memory mapped 번지인데, 그 값이 0x0000_0000이다. 결국, Interrupt Vector Table의 **Base** address가 0x0000_0000이라는 의미가 된다.

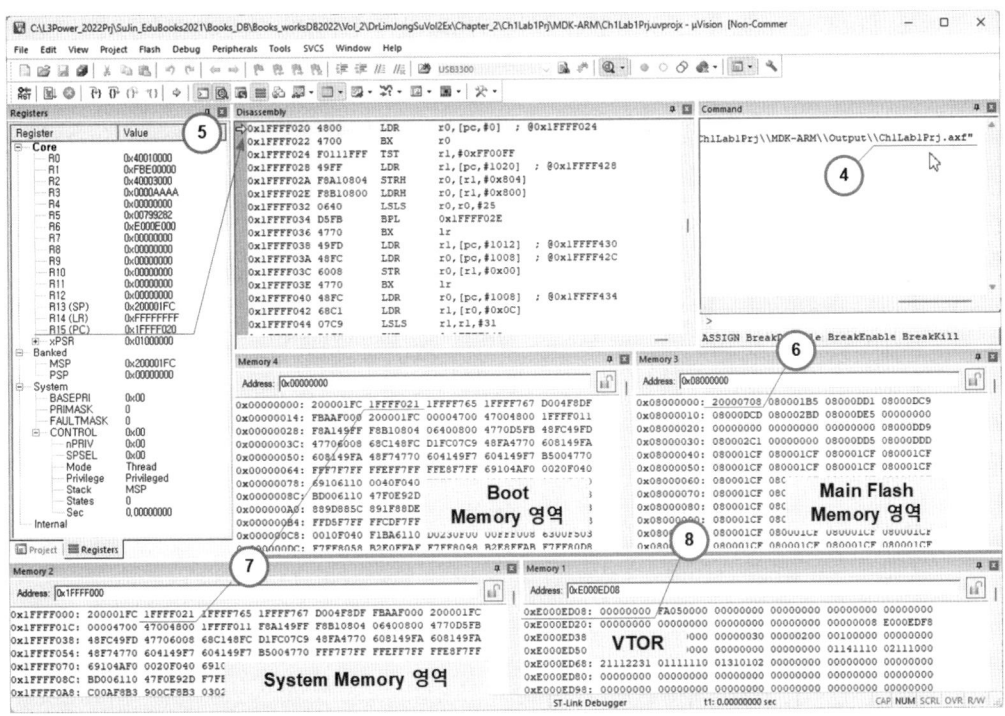

[그림 2.6-10] Go(0x21) command와 VTOR의 관계 - 2.

이 상태에서 Go(0x21) command로 PC(Program Counter)에 **Ch1Lab1Prj.hex** file의 reset handler 번지인 0x0800_0004번지를 지정하기 위해서 0x0800_0000번지를 지정하면, VTOR에 **Ch1Lab1Prj.hex** file에 대한 interrupt vector table의 **base** address를 반영해 주는 작업을 하지 않았기 때문에 정상적으로 동작을 할 수 없는 것이다. 앞서 설명한 것과 같이 단적으로 ⑦번에서 보여준 MSP(Main Stack Pointer)가 가리키는 0x2000_01FC 번지는 제조사 bootloader가 사용할 stack 영역의 시작 번지이고, **Ch1Lab1Prj.hex** file에서 사용할 수 있는 영역이 아니다. 그러므로, 이 문제를 해결하기 위해서는 VTOR에 **Ch1Lab1Prj.hex** file의 interrupt vector table의 시작 번지를 base address로 설정해 주어야 한다. 즉, 0x0800_0000을 base address로 설정해 주어야 하며, 그러기 위해서 다음의 code를 앞서 설명한 main() 함수 호출 전에 호출되는 SystemInit() 함수에 넣거나 또는 main() 함수의 첫 번째 시작부에 추가해 주면 된다.

```
SCB->VTOR = 0x8000000;    // Modifying th base address of Interrupt Vector Table
```

이제, Source code에 [그림 2.6-11]의 ⑨번과 같이 **한 줄만 추가**해 주고, 다시 build하여 **Ch1Lab1Prj.hex** file을 생성해 준다.

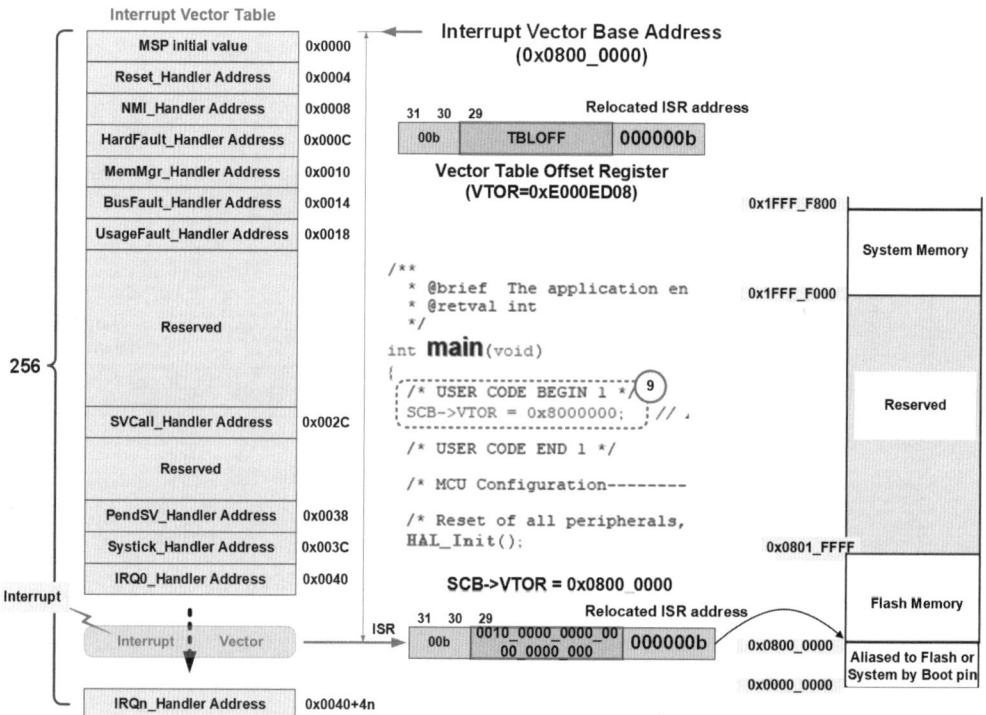

[그림 2.6-11] Go(0x21) command와 VTOR의 관계 - 3.

SJ_MCUBook_M4 보드는 [그림 2.3-1]과 같이 System Memory boot mode로 설정해 준다. 즉, BOOT0 pin을 High로 설정해 주고, Chapter 1.의 1.4 단원에서 실습한 것처럼 **Jump to the user program**을 이용하여 **Ch1Lab1Prj.hex** file을 Main Flash Memory에 저장해 주면, 1.4 단원과 다르게 **바로** LD2 LED가 점멸하는 것을 확인 할 수 있을 것이다. 그러나, [그림 2.6-12]의 ⑩번과 같이 Jump to the user program을 uncheck해 주고, **Ch1Lab1Prj.hex** file을 Main Flash Memory에 저장해 주면, **LD2 LED가 점멸**하지 않을 것이다. 이때에는 앞서 만든 GoCmd_Step1.bin과 GoCmd_Step2.bin을 순서대로 Tera Term을 이용하여 전송해 주어서 Go(0x21) command를 수행하면, 정상적으로 ACK 문자 y가 반환되고, 이어서 **LD2 LED가 점멸**하는 것을 확인 할 수 있을 것이다. 지금까지 Go(0x21) command를 실행하는데 필요한 많은 사항들에 대해서 학습하였다.

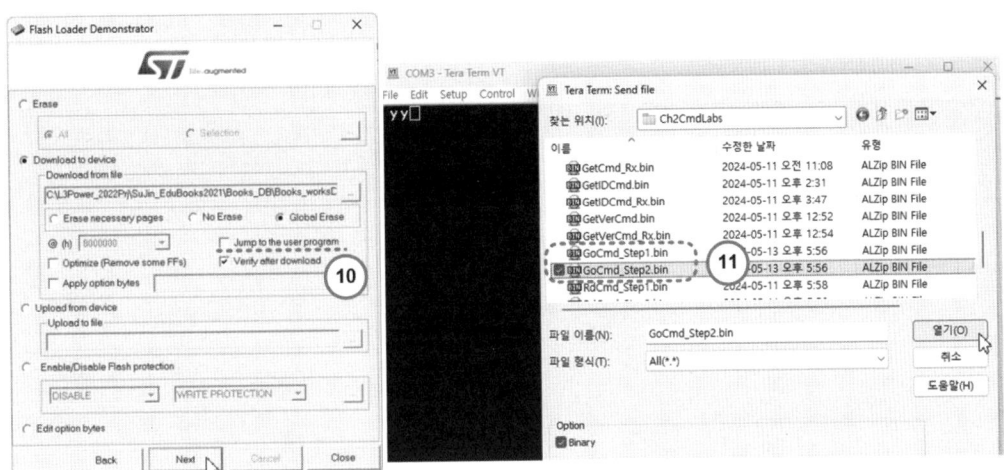

[그림 2.6-12] Go(0x21) command와 VTOR의 관계 - 4.

사실, 이들 모든 내용들은 Chapter 8.에서 설명할 사용자 bootloader code 개발에 있어서 기본적으로 필요한 내용들이므로 잘 숙지해야 한다. 잘 이해가 되지 않는 분은 2, 3번 반복하여 읽어보고, 그래도 정확히 이해가 되지 않는다면, 그냥 지나가기 바란다. 어차피, Chapter 8.에 도착하면 지금보다 훨씬 이해도가 높아진 자신을 발견할 수 있을 것이다. 정리하면, Go(0x21) command가 지정한 번지를 시작으로 정상적으로 명령어를 실행하기 위해서는 Interrupt Vector Table의 base address 재조정이 수행되어야 한다는 것을 학습하였다. 이 내용은 interrupt vector table 재조정이 불가능한 아주 오래된 MCU가 아니고서는 거의 모든 MCU, CPU, DSP 등에 대부분 대동소이하게 적용되는 **공통된 개념**인데 주의하자.

CHAPTER 03

제조사 UART Bootloader 사용 방법 – II

Software를 Coding하는 방법에는 여러 가지 기법들이 존재한다. 단순히, 하나의 Core가 생성된 실행 파일에 포함되어 있는 명령어들을 순서대로 읽어 와서, 해석하며 실행에 옮기는 전통적인 방법부터 여러 개의 Core들이 동시에 병렬로 주어진 명령어들을 효과적으로 배분하여 실행하도록 coding하는 방법 등과 같이 다양하다. 이번 Chapter에서는 Coding한 순서대로 명령어들을 해석하는 방법과는 다른 **상태(State)들을 정의**하고, 해당 상태와 관련된 **event가 발생**하였을 때에 event를 처리하는 code routine 설계 방법과 그에 따른 **상태 천이를 수행**하는 일련의 coding 기법을 학습하게 될 것이다. 즉, 구현할 내용을 몇 개의 상태들로 나누어서 관련된 event가 발생하면, 각각의 상태에 따른 event 처리 routine을 수행하고, 해당 상태로 이동하며, 최종적으로 원하는 내용을 수행하는 code routine을 작성하는 방법을 학습하게 될 것이다. 이 기법은 USB class 구현, TCP/IP 통신 규격 등과 같은 여러 복잡한 규격들을 구현하는데 **필수적으로 사용**되며, 비메모리 설계 분야인 FPGA(Field Programmable Gate Array) 설계 과정에서 순차회로(Sequential Logic)를 설계할 때에 사용되는 방법이기도 하다. 임의의 logic 설계는 하나의 clock에 입력에 따른 출력을 생성해 주는 조합회로(Combinational Logic)와 event에 따른 state 이동(천이, transition)로 구현하는 순차회로로 만들어 진다. 그러므로, 향후, 과거 필자처럼 ASIC(Application Specific Integrated Circuit) 설계에 도전하고 싶은 분들에게는 좋은 참고 자료가 될 것이다. 그 밖에도 제조사 bootloader의 나머지 중요한 command인 Write Memory command(0x31)와 Erase command(0x43)에 대해서 학습과 구현을 하고, Hex file에 대한 자세한 학습을 하게 될 것이다. 무엇보다도 여기서 학습하는 Hex file 구조에 대한 이해는 Chapter 7.부터 학습하게 될 User bootloader 구현과정에서 필요한 중요한 내용이므로 집중하여 학습하기 바란다.

■ 학습 목표 :

- Write Memory command, Erase command에 대한 학습.
- 임의의 binary *.bin과 *.hex file을 생성하는 방법 학습.
- Binary file과 hex file의 관계와 차이점 분석에 대한 학습.
- Hex file에 대한 구조 분석과 fromelf.exe 사용 방법 학습.
- 알고리즘 개발에 반드시 필요한 State flow 기반 C coding 방법 학습.

3.1 Write Memory(0x31) Command.

- **주요 기능** : MCU 내부의 **유효한** memory 공간에 데이터를 writing해 준다.

단, 임의의 flash memory 영역에 새로운 데이터를 작성하고 싶다면, **반드시, 해당 영역을 먼저, 지워주어야 한다.** 여기서 **유효한** memory 공간이란 사용하는 MCU에서 제공하는 SRAM, Main Flash memory, 그리고, option bytes 영역을 의미한다. 구체적으로 제조사 Bootloader는 **Write Memory** command code, 0x31을 수신하면, host에 ACK(0x79) byte를 전송한다. ACK byte 전송 후에는 데이터를 작성할 32bits 번지와 각각의 byte에 대해서 XORing한 checksum을 기다린다. 이때, 32bits 번지의 byte 1이 MSB이고, byte 4가 LSB이다. 만일, 수신한 번지와 checksum 모두 문제가 없다면, bootloader는 ACK byte를 전송한다. 그렇지 않으면, NACK byte를 전송하고, command를 무시하게 된다. 단, option bytes 영역의 경우에는 option byte 영역의 **base address**를 지정해 주어야 한다. 만일, 주어진 번지와 checksum이 유효하면, ACK byte를 전송하고, 이어서 다음과 같은 작업을 **bootloader가 순서대로 수행**한다. 단, Main flash memory 영역에 데이터를 writing하는 경우라면, **먼저, writing할 영역을 반드시 지워주어야 한다.** 이때 사용할 **Erase command code, 0x43**은 3.4.단원에서 설명할 것이다. 그러므로, 그 이전에는 ST-Link Utility의 Erase 기능을 사용하여 해당 영역을 지워주면 된다.

❶ 작성할(writing) 데이터 bytes의 개수를 포함하는 1byte 크기의 N을 수신한다. 이때 주의 할 것은 작성할 데이터가 N bytes이면, **N+1 bytes**의 데이터를 전송해 주어야 하며, 32bits 정렬을 위해서 **N+1은 4의 배수**가 되어야 한다. 또한, **최대 한 번에 전송할 수 있는** data block의 크기는 Read Memory(0x11) command와 동일하게 **256bytes**이다.
❷ N+1 bytes의 데이터를 연속적으로 수신한다. 그리고, 1byte의 N과 N+1 개의 데이터 모두에 대해서 XORing한 1byte 크기의 checksum을 수신한다.
❸ 수신한 번지부터 시작하여 N+1 user data를 memory에 writing한다.
❹ writing 작업이 성공적으로 마무리 되었으면, ACK를 반환한다. 그렇지 않으면, NACK byte를 전송하고, command를 무시하게 된다.

만일, Write Memory command가 option byte 영역에 대한 것이면, **모든 option bytes 영역은 새로운 값들을 작성하기 전에 지워진다.** 그리고, command 완료 시점에 새로운 option bytes의 구성을 반영하기 위해서 system reset을 **자동으로 발생시킨다.** 단, 모든 STM32 MCU들이 system reset을 발생시켜주는 것은 아니고, STM32F0/F2/F4/F7, 그리고, 몇몇 STM32L4 family**만** 발생시켜 준다. 구체적으로 STM32L412xx/422xx, STM32L43xxx/44xxx와 STM32L45xxx/46xxx가 발생시킨다. 그러므로, STM32**F3** family는 발생시키지 않는데 주의하자. 또한, 앞서 Go command에서도 설명한 것과 같이 새로운 image file을 SRAM에 저장하고 싶다면, **현재 동작하고 있는** bootloader firmware 가 사용하고 있는 SRAM 영역과 **겹치지 않도록** offset을 **주어야 한다**는데 주의하자. 여기서 의 offset의 크기와 의미는 앞서 [표 2.4-2]에서 RAM 영역에 대한 내용을 설명한 부분 즉, ... *bootloader code가 실행하는데 필요한 RAM 영역은 512(0x200)bytes이다.*...에서 512bytes가 바로 offset 크기이다. 또한, bootloader는 write-protected sector들에 데이 터를 writing하는 경우와 시작 번지가 유효하지 않은 경우에도 **error를 반환하지 않으므로 스스로 주의해야 한다.** 그리고, 2.5.단원에서 설명한 것과 같이 몇몇 MCU는 RDP(Read Protection)가 활성화되어 있는 경우에 하나의 NACK가 아닌 2개의 NACK를 반환할 수도 있다는 데 주의하자. [그림 3.1-1]은 Write Memory(0x31) command에 대한 host와 device 측면에서의 흐름도를 보여준 것이다. Write Memory(0x31) command에 대한 실습 을 수행하기 위해서 먼저, [그림 3.1-2]에서 보여준 것처럼 ST-Link utility로 현재 사용하 고 있는 Nucleo-F103RB 보드의 STM32F103RB 전체 flash memory 내용을 지운다. ② 번에서 보여준 것과 같이 main flash memory가 모두 지워졌으면, 이제, **Write Memory command code, 0x31**을 이용하여 Chapter 2.에 있는 Ch1Lab1Prj.hex 파일을 Main Flash Memory에 다시 작성해 보도록 할 것이다. 이때 우리가 기억해 둘 것은 **한 번에 보낼 수 있는 최대 데이터 bytes의 개수가 256개**라는 것이다. 즉, 앞서 언급한 N+1을 감안하여 **N=255가 최댓값**인데 주의하기 바란다. 또한, 0x0800_0000 번지부터 시작하는 main flash memory 영역에는 Ch1Lab1Prj.hex 파일 같이 header 정보를 갖고 있는 Hex file이 아닌 Binary file만 바로 writing할 수 있다. Hex file을 writing하기 위해서는 우선, Hex File 구조에 대한 이해가 필요하다.

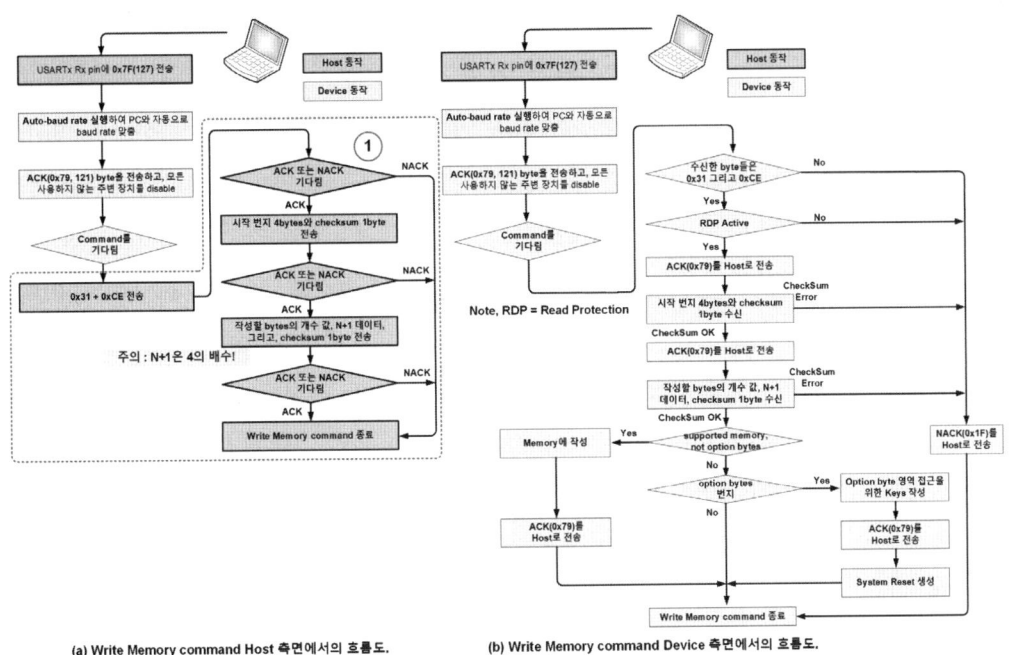

[그림 3.1-1] Host와 Device 측면에서의 Write Memory command 실행에 대한 흐름도.

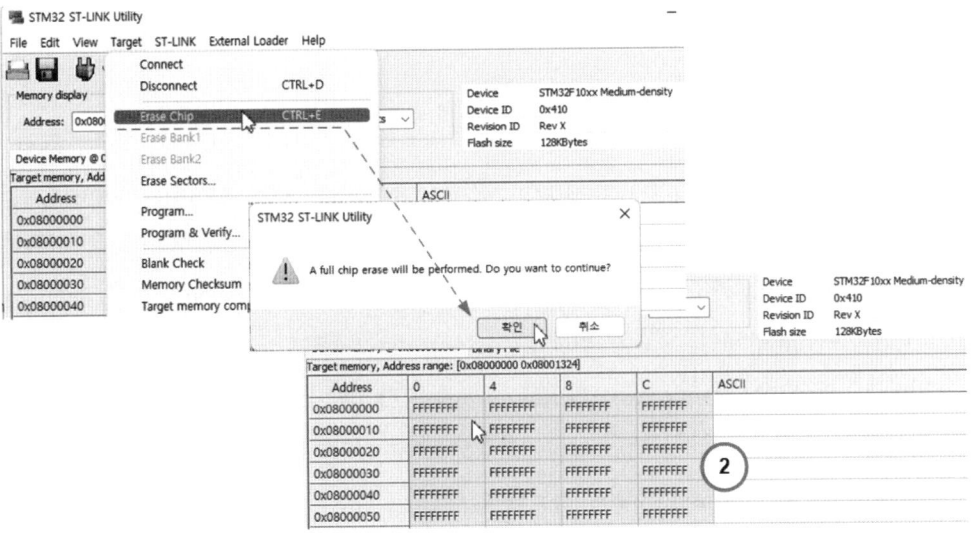

[그림 3.1-2] Write Memory command 실습 과정 - 1.

그러므로, 이번 단원에서는 hex file 구조를 갖는 Ch1Lab1Prj.hex 파일을 Binary file 구조로 변환하는 방법을 학습하고, 이어서 생성된 binary file인 Ch1Lab1Prj.bin 파일을 Write

Memory(0x31) command로 Main Flash memory에 writing하는 방법을 학습할 것이다. 그리고 나서, 단원을 바꾸어 **hex file 구조를 먼저 이해**하고, 다시, Write Memory(0x31) command로 hex file인 Ch1Lab1Prj.hex 파일을 writing하는 방법을 학습할 것이다. 사실, **정확하게 말하면**, 임의의 *.hex file을 *.bin Binary file로 변환하는 것이 아니고, MDKARM에서 제공하는 **fromelf.exe** 소프트웨어를 사용하여 임의의 *.elf file 또는 *.axf file을 입력 파일로 설정하고, *.hex file 또는 *.bin file로 변환해 주는 것이다. 즉, **fromelf.exe** 소프트웨어는 ELF format file을 입력으로 받아들여서 이들을 다음과 같이 다양한 format을 갖는 **파일로 변환**해 주는 console application program이다. 단, console application program은 command window에서 실행되는 program으로서 잠시 후에 만나게 될 것이다.

❶ plain binary
❷ Motorola 32-bit S-record format
❸ Intel Hex-32 format
❹ Byte Oriented(Verilog Memory Model) Hex Format
❺ elf format. 예를 들면, *.elf image에서 debug 정보만 제거한 새로운 elf file로 변환.

또한, fromelf.exe는 입력으로 제공한 *.elf file에 대한 다양한 정보, 예를 들면, disassembly 출력, symbol listing 등을 text file 또는 command window에서 표시해 준다. 구체적으로 [그림 3.1-3]의 ④번에서 보여준 것과 같이 MDKARM을 설치하면, C 언어와 assembly 언어를 위한 build tool들, 예컨대, ARM assembler인 **armasm.exe**, ARM C-compiler인 AC6을 위한 **armclang.exe**, ARM linker인 **armlink.exe**, ARM library 생성기인 **armar.exe**, 그리고, **fromelf.exe**과 같이 command window에서 실행하는 console application program을 확인할 수 있다. 참고적으로 최신 Cortex-M core architecture Version 8을 지원하기 위한 향상된 C/C++ compiler인 AC6는 **armclang.exe**이고, 기존의 AC5의 경우에는 **armcc.exe**이다. 이에 대한 자세한 내용은 [부록-3.1]을 참조하기 바란다. 임의의 MDKARM project, 여기서는 **Ch1Lab1Prj**을 생성될 *.elf file의 이름으로 설정하기 위해서 ①번과 같이 **Name of Executable :** 옆에 지정해 준다.

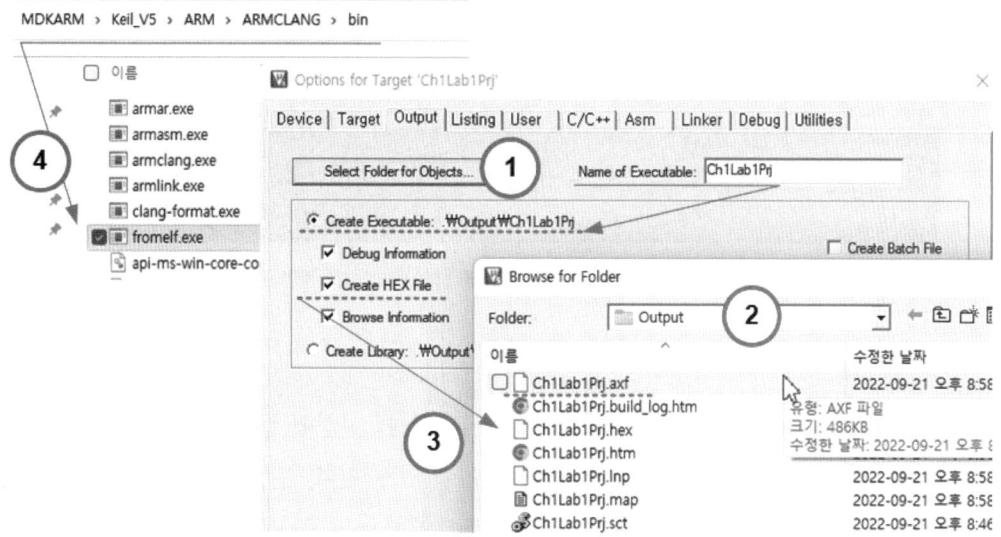

[그림 3.1-3] fromelf.exe를 이용한 hex file 생성 방법.

그리고, **Select Folder for Objects...** button을 click하여 주고, ②번과 같이 build에 따른 결과 파일들이 위치할 folder를 지정해 준다. 여기서는 **Output** folder를 새로 만들어서 지정해 주었다. 그리고, ③번과 같이 *.hex file을 생성하고 싶은 경우에는 **Create HEX File**을 check해 주고 build 하여 주면 된다. 그런데, *.hex file이 아닌 *.bin file을 생성하게 만드는 option이 따로 없으므로 직접, fromelf.exe을 사용하여 만들어 주어야 한다. 그럼, 이제부터 fromelf.exe을 사용하여 *.bin file을 생성하는 방법에 대해서 살펴보도록 하겠다. 우선, build 이후 생성된 *.axf file을 입력 파일로 받아서 binary file을 만들기 위해 console application program인 fromelf.exe 파일을 **Command window**에서 사용하는 방법에 대하여 학습하고, 이어서 학습한 내용을 MDKARM uVision의 **Options** dialogbox에 설정하여 보다 쉽게 binary file을 생성하는 방법을 학습할 것이다. 예를 들어서, [그림 3.1-4]의 ⑤번에서 보여준 것과 같이 [그림 3.1-3]의 ④번에 보여준 경로에 있는 **fromelf.exe** file을 command window에서 바로 실행시키면 ⑤번과 같이 error message가 발생한다. 이처럼 임의의 실행 파일(즉, *.exe)이 자신이 존재하는 folder에서만 실행되는 것은 **경로(path) 설정**을 하지 않아서 발생하는 문제이다. 사실, 예전에는 새로운 소프트웨어를 설치하는 경우에 종종 Windows OS에서 **환경 변수 설정**을 하는 경우가 있었는데, 요즘은 거의 없는 것 같다.

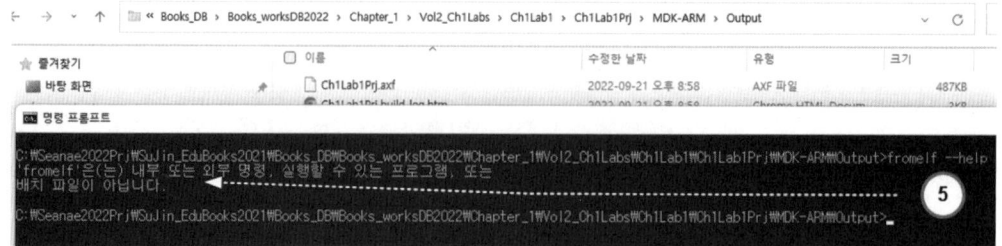

[그림 3.1-4] Windows 환경 변수 path 설정 방법 - 1.

어쨌든, 임의의 실행 파일이 저장되어 있는 folder에 대한 경로를 Windows OS의 **System 환경 변수** 또는 **사용자 환경 변수**에 속하는 PATH에 설정해 주면, 이후부터는 해당 경로에 있는 실행함수는 어느 folder에서도 실행할 수 있게 된다. 단, [그림 3.1-4]에서 **fromelf --help**와 같이 명령하였는데, 이것은 대부분의 *.exe file 또는 "내가 개발자라면 당연히..."와 같은 마음으로 --help option을 추가해 본 것이다. 어쨌든, **환경 변수 PATH**에 fromelf.exe에 대한 경로를 추가하는 방법은 [그림 3.1-5]의 ⑥번과 같이 **제어판**에서 **시스템**을 선택한다.

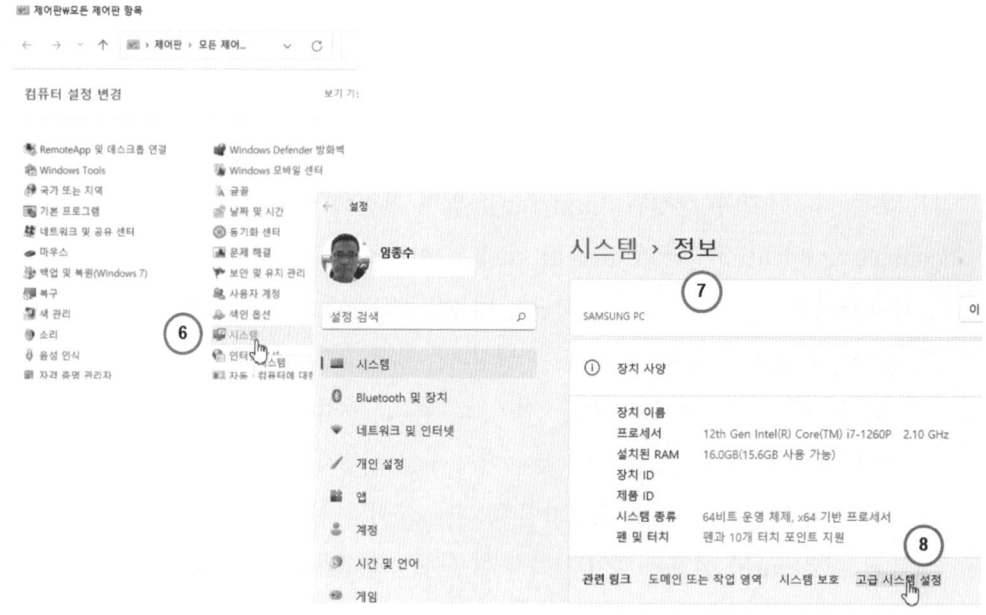

[그림 3.1-5] Windows 환경 변수 path 설정 방법 - 2.

그리고, ⑦번과 같이 **정보**에서 ⑧번과 같이 **고급 시스템 설정**을 선택한다. 이어서 나타나는 [그림 3.1-6]의 **시스템 속성** dialogbox에서 ⑨번과 같이 **환경 변수(N)...** button을 click하여 준다.

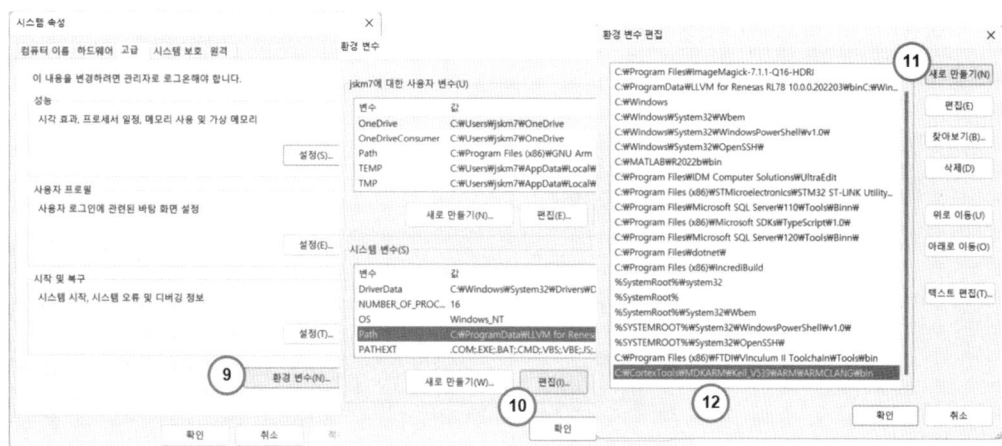

[그림 3.1-6] Windows **환경 변수** path 설정 방법 - 3.

그러면, **환경 변수** dialogbox가 나타난다. 여기서, 사용하는 Windows OS System에 등록하기 위해서 **시스템 변수(S)**에 있는 변수 Path item을 선택하고, ⑩번과 같이 **편집(I)...** button을 click하여 준다. 그리고, **환경 변수 편집** dialogbox에서 ⑪번처럼 **새로 만들기(N)** button을 click하고, ⑫번과 같이 fromelf.exe가 있는 전체 folder 경로를 copy & paste에 준다. 그리고 나서, **확인** 버튼을 연속적으로 click하여 주면, 이제, fromelf.exe를 포함하는 경로는 System에 등록되어 **임의의 folder에서도 호출하여 실행**할 수 있다. 강의하다 보면, 알게 되는데, 아무래도 젊은 친구들은 Command Window에 익숙하지 않는 것을 볼 수 있다. 그러므로, Command Window에서 fromelf.exe와 같은 console application program을 사용하는 방법을 적어도 한번은 상세히 설명할 필요가 있겠다. 우선, Windows 화면의 맨 아래 **작업 표시줄에서 돋보기 모양(○)**의 icon을 click하여 준다. 그리고, **cmd**를 typing해 주고 Enter를 click하여 주면, [그림 3.1-7]의 ⑫번처럼 **command window**가 나타날 것이다. 그런데, 우리는 ⑬번이 가리키는 경로에 있는 Output folder에서 **fromelf.exe**를 실행하고자 한다. 그러기 위해서 ⑫번에서 보여준 현재 C:\Users\jskm7> folder 즉, directory를 ⑬번 경로로 change 즉, 바꾸어 주어야 한다.

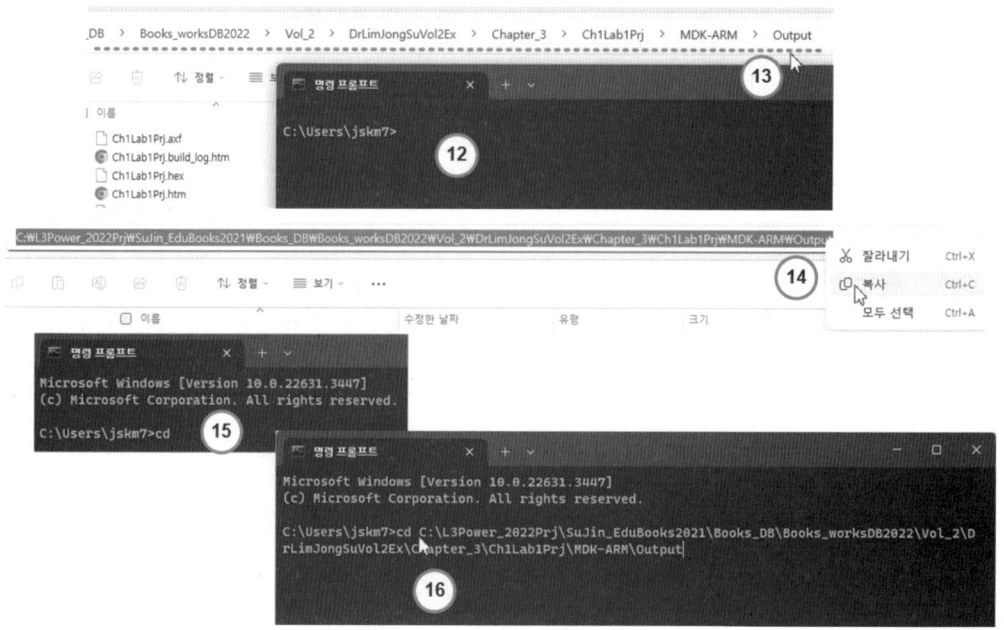

[그림 3.1-7] fromelf.exe 사용 방법 - 1.

이를 위해서 ⑭번과 같이 바꾸고자 원하는 경로를 mouse로 전체 선택하고, 오른쪽 mouse button을 click하여 **복사** menu를 선택하거나 또는 Ctrl+C를 하여 바꾸고자 하는 전체 경로를 복사한다. 그리고 나서, ⑮번과 같이 Command Window에 Change Directory 명령인 cd를 typing하고, spacebar를 click하여 한 칸 띄운다. 이어서 mouse **오른쪽** button을 click하여 주면, ⑯번과 같이 복사한 전체 경로가 paste되는 것을 확인 할 수 있을 것이다. 이제, Enter를 click하면, [그림 3.1-8]의 ⑰번과 같이 paste한 경로 즉, 바꾸고자 원하는 경로로 경로가 바뀌게 된다. 그러면, ⑱번과 같이 fromelf --help > fromelf_doc.txt 라고 명령하여 본다. 그러면, [그림 3.1-9]의 ⑲번과 같이 fromelf.exe에 대한 사용 방법을 설명하는 text 문서 fromelf_doc.txt 파일이 생성되고, 이 문서를 열어보면, 사용 방법이 자세히 나와 있는 것을 확인 할 수 있을 것이다. 즉, fromelf.exe를 사용하는 방법에 대한 내용이 command window에 출력되지 않고, 지정한 fromelf_doc.txt file에 저장된다. 아마도, 저처럼 조금은 연식이 된(?) 개발자라면, MS-DOS부터 지금의 command window까지 symbol ">"을 사용해 본 경험이 있을 것이다. symbol ">"이 가리키는 곳으로 출력하라는 의미이다. 즉, fromelf_doc.txt 파일로 출력하라는 의미가 된다. 만일, fromelf --help만 명령하면 화면으로 출력할 것이다.

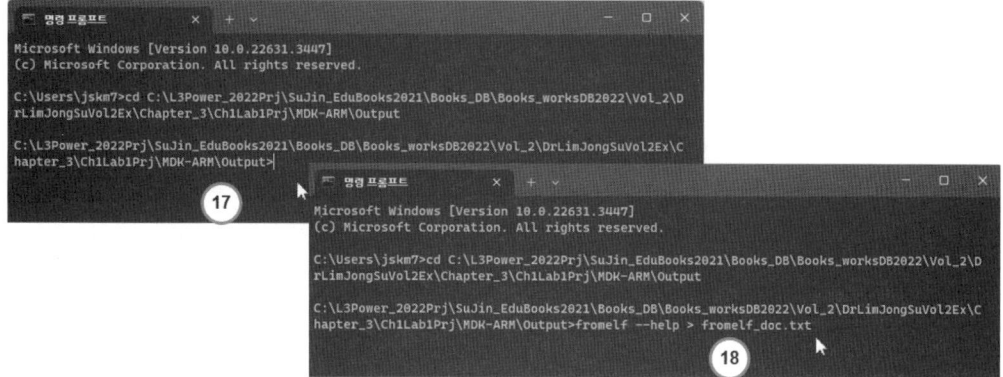

[그림 3.1-8] fromelf.exe 사용 방법 - 2.

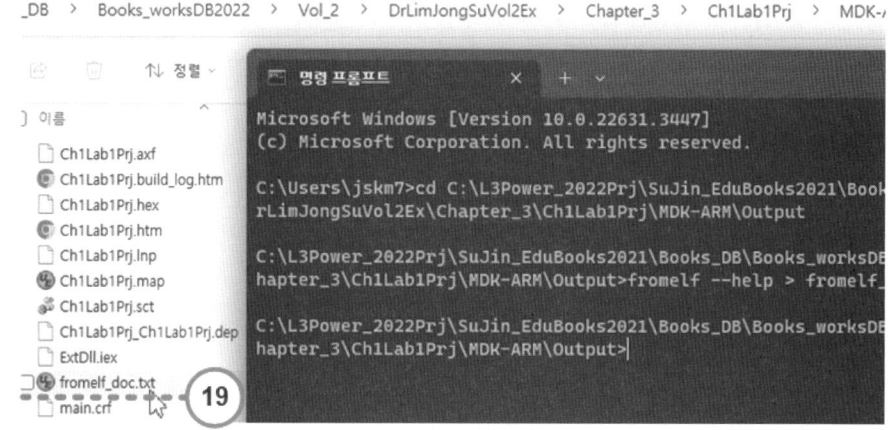

[그림 3.1-9] fromelf.exe 사용 방법 - 3.

어쨌든, [그림 3.1-10]의 ①번 내용을 참고하니, binary file을 만들기 위해서는 output format으로 **--bin을 지정**하고, 그리고, 생성할 binary file의 이름을 "--output=" 다음에 확장자 *.bin과 함께 지정해 주면 된다. 그리고, binary file을 만드는 데 필요한 *.elf file을 입력 파일로 지정해 주면 된다. 기본적으로 **hex file은** Intel 32bit Hex **format을 의미**하며, 이것을 생성하기 위해서는 output format으로 ②번에서 보여준 것과 같이 **--i32를 지정**해 주면 된다. 간혹, 생성될 출력 파일과 입력 파일의 이름을 ARM Inc.에서 **key sequence**라고 하여 미리 지정한 문자들의 조합으로 간략히 표현하는 방법을 추천하기도 한다. 그러나, 이것 보다는 보다 명백한 [그림 3.1-10]의 ②번에서 보여준 방법을 다음과 같이 사용하는 것이 좋겠다.

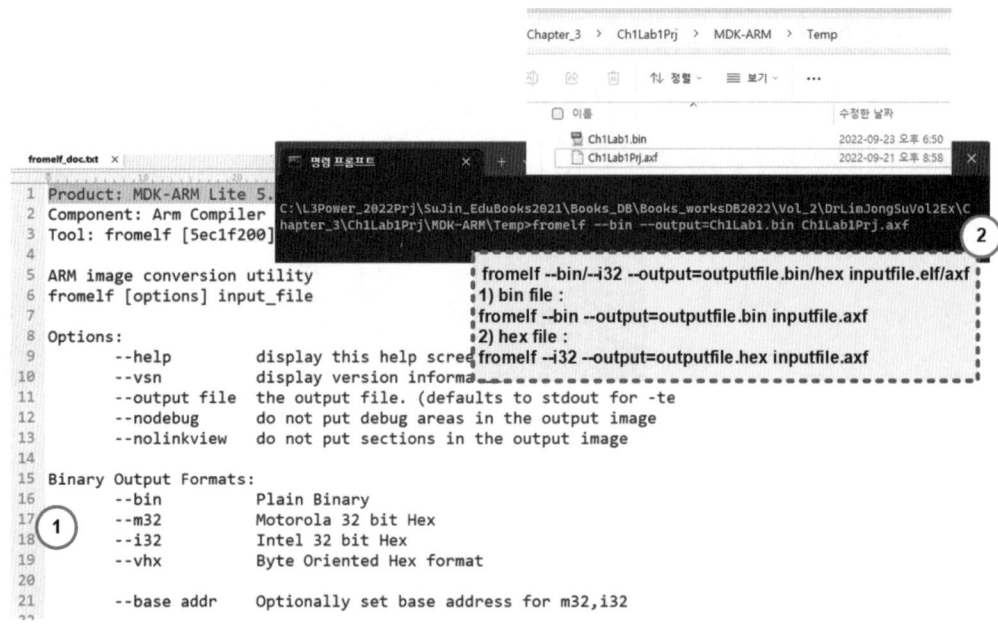

[그림 3.1-10] fromelf.exe 사용 방법 - 4.

```
..\Temp>fromelf --bin --output=Ch1Lab1.bin Ch1Lab1Prj.axf
```

만일, key sequence에 대한 자세한 정보를 원한다면, 다음의 website를 참조하기 바란다.

https://www.keil.com/support/man/docs/uv4cl/uv4cl_ut_keysequence.htm

[그림 3.1-10]에서는 build 후에 생성된 Ch1Lab1.axf file을 따로 Temp folder를 만들어서 이곳에 복사해 넣고, binary file을 만드는 방법을 보여준 것이다. 그러나, 이처럼 command window를 이용할 필요 없이 [그림 3.1-11]의 ③번처럼 MDKARM uVision의 Options dialogbox에서 User tab을 선택하고, 이어서 After Build/Rebuild item에서 Run #1을 선택하고, 이곳에 앞서 학습한 [그림 3.1-10]의 ②번처럼 지정해 주면 된다.

```
fromelf.exe --bin --output=Ch1Lab1.bin .\output\Ch1Lab1Prj.axf
```

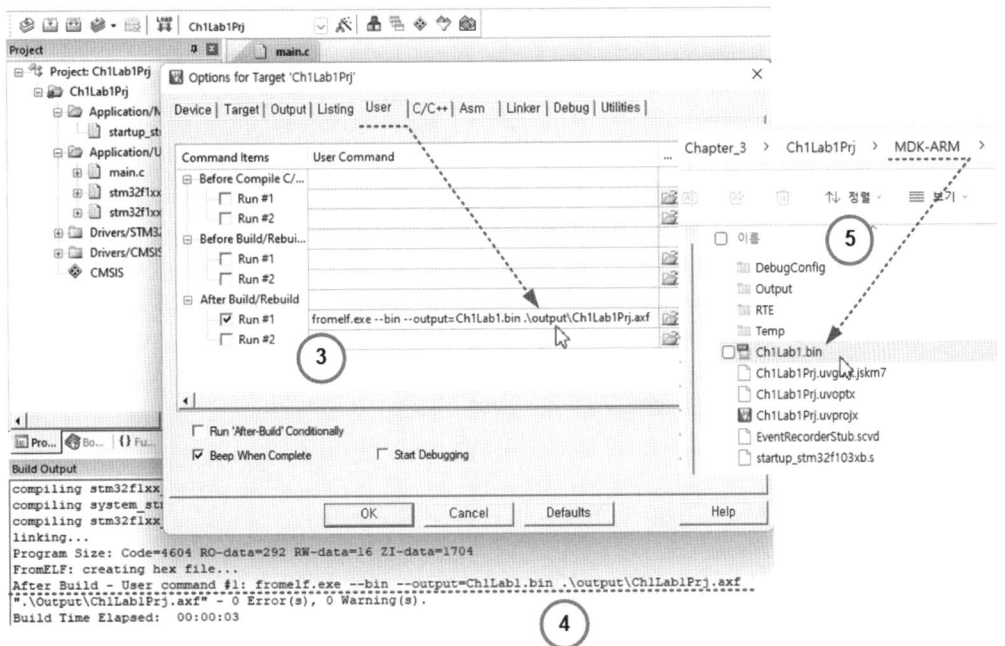

[그림 3.1-11] fromelf.exe 사용 방법 - 5.

결국, ④번에서 보여준 것처럼 build 이후에(After Build) Run #1에 지정한 User Command 즉, 위의 command를 실행하여 지정한 이름을 갖는 binary file을 생성하게 준 것이다. 여기서, 주의할 것은 입력 파일로 사용될 *.axf file은 ⑤번에서 보여준 것과 같이 현재 MDKARM project(즉, Ch1Lab1Prj.uvprojx)를 포함하고 있는 folder가 아니고, 그 하위 folder인 output folder에 생성되도록 설정하였다. 그러므로, 현재 folder에 생성될 Ch1Lab1.bin 파일과 달리 .\output\Ch1Lab1Prj.axf이 존재할 folder에 대한 경로를 지정해 준 것이다. 지금까지 Write Memory command code, 0x31을 이용하여 생성한 실행 파일에 대한 binary file을 main flash memory에 writing하는데 필요한 binary file을 생성하는 방법에 대해서 학습하였다. [그림 3.1-2]에서 우리는 main flash memory를 ST-Link utility로 모두 지우는 방법을 학습하였다. 이제 이곳에 [그림 3.1-1]에서 보여준 흐름도 대로 주어진 binary file 즉, Ch1Lab1.bin file을 지정한 번지에 지정한 byte 개수만큼 writing하는 방법을 학습해 보겠다. 다음에 보여준 C code는 [그림 3.1-1(a)]의 흐름을 수행하는데 필요한 파일들을 생성해 준다. Ch3_1_WrMemCmd_Tx.c이 관련 파일 이름이다.

```c
// 2024, 5, 14,                written by Dr. JongSu Lim.
#include<stdio.h>
#include<stdint.h>
#include<stdbool.h>
#include"AN2606_Table159.h"

#define READ_CMD_STEP_3      // For Read Memory Command, 0x11
#define GO_CMD_STEP_2        // For Go Command, 0x21
#define WRITE_CMD_STEP_1     // For Write Memory Command, 0x31
#define WRITE_CMD_BIN        // Binary file is written but if not, Hex file is
   written.
#define MaxTxRxDATBUFSIZE            256

int main() {
  FILE* fp = NULL, * fp1 = NULL;
  int32_t i = 0, j = 0;
  uint8_t Cmd = WRITE_CMD;   //Command
  uint8_t Tx_Packet[20] = { 0, }, Tmp8 = 0;
  uint32_t StartAddr = 0, N = 0;
  uint8_t WrDataBuf[1024] = { 0, };
  int32_t FileSize = 0, Num = 0, Rem = 0;
  uint8_t NumData = 0, chksum = 0;

  Tx_Packet[0] = Cmd;   // Command Code
  Tx_Packet[1] = ~Cmd;  // 1's complement

  switch (Cmd) {
            ... 중간 생략 ...
    case WRITE_CMD:
    {
#ifdef WRITE_CMD_STEP_1
       // Step_1 : Write Memory(0x31) Command transmit
       fp = fopen("WrCmd_Step1.bin", "wb");  // Binary file.
       fwrite(Tx_Packet, 1, 2, fp); // 0x00(Get command) + 0xff
       fclose(fp);
#else
#ifdef WRITE_CMD_STEP_2
       // Step_2 : Start Address transmit
       StartAddr = 0x08000000;   // start address of Flash Memory
       Tx_Packet[0] = (uint8_t)(StartAddr >> 24);
       Tx_Packet[1] = (uint8_t)(StartAddr >> 16);
       Tx_Packet[2] = (uint8_t)(StartAddr >> 8);
       Tx_Packet[3] = (uint8_t)StartAddr;
```

```
            Tx_Packet[4] = Tx_Packet[0] ^ Tx_Packet[1] ^ Tx_Packet[2] ^ Tx_Packet[3];
            fp = fopen("WrCmd_Step2.bin", "wb");   // Binary file.
            fwrite(Tx_Packet, 1, 5, fp);
            fclose(fp);
#else
#ifdef WRITE_CMD_STEP_3
            // Step_3 : N, N+1 data, Checksum
#ifdef WRITE_CMD_BIN
            fp = fopen("Ch1Lab1.bin", "rb");  // writing 할 Binary file.
            fseek(fp, 0, SEEK_END);     // 파일 포인터를 파일의 끝으로 이동시킴
            FileSize = ftell(fp);       // 파일 포인터의 현재 위치를 얻음
            fseek(fp, 0, SEEK_SET);     // 파일 포인터를 파일의 시작으로 이동시킴
            Num = FileSize / MaxTxRxDATBUFSIZE;
            Rem = FileSize % MaxTxRxDATBUFSIZE;
            if (Num >= 1) {
              NumData = DATBUFSIZE - 1;  // DATBUFSIZE=256 bytes will be written
            } else {
              NumData = Rem - 1;  // Rem bytes will be written
            }
            chksum = NumData;  // N+1
            if (fp == NULL) {
              printf("There is something wrong with fopen()!!!\n");
            } else {
              fread(WrDataBuf, 1, MaxTxRxDATBUFSIZE, fp);
              for (j = 0; j < MaxTxRxDATBUFSIZE; j++) {
                chksum ^= WrDataBuf[j];
              }
              fp1 = fopen("WrFile_1.bin", "wb");  // Binary file.
              fwrite(&NumData, 1, 1, fp1);
              fwrite(WrDataBuf, 1, MaxTxRxDATBUFSIZE, fp1);
              fwrite(&chksum, 1, 1, fp1);
              fclose(fp1);
              fclose(fp);
            }
#else
            fp = fopen("Ch1Lab1Prj.hex", "r");  // writing 할 ASCII file.
            while (HexFileProc(fp));
            fclose(fp);
#endif
#endif
#endif
#endif
        }
```

```
          break;
        default:
          break;
    }
    return 0;
}
```

단, 위에 주어진 code는 **Write Memory** command로 전송할 수 있는 **최대 256bytes**까지의 데이터를 주어진 binary file의 처음부터 수집하고, Tera Term으로 전송하는 방법을 보여 준 것이다. 만일, **전체 binary file을 전송**하고 싶다면, [그림 3.1-1]의 ①번 점선 사각형 부분을 전송하고 싶은 데이터 개수만큼 **반복적으로 수행**해야 할 것이다. [그림 3.1-12]의 ②번은 위에 주어진 Ch3_1_WrMemCmd_Tx.c 파일을 실행하면, 생성되는 파일들을 보여 준 것이다.

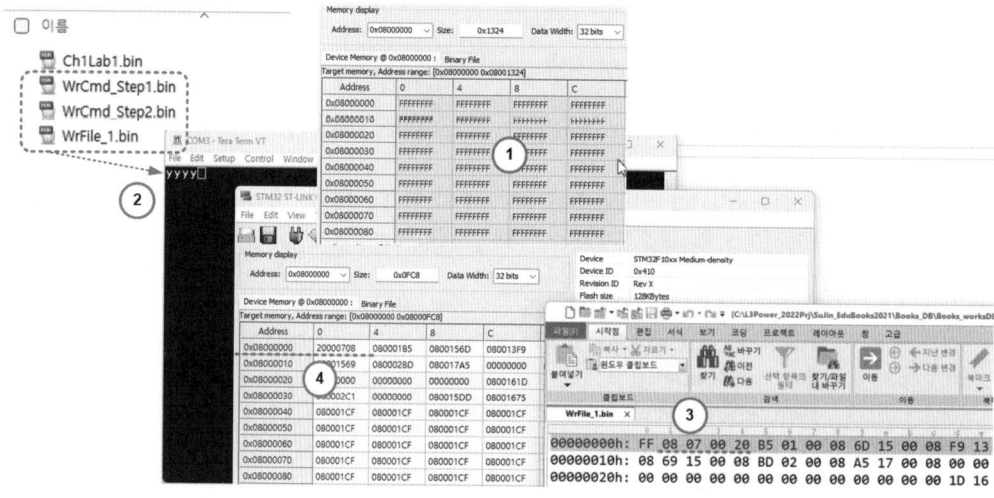

[그림 3.1-12] Write(0x31) Memory command 사용 방법 실습.

우선, Ch1Lab1.bin file을 현재 작업 중인 Visual C++ project folder에 놓고, 그리고 나서, WRITE_CMD_STEP_1, WRITE_CMD_STEP_2, 그리고, WRITE_CMD_STEP_3으로 정의를 바꾸어 가면서 각각의 파일을 생성해 보도록 하자. 이제, 이들 파일들을 [그림 3.1-1(a)]에서 보여준 순서대로 Tera Term에서 binary로 전송하면, 반환 문자 y를 계속해서 얻을 수 있다. ②번 점선의 화살표가 가리키는 **4번째** 반환 문자 y는 다른 앞서 반환 문자 보다 조금은 지연 시간을 갖고 표시될 것이다. 이것은 전송할 전체 Ch1Lab1.bin binary 파일에서 처음부터

256 bytes만큼의 데이터를 추출한 **WrFile_1.bin** binary 파일을 main flash memory에 전송하고, writing하는 데 걸리는 시간이 필요하기 때문이다. 보드를 준비하고, 실습을 시작하기 전에 우선, ①번과 같이 main flash memory 영역을 ST-Link utility를 이용하여 모두 지운다. 그리고, 각각의 파일들을 ②번과 같이 전송하면, ③번과 같이 시작 번지인 0x0800_0000번지부터 지워져 있던 곳에 ④번과 같이 **WrFile_1.bin** binary 파일의 내용이 writing된 것을 확인 할 수 있다. 구체적으로 **WrFile_1.bin** binary 파일의 시작은 전송할 N bytes 값 즉, 255(**0xFF**)가 있고, 그리고 나서 N+1 개의 데이터가 있는데, 현재, ③번은 **WrFile_1.bin** binary 파일의 데이터가 낮은 번지 순서로 표시된 것이고, 이것을 **Little Endian byte** 방식으로 표시한 것이 ④번인 것에 주의하자. 사실, 이것은 Visual C++의 Debugging 환경에서 **Memory Window**와 **Watch Window** 사이에 32bits 데이터를 **표시하는 방법의 차이**를 생각하면 될 것이다. 즉, Visual C++의 Memory window는 ③번과 같이 표시하고, Watch window는 ④번과 같이 표시한다. 결국, ③번의 0x08, 0x07, 0x00, 0x20에 대한 little endian byte 표시는 0x2000_0708이므로 ④번과 동일한 것을 확인 할 수 있다. 만일, 전체 Ch1Lab1.bin binary 파일을 모두 전송하고 싶다면, 앞서 언급한 것과 같이 [그림 3.1-1]의 ①번 점선 사각형 부분을 **반복하여 수행**하면 된다. 지금까지 KEIL Inc.의 MDKARM을 이용하여 binary 실행 파일을 생성하는 방법과 이것을 Write Memory Command, 0x31로 MCU의 main flash memory에 writing하는 방법에 학습하였다. 이제, 제조사 bootloader뿐만 아니라 Chapter 7.부터 설명할 사용자(user) bootloader에서도 필요한 기본적인 내용인 Hex File 구조에 대해서 학습해 보도록 하겠다.

3.2 Hex File 구조에 대한 이해.

Embedded System에서 실행하는 Executable Binary Image Format으로는 업계 표준 format인 *.elf(Executable and Linking Format)과 확장자로 *.out을 주로 사용하는 COFF(Common Object File Format), 이렇게 2가지 format들이 존재하는데, ARM Inc.에서 출시하는 모든 소프트웨어 개발 tool들은 *.elf format을 사용한다. 여기서 주의 할 것은 Embedded Coding에서는 **실행 파일**이라고 부르지 않고, **실행 image 파일** 또는 간단히 **image file**이라고 부른다. 또한, MDKARM을 포함한 모든 embedded 소프트웨어 개발

도구에서도 image라는 용어를 사용하므로 앞으로는 image라는 **용어를 사용**하도록 할 것이다. 어쨌든, Keil Inc.의 MDKARM을 이용하여 build를 완료하고, 생성된 파일을 보면, 즉, debugging용을 위한 image file의 확장자로는 *.axf file을 사용하는 것을 볼 수 있다. *.axf 파일은 Arm eXecutable Format의 약자로 *.elf format을 따르지만, 단지, debug 관련 정보가 DWARF 방식이며, 이 방식은 ICD(In Circuit Debugger)인 Trace32에서도 사용된다. ELF format은 원래 UNIX system에서 개발되어 그 이전에 사용되던 COFF라는 image format을 대체하게 되었다. 참고적으로 IAR Embedded Workbench Version 5.x 이후부터는 Keil MDKARM과 마찬가지로 ELF format을 사용하는데, 생성된 실행 image 파일의 확장자로는 아직도 *.out을 **사용한다는데 주의**하자. 이처럼 project에 대한 build 과정으로 실행 이미지 *.elf file이 생성되면, fromelf.exe의 입력 파일로 제공하여 binary file 또는 hex file을 생성해 줄 수 있으며, 이것은 이미 3.1.단원에서 상세히 학습하였다. 즉, output file format으로 --bin을 지정하여 binary file을 생성하고, 이것을 Write Memory command로 main flash memory에 writing하는 것을 학습하였다. 만일, binary file 대신에 hex file을 생성하고 싶다면, fromelf.exe에 --i32 output file format을 지정하여 주면 된다. 그러나, 좀 더 쉬운 방법으로 [그림 3.1-3]의 ③번과 같이 **Options** dialogbox에서 **Output** tab을 선택하고, 여기서, **Create HEX File**을 check해 주면, *.axf file뿐만 아니라 *.hex file도 **함께** 생성해 준다. 기본적으로 hex file이라고 하면, Intel hex file을 의미하는데, Intel (MCS-86) Object format은 16bits addresses와 32bits addresses를 지원한다. 구체적으로 이 format은 8-bit-wide PROM을 지원하며, memory device들을 programing하는 산업 표준 PROM programmer를 위한 것이다. 구체적으로 Intel hex file format은 다음과 같이 구성된다.

❶ Start of record, Byte count, Load address와 Record type으로 구성된 접두사 : 총 4개의 field들로 구성되고, 9개의 16진수 문자들로 표시된다.
❷ Binary Data :
[표 3.2-1]에서 Record Type이 Data record인 경우에는 이 부분에 앞서 학습한 binary 데이터가 저장된다.
❸ 1byte 크기의 2개의 16진수 문자들로 표시된 checksum 접미사로 구성.
잠시 후에 checksum 계산하는 방법을 소개한다.

Record Type	설 명
00	Data Record
01	End-of-file record
02	Extended Segment Address, data field는 16bit segment base address를 포함. 최대 1[MB] address 공간까지 저장할 수 있다.
03	Start Segment Address
04	Extended linear address record, 32bits addressing 즉, 4[GB]까지 지원.
05	Start Linear Address, address field는 0000이며 사용되지 않고, byte count는 항상, 4이며, 80386 또는 그 이상의 CPU들을 위하여 사용됨. 다른 CPU에서는 무시.

[표 3.2-1] Intel hex format의 record type들 정리.

[그림 3.2-1]은 [그림 3.1-3]의 ③번과 같이 Options dialogbox에서 Output tab을 선택하고, 여기서, Create HEX File을 check해서 생성된 Ch1Lab1Prj.hex file의 구조를 분석한 것이다.

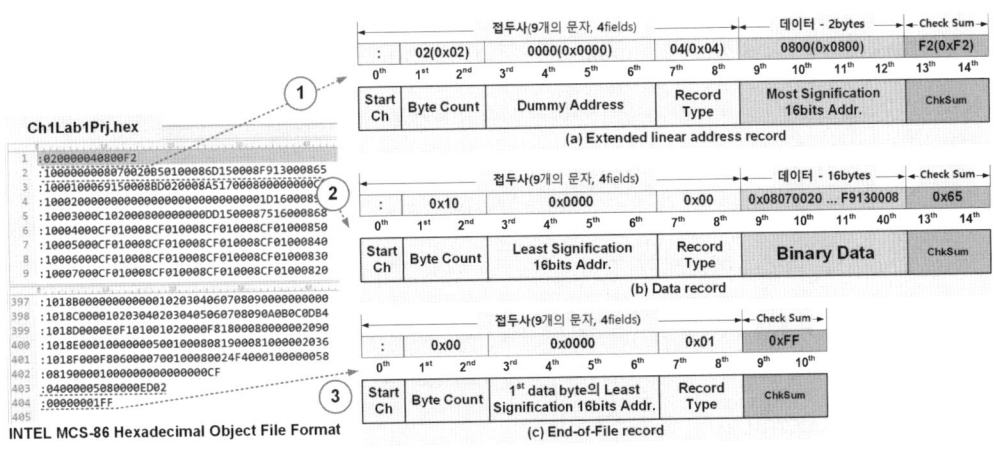

[그림 3.2-1] Ch1Lab1Prj.hex file의 구조 분석.

Ch1Lab1Prj.hex file은 제일 먼저, Extended Linear Address record(0x04), 그리고, Data record(0x00), 마지막으로 End-of-File record(0x01)의 순서로 구성된 것을 볼 수 있으며, 이것이 기본적인 *.hex file의 구조와 순서이다. *.hex file은 binary file과 달리 일반 text file editor로 열수 있다. 이것은 [그림 2.2-6]에서 학습한 것과 같이 1byte 16진수 예를 들면, 0x12가 0x31과 0x32 2개의 16진수로 저장되었다는 것을 의미한다는 것을 기억하기 바란다. 즉, 1byte 숫자를 표현하는데 2개의 byte들이 필요하다는 의미이다. 그리고, 각각의 줄(즉, 행)을 record라고 부른다. 또한, 각각의 record는 [표 3.2-1]과 같은 type을 가질 수 있다. 구체적으로 각각의 record는 총 9개의 16진수를 형성하는 문자들로 구성된 **접두사**를 항상 가지며, 이들은 앞서 언급한 것과 같이 Start of record(즉, :), Byte count, Load address, 그리고 Record type, 이렇게 4개의 field들로 구성되어 있다. [그림 3.2-1]에서는 대표적인 3가지 record type들을 볼 수 있었는데 이들에 대해서 정리하면 다음과 같다. 단, 다음의 내용은 반복적으로 좀 더 자세히 설명될 것이므로 잘 이해가 가지 않으면 그냥, 넘어가기 바란다.

❶ Extended linear address record(0x02) type의 경우 :
- **주요 기능** : Most Significant 16bit address 즉, Cortex-M Core **32bit** address 중에서 **상위** 16bits address를 지정한다.

모든 record는 항상, start of record symbol ":" 으로 시작하고, 1byte 크기의 16진수를 형성하는 2개의 문자로 구성된 Byte Count, 그리고, 4개의 문자로 구성된 dummy address 값으로 0x0000, 2개의 문자로 구성된 record type 0x04, most significant 16bits address 0x0800를 표현하기 위한 4개의 문자로 구성된 16진수, 마지막으로 2개의 16진수로 구성된 8bits checksum으로 구성되어 있다. 여기서 byte count 값인 02 즉, 0x02에서 2는 most significant 16bits address의 값인 0x0800이 2bytes인 것을 의미한다. 또한, 여기서 지정한 0x0800 most significant 16bits address는 그 다음에 나오는 data records 안에 포함되어 있는 Least significant 16bits address 값들과 합쳐져서 각 record의 데이터가 **저장될 32bits 특정 address**를 형성하게 된다.

❷ Data record(0x00) type의 경우 :
- **주요 기능** : Binary Data를 지정.

모든 record는 항상, symbol ":" 으로 시작하고, 1byte 크기의 Byte Count, 첫 번째 data byte의 Least significant 16bits address, record type 0x00, byte count에서 지정한 개수의 data, 그리고, 8bits checksum으로 구성된다. 즉, [그림 3.2-1]의 ②번에서 Binary Data field의 첫 번째 데이터 byte인 **0x08**이 저장될 32bits address는 앞서 지정한 most significant 16bits address 0x0800과 이번 record에서 지정한 Least significant 16bits address 0x0000으로 형성되는 0x0800_0000번지에 0x08을 저장하면 된다. 그리고 나서, **연속적으로** byte count에서 지정한 0x10 즉, 16개 bytes의 데이터

를 순서대로 저장하여 0x0800_0010번지에 record의 마지막 byte 값인 0x08을 저장하면 된다. 이때의 checksum 즉, 0x65 값은 byte count, Least significant 16bits address, record type, 그리고, 16개의 data byte들에 대한 것이다. 즉, start of record symbol ":"만 제외한 모든 16진수 값이 해당된다. checksum에 대한 자세한 계산 방법은 잠시 후에 설명한다.

❸ End-of-file record(0x01) type의 경우 :

■ 주요 기능 : *.hex file의 끝을 알린다.

Start of record symbol ":" 으로 시작하고, 1byte 크기의 Byte Count는 0x00, 첫 번째 data byte의 Least significant 16 bits address는 0x0000, record type 0x01, 그리고, **data 없이** 8bits checksum 0xFF로 Hex file의 **마지막 record**를 구성한다. 정리하면, 항상, **:00000001FF**을 마지막 record로 끝낸다.

추가적으로 [그림 3.2-1]의 맨 마지막 End-of-File record 바로 전의 record 값을 보면, 다음과 같다.

: 04 0000 05 080000ED 02

record type의 값이 0x05인 것을 알 수 있다. [표 3.2-1]에 설명되어 있듯이 이것은 단순히 Intel CPU에 대한 내용으로서 우리와 관계가 없으므로 **무시하면 된다**. [그림 3.2-2]는 지금까지 설명한 **hex file 구조**에 대한 이해를 돕고자 **Ch1Lab1Prj.hex** file 구조를 좀 더 자세히 설명한 것이다. 또한, [표 3.2-1]의 Extended linear address record(0x04) 즉, Intel hex-32 format이 어떤 특징을 갖는지 보여주고 있다. [그림 3.2-1]과 함께 비교하며 한 줄 한 줄 즉, record 단위로 분석해 보도록 하자. Intel hex format file은 ①번에서 보여준 ":020000040800F2"값 즉, 모든 record는 항상 symbol ":" 으로 시작하고, 그 뒤에 byte count 0x02, dummy address 0x0000, record type 0x04로 구성되는 **접두사**를 가진다. 그리고, record type 0x04의 경우에는 most significant 16bits address 0x0800, 그리고, 8bits checksum 0xF2가 순서대로 나오게 된다. 그 다음에 연속적인 data records 안에 포함되어 있는 address fields는 16bits **least** significant address가 된다. data record는 ②번에서 보여준 것과 같이 각 line마다 9개의 16진수 문자들로 구성된 접두사(즉, header)가 붙고, 데이터가 나온다.

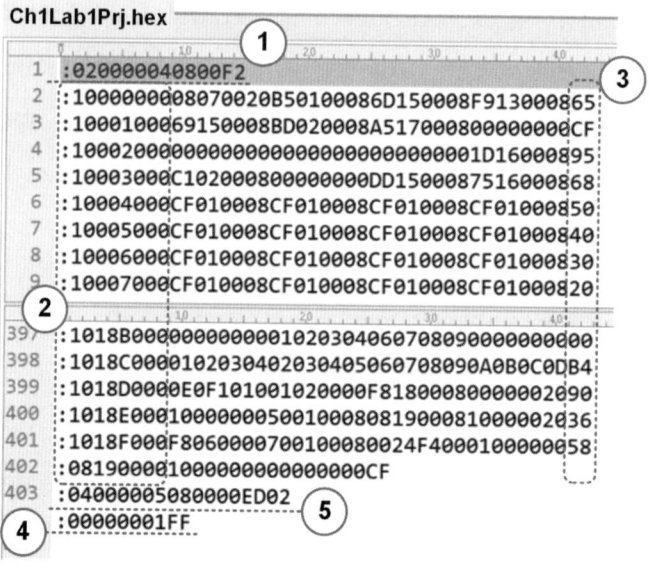

[그림 3.2-2] Intel hex format을 갖는 Ch1Lab1Prj.hex 파일 분석 - 1.

그리고, 마지막 line에 ③번에서 보여준 것과 같이 1byte 크기의 checksum이 붙는다. hex file의 끝은 ④번과 같이 ":00000001FF" 값을 갖는 "End-of-file record"로 끝나는 것도 확인 할 수 있다. 결국, ①번부터 ④번까지의 값들을 제거하고, ⑤번도 제거하면, [그림 3.2-3]의 ⑥번처럼 Ch1Lab1Prj.hex file의 **Binary Data**만 남게 된다는데 주의하자.

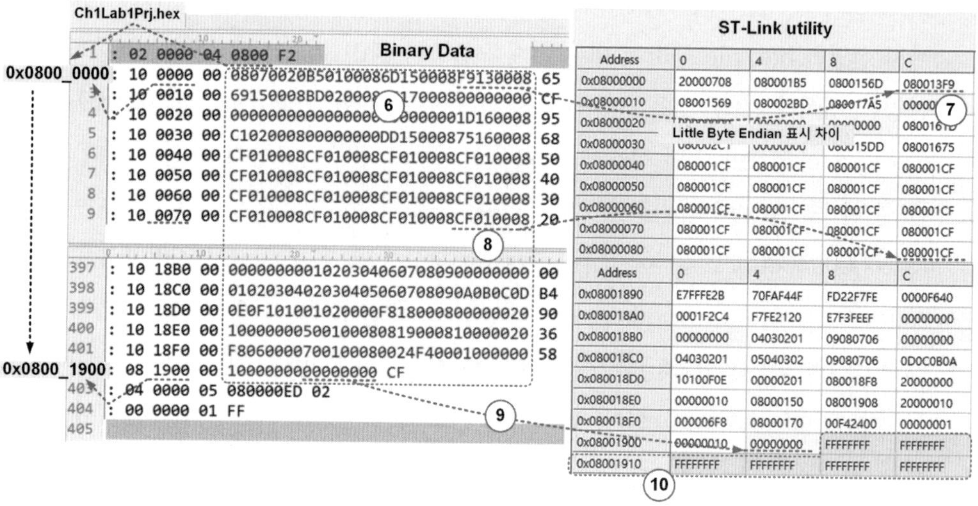

[그림 3.2-3] Intel hex format을 갖는 Ch1Lab1Prj.hex 파일 분석 - 2.

[그림 3.2-3]의 왼쪽은 Ch1Lab1Prj.hex file을 PC에서 Ultra-Editor로 열어 본 것이고, 오른쪽은 ST-Link Utility로 Nucleo-F103RB 보드에 있는 STM32F103RB의 main flash memory에 Ch1Lab1Prj.hex file을 writing하고 읽어 본 결과를 **함께 비교하기 위하여** 보여준 것이다. 우선, 앞서 언급한 것과 같이 main flash memory의 시작번지 0x0800_0000번지에 0x08이 저장된다. 그리고, 0x07, 0x00, 0x20까지 이렇게 32bits가 저장되는데, 여기서 주의할 것은 0x08이 가장 낮은 번지인 0x0800_0000번지에 저장되고, 0x20이 0x0800_0003번지에 저장된다. 즉, Cortex core뿐만 아니라 모든 ARM core와 Intel Core는 **Little** Endian을 기준으로 하므로 높은 번지의 값이 먼저 나오고, 그리고, 낮은 번지가 뒤에 나온다. 그러므로, 32bits 데이터로 표현하고 싶다면, **0x20000708**이 되고, 이 값이 ST-Link Utility 화면의 0x0800_0000번지의 값으로 표시된 것이다. 마찬가지로 ⑦번의 경우도 0xF9, 0x13, 0x00, 0x08로 번지가 증가하므로 결국, MSB는 0x08이 되고, LSB는 0xF9가 될 것이다. 그러므로 0x0800_13F9가 최종 32bits 값으로 표시되는 것을 확인 할 수 있다. Ch1Lab1Prj.hex file이 포함하고 있는 전체 binary data는 0x0800_0000번지부터 0x0800_1900+7번지까지 저장된다. 0x0800_1904 번지에는 **0x00**이 저장되고, 0x0800_1905 번지에도 **0x00**, 0x0800_1906 번지에도 **0x00**, 0x0800_1907 번지에도 **0x00**이 저장되므로 최종 32bits 값은 ⑨번에서 보여준 것과 같이 0x0000_0000이 된다. 그리고, 나머지 flash memory 영역은 사용하지 않으므로 ⑩번에서 보여준 것과 같이 erase된 값인 0xFFFF_FFFF이 계속해서 나타나는 것을 볼 수 있다. 정리하면, 지금까지 설명한 Intel Hex format은 임의의 *.bin **Binary Data**를 효과적으로 전송하기 위해 만든 **protocol**인데 주의하자. 또한, 앞서 설명한 것과 같이 binary data는 **2개의 hex 값들** 즉, 8bits로 하나의 byte 값을 형성하는데, *.hex file을 표현하는 text file에서는 **2개의 문자들**이 하나의 byte 값을 형성한다는 데 주의하기 바란다. 즉, [그림 3.2-4]의 ⑪번에서 보여준 ASCII 문자로 구성된 08070020B50100086D150008F9130008은 2개의 문자씩 묶어서 ⑫번에서 보여준 것과 같이 **하나의 8bits byte 크기의 16진수 값**으로 바꾸어서 flash memory에 저장된다. 즉,

```
08=0x08, 07=0x07, 00=0x00, 20=0x20, B5=0xB5, 01=0x01, 00=0x00, 08=0x08,
6D=0x6D, 15=0x15, 00=0x00, 08=0x08, F9=0xF9, 13=0x13, 00=0x00, 08=0x08
```

와 같은 **순서대로 지정한 flash memory에 저장**해야 한다.

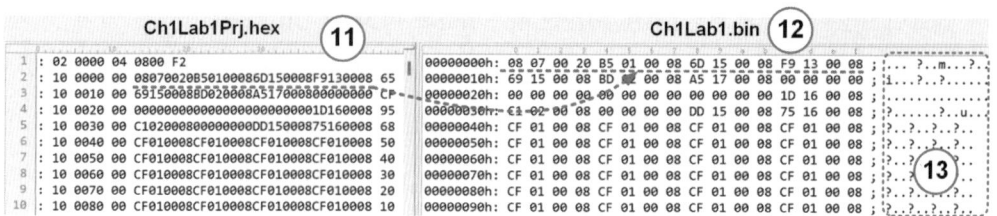

[그림 3.2-4] Ch1Lab1.bin 파일과 hexCh1Lab1Prj.hex 파일 비교.

정리하면, build 과정에서 생성된 *.hex file에서 ASCII 문자로 구성된 binary data를 MCU가 수신하면, 해당 16진수로 바꾸어서 flash memory에 저장해 주어야 한다. 사실, 이와 같이 16진수 숫자에 해당하는 ASCII 문자 2개로 하나의 byte 값을 전송하는 방식은 이미, Vol.1에서 UART 통신 protocol을 설명할 때, 그리고, 여러분과 함께 새로운 protocol을 만들 때 상당히 많이 사용한 내용이다. 무엇보다도 이처럼 2개의 ASCII 문자로 1byte 값을 전송하면, binary data를 직접 전송하는 것과 비교하여 2배의 전송 데이터양이 발생하지만, 중간에 UART terminal program을 연결하여 쉽게 데이터를 분석할 수 있는 이점이 있어서 **일반 산업 현장에서 많이 사용한다**고 설명하였다. 어쨌든, ⑬번 즉, 점선의 사각형 안에서 symbol .으로 표시한 것을 볼 수 있는데, 이것은 0x08=8에 해당하고, 이 값은 ASCII code에서 **BS(Back Space)** 해당하는 값으로서 표시할 수 있는 문자가 아니므로 symbol .을 사용하여 표시한 것이다. 그리고, 0x20=32이고, 이것은 ASCII 문자로 symbol **SP**이므로 공백을 하나 표시한 것이다. 이제 숫자로 바뀐 값들 중에서 마지막 checksum 1 byte만 제외하고 모두 더해 준다. 즉, [그림 3.2-3]의 첫 번째 Data record에서 checksum 1 byte만 제외하면,

```
10000000008070020B50100086D150008F9130008
```

이 된다. 순서대로 2개의 문자들을 1byte 문자로 간주하면 다음과 같다.

```
0x10 + 0x00 + 0x00 + 0x00 + 0x08 + 0x07 + 0x00 + 0x20 + 0xB5 + 0x01 + 0x00 + 0x08
    + 0x6D + 0x15 + 0x00 + 0x08 + 0xF9 + 0x13 + 0x00 + 0x08 = 0x029B
```

0x029B에 대한 LSB는 0x9B이다. 이것에 대한 **2의 보수**는 0x65이다. 이 값이 [그림 3.2-4]의 ⑪번에서 보여준 checksum 1byte의 값 **0x65**이다. Vol.1에서 많이 사용한 2개의

ASCII 문자를 하나의 숫자로 변환해 주는 hextoint8() 함수를 기억하는가?

```
uint8_t hextoint8(unsigned char *hex) {
  uint8_t r=0, d;
  int i=0;

  for(i=0; i<2; i++) {
    d=*hex++;
    r<<=4;
    if((d>='0')&&(d<='9'))
      r+=d-'0';
    else if((d>='A')&&(d<='F'))
      r+=d-'A'+10;
    else if((d>='a')&&(d<='f'))
      r+=d-'a'+10;
    else
      return -1;
  }
  return r;
}
```

이 함수로 첫 번째 Data record 1000000008070020B50100086D150008F9130008에 대한 checksum 0x65를 계산해 주는 code는 다음과 같다.

```
uint8_t i = 0, j = 0, Tmp8=0;
uint8_t *BinData="1000000008070020B50100086D150008F9130008";
uint8_t Chksum8=0, *pDatPos=NULL, BinLen=0, BinVal[20]={0, };
uint32_t Chksum32=0;

BinLen=(uint8_t)(strlen(BinData));
for(i=0;j<BinLen;i++, j=2*i) {
  pDatPos=BinData+j;
  BinVal[i]=hextoint8(pDatPos);
}
for(j=0;j<i;j++) {
  Chksum32 += BinVal[j];
}
Tmp8=(uint8_t)Chksum32;
Chksum8 = -Tmp8; // 2의 보수
```

또한, [그림 3.2-5]는 checksum 0x65를 계산하는 과정을 보여준 것이다.

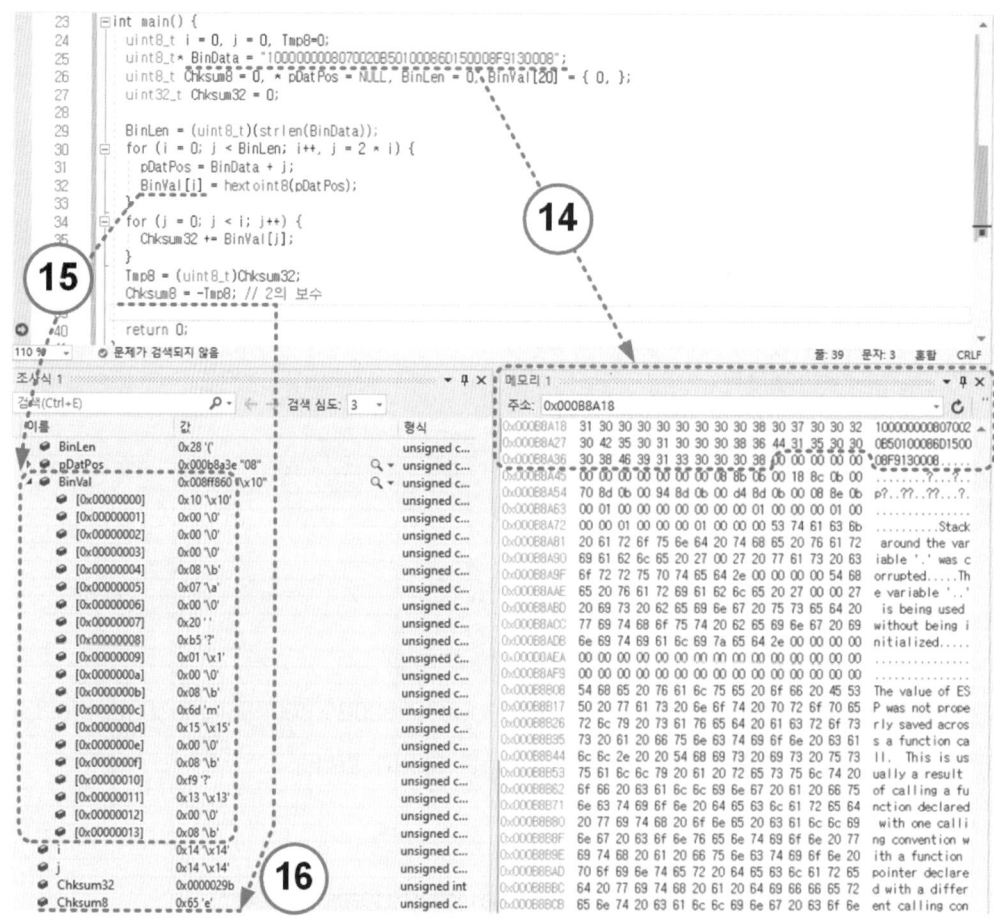

[그림 3.2-5] hexCh1Lab1Prj.hex 파일의 checksum 계산해 주는 code.

Visual C++를 이용하여 함께 따라해 보도록 하자. 구체적으로 ⑭번은 첫 번째 Data record의 값을 저장하고 있는 BinData 변수의 값을 **Memory 1** window로 확인하고 있는 것을 보여주고 있다. 그리고, ⑮번은 BinData 변수에 저장되어 있는 2개의 ASCII 16진수 문자들을 하나의 값으로 변환하여 BinVal 배열에 저장된 상태를 보여준 것이다. 이제, BinVal 배열에 저장된 값들을 모두 더해서 LSB를 취하고, 다시 2의 보수를 취하면, 0x65 checksum 값을 ⑯번과 같이 얻을 수 있다. 한 가지 주의할 것은 지금까지 설명한 *.hex file 즉, Ch1Lab1Prj.hex file에서 Binary Data 저장의 시작 번지인 0x0800_0000은 linker에서 설정해 준 값이다. [그림 3.1-3]의 ④번에서 보여준 **armlink.exe** linker는

compile된 object file 또는 library file들을 모두 모아서 지정한 MCU의 Memory 자원에서 실행할 수 있는 image 즉, *.elf file을 생성하는 역할을 한다. 이때 사용할 MCU 내부 memory 자원을 어떻게 활용할 것인지 정리해 놓은 파일이 linker script file인데, Syntax는 사용하는 linker 소프트웨어 마다 조금씩 다르다. KEIL의 MDKARM에서는 linker script file이 *.sct 확장자를 가진다. 구체적으로 [그림 3.2-6]의 ①번에서 보여준 것과 같이 현재, MCU 내부 on-chip Read/Only Memory Areas 즉, ROM 또는 Flash 영역의 0x0800_0000~0x0002_0000와 Read/Write Memory Areas 즉, 내부 SRAM 영역의 0x2000_ 0000~0x2000_5000을 사용하도록 Target tab에 설정하였다.

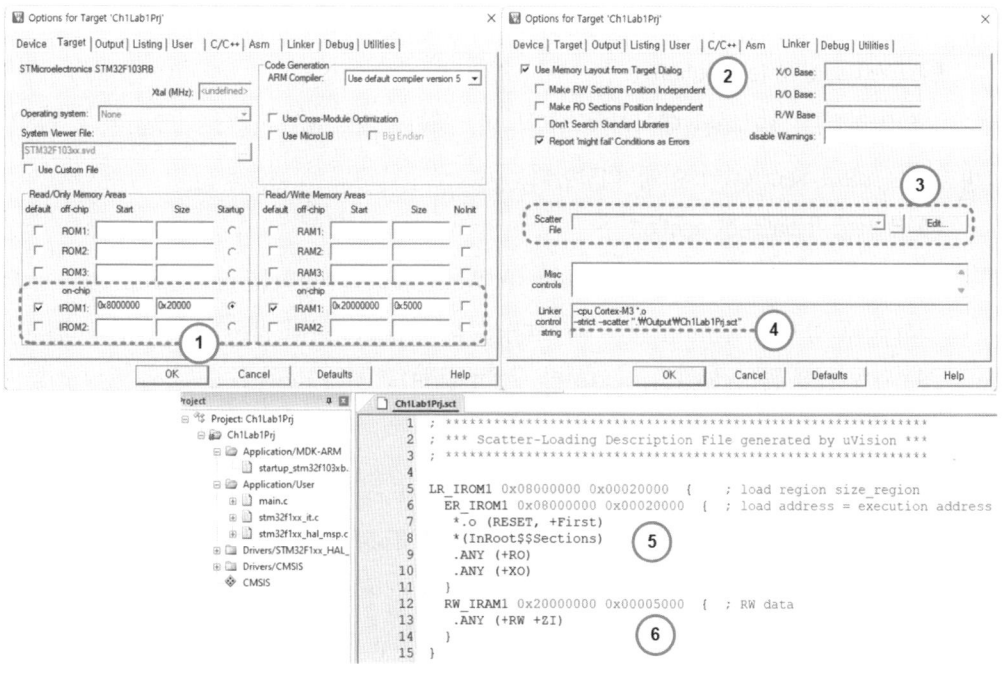

[그림 3.2-6] Linker와 Linker Script File인 *.sct 파일 소개.

만일, ①번에서 설정한 memory layout을 그대로 target MCU에서 사용하고 싶다면, ②번에서 보여준 것과 같이 Linker Tab에 있는 Use Memory Layout from Target Dialog를 선택하여 주면 된다. 그러면, ③번에 보여준 Scatter File : 옆의 editbox는 비활성되어 사용자가 만든 *.sct file을 지정하지 못하도록 한다. 이와 같은 일련의 linker 설정 과정에 대한 linker options는 ④번과 같이 Linker Control string 옆의 message를 통하여 확인할 수 있다. ⑤번과 ⑥번은 default linker script file의 내용을 보여준 것인데, **Output** folder 에 있는 **Ch1Lab1Prj.sct** 파일을 참조하면 된다. 다음은 실행 image *.elf file을 구성하는 3가지 주요 sections에 대해서 간단히 정리한 것이며, 이에 대한 자세한 내용은 **9.1. 단원**에서 자세히 설명할 것이다. 또한, linker script file에 대한 자세한 학습을 원하시는 분은 "임종수의 Cortex-M3M4 완벽 가이드(기초편)"을 참조하면 된다.

❶ RO(Read Only) section :

일반적으로 수정할 필요가 없는 code가 들어가는 영역으로 물리적으로 ROM 또는 Flash 가 mapping된다. 일반적으로 많이 사용되는 GNU에서는 *.text* section이 이에 해당한다.

❷ RW(Read/Write) section :

일반적으로 **초기화된 데이터**가 저장되며, 물리적으로 RAM에 mapping된다. GNU에서는 *.data* section이 이에 해당한다.

❸ ZI(Zero Initialized) section :

초기화되지 않은 데이터를 포함하는 R/W 영역으로 개발하는 bootstrap code에 의해서 바뀔 수 있지만, default 값은 "0"이다. 그래서, 초기화하지 않은 전역 변수의 값들에 기본적으로 0의 값이 할당되는 것이다. GNU에서는 *.bss* section이 이에 해당한다.

추가적으로 **XO section**은 Execute-Only 영역을 의미하므로, ROM 또는 flash memory 에 위치한다. 정리하면, linker가 생성하는 *.elf file은 정확한 물리적인 memory 상에 앞서 설명한 RO, RW 그리고 ZI section 및 기타 데이터를 배치하기 위해 memory layout 정보를 포함하고 있는 scatter loading file 즉, *.sct file을 사용한다. *.hex file에 있는 시작 번지 정보는 ⑤번을 참조하면 된다. Linker에 대한 내용은 상당히 많아서 여기까지만 설명하는 것으로 하겠다. 그럼, 지금까지 *.hex file에 대해서 분석한 내용을 근거로 **Ch1Lab1Prj.hex** 파일을 앞서 학습한 **Write Memory(0x31) command**로 Nucleo F103RB 보드에 있는 STM32F103RB의 내부 main flash memory의 시작번지 0x0800_0000부터 writing하도록 Coding 하는 방법을 살펴보도록 하겠다.

3.3 상태도(State flow)를 이용한 Hex File downloading 방법.

현재 우리가 개발해야 하는 code는 지금까지 학습한 *.hex file에 대한 내용을 근거로 임의의 *.hex file을 읽어서 한 번에 최대 256bytes까지 Write Memory(0x31) command로 binary data를 전송하는 것이다. 그러기 위해서는 우선, [그림 3.2-1]에서 보여준 것과 같이 주어진 *.hex file을 분석해야 한다. 즉, record type에 따라서 각각의 record를 해석해 주어야 한다. 예를 들면, 32bits 시작 번지 값과 256bytes 단위로 전송할 것이므로 그 다음의 번지 값들도 계속해서 계산하여 주어야 하며, 또한, 해당 256bytes binary 데이터를 읽어주고, 최종 End-of-File record를 만나면 이와 같은 읽기 작업을 종료해야 할 것이다.

이와 같은 **일련의 필요한 작업을 논리적이고 명확하게 coding하는 최적의 방법**은 무엇일까? Coding을 하는 방법에는 여러 가지가 존재할 수 있다. 이제 여러분에게 어떠한 **event가 발생**했을 때에 **미리 정의한 action을 수행**하고, 등록한 event가 발생하지 않으면 현재 상태에 머물러 있도록 하는 coding 방법에 대해서 소개하려고 한다. 사실, 이 기법은 시간에 따라서 순서대로 명령어들을 수행하는 **일반 Core 기반의 C 언어와 같은 순차언어(sequential language)**뿐만 아니라 FPGA, CPLD와 같은 비메모리 설계에 사용하는 VHDL 또는 Verilog와 같은 **병렬언어(Concurrent language)**에서도 광범위하게 사용된다. [그림 3.3-1]은 과거 삼성전자에서 LTE 모뎀 관련 FPGA를 설계 할 때에 사용한 Mentor Inc. 지금은 독일의 SIEMENS Inc.에 흡수된 회사에서 출시한 HDL Designer라는 소프트웨어를 이용하여 필요한 Stateflow를 작성한 예제이다. 물론, 업무와 관련된 실질적인 Stateflow는 [그림 3.3-1]과 비교도 되지 않을 많고, 복잡하고, 정교했던 것을 기억한다. 이들 stateflow를 모두 작성하고, 원하는 언어 즉, VHDL 또는 Verilog를 선택해 주면 작성한 stateflow를 선택한 언어로 자동으로 생성해 준다. 아마도 PCB 설계, 비메모리 설계 분야에서 근무하시는 분들에게는 과거 Mentor Inc.이 상당히 익숙한 회사일 것이다. 마찬가지로 C 언어 분야에서도 Mathworks Inc.의 Stateflow와 같은 유사한 소프트웨어가 있지만, 여기서는 직접 *.hex file을 분석해 주는 State flow를 개발해 보고, 그리고 나서 개발한 State flow를 C code로 표현하는 방법을 순서대로 설명해 보겠다. 하나씩 하나씩 잘 따라해 보고, 학습해 보기 바란다. 여기서 학습 할 Stateflow 작성 방법과 그에 따른 C 언어 Coding 방법은 대부분의 protocol 관련 내용을 C 언어로 구현할 때 자주 사용된다.

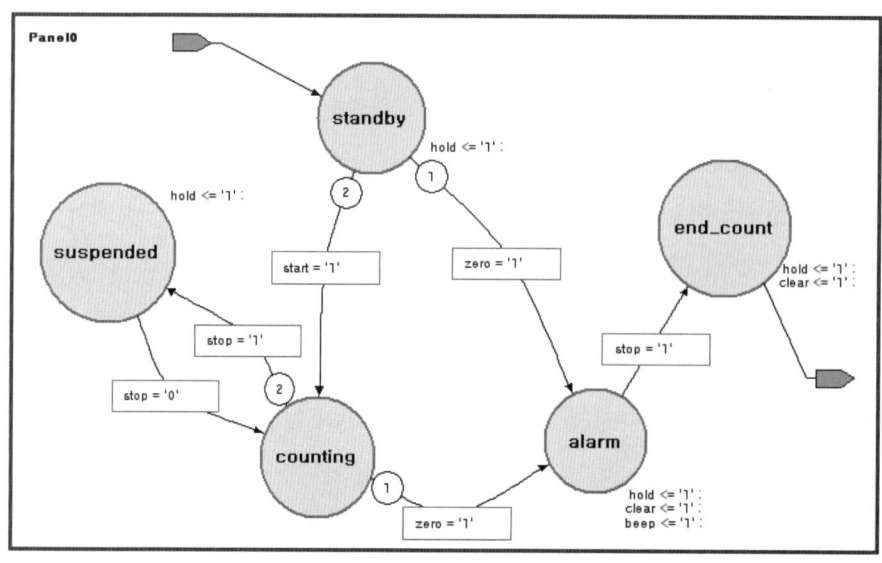

[그림 3.3-1] FPGA 설계 언어인 VHDL/Verilog과 Stateflow.

예를 들면, 다양한 종류의 USB class 관련 device driver 구현 또는 산업용 통신 규격으로 많이 사용되는 Modbus 통신 규격을 구현할 때에도 사용된다. 또한, 앞서 언급한 HDL Designer와 같은 비메모리 설계 분야와 Mathworks Inc.의 Stateflow를 학습할 때에도 여기서 학습한 내용을 거의 동일하게 적용할 수 있으므로 아마도 여러분 기술 발전에 상당한 도움이 될 것이다. 어쨌든, 제일 먼저, 구현하고자 하는 목표를 분명히 할 필요가 있다. [그림 3.3-2]는 **Ch1Lab1Prj.hex** hex file을 앞서 학습한 Write Memory(0x31) command로 Nucleo-F103RB 보드에 있는 STM32F103RB의 내부 main flash memory의 시작번지 0x0800_0000부터 writing하기 위한 흐름도이다. 우선, ①번과 같이 주어진 **Ch1Lab1Prj.hex** 파일에서 ②번과 같이 시작 번지 0x0800_0000과 ③번에서 보여준 ASCII 문자 512개를 BinData[512]에 저장하고, 이어서 2개의 ASCII 문자를 하나의 binary data로 바꾸어서 **256bytes**를 BinVal[256]에 저장해 준다. 그리고, Write Memory command를 이용하여 STM32F103RB main flash memory의 0x0800_0000번지부터 writing할 것이다. 이와 같은 **알고리즘을 Stateflow로 표현**하기 위해서는 제일 먼저, State flow를 구성하는 각각의 **State를 정의**하는 것부터 시작해야 한다.

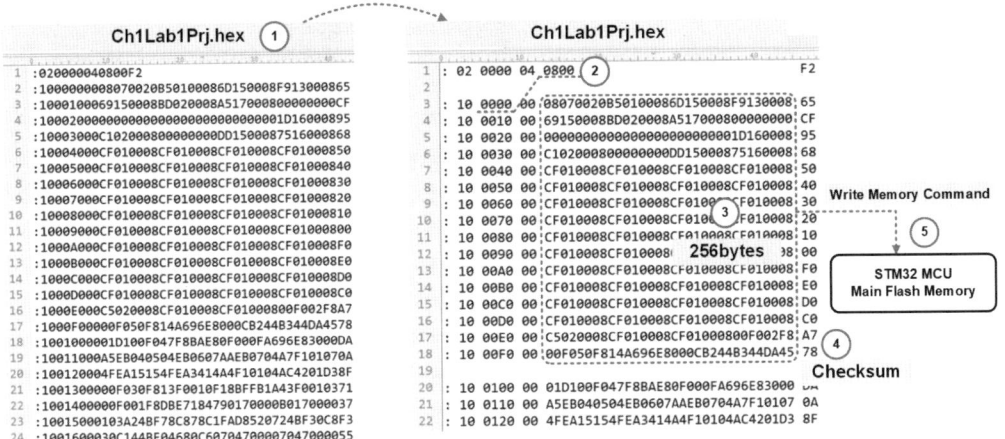

[그림 3.3-2] Ch1Lab1Prj.hex 파일과 Write Memory(0x31) Command.

[그림 3.2-1]에서 보여준 3가지 record들에 대한 해석과 256bytes binary data가 모이면, Write Memory command를 발생시키는 일련의 과정에 필요한 State들을 다음과 같이 정의하여 해석해 보도록 하겠다. [그림 3.3-3]에 보여준 관련 Stateflow와 함께 학습해 보기 바란다.

❶ StartState state :

symbol :(0x3A, 58)이 읽혀진 경우, 다음 state인 BCntState로 이동. 그렇지 않으면, StartSate에서 symbol :(0x3A, 58)이 읽혀질 때까지 기다린다.

- Action 내용 : 없음.
- 다음 State 조건 : symbol :(0x3A, 58)이 읽혀진 경우.

❷ BCntState state :

2개의 ASCII 문자를 읽어서 BCNum 변수에 저장하고, 조건 없이 다음 state인 LSBAddrState로 이동.

- Action 내용 : 2개의 ASCII 문자를 읽어서 BCNum 변수에 저장.
- 다음 State 조건 : 없음.

❸ LSBAddrState state :

4개의 ASCII 문자를 읽어서 LSB16Addr 변수에 저장하고, 그 다음 2개의 ASCII 문자를 읽어서 그 값에 따라서 다음과 같이 해당 state로 이동.

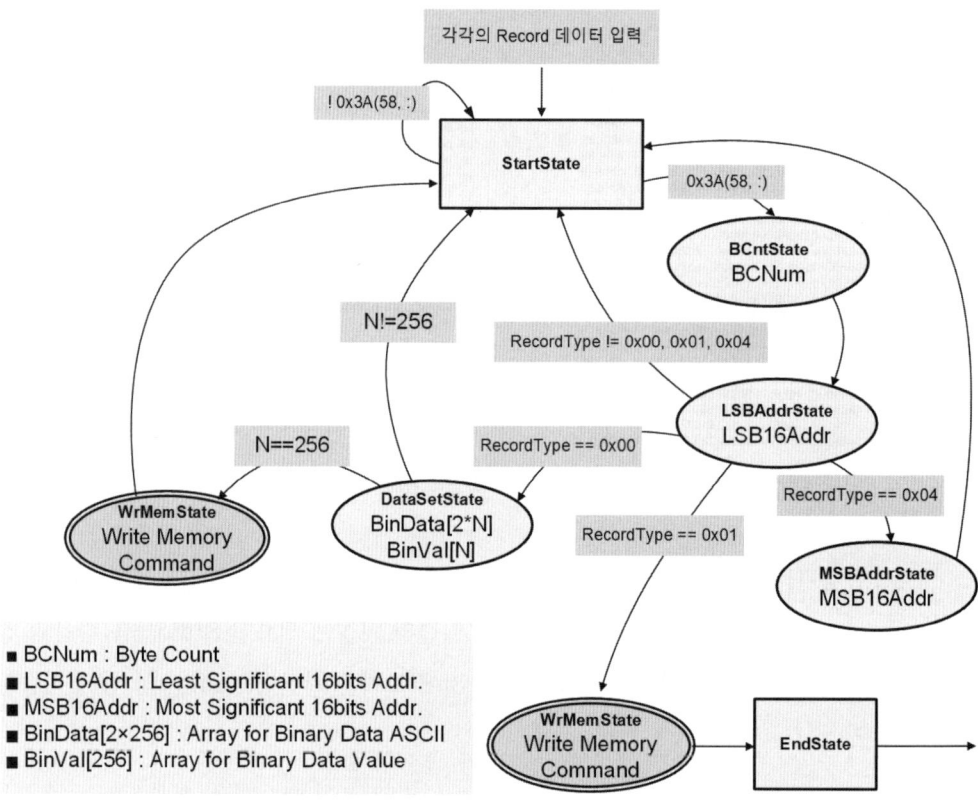

[그림 3.3-3] *.hex file을 분석하고, Write Memory command로 전송하는 Stateflow.

ⓐ RecordType == 0x00인 경우 : DataSetState로 이동.
ⓑ RecordType == 0x01인 경우 : WrMemState로 이동.
ⓒ RecordType == 0x04인 경우 : MSBAddrState로 이동.
ⓓ RecordType != (0x00 또는 0x01 또는 0x04)인 경우 : StartState로 이동.

- Action 내용 : 4개의 ASCII 문자를 읽어서 LSB16Addr 변수에 저장.
- 다음 State 조건 : 그 다음 2개의 ASCII 문자 값에 따라서 이동.

❹ DataSetState state :

BCNum 변수에 저장되어 있는 개수만큼 읽어서 배열 BinData에 저장하고, 2개의 ASCII code에 해당하는 값을 하나의 값으로 바꾸어 배열 BinVal에 저장한다. 이때에 BinVal에 저장한 데이터의 개수 N을 누적하고, N=256이면, 다음 state인 WrMemState로 이동하고, N=256이 아니면, 다음 state인 StartState로 이동.

- Action 내용 : BCNum 변수의 값만큼 읽어서 배열 BinData과 배열 BinVal에 저장.

- 다음 State 조건 : N=256 또는 N≠256에 따른 이동.

❺ MSBAddrState state :

4개의 ASCII 문자를 읽어서 MSB16Addr 변수에 저장하고, 다음 state인 StartState로 이동.

- Action 내용 : 4개의 ASCII 문자를 읽어서 MSB16Addr 변수에 저장.
- 다음 State 조건 : 없음.

❻ WrMemState :

N의 값만큼 Write Memory Command로 전송하고, N=0으로 초기화한다. RecordType = 0x01이면, 다음 state인 EndState로 이동하고, 아니면, 다음 state인 StartState로 이동.

- Action 내용 : N만큼 Write Memory Command로 전송하고, N=0으로 초기화.
- 다음 State 조건 : RecordType = 0x01, RecordType ≠ 0x01.

❼ EndState :

Stateflow를 종료한다.

[그림 3.3-3]은 이들 State들을 포함한 전체 Stateflow를 작성해 본 것이다. 여기서 주의할 것은 **모든 Stateflow는 항상** StartState에서 시작하고, EndState에 종료해야 한다. 일반적으로 Stateflow에서 사용되는 state들은 다음과 같이 **enum** data type을 사용하여 선언한다.

```
typedef enum {
    _StartState,            // Start State
    _BCntState,             // To get Byte Count
    _LSBAddrState,          // To get Least Significant 16bits Address
    _MSBAddrState,          // To get Most Significant 16bits Address
    _DataSetState,          // To collect binary data
    _WrMemState,            // To do Write Memory Command
    _EndState               // End State
} _HexFlowStep_t;
```

그리고, 다음과 같이 각각의 state에 대한 처리를 switch-case문에서 **해당 case문이 수행**하도록 뼈대를 만든다.

```c
bool HexFileProc(FILE *fp) {
  static _HexFlowStep_t Steps = _StartState;
  bool ret=true;

  switch(Steps) {
  case _StartState:
  {
     // _StartState Action Code
  }
  break;
  case _BCntState:
  {
     // _BCntState Action Code
  }
  break;
  case _LSBAddrState:
  {
     // _LSBAddrState Action Code
  }
  break;
  case _MSBAddrState:
  {
     // _MSBAddrState Action Code
  }
  break;
  case _DataSetState:
  {
     // _DataSetState Action Code
  }
  break;
  case _WrMemState:
  {
     // _WrMemState Action Code
  }
  break;
  case _EndState:
  {
     // _EndState Action Code
  }
  break;
  default:
          break;
  }
```

      return ret;
}

참고적으로 VHDL/Verilog와 같은 비메모리 설계 언어에서도 동일하게 switch-case문으로 처리한다. 이제부터 [그림 3.3-3]에 나와 있는 stateflow와 [그림 3.3-2]에서 구현 목표를 참조하면서 **각각의 state action code**를 추가해 주면 된다. 다음에 보여준 Ch3Fig3_3_3.c은 Ch1Lab1Prj.hex 파일에서 처음 binary data 256bytes와 XORing한 checksum을 포함하는 [그림 3.1-12]에서 보여준 WrFile_1.bin file을 생성해 주는 code이다.

```c
// 2025, 05, 15           Developed by JongSu Lim.
// Copyright (c) 2024 SuJin. All Rights Reserved.
#include<stdio.h>
#include<stdint.h>
#include<stdbool.h>
#include<string.h>

#define DATBUFSIZE       256
uint8_t hextoint8(unsigned char *hex);
bool HexFileProc(FILE *fp);

typedef enum {
    _StartState,            // Start State
    _BCntState,             // To get Byte Count
    _LSBAddrState,          // To get Least Significant 16bits Address
    _MSBAddrState,          // To get Most Significant 16bits Address
    _DataSetState,          // To collect binary data
    _WrMemState,            // To do Write Memory Command
    _EndState               // End State
} _HexFlowStep_t;

int main() {
    FILE *fp=NULL;
    fp=fopen("Ch1Lab1Prj.hex", "r");   // writing 할 ASCII file.
    while(HexFileProc(fp));
    return 0;
}

bool HexFileProc(FILE *fp) {
```

```c
static _HexFlowStep_t Steps=_StartState;
uint8_t Tmp1_8=0, Tmp2_8[2]={0, }, Tmp4_8[4]={0, };
static uint8_t BCNum=0, RecordType=0, ChkSum8=0;
static uint8_t BinData[2*DATBUFSIZE]={0, }, BinVal[DATBUFSIZE]={0, };
static uint16_t Tmp16=0, LSB16Addr=0, MSB16Addr=0;
static uint32_t N=0;
uint32_t i=0, j=0;
FILE *fp1=NULL;
bool ret=true;

switch(Steps) {
case _StartState:
{
  fread(&Tmp1_8, 1, 1, fp);
  if(Tmp1_8==0x3A) {
    Steps=_BCntState;
  }
}
break;
case _BCntState:
{
  fread(Tmp2_8, 1, 2, fp);
  BCNum=hextoint8(Tmp2_8);
  Steps=_LSBAddrState;
}
break;
case _LSBAddrState:
{
  fread(Tmp4_8, 1, 4, fp);
  Tmp16=(uint16_t)(hextoint8(Tmp4_8)<<8);
  LSB16Addr=Tmp16|((uint16_t)hextoint8((Tmp4_8+2)));
  fread(Tmp2_8, 1, 2, fp);
  RecordType=hextoint8(Tmp2_8);
  switch(RecordType) {
  case 0x00 :
  {
    Steps=_DataSetState;
  }
  break;
  case 0x01:
  {
    Steps=_WrMemState;
  }
```

```c
      break;
    case 0x04:
    {
      Steps=_MSBAddrState;
    }
      break;
    default:
      Steps=_StartState;
      break;
    }
  }
    break;
  case _MSBAddrState:
  {
    fread(Tmp4_8, 1, 4, fp);
    Tmp16=(uint16_t)(hextoint8(Tmp4_8)<<8);
    MSB16Addr=Tmp16|((uint16_t)hextoint8((Tmp4_8+2)));
    Steps=_StartState;
  }
    break;
  case _DataSetState:
  {
    for(i=0;i<BCNum;i++) {
      fread(Tmp2_8, 1, 2, fp);
      BinVal[i+N]=hextoint8(Tmp2_8);
    }
    N+=i;
    if(N==256) {
      Steps=_WrMemState;
    } else {
      Steps=_StartState;
    }
  }
    break;
  case _WrMemState:
  {
    N=N-1;
    ChkSum8=N;
    for(j=0;j<(N+1);j++) {
      ChkSum8^=BinVal[j];
    }
    fp1=fopen("WrFile_1.bin", "wb");  // Binary file.
    fwrite(&N, 1, 1, fp1);
```

```
      fwrite(BinVal, 1, N+1, fp1);
      fwrite(&ChkSum8, 1, 1, fp1);
      fclose(fp1);
      N=0;
      if(RecordType==0x01) {
        Steps=_EndState;
      } else {
        Steps=_StartState;
      }
    }
    break;
    case _EndState:
    {
      ret=false;
    }
    break;
    default:
      break;
    }
    return ret;
}
```

Stateflow Coding 기법을 처음 접하는 분은 난해 할 수도 있지만 전체 code를 Visual C++ 에 typing하고, 각각의 state 마다 debugging해 보면 좀 더 이해하기 쉬울 것이다. 단, hextoint8() 함수 내용은 앞서 소개하였으므로 생략하였다. 어떤가? 해볼만 한지 궁금하다. 뭐가 되었건 생각보다 그렇게 어렵지 않은 code라고 자신을 갖기 바란다. 그리고 이해가 되지 않으면 다시 한 번 학습해 볼 것을 권한다. 어쨌든, 중요한 것은 coding 구조를 잘 이해하는 것이다. 즉, EndState에서는 모든 데이터의 초기화를 수행하고 빠져 나가도록 하였고, 무엇보다도 정적 변수 즉, static 선언을 많이 한 것을 볼 수 있다. 참고적으로 [그림 3.3-4]에 보여준 것과 같이 **4.1. 단원부터 사용할 SJ_MCUPro** program에서 MCU 내부 flash memory, SRAM 또는 외부 serial flash memory에 선택한 hex file을 지정한 번지 부터 download할 때에 여기서 보여준 code를 사용하였다. 즉, SJ_MCUPro program을 실행하고, 이어서, ①번과 같이 **SJ_Downloader...** button을 선택하여 준다. 그러면, ②번 과 같이 **Serial Downloading** dialogbox가 나타날 것이다. 여기서, **File Choice** button을 click하여 주면, ③번처럼 열기 dialogbox가 나타날 것이다.

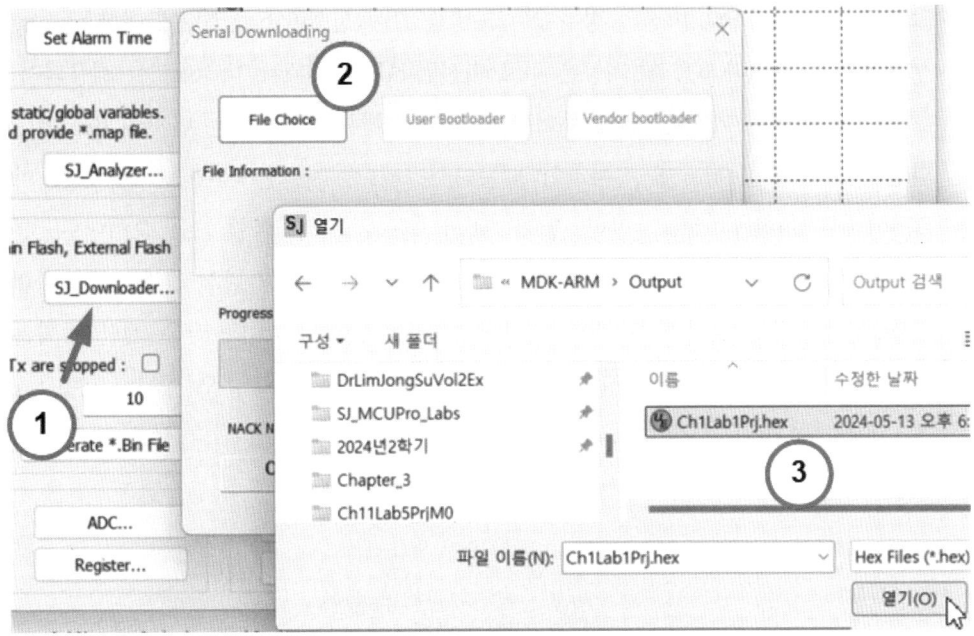

[그림 3.3-4] SJ_MCUPro의 hex file을 binary file로 변환해 주는 기능 - 1.

이제, ③번처럼 임의의 hex file을 선택하여, **열기** 버튼을 click 하여 주면, [그림 3.3-5]의 ④번과 같이 File Information message box에 선택한 hex file에 대한 간단한 정보가 나타날 것이다.

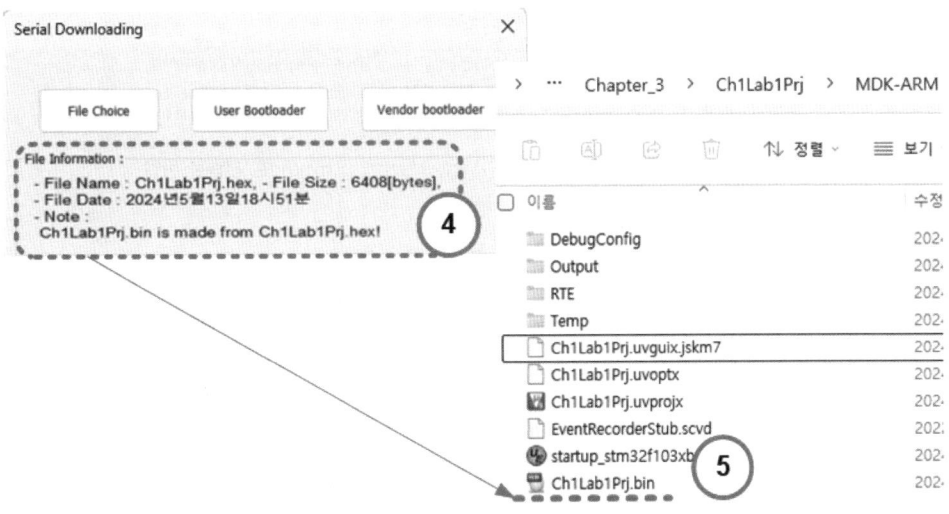

[그림 3.3-5] SJ_MCUPro의 hex file을 binary file로 변환해 주는 기능 - 2.

그리고, **SJ_MCUPro** 버전의 경우에는 ⑤번과 같이 선택한 hex file에 대한 binary file을 생성하여 줄 것이다. 단, 이 기능은 무료 버전인 **SJ_MCUFree** 버전에서는 제공되지 않는데 주의하기 바란다. 어쨌든, 위에 주어진 code를 수행하기 위해서는 **먼저, Ch1Lab1Prj.hex 파일**을 project folder에 복사하여 넣는다. 그리고, 지정한 Ch1Lab1Prj.hex 파일에서 256bytes binary data 만큼 읽어 내서 총 25개의 파일들을 순서대로 생성하여 WrFile_1.bin 파일에 반복적으로 덮어 쓰게 될 것이다. 그리고 나서 최종적으로 나머지 8개 binary 데이터를 덮어쓴 WrFile_1.bin을 생성할 것이다. 이와 같은 계산 방법은 [그림 3.3-6]에서 보여준 것과 같이 **Ch1Lab1.bin** 파일을 선택하고, 오른쪽 mouse button을 click하여 나타나는 popup menu에서 **속성(R)**을 선택하면, **크기 :**가 정확히 **6408bytes**인 것을 확인 할 수 있다.

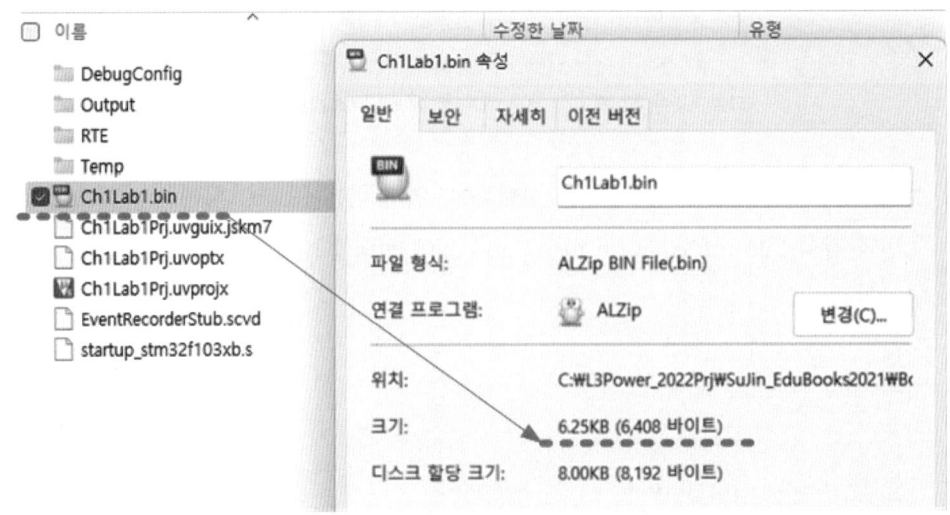

[그림 3.3-6] Ch1Lab1Prj.hex file을 Write Memory command로 전송한 방법 - 1.

그러므로, 6408/256=25.03이므로, 256bytes 크기의 binary file은 25개 만들어 질 것이다. 그리고, 나머지는 6408-(25×256)=8bytes이고, binary file로 만들어질 것이다. 그런데, [그림 3.3-7]에 보여준 것과 같이 Ch3Fig3_3_3.c 파일의 HexFileProc() 함수는 하나의 binary file만 생성하므로 계속해서 덮어 쓰는 형국이 된다. 즉, [그림 3.3-2]의 ③번에 보여준 것과 같이 Ch1Lab1Prj.hex 파일의 **처음** 256×2=512개의 문자를 **먼저** 전송한다.

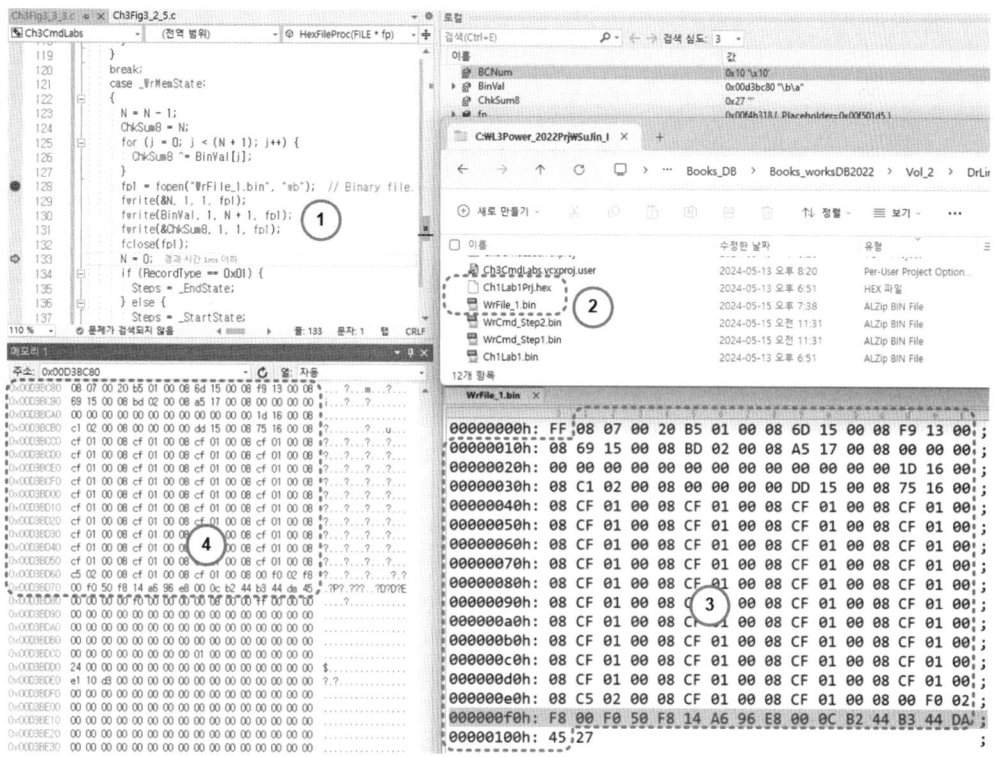

[그림 3.3-7] Ch1Lab1Prj.hex file을 Write Memory command로 전송한 방법 - 2.

그러기 위해서 **2개의 문자씩 읽어서 하나의 8bits 16진수로** BinVal[256] 배열에 저장해 준다. 이때, 전체 전송할 byte의 개수 즉, 256-1(0xFF) 값을 먼저 전송하고, 이어서 BinVal[256] 배열을 전송한다. 마지막으로 checksum을 계산한 값을 전송하는데, 이들 전송할 데이터를 저장한 파일 이름이 **오로지** ②번에서 보여준 WrFile_1.bin 파일**뿐이다**. 또한, ③번은 전송할 전체 데이터를 보여준 것이다. 이제 **_WrMemState** state에서 빠져나갈 때, 현재 RecordType이 **0x01** 즉, [표 3.2-1]에서 나열한 것과 같이 **End of File record**이면, [그림 3.3-3]에 보여준 것과 같이 HexFileProc() 함수에서 빠져나가고, 그렇지 않으면, 다시 StartState state 들어가서 2번째 256개의 1byte값을 전송하기 위한 byte 개수, 데이터, 그리고, checksum 값을 계산하여 이전의 WrFile_1.bin 파일에 **다시 덮어쓰게 되는 구조**이다. 여러분이 직접 [그림 3.3-7]에 보여준 것과 같이 Visual C++의 debugging 기능을 이용하여 지금까지 설명한 내용을 반드시 확인해 보아야 한다. state 간의 이동이 언제 발생하고, 왜? 발생하는지 정확히 이해하도록 노력해야 한다. 최종적으로 [그림 3.3-8]의 ⑥번에서 보여준 것과 같이 **WrFile_1.bin** binary 파일에 저장된 것을 확인 할 수 있을 것이다.

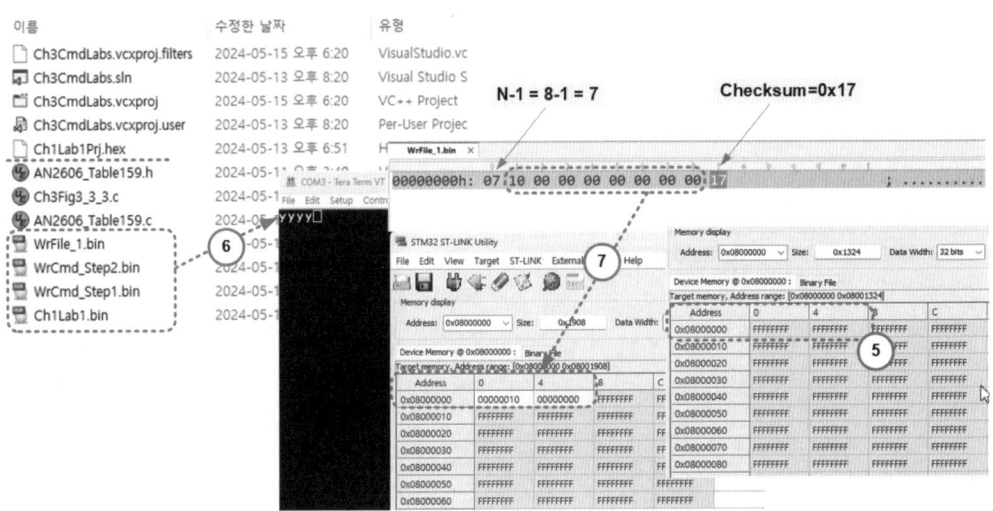

[그림 3.3-8] Ch1Lab1Prj.hex file을 Write Memory command로 전송한 방법 - 3.

[그림 3.3-8]과 같은 결과를 얻으려면, 우선, ⑤번에서 보여준 것과 같이 해당 main flash memory 영역을 지워주어야 한다는 것에 **주의**해야 한다. 그리고, ⑥번에서 보여준 3개의 파일들을 **3.1.단원**의 [그림 3.1-12]에서 보여준 순서대로 Tera Term에서 binary mode로 전송하여 준다. 그러면, ⑦번과 같이 **WrFile_1.bin** binary 파일의 내용이 저장된 것을 볼 수 있다. 지금까지 학습한 State flow coding 기법은 상당히 유용하고도 중요한 coding 방법이므로 여러 번 반복 학습하여 익숙해지도록 노력해 보기 바란다. 무엇보다도 앞서 언급한 것과 같이 다양한 통신 규격을 coding 할 때에 많이 사용되며, 향후 출간될 Vol.3.에서 학습하게 될 산업용 RS-485 통신에서 광범위하게 사용되는 **Modbus protocol을 구현할 때**에 또 다시 만나게 될 것이다.

3.4 Erase(0x43) Command.

■ 주요 기능 : host가 Main Flash Memory를 구성하는 임의의 **page**들을 지우는 것을 허락한다.

Vol.1의 10.3. 단원에서 AT24C256C EEPROM 사용 방법을 학습할 때에 간단히 page라는 용어에 대해서 학습하였다. 좀 더 자세한 내용은 Chapter 4.에서 Flash Memory 영역을 구분하는데 사용되는 Page에 대해서 자세히 학습하게 될 것이다. 여기서는 단지, "**고정된 일정한 크기의 flash memory 영역을 의미한다.**"라고만 이해해 두자. 어쨌든, bootloader 가 **Erase** command code, 0x43을 수신하면, host에게 ACK byte를 전송한다. 그리고 나서, 지울 page들의 개수를 저장한 1byte 크기의 데이터, Flash Memory Page Code들과 checksum 1byte를 수신한다. 만일, 수신한 checksum이 정확하다면, bootloader는 지정한 page들을 지우고, host에게 ACK byte를 전송한다. 그렇지 않으면, host에게 NACK byte를 전송하고, 전송된 command는 무시한다. [그림 3.4-1]은 **Erase** command code, 0x43에 대한 host와 device 측면에서의 흐름도를 보여준 것이다.

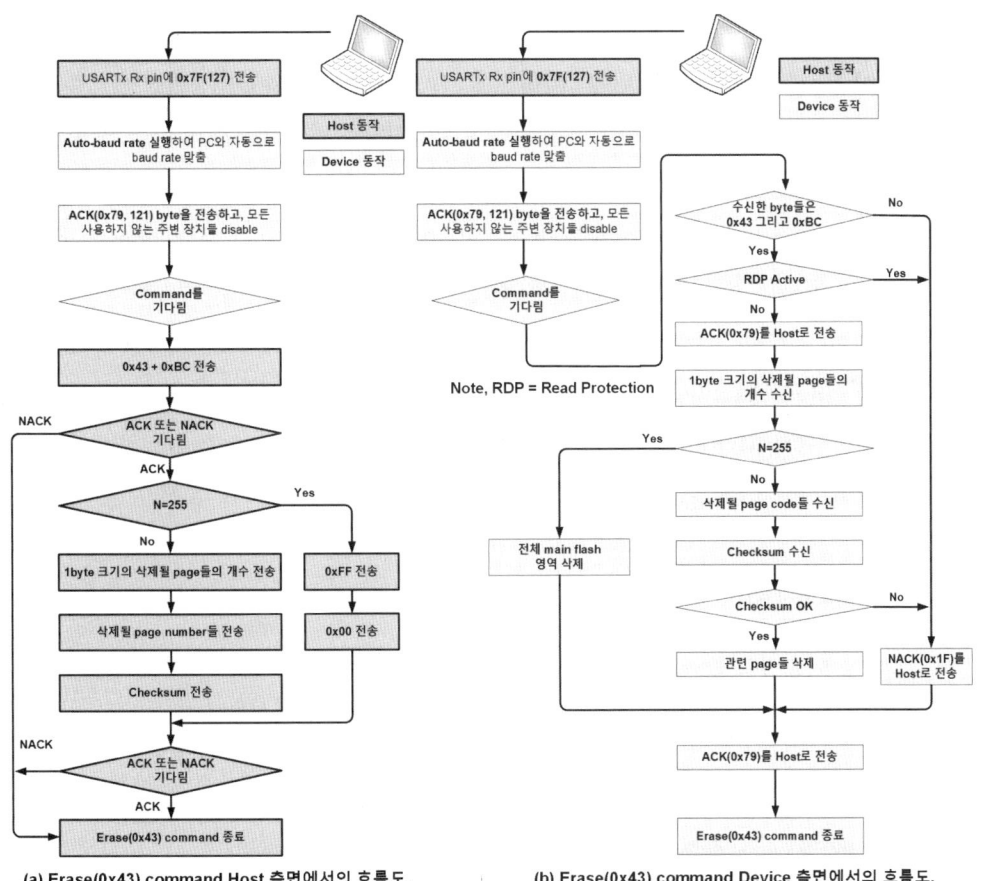

(a) Erase(0x43) command Host 측면에서의 흐름도.   (b) Erase(0x43) command Device 측면에서의 흐름도.

[그림 3.4-1] Host와 Device 측면에서의 Erase(0x43) command 실행에 대한 흐름도.

구체적으로 Erase command code, 0x43에 대해서 다음과 같이 bootloader가 순서대로 수행한다. [그림 3.4-1]에서 보여준 흐름도와 함께 다음의 내용을 살펴보기 바란다.

❶ "삭제될 page의 개수 – 1"의 값을 저장하고 있는 1byte 크기의 N을 수신한다. 여기서, N은 0≤N≤254의 범위를 가진다. 즉, 한 개의 page부터 255개 page들까지 지울 수 있다. 주의 할 것은 N=255를 지정하면, **전체 page들을 모두 지우는 mass erase command**가 **된다**는 것을 기억해 두자.
❷ 1 byte 크기의 삭제할 page number 즉, Flash Memory의 Page Code를 N+1개 수신한다.

단, write protected sectors에 대한 erase 동작을 수행하는 경우에 error를 알려주지 않는 데 주의하자. 즉, flash memory에 저장되어 있는 일정 영역을 **지운다는 것**은 해당 영역을 모두 **0xFF로 writing 한다는 의미**인데, write protection이 설정된 영역에 Erase Command로 지우려고 한다면, 지우지 못한다. 그런데, 정상적으로 명령을 완료하지 못하였는데도 error를 출력하지 않으니 주의하라는 의미이다. [그림 3.4-1]의 흐름도를 보면, Erase(0x43) command와 checksum을 전송하고 나서, 만일, host가 **mass erase** 즉, 전체 main flash memory 영역을 지우기 위해서 0xFF=255를 전송하고, 그리고 나서 checksum 값으로 0x00이 아닌 다른 값을 전송하면, **mass erase**는 수행되지 않는다. 그럼에도 불구하고, ACK가 반환된다는 데 주의하기 바란다. 그러므로, mass erase를 수행하고 싶다면, 반드시, 0xFF를 전송하고 그리고 나서, 0x00을 전송해 주어야 한다. 다음은 관련 code를 구현한 내용을 보여준 것이다.

```
case ERASE_CMD:
  {
    // Step_1 : Erase(0x43) Command transmit
    fp=fopen("EraseCmd_Step1.bin", "wb");  // Binary file.
    fwrite(Tx_Packet, 1, 2, fp); // 0x43(Erase command) + 0xBC
    fclose(fp);
    // Step_2 : Mass Erase(0xFF, 0x00) transmit
    fp=fopen("EraseCmd_Step2.bin", "wb");  // Binary file.
    Tx_Packet[0]=0xFF;
    Tx_Packet[1]=0x00;
```

```
    fwrite(Tx_Packet, 1, 2, fp); // 0x43(Erase command) + 0xBC
    fclose(fp);
}
```

그동안 개발한 code와 비교하면 상당히 단순한 것이 사실이다. 실습을 수행하기 위해서 우선, Nucleo-F103RB 보드에 있는 STM32F103RB의 main flash memory를 ST-Link utility를 이용하여 **전부** 지우고, **Ch1Lab1Prj.hex** 파일을 [그림 3.4-2]의 ①번과 같이 writing해 준다.

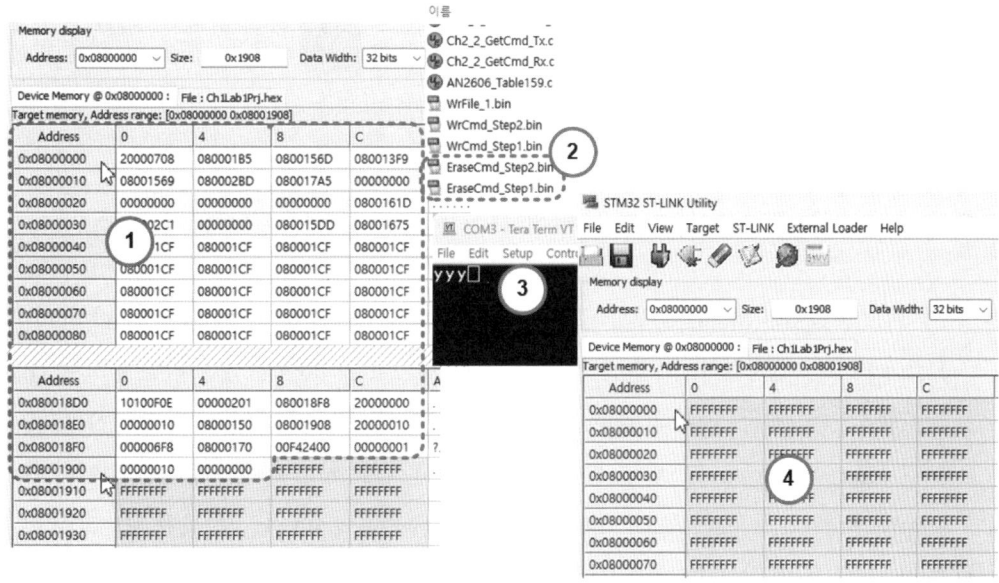

[그림 3.4-2] **Erase(0x43)** command를 이용한 **Mass Erase** 실행 결과.

그리고 나서, ②번과 같이 생성된 2개의 파일들을 각각 Tera Term을 이용하여 binary mode로 전송한다. 그러면, [그림 3.4-1]에서 보여준 것과 같이 반환 문자 y를 ③번에서 보여준 것과 같이 host로 전송한다. 2번째 파일인 **EraseCmd_Step2.bin** 파일을 전송하면, ④번과 같이 main flash memory 영역이 시작번지인 0x0800_0000부터 **모두 삭제 된 것**을 확인할 수 있다. 앞서 설명한 write protection에 대한 error 미 전송에 대한 실험을 수행하기 위해서 다시 한 번 **Ch1Lab1Prj.hex** 파일을 [그림 3.4-2]의 ①번과 같이 writing 해 준다. 그리고, [그림 3.4-3]의 ⑤번과 같이 **Target** menu에서 **Option Bytes...** menu를 선택하여 ⑥번과 같이 **Option Bytes** dialogbox를 호출한다.

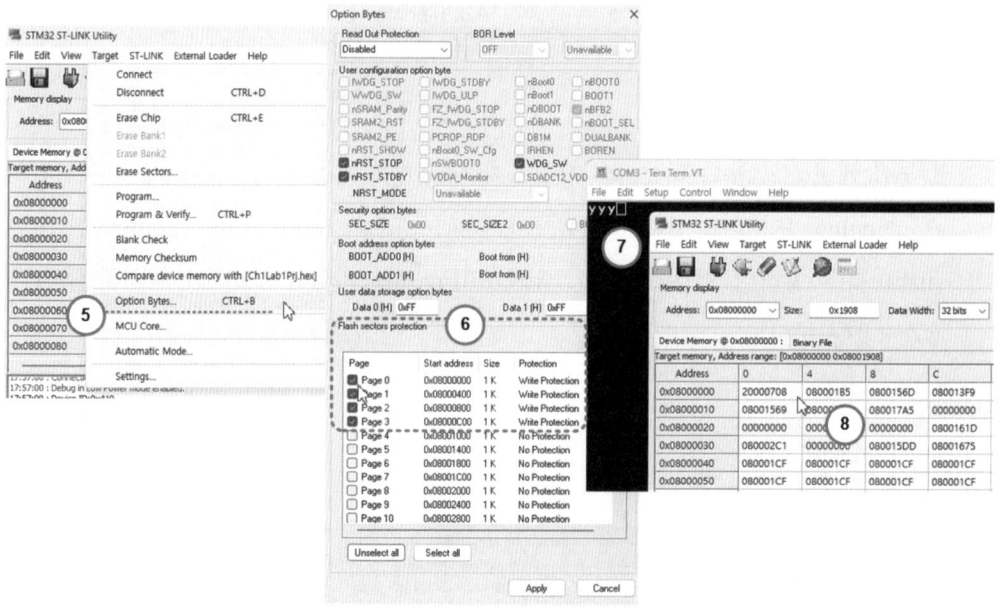

[그림 3.4-3] Erase(0x43) command와 write protection 영역에 대한 Erase 실행 결과.

이어서 ⑥번에서 보여준 것과 같이 Page 0부터 3까지 checkbox를 click하여 Write Protection을 설정한다. 그런데, ⑥번의 Size column에 있는 값들을 확인해 보니, 1[KB]라고 적혀 있다. 결국, 각각의 page 크기가 1[KB]인 것도 알 수 있다. 각각의 STM32 MCU마다 Main Flash memory에 대한 자세한 내용은 Chapter 4.에서 설명할 것이다. 어쨌든, Apply button을 click하고, ST-Link Utility program을 닫아 준다. 그리고 나서, Nucleo-F103RB 보드에 있는 검은 색 button 즉, Reset button을 click하여 주고, ⑦번과 같이 Tera Term을 이용하여 [그림 3.4-2]의 ③번처럼 EraseCmd_Step1.bin 파일과 EraseCmd_Step2.bin 파일을 모두 전송하여 준다. 다시 ST-Link Utility program을 열어서 Target menu의 Connect menu를 선택하면, [그림 3.4-2]의 ④번과 같이 flash memory 영역이 지워지지 않고, 그대로 남아 있는 것을 확인 할 수 있으며, ⑦번에서 보여준 것과 같이 Mass Erase command 실행에 실패하였는데도 error관련 message가 전송된 것이 없다는 데 주의하기 바란다. 또한, Write Protection을 설정한 Page 0부터 3뿐만 아니라 모든 영역에 대해서 지워진 것이 없다는 것도 확인할 수 있을 것이다. 이번에는 [그림 3.4-1]에서 보여준 흐름도에 근거하여 특정 page들만 지우는 code를 다음과 같이 만들어 보았다. 참조하기 바란다.

```
case ERASE_CMD:
  {
    // Step_1 : Erase(0x43) Command transmit
    fp=fopen("EraseCmd_Step1.bin", "wb");  // Binary file.
    fwrite(Tx_Packet, 1, 2, fp);           // 0x43(Erase command) + 0xBC
    fclose(fp);
    // Step_2 : Any pages will be erased
    fp=fopen("EraseCmd_Step2A.bin", "wb"); // Binary file.
    Tx_Packet[0]=0x01;                     // 2 pages to be erased
    Tx_Packet[1]=0x01;                     // page1 will be erased
    Tx_Packet[2]=0x02;                     // page2 will be erased
    Tx_Packet[3]=Tx_Packet[0]^Tx_Packet[1]^Tx_Packet[2];
    fwrite(Tx_Packet, 1, 4, fp);           // 0x43(Erase command) + 0xBC
    fclose(fp);
  }
```

Chapter 4.에서 자세히 설명하겠지만, 현재 사용하는 STM32F103RB의 main flash memory를 구성하는 각각의 page는 1[KB] 크기(즉, 1024=0x400)를 가진다. 또한, [그림 1.3-1]을 참조하면, STM32F103RB 부품명으로부터 main flash memory 크기가 128[KB]인 것을 알 수 있다. 결국, 전체 128page들로 구성되며, 0x0800_0000부터 0x0801_FFFF까지 범위를 가진다. 앞서 언급한 Flash Memory **Page Code**는 page0부터 시작하여 page127까지이다. 즉, 0부터 127까지이다. 그러므로, 위와 같이 coding하면 page1번 영역인 0x0800_0400~0x0800_07FF, 1[KB](즉, 1024=0x400) 영역과 page2번 영역인 0x0800_0800~0x0800_0BFF, 1[KB] 영역만 삭제 될 것이다. 이 내용을 실습해 보기 위해서 Nucleo-F103RB 보드에 있는 STM32F103RB에 ST-Link utility를 이용하여 연결하고, 앞서 설정한 **write protection** 설정을 해제해 준다. 그리고 나서, main flash memory 내용을 전부 지우고, **Ch1Lab1Prj.hex** 파일을 다시 writing해 준 후에 ST-Link utility program을 닫아 준다. Nucleo-F103RB의 검은색 Reset button을 click하여 주고, Delete key를 click한다. [그림 3.4-4]의 ⑨번에서 보여준 것과 같이 제일 먼저, 위의 code로부터 생성된 **EraseCmd_Step1.bin** 파일을 전송하고, 이어서 2번째 파일인 **EraseCmd_Step2B.bin** 파일을 전송하면, ⑩번과 host로 ACK y를 반환해 준다. 이제, ST-Link utility program을 통하여 ⑪번과 ⑫번에서 보여준 것과 같이 main flash memory 영역의 0x0800_0400번지부터 0x0800_0BFF번지까지**만** 삭제 된 것을 확인할 수 있다.

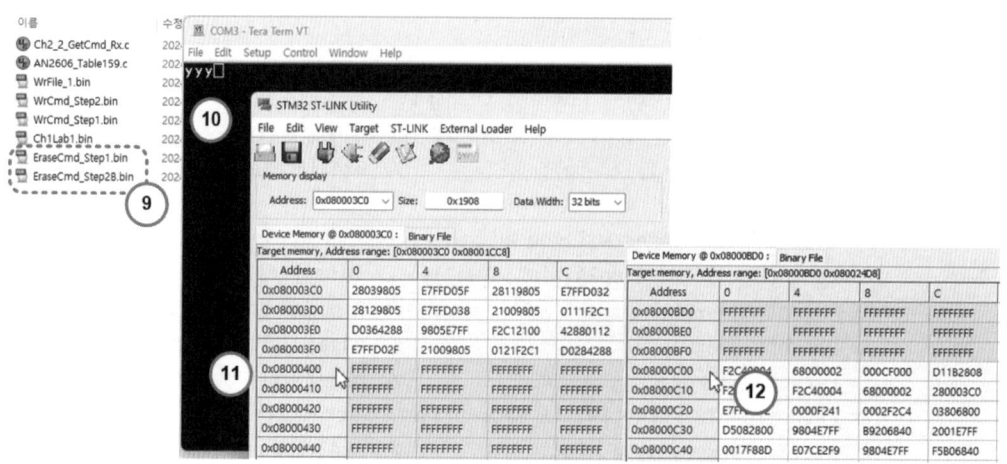

[그림 3.4-4] Erase(0x43) command를 이용한 **특정 page들만** Erase 실행 결과.

여기서 주의할 것은 Flash Memory Page Code는 **0번부터 시작**한다는 것을 기억해 두기 바란다. 또한, Chapter 4.에서 자세히 설명하겠지만, **각각의 page 크기는 1[KB] 또는 2[KB]가 될 수 있다**는 데 주의하기 바란다. 지금까지 MCU 제조사 즉, ST Inc.에서 MCU 내부에 저장하여 제공하는 UART bootloader에서 제공하는 주요 command들을 활용하는 방법에 대해서 자세히 학습하였다. 3개 Chapter들을 통하여 여러분은 단순히, 제조사의 bootloader를 사용하는 방법뿐만 아니라 Interrupt Vector Table의 base address를 재설정해 주어야 하는 이유와 그 방법을 학습하였으며, hex file 구조와 주어진 알고리즘을 Code로 구현하는데 필요한 State Diagram을 생성하는 방법과 그에 따른 C code로 구현하는 방법을 상세히 학습하였다. 이제, Chapter 4.에서 STM32 MCU의 종류에 따른 Main Flash Memory 특징과 사용 방법에 대해서 학습할 것이다. 그리고, Chapter 5.와 Chapter 6.에서는 SPI interface로 연결된 **외부** Flash memory 일명, Serial Flash Memory에 대한 사용 방법에 대해서 자세히 학습하게 될 것이다. 이들 모든 학습한 기술들을 바탕으로 Chapter 7.부터는 다양한 형식의 User bootloader를 구현하는 방법을 학습하게 될 것이다.

【연구 과제】

3.3. 단원에서 학습한 Stateflow coding 기법을 이용하여 주어진 *.hex file을 분석하고, 한 번에 최대 256[bytes]까지 main flash memory에 writing하도록 coding하여 [그림 3.3-8]에서 보여준 것과 같은 결과를 얻었다. 그런데, 예제 code는 지정한 **Ch1Lab1Prj.hex**에서 256bytes binary data를 25개를 제외한 나머지 8개 binary data만 포함하는 **WrFile_1.bin** binary 파일만 생성하였다. 즉, 전체 256×25+8 = 6408bytes = 0x1908bytes 중에서 마지막 8개 bytes만 포함하는 **WrFile_1.bin** binary 파일만 생성하였다. 이제, 주어진 예제 code를 수정하여 **다음 그림**에서 보여준 것과 같이 각각 256bytes를 포함하는 25개 **WrFile_1.bin부터 WrFile_25.bin까지** binary 파일들을 생성하고, 마지막 8개 bytes를 **WrFile_26.bin** binary 파일이 포함하도록 수정해 보기 바란다. 그리고 나서, 전체 파일들을 Nucleo-F103RB 보드에 downloading하여 정상 동작하는지 확인해 보기 바란다.

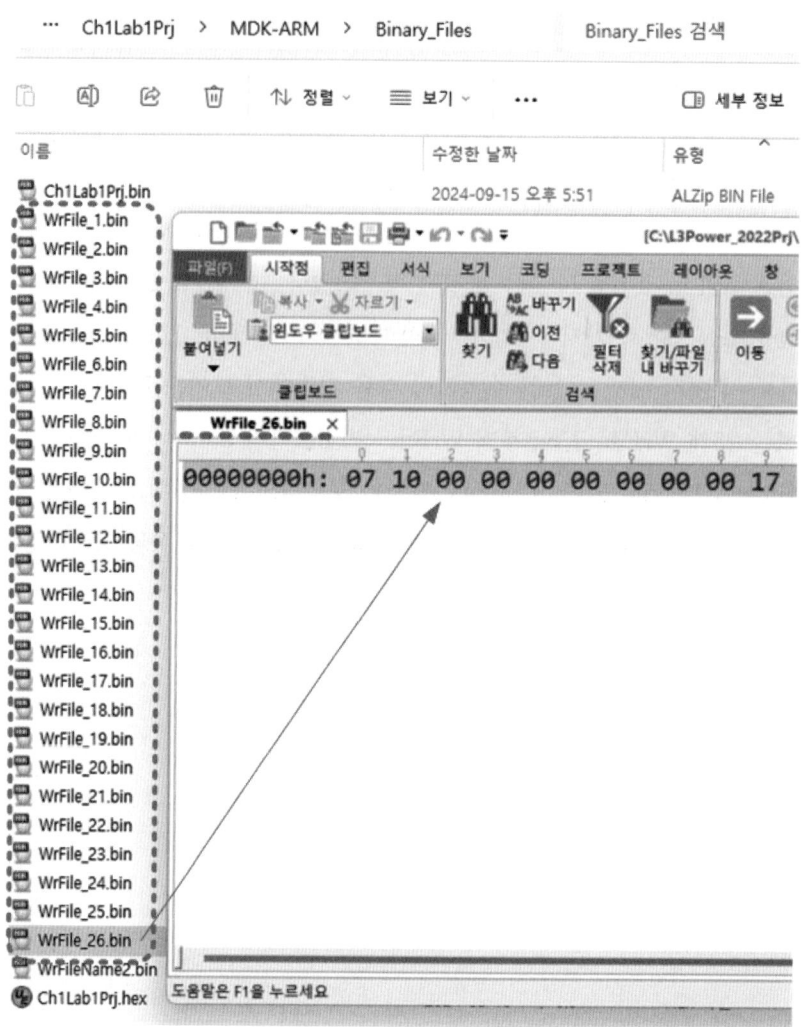

CHAPTER 04

MCU 내부 Flash memory 사용 방법

일반적으로 사용자 bootloader는 host로부터 전송되는 새로운 application 관련 binary 또는 hex file을 MCU 내부 SRAM, 또는 Flash memory에 저장하게 된다. 심지어 외부 Flash Memory에 저장할 수도 있다. 그러므로, 본격적으로 사용자 bootloader에 대한 개발 방법을 학습하기 전에 우선, MCU 내부 flash memory에 데이터를 저장하고, 읽는 방법을 학습할 것이다. 그리고, Chapter를 바꾸어 Chapter 5.에서는 MCU **외부에** SPI interface 로 연결된 Serial Flash memory인 Winbond Inc.의 **W25Q32FV**에 데이터를 저장하고, 역시, 읽는 방법에 대해서 자세히 학습하게 될 것이다. 이번 Chapter부터는 무엇보다도 여러분의 학습에 대한 이해도를 높이기 위하여 Windows Program인 **SJ_MCUPro** 버전을 사용하여 직접 원하는 MCU 내부 memory 즉, SRAM 또는 flash memory에 실행 image 를 저장하고, 실행하는 방법에 대해서 실습하고, 외부 serial flash memory에 실행 image 를 저장하고, 관리하는 방법도 학습하게 될 것이다. 유료인 **SJ_MCUPro** 버전 또는 무료인 **SJ_MCUFree** 버전에 대한 install 방법과 자세한 사용 방법은 [부 록-1]을 참조하면 되겠다. 이번 Chapter는 이전 Chapter들과 비교하여 내용면에서 그리 어렵지 않으므로 쉽게 읽고, 실험할 수 있을 것이다. 본격적인 Flash Memory에 대한 학습에 앞서서 우선, 유용한 *.hex file과 *.bin file의 내용을 읽고 편집할 수 있는 **무료** 소프트웨어인 **HxD Hex Editor** 부터 학습하도록 하겠습니다.

■ 학습 목표 :
- HxD Hex Editor 사용 방법에 대한 학습.
- STM32 MCU 내부 flash memory에 대한 특징과 주의 사항에 대한 학습.
- STM32 MCU 내부 flash memory에 대한 erase, read, write 관련 함수 개발.

4.1 HxD Hex Editor 소개.

이번 단원에서 소개할 **HxD Hex Editor**는 상당히 유용한 소프트웨어로서 앞으로 자주 사용할 것이므로 반드시 설치하기 바란다. 현재 많은 개발자들이 *.bin 파일 또는 *.hex 파일을 **분석**하거나 **수정**할 때, 그리고 **합칠** 때에 자주 사용하는 **무료 소프트웨어**이다. 우선, HxD Hex Editor를 download 받을 수 있는 website를 찾기 위해서 [그림 4.1-1]의 ①번과 같이 keyword로 **HxD Hex Editor**라고 지정하고, 검색하면, 관련 website들이 나오는데 이중에서 ②번에 보여준 link를 click하여 준다.

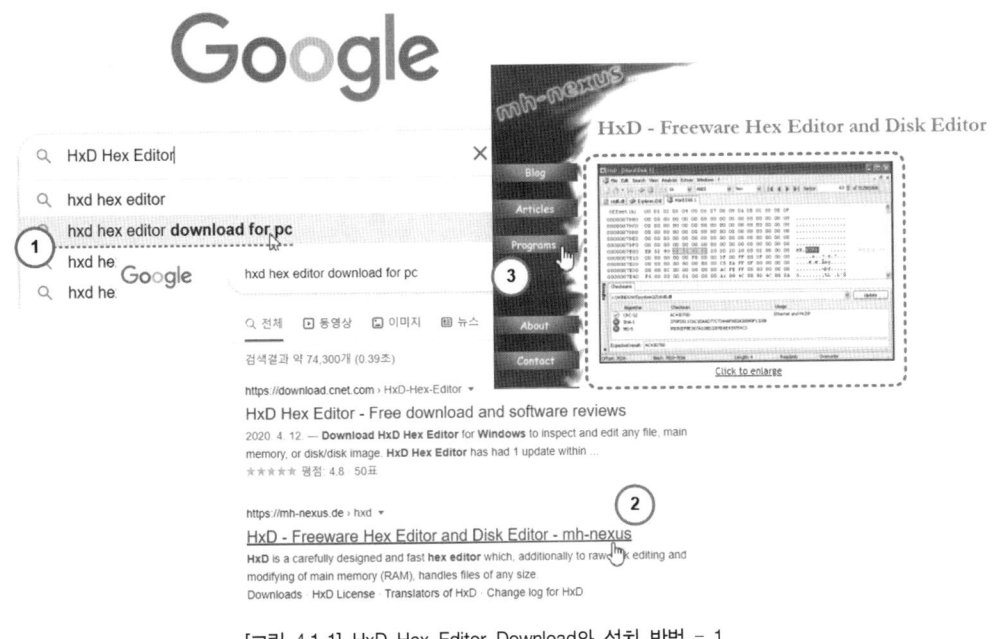

[그림 4.1-1] HxD Hex Editor Download와 설치 방법 - 1.

참! 묘한 것이 ②번의 website가 HxD Hex Editor를 개발한 운영자가 관리하는 곳인데, 검색 순위에서 1번이 아니라는 것이다. 이처럼 검색 순위에서 상위를 차지하도록 하는 유용한 무료 방법이 있다고 하여 인천까지 찾아가서 관련자를 만나서 확인해 보니, 엄청 복잡해서, 쉽게 따라 할 수 없었다. 어쨌든, ②번의 link를 click하여 주면, ③번에서 보여준 website가 열린다. 점선의 사각형 안에 있는 program이 HxD Editor의 모습이다. 이 소프트웨어를 download 받기 위해서 ③번에서 보여준 것처럼 **Programs** tab을 click하여 준다.

그리고 나서, [그림 4.1-2]의 ④번 Download_page를 click하여 준다.

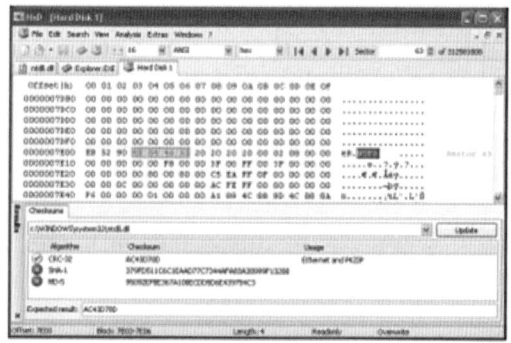

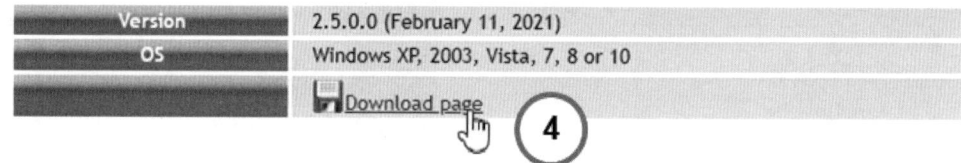

[그림 4.1-2] HxD Hex Editor Download와 설치 방법 - 2.

이어서 나타나는 website에서 **Korean** 또는 **English** 버전을 선택하고, download 받으면 된다. 2024년 5월 기준 download 받은 파일의 이름은 **HxDSetup.zip**이다. 또한, website 주소와 web page 구성은 해당 홈페이지 관리자에 의해서 수시로 바뀔 수 있으므로 주의해야 한다. 이제, 이 파일의 압축을 풀어 주면, **HxDSetup.exe**이 생기고, 이 파일을 double click 하여 install하면 된다. install이 완료되었으면, 바탕화면에 HxD Editor icon을 위치시키고, 실행시킨다. 그리고, Chapter 3.에서 생성한 binary file인 **WrFile_1.bin**을 HxD Editor 실행 화면에 drag & drop하여 열어 본다. 그러면, [그림 4.1-3]에서 보여준 것과 같이 HxD window **왼쪽** 영역에 **WrFile_1.bin** 파일에 저장되어 있는 binary data를 **16진수**로 보여준다. 이때 **주의해야 할 사항**이 하나있다. ⑤번에서 보여준 것과 같이 **Special editors** window에 대한 **close** 버튼을 click하면, **앞으로는** Special editors window를 다시는 사용할 수 없다는 것이다. 사실, **Special editors** window는 처음 HxD Editor와 같은 Windows program을 개발할 때에 설정할 수 있는 option들 중에서 하나일 뿐이다.

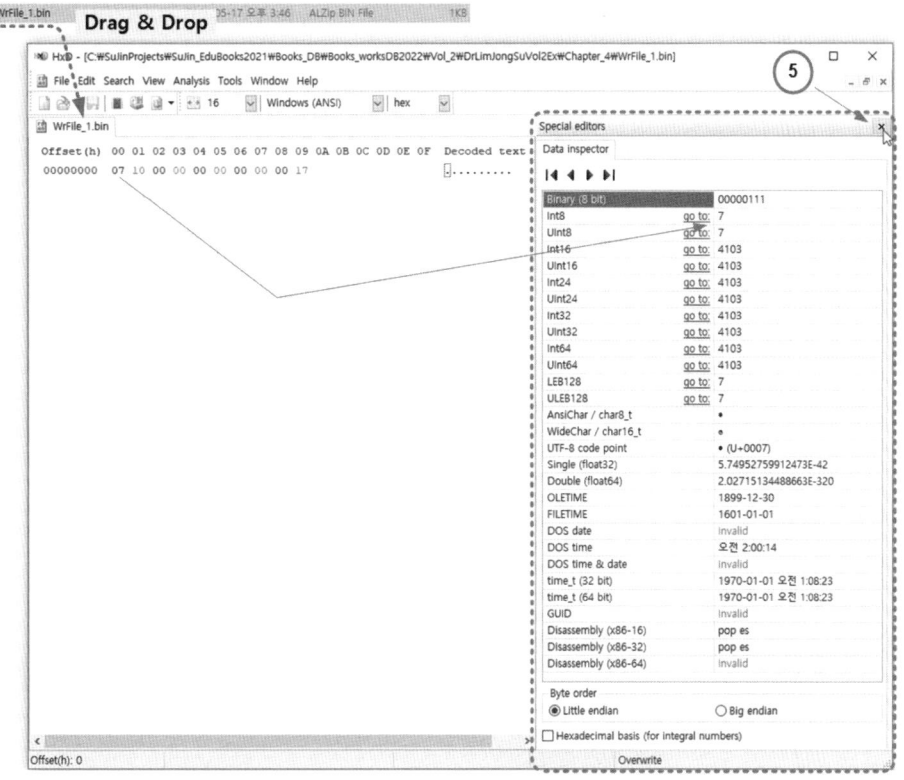

[그림 4.1-3] HxD Hex Editor 사용시 주의 사항.

그런데, 일단, 이 window를 닫으면, 일반적으로 Windows Registry에 닫은 정보가 저장되어 이후부터는 계속해서 Special editors window가 보이지 않게 되는 것이다. 그러므로, 해당 Windows registry item을 삭제하면, 다시 초기의 Special editors window가 나타나는데 문제는 HxD Editor 개발자가 어디에 해당 registry item을 놓았는지, 일반적인 위치에 있지 않아서 찾을 수가 없다는 것이다. 이것 때문에 2시간 정도 허비하다가 찾는 것을 포기하였다. 그런데, 솔직히, Special editors window를 사용하게 되면, 문제는 16진수 파일 내용을 보여주는 window 화면이 그만큼 줄어들게 되는 것이 사실이다. 무엇보다도 특별히, Special editors window가 제공해 주는 기능이 계속해서 좁은 화면을 봐야 할 정도로 유용하지 않으므로 일반적으로 Special editors window는 close하고 사용한다. 이제 간단히 HxD Editor에 대한 활용 방법을 기능별로 살펴보도록 하겠다. 앞으로 *.bin 파일과 *.hex 파일을 다양하게 분석도 하고, 편집도 해야 하므로 여러 번 연습하면서 HxD Editor에 익숙해지기 바란다. 연습에 사용할 Hex file을 선택하기 위해서 [그림 4.1-4]의 ①번에서 보여준 Chapter_4 folder의 Ch4_1Lab folder 안에 **SJ_MCUPro.exe** 파일과 Ch1Lab1Prj project를 build하여 생성한 **Ch1Lab1Prj.hex**을 모두 저장하여 준다.

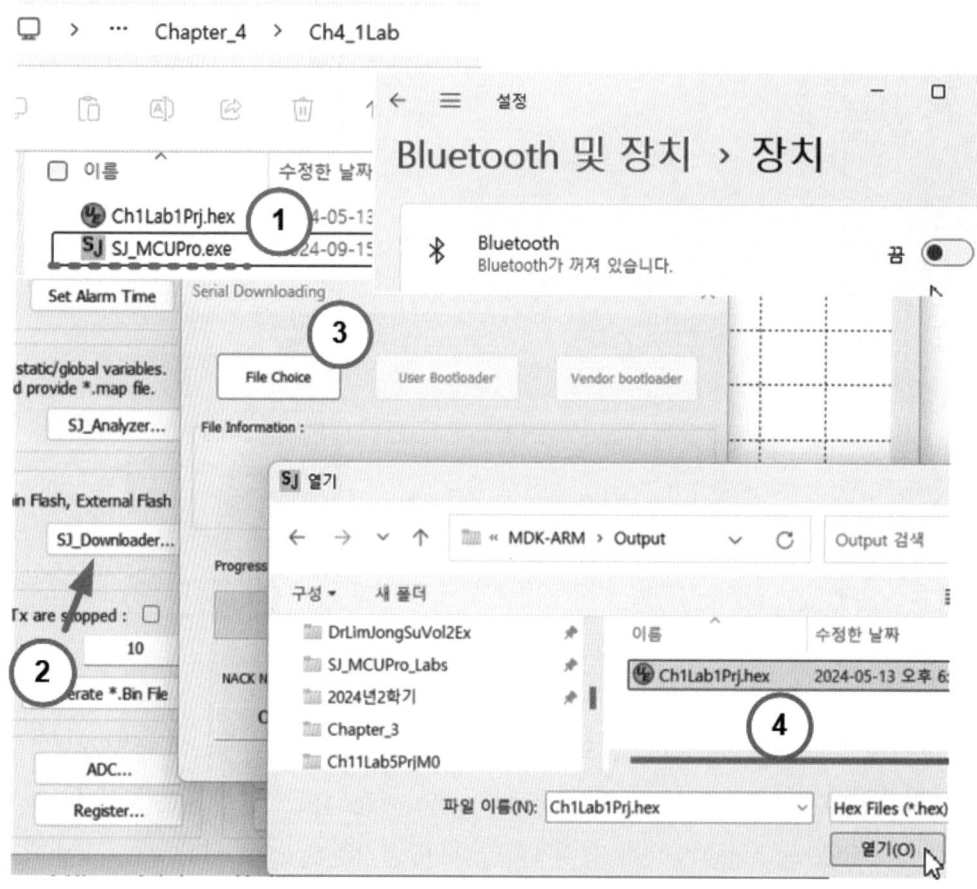

[그림 4.1-4] HxD Hex Editor 사용 방법 예제 - 1.

이제, [부 록-1]에서 언급한 것과 같이 **가능하면**, Windows OS에서 Bluetooth 및 장치 기능을 **끄고**, **SJ_MCUPro.exe** 파일을 double click하여 실행하여 준다. 그리고, SJ_MCUPro Windows program에서 ②번과 같이 **SJ_Downloader...** button을 click하여 주면, ③번과 같이 **Serial Downloading** dialogbox가 나타날 것이다. 여기서 ③번과 같이 **File Choice** button을 click하여 주고, 원하는 hex file, 예를 들면, ①번에 있는 **Ch1Lab1Prj.hex** 파일을 선택하고 나서, **열기(O)** button을 click하여 주면, [그림 4.1-5]의 ⑤번과 같이 **Ch1Lab1Prj.hex** 파일에 대한 binary data로 구성된 **Ch1Lab1Prj.bin** 파일이

자동으로 생성된다.

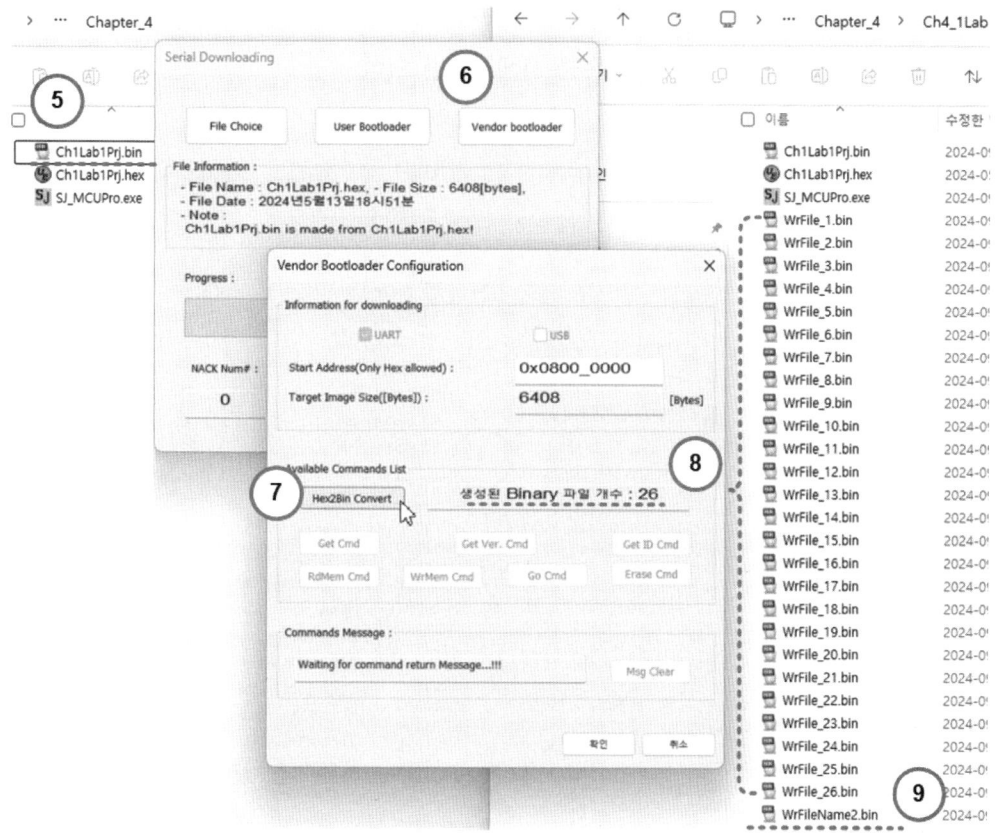

[그림 4.1-5] HxD Hex Editor 사용 방법 예제 - 2.

이제, 제조사 bootloader를 통하여 전송할 수 있도록 256bytes 단위로 Ch1Lab1Prj.bin 파일을 나누면 6408/256 = 25개의 파일과 8bytes의 binary 데이터를 포함하는 1개, 총 26개의 파일들로 나누어 주어야 한다. 그러기 위해서 ⑥번과 같이 제조사 bootloader를 사용하기 위한 **Vendor bootloader** button을 click하여 주면, **Vendor Bootloader Configuration** dialogbox가 나타난다. 여기서도 전체 binary 데이터의 크기가 6408bytes 인 것을 확인 할 수 있다. 어쨌든, ⑦번과 같이 **Hex2Bin Convert** button을 click하여 주면, WrFile_1.bin부터 WrFile_26.bin까지 총 26개의 최대 256bytes를 포함한 파일들로 나뉘어 나타난다. 여기서, ⑨번에 보여준 **WrFileName2.bin** 파일은 26개의 binary 데이터 파일들을 모두 합친 파일로서 **Ch1Lab1Prj.bin** 파일의 내용과 비교하여 26개의 파일로 분할하는 과정에서 오류가 있었는지 확인하기 위한 용도이다. 최종 실행 image인 Intel hex format의 **Ch1Lab1Prj.hex** file과 binary format의 **Ch1Lab1Prj.bin** 파일 각각을 선택하여 HxD Hex editor window의 Client View로 drag & drop하면, [그림 4.1-6]과 같이 binary 파일과 hex 파일 내용을 **동시에** 볼 수 있다.

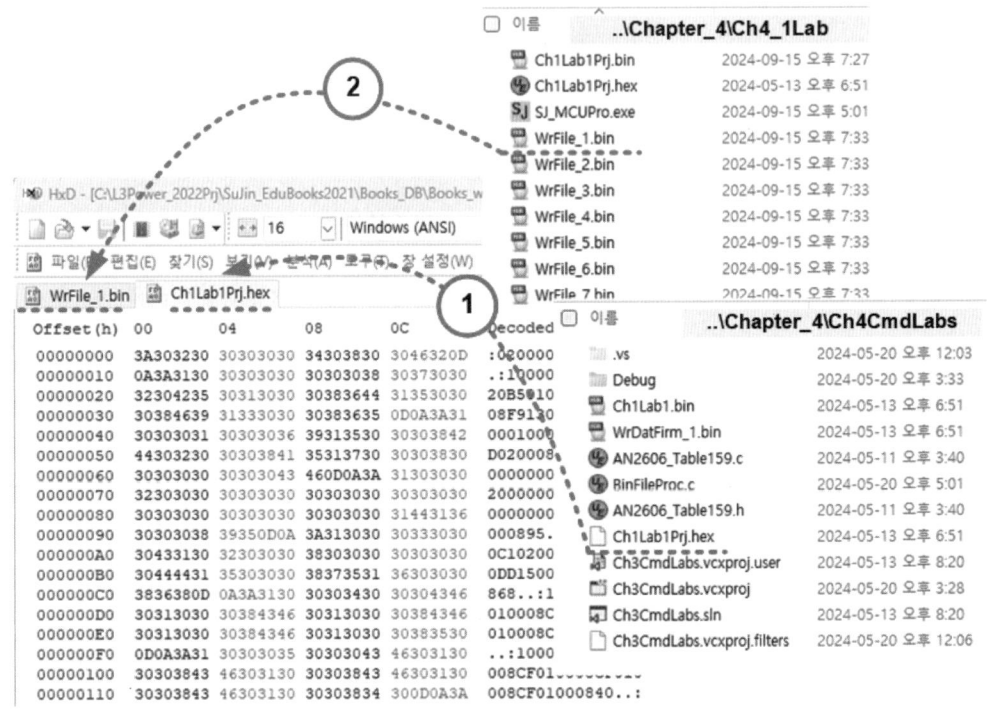

[그림 4.1-6] HxD Hex Editor 사용 방법 예제 - 3.

참고적으로 Window Program에서 Toolbar icon들 아래부터 상태 표시줄 사이의 영역을 **Client view 영역**이라고 한다. 다음은 임의의 hex 파일과 binary 파일을 좀 더 상세하게 읽어 들이는 방법을 정리한 것이다.

❶ Intel Hex file 읽어 들이는 방법 :

[그림 4.1-6]의 ①번처럼 임의의 *.hex 파일을 mouse로 선택하고, drag하여 HxD Editor **Client view 영역**에 drop하면, 단순히 해당 text file에 있는 각각의 문자에 대한 ASCII code 값들과 Text 문자들을 offset 0x0000_0000부터 순서대로 보여준다. 좀 더 정확하게

[그림 4.1-7]의 ③번과 같이 **파일** menu에서 **가져오기** menu를 선택하고, 현재 읽어들일 *.hex file의 format인 Intel Hex를 선택하여 준다.

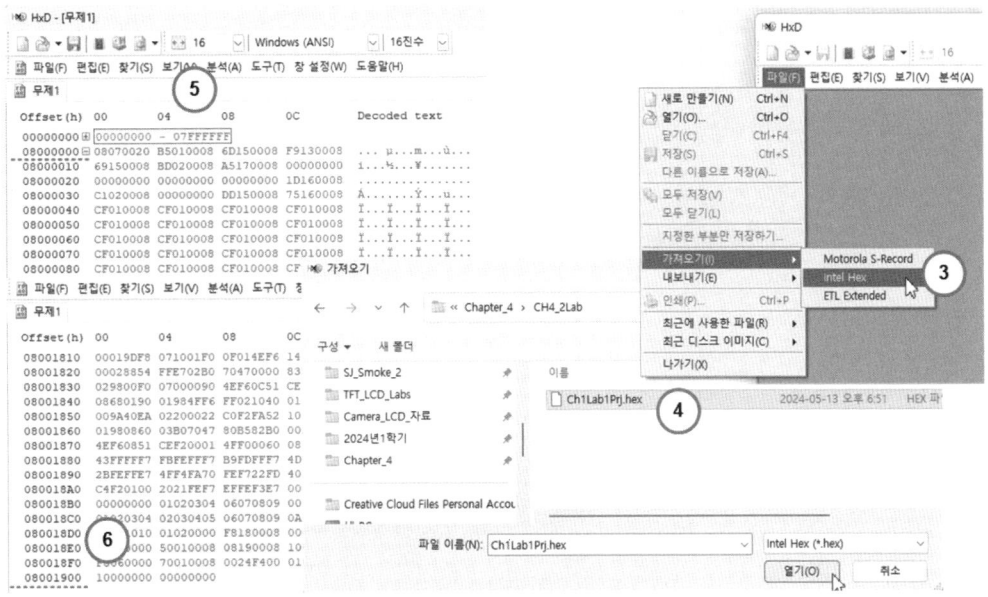

[그림 4.1-7] Intel Hex file 읽어 들이는 방법.

그러면, **가져오기** dialogbox가 나타나고, 여기서, ④번과 같이 원하는 Intel hex format인 **Ch1Lab1Prj.hex** 파일을 선택한 다음, **열기(O)** 버튼을 click하여 주면, ⑤번과 같이 Intel Hex format에 따라서 주어진 파일을 분석하고 표시해 준다. ⑤번에서 보여준 것과 같이 0x0800_0000 번지부터 시작하여 ⑥번의 0x0800_1900번지까지 정상적으로 표시한 것을 확인할 수 있다.

❷ Binary 데이터를 C 배열로 변환하는 방법 :

[그림 4.1-8]의 ⑦번과 같이 C 배열로 표시하고 싶은 binary 데이터를 mouse로 drag하여 선택한다. 그리고, **파일>내보내기** menu를 선택하여 준다. 그러면, ⑧번과 같이 내보내고 싶은 format을 선택하는 menu들이 나열된다. 여기서, C menu를 선택하면, [그림 4.1-9]의 ⑨번과 같이 생성될 파일의 이름을 지정하게 한다. 적절히, 파일 이름을 지정하고, **저장** button을 click하면, ⑩번과 같이 지정한 파일 이름을 갖는 *.c file이 생성되고, ⑦번에서 선택한 binary 데이터를 원소로 갖는 ⑪번과 같은 내용의 **C언어 형식의 배열(array)**이 만들어 진다.

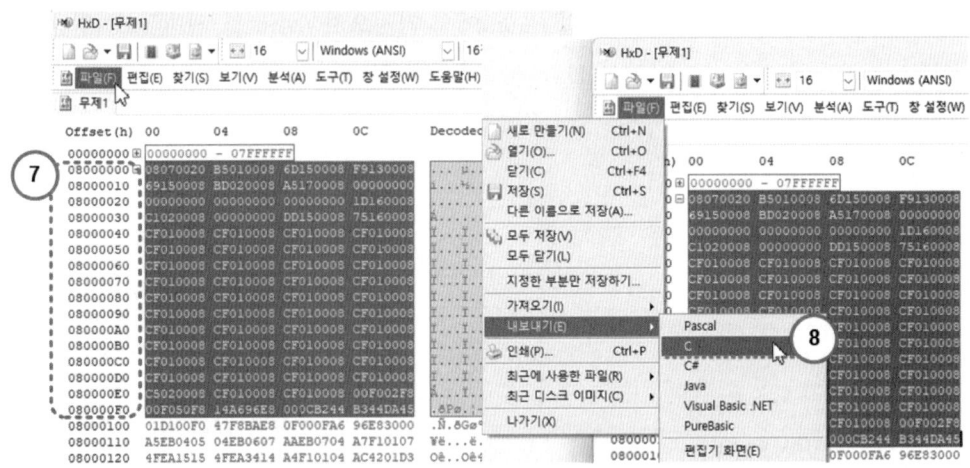

[그림 4.1-8] Binary 데이터를 C 배열로 변환하는 방법 - 1.

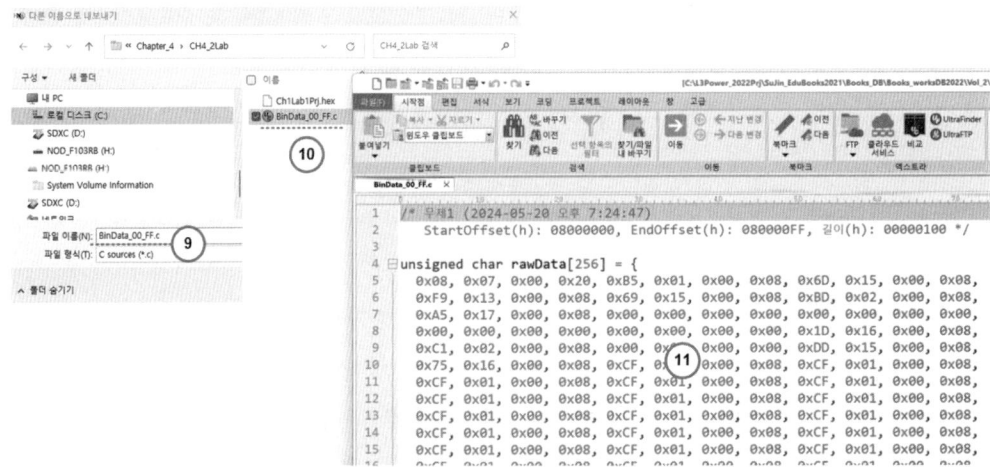

[그림 4.1-9] Binary 데이터를 C 배열로 변환하는 방법 - 2.

❸ 2개의 Binary 데이터 비교하는 방법 :

사실, 임의의 파일을 비교할 때에 가장 멋진(?) 소프트웨어는 Vol.1.에서 소개한 Araxis Merge라고 생각한다. 한 가지 문제는 이 소프트웨어가 대략 50만원 정도 한다는 것이 문제이다. 어쨌든, HxD Editor를 사용해서도 binary 데이터를 비교할 수 있다. [그림 4.1-10]은 3.3.단원에서 학습한 [그림 3.3-8]에서 보여준 WrFile_1.bin 파일과 [그림 4.1-5]의 ⑧번에서 보여준 WrFileState_26.bin file을 함께 HxD Editor로 열어 본 것이다.

[그림 4.1-10] 2개의 Binary 데이터 비교하는 방법 - 1.

이제, 이들 2개의 파일에 저장되어 있는 binary 데이터를 서로 비교하기 위해서 [그림 4.1-11]의 ⑫번과 같이 **분석>데이터 비교** menu를 선택한다. 그리고, **비교...** menu를 선택하면, ⑬번과 같이 **비교** dialogbox가 나타날 것이다.

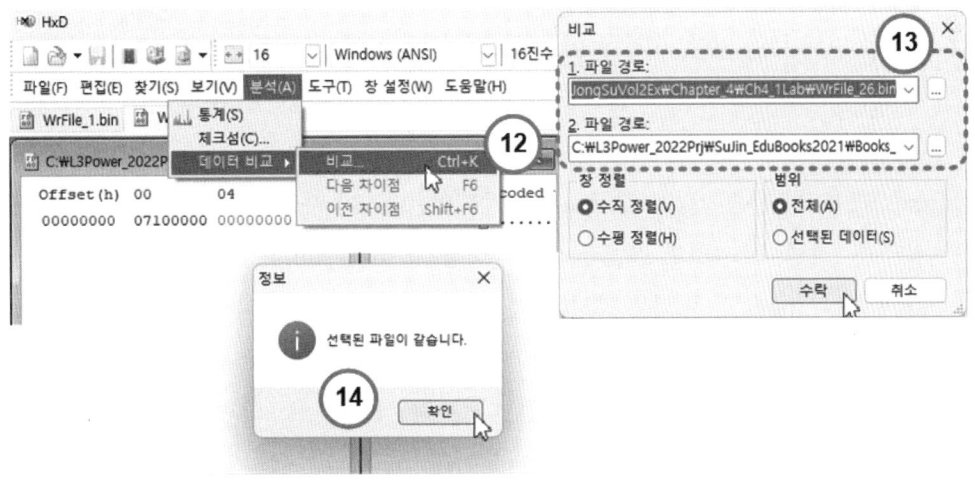

[그림 4.1-11] 2개의 Binary 데이터 비교하는 방법 - 2.

여기서, 비교하고자 하는 2개의 파일에 대한 경로를 확인하여 문제가 없다면, **수락** button 을 click하여 준다. 만일, 2개의 파일이 **동일**하다면, ⑭번과 같이 동일하다는 message box 가 나타날 것이다. 그러나, **차이가 있다면, 첫 번째 차이가 발생한 byte**부터 표시해 준다.

❹ Binary 데이터 수정하는 방법 :

예를 들어서, [그림 4.1-12]에서 보여준 0x0710_0000의 값을 0x0710_00AA로 값을 바꾸고, 0x0017의 값도 0xFF17로 바꾸는 방법을 살펴보도록 하자.

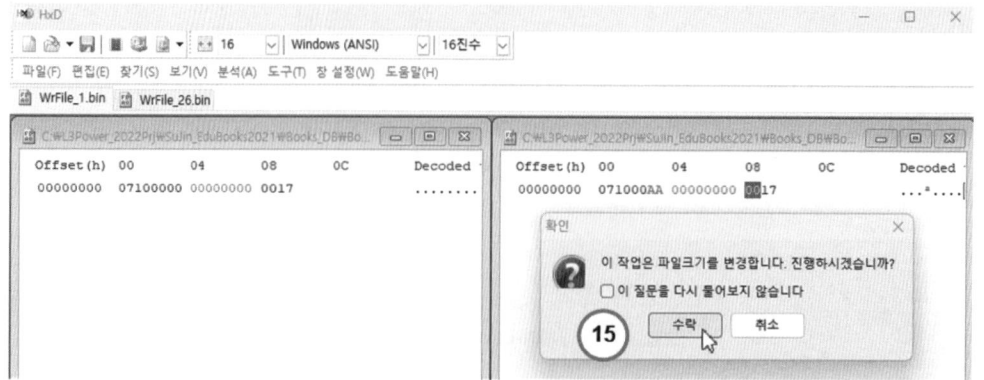

[그림 4.1-12] Binary 데이터 수정하는 방법 - 1.

이처럼 값을 바꿀 때에는 일단, 바꾸고자 원하는 **16진수 값들**을 mouse로 drag하여 선택하고, 새로운 값을 지정해 주면 된다. 또한, 삭제하고 싶은 16진수 값들도 동일하게 mouse로 drag 하여 선택하거나 기준 위치를 click하고, **Delete key** 또는 ← key를 click하여 삭제할 값들을 지워 주면 된다. 예를 들어서, [그림 4.1-12]의 ⑮번과 같이 0x0017에서 0x00 16진수들을 삭제하려고 하면, **파일의 크기가 바뀌게 되는데 괜찮은지 문의** 하는 message box가 나타난다. 여기서 **수락** button을 click하면 해당 16진수들을 모두 삭제해 준다. 이제, 0x0017이 0x17 즉, 0x00 1 byte가 삭제되었는데, 이 자리에 0xFF 1byte를 추가해 주고 싶다면, [그림 4.1-13]의 ⑯번과 같이 메모장 즉, **notepad.exe**와 같은 text 기반 editor에 FF라고 typing하고, 이것을 복사한다. 그리고, ⑰번과 같이 추가할 위치를 mouse로 click 한 이후에 **붙여넣기 삽입(I)** menu를 선택하거나 Ctrl+V를 click하여 주면, ⑱번과 같이 파일 크기 변경 message box가 나타난다. **수락** 버튼을 click하면, ⑲번과 같이 0x17 앞에 0xFF가 추가된 것을 확인할 수 있다. 이제, [그림 4.1-14]의 ⑳번과 ㉑번처럼 [그림 4.1-11]에서 학습한 방법으로 2개의 binary 파일들 즉, **WrFile_1.bin** 파일과 **WrFileState_26.bin** 파일을 비교하여 보면, ㉒번과 같이 서로 다른 16진수 즉, 0x00과 0xFF를 함께 표시해 주면서 다른 위치를 알려준다. 그리고, **다음 차이점**을 확인하기 위해서 단축키 **F6**을 click하여 주면, 다음으로 틀린 0xFF를 알려줄 것이다.

❺ Binary 파일들 합치고 나누는 방법 :

여러 개의 binary 파일들을 하나의 파일로 합치기 위해서는 [그림 4.1-15]의 ㉓번과 같이 **연결(C)...** menu를 선택한다.

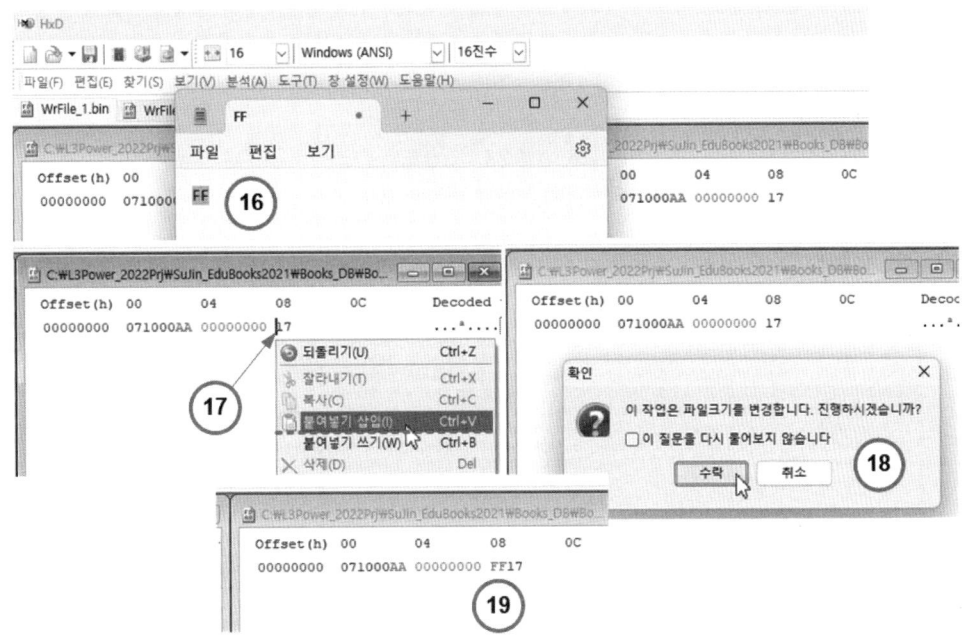

[그림 4.1-13] Binary 데이터 수정하는 방법 - 2.

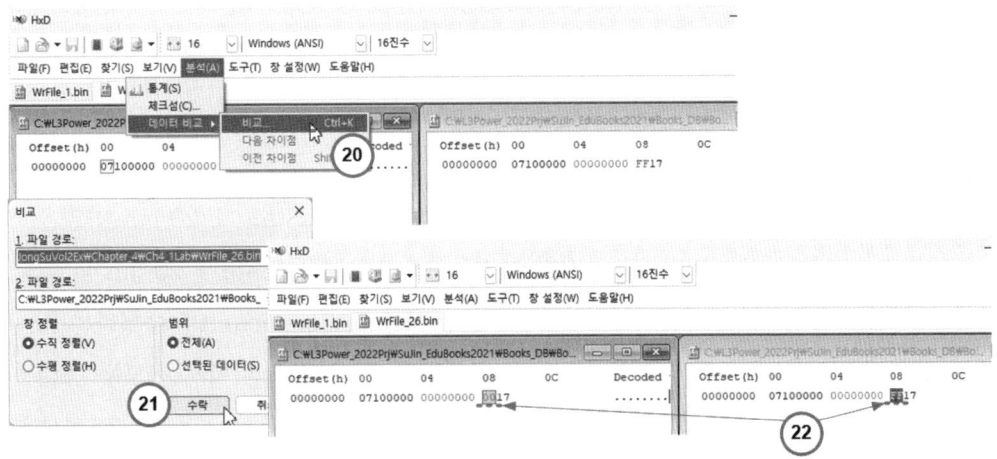

[그림 4.1-14] 2개의 Binary 데이터 비교하는 방법 - 3.

그리고 **파일 연결** dialogbox에서 ㉔번과 같이 **추가(A)...** button을 선택하여 점선의 사각형 안에 보여준 것과 같이 **하나의 파일로 합쳐질 binary file들을 순서대로 위치시켜 준다**. 그리고 나서, ㉕번과 같이 합쳐진 출력 파일 이름을 지정해 주고, **확인** button을 click하여 주면, 지정한 WrFileState_1_20.bin 파일에 모두 합쳐져서 생성된다.

[그림 4.1-15] Binary 파일들 합치고 나누는 방법 - 1.

[그림 4.1-16]은 Ch1Lab1Prj.bin 파일과 생성된 WrFileState_1_20.bin 파일을 비교한 것이다. 화살표들과 점선으로 표시한 번지들로부터 WrFileState_1_20.bin 파일의 경우, 합쳐진 각각의 파일들이 포함하고 있던 Write Memory command를 수행하는 데 필요한 정보 즉, 작성할 byte 개수 N과 checksum 1byte만 틀리고 **나머지는 모두 동일**한 것을 확인 할 수 있다. 그런데, **흥미로운 것**은 상용 Ultra Editor와 Araxis Merge 모두 binary file은 **read only**로만 파일을 open 할 수 있다는 것이다. 즉, **HxD Editor처럼 바로** 임의의 binary 데이터를 **수정 또는 삭제**를 할 수 없다는 것이다. 지금까지 HxD Editor에 대한 사용 방법을 간단히 분류하며 학습하였다. Chapter 7.부터 설명할 사용자 정의 bootloader 개발에 유용하게 사용될 것이므로 충분히 연습하여 HxD Editor 사용 방법에 익숙해지기 바란다. 추가적으로 앞서 학습한 ST-Link utility program은 상당히 오래도 된(?) 소프트웨어이다.

[그림 4.1-16] Binary 파일들 합치고 나누는 방법 - 2.

그래서, STM32 MCU에서는 STM32CubeProgrammer라는 새로운 소프트웨어를 개발하여 배포하고 있다. [그림 4.1-17]은 STM32CubeProgrammer 소프트웨어를 download 받을 수 있는 website를 찾기 위해서 적절한 keyword를 ①번과 같이 지정하면, ②번처럼 해당 STM website가 나타난다.

[그림 4.1-17] STM32CubeProgrammer 소프트웨어 download 받을 수 있는 website.

4 MCU 내부 Flash memory 사용 방법 | 171

이제, ③번과 같이 Get Software button을 click하여 download 받아서 설치하면 된다. STM32CubeProgrammer 소프트웨어는 [그림 4.1-18]에서 보여준 것과 같이 ST-Link emulator 뿐만 아니라 Chapter 1.에서 학습한 Flash loader demonstrator program과 같이 UART bootloader와도 연결할 수 있으며, 심지어 USB bootloader와도 연결될 수 있다.

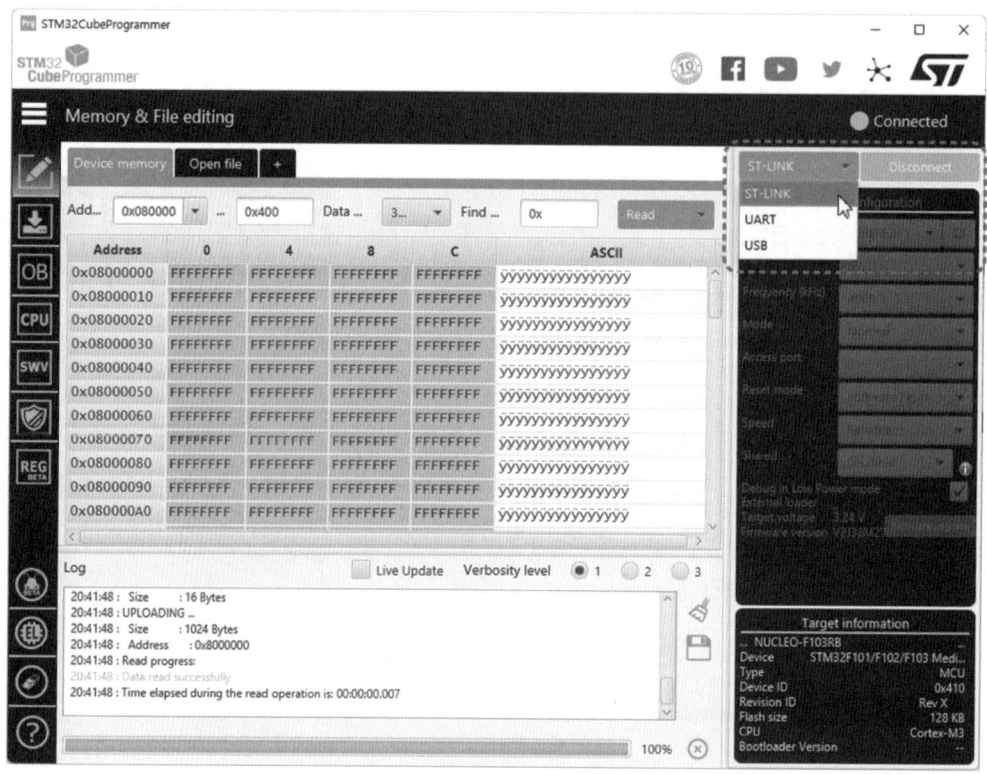

[그림 4.1-18] STM32CubeProgrammer 소프트웨어 실행 모습.

4.2 STM32 MCU 내부 Flash Memory 사용 방법.

STM32 MCU 내부의 Flash memory는 [그림 4.2-1]에서 보여준 것과 같이 FLITF(Flash Memory Interface)를 통하여 Flash Memory에 저장되어 있는 Instruction은 ICode bus로 전송하고, Data는 DCode bus로 전송하는 것을 볼 수 있다.

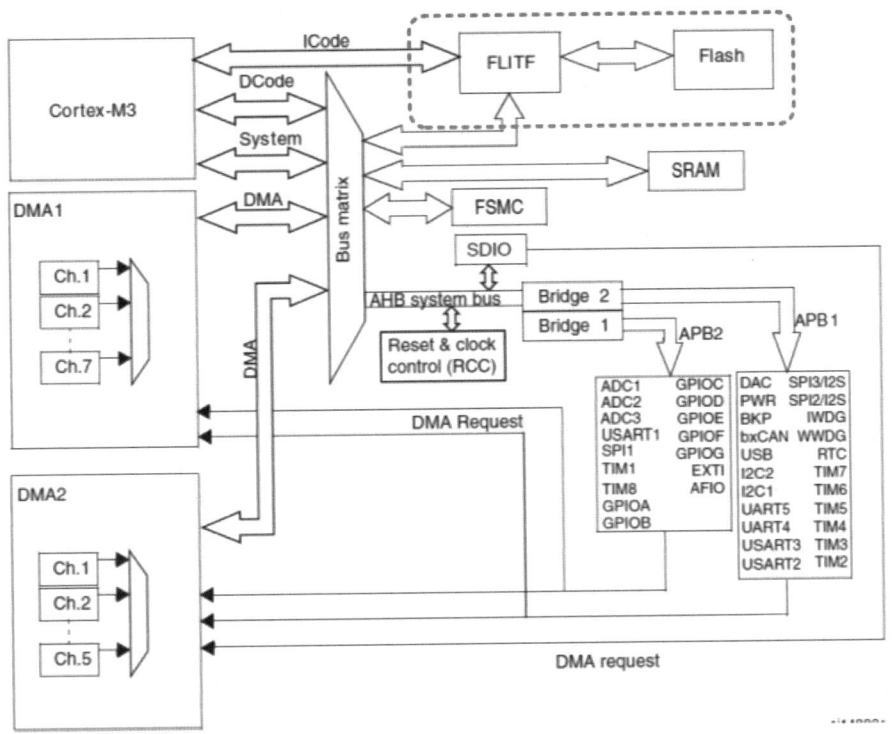

[그림 4.2-1] STM32F10x 내부 기능 구조.

그런데, **내부 SRAM**은 바로 System bus를 통하여 연결된 것을 볼 수 있다. 여기서 주의할 것은 Flash memory는 결국, FLITE에 의해서 read와 write 동작 속도에 제한을 받는 다는 것이다. 그러나, SRAM은 Core와 동일한 속도로 read와 write 동작을 수행할 수 있다는 것이다. 결국, Flash Memory에 대한 read 또는 write access time은 system clock 즉, SYSCLK 또는 Core clock인 HCLK와 비교하여 **상대적으로 느린 것이 사실이다**. 그러나, SRAM은 HCLK와 동일한 clock으로 read 또는 write 할 수 있으므로 만일, **개발한 실행 파일 즉, 실행 image를 빠른 속도로 실행하기 원한다면, SRAM에 저장하여야 할 것이다**. 또는, 빠른 실행 속도를 원하는 code block만이라도 SRAM에 저장해야 할 것이다. 이것은 마치 **Cache**와 같은 개념으로 SRAM을 사용하겠다는 얘기가 된다. **RAM booting**은 bootloader가 flash memory에 있는 모든 실행 image 데이터를 내부 SRAM으로 복사하여 놓고, main() 함수를 호출하도록 한 것을 의미하며, 결국, Flash memory 즉, ROM booting보다 빠른 실행 속도를 갖게 된다. 단, 이때에 2.6. 단원에서 설명한 것과 같이 **VTOR(Vector Table Offset Register)**을 이용하여 vector table의 **시작 위치를** 실행

image 데이터가 저장된 SRAM의 시작 번지로 이동시켜주어야 할 것이다. **RAM booting**에 대한 자세한 내용은 9.3. **단원**에서 학습하게 될 것이다. 어쨌든, 지금 설명하고 있는 내용은 [그림 4.2-1]에서 보여준 STM32F10x에 국한된 것이 아니고, **STM32 MCU뿐만 아니라 모든 종류의 processor에 동일하게 적용**되는 내용이다. 개발한 실행 image의 **동작 속도와 직접적인 관계**를 갖는 flash memory에 대한 read/write access time에 대한 정확한 이해를 하는 것은 상당히 중요하다. 예를 들면, 새로운 실행 image 데이터는 적게는 수십 Kbytes에서 많게는 수 Mbytes가 될 수도 있다. 이것을 UART 통신으로 전송하여 MCU 내부 flash memory에 모두 writing하는 데 걸리는 시간을 예측하는 것은 중요하다. 왜냐하면, 새로운 실행 image가 writing되고, 다시 되읽어서(readback) 검증하고, 정상으로 판단되면, 적용하고 실행할 때까지의 전체 과정 동안에는 **해당 제품이 정상 동작을 할 수 없기 때문**이다. 게다가 새로운 실행 image를 적용할 제품들이 서로 통신상으로 데이터를 주고받는 경우에는 모든 제품들에 대한 image update가 완료될 때까지 정지 상태에서 기다려야 한다. 이 경우에 제품에 따라서는 전체 몇 시간이 소비되는 경우도 있다. 이것은 곧 고객에게 판매한 제품을 그 시간동안 정지해 주어야 한다고 **양해**를 구해야 한다는 의미이고, 그 시간이 너무 길면 벌금(penalty)를 낼 수도 있으므로 **회사 신뢰성 문제에 중요한 요인**이 된다. 그러므로, 이와 같은 image downloading의 시작점인 flash memory에 대한 read access time과 write access time에 대해서 정리하는 것은 중요한 의미를 갖는다.

4.2.1. Flash memory Read Access Time 소개.

Flash memory에 대한 **read access time**은 사용하는 MCU 마다 조금씩 다르며, MCU에 적용한 **전원 사용 mode**에도 영향을 받는다. 이제부터 STM32 MCU에 따라서 어떻게 flash memory read access time이 서로 다른지 정리해 보도록 하겠다. [그림 4.2.1-1]은 STM32F10x와 STM32F3xx MCU에 대한 reference manual에 있는 flash memory **read access time**에 대한 내용이다. 단, 여기서 언급한 **latency**는 **정확한** read operation을 수행하는데 기다려야 하는 **wait state의 개수**를 의미한다. [그림 4.2.1-1]에 따르면, System clock이 24[MHz]와 48[MHz] 사이에 존재한다면, flash read access time에 1 latency를 주어야 하고, 48[MHz]와 최대 72[MHz] 사이에 존재한다면, flash read access time에 2 latency를 주어야 한다는 것이다. 이것은 **결국, Flash memory Read access time은** 24[MHz] 보다 높을 수 없다는 것을 의미가 된다.

3.5.1 Flash access control register (FLASH_ACR)

Address offset: 0x00
Reset value: 0x0000 0030

31	30	29	28	27	26	25	24	23	22	21	20	19	18	17	16
Res	Res	Res	Res	Res	Res	Res	Res	Res	Res	Res	Res	Res	Res	Res	Res

15	14	13	12	11	10	9	8	7	6	5	4	3	2	1	0
Res	Res	Res	Res	Res	Res	Res	Res	Res	Res	PRFT BS	PRFT BE	Res	LATENCY[2:0]		
										r	rw		rw	rw	rw

Bits 1:0 **LATENCY[2:0]**: Latency
These bits represent the ratio of the SYSCLK (system clock) period to the Flash access time.
000: Zero wait state, if 0 < SYSCLK ≤ 24 MHz
001: One wait state, if 24 MHz < SYSCLK ≤ 48 MHz
010: Two wait sates, if 48 < SYSCLK ≤ 72 MHz

[그림 4.2.1-1] STM32F10x와 F3xx MCU Flash Memory Read Access Latency.

이것과 비교하여 [그림 4.2.1-2]에서 보여준 것과 같이 SRAM의 경우에는 CPU clock speed 즉, HCLK와 동일한 속도인 0 wait state로 전체 memory 영역에 대해서 read와 write access를 수행할 수 있다.

2.3 Embedded SRAM

The STM32F37xxx features 32 Kbytes of static SRAM. It can be accessed as bytes, half-words (16 bits) or full words (32 bits). This memory can be addressed at maximum system clock frequency without wait state and thus by both CPU and DMA.

[그림 4.2.1-2] STM32 MCU SRAM Memory Read Access Latency.

구체적으로 [그림 4.2.1-1]에서 보여준 FLASH_ACR register의 Latency field에 대한 값은 CubeMX에서 설정해 준다. 예를 들어서, [그림 4.2.1-3]은 Chapter 1.에서 학습한 Ch1Lab1Prj project이다. 이에 대한 CubeMX file을 열어서 **Clock Configuration** 부분을 살펴보면, ①번과 같이 HCLK가 64[MHz]로 설정한 것을 볼 수 있다. 이때에는 [그림 4.2.1-1]에서 보여준 것과 같이 2 wait states 즉, 2 latency가 적용되어야 한다. 즉, HCLK 2 clock 동안 **현재 state**를 유지하라는 의미가 된다.

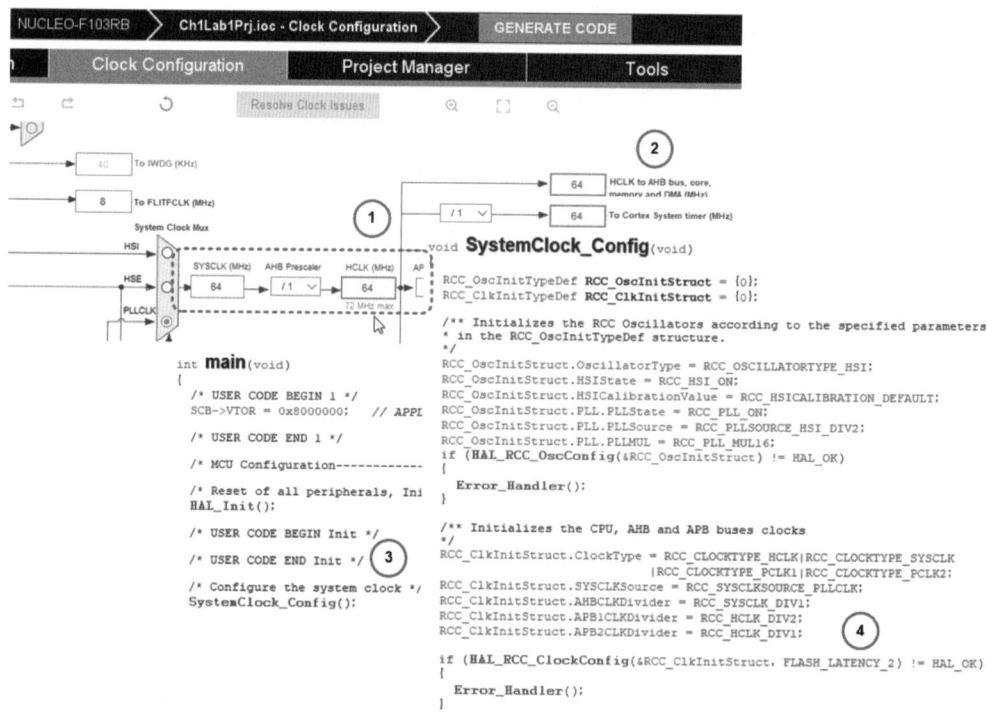

[그림 4.2.1-3] STM32F103RB Flash Memory Read Access Latency 설정 방법.

참고적으로 이처럼 **현재 state를 유지하라는 것**은 Cortex-M core와 관련된 비메모리 설계에 대한 내용이지만, 3.3.단원에서도 언급하였듯이 Stateflow 개념은 순차 언어인 C 언어와 병렬 언어인 VHDL 또는 Verilog 언어에서 **모두 동일한 개념으로 사용**된다. CubeMX에서 **GENERATE CODE** button을 click하여 생성된 C framework를 구성하는 main.c file을 살펴보면, ③번과 같이 System clock을 설정해 주는 **SystemClock_Config()** 함수가 호출되는 것을 볼 수 있다. 이 함수의 내용을 보면, ④번과 같이 **FLASH_LATENCY_2** 즉, 2 Latency가 적용된 것을 볼 수 있다. 만일, ①번에서 HCLK를 64[MHz]가 아닌 **20[MHz]**로 바꾸고 다시, **GENERATE CODE** button을 click하여 C framework를 생성하였다면, ④번에서 **0 Latency** 즉, FLASH_LATENCY_0을 볼 수 있을 것이다. [그림 4.2.1-4]는 STM32F4xx MCU의 reference manual에 있는 read access latency를 보여준 것이다. MCU에 **적용한 전압**에 따라서 read latency가 **바뀌는** 것을 확인할 수 있다.

Table 10. Number of wait states according to CPU clock (HCLK) frequency
(STM32F405xx/07xx and STM32F415xx/17xx)

Wait states (WS) (LATENCY)	HCLK (MHz)			
	Voltage range 2.7 V - 3.6 V	Voltage range 2.4 V - 2.7 V	Voltage range 2.1 V - 2.4 V	Voltage range 1.8 V - 2.1 V Prefetch OFF
0 WS (1 CPU cycle)	0 < HCLK ≤30	0 < HCLK ≤24	0 < HCLK ≤22	0 < HCLK ≤20
1 WS (2 CPU cycles)	30 < HCLK ≤60	24 < HCLK ≤48	22 < HCLK ≤44	20 < HCLK ≤40
2 WS (3 CPU cycles)	60 < HCLK ≤90	48 < HCLK ≤72	44 < HCLK ≤66	40 < HCLK ≤60
3 WS (4 CPU cycles)	90 < HCLK ≤120	72 < HCLK ≤96	66 < HCLK ≤88	60 < HCLK ≤80
4 WS (5 CPU cycles)	120 < HCLK ≤150	96 < HCLK ≤120	88 < HCLK ≤110	80 < HCLK ≤100
5 WS (6 CPU cycles)	150 < HCLK ≤168	120 < HCLK ≤144	110 < HCLK ≤132	100 < HCLK ≤120
6 WS (7 CPU cycles)		144 < HCLK ≤168	132 < HCLK ≤154	120 < HCLK ≤140
7 WS (8 CPU cycles)			154 < HCLK ≤168	140 < HCLK ≤160

[그림 4.2.1-4] STM32F4xx MCU read access latency.

어쨌든, STM32F4xx MCU의 내부 flash memory에 대한 read access time도 앞서 살펴본 ST32F1xx 그리고, STM32F3xx와 크게 다르지 않은 **대략 24[MHz] 정도** 된다고 볼 수 있다. 또한, [그림 4.2.1-5]는 **낮은 전력 소비**를 하는 STM32L4xx MCU의 reference manual에 있는 read access latency를 보여준 것이다.

Table 11. Number of wait states according to CPU clock (HCLK) frequency

Wait states (WS) (LATENCY)	HCLK (MHz)	
	V_{CORE} Range 1[1]	V_{CORE} Range 2[2]
0 WS (1 CPU cycles)	≤ 16	≤ 6
1 WS (2 CPU cycles)	≤ 32	≤ 12
2 WS (3 CPU cycles)	≤ 48	≤ 18
3 WS (4 CPU cycles)	≤ 64	≤ 26
4 WS (5 CPU cycles)	≤ 80	≤ 26

1. Also for SMPS Range1 or SMPS Range2 high.
2. Also for SMPS Range2 low.

[그림 4.2.1-5] STM32L4xxx MCU read access latency.

[그림 4.2.1-5]에서 V_{CORE}Range_1은 high-performance 범위를 의미하며, 구체적으로 main regulator는 1.2[V] 출력 전압을 제공하며, 최대 System Clock 주파수는 80[MHz]까지 될 수 있다. 그리고, V_{CORE}Range_2는 Low-Power 범위를 의미하며, 구체적으로

main regulator는 1.0[V] 출력 전압을 제공하며, 최대 System Clock 주파수는 26[MHz] 까지 될 수 있다. 어쨌든, reset이 걸리면, HCLK는 4[MHz]가 되고, FLASH_ACR register에는 0 wait state가 설정된다. 그리고 나서, 설정한 HCLK로 바꾸고, 그에 맞게 FLASH_ACR register 안에 있는 Latency field에 [그림 4.2.1-5]에 나와 있는 wait state 의 값을 지정해 주도록 CubeMX가 해당 code를 main.c의 SystemClock_Config() 함수 안에 **자동으로 생성해 준다**. 결국, 저전력 MCU인 STM32**Lxxx** family의 경우에 V$_{CORE}$**Range_2**인 Low-Power 범위에서 사용하면, flash memory에 대한 read access time이 6[MHz] 정도 된다는 것을 알 수 있다. 이것은 결국, flash memory에 저장되어 있는 명령어를 6[MHz] 마다 읽어 와서 해석하고 수행한다는 의미가 되므로 일반적인 Cortex-M4 core의 수백 MHz 성능과 비교해서 상당히 느리다는 것에 주의하기 바란다. 즉, core가 아무리 빨라도 처리할 명령어를 6[MHz]로 가져다주면, 그 만큼 속도가 떨어질 수밖에 없다. 참고적으로 Core가 수백 MHz로 동작하게 되면, 아무리 RISC core라고 하더라도 여기서 소비하는 전력이 상대적으로 큰 것이 사실이다. 그래서, 반복적인 **단순한 명령의 반복**은 Core를 끄고, **Sequencer**라는 내부 로직이 메모리와 주변 장치들을 관리하도록 하여 소비 전력을 극대로 낮추는 MCU가 출시되고 있는데, 예를 들면, 수진(SuJin)에서 개발하여 판매하는 유독 가스 측정기 제품에 사용되는 **ADuCM355 MCU**를 생각할 수 있다. 한 가지 주의할 것은 **모든** STM32 MCU에 내장된 flash memory 영역의 **전체 access time 은 일정하다**는 것이다. 그러나, **몇몇 다른 제조사의** MCU 중에는 내장된 flash memory의 일정 영역을 ICode bus와 연관된 Code 영역과 DCode Bus와 연관된 데이터 영역으로 구분하여 사용하는 경우도 있다. **이때, Code 영역만 no waiting time**이 적용되고, 그 외 나머지 영역은 long waiting time을 요구하는 경우도 있다는 데 주의하자. 이것을 모르고, 전체 사용할 수 있는 flash 영역만 고려하여 실행 image를 writing하고 실행하면, Data 영역에 저장된 명령어들은 long wait time이 적용되어 Code 영역에 저장된 명령어들과 비교하여 느리게 실행된다. 이것은 예를 들면, 같은 실행 image의 data라고 할지라도 flash memory 의 Code 영역에서 실행되는 UART 통신의 경우에는 문제가 없지만, flash memory의 데이터 영역에 저장되어 실행되는 UART 통신의 경우에는 중간 중간 끊기는 현상이 나타날 수 있다는 데 주의하자.

4.2.2. Flash memory Write Access Time 소개.

Flash memory는 SRAM과 다르게 상대적으로 복잡한 전자 회로로 만들어 진다. 무엇보다도 앞서 살펴본 flash memory read access time보다 상대적으로 **write access time**이 더 많이 소요된다. [그림 4.2.2-1]을 보면, STM32F103, STM32F373 MCU는 한번에 **16bits 단위**로 flash memory에 writing을 수행하고, STM32L476 MCU는 한번에 **64bits 단위**로 flash memory에 writing하는 것을 확인 할 수 있다.

Symbol	Parameter	Conditions	Min[(1)]	Typ	Max[(1)]	Unit
t_{prog}	16-bit programming time	T_A = –40 to +105 °C	40	52.5	70	µs
t_{ERASE}	Page (1 KB) erase time	T_A = –40 to +105 °C	20	-	40	ms
t_{ME}	Mass erase time	T_A = –40 to +105 °C	20	-	40	ms
I_{DD}	Supply current	Read mode f_{HCLK} = 72 MHz with 2 wait states, V_{DD} = 3.3 V	-	-	20	mA
		Write / Erase modes f_{HCLK} = 72 MHz, V_{DD} = 3.3 V	-	-	5	
		Power-down mode / Halt, V_{DD} = 3.0 to 3.6 V	-	-	50	µA
V_{prog}	Programming voltage		2	-	3.6	V

(a) STM32F103RB

Symbol	Parameter	Conditions	Min	Typ	Max[(1)]	Unit
t_{prog}	16-bit programming time	T_A = –40 to +105 °C	40	53.5	60	µs
t_{ERASE}	Page (2 kB) erase time	T_A = –40 to +105 °C	20	-	40	ms
t_{ME}	Mass erase time	T_A = –40 to +105 °C	20	-	40	ms
I_{DD}	Supply current	Write mode	-	-	10	mA
		Erase mode	-	-	12	mA

(b) STM32F373RC

Symbol	Parameter	Conditions	Typ	Max	Unit
t_{prog}	64-bit programming time		81.69	90.76	µs
t_{prog_row}	one row (32 double word) programming time	normal programming	2.61	2.90	ms
		fast programming	1.91	2.12	
t_{prog_page}	one page (2 Kbyte) programming time	normal programming	20.91	23.24	
		fast programming	15.29	16.98	
t_{ERASE}	Page (2 KB) erase time		22.02	24.47	
t_{prog_bank}	one bank (512 Kbyte) programming time	normal programming	5.35	5.95	s
		fast programming	3.91	4.35	
t_{ME}	Mass erase time (one or two banks)		22.13	24.59	ms
I_{DD}	Average consumption from V_{DD}	Write mode	3.4	-	mA
		Erase mode	3.4	-	
	Maximum current (peak)	Write mode	7 (for 2 µs)	-	
		Erase mode	7 (for 41 µs)	-	

(C) STM32L476RG

[그림 4.2.2-1] STM32F103, F373, L476 Flash Memory Write/Erase Access Time.

보다 정확히 표현하면, STM32L476은 한번에 64bits 데이터에 8bits Error Check 관련 데이터를 포함하여 72bits 단위로 writing한다. 그렇다면, Chapter 3.에서 학습한 Write Memory command를 이용하여 갱신할 새로운 실행 image인 *.bin file을 구성하는 데이터를 256bytes 단위로 전송하는 경우에 소요되는 시간을 생각해 보자. 이때, 보드와 image 갱신 장비 사이가 가까우면, 대부분 baud rate로 115200[bps]도 사용할 수 있지만, RS-485 통신으로 target 보드와 image 갱신 장비 사이가 멀리 떨어져 있는 경우, 무엇보다도 새로운 실행 image를 적용할 제품들과 실행 image를 전송할 서버와의 거리가 상당히 떨어진 경우에는 거의 대부분 잡음(noise) 문제를 고려하여 **9600[bps]를 사용**한다. 예를 들어서, baud rate로 9600[bps]를 사용하는 경우에 1bit 전송에 걸리는 시간은 1/9600[초] 즉, 104[us]가 된다. 그런데, start bit, stop bit, 그리고, 데이터 8bits를 고려하면 1byte 전송에 10bits가 필요하게 되며, 이것은 **1byte 전송에 대략 1[ms]**가 걸린다는 의미가 되고, 결국, 256[bytes] 크기의 데이터를 전송하기 위해서는 checksum과 ACK, NACK 등등을 고려하여 **전송에만 대략 260[ms]**가 걸린다. 이제, [그림 4.2.2-1(a)]를 참조하면,

STM32F103 내부 flash memory에 writing하는 경우에 16bits 단위로 writing하므로 256[bytes]/2 = 128, 128×52.5[us] = 6.7[ms]가 걸린다. 그러면, 256[bytes] 전송과 그에 따른 Flash memory writing 전체 소요 시간은 여유분을 고려하여 270[ms] 정도 걸리게 된다. 그런데, Chapter 3.에서 생성한 Ch1Lab1Prj.bin file에 대한 전체 크기는 25개의 256bytes binary data와 나머지 1개의 8bytes binary data로 구성된 총 6408[bytes]이므로 Ch1Lab1Prj.bin file을 STM32F103 MCU 내부 flash memory에 writing하는 데 걸리는 총 소요 시간은 대략 26 × 270[ms] = 7[초]가 필요하게 된다. 정리하면, **대략 6[KB] 이미지를 baud rate 9600[bps]로 갱신을 하려면, 대략 7[초] 정도 걸린다.** 이 내용을 확인하는 방법은 간단하다. Chapter 1.에서 학습한 **Flash loader demonstrator** program을 사용하여 Ch1Lab1Prj.bin file을 [그림 1.4-10]과 같이 구성한 보드에 내려 주면 된다. 구체적으로 **우선**, ST-Link Utility program을 이용하여 전체 main flash memory 영역을 지우고, reset을 걸어서 **System Memory** booting을 한다. 그리고 나서, **Flash loader demonstrator** program을 실행 시켜서 baud rate로 9600[bps]를 **선택**하여 준다. 또한, [그림 4.2.2-2]의 ①번과 같이 이미 main flash memory는 지웠으므로 **No Erase**를 선택하고, **Verify after download**도 uncheck 해 준다.

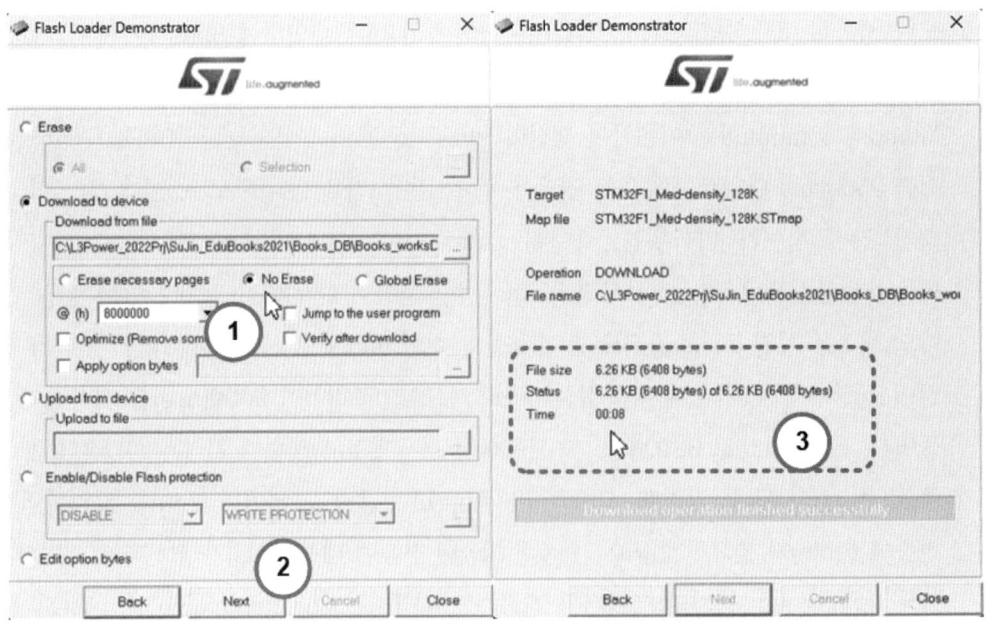

[그림 4.2.2-2] STM32F103RB UART download 소요 시간.

이것은 main flash memory에 Ch1Lab1Prj.bin file을 **writing하는 시간만 확인**하기 위해서이다. 그리고, **Download from file**에 Ch1Lab1Prj.bin file을 지정해 주고, ②번과 같이 **Next** button을 click하여 주면, 바로 Flash memory writing 작업을 수행하기 시작한다. 물론, host에서 데이터를 전송하는 program의 내부 동작 시간도 산정되어야 할 것이다. 모두 완료되었을 때에 결과를 보면, ③번에서 보여준 것과 같이 7[초] 보다 1[초] 많은 8[초]가 걸린 것을 확인 할 수 있다. 그런데, 상용 제품에 들어가는 실행 image 크기는 수백 KB가 될 수 있으며, 무엇보다도 [그림 4.2.2-2]의 ①번에 있는 Verify after download를 선택하여 MCU 내부 flash memory에 writing된 데이터가 올바로 writing되었는지 모두 host로 **다시** 읽어 와서 데이터 비교를 하는 **검증 작업**을 수행하는 것이 일반적이다. 이렇게 되면 소요 시간은 **2배**가 필요하게 될 것이다. 결국, 하나의 제품에 새로운 이미지를 downloading하는 데 **몇 분**이 걸릴 수도 있다. 이 제품들이 RS-485 통신으로 서로 연결된 망(network)구조를 갖는다면, 모든 제품들에 새로운 이미지를 적용하여 완료될 때까지 모든 제품들은 정지 상태를 유지하여 사용할 수 없게 된다. 이처럼 모든 제품들에 새로운 이미지를 적용하기 위해서는 **이미지 갱신 시간이 몇 시간**이 걸릴 수도 있게 되는 것이다. 또한, Flash Memory는 앞서 언급한 것과 같이 구조적으로 SRAM과 다른 전자 회로 구성을 가지고 있어서 [그림 4.2.2-3]에서 보여준 것과 같이 **보존성(Data Retention)**과 **내구성(Endurance)**을 가진다.

Symbol	Parameter	Conditions	Value Min(1)	Value Typ	Value Max	Unit
N_{END}	Endurance	T_A = −40 to +85 °C (6 suffix versions) T_A = −40 to +105 °C (7 suffix versions)	10	-	-	kcycles
t_{RET}	Data retention	1 kcycle(2) at T_A = 85 °C	30	-	-	Years
		1 kcycle(2) at T_A = 105 °C	10	-	-	
		10 kcycles(2) at T_A = 55 °C	20	-	-	

(a) STM32F103RB과 STM32F373RC

Symbol	Parameter	Conditions	Min(1)	Unit
N_{END}	Endurance	T_A = −40 to +105 °C	10	kcycles
t_{RET}	Data retention	1 kcycle(2) at T_A = 85 °C	30	Years
		1 kcycle(2) at T_A = 105 °C	15	
		1 kcycle(2) at T_A = 125 °C	7	
		10 kcycles(2) at T_A = 55 °C	30	
		10 kcycles(2) at T_A = 85 °C	15	
		10 kcycles(2) at T_A = 105 °C	10	

(b) STM32L476RG

[그림 4.2.2-3] STM32F103, F373, L476 Flash Memory 보존성과 내구성.

여기서 언급한 **보존성(Retention)**은 계속된 사용과정과 외부 환경으로 인해서 내부적 결함이 발생할 수 있으며, 이것으로 인해서 저장된 데이터의 값이 **예측할 수 없는 시점에 바뀔 수 있는 것**을 의미한다. 그리고, **내구성(Endurance)**은 새로운 데이터를 저장하고(Writing 또는 Programming), 지울(Erase) 수 있는 능력을 의미한다. [그림 4.2.2-3]의 내용을 보면, STM32F103의 경우에 **55도** 환경에서 Flash memory에 저장된 데이터는 **20년 정도**

그 값이 유지되는 것을 보장하고, 10,000번 이상 쓰거나 지우면, 더 이상 flash memory에 대한 쓰거나 지우는 동작에 대해서 보장할 수 없다는 의미가 된다. 무엇보다도 **온도가 높이 올라갈수록** data retention이 떨어지는 것을 확인 할 수 있다.

4.2.3. STM32 내부 Flash memory 특징과 사용 방법.

STM32 내부 flash memory는 **Main block과 Information block**으로 구성된다. 단, 여기서는 [표 1.3-1]과 [그림 1.3-1]에서 보여준 **STM32 MCU 제품군에 대한 분류 방법**을 사용할 것이므로 우선, 해당 내용을 다시 한 번 살펴보기 바란다.

❶ XL Density device들의 경우 :
각각의 page 크기는 2[KB]이고, 총 512 page들로 구성되어 **최대** 128[KB]×64bits=1[MB]가 된다. 이들은 각각 512[KB] 크기를 가지는 2개의 bank1과 bank2로 구분된다. 이들은 [표 4.2.3-1]과 같은 Flash memory 구조를 가진다. 1page=2[KB]

Block		Name	Base Address	Size(Bytes)
Main Memory Block	Bank1	Page0	0x0800_0000 ~ 0x0800_07FF	2[KB]
		Page1	0x0800_0800 ~ 0x0800_0FFF	2[KB]
		...	...	2[KB]
		Page255	0x0807_F800 ~ 0x0807_FFFF	2[KB]
	Bank2	Page256	0x0808_0000 ~ 0x0808_07FF	2[KB]
		Page257	0x0808_0800 ~ 0x0808_0FFF	2[KB]
		...	...	2[KB]
		Page511	0x080F_F800 ~ 0x080F_FFFF	2[KB]
Information Block		System Memory	0x1FFF_E000 ~ 0x1FFF_F7FF	6[KB]
		Option Bytes	0x1FFF_F800 ~ 0x1FFF_F80F	16
Flash memory Interface Register			FLASH_ACR, FLASH_KEYR, etc.	4

[표 4.2.3-1] XL-density MCU의 내부 Flash Memory 구조.

❷ High Density device들의 경우 :
각각의 page 크기는 2[KB]이고, 256[KB], 384[KB]와 512[KB]는 High density device이다. 이들은 [표 4.2.3-2]와 [표 4.2.3-3]에서 보여준 것과 같은 Flash memory 구조를 가진다. 1page=2[KB]

Block	Name	Base Address	Size(Bytes)
Main Memory Block	Page0	0x0800_0000 ~ 0x0800_07FF	2[KB]
	Page1	0x0800_0800 ~ 0x0800_FFF	2[KB]
	...	...	2[KB]
	Page127	0x0803_F800 ~ 0x0803_FFFF	2[KB]
Information Block	System Memory	0x1FFF_B000 ~ 0x1FFF_F7FF	18[KB]
	Option Bytes	0x1FFF_F800 ~ 0x1FFF_F80F	16
Flash memory Interface Register		FLASH_ACR, FLASH_KEYR, etc.	8×4

[표 4.2.3-2] High-density 256[KB] MCU의 내부 Flash Memory 구조.

Block	Name	Base Address	Size(Bytes)
Main Memory Block	Page0	0x0800_0000 ~ 0x0800_07FF	2[KB]
	Page1	0x0800_0800 ~ 0x0800_FFF	2[KB]
	...	...	2[KB]
	Page255	0x0807_F800 ~ 0x0807_FFFF	2[KB]
Information Block	System Memory	0x1FFF_F000 ~ 0x1FFF_F7FF	2[KB]
	Option Bytes	0x1FFF_F800 ~ 0x1FFF_F80F	16
Flash memory Interface Register		FLASH_ACR, FLASH_KEYR, etc.	8×4

[표 4.2.3-3] High-density 512[KB] MCU의 내부 Flash Memory 구조.

❸ Medium Density device들의 경우 :
각각의 page 크기는 1[KB]이고, 64[KB]와 128[KB]는 Medium density device이다. 이들은 [표 4.2.3-4]와 같은 Flash memory 구조를 가진다. 1page=1[KB]

Block	Name	Base Address	Size(Bytes)
Main Memory Block	Page0	0x0800_0000 ~ 0x0800_03FF	1[KB]
	Page1	0x0800_0400 ~ 0x0800_07FF	1[KB]
	...	...	1[KB]
	Page127	0x0801_FC00 ~ 0x0801_FFFF	1[KB]
Information Block	System Memory	0x1FFF_F000 ~ 0x1FFF_F7FF	2[KB]
	Option Bytes	0x1FFF_F800 ~ 0x1FFF_F80F	16
Flash memory Interface Register		FLASH_ACR, FLASH_KEYR, etc.	8×4

[표 4.2.3-4] Medium-density MCU의 내부 Flash Memory 구조.

❹ Low Density device들의 경우 :

각각의 page 크기는 1[KB]이고, 16[KB]와 32[KB]는 Low density device이다. 이들은 [표 4.2.3-5]와 같은 Flash memory 구조를 가진다. 1page=1[KB]

Block	Name	Base Address	Size(Bytes)
Main Memory Block	Page0	0x0800_0000 ~ 0x0800_03FF	1[KB]
	Page1	0x0800_0400 ~ 0x0800_07FF	1[KB]
	...	...	1[KB]
	Page31	0x0800_7C00 ~ 0x0800_7FFF	1[KB]
Information Block	System Memory	0x1FFF_F000 ~ 0x1FFF_F7FF	2[KB]
	Option Bytes	0x1FFF_F800 ~ 0x1FFF_F80F	16
Flash memory Interface Register		FLASH_ACR, FLASH_KEYR, etc.	8×4

[표 4.2.3-5] Low-density MCU의 내부 Flash Memory 구조.

예를 들어서, [그림 4.2.3-1]에서 보여준 STM32F103RCT6의 내부 flash memory 구조에 대해서 조사해 보면 다음과 같다. 전체 256[KB] 내부 flash memory를 가지고 있으므로 High Density MCU이고, 이에 대한 [표 4.2.3-2]를 참조하면, 다음과 같이 C code 상에서 **각각의 page를 구분하여 사용**할 수 있도록 정의할 수 있다. 단, 1page 크기는 앞서 언급한 것과 같이 2[KB]=2048=0x800에 해당한다.

```
#define FLASH_SIZE 0x800                              // 1page=2[KB]
// uint32_t casting은 word 단위 접근을 위하여
#define ADDR_FLASH_PAGE_0          ((uint32_t)0x08000000)
                                   ...
#define ADDR_FLASH_PAGE_126        ((uint32_t)0x0803F000)  // 0x800×126
// In the case of STM32F103RCT
#define ADDR_FLASH_PAGE_127        ((uint32_t)0x0803F800)  // 0x800×127
```

일반적으로 MCU 내부의 flash memory는 word 단위 또는 half-word 단위로 write 할 수 있도록 관련 함수를 제공한다. 그리고, **지우는** 명령은 외부 flash memory를 사용할 때와 유사하게 page 단위 또는 전체를 한 번에 지우는 mass erase만 제공한다.

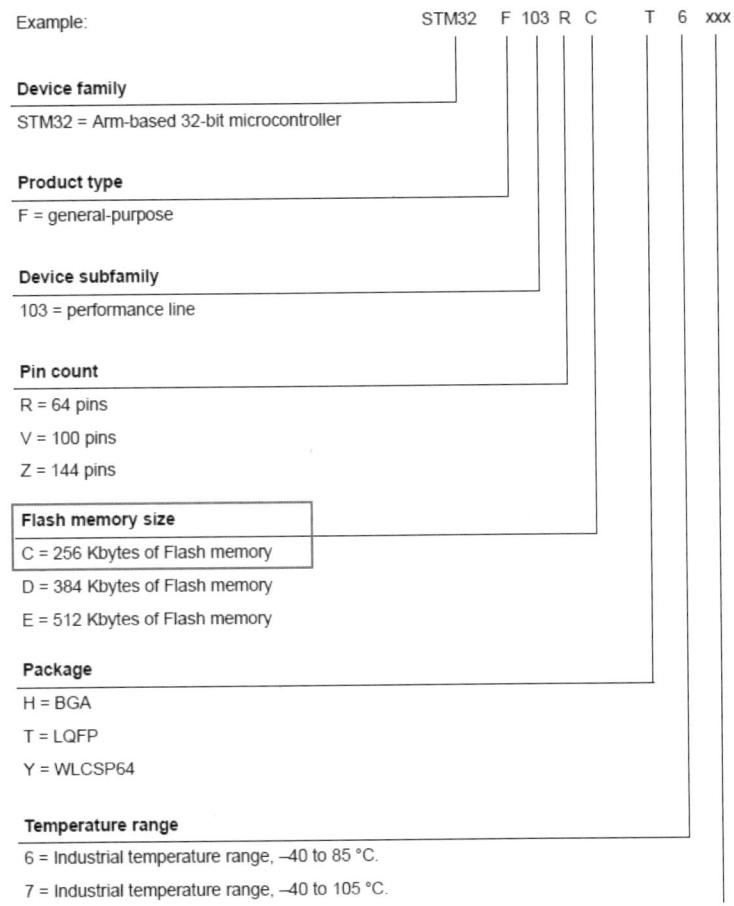

[그림 4.2.3-1] STM32F103RCT6 Ordering information 구조.

또한, 참고적으로 STM32F0, STM32F1, 그리고, STM32F3 family의 경우에 [그림 4.2.3-2]에서 점선의 사각형으로 보여준 것처럼 flash memory를 사용하기 위해서는 HSE 사용 여부와 상관없이 내부 RC Oscillator 즉, HSI를 ON 시켜주어야 하는데, CubeMX에서 생성되는 C framework에서 기본적으로 HSI를 ON해 준다. 구체적으로 Flash memory 에 대한 read와 write HAL_ 함수로는 다음과 같이 2개의 함수를 사용하면 된다.

❶ HAL_StatusTypeDef **HAL_FLASH_Program**(uint32_t TypeProgram, uint32_t Address, uint64_t Data)

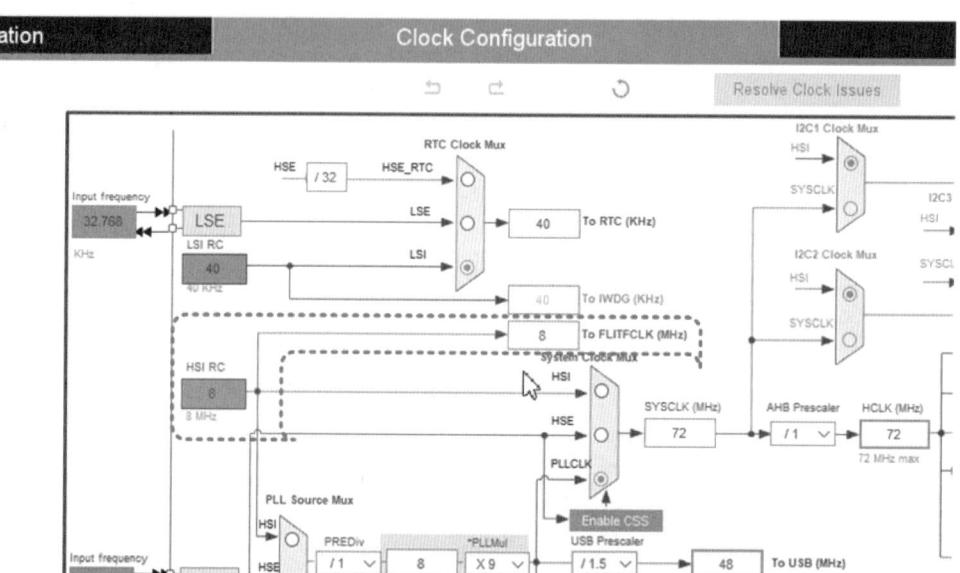

[그림 4.2.3-2] Flash Memory Interface(FLITF)와 HSI 사이의 관계.

■ 주요 기능 :

HAL_FLASH_Program() 함수의 source code를 보면 알 수 있듯이 입력 매개변수 Address로 지정한 번지 값에 입력 매개변수 Data에 지정한 값을 입력 매개변수 TypeProgram에서 지정한 halfword(16bits), word(32bits) 또는 double word(64bits)의 크기로 writing한다. 단, 이 함수를 호출하기 **전에는 반드시** HAL_FLASH_Unlock() 함수를 호출하여 flash memory를 제어할 수 있도록 flash control register들에 대한 접근을 unlocking해야 한다는데 주의하자. 또한, 사용한 이후에는 HAL_FLASH_Lock() 함수를 호출하여 다시 원래 상태인 locking 상태로 설정해 주는 것을 잊지 말도록 하자. 그래야 **정상 동작**한다. 또한, 일단 새로운 값을 flash memory에 작성하려면, 그 **전에 반드시**, 해당 영역을 erase하고 작성해 주어야 한다는 것을 잊지 말도록 하자. 다음은 각각의 매개변수들에 대해서 정리한 것이다.

ⓐ TypeProgram :

지정한 address에 writing 또는 programming 할 data의 폭을 설정하는데 사용하며, 다음과 같은 종류가 제공된다.

```
           // Program a half-word (16-bit) at a specified address.
         * #define FLASH_TYPEPROGRAM_HALFWORD      0x01U
           // Program a word (32-bit) at a specified address.
         * #define FLASH_TYPEPROGRAM_WORD          0x02U
           // Program a double word (64-bit) at a specified address
         * #define FLASH_TYPEPROGRAM_DOUBLEWORD    0x03U
```

ⓑ Address :

program 될 main flash memory 영역에 속하는 특정 번지를 지정.

ⓒ Data :

program 될 데이터를 지정.

❷ HAL_StatusTypeDef HAL_FLASHEx_Erase(
FLASH_EraseInitTypeDef *pEraseInit, uint32_t *PageError)

■ 주요 기능 :

지정한 flash memory를 구성하는 특정 page를 지우거나 전체를 지우는 mass erase를 수행한다. 단, 이 함수를 호출하기 **전에는 반드시 HAL_FLASH_Unlock() 함수를 호출**하여 flash memory를 제어할 수 있도록 flash control register들에 대한 접근을 unlocking해 주어야 한다. 그리고, 사용한 이후에는 **HAL_FLASH_Lock() 함수를 호출**하여 locking해 주어야 한다. 그래야 정상 동작한다. 또한, 일단 새로운 값을 flash memory에 작성하려면, 그 **전에 반드시, erase하고 작성**해 주어야 한다.

ⓐ pEraseInit :

지정한 영역에 대한 Erase 동작을 수행하기 위한 다음과 같은 **구성 정보**를 포함하는 FLASH_EraseInitTypeDef **구조체**에 대한 pointer를 설정해 주어야 한다.

```
typedef struct {
  uint32_t TypeErase;
  uint32_t Banks;
  uint32_t PageAddress;
  uint32_t NbPages;
} FLASH_EraseInitTypeDef;
```

■ TypeErase : 다음과 같은 2가지 값을 가질 수 있다.

✓ FLASH_TYPEERASE_PAGES : 선택한 page들만 삭제의 경우.

✓ **FLASH_TYPEERASE_MASSERASE** : Mass Erase의 경우.
- **Banks** : 삭제할 bank의 번호. 단, [표 4.2.3-1]에서 보여준 **XL-density**에 속하는 MCU로서 2개의 bank1과 bank2를 갖는 **경우에만 유효**하다.
    ✓ FLASH_BANK_1, FLASH_BANK_2.
    ✓ Mass Erase에서는 FLASH_BANK_BOTH
- **PageAddress** : 삭제할 **시작** 페이지의 번지.
    ✓ FLASH_BASE(0x0800_0000) 보다는 크거나 같고, FLASH_BANKx_END(여기서, x=1 또는 2) 보다는 작은 값이다.
- **NbPages** : 삭제할 페이지의 개수.
    ✓ 1 보다는 크거나 같고, "최대 page 값 - 시작 페이지의 값" 보다는 작거나 같다.

다음은 간단한 예제 code 이다.

```
static FLASH_EraseInitTypeDef EraseInitStruct;
EraseInitStruct.TypeErase = FLASH_TYPEERASE_PAGES;
EraseInitStruct.PageAddress = 0x80004000;
EraseInitStruct.NbPages = 1;
```

ⓑ PageError :

error가 발생한 경우에 faulty page에 대한 정보를 포함하는 변수에 대한 pointer.

```
unsigned long PAGEError;
HAL_FLASH_Unlock();
if(HAL_FLASHEx_Erase(&EraseInitStruct, &PAGEError) != HAL_OK) {
    HAL_FLASH_Lock();
}
HAL_FLASH_Program(FLASH_TYPEPROGRAM_WORD, FLASH_APP_PROCESS_ADDRESS,
    data);
```

이제부터 지금까지 학습한 내용에 대해서 실습을 해보도록 하자. 사용할 Nucleo-F103RB 보드에는 [표 4.2.3-4]에서 보여준 Medium Density를 갖는 STM32F103RB가 사용되고 있다. 그러므로, main flash memory 영역은 0x0800_0000 ~ 0x0801_FFFF으로서 총

128[KB]이고, 각 page 크기는 1[KB]이며 Page0부터 Page127까지 총 128개 Page들로 구성되어 있다. 만일, 0x0801_E000 번지에 0x12345678을 작성하려는 경우, ARM Core는 모두 **little Endian 방식**을 사용하므로 0x0801_E000 번지에는 0x78을 저장하고, 0x0801_E001 = 0x56, 0x0801_E002 = 0x34, 0x0801_E003 = 0x12를 저장해 주어야 한다. 그러기 위해서는 **우선**, 0x0801_E000 ~ 0x0801_E003 번지가 포함된 페이지를 지워 주어야 한다. 그리고 나서, 0x0801_E000 번지에 32bits 0x12345678를 writing해 주면 되겠다. 사용할 예제 파일은 Chapter 1.에서 작성한 Ch1Lab1Prj project이다. 이제, Vol.1의 **16.2.2.단원**에서 설명한 방법으로 project 이름만 Ch4Lab1Prj project로 바꾸어 보도록 하자. 즉, [그림 4.2.3-3]의 ①번에서 보여준 것과 같이 Source Insight 관련 파일들을 제외한 Ch1Lab1Prj project folder에 있는 **모든** 파일들을 ②번과 같이 **Ch4Lab1Prj** folder 안에 복사하여 넣어 준다.

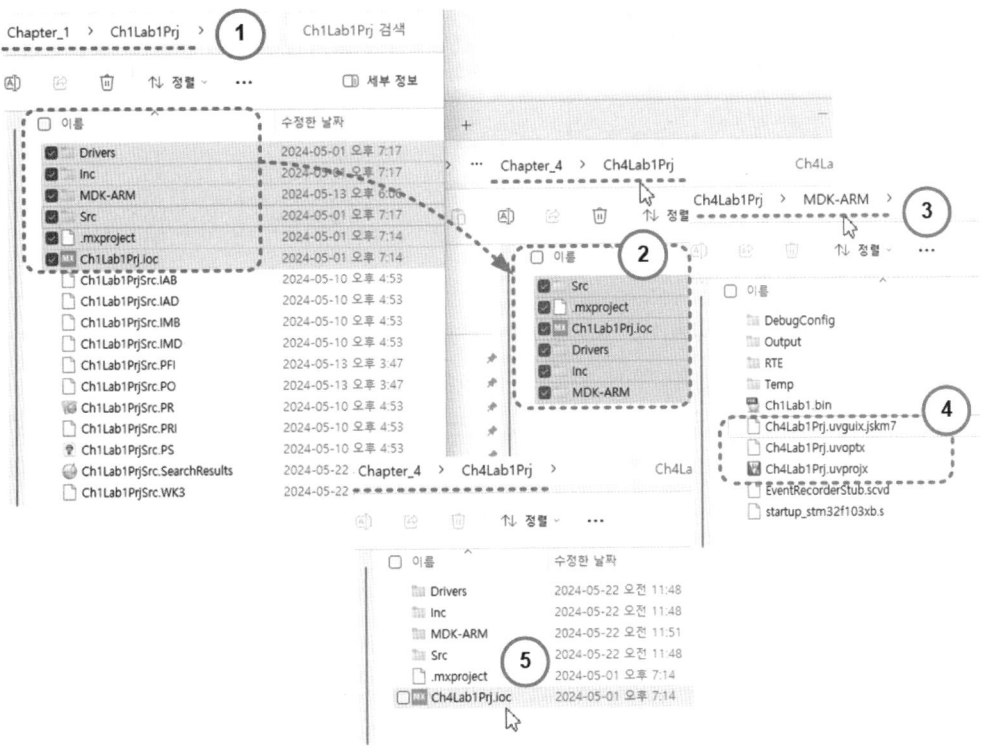

[그림 4.2.3-3] KEIL MDKARM project 이름 바꾸는 방법 - 1.

그리고, ③번과 같이 KEIL을 위한 MDK-ARM folder로 들어가서 ④번처럼 *.uvoptx 파일과 *.uvprojx의 파일 이름을 원하는 Ch4Lab1Prj로 바꾸어 준다. 추가적으로 Ch1Lab1Prj.uvguix.jskm7 파일도 Ch4Lab1Prj.uvguix.jskm7로 바꾸어 준다. 그리고, ⑤번과 같이 CubeMX project file 이름도 **Ch4Lab1Prj.ioc**로 바꾸어 준다. 정리가 되었으면, [그림 4.2.3-4]의 ⑥번과 같이 이름을 수정한 파일들과 **startup_stm32f103xb.s** bootstrap assembly file만 남겨주고 모두 지워버린다.

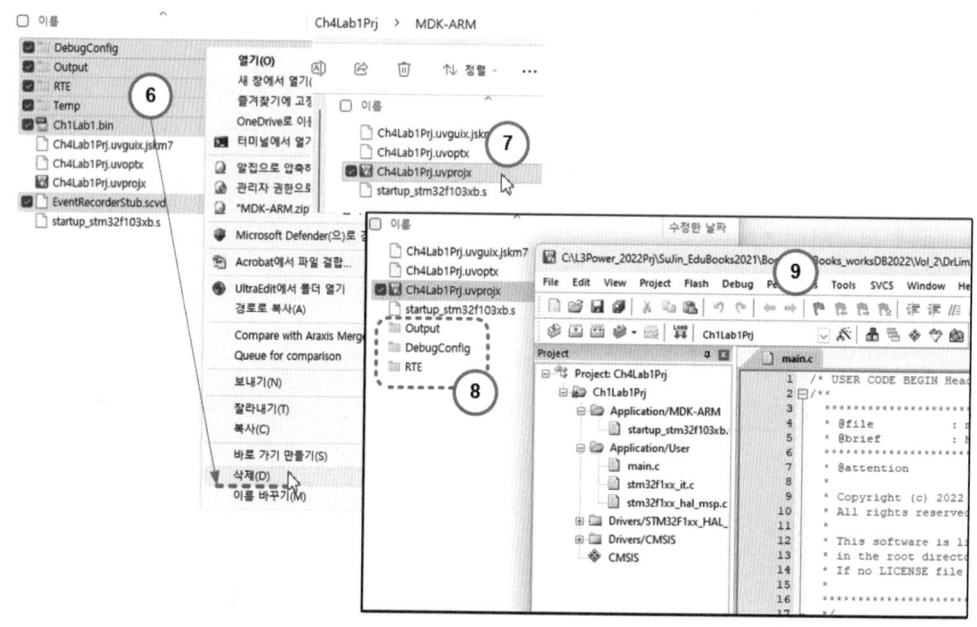

[그림 4.2.3-4] KEIL MDKARM project 이름 바꾸는 방법 - 2.

그리고 나서, ⑦번에서 보여준 **Ch4Lab1Prj.uvprojx** 파일을 double click하면 KEIL의 MDKARM이 호출되어 ⑨번과 같이 uVision IDE가 나타나고, 관련 folder들이 ⑧번과 같이 **자동으로 생성**된다. build 후에 생성될 *.hex file과 *.axf file의 이름도 변경하기 위해서 [그림 4.2.3-5]의 ⑩번 icon을 click하여 Options dialogbox를 호출한 뒤에 Output tab을 선택하고, ⑪번과 같이 Ch4Lab1Prj를 **Name of Executable :** 옆에 지정해 준다. 또한, *.bin file도 동일한 파일 이름을 갖도록 ⑫번과 같이 **After Build/Rebuild**의 Run#1에 **Ch4Lab1Prj.bin** 파일로 지정해 준다. 일반적으로 project를 **build 하기 전에는** [그림 4.2.3-6]의 ⑬번과 같이 **Clean Targets** menu를 선택하여 build 이후에 생성될 파일과 동일한 이름의 파일이 없도록 제거해 줄 것을 **강력히(?) 추천**한다.

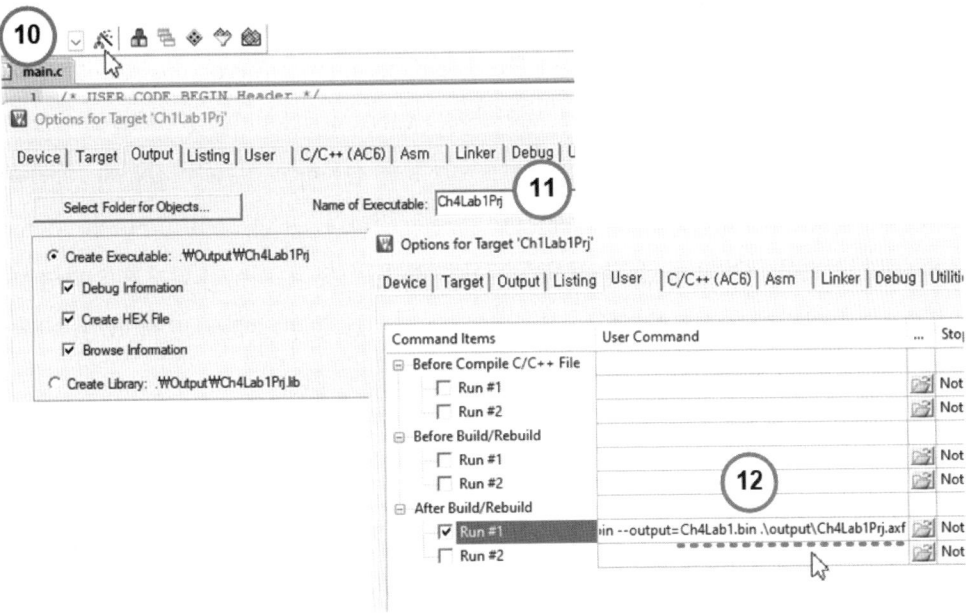

[그림 4.2.3-5] KEIL MDKARM project 이름 바꾸는 방법 - 3.

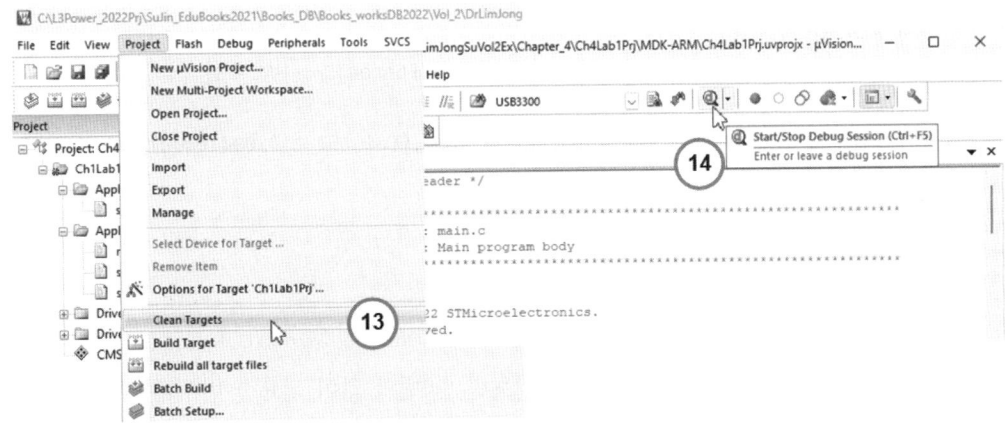

[그림 4.2.3-6] KEIL MDKARM project 이름 바꾸는 방법 - 3.

경험적으로 MCU 제조사에서 제공해 주는 CubeIDE와 같은 **무료** 소프트웨어를 사용하는 경우에는 **반드시** Clean Targets 또는 관련 Clean menu를 수행하여 build 이후에 생성될 파일과 같은 이름의 파일들이 존재하지 않도록 하는 것이 좋다. 왜냐하면, build 과정에서 같은 이름의 이전 파일을 새롭게 overwriting하는 동안 bug가 존재한다는 소문(?)이 무성하기 때문이다. 어쨌든, Clean Targets를 수행하고, **Rebuild all target files** menu를 선택하여 build를 완료하면, 관련 실행 image file이 생성된다. 이제, ⑭번과 같이 debug mode로 들어가려고 시도하는 경우에 ST-LINK connection error message를 만나는 경우가 있다. 이것은 현재, 다른 소프트웨어가 ST-LINK를 점유하고 있기 때문일지도 모른다. 아마도 ST-LINK utility program이 ST-LINK를 점유하고 있는 것 같은데, 확인해 보기 바란다. 이런 실수를 자주 하기 때문에 알려준 것이다. 또한, Main Flash Memory로 booting 하도록 BOOT mode를 설정해 주어야 한다. 어쨌든, 아무런 문제가 없다면, 다음과 같이 앞서 학습한 2개의 함수를 이용하여 0x0801_E000 번지에 0x12345678을 작성하는 code를 main while-loop 즉, while(1) 전에 추가해 준다.

```
  FLASH_EraseInitTypeDef EraseInitStruct;
  uint32_t PAGEError;                                          ▶ ⓐ

  EraseInitStruct.TypeErase = FLASH_TYPEERASE_PAGES;
  // 주어진 번지에 대한 시작 page 번지 계산 방법
  EraseInitStruct.PageAddress = 0x0801E000 - (0x0801E000%FLASH_PAGE_SIZE);
  EraseInitStruct.NbPages = 1;

  HAL_FLASH_Unlock();
  if(HAL_FLASHEx_Erase(&EraseInitStruct, &PAGEError) == HAL_OK) {    ▶ ⓑ

    HAL_FLASH_Program(FLASH_TYPEPROGRAM_WORD,((uint32_t)0x0801E000),0x12345678
    );
  }
  HAL_FLASH_Lock();
```

그리고, [그림 4.2.3-7]의 ①번과 같이 **98번째** line에 설정한 breakpoint 지점까지 실행해 준다. 간단히 작성한 code의 내용을 살펴보면, ⓐ번과 같이 필요한 변수를 선언하고, Erase를 수행하기 위해 FLASH_EraseInitTypeDef 구조체의 멤버에 **구성 정보**를 지정해 주었다. 이때에 0x0801_E000번지의 내용을 확인하기 위해서 ②번과 같이 **Memory 1** window를 호출하여 지정해 주고, byte 단위로 writing 되는 데이터를 확인하기 위해서 ③번과 같이 **Unsigned**에서 **Char** menu를 선택해 준다. 여기서 잠시 알려줄 것은 ⓐ번에서 변수 **PAGEError**를 위와 같이 선언만 하면, KEIL Professional version의 경우에 ⓑ번의 if문에 있는 &PAGEError에서 경고(Warning)를 발생시킨다. 그런데, PAGEError=0과 같이 초기화를 하면 경고가 발생하지 않을 것이다.

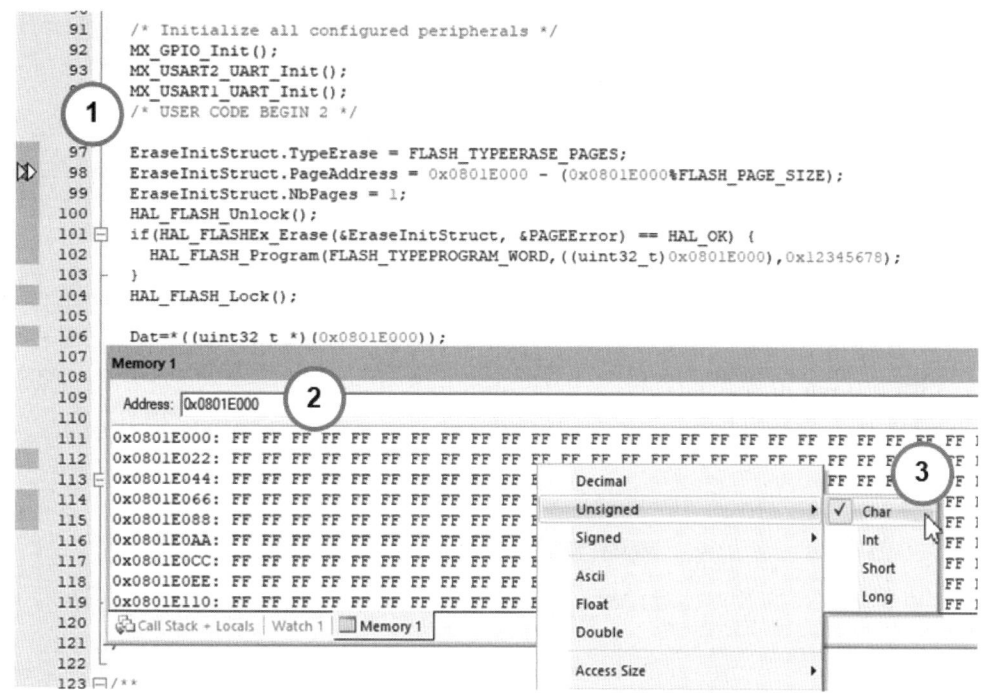

[그림 4.2.3-7] Flash Erase와 Write 관련 함수 사용 방법 - 1.

그 이유가 무엇인지 잠시 생각해 보기 바란다. 나름 pointer에 대한 중요한 내용을 포함하고 있으므로 여러분 스스로 해결해 보기 바란다. 어쨌든, [그림 4.2.3-7]의 ③번으로부터 현재, STM32F103RB의 내부 main flash memory 영역인 0x0801_E000번지는 **0xFF로 초기화** 되어 있는 것을 확인할 수 있다. 계속해서 [그림 4.2.3-8]의 ④번까지 실행하면, ⑤번에서 보여준 것과 같이 0x0801_E000번지에는 0x78이 writing되고, 그리고 나서, 순서대로 0x0801_E001=0x56, 0x0801_E002=0x34, 0x0801_E003=0x12이 writing 된 것을 확인 할 수 있다. 이것은 **Little Endian** byte에 의해서 ⑥번과 같이 32bits 0x12345678으로 ST-Link utility와 Watch window로 확인할 수 있다. 지금까지 학습한 내용 중에서 특별 히, flash memory에 write 또는 erase하기 위해서는 **항상, 그전에** flash unlock을 수행한 이후에 flash memory에 write 또는 erase를 수행하고, 그리고 나서 **반드시** flash lock을 수행해 주어야 한다는 것을 기억해 두어야 한다. 물론, flash memory에 저장된 데이터를 읽어들 일 때는 일반 memory와 동일하게 읽어 들이면 된다. 다음은 **필자가 개발한 Flash Memory 관련 함수들을 이 책을 통하여 공개한 것**이다. 참조해 보기 바란다. 9.1. 단원에서 main flash memory를 target으로 하는 user bootloader를 개발할 때에 사용할 것이다.

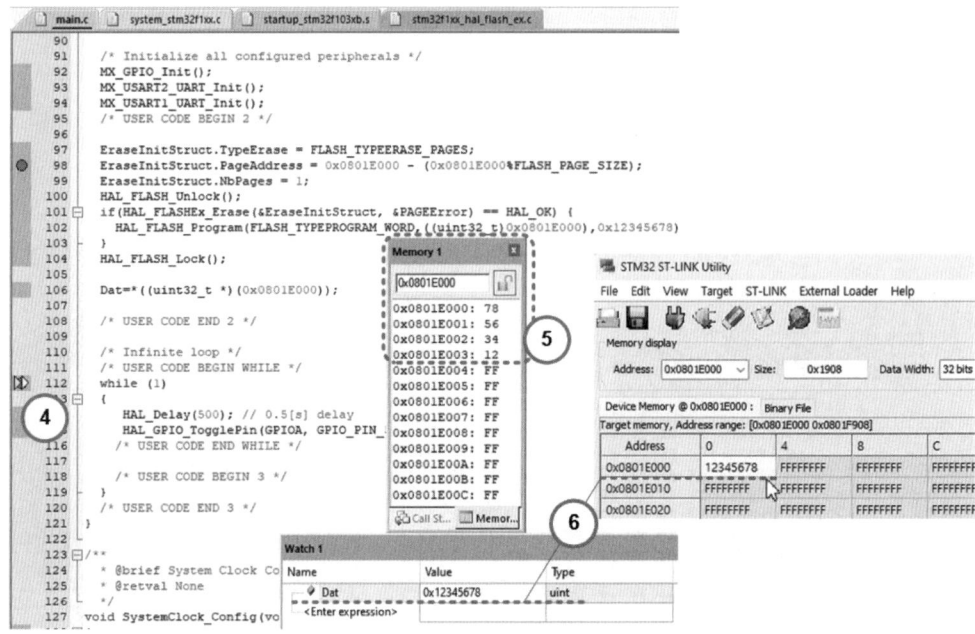

[그림 4.2.3-8] Flash Memory Erase와 Write 관련 함수 사용 방법 - 2.

단, 관련 예제는 Ch4Lab3Prj project에 정리해 놓았다.

❶ Flash Erase 관련 함수 :

지정한 Flash memory 영역을 지운다.

```
bool MainFLASH_Erase(uint32_t StartAddress, uint32_t EndAddress) {
  //Local variables
  uint32_t NumberPages =0;
  uint32_t PageError, i=0, j=0;
  bool ret=true;
  FLASH_EraseInitTypeDef EraseInit;

  if(EndAddress<StartAddress) {
    ret=false;
    return ret;
  }
  NumberPages =(EndAddress - StartAddress + FLASH_PAGE_SIZE) / FLASH_PAGE_SIZE;
  i=StartAddress/FLASH_PAGE_SIZE;
  j=EndAddress/FLASH_PAGE_SIZE;
  if((i != j)&&((EndAddress % FLASH_PAGE_SIZE)>0)) {
```

```
      NumberPages+=1;
    }
    // FLASH_TYPEERASE_PAGES or FLASH_TYPEERASE_MASSERASE
    EraseInit.TypeErase = FLASH_TYPEERASE_PAGES;
    // FLASH_BASE <= NbPages < FLASH_BANK1_END
    EraseInit.PageAddress = StartAddress;
    // Min_Data = 1 and Max_Data = (max number of pages - value of initial page)
    EraseInit.NbPages = NumberPages;

    /* Unlock the Program memory */
    HAL_FLASH_Unlock();
    /* Clear all FLASH flags */
    __HAL_FLASH_CLEAR_FLAG(FLASH_FLAG_EOP|FLASH_FLAG_WRPERR | FLASH_FLAG_PGERR
                  | FLASH_FLAG_BSY);
    if(HAL_FLASHEx_Erase(&EraseInit, &PageError) != HAL_OK){
      ret = false;
    }
    HAL_FLASH_Lock();
    return ret;
}
```

❷ Flash Read() 관련 함수 :

Flash memory로부터 데이터를 읽어내는 함수들.

```
/***************************************************************************
 This function reads a series of 2/4bytes from main flash memory region
  bMSBF : Whether the data should be written as MSBF or LSBF
          true for MSBF and false for LSBF
***************************************************************************/
bool MainFLASH_Read_HalfWord(uint16_t *cBuff, uint32_t uiStartAddress,
                        uint32_t uiLength, bool bMSBF) {
    //Local variables
    uint32_t i=0, len=uiLength>>1;
    bool ret=true;
    for(i=0;i<len;i++) {
      if(bMSBF) { // Little Endian Byte order
        cBuff[i]=SWAP16(*((uint16_t *)(uiStartAddress+2*i)));
      } else {
        cBuff[i]=(*((uint16_t *)(uiStartAddress+2*i)));  // Big Endian Byte order
      }
    }
```

```
    return ret;
  }
  bool MainFLASH_Read_Word(uint32_t *cBuff, uint32_t uiStartAddress,
                    uint32_t uiLength, bool bMSBF) {
    //Local variables
    uint32_t i=0, len=uiLength>>2;
    bool ret=true;
    for(i=0;i<len;i++) {
      if(bMSBF) { // Little Endian Byte order
        cBuff[i]=SWAP32(*((uint32_t *)(uiStartAddress+4*i)));
      } else {
        cBuff[i]=(*((uint32_t *)(uiStartAddress+4*i))); // Big Endian Byte order
      }
    }
    return ret;
  }
```

❷ Flash Write 관련 함수 :

Flash memory에 데이터를 쓰는 함수들.

```
  /****************************************************************************
    bMSBF : Whether the data should be written as MSBF or LSBF
            true for MSBF and false for LSBF
  ****************************************************************************/
  bool MainFLASH_Write_HalfWord(uint16_t *cBuff, uint32_t uiStartAddress,
                        uint32_t uiLength, bool bMSBF) {
    //Local variables
    uint32_t i=0, len=uiLength>>1;
    bool ret=true;
    for(i=0;i<len;i++) {
      if(0xFFFF != (*((uint16_t *)(uiStartAddress+2*i)))) {
        ret=false;
        break;
      }
    }
    if(!ret) {
      ret=MainFLASH_Erase(uiStartAddress, uiStartAddress+uiLength);
    }
    /* Unlock the Program memory */
    HAL_FLASH_Unlock();
    /* Clear all FLASH flags */
    __HAL_FLASH_CLEAR_FLAG(FLASH_FLAG_EOP|FLASH_FLAG_WRPERR | FLASH_FLAG_PGERR
```

```
                         | FLASH_FLAG_BSY);
  if(ret) {
    for(i=0;i<len;i++) {
      if(bMSBF) {
        HAL_FLASH_Program(FLASH_TYPEPROGRAM_HALFWORD,(uiStartAddress+2*i),
                 SWAP16(cBuff[i]));
      } else {
        HAL_FLASH_Program(FLASH_TYPEPROGRAM_HALFWORD,(uiStartAddress+2*i),
                 (cBuff[i]));
      }
    }
  }
  HAL_FLASH_Lock();
  return ret;
}
bool MainFLASH_Write_Word(uint32_t *cBuff, uint32_t uiStartAddress,
                  uint32_t uiLength, bool bMSBF) {
  //Local variables
  uint32_t i=0, len=uiLength>>2;
  bool ret=true;
  for(i=0;i<len;i++) {
    if(0xFFFFFFFF != (*((uint32_t *)(uiStartAddress+4*i)))) {
      ret=false;
      break;
    }
  }
  if(!ret) {
    ret=MainFLASH_Erase(uiStartAddress, uiStartAddress+uiLength);
  }
  /* Unlock the Program memory */
  HAL_FLASH_Unlock();
  /* Clear all FLASH flags */
  __HAL_FLASH_CLEAR_FLAG(FLASH_FLAG_EOP|FLASH_FLAG_WRPERR | FLASH_FLAG_PGERR
                 | FLASH_FLAG_BSY);
  if(ret) {
    for(i=0;i<len;i++) {
      if(bMSBF) {
        HAL_FLASH_Program(FLASH_TYPEPROGRAM_WORD,(uiStartAddress+4*i),
                 SWAP32(cBuff[i]));
      } else {
        HAL_FLASH_Program(FLASH_TYPEPROGRAM_WORD,(uiStartAddress+4*i),
                 (cBuff[i]));
      }
```

```
      }
    }
    HAL_FLASH_Lock();
    return ret;
}
```

사실, 소개한 Flash Memory 관련 함수들은 아마도 15년전 고성능 TI Inc.에서 출시한 DSP를 탑재한 보드에 대한 기능 검증을 위해서 test program을 만들 때 개발한 것으로 이것을 STM32 flash memory access를 위하여 수정한 것이다. 당시에 MPC860, MPC8260과 같은 다른 여러 고성능 DSP, 또는 MCU들에도 적용한 함수들로 기억한다. 참! MPC8260 단어만 들어도 예전에 수많은 시간을 FPGA와 함께 개발하던 추억이 방울방울 나는 것 같다. [그림 4.2.3-9]는 MDKARM으로 **Ch4Lab3Prj** project를 실행한 결과를 보여준 것이다.

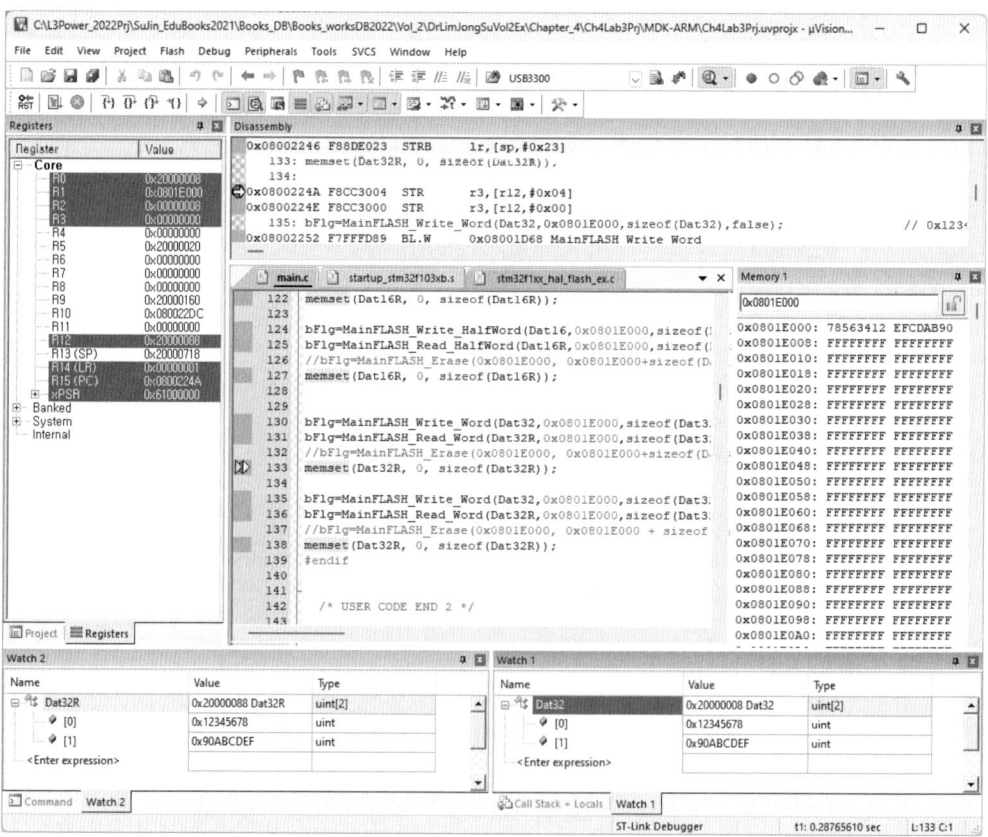

[그림 4.2.3-9] STM32 내부 Flash memory에 대한 Write, Read, 그리고 Erase.

참고적으로 **Ch4Lab2Prj** project는 **Ch4Lab3Prj** project 이전 버전이다. 각각의 대응하는 함수 안에 요청한 영역에 대한 Erase 관련 code가 빠진 좀 더 단순한 구조를 가지고 있으므로 2개의 project들을 **파일 비교기**로 비교하면서 이해가 되지 않는 부분에 대해서 확인해 보기 바란다. 지금까지 STM32 내부 Flash Memory에 대한 사용 방법을 학습하였다. 그러나, 보다 큰 Flash Memory가 필요한 경우에 MCU **외부**에 추가적으로 Flash memory 부품을 연결하여 사용할 수 있다. 이때에는 병렬 interface를 갖는 Flash Memory와 직렬 interface를 갖는 Flash memory로 구분되는데, 병렬 interface를 갖는 Flash Memory의 경우에는 **FMC**(Flexible Memory Controller) 또는 **FSMC**(Flexible Static Memory Controller)을 이용하여 연결하면 된다. 그러나, 직렬 interface 즉, SPI interface로 연결하는 flash memory와 비교하여 데이터와 번지를 위해서 상대적으로 많은 외부 pin들이 필요하게 되므로 결국, MCU의 전체 pin의 개수가 많아져서 PCB 크기를 넓히게 되어 전반적인 제품의 가격을 올리게 된다. 그러므로, 이 책에서는 Chapter 5.에서 가성비가 뛰어나고, 일반적으로 많이 사용하는 직렬 interface 즉, SPI interface로 연결하는 flash memory에 대해서**만** 학습하도록 하겠다.

CHAPTER 05

MCU 외부 Flash memory 사용 방법

이번 Chapter에서는 Macronix Inc.과 함께 전 세계 많은 Flash Memory 시장 점유율을 갖고 있는 Winbond. Inc.에서 출시한 SPI interface를 갖는 Serial Flash memory인 **W25Q32FV**에 대해서 자세히 학습하는 시간을 가질 것이다. 우선, Flash memory의 내부 구조에 대해서 학습하고, 외부 MCU와 interface하는 데 필요한 **SPI interface의 종류**에 대해서 학습하게 될 것이다. 즉, single SPI interface뿐만 아니라, **Dual** SPI interface와 **Quad** SPI interface에 대해서도 학습하게 될 것이다. 또한, 그 밖의 신호 선들에 대한 특성도 학습하게 될 것이다. 무엇보다도 2003년에 SPI 통신을 이용하는 Serial flash memory에 대한 제조사들 사이의 상호 운용성과 호환성을 보장하기 위해서 **JEDEC(Joint Electron Device Engineering Council) 표준**을 만들고, 이를 따르기로 하였다. 이 표준에는 SPI flash memory의 기본 기능과 **사용할 수 있는 명령어들과 구조**, 그리고, 식별 방법뿐만 아니라 SPI pin을 구성하는 것도 명시되어 있어서 제조사들이 마음대로 pin 구성을 바꿀 수도 없다. 그러므로, 제조사에 관계없이 대부분 저렴한 부품을 선택하여 PCB 수정 없이 교체할 수도 있다. 이번 Chapter에서는 다양한 SPI serial flash memory에 사용되는 명령어들에 대해서 하나하나 그 timing diagram을 분석하고, 관련 특성을 학습하게 될 것이다. 그러므로, 상당히 많은 내용을 학습하게 될 것이다. 그러나, 여기서 학습하는 Single SPI, Dual SPI, 또는 Quad SPI interface 관련 내용은 단지, serial flash memory뿐만 아니라 해당 interface를 사용하는 다른 여러 부품들을 학습할 때에도 **매우 유용한 참고 자료가 될 것이**라고 믿는다. 이번 Chapter에서는 SPI serial flash memory의 구조적 특징과 사용 방법에 대한 이론적인 학습만 할 것이다. 그리고, 다음 Chapter에서는 이번 Chapter에서 학습한 serial flash memory의 명령어들을 각각의 **timing diagram을 보며, 모두 C 언어로 구현**할 것이다. 이후 구현한 명령어들은 Chapter 7부터 user bootloader 구현 과정에서 사용할 것이다.

■ 학습 목표 :
- Serial Flash Memory와 Parallel Flash Memory의 특징과 내부 구조 학습.
- Serial Flash Memory의 다양한 Single, Dual, 그리고, Quad SPI interface 학습.
- 다양한 Serial Flash Memory 명령어에 대한 timing diagram과 동작 특성 학습.

5.1 Serial Flash Memory W25Q32 소개.

Flash memory는 **parallel** flash memory와 **serial** flash memory, 이렇게 2 종류가 있다. 사실, parallel flash memory는 관련 주변 장치 예를 들면, **FMC**(Flexible Memory Controller) 또는 **FSMC**(Flexible Static Memory Controller)를 설정하여 초기화하고 관련 HAL_ 함수들을 사용해서 읽거나 쓰면 된다. 결국, FMC 또는 FSMC 주변 장치를 포함하고 있는 MCU를 사용해야 하고, 데이터와 번지, 그 밖의 interface 관련 제어 신호들과 관련된 많은 신호 선들을 사용해야 한다. 이것은 결국, PCB 크기를 더 크게 하고, 해당 주변 장치를 포함하는 상대적으로 비싼 MCU를 강요받게 된다. 그러나, 일반적인 범용 **SPI interface**를 사용하는 Serial flash memory는 이와 같은 추가적인 사항들이 발생하지 않는다. 다만, Serial flash memory는 데이터를 쓸 때뿐만 아니라 읽을 때에도 모두 **표준화된** 해당 명령어들을 사용해야 하고, parallel flash memory와 비교하여 read/write 속도가 떨어지는 단점이 있지만, Quad SPI interface를 사용하면 반드시 그런 것도 아니다. 여기서 언급한 **표준화된 명령어**들은 모든 Serial flash memory를 만드는 제조사들이 한데 모여서 **공통적인 명령어들만 사용하기로 약속**을 한 것을 의미하고, 부품의 pin 배치도 거의 일치하므로 결국, 필요한 사양을 만족한다면, 보다 저렴한 것으로 바꾸어 사용해도 소프트웨어적인 불일치는 거의 발생하지 않는다는 것이다. 그런데, 여기서 주목할 것은 **거의 발생하지 않는다**는 것이다. 결국, 제품 출하 전에 충분히 검증을 해 봐야 한다. 구체적으로 2003년에 SPI 통신을 이용하는 Serial flash memory를 위해서 **JEDEC 표준**을 만들고, 이를 따르기로 하였다. 이 표준에는 SPI pin을 구성하는 것도 명시되어 있어서 제조사들이 마음대로 pin 구성을 바꿀 수도 없다. 그러므로, 제조사에 관계없이 저렴한 부품을 선택하여 PCB 수정 없이 교체할 수 있다는 의미가 되지만, 경험상 충분한 호환성 검증을 해 볼 것을 추천한다. 이번 단원에서 사용할 Serial Flash memory W25Q32FV는 2019년 수진에서 처음 출시한 CodeMania 보드에 장착된 32[Mbits] 저장 공간을 갖는 serial flash memory이다. [그림 5.1-1]은 SJ_MCUBook_M3 보드와 **CodeMania 보드** 사이에 jumper wire들을 이용하여 연결한 것을 보여주고 있다. 그러므로, 해당 보드를 가지고 있는 분들은 [그림 5.1-1]과 같이 연결하여 이번 Chapter를 학습하여도 된다. 물론, 뜻대로 잘 되지 않으면, naver cafe 임종수 연구소로 문의하면 된다.

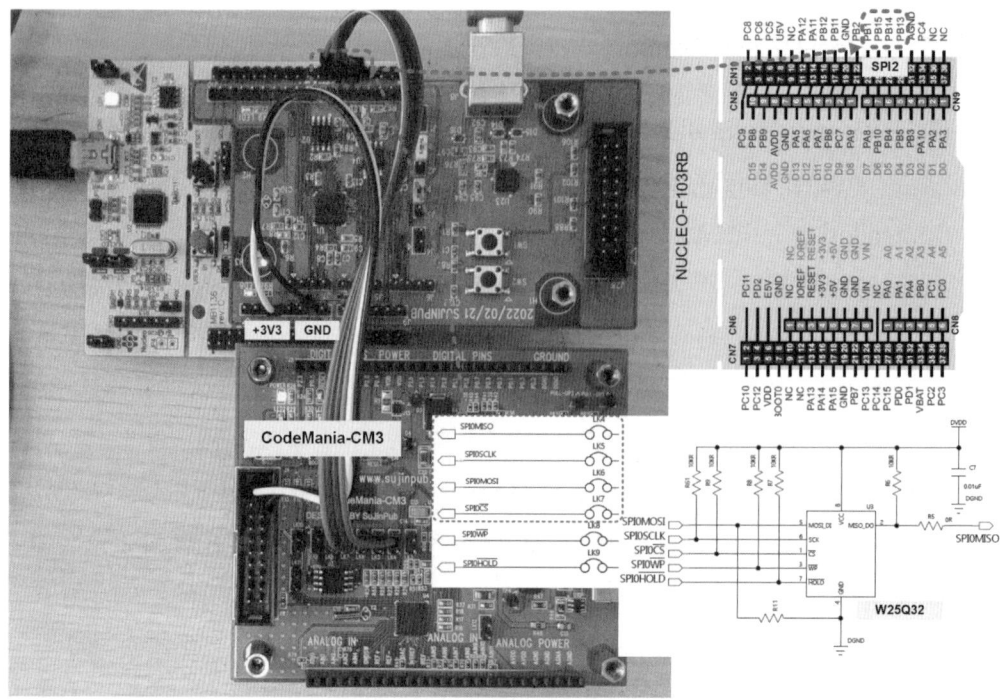

[그림 5.1-1] SJ_MCUBook_M3보드와 CodeMania보드의 Serial Flash Memory W25Q32 실험을 위한 보드 연결도.

그러나, [그림 5.1-2]에서 보여준 것과 같이 이 책에서는 전반적인 모든 내용 전개는 SJ_MCUBook_M4 보드를 사용할 것이며, 이 보드에도 **동일한** W25Q32FV이 장착되어 있다. 참고적으로 SJ_MCUBook_M0 보드에도 동일하게 W25Q32FV이 장착되어 있다. 회로적인 관점에서 W25Q32FV에 대해 간단히 살펴보도록 하겠다. 단, SPI interface에 대한 경험이 부족하다면, Vol.1.의 Chapter 11을 참조하면 된다. 우선, pin 구성도는 [그림 5.1-3]과 같다. 여기서, DO pin은 SPI interface를 구성하는 **MISO**에 해당하고, DI pin은 **MOSI**에 해당한다. 그리고, /CS와 같이 밑줄이나 symbol /이 pin 이름 앞에 있으면, 그 신호는 low level 일 때, 활성화(Activation) 된다는 의미이다. 영어로는 low level active pin이라고 한다. 예를 들면, /**RESET**은 RESET 단자에 low level의 전압이 들어가야 reset이 걸린다는 의미이다. 그 밖에 /WP와 /HOLD 단자가 보이는데, 이들은 각각 Write Protect 기능과 flash가 데이터 전송을 잠시 멈추는 기능에 관련되며, 잠시 후에 자세히 학습하게 될 것이다. 어쨌든, 필요 없다면 pull-up 시켜서 항상 high level로 설정하면 된다.

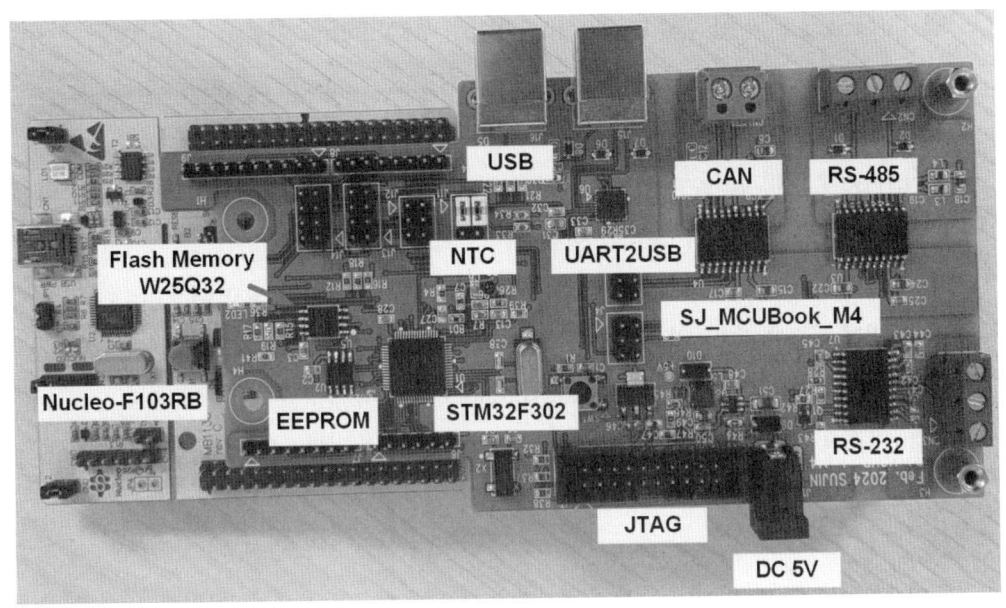

[그림 5.1-2] SJ_MCUBook_M4 보드를 이용한 Serial Flash Memory W25Q32 실험.

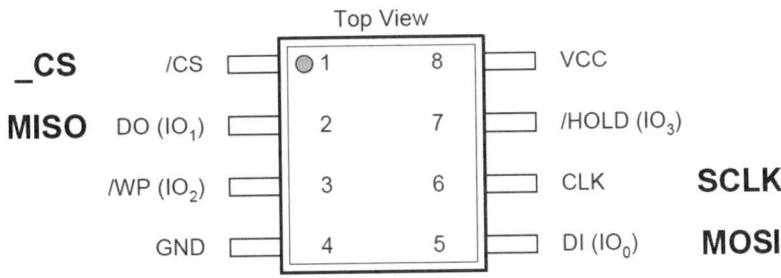

[그림 5.1-3] W25Q32의 package 구성.

현재, [그림 5.1-1]에서 보여준 회로를 보면, /WP와 /HOLD 단자 모두 pull-up 되어 있으므로 SJ_MCUBook_M3 보드에서 이들을 위한 jumper wire들을 사용하지 않은 것이다. 이것은 SJ_MCUBook_M4 보드에서 사용되는 W25Q32FV도 마찬가지이다. 정리하면, SPI Master는 MOSI line을 통하여 SPI Slave에게 데이터를 writing할 수 있고, MISO line을 통하여 데이터를 reading 할 수 있다. 잠시 후에 단원을 바꾸어 자세히 설명하겠지만, 구체적으로 flash memory에 데이터를 writing하는 방법과 flash memory로부터 데이터를 reading하는 방법에 대해서 정리하면 다음과 같다.

❶ Flash memory에 데이터 writing 방법 : MOSI line 이용.
  ① 먼저, write 관련 **명령어를 전송**한다.
  ② 전송할 데이터가 저장될 flash memory의 **시작 번지를 전송**해 준다.
  ③ 전송할 데이터들을 계속해서 전송해 주면, 각각의 byte가 지정한 시작번지부터 순서대로 1씩 자동으로 증가하며 저장된다.

❷ Flash memory로부터 데이터 reading 방법 : MISO line 이용.
  ① 먼저, read 관련 **명령어를 전송**한다.
  ② 읽혀질 데이터가 저장된 flash memory의 **시작 번지를 전송**해 준다.
  ③ 지정한 시작번지부터 각각의 byte가 순서대로 번지를 1씩 **자동으로 증가**하며 읽혀진다.

데이터를 writing 할 때에는 먼저 해당 영역을 **반드시** Erase, **즉 지워주고 수행**해야 한다. [그림 5.1-4]는 flash memory의 내부 저장 공간을 구성하는 각각의 **page, sector,** 그리고 **block**의 크기, 그리고 이들의 **상관관계를 도식적으로 표현**한 것이다.

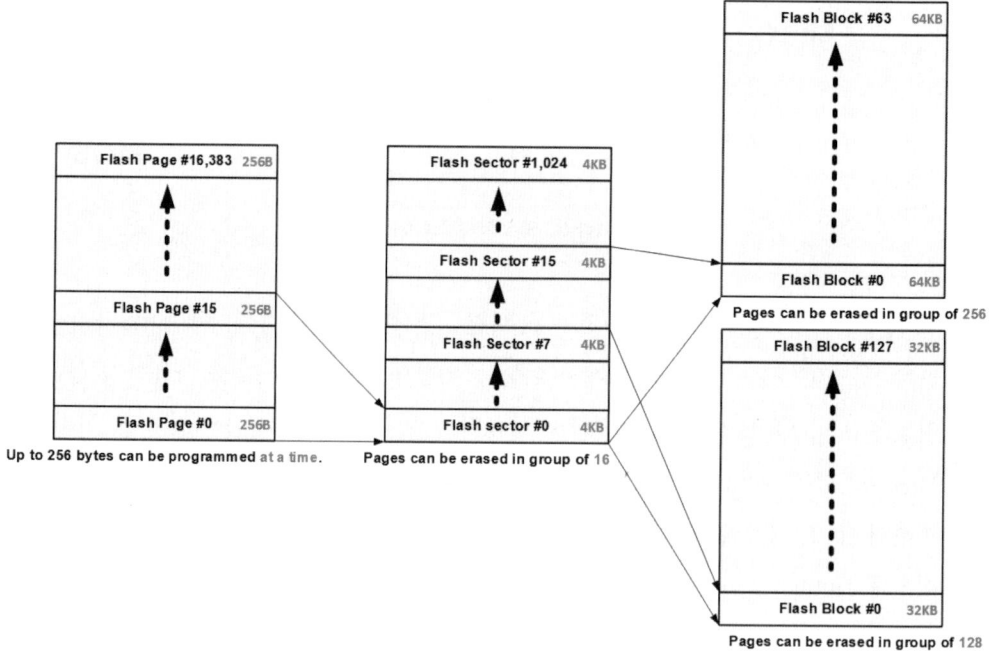

[그림 5.1-4] W25Q32의 package 구성.

일반적으로 sector 단위 또는 block 단위로 erasing하고, page 단위로 writing을 수행해야 한다. 단, 1 page 크기는 256bytes이고, 1 sector 크기는 16 pages 즉, 16×256bytes = 4[KB]이며, 1 block 크기는 128 sectors 또는 256 sectors의 크기를 가진다. 즉, 32[KB] 또는 64[KB] 크기를 가진다. 그러므로, 1byte 데이터만 flash memory에서 저장하고 싶다고, 1byte만 쓸 수는 없다는 것에 주의하기 바란다. 그리고, 3.4. 단원에서 학습한 MCU 내부 flash memory에 대한 **Mass Erase** command와 같이 flash memory 전체를 한 번에 지워주는 flash memory 명령어도 존재한다. [그림 5.1-4]로부터 각각의 page 크기는 256bytes이며, 우리가 사용하는 W25Q32 32Mbits 안에는 총 16,384개의 page들이 있는 것을 알 수 있다. 그러므로, 256 bytes 단위 즉, page 단위로 한번에 programming한다. 하나의 sector는 16개의 page들로 구성되며, 하나의 block은 32[KB] 크기를 가질 수도 있고, 64[KB] 크기를 가질 수도 있다. 구체적인 flash 명령어들에 대한 설명과 이들 명령어 각각을 JEDEC 표준에서 정한 timing diagram에 맞게 coding하는 상세한 내용은 다음 Chapter에서 설명하기로 하고, 우선, 이론적 학습으로 [그림 5.1-5]는 Read Data 명령어 (0x03h)에 대한 timing diagram으로서 memory로부터 연속적으로 하나 또는 그 이상의 데이터를 읽어내는 것을 허락한다.

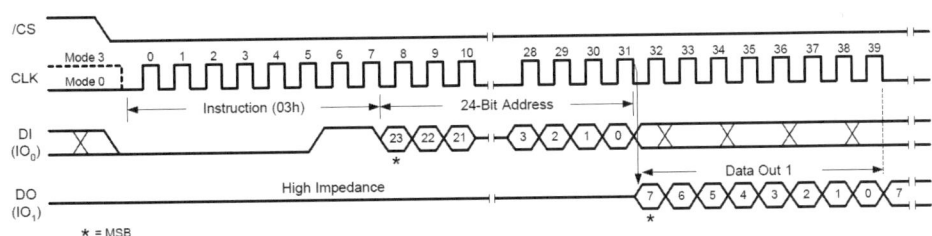

[그림 5.1-5] Read Data 명령어(03h).

앞서 언급한 것과 같이 DI pin은 MCU 입장에서 MOSI pin에 해당하고, DO pin은 MISO pin에 해당한다. 이제, [그림 5.1-5]에서 보여준 timing diagram이 되도록 SPI interface를 구동하여 주면, Serial flash memory W25Q32에 저장된 데이터를 읽어 낼 수 있다. 이때, 연속해서 각각의 data byte를 순서대로 읽어낼 수 있도록 flash memory 안에 있는 controller 로직이 자동으로 address를 증가시켜준다. 그러므로, **SCLK만 계속해서 제공해 준다면**, Read Data 명령어 하나로 전체 W25Q32 내부 memory data를 읽어낼 수도 있다. 어쨌든 이 명령은 /CS = 1로 구동될 때 완료된다. 그러므로, 쓰기와는 다르게 byte 단위로 읽는 것이 아니라 bit 단위로 읽을 수도 있다는 것을 알 수 있다. 지금까지 Serial flash memory W25Q32에 대해서 간단히 살펴보았다. 이제, 구체적으로 W25Q32 serial flash memory에 대한 write, read, 그리고, erase를 수행하는 자세한 방법에 대해서 학습하고, 또한, [그림 5.1-2]에 보여준 SJ_MCUBook_M4 보드를 이용하여 실험도 해보도록 하겠다.

5.2 Serial SPI Flash Memory W25Q32FV 사용 방법.

이번 단원에서 다루는 내용은 과거 필자가 대략 3년여 동안 sound 전용 DSP를 이용하여 Soundbar 개발 과정에서 정리한 기술 문서 내용에서 관련된 내용만 발췌하여 다시 정리한 것이다. 그러므로, STM32 MCU에 대한 내용을 제외한 나머지 내용은 **임의의 MCU에서도 모두 적용되는 일반적인 내용**이므로 Serial Flash Memory 사용 방법에 관심 있는 분들에게 많은 도움이 될 것이라고 생각한다. **W25Q32FV**은 Winbond Inc.에서 출시한 32[**Mbits**] Serial Flash Memory로서 **표준 SPI뿐만 아니라 잠시 후에 설명할 Dual, Quad SPI interface도 사용**할 수 있다. 일반적으로 Parallel flash memory는 사용하는 MCU의 interface 관련 controller가 일단 **초기화**되면, 내부 또는 외부 RAM으로부터 데이터를 읽는 것과 같이 memory가 mapping 되어 단순하게 특별한 명령어 필요 없이 읽을 수 있다. 그리고, 쓸 때는 일반적으로 **CFI** compatible instruction들을 사용해야 한다. 그러나, **Serial** flash memory의 경우에는 읽거나 쓸 때 모두 제조사에서 지정한 instruction들을 사용해야 한다는데 주의하자. 여기서 다룰 serial flash memory **W25Q32FV**는 2003년에 채택된 SPI 호환 Serial Memories를 위한 **JEDEC 표준**을 따르며, single 2.7[V]~3.6[V] 32[Mbits] 용량을 가진다. 물론, 용량은 더 큰 것들이 얼마든지 있다. 참고적으로 JEDEC이 각각의 제조사들을 위한 Manufacturer ID를 제공한다. [그림 5.2-1]은 표준 SPI뿐만 아니라 **Dual** SPI, 그리고, **Quad** SPI interface에 따른 MCU와 Serial Flash Memory의 연결 방법을 보여준 것이다. 예를 들어서, ①번에서 보여준 것처럼 STM32L476 MCU는 ②번으로부터 **표준** SPI1, SP2, SP3뿐만 아니라 **QUADSPI** interface를 지원하는 것을 볼 수 있다. ③번과 같이 **Quad SPI Line**을 선택하면, ④번과 같이 Quad SPI mode와 연관된 pin들을 ⑤번과 같이 할당한다. 단, Quad SPI interface는 표준 SPI interface처럼 모든 STM32 MCU가 지원하는 것은 아닌데 주의하기 바란다.

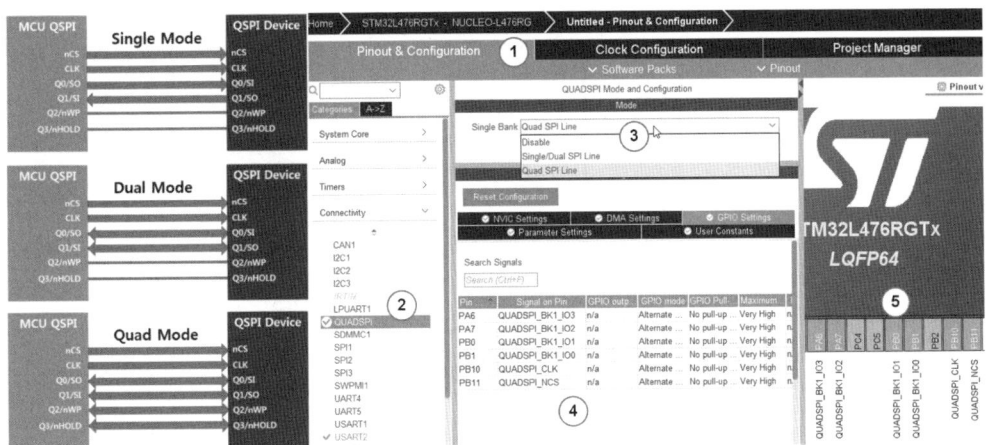

[그림 5.2-1] SPI interface 종류와 Quad SPI Interface.

어쨌든, 다음과 같이 SPI interface에 따라서 필요한 pin들을 정리할 수 있다. 단, 이때의 pins 구성은 "Serial Clock(CLK), Chip Select(/CS), Serial Data I/O0(DI), I/O1(DO), I/O2(/WP), 그리고, I/O3(/HOLD)"인데 주의하자.

❶ Standard SPI : CLK, /CS, DI, DO, /WP, /Hold
❷ Dual I/O SPI : CLK, /CS, IO0, IO1, /WP, /Hold
❸ Quad I/O SPI : CLK, /CS, IO0, IO1, IO2, IO3
❹ 2 clocks instruction cycle Quad Peripheral Interface.

❷번, ❸번, 그리고, ❹번처럼 2개 또는 4개의 IO pin들을 이용하는 경우, 특별히, Multi I/O SPI Flash device라고 부른다. 이들의 pin들 구성과 우리가 앞으로 사용할 [그림 5.1-3]에서 보여준 W25Q32FV의 실질적인 package 구성을 [그림 5.2-2]를 통하여 이번에는 좀 더 자세히 비교하며 학습해 보도록 하겠다. 우선, [그림 5.2-2]에서 보여준 각각의 핀 이름 앞에 symbol "/"가 붙은 것은 앞서 언급한 것과 같이 **Active Low** pin을 의미한다. 즉, low level 입력 전압을 받았을 때에 자신의 기능을 수행하는 pin을 의미한다. 대표적으로 MCU의 Reset pin은 일반적으로 /RST와 같이 표시하여 low level 전압이 들어오면 Reset 기능을 수행하는 것을 의미한다. 혹은 핀 이름 앞에 문자 N을 추가하여 Low Level 또는 Negative를 강조하여 /NRST와 같이 표시하기도 한다.

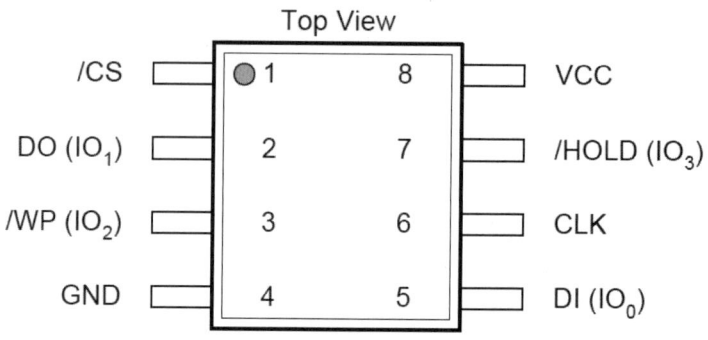

[그림 5.2-2] W25Q32FV의 package 구성.

다음은 W25Q32FV 부품을 구성하는 각각의 pin 기능에 대해서 정리한 것이다.

❶ /CS : Chip Select Input pin.

W25Q32FV 자체의 동작을 enabling 또는 disabling해 준다. /CS pin이 high인 경우, 동일한 SPI interface에 연결되어 있는 device들 중에서 W25Q32FV이 deselecting 된 것을 의미한다. 이때에 Serial Data Output(DO, IO0, IO1, 또는 IO0, IO1, IO2, IO3) pins는 high impedance가 된다. power-up 이후, /CS pin은 새로운 instruction이 수신되기 전에 high에서 low로 천이하여 active state가 되어야 한다. 일반적으로 회로 상에서 pull-up 시켜놓는다.

❷ DO(IO1) : Input/Output

Data Input/Output(IO1) pin.

❸ /WP(IO2) : Write Protect Input pin 또는 IO2 Input/Output pin

4[KB] 크기를 가지는 sector 단위로 write protection을 수행할 수 있다. 만일, 사용하고 싶지 않다면, inactive 시켜야 하므로 pull-up 시켜주면 되겠다. 단, 나중에 설명하겠지만, Quad I/O(즉, IO2)로 사용하기 위해서 W25Q32FV의 Status register2 안에 있는 QE=1로 설정한 경우에는 Write Protect 기능을 사용할 수 없다.

❹ GND :

Ground pin.

❺ DI(IO0) : Input/Output

Data Input/Output(IO0) pin.

❻ CLK : Input

Serial Clock Input pin.

❼ /Hold(IO3) : Hold Input pin 또는 IO3 Input/Output pin

현재 flash memory의 동작을 잠시 멈추게 할 때 사용한다. 즉, /CS=low인 동안에 갑자기 /Hold=low 즉, active가 되면, DO pin은 high impedance가 되고, 즉, 상대편에게 끊어진 상태로 보이고, DI와 CLK pins에 들어오는 입력 신호들은 **무시**된다. 그리고 나서 다시, /Hold=high가 되면, device 동작은 **정지되었던 시점부터 다시 시작**된다. 일반적으로 /Hold pin은 동일한 SPI 신호들을 여러 device들이 **공유**하고 있을 때 유용한다. 단, Quad I/O(즉, IO3)를 사용하기 위해서 QE=1로 설정한 경우에는 hold 기능은 상실된다. 즉, standard SPI와 Dual SPI에서**만** 사용할 수 있다. 또한, hold 동작 동안 /CS는 계속해서 active low 상태를 유지해 주어야 한다는데 주의하자. 역시, 사용하지 않는다면, pull-up 시켜주면 된다.

❽ VCC :

Power Supply pin, 3.3[V] 전원을 사용한다.

8개의 pins로 구성된 SPI flash memory를 외부와 연결 시켜주는 SPI interface 뿐만 아니라 임의의 interface가 가지는 가장 중요하고도 기본이 되는 업무는 데이터 read와 write일 것이다. 즉, SPI **Master**는 MOSI line을 통하여 SPI **Slave**에게 데이터를 writing할 수 있고, MISO line을 통하여 데이터를 reading 할 수 있다. 결국, MOSI line은 write instruction을 수행하는 전용 line이 되고, MISO line은 read instruction을 수행하는 전용 line이라고 말할 수 있다. 또한, 표준 SPI interface의 데이터 line들은 MOSI와 MISO 뿐이므로 결국, read와 write instruction외에는 추가적인 명령을 수행할 방법이 없다. 그런데, flash memory의 경우, write하기 전에 erase를 수행해 주어야하며, 일반적으로 **page** 단위로 **writing**을 하고, **block** 단위로 **reading**을 수행해야 한다. 잠시 후에 자세히 설명하겠지만, 이처럼 여러 명령어들을 몇 개의 bits 조합으로 정의하고, 해당 bit 조합이 들어오면 그에 따른 명령을 수행하는 control logic이 모든 flash memory 안에 포함되어 있다. 그리고, 주어진 **명령어들에 근거하여 동작**하게 되므로 read 또는 write **전용 line**들이 더 이상 필요 없게 된다. 우리는 잠시 후에 Standard SPI interface로 W25Q32FV를 사용하는 경우에 사용할 수 있는 여러 명령어들에 대해서 학습하게 될 것이며, 이들 명령어 체계가 다른 제조사에서 출시하는 Serial Flash Memory에서도 **거의 동일하게 적용**된다는 것도 알게 될 것이다. standard, dual, quad SPI clock 주파수는 **최대 104[MHz]**까지 지원된다. 그러므로, Dual SPI의 경우에는 208[MHz], Quad SPI의 경우에는 416[MHz]까지의 access time을 지원하는 것과 동등하다. 단, 이것은 잠시 후에 설명할 Fast Read Dual/Quad I/O 그리고, QPI instruction들을 이용하는 경우에 해당한다. 이 정도 access time이면, 표준 비동기 8 또는 16bits parallel flash memory의 access time을 능가한다. 8/16/32/64bytes Continuous Read Mode는 효율적인 memory access를 수행하여 **진정한 XIP(Execute In Place)를 허락**한다. 즉, MCU 내부 flash memory처럼 Serial Flash Memory에 실행 이미지를 저장하고, 그곳에서 바로 명령어들을 가져와서 실행시킬 수 있다는 의미이다. 참고적으로 전원 관련해서는 W25Q32FV처럼 25Q series는 2.7[V] ~ 3.6[V] single power supply와 active 상태에서 **4[mA]**를 소비한다. [그림 5.2-3]은 전형적인 Serial Flash Memory 구조와 SJ_MCUBook_M4 보드에 있는 W25Q32FV와 관련된 회로도 일부를 보여준 것이다. 단, 전체 회로도는 Naver Cafe **임종수 연구소**에서 무료로 받아갈 수 있다.

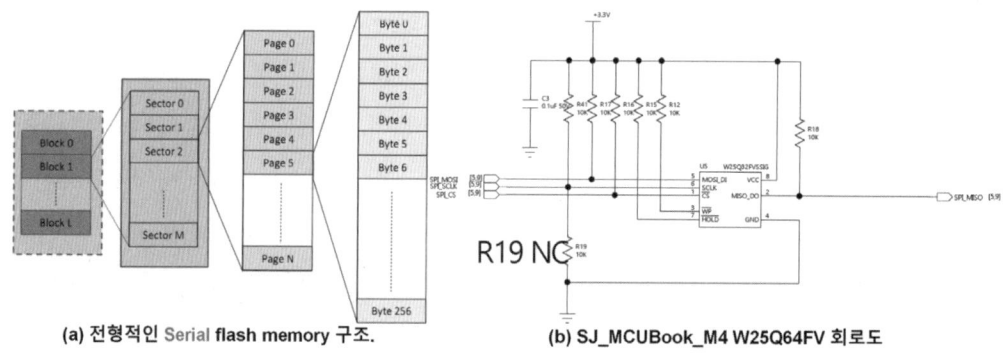

(a) 전형적인 Serial flash memory 구조.   (b) SJ_MCUBook_M4 W25Q64FV 회로도

[그림 5.2-3] 전형적인 Serial Flash Memory 구조.

[그림 5.2-4]는 Parallel Flash Memory 구조와 일반적으로 STM32 MCU에서 제공하는 FMC(Flexible Memory Controller)를 사용하여 구성한 회로 구성도를 보여준 것이다. 결국, Parallel Flash Memory를 사용하기 위해서는 앞서 언급한 것과 같이 FMC 또는 FSMC(Flexible Static Memory Controller)를 가지고 있는 MCU를 선택해야 하고, 다수의 address와 data line들을 사용해야 한다. 이것은 결국, 제품의 보드 크기가 커지는 것을 의미하고, 신호선이 많으면 여러 신호선들 사이의 잡음에 취약해 진다.

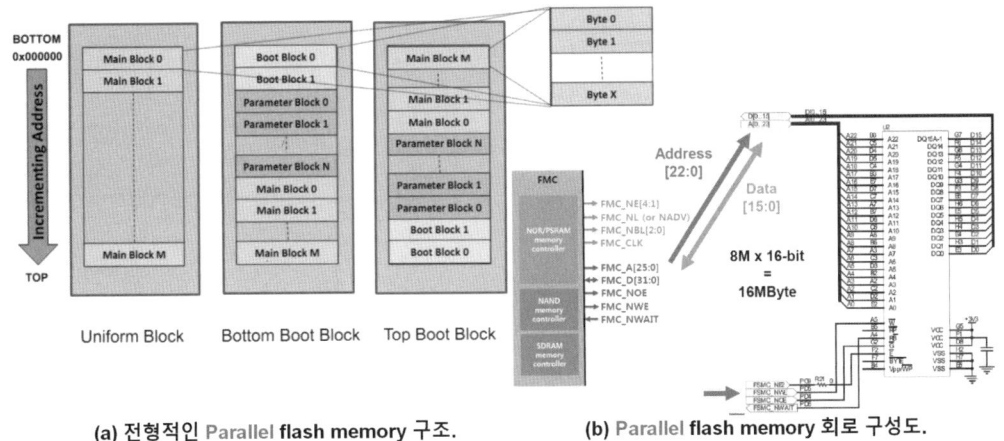

(a) 전형적인 Parallel flash memory 구조.   (b) Parallel flash memory 회로 구성도.

[그림 5.2-4] 전형적인 Parallel Flash Memory 구조.

무엇보다도 MCU에서 해당 다수의 pin들을 선택하면 다른 주변 장치들을 위한 여유가 없어서 pin 수가 많은 MCU를 선택해야 한다는 문제가 발생한다. 그래서 소프트웨어적으로는 훨씬 할 일이 많지만, 일반적으로 Serial Flash Memory가 보다 폭 넓게 시장에서 사용되고 있다. 또한, [그림 5.2-3]에서 /WP와 /HOLD pin들은 모두 pull-up 시켜서 사용한다면, 전형적인 표준 SPI 4개 line들만 있으면 충분하고, 거의 모든 MCU가 적어도 하나의 SPI interface를 가지고 있으므로 호환성도 우수하다. 그리고, [그림 5.1-4]에서 학습한 것과 같이 W25Q32FV는 각각 256bytes로 구성된 16,384 programmable page들로 구성되어 있다. 즉, 256 bytes까지 한번에 programming 될 수 있다. 이것은 **4.2.3. 단원**에서 설명한 것과 같이 STM32 MCU 내부 flash memory의 경우에 1page 크기가 1[KB] 또는 2[KB]인 것과 비교하여 상대적으로 작은 것을 알 수 있다. 하나의 **sector**는 16개의 page들로 구성되며, **block**은 32[KB] 크기를 가지는 block 또는 64[KB] 크기를 가지는 block으로 나뉠수 있다. [그림 5.2-5]는 좀 더 자세한 W25Q32FV의 내부 구조를 보여주고 있다. 앞으로 자주 참조할 것이므로 자세히 학습하기 바란다. SPI interface로 유입되는 명령어를 통하여 전체를 제어하는 Control Logic이 **제일 앞에** 있고, 이후 번지를 1씩 자동으로 증가시켜주기 위한 address counter들과 고속의 안정된 데이터 이동을 위한 256bytes buffer를 통과해야 page, sector, 그리고, block으로 구분되는 저장 영역이 있다는 것을 알 수 있다. 어쨌든, writing은 **page** 단위로 수행되고, erasing은 **sector** 또는 **block** 단위로 수행되거나 한 번에 전체를 erasing 할 수 있다는 데 주의하기 바란다.

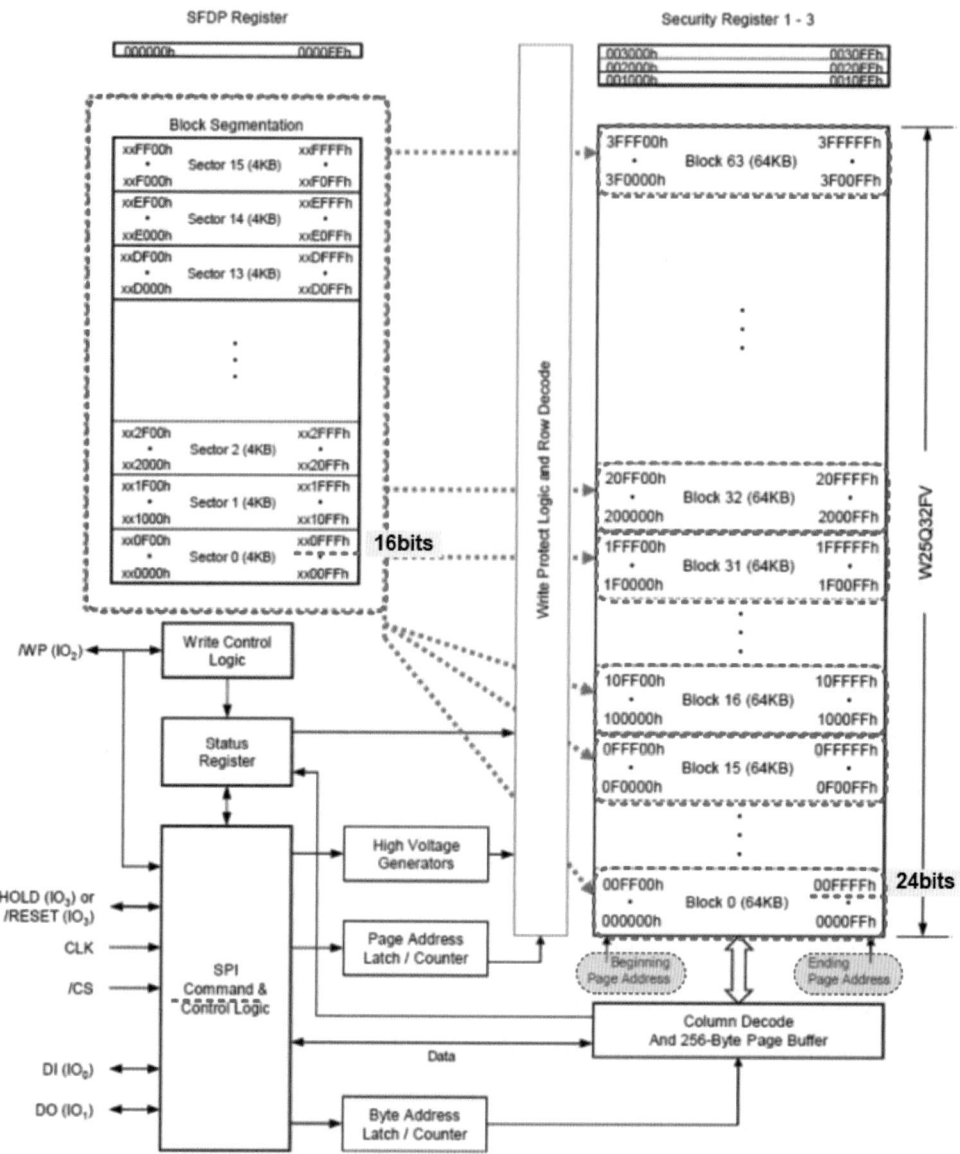

[그림 5.2-5] W25Q32FV에 대한 자세한 내부 구성.

또한, software 그리고 hardware write-protect 기능을 제공하고, 64bits unique ID를 제공한다. STM32 main flash memory의 경우, 4.2. 단원에서 학습한 word 단위 **또는** half-word 단위**로** write 할 수 있고, page 단위 또는 전체를 한 번에 지우는 mass erase 만 제공하는 것과 비교해 보기 바란다.

5.3 Serial SPI Flash Memory 동작 원리 분석.

Serial Flash Memory에 data read 또는 data write와 같이 어떠한 동작을 원하는 경우에는 해당 flash memory가 이해할 수 있는 명령어를 [그림 5.2-5]에서 보여준 SPI command & Control logic에 전달해 주어야 한다. power-up되면, device는 자동적으로 Status Register의 WEL(Write Enable Latch) = 0으로 지정되어 write disabling 상태가 된다. 그러므로, Read 관련 instruction을 제외한 임의의 Page Program, Sector Erase, Block Erase, Chip Erase, 또는 Write Status Register instruction이 수신되기 전에 우선, **Write Enable instruction**을 issuing 즉, **제공**해야 한다. 또한, 임의의 page program, erase, 또는 write instruction이 완료되면, **WEL은 자동으로 write-disable 상태로** clearing 된다는데 주의하자. 표준 SPI를 제외한 Dual, Quad 그리고 QPI 명령어들은 **CLK** input pin의 rising edge에 대해서 직렬로 instruction, addresses, 또는 data를 device로 writing 하기 위해서 [그림 5.2-1]에서 보여준 것처럼 bidirectional I/O pin들을 이용한다. 또한, **CLK**의 falling edge에 대해서 device로부터 data 또는 status를 읽어 내기 위해서 bidirectional I/O pin들을 이용한다. 즉, CLK의 rising edge는 Flash memory에 데이터를 저장하는 write 동작에 해당하고, falling edge는 read 동작에 해당한 다는 것을 기억해 두자. 그래서, Read Data command에 대한 timing diagram을 보여준 [그림 5.1-5]의 CLK **31번째** clock의 falling edge에 동기화하여 데이터가 DO pin으로 출력되는 것이다. 또한, CLK **8번째** clock의 rising edge에 24bit address의 24번째 bit 값에 대한 전압 level이 **안정화**되어 DI pin을 통하여 읽어들일 수 있도록 SPI Master가 데이터를 전송한 것을 확인 할 수 있다. 여기서, 간혹, falling edge에 따른 출력 신호는 falling edge에 align 즉, 동기화되어 출력되고, rising edge에 따른 입력 신호는 신호의 중간에 해당하는 것을 보고, 이상하게 생각하시는 분들이 있을 수 있다. 물론, VHDL/Verilog를 통하여 FPGA/CPLD를 설계한 경험이 있는 분들은 알겠지만, 신호 line 의 데이터를 안정하게 읽어 내기 위해서는 신호의 level이 안정화된 이후에 읽어 들여야 한 다. 그리고, 내 보낼 때는 자신의 clock edge 어느 하나에 맞게 내보내 준다. 그러면, 상대편 부품의 pin에 도달할 때까지 동일 PCB의 경우 3~4[ns] 걸리는데, 이것을 **propagation delay time**이라고 하여 이 시간을 고려해서 신호 레벨을 안정화하여 상대편 부품들은 신호 를 CLK 8번째 상황이 되게 만들어서 읽어내는 것이다. STM32 MCU에 대한 falling과

rising time에 대한 조정은 Maximum output speed를 이용하여 수행하면 되고, Vol.1의 3.1. 단원에 관련 내용이 소개되어 있다. 간혹, 신호가 온도에 따라서 또는 주변 장치에 따라서 순간적으로 깨져서 문제가 된다면, 신호의 안정성을 고려해 보아야 한다. [그림 5.3-1]은 STM32F103에 Falling과 Rising Edge time에 대한 사양이다.

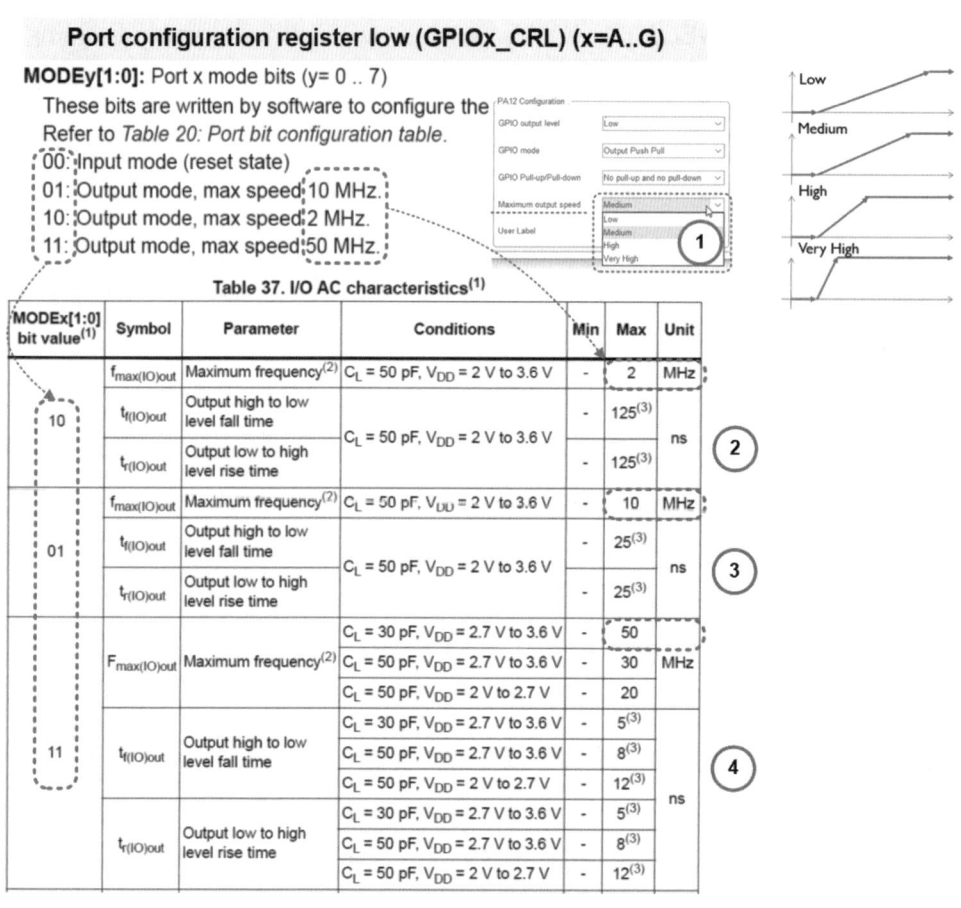

[그림 5.3-1] STM32F103 Falling과 Rising Edge time 사양.

①번 그림은 Vol.1의 3.1. 단원에서 설명하며 사용한 그림인데, ②번부터 ④번까지 내용으로부터 GPIOx_CRL register의 MODEx[1:0] 설정에 따라서 몇 ns에서 125[ns]까지 걸린다는 것을 알 수 있다. 그러므로, 방금, 얘기한 것과 같이 자신의 제품이 온도에 따라서 또는 주변에 함께 동작하는 제품에 따라서 아주 간혹 죽거들랑 신호의 안정화 즉, Signal Integrity 문제를 따져봐야 한다. 이와 같은 문제 해결을 위한 집중적인 분석력이 여러분을

전문가로 만들어 줄 것이다. 이것은 STM32 MCU뿐만 아니라 모든 디지털 시스템을 개발하는데 가장 근본적인 문제인데 주의하자. 어쨌든, Quad SPI와 QPI instructions는 Status register-2 안에 있는 non-volatile QE(Quad Enable) bit = 1로 지정되어 있어야 사용할 수 있다. QE = 1이면, /WP pin은 IO2가 되고, /HOLD pin은 IO3가 된다. 여기서, non-volatile은 read/write 가능 bit를 의미한다. 이제 좀 더 상세하게 사용할 수 있는 SPI interface 종류별로 자세히 살펴보도록 하겠다.

❶ Standard SPI : CLK, /CS, DI, DO, /WP, /Hold
Standard SPI instruction들은 Serial Clock(CLK) input pin의 **rising** edge에 대해서 직렬로 **instruction, address,** 또는 **data**를 device로 **writing**을 수행하기 위해서 **unidirectional DI** pin을 이용한다. 역시, [그림 5.1-5]를 참조하기 바란다. 또한, CLK의 **falling** edge에 대해서 device로부터 data 또는 status를 **reading** 하기 위해서 **unidirectional DO** pin을 이용한다. 그리고, SPI bus operation mode 0과 3을 지원한다. 여기서 mode 0과 mode 3의 차이는 SPI bus master가 standby이고, data가 Serial Flash로 전송되지 않을 때, CLK signal의 상태와 관계된다. 즉, 초기 CLK 전압 level을 의미하며, [그림 5.1-5]를 참조하기 바란다.
- mode 0 : CLK signal은 low
- mode 3 : CLK signal은 high

❷ Dual SPI : CLK, /CS, IO0, IO1, /WP, /Hold
Fast Read Dual Output(0x3Bh) 그리고, Fast Read Dual I/O(0xBBh)와 같은 명령들을 이용할 때 Dual SPI operation을 지원한다. 단, 괄호안의 16진수 1byte 값은 명령어 code 값이다.

❸ Quad SPI : CLK, /CS, IO0, IO1, IO2, IO3
Fast Read Quad Output(0x6Bh), Fast Read Quad I/O(0xEBh), Word Read Quad I/O(0xE7h), 그리고, Octal Word Read Quad I/O(0xE3h)와 같은 명령들을 이용할 때 Quad SPI operation을 지원한다.

❹ Quad Peripheral Interface : CLK, /CS, IO0, IO1, IO2, IO3
Enable QPI(0x38h) instruction에 의해서 device가 standard, Dual, 또는 Quad SPI mode에서 QPI mode로 전환될 때만 QPI operation을 사용할 수 있다. 전형적인 SPI

protocol은 8개의 serial clock들을 사용하여 DI pin으로 byte 길이를 가지는 instruction code를 입력으로 받아들인다. 그러나, QPI mode는 instruction code를 4개의 I/O pins로 받아들이므로 2 serial clock들만 있으면 된다. 이것은 XIP(Execute In Place) 환경에서 상당한 overhead를 줄이는 결과를 만든다.

[그림 5.3-2]에서 보여준 것과 같이 standard, dual, quad SPI mode와 QPI mode는 **상호 배타적**이다. 그러므로, **임의의 순간에 어느 하나만 active** 될 수 있다는데 주의하자.

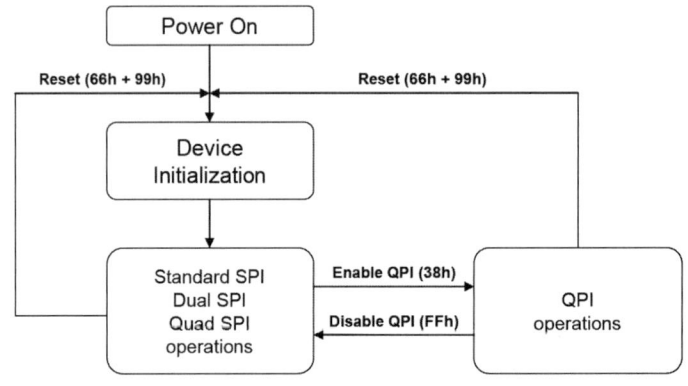

[그림 5.3-2] W25Q32FV의 동작 diagram.

[그림 5.3-2]에서 보여준 것과 같이 enable QPI와 disable QPI instruction들을 이용하여 Standard, Dual, Quad SPI mode와 QPI(Quad Peripheral Interface) mode 사이에서 전환할 수 있다. 구체적으로 SPI mode에서 QPI mode로 전환하기 위해서는 우선, [그림 5.3-3]에서 보여준 Status register-2에서 QE=1로 Write Status Register instruction을 이용하여 지정해 주고, 이어서 Enable QPI(38h) instruction이 issuing되어야 한다. 만일, QE=0인데, Enable QPI instruction을 실행하면 무시되고, device는 SPI mode로 남아있게 된다. 그리고, QPI mode로부터 SPI mode로 되돌아가기 위해서는 **Disable QPI(0xFFh) instruction**을 issuing하면 된다. 단, mode 전환과 상관없이 Status register의 WEL, SUS, 그리고 Wrap Length setting은 바뀌지 않고 유지된다는데 주의하자. SPI Serial Flash memory는 작은 package 요구와 사용하는 pin 개수의 제한으로 전용 reset pin을 가지고 있지 않고, **Software Reset** instruction을 제공한다.

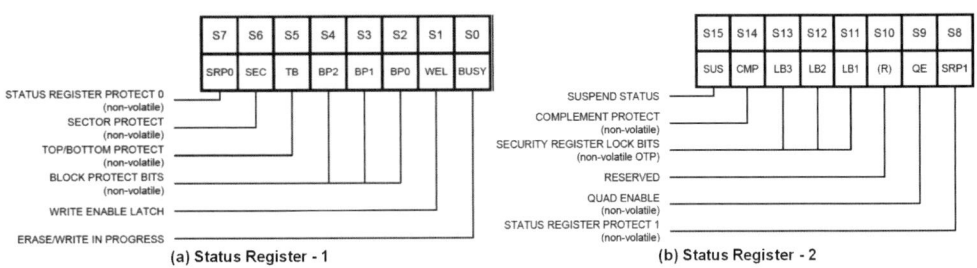

[그림 5.3-3] Status Register - 1/2.

일단, Reset Enable(0x66h) instruction, 그리고 나서 Reset(0x99h) instruction을 issuing하면, 임의의 진행 중인 모든 내부 동작들은 중지된다. 그리고, device는 default 상태로 들어가고, volatile settings는 모두 소실된다. 여기서 언급한 volatile setting으로는 다음과 같은 것들이 있다.

- WEL, SUS, 그리고, Read parameter setting(P7~0), Continuous Read Mode bit setting(M7~0) 그리고, Wrap bit setting(W6~4)

flash memory에 대한 다양한 상태 정보를 제공하기 위해서 [그림 5.3-3]에서 보여준 것과 같이 2개의 status register들을 제공한다. 단, non-volatile로 표시한 bit는 read/write 가능하다. 그리고, non-volatile로 표시하지 않은 bit fields는 read-only bit fields를 의미하며, 이들은 volatile bit field라고 부른다. 왜냐하면, Volatile SR Write Enable instruction으로 수정할 수 있지만, volatile 특성상 전원이 On 되어 있는 동안만 그 값이 유지되기 때문이다. 단, Status Register-1/2의 모든 bit field들에 대한 factory default 값은 "0"이다. 다음은 status register bit field 기능에 대해서 정리한 것이다. 추후 flash memory 명령어들을 구현할 때에 자주 참조하게 될 것이다.

❶ BUSY : read-only

device가 Page Program, Quad Page Program, Sector Erase, Block Erase, Chip Erase, Write Status Register 또는 Erase/Program Security Register instruction을 실행할 때 "1"이 되고, 해당 instruction을 완료하였으면, "0"이 된다. BUSY = 1 인 경우에 device는 Read Status Register 그리고, Erase/Program Suspend instruction을 제외한 나머지 추가적인 instruction들은 무시된다. 이제, 그 program, erase, 또는 write status/security register instruction이 완료되면, device는 **다음 추가적인 instruction들을 받을 준비가 된 것을 알리기 위해서 BUSY=0이 된다.**

❷ Write Enable Latch(WEL) : read-only

Write Enable instruction을 실행하면 WEL=1이 된다. 그리고, device가 write disabling되면, WEL = 0으로 clearing된다. Write disabling되는 경우는 power-up 이후, 또는 다음의 명령 즉, Write Disable, Page Program, Quad Page Program, Sector Erase, Block Erase, Chip Erase, Write Status Register, Erase/Program Security register instruction이 실행을 완료 한 경우이다.

❸ Block Protect bits(BP2, BP1, BP0) : read/write

Write Protection 제어와 상태를 제공하는 non-volatile read/write bits. 그러므로, 이들 bits는 Write Status Register instruction을 이용하여 조정될 수 있다. memory array의 전부 또는 일정 부분은 Program 그리고 Erase instruction들로부터 보호될 수 있다. default는 "0"으로서 protection이 해제되어 있다.

❹ Top/Bottom Block Protect(TB) 그리고, Sector/Block Protect(SEC) : read/write

non-volatile SEC는 array의 top(TB=0) 또는 bottom(TB=1) 안에 있는 4[KB] Sectors(SEC=1) 또는 64[KB] blocks(SEC=0) 중에서 어느 것을 보호할지 결정한다.

❺ Complement Protect : read/write

array protection을 위해서 사용함. CMP=1이면, SEC, TB, BP0/1/2에 의해서 조정된 이전 array protection은 반전 된다. 예를 들면, CMP=0이면, top 4[KB]는 protection되지만 array의 나머지는 protection되지 않는다. CMP=1이면, top 4[KB]는 unprotection되지만 array의 나머지는 protection된다.

❻ Status Register Protect(SRP) : read/write

SRP1/0 bits는 [표 5.3-1]과 같이 **write protection의 방법을 제어한다.** 즉, software protection, hardware protection.

❼ Erase/Program Suspend Status(SUS) : read-only

Erase/Program Suspend(0x75) instruction을 실행한 이후에 SUS=1이 된다. 그리고, Erase/Program Resume(0x7A) instruction과 power-down-up에 의해서 "0"으로 clearing된다.

SRP1	SRP0	/WP	Status Reg	기능 설명
0	0	×	Software protection	status register는 WEL=1인 된 이후에 가능. factory default.
0	1	0	Hardware protected	/WP=low일 때, status register는 locking되어 writing 불가능.
0	1	1	Hardware unprotected	/WP=high일 때, status register는 unlocking되고, WEL=1이면 writing 가능.
1	0	×	Power-supply lock-down	status register는 보호되고, 다음 power up까지 다시 작성될 수 없다.
1	1	×	One Time Program	status register는 영원히 보호된다.

[표 5.3-1] Status Register Protect의 기능.

❽ Security Register Lock bits(LB1/2/3) : read/write OTP

W25Q32FV는 [그림 5.2-5]의 오른쪽 상단에 보여준 것과 같이 3개의 개별적으로 지우거나 쓸 수 있는 256bytes 크기를 가지는 Security Register 1-3을 제공한다. 이들 register들은 main memory array와는 별개로 security 그리고 다른 중요한 정보를 저장하기 위해서 **system 제조사에 의해서 사용**된다. Security register들에 대한 write protect control과 status를 제공한다. default는 unlock이다. LB1~3은 Write Status Register instruction을 이용하여 각각의 bit를 조정할 수 있지만, 일단, "1"로 되면 대응하는 256bytes Security Register는 영원히 read only가 된다는 데 주의하자.

❾ Quad Enable(QE) : read/write

QE=1이면, Quad SPI와 QPI 동작이 가능하다. 단, factory default는 "0"인데 주의하자. device를 standard, dual, quad SPI로부터 QPI로 전환하는 Enable QPI(0x38)를 issuing하기 전에 QE=1로 지정되어야 한다는 데 주의하자. 그렇지 않으면, 38h instruction은 무시된다. 단, QPI mode에서 Write Status Register instruction으로 QE bit의 값을 "1"에서 "0"으로 바꿀 수 없다는 데 주의하자.

W25Q32FV가 제공하는 Standard, Dual, 그리고, Quad SPI instruction set은 SPI bus를 통하여 제어되는 [표 5.3-2]에서 보여준 **36개의 기본적인 명령어들**로 구성된다. 이들 명령어들은 /CS의 falling edge에서 초기화되고, DI input으로 clocking되어 들어오는 첫 번째 byte 즉, BYTE1은 instruction code를 제공한다. 구체적으로 DI input에 대한 data는 [그림 5.1-5]에 보여준 것처럼 **msb**(most significant bit) **먼저**, clock의 rising edge에서 sampling된다.

명령어	BYTE1	BYTE2	BYTE3	BYTE4	BYTE5	BYTE6
Clock개수	0~7	8~15	16~23	24~31	32~39	40~47
Write Enable	06h					
Volatile SR Write Enable	50h					
Write Disable	04h					
Read Status Register – 1	05h	S7~S0				
Read Status Register – 2	35h	S15~S8				
Write Status Register	01h	S7~S0	S15~S8			
Page Program	02h	A23~A16	A15~A8	A7~A0	D7~D0	D7~D0
Sector Erase(4[KB])	20h	A23~A16	A15~A8	A7~A0		
Block Erase(32[KB])	52h	A23~A16	A15~A8	A7~A0		
Block Erase(64[KB])	D8h	A23~A16	A15~A8	A7~A0		
Chip Erase	C7h/60h					
Erase/Program Suspend	75h					
Erase/Program Resume	7Ah					
Power down	B9h					
Read Data	03h	A23~A16	A15~A8	A7~A0	D7~D0	
Fast Read	0Bh	A23~A16	A15~A8	A7~A0	dummy	D7~D0
Release Powedown/ID	ABh	dummy	dummy	dummy	ID7~ID0	
Manufacturer/Device ID	90h	dummy	dummy	00h	MF7~MF0	ID7~ID0
JEDEC ID	9Fh	MF7~MF0 Manufacturer	MF15~MF18 memoryType	ID7~ID0 Capacity		
Read Unique ID	4Bh	dummy	dummy	dummy	dummy	UID63~UID0
Read SFDP Register	5Ah	00h	00h	A7~A0	dummy	D7~D0
Erase Security Reg.	44h	A23~A16	A15~A8	A7~A0		
Program Security Reg.	42h	A23~A16	A15~A8	A7~A0	D7~D0	D7~D0
Read Security Reg.	48h	A23~A16	A15~A8	A7~A0	dummy	D7~D0
Enable QPI	38h					
Enable Reset	66h					
Reset	99h					
Dual SPI Instruction Set						
Fast Read Dual Output	3Bh	A23~A16	A15~A8	A7~A0	dummy	D7~D0
Fast Read Dual I/O	BBh	A23~A8	A7~A0 M7~M0	D7~D0		
Manufacturer/Device ID	92h	A23~A8	A7~A0 M7~M0	MF7~MF0 ID7~ID0		
Quad SPI Instruction Set						
Quad Page Program	32h	A23~A16	A15~A8	A7~A0	D7~D0	D7~D0
Fast Read Quad Output	6Bh	A23~A16	A15~A8	A7~A0	dummy	D7~D0
Fast Read Quad I/O	EBh	A23~A16 M7~M0	XXXX, D7~D0	D7~D0		
Word Read Quad I/O	E7h	A23~A16 M7~M0	XX, D7~D0	D7~D0		
Oct Word Read Quad I/O	E3h	A23~A16 M7~M0	D7~D0			
Set Burst with Wrap	77h	XXXXXX W6~W4				
Manufacturer/Device ID	94h	A23~A16 M7~M0	XXXX MF7~MF0 ID7~ID0	MF7~MF0 ID7~ID0		

[표 5.3-2] W25Q32FV가 제공하는 Standard, Dual, 그리고, Quad SPI instruction set.

결국, serial flash memory는 **big-endian bits format**인 것을 알 수 있다. 간혹, bit stream의 순서를 실수로 거꾸로 하여서 booting이 되지 않는 경우가 있으니 주의하기 바란다. 즉, 0x05가 0xA0으로 flash memory에 저장되어 booting이 되지 않는 경우이다. QPI instruction set은 [표 5.3-3]에서 보여준 것과 같이 **24개의 기본적인 명령어**들로 구성되며, 이들 명령어들은 /CS의 falling edge에서 초기화되고, IO[3:0] input으로 clocking되어 들어오는 첫 번째 byte는 instruction code를 제공한다.

명령어 Clock개수	BYTE1 0, 1	BYTE2 2, 3	BYTE3 4, 5	BYTE4 6, 7	BYTE5 8, 9	BYTE6 10, 11
Write Enable	06h					
Volatile SR Write Enable	50h					
Write Disable	04h					
Read Status Register - 1	05h	S7~S0				
Read Status Register - 2	35h	S15~S8				
Write Status Register	01h	S7~S0	S15~S8			
Page Program	02h	A23~A16	A15~A8	A7~A0	D7~D0	D7~D0
Sector Erase(4[KB])	20h	A23~A16	A15~A8	A7~A0		
Block Erase(32[KB])	52h	A23~A16	A15~A8	A7~A0		
Block Erase(64[KB])	D8h	A23~A16	A15~A8	A7~A0		
Chip Erase	C7h/60h					
Erase/Program Suspend	75h					
Erase/Program Resume	7Ah					
Power down	B9h					
Set Read Parameters	C0h	P7~P0				
Fast Read	0Bh	A23~A16	A15~A8	A7~A0	dummy	D7~D0
Release Powedown/ID	ABh	dummy	dummy	dummy	ID7~ID0	
Manufacturer/Device ID	90h	dummy	dummy	00h	MF7~MF0	ID7~ID0
JEDEC ID	9Fh	MF7~MF0 Manufacturer	MF15~MF18 memoryType	ID7~ID0 Capacity		
Burst Read with Wrap	0Ch	A23~A16	A15~A8	A7~A0	dummy	D7~D0
Fast Read Quad I/O	EBh	A23~A16	A15~A8	A7~A0	dummy	D7~D0
Disable QPI	FFh					
Enable Reset	66h					
Reset	99h					

[표 5.3-3] W25Q32FV가 제공하는 QPI instruction set.

구체적으로 모든 4개의 IO pin들에 대한 data는 **msb**(most significant bit) 먼저 clock의 rising edge에서 sampling되며, 이들은 [표 5.3-3]에서 보여준 것과 같이 **2개의 clock**들로

1byte 전송이 완료된다. 모든 명령어들은 /CS pin의 rising edge로 완료된다. 즉, 8bits 전체가 전송된 이후에 /CS는 high로 천이하고, 이때 주어진 명령어가 완료되며, 이것은 **모든 명령어들은 byte 단위로 완료 된다**는 것을 알 수 있다. memory에 데이터를 writing하는 동안 또는 지우는 동안, 그리고, status register가 writing 될 때, Read Status Register instruction을 제외한 모든 명령어들은 해당 작업이 완료될 때까지 계속해서 무시된다는 데 주의하자. 단, [표 5.3-2]와 [표 5.3-3]에서 dummy는 **don't care**를 의미한다. 여기서 주의할 것은 거의 모든 flash device들은 BYTE1로 표시한 instruction code 값만 다르고, 5.4. 단원에서 자세히 설명하겠지만, 비슷한 instruction의 timing diagram을 가지고 있다. [표 5.3-2]와 [표 5.3-3]에서 특별히, 다음 사항들에 주의하기 바란다.

❶ 각각의 Data byte는 **msb 먼저**, 전송되어야 한다는 데 주의하자.

❷ Status Register 내용과 Device ID는 /CS가 high로 되어 명령어를 종료할 때까지 계속해서 유지된다.

❸ **Page Program, Quad Page Program** 그리고, **Program Security Registers** instruction의 경우, 적어도 하나의 data byte 입력이 요구된다. 또한, 1개의 page 크기인 256bytes 이상이 device에 전송되면, addressing은 그 page의 시작으로 **wrapping**되어 이전에 전송한 데이터를 **overwriting**한다는 데 주의하기 바란다.

❹ Release와 Manufacturer/Device ID는 [표 5.3-2]와 [표 5.3-3]에서 보여준 device ID 정보를 참조하기 바란다.

❺ [표 5.3-2]에서 Erase Security Register, Program Security Register, 그리고, Read Security Register의 address는 다음과 같다. 단, [그림 5.2-5]의 오른쪽 상단의 그림과 함께 살펴보기 바란다.

- Security Register 1 : A23~A16 = 00h, A15~A8=10h, A7~A0= byte address
- Security Register 2 : A23~A16 = 00h, A15~A8=20h, A7~A0= byte address
- Security Register 3 : A23~A16 = 00h, A15~A8=30h, A7~A0= byte address

❻ Dual SPI address input format :

- IO0 = A22, A20, A18, A16, A14, A12, A10, A8, A6, A4, A2, A0, M6, M4, M2, M0
- IO1 = A23, A21, A19, A17, A15, A13, A11, A9, A7, A5, A3, A1, M7, M5, M3, M1

❼ Dual SPI data output format :

- IO0 = D6, D4, D2, D0
- IO1 = D7, D5, D3, D1

❽ Quad SPI address input format :
- IO0 = A20, A16, A12, A8, A4, A0, M4, M0
- IO1 = A21, A17, A13, A9, A5, A1, M5, M1
- IO2 = A22, A18, A14, A10, A6, A2, M6, M2
- IO3 = A23, A19, A15, A11, A7, A3, M7, M3

❾ Quad SPI data I/O format :
- IO0 = D4, D0,
- IO1 = D5, D1,
- IO2 = D6, D2,
- IO3 = D7, D3,

❿ Fast Read Quad I/O data output format :
- IO0 = x, x, x, x, D4, D0, D4, D0,
- IO1 = x, x, x, x, D5, D1, D5, D1,
- IO2 = x, x, x, x, D6, D2, D6, D2,
- IO3 = x, x, x, x, D7, D3, D7, D3,

⓫ Word Read Quad I/O data output format :
- IO0 = x, x, D4, D0, D4, D0, D4, D0,
- IO1 = x, x, D5, D1, D5, D1, D5, D1,
- IO2 = x, x, D6, D2, D6, D2, D6, D2,
- IO3 = x, x, D7, D3, D7, D3, D7, D3,

이때, lowest address bit "0" 즉, A0=0이어야 한다.

⓬ Octal Word Read Quad I/O data output format :
- IO0 = D4, D0, D4, D0, D4, D0, D4, D0,
- IO1 = D5, D1, D5, D1, D5, D1, D5, D1,
- IO2 = D6, D2, D6, D2, D6, D2, D6, D2,
- IO3 = D7, D3, D7, D3, D7, D3, D7, D3,

이때, lowest 4 address bits 즉, A3~0=0b0000이어야 한다.

[표 5.3-4]와 [표 5.3-2]로부터 알 수 있듯이 현재 사용할 Serial SPI Flash Memory W25Q32FV의 제조사인 Winbond Inc.의 manufacturer ID는 **0xEF**로 1byte 크기이고, 2bytes 크기를 가지는 device ID의 ID7~ID0은 0xAB, 또는 0x90, 0x92, 또는 0x94 instruction code로 얻을 수 있고, ID15~ID0은 0x9F instruction code로부터 얻을 수 있으며, 그 값은 0x4016이다.

Manufacture ID (MF7 ~ MF0)	Device ID (ID15~ID0)	Device ID (ID7 ~ ID0)
Instruction	0x9F	0xAB, 0x90, 0x92, 0x94
Winbond Serial Flash 0xEF	0x4016	0x15

[표 5.3-4] W25Q32FV Manufacture ID와 Device ID 정보.

[표 5.3-3]에서 다음 사항들에 주의하기 바란다.

❶ QPI Command, Address, Data I/O format은 [그림 5.3-3]과 같다.

```
CLK # 0   1    2    3    4    5    6   7    8   9    10  11
IO0 = C4, C0,  A20, A16, A12, A8,  A4, A0,  D4, D0,  D4, D0
IO1 = C5, C1,  A21, A17, A13, A9,  A5, A1,  D5, D1,  D5, D1
IO2 = C6, C2,  A22, A18, A14, A10, A6, A2,  D6, D2,  D6, D2
IO3 = C7, C3,  A23, A19, A15, A11, A7, A3,  D7, D3,  D7, D3
```

[그림 5.3-3] QPI Command, Address, Data I/O format.

❷ QPI Fast Read, Fast Read Quad I/O 그리고, Set Burst with Wrap instruction을 위한 dummy clock들의 개수는 [표 5.3-3]에서 보여준 **Set Read Parameters** instruction의 P5:4에 의해서 2(default), 4, 6, 또는 8로 **조정될 수 있고**, P3~0은 [표 5.3-2]에서 보여준 Set Burst with Wrap instruction에서 wrap around 길이를 8, 16, 32, 또는 64bytes로 제어하며 default는 **8bytes**이다. 그러나, Standard, Dual, Quad SPI mode에서 다양한 Fast Read instruction들을 위한 dummy clock들은 **고정되어 있다**는데 주의하자. 단, Burst Read with Wrap instruction은 8, 16, 32, 또는 64bytes의 **고정된 길이**를 wrapping 하면서 Fast Read Quad I/O instruction과 함께 사용한다. 일반적으로

cache와 관계된다.

5.4 Flash Memory Instruction 정리.

일반적으로 동일한 제조사에서 나온 즉, 제조사 ID가 동일한 경우, 사용할 수 있는 instruction들은 **모든 device들에 대해서 동일**하다. 단지, 저장 용량에 대한 차이로 인한 page, sector, 그리고, block의 개수와 크기가 다를 수 있다. 이제, [표 5.3-2]에 나열한 명령어들에 대해서 간단히 정리해 보도록 하겠다. 우선, [표 5.3-2]로부터 알 수 있듯이 쓰기 관련 명령 보다 읽기 관련 명령어들이 보다 빠르게 데이터를 읽어 낼 수 있도록 다양하게 제공되는 것을 볼 수 있다. 즉, **쓰기의 경우**, Standard SPI mode에서 **Page Program** instruction 하나와 Quad SPI mode에서 **Quad Page Program** instruction이 **전부이다**. 게다가 Dual SPI mode는 읽기 관련 명령어들만 제공되고 있다. flash memory에 저장된 데이터를 변경하는 임의의 동작들을 수행하기 **전에 우선**, [그림 5.4-1]에서 보여준 **Write Enable(06h) instruction**을 **제일 먼저** SPI master(즉, MCU)가 SPI slave인 flash memory에 issuing해 주어야 한다.

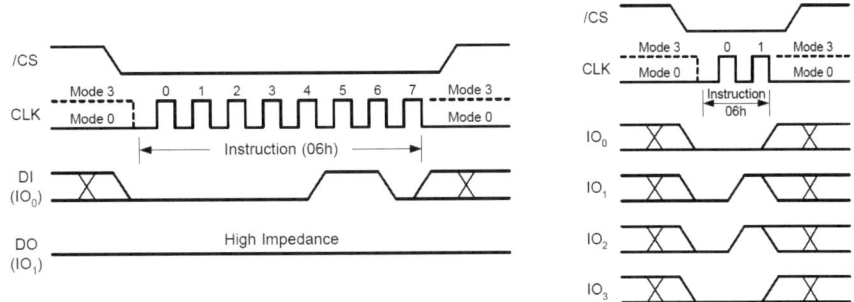

[그림 5.4-1] Write Enable(06h) instruction.

Write Enable instruction은 [그림 5.3-3]에서 보여준 Status register의 WEL=1로 지정해 준다. Status register를 구성하는 bit field들의 값을 바꾸는 명령어로는 다음과 같이 2가지가 있다. 단, 이제부터 명령어에 대한 설명을 할 때에는 앞서 나열한 [표 5.3-2]의 내용과 함께 비교하며 살펴보기 바란다.

❶ Write Status Register(01h) instruction :
Status register를 구성하는 non-volatile bit fields의 값을 바꾸어 준다. non-volatile이 아닌 bit fields는 read-only 특성을 가지므로 이 명령어에 영향을 받지 않는다. 특별히, LB3~1은 non-volatile OTP bits이다. 여기서, OTP는 One Time Program을 의미하며, 이것은 결국, "1"로 지정되면, 다시는 "0"으로 clearing될 수 없다는데 주의하자. 단, Write Status Register instruction을 issuing하기 전에 **먼저**, Write Enable(06h) instruction을 issuing해 주어야 한다. 임의의 page program, erase, 또는 write instruction이 완료되고 나서 WEL은 **자동으로** write-disable 상태로 clearing 된다. 단, [그림 5.4-2]와 [그림 5.4-3]에서 보여준 non-volatile **Status Register Write** operation이 진행하는 동안에도 Read Status Register instruction을 이용하여 BUSY bit의 값을 검사하기 위해서 접근할 수 있다.

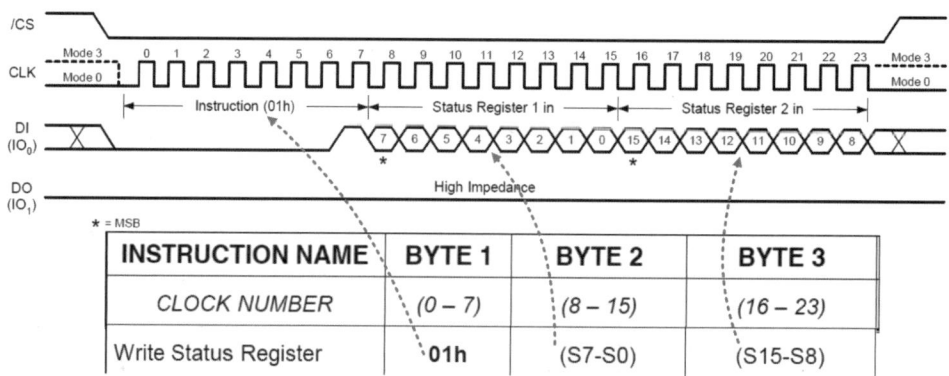

[그림 5.4-2] Write Status Register(01h) instruction(SPI Mode).

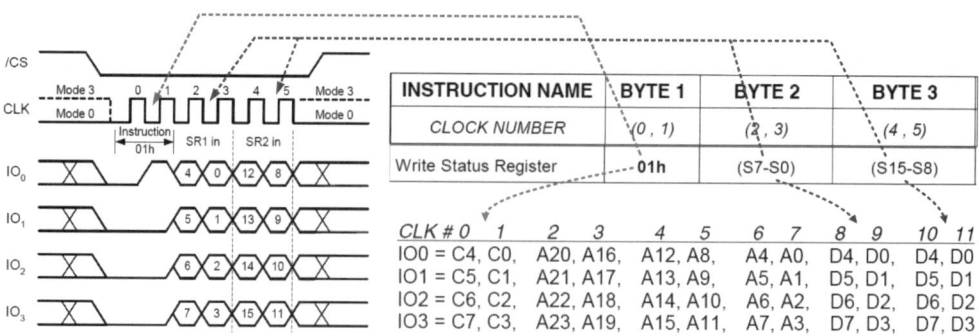

[그림 5.4-3] Write Status Register(01h) instruction(QPI Mode).

물론, 01h instruction을 진행 중이므로 BUSY=1일 것이다.

❷ **Write Enable for Volatile Status Register(50h) instruction** :
Status register를 구성하는 **read-only** bit fields의 값을 전원이 On되어 있는 동안만 바꾸어 줄 수 있도록 허락한다. 구체적으로 read-only bit field들의 값을 바꾸기 위해서는 **먼저**, Write Enable(0x06h) instruction을 issuing해 주고, 그리고 나서, 이 volatile SR write enable(50h) instruction을 issuing해 준다. 이제, 앞서 학습한 **Write Status Register instruction**으로 read-only bit field들의 값을 바꿀 수 있다. 그러나, power를 Off하고 이어서 On 하거나 또는 reset(0x99h) instruction이 발생하면, read-only bit field들에 작성한 값들은 사라지고, 원래 값으로 복원된다. 그러나, non-volatile bit field들에 작성한 값들은 그대로 유지된다는 데 주의하기 바란다.

Write Enable(0x06h) instruction에 의해서 WEL = 1로 지정된 것은 Write Disable(04h) instruction에 의해서 WEL = 0으로 clearing 된다. 그런데, 앞서 언급한 것과 같이 WEL = 1은 Power Off➜On 또는 Write Status Register, Erase/Program Security Registers, Page Program, Quad Page Program, Sector Erase, Block Erase, Chip Erase 그리고 Reset instruction들이 완료되면 **자동으로 WEL=0으로 clearing**된다는 것을 기억해 두자. **Status register는 8bits 즉, Byte 단위로 access**된다. [그림 5.4-4]는 Read Status Register - 1/2 instruction들에 대한 timing도이다.

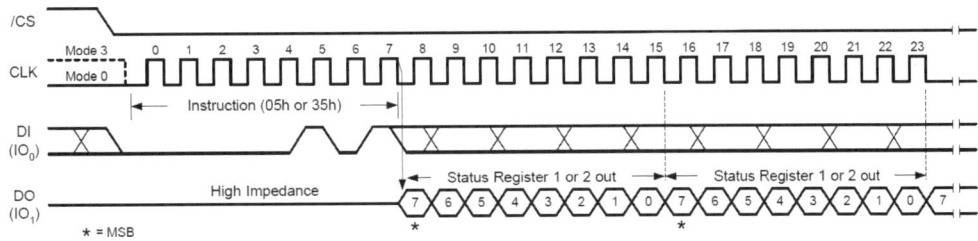

[그림 5.4-4] Read Status Register - 1/2 instructions에 대한 timing도.

다시 한 번 강조하지만 W25Q32FV flash memory는 **항상 msb 먼저**인데 주의하기 바란다. 이제부터 [표 5.3-2]에 나열한 각각의 명령에 대해서 간단히 정리해 보도록 하겠다. W25Q32FV flash memory가 지원하는 **모든 명령어들**에 대해서 설명하였으므로 내용이 상당히 많다. 전반적으로 모두 읽어보고, Chapter 6부터 관련 명령어를 구현할 때에 찾아 볼 수 있도록 집중해서 학습해 보기 바란다.

❶ Read Data instruction(03h) : Chapter 6에서 구현할 중요 instruction
[그림 5.4-5]에서 보여준 것과 같이 memory로부터 연속적으로 하나 또는 그 이상의 데이터를 읽어내는 것을 허락한다.

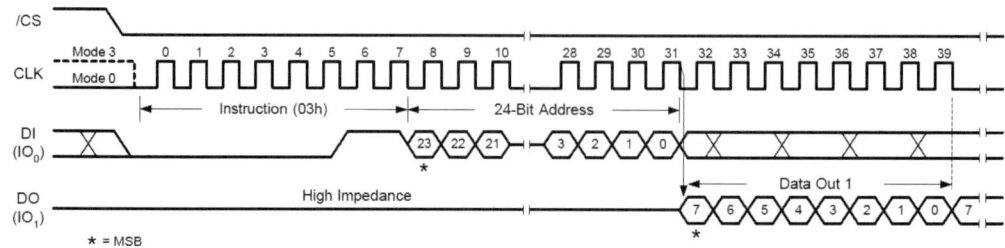

[그림 5.4-5] Read Data instruction(0x03h).

단, 이후 나오는 모든 instruction 관련 timing도에서 24bits address 값은 [그림 5.2-5]의 오른쪽에 보여준 24bits address 값을 참조하면 된다. 계속해서 각각의 data byte를 읽어낼 수 있도록 **자동으로 address를 증가**시키면서 읽어낸다. 그러므로, CLK만 계속해서 제공된다면 Read Data instruction 하나로 **전체 memory data를 읽어낼 수도** 있다. 어쨌든, 이 명령은 /CS = 1로 구동될 때 완료된다. 그러므로, 쓰기와는 다르게 byte 단위로 읽는 것이 아니라 **bit 단위로 읽는** 다고 보아야 한다. 또한, [그림 5.4-5]에서 보여준 Read Data(03h) instruction은 **standard SPI mode**에서만 제공된다는 데 **주의**하자. 일반적으로 C code 상에서 다음에 수행할 명령어의 위치는 Program Counter에 저장된 memory 위치로 결정된다. 그런데, 이 memory 위치가 즉, 번지가 SPI flash memory에 저장된 명령어를 가리키도록 하려면 어떻게 해야 할 것인가? 잠시 생각해 보기 바란다.

Core에는 다음에 해석할 명령어 또는 데이터의 위치 즉, 번지에 저장된 값만을 제공해야 한다. 이 번지에 저장된 값을 지정한 SPI mode에 맞추어, 무엇보다 사용하는 flash memory에 맞추어 flash memory 번지에 접근하도록 하기 위해서는 중간에 address mapping관련 code가 필요하게 될 것이다. 즉, **Core가 바라보는 번지로** SPI flash memory의 번지를 mapping해 주어야 할 것이다. 이와 같이 address 공간을 바라보는 대상에 따라서 지정한 규칙에 맞추어 번지 값을 바꾸어주는 **address translation table 기법**은 Windows OS, Linux OS와 같은 virtual address를 사용하는 경우에 특히, 많이 사용하는 기법이다. 이것은 많은 데이터를 Core의 간섭 없이 가져오는 DMA와는 다른 개념이다. 즉, PC(Program Counter)에 할당될 다음 명령어가 저장되어 있는 번지 공간을 SPI flash memory의 번지 공간에 mapping하여 바로 code를 실행하는 **XIP(Execute In Place)**를 의미한다. 즉, program이 놓인 자리에서 바로 실행하는 XIP를 가능하게 한다. 앞서 언급한 FMC 또는 FSMC를 사용하여 외부에 parallel flash memory를 연결한 경우에 이와 같은 XIP가 가능한데, STM32 MCU 제품들 중에서 **QUADSPI**를 지원하는 MCU도 XIP가 가능하다는데 주의하자.

❷ **Fast Read** instruction(0Bh) :
[표 5.3-2]를 보면, **Fast Read** instruction(0Bh)이 Read Data instruction(03h)과 별개로 따로 제공되는 것을 볼 수 있다. 이 명령어는 03h 명령어와 동일하다. 단지, 사용하는 SPI flash memory가 지원하는 **가장 높은 주파수**로 Read Data instruction을 수행하도록 한다. 이것을 위해서 [그림 5.4-6]과 같이 24bits address issuing이후에 **8개의 dummy clock들이 추가된 것에 주의**하기 바란다. 항상 기억할 것은 dummy clock들 동안 DO pins를 통하여 들어온 데이터는 모두 무시해야 한다. Fast Read instruction은 [그림 5.4-7]과 같이 QPI mode에서도 사용할 수 있다.

❸ **Set Read Parameters** instruction(C0h) :
[그림 5.4-7]에서 사용된 dummy clock들의 개수는 **Set Read Parameters(C0h)** instruction에 의해서 조정된다. 즉, Read Parameter bits 5:4에 지정한 값에 따라서 dummy clock의 개수는 2, 4, 6, 또는 8이 될 수 있다. 단, default dummy clock은 "2"이다.

❹ **Fast Read** Dual **Output** instruction(3Bh) :
[그림 5.4-8]은 **Fast Read Dual Output(3Bh)** instruction의 timing diagram이다.

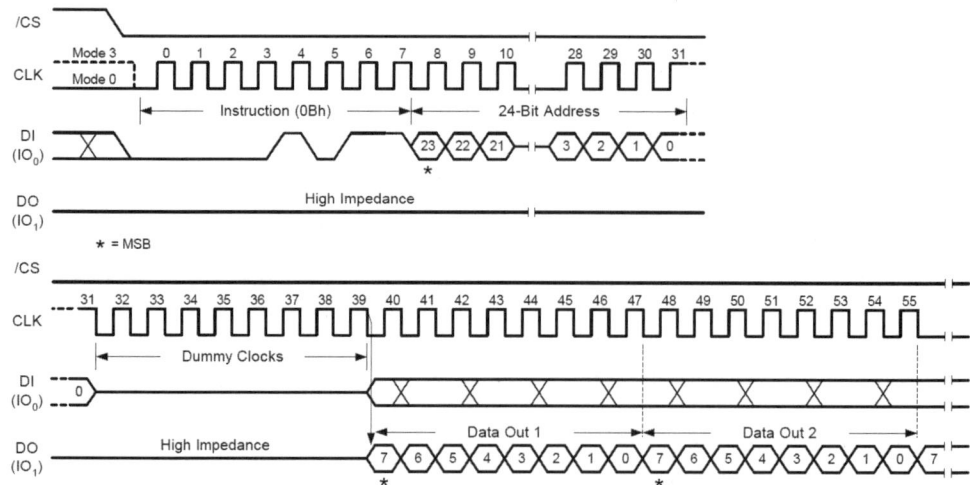

[그림 5.4-6] Fast Read instruction(0Bh) (SPI mode).

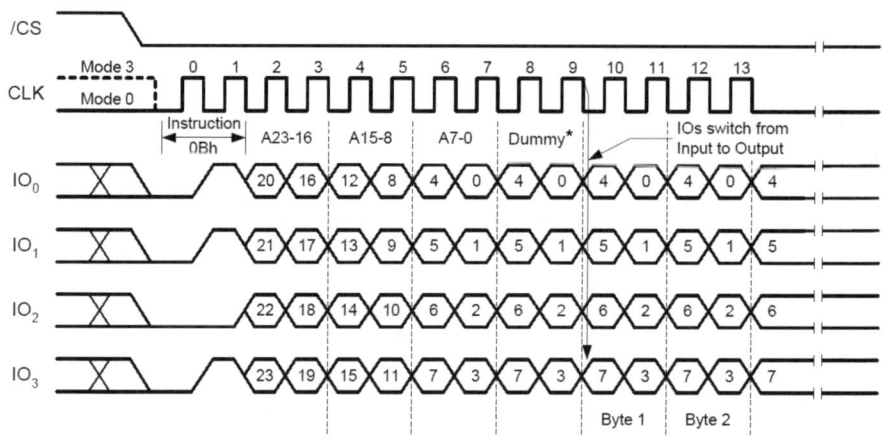

* "Set Read Parameters" instruction (C0h) can set the number of dummy clocks.

[그림 5.4-7] Fast Read instruction(0Bh) (QPI mode).

Fast Read Dual Output(3Bh) instruction은 데이터 출력으로 IO0과 IO1, 이렇게 2개의 pin들만을 사용한다는 것을 제외하면, Fast Read(0Bh) instruction과 동일하다. 그러므로, 표준 SPI device들의 2배 속도로 데이터를 전송할 수 있으므로 power-up 시에 code shadowing에 이상적이다. 한 가지 주의할 것은 [그림 5.4-8]에서 보여준 것과 같이 "Data Out 1"을 위한 clock 이전에 DI pin 즉, IO0 pin은 IO1 pin과 함께 high impedance 상태이어야 한다는 것이다.

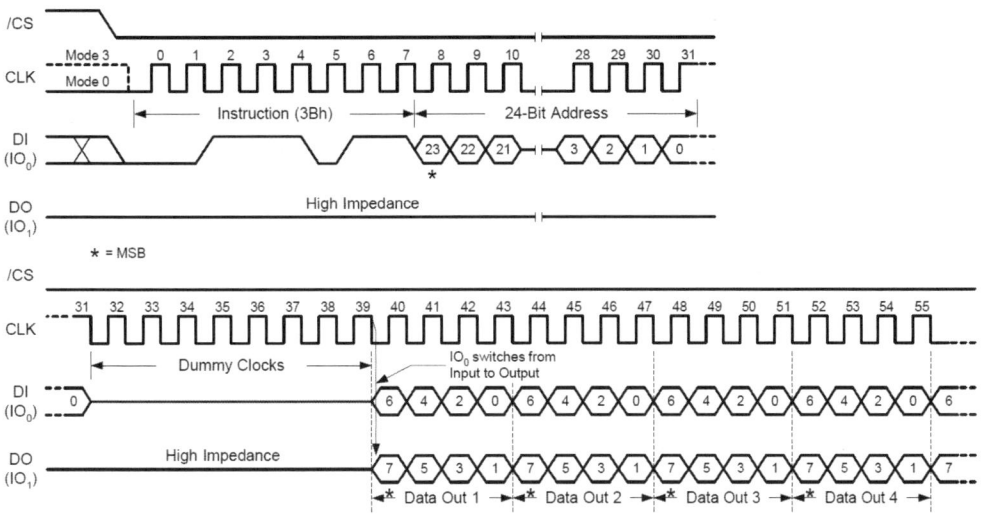

[그림 5.4-8] Fast Read Dual Output instruction(3Bh) (SPI mode only).

❺ **Fast Read Quad Output** instruction(6Bh) :

[그림 5.4-9]는 **Fast Read Quad Output(6Bh)** instruction에 대한 timing diagram이다. 4개의 데이터 output pin들 즉, IO0, IO1, IO2, 그리고, IO3이 사용된다는 것을 제외하고는 [그림 5.4-8]에서 보여준 **Fast Read Dual Output** instruction(3Bh)과 동일하다. 표준 SPI device들의 4배 속도를 낼 수 있는 이 instruction을 사용하기 위해서는 우선, Status Register – 2의 QE = 1로 지정해 주어야 한다는 데 주의하자.

❻ **Fast Read Dual I/O** instruction(BBh) :

[그림 5.4-10]에서 보여준 **Fast Read Dual I/O** instruction(BBh)은 [그림 5.4-8]에서 보여준 **Fast Read Dual Output** instruction(3Bh)과 비교하여 볼 때, 우선, 24bits address에 소요되는 clock들의 개수를 절반으로 줄인 것을 알 수 있다. 게다가 Continuous Read Mode bits인 M7~0을 제어하여 instruction의 overhead를 줄일 수 있다. 즉, M5:4=0b10이면, next Fast read Dual I/O instruction code가 생략된다. 그러므로, [그림 5.4-10]에서는 instruction BBh를 위한 8 clock들이 존재하므로 이전 BBh 명령에서 M5:4≠0b10이었다는 것을 예측할 수 있다. 만일, 이전 BBh 명령이 M5:4=0b10이었다면, [그림 5.4-11]과 같은 timing을 가져야 한다.

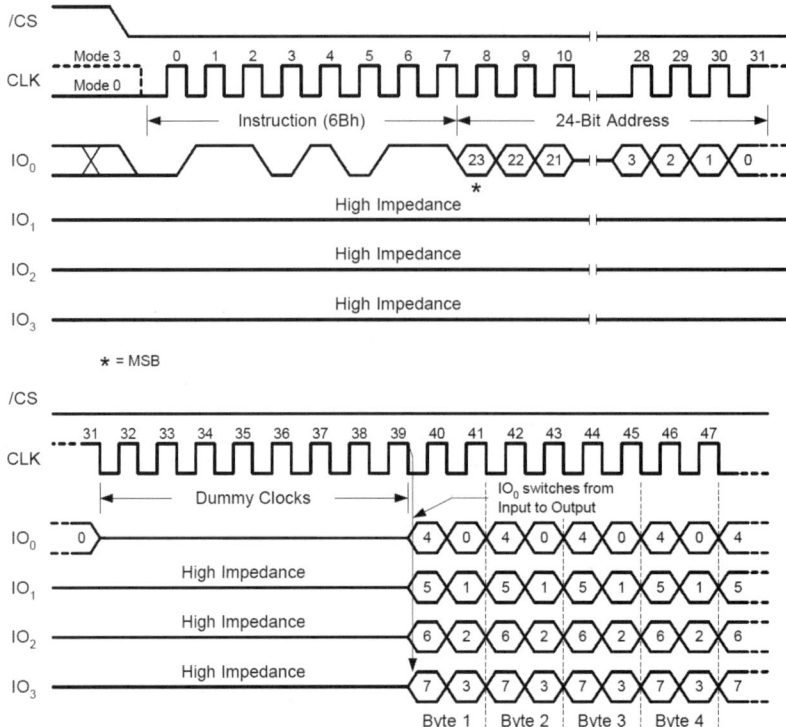

[그림 5.4-9] Fast Read Quad Output instruction(6Bh) (SPI mode only).

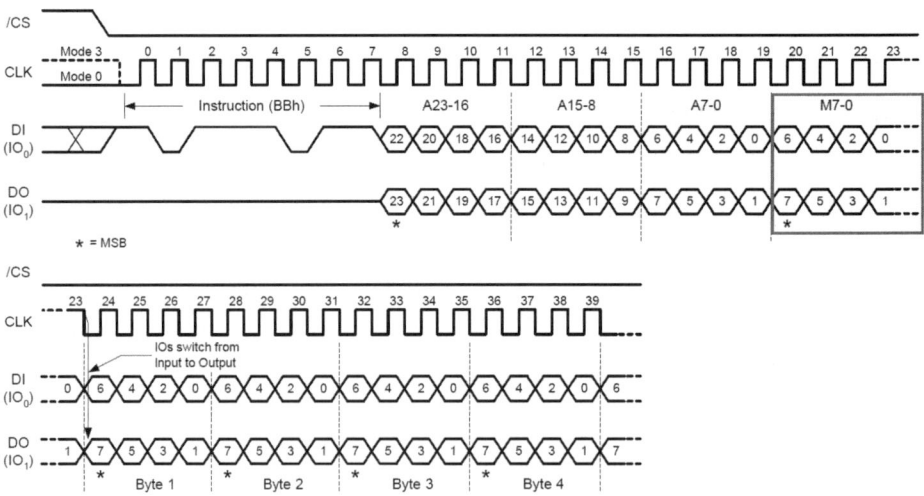

[그림 5.4-10] Fast Read Dual I/O instruction(BBh) (SPI mode only)-1.

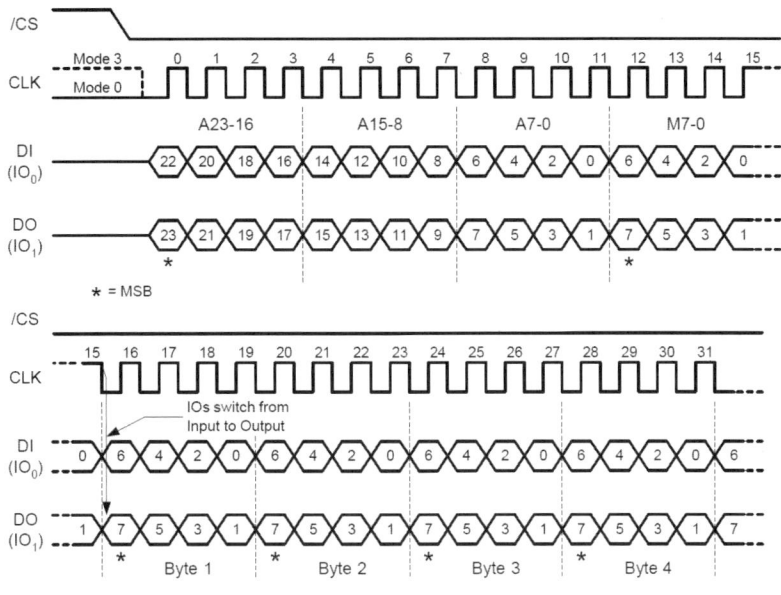

[그림 5.4-11] Fast Read Dual I/O instruction(BBh) (SPI mode only)-2.

❼ Fast Read Quad I/O instruction(EBh) :

[그림 5.4-12]처럼 Fast Read Quad I/O(EBh) instruction도 동일하게 Continuous Read Mode를 가지며, Fast Read Dual I/O(BBh) instruction과 유사하다. 단, Quad mode이므로 QE=1이어야 한다.

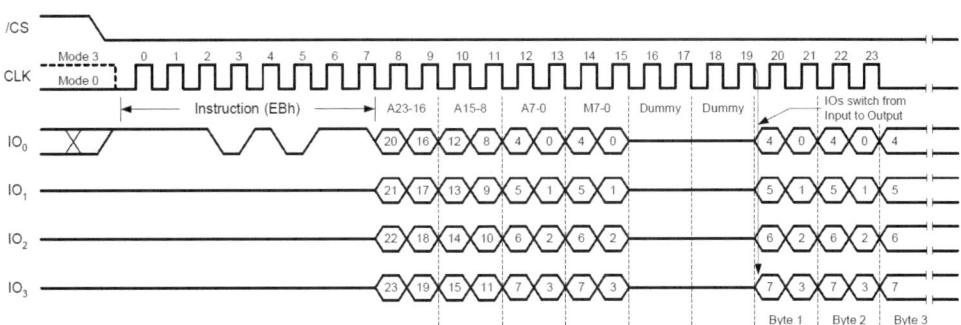

[그림 5.4-12] Fast Read Quad I/O instruction(EBh) (SPI mode only).

❽ Octal Word Read Quad I/O instruction(E3h) :

[그림 5.4-13]에서 보여준 Octal Word Read Quad I/O instruction(E3h)는 A3~0 = 0b0000를 가지며, Fast Read Quad I/O(EBh) instruction에서 dummy clock들을 제거

한 것으로 instruction overhead를 상당히 줄여서 XIP를 위한 빠른 random access를 보장한다. 단, Quad mode이므로 QE=1이어야 한다. 또한, Continuous Read Mode를 가진다.

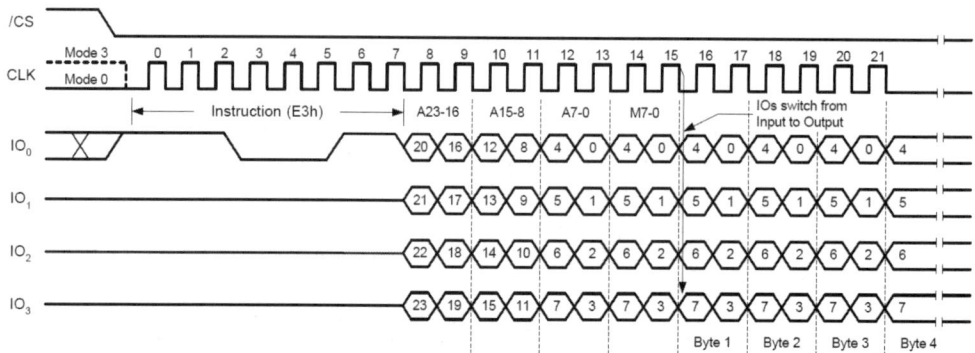

[그림 5.4-13] Octal Word Read Quad I/O instruction(E3h) (SPI mode only).

❾ **Page Program instruction(02h)** : Chapter 6에서 구현할 중요 instruction

Page Program instruction(02h)은 이전에 지운 memory 위치에 1부터 최대 1 page의 크기인 256 bytes까지 데이터를 programming 한다. 물론, 임의의 flash memory 데이터를 변경하기 위해서는 제일 먼저 Write Enable(06h) instruction을 수행하여 WEL=1로 지정해 주어야 한다. [그림 5.4-14]에서 Page Program instruction은 적어도 하나의 data byte가 DI pin으로 주어져야 한다.

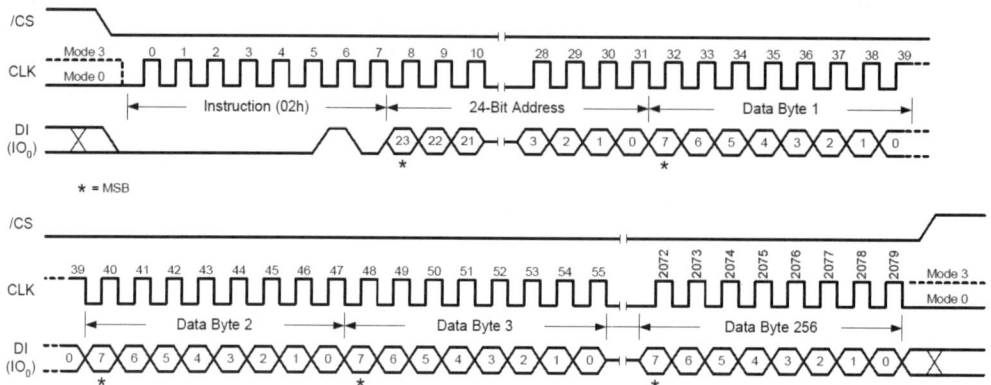

[그림 5.4-14] Page Program instruction(02h) (SPI mode).

만일, 256 byte page 전체를 programming 할 계획이면, 마지막 address byte=0x00으로 지정되어야 한다. 그런데, 마지막 address byte의 값이 "0"이 아니고, 남은 page 길이를 초과하여 clock들이 계속 공급되면, 그 page의 시작 번지로 wrapping하여 overwriting한다는데 주의하자. 물론, 하나의 page를 부분적으로 writing 할 수도 있지만, clock들의 개수가 전체 page 크기를 넘지 않도록 주의해야 한다. 또한, **부분적으로 writing**된 page에 이어서 데이터를 작성할 수는 없다는 데 주의하기 바란다. 즉, Page Program instruction으로 한 개의 byte만 작성하였다면, 그 다음 Page Program instruction은 다음 page를 사용해야 한다. 왜냐하면, **Page Program instruction**은 항상 page 단위로만 수행하기 때문이다.

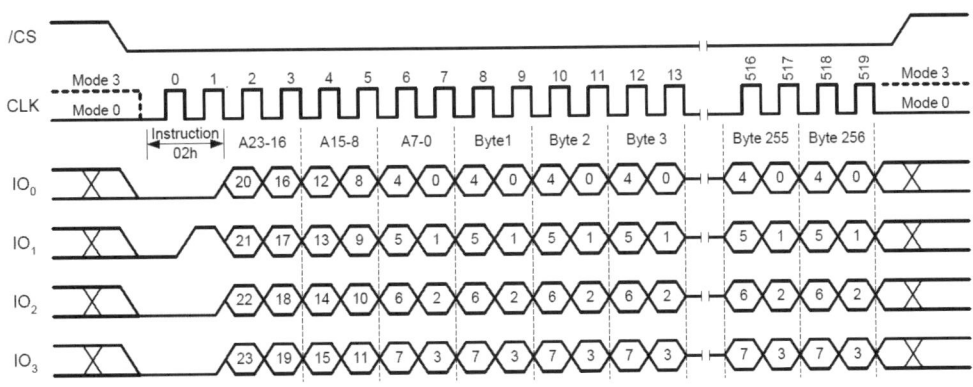

[그림 5.4-15] Page Program instruction(02h) (QPI mode).

[그림 5.4-16]에 보여준 **Quad Page Program** instruction(32h)은 이전에 지운 memory 위치에 IO0, IO1, IO2, 또는 IO3 4개의 pin들을 이용하여 최대 256 bytes까지 데이터를 programming 한다. 물론, 제일 먼저 Write Enable(06h) instruction과 QE=1로 지정해 주어야 한다. 일반적으로 PROM programmer 또는 5[MHz] 이하의 느린 clock으로 동작하는 application에서 유용하다. 여기서 여러분이 주의 할 것은 만일, 사용하고 있는 SPI master의 동작 속도가 빠르다면, 구태여 Quad Page Program instruction을 사용할 필요가 없다는 것이다. 왜냐하면, 실질적으로 Flash memory 내부에서 들어온 데이터를 programming 하는 시간이 상당히 많이 걸리기 때문이다. 이것은 마치 빨리 운전해도 결국, 신호등에 천천히 온 자동차들과 함께 기다린다면 빨리 온 의미가 없다는 것과 같은 개념이다.

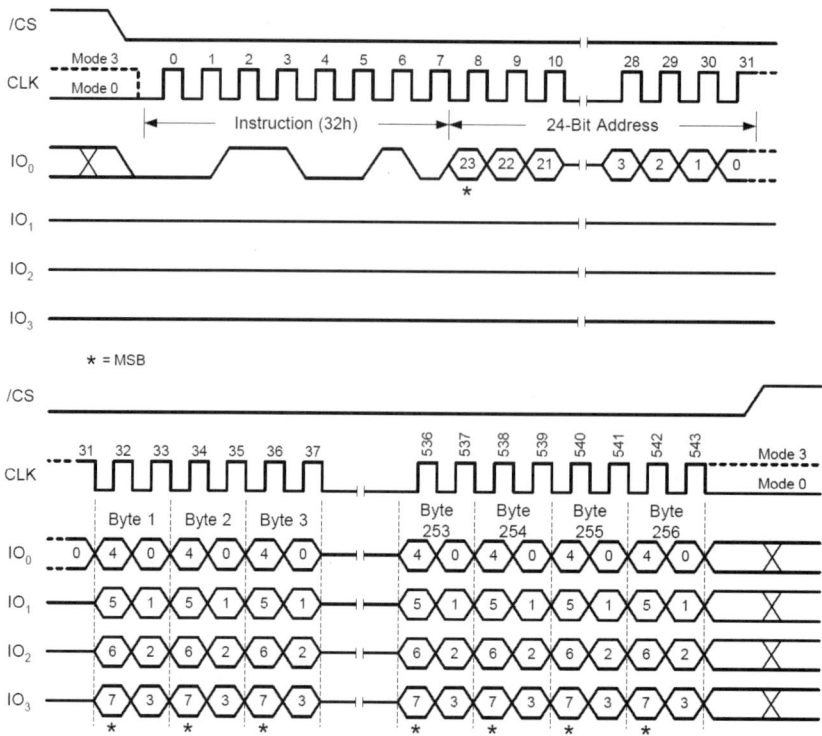

[그림 5.4-16] Quad Page Program instruction(32h) (SPI mode).

그래서, Flash memory는 근본적인 속도 상의 제약을 갖는 쓰기 명령어 보다 읽기 명령어에 다양한 속도 향상을 위한 명령어들을 제공하는 것이다.

❿ Erase instruction 종류 : Chapter 6에서 구형할 중요 instruction
Erase instruction으로는 [표 5.3-2]에서 보여준 것과 같이 다음과 같은 4개의 명령어들을 제공한다.

① Sector(4[KB]) Erase(20h)　　② Block(32[KB]) Erase(52h)
③ Block(64[KB]) Erase(D8h)　　④ Chip Erase(C7h/60h)

4[KB]의 크기를 가지는 sector 단위로 memory를 지우려 경우에는 Sector Erase(20h) instruction을 사용하면 된다. flash memory에서 **지운다는 의미**는 해당 영역을 모두 "1"로 writing한다는 의미이다. 그러므로, 어떠한 erase 동작을 수행하기 위해서는 먼저, Write Enable instruction을 실행하여 WEL=1로 지정해 주어야 한다. 32[KB] 또는 64[KB] 크기

를 가지는 block 단위로 memory를 지우는 Block Erase(52h 또는 D8h) instruction은 instruction code 값만 다르고 나머지는 [그림 5.4-17]과 동일한 timing을 가진다.

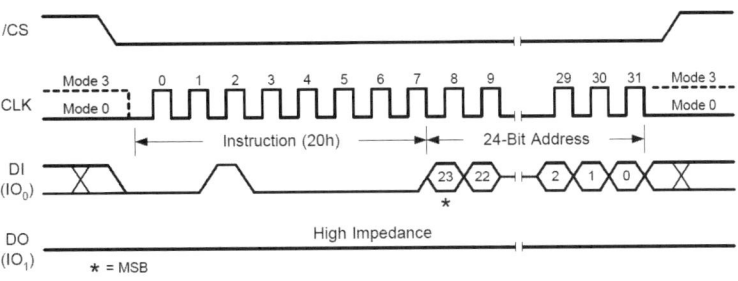

[그림 5.4-17] Sector Erase instruction(20h) (SPI mode).

단, 여기서 주의할 것은 Sector Erase 또는 Block Erase instruction 뒤에 나오는 24bits address는 지우고자 원하는 Sector 또는 Block에 속하는 **임의의 address**를 의미한다. 예를 들면, 0x30000번지 즉, 0x30000=196608이고, 196608/4096=48 sector 즉, 0x30000번 지는 47번째 sector의 시작번지에 속하고, 47번째 sector의 범위는 0x30000 ~ 0x30FFF 로서 4[KB]이므로 이 범위에 들어가는 임의의 주소 24bits를 Sector Erase instruction과 함께 사용해 주면, 47번째 sector 4[KB] 영역이 모두 erase된다. 또한, 47번째 Sector는 64[KB] block 기준으로 48/16=3이므로 2번째 block에 해당하므로 64[KB] Block Erase instruction과 함께 사용하면, [그림 5.2-5]의 오른쪽 점선의 사각형 **Block 2**에 해당하는 0x02_0000 ~ 0x02_FFFF 범위의 64[KB] block을 erase해 준다. 이것은 [그림 5.4-18] 에서 보여준 QPI mode에서도 동일하다.

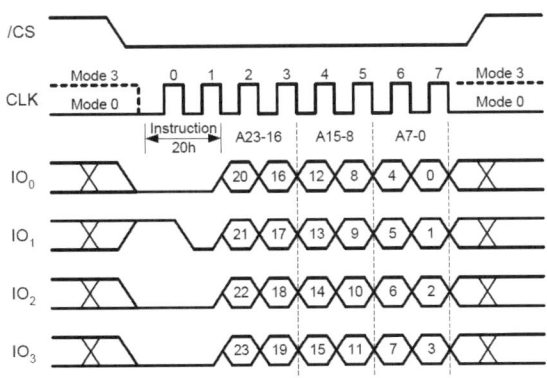

[그림 5.4-18] Sector Erase instruction(20h) (QPI mode).

Chip Erase instruction(C7h 또는 60h)은 모든 영역을 "1"로 writing하여 지운 상태로 만들어 준다. [그림 5.4-19]는 해당 timing diagram이다.

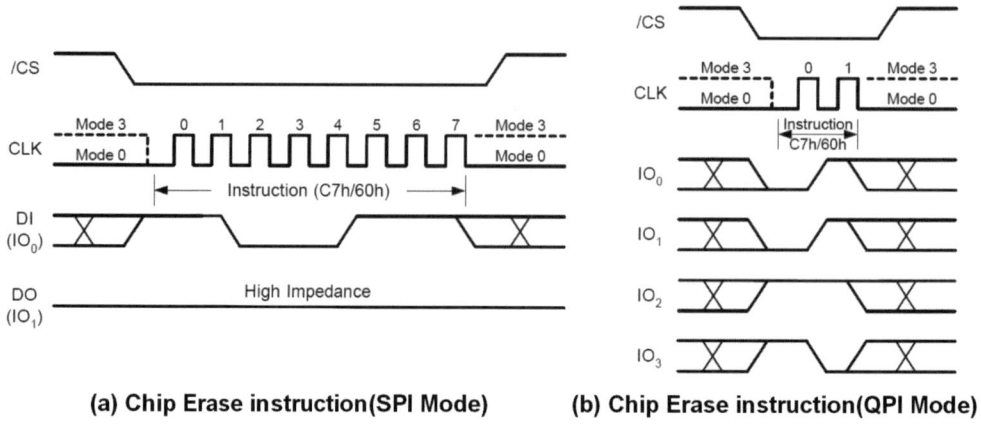

(a) Chip Erase instruction(SPI Mode)　　(b) Chip Erase instruction(QPI Mode)

[그림 5.4-19] Chip Erase instruction(C7h/60h).

❶ Erase/Program Suspend instruction(75h) :
만일, 현재 진행 중인 Chip Erase를 제외한 Sector 또는 Block Erase 동작 또는 (Quad) Page Program 동작을 잠시 중단하고, 다른 sector들 또는 block들에 data를 program하거나 erase 또는 읽어낼 수 있도록 하기 위해서는 Erase/Program Suspend(75h) instruction을 이용해야 하며, timing diagram은 [그림 5.4-20]과 같다.

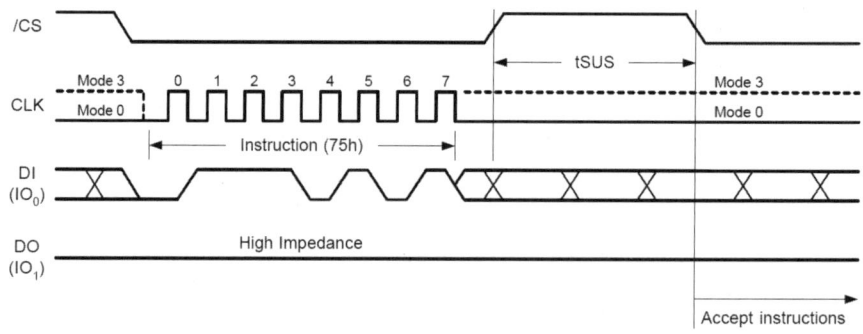

[그림 5.4-20] Erase/Program Suspend(75h) instruction.

이 명령이 실행되면, [그림 5.3-3]에서 보여준 Status Register의 bit field SUS=1이 된다.

만일, SUS=1인 동안 갑자기 전원이 꺼지면, device는 reset되고, 자동으로 SUS=0이 된다. 이때, suspending 상태에 있던 memory 영역은 중단된 곳까지만 데이터 작업을 한 상태이므로 불안전한 모양이 된다. 그러므로 전원이 꺼지지 않도록 주의해야 한다.

⓬ **Erase/Program Resume** instruction(7Ah) :
Erase/Program Suspend instruction에 의해서 중단된 이전의 Sector 또는 Block Erase 동작 또는 (Quad) Page Program 동작을 다시 시작하기 위해서는 **Erase/Program Resume(7Ah)** instruction을 사용하면 되고, [그림 5.4-21]은 해당 timing diagram이다.

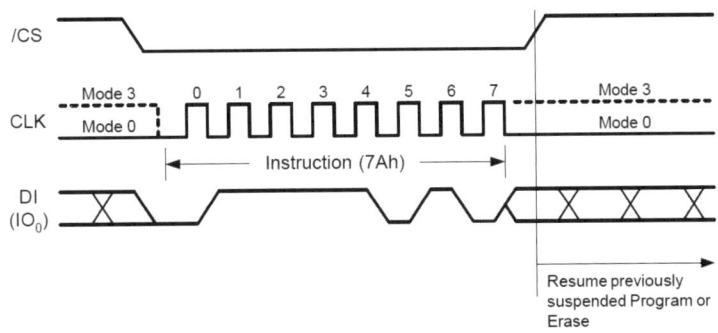

[그림 5.4-21] Erase/Program Resume(7Ah) instruction.

이 명령은 SUS=1이고, BUSY=0일 때**만** 실행되며, 이제, 명령이 실행되면, SUS=0이 되고, BUSY=1이 된다. 그리고 Sector 또는 Block에 대해서 중단 되었던 erase 작업을 완료할 것이고, page는 program 동작을 완료할 것이다. 만일, 이전의 Erase/Program Suspend 동작이 갑작스러운 전원 Off로 중단되었다면, Resume instruction은 실행되지 않는데 주의하자.

⓭ **Power Down** instruction(B9h) :
사실, standby current는 크지 않지만, [그림 5.4-22]에서 보여준 Power Down(B9h) instruction으로 좀 더 많이 줄일 수 있다.

⓮ **Release Powerdown/Device ID** instruction(ABh) :
Power Down 상태에서 빠져나오기 위해서는 **Release Powerdown/Device ID** instruction을 실행하여 주면 된다. 다른 모든 명령어들은 무시된다. 그러므로, Power Down 상태에서는 어떠한 write 또는 read operation을 수행할 수 없으므로 **보안 설정시 유용**하다.

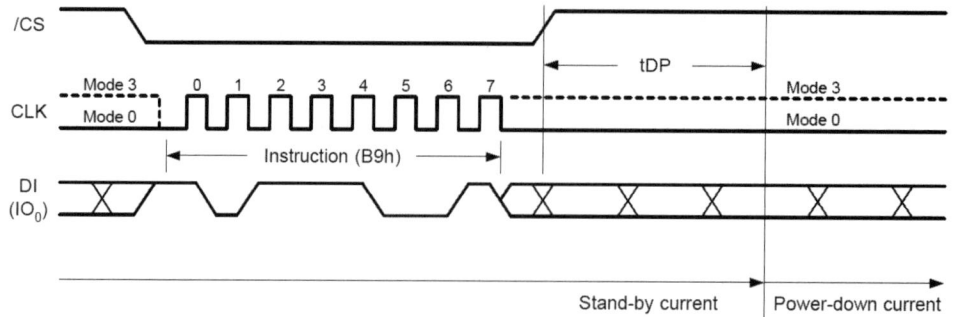

[그림 5.4-22] Power Down(B9h) instruction.

[그림 5.4-23]은 Release Powerdown/DeviceID(ABh) instruction으로 [표 5.3-4]에서 나열한 device ID를 얻는 timing diagram을 보여주고 있다. 8bits 크기를 가지는 DeviceID의 **msb**가 먼저 출력되는 데 주의하자.

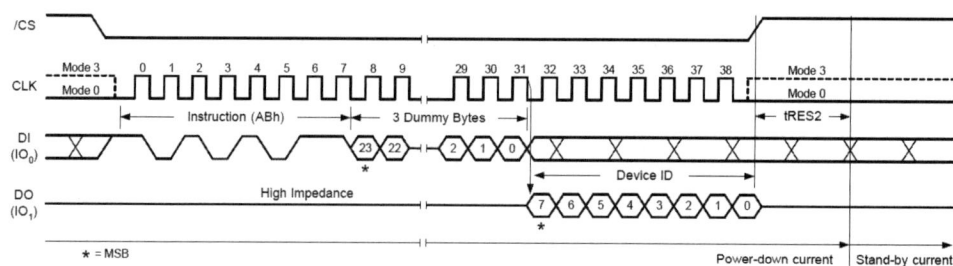

[그림 5.4-23] Release Powerdown/DeviceID(ABh) instruction.

❺ Manufacturer/DeviceID instruction(90h) : Chapter 6에서 구현할 중요 instruction

[그림 5.4-24]에서 보여준 timing diagram을 가지는 **Manufacturer/DeviceID(90h)** instruction은 앞서 언급한 Release Powerdown/DeviceID instruction의 결과를 좀 더 보완한 것이다. 여기서 24bits address=0x00_0000이다.

❻ Read Unique ID instruction(4Bh) :

공장에서 각각의 W25Q32FV device 마다 고유하게 할당한 64bits의 수치를 읽어내기 위해서는 **Read Unique ID(4Bh)** instruction을 사용해야 하며, timing diagram은 [그림 5.4-25]와 같다.

❼ JEDEC ID instruction(9Fh) : Chapter 6에서 구현할 중요 instruction

[그림 5.4-26]은 JEDEC ID(9Fh) instruction에 대한 timing diagram이다.

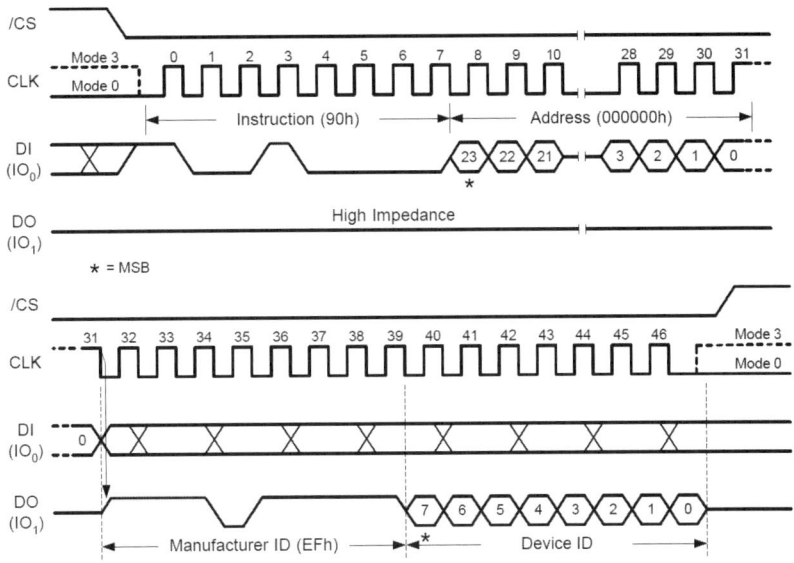

[그림 5.4-24] Manufacturer/DeviceID(90h) instruction.

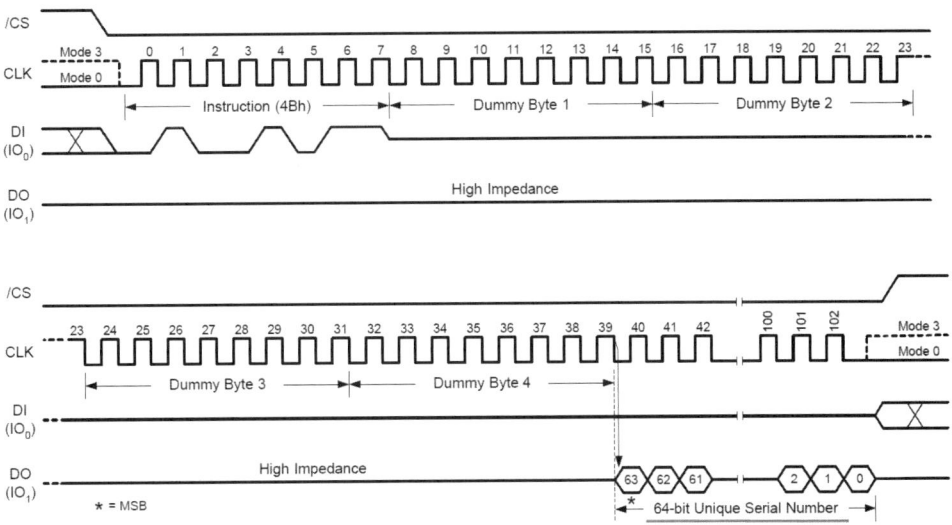

[그림 5.4-25] Read Unique ID(4Bh) instruction.

❽ Erase Security Register instruction(44h) :
256bytes 크기를 가지는 3개의 security register들 각각을 지우기 위해서는 Erase Security Register(44h) instruction을 이용하면 된다. 그러나, Write Enable instruction을 먼저 실행하여 WEL=1로 지정해 주어야 한다.

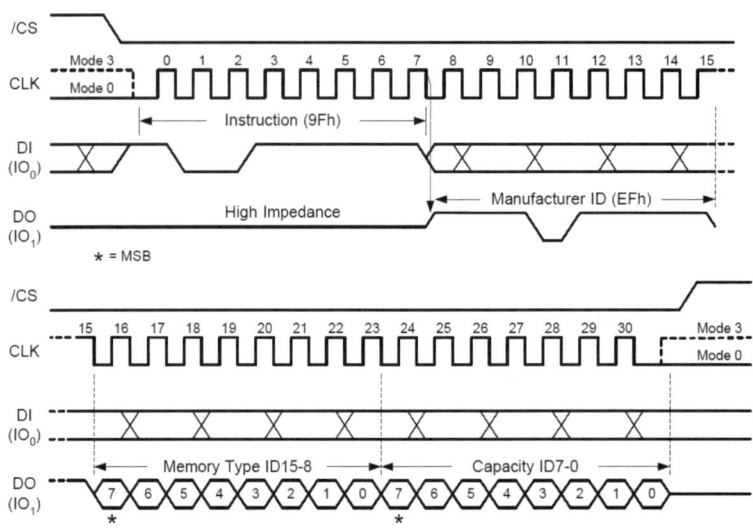

[그림 5.4-26] JEDEC ID(9Fh) instruction.

이 명령의 timing diagram은 [그림 5.4-27]과 같다.

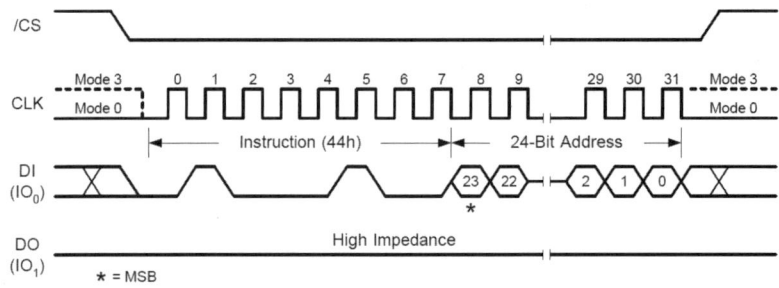

[그림 5.4-27] Erase Security Register(44h) instruction.

또한, [그림 5.3-2]에서 보여준 LB1~3 bit field들에 대한 설명과 함께 살펴보아야 한다. [그림 5.4-27]에서 24bit address는 [표 2.3.3-1]과 같이 할당하면 된다.

Address	A23~16	A15~12	A11~8	A7~0
Security Reg. #1	00h	0b0001	0b0000	Don't care
Security Reg. #2	00h	0b0010	0b0000	Don't care
Security Reg. #3	00h	0b0011	0b0000	Don't care

[표 2.3.3-1] Security Registers addressing.

⓳ Program Security Register instruction(42h) :

[그림 5.4-28]에서 보여준 timing diagram을 갖는 Program Security Register(42h) instruction은 1~256bytes data를 writing 할 수 있다. 물론, 사전에 WEL=1로 지정되어야 한다.

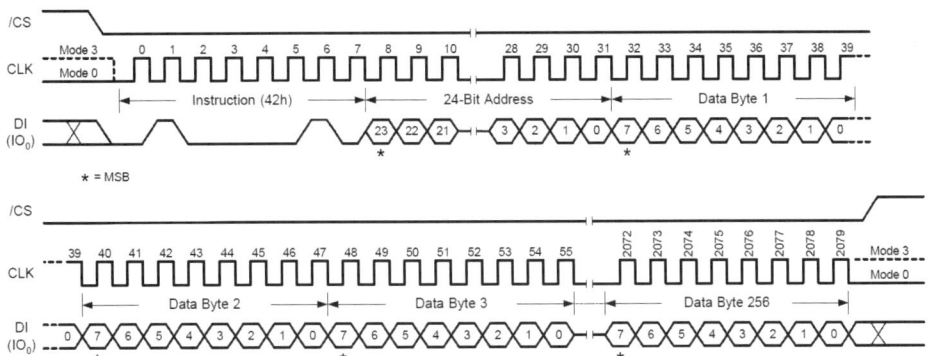

[그림 5.4-28] Program Security Register(42h) instruction.

결국, Page Program instruction과 유사하다는 것을 알 수 있다.

⓴ Read Security Register instruction(48h) :

Security data를 읽어내기 위해서는 Read Security Register(48h) instruction을 이용하면 되며, timing diagram은 [그림 5.4-29]와 같다.

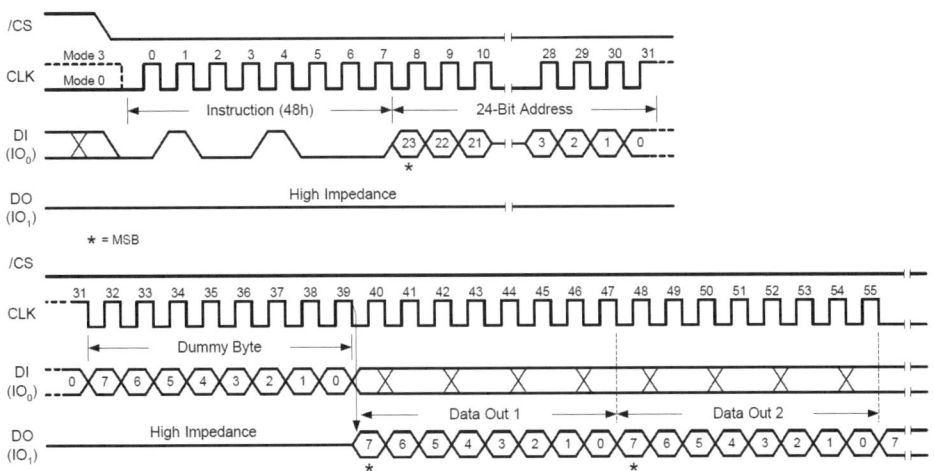

[그림 5.4-29] Read Security Register(48h) instruction.

또한, 이것은 [그림 5.4-6]에서 보여준 Fast Read instruction(0Bh)과 유사하다. byte address는 각각의 data byte가 출력될 때마다 **자동으로** 다음 byte address로 증가하게 된다. 이제, byte address=0xFF가 되면, 다시 0x00h로 reset된다. 그 밖에 Enable Reset(66h) instruction과 Reset(99h) instruction은 [그림 5.4-30]에서 보여준 것과 같이 **순서대로** issuing되어야 한다.

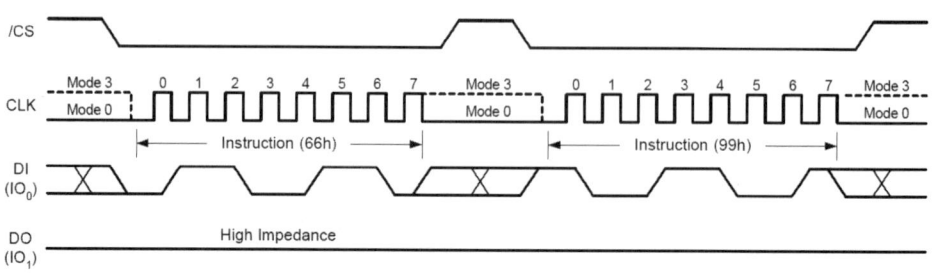

[그림 5.4-30] Enable Reset(66h) instruction과 Reset(99h) instruction.

만일, Enable Reset(66h) instruction 이후에 다른 instruction이 issuing되면 Reset Enable 상태는 disabling 된다. 일단, reset이 걸리면, 30[us] 동안 reset 상태를 유지하게 되며, 이 기간 동안은 어떠한 instruction도 받아들이지 않는다. 만일, reset을 수행하고 싶다면, BUSY=0 이고, SUS=0 일 때, 수행해 주어야 data corruption이 발생하지 않는데 주의하자.

지금까지 Serial Flash Memory에서 사용되는 다양한 거의 모든 명령어들에 대한 timing diagram을 기반으로 각각의 명령어가 갖는 특성들에 대해서 자세히 학습하였다. 이제, Chapter 6에서는 이들 명령어들 중에서 자주 사용되는 몇몇 명령어들을 C 언어로 구현하여 외부 serial flash memory에 데이터를 읽고, 쓸 수 있는 방법에 대해서 구체적으로 학습하게 될 것이다. 5.4. 단원에서 설명한 각각의 명령어에 대한 내용과 [표 5.3-2]에서 나열한 모든 명령어들은 향후 여러분이 serial flash memory를 사용하게 될 때에 훌륭한 참고서가 될 것이라고 생각한다. 참고적으로 [그림 5.4-31]은 Winbond Serial Flash memory에 대한 ordering information이다.

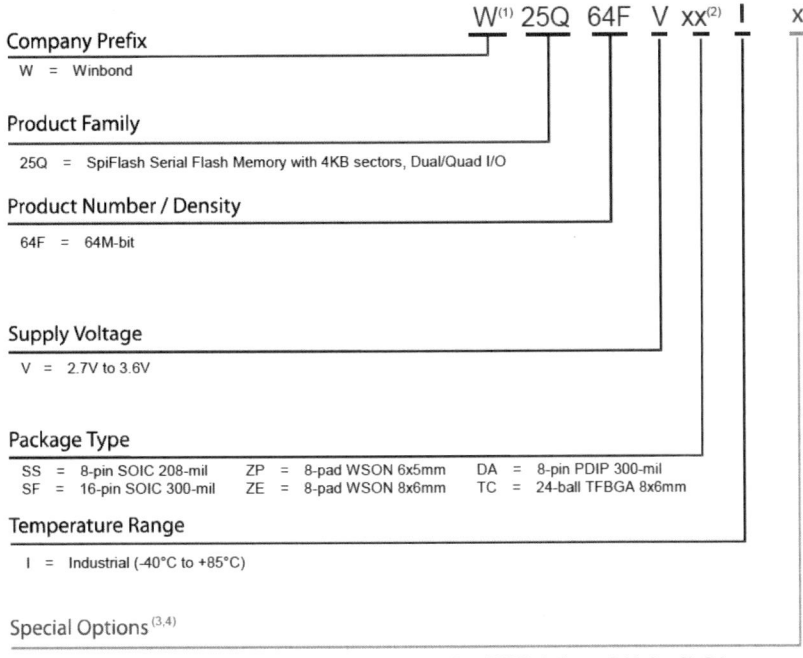

[그림 5.4-31] Winbond Serial Flash ordering information.

CHAPTER
06

SPI Flash memory관련 Coding 방법

이번 Chapter에서는 Chapter 5.에서 학습한 SPI serial flash memory인 Winbond Inc. 의 W25Q32FV에 대해서 데이터를 지우고(Erase), 임의의 데이터를 쓰고(Write), 그리고, 읽어내는(Read) 일련의 동작을 수행하는 함수들을 만들어 볼 것이다. Chapter 4.에서 학습한 MCU 내부의 main flash memory를 지우고, 데이터를 쓰고, 그리고, 읽어내는 과정과 **비교하여 다소 복잡하고, 생각을 요구하는 알고리즘이 사용**될 것이다. 무엇보다도 직접적으로 SPI로 연결된 외부 flash memory에 대한 erase, write, 그리고, read 관련 HAL 함수들이 없으므로 모두 개발해 주어야 한다. 또한, Chapter 5.에서도 학습하였듯이 serial flash memory를 이용하기 위해서는 관련 명령어들을 구현해야 하고, 그리고, 명령어와 관련된 제한 사항들도 숙지하며 구현해야 한다. 예를 들면, 256bytes page 단위로 데이터를 작성해 주는 명령어를 구현해야 하고, 4[KB] sector 단위로 지우거나 32[KB] 또는 64[KB] block 단위로 데이터를 지워주는 명령어를 구현해야 한다. 그러므로, 임의의 데이터를 저장하려는 경우에 그 데이터의 크기를 고려하여 우선, 관련 영역에 맞는 sector 또는 block의 개수를 계산하여 지워주어야 한다. 그리고 나서, 데이터를 작성하는 데 필요한 page의 개수도 계산하여 데이터를 writing을 수행해 주어야 한다. 이때, 여러 page들에 걸쳐서 데이터를 작성하는 경우도 고려해야 한다. 가능하면, 여러분이 좀 더 쉽게 이해할 수 있도록 다양한 그림들을 포함시켰으며, 참고적으로 **여기서 소개하는 SPI Serial Flash Memory 관련 함수들은 과거 상용 제품들을 개발할 때에 여러 번 적용한 code들**이다.

■ 학습 목표 :
- SPI Serial Flash Memory 사용을 위한 SPI 관련 자세한 학습.
- 사용하는 SPI flash memory 식별을 위한 code 구현 방법.
- SPI flash memory의 영역을 지우는 함수 구현.
- SPI flash memory의 영역에 있는 데이터를 read하는 함수 구현.
- SPI flash memory의 영역에 데이터를 write하는 함수 구현.

6.1 Serial Flash Memory Programming 방법.

이번 Chapter에서는 Chapter 5.에서 학습한 SPI interface를 갖는 Serial flash memory W25Q32에 대한 read, write, 그리고, erase 동작을 **구현하는 방법**을 상세히 살펴보도록 할 것이다. 해당 부품은 SJ_MCUBook_M4와 SJ_MCUBook_M0뿐만 아니라 과거 2018년 수진에서 판매한 CodeMania 보드에도 장착되어 있다. 그러므로, SJ_MCUBook_M4를 중심으로 설명하겠지만, 과거에 SJ_MCUBook_M3 보드와 CodeMania 보드를 모두 구매하신 분들을 위하여 **이들의 조합으로 실험하는 방법도 이 단원의 마지막 부분**에서 보여줄 것이다. 우선, 준비 운동 삼아서 [그림 5.4-26]에 보여준 timing diagram에 맞추어 **JEDEC ID(9Fh)** instruction을 SPI interface로 연결된 W25Q32에 전송하고, [표 5.3-2]에서 보여준 것과 같이 24bits를 읽어 보도록 하겠다. 즉, 현재 사용하는 Serial Flash Memory W25Q32의 제조사인 Winbond Inc.의 Manufacturer ID = 0xEF를 읽고, 그리고 나서, [표 5.3-4]에서 보여준 Device ID(ID15~ID0) = 0x4016을 순서대로 읽어보도록 하겠다. 그러기 위해서 SJ_MCUBook_M4 보드에 있는 STM32F302R8을 위한 새로운 CubeMX project **Ch6Lab1Prj**를 생성해 보도록 하자. CubeMX를 실행하고, **File** menu에서 **New Project**를 선택하여 준다. 그리고, **Commercial Part Number**에 F302R8을 지정한 다음에 **NUCLEO-F302R8**을 오른쪽 Board column에서 선택한다. 이어서 [그림 6.1-1]의 ①번과 같이 NUCLEO-F302R8의 초기 설정을 그대로 선택해 주고, ②번과 같이 8[MHz] 외부 clock을 사용하도록 **PLL Source Mux**를 선택해 준다.

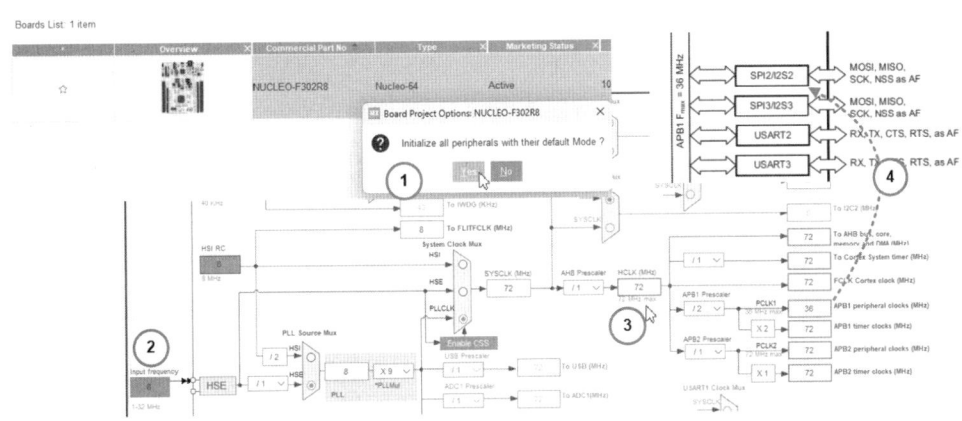

[그림 6.1-1] JEDEC ID(9Fh) instruction 실습 - 1.

이때, ③번과 같이 HCLK를 최대값인 72[MHz]로 설정해 주고, ④번처럼 W25Q32에 연결된 SPI2의 PCLK1을 최대값인 36[MHz]로 설정해 준다. SJ_MCUBook_M4 회로도에서 SPI2 interface를 위한 pin 할당을 확인해 보니, [그림 6.1-2]의 ⑤번에서 보여준 것과 같이 PB13이 LD2 green LED와 연결되어 있어서 사용할 수 없다고 표시되어 있다.

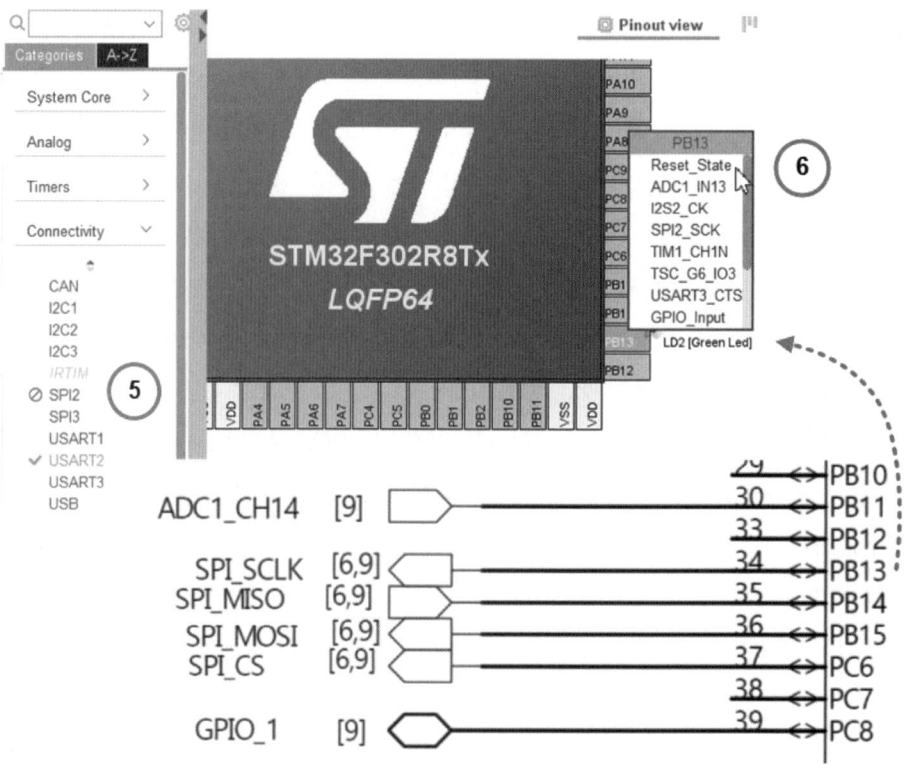

[그림 6.1-2] JEDEC ID(9Fh) instruction 실습 - 2.

그러므로, ⑥번과 같이 PB13 pin을 선택하고, 오른쪽 mouse button을 이용하여 나타나는 popup menu에서 Reset_State menu를 선택하여 기존의 LD2 할당을 해지해 준다. 이제, W25Q32에 대한 SPI timing diagram과 Vol.1.의 Chapter 11.에서 학습한 내용을 바탕으로 CubeMX에서 SPI interface 관련 parameter들을 올바로 설정해 준다. 즉, [그림 5.1-2]와 [그림 6.1-3]을 함께 비교하며 W25Q32FV와 STM32F302 MCU 사이의 SPI interface에 대한 parameter 설정을 주의 깊게 살펴보기 바란다.

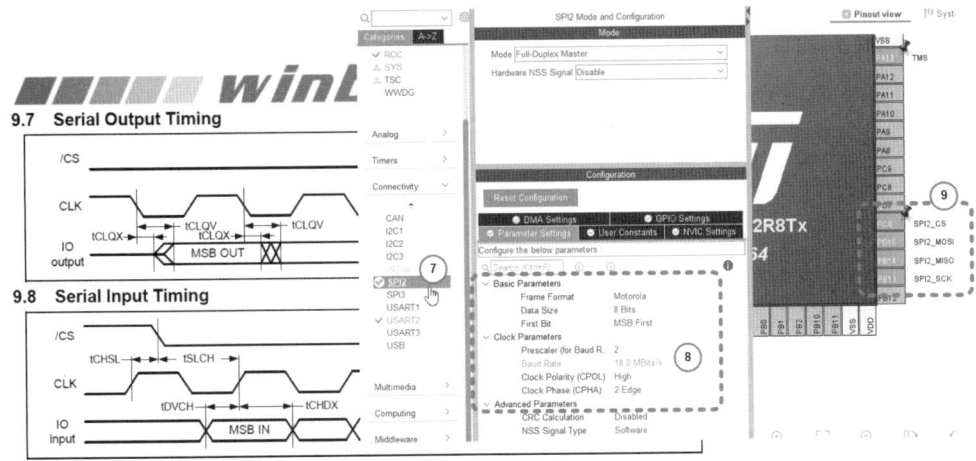

[그림 6.1-3] W25Q32FV SPI interface를 위한 CubeMX 설정 방법 - 1.

우선, ⑦번과 같이 SPI2를 사용하고 있으며, W25Q32 입력과 출력 SPI timing diagram에 맞게 ⑧번처럼 설정하였다. 그리고, ⑨번은 실제 외부 pin에 대한 할당 모습이다. Vol.1의 **11.1. 단원**만 참조해도 어려움 없이 ⑧번에서 설정한 각각의 parameter 값들에 대한 근거를 쉽게 이해할 수 있을 것이다. [그림 6.1-4]는 **SPI2_CS** pin에 대한 할당 방법을 보여준 것이다.

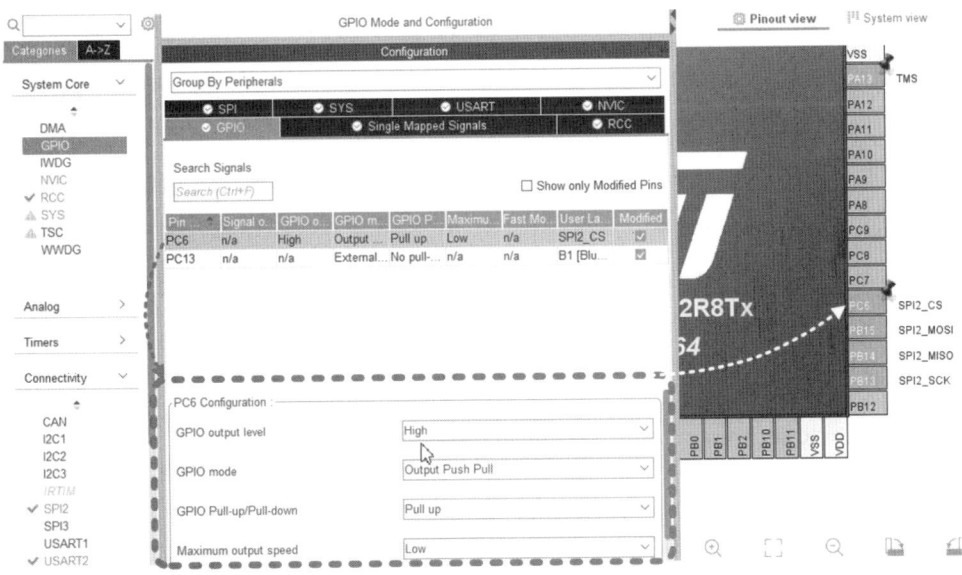

[그림 6.1-4] W25Q32FV SPI interface를 위한 CubeMX 설정 방법 - 2.

6 SPI Flash memory관련 Coding 방법 | **253**

SJ_MCUBook_M4 보드는 외부에 HSE 용으로 8[MHz] Crystal이 사용되고, 추가적으로 RTC를 위해서 32.768[KHz] crystal도 사용된다. 그러므로 [그림 6.1-5]의 ⑩번과 같이 RCC Mode and Configuration에서 HSE와 LSE을 모두 Crystal/Ceramic Resonator로 설정해 준다.

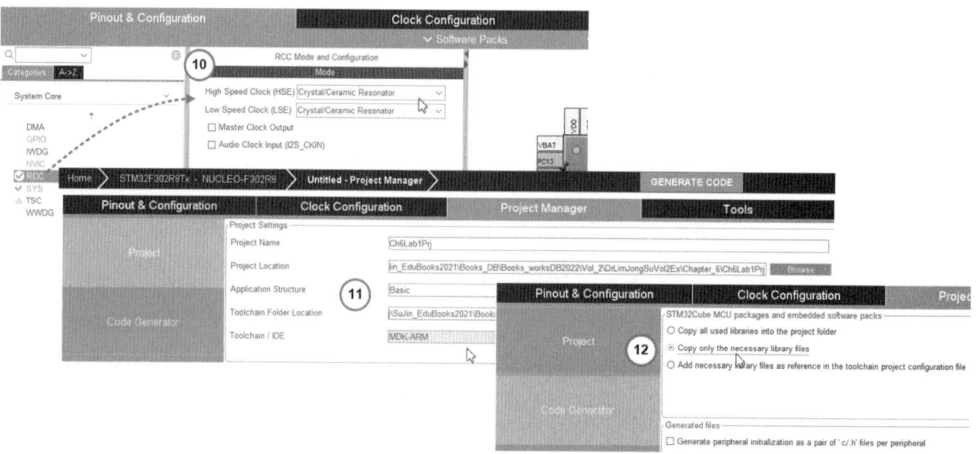

[그림 6.1-5] W25Q32FV SPI interface를 위한 CubeMX 설정 방법 - 3.

설정이 완료되었으면, ⑪번과 같이 Project Name과 Project Location에 새로 만들 project folder에 대한 경로를 지정해 주고, Application Structure에서는 Basic을 선택해 준다. 그리고, Toolchan/IDE에는 MDK-ARM을 선택하고, Code Generator tab에서 ⑫번과 같이 필요한 파일들만 생성될 project folder에 복사하도록 한 다음 GENERATE CODE 버튼을 click하여 C framework를 생성하도록 한다. CubeMX에 대한 자세한 사용 방법은 Vol.1의 3.2. 단원을 참조하면 된다. 그리고, main-while loop로 들어가기 **전에** 다음과 같이 coding하여 준다. 단, 변수 Tx_Reg과 Rx_Reg[3]는 전역 변수로 다음과 같이 정의하였다.

```
// Note that these should be Global variables.
uint8_t Tx_Reg=0x9F, Rx_Reg[3]={0,};

/* USER CODE BEGIN 2 */
// What SPI_CS becomes active low means SPI to be started.
HAL_GPIO_WritePin(SPI2_CS_GPIO_Port,SPI2_CS_Pin,GPIO_PIN_RESET);
```

```
HAL_SPI_Transmit(&hspi2, &Tx_Reg, 1, 10);

HAL_SPI_Receive(&hspi2, Rx_Reg, 3, 10);
// What SPI_CS becomes inactive high means SPI to be completed.
HAL_GPIO_WritePin(SPI2_CS_GPIO_Port,SPI2_CS_Pin,GPIO_PIN_SET);

/* USER CODE END 2 */
```

위와 같이 Coding하고, 생성된 C framework의 MDK-ARM folder에서 KEIL을 호출하기 위해서 Ch6Lab1Prj.uvprojx 파일을 double click하여 준다. 그리고, [그림 6.1-6]의 ⑬번이 가리키는 Options for Target icon을 click하여 주고, Target tab에서 ⑭번과 같이 사용할 ARM Compiler :를 선택한다.

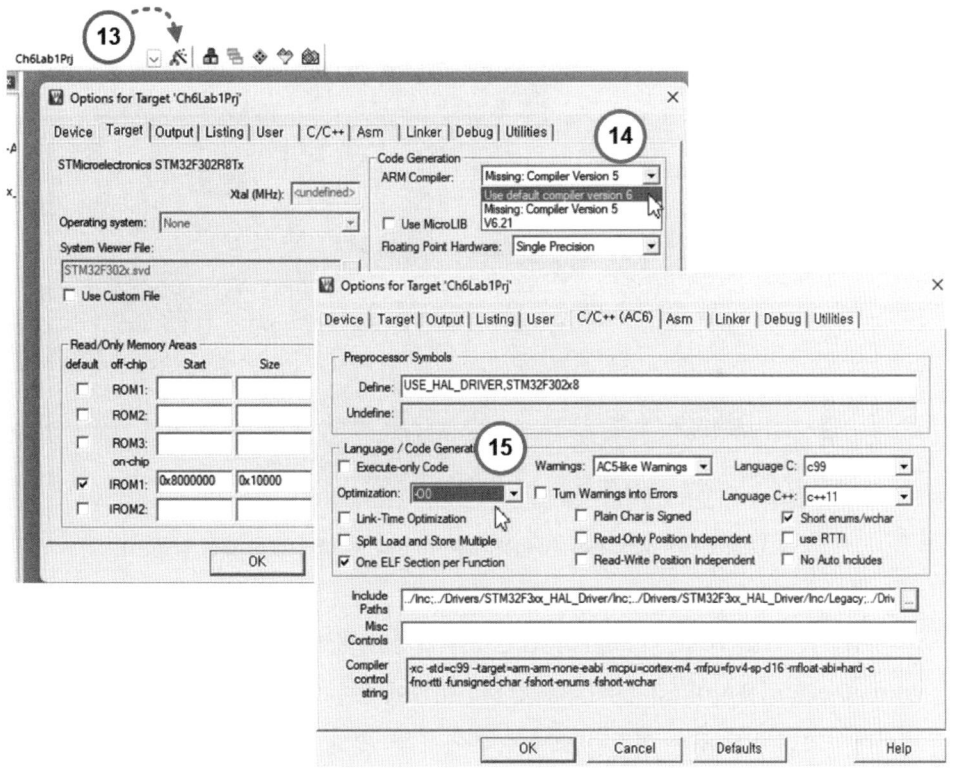

[그림 6.1-6] W25Q32FV SPI interface를 위한 CubeMX 설정 방법 - 3.

만일, Missing: Compiler Version 5가 선택되어 있다면, Use default compiler version

6를 선택해 주고, 이어서 C/C++(AC6) tab에서 ⑮번과 같이 Optimization:은 항상, -O0 으로 설정해 주어서 최적화가 수행되지 않도록 해 준다. 그리고 나서, build를 수행해 주어서 아무런 문제가 없다면, JEDEC ID(9Fh) instruction을 실험할 Firmware 준비가 완료된 것이다. 물론, Vol.1.의 1.3. 단원에 있는 [그림 1.3-3]에서 보여준 ST-LINK/V2 emulator를 [그림 6.1-7]과 같이 연결하고, DC 24[V]를 공급해 주면, 추가적인 Nucleo 보드 필요 없이 실험할 수 있다.

[그림 6.1-7] W25Q32FV Read/Write를 위한 SJ_MCUBook_M4 구성 방법 - 1.

그러나, 여기서는 Vol.1.의 16.4.1. 단원에서 설명한 방법, 즉, 임의의 Nucleo board에 있는 emulator를 이용하여 SJ_MCUBook_M4 보드에 있는 STM32F302R8을 연결하여 실험할 것이다. [그림 6.1-8]은 연결한 모습을 위에서 본 것과 옆에서 본 것을 동시에 보여준 것이다. 이처럼 Nucleo 보드를 연결하는 경우에는 전원을 Nucleo 보드가 공급해 주므로 추가적으로 DC 24[V]를 연결해 주지 않아도 된다. 회로도와 Vol.1.의 16.4.1. 단원을 읽어보면 어떻게 구성한 것인지 쉽게 이해할 수 있을 것이다.

[그림 6.1-8] W25Q32FV Read/Write를 위한 SJ_MCUBook_M4 구성 방법 - 2.

또한, 기존의 SJ_MCUBook_M3와 CodeMania 보드 사이의 연결 모습은 잠시 후에 보여줄 것이다. 연결이 모두 이루어졌으면, [그림 6.1-9]에서 mouse의 화살표가 가리킨 정보와 같이 ST-Link utility로 STM32F302이 정상적으로 연결되었는지 확인해 본다. 정상적으로 연결이 이루어졌으면, ST-Link utility는 닫고, 앞서 준비한 Ch6Lab1Prj.uvprojx를 double click하여 KEIL uVision을 실행한다. 그리고, [그림 6.1-10]과 같이 main **while (1) loop**의 시작점 즉, 132번째 line에 breakpoint를 설정한다.

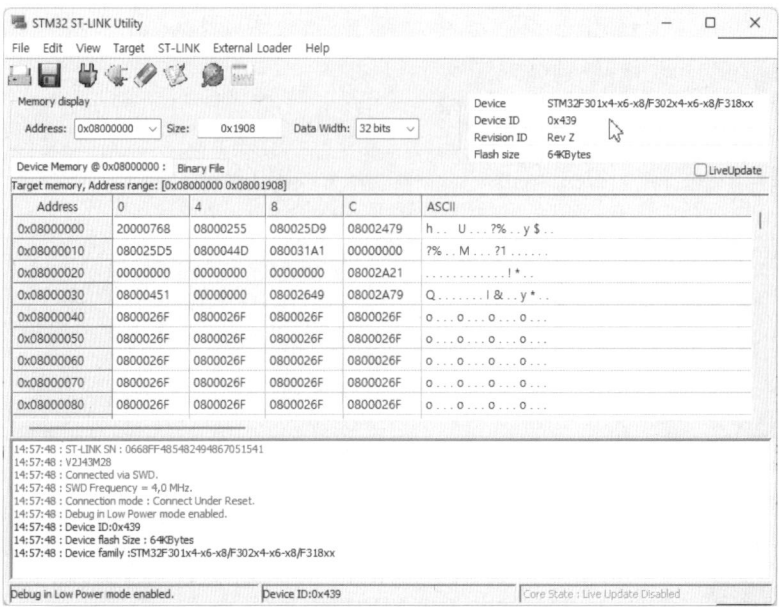

[그림 6.1-9] W25Q32FV Read/Write를 위한 SJ_MCUBook_M4 구성 방법 - 3.

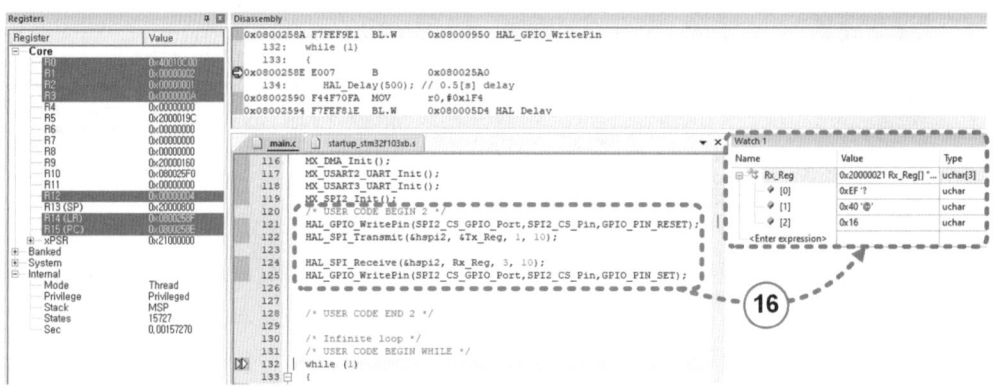

[그림 6.1-10] JEDEC ID(9Fh) instruction의 issuing과 반환 값 수신 방법.

이어서, View menu에서 Watch windows menu를 선택하여 JEDEC ID(9Fh) instruction을 실행하였을 때에 W25Q32FV가 반환해 주는 정보인 24bits 데이터 즉, 3개의 bytes 정보를 저장하는 Rx_Reg[3] 배열의 값을 확인할 수 있도록 ⑯번과 같이 준비한다. 이제, Debug menu에서 Start/Stop Debug Session menu를 선택하거나 그에 해당하는 🔍 icon을 click하고, 🗒 Run(F5) icon을 click하여 설정한 breakpoint까지 실행시킨다. 그러면, ⑯번에서 보여준 것과 같이 [표 5.3-2]에 보여준 JEDEC ID(9Fh) instruction에

대한 issuing이후 반환되는 BYTE2, BYTE3, BYTE4의 정보 즉, [표 5.3-4]에 나와 있는 정보인 Manufacture ID = 0xEF 1byte(MF7~MF0)를 시작으로 Device ID15~ID0 = 0x4016(ID15~ID0)이 반환된 것을 확인할 수 있다. 그러므로, [그림 6.1-3]의 ⑧번에서 설정한 SPI parameter들이 올바로 설정된 것을 확인할 수 있다. [그림 6.1-11]은 JEDEC ID(9Fh) instruction 전송과 그에 따른 반환되는 BYTE2, BYTE3, BYTE4의 정보와 관련된 SPI interface를 구성하는 각각의 pin 즉, SPI2_CS, SPI2_SCK, SPI2_MOSI, 그리고, SPI2_MISO에 대한 파형을 Oscilloscope로 측정한 결과이다. 단, ⑰번에서 보여준 것과 같이 SPI Baud Rate 500KBits/s로 수정한 것에 주의하자.

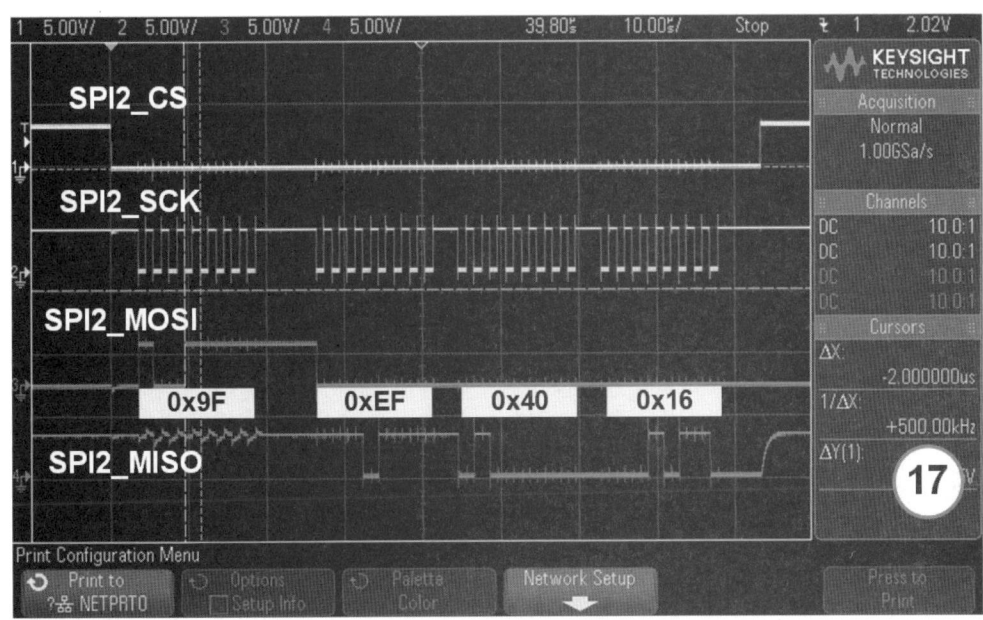

[그림 6.1-11] JEDEC ID(9Fh) instruction의 issuing과 관련된 SPI 신호들에 대한 scoping 결과.

그림으로부터 알 수 있듯이 MOSI도 그렇지만, MISO로 들어오는 bit stream으로부터 1byte 단위로 매번 그림과 같이 값을 계산한다는 것은 시간 낭비에 해당한다. 예를 들면, 수십 bytes 크기를 갖는 임의의 데이터를 SPI interface를 통하여 전송하는 과정에서 각각의 데이터 값들을 확인하고 싶은 경우에 이것은 불가능하다. 물론, [그림 6.1-11]에서 보여준 Oscilloscope 화면 아래에 SPI 뿐만 아니라, UART, I2C, CAN 등등에 대한 데이터를 byte 단위의 값으로 자동 환산하여 표시하도록 설정할 수 있으나, 그러기 위해서는 해당

license를 구매해야 하는데, 이것이 나름 고가(?)인 것이 사실이다. 그래서, 일반적으로 많이 사용하는 디지털 통신관련 분석기로 Saleae Inc.에서 만든 제품을 소개한다. 다음은 관련 website이다.

https://www.saleae.com/

이번 Chapter에서는 이 제품을 사용하여 개발하려는 code의 동작 특성을 확인하고, 완성해 나갈 것이다. 그러나, 일반 개인이 구매하기에는 상당히 고가(?)이므로 실험에 대한 결과 화면 위주로 학습하여도 충분하다. [그림 6.1-12]는 Saleae Inc.에서 출시한 제품과 측정하고자 원하는 SPI interface를 구성하는 핀들 사이를 jumper wire들로 연결한 모습이다.

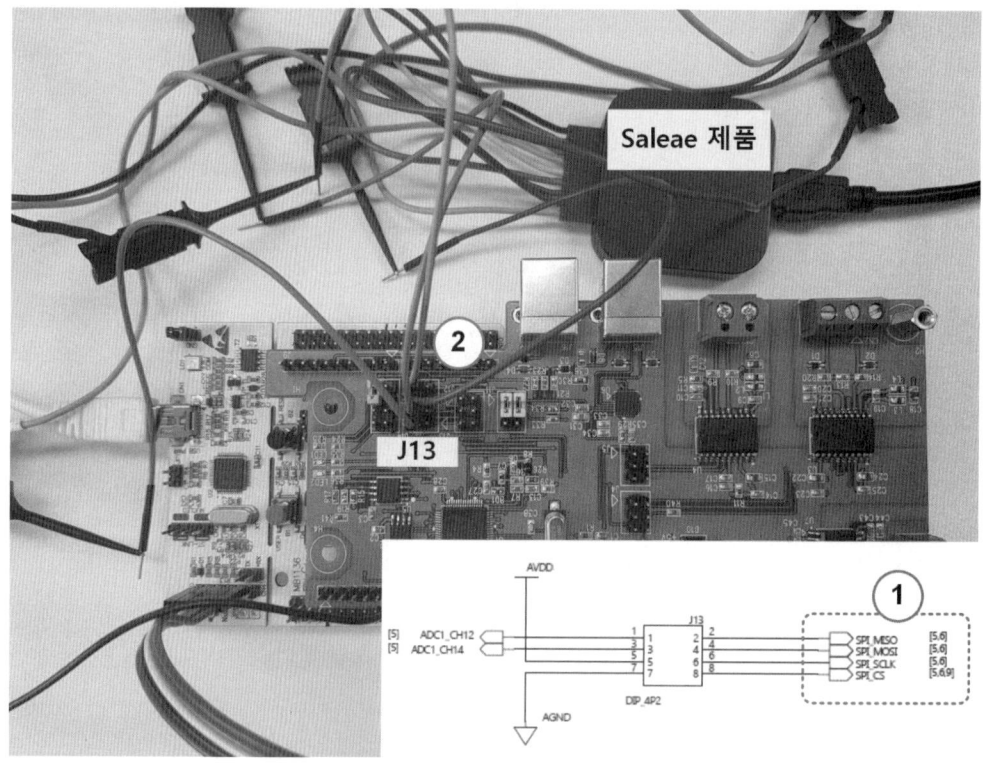

[그림 6.1-12] Saleae Inc.의 제품을 이용한 SPI interface 관련 신호들에 대한 scoping 방법 - 1.

①번에서 보여준 회로도 즉, J13 pin과 Saleae 제품 사이를 ②번과 같이 연결하여 준다.

그리고, SJ_MCUBook_M4 전원을 공급하기 위해서 Nucleo 보드에 USB cable을 연결하여 주고, Saleae 제품도 USB cable을 연결하여 전원을 공급해 준다. 준비가 완료되었으면, 자신의 제품에 맞는 Saleae 소프트웨어를 실행한다. 단, 필자의 제품은 상당히 구형이라서 **Logic 1.2.40**을 사용하였다. 이 버전은 install 과정도 필요 없이 적절한 folder에 download 받아서 압축을 풀어주면 된다. 해당 folder를 확인해 보면, **Qt**로 개발한 것을 알 수 있을 것이다. 어쨌든, **Logic.exe**를 실행하면, [그림 6.1-13]의 ③번과 같이 각각의 probe에 해당하는 channel0부터 channel 7까지 사용할 수 있는 총 8개 channel들이 나열된다.

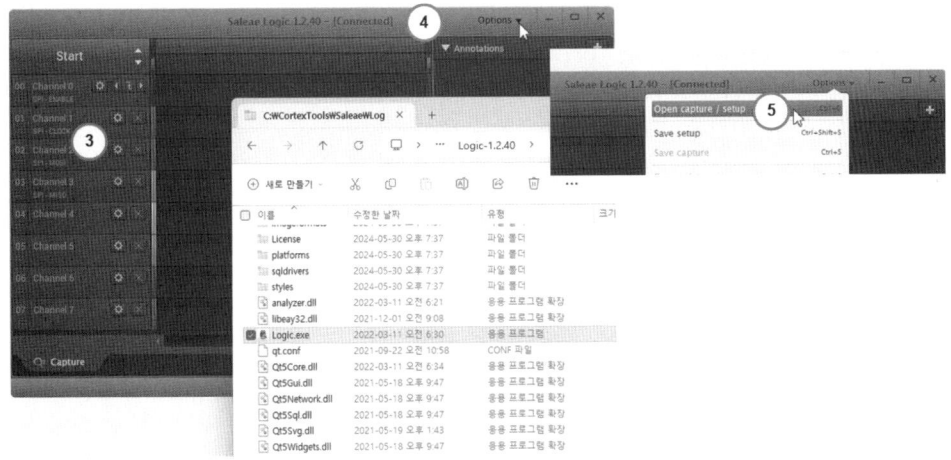

[그림 6.1-13] Saleae Inc.의 제품을 이용한 SPI interface 관련 신호들에 대한 scoping 방법 - 2.

또한, Saleae 제품에 USB cable을 연결하여 전원을 공급하고 있다면, ④번과 같이 title bar에 [**Connected**]과 같이 나타난다. 화살표가 가리키는 것과 같이 **Options ▼** button을 click하고, ⑤번처럼 **Open capture/setup** menu를 선택한다. 그리고, [그림 6.1-14]의 ⑥번과 같이 Saleae 화면 구성 파일인 **SPI_Config0530.logicsettings**을 double click하여 준다. 그러면, ⑦번과 같이 SPI interface를 구성한 4개의 pin에 대해 나열될 것이다. 이제, ⑧번과 같이 **Rx_Reg[]** 배열의 값을 확인할 수 있도록 준비하고, debug를 실행하여 main() 함수까지 실행하도록 한다. 그리고, Saleae의 **Start** 버튼을 click하여 준다. 그러면, [그림 6.1-15]의 ⑨번처럼 녹색의 Start 버튼은 붉은 색의 Cancel 버튼으로 바뀌고, 설정한 SPI2_CS가 low edge가 발생할 때까지 기다리게 된다.

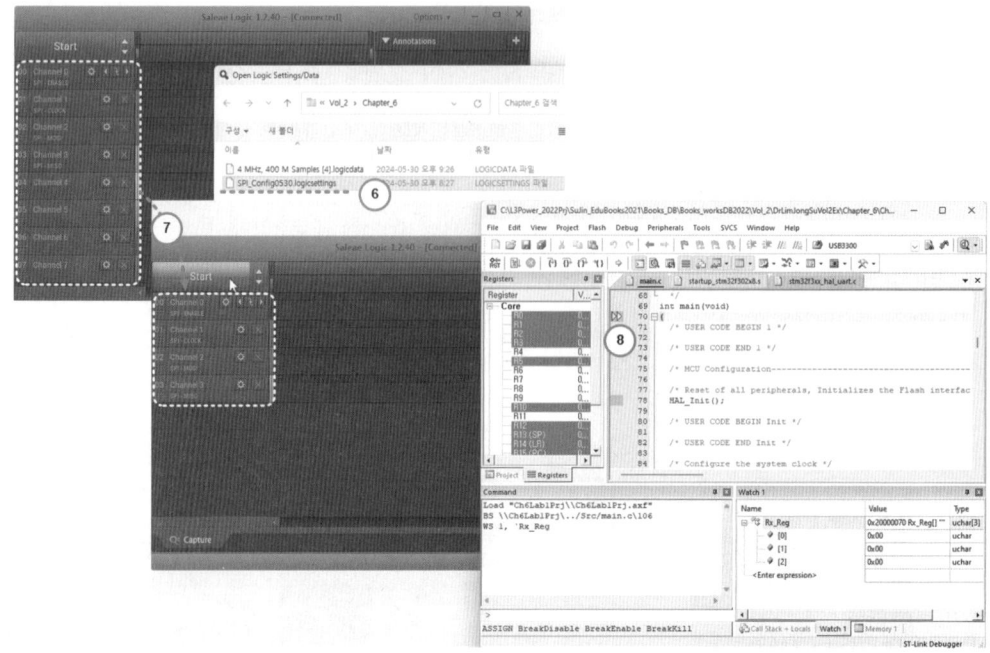

[그림 6.1-14] Saleae Inc.의 제품을 이용한 SPI interface 관련 신호들에 대한 scoping 방법 - 3.

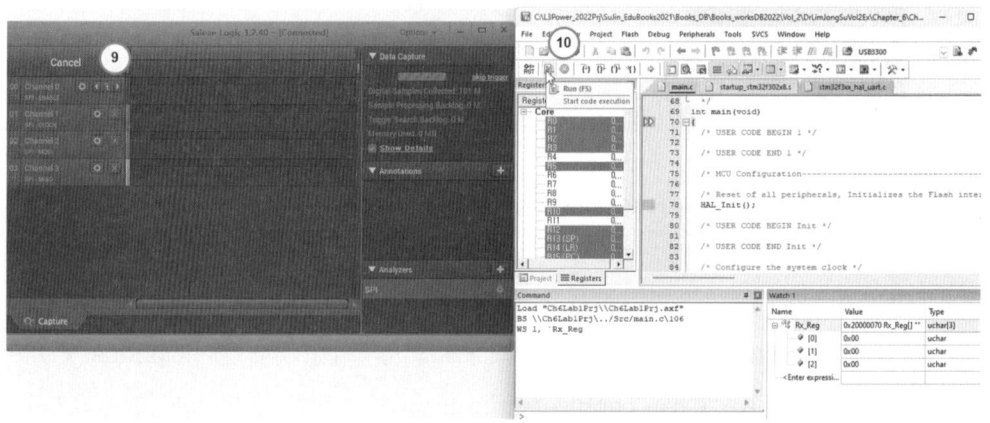

[그림 6.1-15] Saleae Inc.의 제품을 이용한 SPI interface 관련 신호들에 대한 scoping 방법 - 4.

이제, ⑩번과 같이 Run(F5) icon을 click하여 실행하면, [그림 6.1-16]의 ⑪번과 같이 Stop button으로 바뀌면서 파형이 흐르는 것을 볼 수 있다. 또한, Watch 1 window에는 Rx_Reg[] 배열에 정상적으로 값들이 저장된 것을 확인 할 수 있다. 여기서 **주의할 것이** 있다.

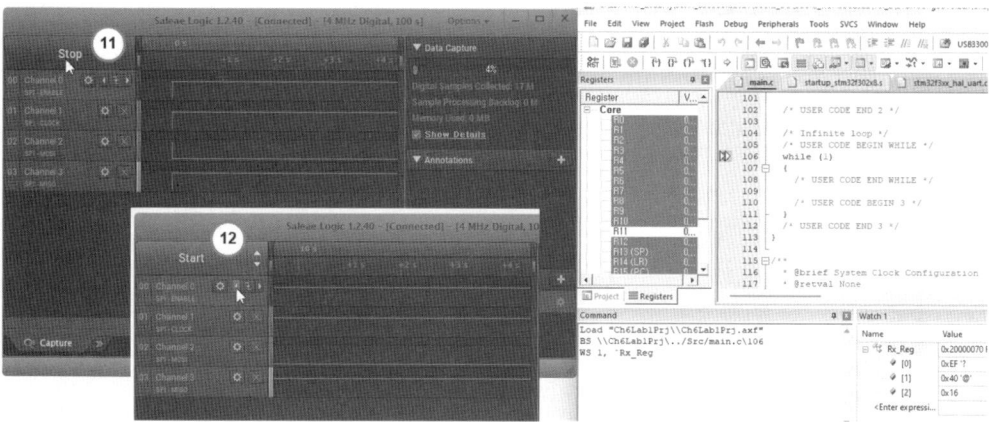

[그림 6.1-16] Saleae Inc.의 제품을 이용한 SPI interface 관련 신호들에 대한 scoping 방법 - 5.

만일, Rx_Reg[] 배열에 0xFF, 0xFF, 0xFF 값만 계속해서 들어온다면, Saleae 제품에 USB cable을 통하여 전원이 정상적으로 공급되는지 확인해 보기 바란다. Saleae 제품의 probe line 각각이 MCU 입장에서는 다소 버거운 전류를 요구하는 것 같다. 어쨌든, **Stop** button을 click하여 주면, ⑫번처럼 녹색의 Start button으로 바뀌고, 파형의 흐름이 멈추는 것을 볼 수 있다. 이제, 처음 SPI2_CS가 falling edge로 떨어질 때의 파형을 관찰하기 위해서 ⑫번의 화살표에 보여준 것처럼 ◀ 버튼을 click하여 준다. 그러면, [그림 6.1-17]과 같이 [그림 6.1-11]에서 Oscilloscope 확인한 파형을 확인 할 수 있다.

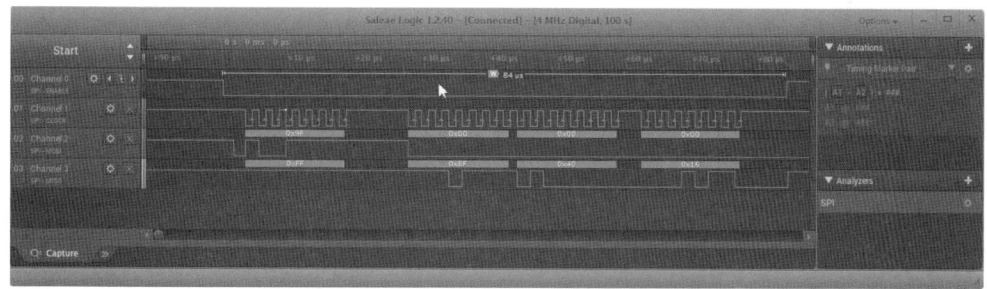

[그림 6.1-17] Saleae Inc.의 제품을 이용한 SPI interface 관련 신호들에 대한 scoping 방법 - 6.

mouse를 파형 가까이 가져가 보면, 다양한 파형에 대한 시간 정보가 자동으로 표시된다. 그 밖에도 다양한 marking을 추가할 수 있는 기능들이 있으며, 자세한 내용은 Saleae manual을 참조하면 되겠다. 그러나, 거의 Oscilloscope 사용 방법과 동일하여 **직감적으로**

사용 방법을 알 수 있을 것이다. 어쨌든, 파형에 대한 분석 정보와 파형을 함께 파일로 저장하기 위해서는 [그림 6.1-18]의 ⑪번과 같이 Options ▼ button을 click하여 나타나는 menu에서 Save capture menu를 선택하여 저장하여 주면 된다.

[그림 6.1-18] Saleae Inc.의 제품을 이용한 SPI interface 관련 신호들에 대한 scoping 방법 - 7.

나중에 Saleae 제품을 연결하지 않은 상태에서 이전에 저장한 파형에 대해서 계속하여 분석하고 싶으면, ⑪번에서 Open capture/setup menu를 선택하고 저장한 파일 예를 들면, ⑫번과 같이 4 MHz, 400 M Samples [4].logicdata을 열어주면, ⑬번과 같이 계속해서 분석할 수 있게 화면을 구성해 준다. 이 밖에도 Save screenshot/region menu를 이용하여 그림 파일로 파형을 저장할 수도 있다. 물론, 최신 Saleae 제품들은 보다 많은 정보를 제공할 것이다. 사실, 이 제품은 아마도 2000년대 초반 FPGA를 통한 비메모리 설계를 할 때에 구매한 것 같다. 당시에 미국 대학원생이 졸업 작품으로 만들었다가 제품으로 판매하였다고 한 것으로 기억한다. 제품을 뜯어보면, Xilinx Inc.의 SPARTAN FPGA family로 개발하였는데, 워낙 PC program이 깔끔한 것이 특징적이다. 비슷한 종류의 또 다른 제품인

Totalphase Inc. 회사의 제품보다 저렴하고 사용이 편하여 지금은 많은 개발자가 사용하는 것으로 알고 있다. 사실 이 제품은 SPI 뿐만 아니라 I2C와 UART protocol, 그 밖의 다양한 통신방식에 대한 분석을 수행할 수 있다. 좀 더 자세한 사항은 다음의 website를 방문해 보기 바란다.

https://support.saleae.com/protocol-analyzers/supported-protocols

일반적으로 이런 종류의 제품들은 Vol.1의 12.2. 단원에서 설명한 Oversampling 16 또는 8에서 start bit **검출과정**과 같이 높은 oversampling으로 들어오는 bit 값을 추정하는 방식을 사용한다. 이렇게 되면, SPARTAN과 같은 저가의 FPGA로는 전체 critical time을 올리는데 한계가 있어서 보다 고가의 고성능 FPGA를 사용해야 할 것이다. 사실, [그림 6.1-11]에서 SPI Baud rate를 18MBits/s에서 갑자기 500KBits/s로 낮춘 이유도 [그림 6.1-17]의 Saleae 제품의 window program **title bar**에서 보여준 것과 같이 **4[MHz]**로 sampling하기 때문이다. 그러나, W25Q32FV만 고려한다면, [그림 6.1-19]에서 보여준 것과 같이 18[MHz] Baud Rate도 충분히 사용할 수 있으며, 실제로 예제 코드의 속도를 단순히 18[MHz] Baud Rate로 올려서 실행해 보아도 아무런 문제없이 동작하는 것을 확인 할 수 있을 것이다.

W25Q32FV

9.6 AC Electrical Characteristics(6)

DESCRIPTION	SYMBOL	ALT	SPEC MIN	SPEC TYP	SPEC MAX	UNIT
Clock frequency for all other instructions 2.7V-3.6V VCC & Industrial Temperature. except Read data instructions (03h)	F$_R$	f$_{C1}$	D.C.		104	MHz
Clock frequency for Read Data instruction (03h)	fR	f$_{C2}$	D.C.		50	MHz

[그림 6.1-19] W25Q32FV에 대한 AC 전기적 특성.

[그림 6.1-20]은 SJ_MCUBook_M3 보드와 CodeMania 보드를 연결하고, 다시 Saleae 제품을 추가한 모습이다.

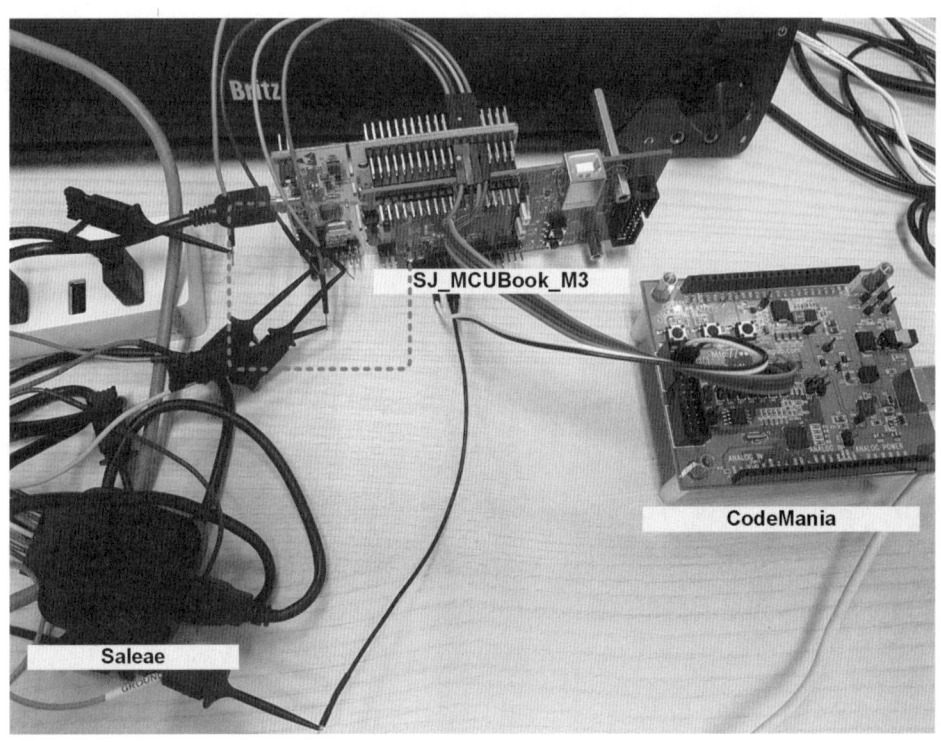

[그림 6.1-20] SJ_MCUBook_M3 보드, CodeMania 보드와 Saleae 제품 연결 모습.

각각의 회로도를 참조하여 jumper wire들을 이용하여 연결하면 될 것이다. 특별히, 점선의 사각형에서 jumper wire들 사이에 **맞닿지 않도록 주의**하기 바란다. 그리고, [그림 6.1-21] 은 SJ_MCUBook_M3 보드에 Nucleo-F103 보드를 연결하였을 때에 STM32F103에 대한 SPI interface 관련 CubeMX parameters 설정 모습이다. 이제, 실험 준비가 모두 준비되었으니, [표 5.3-2]에 나열한 read, write, 그리고, erase 관련 주요 instruction들을 하나씩 순서대로 구현해 보도록 하겠다. 단, 앞서 언급한 것과 같이 필자가 가지고 있는 Saleae 제품은 상당히 구형으로 거의 20년 가까이 지난 제품이다. 그러므로, 현재 출시되는 제품과 성능, 화면 구성, 사용 방법 등이 모두 다를 수 있다는데 주의하기 바란다. 어쨌든, 이 책에서는 필자가 가지고 있는 제품을 중심으로 설명할 것이다. 참고적으로 향후 출간될 **Vol.3.**에서 학습할 CAN(Controller Area Network)에서는 그 유명한 Vector Inc.에서 출시한 **CANalyzer** 소프트웨어 사용 방법을 배울 것인데, 지금 소개한 Saleae 제품 보다 엄청 고가 버전이다.

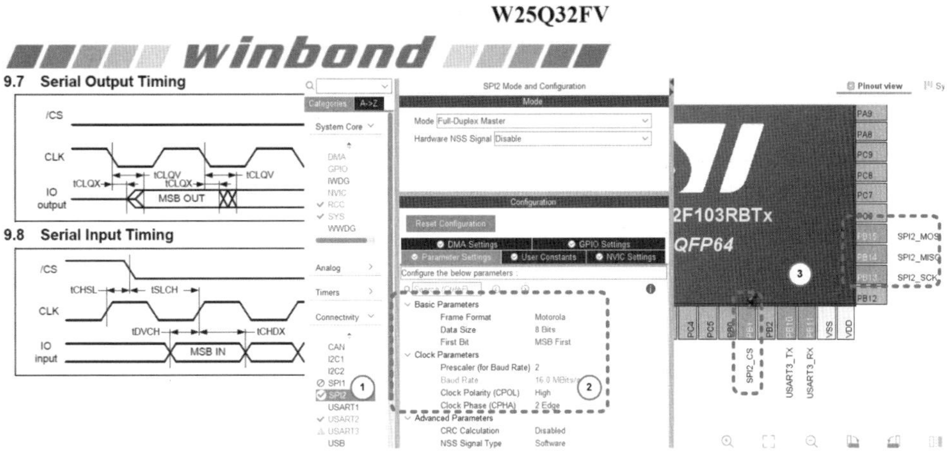

[그림 6.1-21] SJ_MCUBook_M3 보드를 위한 Nucleo-F103 SPI interface를 위한 CubeMX 설정 방법.

6.2 Serial Flash Memory 식별을 위한 Code 구현.

6.1. 단원에서 JEDEC ID(9Fh) instruction을 사용하여 반환되는 Manufacturer ID = 0xEF으로부터 현재 SPI interface로 연결되어 있는 Serial Flash Memory가 Winbond Inc.의 제품이라는 것을 알 수 있고, Device ID(ID15~ID0) = 0x4016으로부터 제품명이 W25Q32인 것도 알 수 있었다. 결국, 제품명을 알게 되었으니, 현재 사용하는 Flash memory에 대한 상세한 정보, 예를 들면, 저장 용량이나 access 속도 즉, read/write 속도 등 다양한 정보를 알 수 있다. 여러분이 스마트폰을 구매할 때, 저장 용량이 클수록 더 비싼 것을 알 수 있다. 그런데, 전자회로 기판과 부품은 그대로이고, 단순히 memory만 교체하면, 교체한 부품의 정보를 인식하고, 그에 맞게 동작시키는 것은 나름, 상품을 만드는 데 기본이라고 할 수 있다. Ch6Lab2Prj project는 6.1. 단원에서 만든 Ch6Lab1Prj project를 전문화한 것이다. 어떻게 code를 전문화하였는지 그 기술을 체감하고, 이해하고, 앞으로 활용해 보기 바란다. 바로 분석해 보도록 하겠다. 우선, 임의의 Serial Flash Memory 정보를 분류하여 저장하기 위해서 새로운 구조체 type SERIAL_FLASH_DEVICE_INFO을 다음과 같이 선언하였다.

```
typedef struct {
  uint8_t cManID;           //Manufacturer ID
```

```c
    uint16_t sDeviceID;         //Device ID
} s_id;

typedef struct {
  uint32_t uiBytesPerPage;
  uint32_t uiPagesPerSector;
  uint32_t uiTotalSectors;
  uint32_t uiTotalBytes;
} s_sector_map_info;
typedef struct {
  uint8_t WREN;                 // Write Enable(0x06)
  uint8_t RDSR;                 // Read Status Register(0x05)
  uint8_t READ;                 // Read Data(0x03)
  uint8_t PP;                   // Page Program(0x02)
  uint8_t SE ;                  // Sector Erase(0x20)
} s_command_set;
typedef struct {
  s_id                  IDInfo;
  s_sector_map_info     SectorInfo;
  s_command_set         CommandSet;
  char                  ManName[20];    //Manufaturer name
  char                  DeviceName[100]; //Device name
} SERIAL_FLASH_DEVICE_INFO;
extern SERIAL_FLASH_DEVICE_INFO g_serial_flash_device_info;
```

그리고, SERIAL_FLASH_DEVICE_INFO type을 갖는 g_serial_flash_device_info을 전역 변수로 선언하였다. 그리고 나서, main() 함수의 시작 부분에 다음과 같이 call by reference 기법으로 Serial_FLASH_Collect_Device_Info() 함수를 호출하였다.

```c
bFlash=Serial_FLASH_Collect_Device_Info(&g_serial_flash_device_info);
```

여기서, Serial_FLASH_Collect_Device_Info() 함수의 내용은 다음과 같다.

```c
bool Serial_FLASH_Collect_Device_Info(SERIAL_FLASH_DEVICE_INFO*
                  serial_flash_device_info) {
  bool returnflag=true;
  //Read device ID and manufaturer ID
  Serial_FLASH_Read_Identification(&(serial_flash_device_info->IDInfo)); ▶ ①
  //Manufaturer name and Device name
```

```c
    switch(serial_flash_device_info->IDInfo.cManID) {                ▶ ②
    //Windbond Inc.
    case 0xEF:                                                        ▶ ③
      //Initialize the manufaturer name here
      strcpy(serial_flash_device_info->ManName,"Windbond");
      //Compare the device ID to check if the device is W25Q32 - External
      if(serial_flash_device_info->IDInfo.sDeviceID==0x4016) {        ▶ ④
        //Initialize the complete device name here
        strcpy(serial_flash_device_info->DeviceName,"W25Q32 - 32 Mbit Serial \
                 FLASH Memory with Dual/Quad SPI & QPI");
        //Initialize the sector map info here
        serial_flash_device_info->SectorInfo.uiBytesPerPage=  256;    ▶ ⑤
        serial_flash_device_info->SectorInfo.uiPagesPerSector=16;
        serial_flash_device_info->SectorInfo.uiTotalSectors=  1024;
        serial_flash_device_info->SectorInfo.uiTotalBytes=  4194304;// 32Mbits
      }
      //Compare the device ID to check if the device is W25Q64FV
      if(serial_flash_device_info->IDInfo.sDeviceID==0x4017) {        ▶ ⑥
        //Initialize the complete device name here
        strcpy(serial_flash_device_info->DeviceName,"W25Q64FV - 3V 64M-BIT \
                 Serial FLASH Memory with Dual/Quad SPI & QPI");
        //Initialize the sector map info here
        serial_flash_device_info->SectorInfo.uiBytesPerPage=  256;
        serial_flash_device_info->SectorInfo.uiPagesPerSector=16;
        serial_flash_device_info->SectorInfo.uiTotalSectors=  2048;
        serial_flash_device_info->SectorInfo.uiTotalBytes=  8388608;
      }
      //Initialize the command set info here                          ▶ ⑦
      serial_flash_device_info->CommandSet.WREN =0x06;   //Write Enable
      serial_flash_device_info->CommandSet.RDSR =0x05;   //Read Status Register
      serial_flash_device_info->CommandSet.READ =0x03;   //Read Data Bytes
      serial_flash_device_info->CommandSet.PP   =0x02;   //Page Program
      serial_flash_device_info->CommandSet.SE   =0x20;   //Sector Erase
      break;
    default:
      returnflag=false;
      break;
    }
    return returnflag;                                                ▶ ⑧
}
```

여기서, Serial_FLASH_Read_Identification() 함수의 내용은 다음과 같다.

```
void Serial_FLASH_Read_Identification(s_id* DEVICE_INFO) {
    //Local variables
    uint32_t uiTxBuff = 0, uiRxBuff = 0;
    uint32_t Temp32=0;

    //Init tx buffer with JEDEC RDID instruction (0x9F)
    uiTxBuff=0x9F;
    //Assert the slave select
    HAL_GPIO_WritePin(SPI2_CS_GPIO_Port,SPI2_CS_Pin,GPIO_PIN_RESET);
    HAL_SPI_TransmitReceive(&hspi2, (uint8_t *)&uiTxBuff,
                (uint8_t *)&uiRxBuff, 4, 10);
    //Deassert the slave select back
    HAL_GPIO_WritePin(SPI2_CS_GPIO_Port,SPI2_CS_Pin,GPIO_PIN_SET);
    Temp32=SWAP32(uiRxBuff);
    //Extract the Manufaturer ID and Device ID info
    DEVICE_INFO->cManID = (Temp32>>16) & 0xFF;
    DEVICE_INFO->sDeviceID = Temp32 & 0xFFFF;
}
```

사실, Serial_FLASH_Read_Identification() 함수의 내용은 6.1. 단원에서 사용하고 있는 flash memory에 대한 Manufacturer ID와 Device ID에 대한 정보를 얻기 위해서 사용한 **JEDEC ID(9Fh)** instruction에 대한 code를 함수로 바꾼 것에 불과하다. 결국, ①번과 같이 Serial_FLASH_Read_Identification() 함수를 호출하여 얻은 flash memory에 대한 serial_flash_device_info->IDInfo 정보를 근거로 하여 ②번과 같이 **switch-case문**을 실행한다. ③번의 경우, Manufacturer ID=0xEF인 경우이고, ④번은 Device ID=0x4016인 경우이다. 이제, Manufacturer ID와 Device ID에 근거하여 ⑤번과 같이 현재 사용하는 flash memory에 대한 page 크기, sector 크기, 총 sector의 개수, 총 bytes의 값 등을 수집하여 serial_flash_device_info->SectorInfo에 저장하고, 추후에 이 flash memory에 데이터를 지우거나, 읽거나 또는 쓸 때에 유용하게 사용하게 될 것이다. 또한, ⑥번처럼 다른 flash memory에 대한 case문을 추가하여 향후, PCB 상의 다른 부품들은 그대로 유지하고, flash memory만 바꾸는 경우에 자동으로 새로 장착한 flash memory에 대한 정보를 수집하여 사용할 수 있도록 **확장 가능**하도록 만들어 준다. ⑦번은 주요 사용할 serial flash memory에 대한 명령어들로서 이들을 구현하게 될 것이다. 이제, 정상적으로 사용하는 flash memory에 대한 정보를 수집하였으면, ⑧번과 같이 **returnflag**의 값을 **true**로 반환하여 준다. 정리하면, **Serial_FLASH_Collect_Device_Info()** 함수를 호출하여 결국, 현재 사용하는 Serial Flash Memory 정보로 g_serial_flash_device_info을 구성하는 field들을 채워준다. 이제, 연결된 flash memory에 대한 모든 정보를 확보하였으니 그에 맞게 read, write 또는 erase를 하면 되겠다. 바로 이렇게 일반적으로 MCU에 연결되는 부품에 대한 **초기화 작업을 수행하고, 그리고 나서, 그 부품에 맞는 동작을 개시하는 방식으로 coding**해야 한다. Serial_FLASH_Collect_Device_Info() 함수의 내용을 보니, 제일 먼저, Serial_FLASH_Read_Identification() 함수를 이용하여 6.1. 단원에서 얻은 제조사 ID와 디바이스 ID를 저장한다. 그리고, 얻은 정보를 바탕으로 연결된 flash memory의 부품명을 찾아내는 방식이다. **SJ_SPI_FlashMEM_Lib.h** header file에 추가한 code에서 선언과 관련된 부분을 모아 놓았고, action과 정의에 관련된 부분은 **SJ_SPI_FlashMEM_Lib.c** source file에 모아 놓았다. 항상, 이렇게 header file *.h과 source file *.c의 **원래 역할에 맞게 coding**하도록 해야 한다. 한 가지 주의 깊게 볼 것은 5.1. 단원에서 언급하였듯이 serial flash memory는 **모두 big endian** format인 것을 기억해야 한다. 그러므로, **Serial_FLASH_Read_Identification() 함수**에서 제조사 ID와 부품 ID를 읽을 때에 SWAP32() macro를 사용하여 little endian format으로 **변환하고 나서 사용해야 한다**는 데 주의하기 바란다. [그림 6.2-1] 참조하기 바란다.

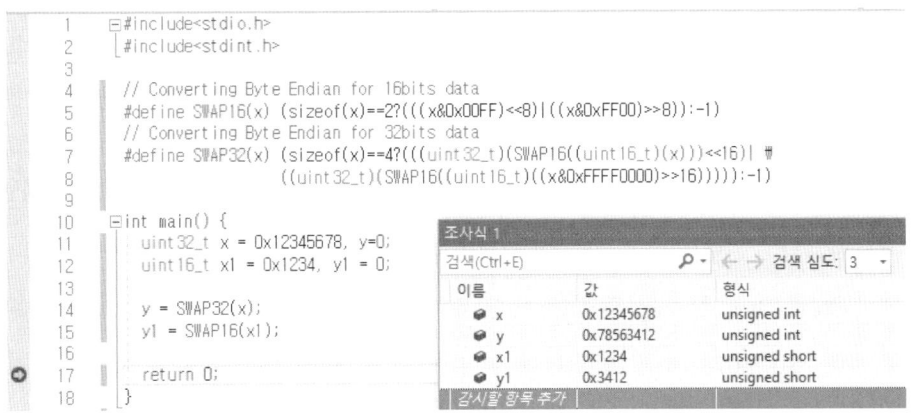

[그림 6.2-1] 모든 serial flash memory big endian, 모든 Intel과 ARM Core들은 little endian.

[그림 6.2-2]는 Source Insight를 사용하여 Serial_FLASH_Read_Identification() 함수를 분석하는 모습이다. 특별히, **Calls** window를 통하여 call link에 대한 정보를 얻을 수 있으며, project를 구성하는 여러 파일들을 쉽게 이동하며 연관성을 분석할 수 있다.

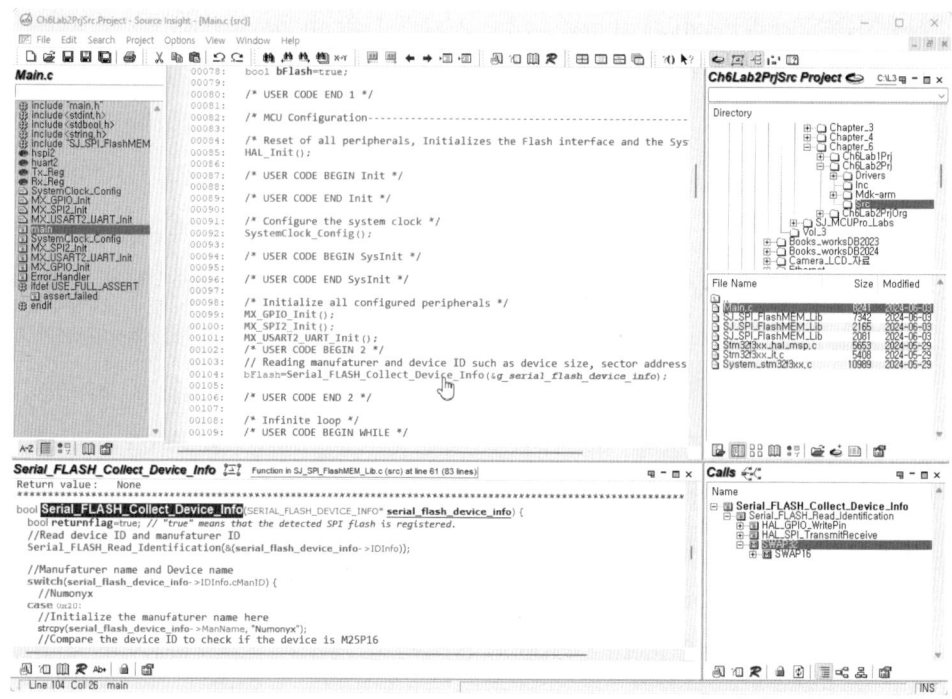

[그림 6.2-2] Source Insight를 이용한 Serial_FLASH_Read_Identification() 함수 분석.

이 밖에도 Vol.1. 동영상 강좌에서는 **상용** Araxis Merge, 그리고, Ultra Editor와 같은 유용한 개발용 소프트웨어를 사용하는 방법을 설명하였다. **제일 중요한 것은 빠르고, 정확하게 체계적으로 coding**하기 위해서는 관련 tool들을 최대한 활용하여 효율을 높여야 한다는 것이다. 이것은 최고의 운동선수일수록 최고의 운동 기구를 사용하는 것과 같은 맥락이다. **Ch6Lab2Prj** project에 대한 동작을 확인하기 위해서 [그림 6.1-12]와 같이 보드 구성을 하고, [그림 6.2-3]의 ①번과 같이 **104번째 line**에 breakpoint를 설정하고, **Debug** menu에서 **Start/Stop Debug Session** menu를 선택하거나 그에 해당하는 icon을 click하고, Run(F5) icon을 click하여 설정한 breakpoint까지 실행시켜 준다. 그리고 **F11**을 click하여 Serial_FLASH_Collect_Device_Info() 함수 안으로 들어가서 다시 함수 Serial_FLASH_Read_Identification() 안으로 들어간다. 이어서, ②번과 같이 **50번째 line**에 breakpoint를 설정하고, Run(F5) icon을 click하여 breakpoint를 설정한 line까지 실행한다.

[그림 6.2-3] Serial_FLASH_Read_Identification() 함수 분석.

여기서 주의할 것은 ![Run] Run(F5) icon을 click하여 breakpoint가 설정한 50번째 line에 PC(Program Counter) symbol 즉, 노란색 ▶ icon이 있다는 것은 **다음에 수행할 명령어가 50번째 line에 있다는** 의미이며, 아직, 50번째 line을 실행하지 않았다는 의미인데 주의하기 바란다. 그러므로, 51번째 line 즉,

```
DEVICE_INFO->sDeviceID = Temp32 & 0xFFFF;
```

의 실행 결과를 확인하기 위하여 F10을 click하여 PC를 52번째 line까지 이동시킨 것이다. 이것은 Visual C++와 같은 Windows program 뿐만 아니라 모든 debugging tool에서 공통된 사항이다. 어쨌든, ③번과 같이 52번째 line까지 실행하여 우리가 새로 만든 구조체의 멤버 serial_flash_device_info->IDInfo의 cManID와 sDeviceID에 현재 사용하는 Flash Memory에 대한 제조사 ID와 device ID를 저장해 준다. 이어서, 계속하여 F10을 click하여 주면, Serial_FLASH_Collect_Device_Info() 함수에 switch-case문으로 나열한 관심을 갖는 flash memory 중에서 동일한 제조사 ID를 찾게 되고, 그리고, device ID를 찾아서 [그림 6.2-4]의 ⑤번과 같이 SERIAL_FLASH_DEVICE_INFO 구조체에 현재 사용

하는 flash memory에 대한 모든 정보를 분류하여 저장한다.

[그림 6.2-4] SERIAL_FLASH_DEVICE_INFO 구조체에 현재 사용하는 flash memory의 모든 정보 저장.

이제, 저장된 정보를 근거로 추후 flash memory에 데이터를 read, write 또는 erase 할 때 사용하게 될 것이다. 어떤가? Ch6Lab1Prj project가 필요한 것만 논리나 체계성 없이 coding한 초보적인 coding 기법이라면, Ch6Lab2Prj project에 있는 coding 기법은 추후 code에 대한 확장성과 유연성, 무엇보다도 논리적으로 구성된 것을 체감할 수 있을 것이다. 앞으로 여러분의 제품 개발에 이와 같은 coding 기법을 적극적으로 활용할 수 있도록 노력하기 바란다. 계속해서 Ch6Lab1Prj project를 Ch6Lab2Prj project, 그리고 Ch6Lab3Prj project 등등으로 project 이름을 바꾸어 가며 기능을 추가해 나갈 것이다. 끈기를 갖고 집중에서 학습해 나가기 바란다.

6.3 Serial Flash Memory data를 지우는 Code 구현.

[그림 6.3-1]은 [표 5.3-2]와 [그림 5.4-17]에서 보여준 Sector(4[KB]) Erase instruction(20h)을 issuing하는 code를 만들기 위한 flowchart를 보여주고 있다. flash memory에서 erase의 의미는 해당 bit를 "1"로 writing한다는 의미이다. 또한, flash memory에 어떠한 데이터를 writing(일명, programming)하기 전에 항상 erase가 먼저, 수행되어야 할 것이다.

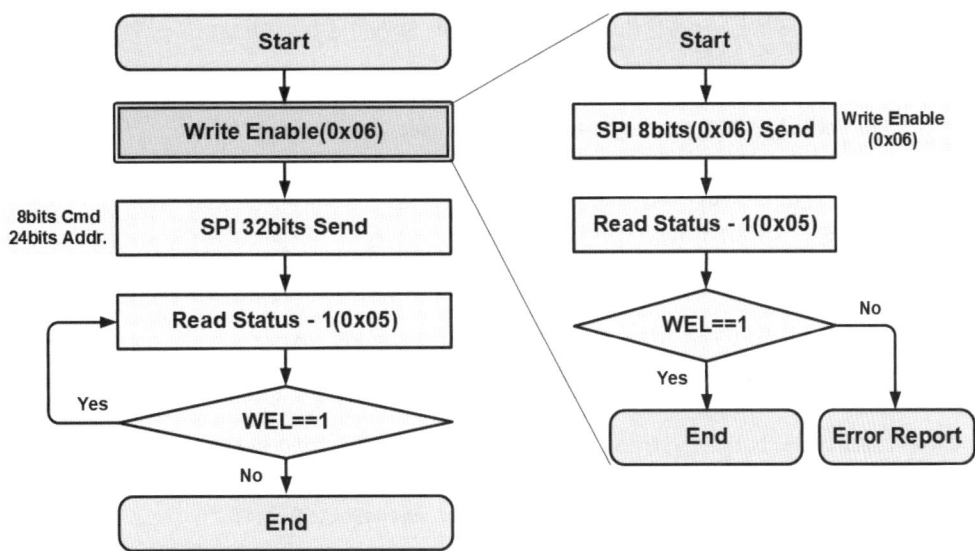

[그림 6.3-1] Sector(4[KB]) Erase instruction(20h)을 issuing하는 code flow.

[그림 6.3-1]에서 보여준 것과 같이 Sector Erase instruction(0x20h)을 issuing하기 위해서는 추가적인 instruction들을 수행해 주어야 한다. 각각의 명령어를 issuing할 때에는 우선, SPI의 /CS = 0으로 설정하여 **명령어의 시작**을 알리고, 그리고 **반드시**, **명령어의 끝**을 알리도록 /CS = high로 설정해 주어야 한다. code 상으로는 다음과 같다.

```
/* USER CODE BEGIN 2 */
// What SPI_CS becomes active low means SPI to be started and assert the slave
   select.
HAL_GPIO_WritePin(SPI2_CS_GPIO_Port,SPI2_CS_Pin,GPIO_PIN_RESET);

HAL_SPI_Transmit(&hspi2, &Tx_Reg, 1, 10);
HAL_SPI_Receive(&hspi2, Rx_Reg, 3, 10);

// What SPI_CS becomes inactive high means SPI to be completed
// and deassert the slave select.
HAL_GPIO_WritePin(SPI2_CS_GPIO_Port,SPI2_CS_Pin,GPIO_PIN_SET);
/* USER CODE END 2 */
```

또한, 5.3. 단원 서두에서도 언급하였듯이 모든 flash memory 내부의 데이터를 변경하는 명령어를 수행하기 전에는 우선, Write Enable(0x06h) instruction을 항상, issuing해 주어야 한다. 그리고 나서, flash memory의 내부 status register에서 WEL = 1로 바뀌었는지 확인해야 한다. 다음은 [그림 6.3-1]에서 보여준 flow chart를 구현한 code이다.

```c
void Serial_FLASH_Sector_Erase(uint32_t sector_address) {
  //Local variables
  uint32_t uiTxBuff=0, Temp32=0;
  uint8_t  uiStatusRegister=0;
  bool FlagWEL=false;

  //Call Serial_FLASH_Write_Enable to set the WEL bit
  FlagWEL=Serial_FLASH_Write_Enable();

  //Init Tx buffer with SE instruction and 24 bit address
  uiTxBuff=sector_address;
  uiTxBuff|=g_serial_flash_device_info.CommandSet.SE<<24;
  Temp32=SWAP32(uiTxBuff);

  //Assert the slave select
  HAL_GPIO_WritePin(SPI2_CS_GPIO_Port,SPI2_CS_Pin,GPIO_PIN_RESET);

  //Call SPI_Send_32bit to send 8 bit SE command with 24 bit sector address
  HAL_SPI_TransmitReceive(&hspi2,(uint8_t *)&Temp32,(uint8_t *)&Temp32,4,10);

  //Deassert the slave select
  HAL_GPIO_WritePin(SPI2_CS_GPIO_Port,SPI2_CS_Pin,GPIO_PIN_SET);
  //Wait till erase is complete by reading the status register
  do {
    uiStatusRegister=Serial_FLASH_Read_Status();
    // make sure device is busy from 0th bit? 1 means busy, 0 means done.
  } while((uiStatusRegister&WIP)!=0);
}
```

Code에 대한 분석은 항상, 직접 동작을 시켜가면서 수행해야 된다. 두 눈 부릅뜨고, 머리로만 이해하는 것은 아무런 의미가 없다. 자! 그럼, 바로 분석에 들어 가보도록 하겠다. 추후 반복적인 내용은 설명하지 않을 것이니 정신 바짝 차리고 함께 학습해 보도록 하자. 우선, [그림 6.3-2]의 ①번의 code를 분석해 보도록 하자.

```c
// 1 sector size = 4096=0x1000, 0x3_0000= 0x1000*48 = sector 48,
Serial_FLASH_Sector_Erase(0x30000);
```

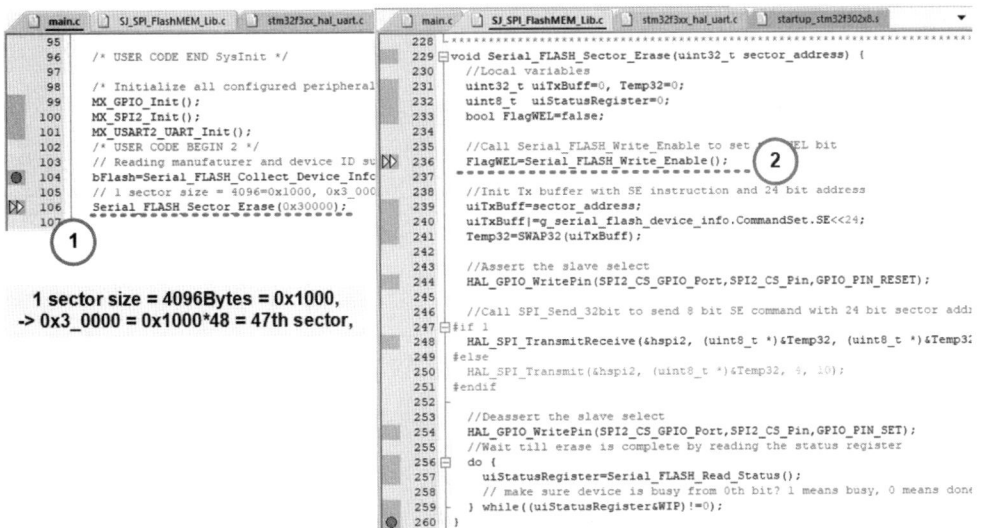

[그림 6.3-2] Sector(4[KB]) Erase instruction(20h) 구현 code 분석 - 1.

[그림 5.1-4]를 보면, W25Q32의 내부 memory 구조가 256bytes page, 4096bytes sector, 그리고, 32[Kbytes] block으로 구분되는 것을 알 수 있다. 또한, sector 단위 또는 block 단위로 erasing할 수 있고, page 단위로 writing을 수행할 수 있다. [그림 6.3-2]의 ①번은 sector 단위로 지울 수 있는 Serial_FLASH_Sector_Erase() 함수에 0x3_0000을 입력 매개변수로 제공하였다. 1 sector 4096bytes는 16진수로 0x1000bytes이므로 0x3_0000을 0x1000으로 나누면, 0x30000/0x1000 = 48이 나온다. [그림 5.2-5]의 왼쪽 상단을 보면, Sector 0이 0x0000 ~ 0x0FFF의 범위를 가지고, Sector 1이 0x1000 ~ 0x1FFF의 범위를 갖는다. 그러므로, Sector 48은 0x3_0000~0x3_0FFF의 범위를 갖게 될 것이다. 이 범위에 속하는 0x3_0000 번지를 입력 매개변수로 지정하였으니 **해당 sector 48의 영역에 있는 모든 데이터는 삭제될 것이다.** 다시 한 번 말하지만, 디지털 세상에서 삭제(delete)란 존재하지 않는다. 앞서 언급한 것과 같이 삭제는 해당 영역을 **"1"로 덮어쓰는 것**을 의미한다. 이제, Serial_FLASH_Sector_Erase() 함수 안으로 들어가서 ②번가 같이 Serial_FLASH_Write_Enable() 함수를 호출한다. 그리고, [그림 6.3-3]의 ③번과 같이 **203번째** line까지 실행하고, ④번의 **Call Stack+Locals** window 내용을 살펴보면, [그림 6.2-3]의 ⑤번에서 저장한 **CommandSet.WREN**의 값 0x06이 8bit 변수 uiTxBuff에 저장된 것을 볼 수 있다.

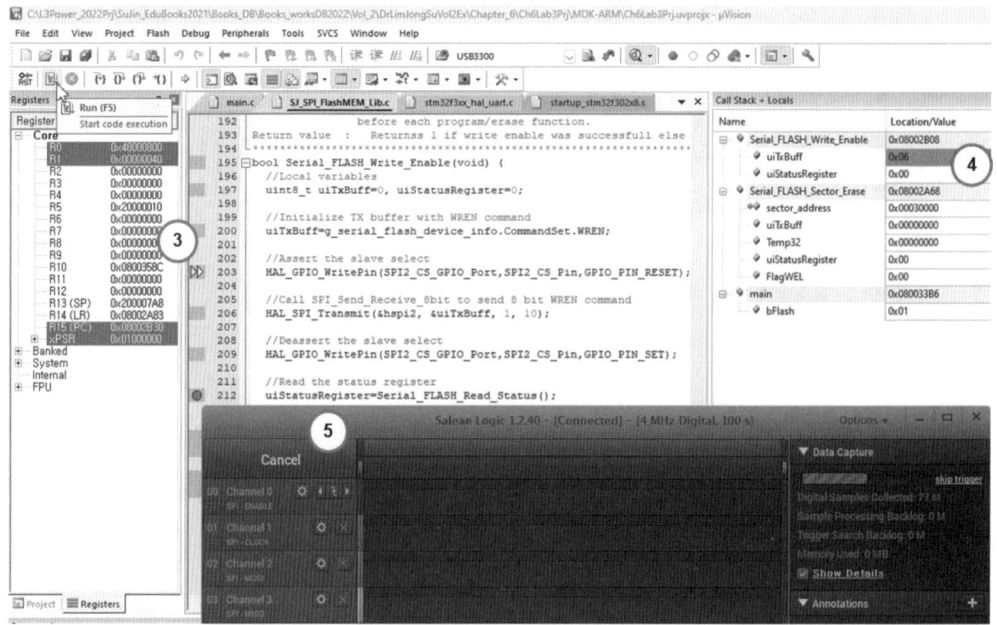

[그림 6.3-3] Sector(4[KB]) Erase instruction(20h) 구현 code 분석 – 2.

이제, [그림 6.3-3]에서 **212번째 line**에 breakpoint를 설정해주고, [그림 6.1-13]처럼 Saleae Logic Window에서 **Options ▼** 버튼을 click하고, **Open capture/setup** menu를 선택하여 **SPI_Config0530.logicsettings**을 적용하여 SPI 신호를 분석할 수 있도록 화면을 구성하고, 녹색의 Start button을 click하여 주면, ⑤번과 같이 붉은 색의 **Cancel** button 으로 바뀐다. 그리고, uVision에서 **Run (F5)**를 그림과 같이 click하여 주면, [그림 6.3-4] 와 같이 [그림 5.4-1]에서 학습한 **Write Enable(06h) instruction** timing diagram을 확 인 할 수 있다. [그림 6.3-1]의 flow chart에 의하면, **Read Status – 1(0x5) instruction**을 실행하여 WEL=1인지 확인하여 1인 경우에 sector erase command를 전송해야 한다. [그 림 6.3-4]의 **212 번째** line에 있는 **Serial_FLASH_Read_Status()** 함수의 내용을 [그림 6.3-5]에 보여주었다. 주의해서 볼 것은 [그림 5.4-4]에서 보여준 timing diagram을 보 면, Read Status register – 1(0x5) 8bits instruction을 보내면, [그림 5.3-3(a)]에서 보 여준 Status Register 8bits 값이 DO, MCU 입장에서는 MISO로 반환된다는 것이다. 또 한, Cortex와 같은 ARM Core는 모두 little endian인데, Serial Flash Memory는 Big endian이므로 전송하기 **전**에 SWAP16() macro를 사용하여 endian 변환을 수행해 주어야 한다.

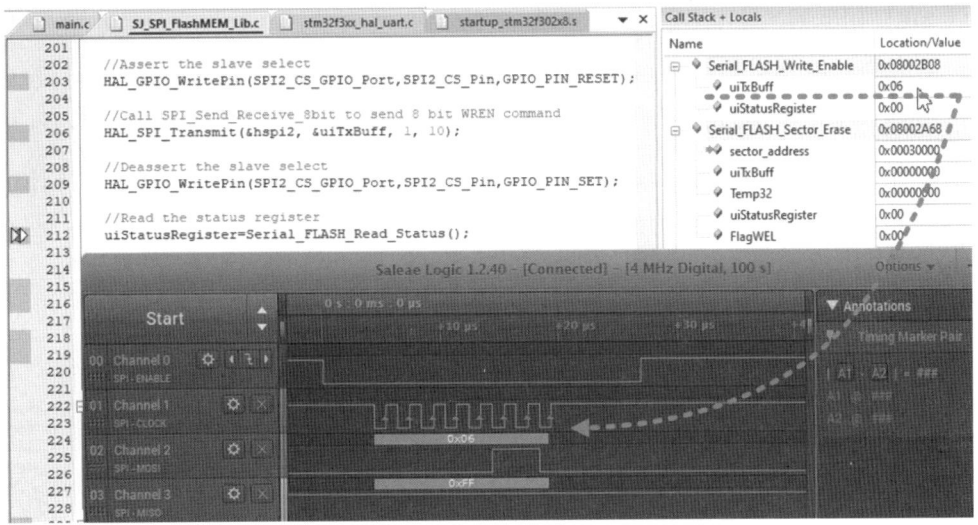

[그림 6.3-4] Sector(4[KB]) Erase instruction(20h) 구현 code 분석 - 3.

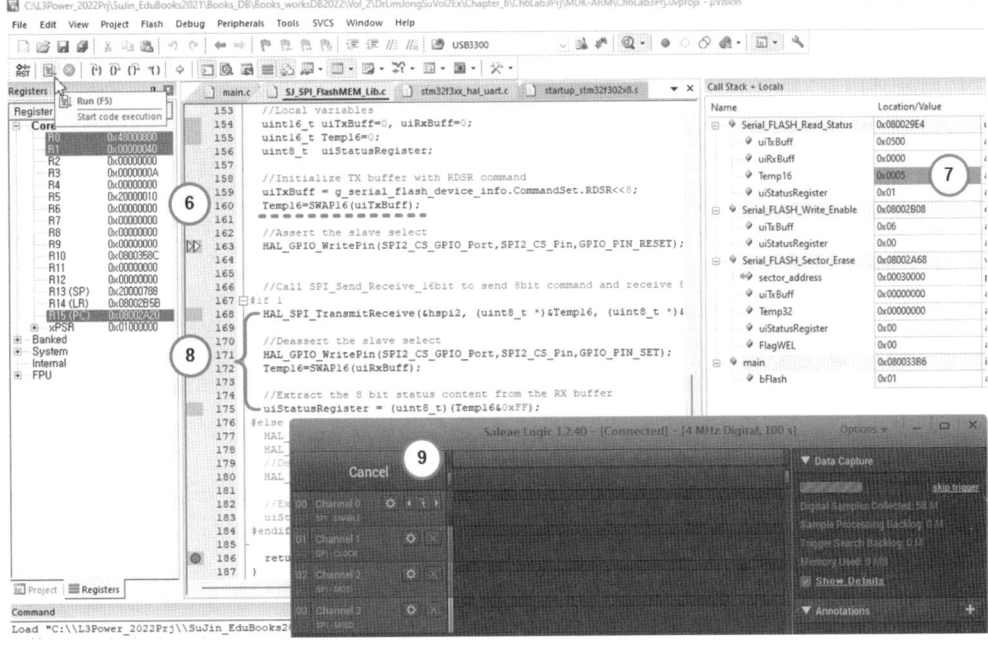

[그림 6.3-5] Sector(4[KB]) Erase instruction(20h) 구현 code 분석 - 4.

⑧번 code 내용을 보면, 전송과 수신을 위한 SPI HAL 함수 2가지 방법을 선택할 수 있도록 한 것을 확인 할 수 있다. 즉, HAL_SPI_TransmitReceive() 함수 하나를 사용하거나 또는

6 SPI Flash memory관련 Coding 방법 | **279**

HAL_SPI_Transmit() 함수와 HAL_SPI_Receive() 함수로 각각 구분하여 송/수신을 할 수 있도록 하였다. 이들 함수에 대한 자세한 내용은 Vol.1.의 11.1. 단원을 참조하면 되겠다. 이제, ⑥번과 같이 163번째 line까지 실행하고, 186번째 line에 breakpoint를 설정해 준다. 그리고, ⑨번과 같이 Saleae의 Logic window를 준비시킨 다음에 uVision의 **Run (F5)** icon을 click하여 주면, [그림 6.3-6]의 ⑩번과 같이 Read Status register – 1의 값으로 0x02가 읽혀진 것을 알 수 있다.

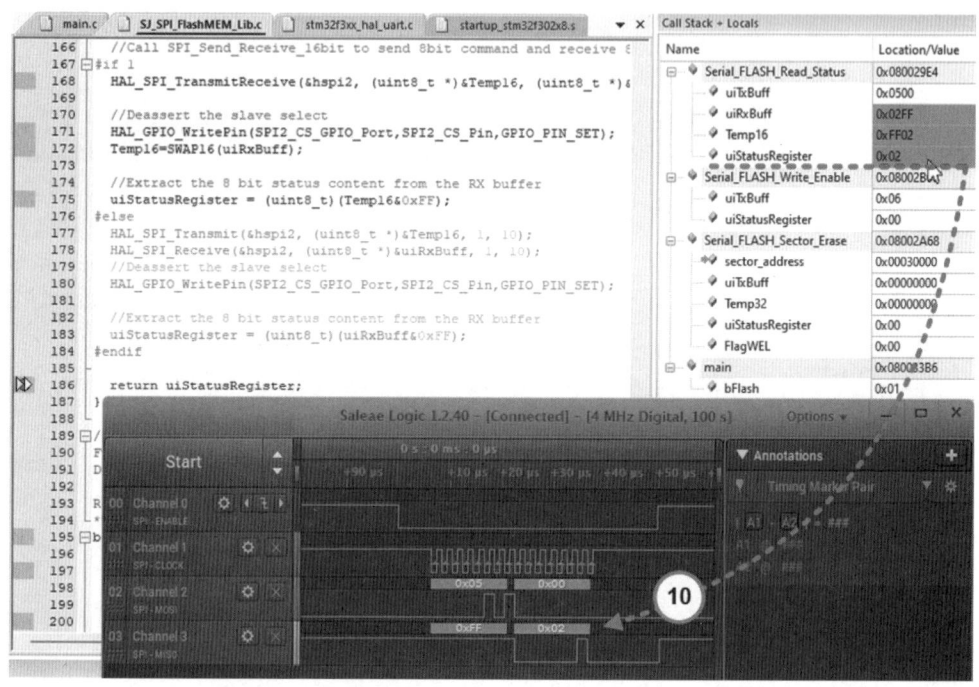

[그림 6.3-6] Sector(4[KB]) Erase instruction(20h) 구현 code 분석 – 5.

[그림 5.3-3(a)]와 비교해 보면, WEL=1인 것을 알 수 있고, 이제, [그림 6.3-1]에 나와 있듯이 **sector erase** instruction을 수행할 수 있게 된다. [그림 6.3-7]의 ⑪번 즉, **241번 line**까지 PC를 진행하면, 전송할 데이터가 변수 Temp32에 0x0000_0320으로 저장된 것을 ⑫번을 통하여 볼 수 있다. [그림 5.4-17]에 보여준 timing diagram과 endian 변환을 고려하여 비교하기 바란다. 이제, Saleae Logic window를 ⑬번과 같이 준비한다. 이때 ⑭번 code 내용을 보면, 앞서 살펴본 것과 같이 2가지 방법의 SPI HAL 함수를 선택할 수 있도록 하였다.

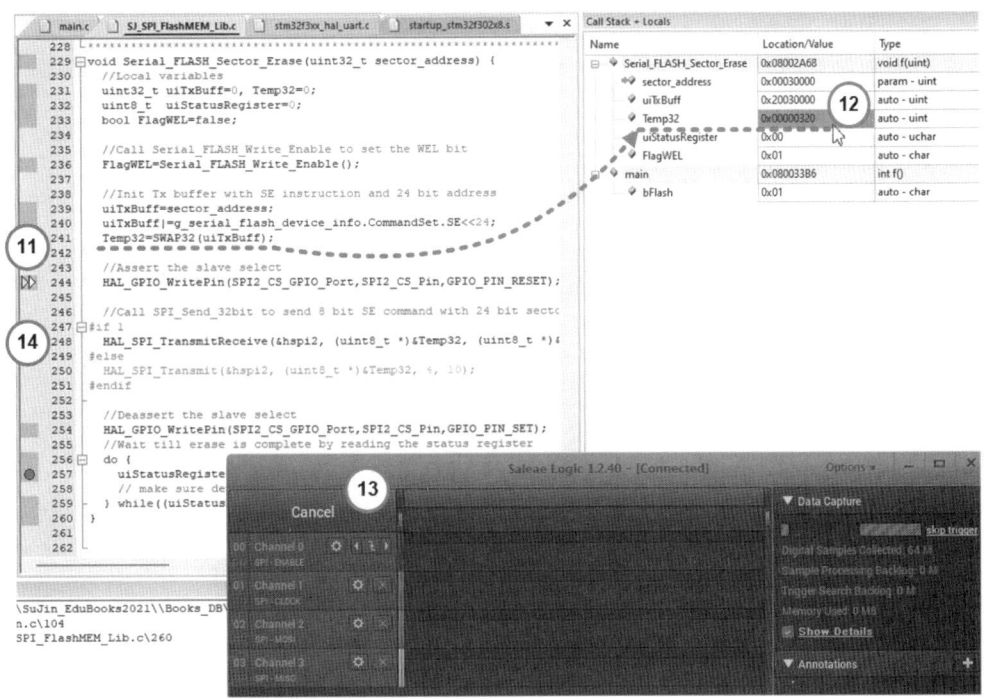

[그림 6.3-7] Sector(4[KB]) Erase instruction(20h) 구현 code 분석 - 6.

257번째 line에 breakpoint를 설정하고, uVision의 Run (F5)를 click하여 주면, [그림 6.3-8]의 ⑮번과 같이 [그림 5.4-17]에서 보여준 Sector Erase(20h) instruction의 timing diagram과 일치하게 나타나는 것을 확인 할 수 있다. 물론, 지정한 0x03_0000 24bits address도 정확히 표시되는 것도 확인 할 수 있다. 참고적으로 [그림 6.3-9]는 [그림 6.3-6]에서 HAL_SPI_TransmitReceive() 함수 대신에 HAL_SPI_Transmit() 함수와 HAL_SPI_Receive() 함수로 각각 송신과 수신을 수행한 경우에 대한 timing diagram이다. 2개의 함수로 구분하였기 때문에 ⑯번과 같이 간격이 발생하는 것을 볼 수 있다. [그림 6.3-10]은 [그림 6.3-8]에서 사용한 HAL_SPI_TransmitReceive() 함수 대신에 HAL_SPI_Transmit() 함수로 송신을 수행한 경우에 대한 timing diagram이다. ⑰번을 통하여 볼 수 있듯이 HAL_SPI_Transmit() 함수가 좀 더 깔끔하게 데이터를 전송하는 것을 확인 할 수 있다. 이제 flash memory 내용을 지우는 방법에 대해서 학습하였으니, 이번에는 데이터를 읽어 내는 read 동작을 구현해 보도록 하겠다. 사실, 일반적으로 뭔가를 쓰고 나서 그 결과를 확인하기 위해 읽는 순서가 맞는데, 쓰는 동작을 구현하는 code가 다소 복잡하다 (?) 그래서 읽는 동작을 먼저 구현해 보도록 하겠다.

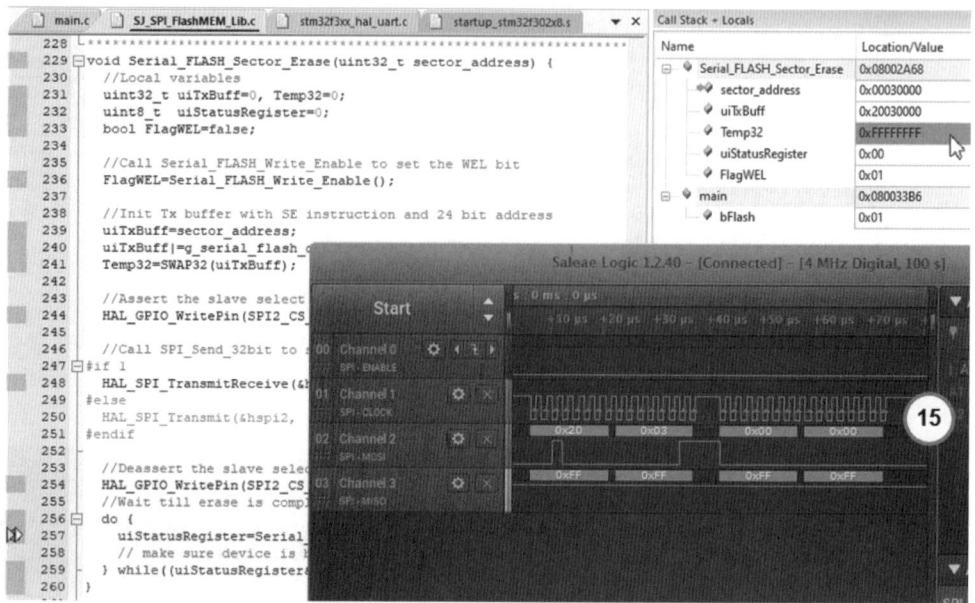

[그림 6.3-8] Sector(4[KB]) Erase instruction(20h) 구현 code 분석 - 7.

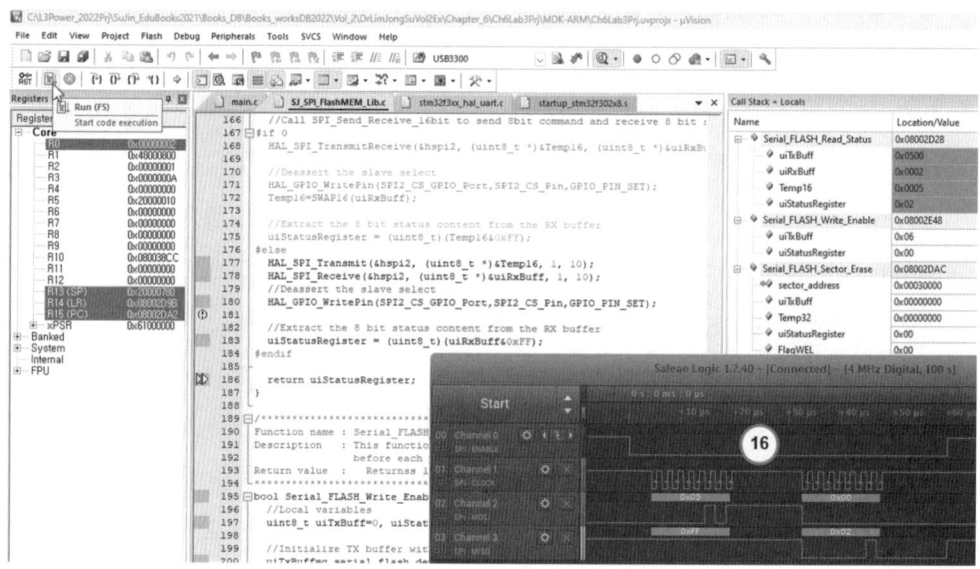

[그림 6.3-9] Sector(4[KB]) Erase instruction(20h) 구현 code 분석 - 8.

사실, 관련 C code routine을 책의 지면에 모두 보여 주는 것이 일반적이지만, 앞으로 code routine이 계속해서 엄청나게(?) 커질 텐데 그때마다 모두 지면에 수록하는 것은 낭비라고 생각한다.

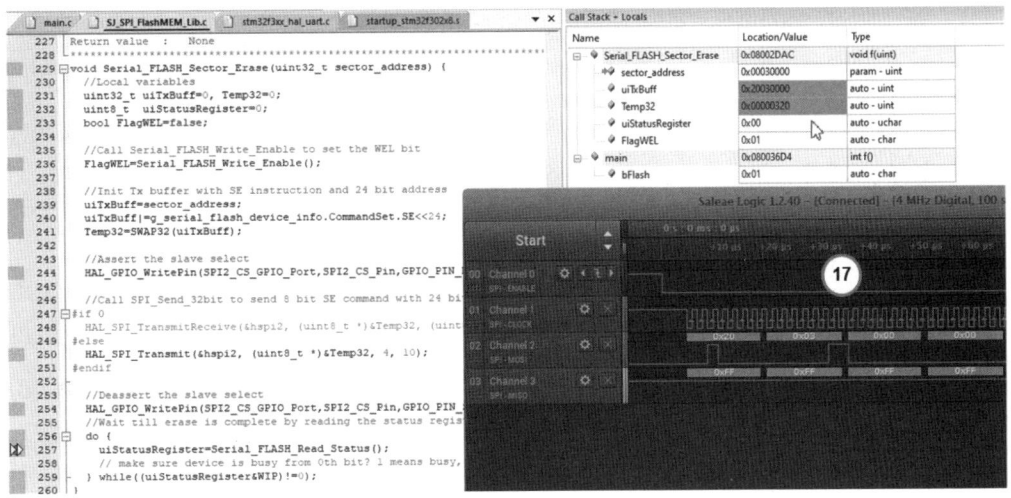

[그림 6.3-10] Sector(4[KB]) Erase instruction(20h) 구현 code 분석 – 9.

그러므로 반드시 필요한 경우를 제외하고는 지금처럼 실험과정에 필요한 code만 보여주도록 할 것이다. 따라서, 해당 source file들을 열어서 여러분이 직접 관련 내용을 확인하고, 또한, 설명한 순서대로 실행해 보기 바란다.

6.4 Serial Flash Memory로부터 데이터를 읽는 방법.

[그림 6.4-1]은 serial flash로부터 N bytes를 읽는 flow chart를 보여주고 있다. 상당히 flowchart가 단순한 것을 확인 할 수 있다.

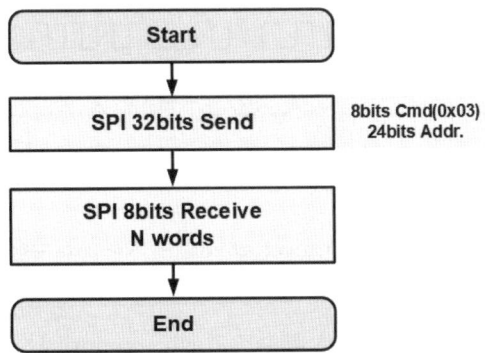

[그림 6.4-1] serial flash memory로부터 N bytes를 읽는 flow chart. 구체적으로 Serial_FLASH_Read_Bytes() 함수.

결국, flash memory로부터 데이터를 읽는 것은 기본적인 SPI 함수들 예를 들면, "SPI 32 bit SEND"와 "SPI 8 bit RECEIVE" 함수를 통하여 원하는 serial flash memory의 mode 에 따른 instruction을 5.4. 단원에서 학습한 instruction timing diagram에 맞게 전송하여 주면 된다. 이제, [그림 5.4-5]에서 보여준 Read Data(0x03) instruction을 구현한 code에 대해서 살펴보도록 할 것이다. 우리가 사용하는 W25Q32FV serial flash memory 의 크기는 32[Mbits]이다. 그리고, [그림 5.1-4]에서 보여준 것처럼 1 page 크기는 256[bytes]이고, 1 sector의 크기는 16 page들로 구성되며 총 4[Kbytes]이다. 그러므로, 4096×1024×8=32[Mbits]이므로 총 1024개의 sector들로 구성되어 있다. [그림 6.4-2] 는 [그림 5.4-5]를 구현한 Serial_FLASH_Read_Bytes() 함수에 대한 전반적인 동작을 간략히 보여준 것이다.

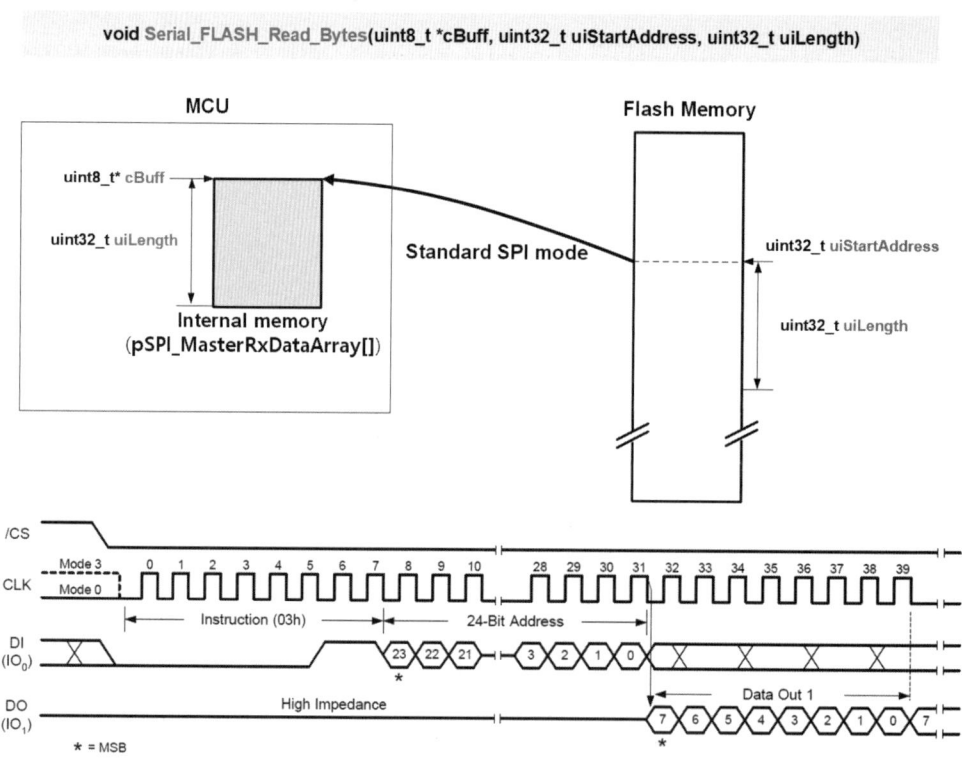

[그림 6.4-2] Read Data instruction(03h)을 위한 code 구현 방법 - 1.

즉, Serial_FLASH_Read_Bytes() 함수로 flash memory 내부의 데이터를 읽어오기 위해

서는 flash memory 내부의 시작 address(즉, uiStartAddress)와 읽어올 byte 단위의 데이터의 개수(즉, uiLength)를 지정해 주어야 한다. 그리고, 읽어온 데이터를 저장할 MCU 내부의 memory 영역(즉, pSPI_MasterRxDataArray[])도 지정해 주어야 한다. 단, 여기서 언급한 flash memory 내부의 시작 address는 앞서 언급한 것과 같이 [그림 5.2-5]에 보여준 24bits address 값을 참조하면 된다. 정리하면, [그림 6.4-1]과 [그림 5.4-5]에서 보여준 것과 같이 Serial_FLASH_Read_Bytes() 함수는 Read Data instruction(03h)에 대한 flow chart에 근거하여 timing diagram을 생성하도록 구현한 것이다. 자! 그림, 본격적으로 code 분석을 시작해 보도록 하겠다. 우선, **6.3. 단원**에서 erase를 수행한 sector 48의 시작번지 0x3_0000번지부터 순서대로 32bytes를 읽어보도록 할 것이다. 그러므로, [그림 6.4-2]에서 uiLength의 값은 32가 되고, cBuff는 flash memory로부터 읽혀질 데이터가 저장될 32bytes 크기를 가지는 **배열의 시작 번지**를 지정해 주면 된다. 결국, 다음과 같이 **배열의 이름**을 지정해 주면 되겠다. 그리고, flash memory에서 읽혀질 시작 번지를 가리키는 uiStartAddress은 0x3_0000이 될 것이다.

```
#define SPI_MasterRxMax 32    // Maximum Rx buffer size of master.
// 전역 변수
unsigned char pSPI_MasterRxDataArray[SPI_MasterRxMax]={0,};

// main() 함수에서 다음과 같이 호출.
Serial_FLASH_Sector_Erase(0x30000);
Serial_FLASH_Read_Bytes(pSPI_MasterRxDataArray, 0x30000, SPI_MasterRxMax);
```

기존의 Ch6Lab3Prj project에 있는 SJ_SPI_FlashMEM_Lib.c 파일에 flash memory 내부의 데이터를 읽는 Serial_FLASH_Read_Bytes() 함수를 다음과 같이 coding 하여 추가하였다.

```
void Serial_FLASH_Read_Bytes(uint8_t *cBuff, uint32_t uiStartAddress,
                uint32_t uiLength) {
  //Local variables
  uint32_t uiTxBuff=0, Temp32=0;

  //Init Tx buffer with READ instruction and 24 bit address
  uiTxBuff=uiStartAddress;
  uiTxBuff|=g_serial_flash_device_info.CommandSet.READ<<24;
```

```
    Temp32=SWAP32(uiTxBuff);

    SPI_Set_Slave_Select(true);      //Assert the slave select

    //Send 8 bit READ command with 24 bit read address
    HAL_SPI_Transmit(&hspi2, (uint8_t *)&Temp32, 4, 10);
    //Receive one 8 bit words from the FLASH
    HAL_SPI_Receive(&hspi2, cBuff, uiLength, 1000);

    SPI_Set_Slave_Select(false);     //Deassert the slave select
}
```

우선, 특징적인 것은 기존에 직접 HAL_ 함수를 이용하여 SPI Chip Select 핀을 제어하였다면, 이번에는 [그림 6.4-3]에서 보여준 것과 같이 SPI_Set_Slave_Select() 함수를 새롭게 만들어서 **보다 동작의 목적을 분명히** 하였다.

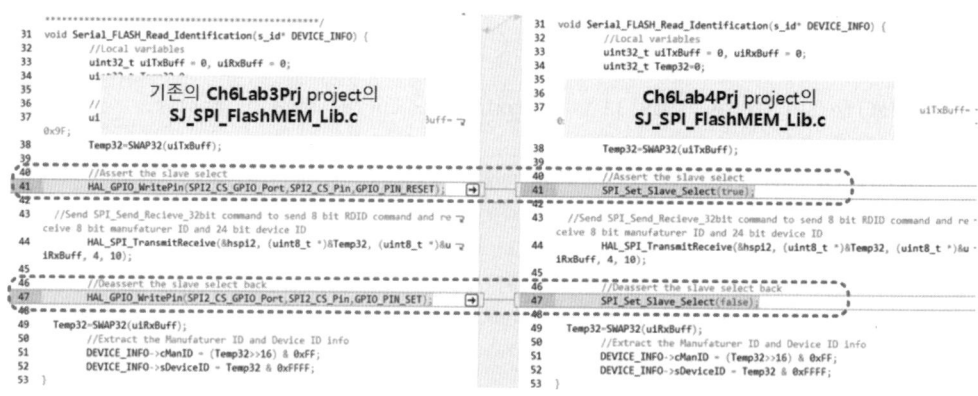

[그림 6.4-3] Read Data instruction(03h)을 위한 code 구현 방법 - 2.

아마도, 글씨가 잘 보이지 않아서 화딱지가 날수도 있을 것이다. 그러나, 책의 한정된 지면에 나름 선명하게 보이려고 최대한 노력한 것이니 도저히 제대로 글씨가 보이지 않는 분은 돋보기(루페)를 활용해보고, 그래도 안 되면, Naver Cafe **임종수 연구소**에 해당 그림을 크게 해서 올려 달라고 요청하기 바란다. 어쨌든, [그림 6.4-3]은 파일 비교기 **Araxis Merge**를 이용한 것이다. SPI_Set_Slave_Select() 함수의 내용은 다음과 같다.

```
void SPI_Set_Slave_Select(bool bHigh) {
    if(bHigh==true) {
```

```
    //Drive chip select low
    HAL_GPIO_WritePin(SPI2_CS_GPIO_Port,SPI2_CS_Pin,GPIO_PIN_RESET);
  } else {
    //Drive chip select high
    HAL_GPIO_WritePin(SPI2_CS_GPIO_Port,SPI2_CS_Pin,GPIO_PIN_SET);
  }
}
```

다시 Serial_FLASH_Read_Bytes() 함수의 내용을 살펴보면, 24bits 시작 번지와 명령어 8bits를 하나의 32bits로 만들어서 **big endian format**으로 바꾸고, SPI로 연결된 flash memory에 전송하기 위해서 SPI chip select를 low로 만들어 준다. 그리고, 32bits 전송을 위하여 HAL_SPI_Transmit() 함수를 이용하였다. 그리고 나서, 읽고 싶은 32bytes 만큼 SPI Clock을 내보내주면, 5.1. 단원에서 설명한 것과 같이 **자동으로 address를 byte 단위로 1씩 증가시켜주면서 해당 byte 데이터를 내보내 준다.** 그러므로, SCLK만 계속해서 제공해 준다면 Read Data 명령어 하나로 전체 W25Q32 내부 memory data를 읽어낼 수도 있다. 어쨌든 이 명령은 /CS = 1로 구동될 때 완료된다. 그러므로, **쓰기와는 다르게 byte 단위로 읽는 것이 아니라 bit 단위로 읽을 수도 있다는** 것을 알 수 있다. [그림 6.4-4]는 지금까지 Serial_FLASH_Read_Bytes() 함수에 대해서 설명한 내용을 도식적으로 정리한 것이다. timing diagram에서 ①번을 구현하기 위해서 flow chart ①번을 수행한 것이다. 이와 같은 방식으로 ②번과 ③번을 분석하고, ④번을 예측할 수 있을 것이다. Code 정리가 되었으니, **Ch6Lab4Prj** project를 새롭게 만들어서 동작에 대한 실험을 해보도록 하겠다. [그림 6.4-5]의 ⑤번과 같이 Serial_FLASH_Read_Bytes() 함수의 **292번째** line까지 PC를 진행하고, **302번째** line에 breakpoint를 설정한다. 이때 ⑥번에 보여준 **Locals** window가 표시해 주는 데이터를 확인해 보니, Read Data instruction code 03h와 읽어올 데이터의 시작 번지 0x3_0000 24bits가 하나의 32bits로 big endian format 0x0000_0303이 Temp32 변수에 저장되어 있고, 이것을 전송하기 전에 Saleae Logic window를 ⑦번과 같이 준비한다. 이제, uVision에서 **Run (F5)** icon을 click하여 주면, **302번째** line에 설정한 breakpoint까지 실행할 것이다. 그리고, Saleae logic window를 확인해 보면, [그림 6.4-6]의 ⑧번과 ⑨번에서 보여준 것과 같이 Read Data instruction code 0x30과 24bits 번지 데이터 0x03_0000이 [그림 5.4-5]에서 보여준 timing diagram과 동일하게 정상적으로 나가는 것이 돋보기로 집중에서 보면 숫자들이 보일 것이다.

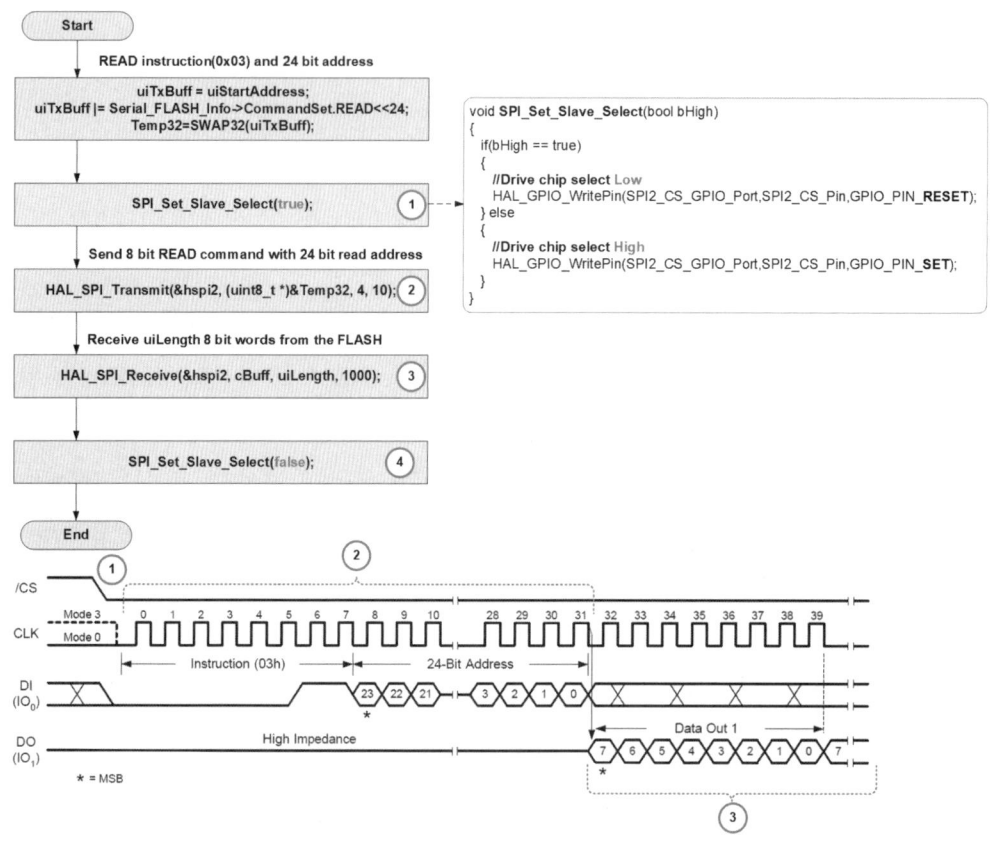

[그림 6.4-4] Read Data instruction(03h)을 위한 code 구현 방법 - 3.

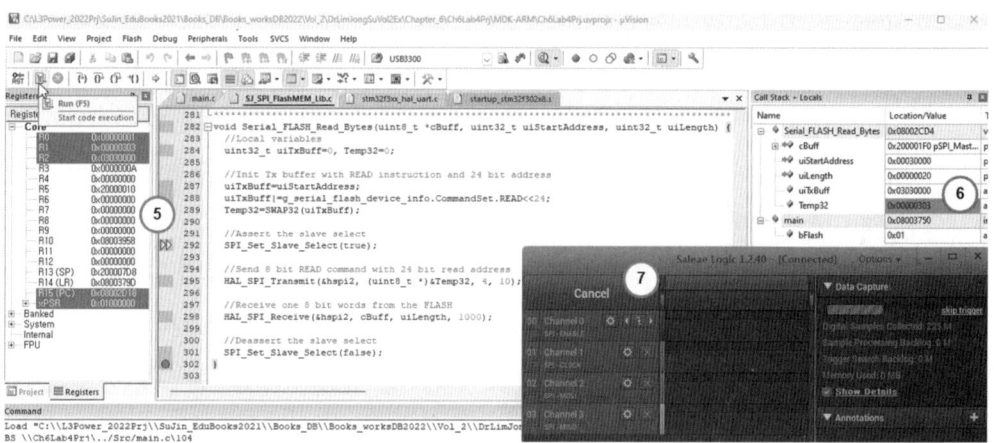

[그림 6.4-5] Read Data instruction(03h)을 위한 code 구현 방법 - 4.

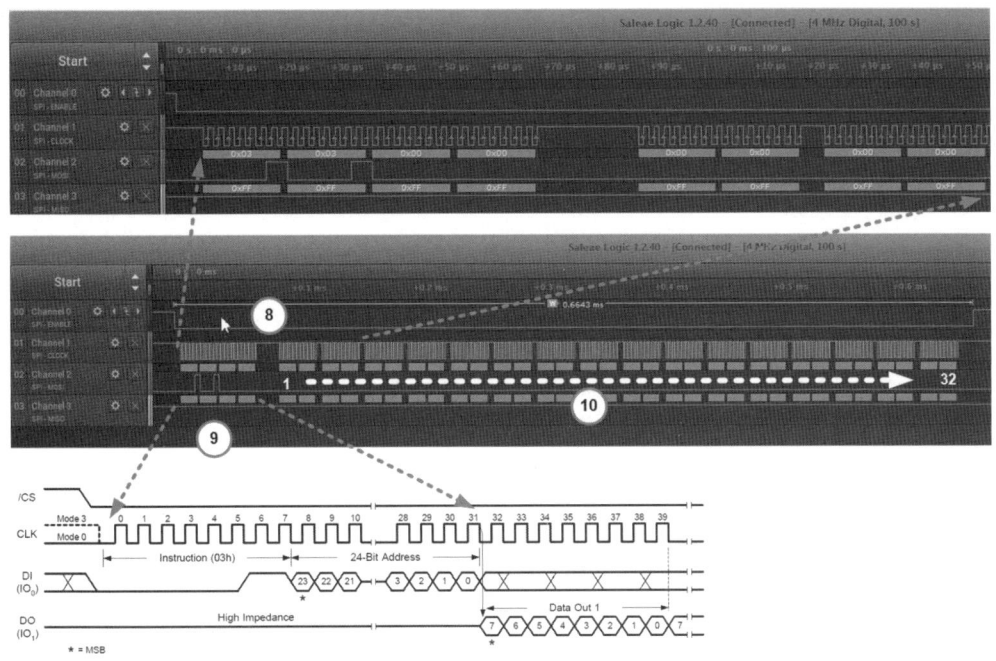

[그림 6.4-6] Read Data instruction(03h)을 위한 code 구현 방법 - 5.

참고적으로 Vol.1과 Vol.2에 나오는 **모든 그림들은 모두 칼라**로 Microsoft Inc.의 Visio로 만든 것이다. 그러므로, 잘 보이지 않는 분들은 앞서 언급한 것과 같이 요청하기 바란다. 그리고, ⑩번과 같이 **32개의 데이터**가 읽혀진 것을 알 수 있다. 물론, 해당 영역은 erase 작업을 수행하였으므로 모두 0xFF로 읽힐 것이다.

6.5 Serial Flash Memory에 데이터를 쓰는 방법.

Flash memory에 데이터를 writing하는 것을 일반적으로 **programming**이라고도 하는데, 우선, [표 5.3-2]와 [그림 5.4-14]에서 보여준 **Page Program** instruction(02h)을 사용하여 1byte 즉, 앞서 erase instruction을 사용하여 sector 48을 삭제하였으니, sector 48의 시작 번지인 **0x3_0000번지에 0x9F 1byte를** writing하고, read data instruction으로 0x3_0000번지에 작성된 0x9F 1byte를 읽어내는 code를 구현해 보도록 하겠다. 구현할 code는 사실, 앞서 학습한 read data instruction(03h) timing diagram을 구현한 code에

flash memory 내부에 데이터를 작성하는 작업이므로 HAL_SPI_Receive() 함수 대신에 HAL_SPI_Transmit() 함수로 작성할 데이터를 전송해 주고, sector erase instruction을 구현한 Serial_FLASH_Sector_Erase() 함수의 다음에 보여준 맨 마지막 code만 추가해 주면 되겠다. 즉,

```
//Wait till erase is complete by reading the status register
do {
  uiStatusRegister=Serial_FLASH_Read_Status();
  // make sure device is busy from 0th bit? 1 means busy, 0 means done.
} while((uiStatusRegister&WIP)!=0);
```

이 내용이 생소하다면, 5.3. 단원에서 설명한 다음의 내용을 기억해 보기 바란다.

❶ BUSY : read-only

device가 **Page Program**, Quad Page Program, **Sector Erase, Block Erase, Chip Erase**, Write Status Register 또는 Erase/Program Security Register instruction 을 실행할 때 "1"이 되고, **해당 instruction을 완료**하였으면, "0"이 된다. BUSY = 1 인 경우에 device는 Read Status Register 그리고, Erase/Program Suspend instruction을 제외한 나머지 추가적인 instruction들은 **무시된다**. 이제, 진행 중인 page program, erase, 또는 write status/security register instruction이 완료되면, device는 **다음 추가적인 instruction들을 받을 준비가 된 것을 알리기 위해서 BUSY=0**이 된다.

결국, 다음 명령을 수행할 수 있도록 이번 명령이 완료된 것을 확인하고 빠져나가야 하는데, 그러기 위해서 BUSY=0인 것을 확인하고 빠져나가는 것이다. BUSY는 [그림 5.3-3(a)]에 보여준 것과 같이 Status Register - 1의 첫 번째 bit 값이다. 그러므로, 1byte만 writing하는 함수를 Serial_FLASH_Write_Byte() 이라고 한다면, 다음과 같이 main() 함수에서 호출하면 될 것이다.

```
/* USER CODE BEGIN 2 */
// Reading manufaturer and device ID such as device size, sector address map,
// command set etc.
```

```
bFlash=Serial_FLASH_Collect_Device_Info(&g_serial_flash_device_info);
// 1 sector size = 4096=0x1000, 0x3_0000= 0x1000*48 = sector 48,
Serial_FLASH_Sector_Erase(0x30000);
Serial_FLASH_Read_Bytes(pSPI_MasterRxDataArray, 0x30000, SPI_MasterRxMax);
Serial_FLASH_Write_Byte(0x30000,Tx_Reg);
Serial_FLASH_Read_Bytes(pSPI_MasterRxDataArray, 0x30000, SPI_MasterRxMax);
/* USER CODE END 2 */
```

그리고, Serial_FLASH_Write_Byte() 함수는 다음과 같이 구현하였다.

```
void Serial_FLASH_Page_Program(uint8_t *ucBuff, uint32_t uiStartAddress,
                    uint32_t uiLength) {
  //Local variables
  uint32_t uiTxBuff=0, Temp32=0;
  uint8_t uiStatusRegister;

  //Init Tx buffer with PP instruction and 24 bit address
  uiTxBuff=uiStartAddress;
  uiTxBuff|=g_serial_flash_device_info.CommandSet.PP<<24;
  Temp32=SWAP32(uiTxBuff);

  //Assert the slave select
  SPI_Set_Slave_Select(true);

  //Send 8 bit PP command with 24 bit address
  HAL_SPI_Transmit(&hspi2, (uint8_t *)&Temp32, 4, 10);

  //Send N 8 bit words to be programmed
  HAL_SPI_Transmit(&hspi2, ucBuff, uiLength, 1000);

  //Deassert slave select
  SPI_Set_Slave_Select(false);

  //Wait till write is complete by reading the status register
  do {
    uiStatusRegister=Serial_FLASH_Read_Status();
  } while((uiStatusRegister&WIP)!=0);
}
```

code를 살펴보니, Read Data instruction 구현 code인 Serial_FLASH_Read_Bytes() 함

수에서 사용한 HAL_SPI_Receive() 함수 대신에 작성할 데이터를 전송하기 위해서 함수 HAL_SPI_Transmit()을 사용한 것과 writing 작업이 완료된 것을 확인하고 빠져 나가도록 구현한 부분만 다른 것을 알 수 있다. 동작을 확인하기 위해서 Ch6Lab4Prj project를 복사하여 새로운 Ch6Lab5Prj project를 만들고, 지금까지 학습한 관련 code routine을 추가한 다음에 build하여 준다. 그리고, 문제가 없다면, 바로 연결한 보드에서 [그림 6.5-1]과 같이 동작을 실험해 본다.

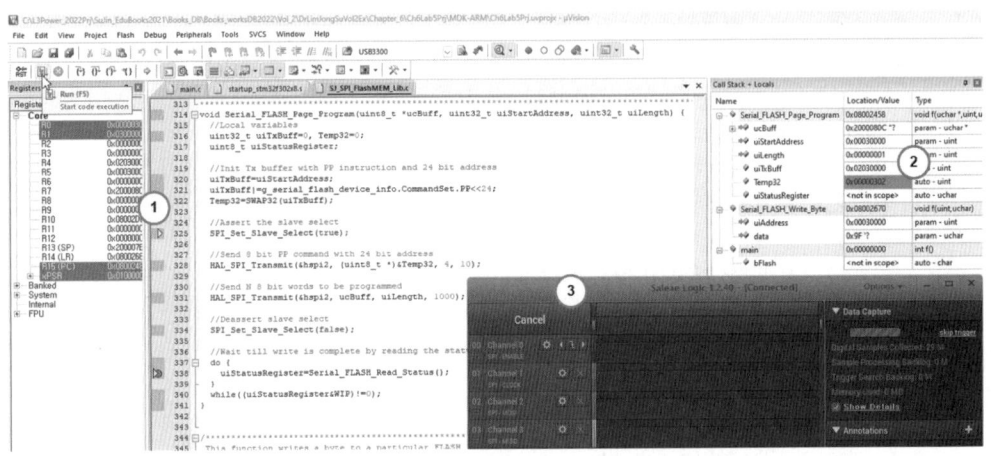

[그림 6.5-1] Page Program instruction(02h)으로 1byte 0x9F writing 방법 - 1.

우선, main() 함수에서 다음과 같이 Serial_FLASH_Write_Byte() 함수를 호출한다.

```
Serial_FLASH_Write_Byte(0x30000,Tx_Reg); // uint8_t Tx_Reg=0x9F
```

Serial_FLASH_Write_Byte() 함수는 다음과 같이 내부적으로 Write Enable instruction을 전송하고, 이어서 Serial_FLASH_Page_Program() 함수를 호출한다.

```
void Serial_FLASH_Write_Byte(uint32_t uiAddress, uint8_t data) {
  //Enable write
  Serial_FLASH_Write_Enable();

  //Page Program
  Serial_FLASH_Page_Program(&data, uiAddress, 1);
}
```

[그림 6.5-1]의 ①번과 같이 Serial_FLASH_Page_Program() 함수의 **325번째** line까지 PC를 진행시키고, **338번째** line에는 breakpoint를 설정한다. 그리고, ②번과 같이 **Locals** window를 확인해 보니, big endian format으로 0x0000_0302 즉, 1 byte 크기의 Page Program instruction code 0x02와 24bits address 0x3_0000이 Temp32 변수에 저장되어 있다. 이제, ③번과 같이 Saleae logic window를 준비하고 있다가 **Run (F5)** icon을 click하여 주면, [그림 6.5-2]의 ④번과 같이 설정한 breakpoint에서 멈추고, ⑤번의 timing diagram을 확인해 보면, [그림 5.4-14]에서 보여준 **Page Program** instruction timing diagram과 동일한 것을 확인할 수 있다.

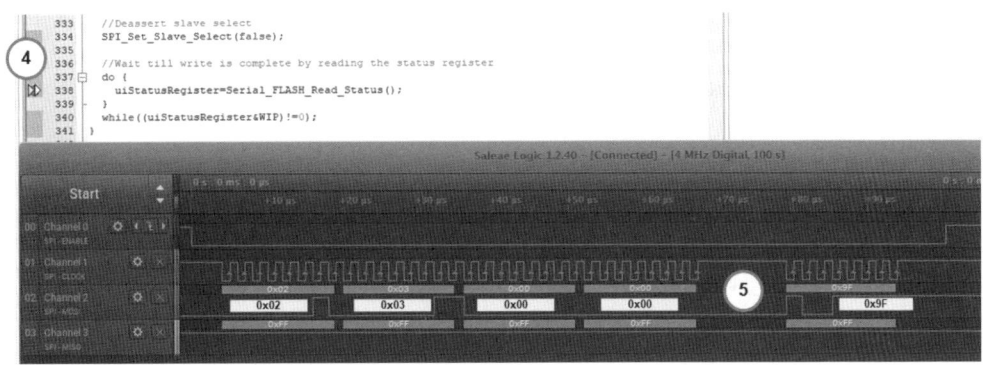

[그림 6.5-2] **Page Program** instruction(02h)으로 1byte 0x9F writing 방법 - 2.

이제, [그림 6.5-3]의 ⑥번과 같이 main() 함수의 **110번째** line에 breakpoint를 추가해 주고, Run (F5) icon으로 실행해 주면, 현재, uint8_t pSPI_MasterRxDataArray[0]의 데이터 값은 ⑦번과 같이 erase instruction의 결과인 0xFF가 읽혀진 상태이다.

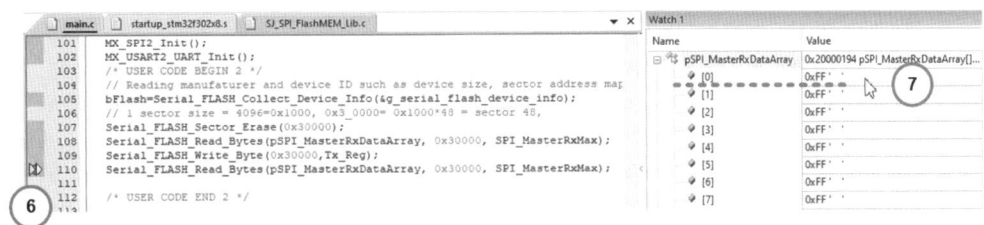

[그림 6.5-3] **Page Program** instruction(02h)으로 1byte 0x9F writing 방법 - 3.

그런데, F10으로 [그림 6.5-4]의 ⑧번과 같이 PC를 진행하면, Flash Memory 0x3_0000

번지에 작성한 0x9F 값이 ⑨번처럼 읽혀진 것을 확인 할 수 있다.

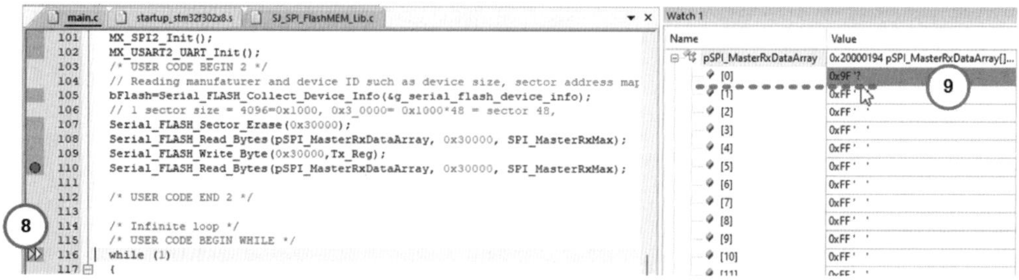

[그림 6.5-4] Page Program instruction(02h)으로 1byte 0x9F writing 방법 - 4.

이번에는 Flash Memory에 새로운 데이터를 작성하기 전에 해당 영역을 Erase 하지 않고, 작성하는 경우에 어떻게 되는지 확인하기 위해서 다음과 같이 main() 함수에 code를 추가하였다.

```
/* USER CODE BEGIN 2 */
bFlash=Serial_FLASH_Collect_Device_Info(&g_serial_flash_device_info);
Serial_FLASH_Sector_Erase(0x30000);
Serial_FLASH_Read_Bytes(pSPI_MasterRxDataArray, 0x30000, SPI_MasterRxMax);
Tx_Reg=0x12;
Serial_FLASH_Write_Byte(0x30000,Tx_Reg);
Serial_FLASH_Read_Bytes(pSPI_MasterRxDataArray+1, 0x30000, SPI_MasterRxMax);
Tx_Reg=0x24;
Serial_FLASH_Write_Byte(0x30000,Tx_Reg);
Serial_FLASH_Read_Bytes(pSPI_MasterRxDataArray+2, 0x30000, SPI_MasterRxMax);
Tx_Reg=0x9F;
Serial_FLASH_Write_Byte(0x30002,Tx_Reg);
Serial_FLASH_Read_Bytes(pSPI_MasterRxDataArray+3, 0x30002, SPI_MasterRxMax);
Tx_Reg=0x13;
Serial_FLASH_Write_Byte(0x30002,Tx_Reg);
Serial_FLASH_Read_Bytes(pSPI_MasterRxDataArray+4, 0x30002, SPI_MasterRxMax);

Serial_FLASH_Sector_Erase(0x30000);   // 0x30000=196608=48*4[KB]=768*256[B]
Serial_FLASH_Read_Bytes(pSPI_MasterRxDataArray+5, 0x30000, SPI_MasterRxMax);
Tx_Reg=0x56;
Serial_FLASH_Write_Byte(0x30000,Tx_Reg);
Serial_FLASH_Read_Bytes(pSPI_MasterRxDataArray+6, 0x30000, SPI_MasterRxMax);
Tx_Reg=0x78;
```

```
Serial_FLASH_Write_Byte(0x30002,Tx_Reg);
Serial_FLASH_Read_Bytes(pSPI_MasterRxDataArray+7, 0x30002, SPI_MasterRxMax);
/* USER CODE END 2 */
```

먼저 실행 결과부터 확인해 보도록 하자. 관련 project는 **Ch6Lab6Prj**이며, [그림 6.5-5]는 실행 결과 화면이다.

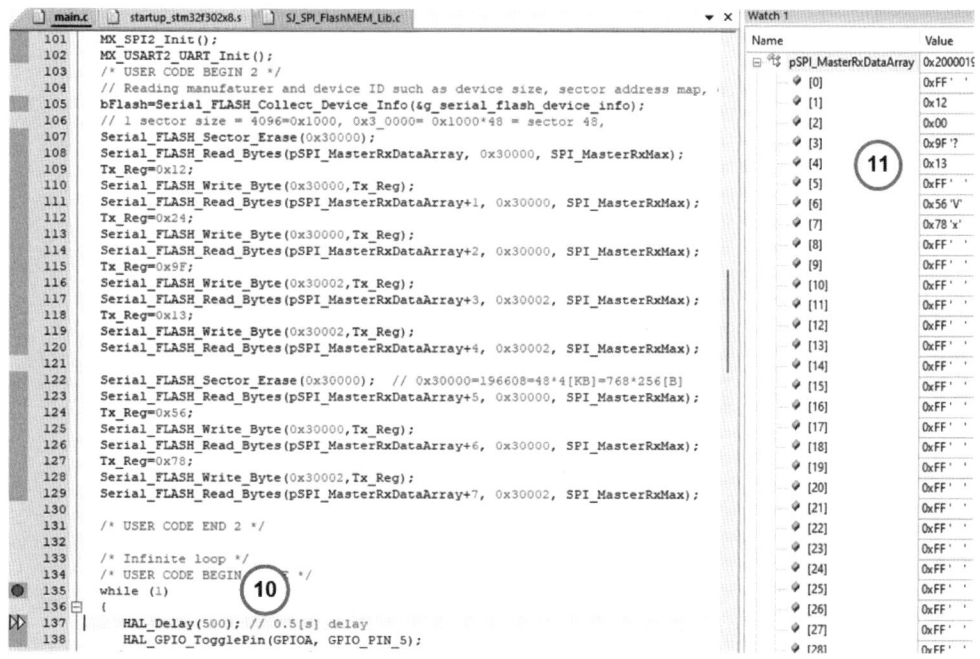

[그림 6.5-5] Erase instruction 없이 Page Program instruction(02h)을 수행한 결과 화면.

⑩번에서 보여준 것처럼 **137번째** line까지 PC를 진행시키고, 그동안 0x3_0000번지와 0x3_0002번지에 변화를 저장하고 있는 pSPI_MasterRxDataArray 배열의 값들을 Watch 1 window에서 ⑪번과 같이 확인해 본다. 처음 **107번째** line에서 실행한 sector erase instruction에 의해서 pSPI_MasterRxDataArray[0]=0xFF인 것을 확인할 수 있다. 109 **번째** line에서 0x12를 writing하고, 읽어보면, pSPI_MasterRxDataArray[1]=0x12와 같이 정상적으로 읽혀졌다. 그런데, 같은 0x3_0000번지에 0x24를 writing하고, 읽어보았더니, 그 값이 0x00인 것을 확인 할 수 있다. Flash memory를 erase하면, 해당 영역은 모두 "1"로 채워진다. 그리고, 임의의 데이터 예를 들면, 0x12를 writing한다는 것은 0x12를 writing하는데, 필요한 bit들의 위치를 제외한 **나머지 모든 bits들을 "0"으로 바꾸어 주는**

것이 flash memory의 writing 작업에 해당하는 것이다. [그림 6.5-6]을 참조하기 바란다.

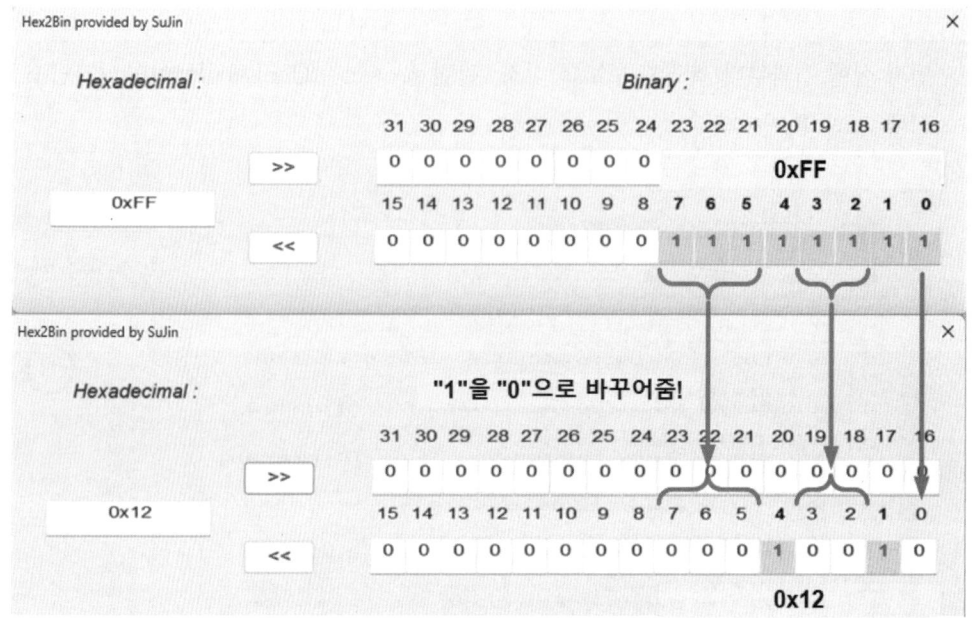

[그림 6.5-6] Flash Memory에 데이터를 writing한다는 것의 의미.

그러므로, 0x24를 writing하면, 0x24를 구성하는 bit들을 제외한 나머지 bit들을 모두 "0"으로 바꾸어 주므로 결국, 0x00이 되는 것이다. 그런데, 0x3_0002번지에 0x9F를 작성하고, 같은 번지에 0x13을 overwriting하면, [그림 6.5-6]과 같은 관계로 인해서 0x13의 값을 얻을 수 있는 것이다. 결론적으로 flash memory에 임의의 데이터를 writing하고 싶다면, 항상, 먼저 sector erase instruction을 실행시켜주는 것을 잊지 말아야 할 것이다. 이것은 모든 MCU 내부 flash memory에도 동일하게 적용되는데 주의하자. 지금까지는 하나의 page 크기 즉, 256bytes 보다 적은 데이터를 작성하는 방법을 학습하였다. 5.4. 단원에서 학습한 Page Program instruction(02h)에 대한 내용을 다시 소환하면 다음과 같다.

❾ Page Program instruction(02h) :
Page Program instruction(02h)은 이전에 지운 memory 위치에 1byte부터 최대 1 page의 크기인 256 bytes까지 데이터를 programming 한다. 물론, 임의의 flash memory 데이터를 변경하기 위해서는 제일 먼저 Write Enable(06h) instruction을 수행하여 WEL=1로

지정해 주어야 한다. **Page Program** instruction은 적어도 하나의 data byte는 전송해 주어야 한다. 만일, 256 byte page 전체를 programming 할 계획이면, 마지막 address byte=0x00으로 지정되어야 한다. 왜냐하면, 256=0x100이기 때문이다. 그런데, 마지막 address byte의 값이 "0"이 아니고, 남은 page 길이를 초과하여 clock들이 계속 공급되면, **그 page의 시작 번지로 wrapping하여 overwriting한다**는데 주의하자. 물론, 하나의 page를 부분적으로 writing 할 수도 있지만, clock들의 개수가 전체 page 크기를 넘지 않도록 주의해야 한다. 또한, **부분적으로 writing된 page에 이어서 데이터를 작성할 수는 없다**는데 주의하기 바란다. 즉, Page Program instruction으로 한 개의 byte만 작성하였다면, **그 다음** Page Program instruction은 **다음 page를 사용해야** 한다. 왜냐하면, **Page Program instruction은 항상 page 단위로만 수행**하기 때문이다.

이제 이들 규칙을 명심하고, 다음과 같은 3가지 경우를 고려하여 올바로 동작하는 함수 Serial_FLASH_Write_Bytes()을 작성해 보도록 하겠다.

❶ 0x01부터 0x20(32)까지 총 32개의 데이터를 0x3_0000번지부터 writing하는 경우 :
  이때에는 동일한 768(0x300) page에 모두 작성될 것이다.
❷ 0x30000+237번지부터 총 32개의 데이터를 writing하는 경우 :
  이때에는 768 page에 19bytes writing되고, 768+1 page에 13bytes가 작성되어야 할 것이다.
❸ 0x30000번지부터 총 320개의 데이터 즉, 1~255, 그리고, 0~64의 값을 갖는 데이터를 writing하는 경우 :
  이때에는 768 page에 1~255, 그리고, 0의 값을 갖는 256bytes가 writing되고, 768+1 page에 1~64의 값을 갖는 64bytes가 작성되어야 할 것이다.

이것이 가능하도록 새로운 flow chart를 [그림 6.5-7]과 같이 만들어 보았다. 또한, [그림 6.5-8]은 특별히, 앞서 언급한 3가지 경우 중에서 ❷번의 경우에 MCU 내부의 buffer와 flash memory 내부 영역이 어떻게 사용되는지 [그림 6.5-7]의 흐름을 바탕으로 도식적으로 표현한 것이다. 전반적인 흐름을 이해하는 데 도움이 될 것이다.

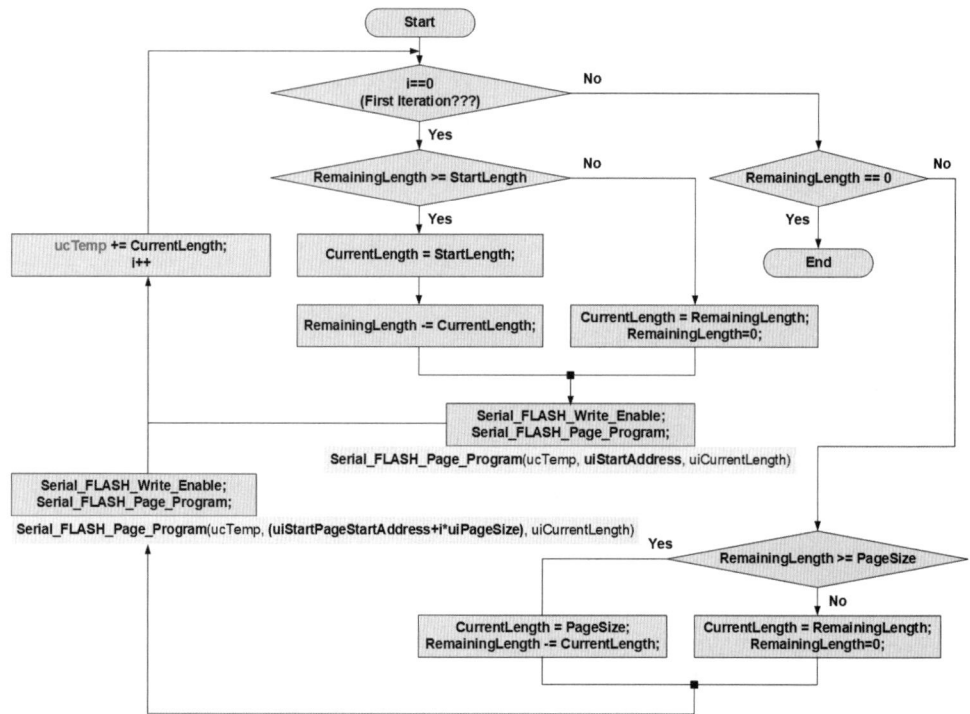

[그림 6.5-7] Serial_FLASH_Write_Bytes() 함수의 flow chart.

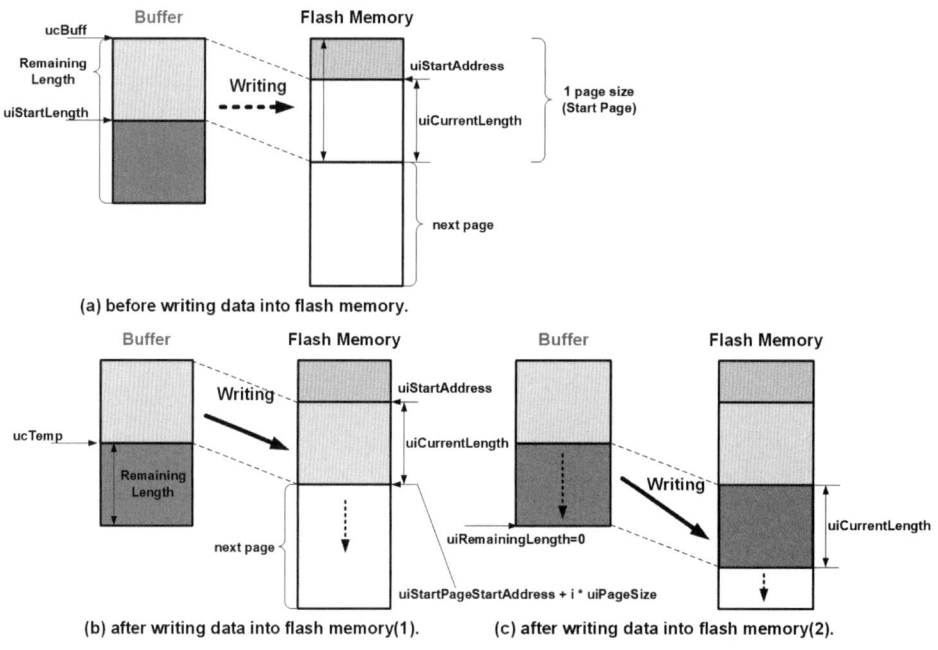

[그림 6.5-8] Serial_FLASH_Write_Bytes() 함수에서 MCU 내부 buffer와 flash memory 내부 영역 사용 방법.

다음은 Serial_FLASH_Write_Bytes() 함수의 code 내용이다.

```c
void Serial_FLASH_Write_Bytes(uint8_t* ucBuff, uint32_t uiStartAddress,
                    uint32_t uiLength) {
  uint32_t uiStartLength;
  uint32_t uiStartPageStartAddress;
  uint32_t uiRemainingLength;
  uint32_t uiCurrentLength;
  uint32_t uiPageSize;
  uint8_t* ucTemp;
  int i = 0;
  bool FlagWEL = 0;

  ucTemp = ucBuff;
  uiPageSize = g_serial_flash_device_info.SectorInfo.uiBytesPerPage;
  uiStartLength = uiPageSize - uiStartAddress % uiPageSize;
  uiStartPageStartAddress = (uiStartAddress / uiPageSize) * uiPageSize;
  uiRemainingLength = uiLength;
  while (1) {
    if (i == 0) {
      if (uiRemainingLength >= uiStartLength) {
        uiCurrentLength = uiStartLength;
        uiRemainingLength -= uiCurrentLength;
      } else {
        uiCurrentLength = uiRemainingLength;
        uiRemainingLength = 0;
      }
      FlagWEL = Serial_FLASH_Write_Enable();
      Serial_FLASH_Page_Program(ucTemp, uiStartAddress, uiCurrentLength);
      ucTemp += uiCurrentLength;
    } else {
      if (uiRemainingLength == 0)
        break;
      else {
        if (uiRemainingLength >= uiPageSize) {
          uiCurrentLength = uiPageSize;
          uiRemainingLength -= uiCurrentLength;
        } else {
          uiCurrentLength = uiRemainingLength;
          uiRemainingLength = 0;
        }
        Serial_FLASH_Write_Enable();
        Serial_FLASH_Page_Program(ucTemp,
```

```
                    (uiStartPageStartAddress + i * uiPageSize), uiCurrentLength);
                ucTemp += uiCurrentLength;
            }
        }
        i++;
    }
}
```

해당하는 project는 Ch6Lab7Prj이며, 이 project에 포함된 SJ_SPI_FlashMEM_Lib.c 파일에서 Serial_FLASH_Write_Bytes() 함수를 보면, 각각의 line 마다 주석을 달은 것을 볼 수 있을 것이다. 그러나, 여기서는 code에 대한 **가독성**을 높이기 위하여 모든 주석을 제외한 code 내용만 보여주었다. 이제, [그림 6.5-7]과 [그림 6.5-8]을 참조하며 code를 분석해 보기 바란다. 아마도 쉽게 이해하기 어려운 code라고 생각한다. 이때에는 **Vol.1**.의 **[그림 10.4-6]부터 설명**하였듯이 해당 부분만 떼어 내서 Visual C++로 분석하는 것이 제일 좋은 방법이다. 왜냐하면, Visual C++만큼 막강한 code 분석 도구가 없다고 생각하기 때문이다. Ch6Lab7PrjMSLab project는 Visual C++ 2019로 Serial_FLASH_Write_Bytes() 함수를 분석하기 위해 만든 것인데, **Serial_FLASH_Write_Bytes_Test.c** 파일 하나이므로 Visual C++ 버전과 상관없으며, **무료** 버전인 **Visual Community 버전**을 사용해도 문제없다. [그림 6.5-9]는 Serial_FLASH_Write_Bytes() 함수를 Visual C++로 분석하는 모습을 보여준 것이다. Ch6Lab7PrjMSLab project를 열어보면 알 수 있겠지만, 핵심이 되는 Serial_FLASH_Write_Bytes() 함수의 내용을 embedded code로 바로 사용할 수 있도록 작성하였으며, 동작 흐름이 원하는 결과와 동일한지 확인할 수 있도록 다른 함수들은 적절히 dummy code로 채워진 것을 볼 수 있다. 앞으로도 이와 같이 임의의 알고리즘을 구현한 code는 우선, Visual C++로 확인하고, 이후에 MCU에 적용하는 방식을 취할 것이다. 특별히, Chapter 7과 Chapter 10에서 자주 만나게 될 것이다. 그러므로, 여러분도 직접 수행해 보기 바란다. 이제, 충분히 code 분석이 완료되었다고 생각한다. SJ_MCUBook_M4 보드를 연결하고, Ch6Lab7Prj project를 build 하여 준다. 그리고 나서, error가 없다면, [그림 6.5-10]의 ①번과 같이 116번째 line까지 F10 key를 click하면서 PC를 진행시켜준다. 이때, **Watch 1** window를 보면, ②번과 같이 Serial_FLASH_Sector_Erase(0x30000)에 의해서 sector 48이 erase되어 32개의 데이터를 읽었을 때에 모든 데이터가 0xFF인 것을 볼 수 있다.

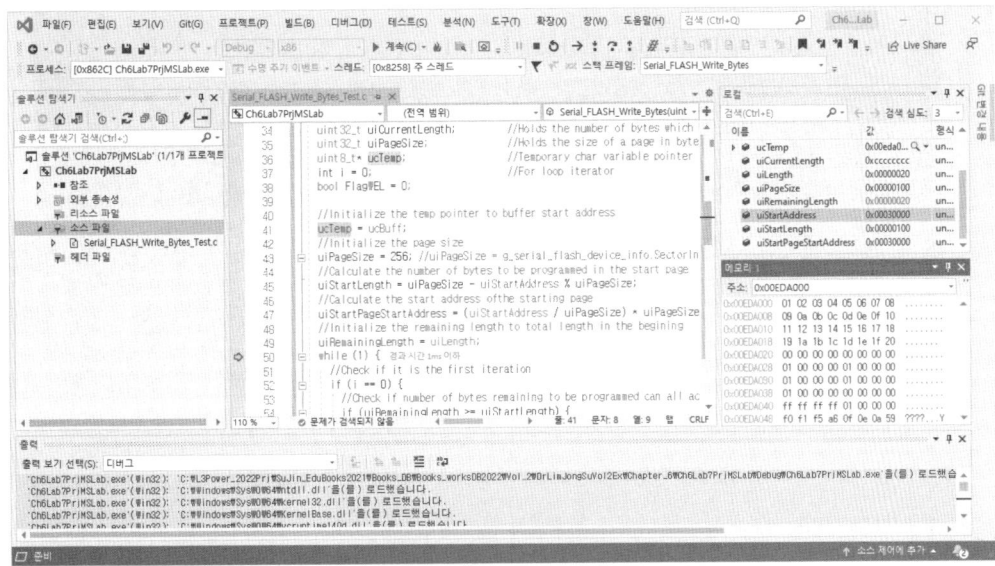

[그림 6.5-9] Visual C++를 이용한 Serial_FLASH_Write_Bytes() 함수 분석 방법.

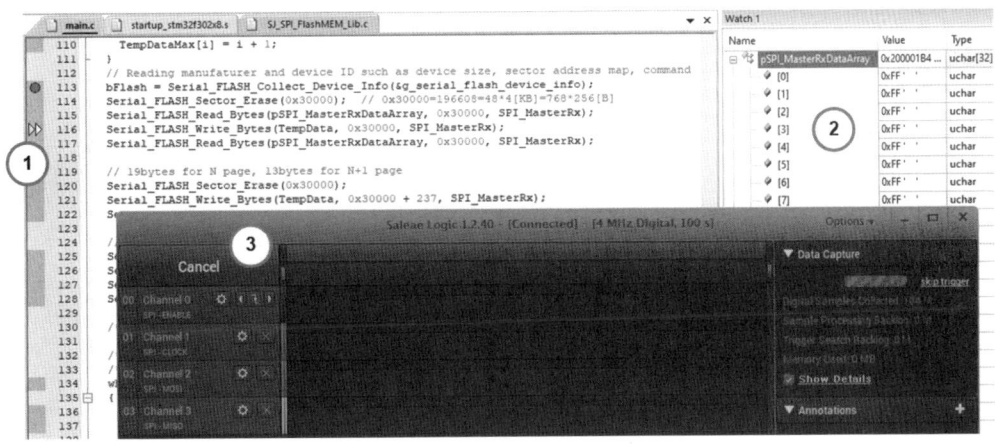

[그림 6.5-10] Serial_FLASH_Write_Bytes() 함수 동작 상황 실습 - 1.

이제, ③번과 같이 Saleae logic window를 준비하고, F10을 click하여 116번 line을 실행해 준다. 그러면, Serial_FLASH_Write_Bytes(TempData, 0x30000, SPI_MasterRx) 함수의 실행과 관련된 timing diagram이 [그림 6.5-11]과 같이 나타나게 된다. 여러분이 기대했던 timing diagram이 맞는지 확인해 보기 바란다. [그림 6.5-11]을 프린트하여 10배 확대되는 **루페(Loupe)**로 확인하여 보니, Channel 2 MOSI와 Channel 3 MISO의 값들을 확인 할 수 있었다.

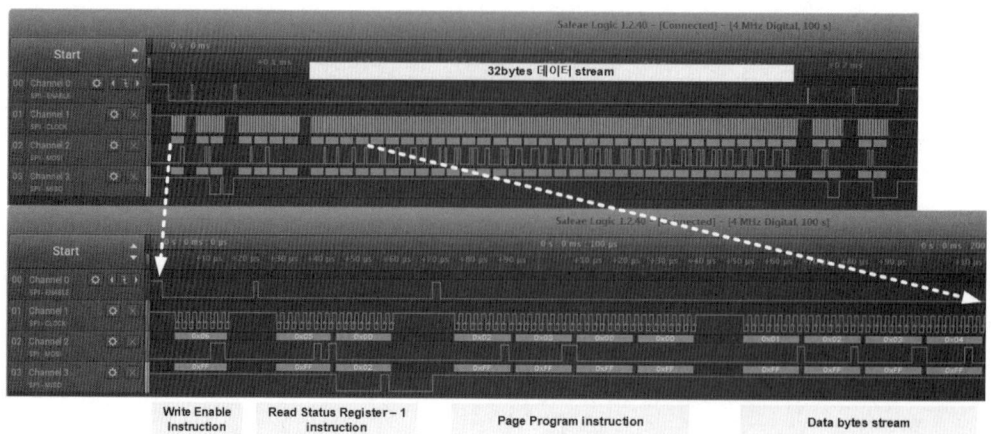

[그림 6.5-11] Serial_FLASH_Write_Bytes() 함수 동작 상황 실습 - 2.

그러니, 여러분도 5.4. 단원에서 학습한 각각의 instruction에 해당하는 timing diagram과 비교하며, 확인해 보기 바란다. 다시금, [그림 6.5-12]의 ④번처럼 120번째 line까지 PC를 진행하여 준다.

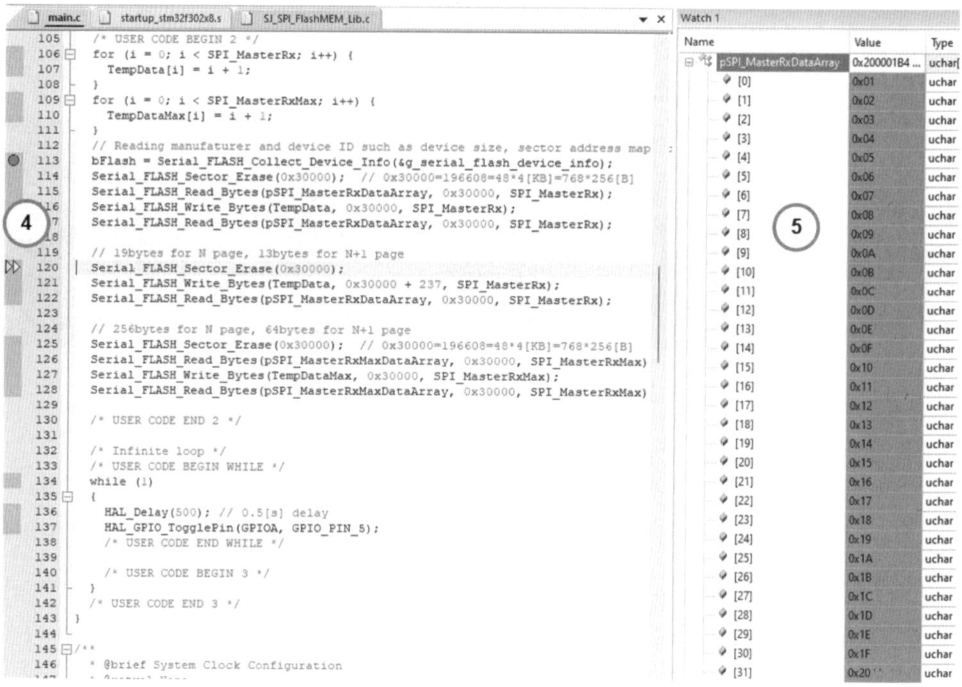

[그림 6.5-12] Serial_FLASH_Write_Bytes() 함수 동작 상황 실습 - 3.

그러면, ⑤번과 같이 방금 writing한 32개의 데이터가 Serial_FLASH_Read_Bytes() 함수를 실행하여 읽혀진 것을 확인 할 수 있다. 같은 방식으로 // 19bytes for N page, 13bytes for N+1 page 주석으로 표시한 code 부분의 동작을 확인해 보기 바란다. [그림 6.5-13]의 ⑥번과 같이 **126번째** line까지 실행하여 erase를 수행한 sector 48의 시작 번지 0x3_0000 번지부터 320개의 데이터를 순서대로 읽어보면, ⑦번처럼 모두 0xFF인 것을 확인 할 수 있다.

[그림 6.5-13] Serial_FLASH_Write_Bytes() 함수 동작 상황 실습 - 4.

이제, ⑧번에서 보여준 것처럼 **134번째** line까지 PC를 진행하면, ⑨번과 같이 지정한 flash memory 영역에 320개의 데이터가 정상적으로 writing된 것을 확인할 수 있다. 지금까지 여러분과 함께 Chapter 5와 Chapter 6을 통하여 상세하게 SPI interface를 갖는 Serial Flash memory 사용 방법에 대해서 자세히 학습도 하고, 관련 내용을 구현하여 직접 SJ_MCUBook_M4 보드를 이용하여 실험도 수행하였다. 사실, 마지막에 만든 **Ch6Lab7Prj** project는 수정해야 할 부분이 몇 개 보이는데, 이번 Chapter는 이것으로 마무리하고, 다음 Chapter부터 설명할 **User bootloader** 개발 과정을 설명할 때에 부족한 부분을 개선해 나갈 것이다.

CHAPTER 07

User Bootloader를 위한 downloader 개발

이번 Chapter에서는 임의의 실행 image binary file을 외부 serial flash memory에 저장하는 방법을 학습하게 될 것이다. 그러기 위해서 효과적으로 binary file을 설정한 buffer의 크기로 나누고, 앞서 학습한 serial flash memory 관련 함수들을 이용하여 분할된 데이터를 저장하고, 읽어내는 알고리즘을 만들어 볼 것이다. 새로 개발한 알고리즘의 동작 특성을 Visual C++로 확인하고, 원하는 결과를 얻게 되면, 바로 MCU에 적용할 수 있는 code를 단계 별로 개발하게 될 것이다. 여기서 알려주는 **알고리즘은 이미 여러 상용 제품들에 적용되어 외국까지 판매가 이루어지는 귀한 내용**이므로 확실히 학습해 보기 바란다. 무엇보다도 SJ_MCUPro windows program을 이용하여 PC에서 실행 image 파일을 MCU에 SPI interface로 연결된 serial flash memory에 전송하기 위한 code를 개발할 것이다. 그러기 위해서는 특별히, **Vol.1의 12.5. 단원**에서 설명한 Ch12Lab4 project에 지금까지 학습한 Main Flash memory access 관련 code들과 외부 flash memory access 관련 code들을 추가해 나갈 것이다. 또한, 새로운 실행 image 데이터를 전송할 통신 규약도 만들 것이다. 그리고, 대량의 실행 image 데이터를 외부 flash memory에 전송하기 위해서 SPI DMA 전송 방법을 학습하게 될 것이며, 이때에 발생하는 **handler mode와 thread mode**에 대한 개념을 학습하고, mode 사이에 전환하는 방법도 학습하게 될 것이다. 그리고, Chapter 4.에서 학습한 MCU 내부 flash memory 관련 함수들을 이용하여 SJ_MCUPro program으로 임의의 실행 image를 내부 flash memory에 저장하는 방법과 내부 SRAM에 저장하는 방법도 학습하게 될 것이다. 전반적으로 상당히 많은 내용을 다루고 있으며, 무엇보다도 Chapter_7 예제 folder를 통하여 확인할 수 있듯이 code의 난이도가 상당히 올라간 것을 느낄 수 있을 것이다. 어쩌면, 지금부터 다루는 code routine이 진정한 Vol.2.의 시작이라고 생각한다.

■ 학습 목표 :
- SPI interface의 Host에서 Slave로 데이터를 효과적으로 분할하여 전송하는 방법.
- SPI DMA 사용 방법에 대한 학습.
- handler mode와 thread mode에 대한 개념과 전환 방법에 대한 학습.
- SJ_MCUPro Windows program과 MCU 사이의 데이터 전송 방법.
- MCU 내부 flash memory/SRAM과 외부 serial flash memory에 데이터 교환 방법.

7.1 실행 binary 파일을 외부 Flash Memory에 저장하는 방법.

Chapter 2.와 Chapter 3.에서 우리는 사용하는 MCU의 제조사에서 개발한 bootloader를 이용하여 새로운 실행 파일을 적용시키는 방법에 대해서 학습하였다. 이처럼 실행 파일을 PC와 같은 host에서 MCU의 내부 flash memory로 전송하기 위해서 3.1. 단원에서 언급한 것처럼 **최대 한 번에 전송**할 수 있는 data block의 크기를 256bytes로 제한하였다. 물론, 이것은 PC와 MCU 사이의 연결을 위하여 외부 cable을 사용하였고, 그 cable 주변에서 발생하는 다양한 물리적인 잡음의 영향을 고려하여 전송할 데이터의 크기를 결정한 것이다. 그러나, MCU와 Flash Memory는 일반적으로 **동일한 보드**에 바로 SPI interface로 연결되어 있으므로 훨씬 전송 상황이 좋은 것이 사실이다. 여기서는 6.5. 단원에서 마지막으로 개발한 **Ch6Lab7Prj** project에 있는 Serial_FLASH_Write_Bytes() 함수를 발전시킬 것이다. 그래서, SJ_MCUBook_M4 또는 SJ_MCUBook_M0 보드에 있는 32[Mbits] 저장 공간을 갖는 W25Q32FV에 임의의 실행 image 파일 즉, *.hex 또는 *.bin 파일을 선택하여 저장하는 방법을 학습하게 될 것이다. W25Q32FV에는 Page Program 명령어를 사용할 것이므로 한 번에 256bytes 1 page 단위로 writing할 것이다. 이번 단원에서는 **Ch7Lab1Prj_Test** project를 build하여 생성된 실행 파일인 **Ch7Lab1Prj_Test.bin** binary file 또는 **Ch7Lab1Prj_Test.hex** file 중에서 선택하여 flash memory에 writing하는 방법을 학습할 것이다. 예제로 사용할 **Ch7Lab1Prj_Test** project는 **단순히** SJ_MCUBook_M4 보드의 **Green LED 1**을 0.5[초] 단위로 점멸하는 code로서 **Ch6Lab7Prj** project의 main while(1) loop에 있는 code이다. 이 파일의 크기는 [그림 7.1-1]의 ①번에 보여준 것처럼 **5,748bytes** 이다. 단, **Ch7Lab1Prj_Test** project는 AC5 compiler를 사용하였으며, [부 록-3]을 참조하면, AC5 compiler를 설치하는 방법이 자세히 나와 있는데, 주의 할 것은 **유료 license**를 사용하는 분들을 위한 내용이다. 그러므로, AC6 무료 license를 사용하여 build한 경우에는 파일의 크기가 5,748bytes와 다를 것이다. 단지, 파일의 크기만 다르고 동작에는 **아무런 상관이 없다**. 그러므로, AC6 무료 license를 사용하시는 분들은 **Ch7Lab1Prj_Test** project를 build하지 말고, 단순히, Ch7Lab1Prj_Test.bin 파일 또는 Ch7Lab1Prj_Test.hex 파일을 사용하면 되겠다. 물론, AC6로 build하고, 파일의 크기인 5,748bytes만 다르게 따라 할 수도 있다.

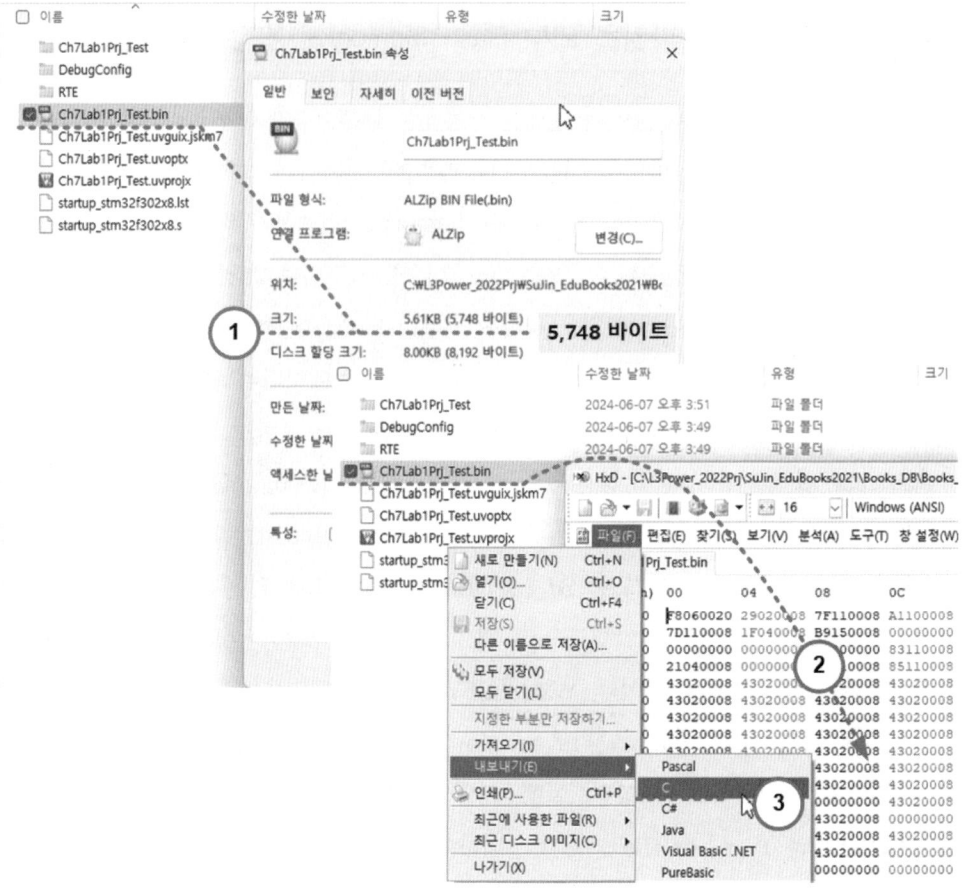

[그림 7.1-1] 실행 image binary file을 Flash Memory에 writing하는 방법 - 1.

어쨌든, 갑자기 계속해서 AC6을 사용하다가 AC5를 사용한 이유는 Chapter 8.에서 보다 분명히 설명하겠지만, 이들 2개의 compiler에는 **큰 차이점이 있기 때문에** 기존의 AC5 사용자를 위한 배려라고 생각해 주면 되겠다. 어쨌든, 파일의 크기가 **5,748bytes이면, 4096 sector 2개가 필요**하다. 예를 들면, flash memory 내부 영역 0x3_0000번지를 시작으로 하여 5748bytes를 writing하기 위해서는 0x3_0000이 sector 48의 시작 번지이므로 이곳에 4096bytes를 작성하고, sector 49에 5748-4096 = 1688bytes를 writing해야 할 것이다. 물론, 실행 image 파일은 Chapter 2.와 Chapter 3.에서 사용한 것처럼 PC의 Windows program 또는 다른 MCU가 전송해 주는 것이 일반적이지만, 그러기 위해서는 host에서 전송하는 데이터를 받고, 저장하는 추가적인 routine들이 필요하므로 **우선, 문제를 간소화**하기 위하여 5,748bytes를 **모두** STM32F302R8 내부 16[Kbytes] **SRAM에 저장**

하도록 한다. 그리고 나서, sector 단위 즉, 4096bytes 단위로 0x3_0000번지부터 writing 하도록 code를 구현해 보도록 하겠다. 그러기 위해서 ②번처럼 Ch7Lab1Prj_Test.bin binary file을 4.1. 단원에서 학습한 HxD Hex Editor window로 drag & drop해 준다. 그리고 나서, ③번과 같이 HxD Hex Editor window의 파일(F) menu에서 내보내기(E) menu의 C menu를 선택하면, 다른 이름으로 저장 dialogbox가 나타난다. 여기서, Ch7Lab1Prj_Test_BinData.c 이라고 파일 이름을 지정해 주고, 저장(S) button을 click하여 주면, [그림 7.1-2]의 ④번과 같이 Ch7Lab1Prj_Test.bin binary file의 내용을 5748개의 8bits data로 구성된 C 언어 양식에 맞는 배열로 변환해 준 것을 확인할 수 있다.

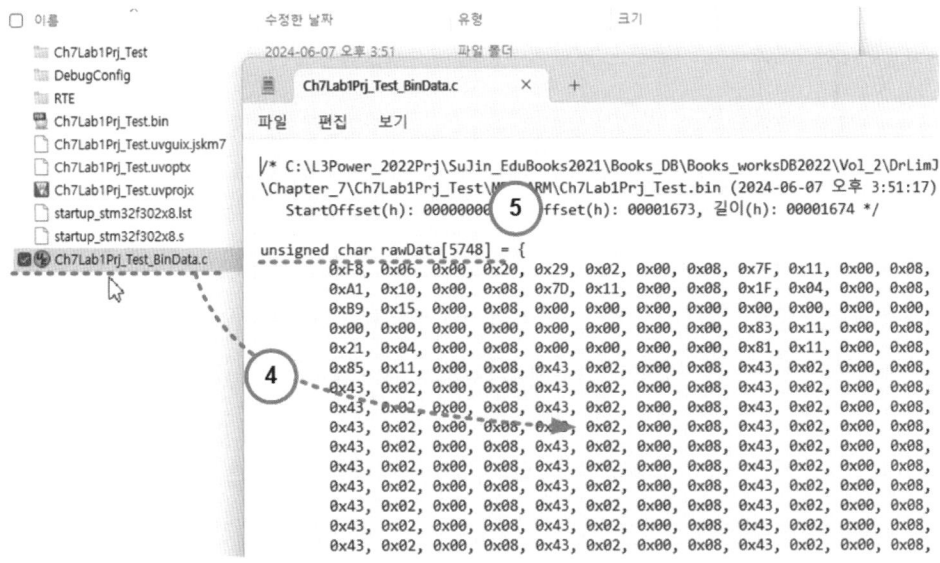

[그림 7.1-2] 실행 image binary file을 Flash Memory에 writing하는 방법 - 2.

이제, ⑤번에서 보여준 unsigned char rawData[5748] 배열을 사용해 주면 된다. flash memory에 저장할 데이터를 준비하였으니, 이번에는 flash memory에 **4096 bytes sector 단위로 buffering**하여 256bytes page 단위로 writing 해 주는 함수를 만들어야 할 것이다. 함수 이름은 다음과 같이 의미를 포함시키기 위하여 다소 길게 작명하였다.

```
int32_t Program_BinFile_To_SerialFLASH_From_IntFlashMemory(
            uint8_t* ucpSourceBuff, uint32_t uiBinLength, uint32_t uiStartAddress)
```

[그림 7.1-3]은 임의의 *.bin binary file을 외부 serial flash memory에 programming 하는 데 필요한 물리적인 memory 구성도와 관리 방법을 보여주고 있다.

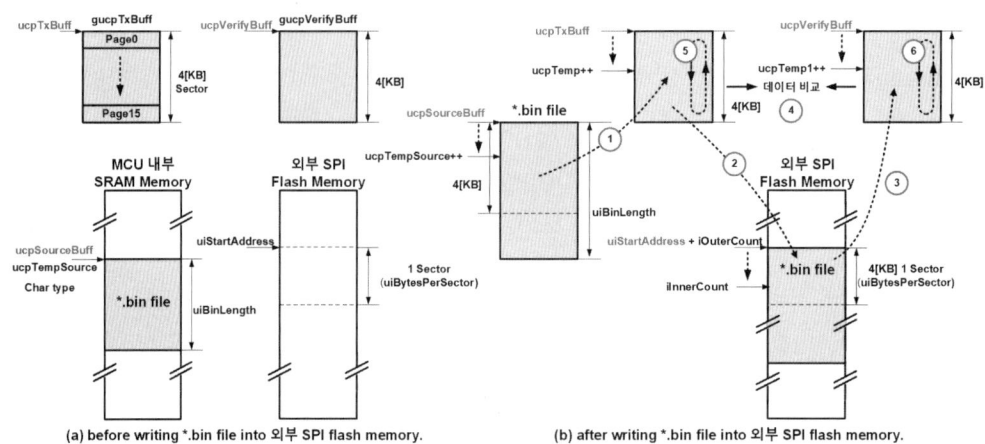

[그림 7.1-3] image *.bin binary file을 외부 flash memory에 programming 할 때 사용되는 memory 구성도.

일단, image file 데이터를 4[KB] 단위로 flash memory에 전송하는데 필요한 2개의 4[Kbytes] buffer 역할을 수행할 배열 gucpTxBuff[4096]과 배열 gucpVerifyBuff[4096]을 준비한 것을 볼 수 있다. 우선, ucpTxBuff pointer 변수는 주어진 *.bin file로부터 4[Kbytes] 단위로 읽어 와서 flash memory에 저장할 데이터를 임시로 보관할 gucpTxBuff[4096] buffer에 대한 시작 번지**만**을 저장하고 있으며 변수 보다는 **상수에 해당**한다. ucpVerifyBuff pointer 변수도 flash memory에 저장된 gucpTxBuff[4096] buffer의 내용을 다시 읽어 와서 gucpVerifyBuff[4096] buffer에 저장할 때 필요한 시작 번지**만**을 저장한다. 나중에 이들 2개의 buffer 내용을 **byte 단위로 비교**하여 올바로 flash memory에 데이터가 저장되었는지 **검증**하는데 사용하게 될 것이다. 여기서 주의 할 것은 4[KB] sector 단위로 flash programming을 수행하기 **전에** programming 할 sector의 위치를 확인하고, 해당 sector를 **우선, erasing**하여 빈 공간으로 만드는 작업을 **먼저** 수행해야 한다. 물론, 2개의 sector에 걸쳐서 flash programming 작업이 수행되어야 한다면, 2개의 sector 모두 erase 작업을 **먼저** 수행해 주어야 할 것이다. [그림 7.1-4]는 [그림 7.1-3]에서 보여준 memory 관리 방법과 지금까지 설명한 내용을 근거로 주어진 *.bin binary file을 flash memory에 programming하는 flow chart를 보여준 것이다.

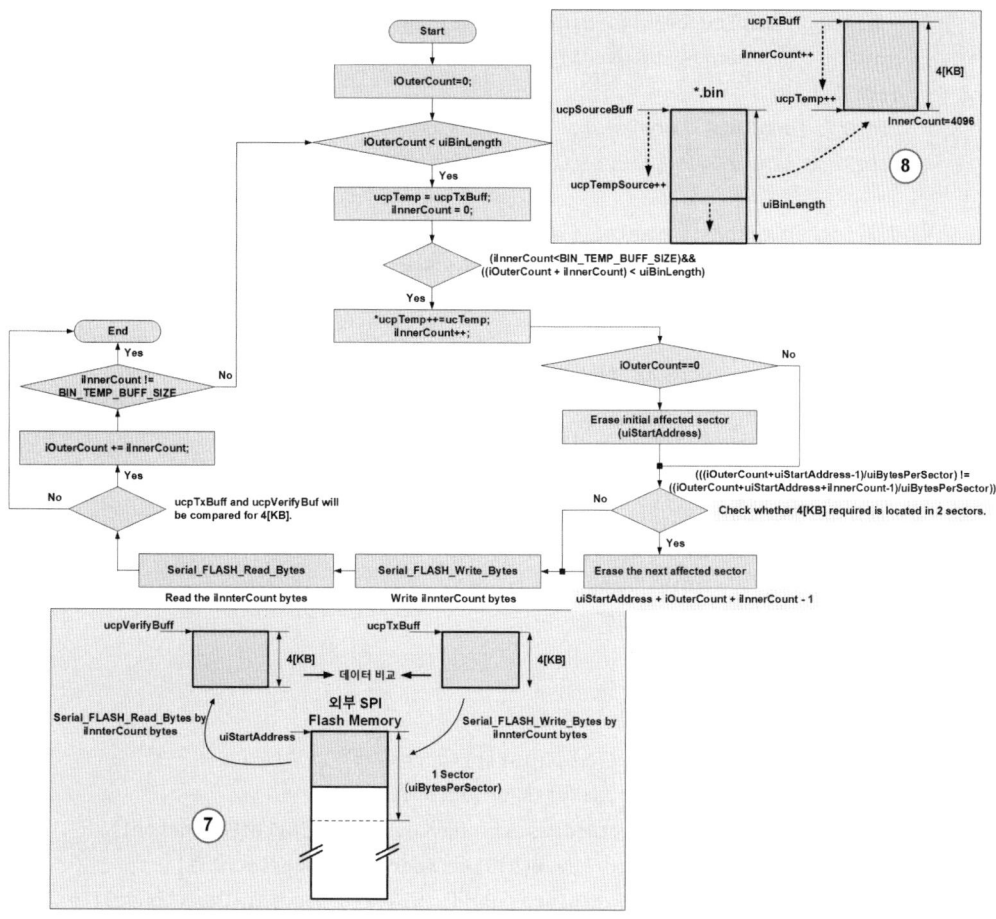

[그림 7.1-4] image *.bin binary file을 외부 flash memory에 programming하기 위한 flow chart.

그리고, Program_BinFile_To_SerialFLASH_From_IntFlashMemory() 함수는 flow chart에 맞게 구현한 것으로 그 내용은 다음과 같다. 단, code에 대한 가독성을 높이기 위해서 모든 주석을 제거하였지만, 관련 project인 Ch7Lab1Prj에 있는 해당 source file인 SJ_SPI_FlashMEM_Lib.c에는 각각의 line마다 자세히 주석을 추가하였으니 참고하기 바란다. 무엇보다도 [그림 7.1-3]의 ①번부터 ⑥번까지 동작 순서대로 code와 함께 비교, 검토해 보기 바란다. 그리고, [그림 7.1-4]에서 ⑦번과 ⑧번의 4[KB] 단위 반복적인 실행으로 인해서 binary 데이터가 flash memory로 writing되는 과정을 code와 함께 분석해 보기 바란다.

```
int32_t Program_BinFile_To_SerialFLASH_From_IntFlashMemory(
```

```c
             uint8_t* ucpSourceBuff, uint32_t uiBinLength, uint32_t uiStartAddress) {
  uint8_t *ucpTxBuff, *ucpVerifyBuff;
  uint32_t i;
  uint8_t *ucpTemp, *ucpTemp1, *ucpTempSource;
  uint32_t iInnerCount, iOuterCount, uiBytesPerSector;

  uiBytesPerSector=(g_serial_flash_device_info.SectorInfo.uiBytesPerPage)*
              (g_serial_flash_device_info.SectorInfo.uiPagesPerSector);
  ucpTxBuff=gucpTxBuff;
  ucpVerifyBuff=gucpVerifyBuff;
  ucpTempSource = ucpSourceBuff;
  iOuterCount=0;
  while(iOuterCount<uiBinLength)    {
    ucpTemp=ucpTxBuff;
    iInnerCount=0;
    while((iInnerCount<BIN_TEMP_BUFF_SIZE)&&((iOuterCount+iInnerCount)
                   <uiBinLength)) {
      *ucpTemp++=*ucpTempSource++;
      iInnerCount++;
    }
    if(iOuterCount==0) {
      Serial_FLASH_Sector_Erase(uiStartAddress);
      if(((uiStartAddress)/uiBytesPerSector)!=
                  ((uiStartAddress+iInnerCount-1)/uiBytesPerSector))
        Serial_FLASH_Sector_Erase(uiStartAddress+iInnerCount-1);
      Serial_FLASH_Write_Bytes(ucpTxBuff, uiStartAddress,iInnerCount);
      Serial_FLASH_Read_Bytes(ucpVerifyBuff, uiStartAddress,iInnerCount);
      ucpTemp=ucpTxBuff;
      ucpTemp1=ucpVerifyBuff;
      for(i=0;i<iInnerCount;i++)    {
        if(*ucpTemp!=*ucpTemp1)
          return -2;
      }
      iOuterCount+=iInnerCount;
      if(iInnerCount!=BIN_TEMP_BUFF_SIZE)   {
        return 1;
      }
    } else {
      if(((uiStartAddress+iOuterCount-1)/uiBytesPerSector)!=
           ((uiStartAddress+iOuterCount+iInnerCount-1)/uiBytesPerSector))
        Serial_FLASH_Sector_Erase(uiStartAddress+iOuterCount+iInnerCount-1);
      Serial_FLASH_Write_Bytes(ucpTxBuff,
                         uiStartAddress+iOuterCount,iInnerCount);
```

```
            Serial_FLASH_Read_Bytes(ucpVerifyBuff,
                          uiStartAddress+iOuterCount,iInnerCount);
        ucpTemp=ucpTxBuff;
        ucpTemp1=ucpVerifyBuff;
        for(i=0;i<iInnerCount;i++)     {
          if(*ucpTemp!=*ucpTemp1)
            return -2;
        }
        iOuterCount+=iInnerCount;
        if(iInnerCount!=BIN_TEMP_BUFF_SIZE) {
          return 1;
        }
      }
    }
  }
  return 1;
}
```

어떻게? 분석 할 만한지 모르겠다? 나름 상당히 조직적이고, 논리적으로 coding한 것이므로 완벽하게 이해할 수 있도록 노력해 보기 바란다. [그림 7.1-5]는 여러분의 이해를 돕고자 Visual C++로 Program_BinFile_To_SerialFLASH_From_IntFlashMemory() 함수를 분석하는 과정을 보여준 것이다.

[그림 7.1-5] Visual C++를 이용한 Program_BinFile_To_SerialFLASH_From_IntFlashMemory() 함수 분석 방법.

해당 project는 Ch7Lab1PrjMSLab이므로 참조하기 바란다. 이제, 분석이 완료되었으면, Ch7Lab1Prj project를 SJ_MCUBook_M4 보드에 내려서 동작 상태를 확인해 보도록 하겠다. [그림 7.1-6]과 같이 SJ_SPI_FlashMEM_Lib.c 파일에서 477번째 line까지 PC를 진행하고, ucpTempSource의 시작 번지부터 Memory 2 window에 나열하도록 하였더니, ②번에서 보여준 것과 같이 HxD Editor window에 보여준 Ch7Lab1Prj_Test.bin 파일의 내용이 순서대로 저장되어 있는 것을 확인 할 수 있다.

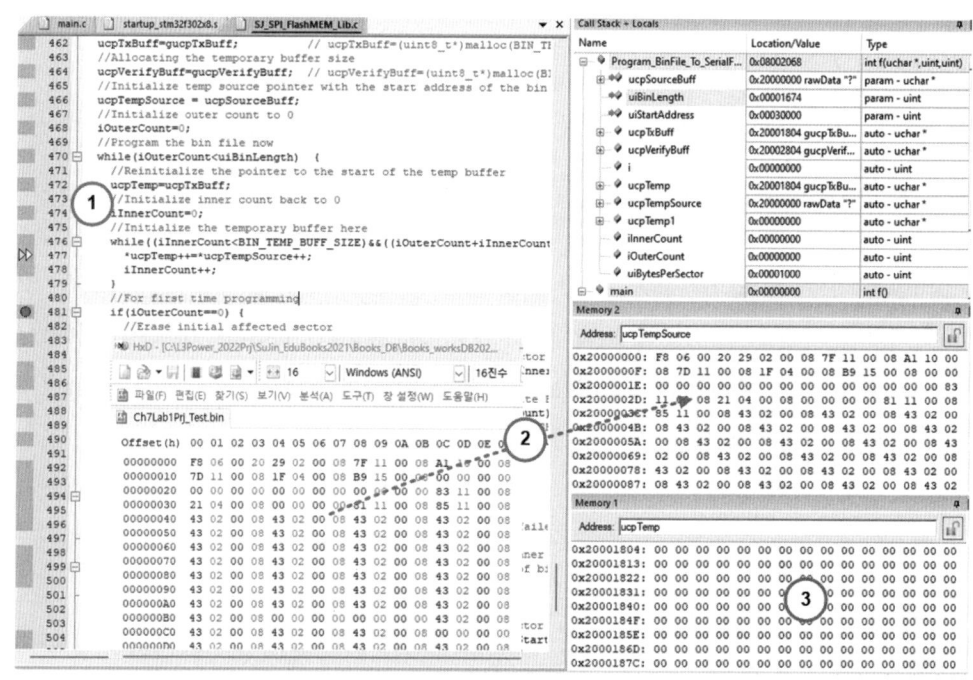

[그림 7.1-6] 임의의 binary file 실행 파일을 flash memory에 저장하는 방법 - 1.

이것과 [그림 7.1-3]에 보여준 그림과 **함께** 비교해 보기 바란다. 물론, 이때에 ucpTemp는 0으로 초기화된 전역 배열 gucpTxBuff의 시작 번지를 저장하고 있으므로 ③번과 같이 모두 0x00만 **Memory 1** window에 나열되고 있다. 이제, 그림과 같이 **481번째 line**에 breakpoint를 설정하고, Run (F5) icon을 click하여 실행하여 주면, [그림 7.1-7]의 ④번과 같이 iInnerCount=0x1000=4096까지 진행하여 ucpTempSource에서 4096 bytes를 gucpTxBuff[4096] buffer에 ⑤번과 ⑥번에서 보여주듯이 복사해 넣는다.

[그림 7.1-7] 임의의 binary file 실행 파일을 flash memory에 저장하는 방법 - 2.

이때에 Memory window에 offset -0x1000을 추가한 것에 주의하기 바란다. **496번째 line**과 **498번째 line**에 breakpoint를 각각 설정하고, Run (F5) icon을 click하여 실행하여 주면, [그림 7.1-8]의 ⑦번과 같이 flash memory에 writing한 데이터와 flash memory에 writing된 데이터를 읽어온 데이터와 byte 단위로 iInnerCount 변수에 저장된 값만큼 비교하게 된다. 만일, 하나의 데이터라도 틀리면, **496번째** line이 실행되어 **-2를 return**하고 함수에서 빠져나갈 것이다. 그러나, **498번째** line으로 바로 진행한 것을 볼 수 있다. 즉, 틀린 데이터가 전혀 없다는 의미이다. 이때에 비교한 데이터의 내용을 확인한 것이 ⑧번과 ⑨번의 Memory 2 window와 Memory 1 window 내용이다. 이제, 지정한 sector에 writing하고, 남은 데이터가 존재한다면, 다시 iOuterCount 변수에 iInnerCount 변수의 값을 **누적**하고, 진행하게 되는데, 이때, [그림 7.1-3]의 ⑤번에서 표시한 것과 같이 ucpTemp pointer 변수의 값이 gucpTxBuff[4096] buffer의 시작 번지를 **다시** 가리키게 한다. 그리고, iInnerCount = 0으로 되고, **남은** 데이터의 bytes 개수만큼 *.bin file의 데이터를 가지고 있는 ucpTempSource pointer 변수의 내용을 ucpTemp pointer 변수에 byte 단위로 복사해 넣으면서 iInnerCount 변수의 값을 증가시켜 나가는 것이다.

[그림 7.1-8] 임의의 binary file 실행 파일을 flash memory에 저장하는 방법 - 3.

ucpTempSource pointer 변수는 ucpTemp pointer 변수와 다르게 다시 초기화 되지 않고 계속해서 누적되어 간다는 데 주의하자. [그림 7.1-9]의 ⑩번에서 보여준 것처럼 남은 데이터도 정상적으로 writing되어 515번째 line의 breakpoint가 아닌, 517번째 line에 설정한 breakpoint에서 멈춘 것을 볼 수 있다. 이때, 남은 데이터는 4096 즉, 0x1000개의 bytes를 제외한 나머지를 의미하며, HxD Editor window에서 0x1000번지부터가 남은 데이터가 된다. 이들 남은 데이터도 flash memory에 writing한 결과와 다시 읽어온 데이터가 ⑫번과 ⑬번에서 보여준 것처럼 동일한 것을 확인할 수 있다. 물론, 이들 데이터는 HxD Editor window의 0x1000번지부터의 내용인 ⑪번과도 동일할 것이다. 이제, 모든 데이터를 flash memory에 writing도 하고, 검증도 하였으니 ⑭번과 같이 1을 반환해 주고 함수에서 빠져나가는 것을 볼 수 있다. 이번 단원을 통하여 여러분은 MCU 내부에 일정한 buffer 예를 들면, 4[KB] 크기의 buffer 2개를 설정하여 SPI interface로 연결된 flash memory에 임의의 크기를 가지는 실행 image binary file을 writing하고, 또한 writing 된 결과를 다시 읽어와서 검증하는 전반적인 기법을 학습하였다. 처음 이런 내용을 접하는 분들에게는 상당한 도전이 되는 내용과 관련 구현 code라고 생각한다.

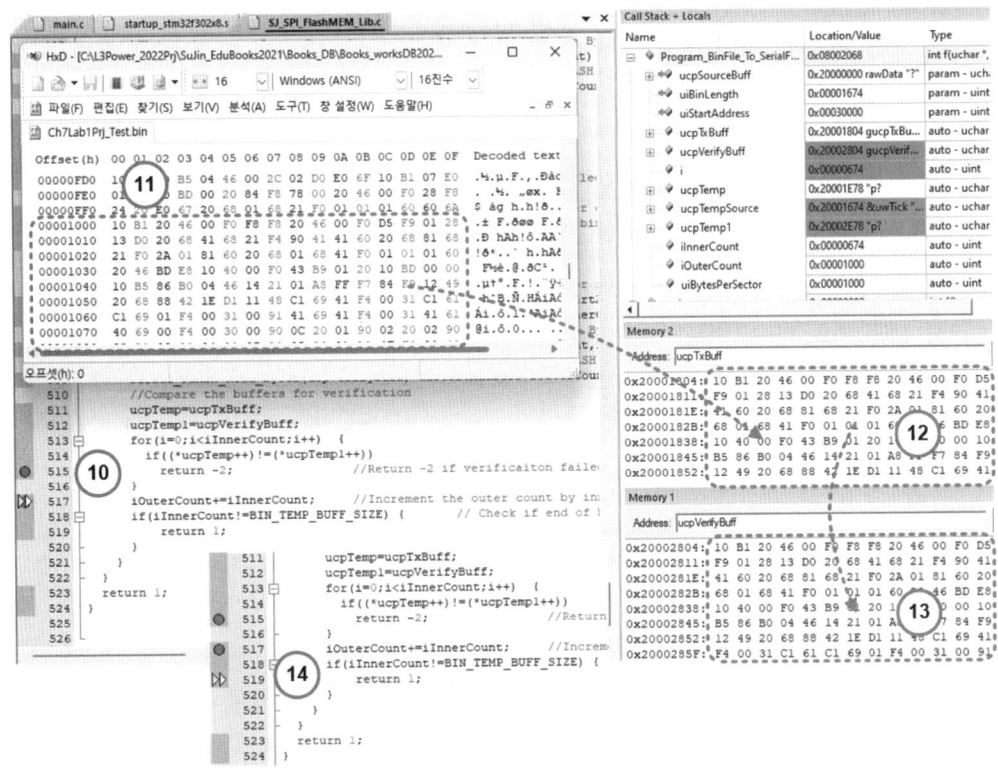

[그림 7.1-9] 임의의 binary file 실행 파일을 flash memory에 저장하는 방법 - 4.

명심할 것은 반드시 해당 code를 보드에서 직접 실행해 가면서 단계별로 학습해 나가야 여러분 것이 될 수 있다. 앞으로 소개할 code들은 지금 소개한 code와는 비교도 안 될 만큼 복잡한 논리를 갖고 있으며, 대부분의 code들은 과거 필자가 상용 제품들에 적용했던 code들로서 시장에서 문제없이 동작한 검증된 code이므로 많은 도움이 될 것이라고 믿는다. 이제, **단원을 바꾸어** 실질적으로 실행 image를 가지고 있는 host에서 목표가 되는 즉, target MCU 내부의 flash memory 또는 외부 flash memory에 저장하는 기법을 학습하게 될 것이다. 여기서 언급한 host는 실행 image를 개발하는데 사용하는 PC가 될 수도 있고, 단순히 실행 image를 저장하고 있다가 target MCU에 전송만하는 휴대용 작은 MCU를 포함한 module 형태의 제품이 될 수도 있다. 이들 모든 경우에 대해서 학습해 보도록 하겠다.

7.2 Host에서 실행 파일을 전송하는 방법.

우선 밝혀 둘 것은 이제부터 Vol.2.의 주요 강의 목표인 bootloader와 관련된 다양하고, 복잡한 code를 만나게 될 것이다. 그야말로 지금까지 분위기와는 전혀 다른 녀석들이 다가올 것이므로, **정신 바짝 차리고 초집중하며 학습해 보기** 바란다. 먼저 구현하고자 원하는 목표를 정의하고, 그 목표를 달성하기 위해서 다양한 방법으로 접근을 시도할 것이다. 그러므로, 여러 예제 code들이 나타날 것이며, 그때마다 함께 실습하고, 이해하는 시간을 가지도록 해보자. 이번 단원에서 언급하는 host는 PC를 의미하며, 직접적으로는 수진에서 개발한 **SJ_MCUPro** windows program이다. 이 프로그램은 다음에 표시한 수진의 website에서 download 받을 수 있다.

https://www.sujinpub.com/product-category/sujinproduct/

단지, **무료 버전은 몇몇 기능이 제한**되어 있다는 데 주의하자. 자세한 내용은 해당 website를 참조하거나 naver cafe의 임종수 연구소를 참조하면 된다. host와 SJ_MCUBook_M4 또는 M0 사이에 **데이터 통신을 수행**하기 위해서는 Vol.1.에서 학습한 것과 같이 **통신 규약** (protocol)을 정의해야 한다. 그리고, host PC 또는 host MCU 어느 것이 되었건 새로운 실행 image 데이터를 전송해야 하므로 즉, 다량의 데이터를 전송하고, 때로는 받아야 하므로 UART DMA를 사용해야 하며 최소한의 전송 오류 검사를 수행해야 할 것이다. 물론, 여기서 학습한 UART DMA는 외부에 RS-485 transceiver 소자**만** 추가하면 RS-485 통신 방식으로 host와 통신할 수도 있다. UART DMA를 포함한 **DMA 사용 방법**에 대해서는 Vol.1의 Chapter 12.에서 자세히 설명하였다. 여기서는 특별히, Vol.1의 12.5. 단원에서 설명한 **Ch12Lab4** project에 지금까지 학습한 Main Flash memory access 관련 code들과 외부 flash memory access 관련 code들을 추가해 나갈 것이다. 그러므로, 지금부터 설명하는 모든 내용은 여러분들이 Vol.1의 12.5. 단원에서 설명한 **Ch12Lab4 project에 대해서 충분히 이해하였다는 가정에서 출발할 것이다.** 해당 내용에 자신이 있건 없건 상관없이 다소 시간이 걸리더라도 **지금 당장** 다시 한 번 해당 내용을 심도 있게 학습하기 바란다. 추가적으로 SPI DMA도 사용할 것이므로 DMA에 대한 모든 내용을 충분히 학습하기 바란다. 자! 그럼, 준비 되었으면, 다시금 달려보도록 하겠다. host PC와 MCU 사이에 사용할 **통신 규약** (protocol)은 Vol.1.의 [그림 12.5-1]에 있는 내용에 [그림 7.2-1]에서 보여준 내용을 추가할 것이다.

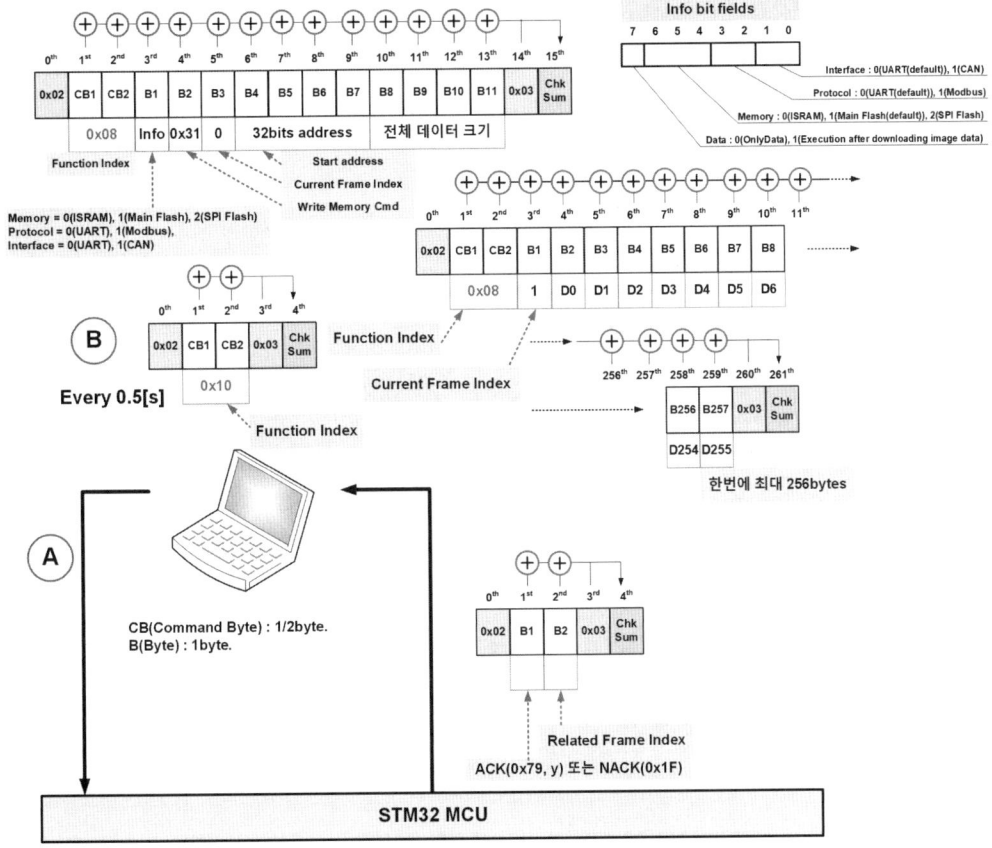

[그림 7.2-1] 새로운 실행 image 데이터를 전송할 통신 규약.

이번 단원에서 제공하는 예제 project인 Ch12Lab4F302는 Vol.1의 12.5 단원에서 STM32F103을 target으로 만든 Ch12Lab4 project를 SJ_MCUBook_M4에 탑재된 STM32F302로 MCU를 바꾼 code이다. 2개의 project들 전체를 파일 비교기로 비교하면서 어디서 어떻게 바뀌었는지 확인해 보기 바란다. 물론, 새로 만든 Ch12Lab4F302 project에서는 SJ_MCUBook_M3 보드에 있는 DAC인 TLV5638 부품이 없으므로 해당 code들은 모두 제거되었다. 또한, 2개의 보드에 대한 회로도를 서로 비교해 보면, 그 밖에도 USART3번이 USART2번으로 바뀌었고, I2C1번이 I2C3번으로 바뀐 것도 확인할 수 있을 것이다. 참고적으로 회로도뿐만 아니라 모든 자료들은 naver cafe 임종수 연구소와 수진 homepage에서 무료로 제공한다. 어쨌든, HAL_UART_RxCpltCallback() 함수의 내용을 보다 안정적으로 동작하도록 수정한 것을 확인 할 수 있다. 그리고, 기존의 Ch12Lab4 project에서는 시간 정보를 ForPCDataChoice() 함수에서 갱신하였는데, Ch12Lab4F302 project에서는 시간 정보를 RTC_InitWithPC() 함수 안에서 갱신하고 있다는 데 **주의하기** 바란다. [그림 7.2-2]는 **Ch12Lab4F302** project를 실행하기 위해서 구성한 SJ_MCUBook_M4 보드인데, [그림 6.1-8]에서 보여준 구성 그대로이다.

[그림 7.2-2] 7.2. 단원 예제들을 실행할 SJ_MCUBook_M4 보드 구성.

[그림 7.2-3]은 MDK-ARM으로 실행한 모습이다. 즉, [그림 7.2-2]와 같이 구성된 보드에 **Ch12Lab4F302** project를 ①번과 같이 실행하여 준다. 그리고, ②번과 같이 Vol.1의 예제 코드 중에서 Chapter12 folder에 있는 **SJ_MCUBook_AppsV1Ch12.exe** Windows program을 실행하여 준다. 이때, Vol.1.에서도 언급하였듯이 **사전에 Bluetooth 설정을 꺼 주어야** Windows program이 정상적으로 동작을 수행한다. 그렇지 않으면, 처음 프로그램이 실행될 때 몇 십초 안정화 시간(?)을 요구한다는 데 주의하자. 이어서 ③번과 같이 SJ_MCUBook_M4 보드의 COM port 중에서 Silicon Labs CP210x에 해당하는 port 번호를 선택한다. 필자의 경우에는 COM3이 할당 되었다. 그러면, 바로 **System Time Information** groupbox안에 있는 **초 단위**의 숫자가 변할 것이다. 만일, **초 단위**의 숫자가 변하지 않는다면, Tera Term을 실행하여 [그림 2.1-3]에서 보여준 것처럼 선택한 port 번호가 Silicon Labs CP210x port가 맞는지 다시 한 번 확인해 보기 바란다.

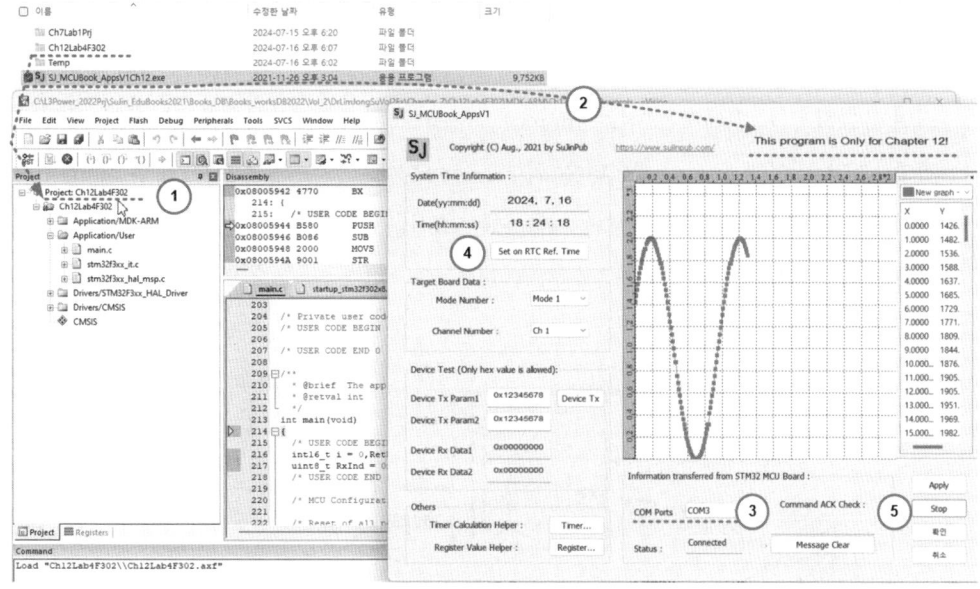

[그림 7.2-3] Ch12Lab4F302 project를 실행시킨 모습.

그래도 안 되면 naver cafe **임종수 연구소**에 바로 문의하기 바란다. 이제, 현재의 정확한 시각 정보를 MCU의 **RTC**에 **전송**하기 위해서 ④번과 같이 Set on RTC Ref. Time button 을 click하여 준다. 그러면, 전송받은 현재 PC의 시각을 기준으로 1[초]를 매번 계산해서 전송해준 시각 정보를 갱신하고, 0.5[초] 마다 host PC로 돌려주는 것이다. 그리고, ⑤번은 최초에 Run이라는 문자열을 갖는 button이였는데, click해 주면, 문자열이 자동으로 Stop 으로 바뀌고, 그림과 같이 MCU가 0.5[초] 마다 전송해준 Sine waveform을 동적으로 그려 줄 것이다. 여기까지가 Vol.1.의 [그림 12.5-1]에 있는 protocol 내용에 대한 것이다. 이제 SJ_MCUBook_M4 보드에서 정상적으로 동작하는 것을 확인하였다면, Ch12Lab4F302 project에 7.1. **단원**에서 개발한 Ch7Lab1Prj project의 code를 추가해 보도록 하자. 그런 데, 단순히 2개의 project를 합치면 내부 SRAM의 용량이 부족하다고 error message를 출력할 것이다. 사실, 7.1. **단원**에서 Ch7Lab1Prj project를 처음 개발할 때부터 **문제를** 간 소화하기 위하여 실행 image 파일의 크기인 5,748bytes를 **모두** STM32F302R8 내부 16[Kbytes] **SRAM에 저장**하도록 하였다. 게다가 [그림 7.1-3]에서 보여준 2개의 buffer gucpTxBuff[4096]과 gucpVerifyBuff[4096]도 각각 4[KB]를 차지하였다. 결국, 이들 3 개만 합쳐도 5748+4096+4096=13.6[KB]가 되므로 STM32F302의 내부 16[KB] memory 를 거의 모두 사용하는 모양새이다. 그런데, 어짜피, 우리가 사용할 외부 flash memory는

256[bytes] 크기의 page 단위로만 데이터를 저장할 수 있으므로 sector 크기인 4[KB] 단위가 아닌 256[bytes] 단위로 2개의 buffer 크기를 줄이는 것이 올바른 방법일 것이다. 이렇게 되면, [그림 7.1-3]에서 보여준 memory 구성도는 바뀌게 되는데, 한 가지 더 바뀔 것이 있다. 그것은 실행 image 데이터를 외부 host PC에서 전송해 주므로 내부 memory에 따로 저장 공간을 확보할 필요가 없다. 이들 모든 조건을 반영한 새로운 memory 구성도는 [그림 7.2-4]와 같다.

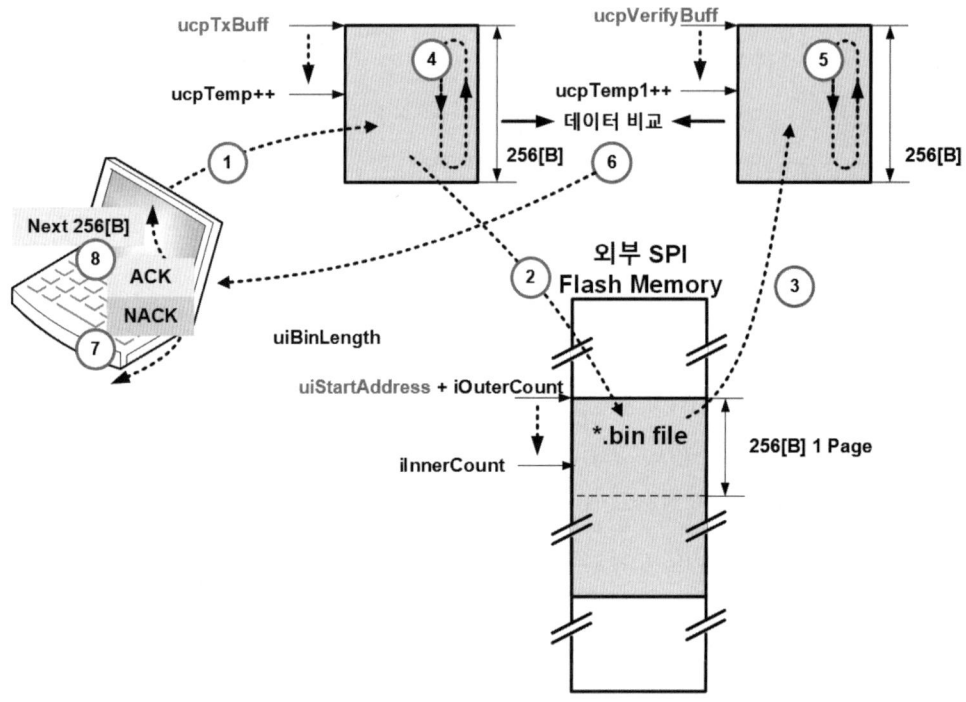

[그림 7.2-4] 새로운 memory 구성도.

아마, 화살표도 많고, 번호도 많아서 정신이 없을 수도 있다. 그러나, 이것을 구상한 사람도 있는데 다시금 초집중하여 학습해 보기 바란다. [그림 7.2-4]에서 주목할 만한 내용은 일단, PC에서 전체 실행 image 데이터를 256[Bytes] 단위로 쪼개서 ①번과 같이 전송해 주면, 이것을 MCU 내부의 256[bytes] 크기의 gucpTxBuff[256] buffer에 저장해 주고, 이어서 이것을 외부 flash memory에 저장해 준다. 이때, **Ch7Lab1Prj** project에서는 4096bytes buffer 단위로 Serial_FLASH_Write_Bytes() 함수에 제공하던 것이 이제는 256[bytes] 1 page 크기 단위로 바뀌었으므로 내부의 while(1)-loop가 필요 없어진다. 이것이 말로는 이해되는 것 같은데…, 그래서 어떻게 Serial_FLASH_Write_Bytes() 함수의 내용을 수정하라는 것인지 **정확하게** 정리가 되지 않을 수 있다. 대충 이렇게 하면 될거야…, 그리고서는 마구잡이로 code를 수정하여 걸레로 만드는 경우가 있는데, 이것이 습관이 되어 자신의 실력을 망치는 분들이 있으니, 그러지 말고, Visual C++로 현재 처한 문제를 modeling하여 풀어봐야 한다. Vol.1.에서도 언급하였듯이 지금은 어떤지 모르지만, 초기 3GPP LTE 관련 MODEM을 설계할 때, 부품을 바로 설계하는 것이 아니라 구현할 3GPP 규격을 Visual C++를 이용하여 전체를 bus 폭에 맞는 크기의 데이터로 modeling하고, 그 modeling으로 생성된 데이터를 VSA와 같은 정밀 분석기로 확인하여 동작에 문제가 없다면, 그때 가서 그 modeling 관련 *.c source code를 비메모리로 설계하는 즉, FPGA로 설계를 수행하고, 보드에 장착하여 충분한 통신 실험을 수행한다. 그리고, 최종적으로 만족하면, 각 반도체 회사 예를 들면, 삼성 전자 또는 TSMC의 협력 업체인 design house에 맡겨서 일명 ASIC 형태의 LTE MODEM chip이 출시되는 것이다. 이처럼 modeling은 정리되지 않은 내용을 구체화하고, 논리적인 흐름으로 바꾸는 **중요한 단계**로서 거의 **모두** visual C++ 개발 환경에서 C **언어**를 사용하며, 이때, 내부 bus 구조를 통한 데이터 통신을 고려하여 unsigned data type**만** 사용하게 된다. 그러므로, 진정한 고수가 되고 싶다면, modeling하는 방법에 **무조건 익숙**해야 한다는데 주의하자. 참고적으로 회사뿐만 아니라 대학원 연구실도 이런 Visual C++로 modeling한 code가 제일 중요한 최종 자산이다. 왜냐하면, 이것만 있으면, MCU 또는 DSP로 구현하건 FPGA 또는 ASIC으로 구현하건 뭐든 할 수 있기 때문이다. Chapter 7의 예제 코드로 제공하는 Ch7Lab2PrjMSLab folder는 지금까지 설명한 내용을 반영하여 **modeling한** Visual C++ project file이다. [그림 7.2-5]는 debugging하는 모습을 보여준 것이다. 우선, ⑨번을 보니, 새로운 구조체 type Download_cfgObj을 선언하였는데, 이 구조체는 [그림 7.2-1]에서 보여준 통신 규약에 근거하여 각각의 구조체 member들을 다음과 같이 구성한 것이다.

```
// ------------ The followings are related to Download protocol ------------
// Info : Memory(bit7) = 0(OnlyData), 1(Execution after downloading image data),
//        Memory(bit4..6) = 0(ISRAM), 1(Main Flash(default)), 2(SPI Flash),
//        Protocol(bit2..3) = 0(UART(default)), 1(Modbus),
//        Interface(bit0..1) = 0(UART(default)), 1(CAN)
typedef union Download_cfgTarget {
  uint8_t TargetInfoVal;
  struct {
```

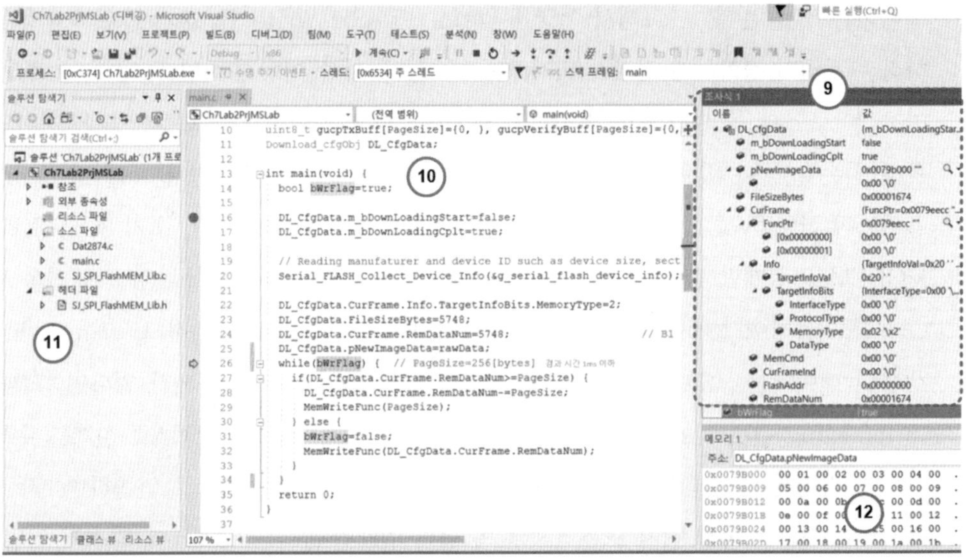

[그림 7.2-5] [그림 7.2-4]에 대한 visual C++ modeling Ch7Lab2PrjMSLab의 동작 모습.

```
    uint8_t InterfaceType:2,
            ProtocolType:2,
            MemoryType:3,
            DataType:1;
  } TargetInfoBits;
} Download_cfgTarget;

typedef struct Download_cfgFrame {
  uint8_t FuncPtr[2];
  Download_cfgTarget Info;
  uint8_t MemCmd;
  uint8_t CurFrameInd;
  uint32_t FlashAddr;
  uint32_t RemDataNum;
} Download_cfgFrame;

typedef struct Download_cfgObj {
  bool m_bDownLoadingStart;
  bool m_bDownLoadingCplt;
  uint8_t *pNewImageData;
  uint32_t FileSizeBytes;
  Download_cfgFrame CurFrame;
} Download_cfgObj;
```

그러므로, 서로 비교하며 확인해 보기 바란다. 그리고, ⑩번에서 보여준 code는 우리가 구상하는 내용을 올바로 modeling하였다면, **바로 MCU에서 사용할 code**이므로 그에 맞게 작성해야 할 것이다. 그러므로, ⑪번과 같이 main.c file과 SJ_SPI_FlashMEM_Lib.c 파일**만** 존재하는 것이다. 또한, ⑫번의 memory window에서 실행할 이미지 데이터에 해당하는 Dat2874.c 파일에 있는 데이터가 올바로 dump 되어 있는 것을 볼 수 있다. 이제, **while(bWrFlag)** loop로 들어갈 때마다 256[bytes] 크기의 **PageSize 단위**로 전체 실행 파일의 크기인 5748bytes를 계속해서 줄여 가면서 **MemWriteFunc**(PageSize) 함수를 반복적으로 호출하고 있으며, 마지막 256[bytes] 보다 작을 때에만 bWrFlag=**false**;로 설정하고, **MemWriteFunc**(PageSize) 함수를 호출한 이후에 **while(bWrFlag)** loop를 빠져 나간다. **MemWriteFunc**(PageSize) 함수 내부에서는 제일 먼저 gucpTxBuff[] buffer에 이번에 외부 flash memory에 저장할 데이터를 복사해 주고, 이어서 매번 flash memory의 **시작 번지**를 갱신할 giOuterCount 변수의 값을 갱신할 giCnt 변수에 이번에 저장할 데이터의 개수를 저장해 준다. **Write_ImageFile_To_FLASHMemory**() 함수가 **Ch7Lab1Prj** project에서 사용한 Program_BinFile_To_SerialFLASH_From_IntFlashMemory() 함수를 **대신**하는 것을 볼 수 있다. 즉, 2개의 함수 내용을 비교해 보면, 기존의 4096bytes 크기 비교가 256bytes로 바뀐 것과 입력 매개변수로 제공되는 iOuterCount의 역할이 바뀐 것을 볼 수 있다. 무엇보다도 기존의 Serial_FLASH_Read_Bytes() 함수가 SPI DMA 기능을 반영한 Serial_FLASH_Read_Bytes_DMA()으로 바뀐 것이 눈에 띄는데 이것은 잠시 후에 학습할 것이다. 우선, **while(bWrFlag)** loop를 계속해서 돌려가면서 빠져 나갈 때까지 어떻게 관련 함수와 변수들의 값이 바뀌고 어떤 역할을 수행하는지 자세히 확인해 보기 바란다. 이제, modeling한 것이 원활하게 동작하면, 다시금, [그림 7.2-4]를 확인해 보기 바란다. 즉, gucpTxBuff[256] buffer에 저장된 256[bytes]가 SPI interface를 통하여 외부 flash memory에 저장되면, 이것을 다시 ③번과 같이 gucpVerifyBuff[256] buffer로 읽어들인다. 그리고, 방금, flash memory에 저장하는데 사용한 gucpTxBuff[256] buffer 내용과 각각의 byte 단위로 gucpVerifyBuff[256] buffer 내용을 모두 비교하여 일치하면, ⑥번과 같이 host PC에 **ACK(0x79, y)**를 제공한다. 그러면, host PC는 다음 256 bytes를 다시 MCU에 제공하게 되는데, 이때, 만일, **NACK(0x1F)**가 반환되면, host PC는 전송 실패를 기록하고, 다시 실패한 256bytes만 3번까지 재전송한다. 그러나, 3번 이상 전송 실패를 하면, 최종적으로 전송 실패를 사용자에게 알린다. 물론, 전체 실행 파일 전송률은

%(percent) 단위로 progress bar를 이용하여 알려준다. 정리하면, 기존의 4096bytes 크기의 buffer 2개를 각각 256[bytes] 크기로 줄이고, 외부 UART DMA를 통하여 새로운 실행 image 데이터를 수신하도록 구성하였다. Ch7Lab2Prj project는 Ch7Lab2PrjMSLab에서 개발한 함수들을 추가하여 만든 것이다. Src folder에 있는 Main.c 파일에서 main() 함수의 서두를 보면 다음과 같은 code가 나열된 것을 확인 할 수 있다.

```
............ 중간 생략 ..................
  /* Initialize all configured peripherals */
MX_GPIO_Init();
MX_DMA_Init();
MX_SPI2_Init();
MX_USART2_UART_Init();
MX_RTC_Init();
MX_TIM1_Init();
MX_I2C3_Init();
/* USER CODE BEGIN 2 */
DL_CfgData.m_bDownLoadingStart=false;
DL_CfgData.m_bDownLoadingCplt=true;
#if 1
// Reading manufacturer and device ID .
Serial_FLASH_Collect_Device_Info(&g_serial_flash_device_info);

DL_CfgData.CurFrame.Info.TargetInfoBits.MemoryType=2;
  DL_CfgData.FileSizeBytes=5748;
  DL_CfgData.CurFrame.RemDataNum=5748;
  DL_CfgData.pNewImageData=rawData;
  while(bWrFlag) {        // PageSize=256[bytes]
    if(DL_CfgData.CurFrame.RemDataNum>=PageSize) {
      DL_CfgData.CurFrame.RemDataNum-=PageSize;
      MemWriteFunc(PageSize);
    } else {
      bWrFlag=false;
      MemWriteFunc(DL_CfgData.CurFrame.RemDataNum);
    }
  }
#endif
............ 중간 생략 ..................
```

Ch7Lab2PrjMSLab에서 modeling하면서 개발한 code들이 그대로 MCU code를 위해서

사용되는 것을 볼 수 있다. [그림 7.2-6]은 SJ_MCUBook_M4 보드에서 **Ch7Lab2Prj** project의 동작 상황을 debugging mode에서 확인한 것이다.

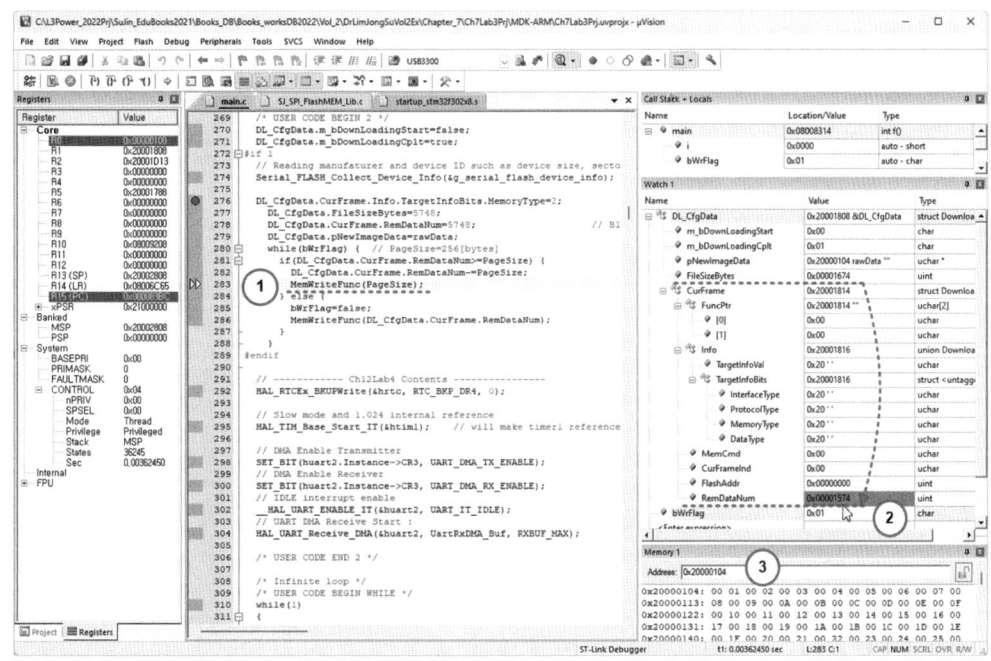

[그림 7.2-6] Ch7Lab2Prj의 동작 모습 - 1.

①번과 같이 **283번째** line까지 실행을 하면, **Watch 1** window의 ②번에서 보여준 것과 같이 전체 0x1674(5748)bytes에서 256(0x100)bytes를 빼줘서 남은 실행 이미지 데이터 크기는 0x1574가 된다. 또한, 실험에 사용할 실행 이미지 데이터의 내용은 Memory 1 window에서 DL_CfgData.pNewImageData을 지정해 주면 ③번과 같이 확인할 수 있다. [그림 7.2-6]은 최대한 글씨의 font 크기를 크게 가져가기 위해서 확대한 것이지만 글씨가 명확하게 보이지 않을 것이다. 그러므로, 반드시 해당 project를 KEIL의 MDKARM으로 실행하면서 관련 source code를 명확하게 확인해야 할 것이다. 이제, **F11**을 click하여 MemWriteFunc() 함수 내부로 들어가서 [그림 7.2-7]의 ④번에서 보여준 **691번째** line까지 실행해 본다. 이때, **688번째 line**의 memcpy() 함수에 의해서 256bytes가 [그림 7.2-4]에서 설명한 것처럼 gucpTxBuff[256]에 복사되어 들어간다. 이것을 ⑤번과 같이 Memory 2 window에서 확인 할 수 있다. 그리고, 복사된 데이터를 외부 flash memory로 전송하기 위해서 Write_ImageFile_To_FLASHMemory() 함수를 호출한다.

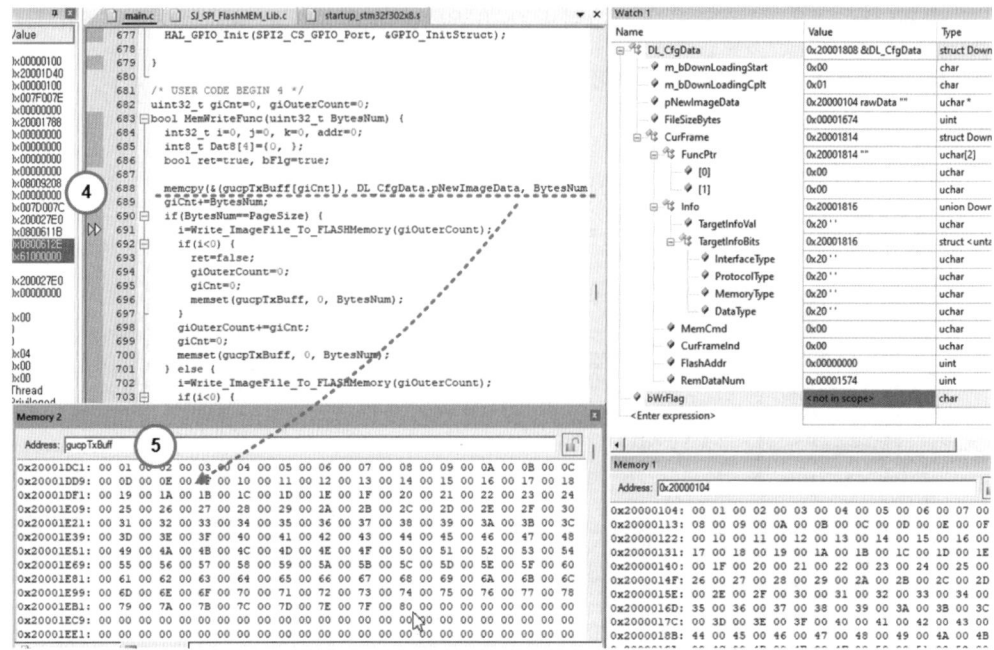

[그림 7.2-7] Ch7Lab2Prj의 동작 모습 - 2.

이때에 giOuterCount 전역변수와 giCnt 전역변수가 어떻게 사용되고 값이 어떻게 바뀌는지 주의 깊게 살펴보아야 할 것이다. 잘 이해가 가지 않으면, 최고의 debugging 기능을 갖고 있는 Visual C++에서 modeling한 **Ch7Lab2PrjMSLab**을 참조하면 될 것이다. [그림 7.2-8]은 Saleae Logic을 연결하고, Write_ImageFile_To_FLASHMemory() 함수에서 **466번째** line까지 실행하였을 때의 모습이다. 이때, ⑥번에서 보여준 **455번째** line에 있는 Serial_FLASH_Write_Bytes() 함수를 실행하면, ⑦번과 같이 [그림 5.4-14]에 보여준 **Page Program** instruction의 timing diagram에 맞게 SPI 전송이 정상적으로 수행하는 것을 확인할 수 있다. 그리고, 256bytes 전송한 데이터와 이제 막 Flash Memory에 저장된 256bytes를 다시 읽어 와서 값이 **모두 일치하는지 확인**하여 일치하면 **463번째** line이 아닌 **466번째** line으로 ⑧번에서 보여준 것처럼 실행이 옮겨진다. 그러면, 다시 [그림 7.2-9]에 서 보여준 것처럼 Write_ImageFile_To_FLASHMemory() 함수를 빠져나와서 256bytes 단위로 남은 데이터를 전송할 때는 ⑨번 code routine을 반복 수행하고, 256bytes 보다 남은 데이터가 작을 때만 ⑩번 code routine을 수행한다.

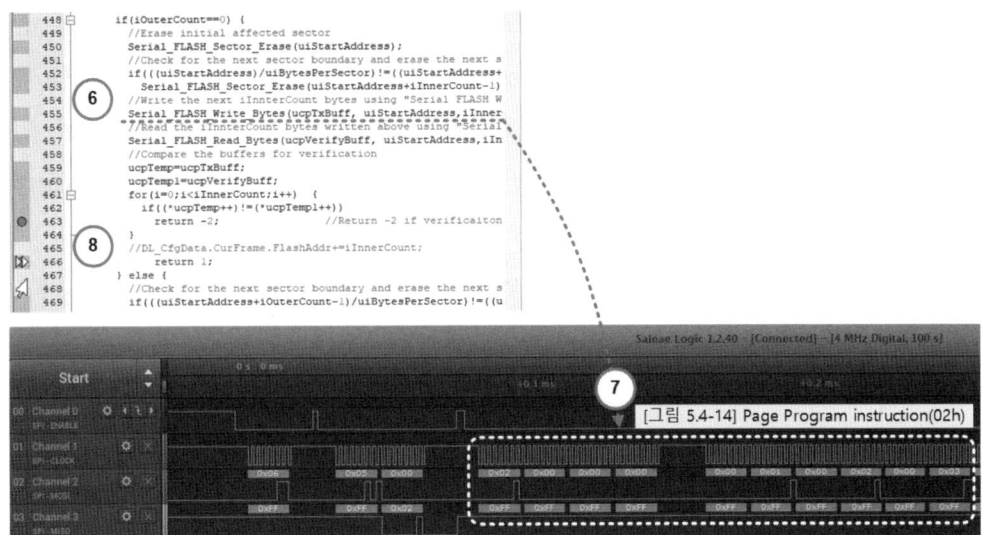

[그림 7.2-8] Ch7Lab2Prj의 동작 모습 - 3.

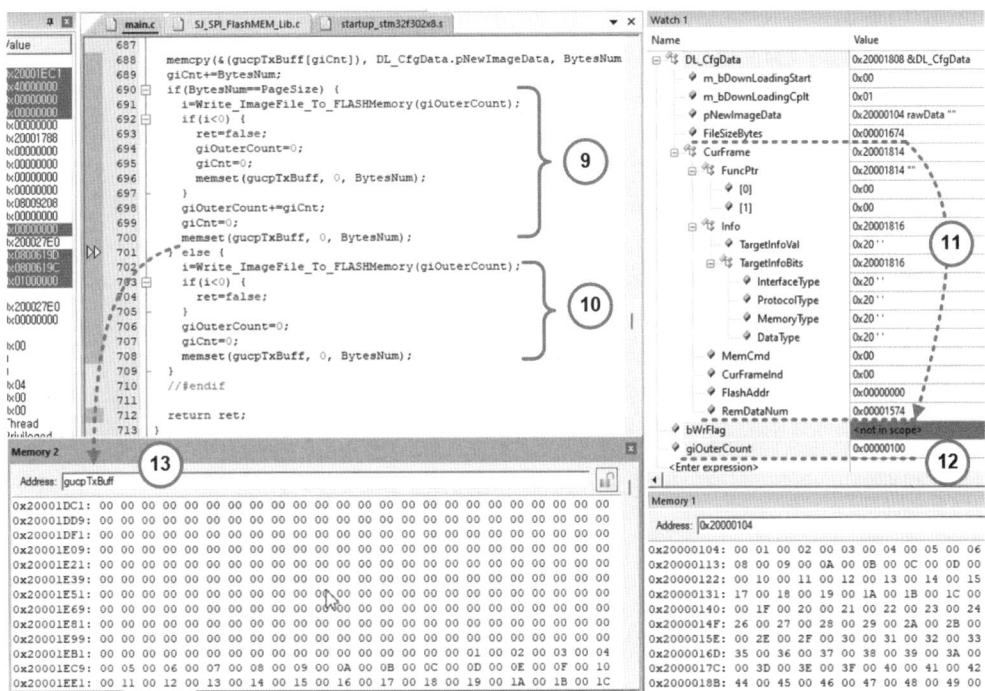

[그림 7.2-9] Ch7Lab2Prj의 동작 모습 - 4.

현재 처음 256bytes를 전송하였으므로 ⑪번에서 보여준 것과 같이 남은 데이터는 0x1674에

7 User Bootloader를 위한 downloader 개발 | **329**

서 0x100(256)을 제외한 0x1574가 되고, 이때에 flash memory에 데이터를 writing할 시작 주소로 host가 알려준 start address인 FlashAddr에 대한 offset address를 추가하기 위해서 ⑫번에서 보여준 것처럼 giOuterCount 변수값이 256 증가한 것을 볼 수 있다. 또한, 다음 256bytes를 host에서 전송 받기 위해서 우선, gucpTxBuff[256] buffer의 값을 ⑬번처럼 memset() 함수를 이용하여 초기화한 것을 확인할 수 있다. [그림 7.2-10]은 전체 5748bytes에 대해서 256bytes를 22번 전송하여 5632bytes를 전송하고, 그리고 나서, 5748-5632=116(0x74) bytes를 전송하기 위해서 ⑭번처럼 286번째 line으로 실행이 옮겨진 것을 보여준 것이다.

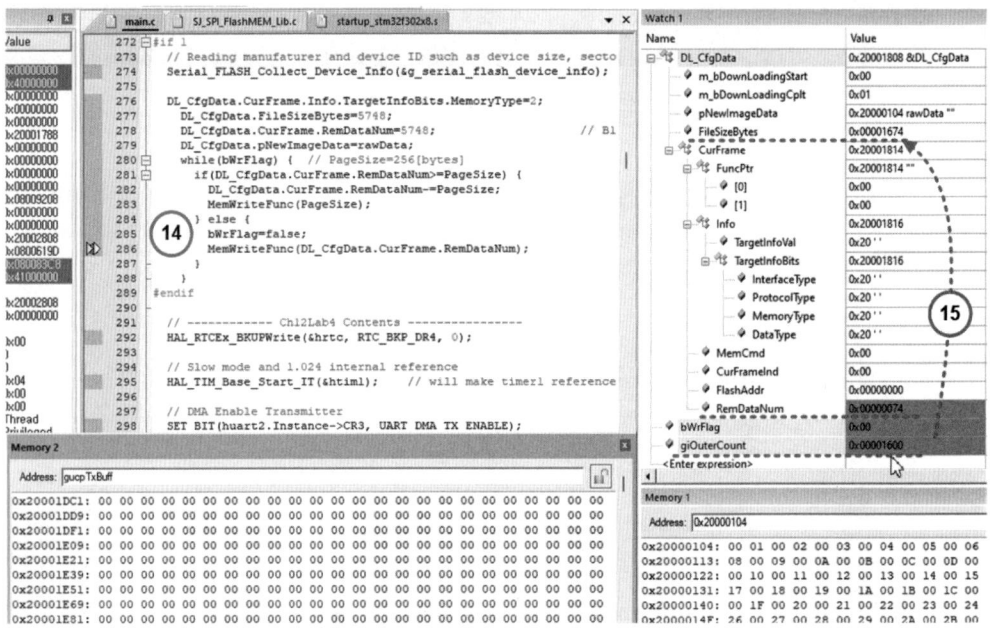

[그림 7.2-10] Ch7Lab2Prj의 동작 모습 - 5.

이때, Watch 1 window의 ⑮번을 확인해 보니, 남은 데이터가 0x74(116)개이고, 이때의 start address = 0에서 giOuterCount이 0x1600(5632)인 것을 확인 할 수 있다. 그러므로, 남은 116bytes는 flash memory의 내부 address 0x1600부터 writing 될 것이다.

어떻게? 지금까지 설명을 잘 따라가면서 실습을 수행하였는지 궁금하다.

왜냐하면, 계속해서 이들 routine들을 발전시켜나갈 것이기 때문이다. 혹시나, 이런 code는 몰라도 된다고 생각하면 그것은 **큰 착각**이다. 앞서 여러 번 언급한 것과 같이 필자가 즉흥적으로 생각나는 대로 만든 code가 아니고, 지난 20여년 넘게 여러 회사들을 통하여 습득한 지식을 기반으로 만든 것이다. 이들 code는 STM32 MCU가 **아닌 임의의 MCU에도 모두 적용**할 수 있는 내용인 것을 명심해야 한다. 왜냐하면, 2018년 ADI Inc.을 퇴사할 때까지만 해도 STM32뿐만 아니라 ST Inc.이라는 회사 자체를 몰랐고, 대부분 현대전자와 삼성전자에서 근무할 때에는 TI 고성능 DSP 또는 지금은 NXP Inc.인 MPC8260 또는 MPC860을 사용하였고, ADI Inc.에서는 고급 음향용 DSP만 사용했기 때문이다. Cortex core는 2000년 초반 삼성전자에서 최초로 Cortex-A와 TI DSP core를 합친 ASIC을 통신용 AP로 개발할 때에 통신용 main board를 위한 전체 test program을 개발하는 과정에서 처음 경험한 것이다. 어쨌든, 아주 예리한 분은 이런 궁금증을 가질 수 있다. 즉, Ch7Lab2PrjMSLab에 있는 Write_ImageFile_To_FLASHMemory() 함수에서 flash memory에 write해 주는 함수의 이름은 Serial_FLASH_Page_Program_DMA()이었다. 그런데, 응근 슬쩍, Ch7Lab2Prj project에서는 Serial_FLASH_Page_Program() 함수를 사용하고 있다. 그렇다! Ch7Lab2Prj project에서는 외부 flash memory에 연속적으로 다량의 데이터 256bytes를 그야말로 **polling 방식**으로 전송하고 있다. 이렇게 되면, 각각의 byte를 전송할 때마다 core가 간섭을 해야 하므로 전반적으로 제품의 성능이 떨어지므로 SPI DMA 방식을 수행하는 것이 맞다. 그래서, Vol.1.의 12.6. 단원에서 소개한 SPI DMA coding 방식을 Ch7Lab2Prj project에 적용한 것이 잠시 후에 설명할 Ch7Lab3Prj project이다. 12.6. 단원을 다시 한 번 살펴보면, ADE9000RegRead32() 함수와 ADE9000Reg32Write() 함수는 SPI 통신을 polling mode로 사용하는 Non DMA 함수이고, 다시 DMA 전송 기능을 사용하기 위해서는 HAL_SPI_DMAResume() 함수를 사용해야 한다고 하였다. 물론, DMA 전송 기능을 중지하기 위해서는 HAL_SPI_DMAStop() 함수를 사용해야 한다. 그러면, 이것만 알면 모두 해결 될 것인가? 그렇지가 않다. Vol.1.의 **476페이지 맨 아래에 보면**, 다음과 같은 내용이 있다. 단, Vol.1의 **개정판**에서는 페이지 번호가 바뀔 수 있다는 데 주의하자.

아마도 기억이 날지 모르겠는데, Chapter8에서 다음과 같은 내용을 학습한 경험이 있다.

여기서부터 477 페이지 끝까지 읽어보기 바란다. 이제 뭔가 감이 잡히는지 모르겠다.

[그림 7.2-1]에서 보여준 통신 규약에 맞추어 host PC가 데이터를 UART 통신으로 보내주면, 이것을 UART_IDLE interrupt를 사용하여 HAL_UART_RxCpltCallback() 함수를 호출하게 된다. 그리고, function index 8번에 해당하는 Channel8Func() 함수를 호출할 것이다. 이 함수에서 수신된 데이터 frame을 통신 규약에 따라서 해석하고, 앞서 학습한 flash memory에 write하는 함수들을 호출할 것이다. 이 흐름대로 그대로 간다면, 결국, flash memory에 write하는 함수들까지 **thread mode가 아닌 handler mode**가 되는데, 여기서 다시 SPI DMA interrupt를 발생시킨다면, Vol.1의 14.3 단원에서 언급한 SPI DMA interrupt에 대한 **blocking 현상**이 발생하게 되어 **전송이 불가능**하게 되는 것이다. 이에 대한 보다 자세한 내용은 가능하면, Vol.1의 **개정판 14.3 단원**을 참조하기 바란다. 어쨌든, 이 문제를 해결하기 위해서는 SPI DMA 전송 code routine을 thread mode로 바꾸어 주어야 할 것이다. 그런데, 원칙적으로 blocking 현상이 발생하지 않는다고 하더라도 이렇게 길게 handler routine을 가져가면, UART_IDLE interrupt가 발생하여 일시 중지된 main while(1)-loop가 계속해서 core를 획득하지 못하고, 추가적인 외부 interrupt들은 모두 pending되거나 소실될 수 있어서 전체 code의 건강상태가 악화되므로 올바르지 않은 coding style인 데 주의하기 바란다. 이처럼 어떤 임의의 code routine이 CPU 자원을 과도하게 점유하는 것을 막고, 균등하게 사용하기 위해서 사용하는 것이 OS(Operating System)이고, Chapter **10부터** 학습하게 될 것이다. 그렇다면, 어떻게 UART_IDLE interrupt handler routine과 SPI DMA handler routine을 효과적으로 분리할 수 있을 것인지 생각해 보기 바란다.

Ch7Lab3Prj project는 **Ch7Lab2Prj** project에서 SPI DMA 기능을 추가한 것이다. 우선, 살펴볼 것은 **Ch7Lab2Prj** project의 main.c file에서 사용하는 function table을 구성하는 함수 pointer prototype이 지금까지 사용한 Vol.1의 **Ch12Lab4** project의 main.c file에

서 사용하는 function table을 구성하는 함수 pointer prototype과 다르다는 것을 확인 할 수 있을 것이다. [그림 7.2-11]에서 보여준 것처럼 Ch7Lab3Prj project의 function table을 구성하는 함수 pointer prototype이 입력 매개변수와 출력 매개변수를 갖도록 수정된 것을 확인 할 수 있을 것이다.

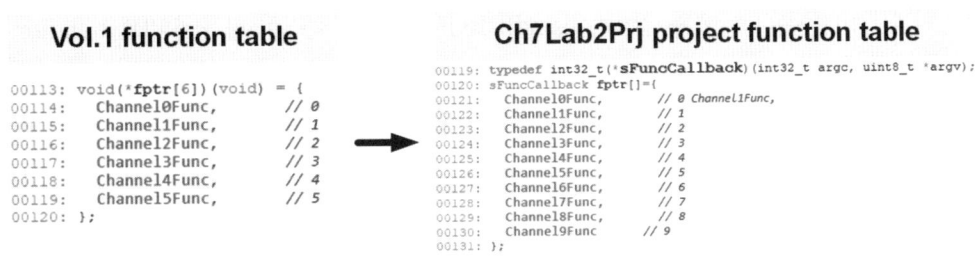

[그림 7.2-11] Ch7Lab2Prj project의 function table을 구성하는 함수의 prototype.

또한, Ch7Lab3Prj project에서 UART_IDLE interrupt handler routine과 SPI DMA handler routine을 효과적으로 분리하기 위해서 전통적으로 많이 사용하는 [그림 7.2-12]에서 보여준 일종의 자원의 공유화 기법을 사용할 것이다.

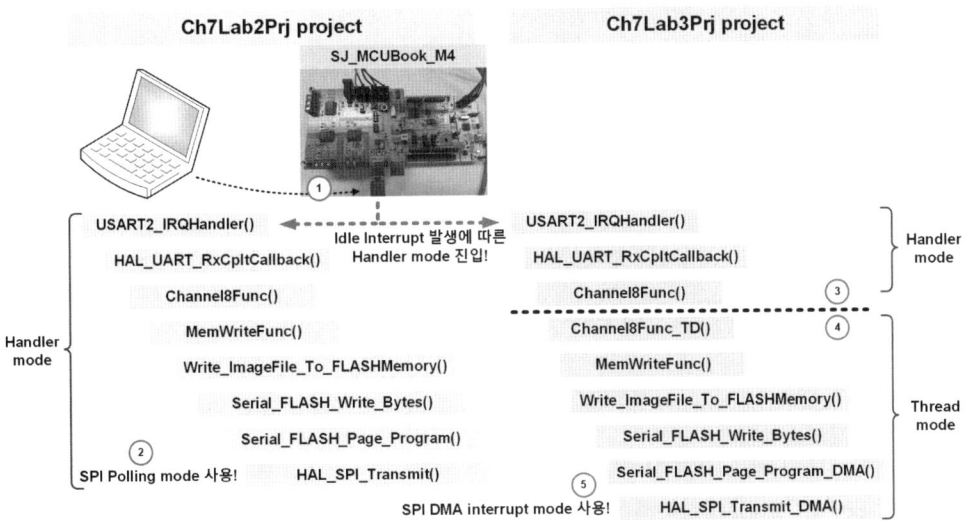

[그림 7.2-12] Ch7Lab3Prj project에서 동작 mode 전환 flow - 1.

즉, 기존의 Ch7Lab2Prj project에서는 UART Idle interrupt가 발생하여 handler mode

로 진입하면, SPI polling mode로 flash memory에 데이터를 모두 작성할 때까지 thread mode의 main while(1)-loop로 돌아가지 않는 구조였는데, **Ch7Lab2Prj** project에서는 UART Idle interrupt가 발생하여 handler mode로 진입하면, UARTBuf.RxBuf2 buffer에 데이터를 채우고, 관련 function pointer를 식별한 이후에는 [그림 7.2-13]에서 보여준 것처럼 Chapter 11.에서 자세히 학습할 일종의 binary semaphore처럼 필요한 자원을 ⑥번과 같이 등록하고, flag 값(즉, bcmdIDEx)을 true로 설정한 다음에 바로 handler mode에서 빠져 나간다. 즉, Channel8Func() 함수의 동작을 종료한다.

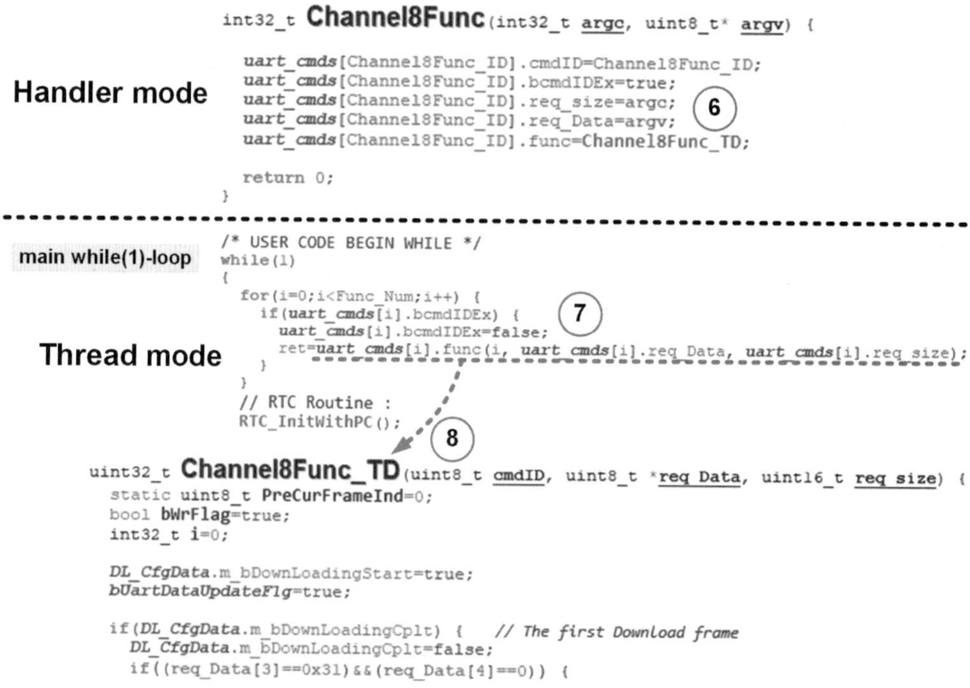

```
                    int32_t Channel8Func(int32_t argc, uint8_t* argv) {
                        uart_cmds[Channel8Func_ID].cmdID=Channel8Func_ID;
Handler mode            uart_cmds[Channel8Func_ID].bcmdIDEx=true;
                        uart_cmds[Channel8Func_ID].req_size=argc;        ⑥
                        uart_cmds[Channel8Func_ID].req_Data=argv;
                        uart_cmds[Channel8Func_ID].func=Channel8Func_TD;

                        return 0;
                    }
------------------------------------------------------------------------------
                    /* USER CODE BEGIN WHILE */
main while(1)-loop  while(1)
                    {
                        for(i=0;i<Func_Num;i++) {
                            if(uart_cmds[i].bcmdIDEx) {        ⑦
                                uart_cmds[i].bcmdIDEx=false;
Thread mode                     ret=uart_cmds[i].func(i, uart_cmds[i].req_Data, uart_cmds[i].req_size);
                            }
                        }
                        // RTC Routine :
                        RTC_InitWithPC();              ⑧

    uint32_t Channel8Func_TD(uint8_t cmdID, uint8_t *req_Data, uint16_t req_size) {
        static uint8_t PreCurFrameInd=0;
        bool bWrFlag=true;
        int32_t i=0;

        DL_CfgData.m_bDownLoadingStart=true;
        bUartDataUpdateFlg=true;

        if(DL_CfgData.m_bDownLoadingCplt) {    // The first Download frame
            DL_CfgData.m_bDownLoadingCplt=false;
            if((req_Data[3]==0x31)&&(req_Data[4]==0)) {
```

[그림 7.2-13] Ch7Lab3Prj project에서 동작 mode 전환 flow - 2.

그러면, UART idle interrupt 발생으로 main while(1)-loop 어딘가에서 빠져나갔던 곳으로 다시 되돌아와서 **thread mode**로 loop를 반복 수행하게 되는데, 이때, ⑦번과 같이 flag 값(즉, bcmdIDEx)을 검사하여 true인 함수 Channel8Func_TD()을 ⑧번과 같이 실행하여 주는 방식이다. 이렇게 되면, Channel8Func_TD() 함수는 thread mode에서 동작하므로 함수 내부에서 SPI DMA interrupt를 발생시켜서 동작하는데 아무런 문제가 발생하지 않게 되는 것이다. [그림 7.2-14]는 이와 같은 상황을 Visual C++로 modeling한 project인

Ch7Lab3PrjMSLab의 동작상황을 보여준 것이다.

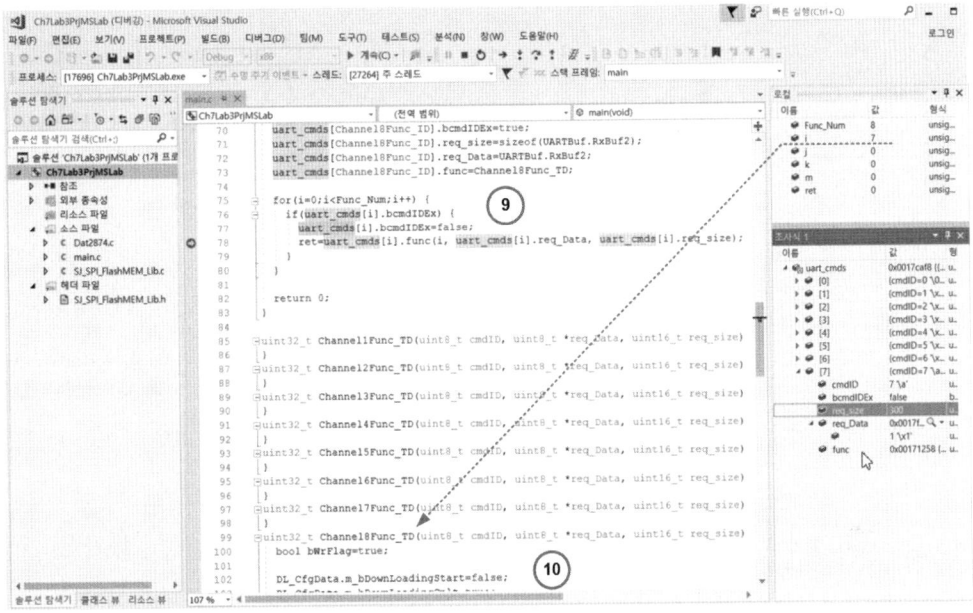

[그림 7.2-14] Ch7Lab3Prj project에서 동작 mode 전환 flow - 3.

[그림 7.2-13]의 ⑦번에서 ⑧번의 Channel8Func_TD() 함수를 호출하는 과정을 ⑨번에서 ⑩번의 함수 호출하는 과정으로 modeling한 것을 볼 수 있으며, 정상 동작이 확인 되었으므로 이 code를 그대로 Ch7Lab3Prj project에 적용하였다. 전반적으로 Ch7Lab2Prj project 파일 구성이 Ch7Lab3Prj project 파일 구성과 비교하여 [그림 7.2-15]에서 보여준 것과 같이 많이 바뀐 것을 확인 할 수 있다. 즉, 기능 별로 folder를 만들어서 따로 관리를 하는데, 일단, SJ_MCUPro 버전을 구매하신 분들에게만 SuJinDataAnalyzerLib.c 파일이 제공되고, 무료 버전인 SJ_MCUFree을 사용하는 경우에는 해당 파일이 없다는데 주의하기 바란다. 이 파일은 [그림 7.2-16]의 ①번에서 보여준 SJ_MCUPro 버전에서만 제공되는 SJ_Analyzer... 기능을 위한 것이다. 자세한 설명은 SJ_MCUPro 사용 설명서를 참조하면 되겠다. 여기서는 간단히 소개만 하도록 하겠다. ②번처럼 SJ_Analyzer... button을 click 하면, ③번과 같이 Global Variable Analyzer window가 나타난다.

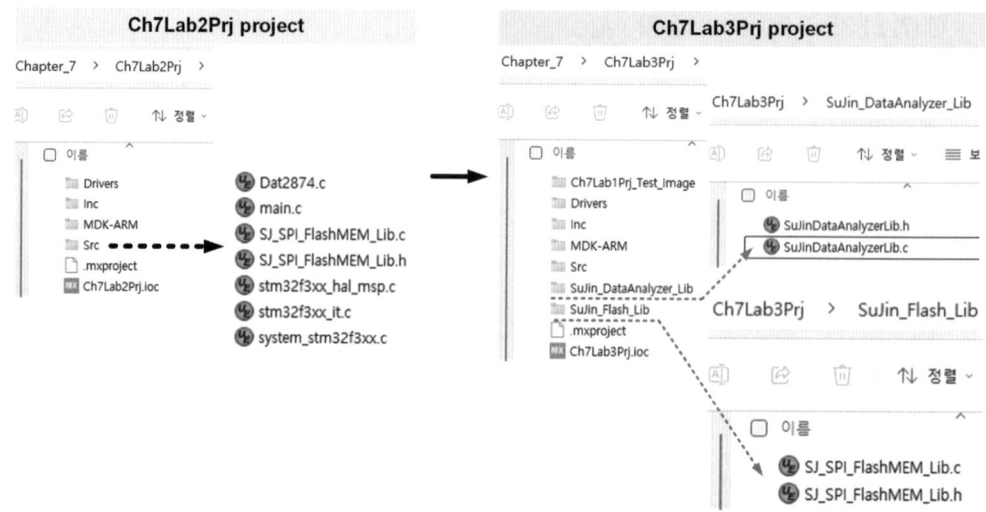

[그림 7.2-15] **Ch7Lab2Prj** project와 **Ch7Lab3Prj** project의 파일 구성 비교.

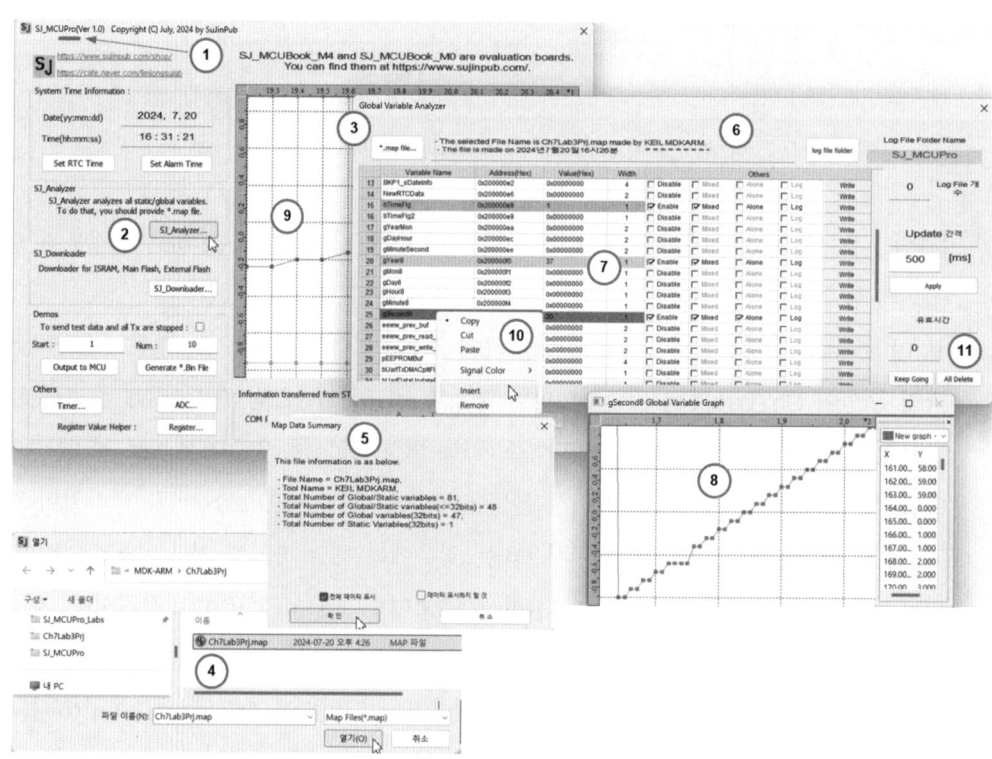

[그림 7.2-16] SJ_MCUPro 버전의 SJ_Analyzer 기능 소개.

여기서, ③번과 같이 *.map file... button을 click하면, ④번처럼 KEIL의 MDKARM 또는

IAR의 Embedded workbench가 실행 이미지 파일을 생성하는 과정에서 만든 *.map 파일을 선택할 수 있는 dialogbox가 나타난다. 단, 기억할 것은 ST Inc.에서 제공하는 무료 버전인 **STM32CubeIDE**가 생성한 *.map file은 **사용할 수 없다**는데 주의하자. 2024년 10월 기준, KEIL의 MDKARM과 IAR의 Embedded wotkbench**만** 지원하도록 만들었다. 현재 SJ_MCUBook_M4 보드에서 동작하고 있는 실행 이미지를 생성하는 과정에서 만들어진 **Ch7Lab3Prj.map** file을 선택하면, ⑤번과 같이 해당 map file을 분석하여 여러분이 개발한 실행 이미지 파일 안에 포함되어 있는 전역 변수와 정적 변수의 개수를 알려주고, 이중에서 4bytes(즉, 32bits) 이하의 크기를 가지는 전역 변수와 정적 변수의 개수들만 나열해 준다. 이때, 기본적으로 check되어 있는 **전체 데이터 표시**를 그대로 유지하고, **확인** 버튼을 click하면, ⑥번과 같이 선택한 map file에 대한 간단한 정보를 표시하고, 관련 전역 변수들과 정적 변수들 모두를 ⑦번과 같이 excel의 spreadsheet 형태로 나열해 준다. 너무 글씨가 작아서 10배 확대해 주는 **루페**를 이용해도 나열된 변수 이름을 확인하기 어렵다. 그러므로 직접 [그림 7.2-16]과 같이 실험해 보거나 또는 확대된 그림을 naver cafe 임종수 연구소에 요청하면 제공해 줄 것이다. 어쨌든, 20번은 전역 변수 gYear8이고, 25번은 전역 변수 gSecond8이다. 이들의 값은 현재 37과 20으로 표시되어 있다. 날짜와 시각 정보를 host PC로 전송하는 ForPCDataChoice_1() 함수의 내용을 보면 다음과 같다.

```
uint32_t ForPCDataChoice_1(void) {
  uint16_t i=0;
  uint8_t UartTxDMA_Buf2[TXBUF_MAX]={0, }, ChkSum=0;
  uint32_t j=0, n=0, retNum=0;

  memset(UartTxDMA_Buf, 0, sizeof(UartTxDMA_Buf));

  UartTxDMA_Buf2[j++]=0x02; // STX
  UartTxDMA_Buf2[j++]=0x79; // ACK, 'y'

  // #1 : Year, Mon;
  UartTxDMA_Buf2[j++]=gYear8-13;
  UartTxDMA_Buf2[j++]=gMon8;
  // #2 : Day, Hour;
  UartTxDMA_Buf2[j++]=gDay8;
  UartTxDMA_Buf2[j++]=gHour8;
  // #3 : Minute, Second;
  UartTxDMA_Buf2[j++]=gMinute8;
```

```
UartTxDMA_Buf2[j++]=gSecond8;
..... 중간 생략 .....
```

즉, 년도는 gYear8-13=37-13=24이고, 초는 20이다. 이 값들은 SJ_MCUPro program의 Date(yy:mm:dd)와 Time(hh:mm:ss) 옆에 있는 수치들로 표시되고 있다. 단지, 초의 값이 20이 아닌 21인 것으로 보아서 1 step 즉, 0.5[초] 갱신 step에서 1 step **전의** 값인 것을 알 수 있으며, 이에 대한 내용은 SuJinDataAnalyzerLib.c 파일의 내용을 통하여 확인할 수 있다. 이처럼 SJ_Analyzer는 현재 동작하고 있는 실행 이미지의 전역 변수와 정적 변수에 대한 값을 지정한 0.5[초] 단위로 확인 할 수 있으며, 그 값을 바꿀 수도 있다. 이것은 emulator처럼 Core를 정지시키지 않고, 정상적인 동작 상황에서 원하는 변수 또는 특정 번지를 지정하여 그 값을 확인 할 수 있고, 조정할 수 있으므로 높은 전압 또는 전력 제어를 수행해야 하는 제품을 개발하는 경우에 특별히 유용하다. 좀 더 살펴보도록 하자. 동작 중에 값의 변화를 관찰하고 싶은 변수들 옆의 Enable checkbox를 선택하여 주면, 0.5[초] 단위로 값들을 갱신하여 주고, Alone checkbox를 선택하여 주면, ⑧번과 같이 선택한 변수만을 위한 그래프와 listbox를 포함한 window가 나타나서 값의 변화를 눈으로 확인 할 수 있다. **Mixed** checkbox를 선택하면, **Mixed** checkbox를 선택한 **다른 모든 변수들과 함께** ⑨번처럼 main 그래프 window에 값들의 변화를 0.5[초] 단위로 함께 갱신하며 동적으로 보여준다. 또한, **Log** checkbox를 선택하면, **Log** checkbox를 선택한 다른 변수들과 함께 지정한 log file로 *.txt 또는 *.cvs file 형태로 **계속해서 저장**해 준다. 또한, ⑩번에서 보여준 것처럼 임의의 번지를 새롭게 지정하여 그 값을 확인할 수도 있고, 필요 없는 변수 행은 삭제할 수 있으며, 선택한 변수에 임의의 값을 지정할 수도 있다. 그 밖에 다양한 기능들은 **[부록 - 1]**의 SJ_MCUPro 설명서를 참조하면 되겠다. SJ_MCUFree는 **무료 버전**으로 SuJin의 website 또는 naver cafe 임종수 연구소를 통하여 download 받을 수 있다. **무료 버전인 SJ_MCUFree**를 사용해도 이 책의 전체 내용을 학습하고, 따라하는 데 아무런 문제가 없지만, 여기서는 유료 버전인 SJ_MCUPro를 사용하여 **Ch7Lab3Prj** project를 통한 외부 flash memory에 실행 이미지를 저장하는 관련 code를 계속해서 분석해 나가도록 할 것이다. [그림 7.2-17]은 [그림 7.2-1]에서 보여준 통신 규약에 맞추어 관련 데이터들을 새로 만든 구조체 type Download_cfgObj을 갖는 변수 DL_CfgData의 member들에 어떻게 각각의 정보를 저장하는지 관련 code routine을 보여주고 있다.

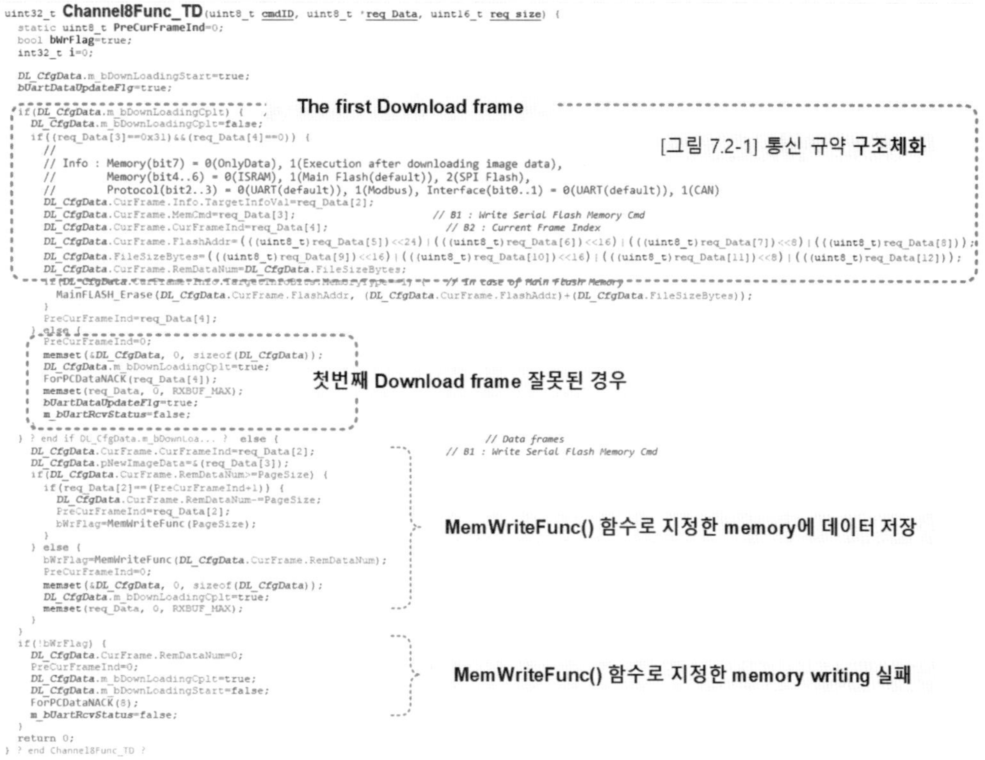

[그림 7.2-17] Channel8Func_TD() 함수의 전체 code 구조.

또한, MCU 내부 flash memory와 내부 SRAM, 그리고, 외부 flash memory에 데이터를 저장하는 MemWriteFunc() 함수를 어떻게 호출하는지 Channel8Func_TD() 함수의 전체 code 구조를 보여준 것이다. 단, 글씨 크기가 너무 작아서 육안으로 확인하기 어려우니 자세한 code 내용은 해당 파일을 직접 열어서 확인해야 할 것이다. 그리고, [그림 7.2-18]은 MemWriteFunc() 함수에 대한 전체 구조를 보여준 것이다. 일단, 현재까지는 MCU 내부 main flash memory와 SRAM에 데이터를 writing하는 관련 code는 생략하였으며, 이들은 **Ch7Lab4Prj** project에서 설명할 것이다. Write_ImageFile_To_FLASHMemory() 함수를 이용하여 실질적으로 외부 flash memory에 데이터를 writing하는 전체 구조는 기존의 **Ch7Lab2Prj** project와 비교하여 바뀐 것이 없다.

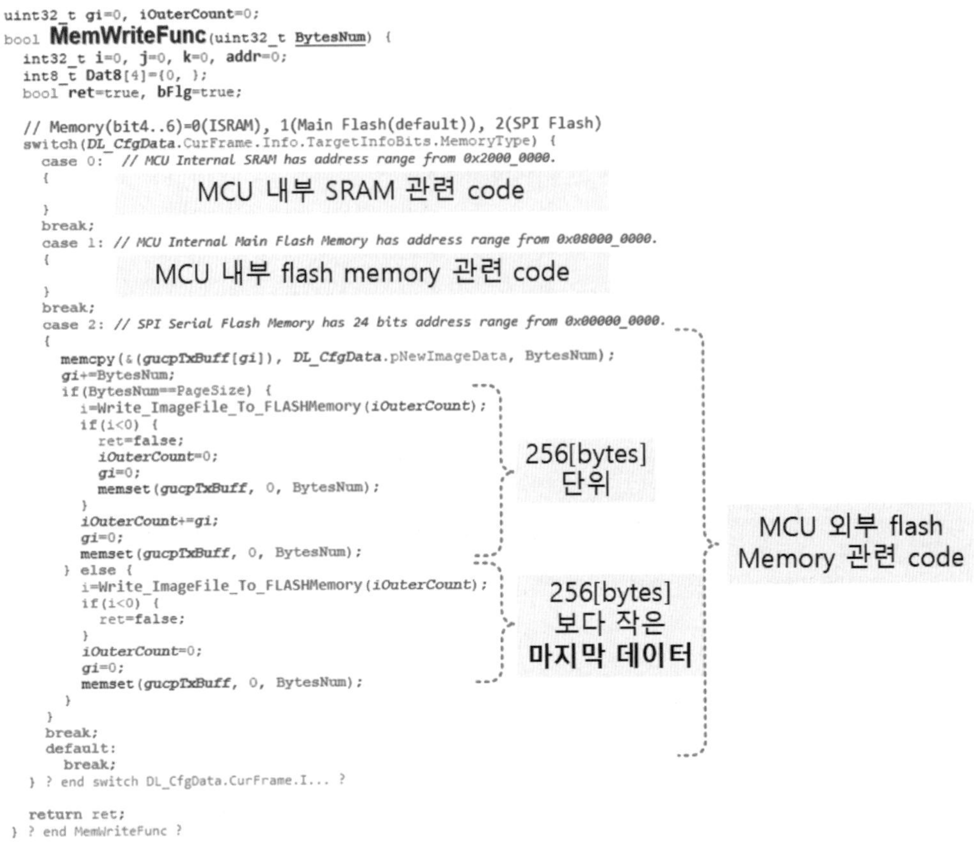
uint32_t gi=0, iOuterCount=0;
bool MemWriteFunc(uint32_t BytesNum) {
int32_t i=0, j=0, k=0, addr=0;
int8_t Dat8[4]={0, };
bool ret=true, bFlg=true;
// Memory(bit4..6)=0(ISRAM), 1(Main Flash(default)), 2(SPI Flash)
switch(DL_CfgData.CurFrame.Info.TargetInfoBits.MemoryType) {
case 0: // MCU Internal SRAM has address range from 0x2000_0000.
{
MCU 내부 SRAM 관련 code
}
break;
case 1: // MCU Internal Main Flash Memory has address range from 0x08000_0000.
{
MCU 내부 flash memory 관련 code
}
break;
case 2: // SPI Serial Flash Memory has 24 bits address range from 0x00000_0000.
{
memcpy(&(gucpTxBuff[gi]), DL_CfgData.pNewImageData, BytesNum);
gi+=BytesNum;
if(BytesNum==PageSize) {
i=Write_ImageFile_To_FLASHMemory(iOuterCount);
if(i<0) {
ret=false;
iOuterCount=0;
gi=0;
memset(gucpTxBuff, 0, BytesNum);
}
iOuterCount+=gi;
gi=0;
memset(gucpTxBuff, 0, BytesNum);
} else {
i=Write_ImageFile_To_FLASHMemory(iOuterCount);
if(i<0) {
ret=false;
}
iOuterCount=0;
gi=0;
memset(gucpTxBuff, 0, BytesNum);
}
}
break;
default:
break;
} ? end switch DL_CfgData.CurFrame.I... ?
return ret;
} ? end MemWriteFunc ?
256[bytes] 단위
256[bytes] 보다 작은 마지막 데이터
MCU 외부 flash Memory 관련 code

[그림 7.2-18] MemWriteFunc() 함수에 대한 전체 구조.

단, Ch7Lab2Prj project에서 함수 Serial_FLASH_Page_Program()를 사용하여 polling mode로 외부 flash memory에 접근하였다면, Ch7Lab3Prj project에서는 [그림 7.2-19]에서 보여준 것과 같이 SPI DMA interrupt mode를 사용하여 외부 flash memory에 데이터를 page 단위로 writing하는 Serial_FLASH_Page_Program_DMA() 함수와 지정한 개수의 데이터를 읽는 Serial_FLASH_Read_Bytes_DMA() 함수가 대신 사용된다는 것이다. Vol.1.의 12.6. **단원**에서 설명한 것처럼 SPI DMA 방식을 사용하는 경우, 예를 들면, 현재 DMA 방식이 아닌 Non DMA 방식에서 다시 DMA 전송 기능을 사용하기 위해서는 HAL_SPI_DMAResume() 함수를 사용해야 하고, DMA 전송 기능을 중지하기 위해서는 HAL_SPI_DMAStop() 함수를 사용해야 한다고 하였다. 즉, [그림 7.2-19]의 ①번과 같이 SPI DMA 전송을 다시 시작하기 위해서 함수 HAL_SPI_DMAResume(&hspi2)를 호출한다.

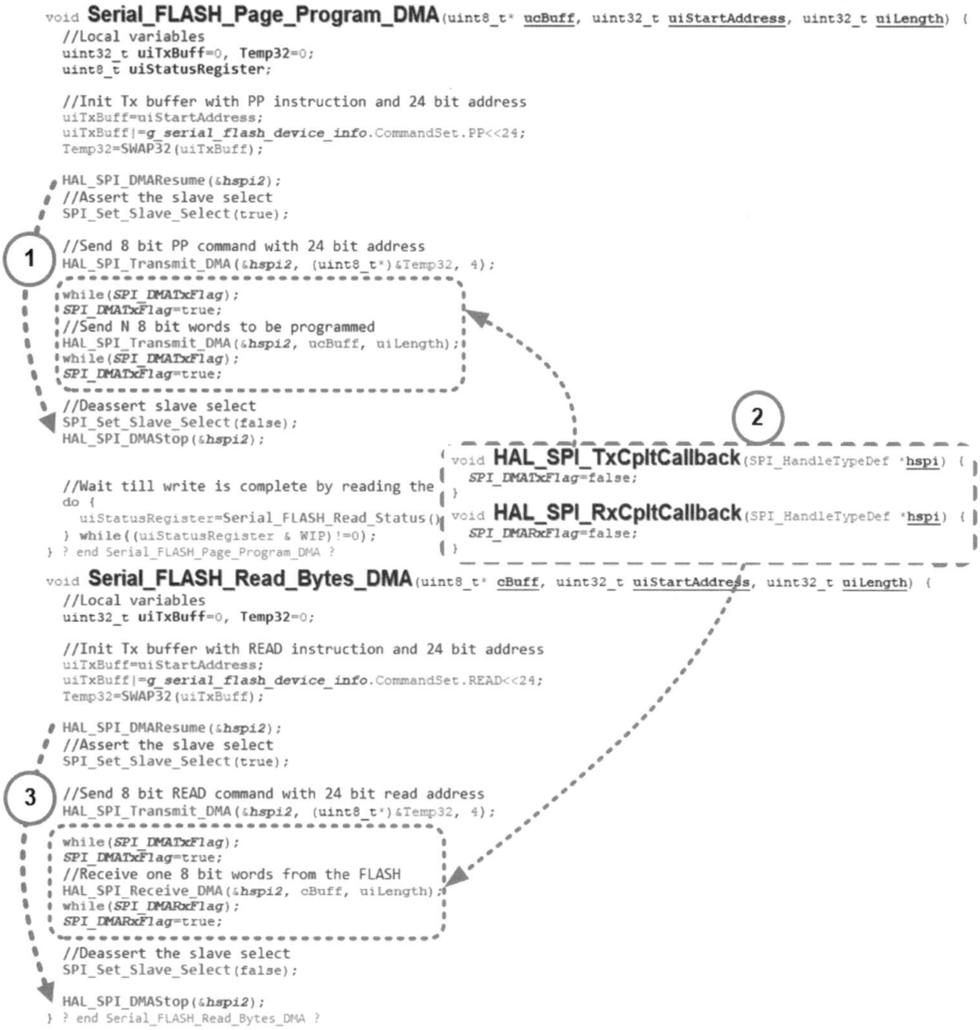

```
void Serial_FLASH_Page_Program_DMA(uint8_t* ucBuff, uint32_t uiStartAddress, uint32_t uiLength) {
    //Local variables
    uint32_t uiTxBuff=0, Temp32=0;
    uint8_t uiStatusRegister;

    //Init Tx buffer with PP instruction and 24 bit address
    uiTxBuff=uiStartAddress;
    uiTxBuff|=g_serial_flash_device_info.CommandSet.PP<<24;
    Temp32=SWAP32(uiTxBuff);

    HAL_SPI_DMAResume(&hspi2);
    //Assert the slave select
    SPI_Set_Slave_Select(true);

    //Send 8 bit PP command with 24 bit address
    HAL_SPI_Transmit_DMA(&hspi2, (uint8_t*)&Temp32, 4);
①  while(SPI_DMATxFlag);
    SPI_DMATxFlag=true;
    //Send N 8 bit words to be programmed
    HAL_SPI_Transmit_DMA(&hspi2, ucBuff, uiLength);
    while(SPI_DMATxFlag);
    SPI_DMATxFlag=true;

    //Deassert slave select
    SPI_Set_Slave_Select(false);
    HAL_SPI_DMAStop(&hspi2);

    //Wait till write is complete by reading the
    do {                                              ②  void HAL_SPI_TxCpltCallback(SPI_HandleTypeDef *hspi) {
        uiStatusRegister=Serial_FLASH_Read_Status();      SPI_DMATxFlag=false;
    } while((uiStatusRegister & WIP)!=0);             }
} ? end Serial_FLASH_Page_Program_DMA ?                void HAL_SPI_RxCpltCallback(SPI_HandleTypeDef *hspi) {
                                                          SPI_DMARxFlag=false;
                                                       }

void Serial_FLASH_Read_Bytes_DMA(uint8_t* cBuff, uint32_t uiStartAddress, uint32_t uiLength) {
    //Local variables
    uint32_t uiTxBuff=0, Temp32=0;

    //Init Tx buffer with READ instruction and 24 bit address
    uiTxBuff=uiStartAddress;
    uiTxBuff|=g_serial_flash_device_info.CommandSet.READ<<24;
    Temp32=SWAP32(uiTxBuff);

    HAL_SPI_DMAResume(&hspi2);
    //Assert the slave select
    SPI_Set_Slave_Select(true);

③  //Send 8 bit READ command with 24 bit read address
    HAL_SPI_Transmit_DMA(&hspi2, (uint8_t*)&Temp32, 4);
    while(SPI_DMATxFlag);
    SPI_DMATxFlag=true;
    //Receive one 8 bit words from the FLASH
    HAL_SPI_Receive_DMA(&hspi2, cBuff, uiLength);
    while(SPI_DMARxFlag);
    SPI_DMARxFlag=true;

    //Deassert the slave select
    SPI_Set_Slave_Select(false);

    HAL_SPI_DMAStop(&hspi2);
} ? end Serial_FLASH_Read_Bytes_DMA ?
```

[그림 7.2-19] Serial_FLASH_Page_Program_DMA() 함수와 Serial_FLASH_Read_Bytes_DMA() 함수의 DMA 구조.

그리고, DMA 전송을 수행하고, 전송이 완료되는 것을 확인하기 위해서 ②번과 같이 HAL_SPI_TxCpltCallback() 함수 안에 전역변수 SPI_DMATxFlag의 값을 true에서 false가 되도록 coding 한다. 구체적으로 SPI DMA 전송이 완료되어 interrupt가 발생하면, 호출하도록 HAL_SPI_Transmit_DMA() 함수 안에 설정한 SPI_DMATransmitCplt() 함수의 내부에 명시한 __weak 특성을 갖는 함수 HAL_SPI_TxCpltCallback()가 있다. 이 함수를 main.c 파일에서 ②번과 같이 HAL_SPI_TxCpltCallback() 함수로 **재정의**하여 주고, 전역변수 SPI_DMATxFlag의 값이 true에서 false로 바뀌게 coding해 준다. 그러면,

Serial_FLASH_Page_Program_DMA() 함수 안에서 SPI DMA 전송 완료를 기다리며 멈춰 있던, while-loop문 즉, while(SPI_DMATxFlag);에서 SPI_DMATxFlag의 값이 true에서 false로 바뀌어 빠져나가게 된다. 그리고 나서, SPI_DMATxFlag = true로 다시 초기화해 준다. SPI DMA 전송이 완료되었으면, 다시 SPI **Non-DMA** 전송 mode로 바꾸기 위해서 HAL_SPI_DMAStop(&hspi2); 함수를 호출해 준다. 마찬가지로 ③번에서 보여준 함수 Serial_FLASH_Read_Bytes_DMA()의 경우에는 SPI DMA 전송과 수신이 모두 사용되는 것을 알 수 있으면, SPI DMA 수신이 완료되어서 발생하는 interrupt를 확인하기 위해서 SPI_DMARxFlag 전역 변수를 SPI DMA 전송에서 사용한 SPI_DMATxFlag과 동일한 방식으로 사용하는 것을 확인할 수 있다. 이번 7.2. 단원에서는 상당히 많은 내용과 관련 code에 대해서 학습한 것과 같다. 어쨌든, 개발을 완료한 **Ch7Lab3Prj** project를 이용하여 host PC에서 **Ch7Lab1Prj_Test.hex** file을 SJ_MCUBook_M4 보드로 전송하고, 이어서 외부 flash memory에 전송한 **Ch7Lab1Prj_Test.hex** file이 저장되는 과정에서 대해서 **실습해** 보도록 하겠다. 실험은 SJ_MCUPro Windows application을 사용할 것이지만, **무료 버전**인 SJ_**MCUFree** Windows program을 사용해도 상관없다. 우선, [그림 7.2-2]와 같이 SJ_MCUBook_M4 보드를 구성하고, Nucleo 보드에 USB cable을 연결해 준다. 그리고, **J15**에도 USB cable을 연결하여 PC와 통신이 이루어지도록 한다. 준비가 완료되었으면, [그림 7.2-20]과 같이 download할 **Ch7Lab1Prj_Test.hex** 파일과 SJ_**MCUPro** program을 동일한 folder에 저장해 준다. 이때, SJ_**MCUFree** program을 실행해도 상관없지만, 여기서는 ①번과 같이 SJ_**MCUPro**를 실행하여 주었다. 그리고, J15에 연결한 USB cable에 할당된 COM port 번호 즉, host PC와 SJ_MCUBook_M4 사이에 할당된 COM Ports :를 선택한다. 여기서는 COM3이다. COM3를 선택하면, Status : 옆의 문자열이 Disconnected에서 Connected로 바뀌게 된다. 이제, ③번과 같이 **Set RTC Time** button을 click하여 준다. 그리고, 현재 자신의 PC에 설정된 시간이 ④번의 날짜와 시각정보에 올바로 표시되는지 확인한다. 또한, 초단위가 정상적으로 변하는지 확인하여 보드와 PC 사이의 통신 상태를 확인한다. 통신 상태가 정상이면, [그림 7.2-21]의 ⑤번과 같이 **SJ_Downloader...** button을 click하여 준다. 그러면, Serial Downloading dialogbox가 나타난다. 여기서, ⑥번과 같이 **File Choice** button을 click하여 주면, **열기** dialogbox가 나타나고, 여기서 외부 flash memory에 저장할 **Ch7Lab1Prj_Test.hex** 파일을 ⑦번과 같이 선택하고, **열기(O)** 버튼을 click하여 준다.

[그림 7.2-20] SJ_MCUBook_M4 보드와 SJ_MCUPro program을 이용한 Ch7Lab3Prj project 실습. - 1.

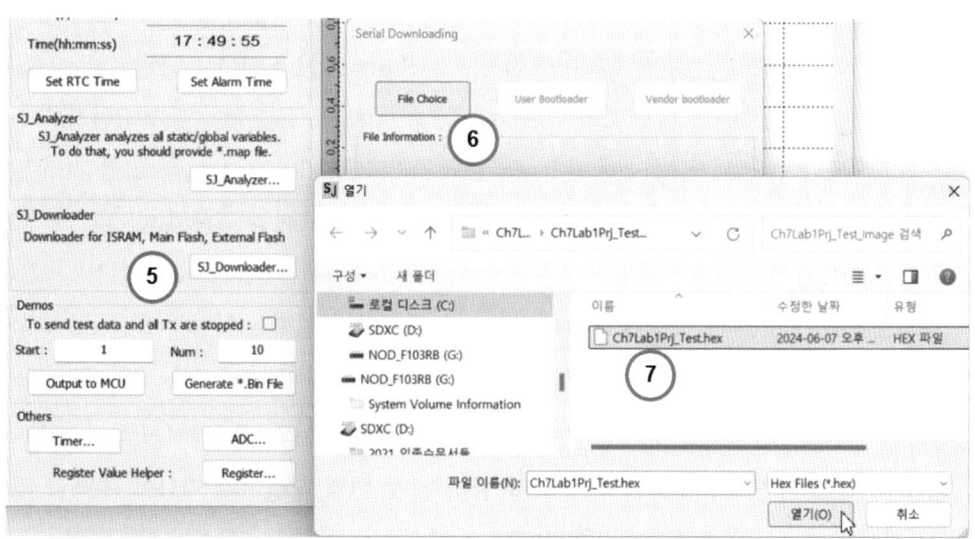

[그림 7.2-21] SJ_MCUBook_M4 보드와 SJ_MCUPro program을 이용한 Ch7Lab3Prj project 실습. - 2.

그러면, SJ_MCUPro 버전의 경우에는 선택한 *.hex file을 *.bin binary file로 변환하여

[그림 7.2-22]의 ⑧번과 같이 생성해 준다.

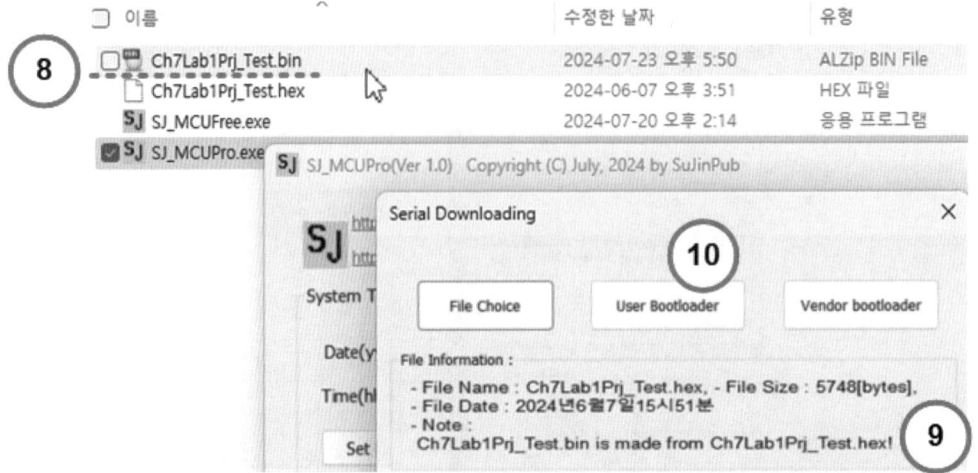

[그림 7.2-22] SJ_MCUBook_M4 보드와 SJ_MCUPro program을 이용한 Ch7Lab3Prj project 실습. - 3.

그리고, ⑨번과 같이 선택한 *.hex file에 대한 정보를 보여준다. 이제, ⑩번처럼 User Bootloader button을 선택하여 주면, [그림 7.2-23]의 ⑪번과 같이 User Bootloader Configuration dialogbox가 나타난다. ⑪번과 같이 저장할 memory type으로 SPI Flash Memory를 선택하여 준다. 그러면, 자동으로 Start Address(Only Hex allowed): 옆의 editbox 값이 0x0000_0000으로 바뀐다. 즉, 외부 flash memory 내부 0번지부터 저장하겠다는 의미이다. 또한, 선택한 *.hex file의 데이터 크기가 5748[bytes]인 것도 알 수 있다. 이때 주의할 것은 ⑬번의 확인 버튼을 click하면 바로 5748[bytes] 크기를 갖는 Ch7Lab1Prj_Test.hex 파일이 외부 flash memory에 저장되기 시작한다. 그러므로, Ch7Lab3Prj project의 관련 code routine을 분석하기 위해서 확인 버튼은 click하지 않는다. 즉, 확인 버튼은 click하지 않은 상태에서 Ch7Lab3Prj project를 SJ_MCUBook_M4 보드에 debug mode로 내려주기 위해서 KEIL MDKARM의 🔍 (Ctrl+F5) icon을 click하여 준다. 그러면, ⑫번과 같이 main() 함수의 첫 번째 명령어가 다음에 수행할 명령어로 표시된다. 즉, 노란색 삼각형이 273번째 line에 보여 지는데, 이 책은 흑/백 인쇄이므로 여러분이 직접 실험에 의해서 확인해 보기 바란다. 이때 왼쪽의 Registers window를 보면, CONTROL의 Mode 값이 Thread 즉, 현재 Thread mode이고, Stack은 MSP를 사용하는 것을 볼 수 있다.

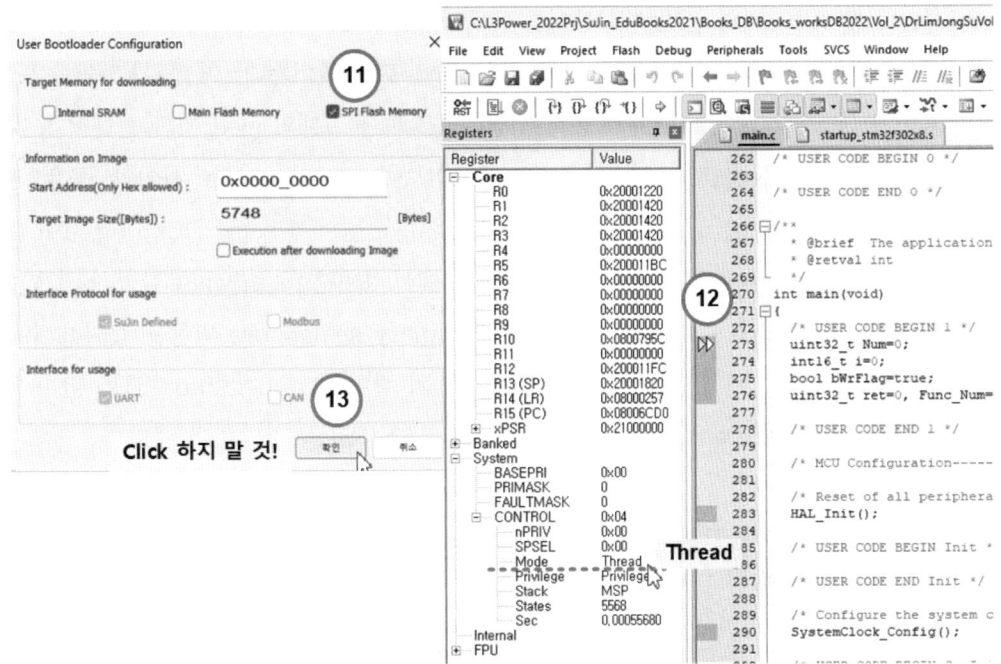

[그림 7.2-23] SJ_MCUBook_M4 보드와 SJ_MCUPro program을 이용한 Ch7Lab3Prj project 실습. - 4.

이제, [그림 7.2-24]의 ⑭번에 보여준 것과 같이 **1092번째** line에 breakpoint를 설정하고, [그림 7.2-23]의 ⑬번 **확인** 버튼을 click 하여 준다.

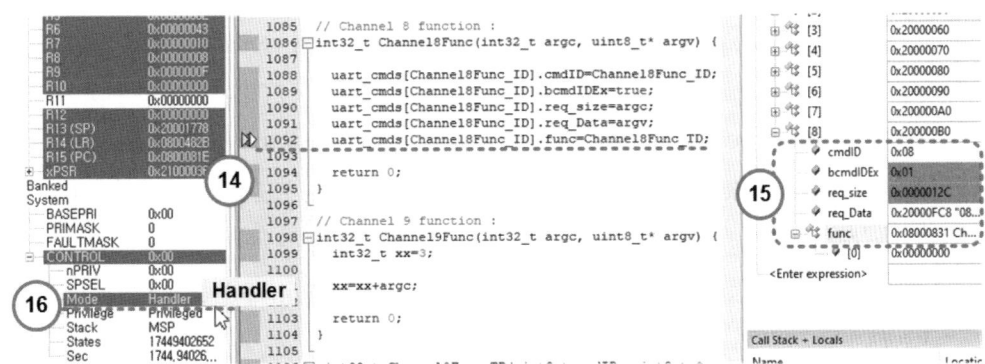

[그림 7.2-24] SJ_MCUBook_M4 보드와 SJ_MCUPro program을 이용한 Ch7Lab3Prj project 실습. - 5.

그러면, [그림 7.2-1]에서 보여준 통신 규약에 맞추어 데이터가 전송되는데, 이것은 [그림 7.2-14]에서 modeling 한 **Ch7Lab3PrjMSLab**에서 이미 동작상황에 대해서 학습하였다.

즉, [그림 7.2-12]의 ③번에서 보여준 Channel8Func() 함수까지가 handler mode이고, Channel8Func_TD() 함수부터는 Thread mode로 전환되는데, 이것을 [그림 7.2-24]의 ⑭번에 설정한 breakpoint에서 동작이 멈추었을 때에 그때의 mode가 ⑯번에서 보여준 것과 같이 **Handler mode**인 것을 볼 수 있으며, 이때, **mode 사이의 공유 자원**인 uart_cmds[Channel8Func_ID] 구조체의 member 중에서 bcmdIDEx flag 값이 **true**로 설정되어 우리가 기대한 것처럼 [그림 7.2-13]에서 보여준 main while(1) loop의 ⑦번에서 해당 함수를 호출할 수 있도록 하는 **일종의 binary semaphore 역할**을 충실히 수행하는 것을 볼 수 있다. 이제, [그림 7.2-25]의 ⑰번과 같이 Channel8Func_TD() 함수 내부의 **1186번째 라인**에 breakpoint를 설정해 주고, Run(F5)를 click하여 준다.

[그림 7.2-25] SJ_MCUBook_M4 보드와 SJ_MCUPro program을 이용한 Ch7Lab3Prj project 실습. - 6.

그러면, 설정한 breakpoint에서 멈추게 되고, 이때에 동작 mode를 ⑱번과 같이 확인해 보면, **Thread mode**로 전환된 것을 확인할 수 있다. 이제, F10을 click하여 **1202번째** line까지 실행하고, DL_CfgData 구조체를 구성하는 멤버들의 값들이 바뀐 상황을 ⑲번과 같이 확인해 보면, 이것도 역시, 우리가 이미 **Ch7Lab3PrjMSLab**에서 충분히 학습하고 예상한 내용인 것을 알 수 있을 것이다. 이제, SJ_MCUPro program의 Serial Downloading window를 닫아주고, 오른쪽 상단에 있는 X icon을 click하여 SJ_MCUPro program도 닫아준다. 그리고 나서, SJ_MCUBook_M4 보드도 uVision의 ⓠ (Ctrl+F5) icon을 다시 click하여 debug mode에서 빠져나간다. 그리고, [그림 7.2-26]에서 보여준 것처럼 **1216번째 line**에 breakpoint를 설정하고, 다시 uVision의 ⓠ (Ctrl+F5) icon을 다시 click하여

debug mode로 들어간다.

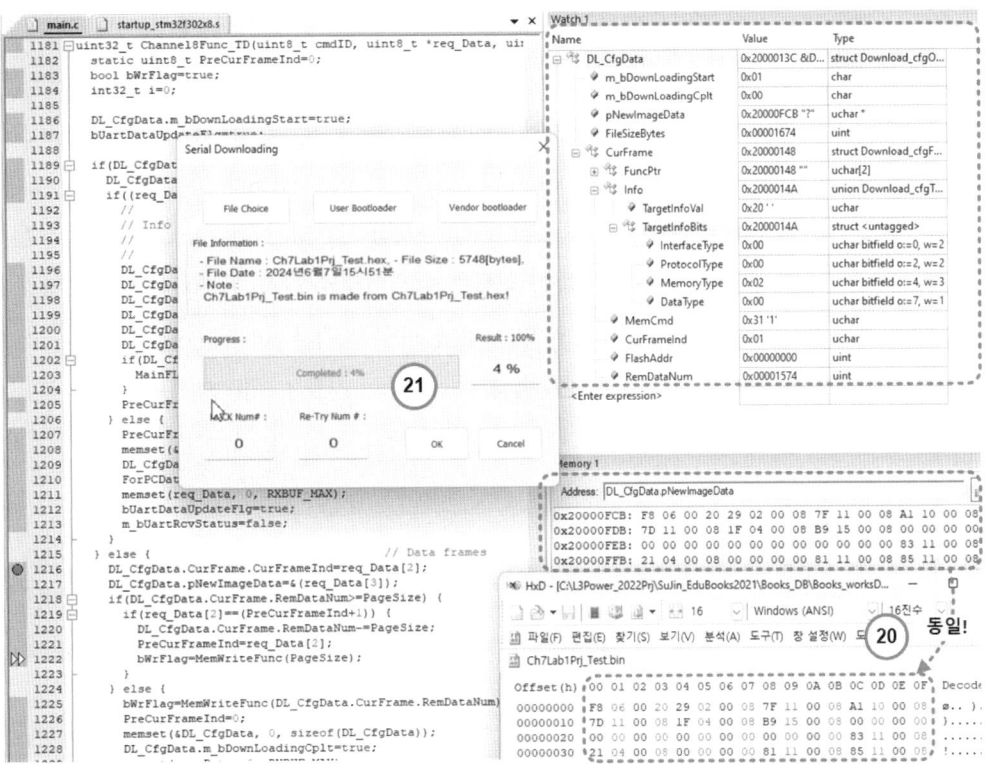

[그림 7.2-26] SJ_MCUBook_M4 보드와 SJ_MCUPro program을 이용한 Ch7Lab3Prj project 실습. - 7.

그리고 나서, SJ_MCUPro program을 [그림 7.2-23]의 ⑬번에 보여준 확인 버튼까지 순서대로 다시 수행하고 click하면, [그림 7.2-26]에서 보여준 것과 같이 **1216번째** line에 설정한 breakpoint에서 멈추게 된다. 그리고, 계속해서 **F10**을 click하여 **1222번째** line까지 실행하고 이때에 ⑳번과 같이 Memory 1 window에 외부 flash memory에 저장할 데이터를 나열하고(dump), 동시에 HxD editor에 [그림 7.2-21]의 ⑧번에서 보여준 binary file인 **Ch7Lab1Prj_Test.bin** 파일을 열어서 비교해 보면, 동일한 것을 알 수 있다. 즉, 정상적으로 데이터가 host PC에서 MCU 내부 buffer로 전송된 것을 확인 할 수 있으며, 이때까지 전체 **Ch7Lab1Prj_Test.hex** 파일을 외부 flash memory에 저장하는 진행률이 ㉑번에서 보여준 것과 같이 4%인 것을 확인 할 수 있을 것이다. 또한, 그동안 재전송과 관련된 오류가 없다는 것도 알 수 있다. 여기서 주의할 것은 [그림 7.2-25]와 같이 첫 번째 frame을 분석하고 나서는 SJ_MCUPro뿐만 아니라 **Ch7Lab3Prj** project도 모두 빠져나가야 한다. 왜냐하면, emulator로 분석하기 위해서 core를 **멈추고** 있는 동안, host PC는 SJ_MCUBook_M4 보드가 멈추고 있으니 각본대로 계속해서 정의한 반복 회수만큼 재전송을 수행할 것이고, 그때에 UART 관련 여러 DMA buffer들과 관련 변수들 사이에 잘못된 데이터가 적재되어 있을 수 있기 때문이다. 이제, 다시 한 번 SJ_MCUPro 뿐만 아니라 **Ch7Lab3Prj** project도 모두 빠져나가고, 깔끔하게 SJ_MCUBook_M4 보드의 Nucleo 보드에 연결된 USB cable을 탈/부착하여 전원 reset 즉, POR을 걸어주고, 다시금 SJ_MCUPro program을 실행시켜서 [그림 7.2-23]의 ⑬번에 보여준 **확인** 버튼까지 순서대로 다시 수행해 주면, [그림 7.2-27]에서 보여준 것과 같이 **Ch7Lab1Prj_Test.hex** 파일이 외부 flash memory의 내부 0번지부터 5748bytes가 모두 저장되어 **Progress :**이 Completed : 100%가 된 것을 볼 수 있을 것이다.

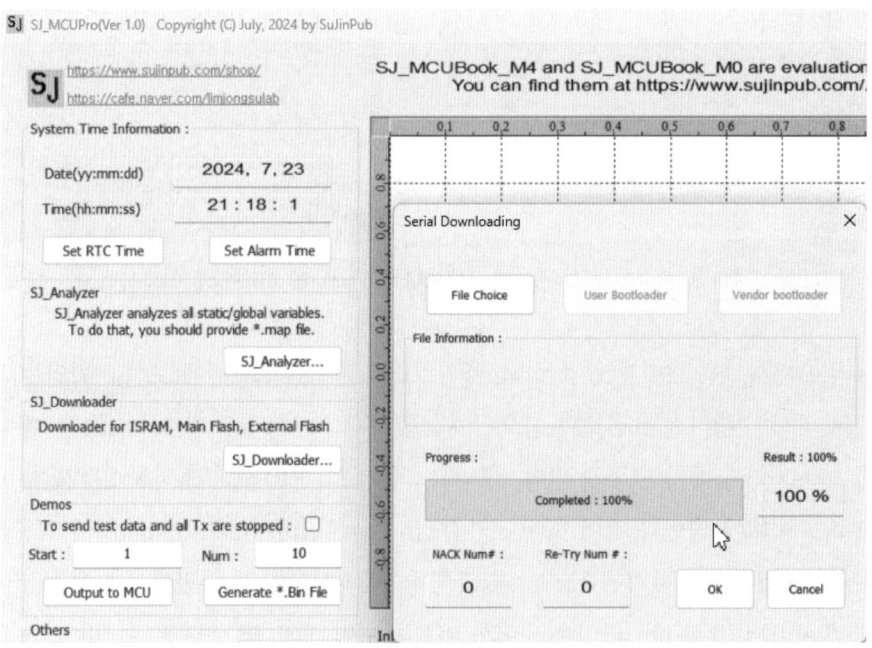

[그림 7.2-25] SJ_MCUBook_M4 보드와 SJ_MCUPro program을 이용한 Ch7Lab3Prj project 실습. - 6.

그리고, 그때에 다시 날짜와 시각정보에서 초에 해당하는 값이 갱신되는 것도 볼 수 있을 것이다. 지금까지 상당히 많은 내용을 학습하였다. 다시 한 번 **7.2. 단원**의 내용을 처음부터 읽어보며 100% 이해하고 다음 단원으로 넘어가기 바란다. 무엇보다도 여러분이 전문가가 되기 위해서 제일 중요한 것은 **반드시 직접 실험**을 해 보아야 한다는 것이다. 눈으로만 읽어 보는 것은 아무런 소용이 없다. 왜냐하면, 이 책은 여러분의 교양을 넓히기 위한 책이 아니고, 여러분에게 점점 강한 상대 즉, Ch7Lab1Prj, Ch7Lab2Prj, 그리고, Ch7Lab3Prj와 싸워가며 실전 경험을 넓혀 주어서 **궁극적으로 Embedded Software 분야의 전문가가 되도록 만들기 위한 책**이다. 이들 강한 상대와 싸워서 이기기 위해서는 엄청난 집중력과 반복된 실험이 필요한 것을 명심하기 바란다.

7.3 MCU 내부 flash memory 또는 SRAM에 데이터 저장 방법.

지금까지는 MCU 외부에 SPI interface로 연결된 flash memory에 host에서 전송한 데이터를 쓰고, 읽는 방법 즉, access 방법에 대해서 학습하였다. 이번에는 MCU 내부의 main flash memory 영역과 내부 SRAM 영역에 host가 전송한 데이터를 쓰고, 읽는 방법에 대해서 학습해 보도록 하겠다. [그림 7.3-1]은 이번 단원에서 학습할 내용을 정리한 것이다.

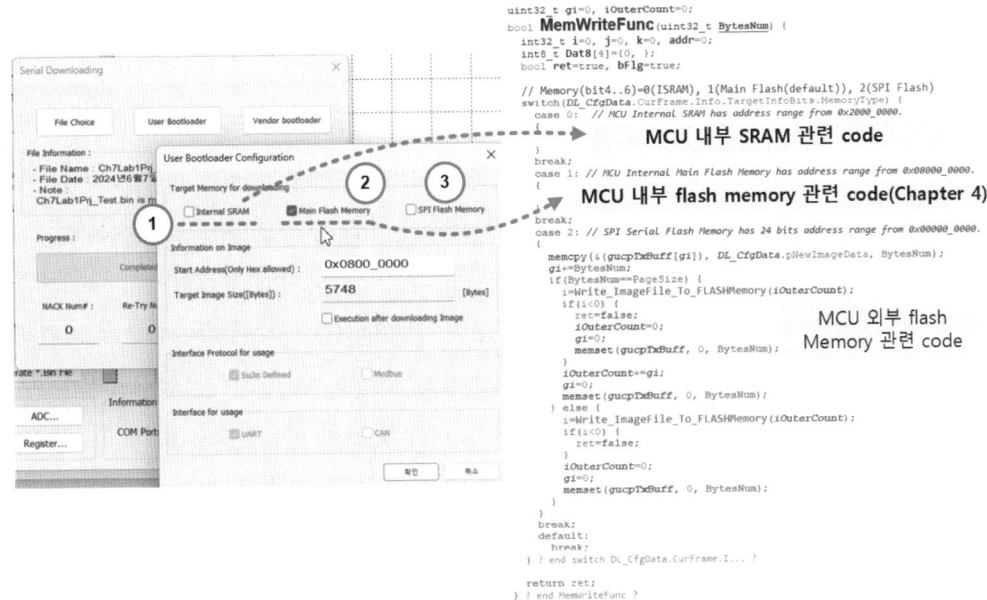

[그림 7.3-1] MCU 내부 main flash memory와 내부 SRAM에 데이터를 쓰는 방법.

우리는 이미 Chapter 4.에서 MCU 내부 main flash memory에 데이터를 작성하고 읽고, 지우는 방법에 대해서 학습하고 관련 함수들을 개발하였다. ②번 즉, **Main Flash Memory** checkbox를 선택하면, 자동으로 STM32 MCU의 main flash memory의 시작 번지인 0x0800_0000번지가 **Start Address(Only Hex Allowed):** 옆의 editbox에 표시된다. 물론, 이 번지는 얼마든지 여러분이 선택한 MCU 사양에 맞게 변경할 수 있다. 그리고, 지정한 MCU 내부 flash memory에 저장될 **Target Image Size([Bytes]):** 옆에 표시된 크기의 데이터 즉, 5748bytes가 **확인** 버튼을 click하면, 7.2. 단원에서 학습한 것과 같이 바로 **256bytes 크기 단위로 분할**되어 지정한 시작번지부터 전송되어 저장된다. 만일, **Target Memory for downloading** groupbox에서 **Internal SRAM**을 선택하면, 자동으로 내부 SRAM의 시작번지인 0x2000_0000이 **Start Address(Only Hex Allowed):** 옆의 editbox에 표시된다. 그리고, **확인** 버튼을 click하면, 동일하게 MCU 내부 SRAM에 저장될 **Target Image Size([Bytes]):** 옆에 표시된 크기의 데이터 즉, 5748bytes를 지정한 시작 번지인 0x2000_0000번지부터 **256bytes 크기 단위로 분할**하여 전송하기 시작한다. 물론, 시작 번지는 선택한 MCU 사양에 맞게 변경할 수 있다. 이때 사용될 host PC와 SJ_MCUBook_M4 보드 사이의 통신 규약은 [그림 7.2-1]을 동일하게 참조하면 된다. 구체적으로 MCU 내부의 main flash memory와 SRAM에 host가 전송한 데이터를 작성하는 데 필요한 관련 code를 개발하기 위해서 Visual C++ 환경의 **Ch7Lab4PrjMSLab** project에서 보여준 것과 같이 modeling하였다. 사실, 관련 code를 쉽게 개발할 수 있을 것 같은데, 구태여 modeling까지 할 필요가 있는지 궁금할 수도 있다. 그런데, 막상 MCU 내부 main flash memory와 관련된 code를 개발해 보면 알겠지만, 생각처럼 그렇게 쉬운 code는 아니고, 무엇보다도 겉으로 봐서는 정상적으로 동작하는데, 나중에 임의의 조건이 발생하면 오동작하는 경우가 있으므로 확실하게 code를 개발하기 위해서 가능하면, Visual C++로 관련된 상황을 modeling하는 작업을 반드시 수행하기 바란다. Ch7Lab4PrjMSLab project에 포함되어 있는 main.c file의 내용을 살펴보면 알 수 있겠지만, Chapter 4.에서 학습한 main flash memory에 대한 modeling과 UART DMA 수신에 사용되는 **UARTBuf.RxBuf2** buffer에 host PC가 전송한 memory type에 따라서 관련 code routine를 수행하도록 전반적으로 modeling을 하였다. 우선, [그림 7.3-2]의 ④번과 같이 main flash memory 관련 함수들을 그대로 선언하고 사용하는 것을 볼 수 있다. 그런데, ⑤번과 같이 해당 함수의 내용을 보면, 직접적으로 real address에 접근하는 부분은 #if 0 ~ #endif로 막은 것을 볼 수 있다.

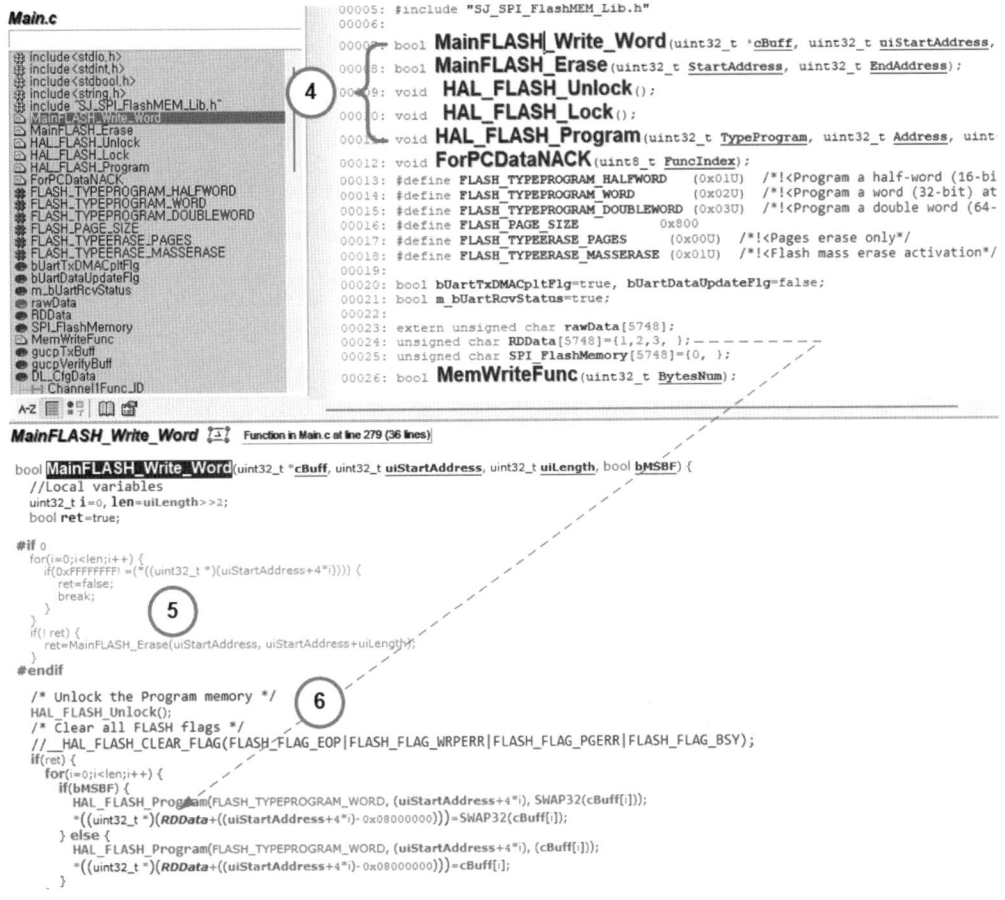

[그림 7.3-2] Ch7Lab4PrjMSLab에 포함되어 있는 modeling 기법 분석 - 1.

왜냐하면, Windows OS 또는 Linux OS는 virtual address를 사용하고, 사용자가 직접적으로 real address를 사용할 수 없도록 하였기 때문이다. 물론, 이때, #ifdef TEST_MODE 와 같이 처리하면, **좀 더 융통성**을 가질 수 있다. 어쨌든, main flash memory에 실질적으로 writing하는 관련 code는 ⑥번과 같이 미리 설정한 전역 변수 RDData[5748] 배열을 **마치** host에서 지정한 시작 번지부터 작성하고자 하는 MCU의 내부 flash memory처럼 다음과 같이 사용하는 것을 볼 수 있다.

```
bool MainFLASH_Write_Word(uint32_t *cBuff, uint32_t uiStartAddress,
        uint32_t uiLength, bool bMSBF) {
  uint32_t i=0, len=uiLength>>2;
  bool ret=true;
```

```
#if 0    // real address 관련 부분!
  for(i=0;i<len;i++) {
    if(0xFFFFFFFF!=(*((uint32_t *)(uiStartAddress+4*i)))) {
      ret=false;
      break;
    }
  }
  if(!ret) {
    ret=MainFLASH_Erase(uiStartAddress, uiStartAddress+uiLength);
  }
#endif

  /* Unlock the Program memory */
  HAL_FLASH_Unlock();
  /* Clear all FLASH flags */
  //__HAL_FLASH_CLEAR_FLAG(FLASH_FLAG_EOP|FLASH_FLAG_WRPERR|FLASH_FLAG_PGERR
  //                |FLASH_FLAG_BSY);
  if(ret) {
    for(i=0;i<len;i++) {
      if(bMSBF) {
        HAL_FLASH_Program(FLASH_TYPEPROGRAM_WORD, (uiStartAddress+4*i),
                SWAP32(cBuff[i]));
        *((uint32_t *)(RDData+((uiStartAddress+4*i)-0x08000000))) =
                SWAP32(cBuff[i]);
      } else {
        HAL_FLASH_Program(FLASH_TYPEPROGRAM_WORD, (uiStartAddress+4*i),
                (cBuff[i]));
        *((uint32_t *)(RDData+((uiStartAddress+4*i)-0x08000000)))=cBuff[i];
      }
    }
  }
  HAL_FLASH_Lock();
  return ret;
}
```

이때, HAL_FLASH_Program() 함수는 HAL_FLASH_Lock()과 HAL_FLASH_Unlock() 함수처럼 내용을 모두 지운 상태이다. 이와 같이 modeling 한 이유는 [그림 7.3-1]에서 보여준 "MCU 내부 flash memory 관련 code" 부분을 개발하는데 필요한 부분만 남겨 두기 위해서 이다. 이제, main flash memory access 관련 code 개발을 위한 modeling이 완료 되었으면, UART DMA 수신에 사용되는 UARTBuf.RxBuf2 buffer 부분을 modeling하기

위해서 host에서 보내주는 frame 마다 UARTBuf.RxBuf2 buffer에 어떻게 저장되는지 정리한 것이 [그림 7.3-3]이다.

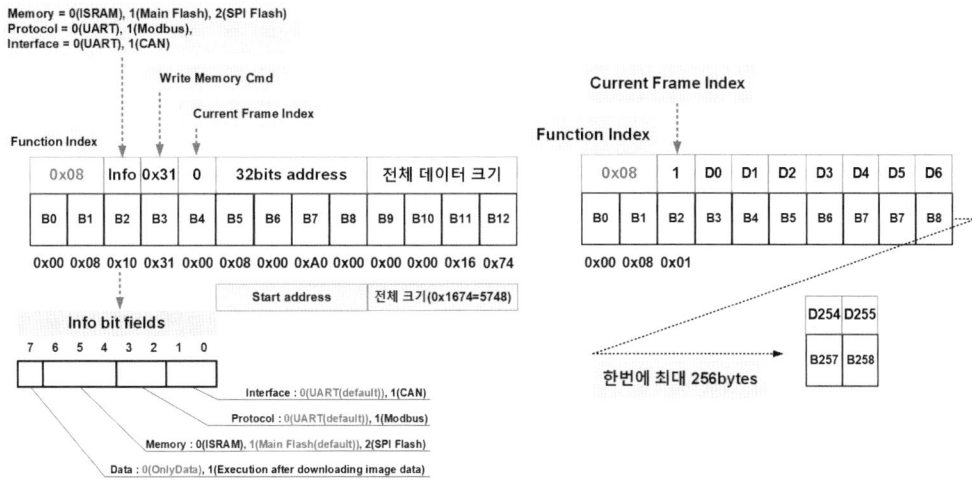

(a) 통신 규약에 따른 첫번째 frame에 의한 UARTBuf.RxBuf2 buffer 구조.   (b) 두번째 frame부터 UARTBuf.RxBuf2 buffer 구조.

[그림 7.3-3] Ch7Lab4PrjMSLab에 포함되어 있는 modeling 기법 분석 - 2.

다음은 host PC에서 임의의 데이터를 전송할 때에 원하는 memory type에 맞게 각각의 frame을 [그림 7.3-3]에서 보여준 것과 같이 구성하여 전송해 주었을 때에 UART DMA가 수신하여 UARTBuf.RxBuf2[RXBUF_MAX] buffer에 저장되는 과정을 modeling한 code 이다. 단, 가능하면 넓은 모니터 화면에서 Visual C++로 해당 project를 열고 source code 를 분석하기 바란다.

```
#define RXBUF_MAX            300                    // 303 bytes
typedef struct UARTCircBufTag {  // Vol.1.의 12.5 단원에서 설명.
  uint8_t RxBuf1[RXBUF_MAX];
  uint8_t RxBuf2[RXBUF_MAX];
  int32_t m_iHead, m_iTail, QueueSize;
  uint32_t OverFlowNum, UnderFlowNum;
} UARTCircBufTyp;
UARTCircBufTyp UARTBuf;

bool gbStartFrame=true;
int main(void) {
  uint32_t i=0, j=0, k=0, m=0;
```

```c
    uint32_t ret=0, Func_Num=0, nFrameNum=0, nDataNum=sizeof(rawData);
    uint8_t *pDat=NULL, x[5]={1, 2, 3, 4,5};
    uint32_t y[11]={0,   }, z[11]={0, }, z1[11]={0, };

    nFrameNum=sizeof(rawData)/256;
    if(sizeof(rawData)%256) {
       nFrameNum+=2;  // due to start frame without data.
    }

    DL_CfgData.m_bDownLoadingStart=false;
    DL_CfgData.m_bDownLoadingCplt=true;

    Func_Num=sizeof(uart_cmds)/sizeof(uart_cmds[0]);
    for(i=0;i<nFrameNum;i++) {  // 여러 frame을 전송하기 위해서 for-loop 사용!
       if(gbStartFrame) {  // 첫 번째 frame인지 식별하기 위함!
          gbStartFrame=false;
          memset(UARTBuf.RxBuf2, 0, sizeof(UARTBuf.RxBuf2));
          UARTBuf.RxBuf2[0]=0x00;UARTBuf.RxBuf2[1]=0x08;
          UARTBuf.RxBuf2[2]=0x10;UARTBuf.RxBuf2[3]=0x31;UARTBuf.RxBuf2[4]=i;
          switch(UARTBuf.RxBuf2[2]) {
            case 0x10 :   // Main Flash Memory
            {
              UARTBuf.RxBuf2[5]=0x08;UARTBuf.RxBuf2[6]=0x00;
              UARTBuf.RxBuf2[7]=0xA0;UARTBuf.RxBuf2[8]=0x00;
            }
            break;
            case 0x00 :  // ISRAM
            {
              UARTBuf.RxBuf2[5]=(uint8_t)(((uint32_t)(RDData))>>24);
              UARTBuf.RxBuf2[6]=(uint8_t)(((uint32_t)(RDData))>>16);
              UARTBuf.RxBuf2[7]=(uint8_t)(((uint32_t)(RDData))>>8);
              UARTBuf.RxBuf2[8]=(uint8_t)(((uint32_t)(RDData)));
            }
            break;
            case 0x20:  // SPI External Flash Memory
            {
              UARTBuf.RxBuf2[5]=0x00;UARTBuf.RxBuf2[6]=0x00;
              UARTBuf.RxBuf2[7]=0xA0;UARTBuf.RxBuf2[8]=0x00;
            }
            break;
            default :
              break;
       }
```

```
        UARTBuf.RxBuf2[9]=0x00;UARTBuf.RxBuf2[10]=0x00;
        UARTBuf.RxBuf2[11]=(uint8_t)(nDataNum>>8);
        UARTBuf.RxBuf2[12]=(uint8_t)(nDataNum);
      } else {
        UARTBuf.RxBuf2[0]=0x00;UARTBuf.RxBuf2[1]=0x08;UARTBuf.RxBuf2[2]=i;
        for(j=0;j<PageSize;j++) {
          UARTBuf.RxBuf2[3+j]=rawData[j+m];
        }
        m+=256;
      }

      // handler mode를 thread mode로 전환하기 위한 routine!
      uart_cmds[Channel8Func_ID].cmdID=Channel8Func_ID;
      uart_cmds[Channel8Func_ID].bcmdIDEx=true;
      uart_cmds[Channel8Func_ID].req_size=sizeof(UARTBuf.RxBuf2);
      uart_cmds[Channel8Func_ID].req_Data=UARTBuf.RxBuf2;
      uart_cmds[Channel8Func_ID].func=Channel8Func_TD;

      for(k=0;k<Func_Num;k++) {
        if(uart_cmds[k].bcmdIDEx) {
          uart_cmds[k].bcmdIDEx=false;
          ret=uart_cmds[k].func(Channel8Func_ID, uart_cmds[k].req_Data,
                  uart_cmds[k].req_size);
          memset(UARTBuf.RxBuf2, 0, sizeof(UARTBuf.RxBuf2));
        }
      }
    }
    return 0;
}
```

이와 같이 host PC에서 전송한 데이터가 memory type에 맞게 **UARTBuf.RxBuf2** buffer에 저장되면, handler mode를 thread mode로 바꾸기 위해서 앞서 언급한 것과 같은 code routine을 수행하게 된다. 특별히, 주의할 것은 MCU의 main flash memory에 새로운 실행 파일 데이터를 저장할 때에 0x0800_0000번지부터 저장하면 안 된다는 것이다. 왜냐하면, 현재 MCU에서 동작하고 있는 실행 이미지 데이터가 0x0800_0000번지에서 열심히 돌아가고 있는데, 여기에 덮어 쓰면, 오염이 되어 오동작을 하게 되므로 당연히 안 되기 때문이다. 그러므로, SJ_MCUBook_M4 보드에서 사용되고 있는 STM32F302R8의 내부 flash memory 크기가 64[KB]=0x1_0000이고, 현재 MCU에서 동작하고 있는 **Ch7Lab4Prj** project에 대한 Ch7Lab4Prj.**map** file의 맨 아래 내용을 보면, 전체 64[KB] main flash memory 영역에서 42004bytes(0xA414)를 사용하고 있는 것을 볼 수 있다.

```
==============================================================================

    Total RO  Size (Code + RO Data)                 41784 (   40.80kB)
    Total RW  Size (RW Data + ZI Data)               6072 (    5.93kB)
    Total ROM Size (Code + RO Data + RW Data)       42004 (   41.02kB)

==============================================================================
```

실제로 KEIL MDKARM의 🔃(F8, download) 또는 🔍 (Ctrl+F5) icon을 click하여 실행 이미지를 download를 하거나 또는 ST-LINK Utility를 활용하여 download한 이후에 [그림 7.3-4]와 같이 ST-LINK Utility로 0x0800_0000+0xA414=0x0800_A414 번지를 확인해 보면, 0x0800_A418 번지부터 데이터가 없는 것을 볼 수 있다.

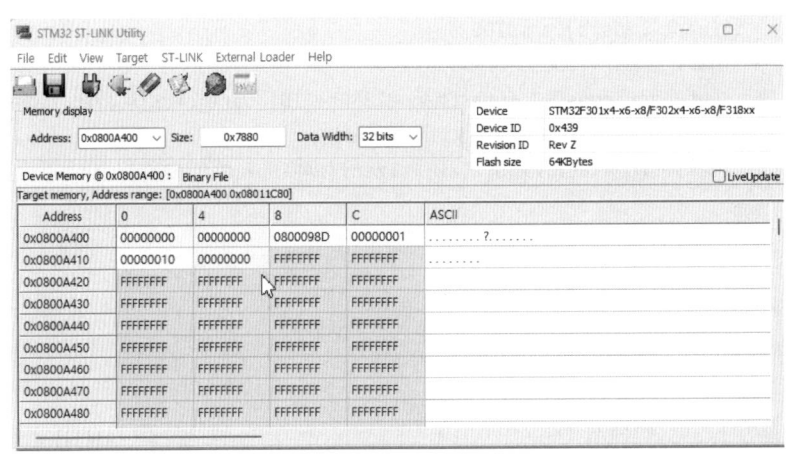

[그림 7.3-4] Ch7Lab4Prj 실행 이미지 크기 분석 방법.

새로운 실행 이미지 파일의 크기는 5748bytes = 0x1674이므로 **0x0800_C000번지를 시작 번지**로 해서 지정하면, 0x0800_D674번지까지 저장되므로 전체 0x0801_0000번지 즉, 0x0800_FFFF번지를 넘어가지 않으므로 문제가 되지 않는다. 그러나, 현재 동작하고 있는 **Ch7Lab4Prj** project에 대한 향상된 버전을 사용한다면, **Ch7Lab4Prj** project의 실행 image 크기인 42004bytes(0xA414) 보다 클 수 있으므로 결국, 42004bytes×2 = 84008 = 0x14828이 되어 STM32F302R8의 flash memory 크기인 64[KB]=0x10000은 너무 작

은 것을 느낄 수 있을 것이다. 그러나, 이것이 **문제가 되지 않는 것이** SJ_MCUBook_M4 보드는 임의의 MCU를 사용하는 Nucleo 보드에 연결하여 사용할 수 있도록 Arduino Uno connector를 제공하고 있다. 그러므로 만일, 너무 F302R8 자원이 작다거나 또는 여러분이 개발하려는 제품에 적용하고 싶은 STM32 family의 어떤 MCU가 있다면, 그것을 포함하는 Nucleo 보드 또는 관련 보드를 SJ_MCUBook_M4 보드의 Arduino Uno connector에 연결하여 사용하면 된다. 또한, SJ_MCUBook_M4에 있는 외부 flash memory를 jumper wire로 여러분이 원하는 MCU를 포함하고 있는 보드와 연결하여 사용할 수도 있다. 사실, SJ_MCUBook_M4 보드의 회로도를 살펴보면 알겠지만, 임의의 연결하고자 원하는 외부 보드와 SJ_MCUBook_M4에 있는 RS-232 transceiver, RS-485 transceiver, CAN transceiver 그리고, USB 관련 CP2102 등을 쉽게 연결하여 사용할 수 있도록 **모두 pin header**를 각각 가지고 있다. 그 밖에 다른 자원들도 공유할 수 있도록 구성되어 있으므로 초기에 여러분이 아직 보드를 제작하지 못하였을 때에 **샘플 보드**로 사용하기에 충분할 것이다. 이것은 SJ_MCUBook_M0 보드도 마찬가지이다. 단지, SJ_MCUBook_M4 보드에서 제공하는 각각의 transceiver들은 대전력에 사용할 수 있도록 isolated(절연형) **부품**을 사용하고 있는 것이 다를 뿐이다. 그래서 교육용 보드라고 명명하지 않고, **SJ_M4 실전 보드** 또는 **SJ_M0 실전 보드**라고도 부른다. 참고적으로 벌써, SuJin에서는 이들 보드를 사용하여 여러 개발 용역들을 처리하였다. 앞서 우리는 Ch7Lab3Prj project의 **main.c** file에 있는 Channel8Func_TD() 함수에 대해서 살펴보았다. 사실, Ch7Lab3Prj project를 위해 modeling한 Ch7Lab3PrjMSLab project에서는 Channel8Func_TD() 함수의 역할을 단순화하였지만, 이번에는 host PC에서 실행하는 SJ_MCUPro program이 전송하는 데이터 frame을 UART DMA가 수신한 UARTBuf.RxBuf2 buffer까지 완벽하게 modeling 하였으므로 Channel8Func_TD() 함수의 내용을 그대로 적용하였다. 여기서 주의할 것은 [그림 7.3-3(a)]에 보여준 host PC가 보낸 **첫 번째** 데이터 frame을 분석하여 전역 변수 DL_CfgData 구조체의 맴버들을 채워 나가는 과정에서 memory type이 main flash memory인 경우에 다음과 같이 지정한 시작번지부터 저장할 데이터 크기만큼 writing하기 전에 우선, erase하는 code routine이다. 7.2. 단원에서 학습한 [그림 7.2-17]과 함께 비교하며 분석해 보기 바란다.

... 중간 생략 ...

```
if(DL_CfgData.m_bDownLoadingCplt) {         // The first Download frame
```

```
  DL_CfgData.m_bDownLoadingCplt=false;
  if((req_Data[3]==0x31)&&(req_Data[4]==0)) {
    DL_CfgData.CurFrame.Info.TargetInfoVal=req_Data[2];
    DL_CfgData.CurFrame.MemCmd=req_Data[3];
    DL_CfgData.CurFrame.CurFrameInd=req_Data[4];
    DL_CfgData.CurFrame.FlashAddr=(((uint8_t)req_Data[5])<<24)|
        (((uint8_t)req_Data[6])<<16)|(((uint8_t)req_Data[7])<<8)|
        (((uint8_t)req_Data[8]));
    DL_CfgData.FileSizeBytes=(((uint8_t)req_Data[9])<<16)|
        (((uint8_t)req_Data[10])<<16)|(((uint8_t)req_Data[11])<<8)|
        (((uint8_t)req_Data[12]));
    DL_CfgData.CurFrame.RemDataNum=DL_CfgData.FileSizeBytes;
    // In case of Main Flash Memory
    if(DL_CfgData.CurFrame.Info.TargetInfoBits.MemoryType==1) {
      MainFLASH_Erase(DL_CfgData.CurFrame.FlashAddr,
        (DL_CfgData.CurFrame.FlashAddr)+(DL_CfgData.FileSizeBytes));
    }
```

... 중간 생략 ...

그리고, 2번째 데이터 frame부터 본격적으로 들어오는 데이터는 [그림 7.3-1]의 오른쪽에 보여준 MemWriteFunc() 함수에 의해서 memory 종류별로 저장된다. 구체적으로 다음과 같이 MCU 내부 main flash memory와 SRAM에 데이터를 저장하면 된다.

```
  bool MemWriteFunc(uint32_t BytesNum) {
    int32_t i=0, j=0, k=0, addr=0;
    int8_t Dat8[4]={0, };
    bool ret=true, bFlg=true;

    // Memory(bit4..6)=0(ISRAM), 1(Main Flash(default)), 2(SPI Flash)
    switch(DL_CfgData.CurFrame.Info.TargetInfoBits.MemoryType) {
      case 0:  // MCU Internal SRAM has address range from 0x2000_0000.
      {
        for(i=0; i<BytesNum; i++) {
          *((uint8_t*)(DL_CfgData.CurFrame.FlashAddr+i))=
                      *(DL_CfgData.pNewImageData+i);
        }
      }
      break;
      case 1: //MCU Internal Main Flash Memory has address range from 0x08000_0000.
      {
        k=BytesNum%256;
```

```
        if(k) {
          bFlg=MainFLASH_Write_Word((uint32_t*)(DL_CfgData.pNewImageData),
             (DL_CfgData.CurFrame.FlashAddr+
             (PageSize*(DL_CfgData.CurFrame.CurFrameInd-1))), BytesNum, false);
        } else {
          bFlg=MainFLASH_Write_Word((uint32_t*)(DL_CfgData.pNewImageData),
             (DL_CfgData.CurFrame.FlashAddr+
             (PageSize*(DL_CfgData.CurFrame.CurFrameInd-1))), PageSize, false);
        }
      }
    break;
    case 2:// external Flash Memory has 24 bits address range from 0x00000_0000.
    {
      memcpy(&(gucpTxBuff[gi]), DL_CfgData.pNewImageData, BytesNum);
      gi+=BytesNum;
      if(BytesNum==PageSize) {
        i=Write_ImageFile_To_FLASHMemory(iOuterCount);
        if(i<0) {
        ret=false;
        iOuterCount=0;
        gi=0;
        memset(gucpTxBuff, 0, BytesNum);
        }
        iOuterCount+=gi;
        gi=0;
        memset(gucpTxBuff, 0, BytesNum);
      } else {
        i=Write_ImageFile_To_FLASHMemory(iOuterCount);
        if(i<0) {
          ret=false;
        }
        iOuterCount=0;
        gi=0;
        memset(gucpTxBuff, 0, BytesNum);
      }
    }
    break;
    default:
      break;
  }
  return ret;
}
```

물론, STM32F7과 같이 몇몇 cache를 가지고 있는 경우에는 **만일을 위하여** 다음과 같이 **volatile** keyword를 추가해 주는 것이 **보다 안정적일 것**이다.

```
*((volatile uint8_t*)(DL_CfgData.CurFrame.FlashAddr+i))=
                    *(DL_CfgData.pNewImageData+i);
```

[그림 7.3-5]는 host에서 MCU의 내부 main flash memory의 0x0800_A000번지부터 시작하여 5748(0x1674)bytes를 저장하는 경우에 대해서 **Ch7Lab4PrjMSLab**을 실행한 결과이다.

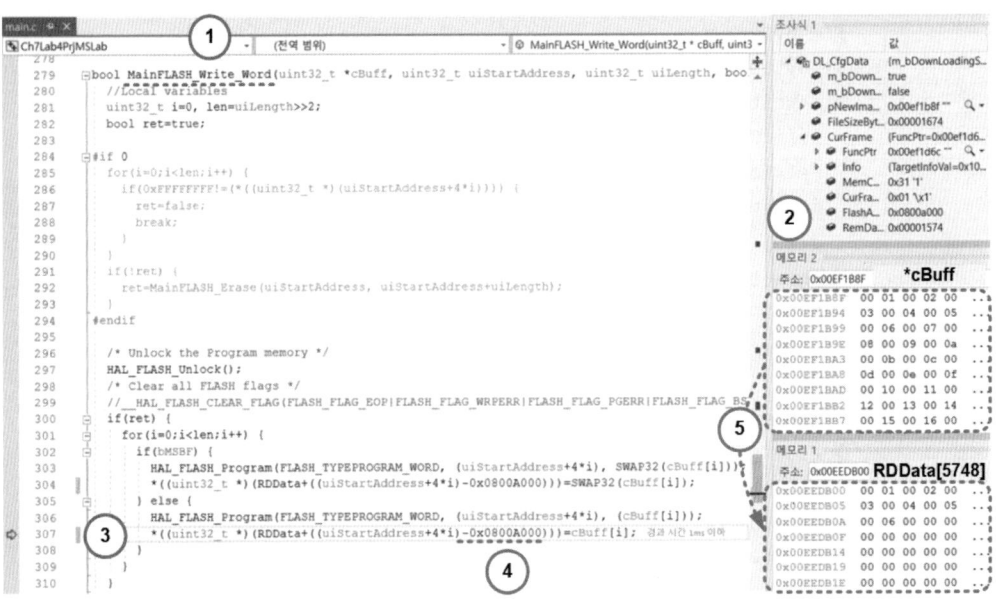

[그림 7.3-5] **Ch7Lab4PrjMSLab**에 포함되어 있는 modeling 기법 분석 - 3.

②번에서 보여준 것과 같이 0x100=256bytes를 main flash memory에 writing하는 경우로서 ③번과 같이 HAL_FLASH_Program() 함수를 modeling하였는데, 이때, main flash memory 역할을 수행할 RDData[] 배열의 시작 번지부터 writing 되도록 ④번과 같이 지정한 시작번지 값만큼 빼준 것이다. 결국, ⑤번과 같이 256bytes가 정상적으로 writing되므로 modeling을 올바로 한 것이 확인되었다. 나머지 전체 (5748-256)bytes에 대해서 계속해서 확인해 보니, 끝까지 정상 동작하는 것이 확인되었다. 그러므로, 앞서 보여준 다음의 code routine을 그대로 MCU code로 사용해도 될 것이다.

```
case 1: //MCU Internal Main Flash Memory has address range from 0x08000_0000.
    {
        k=BytesNum%256;
        if(k) {
            bFlg=MainFLASH_Write_Word((uint32_t*)(DL_CfgData.pNewImageData),
                (DL_CfgData.CurFrame.FlashAddr+
                (PageSize*(DL_CfgData.CurFrame.CurFrameInd-1))), BytesNum, false);
        } else {
            bFlg=MainFLASH_Write_Word((uint32_t*)(DL_CfgData.pNewImageData),
                (DL_CfgData.CurFrame.FlashAddr+
                (PageSize*(DL_CfgData.CurFrame.CurFrameInd-1))), PageSize, false);
        }
    }
    break;
```

마찬가지로 내부 SRAM에 대한 modeling을 확인하기 위하여 memory type의 값을 0으로 바꾸고 앞서 보여준 다음의 code routine에 대해서 동작을 확인해 보았다.

```
case 0:    // MCU Internal SRAM has address range from 0x2000_0000.
    {
        for(i=0; i<BytesNum; i++) {
            *((uint8_t*)(DL_CfgData.CurFrame.FlashAddr+i))=
                        *(DL_CfgData.pNewImageData+i);
        }
    }
```

전체 5748bytes에 대해서 **정상적으로 동작하는 것이 확인되었다**. 결국, modeling이 올바로 되었으므로 그대로 MCU code로 사용해도 될 것이다. 이제 이들 모든 내용을 기존의 **Ch7Lab3Prj** project에 적용하여 새로운 **Ch7Lab4Prj** project를 만들어 준다. 그리고, 실험을 위하여 SJ_MCUBook_M4 보드와 SJ_MCUPro windows program을 준비하고, 연결하여 준 다음에 [그림 7.3 6]과 같이 **Ch7Lab4Prj** project를 build 하고 나서, KEIL의 uVision에서 ⓠ (Ctrl+F5) icon을 click하여 debug mode에서 실행하여 준다. 실험 방법은 앞서 학습한 **Ch7Lab4PrjMSLab**에서 실험한 것과 거의 동일하다. 단지, 실제 MCU 번지를 사용한다는 것만 다를 뿐이다.

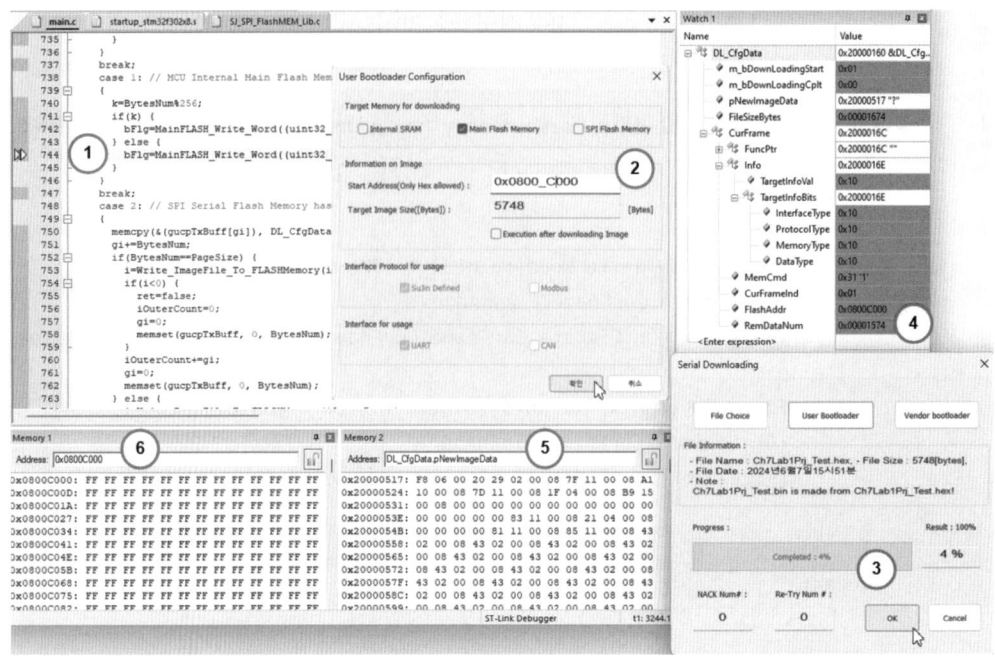

[그림 7.3-6] Ch7Lab4Prj를 이용한 내부 main flash memory에 실행 이미지 저장 방법 - 1.

우선, ①번과 같이 **744번째 line**에 breakpoint를 설정하고, ▶ Run(F5) icon을 click 하여 준다. 그리고, SJ_MCUPro program을 실행한 다음에 COM port를 설정한다. 그리고 나서, PC의 시각 정보를 보낸 다음에 시각 정보가 0.5[초] 단위로 정상적으로 갱신되는지 확인하여 SJ_MCUBook_M4 보드가 정상 동작하는지 확인한다. 앞서 학습한 것과 같이 MCU 내부 main flash memory 영역에서 **0x0800_C000 번지를 시작번지**로 설정하고, 실행 이미지 Ch7Lab1Prj_Test.hex를 설정한 번지부터 저장하도록 **SJ_Downloader...** 버튼을 click 하여 **Serial Downloading** dialogbox를 호출하고, 여기서, **File Choice** button을 선택하여 Ch7Lab1Prj_Test.hex 파일을 선택한 다음에 **User Bootloader** button을 click하여 **User Bootloader Configuration** dialogbox를 호출한다. 그리고 나서, ②번과 같이 **Start Address(Only Hex allowed):** 옆의 editbox에 시작 번지 0x0800_C000번지를 지정해 준다. 물론, 0x0800C000과 같이 "_"을 사용하지 않아도 되고, 800C000과 같이 0x도 사용하지 않아도 된다. 모두 인식할 수 있도록 만들었기 때문이다. 어쨌든, ②번과 같이 시작 번지를 지정해 주고, **확인** 버튼을 click하여 주면, ③번과 같이 실행 이미지 크기에 따라서 바뀌기는 하지만, 여기서는 4% 진행률을 보여준다. 이 4%는 통신 규약의 첫 번째 데이터 frame이 이미 전송되고, 이후 첫 번째 256bytes 데이터 frame이 전송되었기 때문에 ①번과 같이 설정한 breakpoint에서 실행이 멈추게 되는 것이다. ④번으로부터 전체 실행 이미지 크기인 5748(0x1674)bytes에서 256(x0100)bytes가 전송되어서 남은 bytes는 5748-256=5492=0x1574인 것을 보여주고 있으며, 데이터를 저장할 시작번지는 전역 변수 **DL_CfgData.CurFrame.FlashAddr**에 저장된 것도 확인할 수 있다. 그리고, host PC에서 전송한 256bytes는 ⑤번의 **Memory 2** window에 나와 있듯이 현재 0x2000_0517번지 즉, DL_CfgData.pNewImageData 번지부터 저장되어 있다. 그리고, ⑥번과 같이 **Memory 1 window**는 0x0800_C000번지부터 시작하는 main flash memory 영역을 보여주고 있는데, 앞서 학습한 다음의 code routine으로 해당 영역이 모두 erase된 것을 볼 수 있다.

```
... 중간 생략 ...
// In case of Main Flash Memory
if(DL_CfgData.CurFrame.Info.TargetInfoBits.MemoryType==1) {
    MainFLASH_Erase(DL_CfgData.CurFrame.FlashAddr,
        (DL_CfgData.CurFrame.FlashAddr)+(DL_CfgData.FileSizeBytes));
}
... 중간 생략 ...
```

이제, [그림 7.3-7]의 ⑦번과 같이 **747번째 line**에 breakpoint를 설정하고, **F5 Run icon**을 실행하면, 0x0800_C000번지부터 DL_CfgData.pNewImageData 번지를 시작으로 저장되어 있던 256bytes의 데이터가 저장된 것을 확인 할 수 있다.

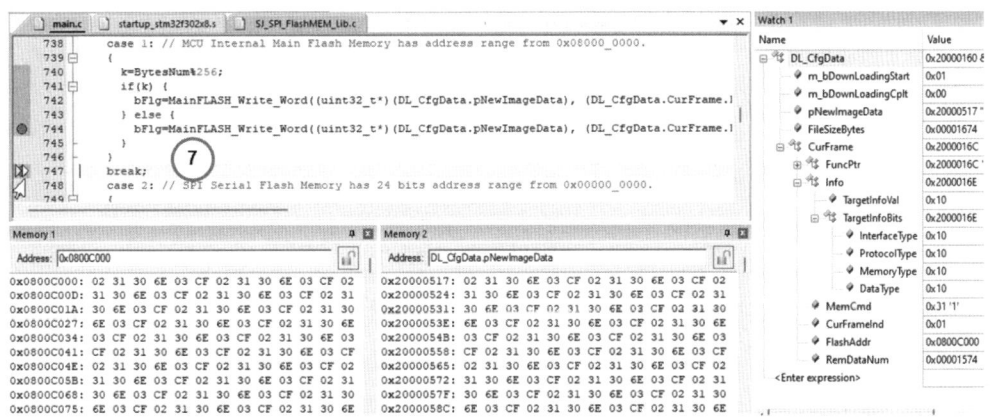

[그림 7.3-7] Ch7Lab4Prj를 이용한 내부 main flash memory에 실행 이미지 저장 방법 - 2.

앞서 설명한 것과 같이 breakpoint 설정으로 host PC에서 반복적으로 데이터를 보내주는 시나리오와 MCU 사이에 문제가 발생하여 정상적으로 계속해서 데이터 통신을 수행할 수 없으므로 SJ_MCUPro program의 오른쪽 상단 ✕ button click하여 닫아주고, MCU도 다시 ⓠ (Ctrl+F5) icon을 click하여 debug mode에서 빠져 나간다. 그리고, 다시, SJ_MCUPro를 실행하고, 앞서 학습한 방법대로 RTC 동작을 확인한다. 그리고 나서, 다시 ⓠ (Ctrl+F5) icon을 click하여 debug mode로 들어가서 ▦ Run(F5) icon을 click 하여 준다. 전체 5748bytes가 모두 정상적으로 지정한 0x0800_C000번지부터 저장되는지 확인 하기 위해서 [그림 7.3-8]의 ⑧번과 같이 **742번째** line에 breakpoint를 설정하고, [그림 7.3-6]의 ②번과 같이 다시 Ch7Lab1Prj_Test.hex 파일을 선택하고, 시작 번지를 설정한 다음에 **확인** 버튼을 click하여 주면, ⑨번과 같이 **진행률이 100%**에 도달할 것이다.

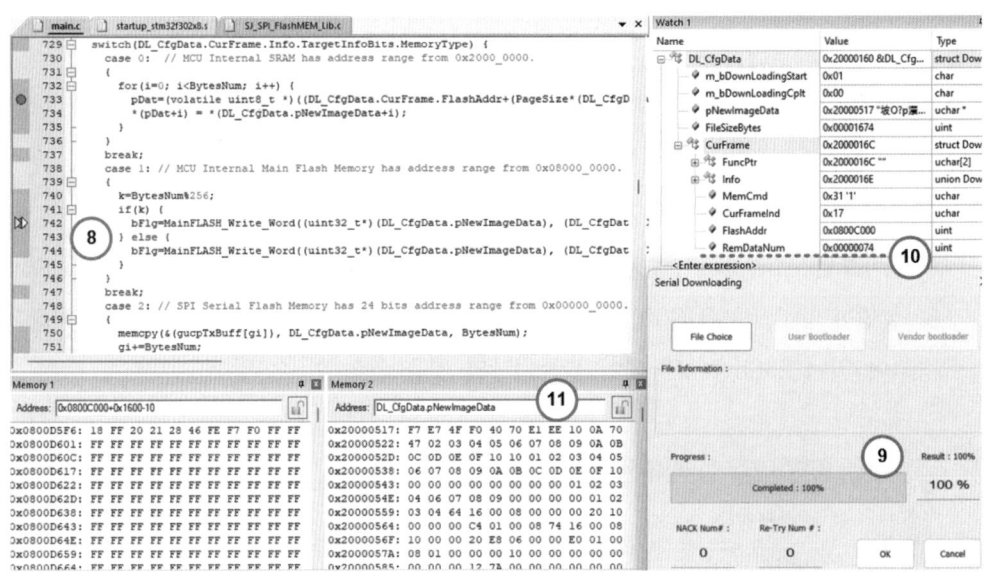

[그림 7.3-8] **Ch7Lab4Prj**를 이용한 내부 main flash memory에 실행 이미지 저장 방법 - 3.

그리고 나서, **742번째** line에 설정한 breakpoint에서 ⑧번과 같이 멈춘다. 이때에 ⑩번과 같이 전체 5748(0x1674)bytes 중에서 0x74bytes만 남았고, 이렇게 남은 0x74bytes가 UART DMA를 통하여 수신되어서 DL_CfgData.pNewImageData 번지부터 저장되어 있는 것을 Memory 2 window에서 ⑪번과 같이 확인 할 수 있다. 이제, 이 데이터가 저장될 영역인 0x0800C000+0x1600번지부터 **Memory 1 window**를 통하여 확인해 보면, 모두

0xFF로 erase 된 것을 볼 수 있다. 다음으로 [그림 7.3-9]의 ⑫번과 같이 **747번째** line에 breakpoint를 설정하고, Run(F5) icon을 click하면, ⑬번과 같이 남은 0x74bytes가 정상적으로 지정한 main flash memory에 저장된 것을 확인 할 수 있다.

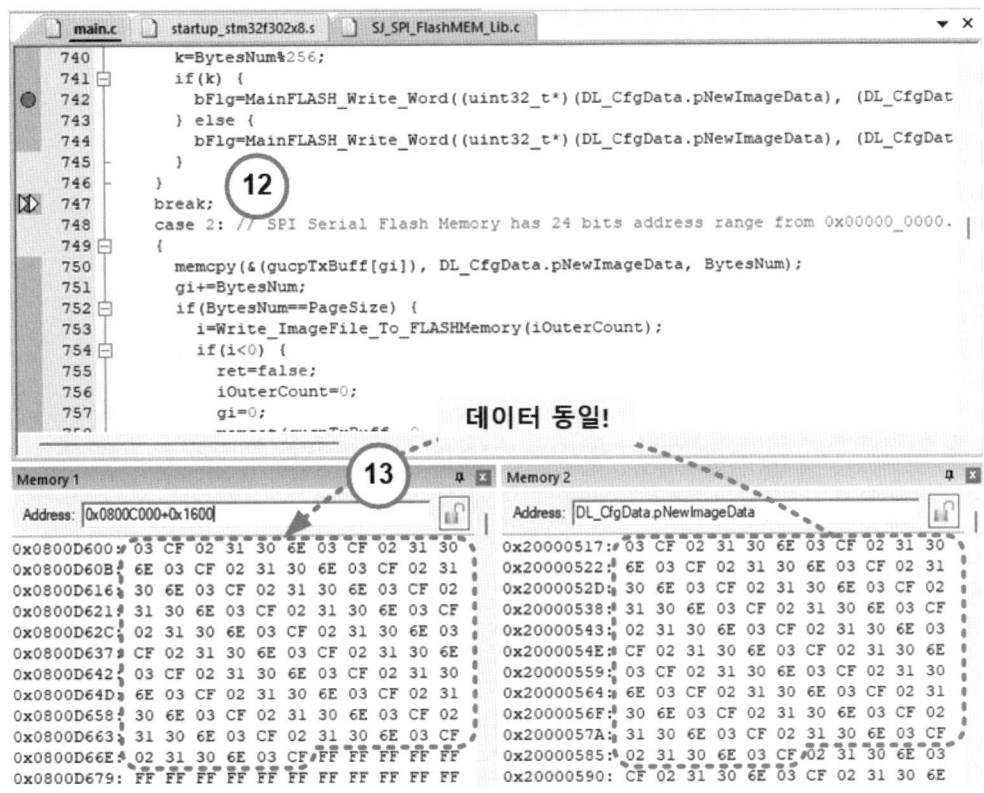

[그림 7.3-9] **Ch7Lab4Prj**를 이용한 내부 main flash memory에 실행 이미지 저장 방법 - 4.

이것을 좀 더 확인하기 위해서 ⓠ (Ctrl+F5) icon을 click하여 debug mode에서 빠져 나간다. 그리고, [그림 7.3-10]과 같이 SJ_MCUBook_M4 보드에 탑재된 STM32F302R8의 내부 flash memory 0x0800C000번지부터 0x0800D674번지까지 저장된 데이터를 HxD를 이용하여 SJ_MCUPro program이 생성해준 Ch7Lab1Prj_Test.bin file의 내용과 비교해 보면 모두 동일한 것을 확인할 수 있을 것이다. 무엇보다도 [그림 7.3-7]의 Memory 1 window 내용을 시작으로 [그림 7.3-9]의 Memory 1 window 내용까지 STM32 ST-LINK Utility window에 나와 있는 데이터를 비교해 보면 모두 동일한 것을 확인 할 수 있다.

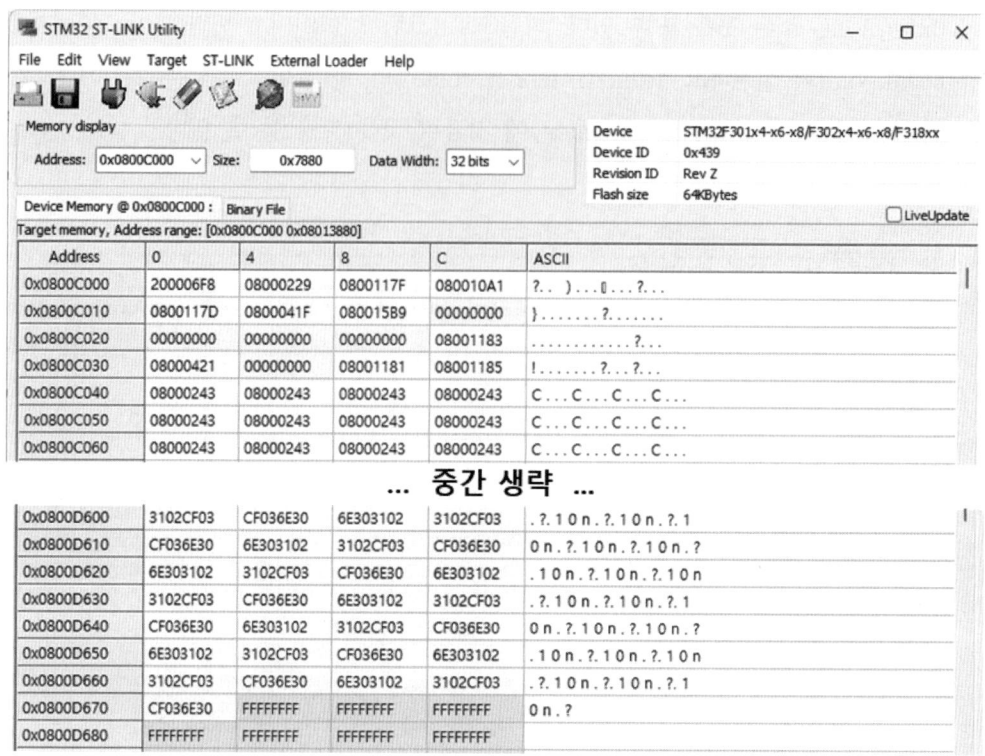

[그림 7.3-10] Ch7Lab4Prj를 이용한 내부 main flash memory에 실행 이미지 저장 방법 - 5.

지금까지 MCU 내부의 main flash memory에 데이터를 저장하는 방법에 대해서 학습하였다. 이번에는 MCU 내부 SRAM에 데이터를 저장하는 방법을 학습해 보겠다. Vol.1.의 4.1. 단원에서 Cortex-M Family Core가 갖는 **interrupt vector table**에 대해서 설명한 부분을 찾아보면, boot code에 대한 설명이 나오고, 이어서 [그림 4.1-17]과 [표 4.1-1]을 기반으로 boot sequence와 memory map에 대한 설명도 나온다. [그림 4.1-17]의 ③번에서 표시한 것과 같이 stack 영역에 대해서 **FD**(Full-Descending) 방식으로 addressing되는 것을 볼 수 있다. stack은 C 언어를 수행하는데 반드시 필요한 memory 영역이지만, heap은 사용하지 않을 계획이면 할당할 필요가 없다. 즉, malloc()으로 영역을 할당 받고, free()로 풀어주는 이와 같은 동적 memory 할당이 필요 없다면, [그림 7.3-11]의 ①번에서 보여준 것과 같이 CubeMX에서 **Minimum Heap Size**에 0x00을 설정해 주면 된다. 그리고 나서, **GENERATE CODE** button을 click하여 주면, **MDK-ARM** folder 안에 생성된 boot code인 startup_stm32f302x8.s에서 ②번에 보여준 것과 같이 heap size가 0x00으로 잡힌 것을 볼 수 있다.

[그림 7.3-11] CubeMX를 이용한 Stack과 Heap 설정 방법.

물론, ③번에서 보여준 것과 같이 Stack size는 0x400으로 설정되어 있다. STM32F302R8의 경우에 datasheet를 살펴보면, 내부 SRAM의 크기는 16[KB]이다. 현재, 저장할 실행 이미지 파일의 크기가 5748bytes 즉, 대략 5.62[KB]이다. 또한, 앞서 살펴본 것과 같이 **Ch7Lab4Prj** project에서 MCU 내부 memory를 어떻게 사용하고 있는지 확인하기 위하여 build 후에 생성되는 **Ch7Lab4Prj.map** file을 열어서 맨 아래 내용을 살펴보면 다음과 같다.

```
==============================================================================
    Total RO  Size (Code + RO Data)                 42520 (   41.52kB)
    Total RW  Size (RW Data + ZI Data)               5560 (    5.43kB)
    Total ROM Size (Code + RO Data + RW Data)       42740 (   41.74kB)
==============================================================================
```

앞서 main flash memory와 SRAM 관련 code routine을 적용하지 않고, heap size도 0이 아닌 경우와 비교하였을 때에 **RW Size** 즉, SRAM에 저장될 데이터의 크기가 많이 줄어 든 것을 확인할 수 있다. 또한, Vol.1.에 있는 [표 4.1-1]의 맨 위쪽 즉, vector table의 첫 번째가 Initial Stack Pointer인 것을 볼 수 있다. 사실, **2.6 단원**에서 이미 학습한 main stack pointer의 초기 값을 의미하며, boot code인 **startup_stm32f302x8.s** assembly 파일에서 __initial_sp label로 표시된다. 구체적으로 main stack pointer의 초기 값 즉, label __initial_sp의 값을 알기 위해서 Ch7Lab4Prj.map file을 열어서 __initial_sp에 대해서 **단어 찾기**를 하면, 다음과 같은 내용을 발견할 수 있다.

```
                    ... 중간 생략 ...
    HEAP          0x200011b8    Section      0      startup_stm32f302x8.o(HEAP)
    STACK         0x200011b8    Section      1024   startup_stm32f302x8.o(STACK)
    __initial_sp  0x200015b8    Data         0      startup_stm32f302x8.o(STACK)
                    ... 중간 생략 ...
```

결국, __initial_sp = 0x2000_15b8이고, 0x15b8 = 5560이다. 이 값 5560은 앞서 살펴본 Ch7Lab4Prj.map file의 맨 아래 내용 중에서 Total RW Size와 같은 것을 알 수 있다. 지금까지의 내용을 정리하면, Vol.1.에 있는 [그림 4.1-17]에서 0x0000_0000번지의 값은 0x2000_0720이 아닌 0x2000_15b8이고, ③번에서 보여준 **FD(Full Descending)**의 시작 번지도 0x2000_15b8인 것을 알 수 있다. 그런데, STM32F302R8의 내부 SRAM의 크기는 16[KB]이다. 즉, 16×1024 = 0x4000이 된다. 그러므로, 0x2000_0000 ~ (0x2000_4000 -1) 번지까지 **내부 SRAM 영역**인 것을 알 수 있다. 저장할 실행 이미지 데이터의 크기가 5748(0x1674)bytes이므로 0x2000_**2000번지**부터 새로운 실행 이미지 데이터를 저장하면, 현재 동작하고 있는 이미지 데이터와 충돌 나지 않고, 저장할 수 있겠다. 즉, [그림 7.3-12]의 ④번과 같이 **733번째** line에 breakpoint를 설정하고, ⓺ (Ctrl+F5) icon을 click하여 debug mode로 들어가서 Run(F5) icon을 click하여 실행해 준다. 그리고 나서, host PC에서 SJ_MCUPro program을 실행하고, **SJ_Downloader...** 버튼을 click 하여 **Serial Downloading** dialogbox를 호출하여 준다. 여기서, File Choice button을 선택하여 Ch7Lab1Prj_Test.hex 파일을 선택한 다음에 User Bootloader button을 click하여 User Bootloader Configuration dialogbox를 호출한다.

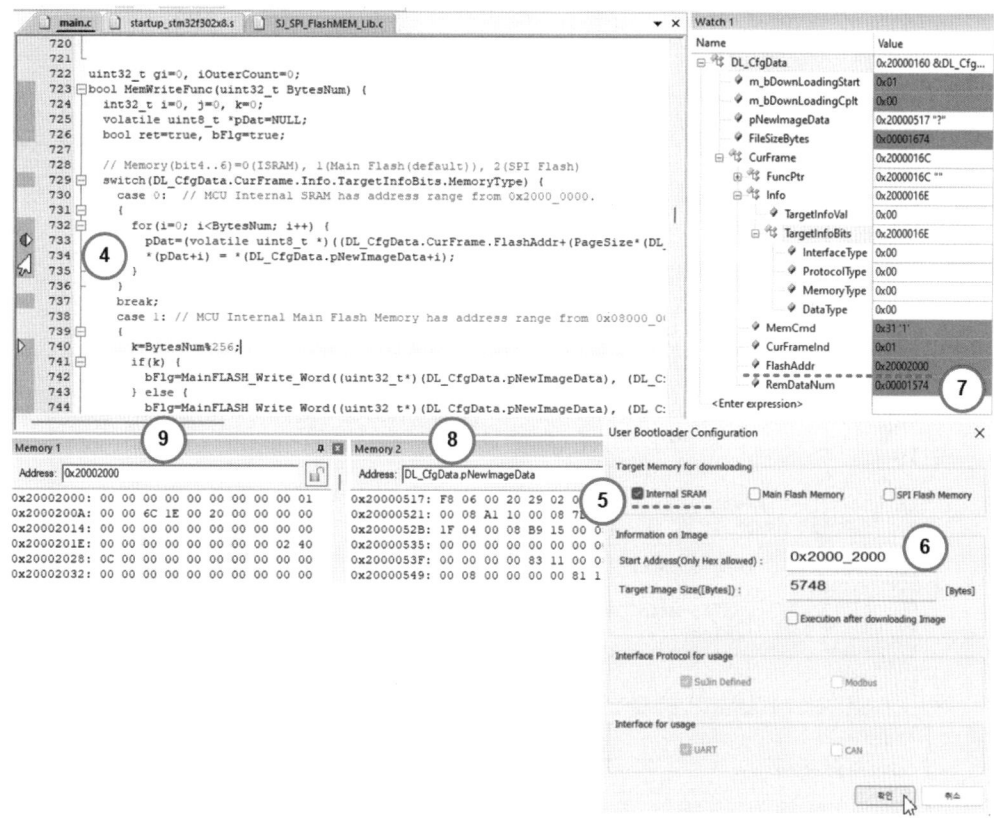

[그림 7.3-12] Ch7Lab4Prj를 이용한 내부 SRAM에 실행 이미지 저장 방법 - 1.

그리고 나서, ⑤번과 같이 Internal SRAM checkbox를 선택하고, ⑥번처럼 Start Address(Only Hex allowed): 옆의 editbox에 시작 번지 0x2000_2000번지를 지정해 준다. 그리고, **확인** button을 click하여 주면, ④번처럼 **733번째** line에 설정한 breakpoint에서 실행이 멈춘다. 이때, ⑦번처럼 DL_CfgData.CurFrame.FlashAddr에는 지정한 시작 번지 0x2000_2000번지 값이 저장되어 있고, 남은 데이터 크기는 0x1574bytes인 것을 볼 수 있다. 또한, ⑧번과 같이 **Memory 2** window에는 처음 host가 전송한 256bytes 데이터가 DL_CfgData.pNewImageData 번지부터 저장된 것을 확인 할 수 있다. ⑨번의 Memory 1 window는 현재 0x2000_2000번지부터 저장된 데이터가 나열되어 있는데, Flash memory처럼 0xFF 즉, erase 작업이 필요 없는 것을 볼 수 있다. 물론, 0x00으로 초기화해 줄 수도 있다. 어쨌든, [그림 7.3-13]의 ⑩번과 같이 **737번째** line에 breakpoint를 설정하고, Run(F5) icon을 click하여 실행하면, ⑪번과 같이 지정한 0x20002000번지

부터 host PC에서 전송한 256bytes가 저장된 것을 확인 할 수 있다.

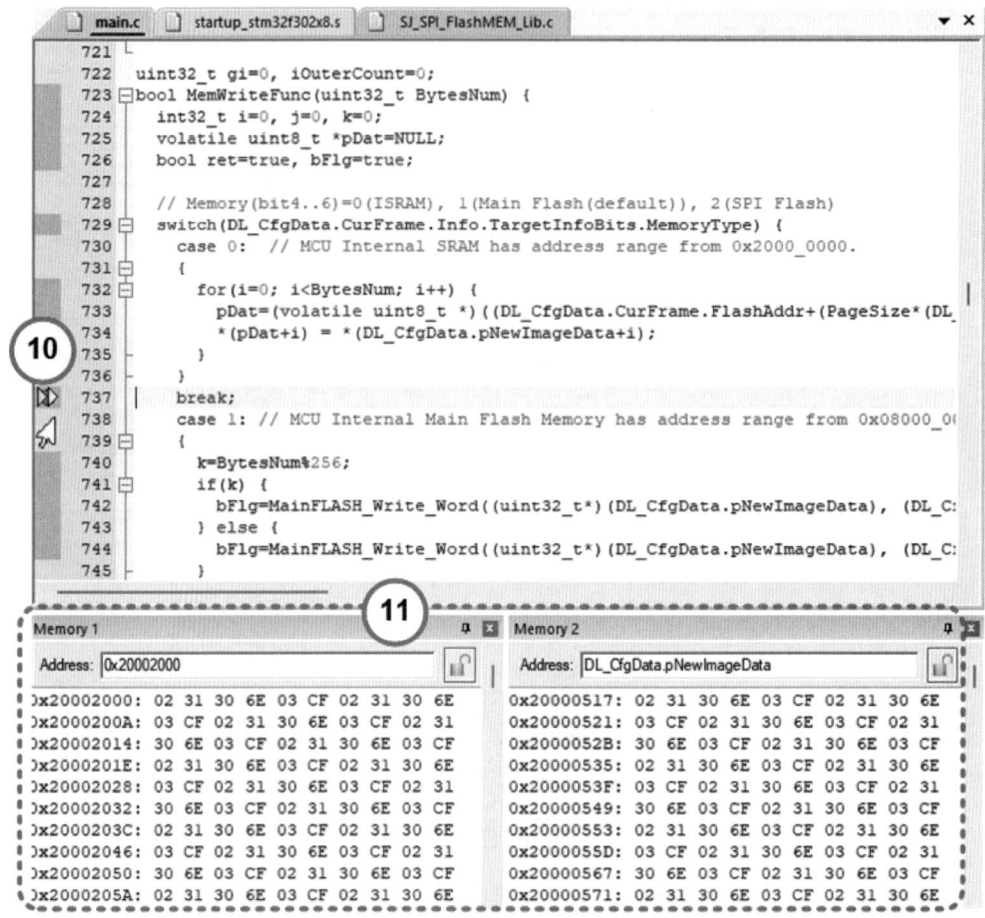

[그림 7.3-13] Ch7Lab4Prj를 이용한 내부 SRAM에 실행 이미지 저장 방법 - 2.

이제, 전체 5748bytes 모두 MCU 내부 SRAM에 정상적으로 저장되는지 확인하기 위하여 다시, 🔍 (Ctrl+F5) icon을 click하여 debug mode에서 빠져나가고, 다시 한 번, 🔍 (Ctrl+F5) icon을 click한 이후에 F5를 click 하여 실행해 준다. 만일, 이 과정이 귀찮으면, 회로도를 통하여 알 수 있듯이 debug mode 상태에서 단순히 SJ_MCUBook_M4 보드에 있는 SW1을 click하여 주면, STM32F302가 reset 된다. 또한, 더 이상 breakpoint로 실행을 멈추지 않을 것이므로 모든 breakpoint들을 지운다. 그리고 나서, SJ_MCUPro program의 오른쪽 상단 X button click하여 닫아주고 **다시**, 실행해 준다. 그리고, 이전과 같이 SJ_Downloader... 버튼을 click하여 Ch7Lab1Prj_Test.hex 파일을 선택한 다음에 Internal SRAM checkbox를 선택하고, Start Address(Only Hex allowed): 옆의 editbox에 0x2000_2000번지를 지정해 준 다음에 확인 버튼을 click하여 준다. 그러면, 진행률이 100%가 되고, [그림 7.3-14]에 보여준 것과 같이 0x2000_2000번지부터 전체 5748(0x1674)bytes가 0x2000_3674까지 정상적으로 저장된 것을 확인 할 수 있다.

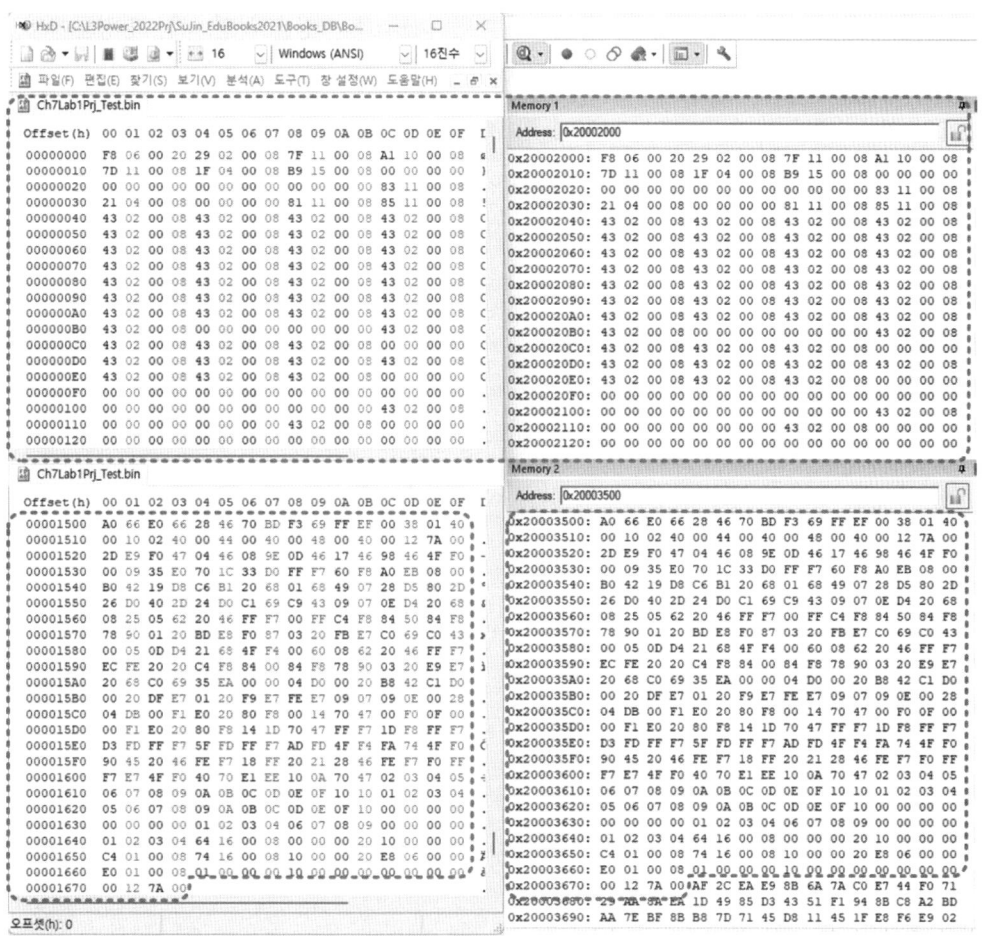

[그림 7.3-14] Ch7Lab4Prj를 이용한 내부 SRAM에 실행 이미지 저장 방법 - 3.

[그림 7.3-14]의 왼쪽 HxD window가 보여주고 있는 데이터는 SJ_MCUPro program이 생성해준 Ch7Lab1Prj_Test.bin file의 내용이다. 참고적으로 Main Flash memory 또는 SRAM에 32bits 1 word 단위로 데이터가 writing 되는 것을 확인하기 위하여 debugging

을 수행하기 위해서 관련된 code에 breakpoint를 설정할 때에 간혹, 정상적인 예상된 결과를 출력하지 않는 경우가 발생한다. 이것은 SPI DMA 관련된 code에 breakpoint를 설정할 때에도 마찬가지이다. 이와 같은 현상이 발생하는 이유는 main flash memory와 외부 flash memory에 대한 writing time이 상대적으로 길고, 무엇보다도 debugging과 관련된 code도 모두 동일한 bus를 공유하는데 debugging이 상당히 높은 interrupt 우선순위를 가지기 때문에 **다른 주변장치들의 정상적인 동작을 방해**할 수 있기 때문이다. 그러므로, 가능하면, **breakpoint를 다수의 데이터에 대한 writing 과정을 확인 하는 명령문에서 사용**하기 바란다. 또한, STM32 MCU에 내장되어 있는 SRAM의 경우 영역이 나누어져 있는 경우가 있다. 예를 들면, STM32L476Rx의 경우, 전체 내부 SRAM 128[KB] 중에서 **SRAM1의 크기는 96[KB]**이고, **SRAM2는 32[KB]**이다. 결국, 이것은 **연속적으로 128[KB]가 넘는 배열을 사용할 수 없다는 의미**가 된다. 지금까지 상당히 많은 내용을 학습하였다. 외부 flash memory, MCU 내부 flash memory, 그리고, SRAM에 임의의 데이터를 작성하는 방법에 대해서 자세히 학습하였다. 이제, 이들 학습한 내용을 바탕으로 다음 Chapter 8.과 Chapter 9.에서는 다양한 user bootloader를 개발하는 방법을 학습해 보도록 하겠다.

CHAPTER

08

User Bootloader 소개와 간단한 예제 구현

이번 Chapter에서는 지금까지 학습한 외부 flash memory에 간단한 새로운 실행 image를 저장하고, 이 저장한 실행 image를 현재 동작하고 있는 실행 image를 지우고, 대신 실행시키는 방법에 대해서 학습하도록 할 것이다. 즉, 현재 MCU에서 실행하는 image를 새로운 실행 image로 갱신(Update)하는 방법에 대해서 학습하게 될 것이다. 그러기 위해서는 우선, 새로운 실행 image를 host로부터 받아서 지정한 memory에 저장하여 주고, 저장이 완료되면, 선택적으로 host에서 보낸 데이터와 저장한 데이터를 읽어 와서 비교하여 저장과정에 발생할 수도 있는 error에 대한 검증(Verification) 작업을 수행하고, 문제가 없다면, 현재 MCU의 내부 main flash memory에서 동작하고 있는 실행 image를 모두 지우고, 새로 저장한 실행 image를 지운 시작 위치부터 저장하여 대신 실행 시키는 일련의 작업을 수행해 주는 bootloader가 필요하게 된다. 우리는 이번 Chapter에서 bootloader에 대한 동작 원리를 자세히 여러 그림들과 함께 학습하게 될 것이다. 그 과정에서 Cortex-M core 와 NVIC에 대한 좀 더 많은 내용을 접하게 될 것이다. 예를 들면, 앞서 학습한 handler mode와 thread mode에 대한 보다 자세한 내용과 **Privilege State**와 **Unprivilege State**, **MSP(Main Stack Pointer)**와 **PSP(Process Stack Pointer)**, 그리고, **MRS(Move to**

Register from Special)와 MSR(Move to Special Register) assembly **명령어**에 대해서 학습하게 될 것이다. 무엇보다도 Cortex-M core를 위한 **전용** interrupt controller인 NVIC(Nested Vector Interrupt Controller)에 대한 자세한 내부 동작 흐름과 관련된 register들에 대해서 학습하게 될 것이다. 이들은 모두 Chapter 10.**부터** 학습하게 될 RTOS(Real Time Operating System)의 **구현 과정**에서 사용하게 될 매우 중요한 내용이므로 집중하여 자세히 학습하고 이해하기 바란다. 가장 중요한 것은 여기서 설명하는 내용들은 STM32 MCU만을 위한 것이 아니고, 모든 processor에 적용되는 가장 보편적인 내용들이므로 추후에 여러분이 다른 제조사의 다른 Core를 사용할 때에도 그대로 적용할 수 있다.

■ 학습 목표 :
- Bootloader의 역할과 그 동작 흐름을 학습.
- Interrupt Vector Table에 대한 개념과 자세한 내용, 그리고 재배치에 대한 학습.
- NVIC의 내부 동작 흐름과 관련 register들에 대한 학습.
- 여러 실행 image들을 동시에 debugging하는 방법 학습.
- SJ_MCUBook_M4 보드를 이용한 user bootloader 개발과 실습.

8.1 간단한 User Bootloader 구현 방법 소개.

우리는 일상생활에서 쉽게 **소프트웨어 업데이트**라는 용어를 접하고 산다. 예를 들면, 스마트폰, Note PC 등등 거의 모든 전자 제품들은 구입을 하고, 시간이 지나면 종종 소프트웨어를 **갱신**한다고 한다. 사실, 이 **갱신(Update)**이라는 단어는 좀 더 나은 소프트웨어 성능을 추가하는 경우에도 사용되지만, 많은 경우에 제조사가 시장에 제품을 출시하고, 다양한 사용자 반응에 따라서 잘못된 부분을 고치기 위한 방법으로도 사용된다. 이때, 해당 제품이 인터넷 망으로 연결되어 있다면, 쉽게 소프트웨어를 갱신할 수 있지만, 그렇지 않은 경우에는 사용하는 MCU에 맞는 emulator로 소프트웨어를 갱신해야 한다. 그런데, 제품이 산꼭대기처럼 쉽게 사람이 접근할 수 없는 지역에 있거나 또는 소프트웨어 갱신 작업을 수행할 작업자가 전혀 컴퓨터에 대한 지식이 없는 경우에는 어떻게 작업을 수행할 것인지 제품 출시 **전에 반드시 고객과 협의하여** 결정을 해야 한다. 일반적으로 RS-485와 같은 유선으로 제품들을 연결하고, Modbus와 같은 산업용 표준으로 사용되는 통신 규격으로 중앙 서버에서 새로운 application image를 전송하여 갱신하거나 또는 작은 MCU와 시리얼 flash memory를 사용하여 module 형태로 만들어서 Host PC로부터 새로운 application image를 저장하고, 이후에 작업자가 단순히 제품과 cable 연결하여 module에 있는 버튼만 누르면 새로운 application image가 전송되어 갱신하는 방법이 사용된다. 지금부터 현재 동작하고 있는 application image를 새로운 application image로 갱신해 주는 **bootloader** 개발 방법에 대해서 살펴보도록 하겠다. 구체적으로 임의의 bootloader는 현재 동작하고 있는 user application image가 **새로운** application image로 갱신될 수 있도록 **관련 업무를 수행하는 실행 image**를 의미한다. 여기서 언급한 새로운 application image는 일반적으로 USB cable로 연결된 Host PC 또는 MCU를 포함하는 소형 module에서 UART interface와 같은 download channel을 이용하여 전송된다. 이제, [표 1.4-1]에서 나열한 **Main Flash Memory**로 booting 하도록 BOOT0 pin에 **Low** level을 할당하기 위해서 회로도를 참조하여 SJ_MCUBook_M4 보드의 J14 pin header에서 6번과 8번을 연결하여 준다. 그리고 나서, **SW1 reset** button을 click하여 주면, 이제부터 개발할 User bootloader가 실행되어 일반적으로 Host PC와 새로운 application image 데이터를 지정한 download channel로 전송 받기 시작한다. 모든 새로운 application image를 전송 받았으면, 전송 받은 새로운 application image 데이터를 현재 동작하고 있는 application image 데이터에 덮어 써준다. 그리고, 새로운 application image를 동작시켜준다. 이것이 가능하기 위해서는 **Bootloader** 역할을 수행하는 project와 새로운 application image를 위한 project 이렇게 최소한 2개의 project들을 동일한 **workspace**에 포함시켜야 할 것이다. 사실, **workspace**라는 용어는 **여러 project를 포함하는 개념**으로 사용되어 왔다. 여기서 언급한 **project**는 하나의 실행 파일 또는 library를 생성하는 데 필요한 모든 파일들을 관리하는 개념을 의미한다. 그러므로, 일반적으로 workspace folder 안에 여러 project folder들이 구성되는 구조이다. 그런데, Visual C++는 아마도 .NET부터 workspace라는 용어 대신에 **solution**이라는 용어를 대신하여 사용하고 있으며, CudeIDE와 IAR은 그대로 workspace라는 용어를 사용하고 있다. 그런데, KEIL의 uVision은 **Multi project** 또는 **Workspace**, 2개의 용어들을 서로 혼용하여 사용한다는 데 주의하자. 어쨌든, **독립적인 각각의** bootloader project와 새로운 application image를 위한 각각의 project를 하나의 multi project에 구성해야 한다. 또한, 사용하는 MCU가 포함하고 있는 내부 main flash memory와 SRAM의 크기, 그리고 외부 flash memory 크기에 맞추어 bootloader와 새로운 application image 그 밖에 필요한 데이터가 저장될 [그림 8.1-1]에서 보여준 **memory map**을 구성해 보아야 한다. [그림 8.1-1]은 2.6. 단원에서 학습한 [그림 2.6-7]을 포함하고 있다. 구체적으로 **bootloader의 주요 역할**을 정리하면, 앞서 2.6. 단원을 학습할 때에 **제조사** bootloader가 다음과 같은 작업들을 **순서대로** 수행한다고 하였는데, **기본적으로 동일한 업무를 수행**해 주도록 coding해 주면 된다.

❶ Host PC 또는 MCU로부터 새로운 application image를 전송 받는다.
❷ 현재 동작하고 있는 user application image를 새로운 application image로 덮어 쓴다. 사실, **덮어 쓴다**는 표현보다는 **우선**, 현재 동작하고 있는 user application image를 **모두 지우고, 그곳에** 새로운 application image를 **writing해 준다**가 맞는 표현인데, 너무 문장이 길어서 간단히 **덮어 쓴다**고 하였고, 이후에도 이와 같은 표현을 사용할 수도 있으니 주의하기 바란다.
❸ 새로운 application image를 host로부터 받아서 동작시키는 과정에서 bootloader에 의해 사용된 주변 장치들을 포함한 모든 register들을 reset default 값으로 초기화한다. 그래야 새로 실행될 application image가 해당 주변 장치를 깨끗한 마음으로 사용할 수 있기 때문이다.

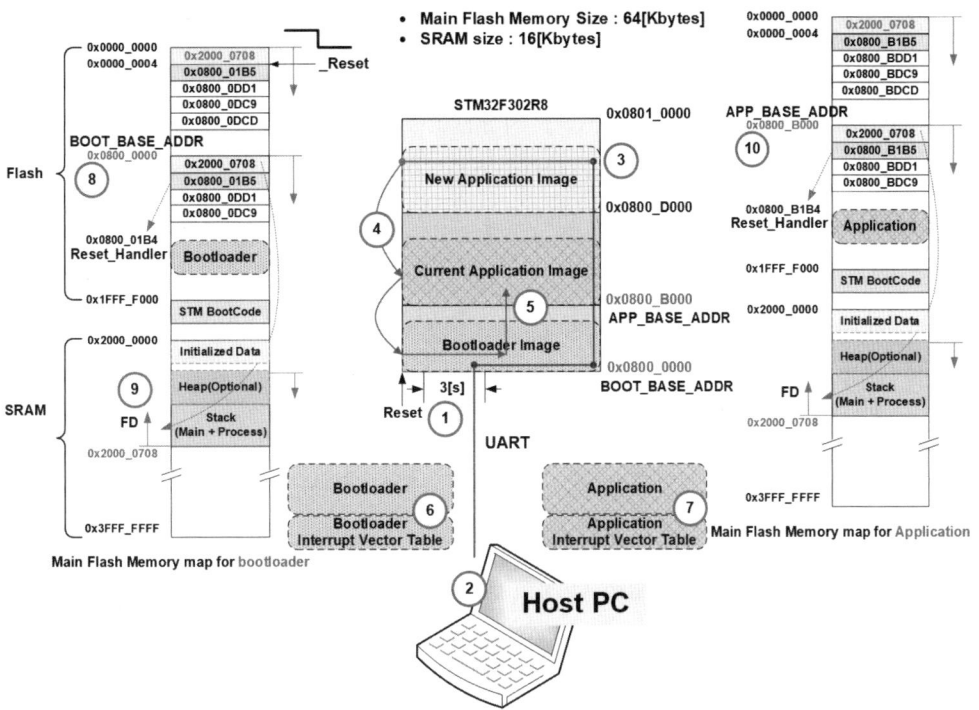

[그림 8.1-1] bootloader를 위한 memory map 구성도.

❹ 새롭게 실행할 application image를 위해 **Main Stack pointer**를 초기화한다.
❺ 지정한 번지 + 4번지를 PC register, R15에 저장한다.

[그림 8.1-1]에서 도식화한 **bootloader의 동작 순서**를 살펴보면, 우선, 새로운 application image로 갱신할 MCU를 ①번과 같이 Reset해 준다. 이때, SJ_MCUBook_M4에 있는 **SW1 reset button**을 사용하면 된다. 그리고, 여기서는 3[초] 이내에 지정한 interrupt 또는 event가 발생하면, bootloader가 **APP_BASE_ADDR 즉, 0x0800_B000**번지를 시작으로 **현재** 저장되어 있는 application image를 동작시키지 않고, Host PC와 연결된 UART port 로 새로운 application image 데이터를 받을 준비를 한다. ②번과 같이 Host PC로부터 새로운 application image를 구성하는 데이터가 전송되면, 이것을 받아서 ③번에서 보여준 것과 같이 0x0800_D000번지부터 시작하는 **New Application Image** 영역으로 저장하기 시작한다. 모든 저장이 완료되고, 전송에 대한 검증도 완료되면, ④번과 같이 현재 사용하고 있는 application image 영역을 모두 **erase**하고, 이곳에 새로운 application image를 저

장해 준다. 그리고 나서, New Application Image 영역은 모두 erase하여 향후 또 다시 갱신된 Application image를 받을 수 있도록 준비한다. 그리고, ⑤번과 같이 Current Application Image 영역에 새롭게 저장된 image를 실행해 준다. 여기서 실행해 준다는 의미에 대해서는 2.6. 단원에서 충분히 학습하였으므로 이번 단원에서는 user bootloader 동작위주로 설명하도록 하겠다. ⑥번에서 보여준 것과 같이 Bootloader Image는 근본적으로 Bootloader을 위한 자신만의 interrupt vector table을 포함하고 있고, 그 구성은 ⑧번과 같다. 여기서 보여준 세세한 번지는 [그림 2.6-7]을 참조한 것이며, 이 번지 값들은 code의 변화에 따라서 바뀌게 된다. 단지, bootloader image 전체 크기가 0xB000 즉, 44[Kbytes]를 넘지 말아야 하며, Application image의 크기는 0x2000 즉, 8[Kbytes]보다 작아야 한다. 물론, 개발하는 제품에 따라서 다르겠지만, 대부분의 경우에 Application image 영역이 bootloader image 영역보다 훨씬 큰 것이 사실이다. 어쨌든, ⑧번으로부터 bootloader에 대한 interrupt vector table의 시작 번지는 0x0800_0000번지인 것을 알 수 있으며, reset handler 번지는 0x0800_01B4인 것을 알 수 있다. 또한, main stack 또는 process stack 영역의 시작 번지는 0x2000_0708번지부터 ⑨번에서 보여준 것처럼 FD(Full Descending) 방식으로 줄어드는 것을 볼 수 있고, Heap 영역의 경우에는 크기뿐만 아니라 존재 자체를 선택할 수 있으며, 0x2000_0000번지부터 전역 변수와 같은 초기화된 변수들이 저장되는 것을 볼 수 있다. 이와 비슷하게 ⑦번에서 보여준 것과 같이 Application image도 자신만의 interrupt vector table로 시작하고, 그 시작 번지가 0x0800_B000인 것을 알 수 있다. ⑩번에서 보여준 것과 같이 0x0800_B000번지에 새롭게 저장된 application image를 실행하기 위해서는 interrupt vector table의 시작 번지를 2.6. 단원에서 학습한 SCB(System Control Block)에 속하는 register인 VTOR(Vector Table Offset Register)에 새롭게 지정해 주고, 새로운 application image가 동작하는 데 필요한 MSP를 설정해 주고, PC(Program Counter) 값으로 새로운 application image의 reset handler 번지를 지정해 주어야 한다. 지금까지 설명한 모든 내용을 coding한 것이 바로 bootloader project이다. 사실, 현재 main flash memory에서 동작하고 있는 user application image를 새로운 application image로 덮어 쓰도록 하는 방법은 개발하려는 **제품의 사양에 따라서 다양하게 개발**할 수 있다. 여기서는 가장 단순한 방법으로 현재 동작하고 있는 user application image를 새로운 application image로 덮어 쓸 것인지 판단하기 위해서 GPIO pin 하나를 사용할 것인데, 구체적으로 Nucleo 보드에 있는 파란색 User button을 사용할 것이다. 현재 동작하고 있는 application image가 새로운 application image로 바뀌었을 때에 bootloader는 새로운 application image의 reset handler routine의 첫 번째 명령어로 PC(Program Counter)를 이동시켜주어서 새로운 application image가 실행하도록 만들어 주어야 한다. 그러기 위해서는 필요한 여러 사전 작업들이 필요하게 되는데, 이들 사전 작업들은 Ch8Lab1Prj project의 main.c 파일에 있는 다음의 함수가 수행하도록 coding할 것이다.

    static void **BootNewAppJump**(void)

Bootloader가 수행할 여러 작업은 MCU 내부의 모든 자원들과 연관되어 있고, 이것은 결국, handler mode 또는 thread mode, 즉, 어떠한 동작 mode에서도 모든 system resource에 접근이 가능하며, **모든 instruction들을 사용할 수 있는 Privilege State**로 설정되어야 할 것이다. Unprivilege state는 thread mode로 동작하는 경우**만** 가능한 상태로서 system timer, NVIC 또는 system control block에 대한 접근을 할 수 없고, memory 또는 주변 장치에 대해서도 제한적으로 접근할 수 있기 때문이다. 이처럼 process state를 **Privilege State와 Unprivilege State**로 구분하는 이유는 사용자 program을 user state 즉, Unprivilege State로 국한시켜서 PSP만 사용할 수 있도록 하고, OS와 관련된 부분은 Privilege State로 설정하여 MSP도 사용할 수 있도록 하여 **사용자 program으로 인한 system 충돌이 발생하지 않도록** 할 수 있기 때문이다. 그런데, reset handler routine에 의해서 호출되는 main() 함수는 [그림 8.1-2]의 ①번에서 화살표로 보여준 ②번과 같이 **기본적으로 thread mode에서 privilege State로 설정되어있으므로** state를 바꾸지 않았다면 구태여 신경 쓸 일은 아니다. 개인적으로 KEIL uVision과 IAR EWARM 사이에 [그림 8.1-2]에서 점선 사각형으로 보여준 Registers Window는 software 개발 과정에서 **상당히 유용**하다고 생각한다. IAR에서 이런 Registers window를 만들 수 없는 것은 아닐 것이고, 비슷한 것이라도 만들어 주면 software 개발하는 데 많이 도움이 될 것 같은데 말이다. 어쨌든, 앞서 언급한 bootloader가 수행할 업무들 중에서 ❶번인 새로운 application image 전송에 대해서는 이미 Chapter 7.에서 충분히 설명하였고, ❷번은 그리 어렵지 않으므로 ❸**번부터** 살펴보도록 하겠다. 즉, ❶번과 ❷번 작업을 수행하는 과정에서 bootloader는 관련된 여러 주변 장치들을 사용하게 되고, 이 과정에서 관련 register들과 DMA controller와 관련된 여러 register들도 사용 목적에 맞게 새롭게 설정하였을 것이다.

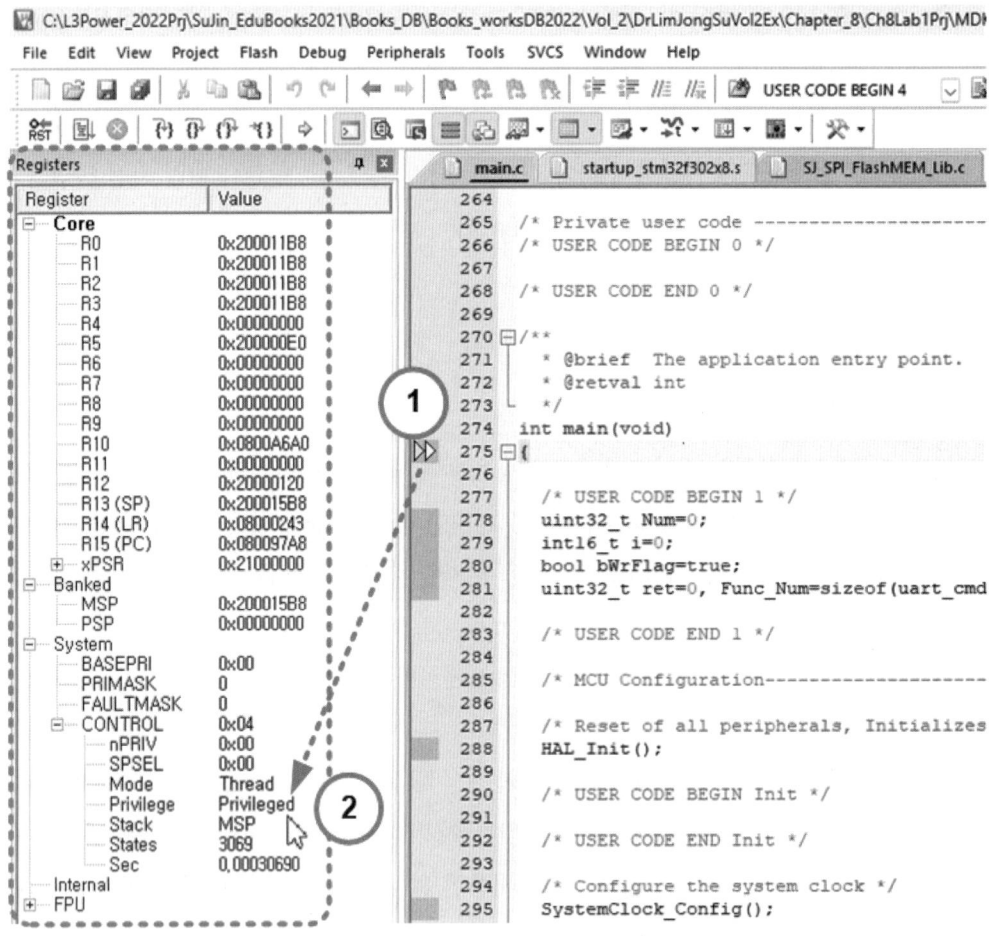

[그림 8.1-2] Ch8Lab1Prj project의 main() 함수에서 동작 mode와 processor state 확인 방법.

이제, 이들 주변 장치들에 대한 register의 값을 reset default 값으로 되돌려주고, 해당 주변 장치들도 모두 disable시켜주어야 할 것이다. 그렇게 하지 않고, 새로운 application image를 실행한다면, 이전 bootloader image에서 주변 장치들에 설정한 값들이 그대로 남아 있어서 새로운 application image가 해당 주변 장치들을 사용할 때에 충돌 날 수도 있기 때문이다. 왜냐하면, 전원을 끄지도 않고, reset을 하지도 않은 상태에서 단순히 bootloader image로부터 새로운 application image로 실행의 순서만 바꾸었기 때문이다. 예를 들어서, 새로 저장한 application을 실행하기 위해서 BootNewAppJump() 함수를 호출하기 전에 아직 처리하지 못한 interrupt들이 관련 pending register에 등록되어 있을 수도 있으므로 모두 clear해 주어야 한다. Cortex-M core에 대한 interrupt에 대해서는

Vol.1.의 개정판에서 14.3. 단원에 자세히 설명하였으니 참조하기 바란다. [그림 8.1-3]은 Cortex-M Core 전용으로 사용되는 NVIC와 관련된 register들에 대해서 그 역할 별로 구분하여 표시한 것이다. 각각의 register에 대한 역할을 정리하면 다음과 같다.

❶ **ICTR** : Interrupt Controller Type Register, 0xE000_E004

NVIC는 32개의 interrupt들을 **하나의 group으로 정의**하여 사용하며, 사용하는 MCU에서 제공하는 **총 interrupt들의 개수를** INTLINESNUM field에서 보여준다. 즉, ICTR의 **INTLINESNUM** field에 사용하는 MCU에서 지원하는 총 interrupt들의 개수를 확인할 수 있다는데 주의하자. **총 interrupt들의 개수**는 다음과 같이 정의된다.

총 interrupt들의 개수 = 32×(INTLINESNUM + 1)

❷ **ISERs** : Interrupt **Set-Enable** Registers, 0xE000_E100~0xE000_E13C

interrupts group을 enabling 하거나 어느 interrupts가 enabling state인지 보여준다. 주의할 것은 임의의 interrupt가 ISERs로 enabling되지 않은 상태에서 interrupt signal이 asserting된다면, 그 interrupt는 pending되지만 실행은 되지 않는데 주의하자. 또한, "0"을 writing하는 것은 의미가 없다는데 주의하자.

❸ **ICERs** : Interrupt **Clear-Enable** Registers, 0xE000_E180~0xE000_E1BC

interrupts group을 disabling하거나 어느 interrupts가 enabling state인지 보여준다. 단, "0"을 writing하는 것은 의미가 없다는데 주의하자.

❹ **ICPRs** : Interrupt **Clear-Pending** Registers, 0xE000_E280~0xE000_E2BC

pending 상태를 제거해 준다. 단, "0"을 writing하는 것은 의미가 없다.

❺ **ISPRs** : Interrupt **Set-Pending** Registers, 0xE000_E200~0xE000_E23C

interrupts를 pending 상태로 만들어 준다. 단, "0"을 writing하는 것은 의미가 없다.

❻ **IABRs** : Interrupt **Active Bit** Registers, 0xE000_E300~0xE000_E37C

어느 interrupts가 active인지를 알려준다.

사실, 대부분의 NVIC 관련 register들 예컨데, ISERs, ICERs, ISPRs, ICPRs 그리고 IABRs는 모두 **16개**의 register들로 구성되어 있다. 어쨌든, 각각의 32bits register를 구성하는 각각의 bit는 각각 32개의 interrupt들에 해당한다.

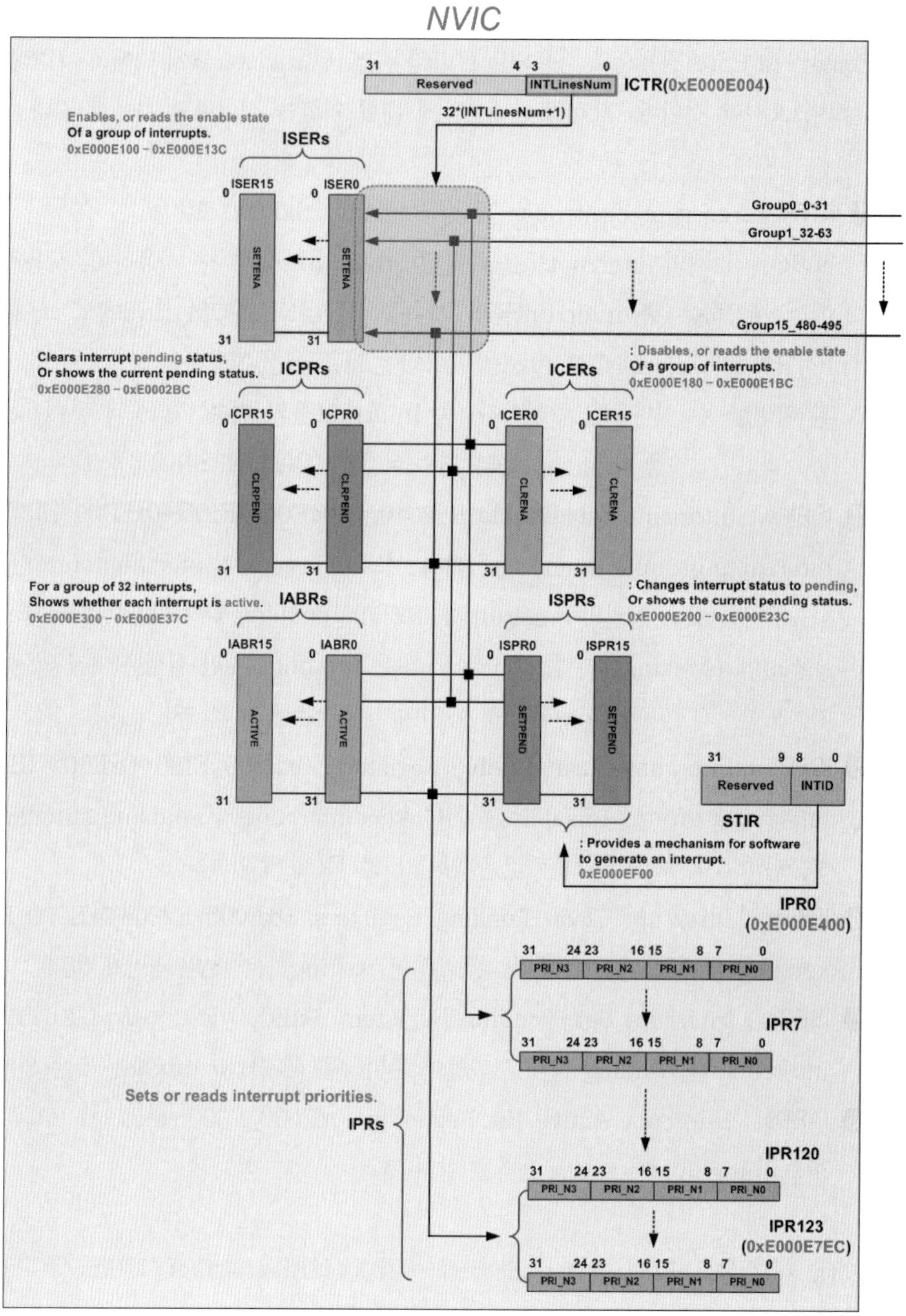

[그림 8.1-3] NVIC와 관련된 register들.

그러므로 32×16 = 512개의 interrupt들에 해당하는데, 16개의 register들 중에서 마지막

register 15번의 상위 31~16bits는 reserved이므로 총 512-16=496개의 interrupt들에 해당하게 된다. 여기서, reserved 16개는 System exception들을 위한 것이다. 그런데, [그림 8.1-4]에서 보여준 exception masking 관련 register들에서 보면, 임의의 IRQ에 대한 우선권을 지정할 수 있는 IPR0~IPR59 register들은 총 240개를 지원한다.

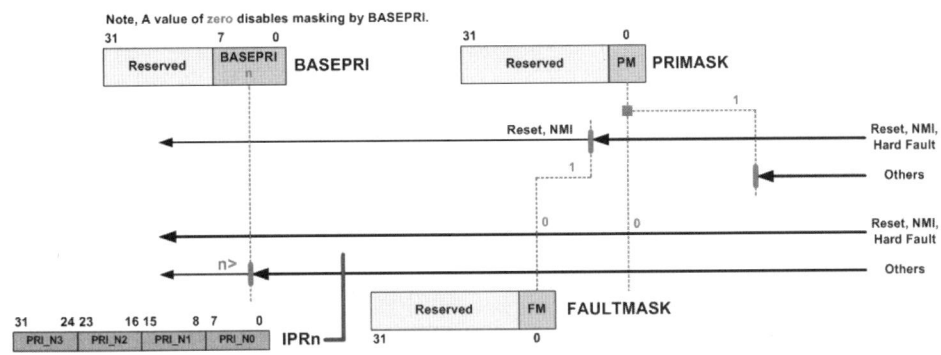

[그림 8.1-4] exceptions masking 관련 register들과 동작 방법.

왜냐하면, 각각 8bits를 차지하고, 우선순위의 값을 지정하므로 60×4=240이기 때문이다. 그러므로 16개의 register들이 아닌 8개의 register들 즉, 32×8=256, 이중에서 16개는 system exception들로 사용된다. 예를 들면, ICPR0 ~ ICPR7까지만 실질적으로 사용되는 데 주의하자. 또한, bootloader가 새로 저장한 application image를 실행하기 전에 자신이 사용한 주변 장치들에 대한 register들을 reset default 값으로 초기화하기 위해서 현재 project folder의 Drivers₩CMSIS₩Include folder에 있는 core_cm4.h 파일에서 다음과 같이 정의한 NVIC 구조체의 ICER member를 이용하면 된다.

```
#define NVIC     ((NVIC_Type *)NVIC_BASE)   /*!< NVIC configuration struct */
typedef struct {
    __IOM uint32_t ISER[8U]; // Offset:0x000(R/W) Interrupt Set Enable Register
         uint32_t RESERVED0[24U];
    __IOM uint32_t ICER[8U]; // Offset:0x080(R/W) Interrupt Clear Enable Register
         uint32_t RSERVED1[24U];
    __IOM uint32_t ISPR[8U]; // Offset:0x100(R/W) Interrupt Set Pending Register
         uint32_t RESERVED2[24U];
    __IOM uint32_t ICPR[8U]; // Offset:0x180(R/W) Interrupt Clear Pending Register
         uint32_t RESERVED3[24U];
    __IOM uint32_t IABR[8U]; // Offset:0x200(R/W) Interrupt Active bit Register
```

```
          uint32_t RESERVED4[56U];
   __IOM uint8_t  IP[240U]; // Offset:0x300(R/W) Interrupt Priority Register(8Bits)
          uint32_t RESERVED5[644U];
   __OM  uint32_t STIR;    // Offset:0xE00( /W) Software Trigger Interrupt Register
} NVIC_Type;
```

전체 8개의 32bits 원소를 가지고 있고, 앞서 언급한 것과 같이 "1"을 쓰면, 해당 interrupt가 **disable**되므로 다음과 같이 coding하면 모든 interrupt들이 disable된다.

```
for(i=0;i<8;i++) {
  NVIC->ICER[i]=0xFFFFFFFF; // All interrupts are disabled.
  NVIC->ICPR[i]=0xFFFFFFFF; // All interrupt pending registers are cleared.
}
```

위에 주어진 code는 pending register도 모두 clear해 준 것이다. 그런데, 이들 interrupt disable과 pending은 **먼저 해당 주변 장치들에 대한 disable과 pending 관련 bits를 clear 해 주는 작업을 <u>선행</u>해야 의미를 갖는데 주의하기 바란다.** 예를 들어서, 임의의 GPIO pin을 bootloader에서 외부 interrupt로 사용하고, 이것을 새로 저장한 application image를 실행하기 전에 초기 reset 상태로 바꾸고 싶은 경우에는 다음과 같이 coding해 주어야 한다.

```
// IMR(13, 0x2000) means TMS interrupt for SWIO emulator.        ▶ ①
EXTI->IMR=0x2000;
// 0: Falling trigger disabled (for Event and Interrupt) for input line
EXTI->FTSR=0x0;
EXTI->PR=GPIO_PIN_All;    // Pending register                    ▶ ②
```

```
for(i=0;i<8;i++) {
  NVIC->ICER[i]=0xFFFFFFFF;       // All interrupts are disabled.
  NVIC->ICPR[i]=0xFFFFFFFF;       // All interrupt pending registers are
 cleared.
}
```

즉, ①번부터 ②번까지 사용하는 MCU와 관련된 주변 장치들에 대해서 disable과 pending bits를 모두 clear해 준다. 또한, Chapter 10.부터 설명할 RTOS를 사용하는 경우에 SysTick exception을 사용하게 되므로 이때에는 다음과 같이 SysTick exception을 disable하고, 관련 pending bit도 clear해 주어야 한다.

```
SysTick->CTRL = 0 ;
SCB->ICSR |= SCB_ICSR_PENDSTCLR_Msk ;
```

물론, 사용하지 않으면, coding할 필요는 없을 것이다. 또한, RTOS를 사용하는 경우에 각각의 task 마다 PSP를 사용하게 되는데, 현재 core가 PSP에서 동작하고 있다면, 다음과 같은 code로 MSP를 활성화해 주고, MSP에 복사해 주어야 한다.

```
if( CONTROL_SPSEL_Msk & __get_CONTROL( )) {
  __set_MSP( __get_PSP( )) ;
  __set_CONTROL( __get_CONTROL( ) & ~CONTROL_SPSEL_Msk) ;
}
```

그리고 나서, 새로 저장한 application image의 interrupt vector table의 시작 번지를 다음과 같이 SCB->VTOR에 설정해 준다.

```
SCB->VTOR = (uint32_t)Address;
```

이때, 2.6. 단원에서 언급한 것과 같이 STM32 MCU는 VTOR의 값이 0x200의 배수가 되도록 정렬해 주어야 한다는 것에 주의하도록 하자. 예를 들어서 SCB->VTOR = 0x0800B000과 같이 coding해 주면, vector table의 시작 위치가 0x0800_B000번지로 바뀌게 된다. 그런데, 일반적으로 STM32 MCU의 경우에 제공되는 boot code, 예를 들면, STM32F103의 경우에 startup_stm32f103xb.s 파일을 살펴보면 알 수 있듯이 main() 함수로 진입하기 전에 다음에 보여준 함수 SystemInit()를 먼저, 거치게 된다.

```
void SystemInit(void) {
/* FPU settings ------------------------------------------------*/
#if (__FPU_PRESENT == 1) && (__FPU_USED == 1)
  SCB->CPACR |= ((3UL << 10*2)|(3UL << 11*2));  // set CP10 and CP11 Full Access
#endif

/* Configure the Vector Table location -------------------------*/
#if defined(USER_VECT_TAB_ADDRESS)
  /* Vector Table Relocation in Internal SRAM */
  SCB->VTOR = VECT_TAB_BASE_ADDRESS | VECT_TAB_OFFSET;                    ▶ ③
#endif /* USER_VECT_TAB_ADDRESS */
```

       }

위의 code에서 확인해보면, USER_VECT_TAB_ADDRESS가 정의되어 있지 않으므로, ③번 line이 실행되지 않으므로 새로 저장한 application을 실행할 때에 bootloader에서 coding한 SCB->VTOR=0x0800B000은 **그대로 유지된다**. 참고적으로 **NXP 4300 series MCU**의 경우에는 VTOR에 대해서 **shadow pointer**를 가지고 있으므로 이들도 함께 새로운 interrupt vector table의 시작번지로 설정해 주어야 한다. 그러므로, STM32 MCU 외의 다른 MCU를 사용하는 경우에는 이에 대한 항목을 reference manual 또는 관련 application note를 통해서 확인해 보아야 한다. 이제 남은 일은 MSP에 새로 저장한 application image의 interrupt vector table에서 **첫** 번째 원소인 MSP 번지 값 즉, [그림 8.1-1]에서 오른쪽에 있는 0x2000_0708을 MSP에 저장하고, 그리고, **두** 번째 원소인 **reset** vector handler의 시작 번지 값을 PC(Program Counter)에 저장해 주는 것이다. 이때 주의 할 것은 MSP와 PSP의 값은 **MRS**(Move to Register from Special)와 **MSR**(Move to Special Register) **assembly** 명령어를 통하여 privilege state에서**만** 다음과 같이 접근할 수 있다. 참고적으로 Assembly Coding 방법은 **10.3. 단원**에서 학습하게 될 것이다. 그러므로, 다음에 주어진 code는 그때에 해석하도록 하겠다.

```
   MRS R0, MSP
   MSR MSP, R0

   MRS R0, PSP
   MSR PSP, R0
```

또한, C code는 **항상** SP(Stack Pointer)를 사용하고 있으므로 C code로 MSP를 설정하려는 경우에 충돌이 발생할 수 있다. 결국, MSP와 PSP에 대한 code는 C code로 작성이 불가능하고, **반드시**, assembly code로 다음과 같이 작성해야 한다.

```
   void BootJumpASM( uint32_t SP, uint32_t RH ) {
     __asm("MSR       MSP,r0");
     __asm("BX        r1");
   }
```

그런데, 문제는 C 언어는 국제 표준에 맞추어 compiler가 개발되므로 compiler마다 C 언어의 문법이 바뀌지는 않는다. 그러나, assembly 언어는 개발하는 업체에 따라서 그 coding 관련 문법이 다른 것이 사실이다. 심지어, 동일한 제조사에서 만든 것일지라도 버전에 따라서 다를 수가 있다. 2024년 10월 현재, KEIL의 **AC6 버전**을 사용하는 경우에는 위와 같이 **BootJumpASM() 함수**를 coding하여 사용하면 되지만, 그 이전 AC5 버전 즉, V5.06에서는 BootJumpASM() 함수가 compiler되지 않으므로 이때에는 다음과 같이 수정하여 함수 BootJumpASM2()를 사용해야 한다.

```
void BootJumpASM2(void) {
  typedef void (*pFunc)(void);
  uint32_t JumpAppAddr;
  pFunc Jump_To_App;

  JumpAppAddr=*(uint32_t *)(APP_BASE_ADDR+4);
  Jump_To_App=(pFunc)JumpAppAddr;
  __set_MSP(*(uint32_t*) (APP_BASE_ADDR));
  Jump_To_App();
}
```

즉, main stack pointer MSP의 값을 바꿀 때에 **__set_MSP()** 함수를 사용해야 한다. 물론, 이 함수도 assembly code로 작성되어 있다. 그런데, IAR Embedded workbench를 사용하시는 경우에는 현재 필자가 **9.50.2 버전만** 가지고 있다. 그래서, 이 버전에서**만** 검사한 결과 BootJumpASM() 함수를 사용해야 한다. 보다 낮은 버전에서는 KEIL의 uVision처럼 BootJumpASM2() 함수를 사용해야 할지도 모른다. 어쨌든, 좀 더 자세한 사항은 Vol.1.의 16.1.9 단원과 16.1.10 단원을 참조하기 바란다. 참고적으로 BootJumpASM2() 함수의 coding 방식이 예전 compiler(?)에서 표준으로 사용되던 방식이다. 12.2. 단원에서 좀 더 자세히 AC6과 AC5를 비교하는 시간을 가질 것이다. 어쨌든, 위에 주어진 code routine에서 **Jump_To_App**는 함수 pointer이고, C 언어에서 **호출**의 대상이 되는 것은 함수뿐이다. 즉, 함수의 이름과 함수임을 의미하는 symbol 괄호 () 그리고, 하나의 명령어가 끝났다는 것을 알리는 symbol ;과 함께 **Jump_To_App()**처럼 사용하면, 그 함수의 시작 번지에 있는 명령을 실행하기 위해서 program counter의 값이 바뀌게 된다. 정리하면, 임의의 번지를 함수의 시작 번지로 만들기 위하여 함수의 pointer로 위와 같이 **casting**하고, 그리고, 함수임을 의미하도록 symbol 괄호 ()을 사용하여 준다. 마지막으로 하나의 명령어가 끝났다는 것을 알리는 symbol ;과 함께 호출하여 주면, 그 임의의 번지부터 명령어를 실행하도록 program counter가 바뀌게 된다. 지금까지 학습한 내용을 정리하면, 함수 BootNewAppJump()는 다음과 같이 작성하면 된다.

```c
static void BootNewAppJump(void) {
  uint32_t i=0;
  uint32_t JumpAppAddr, MSPAddr;

  EXTI->IMR=0x2000;
  EXTI->FTSR=0x0;
  EXTI->PR=GPIO_PIN_All;    // 관련 주변 장치가 더 있다면 추가할 것!

  for(i=0;i<8;i++) {
    NVIC->ICER[i]=0xFFFFFFFF; // All interrupts are disabled.
    NVIC->ICPR[i]=0xFFFFFFFF; // All interrupt pending registers are cleared.
  }

  SysTick->CTRL = 0 ;
  SCB->ICSR |= SCB_ICSR_PENDSTCLR_Msk ;

  SCB->VTOR = (uint32_t)APP_BASE_ADDR;

  if( CONTROL_SPSEL_Msk & __get_CONTROL( ) ) {   /* MSP is not active */
    __set_MSP( __get_PSP( ) ) ;
    __set_CONTROL( __get_CONTROL( ) & ~CONTROL_SPSEL_Msk ) ;
  }

  if(((*(uint32_t*)APP_BASE_ADDR) & SRAM_ADDRESS_MASK) == SRAM_ADDRESS) {
#if defined(__ICCARM__) || defined(__ARMCOMPILER_VERSION)
    MSPAddr=*(uint32_t *)(APP_BASE_ADDR);
    JumpAppAddr=*(uint32_t *)(APP_BASE_ADDR+4);
    BootJumpASM(MSPAddr, JumpAppAddr);
#else
    BootJumpASM2();
#endif
  }
}
```

여기서, __ICCARM__은 IAR compiler에 미리 정의된 macro이다. 그러므로, 현재, 여러분이 IAR Embedded Workbench를 사용한다면, BootJumpASM() 함수를 호출할 것이다.

또한, __ARMCOMPILER_VERSION은 KEIL의 AC6부터 미리 정의된 macro이다. 그러므로, KEIL의 AC6를 사용하지도 않고, 그리고, IAR도 사용하지 않는 경우, 즉, KEIL의 AC6보다 이전 버전을 사용하는 경우에는 BootJumpASM2() 함수를 호출하게 coding 하였다. 이제, 지금까지 학습한 내용을 근거로 Ch7Lab4Prj project를 bootloader project로 바꾸고, SJ_MCUBook_M4 보드에 있는 Red LED와 Green LED를 점멸하는 application project를 만들어 보도록 하겠다.

8.2 간단한 User Bootloader 개발과정 따라하기.

이번 예제는 SJ_MCUBook_M4 보드의 Green LED를 0.5[초] 단위로 점멸하도록 만든 **현재** 동작하고 있는 application image인 GLedApp1 project를 새롭게 Red LED를 0.5[초] 단위로 점멸하도록 만든 application image인 RLedApp2 project로 바꾸는 bootloader SJ_BtLdr project를 만들어 보는 간단한 예제 code이다. 이 예제 code의 전체를 관리할 multi project 즉, workspace 이름은 Ch8Lab1Prj이며, Chapter8 folder안에 있으니 참조하기 바란다. 우선, **제일 먼저** 개발하려는 bootloader를 기준으로 memory map을 작성해야 할 것이다. [그림 8.2-1]은 개발하려는 bootloader SJ_BtLdr project를 위한 memory map으로서 [그림 8.1-1]을 간략화 한 것이고, [그림 8.2-2]는 Ch8Lab1Prj multi project를 위해서 SJ_MCUBook_M4 보드와 Nucleo 보드를 함께 결선 한 모습이다. Vol.1.의 [그림 3-1]에서 설명하였듯이 ST Inc.에서 출시하는 Nucleo 보드는 64pins 보드와 144pins 보드, 이렇게 2가지가 종류가 있다. [그림 8.2-2]는 64pins Nucleo 보드를 SJ_MCUBook_M4 보드의 Arduino Uno 커넥터에 연결한 것이다. 사실, 이번 실험에서는 64pins Nucleo 보드에 있는 ST-Link emulator와 파란색 버튼만 이용할 것이므로 nucleo 보드에 장착된 MCU의 종류는 중요하지 않다. 어쨌든, [그림 8.2-1]의 ①번에서 보여준 것과 같이 **파란색 버튼**은 Nucleo 보드의 CN7 connector에서 23번째 pin에 PC13으로 연결되어 있고, button을 누르기 전에는 high level이고, 누르면 low level이 된다. 이에 대한 자세한 내용은 Vol.1.의 3.2. 단원을 참조하면 된다. PC13은 ②번과 같이 jumper wire로 SJ_MCUBook_M4 보드의 J5 1번 CAN_TX pin에 연결하고, 이것은 PB9 pin에 해당한다.

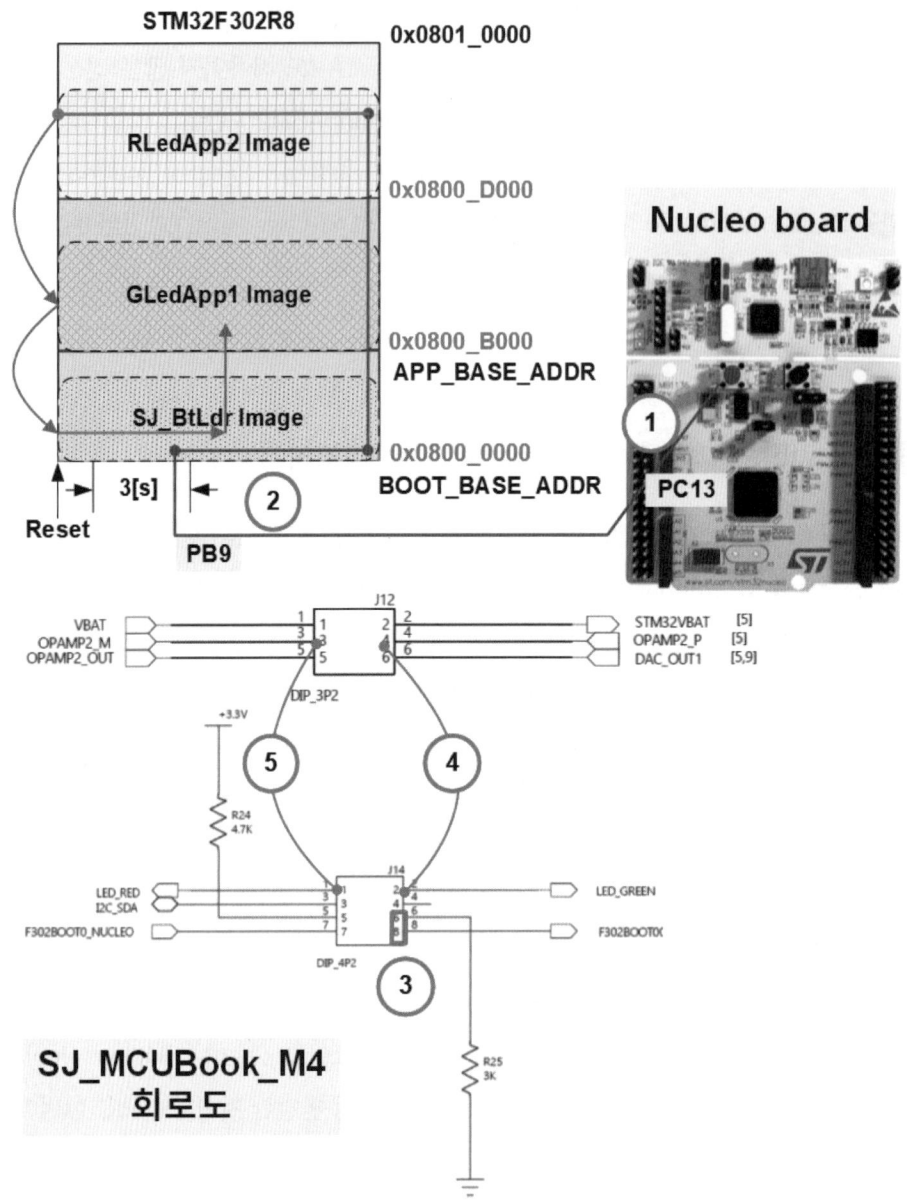

[그림 8.2-1] Ch8Lab1Prj bootloader memory map.

그러므로, PB9 pin을 GPIO External Interrupt falling edge trigger로 설정하여 reset 버튼을 누르고 나서 3[초] 이내에 파란색 버튼을 누르면, 새로운 application **RLedApp2** project를 Host PC로부터 받을 있도록 하고, 모두 받았으면, 현재 동작하고 있는 **GLedApp1** project를 갱신하도록 할 것이다.

[그림 8.2-2] **Ch8Lab1Prj** multi project를 위한 SJ_MCUBook_M4와 Nucleo 보드 결선 모습.

또한, Green LED는 ④번과 같이 J12의 4번 pin인 OPAMP2_P에 연결하는데, 이것은 STM32F302의 **PB0** pin에 연결된다. 그리고, Red LED는 ⑤번과 같이 J12의 3번 pin인 OPAMP2_M에 연결하는데, 이것은 STM32F302의 **PA5** pin에 연결된다. 우선, 2개의 application project들 즉, **GLedApp1** project와 **RLedApp2** project를 만들고, 이어서 이들 project들을 모두 포함하고 관리할 multi project 즉, workspace **Ch8Lab1Prj**를 새롭게 만들어 보도록 하겠다. [그림 8.2-3]은 GLedApp1 project를 만들기 위한 CubeMX 설정 화면이다. Green LED만 구동하면 되므로 [그림 8.2-4]에서 보여준 것과 같이 다른 것은 손댈 필요가 없고, **Project** tab에서 ①번과 같이 Application Structure는 Basic을 선택하고, ②번과 같이 Toolchain/IDE는 MDK-ARM을 선택하여 준다. 또한, ③번과 같이 **Code Generator** tab에서는 Copy only the necessary library files를 선택하고, 그리고, **GENERATE CODE** button을 click하여 준다. Vol.1.에서 CubeMX 사용 방법은 자세히 설명하였으니 참조하기 바란다. 이렇게 생성된 code에서 Green LED를 0.5[초] 마다 점멸하도록 다음과 같이 coding하여 준다.

```
/* USER CODE BEGIN WHILE */
while (1) {
  HAL_GPIO_TogglePin(GPIOB, GPIO_PIN_0);   // PB0 is Green LED
  HAL_Delay(500);
```

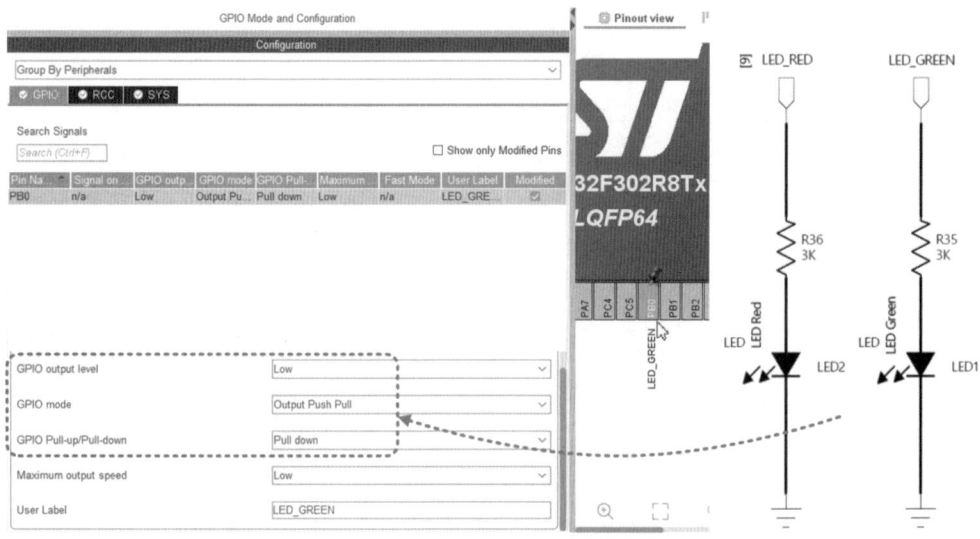

[그림 8.2-3] GLedApp1 project를 만들기 위한 CubeMX 설정 화면.

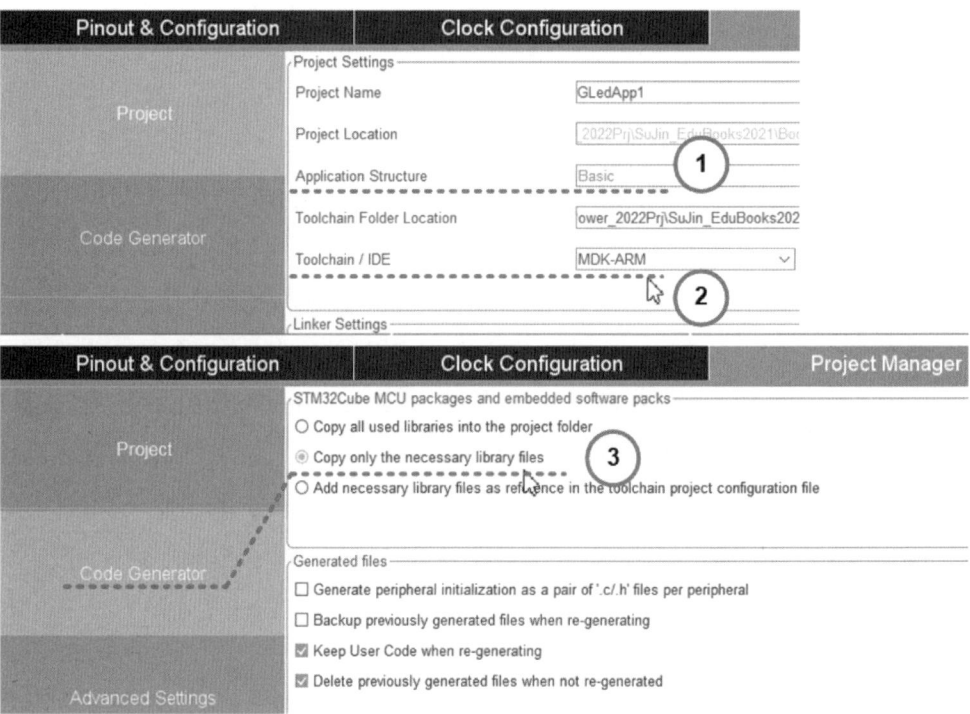

[그림 8.2-4] CubeMX 기본적인 설정 options.

```
/* USER CODE END WHILE */
/* USER CODE BEGIN 3 */
```

        }

간혹, 여러분 중에서 바로 Chapter8 folder에 있는 **GLedApp1** project의 **GLedApp1.ioc** 파일을 double click하여 CubeMX를 호출하였을 때에 [그림 8.2-5]와 같은 화면이 나타나는 경우가 있다.

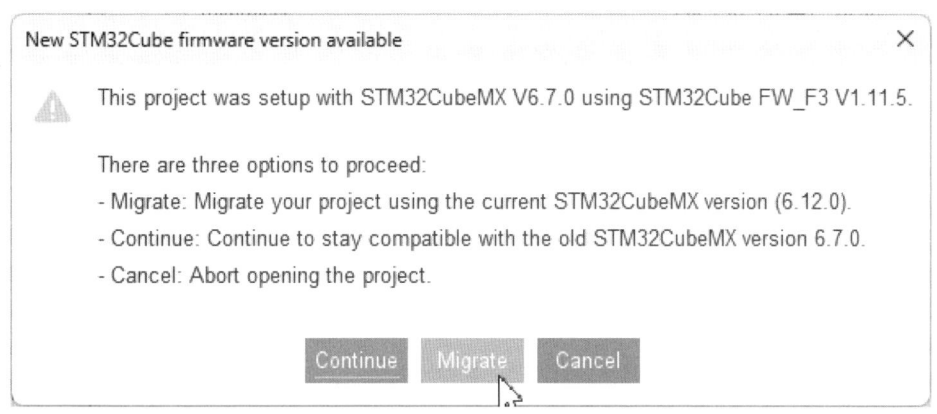

[그림 8.2-5] CubeMX 버전이 상호 일치하지 않는 경우.

이것은 현재 사용하고 있는 CubeMX 버전보다 지금 double click한 **GLedApp1.ioc** 파일을 생성한 CubeMX 버전이 이전 버전이기 때문이며, 이때에는 **Migrate** button을 click해 줄 것을 **추천**한다. 어쨌든, build하고 downloading하여 실행하였을 때에 녹색 LED가 0.5[초] 단위로 점멸하는 것을 확인한다. 정상 동작을 하면, [그림 8.2-1]에서 보여준 memory map 처럼 **GLedApp1 image**가 0x0800_B000번지부터 저장되도록 해야 할 것이다. 그러기 위해서는 link script file **GLedApp1.sct**을 수정해 주어야 하는데, 그러기 위해서는 KEIL의 link script file 설명이 필요하다. 그런데, 이 내용이 상당히 많아서 여기서는 간단한 방법을 사용하도록 하겠다. 만일, 자세히 학습하고 싶은 분들이 있다면, 2014년 출간된 **임종수의 Cortex-M3/M4 완벽 가이드(기초편)**를 참고하면 되겠다. 엄청(?) 자세히 설명되어 있다. [그림 8.2-6]의 ④번과 같이 Options for Target... icon 을 click하여 주고, 여기서 ⑤번과 같이 **Target** tab에서 0x8000000으로 **IROM1:**의 **Start**에 있는 값을 0x800B000으로 수정해 주면 된다. 그리고, ⑥번과 같이 **Optimization:**은 수행하지 않도록 -O0을 선택하여 준다.

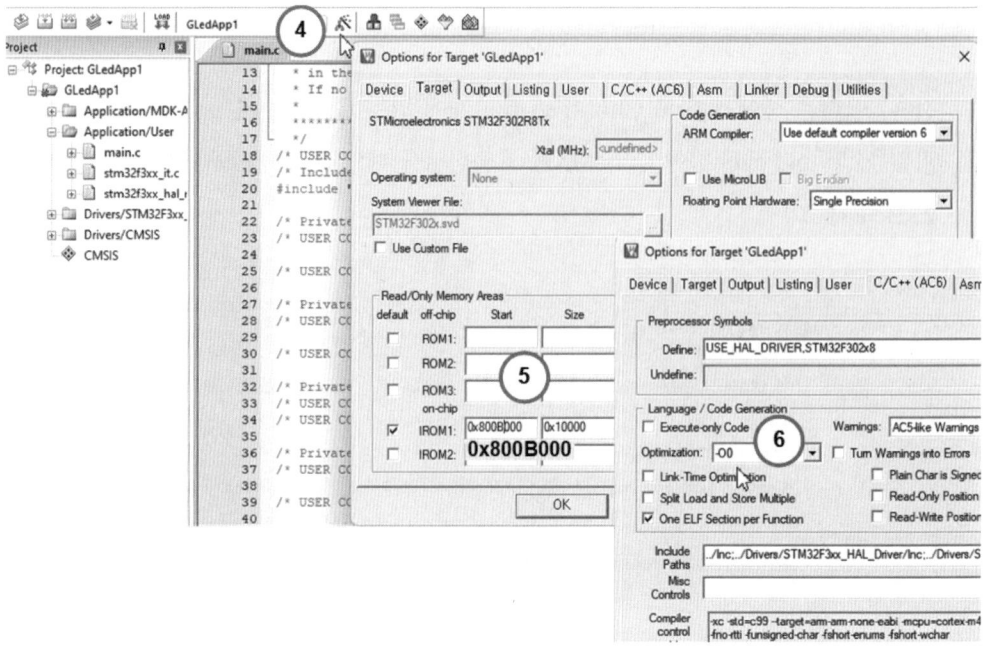

[그림 8.2-6] GLedApp1 image가 0x0800_B000번지부터 저장되도록 하는 방법 - 1.

그리고, 다시 Project menu에서 Clean Targets menu를 선택하여 overwrite 될 파일을 미리 모두 삭제해 주고, Rebuild icon 을 선택하여 새로운 GLedApp1.hex, GLedApp1.axf, 그리고, GLedApp1.map 파일들을 생성한다. [그림 8.2-7]의 ⑦번과 같이 ST-Link Utility로 SJ_MCUBook_M4 보드에 있는 STM32F302의 전체 내부 main flash memory를 지운다. 그리고, GLedApp1.hex 파일이 저장될 시작번지인 0x0800_B000번지를 확인해 보면, ⑧번과 같이 모든 내용이 지워져 있는 것을 확인 할 수 있다. 이제, ST-Link Utility를 닫거나 또는 ⑦번에서 보여준 Disconnect menu를 선택하여 KEIL의 uVision이 emulator를 사용할 수 있도록 끊어주고, 이어서, ⑨번과 같이 uVision에 있는 Download (F8) icon을 click하여 준다. 그리고 나서, 다시, ST-Link Utility의 ⑦번에서 보여준 Connect menu를 선택하면, ⑩번에서 보여준 것처럼 지정한 0x0800_B000번지부터 GLedApp1 image 파일이 저장된 것을 확인 할 수 있다. 또한, 생성된 GLedApp1.map 파일의 맨 마지막 내용을 보면, 다음과 같이 전체 크기가 6928bytes 즉, 0x1B10인 것을 알 수 있으며, ⑪번과 같이 0x0800_B000+0x1B10 = 0x0800_CB10번지까지 저장된 것을 확인 할 수 있다.

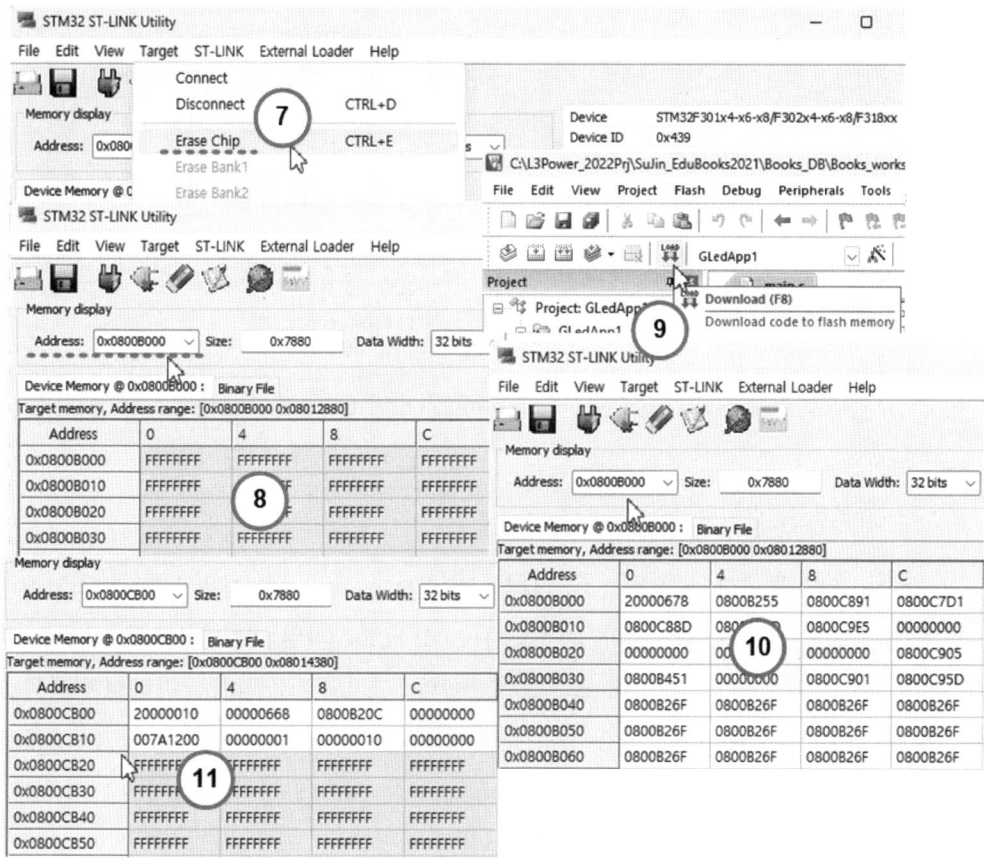

[그림 8.2-7] GLedApp1 image가 0x0800_B000번지부터 저장되도록 하는 방법 - 2.

```
================================================================
    Total RO  Size (Code + RO Data)              6928 (   6.77kB)
    Total RW  Size (RW Data + ZI Data)           1656 (   1.62kB)
    Total ROM Size (Code + RO Data + RW Data)    6940 (   6.78kB)
================================================================
```

결국, **GLedApp1 image** 파일이 0x0800_D000-1=0x0800_CFFF을 넘지 않는 것을 알 수 있다. 같은 방식으로 Red LED가 0.5[초] 단위로 점멸하는 **RLedApp2** project도 만들어서 정상적으로 동작하는지 확인하고, [그림 8.2-1]에서 보여준 것처럼 0x0800_D000번지에 저장해 준다. 이제 2개의 Application project들을 모두 완성하였으면, [그림 8.2-8]의 ①번과 같이 Chapter 7에서 개발한 마지막 project인 **Ch7Lab4Prj**을 모두 복사하여 **Chapter8** folder에 넣는다.

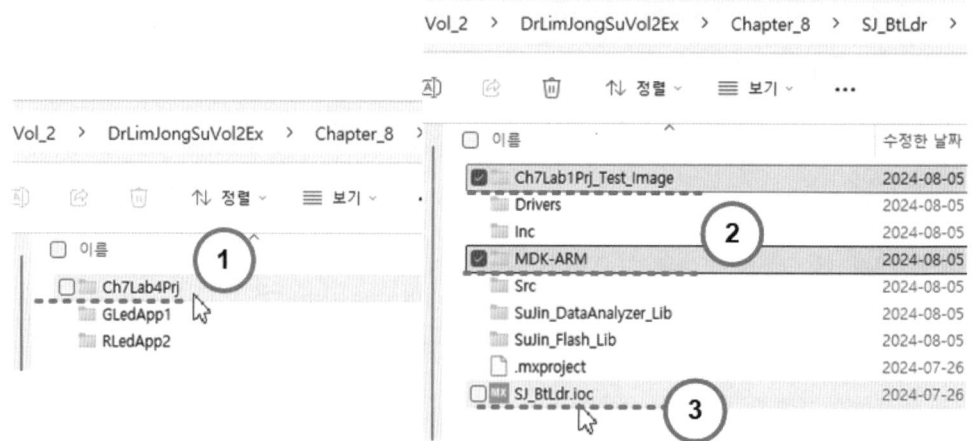

[그림 8.2-8] Bootloader SJ_BtLdr project 생성 방법 - 1.

그리고, ②번과 같이 필요 없는 Ch7Lab1Prj_Test_Image folder와 MDK-ARM folder를 지우고, ③번에서 보여준 것과 같이 **Ch7Lab4Prj.ioc 파일 이름을 SJ_BtLdr.ioc 파일로 바꾸고**, double click하여 CubeMX를 호출한다. 그리고, [그림 8.2-9]의 ④번에서 보여준 것처럼 PB9 pin 즉, [그림 8.2-1]의 ②번처럼 Nucleo 보드의 파란색 버튼을 click하였을 때에 **외부 GPIO interrupt**로 SJ_MCUBook_M4 보드에 장착되어 있는 STM32F302의 PB9 pin에서 사용할 수 있도록 ⑤번과 같이 설정한다.

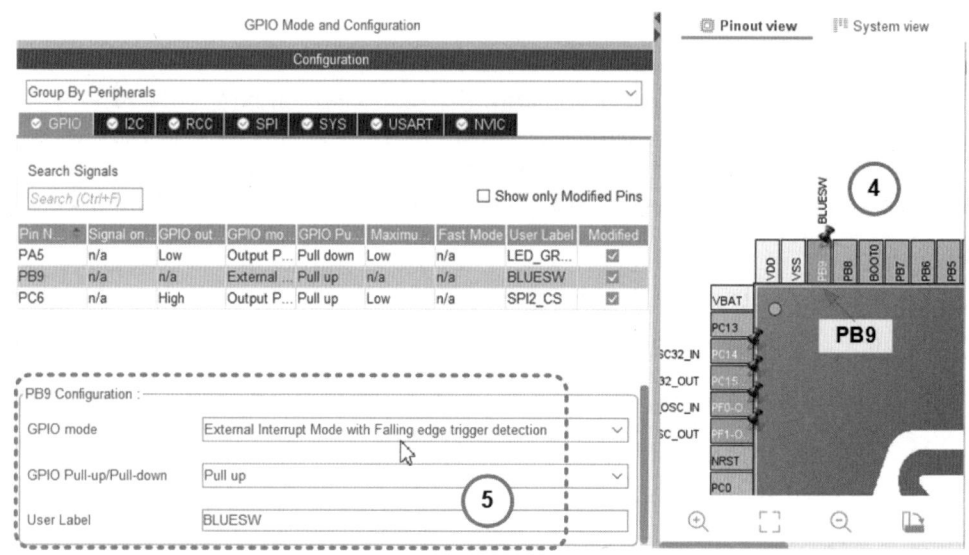

[그림 8.2-9] Bootloader SJ_BtLdr project 생성 방법 - 2.

그리고, Vol.1.의 4.1. 단원에서 충분히 설명한 것처럼 잊지 말고, 선택한 외부 interrupt를 [그림 8.2-10]의 ⑥번과 같이 check해 주어야 enable되어 [그림 8.2-11]의 ⑦번과 같은 callback 함수를 사용할 수 있게 된다.

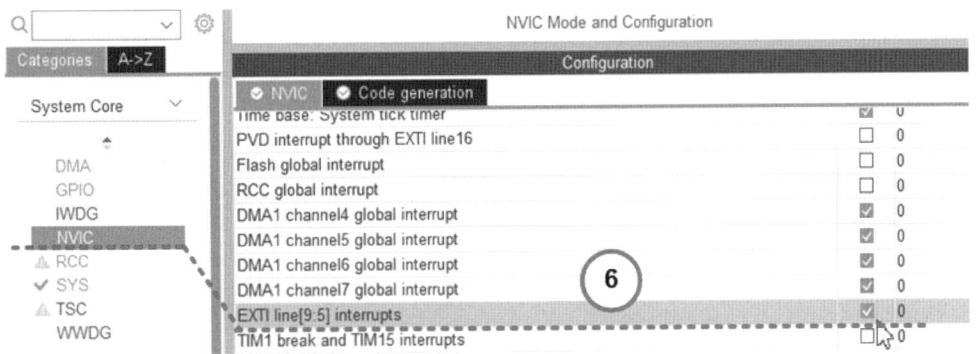

[그림 8.2-10] Bootloader SJ_BtLdr project 생성 방법 – 3.

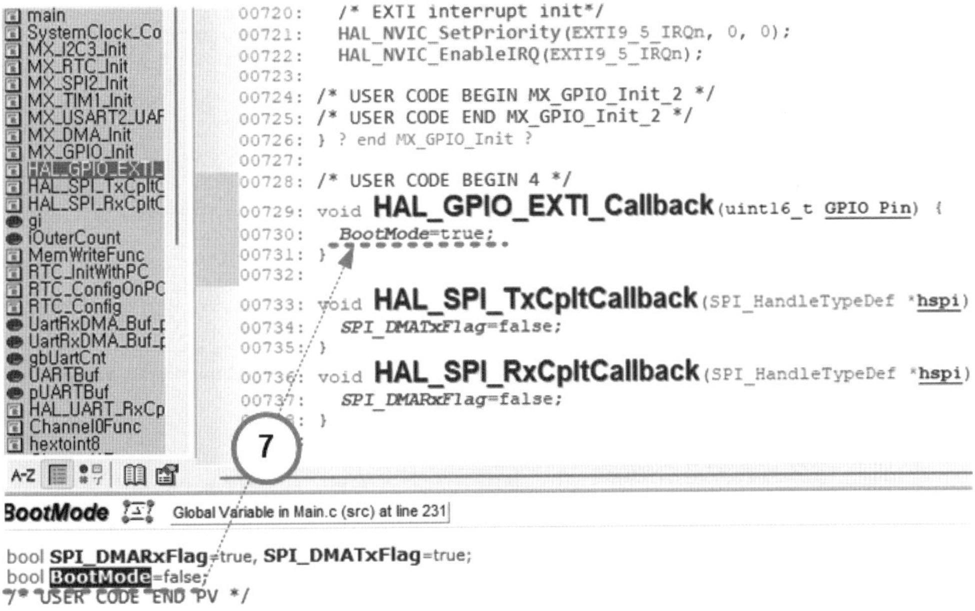

[그림 8.2-11] Bootloader SJ_BtLdr project 생성 방법 – 4.

추가된 Callback 함수 HAL_GPIO_EXTI_Callback()의 내용을 확인해 보니, 전역 변수 BootMode의 값을 Nucleo 보드의 파란색 버튼을 click할 때마다 true로 값을 바꾸어 주는 것을 볼 수 있다. 이제, 다시 Project menu에서 Clean Targets menu를 선택하여 overwrite 될 파일들을 미리 모두 삭제하고, Rebuild icon 을 선택하여 새로운 SJ_BtLdr.hex, SJ_BtLdr.axf, 그리고, SJ_BtLdr.map 파일들을 생성한다. 그리고, (Ctrl+F5) icon을 click하여 실행 이미지를 download하고, main() 함수의 첫 번째 명령어까지 실행한 상태에서 [그림 8.2-12]의 ⑧번과 같이 730번째 line에 breakpoint를 설정해 준다.

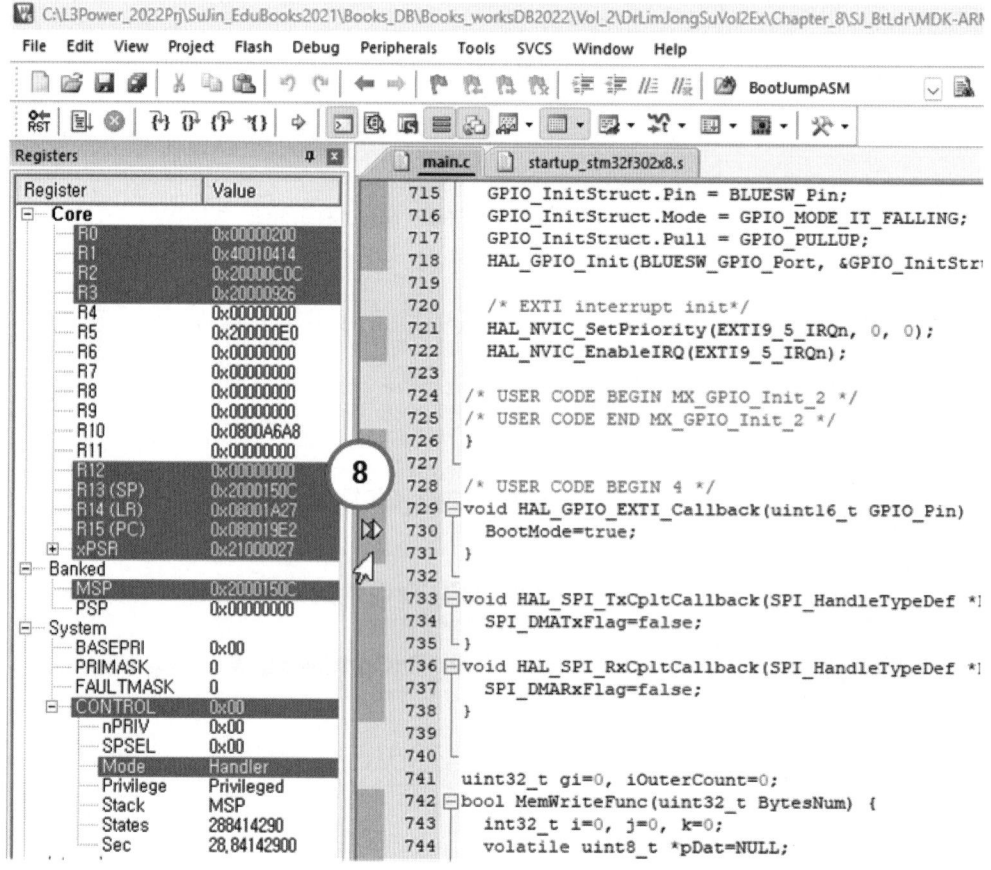

[그림 8.2-12] Bootloader SJ_BtLdr project 생성 방법 – 5.

그리고, Run(F5) icon을 click하여 실행해 준 상태에서 Nucleo 보드의 파란색 버튼을 click하였을 때에 ⑧번과 같이 설정한 breakpoint에서 실행이 멈추는 지 확인해 보기 바란다. [그림 8.2-12]의 ⑧번과 같이 멈추면 정상 동작하는 것이므로 이제부터는 SJ_BtLdr project에 앞서 학습한 BootNewAppJump() 함수를 추가하여 bootloader 기능을 사용할 수 있도록 수정해 보도록 하자. 그러기 위해서는 우선, GLedApp1 project, RLedApp2 project, 그리고, SJ_BtLdr project, 이렇게 3개의 project들을 모두 관리할 Ch8Lab1Prj multi project를 [그림 8.2-13]과 같이 생성해야 한다.

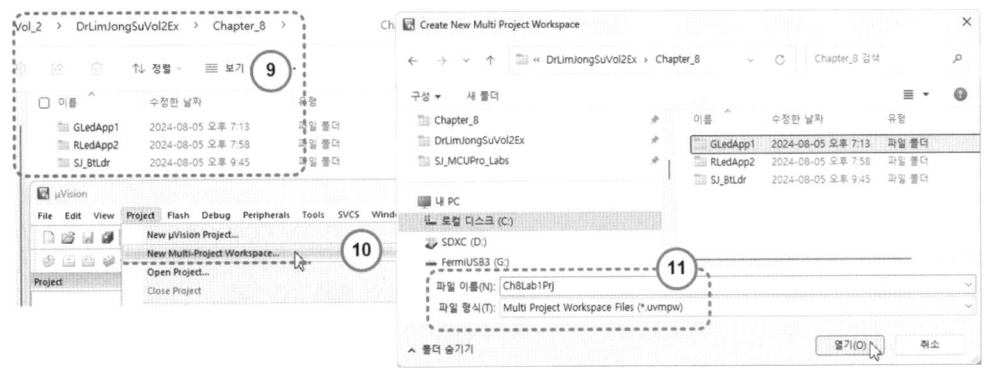

[그림 8.2-13] Ch8Lab1Prj multi project 생성 방법 - 1.

즉, ⑨번과 같이 개발한 3개의 project들이 있는 folder를 새롭게 multi project folder 인 Ch8Lab1Prj workspace를 위한 folder로 바꾸도록 할 것이다. 그러기 위해서 우선, Ch8Lab1Prj workspace를 생성하기 위해 uVision의 Project menu에서 ⑩번처럼 New Multi-Project Workspace... menu를 선택한다. 그리고 나서, ⑪번과 같이 Ch8Lab1Prj 을 지정해 주고, [그림 8.2-14]의 ⑫번처럼 Create New Multi-Project Workspace dialogbox에서 New(Insert) icon을 click하여 준다. 이어서 나타나는 uVision Project File dialogbox에서 우선, bootloader project인 SJ_BtLdr folder의 MDK-ARM folder 를 확인한다. 그리고 그곳에서 project file인 SJ_BtLdr.uvprojx을 선택하여 열기(O) button을 click하여 준다. 그러면, 선택한 SJ_BtLdr project가 uVision Projects : 항목으로 추가된 것을 볼 수 있을 것이다. 같은 방식으로 GLedApp1 project와 RLedApp2 project folder에 존재하는 각각의 MDK-ARM folder 안에 있는 GLedApp1.uvprojx과 RLedApp2.uvprojx project file을 선택하고, 열기(O) button을 click하여 순서대로 추가 해 준다. 그리고, ⑬번과 같이 구성하여 준다. 이때, ⑭번의 Set as Active Project button 에 주목하기 바란다.

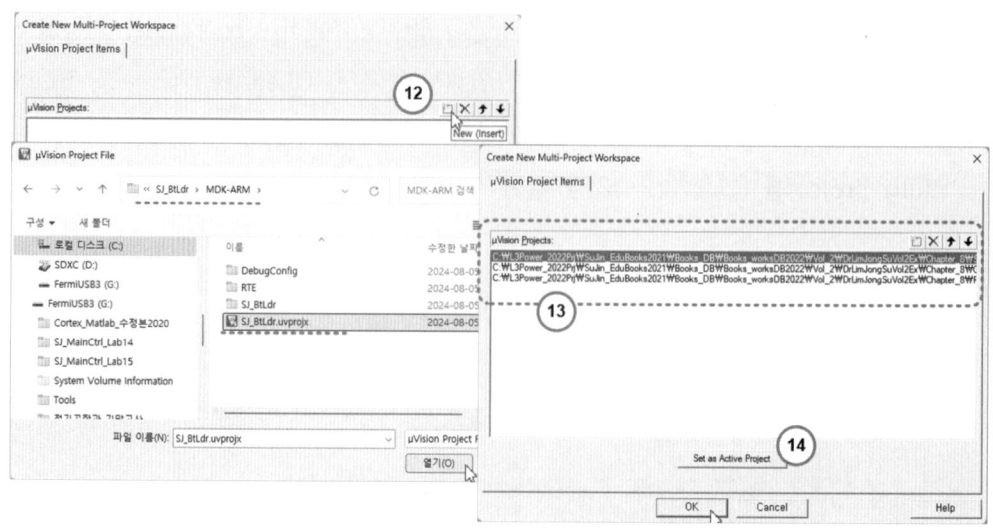

[그림 8.2-14] Ch8Lab1Prj multi project 생성 방법 - 2.

하나의 multi-project workspace에 존재하는 여러 project들 중에서 어느 project를 **Active 상태**로 설정할지 결정하는 버튼이다. 이것은 각각의 project들이 포함하고 있는 실행 image들 중에서 현재 시점에서 target MCU에 downloading하고, emulation을 수행할 대상 project를 의미하는 것으로 Windows OS 환경에서 Visual C++의 solution과 같은 개념이다. 즉, 하나의 독립된 실행 파일들 또는 library들을 관리하는 solution에서 지금 당장 실행하고, 동작 시킬 project를 선택하는 것과 동일한 개념이다. 어쨌든, 이와 같이 ⑭번의 **Set as Active Project** button에 의해서 선택한 project는 [그림 8.2-15]에서 ⑮번 즉, [그림 8.2-14]에서 나열한 project들 중에서 선택한 **SJ_BtLdr** project만 다른 project item과 다르게 ⑮번처럼 Project:항목이 회색으로 진하게 표시되고, 이 project가 현재 시점에 target MCU와 emulator를 통하여 서로 연결되게 된다. 그러므로, 이제부터 compile, debugging, 또는 download에 대한 target project가 되는 것이다. 만일, ⑯번과 같이 **GLedApp1** project를 Active project로 만들고 싶다면, 해당 project item을 선택하고, mouse의 오른쪽 버튼을 click 하면, **Set as Active Project** popup menu가 나타나고, 이것을 click하면, **GLedApp1** project가 짙은 회색이 되고, Active project가 된다. 또는 Manage Multi-Project Workspace... icon 을 click하여 주면, [그림 8.2-14]에서 보여준 Create New Multi-Project Workspace dialogbox가 나타나고, 여기서 Active state로 만들 project를 선택하고, **Set as Active Project** button을 click 해 주어도 된다.

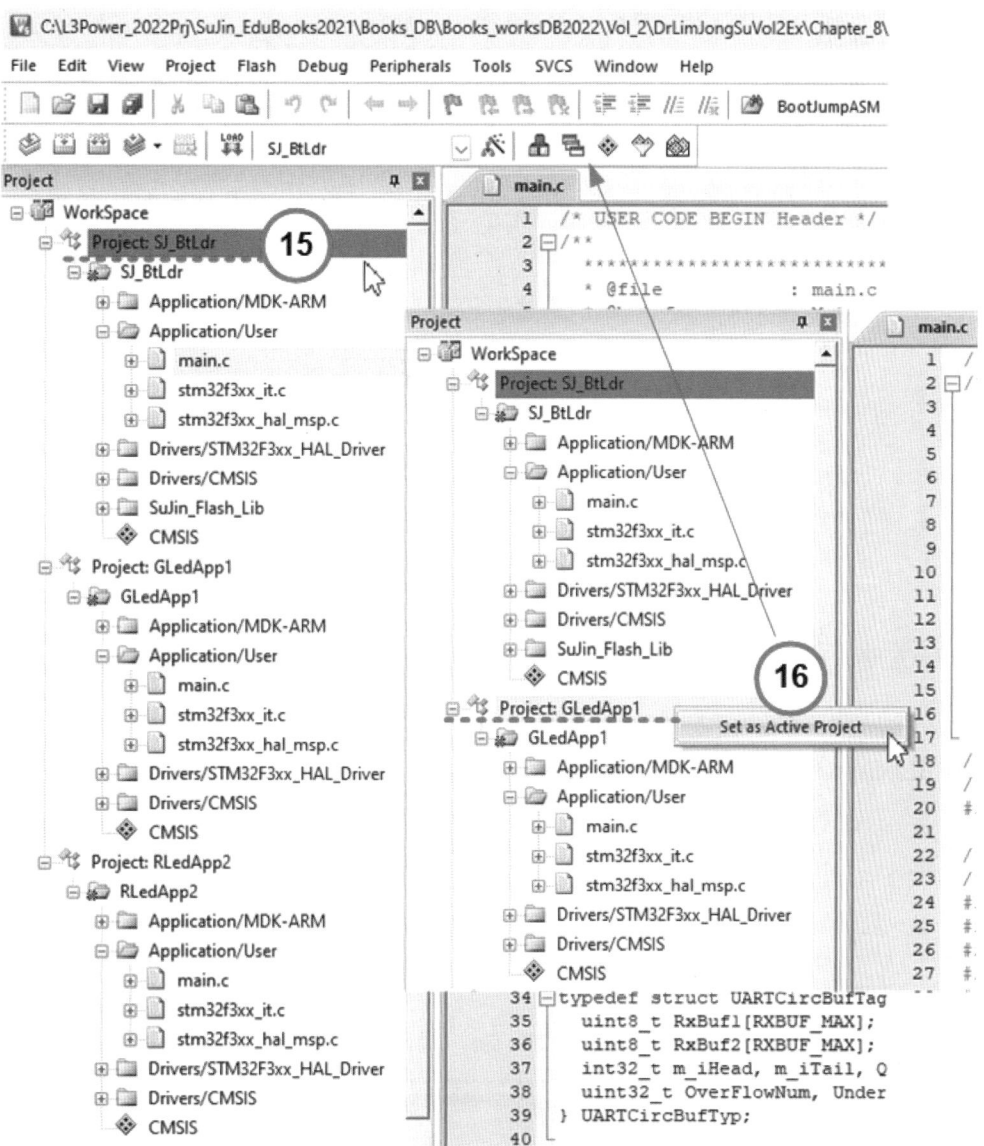

[그림 8.2-15] Ch8Lab1Prj multi project 생성 방법 - 3.

이제, [그림 8.2-16]의 ⑰번과 같이 **GLedApp1** project를 Active project로 만들고, Options for Target... icon 을 click하여 앞서 [그림 8.2-6]의 ⑤번에서 설정한 **GLedApp1 image**가 저장될 main flash memory의 시작번지 값인 0x0800_B000번지 값이 multi project로 변환하는 과정에서 바뀌었는지 확인해 본다. 현재, ⑱번과 같이 그대로 유지되고 있는 것을 확인할 수 있다.

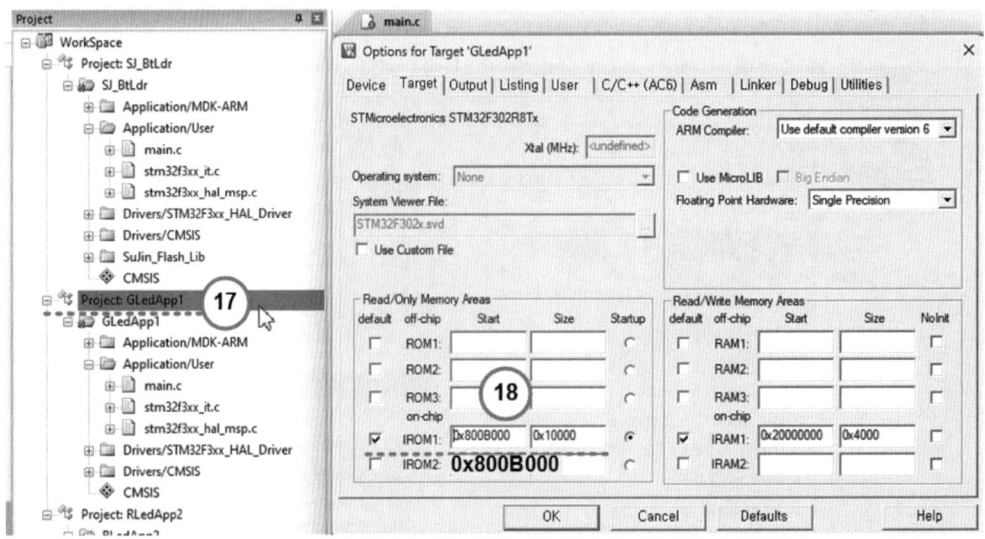

[그림 8.2-16] **Ch8Lab1Prj** multi project 생성 방법 - 4.

같은 방식으로 RLedApp2 project도 확인해 보기 바란다. 모두 정상이면, 다시, **SJ_BtLdr** bootloader project를 Active project로 설정하여 준다. 그리고, **GLedApp1** project, **RLedApp2** project, **SJ_BtLdr** project, 그리고, **Ch8Lab1Prj** multi-project와 관련된 모든 소프트웨어들을 닫아주고, [그림 8.2-17]에서 보여준 것처럼 **Ch8Lab1Prj** folder를 새로 만들고, 이곳에 지금까지 만든 모든 folder들과 파일들을 이동시켜서, **Ch8Lab1Prj** folder를 새로운 multi-project workspace **Ch8Lab1Prj**을 위한 folder로 사용한다.

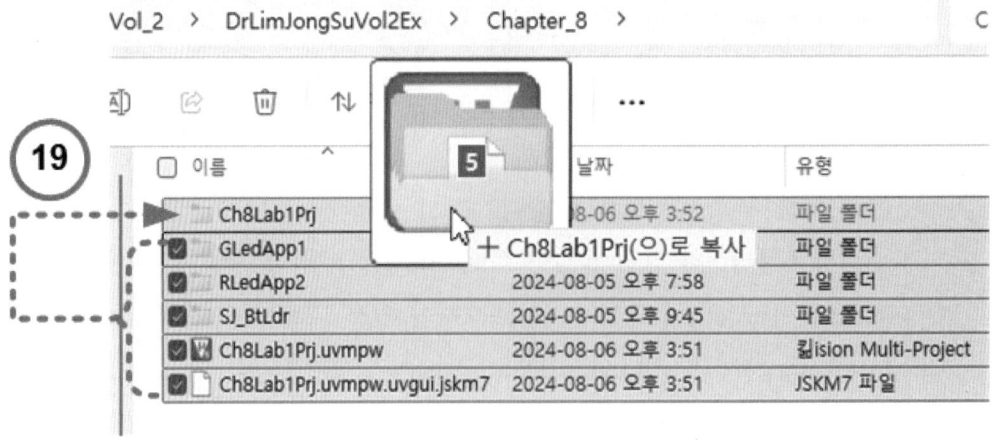

[그림 8.2-17] **Ch8Lab1Prj** multi project 생성 방법 - 5.

왜냐하면, 이것이 Ch8Lab1Prj workspace와 관련 project들을 향후 생성할 workspace와 구분하여 관리하는데 좀 더 분명하기 때문이다. 생성한 multi project Ch8Lab1Prj을 호출하기 위해서 Ch8Lab1Prj.uvmpw 파일을 double click하여 준다. 그리고 나서, Active project인 **SJ_BtLdr** project에서 main.c 파일의 내용에 bootloader 기능을 수행하는 BootNewAppJump() 함수를 다음과 같이 main() 함수에서 주변 장치를 초기화하는 함수 이후에 바로 위치시켜준다.

```
    ... 중간 생략 ...
    MX_TIM1_Init();
    MX_I2C3_Init();
    /* USER CODE BEGIN 2 */
    BootNewAppJump();

    DL_CfgData.m_bDownLoadingStart=false;
    DL_CfgData.m_bDownLoadingCplt=true;

    // Reading manufaturer and device ID such as device size, sector address map
    Serial_FLASH_Collect_Device_Info(&g_serial_flash_device_info);
    ... 중간 생략 ...
```

그리고, [그림 8.2-18]과 같이 build하여 error 없는 것을 확인하고, BootNewAppJump() 함수를 호출하는 320번째 라인에 breakpoint를 설정해 준다. 지금부터 하나의 project가 아닌 **여러 project들에 걸쳐서 debugging을 수행하는 방법**에 대해서 살펴보도록 할 것이다. 여기서는 KEIL Inc.의 uVision에 대해서**만** 설명하겠지만, 만일, IAR Embedded workbench를 사용하시는 분이라면, Vol.1.의 **16.1.9 단원**과 **16.1.10 단원**을 참조하면 되겠다. 만일, 해당 단원들을 모두 학습해도 어려움이 있다면, 언제든, Naver Cafe 임종수연구소로 문의하면 된다. 여러 project들에 걸쳐서 debugging을 수행하기 위해서는 현재 Active project를 build 하여 생성된 *.axf file과 함께 필요한 해당 project들을 build하여 생성된 *.axf file들도 함께 uVision debugger가 동작을 시작 할 때에 모두 loading 되어야 한다. 이처럼 uVision debugger가 동작하기 시작할 때에 필요한 명령들을 정리한 것이 **debugger script file**이며, 확장자로 uVision의 script file 확장자인 *.ini를 사용한다.

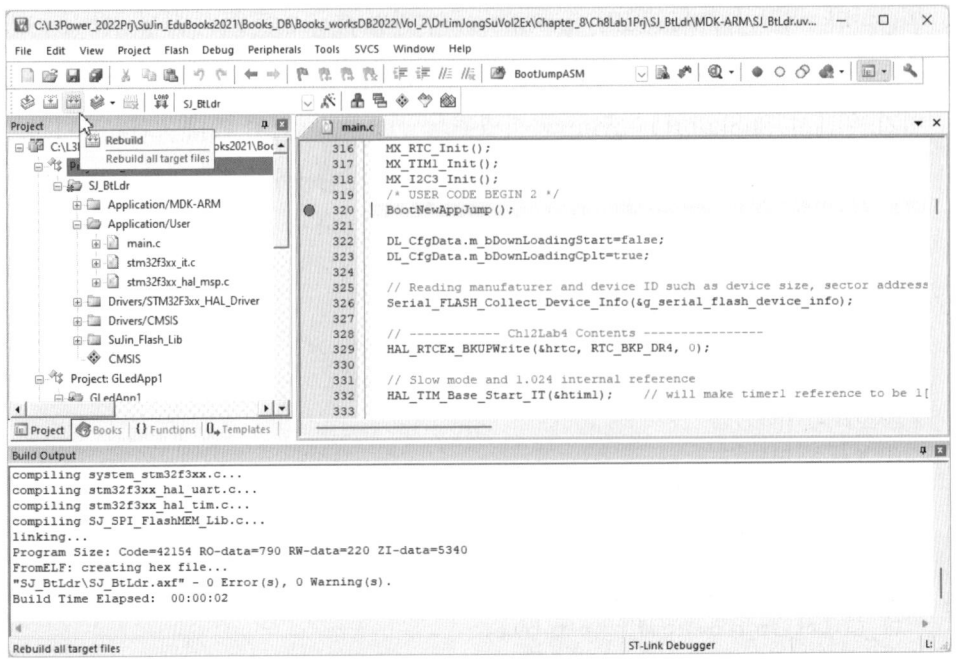

[그림 8.2-18] Multi Project Debugging 방법 - 1.

임의의 debugger script file *.ini는 emulator를 통하여 MCU에 downloading한 program을 동작시키기 전에 debugger를 구성하거나 또는 초기화 작업과 관련된 설정을 하는데 필요한 **debugger 명령어들을 포함**하고 있다. uVision debugger를 위한 명령어들은 상당히 많은데, 여기서는 여러 project들에 대해서 debugging하는데 필요한 **LOAD** command에 대해서**만** 살펴보도록 하겠다. 이 명령어는 uVision debugger에게 임의의 **object file**을 load 할 것을 명령한다. 여기서 언급한 object file은 binary image와 debugger가 동작하는데 필요한 symbol들을 포함한 ***.axf 파일**을 의미한다. *.axf 파일은 ELF(Executable and Linking Format) format을 따르며, 구체적으로 ARM linker에 의해서 생성되는 실행 image로서 ARM EXecutable Format을 의미한다. embedded target을 위한 executable binary image format으로는 **업계 표준 format**인 *.elf(Executable and Linking Format)과 확장자로 *.out을 주로 사용하는 COFF(Common Object File Format), 이렇게 2가지 format들이 존재하는데, ARM Inc.에서 출시하는 모든 개발 도구들은 *.elf format을 사용한다. 사실, ELF format은 원래 UNIX system에서 개발되어 그 이전에 사용되던 COFF라는 image format을 대체하게 되었다. 참고적으로 IAR Embedded Workbench Version 5.x 이후부터는 Keil MDK-ARM과 마찬가지고 ELF format을 사용하는데, 확장자로 TI Inc.의 CCS처럼 *.out을 계속해서 사용한다는데 주의하자. 어쨌든, LOAD command의 syntax는 다음과 같다.

- Load Command Syntax :
  LOAD path₩filename [options] [offset]

여기서 언급한 파일로는 *.axf file과 Intel *.hex file 이렇게 2가지 종류를 사용할 수 있는데, debugger와 함께 사용하기 위해서는 *.axf file을 사용해야 한다. options로는 여러 가지가 있는데 여기서는 다음에 설명한 INCREMENTAL만 기억해 두도록 하자.

- INCREMENTAL :
  *.axf file에 있는 symbol table에 debugging 정보를 추가해 주어서 **multi application debugging**이 가능하도록 지원해 준다.

이제, 메모장(notepad.exe)과 같은 일반 text editor로 다음과 같이 LOAD command를 이용하는 debugger script file인 **SJ_BtLdr.ini**을 작성하여 준다.

```
LOAD "..\\..\\GLedApp1\\MDK-ARM\\GLedApp1\\GLedApp1.axf" INCREMENTAL
LOAD "..\\..\\RLedApp2\\MDK-ARM\\RLedApp2\\RLedApp2.axf" INCREMENTAL
```

물론, 여기서, GLedApp1.axf 파일과 RLedApp2.axf 파일에 대한 경로는 [그림 8.2-17]과 같이 구성한 경우를 가정한 것이다. 간혹, 위와 같은 경우에 경로를 표시할 때에 이중 인용부호인 ""를 제외하고 표시하는 경우도 있는데, 이렇게 되면, 경로를 표시하는 과정에서 임의의 folder 이름에 공백 문자가 있으면 안 되는 제한이 사항이 있고, 이때에는 folder 경로를 바꿀 때에 \을 하나만 사용해 주어야 한다. 그런데, 이중 인용부호인 ""를 사용하면, 우리에게 익숙한 C 언어에서 경로를 표시하는 양식을 그대로 위와 같이 사용해 주면 된다. 어쨌든, 위에 script file 내용은 현재, **SJ_BtLdr.axf**을 load 할 때에 GLedApp1.axf 파일과 RLedApp2.axf 파일도 **함께 load해 달라**는 의미이다. SJ_BtLdr.ini을 작성하였다면, 자신의 project file이 있는 folder인 **MDK-ARM** folder 예를 들면, 다음의 경로에 저장해 준다.

.\Chapter_8\Ch8Lab1Prj**SJ_BtLdr\MDK-ARM**

그리고, [그림 8.2-19]의 ①번과 같이 Options for Target dialogbox에서 Debug tab에 있는 Load Application at Startup checkbox를 선택하여 주면, uVision debugger가 시작할 때에 현재 active project를 build하여 생성된 실행 image인 SJ_BtLdr.axf object file을 load하게 된다.

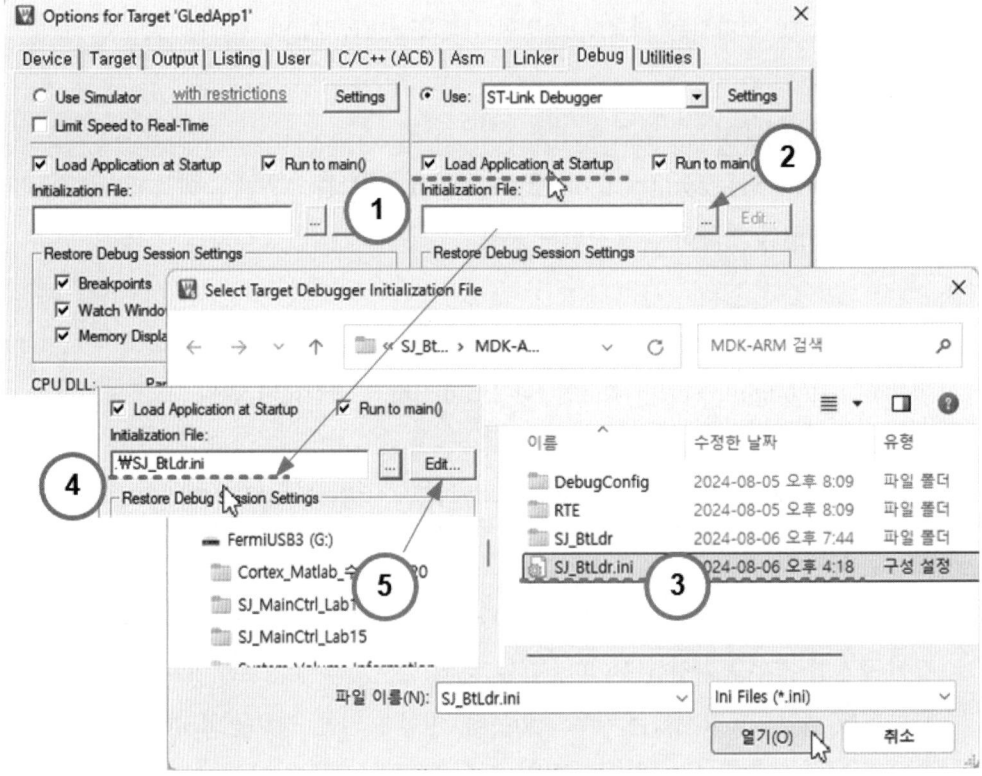

[그림 8.2-19] Multi Project Debugging 방법 - 2.

그런데, 이때, ②번의 화살표가 가리키는 … button을 click하여 주면, Select Target Debugger Initialization File dialogbox가 나타난다. 그러면, ③번과 같이 작성한 debugger script file인 SJ_BtLdr.ini을 선택하고, 열기(O) button을 click하여 준다. 그러면, ④번과 같이 지정한 파일이 표시되고, ⑤번과 같이 Edit… button이 활성화된다.

이제 모든 준비가 완료된 것 같다. 즉, [그림 8.2-1]에서 보여준 bootloader를 위한 memory map에 맞게 **GLedApp1 image**는 0x0800_B000번지를 시작으로 저장되어 있고, **RLedApp2 image**는 0x0800_D000번지부터 저장되어 있다. 이것을 다시 한 번 확인해 보기 바란다. 그리고 나서, [그림 8.2-20]의 ⑥번과 같이 **SJ_BtLdr** project가 Active project인 것을 확인하고, main.c 파일에서 BootNewAppJump() 함수를 호출하는 **320번째 라인**에 breakpoint를 설정한다.

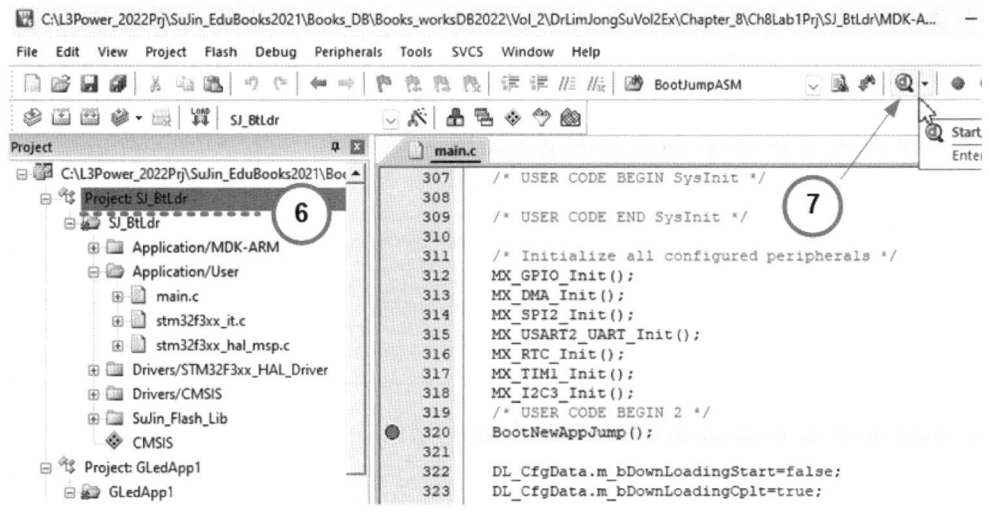

[그림 8.2-20] Multi Project Debugging 방법 - 3.

이어서 ⑦번의 화살표가 가리키는 🔍 (Ctrl+F5) icon을 click하여 준다. 그러면, **SJ_BtLdr** project의 main() 함수 첫 번째 명령어에서 실행이 멈출 것이다. 이때, [그림 8.2-21]의 ⑧번과 같이 **Command** window에 출력되는 message를 확인해 보면, 현재 Active project인 **SJ_BtLdr image**가 제일 먼저 load 되고, 이어서 **SJ_BtLdr.ini** 파일이 포함되어 실행된다. 그러므로, **GLedApp1 image**와 **RLedApp2 image**도 함께 load되는 것을 볼 수 있다. 현재 Active project인 **SJ_BtLdr** project에서 BootNewAppJump() 함수를 호출하여 program 실행을 **GLedApp1** project로 이동 시킬 것이므로 ⑨번과 같이 **GLedApp1** project에 속하는 main.c을 double click하여 open하여 준다. 그런데, open된 main.c file의 옆에는 ⊗ symbol을 포함한 **파일 symbol**이 보인다. 이것은 현재 Active project에 속하는 파일이 아니기 때문이다.

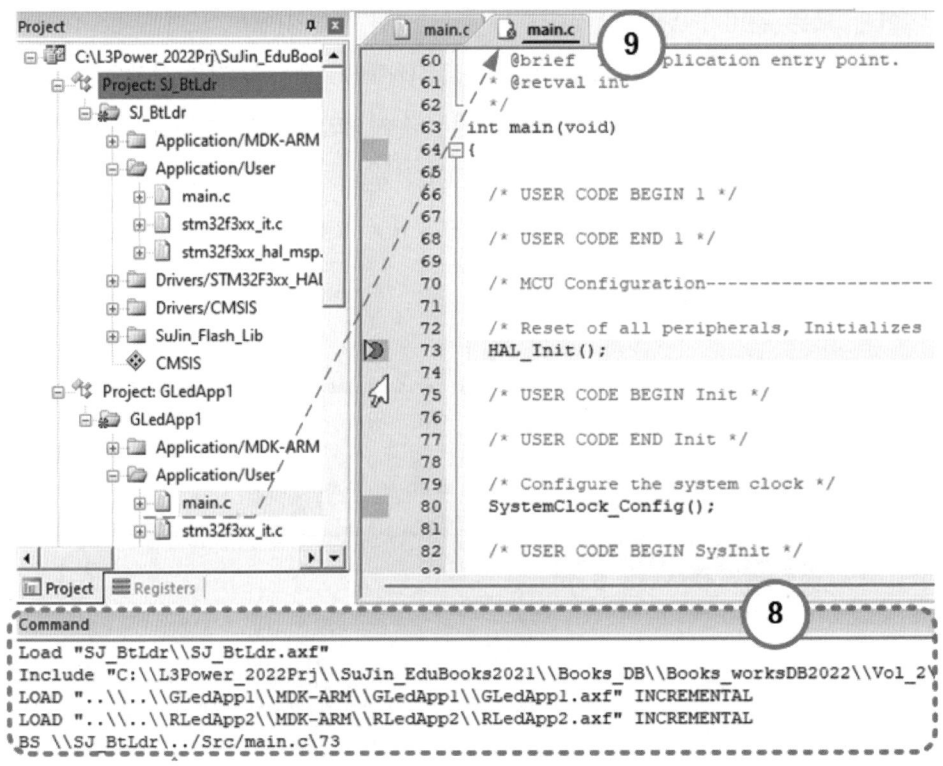

[그림 8.2-21] Multi Project Debugging 방법 - 4.

어쨌든, **GLedApp1** project에 속하는 main.c의 **73번째 line**에 breakpoint를 설정해 준다. 이때 **주의 할 것**은 여러분이 만일, LOAD command를 이용하여 **GLedApp1 image**를 loading 하지 않았다면, breakpoint를 설정할 수 없다. 즉, 파일의 라인 number 옆에 짙은 회색으로 유효한 명령어를 표시하는 그 짙은 회색이 나타나지 않는다. 이렇게 되면, breakpoint를 설정할 수 없다는데 주의하자. 이 현상은 compiler의 최적화 작업 또는 그 어떠한 이유로 해당 명령어를 loading하지 않았을 때에도 source code에는 있지만, 라인 number 옆에 짙은 회색의 사각형이 존재하지 않아서 breakpoint를 설정할 수 없는 것과 같은 현상인데 주의하자. 예를 들면, CubeMX에서 GPIO 외부 interrupt를 설정하고, [그림 8.2-10]의 ⑥번에서 보여준 것처럼 정작 NVIC에서 해당 interrupt를 check하지 않으면, 해당 Callback 함수인 **HAL_GPIO_EXTI_Callback()**은 호출되지 않으므로 compile 과정에서 제외되고, loading 되지도 않는다. 결국, 편집기에서는 해당 source code가 그대로 보이지만, 정작 HAL_GPIO_EXTI_Callback() 함수 내에서는 짙은 회색의 사각형이 없으므로 breakpoint를 설정할 수 없게 된다. 이 현상은 최적화를 가장 낮은 -O1로 설정해도 쉽게 확인 할 수 있다. [그림 8.2-22]의 ⑩번은 NVIC에서 해당 interrupt를 enable한 경우이고, 이때에는 **797번째 line** 왼쪽에 짙은 회색의 사각형이 생겨서 breakpoint를 설정할 수 있었지만, ⑪번의 경우에는 NVIC에서 해당 interrupt를 enable하지 않아서 **793번째 line** 왼쪽에 짙은 회색이 없어서 code는 동일하게 보이는데 breakpoint가 설정되지 않는 것을 볼 수 있다.

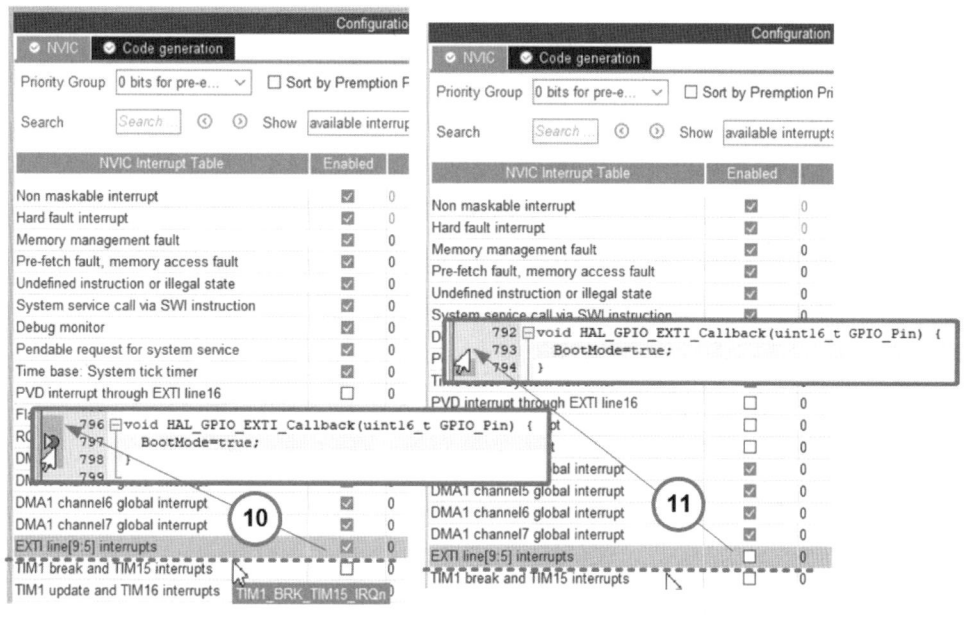

[그림 8.2-22] Multi Project Debugging 방법 - 5.

이처럼 code는 보이는데 breakpoint가 설정되지 않는 경우에 개발 tool이 불량인지 오인하는 경우가 있으므로 주의하기 바란다. 참고적으로 IAR Embedded workbench의 경우에는 최적화를 수행하지 않아도 NVIC에서 해당 interrupt를 enable하지 않으면, **HAL_GPIO_EXTI_Callback()** 함수를 호출하지 않는다. 한 가지 경험담을 알려주면, [그림 8.2-21]의 ⑨번과 같이 **GLedApp1** project에 속하는 main.c의 **73번째 line**에 breakpoint를 설정해 주고, 다음날에 작업을 계속 이어 가기 위해서 모든 프로그램을 닫고, 전원을 끄고 퇴근한 다음에 다음날 출근하여 단순히 [그림 8.2-21]과 같이 multi project를 열었더니, 73번째 line에 설정한 breakpoint가 사라지고, 앞서 언급한 짙은 회색의 사각형이 line number 옆에 없어서 설정할 수 없는 경우가 있다. 단지, 어제 행복하게 퇴근한 것 밖에 한 것이 없는 데 말이다. 사실, 이 문제를 만나게 된다면, KEIL Inc.의 공식 대리점인 **MDS 테크**에 문의해야 할 것이다. 어쨌든, 이 문제를 만나면, **해결책은** 각각의 project를 모두 다시 build하면 해결 된다. 이제, [그림 8.2-21]의 ⑨번과 같이 **73번째 line**에 breakpoint를 문제없이 설정해 주었다면, 다시, **SJ_BtLdr** project의 main.c 파일을 선택하고, Run(F5) icon을 click하여 실행해 준다. 그리고, [그림 8.2-23]의 ⑫번과 같이 breakpoint를 설정한 **320번째** 라인까지 실행할 것이다.

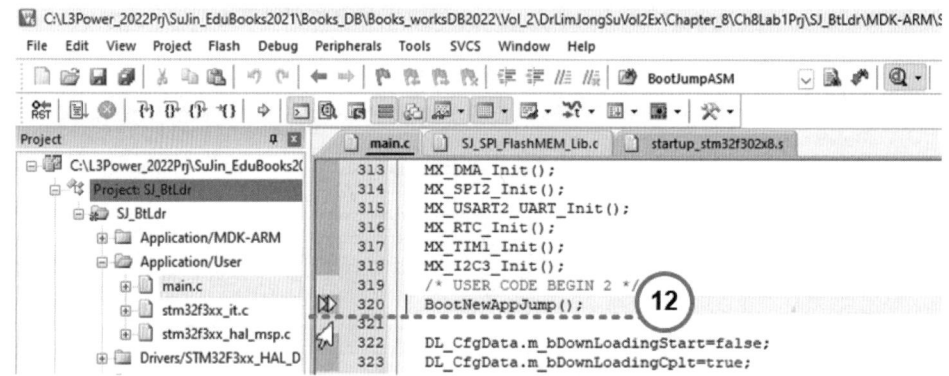

[그림 8.2-23] Multi Project Debugging 방법 - 6.

그리고 나서, BootNewAppJump() 함수의 안쪽으로 들어가기 위해 **F11**을 click하여 주고, [그림 8.2-24]의 ⑬번처럼 **766번째** line에 breakpoint를 설정하여 준다. 그리고, 다시, Run(F5) icon을 click하여 한 번에 설정한 breakpoint **766번째** line까지 실행하여 준다. 그리고, F10을 click하며 한 문장씩 실행해 가다보면, ⑭번과 같이 BootJumpASM2() 함수가 아닌 **BootJumpASM()** 함수를 수행하기 위해서 **769번째** line으로 진행하는 것을 확인 할 수 있을 것이다. 이제, BootJumpASM() 함수에 의해서 실행될 **GLedApp1** project에 있는 main.c file을 [그림 8.2-25]의 ⑮번과 같이 열어서 **73번째 line**에 breakpoint를 설정해 준다. 그리고, ⑮번에서 보여준 **main.c** tab을 mouse로 선택하고 drag하여 [그림 8.2-26]과 같이 병렬로 2개의 main.c source code를 볼 수 있도록 배치해 준다. 그래서, PC(Program Counter) 즉, **실행 순서가 SJ_BtLdr** project의 **BootJumpASM()** 함수에서 **GLedApp1** project에 있는 main.c file의 **73번째 line**에 설정한 breakpoint로 넘어가는 것을 쉽게 확인 할 수 있도록 한다.

```
744     /* USER CODE BEGIN 4 */
745   static void BootNewAppJump(void) {
746       uint32_t i=0;
747       uint32_t JumpAppAddr, MSPAddr;
748
749       EXTI->IMR=0x2000;
750       EXTI->FTSR=0x0;
751       EXTI->PR=GPIO_PIN_All;
752
753       for(i=0;i<8;i++) {
754           NVIC->ICER[i]
755           NVIC->ICPR[i]
756       }
757
758       SysTick->CTRL
759       SCB->ICSR |= S
760
761       CONTROL_SPS
762       __set_MSP(
763       __set_CONTROL
764   }
765
766       SCB->VTOR = (uint32_t)APP_BASE_ADDR;
767       if(((*(uint32_t*)APP_BASE_ADDR) & SRAM_ADDRESS_MASK) == SRAM_ADDRESS) {
768   #if defined(__ICCARM__) || defined(__ARMCOMPILER_VERSION)
769       MSPAddr=*(uint32_t *)(APP_BASE_ADDR);
770       JumpAppAddr=*(uint32_t *)(APP_BASE_ADDR+4);
771       BootJumpASM(MSPAddr, JumpAppAddr);
772   #else
773       BootJumpASM2();
774   #endif
775       }
776   }
```

Callout box (lines 765-776):
```
765
766       SCB->VTOR = (uint32_t)APP_BASE_ADDR;
767       if(((*(uint32_t*)APP_BASE_ADDR) & SRAM_ADDRESS_MASK) == SRAM_ADDRESS) {
768   #if defined(__ICCARM__) || defined(__ARMCOMPILER_VERSION)
769       MSPAddr=*(uint32_t *)(APP_BASE_ADDR);
770       JumpAppAddr=*(uint32_t *)(APP_BASE_ADDR+4);
771       BootJumpASM(MSPAddr, JumpAppAddr);
772   #else
773       BootJumpASM2();
774   #endif
775       }
776   }
```

[그림 8.2-24] Multi Project Debugging 방법 - 7.

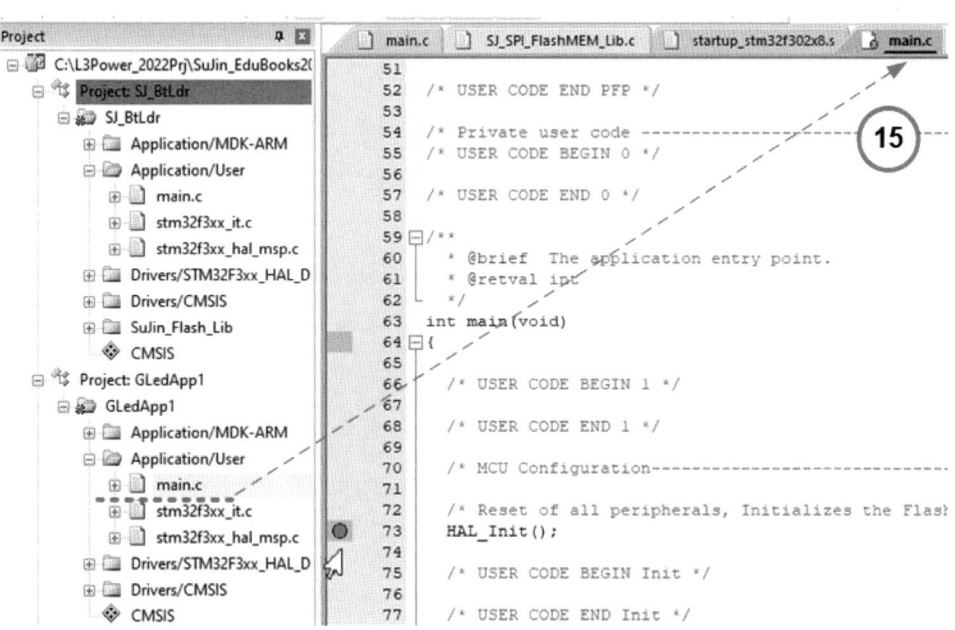

[그림 8.2-25] Multi Project Debugging 방법 - 8.

8 User Bootloader 소개와 간단한 예제 구현 | 411

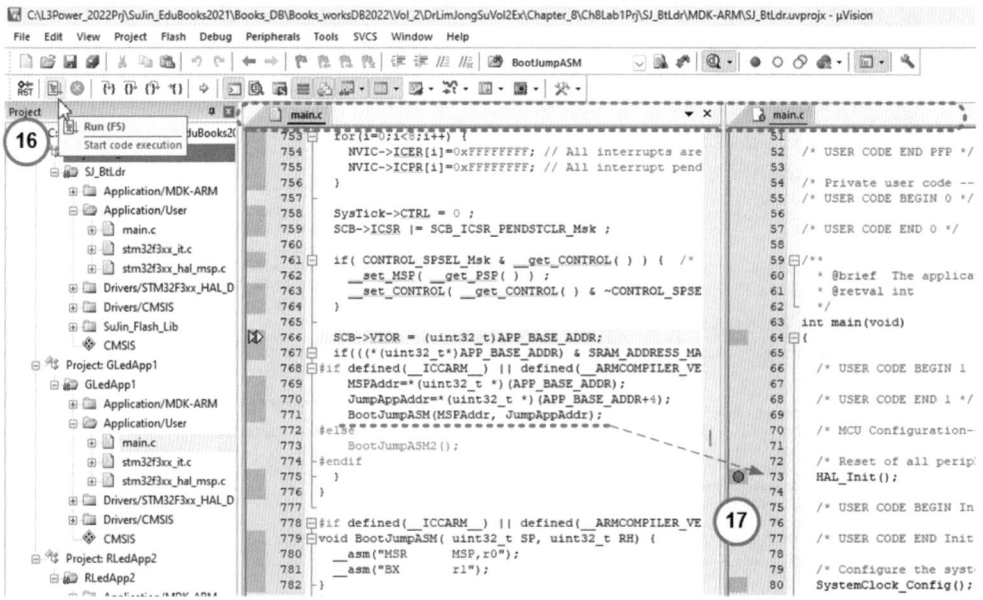

[그림 8.2-26] Multi Project Debugging 방법 - 9.

현재, [그림 8.2-26]을 보면, PC(Program Counter)는 **SJ_BtLdr** project에 있는 main.c 파일의 **766번째** line을 가리키고 있다. 그러나, 이제, ⑯번에서 보여준 것처럼 Run(F5) icon을 click하여 실행해 주면, [그림 8.2-27]의 ⑱번에서 보여준 것처럼 **GLedApp1** project에 설정한 main() 함수의 **73번째** 라인에 있는 breakpoint에서 실행이 멈춘다.

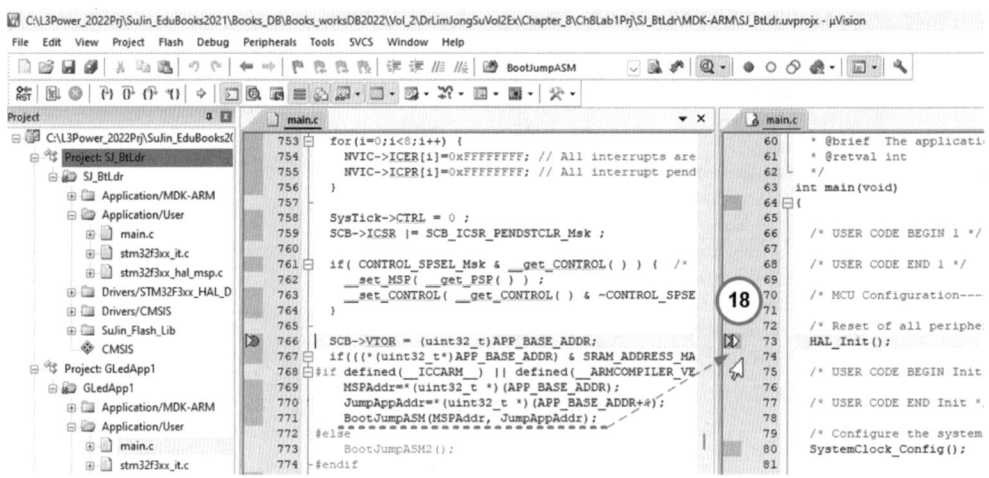

[그림 8.2-27] Multi Project Debugging 방법 - 10.

이때 주의 할 것은 [그림 8.2-25]에서 GLedApp1 project에 있는 main.c 파일을 73번째 line에 breakpoint를 설정하고, **닫아주면**, 자동으로 uVision이 main.c 파일을 다시 열어서 breakpoint를 설정한 73번째 line에서 멈추지 **않는다는** 것이다. 그러므로, **반드시**, 실행이 될 해당 source file이 uVision에 열려있어야 **정상적으로 동작한다는** 데 주의하기 바란다. 이것은 GLedApp1 project가 Active project가 아니기 때문이다. 이제, 🏃 Run(F5) icon을 click하여 주면, **SJ_BtLdr** project에 있는 **BootJumpASM()** 함수가 GLedApp1 project를 실행시켜서 SJ_MCUBook_M4 보드에 있는 녹색 LED가 0.5[초] 단위로 점멸하는 것을 볼 수 있을 것이다. 지금까지 debugger mode 환경에서 bootloader project인 **SJ_BtLdr**가 application project인 GLedApp1을 실행하는 방법을 학습하였다. 하나의 Chapter가 너무 길면, 학습하는 입장에서 다소 힘들 수 있다. 그러므로 Chapter를 바꾸어 앞서 설정한 **Nucleo 보드에 있는 파란색 User button**을 click하면, 다음과 같은 동작을 수행하는 code를 개발해 보도록 할 것이다. 그러므로, 다음 Chapter 9.를 학습하기 전에 다음의 내용을 어떻게 개발할지 **먼저, 스스로 연구**해 보기 바란다.

❶ MCU 내부 Main Flash memory booting에 대한 예제 :

GLedApp1 image가 저장되어 있는 0x0800_B000번지부터 0x0800_D000-1번지까지 모두 지우고, 0x0800_D000번지부터 저장되어 있는 RLedApp2 image를 방금 지운 0x0800_B000번지부터 **복사하여** 넣고, 복사가 완료되면, **자동으로** RLedApp2 image를 실행하도록 coding한다. 정리하면, Reset 버튼을 누르고, 3[초]가 **지나가면**, **GLedApp1**을 실행하고, 3[초]가 지나가기 **전에** 파란색 버튼을 click하면, **RLedApp2** image가 실행하도록 coding한다.

❷ MCU 내부 SRAM booting에 대한 예제 :

MCU 내부 SRAM의 0x2000_2000번지부터 0x2000_4000번지까지 0으로 초기화하고, 이어서 0x0800_D000번지부터 저장되어 있는 RLedApp2 image를 방금 초기화한 0x2000_2000번지부터 **복사하여** 넣고, 복사가 완료되면, **자동으로** RLedApp2 image를 실행하도록 coding한다. 정리하면, Reset 버튼을 누르고, 3[초]가 **지나가면**, **GLedApp1**을 실행하고, 3[초]가 지나가기 **전에** 파란색 버튼을 click하면, **RLedApp2** image가 실행하도록 coding한다.

❸ MCU 외부 SPI flash memory booting에 대한 예제 :

GLedApp1 image가 저장되어 있는 0x0800_B000번지부터 0x0800_D000-1번지까지 모두 지우고, MCU와 SPI interface로 연결되어 있는 Serial Flash Memory의 0번지부터 저장되어 있는 RLedApp2 image를 방금 지운 0x0800_B000번지부터 **복사**하여 넣고, 복사가 완료되면, **자동으로** RLedApp2 image를 실행하도록 coding한다. 정리하면, Reset 버튼을 누르고, 3[초]가 **지나가면**, GLedApp1을 실행하고, 3[초]가 지나가기 **전에** 파란색 버튼을 click하면, MCU 외부에 SPI interface로 연결되어 있는 Serial Flash Memory의 0번지부터 저장되어 있는 **RLedApp2** image가 실행하도록 coding한다.

그럼, 잠시 쉬었다가 Chapter 9.를 학습해 보도록 하겠다.

CHAPTER

09

실전 User Bootloader 구현 방법

이번 Chapter는 Chapter 1.부터 Chapter 8.까지 학습한 bootloader에 대한 내용을 이용하여 **다양한 user bootloader를 개발하는 과정**을 경험하게 될 것이다. 우선, 현재 MCU 내부의 main flash memory에 저장되어 실행하고 있는 application image를 새로운 application image로 바꾸고, 실행해 주는 방법을 학습하고, 그리고 나서, MCU 내부의 SRAM 영역에 새로운 application image를 저장하고, 실행하는 방법도 학습하게 될 것이다. 이들을 각각 ROM Booting과 RAM booting이라고 하는데, 이들 booting에 따른 차이점과 장/단점을 학습하게 될 것이다. 또한, MCU와 SPI interface로 연결된 외부 Serial Flash Memory에 여러 실행 image들을 저장하고 있다가 원하는 실행 image를 선택하여 지정한 내부 flash memory 또는 내부 SRAM에 저장하고, 실행하는 방법도 학습하게 될 것이다. 여기서 설명하는 이들 booting 관련 기술들은 앞서 여러 번 언급하였듯이 STM32 MCU 즉, 어느 특정 MCU에만 적용되는 것이 아니고, 모든 종류의 processor들에 적용할 수 있는 기술이다. 또한, Vol.2.에서는 host와 물리적으로 UART 통신으로 연결된 MCU에 대한 booting만을 설명하지만, 여기서 설명하는 내용은 물리적인 매체 즉, UART에만 국한된 것이 아니고, CAN(Controller Area Network), RS-485를 통한 Modbus, 그리고,

Ethernet TCP/IP 등등 다른 물리적인 매체에도 동일하게 적용할 수 있다는 데 주의하기 바란다. Vol.3에서는 USB를 포함한 이들 물리적 매체에 대한 내용을 자세하게 학습하게 될 것이다.

■ 학습 목표 :
- MCU 내부 Main Flash Memory를 이용한 User Bootloader 개발.
- MCU 내부 SRAM을 이용한 User Bootloader 개발.
- ROM booting과 RAM booting의 의미와 차이점.
- MCU 외부 Serial Flash Memory를 이용한 User Bootloader 개발.
- 다양한 Bootloader 개발 사례 학습.

9.1 MCU 내부 Main Flash memory booting 방법.

일반적으로 MCU의 내부 flash memory에 저장되어 있는 application image를 갱신하는 방법으로는 다음과 같이 2가지가 있다.

❶ ISP(In-System Programming) :

전용 Emulator를 사용하여 새로운 application image로 갱신하는 방법을 의미한다. 일반적으로 Firmware update 용도보다는 소프트웨어 개발을 위한 다양한 debugging 환경을 활용하기 위한 목적이 강하며, 지원하는 debugging 기능에 따라서 가격이 달라진다. 모두 전문 업체로부터 구매해야 하며, 예를 들면, Trace32와 같은 emulator는 상당히 고가이지만, 그 기능과 안정성이 아주 우수하여 대부분의 대기업에서 사용되고 있으며, 국내에서는 MDS 테크에서 판매와 기술 지원을 담당하고 있다. 그러나, 대부분의 중/소기업에서 STM32 MCU를 사용하는 경우에는 Vol.1.의 1.3. 단원에서 소개한 **ST-LINK/V2 emulator**를 사용한다. [그림 9.1-1]은 SJ_MCUBook_M4 보드에 **ST-LINK/V2** emulator와 절연기능이 추가된 **ST-LINK/V2 ISOL** emulator를 연결한 모습이다. [부록 - 2]에서 자세히 설명하겠지만, SJ_MCUBook_M4 보드도 RS-232, RS-485, 그리고, CAN 통신 각각에 대해서 **절연 기능이 있는 부품을 사용**하였다. 그러므로, **대전력을 사용**하는 경우에 절연 기능과 외부 noise에 민감한 보드를 개발할 때에 **초기 개발용 보드로 충분히 활용**할 수 있도록 개발하였다. 또한, 이와 같은 절연 기능이 필요 없는 경우에는 저렴한 가격의 SJ_MCUBook_M0 보드를 사용하면 된다. 어쨌든, [그림 9.1-1]에서 보여준 것과 같이 Nucleo 보드를 연결하지 않은 경우에는 DC 12[V]~24[V] 전원 어댑터를 그림과 같이 연결하여 보드에 전원을 공급해 주어야 한다.

❷ IAP(In-Application Programming) :

제조사 또는 자체 개발한 다양한 bootloader를 통하여 새로운 application image로 갱신시키는 방법으로서 현재 여러분과 함께 학습하고 있는 제조사 bootloader와 user bootloader를 의미한다. 일반적으로 여러 동일 제품들에 대해서 원하는 물리적 통신 매체를 이용하여 동시에 firmware update를 수행하기 위해서 많이 사용한다. 또는, 정기적으로 제품 서비스를 제공하는 정수기와 같은 경우에 서비스 기사에게 작은 USB Dongle 형태의 module을 제공하여 firmware update를 수행하게 한다.

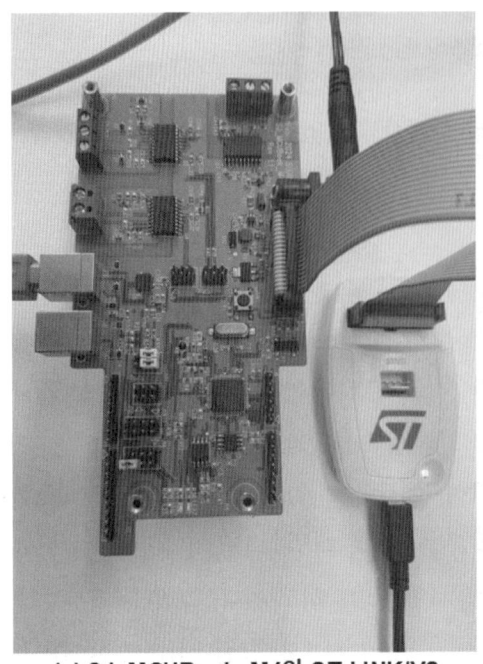 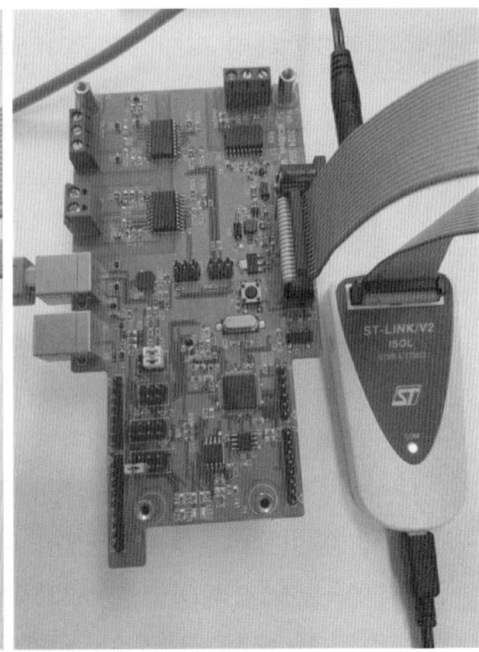

(a) SJ_MCUBook_M4와 ST-LINK/V2 　　　(b) SJ_MCUBook_M4와 ST-LINK/V2 ISOL

[그림 9.1-1] SJ_MCUBook_M4 보드와 ST-LINK/V2, ST-LINK/V2 ISOL emulator 연결 모습.

정리하면, IAP(In-Application Program)는 전용 emulator를 사용하지 않고, UART 통신 또는 사용하는 MCU의 주변 장치들이 제공하는 통신 방식으로 host와 연결되어, application이 동작하는 **동안에** flash memory에 host가 전송해 주는 새로운 image 데이터를 수신하여 지정한 특정한 memory에 저장하고, 그리고 나서, 현재 실행하고 있는 image를 바꾸어 실행해 주는 방법을 의미한다. 일반적으로 **자동차의 경우에는** Vol.3.에서 소개할 Bosch Inc.에서 개발한 **비동기식 직렬 통신 방식**으로서 ISO 11898-1로 **규격화 되어** 있는 CAN(Controller Area Network)을 사용한다. 그러나, 일반 산업용으로는 RS-485 interface에 Modbus 통신 규격을 적용하여 사용하는데, Vol.3.에서 **Modbus 통신 규격을 직접 구현**해 보도록 할 것이다. 그러나, 여기서는 Host 역할을 수행하는 PC에서 동작하는 SJ_MCUPro windows program과 UART interface로 연결되어 SJ_MCUPro program에서 전송하는 명령어에 맞추어 booting을 수행하는 방법을 학습할 것이다. 사실, Host PC의 입장에서는 USB port에 RS-485 통신을 수행하는 module을 연결하고, [그림 9.1-2]의 점선 사각형 안에 있는 **Modbus** checkbox를 click하여 주면, 나타나는 Modbus 사양 dialogbox에 원하는 설정을 하고, 전송해 주면 된다.

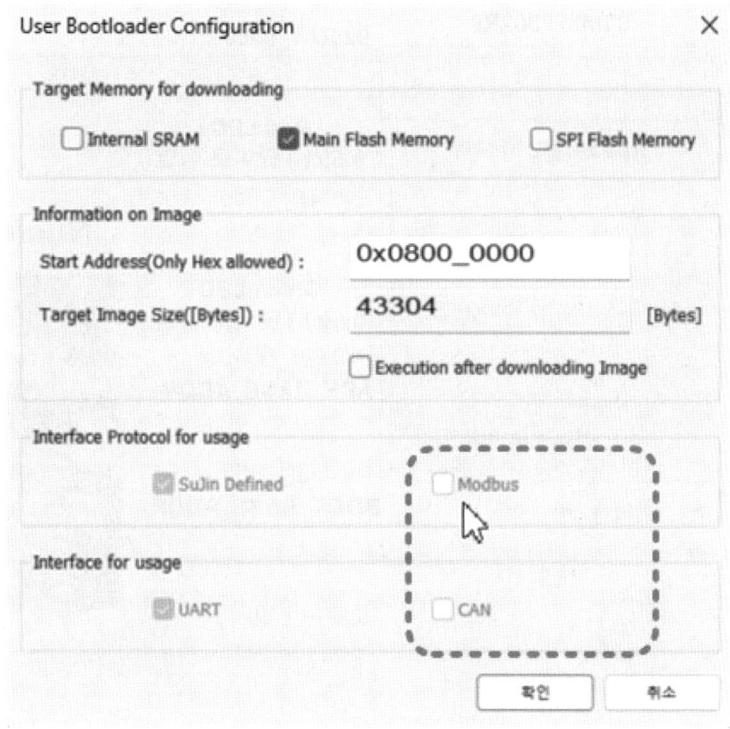

[그림 9.1-2] SJ_MCUPro program이 제공하는 Modbus 지원과 CAN interface 기능.

이제, RS-485 통신으로 연결된 여러 제품 각각이 동일한 Modbus 사양으로 설정되어 있다면, 상호 통신하며 새로운 application image 데이터를 전송하여 **동시에 여러 제품들에 대해서 firmware update를 수행**할 수 있게 되는 것이다. 그러나, 이들 Modbus 지원과 CAN interface 기능은 **아마도 Vol.3**,가 출간될 때에 활성화할 계획이다. 어쨌든, 이번 단원에서는 MCU 내부의 main flash memory를 이용한 booting 방법에 대해서 학습할 것이다. 구체적으로 이번 단원에서는 [그림 9.1-3]에서 보여준 것처럼 우선, SJ_MCUBook_M4 보드의 **SW1 Reset** button을 click하여 준다. 그리고 나서, 3[초]가 지나면, **자동으로** ④번에서 가리키는 것과 같이 0x0800_B000번지부터 저장되어 있는 GLedApp1 application image가 실행된다. 그러나, SW1 reset button을 click하고, 3[초] 이내에 ②번에서 보여준 것과 같이 Nucleo board에 있는 **파란색** User button을 click하면, ③번처럼 **외부 interrupt 9번**이 발생하게 된다. 그러면, **자동으로** 현재 동작하고 있는 image가 저장되어 있는 **Current Application Image** 영역인 0x0800_B000번지부터 0x0800_B000-1번지까지 **모두 지운다**.

9 실전 User Bootloader 구현 방법 | 419

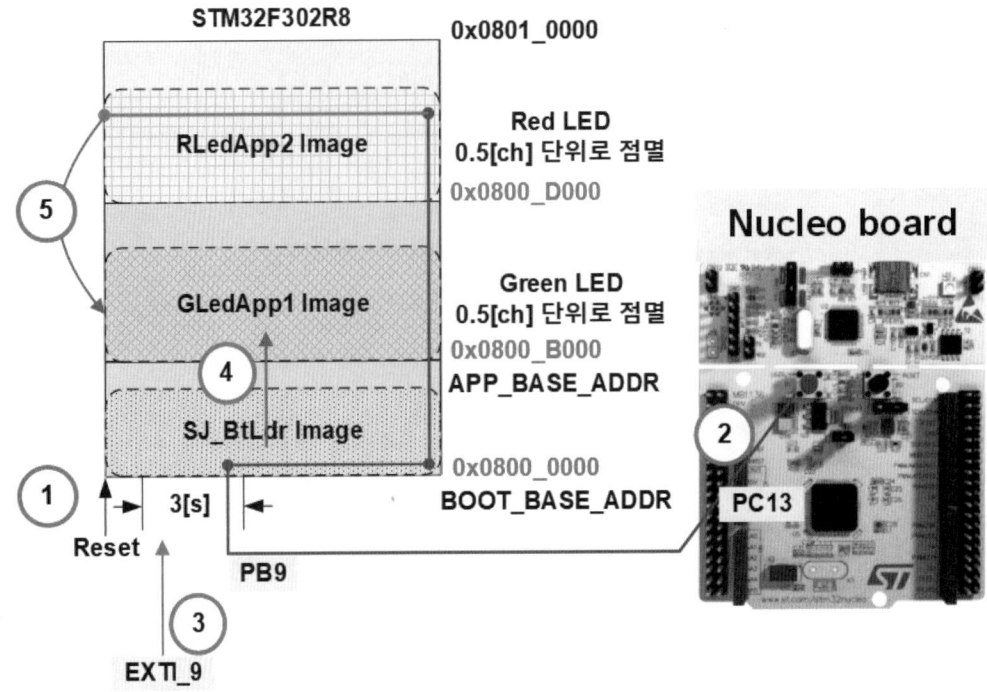

[그림 9.1-3] Bootloader를 통한 실행 image 갱신 구조도.

그리고 나서, ⑤번처럼 New Application Image 영역에 저장되어 있는 RLedApp2 application image를 방금 지운 Current Application Image 영역인 0x0800_B000번지부터 복사해 넣는다. 복사가 완료되면, New Application Image 영역을 모두 지운다. 그리고, 0x0800_B000번지부터 새로 복사해 넣은 RLedApp2 image를 실행시켜준다. 이와 관련된 일련의 작업을 수행하기 위하여 multi project인 Ch8Lab1Prj workspace를 그대로 복사하여 folder 이름을 Ch9Lab1Prj으로 바꾸어 준다. 그리고, Ch8Lab1Prj.uvmpw 파일과 Ch8Lab1Prj.uvmpw.uvgui.jskm7 파일을 삭제한다. 그리고 나서, [그림 8.2-13/14]에서 학습한 것과 같이 새롭게 multi project Ch9Lab1Prj workspace를 생성해 준다. 또한, Ch9Lab1Prj workspace 안에 있는 SJ_BtLdr project의 CubeMX 파일인 SJ_BtLdr.ioc을 열어서 확인해 보면, [그림 9.1-4]의 ①번에서 보여준 것처럼 64[MHz] APB2 timer clock에 연결되어 있는 Timer1이 사용되고 있고, 1[ms]마다 interrupt가 발생하도록 설정되어 있는 것을 확인 할 수 있다. 단, Timer Clock Helper - 1 dialogbox는 SJ_MCUPro windows program에서 Timer... button을 click하여 생성한 것이다.

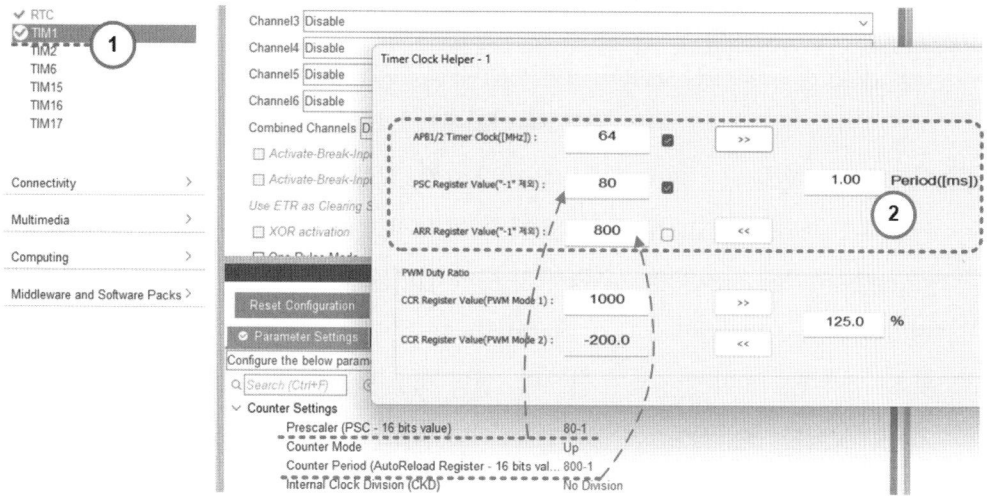

[그림 9.1-4] SJ_BtLdr project의 Timer1 설정 화면.

그러므로, reset이 발생하여 main() 함수가 호출되면, **제일 먼저**, 3[초] 동안 [그림 9.1-3]의 ③번에서 보여준 **EXTI_9**의 발생 유/무를 확인하는 code routine을 [그림 9.1-5]와 같이 추가해 주어야 할 것이다.

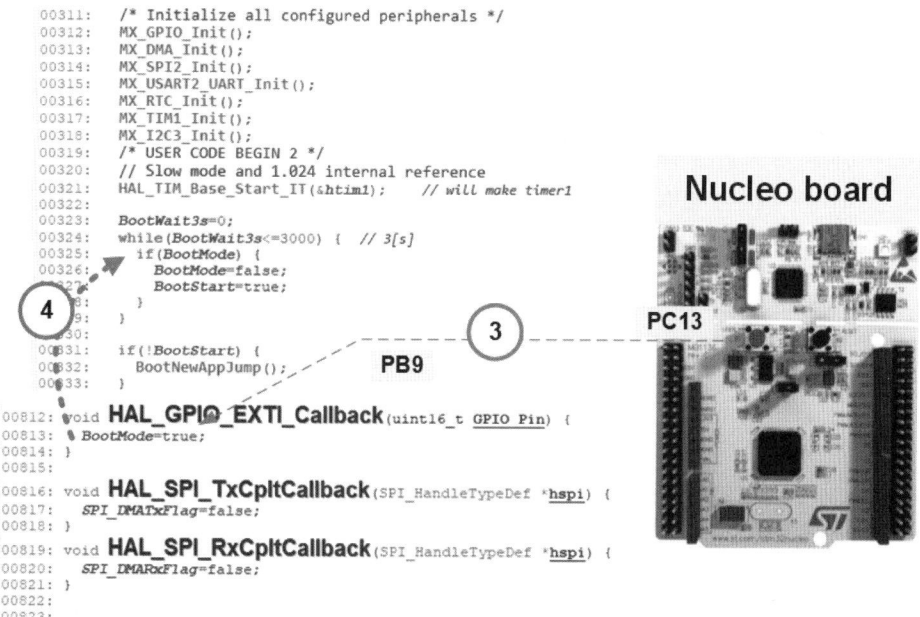

[그림 9.1-5] Main Flash memory booting 관련 예제의 동작 방법.

즉, ③번과 같이 Nucleo 보드의 파란색 버튼을 click하여 EXTI9가 발생하면, 전역 변수 BootMode이 false에서 true로 바뀌게 된다. 그런데, main() 함수에서 주변 장치를 초기화하는 함수들이 호출되고 바로 **321번째 라인**에서 [그림 9.1-4]에서 설정한 **Timer1**이 동작을 시작하도록 만들고, 이어서 1[ms] 마다 1씩 값을 증가시키는 또 다른 전역 변수인 **BootWait3s**의 값을 0으로 설정하였다. 그러므로, ④번에서 보여준 것처럼 reset 이후에 while(BootWait3s<=3000) 문에서 3[초]까지 머물게 되는데, 이때에 EXTI9가 발생하면, 전역 변수 BootMode이 true가 되므로 결국, 전역 변수 BootStart가 **true**가 된다. 만일, 3[초] 안에 EXTI9가 발생하지 않으면, 전역 변수 BootStart는 초기 값인 **false**를 그대로 가져갈 것이다. BootStart의 값이 **false**이면, 바로 BootNewAppJump() 함수를 호출하게 되고, 이 함수는 0x0800_B000번지부터 저장되어 있는 application image를 실행시키는데, 현재 이곳에는 GLedApp1 image가 저장되어 있으므로 GLedApp1 image를 실행시킬 것이다. 정리하면, reset 버튼을 누르고, 3[초]가 지나도록 Nucleo 보드의 파란색 버튼을 누르지 않으면, EXTI9가 발생하지 않아서 SJ_MCUBook_M4 보드의 녹색 LED가 0.5[초]마다 점멸하도록 만드는 **GLedApp1 image가 실행**된다. 그러나, reset 버튼을 누르고, 3[초] 안에 Nucleo 보드의 파란색 버튼을 누르면, EXTI9가 발생하여 BootStart가 **true**가 되어서 다음의 routine을 수행하게 된다.

```
    bFlg=MainFLASH_Erase(0x0800B000, 0x0800CFFF);                    ▶ ❶
    if(bFlg) {
        // Load Region LR_IROM1, Not Execution Region ER_IROM1!
        bFlg=MainFLASH_Write_Word((uint32_t*)(0x0800D000), 0x0800B000,   ▶ ❷
                    0x00001b20, false);
        BootNewAppJump();                                            ▶ ❸
    }
```

이 code routine을 살펴보니, **4.2.3. 단원**에서 학습한 main flash memory 관련 함수들을 사용하고 있다. 우선, ❶번에서 MainFLASH_Erase() 함수를 사용하여 0x0800_B000번지부터 0x0800_CFFF번지까지 지우는 것을 확인할 수 있다. 그리고, 지우는데 성공하였으면, bFlg의 값은 true가 되어서 ❷번과 같이 MainFLASH_Write_Word() 함수를 호출하게 된다. 이 함수는 0x0800_D000번지부터 저장되어 있는 RLedApp2 image를 0x1b20 bytes 즉, 전체 크기 6944bytes를 앞서 언급한 시나리오처럼 방금 지운 0x0800_B000번지부터 모두 저장하여 준다. 이제, 저장이 완료되었으면, ❸번과 같이 0x0800_B000번지부터 저장되어 있는 application image를 실행시키는 BootNewAppJump() 함수를 호출하게 된다. 그러면 결국, **RLedApp2 image가 실행**되어서 0.5[초] 마다 SJ_MCUBook_M4 보드의 적색 LED가 점멸하는 것을 확인 할 수 있을 것이다. **먼저, 동작하는 것을 확인**하고, code에 대한 좀 더 상세한 내용을 설명하도록 하겠다. [그림 8.2-2]와 같이 LED를 위한 2개의 jumper wire와 EXTI9을 위한 jumper wire를 정상적으로 연결하고, Nucleo 보드에 USB cable을 연결하여 준비를 한다. 준비가 완료되었으면, 우선, [그림 9.1-6]의 ⑤번과 같이 ST-Link Utility를 사용하여 SJ_MCUBook_M4 보드에 탑재되어 있는 STM32F302 main flash memory를 전부 지운다.

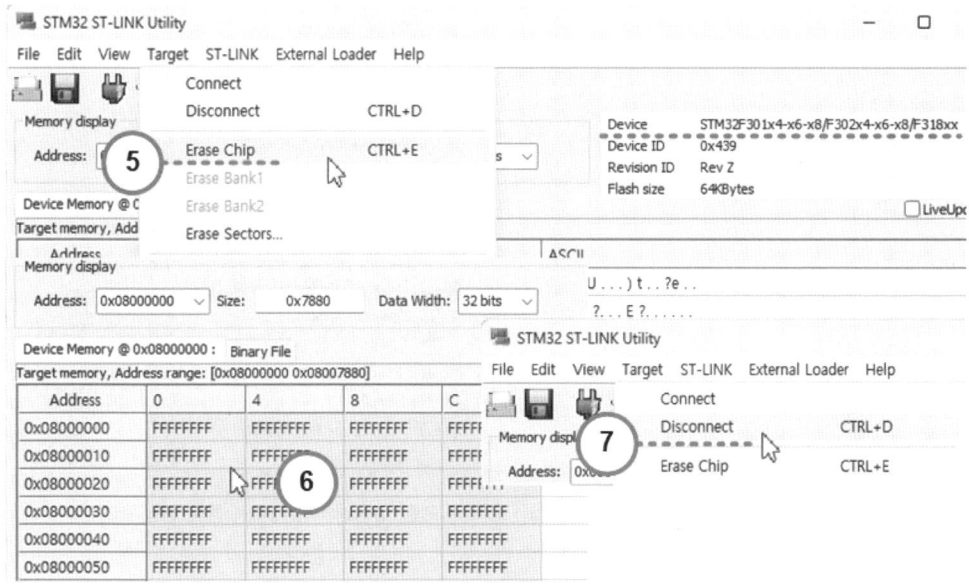

[그림 9.1-6] Main Flash memory booting 관련 **Ch9Lab1Prj** 예제의 동작 방법 - 1.

즉, ⑥번과 같이 지우고, 이어서 uVision이 JTag port를 사용할 수 있도록 ⑦번과 같이 ST-Link Utility는 끊어 준다. 그리고, [그림 9.1-7]의 ⑧번과 같이 Ch9Lab1Prj.uvmpw 파일을 double click하여 uVision을 호출한다. ⑨번과 같이 **Project** tab window에서 각각의 project를 펼쳐준다. 이어서 ⑩번과 같이 Manage Multi-Project Workspace... icon 을 click하여 주면, [그림 9.1-8]에서 보여준 것과 같이 **Active Project**를 선택하여 설정할 수 있는 Manage Multi-Project Workspace Components dialogbox가 나타난다.

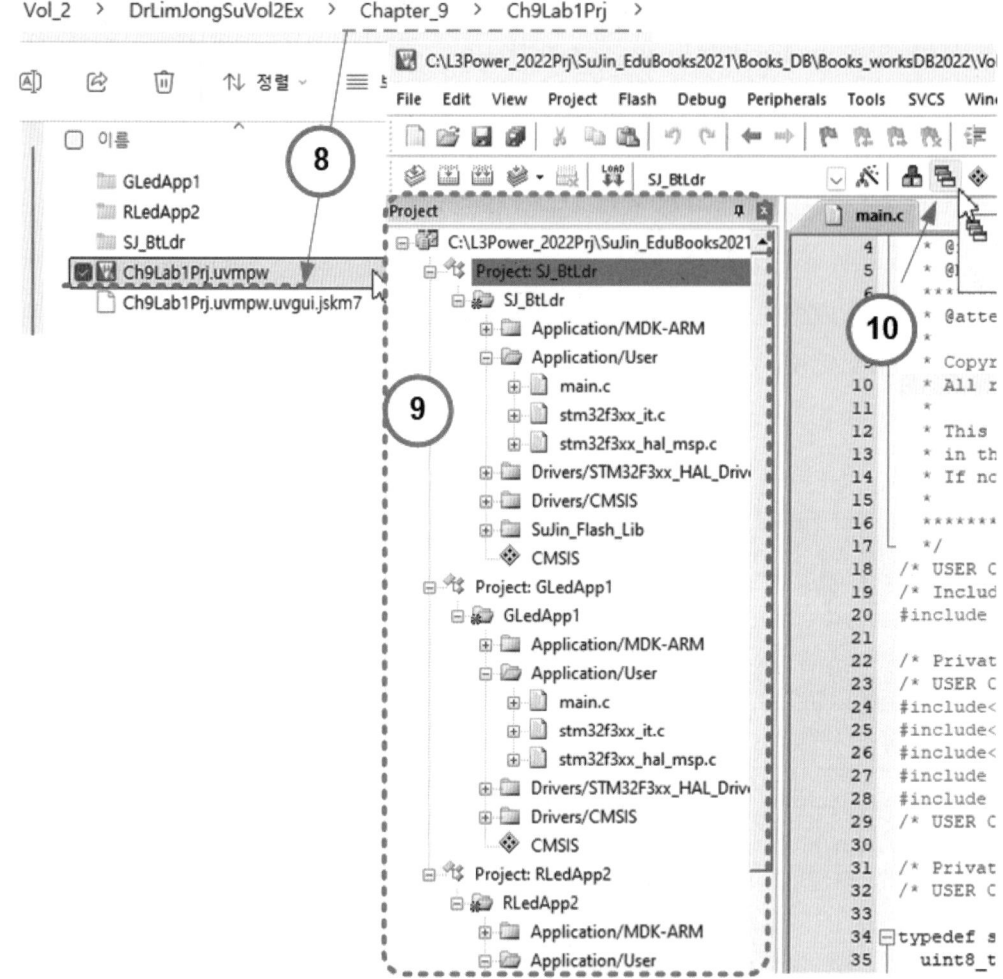

[그림 9.1-7] Main Flash memory booting 관련 **Ch9Lab1Prj** 예제의 동작 방법 - 2.

나열된 uVision Projects: 중에서 2번째 project인 GLedApp1 project를 mouse로 선택하고, 이어서 ⑪번과 같이 **Set as Active Project** button을 click하여 주고, OK button을 click 하여 준다. 그러면, Project tab window에 ⑫번과 같이 GLedApp1 project 이름이 짙은 회색으로 표시되어 현재 Active Project인 것을 알게 해 준다. 이어서, [그림 8.2-22]에서 설명한 불행한 일을 경험하지 않도록 하기 위해서 ⑬번과 같이 **Rebuild** icon을 click하여 Rebuild해 주고, 이어서 ⑭번과 같이 0x0800_B000번지부터 GLedApp1 image를 저장해 준다. 같은 방식으로 RLedApp2 project를 Active Project로 선택하고, 역시, Rebuild를 수행해 준다. 그리고, 0x0800_D000번지부터 RLedApp2 image를 저장해 준다.

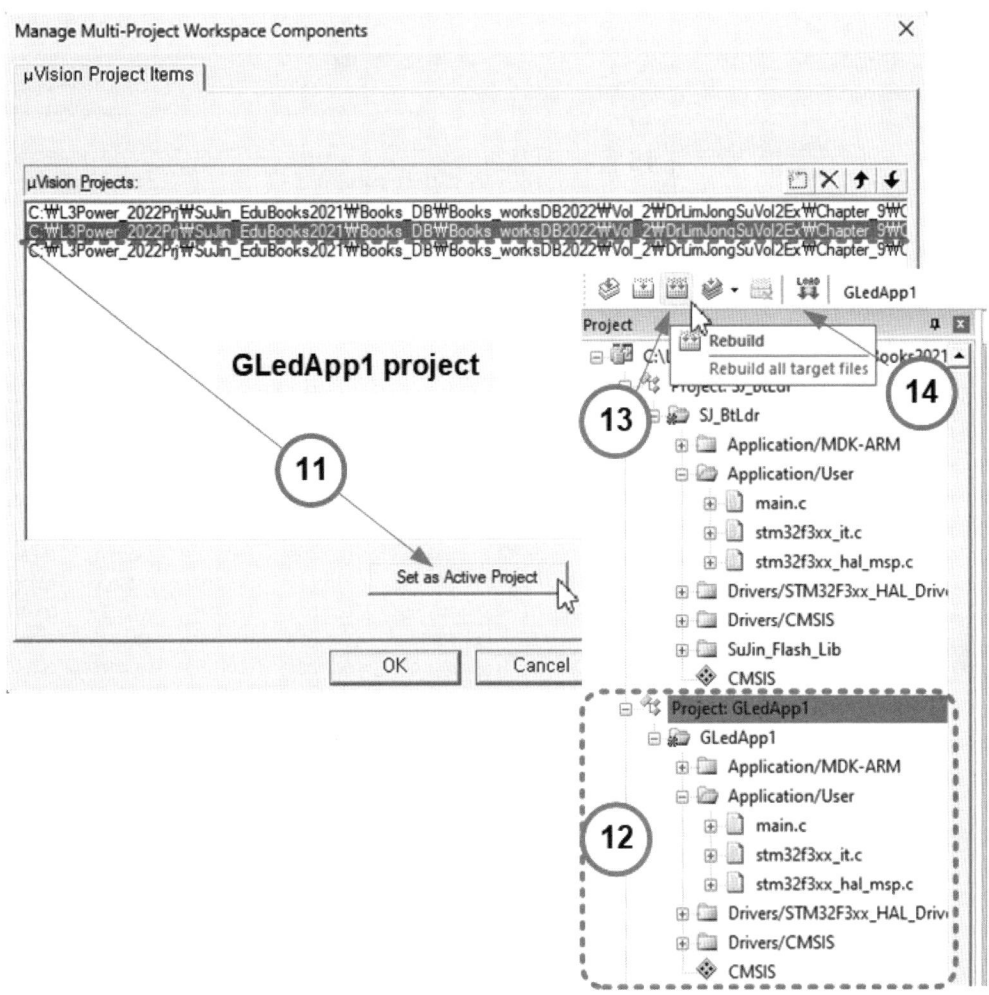

[그림 9.1-8] Main Flash memory booting 관련 Ch9Lab1Prj 예제의 동작 방법 - 3.

[그림 9.1-9]와 같이 저장이 완료되었으면, 다시 bootloader project인 **SJ_BtLdr** project 를 Active Project로 설정해 준다. 그리고 나서, ⑮번과 같이 Download (F8) icon을 click하여 0x0800_0000번지부터 bootloader **SJ_BtLdr** image를 저장해 준다. 저장이 완료되었으면, SJ_MCUBook_M4 보드에 있는 **SW1 Reset** button을 click하여 준다. 그리고, 3[초]가 지나면, 녹색 LED가 0.5[초] 마다 점멸되는 것을 확인 할 수 있을 것이다. 그리고, 다시, **SW1 Reset** button을 click하여 주고, 3[초]가 지나기 **전에** Nucleo 보드에 있는 **파란색 버튼을** click하여 주면, 적색 LED가 0.5[초] 마다 점멸되는 것을 확인 할 수 있을 것이다.

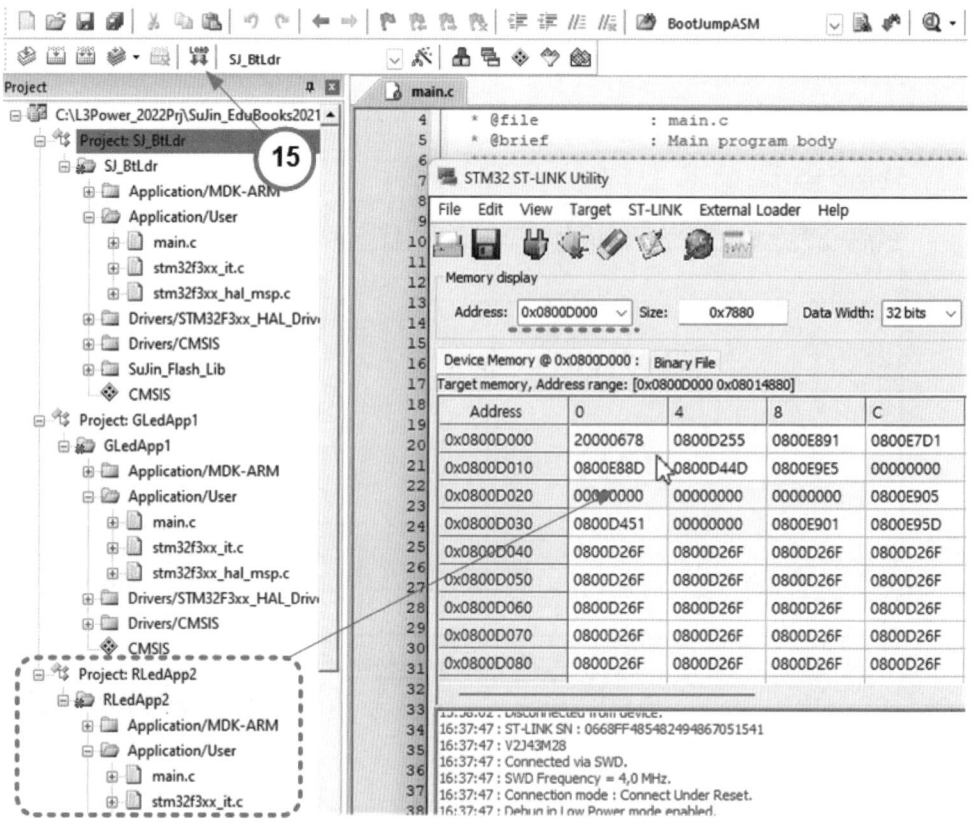

[그림 9.1-9] Main Flash memory booting 관련 Ch9Lab1Prj 예제의 동작 방법 - 4.

이제 실험이 잘 되었으면, 단순한 code이지만, 분석을 할 것이 좀 되므로 잠시 쉬었다가 하는 것이 좋을 듯하다. 지금까지 다른 code들은 모두 설명하였는데, 앞서 보여준 다음의 code는 설명이 필요하기 때문이다.

```
bFlg=MainFLASH_Erase(0x0800B000, 0x0800CFFF);                    ▶ ❶
if(bFlg) {
  // Load Region LR_IROM1, Not Execution Region ER_IROM1!
  bFlg=MainFLASH_Write_Word((uint32_t*)(0x0800D000), 0x0800B000,  ▶ ❷
              0x00001b20, false);
  BootNewAppJump();                                               ▶ ❸
}
```

우선, 밝혀둘 것은 4.2.3. 단원에서 학습한 MainFLASH_Erase() 함수는 잘못된 연산을 수행하는 bug를 포함하고 있다. 사실, 이들 함수는 오랫동안 사용하던 함수들인데, 이번에

Ch9Lab1Prj 예제를 집필하는 과정에서 오류를 발견하였다. 구체적인 오류의 내용은 지울 페이지를 잘못 계산하고 있다는 것이다. 그래서, MainFLASH_Erase() 함수를 [그림 9.1-10]과 같이 수정하였다.

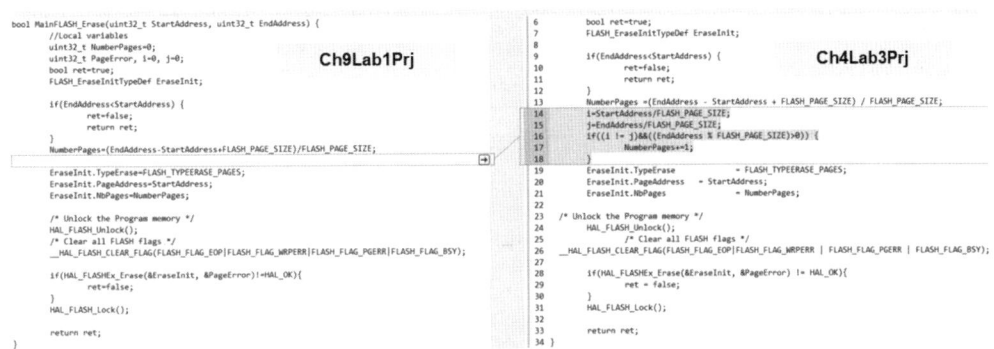

[그림 9.1-10] MainFLASH_Erase() 함수의 오류 비교.

즉, 기존의 Ch4Lab3Prj project에 있던 MainFLASH_Erase() 함수 내용 중에서 다음의 code 부분을 삭제하였다.

```
i=StartAddress/FLASH_PAGE_SIZE;
j=EndAddress/FLASH_PAGE_SIZE;
if((i != j)&&((EndAddress % FLASH_PAGE_SIZE)>0)) {
   NumberPages+=1;
}
```

처음에는 오류 부분을 모두 수정하고, 없던 일로 편집하여 집필하려고 하였지만, 이와 같은 과정이 여러분의 학습에 도움이 될 것 같아서 지금 bug 부분을 알려주고 수정한 것이다. 아마도, 여기 말고도 Vol.1을 포함하여 잘못된 부분이 더 존재 할 수 있다. 만일, 잘못된 부분을 발견한다면, naver cafe 임종수 연구소로 알려주어 모두가 공유하도록 도움을 주기 바란다. 참고적으로 SJ_MCUBook_4 보드에 사용되고 있는 STM32F302R8의 경우에 page 크기는 [표 9.1-1]에 표시한 것과 같이 2[KB]이고, main flash memory 크기가 64[KB]이므로 총 32page로 구성되어 있다.

Block	Name	Base Address	Size(Bytes)
Main Memory Block	Page0	0x0800_0000 ~ 0x0800_07FF	2[KB]
	Page1	0x0800_0800 ~ 0x0800_FFF	2[KB]
	...	...	2[KB]
	Page31	0x0800_F800 ~ 0x0800_FFFF	2[KB]
Information Block	System Memory	0x1FFF_D800 ~ 0x1FFF_F7FF	8[KB]
	Option Bytes	0x1FFF_F800 ~ 0x1FFF_F80F	16
Flash memory Interface Register	FLASH_ACR, FLASH_KEYR, etc.		8×4

[표 9.1-1] STM32F302R8의 Flash Memory 구조.

그러므로, Bootloader **SJ_BtLdr** image에게 할당한 0xB000=44[KB]이고, 나머지 2개의 application image는 각각 0x2000=8[KB]이므로, bootloader가 22pages를 사용하고, 각각의 application image는 4pages를 사용하게 된다. 이때, main flash memory도 외부 flash memory와 동일하게 page 단위로 지울 수 있으므로 2[Kbytes] 단위로 지워야 한다. 그러므로, page 계산을 잘못하면 엄한 데이터가 날아갈 수 있다는 데 주의하기 바란다. 그런데, ❷번 라인의 주석을 보면 다음과 같은 내용이 있다.

// Load **Region** LR_IROM1, Not Execution **Region** ER_IROM1!

사실, Linker Script file을 작성하는 문법은 개발 회사에 따라서 다르지만, 개념은 거의 비슷하다. 왜냐하면, 8.2. 단원에서도 언급하였듯이 **ELF 표준에 근거하여 실행 image 파일을 만들기 때문**이다. 어쨌든, 하나의 **실행 image**는 [그림 9.1-11]에서 보여준 것처럼 여러 regions, output sections와 input sections, 그리고 elf file에 관련된 header 정보의 **계층 구조로부터 구성된다**. 정리하면, 다음과 같다.

❶ 하나의 image는 한 개 또는 그 이상의 regions로 구성된다. 그리고 각각의 region은 하나 또는 그 이상의 output sections로 구성된다.
❷ 각각의 output section은 한 개 또는 그 이상의 input sections를 포함한다.
❸ input sections는 object file 안에 있는 code와 data 정보들이다.

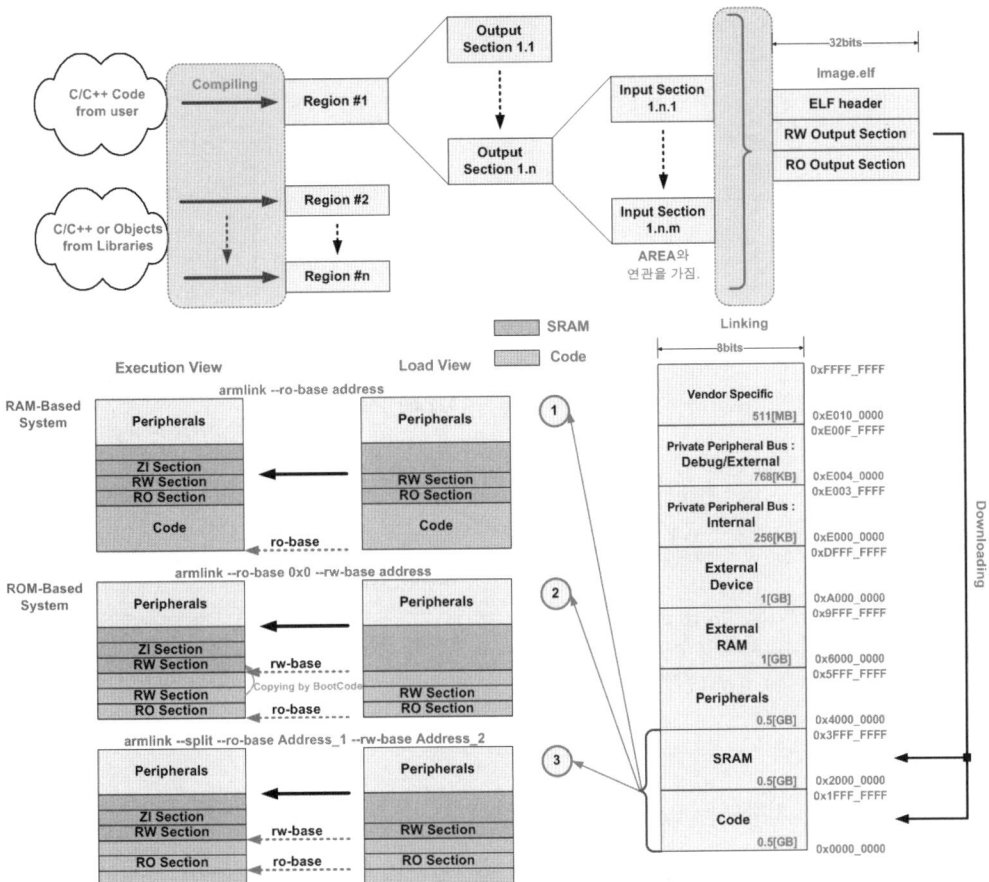

[그림 9.1-11] Executable Binary image와 memory map.

즉, image를 구성하는 region들은 loading time에 사용하는 processor의 memory map 안에 배치된다. 그리고 image를 실행하기 전에, 좀 더 구체적으로 설명하면, [그림 9.1-12]에 보여준 것처럼 C의 시작함수인 main()이 **실행하기 전에** 우선, 몇몇 region들을 execution 영역으로 이동시켜야 하고, ZI output section들을 생성해야 한다. 즉, **Load View**로 실행 image가 저장되면, 이것을 실행하기 위해서는 Execution View에서 보여준 것과 같이 재구성해 주어야 한다. 예를 들어서, **초기화된 RW data**는 ROM안에 있는 load 영역으로부터 RAM 안에 있는 execution 영역으로 복사될 필요가 있다. 즉, 임의의 실행 image에 대한 memory map은 [그림 9.1-12]와 같은 분명한 view들을 가진다. 정리하면, build하여 생성되는 임의의 executable binary image(즉, *.elf/*.axf)를 emulator 또는 임의의 방법으로 flash memory에 저장하면, [그림 9.1-12]에서 보는 것과 같이 2가지

types의 View를 생각할 수 있다.

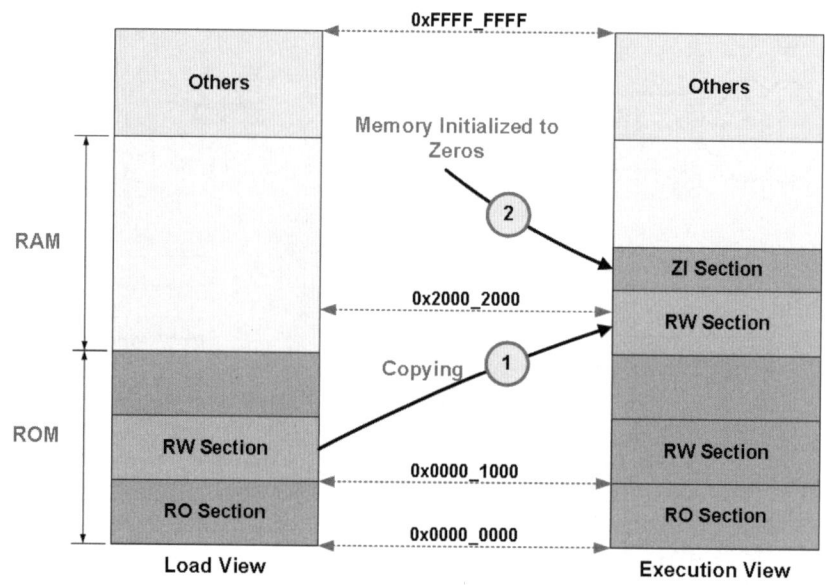

[그림 9.1-12] Load와 Execution memory maps

즉, image가 저장되는 Load View와 실질적으로 image가 실행할 때 차지하는 memory map을 보여주는 Executable View를 생각할 수 있다. 이와 같이 실행 image에 대한 memory map은 load view와 execution view에 의해서 표현된다. 그리고, load view에 있는 RW section에 저장되어 있는 데이터에 대해서 어떠한 연산을 실행하기 위해서는 먼저, ①번에서 보여준 것과 같이 execution view 상의 RW 영역으로 복사해 놓아야 한다. 사실, 이것은 당연한 얘기가 된다. 단어 자체가 의미하듯이 처음 실행 image에 포함되어 있던 RW section을 flash memory에 burning한 이후, 볼 수 있는 load view에 RW section이 계속해서 ROM 영역 즉, flash memory에 있다면 RW section에 포함되어 있는 변수(variable)들에 대해서 **writing이 불가능**하므로 downloading한 image가 실행할 수 없게 되기 때문이다. RW section에는 code 개발과정에서 사용한 변수들 즉, 전역 변수와 정적 변수들이 저장되어 있다는 것을 환기해 보면 쉽게 이해될 것이라고 생각한다. 즉, RW section에는 초기화한 전역 변수와 정적 변수들이 저장되어 있고, ZI section에는 초기화하지 않은 전역 변수와 정적 변수들이 저장되어 있다. 이제, code가 실행되면, ZI section에 포함된 변수들이 초기화될 것이고, RW section에 있는 변수들의 값이 바뀌게 될 것이므로

writable 영역으로 해당 변수들이 모두 복사되어야 code가 실행할 수 있게 된다. 정리하면, downloading한 실행 application image는 flash memory 안에 Load view에서 보여주는 것과 같이 flash memory 영역을 확보하여 저장된다. 그리고 실행될 때에는 Execution view에서 보여준 영역을 확보하여 실행을 하게 되는 것이다. 이 개념은 사용하는 개발 tool 즉, KEIL 또는 IAR 심지어 GCC와 **상관없이 ELF 표준에 의해서 지켜지는** 것이므로 단지, 사용하는 개발 tool에 따라서 linker script file을 작성하는 문법만 다른 것이다. 이제, **RLedApp2.map** file의 맨 아래 정보를 보면 다음과 같다.

```
================================================================================
    Total RO  Size (Code + RO Data)              6924 (   6.76kB)
    Total RW  Size (RW Data + ZI Data)           1656 (   1.62kB)
    Total ROM Size (Code + RO Data + RW Data)    6936 (   6.77kB)
================================================================================
```

그리고, **LR_IROM1**을 keyword로 RLedApp2.map file을 검색하면 다음과 같은 정보를 확인 할 수 있다.

```
================================================================================
Memory Map of the image

  Image Entry point : 0x0800d189
  Load Region LR_IROM1 (Base: 0x0800d000, Size: 0x00001b20, Max: 0x00010000,
  ABSOLUTE)

    Execution Region ER_IROM1 (Exec base: 0x0800d000, Load base: 0x0800d000,
  Size: 0x00001b0c, Max: 0x00010000, ABSOLUTE)
```

즉, 처음 RLedApp2 image를 downloading할 때에 image는 Load Region LR_IROM1에 저장되고, 그 크기는 0x1b20 = 6944bytes이다. 그런데, 이것이 실행을 할 때에는 그 크기가 0x1b0c = 6924bytes 즉, 20bytes 더 작다는 것이고, 이 정보가 앞서 map file의 맨 아래 정보인 Total RO Size에 나타난 것이다. 실제로 여러분이 [그림 9.1-13]과 같이 SJ_MCUPro program으로 RLedApp2.hex file을 선택하면, binary data의 크기가 **6944bytes**인 것을 확인 할 수 있다. 그래서, 다음과 같이 MainFLASH_Write_Word() 함수로 0x1b0c = 6924bytes가 아닌, **0x1b20 = 6944bytes를 작성하도록 한** 것이다.

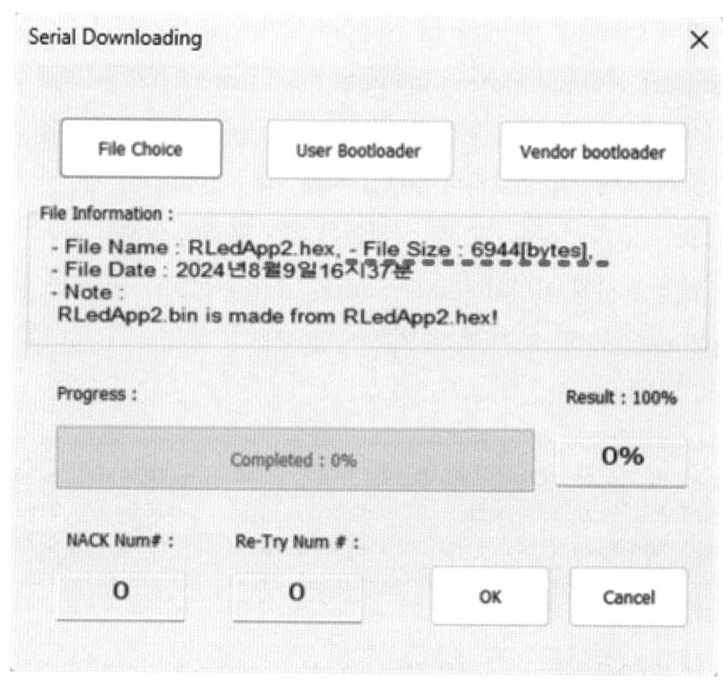

[그림 9.1-13] Load View에서 실행 이미지의 크기 확인 방법.

```
bFlg=MainFLASH_Write_Word((uint32_t*)(0x0800D000), 0x0800B000,    ▶ ❷
      0x00001b20, false);
```

간혹, 이런 궁금증을 가질 수 있다. 즉, BootNewAppJump() 함수의 내부를 보면, bootloader **SJ_BtLdr** image가 사용한 관련 주변 장치들을 **모두 disable**하라고 하였는데, 단지, EXTI9만 disable한 것을 볼 수 있다. 원칙적으로는 모두 disable 하는 것이 맞지만, 현재 2개의 application image들 모두 단순히 LED만 점멸하기 때문에 bootloader가 사용한 UART와 Timer 등을 사용하지 않으므로 그냥 놔둔 것이다.

9.2 실제 제품에 적용되는 사례 소개.

9.1. 단원에서 학습한 Main Flash Memory booting에 대한 예제에는 뭔가 부족한 느낌이 든다. 우선, 새로운 application image를 가지고 있는 Host에서 현재 동작하고 있는 제품에 새로운 image 데이터를 전송해 주는 과정이 빠졌고, 이어서 전송이 완료되면, 그때에 현재

동작하는 application image를 모두 지우고, 전송이 완료된 새로운 image를 복사하여 넣어주고, 그 image를 실행 시켜주어야 할 것이다. 물론, 우리는 7.3. 단원에서 Host PC에서 동작하고 있는 SJ_MCUPro program과 UART로 연결되어 있는 SJ_MCUBook_M4 보드에 탑재된 STM32F302의 main flash memory로 새로운 application image를 전송하는 방법을 학습하였다. 그때에 함께 개발한 것이 Ch7Lab4Prj project이었다. 그런데, 9.1. 단원에서 함께 개발한 multi project Ch9Lab1Prj workspace에 있는 bootloader SJ_BtLdr project는 Ch7Lab4Prj project를 이미 포함하고 있으므로 적절히 수정하면 될 것이다. 이 내용 즉, Booting에 대한 시나리오를 도식적으로 정리하면, [그림 9.2-1]과 같고, 해당 예제는 Ch9Lab2Prj workspace이다.

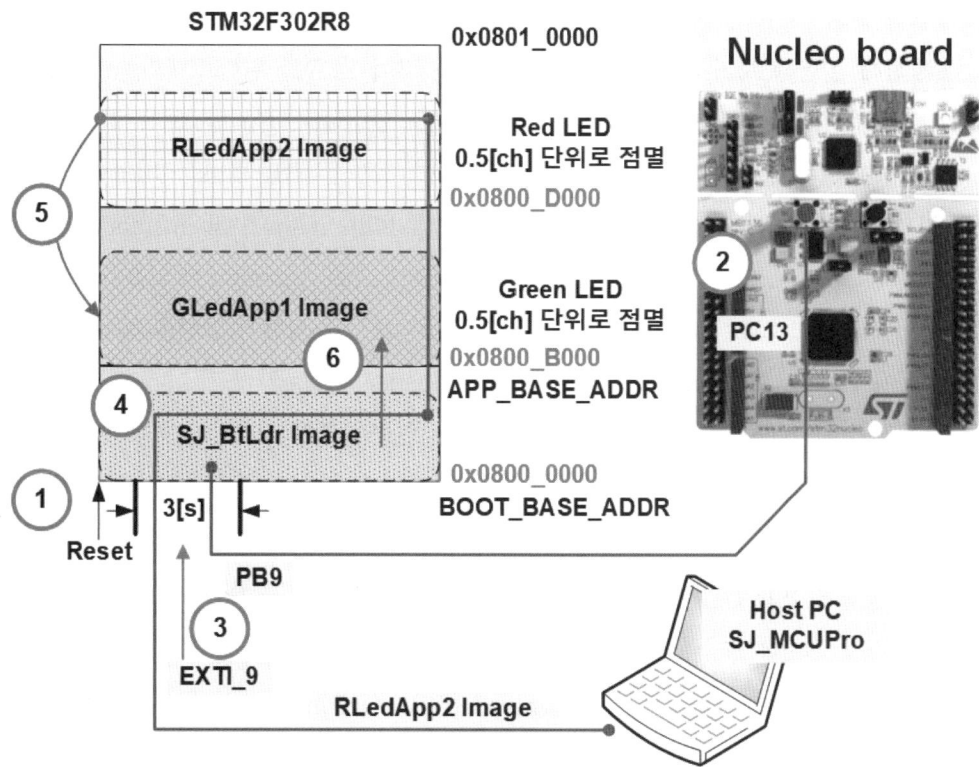

[그림 9.2-1] Host PC에서 전송하는 새로운 application image.

일반적으로 개발하려는 제품의 사양에 따라서 향후 소프트웨어 update 방법을 고객사와 협의하여 결정해야 한다. 즉, 소프트웨어 update를 위한 Booting 시나리오를 flowchart로 만들어서 상호 협의 하에 결정하게 된다. 우선, 우리는 **Ch9Lab2Prj** workspace를 함께 개발하고, 이어서 실제 제품 개발 과정에서 **Booting 시나리오(flowchart)**를 어떻게 만드는지 살펴보도록 하겠다. **Ch9Lab2Prj** workspace는 단순히, **Ch9Lab1Prj** workspace를 전체 복사하여 folder 이름을 Ch9Lab2Prj으로 바꾸고, [그림 8.2-13]에서 보여준 방법으로 생성해 주면 된다. [그림 9.2-1]을 보면, SJ_MCUBook_M4 보드의 **SW1 reset** button을 click하여 reset을 시켜주고, 3[초] **안에** Nucleo board의 파란색 버튼을 click하여 주면, ③번과 같이 EXTI9가 발생한다. 그리고, bootloader는 host PC와 새로운 application image를 받을 수 있는 상태가 되고, 이때에 ④번과 같이 새로운 application image 즉, RLedApp2 image를 지정한 0x0800_D000번지에 저장해 준다. 저장이 완료되면, ⑤번과 같이 현재 동작하고 있는 GLedApp1 image 영역인 0x0800_B000부터 0x0800_CFFF번지까지 모두 지우고, 새로운 RLedApp2 image를 복사하여 넣어주고 실행해 준다. 이 내용을 함께 실험해 보기 위해서 [그림 8.2-2]와 같이 LED를 위한 2개의 jumper wire와 EXTI9를 위한 1개의 jumper wire를 정상적으로 연결하고, Nucleo 보드에 USB cable을 연결하여 준비를 한다. 준비가 완료되었으면, 우선, ST-Link Utility를 사용하여 SJ_MCUBook_M4 보드에 탑재되어 있는 STM32F302 main flash memory를 전부 지운다. 그리고 나서, [그림 9.2-2]의 ⑦번과 같이 Ch9Lab2Prj.uvmpw 파일을 double click하여 uVision을 호출한다. 이때 기억할 것은 일반적으로 **공장에서 양산을 하는 경우**에 처음 제품에 있는 MCU가 동작하는 데 필요한 bootloader image와 초기 application image는 모두 저장해서 제품 기능을 테스트하고, 필요한 인증을 받은 다음에 출하하게 된다. 그러므로, [그림 9.2-1]에서 보면, **제품 출하 전에** bootloader SJ_BtLdr image와 초기 application image인 GLedApp1 image는 MCU에 저장되는 것을 가정할 수 있다. 결국, 우리는 [그림 9.2-1]의 ⑧번과 같이 초기 application image를 **Download (F8)** icon을 click하여 저장해 주고, 이어서, ⑨번과 같이 bootloader **SJ_BtLdr** project를 Active project로 설정한 다음에 역시, **Download (F8)** icon을 click하여 저장해 준다. 지금 현재 보드를 보면, 녹색 LED가 점멸하지 않고 있을 것이다. 이제, SW1 reset button을 click하여 주면, 대략 3[초] 뒤에 녹색 LED가 0.5[초] 단위로 점멸할 것이다. 이때 여러분이 주의할 것은 현재 보드는 [그림 8.2-2]에서 보여준 것과 같이 H2와 H3 고정 홀에 연결된 2개의 지지대(supporter)로 서있는데, SW1 reset button을 다소 힘 있게 누르면(?), 결국, **PCB가 휘게 되면서** 눌리게 된다.

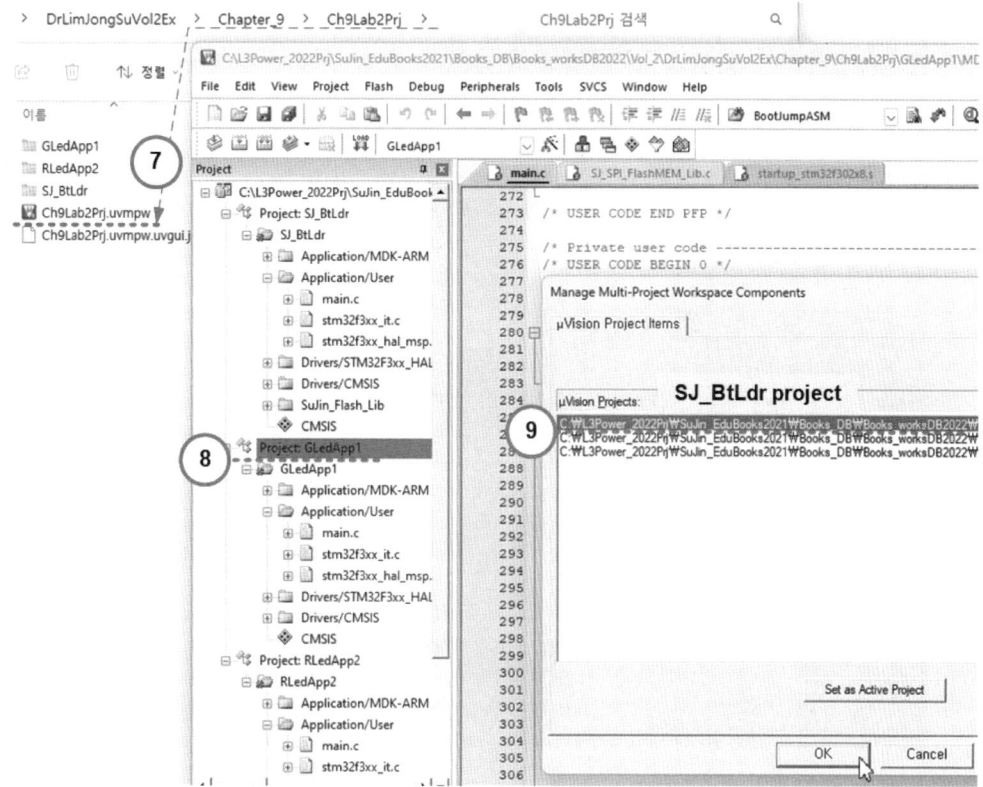

[그림 9.2-2] **Ch9Lab2Prj** multi project workspace.

이렇게 되면, 거의 모든 부품들이 SMD(Surface Mount Device) type이어서 부품을 구성하는 몇몇 pin들이 눈에는 보이지 않지만, 납땜이 떨어져서 동작을 하지 않는 경우가 발생할 수 있다. 즉, **냉납**한 것과 같이 된다는 데 주의하자. 그러므로 SW reset button을 click 할 때에는 [그림 9.2-3]에서 보여준 것과 같이 왼손으로 단단히 잡아주고, SW1 reset button을 click 해 주어야 보드가 최대한 휘지 않게 된다. 사실, 이 하나 밖에 없는 버튼이 망가지면, 다시 떼어 내서 연결해야 하는 데, 다행히 동일한 스위치 버튼이 있으면 모르겠지만, 아주 번거로운 일이 발생하기 때문이다. 물론, 회로도를 보면 알겠지만, reset net가 J9의 PB6에 연결되어 있으므로 Nucleo 보드에 있는 검은색 reset button에 연결하여 대신 사용할 수도 있다. 어쨌든, 여타 다른 회로 기판도 마찬가지지만 어떠한 압력을 가하거나 **또는 잘못 손가락이 닿아서** 보드에 정전기 또는 단락이 발생하여 파손되는 경우가 있으므로 주의해 주기 바란다. 그러므로, [그림 9.2-3]에서 굵은 화살표로 표시한 방향으로 손가락을 가져가서 SW1 button을 click하여 주기 바란다.

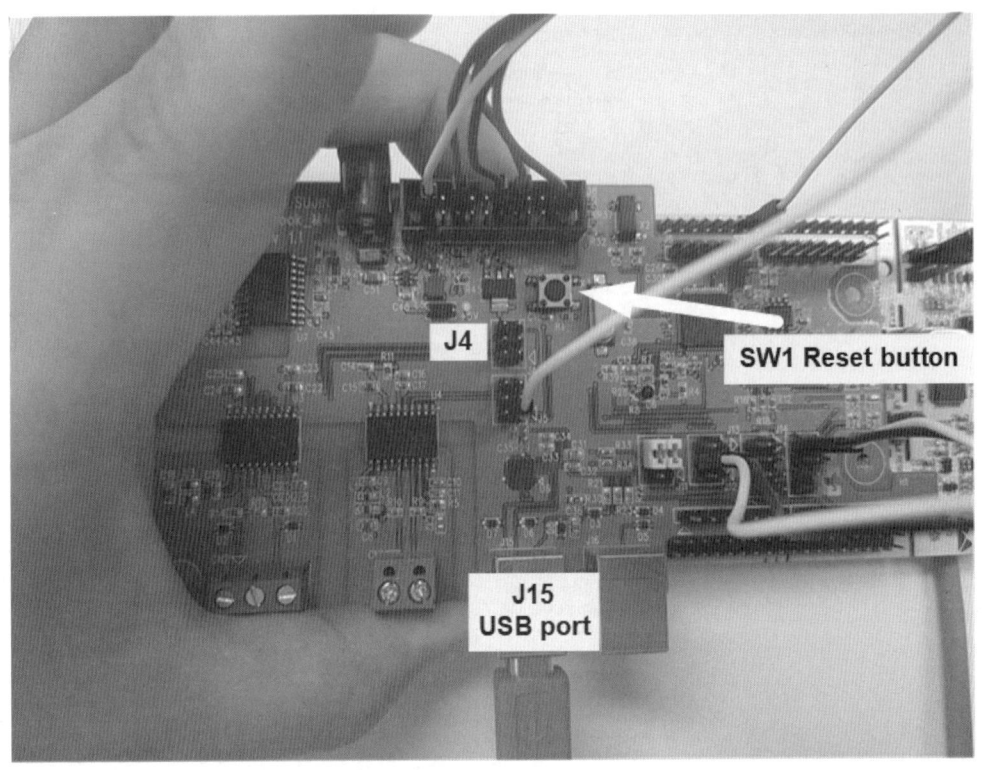

[그림 9.2-3] SW1 Reset button 사용시 주의 사항.

왜냐하면, 자칫 J4 pin header에 있는 핀들이 손에 닿아서 문제가 될 수 있기 때문이다. 어쨌든, 녹색 LED가 0.5[초] 단위로 점멸하면, **J15 USB port**에 Host PC와 USB cable을 연결하였는지 확인해 보기 바란다. 왜냐하면, Host PC에서 동작하는 SJ_MCUPro program으로부터 새로운 application image를 받아야 하기 때문이다. 이제, hardware 구성이 완료되었으면, Host PC에서 동작하는 SJ_MCUPro program이 원활히 동작할 수 있도록 [그림 9.2-4]의 ⑩번과 같이 Bluetooth를 꺼준다. 왜냐하면, SJ_MCUPro program을 실행하면, 현재 여러분의 PC에서 사용할 수 있는 모든 UART COM port들을 찾는데, 여러분의 PC가 Bluetooth 무선 UART를 지원하면, 이것은 찾는데 시간이 많이 걸리기 때문이다. 어짜피, 우리는 USB cable에 연결된 UART port를 사용할 것이므로 이 기능이 필요 없기 때문에 꺼주면 된다. 물론, 무선 mouse와 keyboard를 사용하는 경우에는 **그냥, Bluetooth를 켜주고**, 초기에 SJ_MCUPro program이 Bluetooth 무선 UART를 찾는데 다소 시간을 잡는 것을 인정해 주면 상관없다.

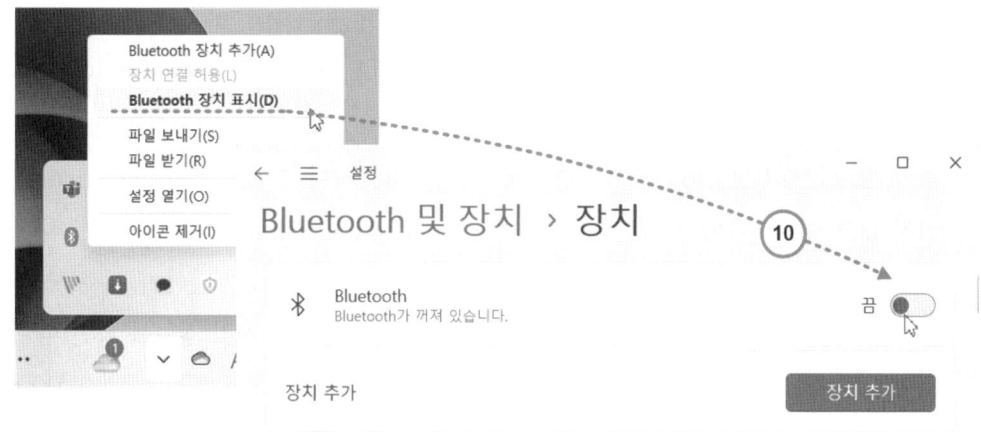

[그림 9.2-4] SJ_MCUPro program 사용시 주의 사항.

현재 host PC에 SJ_MCUBook_M4의 J15 USB port가 할당된 COM port 번호를 알기 위해서 Tera Term을 실행하여 확인하면, [그림 9.2-5]의 ⑪번과 같이 CP2102가 COM3에 할당된 것을 확인 할 수 있다. 물론, 여러분의 PC는 다른 COM port 번호를 할당할 수 있으므로 각자 확인해야 한다.

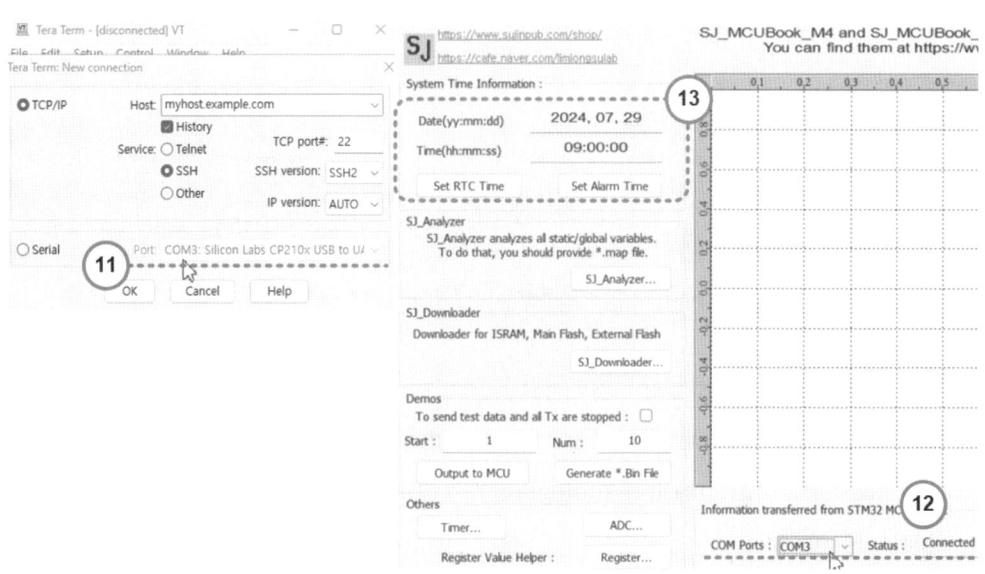

[그림 9.2-5] Ch9Lab2Prj multi project workspace 실습 - 1.

어쨌든, COM port 번호를 확인하였으면, SJ_MCUPro program을 실행한다. 그리고, ⑫

번과 같이 할당된 COM3을 선택하여 Status :가 **Connected**로 바뀌게 한다. 이때 ⑬번과 같이 시간 정보를 보면, 바뀌지 않는 것을 알 수 있다. 이것은 당연한 현상이다. 왜냐하면, 현재 GLedApp1 image가 동작하고 있기 때문이다. 그러므로, SW1 reset button을 click하고, 3[초] 안에 Nucleo 보드의 파란색 버튼을 click하여 주면, GLedApp1 image를 실행하지 않으므로 이때에는 시간 정보가 바뀌고, **Set RTC Time** button을 click하면, 현재 PC 시각 정보를 SJ_MCUBook_M4 보드로 전송해서 1[초]를 계산하여 시각정보를 다시 host PC의 SJ_MCUPro program에 전달해 주므로 **정상적인 시각 정보를 확인** 할 수 있을 것이다. 이제, 새로운 실행 application image인 RLedApp2 image를 0x0800_D000 번지로 전송하기 위해서 **SJ_Downloader...** 버튼을 click하여 [그림 9.2-6]의 ⑭번과 같이 **Serial Downloading** dialogbox를 호출하고, 여기서 **File Choice** button을 click하여 준다.

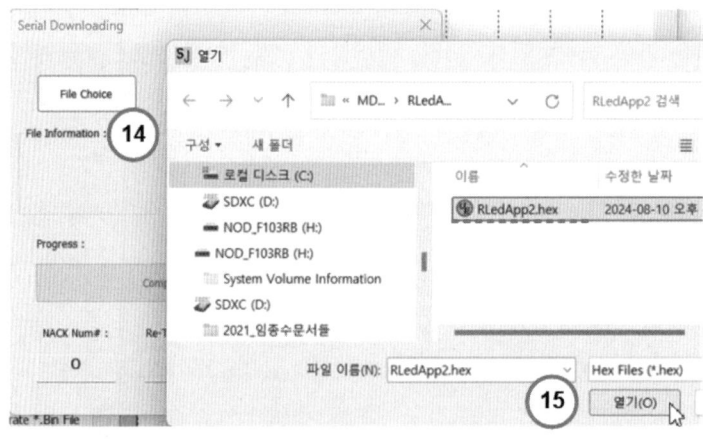

[그림 9.2-6] **Ch9Lab2Prj** multi project workspace 실습 - 2.

그리고, **열기** dialogbox에서 ⑮번처럼 RLedApp2.hex file을 선택하여 준다. 그리고 나서, [그림 9.2-7]의 ⑯번과 같이 **User Bootloader** button을 click하여 주고, 이어서 **User Bootloader Configuration** dialogbox에서 Target Memory for downloading으로는 Main Flash Memory를 선택하고, Start Address(Only Hex allowed): 옆에는 ⑰번과 같이 0x0800_D000번지를 지정해 준다. 그리고, **확인** 버튼을 click하여 주면, 새로운 RLedApp2 image가 SJ_MCUBook_M4 보드에 있는 STM32F302의 지정한 내부 main flash memory의 번지 즉, 0x0800D0000번지부터 downloading되기 시작한다.

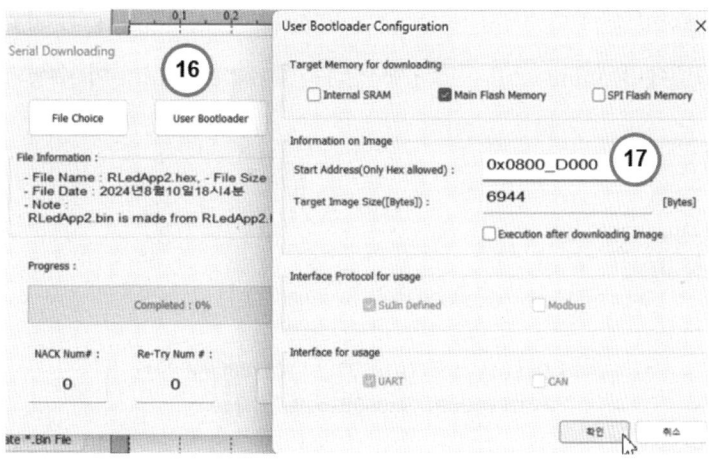

[그림 9.2-7] **Ch9Lab2Prj** multi project workspace 실습 - 3.

이제, [그림 9.2-8]의 ⑱번과 같이 downloading이 완료되어 100%를 알려주면, SJ_MCUBook_M4 보드의 녹색 LED 대신에 붉은색 LED가 0.5[초] 단위로 점멸하는 것을 볼 수 있을 것이다.

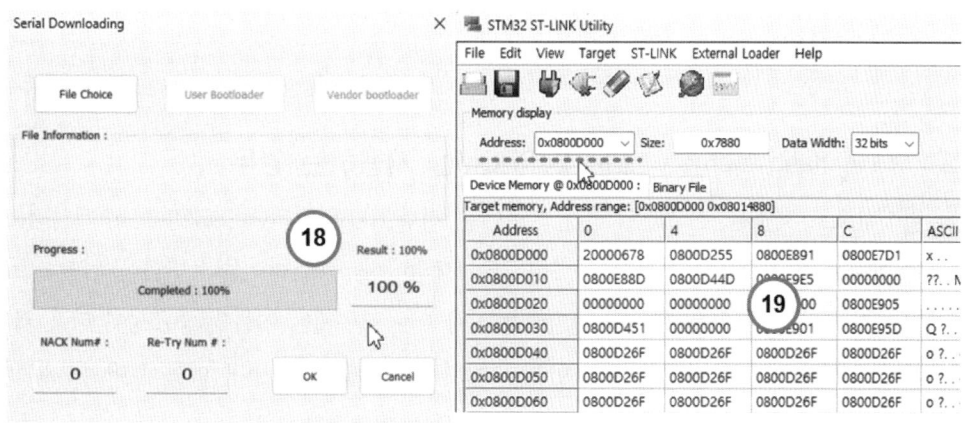

[그림 9.2-8] **Ch9Lab2Prj** multi project workspace 실습 - 4.

또한, ⑲번에서 보여준 것처럼 ST-LINL Utility로 0x0800_D000번지부터 확인해 보면, 전송한 RLedApp2 image 데이터가 저장되어 있는 것을 확인 할 수 있을 것이다. 사실, Code 상으로 비교해 보면, **Ch9Lab2Prj** workspace는 기존의 Ch9Lab1Prj workspace에 속하는 **SJ_BtLdr** project의 main.c 파일에서 전역 변수 bNewAppImage이 추가되었고,

이 전역 변수의 초기 값은 false인데, host PC에서 downloading이 완료되면, true로 값이 바뀌고 그때에만 main while-loop에서 다음의 code routine이 수행되게 한 것이 전부이다.

```
if(bNewAppImage) {
  bNewAppImage=false;
  bFlg=MainFLASH_Erase(0x0800B000, 0x0800CFFF);
  if(bFlg) {
    bFlg=MainFLASH_Write_Word((uint32_t*)(0x0800D000),
                  0x0800B000, 0x00001b20, false);
    BootNewAppJump();
  }
}
```

그러므로, 추가된 code routine은 쉽게 이해 될 것이라고 본다. 그런데, 개발하려는 제품의 사양에 따라서 host PC에서 지금처럼 UART 통신을 이용하여 새로운 application image를 전송하는 것이 어려운 경우가 있을 수 있고, 사실, 이런 경우가 대부분이다. 그래서, 실제 제품에는 어떻게 새로운 소프트웨어 갱신을 수행하도록 booting 관련 시나리오(flowchart)를 작성하는지 살펴보도록 하겠다.

9.2.1. 내부 flash memory 또는 EEPROM을 사용하는 경우.

일반적으로 제품을 구성하는 전자 회로에는 저항(R), 인덕터(L), 그리고, 캐패시터(C)와 같은 아나로그 소자들은 항상 사용하는 것이 사실이다. 특별히, 전력 변환을 위한 converter 또는 교류 전동기 등을 포함한 대전력을 사용하는 경우에는 이들의 중요성이 더욱 커지는데, 문제는 이들은 모두 지정한 값과 함께 **오차가 존재**한다는 것이다. 예를 들어서, 제어에 맞추어 **일정한 전압을 출력**해야 하는 경우에 OP AMP, BJT, FET, 그리고, IGBT 등과 함께 관련된 R, L, C를 사용하여 회로를 구성하게 된다. 또한, 아나로그 필터(Filter)를 구현할 때에도 R, L, C 등등 여러 종류와 크기를 갖는 부품들이 직렬 또는 병렬로 계속해서 연결되어 회로를 구성하게 되는데, 이때에 이들 부품들이 갖고 있는 오차들은 누적 될 수도 있고, 또한, 감소 될 수도 있으며, 주변 온도와 사용 기간에 따라서도 오차가 발생하게 된다. 그래서, 일반적으로 SJ_MCUBook_M4 보드에 있는 EEPROM인 AT24C256C와 같은 작은 ROM에 각각의 보드가 갖고 있는 오차를 줄여서 모든 제품이 동일한 출력을 내보내 줄 수 있도록 관련 계측기를 연결하여 얻은 **보정(Calibration)** 값들을 저장해 준다. 그리고 나서, 처음 보드가 살아 날 때, 이 값들을 가져와서 **모든 보드들이 항상 동일한 출력**을 하도록 만드는 것이다. 물론, MCU의 내부 main flash memory 일정 영역을 이와 같은 보정 데이터를 저장하는 영역으로 사용할 수도 있다. 그러나, flash memory의 특성상 erase 작업을 **page 단위**로 수행해야 하므로 main flash memory 영역에 여유가 없는 경우 또는 일종의 제품에 대한 **비밀스러운 정보(?)** 도 함께 독립된 부품에 저장하기 위하여 EEPROM을 선호하는 경우가 많다. 왜냐하면, 제품이 파손된 경우에 EEPROM만 떼어내서 쉽게 그 정보를 바탕으로 **파손의 원인을 확인**할 수 있기 때문이다. 그러나, MCU의 main flash memory를 사용하게 되면, 상대적으로 떼어내서 내부 main flash memory 영역을 확인하는 것이 쉽지 않아서 저가의 EEPROM을 일반적으로 사용한다. 또한, 앞서 우리는 bootloader가 새로운 application image를 실행시키기 전에 먼저, bootloader가 사용한 주변 장치들에 대해서 모두 disable해 주어야 한다고 학습하였다. 이것은 **새로운 application image가 reset으로 인한 초기 상태에서 실행해 주기 위해서** 인데, 지금처럼 BootNewAppJump() 함수에서 bootloader가 사용한 주변 장치들을 각각 disable해 줄 수도 있지만, 새로운 application image가 host로부터 전송되어 지정한 memory에 모두 저장되었을 때에 전역 변수 bNewAppImage을 EEPROM에 저장하고, 그 값을 true로 바꾸어 준다. 그리고, **1.2. 단원**에서 학습한 **SW reset**을 발생시킨다. 그리고 나서, bootloader의 주변장치들을 초기화하기 전에 EEPROM을 위한 MX_I2C3_Init()**만** 호출하여 I2C interface를 초기화하고, EEPROM에 저장된 bNewAppImage의 값이 true이면, 다시 false로 바꾸고, bootloader가 사용한 주변 장치들을 disable하지 않는 수정된 BootNewAppJump() 함수를 호출한다면 보다 손쉽게 새로운 application image를 실행시킬 수 있을 것이다. 물론, 이때에 Cortex-M Core 내부에 있는 **AIRCR**의 2번째 bit인 SYSRESETREQ의 값을 "1"로 설정해서 **system reset**을 유발해 주는 CMSIS-Core에서 제공하는 다음의 함수를 사용하면 된다.

```
NVIC_SystemReset(void)
```

9.2.2. RS-485와 Modbus를 사용한 사례.

물론, 자동차 내부는 CAN(Controller Area Network) 통신을 이용하여 대부분의 부품 또는 module을 연결하지만, 일반 산업용으로는 Modicon Inc.에서 개발하여 보급하고 있는

Modbus 통신 규격을 많이 이용한다. 이때에 사용하는 물리 매체로는 일반적으로 RS-485 interface가 사용되는데, MCU 입장에서는 GPIO pin을 이용한 읽기 또는 쓰기를 위한 방향 조절을 제외하면, 기존의 UART와 동일한 것이 사실이다. CAN과 Modbus 구현 방법에 대한 상세한 학습은 Vol.3.에서 설명할 것이다. 여기서는 단지, 물리 매체로 RS-485 interface를 사용하고, 통신 규격으로는 Modbus를 사용하도록 **수진 자체적으로 개발한 연기 측정기와 유독 가스 측정기에 대한 bootloader 개발 사례**를 소개하도록 하겠다. 2022년부터 바테리(battery) 충/방전기에 납품되어 국내와 유럽 공장에서 운용중이며, 3년 가까이 제품 불량 신고가 0(Zero)이다. 또한, 2024년 현재 대형 자동차에 주문형 제품 형태로 시운전 중인 SJ_SMOKE_2 Series는 [그림 9.2.2-1]에서 보여준 것처럼 **실시간으로 연기 농도를 0~5[V] 전압으로 정확히 측정하여 출력해 준다.**

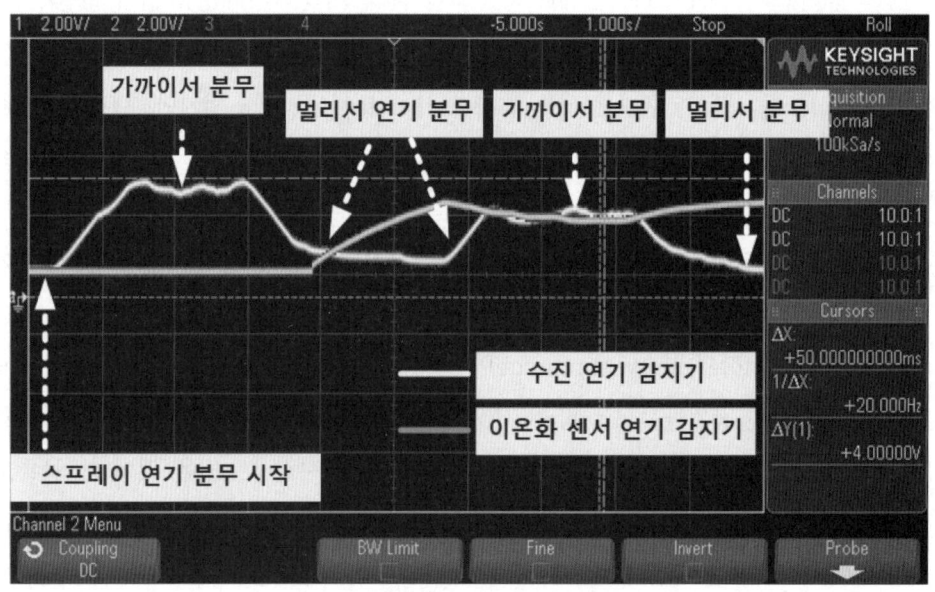

[그림 9.2.2-1] SJ_SMOKE_2_Vol과 이온화 연기 측정기의 성능 비교.

고가의 이온화 연기 감지기보다 훨씬 측정 능력이 뛰어 나며, 무엇보다도 **현재 온도(T)와 상대 습도(RH)를 $\Delta RH=\pm 1.0\%$, $\Delta T=\pm 1.0\,^\circ\!C$ 오차 범위로 측정하여 연기 농도와 함께** Modbus 통신 규격으로 전송해 준다. 또한, 제품의 종류 별로 연기 농도를 다양한 방법으로 출력해 줄 수 있으며, 다음과 같은 종류의 제품들이 판매되고 있다. 그러므로, 제품에 대한 자세한 정보와 구매를 원하는 경우에는 https://www.sujinpub.com/shop/을 방문하면 된다.

❶ SJ_Smoke_2_Vol :
연기 농도를 0~5[V] **전압으로 출력**.
❷ SJ_Smoke_2_CAN :
연기 농도를 0~100% 값으로 환산하여 CAN 통신으로 출력.
❸ SJ_Smoke_2_RS232 : Modbus 통신 지원.
연기 농도를 0~100% 값으로 환산하여 RS-232 통신으로 출력.
❹ SJ_Smoke_2_RS485 : Modbus 통신 지원.
연기 농도를 0~100% 값으로 환산하여 RS-485 통신으로 출력.

관련 제품의 datasheet를 통하여 확인할 수 있지만, 이들 제품들은 [그림 9.2.2-2]에서 보여준 반도체 type의 연기 센서를 사용하는데, 이 센서 내부에는 연기 측정에 필요한 관련 아나로그 부품들이 집적되어 있어서 외부에 부품 소자를 최대한 줄여 주고, 전력 소비도 최소화 시켜준다. 그리고, IR과 Blue 2개의 LED들로 정밀하게 측정된 데이터를 기반으로 **수진 자체적으로 개발한 알고리즘이 실시간으로 정확히 연기 농도를 계산**하여 준다. 유독 가스 측정기는 **전기 화학 센서**를 사용하여 **일산화탄소, 아황산수소, 그리고, 수소 가스**를 측정하는 제품으로서 연기 측정기와 동일한 기판 크기에 철제 구조물로 구성되어 있다. 역시, 전기 화학 관련 회로를 구성하는데 필요한 모든 ADC, DAC, OPAMP 그리고, RLC를 포함하는 analog die와 Cortex-M3 기반의 MCU die, 이렇게 2개의 die를 하나의 package로 만든 부품을 사용하였기 때문에 추가적인 외부 부품 사용을 최소화 하고, 소비 전력을 최소화하였다. 그 결과 연기 측정기와 유독 가스 측정기 모두 기존의 제품들과 비교하여 **월등한 정확성**을 제공하면서 동시에 **견고하고, 충격에 강하며,** 그리고, **최소한의 전원만 사용**하는 특징을 가진다. 이번에 소개할 booting 관련 사례는 자동차 관련 시제품으로 제공한 수소 측정기와 연기 측정기에 대한 것으로 [그림 9.2.2-3]과 같은 구성도를 갖는다. 6개의 연기 측정기 SJ_Smoke_RS485와 3개의 수소측정기 SJ_Gas_RS485를 RS-485 인터페이스로 상호 연결하였으며, 각각의 ID는 제품에 있는 스위치로 설정하였다.

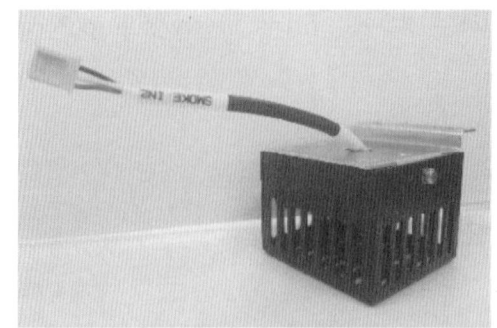

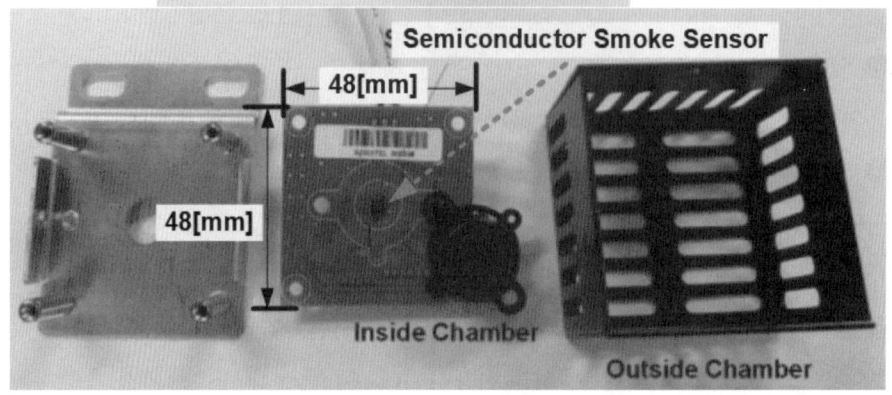

[그림 9.2.2-2] SJ_SMOKE_2_Vol 제품 구성도.

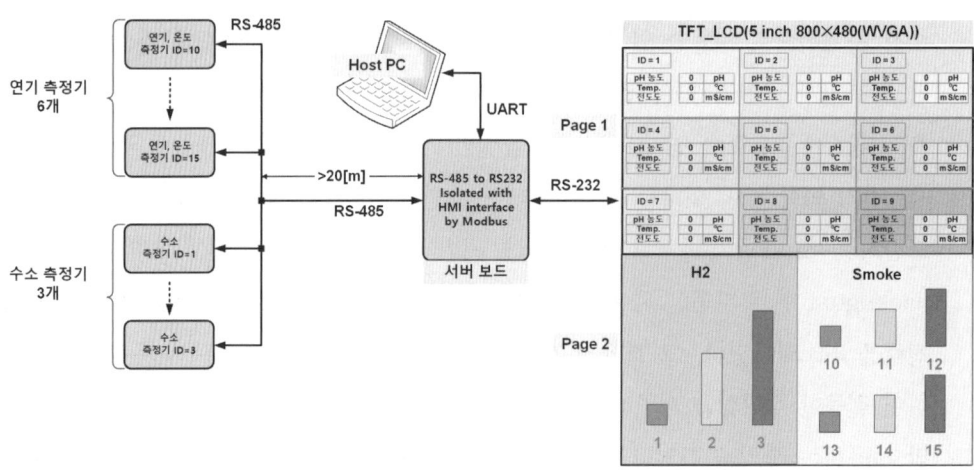

[그림 9.2.2-3] SJ_SMOKE_2_RS485와 SJ_GAS_RS485를 위한 새로운 application image 갱신을 위한 구성도.

물론, CAN interface를 제공하는 **SJ_Smoke_2_CAN**을 사용해도 되지만, 초기 고객과의 협의 과정에서 RS-485 interface에 Modbus 통신 규격을 사용하기로 한 것이다. 그리고,

SJ_MCUBook_M4 보드를 서보 보드로 사용하였으며, 이 보드에서 제공하는 isolated RS-232 interface로 수진에서 자체 개발한 TFT-LCD module을 연결하였다. 5인치 800×480 TFT-LCD를 사용하여 초기 화면은 Page 2로 수소와 연기 농도의 변화를 bar 그래프로 실시간으로 보여준다. 이때, **고객과 협의하여 0~100% 구간을 실제 연기 농도와 수소 농도로 맞추게 되는데**, 70%가 넘으면 buzzer가 울리도록 하였다. 또한, 화면의 아무 곳이나 한 번 터치하면, Page 1로 바뀌어 각각의 연기 측정기와 수소 측정기가 측정해 준 온도와 상대습도에 대한 정확한 값들도 농도와 함께 확인할 수 있도록 하였다. 그리고, 다시 한 번 화면을 터치하면 Page 2로 바뀌게 만들었다. 참고적으로 수진에서는 이와 같은 5인치 800×480 WVGA TFT-LCD뿐만 아니라 10.1 인치 1280×800 TFT-LCD를 자유롭게 표현할 때도 Windows OS 또는 Linux 기반의 Android OS를 사용하지 않고, **TFT-LCD 구동 전용 부품**을 사용하므로 제품의 폭이 상당히 작고, 가벼우며, 무엇보다 OS를 적용한 제품보다 전원을 적게 사용하고, **20% 정도의 가격**으로 구현할 수 있다. 어쨌든, [그림 9.2.2-3]에서 보여준 구성도에서 만일, 기능이 개선된 새로운 연기 측정기 image를 6개의 연기 측정기 모두에 적용하고 싶다고 가정해 보자. 이때, 각각의 연기 측정기가 서보 보드로부터 20[m] ~ 30[m] 떨어져있고, 복잡한 system의 안쪽에 들어가 있어서 접근이 쉽지 않은 상황에서 새로운 image 데이터로 갱신하고 싶은 경우를 생각해 보자. 상대적으로 안전하게 보내기 위해서 일반적으로 낮은 9600[bps]로 image 데이터를 전송하게 된다. 이 경우에 image 데이터의 크기에 따라서 다르지만, 6개 모두 전송하는데 다소 많은 시간이 걸릴 수 있다. 그러므로, 우선, 새로운 image가 적용될 6개의 모든 연기 측정기에 SW Reset 신호를 전송하고, 3[초]가 되기 전에 'S', 'J' 이렇게 2개의 문자들이 연속으로 들어오면, 연기 측정기 image로 넘어가지 말고, bootloader가 새로운 image를 받을 준비를 하게 한다. 6개의 연기 측정기 모두 bootloader mode에 있다고 Ack 신호를 서보 보드에 보내주면, 서보 보드는 새로운 image가 저장될 flash memory 영역을 모두 지우는 명령을 6개의 연기 측정기에게 모두 보내 준다. 이제, 모두 지웠다고 Ack 신호가 서버 보드로 돌아오면, 그때부터 하나씩 새로운 연기 측정기 image 데이터를 전송한다. 물론, broadcast 방식을 사용할 수도 있지만, 전송 선로 또는 다양한 이유로 인해서 몇몇 연기 측정기가 frame 단위로 전송하는 image 데이터를 수신에 실패하는 경우에 **재전송**을 수행해 주어야 하므로 시간이 많이 걸리더라도 각각의 제품 마다 image 데이터를 전송 완료하는 방식을 사용한다. 이제, 모든 전송이 완료되었으면, 전송이 완료된 사실을 Ack 신호로 서보 보드로 보내준다. 서보 보드는 모든 Ack 신호가 접수되었을 때에 각각의 연기 측정기에 SW reset 신호를 전송하고, 3[초]가 넘어가도 이전과 같이 'S', 'J' 이렇게 2개의 문자들을 보내지 않도록 한다. 결국, 새로운 연기 측정기 image가 동작하도록 만든다. 이와 같이 단계별로 자신의 제품에 대한 소프트웨어 Update 방법에 대한 Booting 시나리오를 고객사와 협의하고, 협의가 이루어지면 장시간 반복적으로 실험을 수행하여 제품의 신뢰성을 확보하면 된다. 사실, 대부분의 경우에 지금 설명한 방법과 크게 다르지 않은 범위에서 소프트웨어 Update를 위한 Booting 시나리오를 만들 것이다. 물론, [그림 9.2.2-4]에서 보여준 것과 같이 개별적으로 제품의 소프트웨어 update를 할 계획이면, **module 형태**로 만들어서 새로운 image는 Host PC로부터 받아서 저장하고, 이어서 제품에 연결하여 버튼만 누르면 새로운 image가 적용되고, 자동으로 실행하게 만들 수도 있을 것이다.

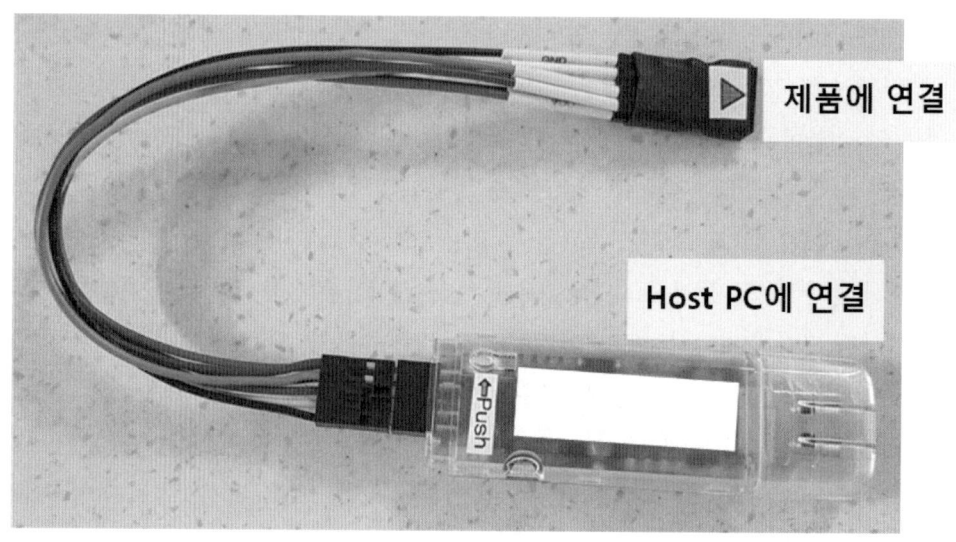

[그림 9.2.2-4] 제품의 소프트웨어 Update를 위한 휴대용 module.

9.3 MCU 내부 RAM booting 방법과 의미.

4.2.1. 단원을 살펴보면, main flash memory로부터 **정확한** 데이터를 읽기 위해서는 기다려야 하는 latency time이 있다는 것을 학습하였다. 게다가 사용하는 전원 mode에 따라서도 데이터를 읽는 속도가 달라진다. 그러나, MCU 내부의 SRAM에서 데이터를 읽을 때에는

항상, CPU clock speed 즉, HCLK와 동일한 속도인 0 wait state로 전체 memory 영역에 대해서 read와 write access를 수행할 수 있다. 그러므로, **항상 일정한 빠른 속도로 동작해야** 하는 application program의 경우에는 flash memory에 image를 저장하지 말고, 내부 SRAM에 저장하여 사용한다면, 훨씬 동작 속도가 빠를 것이다. 즉, [그림 9.1-11]에서 ①번에 해당하는 RAM-based system 구조로 RAM booting한다면, 훨씬 빠른 동작 속도를 얻을 수 있다. RAM booting과 관련된 예제는 multi project **Ch9Lab3Prj** workspace이다. 우선, 동작 상황을 알아보기 위해서 [그림 9.1-6]에서 보여준 것과 같이 main flash memory 영역을 모두 지워준다. 그리고, [그림 9.3-1]의 ①번과 같이 Ch9Lab3Prj.uvmpw 파일을 double click하여 uVision을 호출해서 앞서 설명한 [그림 9.1-8]에서 보여준 방법과 동일하게 GLedApp1 image와 RLedApp2 image를 downloading해 준다. 이어서, **SJ_BtLdr** bootloader project를 **Active** Project로 설정해 주고, **Download (F8)** icon 을 click하여 0x0800_0000번지부터 bootloader **SJ_BtLdr** image를 저장해 준다. 그리고 나서, **Ch9Lab1Prj** workspace의 **SJ_BtLdr** project에 있는 main.c 파일과 비교하여 바뀐 부분만 발췌하여 살펴보도록 하겠다. 주요 바뀐 부분을 정리하면 다음과 같다.

❶ Booting 관련 routine이 main while(1) ~ loop 문 안에 들어 간 것에 주의 하도록 하자.
❷ Vol.1.에서 Host PC와 EEPROM 사이의 통신을 위한 I2C3 주변 장치에 대한 code routine을 모두 제거하였다.
❸ SJ_MCUPro program에서 제공하는 **Brd Reset** button으로 SJ_MCUBook_M4 보드를 reset하고, **Boot Symbol** button으로 'S', 'J' 이렇게 2개의 문자들을 전송한다.

우선, 밝혀둘 것은 이번 부팅은 앞서 언급한 수진의 연기 측정기와 유독 가스 측정기를 위한 booting 시나리오와 가능하면 가깝게 구현한 것이다. 또한, ❷번에서 언급한 I2C3 주변 장치와 관련된 code routine을 모두 제거한 이유는 Ch9Lab2Prj workspace를 구성하는 bootloader **SJ_BtLdr** project에 이번 단원에서 필요한 code routine을 추가한 경우에 생성되는 image크기가 0x0800_B000을 넘어간다. 그러므로, 당장 사용하지 않는 code들은 제거한 것이다.

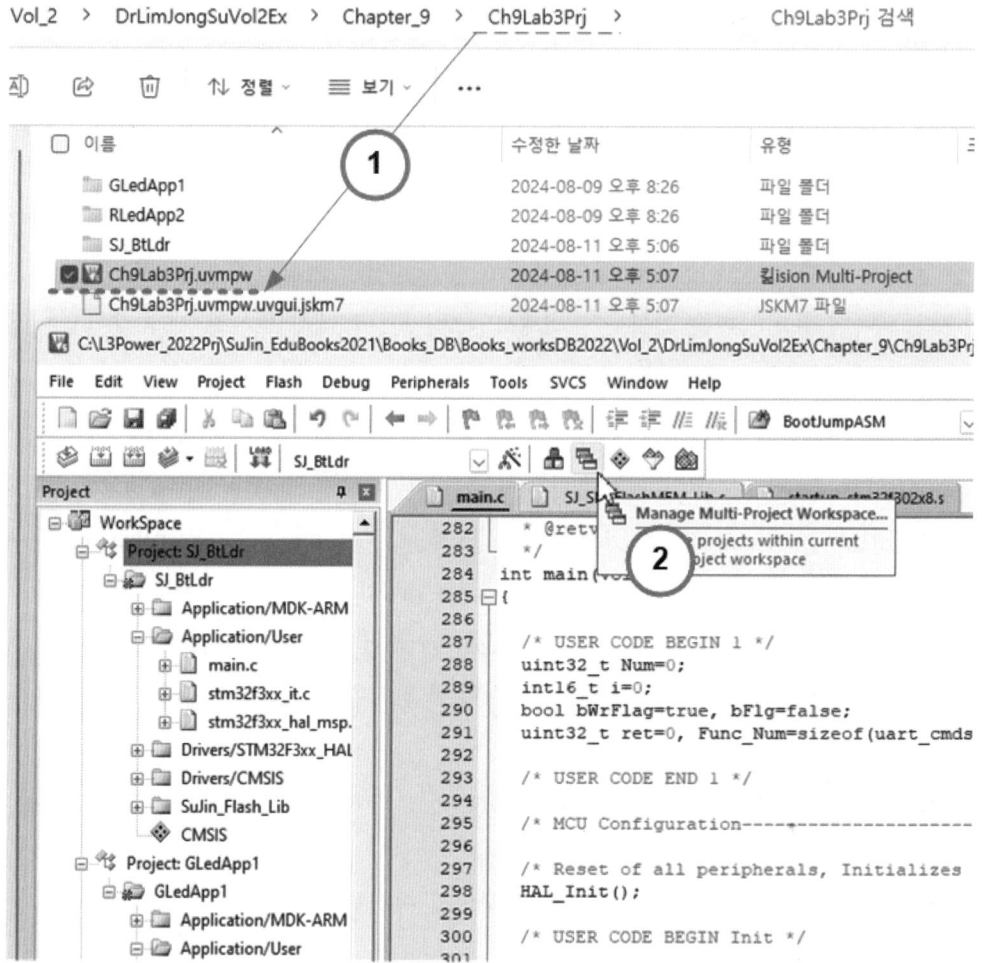

[그림 9.3-1] RAM booting 관련 Ch9Lab3Prj 예제의 동작 방법 - 1.

그런데, 여기서 주의할 것은 어쩌면 당연한 내용이지만, 여러분이 새롭게 생성한 image 크기가 0x0800_B000을 넘어가는 경우에 어떠한 경고나 message를 제공하지 않는다는 것이다. 즉, GLedApp1 image를 0x0800_B000번지부터 저장하고, 이어서 SJ_BtLdr image를 0x0800_0000번지부터 저장하여 0x0800_B000번지를 넘어가서 저장한다고 하여 KEIL의 uVision 또는 ST-LINK Utility 어느 누구도 알려주지 않으므로 **항상, 지정한 memory 범위를 넘어가는지 관련 *.map 파일, 여기서는 SJ_BtLdr.map 파일로 확인해야 한다.** [그림 9.3-2]는 ❶번에서 언급한 내용으로서 boot 관련 code routine이 main while(1) ~ loop 문 안에 있는 것을 보여 준 것이다.

```
, BootWait3s=0;
/* USER CODE END 2 */

/* Infinite loop */
/* USER CODE BEGIN WHILE */
while(1)
{
    for(i=0;i<Func_Num;i++) {
        if(uart_cmds[i].bcmdIDEx) {
            uart_cmds[i].bcmdIDEx=false;
            ret=uart_cmds[i].func(i, uart_cmds[i].req_Data, uart_cmds[i].req_size);
        }
    }

    // Boot Routine :
    if(BootWait3s<=7000) {      // under 3[s]
        if(BootMode) {
            BootMode=false;
            BootStart=true;
        }
    } else {                    // Over 3[s]
        BootNewAppJump(0x0800B000);
    }
    if(BootStart) {
        memset((uint8_t *)0x20002000, 0, 0x2000);
        memcpy((uint8_t *)0x20002000, (uint8_t*)(0x0800D000), 0x00001b20);
        BootNewAppJump(0x20002000);
    }

    // RTC Routine :
    RTC_InitWithPC();

static void BootNewAppJump(uint32_t USER_APP_BASE_ADDRESS) {
    uint32_t i=0;
    uint32_t JumpAppAddr, MSPAddr;

    HAL_GPIO_DeInit(GPIOB, BLUESW_Pin);
    HAL_TIM_Base_DeInit(&htim1);
    HAL_RTC_DeInit(&hrtc);
    HAL_UART_DeInit(&huart2);
    HAL_SPI_DeInit(&hspi2);

    for(i=0;i<8;i++) {
        NVIC->ICER[i]=0xFFFFFFFF; // All interrupts are disabled.
        NVIC->ICPR[i]=0xFFFFFFFF; // All interrupt pending registers are clea
    }

    SysTick->CTRL=0;
    SCB->ICSR|=SCB_ICSR_PENDSTCLR_Msk;
```

[그림 9.3-2] RAM booting 관련 Ch9Lab3Prj 예제의 동작 방법 - 2.

즉, while(1) ~ loop문으로 진입하기 바로 **전에** 전역 변수 BootWait3s = 0으로 설정하여 앞서 언급한 reset 이후 **3[초] 구간**을 만든다. 그런데, 실험을 하다 보니, 3[초]는 학습적인 측면에서 볼 때 너무 느린 것 같아서 그냥, 7[초]로 여유롭게 설정하였다. ③번의 code routine을 살펴보니, 7[초]가 넘도록 전역 변수 BootMode가 true로 바뀌지 않는다면, 단순히, 0x0800_B000번지부터 저장되어 있는 image를 실행시킨다. 그러나, 만일, true로 바뀌었다면, 전역 변수 BootStart의 값이 true가 되어 다음의 code routine을 수행하게 된다.

```
memset((uint8_t *)0x20002000, 0, 0x2000);
memcpy((uint8_t *)0x20002000, (uint8_t*)(0x0800D000),0x00001b20);
BootNewAppJump(0x20002000);                                      ▶ ❶
```

추가된 code routine은 상당히 단순하지만, 인간인지라 정확한 기억을 하지 못하는 분들을 위해서 우선, 위에 주어진 code routine에서 사용되는 2개의 주요 함수들에 대해서 간단히 정리하면 다음과 같다.

- memset() 함수 :
    - 함수의 원형(protoytpe) :

    ```
    #include<memory.h>
    void *memset(void *dest, int c, size_t count);
    ```
    - 기능 설명 :

    memset 함수는 dest로 시작되는 memory 공간에서 count **byte**만큼의 memory 공간을 c의 값으로 설정하는 함수이다.

- memcpy() 함수 :
    - 함수의 원형(protoytpe) :

    ```
    #include<memory.h>
    void *memcpy(void *dest, const void *src, size_t count);
    ```
    - 기능 설명 :

    memcpy 함수는 src로 시작하는 memory 공간상의 데이터를 dest로 시작되는 memory 공간으로 지정한 count **byte**만큼 복사하여 준다.

memset() 함수를 사용하여 MCU 내부의 SRAM 영역인 0x2000_2000번지부터 0x2000 즉, 8[Kbytes]를 모두 0으로 초기화한다. 그리고, 0x0800_D000번지부터 저장되어 있는 RLedApp2 image를 0으로 초기화한 영역에 모두 복사하여 넣는다. 그리고 나서, 복사하여 넣은 RLedApp2 image를 실행하기 위해서 **BootNewAppJump()** 함수를 호출하는데, 기존과는 달리 새로 실행할 image의 시작 번지 값을 ④번과 같이 입력 매개변수로 받도록 수정된 것을 볼 수 있다. 또한, ⑤번과 같이 bootloader **SJ_BtLdr** project가 사용하던 주변장치들을 모두 **reset 초기 상태**로 바꾸어 주는 code routine이 추가된 것도 볼 수 있다. 생각해 보니, 좀 많이 수정한 것 같다. 어쨌든, [그림 9.3-3]을 사용하여 동작 상황을 살펴보도록 하겠다. Ch9Lab3Prj workspace에 있는 bootloader **SJ_BtLdr** image, **GLedApp1** image와 **RLedApp2** image를 모두 downloading하고, SJ_MCUBook_M4 보드의 **SW1 reset** button을 click하여 reset 신호를 발생시킨다.

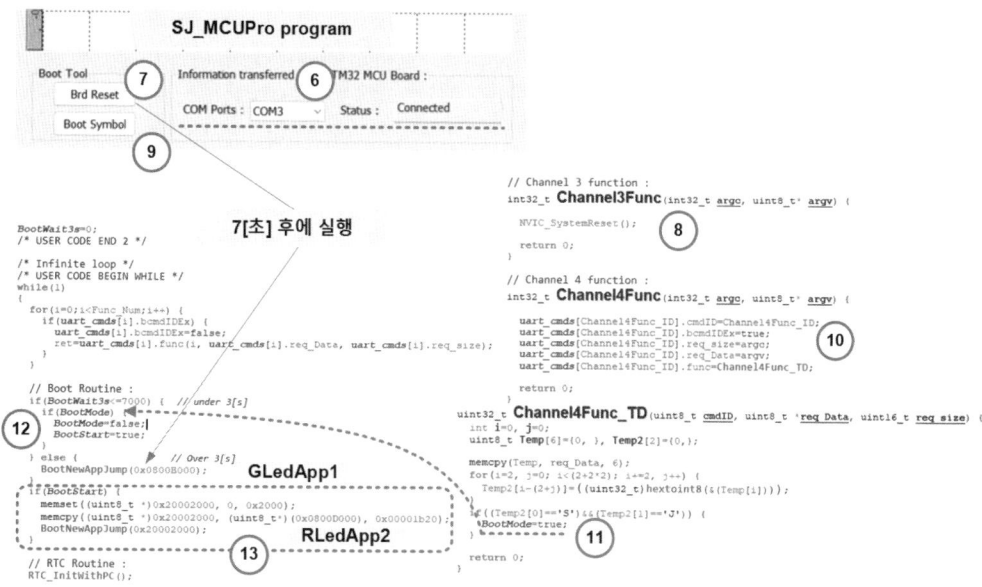

[그림 9.3-3] RAM booting 관련 Ch9Lab3Prj 예제의 동작 방법 - 3.

이제, 주어진 시간은 단 7[초]이므로 **서둘러서** SJ_MCUPro program을 실행시키고, ⑥번과 같이 할당된 COM port로 **Connected** 즉, 연결시킨다. 그리고 나서, **바로** ⑦번과 같이 **Brd Reset** button을 click하여 ⑧번과 같이 SW reset을 발생시킨다. 이제 다시 7[초]안에 'S', 'J' 이렇게 2개의 문자들을 전송하기 위해서 ⑨번처럼 **Boot Symbol** button을 click하여 준다. 그러면, ⑩번과 같이 Channel4Func() 함수를 호출한다. 7[초] 안에 **Boot Symbol** button을 click하지 않으면, BootNewAppJump(0x0800B000) 함수가 호출되어 GLedApp1 image가 실행된다는데 주의하자. 그리고, SJ_MCUBook_M4보드의 녹색 LED가 0.5[초] 단위로 점멸할 것이다. 그러나, Channel4Func() 함수가 호출되면, thread mode에 대응하는 함수인 Channel4Func_TD()를 호출하고, ⑪번과 같이 수신된 데이터가 Boot symbol 문자 'S'와 'J'가 순서대로 일치한다면, 전역 변수 BootMode의 값은 true로 바뀌게 된다. 이것은 결국, ⑫번에서 보여준 것과 같이 전역 변수 BootStart의 값을 true로 바꾸게 하고, ⑬번에 보여준 code routine을 수행하여 적색 LED가 0.5[초] 단위로 점멸하게 한다. 물론, BootStart의 값은 아직도 EXTI9에서 발생할 수 있다. 지금까지 RAM booting에 대해서 설명하였는데, 참고적으로 스마트폰은 어떻게 하는지 모르겠지만, 초창기 핸드폰(cell phone)에서는 전원을 넣어 호출되는 bootloader **assembly** code에서 모든 application image를 RAM 영역으로 복사하여 넣고, RAM 영역에서 실행하는 RAM booting 방식을 일반적으로 사용하였다.

9.4 MCU 외부 Serial Flash Memory를 이용한 booting 방법.

방금, 9.3. 단원에서도 경험하였지만, MCU 내부 flash memory 영역이 부족한 경우가 발생하면, 우리는 손쉽게 보다 큰 flash memory를 갖는 MCU를 선택한다. 그러나, 지문 인식기와 같은 경우에 많게는 수백명의 고객 정보를 저장해야 하고, 위폐 감별기의 경우에는 각 나라에서 지정한 위폐 감별 정보에 맞추어 일반적으로 각 나라별로 실행 image를 만들어서 저장해야 한다. 이처럼 여러 제품에서 의외로 많은 memory 영역을 요구하게 되는데, 이와 같은 경우에 무조건 MCU 내부 flash memory가 큰 것만 찾는다면, 비싼 돈을 지불해야 할 것이다. serial flash memory는 상대적으로 MCU 내부 flash memory 보다 많은 용량을 보다 저렴하게 사용할 수 있으며, 5.2. 단원에서 상세히 설명한 것처럼 Dual, Quad 등과 같은 상당히 빠른 통신 속도를 보장하므로 **진정한 XIP(Execute In Place)**를 사용할 수도 있다. 어쨌든, 이번에 사용할 예제인 **Ch9Lab4Prj** workspace는 0x0800_B000번지부터 GLedApp1 image를 넣고, 외부 flash memory 0번지부터 RLedApp2 image를 저장할 것이다. 그리고 나서, SJ_MCUPro program에서 SW reset을 걸고, 7[초] 안에 boot symbol 문자인 'S', 'J' 이렇게 2개의 문자들을 순서대로 보내주면, 외부 flash memory에 저장되어 있는 RLedApp2 image를 MCU 내부 flash memory의 0x0800_D000번지부터 저장할 것이다. 저장이 완료되면, 바로 0x0800_D000번지에 저장되어 있는 RLedApp2 image를 0x0800_B000번지에 저장하고, 실행할 것이다. 이 시나리오에서 **주목할 것**은 외부 flash memory에 저장되어 있는 RLedApp2 image를 **바로** 현재 동작하고 있는 image인 GLedApp1을 모두 지우고, 복사해 넣어서 실행하지 않는다는 것이다. 그 이유는 극히 드문 경우이기는 하지만, 어쨌든, MCU 외부에 있는 소자와 통신하는 도중에 갑자기 끊기거나 어떤 이상 현상이 발생하면, 괜히 현재 동작하는 image도 파손되어 동작하지 않는 먹통이 되기 때문이다. 그래서, 외부 Host PC 뿐만 아니라 같은 보드에 있는 부품이라 할지라도 MCU 외부의 부품인 경우에는 원칙적으로 데이터를 frame 단위로 받을 때마다 통신상의 오류를 검사하기 위해서 CRC(Cyclical Redundancy Check)를 수행하는 것이 일반적인데, 여기서는 생략한 것이다. 그럼, 실험을 시작하기 위해서 역시, SJ_MCUBook_M4 보드에 있는 STM32F302의 Main flash memory를 모두 ST-LINK Utility로 지운다. 그리고, [그림 9.4-1]의 ①번과 같이 **Ch9Lab4Prj** workspace에 속하는 bootloader SJ_BtLdr project의 main.c 파일에서 BootNewAppJump(0x0800B000);을 주석으로 처리한다.

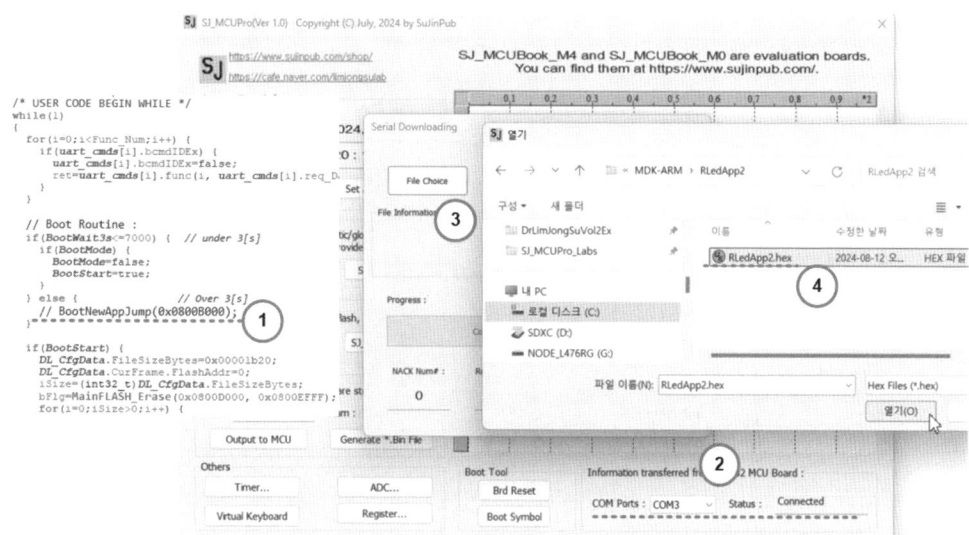

[그림 9.4-1] 외부 Flash Memory booting 관련 **Ch9Lab4Prj** 예제의 동작 방법 - 1.

그리고 나서, 0x0800_B000번지부터 GLedApp1 image를 저장하고, 다시, **Active** Project를 bootloader **SJ_BtLdr** project로 바꾼 다음에 downloading해 준다. 그리고, SW1 reset button을 click하여 주면, SJ_MCUPro program과 통신할 준비가 된다. ②번과 같이 할당된 COM port를 Connected로 연결하면, 시각 정보에서 초가 바뀌는 것이 보일 것이다. 이제, **SJ_Downloader...** button을 click하여 ③번과 같이 Serial Downloading dialogbox를 호출하고, **File Choice** button을 click하여 ④번과 같이 **Ch9Lab4Prj** workspace에 속하는 RLedApp2.hex file을 선택한 다음에 **열기** 버튼을 click하여 준다. 그러면, [그림 9.4-2]의 ⑤번과 같이 **File Information** : groupbox 안에 선택한 파일에 대한 정보가 표시될 것이다. 이제, **User Bootloader** button을 click하여 **User Bootloader Configuration** Dialogbox를 호출한다. 그리고, **SPI Flash Memory** checkbox를 선택하고, 저장할 외부 flash memory 내부의 24bits 번지 값을 지정해 준다. 여기서는 0x0번지를 지정하였다.

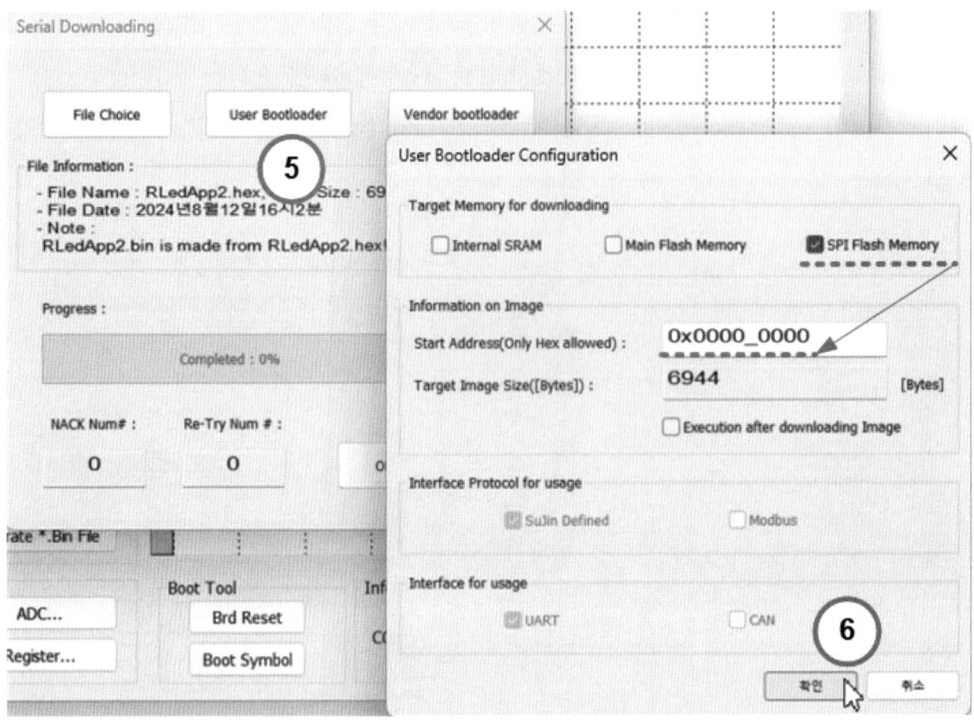

[그림 9.4-2] 외부 Flash Memory booting 관련 Ch9Lab4Prj 예제의 동작 방법 - 2.

그리고 나서, ⑥번과 같이 **확인** 버튼을 click하여 주면, Host PC에서 SJ_MCUBook_M4 보드에 탑재된 STM32F302 MCU와 SPI interface로 연결된 Serial Flash Memory에 RLedApp2 image 데이터가 저장되기 시작한다. [그림 9.4-3]의 ⑦번과 같이 저장이 완료되어 진행률이 100%(즉, Completed : 100%)로 표시되면, ⑧번과 같이 주석으로 처리한 함수 BootNewAppJump(0x0800B000)을 다시 살려서 compile하여 주고, downloading 해 준다. 이제, SW1 Reset button을 click하고, 7[초]가 지나면 0.5[초] 마다 녹색의 LED 가 점멸할 것이다. 그러나, 다시 SW1 reset button을 click하고, SJ_MCUPro program에서 시각 정보의 초가 바뀌면, **Brd Reset** button을 click하여 SW reset을 발생시켜서 다시 7[초]의 여유를 확보한다. 그리고 나서, **Boot Symbol** button을 click하여 주면, 이번에는 적색의 LED가 0.5[초] 단위로 점멸하는 것을 확인 할 수 있을 것이다. 이번 code에서 변화가 많은 부분은 다음과 같다.

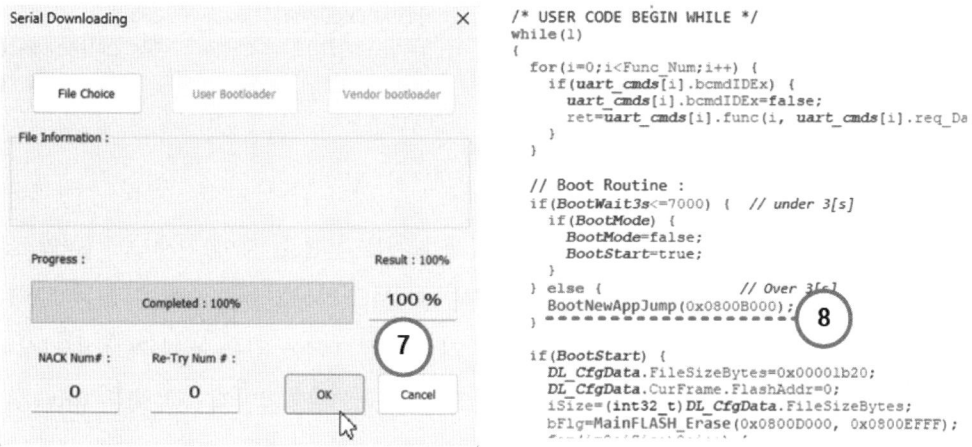

[그림 9.4-3] 외부 Flash Memory booting 관련 Ch9Lab4Prj 예제의 동작 방법 – 3.

```
if(BootStart) {
  DL_CfgData.FileSizeBytes=0x00001b20;                          ▶ ❶
  DL_CfgData.CurFrame.FlashAddr=0;
  iSize=(int32_t)DL_CfgData.FileSizeBytes;
  bFlg=MainFLASH_Erase(0x0800D000, 0x0800EFFF);                 ▶ ❷
  for(i=0;iSize>0;i++) {
    if(iSize<PageSize) {                                        ▶ ❸
      Serial_FLASH_Read_Bytes_DMA(gucpTxBuff,
          DL_CfgData.CurFrame.FlashAddr+i*PageSize, (uint32_t)iSize);
      if(bFlg) {
        bFlg=MainFLASH_Write_Word((uint32_t*)(gucpTxBuff),
          0x0800D000+i*PageSize, (uint32_t)iSize, false);
      }
      break;
    } else {                                                    ▶ ❹
      Serial_FLASH_Read_Bytes_DMA((uint8_t *)gucpTxBuff,
          DL_CfgData.CurFrame.FlashAddr+i*PageSize, PageSize);
      if(bFlg) {
        bFlg=MainFLASH_Write_Word((uint32_t*)(gucpTxBuff),
          0x0800D000+i*PageSize, PageSize, false);
      }
    }
    memset(gucpTxBuff, 0, sizeof(gucpTxBuff));
    iSize-=PageSize;
  }
  bFlg=MainFLASH_Erase(0x0800B000, 0x0800CFFF);                 ▶ ❺
  if(bFlg) {
```

```
    bFlg=MainFLASH_Write_Word((uint32_t*)(0x0800D000), 0x0800B000,
         0x00001b20, false);                                              ▶ ❻
    BootNewAppJump(0x0800B000);                                           ▶ ❼
  }
}
```

사실, Ch9Lab4Prj workspace에 대한 예제를 **처음** 실행 할 때에 현재 동작 중인 image에서 bootloader image를 실행하기 위해서 SJ_MCUBook_M4 보드에 있는 SW1 reset button을 누르고 시작하였다. 제품이 먼 거리에 분포되어 있을 때에 제품에 가서 이처럼 SW1 reset button을 누를 수는 없는 일이다. 그러므로, 일반적으로 모든 image는 특정 명령을 주면, NVIC_SystemReset()과 같은 reset을 수행할 수 있도록 만든다. 예를 들면, GLedApp1 또는 RLedApp2 image 모두 Host PC에서 특정 명령을 주면, reset 될 수 있도록 만들어 주어야 한다. 또한, 앞서 보여준 code routine에서 ❶번 즉, 외부 flash memory에 저장한 image의 크기와 시작 번지에 대한 정보는 외부 flash memory에 저장한 **여러 새로운 application image들** 중에서 선택할 때에 해당 image 크기와 시작 번지를 host PC가 함께 알려주도록 구현한다. 예를 들면, 위폐 감별기의 경우에 외부 flash memory에 원화, 달러화, 엔화, 유로화 등등에 대한 각각의 application image를 저장하고, 사용자가 원하는 화폐를 선택하면, 해당 application image의 시작 번지와 크기를 함께 MCU의 main flash memory 임시 영역으로 저장해 준다. 예를 들면, ❷번과 같이 임시 영역으로 지정한 0x0800_D000번지부터 0x2000 크기만큼 모두 지우고, ❸번과 ❹번처럼 해당 영역에 모두 복사하여 넣는다. 임시 영역에 모두 저장이 완료되면, ❺번과 같이 현재 동작하고 있는 image의 영역을 모두 지우고, 그곳에 ❻번과 같이 임시 영역에 복사한 image를 다시 복사하여 넣고, ❼번과 같이 실행시켜주는 것이다. 이처럼 제한된 MCU 내부의 flash memory 영역보다는 상대적으로 큰 외부 flash memory에 여러 application image들을 저장하여 선택적으로 가져다 사용하는 제품들을 쉽게 발견할 수 있다. 참고적으로 지금까지 설명한 방식을 사용하게 되면, 항상 **확정적으로 3[초] 늦게 시작한다**는 것에 주의하기 바란다. 지금까지 여러분과 함께 제조사 bootloader와 사용자 bootloader에 대한 많은 내용을 함께 학습하였다. 이미 이 분야에 익숙한 분이라면 모르겠지만, 많은 분들이 생소하고, 난해한 부분들이 많았을 것이라고 생각한다. 이런 어려움을 극복하기 위해서는 반복적인 학습과 이를 수행하기 위한 인내가 필요할 것이다. 다음 Chapter부터는 이 책의 또 다른 주제인 Real Time Operating System 즉, RTOS에 대해서 학습할 것이다. 아마도 지금까지 학습한 내용과는 전혀 다른 세상을 경험하게 될 것이며, 보다 더 많은 인내와 도전 정신을 요구할 것이므로 담대한 마음으로 달려 보도록 하자.

CHAPTER 10

OS(운영 체제)의 구조 이해와 uC/OS-II 소개

지금까지 우리는 다음 그림(a)에서 보여준 것처럼 **하나의** 무한 loop 즉, Super loop 안에서 필요한 모든 일들을 **순서대로** 처리하였다.

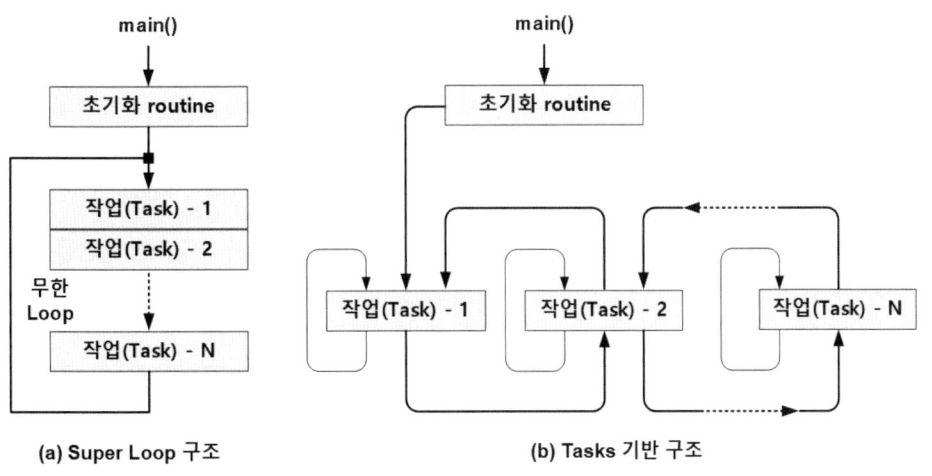

(a) Super Loop 구조   (b) Tasks 기반 구조

서로 독립적이거나 또는 다른 작업과 달리 처리하는데 많은 시간을 소요하는 작업의 특성을

고려하지 않은 상태에서 순서대로 계속해서 처리하게 되면, 임의의 작업에 대한 부하로 인해서 다른 작업이 제때에 CPU 내부 자원을 획득하지 못해서 데이터 처리를 할 수 없는 경우가 발생하여 오동작을 할 수도 있고, 무엇보다도 전체 작업을 구성하는 각각의 작업이 요구하는 소요 시간이 서로 달라서 한 번 완료하는 데 걸리는 시간을 예측하기 어렵게 된다. 물론, 부하가 많이 걸리는 작업은 state diagram 기법으로 나누어 처리할 수도 있지만, 인위적으로 부하를 나누는 것보다는 RTOS의 scheduler에게 맡기는 것이 더 효율적이다. 즉, 전체 작업을 작업의 특성과 독립성을 고려하여 **일련의 명령어 group**으로 나누고, 이들을 자신만의 무한 루프를 포함하는 함수로 구분하여 순서대로 균등한 시간 동안**만** 실행하도록 관리하도록 만든다면 보다 효율적으로 전체 작업을 공평하게 처리할 수 있을 것이다. 여기서 일련의 명령어 group을 **task**라고 하며, 이들을 무한 루프를 포함하는 하나의 함수와 자신만의 stack을 할당받은 경우에 **thread**라고 하는데, **12.2. 단원부터 학습할 FreeRTOS**를 포함한 대부분의 RTOS에서는 task와 thread를 동일한 개념으로 포괄적으로 사용하므로 이 책에서도 **동일한 용어로 사용할 것**이다. 그리고, main() 함수를 시작으로 동작하는 하나의 program을 **process**라고 한다. 그러므로, 하나의 process에는 적어도 하나 이상의 task가 존재하게 된다. 또한, 균등한 시간은 임의의 task가 다른 task로 전환되는 시간을 의미하며, **Quantum time**이라고 하며, 일반적으로 1[ms]를 사용한다. 그러므로, 각각의 task들은 최대 1[ms] 동안만 CPU 자원을 확보할 수 있고, 그 이후에는 다시 scheduling에 직면하게 되므로 이것은 **마치 하나의 core가 동시에 여러 thread들 즉, multi-thread를 처리**하도록 coding하는 **concurrent programming**을 연상하게 한다. 또한, 각각의 task에 할당된 우선순위에 따라서 실행 순서를 바꿀 수 있으며, task들 사이에 다양한 kernel object들을 통하여 정보를 전달 수 있다. 어쨌든, RTOS를 사용하게 되면, 결국, 전체 실행 시간을 예측할 수 있게 되고, 보다 빠르고, 안정적인 제품을 개발할 수 있게 된다. 그리고, task 별로 업무를 분장할 수 있으므로 유지와 관리, 보수가 쉬워진다. 결국, 전체 개발하려는 제품에 대한 신뢰도와 성능을 높일 수 있게 된다. 아마도 RTOS를 처음 접하는 분들은 생소한 용어들이 많을 것이다. 그러나, **걱정하지 않아도 된다**. 여러분은 이제부터 10장, 11장, 그리고, 12장에 걸쳐서 RTOS에 대한 상세하면서도 철저한 내용을 엄청난 인내심과 끈기를 가지고 학습하게 될 것이다. 그리고, 앞서 언급한 **추상적인 용어들을 구체적인 C 언어로 하나씩 하나씩 직접 구현하는 기술을 학습**하게 될 것이다. 시작은 RTOS 중에서 **2000년대 중반에 출시된 uC/OS-II 버전**을 사용할 것이다. 단, 다음과 같이 uC/OS-II는 source code는 공개하지만, 유료인데 주의하기 바란다.

LICENSING

µC/OS-II is a source-available real-time kernel; it is <u>not</u> open source. Under the source-available model, which Micriµm pioneered, the kernel's full source code can be evaluated at no cost. This code can also be used free of charge in academic projects. Developers planning to use the code to develop a product, however, must purchase a license. Additional licensing information can be obtained from Micriµm; contact information is provided below.

MICRIUM CONTACT INFORMATION

Phone: +1 954 217 2036
Fax: +1 954 217 2037
E-Mail: sales@micrium.com
URL: http://www.micrium.com

물론, uC/OS-II를 검색어로 Googling하다 보면, 보다 최신 버전을 만날 수도 있고, uC/OS-III를 만날 수도 있다. 그러나, RTOS에 대한 전체 source code 분석과 개념을 이해하기에는 2000년대 중반에 출시된 uC/OS-II 버전이 제일 적당하고 생각하여 선택하였다. 10장과 11장에서 철저히 RTOS에 대한 내용을 학습하고, 이어서 Chapter 12.에서는 <u>무료로 사용할 수 있는 FreeRTOS</u>에 대해서 설명할 것이다. 다음 페이지에 보여준 도표는 2023년 기준 embedded.com에서 조사한 embedded OS에 대한 적용률이다. 2017년 Amazon Inc. 이 인수한 FreeRTOS의 적용률이 상당하다는 것을 알 수 있다.

처음 RTOS를 접하는 분들에게 Chapter 10부터 Chapter 12까지의 학습 방법을 알려주겠다.

반드시, Chapter 10부터 Chapter 12까지의 내용에 대해서 이해가 되지 않아도 최대한 이해하도록 노력하면서 <u>일단, 3개의 Chapter들을 모두</u> 읽고 따라하기 바란다. 그 다음에 다시 Chapter 10부터 Chapter 12까지 <u>반복해서 학습</u>하기 바란다.

구체적으로 이번 Chapter에서는 다음과 같은 내용을 학습하게 될 것이다.

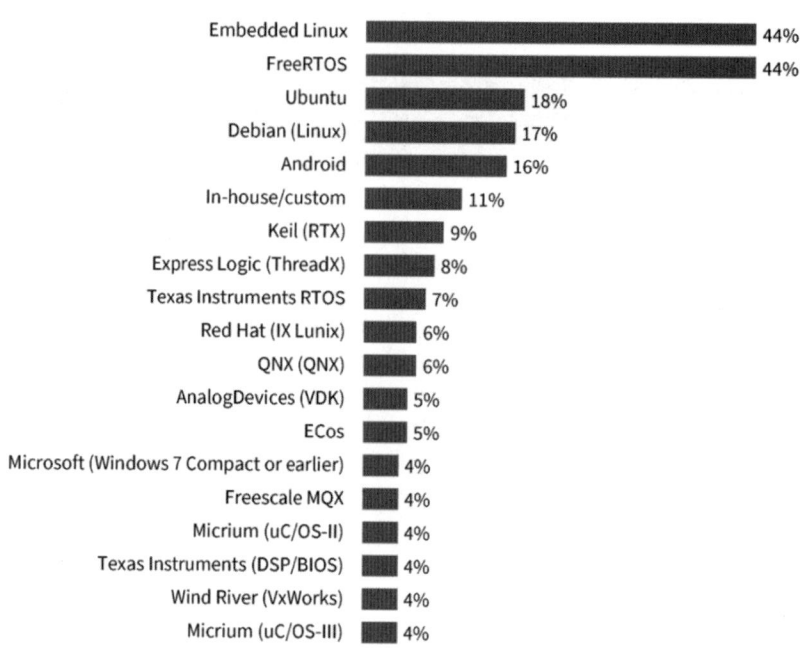

■ 학습 목표 :

- OS(Operating System)에 대한 이해와 RTOS인 uC/OS-II 특징 학습.
- Multitasking을 위한 task scheduling에 대한 전반적인 학습.
- Multitasking을 위한 task 전환 방법에 대한 상세한 학습.
- Task 전환을 구현하기 위한 assembly coding 방법에 대한 학습.
- Hooking의 개념과 uC/OS-II에 대한 실습.

10.1 OS에 대한 개념과 uC/OS-II 소개.

1990년 처음 XT라는 개인용 컴퓨터(PC)가 나왔을 때만해도, 하드디스크는 수십 Mbytes 단위였고, 메모리는 수백 KBytes였다고 생각한다. 이들, CPU, 하드디스크와 메모리, 그리고, 외부 연결을 위한 물리적 매체를 일반적으로 **자원(resource)**이라고 부르는 데, 그때 당시, 컴퓨터에서 지원하는 자원이 너무 작다보니, 문서나 program을 작성하는 경우에 많은 제약이 따른 것이 사실이었다. 지금은 대용량의 자원을 사용할 수 있지만, 이것은 어디까지나, 풍부한 자원(resource)을 사용할 수 있는 컴퓨터와 같은 제품들이고, 정수기, 세탁기, 냉장고, … 등등 매우 많은 분야에서는 이들 자원에 대한 제약이 아직도 발생하고 있다. 또한, 자원이 커지다 보면, 상당히 고성능의 CPU가 아니면, **실시간(real-time)처리**가 불가능해 진다. 일반적으로 **실시간**이라는 뜻은 입력을 주면, 동시에 출력이 나온다는 뜻이 아니고, **입력이 주어진 시점부터 출력이 나올 때까지의 시간을 사용자가 예측할 수 있고**(이런 경우를 "deterministic하다"고 한다.), **제어할 수 있는 경우**를 의미한다. 또한, 핵반응 system과 같이 **절대적인** 시간의 엄수를 가지고 있는 system은 **hard real-time system**이라고 부르고, 약간의 시간에 대한 오차를 허용하는 system을 **soft real-time system**이라고 부른다. 그러므로, 실시간 OS(Real-Time OS)를 사용하면, 입력에 따른 출력이 나올 시간을 결정지을 수 있으므로, 임의의 시스템에 대한 동작의 예측을 할 수 있다. 대부분의 RTOS들은 주기적으로 interrupt를 발생시켜주는 heartbeat timer를 가지고 있으며, 이것은 모든 RTOS timing service들을 위해서 사용된다. heartbeat timer에 따라서 발생하는 interrupt 간격을 **system tick**이라고 부른다. 실시간 OS를 사용하는 대부분의 시스템은 적은 용량의 자원을 사용하므로, OS 크기가 수십 KBytes에서 최고 1[MBytes]이하이로서 기존의 Linux OS 또는 Windows OS와 비교하여 상당히 작은 크기를 갖는다. 실시간 OS는 기본적으로 **multitasking**이 **가능**해야 한다. 일반적으로 **task**(또는 **thread**)라고 부르는 것은 무한 loop를 포함하는 **함수**를 의미하며, 어떠한 **독립적인 작업**을 수행하는 것을 의미한다. [그림 10.1-1(b)]와 같이 개발하려는 application program을 역할 별로 작업을 독립적으로 나누어서 여러 task들로 분할하게 되면, 보다 효율적으로 program이 달성하려는 목표를 수행할 수 있게 된다. 그러므로, task 또는 thread는 하나의 program안에서 지정된 목표를 달성하기 위해서 순차적인 **제어의 흐름 단위**라고 정의할 수도 있다.

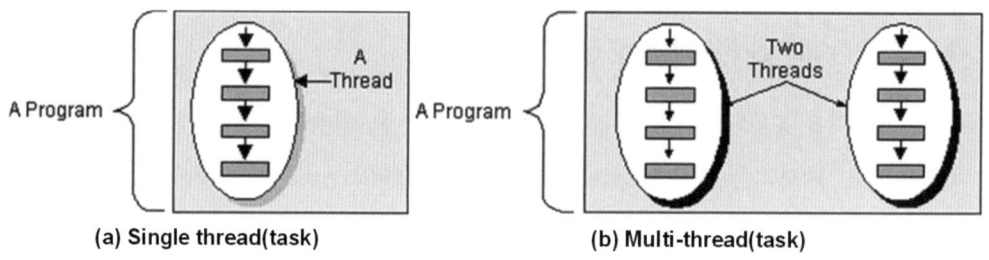

[그림 10.1-1] Single task와 Multi-task의 비교.

임의의 program이 완전히 독립된 자신만의 memory 공간을 갖는 것과 다르게 **task**는 **stack정도만** 별도로 갖는다. 따라서, 하나의 program보다 CPU에 부담이 적고, 전역변수를 thread들 사이에 공유할 수 있다. 전통적으로 하나의 program 안에 제어의 흐름, 즉 실행되는 code의 흐름을 구성하는 task는 [그림 10.1-1(a)]와 같이 **하나**이다. 그러나, multithread program 안에는 [그림 10.1-1(b)]와 같이 **동시에 둘 이상의 흐름** 즉, 다수의 thread들이 존재할 수 있다. 예를 들면, 한 개의 task는 사용자의 입력에 반응하고, 또 다른 task는 오랜 시간이 걸리는 계산 작업등을 수행하는 application program을 생각해 보자. 이렇게 application program을 작은 task들로 나누어 놓고, 할당받은 우선순위(priority)가 높은 task는 보다 낮은 우선순위를 갖고 동작하고 있는 task를 **도중에 멈추고, 먼저 처리**할 수 있도록 한 기능을 선점형(**preemptive**)라고 한다. 또한 실시간 OS는 **자원에 대한 동기화(synchronization)**를 제공해야 한다. 이것은 OS가 자원을 관리하는 일반적인 방법인데, 일단 임의의 task가 자원을 점유하면 다른 task는 대기하고 있다가(pending) 자원을 점유한 task가 자원을 돌려주면(posting), 우선순위가 가장 높은 task가 자원을 점유하는 방식을 말한다. 보통, **Semaphore**라고 불리는 kernel object를 사용하여 자원에 대한 동기화를 수행한다. 그러므로, multiple semaphores는 multiple shared resources에 해당한다. 이처럼 한 개의 program 안에서 같은 데이터를 동시에 액세스하는 서로 다른 task 내부의 code routine을 **critical section**이라고 한다. critical section에 2개 이상의 task들이 동시에 진입하면, task들이 접근하는 데이터의 무결성(integrity)을 보장할 수 없는 **race condition**이 발생하게 된다. 따라서 둘 이상의 task들이 동시에 critical section에 진입할 수 없도록 막아서 자원의 동기화를 수행해야 하는데, 이를 **상호 배제**라고 하고, semaphore, mutex등과 같은 kernel object를 사용한다. 우리는 앞으로 이와 같이 system이 올바로 작동하도록 interrupt도 critical section에서 발생하지 않도록 할 것인데, 이와 같이 만든

code routine을 "**atomic 특성을 갖는다.**"라고 부른다. 대부분의 RTOS 환경에서 ISR 즉, Interrupt Service Routine은 task를 구성하는 code에 적용되지 않는 다음과 같은 2가지 규칙을 지켜야 한다.

❶ Caller를 blocking할지도 모르는 임의의 함수를 호출하지 말아야 한다. 예를 들면, 임의의 ISR은 semaphore와 같은 kernel object를 사용하지 말아야 하며, 비어있을지도 모르는 mailboxes 또는 message queues로부터 읽지 말아야 하며, events를 기다리지 말아야 한다.
❷ 임의의 task가 아니라 ISR을 실행하고 있는 경우에 task context switching을 유발할지도 모르는 임의의 RTOS 함수를 호출하지 말아야 한다.

ISR은 짧게 작성하는 것이 좋다. 가장 낮은 우선권을 갖는 ISR은 심지어 가장 높은 우선권을 갖는 task code보다 먼저 수행되기 때문에 임의의 ISR을 길게 작성하면 할수록 직접적으로 보다 느린 task-code 응답을 유발하게 된다. 또한, 대부분의 RTOS들은 memory를 관리해 주는 자신만의 함수들을 제공한다. 왜냐하면, C Library에서 제공하는 malloc() 함수와 free() 함수는 전형적으로 느리고 무엇보다 실행 시간을 예측할 수 없기 때문이다. 그래서, 대부분의 RTOS들은 고정된 길이의 buffer들로 구성된 **memory pool**에 기반을 두고 할당과 해지를 수행해 주는 빠르고, 가벼운 실행 시간을 예측할 수 있는 memory 관련 함수들을 제공한다. **여기까지 읽어보고, 느낀 소감은 어떤지 궁금하다.** 물론, 사전 지식이 있는 분들은 RTOS에 대해서 간단히 정리하였다고 할 것이고, 그렇지 않은 분들은 생소할 것이다. 어쨌든, 여러분은 10장, 11장, 그리고, 12장을 거쳐 가면서 **이들 모든 내용을** C 언어와 assembly 언어로 **직접 구현**해 나갈 것이다. 즉, 이론적인 설명을 기억하려고 노력하지 않아도 된다. 왜냐하면, 지금부터 여러분과 함께 **상용** RTOS인 Micrium Inc.의 uC/OS-II **전체** source code를 분석해 가다보면, 스스로 해당 내용들이 필요한 것을 느끼게 될 것이고, 그래서 구현된 code를 분석하고 이해하였으면, 기념으로 뭔가 이름을 붙여 주어야 할 것이기 때문이다. 예를 들면, system tick, multitasking, preemptive, critical section, race condition, synchronization, Semaphore, Mutex, 등등 이들의 필요성과 그에 따른 구현, 그리고, 이름을 부여하게 될 것이다. 이쯤 되면, 여러분의 눈높이는 CubeMX에서 **FreeRTOS**를 구성하는 [그림 10.1-2]의 ②번에 나열된 수많은 parameter들 각각에 대한 내용을 바로 알 수 있게 될 것이다.

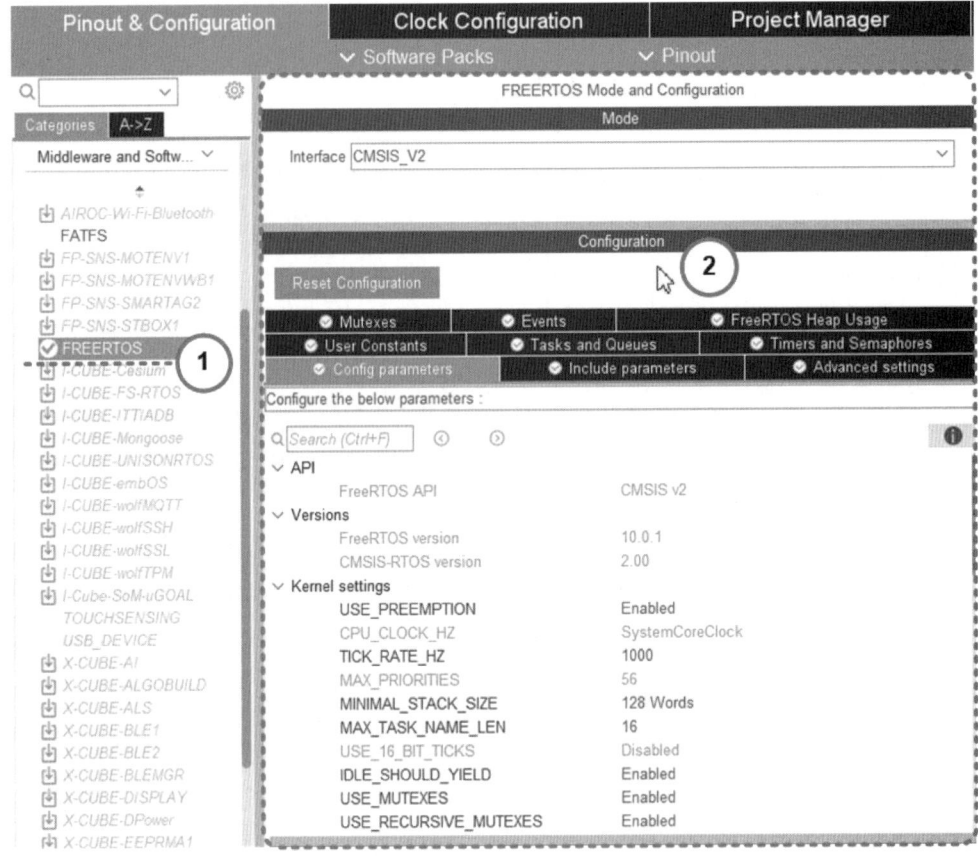

[그림 10.1-2] CubeMX를 이용한 FreeRTOS 설정 화면.

왜냐하면, 거의 모든 parameter들이 FreeRTOS에서만 사용되는 것이 아니라 **모든 RTOS 에서 일반적으로 사용되는 용어**들이기 때문이다. 보다 정확히 말하면, 모든 OS에서 일반적 으로 사용되는 용어들이다. 이들을 구현하는 과정에 어쩔 수 없이 assembly 언어를 학습해 야 한다. 왜냐하면, 8.1. 단원에서도 언급하였듯이 C 언어의 기본적인 저장 매체인 **stack**에 대한 직접적인 관리를 C 언어로 구현할 수 없기 때문에 assembly 언어로 구현해야 한다. RTOS를 구현하는데 있어서 가장 중요한 역할을 수행하는 **Stack**과 **Queue**에 대해서 간단히 정리하고자 한다. 참고적으로 Queue에 대해서는 Vol.1.의 12.4 단원에서 보다 자세히 설명 되어 있다.

❶ Stack :

스택(stack)은 모든 원소들에 대한 write(push)와 read(pop) 동작이 지정한 저장 범위의 **한쪽 끝에서만 수행되는 선형 자료 구조**를 가지며, 이와 같은 push와 pop 동작이 일어나는 저장 범위의 끝을 top이라 하고, 다른 한쪽 끝을 bottom이라고 한다. 스택의 top에 새로운 원소를 삽입하는 것을 push라 하고, 가장 최근에 삽입된 원소를 의미하는 스택의 top으로부터 한 원소를 제거하는 것을 pop이라 한다. 이와 같은 스택 연산은 항상 스택의 top에서 발생하므로 top 포인터의 값을 1씩 증가 또는 감소시킴으로써 수행된다.

❷ Queue :

[그림 10.1-3(b)]에 보여준 것처럼 저장 범위의 한쪽 끝에서만 write와 read 동작이 일어나는 스택과는 다르게 저장 범위의 한쪽 끝에서는 원소들이 read(get)되고 반대쪽 끝에서는 원소들의 write(put)만 가능하게 만든 순서화된 데이터 관리 구조를 의미한다. 가장 먼저 리스트에 삽입된 원소가 가장 먼저 read되므로 **FIFO(first in first out) 구조**라고 한다.

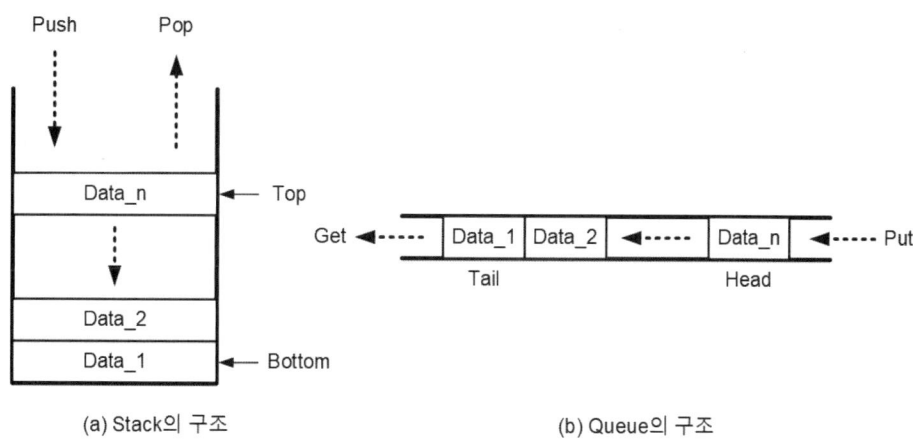

[그림 10.1-3] Stack과 Queue의 구조 비교.

지금부터 본격적으로 상용 RTOS인 Micrium Inc.의 uC/OS-II에 대해서 학습할 것이다. 아마도 굉장한(?) 내용들이 여러분의 집중력과 이해력을 끊임없이 요구할 것이다. 도중에 하차하지 말고, 끝까지 달려보도록 하자. 왜냐하면, 여기서 다루는 모든 내용들이 결국은 Windows OS뿐만 아니라 Linux OS를 기반으로 하는 Android까지 광범위하게 device driver 또는 system program 분야에서 사용되고 있기 때문이다. 예를 들면, SJ_MCUPro program의 UART 통신 관련 code routine의 경우에 한정된 COM port를 사용하므로 다른 thread가 접근하지 못하도록 kernel object를 사용해야 하는데, 이처럼 Windows OS에서 사용하는 kernel object와 RTOS에서 사용하는 kernel object는 동일한 내용이며 활용 방법도 동일하다. 서두에서도 언급하였듯이 이 책에서 uC/OS-II를 선택하여 설명하는 이유는 **RTOS를 학습하기에 가장 그 난이도와 구성이 적합하다고 판단해서**이다. 선택한 uC/OS-II는 2000년대 중반에 출시된 버전으로서 그 이후에 보다 향상된 버전들이 많이 출시되었으며, 현재 uC/OS-III가 출시된 상태이다. 어쨌든, 우리가 사용할 uC/OS-II를 임의의 processor에 **porting** 즉, 적용하기 위해서는 uCOS_II folder의 **Ports** folder에 있는 다음의 3개 파일들만 새로 작성하거나 수정하면 된다.

❶ os_cpu.h   ❷ os_cpu_a.asm   ❸ os_cpu_c.c

한 가지 기억해 둘 것은 googling을 하다보면, uC/OS-II를 Cortex-**M4F** 즉, FPU를 포함하는 STM32F429에 porting한 버전을 얻을 수 있을 것이다. 그러나, 이번에 **여러분과 학습할 uC/OS-II 버전은 FPU가 없는 Cortex-M3만 지원**한다. FPU를 포함하면 상대적으로 RTOS 전체 code가 복잡해지고, **학습의 목표인 RTOS에 대한 기본적인 구조에 대한 철저한 학습**과 맞지 않다고 판단해서이다. 물론, FPU를 사용하는 Cortex-M 계열에 uC/OS-II를 포함한 RTOS를 porting하는 경우에 주의해야 할 사항들은 충분히 설명할 것이다. 어쨌든, 이들 파일은 **Chapter_10** folder에 있는 Ch10Lab1Prj project를 구성하는 uCOS_II folder를 참조하면 된다. Ch10Lab1Prj project의 Ch10Lab1Prj.uvprojx 파일을 double click하여 uVision을 호출하고, [그림 10.1-4]의 ①번과 같이 🔧 File Extensions, Books and Environment... icon을 click하여, 파일 구성을 살펴보면, 우선, 새롭게 **Cores** group이 추가되어 ②번과 같이 uCOS_II folder의 **Source** folder에 있는 파일들이 포함되었다. 그리고, **MDK-ARM** folder에 Ports folder에 있는 **os_cpu_a.asm**과 **os_cpu_c.c** 파일을 포함시킨 것을 볼 수 있다. 참고적으로 assembly 파일의 확장자는 *.s와 *.asm, 2가지를 사용할 수 있는데, *.s는 bootstrap assembly 파일인 startup_stm32f302x8.s에만 사용하고, 나머지는 모두 *.asm을 사용한다. 물론, *.asm 확장자를 *.s로 바꿔도 모두 동일한 assembly file로 인식하므로 문제가 되지는 않는다. 어쨌든, ③번과 같이 header 파일을 포함하고 있는 folder들을 include하여 준다.

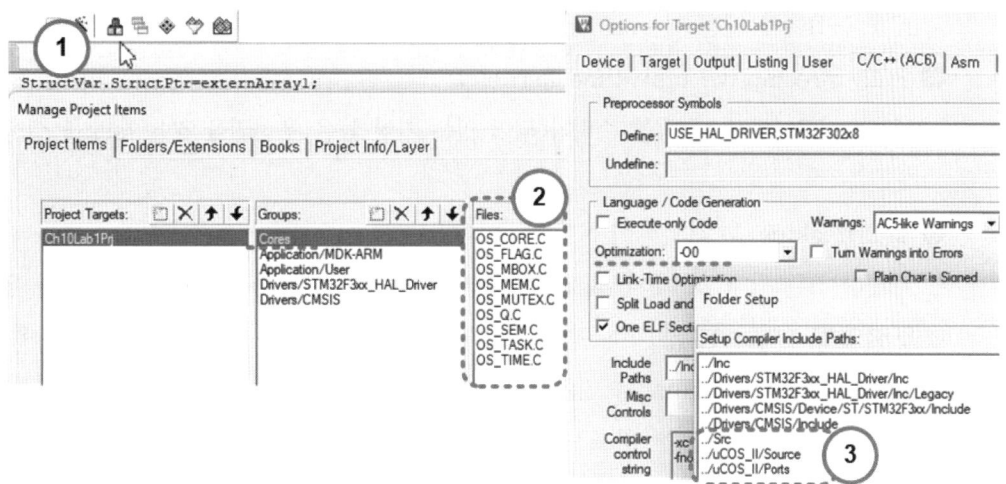

[그림 10.1-4] KEIL MDK-ARM project에 사용할 uC/OS-II 적용 방법.

이때, source code debugging을 수행하며 분석을 할 것이므로 최적화를 수행하지 않도록 Optimization:을 -O0로 설정해 준다. 이제 build하여 error가 발생하는지 확인해 보기 바란다. alignment를 위해서 2bytes padding 했다는 경고만 1개 나와야 할 것이다. 구체적으로 이번 단원에서 학습할 uC/OS-II뿐만 아니라 **FreeRTOS**를 포함한 대부분의 RTOS는 다음과 같이 portable, ROMable, scalable, realtime preemptive, multitasking kernel 이라는 특징을 완벽하게 가지고 있다.

❶ Portable :
이식성을 높이기 위해서 assembly 언어를 최소화하였다. 그러나, porting하려는 Core는 stack pointer를 제공하고, CPU register들은 그 stack pointer에 의해서 push/pop될 수 있어야 한다. 또한, 사용하려는 C compiler는 C 언어 level에서 interrupt들을 enabling또는 disabling 할 수 있는 방법을 제공해야 한다. uC/OS-II는 8bits, 16bits, 32bits 또는 심지어 64bits 임의의 Core에서 사용할 수 있다. 여기서는 32bits Cortex-M core에서만 사용할 것이다.

❷ ROMable :
ROM 즉, flash memory 상에서 동작가능하다.

❸ Scalable :
os_cfg.h file에서 정의하는 conditional compiler option들을 사용하여 사용하지 않는

uC/OS-II에서 제공하는 service들은 최종 image에 추가되지 않도록 할 수 있다.

❹ **Fully preemptive real-time kernel** :

uC/OS-II는 항상, 실행할 준비가 되어 있는 **가장 높은 우선권을 갖는 task를 실행시킨**다.

❺ **Multitasking** :

uC/OS-II는 **최대 256개의 task들을 관리**할 수 있다. 즉, **각각의 task에 고유한 우선권을 할당**해 주어야 한다. 이것은 현재 uC/OS-II가 동일한 우선권을 갖는 task들에 대한 round-robin scheduling을 지원하지 않는다는 의미이다. 이 기능은 uC/OS-III부터 제공되는 것으로 알고 있다. 참고적으로 **12.2. 단원부터** 학습할 FreeRTOS는 동일한 우선권을 갖는 task들에 대해서 round-robin scheduling을 지원한다.

❻ **Deterministic** :

모든 uC/OS-II 함수들과 service들의 실행 시간은 deterministic한 특성을 가지고 있다. 즉, OSTimeTick() 함수와 몇몇 event flag service들을 제외하고, 나머지 함수들과 service들은 application 안에서 실행하는 task들의 개수에 상관없이 **실행하는데 걸리는 시간이 고정**되어 있다.

OS(Operating System)가 하는 역할을 간단히 정리하면 다음과 같다. 함수 간 호출 flow에 대해서 개발자가 직접 A 함수가 B 함수를 호출하는 과정을 code 상에 작성한 것과는 달리, OS의 scheduler가 A 함수와 B 함수를 개발자가 지정한 알고리즘을 바탕으로 **대신** 호출해 주도록 하는 방식이다. 이것이 가능하기 위해서는 scheduler가 대상이 되는 함수를 일관되게 관리할 수 있도록 해당 함수는 **일정한 구조로 규칙화된** 상호 독립적인 memory 공간 즉, stack을 **각각** 소유해야 한다. 이것을 **TCB(Task Control Block)**이라고 한다. 이 TCB가 바로 OS가 구분할 수 있는 개발자가 할당한 **task의 단위**가 되는 것이다. 구체적으로 A 함수가 B 함수를 호출하도록 개발자가 직접 code 상에서 작성한다는 것은 **표준 함수 호출 규약**, 예컨대, _cdecl, _stdcall 등등에서 어느 하나를 따르도록 한다는 것이다. 이것은 결국, caller와 callee 사이의 모든 CPU register들(context)에 대한 전환과 stack 관련 업무를 C/C++ compiler가 지정한 호출 규약에 따라서 **자동으로 code를 추가**하여 대신 수행해 준다는 의미가 된다. 그러나, OS를 사용하는 경우에는 이와 같은 표준 함수 호출 규약에 해당하는 업무를 scheduler가 대신 수행해야하므로 caller와 callee 사이의 호출 전환 할 때 필요한 CPU register들(context)과 stack을 각각의 task가 **독립적으로** 소유한 자신만의 TCB에 해당 정보를 저장해야 한다. 또한, scheduler가 어떠한 task를 호출하였을 때, 일단, 호출하면, 그 task에 대한 모든 업무를 완료할 때까지 수행하는 것이 아니라, 현재 task를 수행하는 도중에(예를 들면, quantum time 동안**만** 수행) 자유롭게 다른 task로 전환할 수 있도록 TCB 내용을 구성해야 한다는 것에 주의하기 바란다. 여기서 언급한 quantum time은 scheduler가 임의의 task가 동작할 수 있도록 허락한 time slice를 의미한다. 일반적으로 C/C++ compiler는 C source code에서 직접 CPU register들을 조작할 수 없도록 하고 있다. 그러므로, 이들 문맥 전환은 assembly code로 작성되어야 하며, 다음은 **문맥 전환 관련 의사**(pseudo) **code**이다.

```
void OSCtxSw (void) {
    // For the low priority task.
    PUSH R1, R2, R3 and R4 onto the current stack;
    OSTCBCur->OSTCBStkPtr = SP;   // store SP

    // For the high priority task.
    OSTCBCur = OSTCBHighRdy;
    SP = OSTCBHighRdy->OSTCBStkPtr;
    POP R4, R3, R2 and R1 from the new stack;
    Execute a return from interrupt instruction;
}
```

한 가지 더 기억해 둘 것은 일반 함수와 다르게 task는 내부에 while(1)과 같이 무한 loop를 포함하고 있으므로 정상적으로는 결코 return하면 안되기 때문에 항상 void로 return 형을 정의한다는 것이다. 즉, task를 생성하여 수행이 완료 보다는 **종료**되면, 해당 task를 삭제해야 하는데, 이 삭제된 상태의 task가 일반 함수와 같이 return하는 것을 의미하지 않는다는 것이다. 왜냐하면, 임의의 함수에서 return하도록 한다는 것 즉, return 할 곳을 지정한 것은 결국, scheduler가 필요 없다는 의미가 되기 때문이다. 여기서 삭제된 task의 경우, 해당 task의 code가 실제로 삭제되는 것이 아니라, 단순히 uC/OS-II가 해당 task를 더 이상 관리하지 않도록 즉, scheduling하지 않도록 [그림 10.1-5]에서 보여준 **task dormant** 상태(즉, 휴면상태)로 task 상태를 바꾼 것을 의미한다. [그림 10.1-5]에는 상태 전환에 사용되는 함수들을 나열하였다. 앞으로 여러분과 함께 대부분의 함수들에 대해서 분석하게 될 것이다.

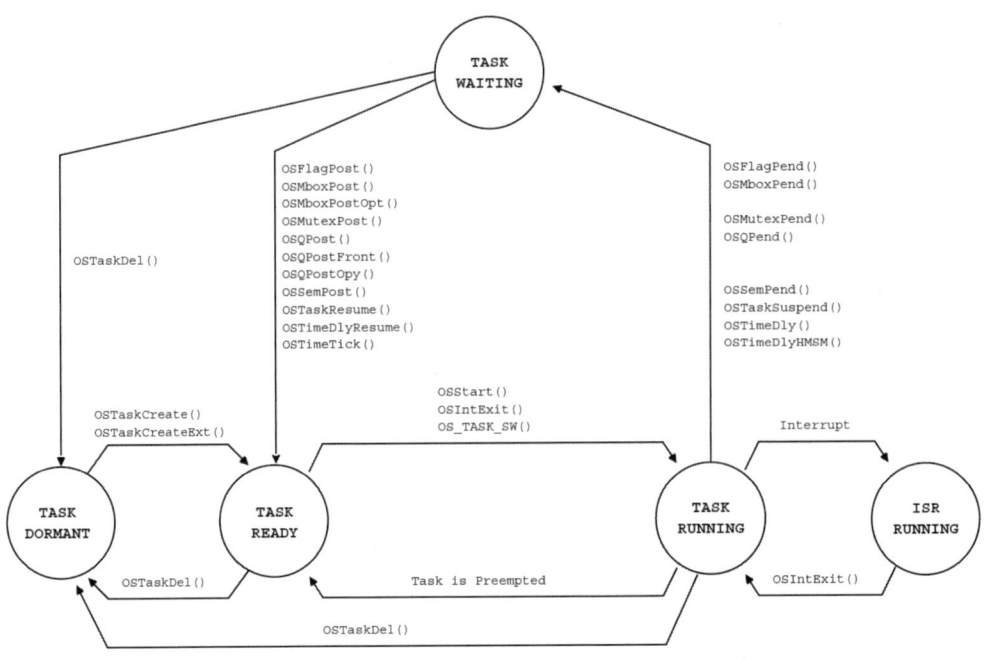

[그림 10.1-5] uC/OS-II task와 그에 따른 상태도.
참고 - Jean J. Labrosse의 MicroC/OS-II 2nd 서적에 수록된 그림입니다.

정리하면, task는 [표 10.1-1]과 같이 2가지 중 한 가지 형태를 취하게 된다.

Task 유형 1	Task 유형 2

void YourTask (void *pdata) {
　for (;;) {
　　/* USER CODE */
　　Call one of uC/OS-II's services:
　　　OSFlagPend();
　　　OSMboxPend();
　　　OSMutexPend();
　　　OSQPend();
　　　OSSemPend();
　　　OSTaskSuspend(OS_PRIO_SELF);
　　　OSTimeDly();
　　　OSTimeDlyHMSM();
　　/* USER CODE */
　}
}
	void YourTask (void *pdata) {
	　/* USER CODE */
	　OSTaskDel(OS_PRIO_SELF);
	}

[표 10.1-1] task의 2가지 유형 정리.

scheduler에 대해서 한 가지 더 고려해야 할 것은 이들 task들 사이의 전환을 수행할 때, 전환해야할 task의 priority가 중요하다. 즉, 전환될 task 보다 scheduler는 더 높은 priority를 가지고 있어야 task들 사이에 전환을 수행할 수 있기 때문이다. 그러므로, 일반적으로 scheduler는 software interrupt를 기반으로 구성한다. 결국, 보다 높은 우선권을 갖는 hardware interrupt들 즉, MCU의 주변 장치가 발생시키는 interrupt들은 scheduling 할 수 없으므로 task scheduler라고 task라는 용어를 첨부하는 것이다. 그러므로, ISR(Interrupt Service Routine) 안에서는 task를 생성 및 삭제 할 수 없다는데 주의하기 바란다. 이때, ISR 안에서 task를 생성하거나 또는 삭제하는 함수가 호출되었는지는 "OSIntNesting>0"으로 판단한다. 즉, 전역 변수 OSIntNesting이 "0" 보다 크다는 것은 현재, ISR이 한번 이상 호출되고 있다는 의미이고, 또한, 어떠한 task도 ISR 보다 우선순위가 높지 않으므로 당연히, 현재, task 생성 또는 삭제 함수를 ISR이 호출한 것으로 판단할 수 있는 것이다. 정리하면, OSIntNesting = 0일 때에만 task 전환을 수행해야 한다.

10.2 Multi-tasking을 위한 task scheduling과 task의 상태.

uC/OS-II에서 multi-tasking 즉, task scheduling은 OSStart() 함수를 호출하면서부터 시작된다. 이때 주의 할 것은 내부 task로서 자동으로 생성되는 idle task 외에 적어도 하나 이상의 application task를 OSTaskCreate() 함수 또는 OSTaskCreateEx() 함수로 생성한 이후에 OSStart() 함수를 호출해야하며, 이 함수를 호출한 이후에 system clock tick을 활성화해야 한다. 그러므로, 잠시 후에 설명할 Systick timer를 설정하는 HAL_Init() 함수 이전에 OSStart() 함수를 호출해야하는데, CubeMX에서 생성되는 C framework의 특성상 어쩔 수 없이 주변장치 초기화 routine 이후에 OSStart() 함수를 호출할 것이다. 뭐~, 그렇다고, 크게 걱정할 필요는 없다. 단순히, 현재 uC/OS-II에서 동작하는 task를 포함한 여러 사항들에 대한 통계 데이터를 작성하는데, 초기 시작 시점이 문제가 되는 것이고, 이 문제는 아마도 여러분들이 Chapter 12.까지 학습하면, FreeRTOS와 비교하며 **스스로** 쉽게 해결할 수 있을 것이다. 또한, Cortex M family의 경우, Systick timer는 HAL_Delay() 함수처럼 1[ms] system clock tick이 일반적이다. 일반적으로 OS kernel은 직접적으로 task들의 상태를 관리한다. 예를 들면, **wind kernel**은 직접적으로 task들의 state(pended, delayed, ready, suspended)를 관리하는 그 유명한 RTOS인 Windriver Inc.의 **VxWorks**의 일부분이다. 즉, VxWorks의 scheduling algorithm에 따라서 CPU에게 task들을 할당하는 역할을 한다. 이때, task들의 track을 유지하기 위해서 TCB(Task Control Block)들을 사용한다. 앞서 언급한 것과 같이 TCB는 task마다 하나씩 부여되며, uC/OS-II의 경우, uCOS_II.h에 OS_TCB 구조체로 다음과 같이 선언되어 있다. 이 구조체의 member들을 계속해서 사용할 것이므로 주의 깊게 살펴보기 바란다.

```c
typedef struct os_tcb {
    OS_STK *OSTCBStkPtr;
#if OS_TASK_CREATE_EXT_EN > 0
    void    *OSTCBExtPtr;
    OS_STK *OSTCBStkBottom;
    INT32U  OSTCBStkSize;
    INT16U  OSTCBOpt;
    INT16U  OSTCBId;
#endif
    struct os_tcb *OSTCBNext;
    struct os_tcb *OSTCBPrev;
#if ((OS_Q_EN > 0) && (OS_MAX_QS > 0)) || (OS_MBOX_EN > 0) || \
     (OS_SEM_EN > 0) || (OS_MUTEX_EN > 0)
    OS_EVENT *OSTCBEventPtr;
#endif
#if ((OS_Q_EN > 0) && (OS_MAX_QS > 0)) || (OS_MBOX_EN > 0)
    void    *OSTCBMsg;
#endif
#if (OS_VERSION >= 251) && (OS_FLAG_EN > 0) && (OS_MAX_FLAGS > 0)
#if OS_TASK_DEL_EN > 0
    OS_FLAG_NODE *OSTCBFlagNode;
#endif
    OS_FLAGS OSTCBFlagsRdy;
#endif
    INT16U  OSTCBDly;
    INT8U   OSTCBStat;
    INT8U   OSTCBPrio;
    INT8U   OSTCBX;
    INT8U   OSTCBY;
    INT8U   OSTCBBitX;
    INT8U   OSTCBBitY;
#if OS_TASK_DEL_EN > 0
    BOOLEAN OSTCBDelReq;
```

```
    #endif
} OS_TCB;
```

[표 10.2-1]은 TCB 구조를 좀 더 쉽게 살펴볼 수 있도록 도표화 한 것이다.

TCB Member		기능 설명
Data Type	Member 이름	
OS_STK	*OSTCBStkPtr	Pointer to current top of stack
void	*OSTCBExtPtr	Pointer to user definable data for TCB extension
OS_STK	*OSTCBStkBottom	Pointer to bottom of stack
INT32U	OSTCBStkSize	Size of task stack (in number of stack elements)
INT16U	OSTCBOpt	Task options as passed by OSTaskCreateExt()
INT16U·	OSTCBId	Task ID (0..65535)
struct os_tcb	*OSTCBNext	Pointer to next TCB in the TCB list
struct os_tcb	*OSTCBPrev	Pointer to previous TCB in the TCB list
OS_EVENT	*OSTCBEventPtr	Pointer to event control block
void	*OSTCBMsg	Message received from OSMboxPost() or OSQPost()
OS_FLAG_NODE	*OSTCBFlagNode	Pointer to event flag node
OS_FLAGS	OSTCBFlagsRdy	Event flags that made task ready to run
INT16U	OSTCBDly	Nbr ticks to delay task or, timeout waiting for event
INT8U	OSTCBStat	Task status
INT8U	OSTCBPrio	Task priority (0 == highest, 63 == lowest)
INT8U	OSTCBX	Bit position in group corresponding to task priority (0..7)
INT8U	OSTCBY	Index into ready table corresponding to task priority
INT8U	OSTCBBitX	Bit mask to access bit position in ready table
INT8U	OSTCBBitY	Bit mask to access bit position in ready group
BOOLEAN	OSTCBDelReq	Indicates whether a task needs to delete itself

[표 10.2-1] uC/OS-II TCB 구조.

또한, [그림 10.2-1]은 ARM Core가 기본적으로 stack을 관리하기 위해서 사용하는 FD(Full Descending) stacking에 기초하여 표현한 것이다. 그러므로, Os_cpu.h에 정의되어 있는 OS_STK_GROWTH = 1이어야 한다는데 주의하자. [그림 10.2-1]과 같이 FD stacking을 사용하는 경우에는 다음과 같이 task stack 공간의 **최상위 memory 번지를 stack의 시작 번지로 넘겨줘야** 한다. 단, task의 stack 영역은 linking 시점에 memory 상의 정확한 위치가 결정되는 **정적 stack**으로 할당된 **전역 변수**이며 11.1. 단원에서 자세히 학습하게 될 것이다.

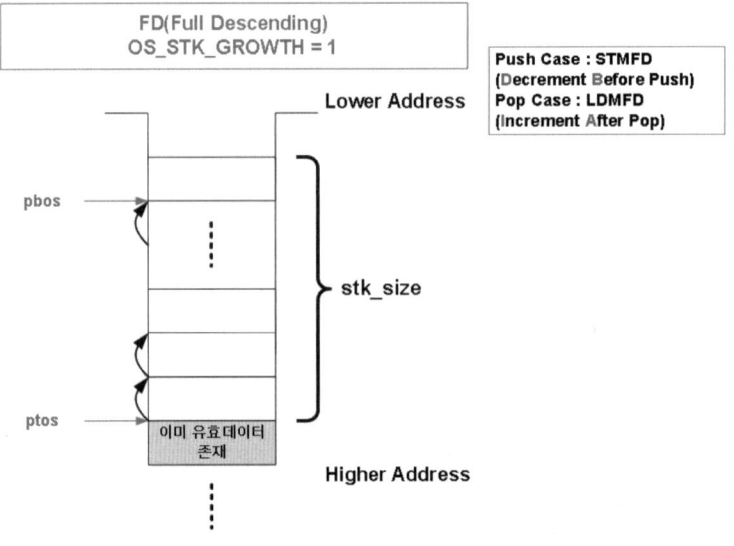

[그림 10.2-1] ARM Core와 uC/OS-II stacking 방법.

```
OS_STK TaskStk[TASK_STK_SIZE];
OSTaskCreate(task, pdata, &TaskStk[TASK_STK_SIZE-1], prio);
```

[표 10.2-1]로부터 알 수 있듯이 TCB는 OS 제어정보, 예를 들면, Task status, task 우선순위 등을 포함하고 있으며, 그 밖에도 OS 성능에 따라서 delay timer, breakpoint list, error status, I/O redirection, CPU Context 정보(PC, SP, CPU registers, FPU registers)를 가지고 있다. [그림 10.2-2]는 uC/OS-II에서 multiple task들을 관리하는 기본적인 구조를 보여주고 있다. 일반적으로 각각의 task는 [그림 10.2-3]에서 보여준 **상태**를 가지고 **천이**(transition)하게 된다. 특별히, uC/OS-II는 [표 10.2-1]에서 보여준 것과 같이 OSTCBStat member에 각각의 task의 상태를 다음과 같은 값으로 표시할 수 있는데 앞서 학습한 [표 10.1-1], 그리고 [그림 10.1-5]와 함께 비교하며 검토해 보기 바란다.

```
//----------------- TASK STATUS (Bit definition for OSTCBStat)
#define  OS_STAT_RDY       0x00    // Ready to run
#define  OS_STAT_SEM       0x01    // Pending on semaphore
#define  OS_STAT_MBOX      0x02    // Pending on mailbox
#define  OS_STAT_Q         0x04    // Pending on queue
#define  OS_STAT_SUSPEND   0x08    // Task is suspended
#define  OS_STAT_MUTEX     0x10    // Pending on mutual exclusion semaphore
#define  OS_STAT_FLAG      0x20    // Pending on event flag group
```

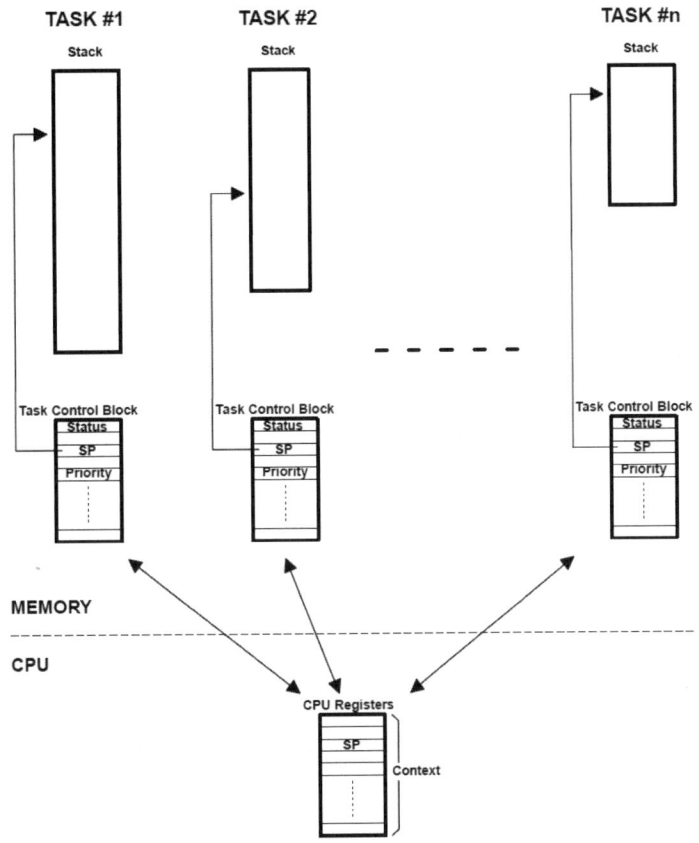

[그림 10.2-2] uC/OS-II에서 multiple tasks 관리 방법.
참고 - Jean J. Labrosse의 MicroC/OS-II 2nd 서적에 수록된 그림입니다.

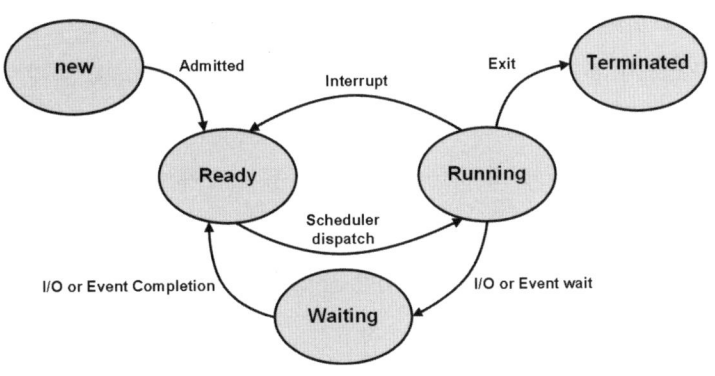

[그림 10.2-3] task와 그에 따른 상태도.

특별히, [그림 10.1-5]는 uC/OS-II를 기준으로 task와 그에 따른 상태도를 다시 작성한 것이다. 또한, uC/OS-II가 task의 상태 변이를 위해 제공하는 함수들도 함께 나열하였다. 결국, uC/OS-II는 각각의 task를 [표 10.2-2]에서 보여준 것과 같이 5가지 상태 중에서 한 가지 상태에 있도록 하면서 task가 포함하고 있는 **무한 loop를 수행**할 수 있도록 한다.

Task 상태	상태 설명
Task Dormant	수면 상태
Task Rady	준비 상태
Task Running	실행 상태
Task Waiting	대기 상태
ISR Running	ISR 상태

[표 10.2-2] uC/OS-II 각각의 task 상태.

기본적으로 uC/OS-II는 **전체 256개의 task들을 관리**할 수 있다. 이 중에서 2개 즉, 통계 task와 idle task는 내부 task로 사용하므로 총 254개의 user defined task들을 생성하여 사용할 수 있다. 예를 들면, uC/OS-II가 초기화 될 때, 가장 낮은 우선순위인 **OS_LOWEST_PRIO를 갖는 OS_TaskIdle()이 내부 task**이다. semaphore에 대해서 설명하기 전에 우선, **이들 task들 사이에 정보를 전달**한다는 것이 무엇을 의미하는지 알아둘 필요가 있다. 예를 들어서, Super task 즉, main() 함수 안에 1개의 무한 loop를 가지는 1 task 구조의 경우, 임의의 interrupt가 발생하면, 발생한 interrupt가 무엇이고, 어떤 일을 해야 할지 해당 ISR에서 관련 전역 변수에 필요한 값을 할당한다. 그리고 나서, ISR에서 빠져 나가면, main() 함수 안에 있는 무한 loop에서 그 전역 변수 값의 변화를 검사하여 발생한 interrupt의 후속처리를 하도록 한다. 결국, **1 task 구조의 경우, interrupt 만이 1 task 구조의 흐름을 바꿀 수 있다**는 의미가 된다. multitask 환경에서는 interrupt와 task 뿐만 아니라 task와 task 사이에도 이처럼 **event를 통한 정보 교환**을 할 수 있도록 여기서 언급한 전역변수를 좀 더 논리적으로 만들 필요가 있는데, 이것이 바로 semaphore 이며, 이것에 좀 더 다양한 기능들을 추가한 것이 **message mailbox, message queue** 등이다. 또한, task를 포함한 이들을 **kernel object**라고 부른다. [그림 10.2-4]는 **상호 동기하는 task들의 실행**을 보여주고 있다. 참고적으로 일반적으로 semaphore가 event의 발생을 알려주기 위해서 사용하는 경우에는 **깃발**로 표시하고, mutual exclusion을 위해서 사용하는 경우에는 **열쇠**로 표시한다는 데 주의하자.

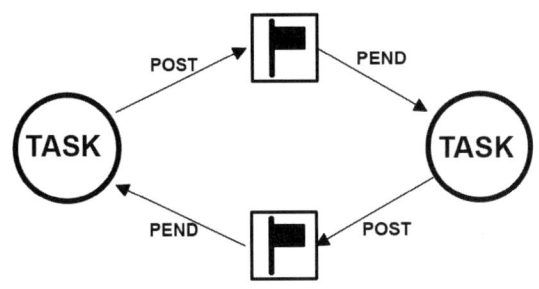

[그림 10.2-4] 상호 동기하는 task들.
참고 - Jean J. Labrosse의 MicroC/OS-II 2nd 서적에 수록된 그림입니다.

이것을 code로 표현한다면 다음과 같다. 단, Task1이 Task2 보다 우선순위가 높다고 가정하자.

```
Task1() {
    for (;;) {
        Perform operation;                      ▶ ①
        Signal task #2;                         ▶ ②
        Wait for signal from task #2;           ▶ ③
        Continue operation;                     ▶ ④
    }
}
Task2() {
    for (;;) {
        Perform operation;                      ▶ ⑤
        Signal task #1;                         ▶ ⑥
        Wait for signal from task #1;           ▶ ⑦
        Continue operation;                     ▶ ⑧
    }
}
```

주어진 task1과 task2의 **실행 순서**는 다음과 같다.

① → ② → ③ → ⑤ → ⑥ → ⑦ → ④ → ① → ② → ③ → ⑧ → ⑤ → ⑥ → ⑦ → ...

이 순서를 잘 기억해 두기 바란다. 나중에 semaphore에 대한 예제를 다룰 때에 이 순서대로 수행하는 것을 볼 수 있을 것이다. 일반적으로 uC/OS-II를 포함한 대부분의 OS가 task 전환을 목적으로 제공하는 service 함수들 예를 들면, OSTimeDly() 함수 등을 사용할 때는 항상, interrupt를 활성화해야 놓아야 한다. 그렇지 않으면, OS가 멈출 수도 있기 때문이다. 왜냐하면, interrupt level을 갖는 scheduler를 호출하기 때문이다. 어떤 task가 다음 순간에 실행할지 결정하는 일은 scheduler가 담당한다. 구체적으로 **task 수준의 scheduling은 OS_Sched() 함수**에 의해서 이루어진다. 그리고, 마지막 ISR의 수행이 완료될 때에 task 전환을 위한 scheduling은 다른 함수들 예컨대, OSIntEnter() 함수와 OSIntExit() 함수 등에 의해서 수행된다. 그런데, task 수준의 scheduling을 수행할 때에 가장 중요한 것은 개발하는 application image를 구성하는 **task의 개수와 가장 높은 우선순위에 상관없이 항상 scheduling에 걸리는 시간이 일정해야 한다**는 것이다. 예를 들면, 현재 application image를 구성하는 task의 개수가 상당히 많거나 또는 전환할 task가 갖는 가장 높은 우선순위 값에 상관없이 **task 사이의 전환에 걸리는 시간은 항상 일정해야** 한다. 이를 위해서 사용되는 OS_Sched() 함수의 내용을 보면, 다음과 같이 16×16 즉, 전체 256개의 원소로 구성된 전역 변수 OSUnMapTbl[]을 사용하여 현재 등록된 task들 중에서 가장 높은 우선권을 갖는 task의 priority number를 항상 일정하게 찾아낸다.

```
void OS_Sched(void) {
#if OS_CRITICAL_METHOD == 3  // Allocate storage for CPU status register
  OS_CPU_SR  cpu_sr;
#endif
  INT8U      y;

  OS_ENTER_CRITICAL();
  // Sched. only if all ISRs done & not locked
  if ((OSIntNesting == 0) && (OSLockNesting == 0)) {
    y             = OSUnMapTbl[OSRdyGrp];   // Get pointer to HPT ready to run
    OSPrioHighRdy = (INT8U)((y << 3) + OSUnMapTbl[OSRdyTbl[y]]);
    if (OSPrioHighRdy != OSPrioCur) { // No Ctx Sw if current task is highest rdy
      OSTCBHighRdy = OSTCBPrioTbl[OSPrioHighRdy];
      OSCtxSwCtr++;                   // Increment context switch counter
      OS_TASK_SW();                   // Perform a context switch
    }
  }
  OS_EXIT_CRITICAL();
}
```

OS_Sched() 함수에 의해서 현재 등록된 task들 중에서 가장 높은 priority number는 전역 변수 **OSPrioHighRdy**에 찾아내어 저장된다. 이 함수를 Test하기 위해서 만든 Visual C++ lab의 이름은 **Ch10Lab1PrjMSLab** folder에 있는 OS_Sched_TB.c이다. 내용을 살펴보면, 다소 생소할 수도 있겠지만, 어쨌든, [그림 10.2-5]과 같이 3개의 등록한 task들 중에서 가장 높은 우선순위 21을 찾아내는데, 등록한 task의 개수 또는 순서에 상관없이 우선순위 table **OSUnMapTbl[]**에 의해서 **고정된 시간 안에 찾아내는 것**을 알 수 있다.

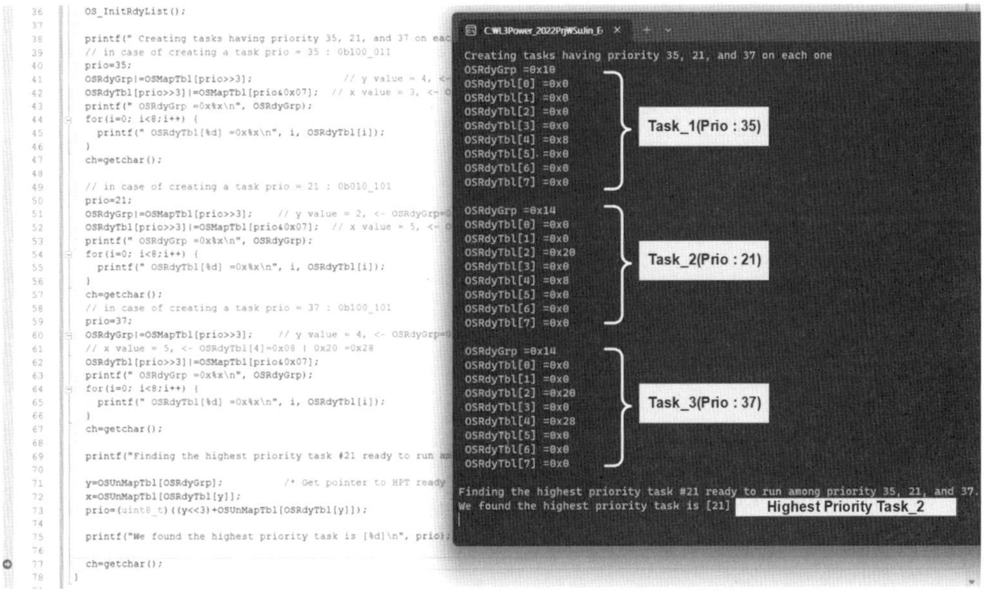

[그림 10.2-5] 등록한 task들로부터 고정된 시간 안에 가장 높은 우선순위 식별하는 방법.

정리하면, uC/OS-II의 task 수준 scheduling에 걸리는 시간은 응용 프로그램을 구성하는 **task 수와는 상관없이 항상 일정**하다. 임의의 Task는 일반적으로 memory buffer, semaphores, mailboxes, queues 등과 같은 자원을 소유하고 있다. 이처럼 자원을 소유하고 있는 task를 다른 task가 삭제할 경우, 이 자원은 다른 task가 사용할 수 없는 상태가 된다. uC/OS-II는 이런 상황에 대한 대안으로 [그림 10.2-6]에서 보여준 것과 같이 자원을 소유하고 있는 task가 스스로 자원을 반환하고, 삭제되도록 하는 방식을 사용한다. [그림 10.2-6]에서 보여준 것과 같이 Task5는 Task10을 삭제하려고 한다. 즉, Task5는 자신의 업무 즉, application code : (1)과 application code : (2)를 수행하는 데, 있어서 중간에 ②번과 같이 **Task10**을 삭제하려고 한다.

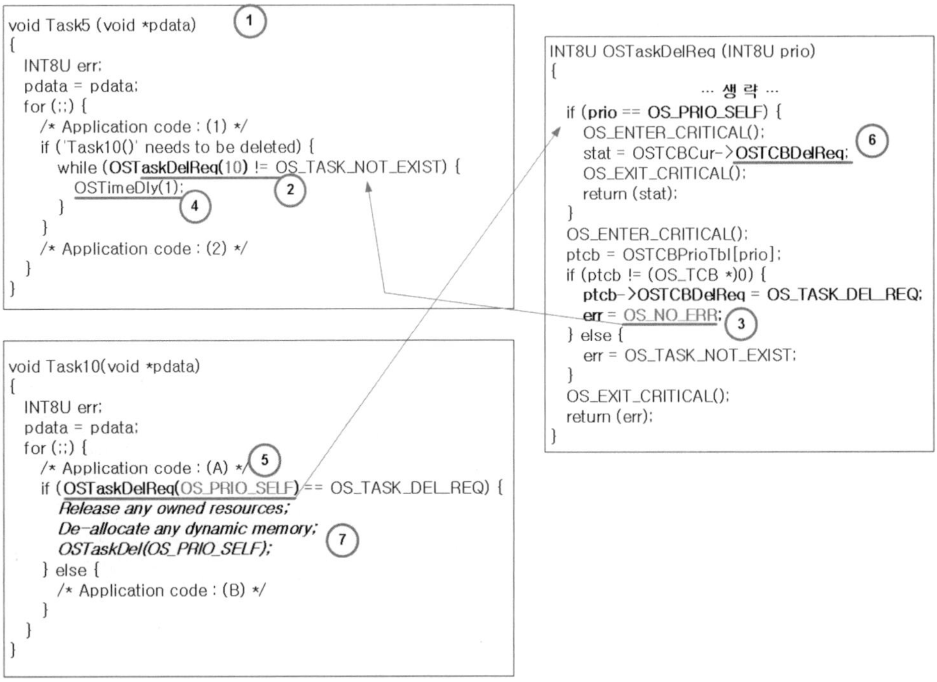

```
void Task5 (void *pdata)        ①
{
  INT8U err;
  pdata = pdata;
  for (;;) {
    /* Application code : (1) */
    if ('Task10()' needs to be deleted) {
      while (OSTaskDelReq(10) != OS_TASK_NOT_EXIST) {
        OSTimeDly(1);
      }                         ②
    }                    ④
    /* Application code : (2) */
  }
}
```

```
INT8U OSTaskDelReq (INT8U prio)
{
          ... 생략 ...
  if (prio == OS_PRIO_SELF) {
    OS_ENTER_CRITICAL();                    ⑥
    stat = OSTCBCur->OSTCBDelReq;
    OS_EXIT_CRITICAL();
    return (stat);
  }
  OS_ENTER_CRITICAL();
  ptcb = OSTCBPrioTbl[prio];
  if (ptcb != (OS_TCB *)0) {
    ptcb->OSTCBDelReq = OS_TASK_DEL_REQ;
    err = OS_NO_ERR;                    ③
  } else {
    err = OS_TASK_NOT_EXIST;
  }
  OS_EXIT_CRITICAL();
  return (err);
}
```

```
void Task10(void *pdata)
{
  INT8U err;
  pdata = pdata;
  for (;;) {
    /* Application code : (A) */   ⑤
    if (OSTaskDelReq(OS_PRIO_SELF) == OS_TASK_DEL_REQ) {
      Release any owned resources;
      De-allocate any dynamic memory;
      OSTaskDel(OS_PRIO_SELF);              ⑦
    } else {
      /* Application code : (B) */
    }
  }
}
```

[그림 10.2-6] 임의의 task 삭제 방법.

이때, 호출된 **OSTaskDelReq()** **함수**는 ③번에서 보여준 것과 같이 Task10 TCB의 **OSTCBDelReq** flag에 **OS_TASK_DEL_REQ**를 지정하고, OS_NO_ERR를 반환한다. 이제, Task5는 ④번에서 보여준 것과 같이 Task10이 수행될 수 있도록 1 tick 동안 기다려주는데, 필요하다면, 더 긴 지연 시간을 할당 할 수도 있다. 어쨌든, 이 시간 동안 Task10이 수행되면, 자신의 업무 즉, application code : (A)와 application code : (B)를 수행하는 중간에 다른 task로부터 자신을 삭제하도록 요청이 들어왔나 ⑤번과 같이 확인하는 routine을 추가해 놓는다. 이때, ⑥번과 같이 자신의 TCB 구성 요소인 OSTCBDelReq flag을 반환해 주는데, 앞서 Task5에서 OSTaskDelReq(10)을 호출할 때, OSTCBDelReq flag의 값을 **OS_TASK_DEL_REQ**으로 지정하였다. 그러므로, OSTaskDel() 함수와 자원을 해제하는 ⑦번 code section을 수행하게 되는 것이다. 정리하면, task 삭제 요청을 하는 task(즉, Task5)와 삭제되는 task(즉, Task10), 양쪽에서 모두 OSTaskDelReq() 함수를 호출하는 것을 알 수 있다. 또한, 삭제될 task가 스스로 자원을 free하고, 휴면 상태로 가는 code를 포함하고 있다는 것도 알 수 있다. **OSTaskSuspend()** **함수**는 일시적으로 자기 자신이나 다른 task를 중단시키는 데 사용한다. 이 함수에 의해서 일시 중단된 task는

OSTaskResume() 함수를 통해서만 중단 상태에서 빠져나올 수 있다. uC/OS-II에서는 사용자가 지정한 clock tick 동안 task를 지연할 수 있도록 OSTimeDly() 함수를 제공한다. 이것이 가능하기 위해서는 지정한 time delays 또는 timeouts를 계속해서 추적할 수 있도록 하는 주기적인 interrupt 즉, Cortex-M family의 경우, systick exception을 처리하기 위한 handler routine을 제공해야 하는데, uC/OS-II에서는 OS_CPU_SysTickHandler() 함수를 systick handler로 다음과 같이 제공한다.

```
void OS_CPU_SysTickHandler (void) {
  OS_CPU_SR  cpu_sr;

  OS_ENTER_CRITICAL();    // Tell uC/OS-II that we are starting an ISR
  OSIntNesting++;
  OS_EXIT_CRITICAL();
  OSTimeTick();           // Call uC/OS-II's OSTimeTick()
  OSIntExit();            // Tell uC/OS-II that we are leaving the ISR
}
```

그런데, 위와 같은 systick handler가 정상적으로 동작하기 위해서는 다른 exception과 마찬가지로 다음과 같은 2가지 작업을 추가적으로 수행해 주어야 한다.

❶ Vol.1.의 [표 4.1-1]에 Cortex-M core를 위한 interrupt Vector table로부터 systick exception의 number는 15인 것을 알 수 있다. 이에 대한 exception handler를 해당 core 의 bootstrap code에 등록해 주어야 한다. 예를 들면, SJ_MCUBook_M4 보드의 경우에는 STM32F302가 사용되고, **startup_stm32f302x8.s** 파일이 bootstrap 파일이므로 여기에 등록해 주어야 한다.

❷ 주기적인 time source는 일반적으로 **clock tick**이라고 부르는데, 일반적으로 10 ~ 100[ms]의 주기를 사용하지만, 이것은 어디까지나 사용하려는 application이 요구하는 tick resolution에 따라 결정된다. 예를 들면, 16[MHz] processor clock을 사용하고, clock tick = 10[ms]로 설정하고 싶다면, processor clock이 160,000번 clocking을 해야 10[ms]가 될 것이다. 그러므로, 다음과 같이 systick 관련 register들을 설정해 주어야 한다. 단, 0x27100=160,000이다.

```
OldRegVal=read_reg(0xE000E014);
write_reg(0xE000E014,OldRegVal | 0x27100); // SYST_RVR = 10[ms]
OldRegVal=read_reg(0xE000E010);
write_reg(0xE000E010,OldRegVal | 0x00000007); // SYST_CSR
void write_reg(unsigned volatile int address, unsigned int data) {
  unsigned volatile int *ptr = 0x0;
  ptr=(unsigned volatile int *) address;
  *ptr=data;
}
```

참고적으로 [그림 10.2-7]에서 보여준 SYST_CSR의 COUNTFLAG field 값이 "1"이 되면, NVIC와 상관없이 SysTick exception이 발생하게 된다.

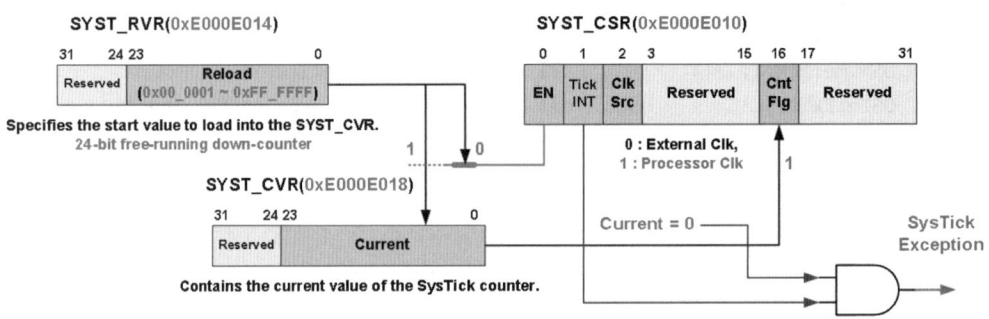

[그림 10.2-7] Systick과 관련된 registers.

모든 Cortex-M core를 기반으로 하는 processor는 **동일한 core timer**에 해당하는 Systick exception을 사용할 수 있다. [그림 10.2-7]은 Systick exception과 관련된 register들과 그에 따른 역할을 나타내준 것이다. 간단히 이들 3개의 register들에 대해서 정리하면 다음과 같다. 단, Systick과 관련된 counter는 특별한 기능이 없는 단순한, **24-bit down-counter**인데 주의하자.

❶ SYST_RVR :
SYST_CVR의 Current field 값이 "0"에 도달하였을 때, reloading할 값을 유지한다.

❷ SYST_CVR :
현재 counter 값을 제공한다. 단, Current field의 값에 임의의 값을 writing하면, 0으로 clearing된다는데 주의하자. 즉, Current field의 값은 SYST_RVR을 이용한 **간접**

setting방법을 이용해야 한다.

❸ SYST_CSR :

system timer에 대한 제어권과 상태를 제공한다.

- Bits [16] : COUNTFLAG, RO

    SYST_CVR의 Current field의 값이 "0"에 도달하면, "1"의 값을 가진다. CVR의 Current field의 값이 "0"에 도달하면, 자동으로 RVR의 reload field값으로 Current field값이 reloading되고, COUNTFLAG 값을 읽으면 자동으로 "1"이 "0"로 된다.

- Bits [2] : CLKSOURCE, RW

    SysTick clock source를 지정한다. 일반적으로 processor clock을 사용하기 위해서 "1"의 값을 이용한다.

- Bits [1] : TICKINT, RW

    COUNTFLAG의 값이 "1"이 된 경우에 Systick exception의 상태를 pending 상태로 바꿀 것인지 결정한다. "1"이면, pending 상태로 바꾼다.

- Bits [0] : ENABLE, RW

    SysTick counter를 enabling할지 disabling할지 결정한다. "1"이면, enabling하는 것이다.

예를 들어서, SYST_RVR의 reload field의 값이 N이라고 가정해 보자. 이제, SYST_CVR의 current field값이 "1"에서 "0"으로 가서 SysTick exception이 발생한 경우에 reload값이 CVR의 current field의 값이 되기 위해서는 1 clock이 필요하다. 그리고 N개의 clock이 지나야 또 다시 SysTick exception이 발생한다. 결국, N+1의 clocks 이후에 SysTick exception이 발생한다는 얘기가 된다. 이것은 실질적으로 system timer 주기를 계산하는 데 오류를 범하기 쉬우므로 일반적으로 SYST_RVR의 reload field 값으로 N-1을 지정해 주는 것이 좋다. 사실, 이 내용은 Vol.1.에서 학습한 CubeMX에서 timer에 count 값을 지정할 때에 고려한 것이다. 예를 들어서, core clock이 5[MHz]이고, Reload field의 값이 51이면, $\frac{5 \times 10^6}{50} = 10^5$이 되어 결국, $10^5 \times \frac{1}{5 \times 10^6} = 20[ms]$마다 SysTick exception이 발생하는 것이다. systick core timer에 대해서 충분히 학습하였으니 이제 다시, 위에 주어

진 code routine을 살펴보면, 앞서 언급한 것과 같이 임의의 task에 대한 시간 지연 기능과 timeout 기능을 구현하기 위한 것이다. 그런데, 여기서 여러분이 생각할 것은 **지연** 또는 **timeout**이라는 용어는 어떠한 **시간적인 기준이 있어야 사용할 수 있는 용어**이다.

그렇다면, **시간적인 기준**으로 무엇이 적합할 것인가???

조금만 생각해도 OSStart() 함수에 의해서 선택된 최초로 실행될 가장 높은 우선권을 갖는 task가 될 것이다. 이 **task를 기준**으로 하위 우선순위를 갖는 task들은 얼마나 기다려야하는지 설정해야 할 것이다. 정리하면, 위에 주어진 systick interrupt enabling은 multitasking을 시작하는 OSStart() 함수에 의해서 제일 처음 호출되는 task에서 수행해야 한다. 예를 들어서 다음과 같은 code를 생각해 보자.

```
void main(void) {
   ... 중간 생략 ...

   OSInit();                    // Initialize µC/OS-II

   ... 중간 생략 ...

   // Application initialization code ...
   // ... Create at least one task by calling OSTaskCreate()
   // OSTaskCreate(TaskStart, (void *)0, &TaskStartStk[TASK_STK_SIZE - 1], 0);

   ... 중간 생략 ...

   Enable systick interrupt; // DO NOT DO THIS HERE!!!

   ... 중간 생략 ...

   OSStart();                   // Start multitasking
}
```

위와 같이 OSStart() 함수를 호출하기 **전**에 systick interrupt를 enabling하면, 첫 번째 task인 TaskStart()를 호출하기 전에 systick interrupt가 발생할 수도 있게 된다. 이렇게 되면, tick 단위의 전역 변수인 OSTime의 값이 **기준 없이 출발한 모양**이 되어 추후 각각의

task에 대한 CPU 점유율 계산 및 각종 통계를 내는데 문제가 될 수 있다. 결론적으로 systick interrupt enabling은 multitasking을 시작하는 OSStart() 함수에 의해서 제일 처음 호출되는 task, 위와 같은 경우, TaskStart() task의 초기화 부분 도입부에 다음과 같이 설정해 주어야 한다. 단, 임의의 task code 구조에 대해서는 추후에 자세히 설명할 것이다.

```
void TaskStart(void *pdata) {
    // Task 초기화 관련 code. ← 도입부에 systick interrupt enabling routine 설정!!!
    for(;;) {
        // 수행할 task 관련 code.
    }
}
```

그러나, 앞서 언급한 것과 같이 HAL_Init() 함수에서 1[ms] 단위로 Systick interrupt를 생성한다는데 주의하자. 또한, RTOS 기본 동작에 대한 학습에**만** 충실하기 위해서 task에 대한 CPU 점유율 계산 및 각종 통계와 관련된 통계 task는 생성만 하고, 활용은 하지 않을 것이다. FreeRTOS를 포함한 모든 RTOS는 이와 같은 통계 task를 제공하며, 그 중에 각각의 task가 소유한 stack에 대한 overflow를 감시하는 **중요한 기능**이 있으니 참고하기 바란다. 한 가지 주의할 것은 debugging mode에서 F10 또는 F5 key를 이용하여 실행할 경우에는 이들 또한, Systick exception 보다 높은 우선권을 가진 exception들을 사용하므로 지정한 clock tick 주기를 기대할 수 없다는 데 주의하기 바란다. 즉, 상대적으로 더 많은 시간을 요구한다. 또한, systick interrupt는 task switching하기 위한 목적으로 사용되므로 우선권이 높을 이유가 없다. PendSV exception과 같이 exception 중에서 가장 낮은 우선권을 부여한다. 일단, OSTimeDly() 함수가 호출되면, 현재 실행 중이던 task 다음으로 우선순위가 높은 task가 실행되고, OSTimeDly() 함수를 호출한 task는 지정한 시간이 모두 지나거나 또는 다른 task에서 OSTimeDlyResume() 함수를 호출하면, 그때에 다시 **실행 준비 상태**가 되어 scheduling된다. 다음에 보여준 OSTimeDly() 함수의 source code로부터 알 수 있듯이 application은 지연하고자 원하는 clock tick 값으로 0부터 65535 사이의 값을 선택하여 이 함수를 호출한다.

```
void OSTimeDly(INT16U ticks) {
#if OS_CRITICAL_METHOD == 3         // Allocate storage for CPU status register.
```

```
    OS_CPU_SR    cpu_sr;
 #endif
   if (ticks > 0) {                  /* 0 means no delay!        */
     OS_ENTER_CRITICAL();
     /* Delay current task */
     if ((OSRdyTbl[OSTCBCur->OSTCBY] &= ~OSTCBCur->OSTCBBitX) == 0) {
       OSRdyGrp &= ~OSTCBCur->OSTCBBitY;
     }
     OSTCBCur->OSTCBDly = ticks;    // Load ticks in TCB              ▶ ①
     OS_EXIT_CRITICAL();
     OS_Sched();                    /* Find next task to run!   */
   }
 }
```

①번과 같이 현재 task의 TCB를 구성하는 **OSTCBDly** field에 nonzero인 ticks를 할당한다는 것은 결국, 이 task가 delayed 상태 즉, [그림 10.1-5]에서 보여준 **waiting** 상태에 있다는 것을 의미한다. 이제, systick interrupt가 발생할 때마다 호출되는 OSTimeTick() 함수에 의해서 이 값이 감소하게 된다. 또한, 시간, 분, 초, millisecond 단위로 task 지연을 수행할 수 있도록 하는 **OSTimeDlyHMSM()** 함수도 제공되는데, 이 함수의 기본은 주어진 시간을 tick 단위로 환산하여 지연을 수행한다. 그러므로, 65535 tick 이상을 지연하도록 설정한 경우, OSTimeDlyResume() 함수로 지연시킨 task를 재실행할 수 없다는 데 주의하기 바란다. 또한, 정상적으로 uC/OS-II의 service 함수인 OSTimeDly()이 동작하기 위해서는 systick interrupt가 enabling 되어 있어야 한다는 것이다. 만일, PRIMASK register에 "1"을 지정하여 interrupt를 disabling 시키는 OS_ENTER_CRITICAL() 함수를 사용한다면, system이 멈추게 된다는데 주의하기 바란다. 일반적으로 uC/OS-II의 service 함수들은 timeout과 같은 option을 가지고 있으므로 **interrupt**는 항상, **enabling한 상태에서 사용**해 주어야 한다. ISR으로부터 임의의 task로, 또는 임의의 task들 사이에 **신호(signal)** 즉, **event**를 보내기 위해서 ECB(Event Control Block)라는 **kernel object**를 사용한다. 이때, 신호를 보내는 방식으로는 semaphore, mutual exclusion semaphore, message mailbox, message queue 등이 있다. ECB는 각각의 **event** 상태를 나타내 주는 즉, semaphore의 경우 counter, mutex의 경우 bit, message mailbox의 경우 pointer, queue의 경우 pointers에 대한 배열을 관리할 수 있고, 발생할 event를 기다리는 task들의 list로 구성된 다음과 같은 OS_EVENT 구조체를 사용한다.

```
typedef struct {
    INT8U  OSEventType;  /* Event type */
    INT8U  OSEventGrp;   /* Group for wait list */
    INT16U OSEventCnt;   /* Count (when event is a semaphore) */
    void  *OSEventPtr;   /* Ptr to message or queue structure */
    INT8U  OSEventTbl[OS_EVENT_TBL_SIZE]; /* Wait list for event to occur */
} OS_EVENT;
```

[그림 10.2-8]은 OS_EVENT 구조체를 도식적으로 나타낸 것이다.

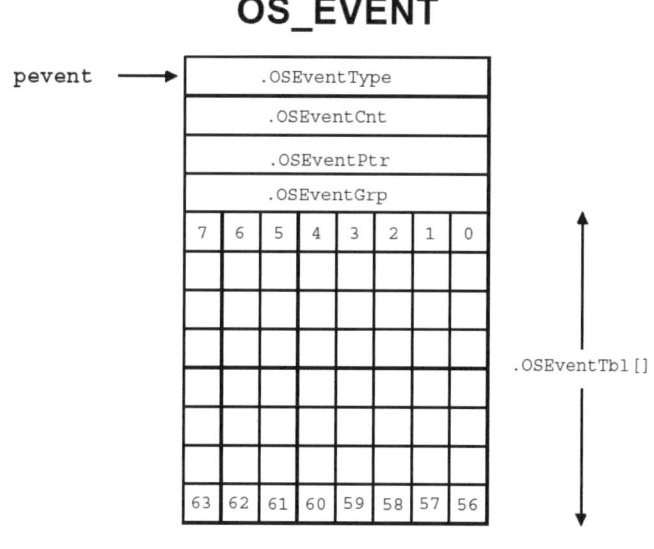

[그림 10.2-8] OS_EVENT 구조체.
참고 - Jean J. Labrosse의 MicroC/OS-II 2nd 서적에 수록된 그림입니다.

이제, 각각의 mutual exclusion semaphore, counting semaphore, message mailbox, message queue는 ECB를 할당받는다. 구체적으로 ECB에 대해서 다음 4가지 동작이 수행될 수 있다.

❶ ECB 초기화 : OS_EventWaitListInit() 함수
　해당 ECB에 대기하고 있는 task가 하나도 없도록 해 준다.

❷ 임의의 task를 ready 상태로 만들기 : OS_EventTaskRdy() 함수
　ECB에 대기 중인 최상위 우선순위 task를 준비 상태(ready)로 만들기 위해서 호출한다.

구체적으로 ECB가 신호를 받을 경우에 semaphore, mutex, message mailbox, message queue 용 POST() 함수가 대기 중인 최상위 우선순위 task를 준비 상태로 만들기 위해서 호출한다. 결국, OS_EventTaskRdy() 함수는 ECB에 대기 중인 최상위 우선순위 task를 준비 상태로 만들어 주기 때문에 현재 실행 중인 task보다 높은 우선순위를 가질지도 모른다. 그러므로, 이와 같은 함수를 수행한 이후에는 반드시, OS_Sched() 함수를 호출하여야 한다. 또한, 현재 실행하는 task를 대기 상태로 만들어주는 함수들이 있다. 예를 들면, 각종 Pend() 함수는 event가 발생하지 않은 경우, 현재 실행 중인 task를 대기 상태로 만들어 준다. 이때에도, 새로 실행할 task를 결정하기 위하여 OS_Sched() 함수를 호출해야 할 것이다.

❸ 임의의 task를 event 대기 상태로 만들기 : OS_EventTaskWait() 함수

semaphore, mutex, message mailbox, message queue를 위한 대기 함수인 Pend() 함수에서 관련된 task를 ECB의 대기 list에 삽입하는 것을 의미한다. 즉, 함수 OS_EventTaskWait()는 현재 task를 uC/OS-II의 준비 list에서 삭제하고, 해당 ECB의 대기 list에 삽입한다.

❹ event 기다리는 동안 timeout 발생한 경우 task를 ready 상태로 : OS_EventTO() 함수

OS_EventTO() 함수는 OSTimeTick()함수가 task를 준비 상태로 만들 경우, 해당 Pend() 함수에서 호출한다. 즉, 지정된 시간 안에 event를 받지 못한 경우에 호출하는 것이다.

정리하면, semaphore, mutex, message mailbox, message queue 등의 kernel object를 요청하는 task는 해당 Pend() 함수를 사용하고, kernel object를 반환하는 task는 해당 Post() 함수를 사용하면 된다. uC/OS-II에서 사용하는 semaphore는 다음과 같은 2개의 요소들로 구성된다.

❶ semaphore count :

0~65535 사이의 값을 가지는 semaphore count를 유지하기 위해서 사용되는 16-bit unsigned integer.

❷ task들의 list :

그 semaphore count의 값이 "0"보다 크게 되는 것을 기다리는 task들의 list로 구성된

다.

구체적으로 uC/OS-II는 semaphore에 접근하기 위해서 다음과 같은 6개의 service 함수들을 제공한다.

❶ OSSemAccept(),   ❷ OSSemCreate(),   ❸ OSSemDel(),
❹ OSSemPend(),   ❺ OSSemPost(),   ❻ OSSemQuery()

단, 이들 함수들을 사용하기 위해서는 Os_cfg.h file에서 다음과 같이 OS_SEM_EN 〉 0로 지정해야 한다.

#define OS_SEM_EN   1   // Enable (1) or Disable (0) code generation for SEMAPHORES

[그림 10.2-9]는 tasks, ISRs, 그리고, semaphore 사이의 관계를 보여준 것이다. 또한, [그림 10.2-9]에서 사용된 flags, keys, 그리고, hourglass에 대한 의미는 다음과 같다.

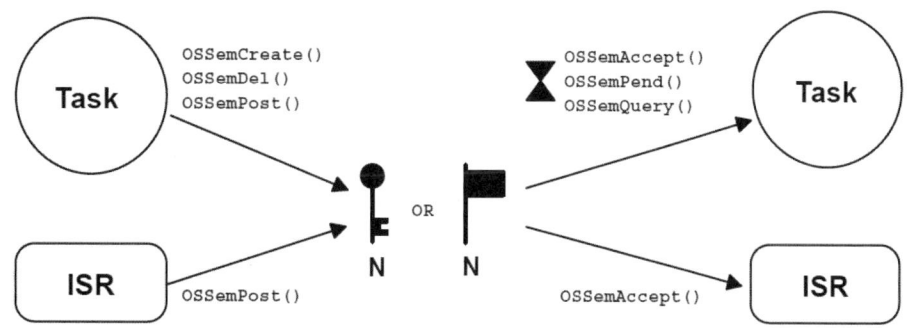

[그림 10.2-9] tasks, ISRs과 semaphore 사이의 관계.
참고 - Jean J. Labrosse의 MicroC/OS-II 2nd 서적에 수록된 그림입니다.

❶ 깃발(Flag) : normal semaphore mechanism
semaphore가 event의 발생을 알려주기 위해서 사용하는 경우에는 깃발로 표시하며, 이 때 symbol 아래에 있는 N은 event 발생 횟수를 의미한다. 어쨌든 semaphore count의 초기 값으로 "0"을 지정한다.

❷ 열쇠(Key) : mutual exclusion semaphore, mutex

semaphore가 공유자원(shared resources)에 접근하기 위해서 사용되는 경우 즉, mutual exclusion을 위해서 사용하는 경우에는 **열쇠**로 표시한다. 이때 symbol 아래에 있는 *N*은 사용할 수 있는 shared resources의 개수를 의미한다. 같은 종류의 n개 자원 중에서 하나를 얻고자 semaphore를 사용한다면, N=n으로 초기화하며, 이것을 **counting semaphore**라고 한다. 또한, N=1인 경우에는 **binary semaphore**라고 하며, 잠시 후에 학습하겠지만, 특별히, 이것을 **mutex**라고 한다. 어쨌든 semaphore count의 **초기 값으로 "1"을 지정**한다. 이처럼 mutex를 생성할 때 semaphore count의 초기 값으로 "1"을 설정한다는 것은 결국, 해당 **공유자원이 하나만 존재**하며, 이것을 앞으로 **배타적으로 공유하자는 의미**가 된다.

❸ 모래시계(Hourglass) :
OSSemPend() 함수를 호출할 때 지정할 수 있는 timeout을 표현한다.

semaphore count = 0이라면, 호출 task는 다른 task가 semaphore를 반환할 때까지 **대기 상태로 있어야** 한다. 여기서 주의할 것은 ISR은 대기 상태로 만들면 안 된다는 것이다. 그러나, semaphore count > 0인 경우라면, count 값을 "1" 만큼 감소한 뒤에 **함수 호출이 성공한 것을 알리는** code 즉, OS_NO_ERR와 함께 호출자로 반환한다. 다시 한 번 강조하지만, [그림 10.2-9]에서 OSSemDel()와 OSSemPend() 함수는 ISR에서는 호출할 수 없고, task에서만 호출할 수 있다는 것이다. 또한, semaphore를 포함하여 **모든 kernel object들은 task level code에서 생성 및 삭제되어야** 하고, multi-tasking을 시작하기 **전에 생성되어야** 한다. 특별히, 생성한 semaphore object를 삭제하려는 경우에는 해당 object에 접근을 시도하는 task들이 존재할 수 있으므로 주의해야 한다. 즉, 생성한 semaphore object를 삭제하기 전에 우선, 그 삭제하려는 semaphore object를 접근하는 모든 task들을 **먼저 삭제해야** 한다. OSSemDel() 함수는 semaphore object들만 제거하며, semaphore를 기다리는 task들은 삭제하지 않는다. 그러므로, OSSemDel() 함수에 OS_DEL_ALWAYS option을 지정하면, 현재 semaphore를 기다리는 task들의 공유 자원 접근 제한이 풀리게 되므로 여러 task들이 동시에 공유 자원에 접근할 수 있게 되어 자칫 **race condition**이 발생할 수 있게 된다는 데 주의하기 바란다. [그림 10.2-10]은 **OSSemPend() 함수**의 일부 source code이다.

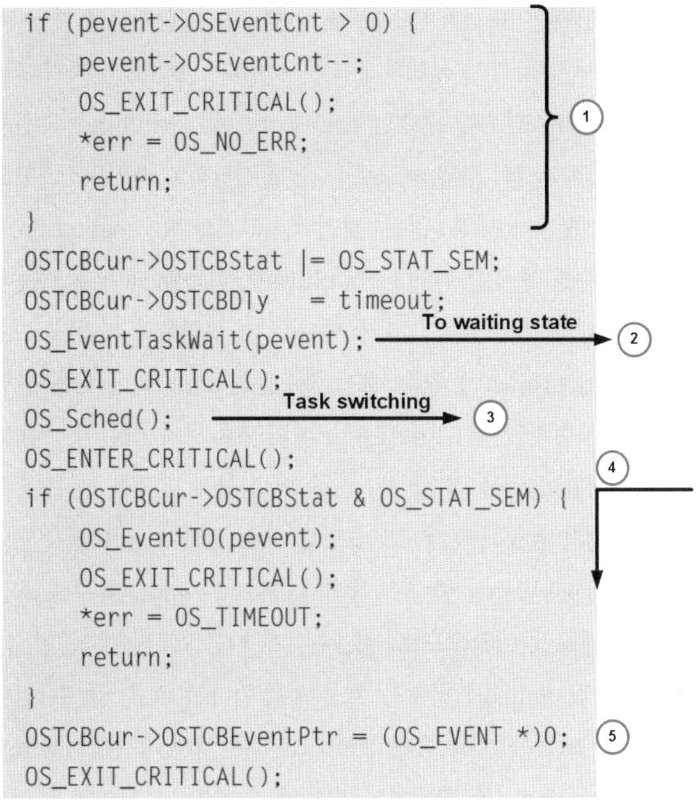

```
if (pevent->OSEventCnt > 0) {
    pevent->OSEventCnt--;
    OS_EXIT_CRITICAL();                    ①
    *err = OS_NO_ERR;
    return;
}
OSTCBCur->OSTCBStat |= OS_STAT_SEM;
OSTCBCur->OSTCBDly   = timeout;
                                  To waiting state
OS_EventTaskWait(pevent);    ──────────────▶  ②
OS_EXIT_CRITICAL();
                            Task switching
OS_Sched();                ──────────────▶  ③
OS_ENTER_CRITICAL();                           ④
if (OSTCBCur->OSTCBStat & OS_STAT_SEM) {
    OS_EventTO(pevent);
    OS_EXIT_CRITICAL();
    *err = OS_TIMEOUT;
    return;
}
OSTCBCur->OSTCBEventPtr = (OS_EVENT *)0;  ⑤
OS_EXIT_CRITICAL();
```

[그림 10.2-10] OSSemPend() 함수의 일부.

①번은 semaphore count > 0인지 판단하는 부분이다. 만일, 가용 공유 자원이 없거나 또는 event가 아직 발생하지 않아서 semaphore count = 0인 경우, 현재 task의 상태 flag에 **OS_STAT_SEM**을 지정하여 semaphore 대기 상태임을 표시하고, timeout 값을 지정한다. 그리고 나서, ②번에서 보여준 것과 같이 **OS_EventTaskWait()** 함수를 이용하여 **OSSemPend() 함수**를 호출한 task를 [그림 10.1-5]에서 보여준 **waiting 상태**로 바꾸고, scheduling을 수행하기 위해서 OS_Sched() 함수를 호출하여 다른 task로 전환한다. 그러므로, 더 이상 ④번의 조건문으로 진행하지 못한다. 즉, ④번의 조건문으로 다시 **돌아오기 위해서는** OSSemPend() 함수를 호출하여 waiting 상태가 된 task가 semaphore를 획득하거나 또는 system tick마다 발생하는 ISR인 OSTimeTick() 함수가 생성된 모든 task들을 검사해서 .OSTCBDly 값이 "0"이 아니면, 무조건 "1"씩 감소시켜서 "0"이 되어 timeout이 발생해서 해당 task를 ready 상태가 되도록 해야 한다. 단, OSTimeTick() 함수는 **timeout 된 task를 task ready 상태에 넣기는 하지만, task의 상태 flag 값은 바꾸지 않는다는 데**

주의하기 바란다. 이제, 어디선가 OS_Sched() 함수가 호출되었을 때, 우선순위가 가장 높은 task가 된다면, ④번부터 **다시 실행**하게 되는 것이다. ③번에서 빠져나와 여러 곳을 헤매고 다녔지만, OS_Sched() 함수가 수행한 task context switching 과정에서 정확히 다음에 수행할 위치 및 그 전까지의 상황을 모두 TCB에 저장하고 빠져나갔으므로 ④번으로 정확히 되돌아오는 데 아무런 문제가 없는 것이다. 그러므로, semaphore를 요청한 task는 OSSemPend() 함수를 호출한 뒤에 semaphore를 획득할 때까지 또는 timeout이 될 때까지 자신이 대기 상태가 된 사실을 알지 못한다는 데 주의하기 바란다. 내용이 상당히 복잡하지만, **Ch10Lab1Prj** project에 있는 해당 함수들의 source code를 보면서 관련된 내용을 어떻게 C 언어로 구현하였는지 line by line 확인해 보기 바란다. 정리하면, OS_Sched() 함수가 다음에 수행할 task를 결정하는데, 좀 더 정확히 말하면, 다음에 수행할 task의 **어디부터 정확히 수행할지 결정**해 준다. 그러므로, task 전환이 필요한 시점, 여기서는 ②번에서 보여준 OS_EventTaskWait() 함수로 인해서 OSSemPend() 함수를 호출하는 task가 준비 상태에서 대기 상태로 들어갔으므로 우선순위가 다음으로 높은 준비 상태에 있는 task를 실행하기 위해서 OS_Sched() 함수를 호출해야 한다는 것을 알 수 있다. 이제, ④번으로 PC가 되돌아오면, 되돌아 온 이유가 timeout 때문인지, 또는 정상적으로 **OSSemPost() 함수에 의해서 semaphore를 획득**하여 되돌아 온 것인지 확인하게 된다. 만일, timeout 때문이라면, 앞서 언급한 것과 같이 **task flag 값은 그대로** 유지되므로 ④번의 조건문 안으로 들어 갈 것이다. 그리고, code에서 보여준 것과 같이 OS_EventTO() 함수를 이용하여 ECB의 task 대기 list로부터 해당 task를 삭제하고, task의 상태 flag 값으로 OS_STAT_RDY을 할당하고, 그리고, task의 TCB로부터 ECB에 대한 link를 제거하여 준다. 그리고 나서, timeout이 발생하였음을 알리는 code를 return한다. 그러나, 정상적으로 OSSemPost() 함수에 의해서 semaphore를 획득하였다면, OSSemPost() 함수의 내부에 있는 OS_EventTaskRdy() 함수에 의해서 task의 상태 flag 값으로 OS_STAT_RDY가 할당되어 ④번의 조건문은 거짓이 되므로 이때에는 ⑤번과 같이 task의 TCB로부터 ECB에 대한 link를 제거하는 code를 거쳐서 return해야 한다는 데 주의하기 바란다. ISR에서는 **OSSemAccept() 함수**를 이용하여 task와 ISR이 semaphore를 공유할 수 있지만, 이것은 바람직하지 않은 방법이다. Semaphore는 task level object들을 사용하여야 하며, 만일, ISR과 task 사이에 semaphore를 signalling object로 사용하고 싶다면, ISR은 [그림 10.2-9]에서 보여준 것과 같이 OSSemPost() 함수만 사용해야 한다. **10.1. 단원부터** 학습한 내용을 정리하면, **Quantum time**은 Systick timer에 의해서 **일반적으로** 1[ms] 마다 발생하는 시간을 의미한다. 1[ms] 마다 주기적으로 발생하는 Systick timer의 handler에 의해서 task 전환이 발생하기 때문이다. 그러나, task 자체는 OSTimeDly() 함수를 사용하여 자체적으로 task 전환을 요청할 수도 있고, 지금까지 설명한 kernel object를 사용하여 공유 자원을 소유하기 위해서 또는 event를 기다리기 위해서 Pend() 함수를 호출하여 task 전환을 수행할 수도 있다. 이와 같은 task 전환은 Quantum time 1[ms] **안에** 발생하는 것으로 결국, 임의의 task가 CPU 자원을 사용할 수 있도록 주기적으로 할당받은 Quantum time 1[ms]를 모두 소비하지 못하고 도중에 다른 task에게 CPU 사용권을 전달해 주는 즉, task 전환이 발생할 수 있다는 데 주의하기 바란다. 우리가 일반적으로 언급하는 task scheduling은 Systick core timer에 의한 **주기적인 task 전환을 의미하는데**, 이 밖에도 필요에 따라서 task 전환을 수행할 수 있고, 그 **task 전환을 수행하는 행동의 주체는 PendSV exception**이라는 것이다. 그러므로, Systick timer로 설정한 Quantum time마다 주기적으로 발생하는 Systick exception을 처리하기 위한 exception handler인 **OS_CPU_SysTickHandler()** 함수의 code를 보면, 함수 OSTimeTick()로 각 task에 설정된 delay count 즉, OSTCBDly 값을 1씩 감소시켜주는 --ptcb->OSTCBDly == 0을 볼 수 있고, 그리고 나서, OSIntExit() 함수의 내용을 보면, 임의의 exception을 포함한 모든 interrupt 중첩이 발생하지 않은 상황 즉, 모든 interrupt ISR들에서 빠져 나온 순간인 **OSIntNesting == 0에서만** 가장 높은 우선순위를 갖는 task로 전환하도록 되어 있고, **실질적인 task 전환 동작을 수행하는 OSIntCtxSw() 함수는 Os_cpu_a.asm** assembly 파일에 **PendSV exception을 유발**하여 task 전환을 수행하도록 하고 있다. 결국, uC/OS-II를 포함한 모든 OS, 예컨대, Windows OS, Linux OS도 기본적인 동작의 흐름은 Quantum time인 Systick core timer의 exception 발생 주기가 된다. Chapter 12.에서 여러분은 CubeMX에서 FreeRTOS를 설정할 때에 Systick timer 보다는 MCU 내부 timer를 OS 기준 timer로 설정할 것을 강요받을 것이다. 여러 가지 이유가 있겠지만, 아마도 가장 큰 이유는 다른 MCU로의 porting을 최대한 막으려는 것으로 판단된다. 참고적으로 여러분의 PC에서 excel, power pointer, chrome 등등의 application들을 동시에 실행시키고 있을 때에 이들 중에서 화면 상에서 top에 있는 application은 하나뿐이다. 즉, mouse로 선택한 application의 window titlebar만 밝게 표시되고, 나머지 선택 받지 못한 application의 window titlebar는 그렇지 않다. 이제, 선택 받은 application만 우선 순위가 높고, 나머지는 동일한 우선 순위를 갖는다면, 물론, uC/OS-II는 동일한 우선 순위를 사용할 수 없지만, FreeRTOS는 사용할 수 있다. 어쨌든, 선택 받은 application에서 OSTimeDly(1)를 사용한다면, 1[ms] 주기적으로 task 전환을 수행하는 경우에는 우선순위가 높은 선택 받은 application만 계속해서 수행하겠지만, 이 친구가 수행되다가 마지막에 OSTimeDly(1)를 호출하면, 계속해서 우선 순위가 높은 자신만 호출되다가 자신이 1[ms] 쉬겠다고 하여 낮은 우선 순위를 갖는 다른 task들이 CPU를 점유 할 수 있는 기회가 생기는 것이다. 정리하면, 1[ms]를 가장 우선순위가 높은 application이 사용하고, 그 다음 1[ms]는 나머지 우선 순위가 높거나 round robin에 의해서 선택된 task가 사용하고, 이후에는 다시 가장 우선 순위가 높은 application이 Systick timer에 의해서 수행되고, 그 다음 1[ms]는 나머지 우선 순위가 높거나 round robin에 의해서 선택된 task가 실행되는 이와 같은 구조로 **반복하여 동작**하는 것이다. 예를 들어서, PC 상에 excel, power pointer, chrome, hwp 이렇게 4개의 application들을 실행하고, 이중에서 hwp로 작업을 하고 있다면, 1[ms] 각각의 실행 순서는 **hwp** → excel → **hwp** →power pointer → **hwp** → chrome … 단, excel, power pointer, 그리고, chrome의 우선순위는 동일하다고 가정하였다. 지금까지 kernel object인 semaphore의 사용 방법과 그에 따른 task의 상태 변화에 대해서 자세히 학습하였다. 그러나, 아직 semaphore와 같은 kernel object에 대한 예제를 다루지 못하였다. 무엇보다도 좀 더 설명할 내용이 남아 있으므로 보다 자세한 내용과 활용 예제는 Chapter 11.과 Chapter 12.에서 계속해서 다루도록 하겠다. 지금부터는 task 전환 방법에 대한 자세한 **내용을 학습하고, 관련 내용을 구현하기 위해서 필요한 assembly coding 방법도 학습**하도록 할 것이다.

10.3 Multi-tasking을 위한 task 전환 방법과 구현.

지금까지 여러 번 언급한 OS_Sched() 함수는 OS_TASK_SW() macro를 이용하여 task **사이의** task context switching 과정을 수행한다. 즉, **임의의** ISR에서 보다 높은 우선권을 갖는 task를 선택하여 실행하는데, 일반적으로 여기서 언급한 interrupt로는 사용하는 processor에 따라서 다르지만, software interrupt instruction 또는 trap instruction을 이용한다. 특별히, Cortex-M family는 PendSV exception을 이용하는데, 이들은

OS_TASK_SW() macro에 의해서 발생한다. 이제부터 Cortex-M family를 기반으로 한 processor에서 **task context switching을 구현하는 방법**을 살펴보도록 하겠다. 그러기 위해서는 Cortex-M core 관련 register들에 대해서 자세히 알아야 한다. [그림 10.3-1]은 Cortex-M 관련 register들을 도식적으로 표현한 것이다.

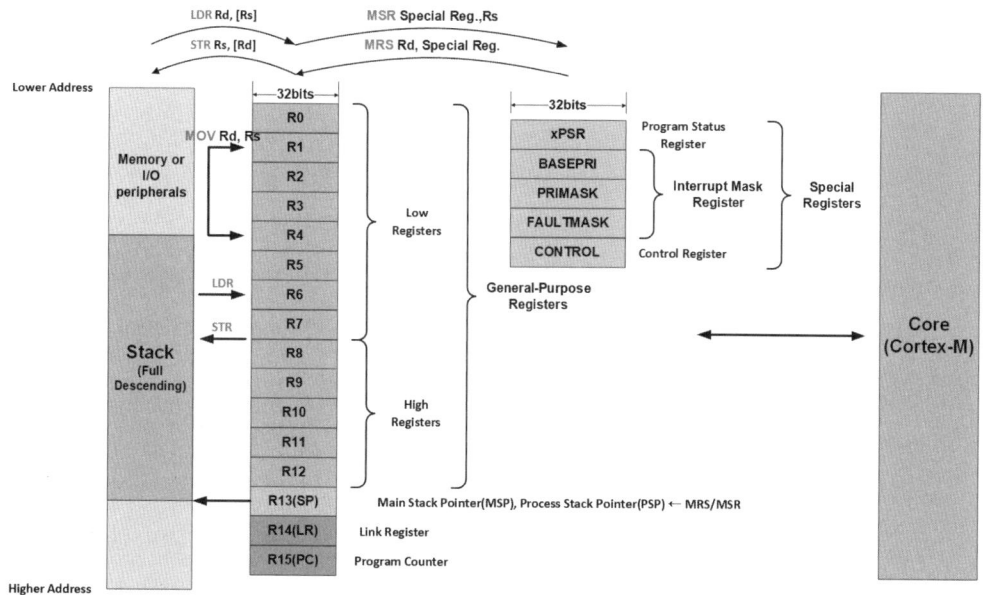

[그림 10.3-1] Cortex-M3/M4 Core Register들.

Cortex-M 관련 register들 중에서 특별히, LR(Link Register, R14)과 PC(Program Counter)에 대해서 다음과 같이 정리하였으니 잘 기억해 두기 바란다.

❶ LR(Link Register, R14) :
R14는 LR(Link Register)로 사용된다. LR 레지스터는 임의의 함수로 진입할 때, 그 함수에서 return하는 경우, 다음에 수행할 명령어를 저장하고 있는 번지를 저장한다. 특별히, 명령어 중 BL 또는 BLX instruction을 사용하면, 자동으로 함수에서 return할 때, 수행할 다음 명령어의 번지의 값이 LR에 저장된다.

❷ PC(Program Counter, R15) :
R15는 PC(Program Counter)이다. **PC는 다음에 수행이 되어야 할 명령어의 주소를 가**

리킨다. 여기서 한 가지 주의할 것은 PC의 마지막 bit 즉, LSB는 **항상, 1이어야 한다.** 이것은 다음에 실행할 명령어의 번지 즉, PC를 저장하고 있는 LR도 마찬가지인데 주의하자. 전통적으로 PC의 마지막 bit의 값이 0이면 **ARM mode**이고, 1이면 **Thumb mode**로 동작한다. 그러나 Cortex-M core를 사용하는 경우에는 항상 Thumb 상태에 있기 때문에 **LSB는 항상 "1"로 설정**되어야 한다. 만일, 0으로 setting되면, program은 processor를 ARM state로 전환하려고 하기 때문에 **usage fault exception(Exception Number 6)**을 발생하는데 주의하자.

앞서 언급한 것처럼 임의의 task를 수행하다가 **OS_Sched() 함수**를 호출하여 scheduling이 발생하면, 보다 높은 우선권을 갖는 task로 실행이 옮겨지고, 이후 다시 선점당한 task로 return 할 때, 선점당한 task는 선점당한 것은 전혀 모르게 이전처럼 계속해서 task의 나머지 부분을 수행해야 한다. 그러기 위해서는 임의의 task가 선점당하기 **전에** [그림 10.3-2]에서 보여준 것과 같이 해당 TCB의 **OSTCBStkPtr** field에 이들 16개 register들을 저장한 stack의 top address를 저장해 준다. 즉, scheduling이 발생하여 준비 상태에 있는 task들 중에서 가장 높은 task가 선택되면, 임의의 interrupt가 발생하여 **바로** 이전에 실행된 task에 대한 모든 processor register들의 값들을 ①번에서 보여준 것과 같이 선점당한 그 task의 stack에 저장하고, 새롭게 선택된 task의 stack에 저장되어 있는 모든 processor register들 값은 ②번에서 보여준 것과 같이 해당 Cortex core register들에 loading해 준다. 이제, 그 interrupt로부터 return하여 즉, 빠져나올 때 새롭게 선택된 task의 PC(Program Counter)에 새롭게 loading된 LR register의 위치부터 수행하게 하는 것이 바로 **task context switching**이라고 하는 것이다. 이것이 가능하기 위해서는 우선, **임의의 interrupt를 구체화해야 할 것**이다. 대부분의 processor들은 software interrupt 또는 이 업무를 수행하기 위한 전용 **trap** instruction을 제공한다. 또한, ISR 또는 exception handler라고 불리는 **trap** handler는 각각의 task가 독립적으로 소유하고 있는 stack을 조작해야 하므로 C 언어로 coding 할 수 없고, assembly 언어로 작성해야 한다. 이와 관련된 파일이 **Ports** folder에 있는 **os_cpu_a.asm** assembly 파일이다. 간혹, C 언어에 inline assembly coding을 적용하여 **os_cpu_a.asm** assembly 파일을 C 언어로 작성하는 경우가 있다.

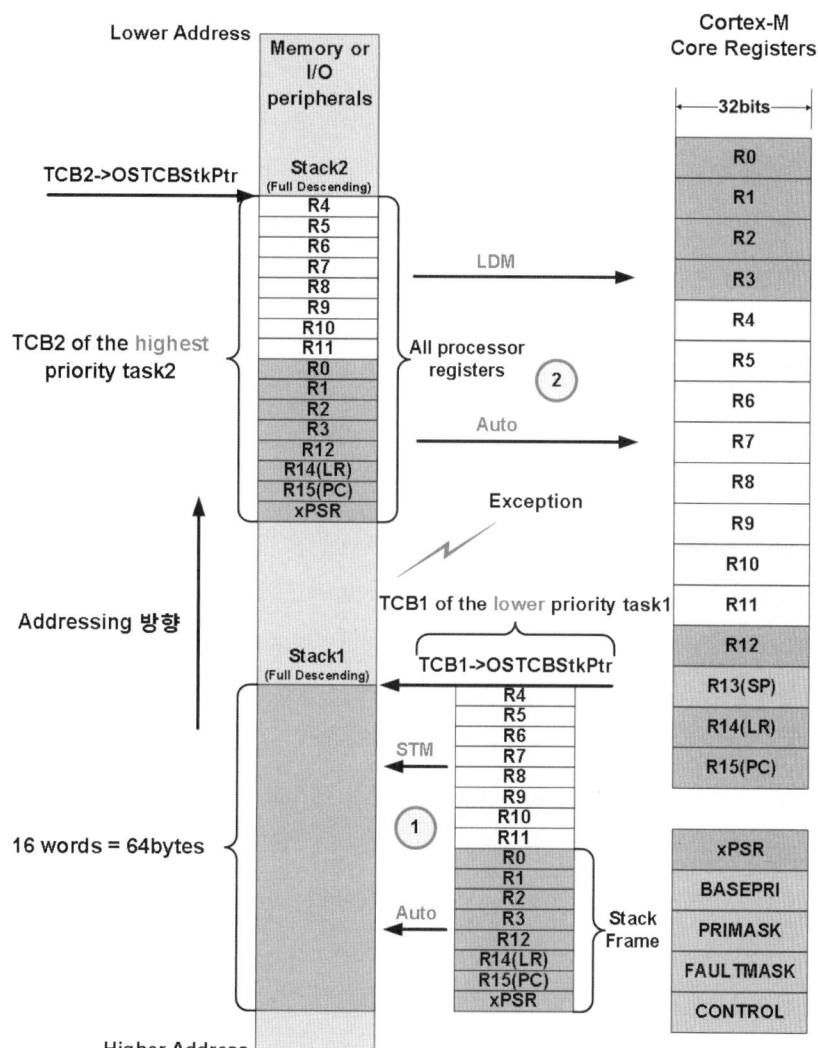

[그림 10.3-2] task context switching 방법.

그런데, C 언어와 달리 assembly 언어 특히, inline assembly coding 방법은 사용하는 assembler 마다는 기본이고, 심지어 동일한 제조사의 assembler에서도 버전에 따라서도 다를 수 있으므로 주의해야 한다. 어쨌든, task 사이의 context switching을 유발하는 interrupt는 예를 들면, Intel 또는 AMD 80x86은 "INT 080H" instruction을 사용하여 interrupt를 발생시키고, 해당 ISR을 등록하는데, 이 ISR이 uC/OS-II 개발자가 집필한 서적에 부록으로 제공되는 예제 code에서 **OS_TASK_SW()** macro의 실질적인 code인

OSCtxSw()이다. 또한, Motorola 68HC11 processor의 경우에는 SWI instruction을 사용하여 interrupt를 발생시키고, Motorola 680x0/CPU32 또는 PowerPC 계열인 MPC860/8260 processor의 경우에는 여러 trap instructions 중에서 하나를 사용하면 된다. 그러나, Cortex-M core family의 경우에는 **PendSV exception**을 사용한다. 즉, task context switching이 필요할 때마다 0xE000_ED04 번지에 위치한 ICSR(Interrupt Control and State Register)의 **28번째 bit**에 "1"을 writing하여 PendSV exception을 발생시킨다. Chapter 11.에서 자세히 학습하겠지만, ICSR의 28번째 bit는 "1"로 writing하면, PendSV exception을 발생시키고, reading하면, 그 exception의 상태를 알려준다. 그러면, [그림 10.3-2]에서 보여준 8 words stack frame은 자동으로 현재 stack에 **순서대로** 저장되고, 나머지 R4~R11은 **STM** instruction 또는 push instruction으로 stack에 **수동으로** 저장하도록 coding해야 한다. 이제부터 **Ports** folder에 있는 **os_cpu_a.asm assembly** 파일을 해석할 수 있도록 **간단하게** Cortex-M core를 위한 assembly coding 방법에 대해서 설명하고자 한다. 만일, Cortex-M core에 대한 assembly coding에 대한 **전문적인 경험**을 얻고 싶다면, 2014년에 출간한 임종수의 Cortex-M3/M4 완벽 가이드(**기초편**)을 참조하기 바란다. 비록, 절판 된지 오래되었지만, 도서관에서 대여할 수 있을 것이다. 그리고, 앞서 언급한 것과 같이 **assembly 언어는 C 언어처럼 표준화되어 있지 않다**. 즉, Cortex-M core 명령어에 대한 symbolic instruction set은 동일하지만, 이들을 assembly 언어로 표현하는데 필요한 다양한 부가적인 coding 기법은 사용하는 assembler 마다 다르다. 즉, assembly 언어로 작성된 파일을 linker와 함께 순수한 Cortex-M core의 명령어 집합으로 바꾸어주는 assembler는 개발하는 회사에 따라서 그 문법이 조금씩 다른 것이 사실이다. 예를 들면, KEIL, IAR 그리고, GNU 모두 조금씩 다르다. 여기서는 **KEIL**에서 제공하는 assembler coding 문법(**Syntax**)기준으로 모든 설명이 이루어지므로 다른 assembler를 사용하시는 분들은 그에 맞게 수정해야 할 것이다. 자! 그럼, assembly 언어 coding에 대해서 간단히 설명해 보도록 하겠다. [그림 10.3-1]에서 보여준 것처럼 C/C++언어에서 데이터를 stack에 저장하는 경우(즉, push)에는 **str** instruction을 사용하고, stack으로부터 데이터를 읽어 내는 경우(즉, pop)에는 **ldr** instruction을 사용한다. 단, assembly 언어에서는 label을 제외한 나머지는 대/소문자를 구분하지 않는다. 그러나, 모두 대문자이거나 모두 소문자로 사용해야 한다. 대/소문자를 혼용하면 error가 발생하는데 주의하자. 가장 많이 사용되는 assembly 명령어는 다음과 같다.

❶ ldr instruction :
  memory에서 register로 데이터 이동(loading).
❷ str instruction :
  register에서 memory로 데이터 이동(storing).
❸ mov instruction :
  register-to-register 데이터 이동, 또는 immediate value를 register에 저장하는 경우(move).
❹ ldm instruction :
  multiple registers loading
❺ stm instruction :
  multiple registers storing
❻ push instruction :
  multiple registers를 stack에 storing하고, stack pointer를 updating한다.
❼ pop instruction :
  stack으로부터 multiple registers를 loading하고, stack pointer를 updating.

ldr/str instruction은 하나의 register에 대한 명령어이라면, ldm과 stm instruction은 Load/Store **Multiple** Registers 명령이다. 그러나 근본적인 동작 특성은 동일하다. 즉, **ldr**은 memory의 특정 address에 있는 것을 register에 loading하는 명령어이고, **ldm**은 memory 특정 address**es**에 있는 것들을 특정 register set에 loading해 주는 명령어이다. 또한, 여기서 언급한 **immediate value**는 하나의 **mov** instruction 안에 들어가는 숫자의 형태를 갖는 값으로 결국, 임의의 명령어를 구성하는 imm2 또는 imm3 bit field에 들어가는 **수치로 사용**된다. 그러므로, 값의 크기가 제한적인데 주의하자. 이것과 비교하여 [R0]과 같이 symbol [,]의 안에 있는 register의 값이 표시하는 address에 있는 값을 **indirect value**라고 하며, 이때 사용되는 LDR instruction에는 실질적으로 indirect value가 존재하는 **literal pool**까지의 offset address가 저장된다. 단, **literal pool**에 대한 자세한 설명은 앞서 언급한 **기초편**을 참조하기 바란다. 어쨌든, immediate value는 symbol #을 이용하여 **#immediate_value**와 같이 사용하며, indirect value는 symbol =를 사용하여 =C언어전역 **변수이름**과 같이 사용하면, 지정한 C 언어에서 정의한 전역 변수에 할당된 **번지 값으로 바뀐**

다는 데 주의하자. 사실, 이들은 assembly 언어의 가장 기본이 되는 명령어들이다. 이들 명령어들에 대한 동작을 그림으로 표시해 보면 [그림 10.3-3]과 같다.

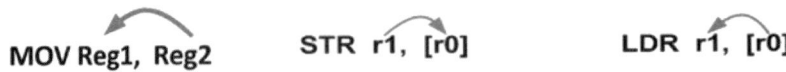

[그림 10.3-3] mov, str 그리고 ldr instructions

참고적으로 mvn instruction이 있는데, 이 명령어는 각각의 bit가 반전된 값(logical inverted value)을 저장한다. 주의할 것은 [그림 10.3-1]에서 보여준 것처럼 load 명령어와 store 명령어만 memory에 access할 수 있다. 즉, 임의의 데이터를 처리하는 덧셈, 곱셈, 나눗셈 그리고 복사(copy)등과 같은 명령어들은 단지, load instruction에 의해서 해당 데이터가 memory에서 범용 register들에 loading된 경우에 그 register들에 저장된 값들에 대해서만 연산을 수행할 수 있다. CISC 구조를 가지는 x86 processor의 경우에는 바로 memory에서 데이터를 읽어 와서 core에서 처리할 수 있도록 하는 명령어가 있지만, RISC는 register 기반인데 주의하자. 결국, 어떠한 데이터를 처리할 일이 있으면, 32bits AMBA(Advanced Microcontroller Bus Architecture) 표준의 부분인 AHB bus와 APB bus를 통하여 서로 연결된 memory에서 데이터를 register로 load하여 처리를 한 이후에 register에서 memory로 store해 주어야 한다. 다음은 간단한 예제 assembly code이다.

```
str lr, [sp, #-4]!
; 우선, stack pointer를 -4 감소시켜주고, -4 감소된 위치에 lr에 저장된 값을 저장하여
; 준다. 즉, !에 의해서 먼저, sp는 -4 감소되며, 이것은 pushing 이전에 stack pointer
; 감소를 의미한다. pre-indexing 의미.
ldr lr, [sp], #4
; 이것은 stack pointer의 값 즉, address에 저장된 내용을 lr로 loading하고, 이후에
; stack pointer sp를 4증가시켜준다. 즉, popping 이후에 stack pointer 증가.
; post-indexing 의미.
```

단, symbol ;은 MDK-ARM의 assembler에서 사용하는 주석(comment)을 의미한다. C 언어의 symbol //과 같다. 일반적으로 !은 indexing에 관련된 symbol이다. 우리가 memory accessing을 할 때에 반드시 알아야 하는 내용 중에 하나가 바로 indexing이다. indexing에는 [그림 10.3-4]와 [그림 10.3-5]에서 보여준 것처럼 pre-indexing과

post-indexing이 있다.

```
LDR   r2,   [r1],   #4      → post indexing
STR   r2,   [r0],   #4
```

[그림 10.3-4] post indexing.

우선, [그림 10.3-4]는 C 언어의 *p++와 같다. 그리고 [그림 10.3-5]는 C 언어의 *(--p)와 같다.

```
LDR   r0,   =0x1004
LDR   r1,   =0x100
STR   r1,   [r0, #-4]!      → pre indexing
```

[그림 10.3-5] pre indexing.

좀 더 자세히 설명하면, [그림 10.3-5]에서 보여준 code에서 ! symbol이 없다면, [r0, #-4]에 의해서 r1에 loading된 0x100의 값이 0x1000 번지에 있는 내용으로 바뀌지만, r0는 그대로 0x1004번지의 값을 가지게 된다. 이때, r0를 base address라고 부른다. 그러나 ! symbol이 위와 같이 사용되면, r0는 #-4에 의해서 빼진 0x1000번지의 값을 가지게 된다. 결국, ! symbol은 auto update를 의미한다. C/C++언어로 볼 때는, *(--p)에 해당하며 이것을 pre-indexing이라고 한다. 만일, 0x100번지에 있는 값을 0x20000104번지에 저장하고 싶다면 다음과 같이 coding하면 될 것이다.

```
LDR   R0,   =0x20000104
LDR   R1,   =0x1234
LDR   R2,   [R1]
STR   R2,   [R0,#-4]!
```

여기서 간혹, LDR R2, [=0x1234]라고 하면 어떨까? 생각하시는 분들이 있을 수 있다. 그러나, 앞서 언급한 것처럼 LDR과 STR 명령어에서 사용되는 symbol [,]에는 범용 register 또는 PC와 필요하다면, comma 후에 그에 대한 offset 값만 symbol #을 사용하여 지정할 수 있다는 데 주의하자. 또한, LDR과 STR command는 데이터의 크기와 부호에 따라서 [표 10.3-1]과 같은 종류로 분류된다.

Data Type	Read(load)	Write(store)
Word(32-bit)	LDR	STR
Signed half-word(16-bit)	LDRSH	STRH
Unsigned half-word(16-bit)	LDRH	STRH
Signed byte(8-bit)	LDRSB	STRB
Unsigned byte(8-bit)	LDRB	STRB

[표 10.3-1] ldr과 str instructions에 대한 부호에 따른 분류.

[표 10.3-1]로부터 loading관련 instructions만 부호에 따라 instructions를 달리 사용한다는 것을 알 수 있다. 이것은 Cortex series가 register base인 RISC 구조이므로 memory에서 register에 채워질 때, LDRH/LDRSH에서는 상위 16bits 그리고 LDRB/LDRSB에서는 상위 24bits를 어떻게 채울 것인지(즉, filling issue)를 processor가 결정해야 하기 때문이다. 그러나 register에서 memory로 writing할 때는 byte 단위로 address가 구성되어 있으므로 filling issue가 발생하지 않는데 주의하자. [그림 10.3-6]은 Cortex-M core에 대한 **ldr, str, ldm, stm** instruction의 사용 방법을 도식적으로 보여준 것이다.

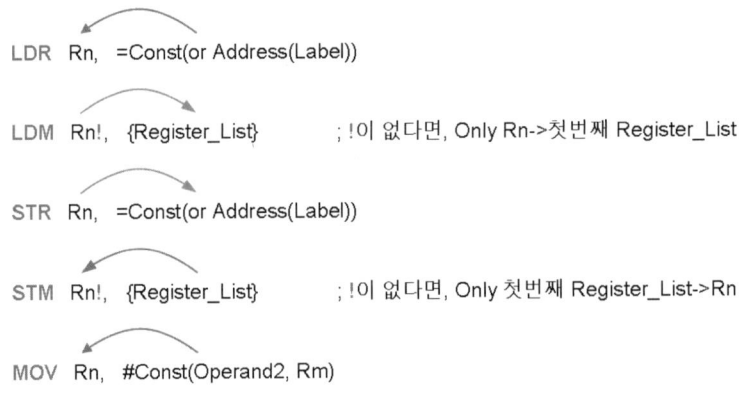

[그림 10.3-6] ldr, str, ldm, stm instruction.

또한, [그림 10.3-7]은 이들 명령들을 수행하였을 때의 stack pointer R13에 대한 관계를 보여주고 있다. **특별히, [그림 10.3-7]의 내용 잘 기억해 두기 바란다.** 앞으로 계속해서 여러분의 기억을 요청할 것이기 때문이다. 또한, symbol !을 사용한 경우, 앞서 언급한 것과 같이 R13의 값이 명령어 수행 이후에 그 값이 바뀐다는 것을 알 수 있고, 게다가 **자동으로 address를 word 단위로 갱신해 주는** symbol이라는 것도 알 수 있다.

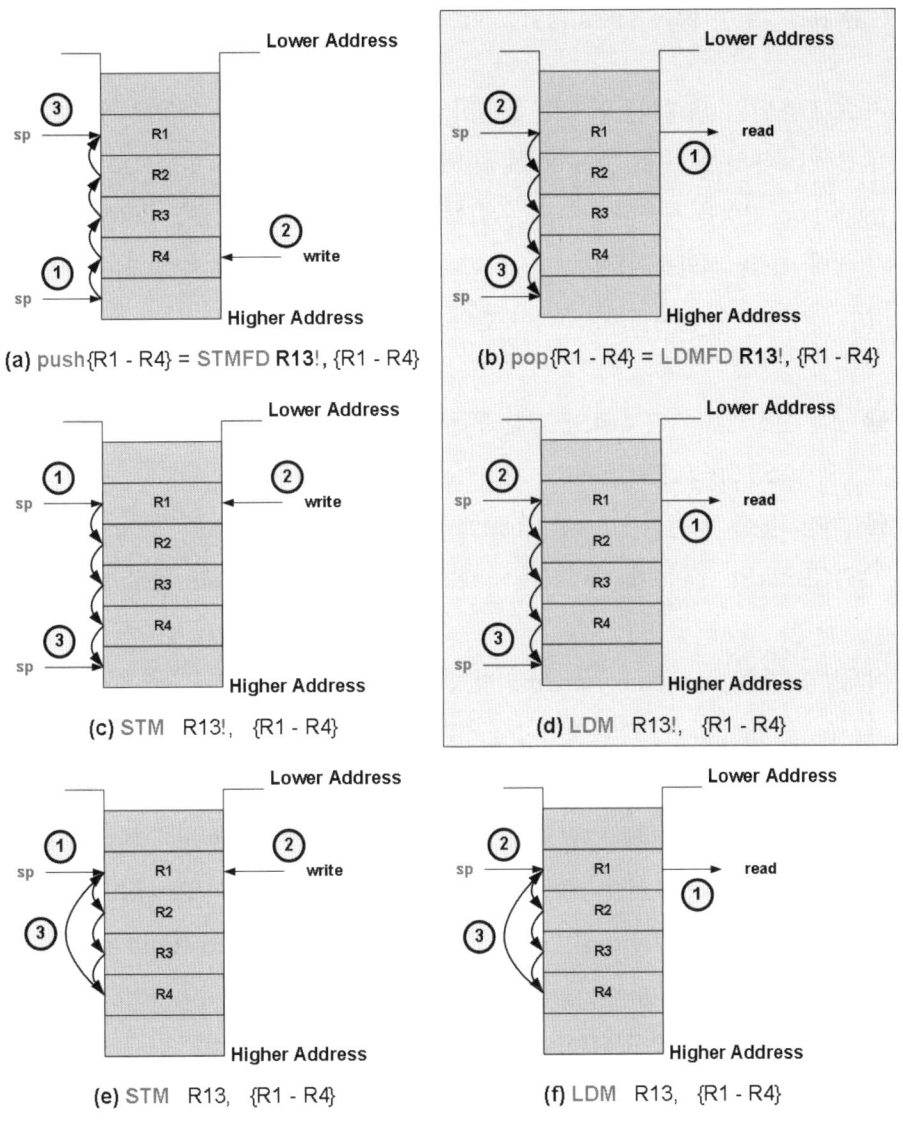

[그림 10.3-7] push/pop과 stm/ldm instruction 비교.

물론, [그림 10.3-7]의 (e)와 (f)로부터 ldm 명령어와 stm 명령어 모두 symbol !이 없어도 자동으로 word 단위로 address를 갱신해 주지만, R13의 최종 값은 [그림 10.3-6]에서 보여준 것과 같이 **첫 번째 register**에 대한 값으로 갱신되지 않은 것뿐이다. 또한, [그림 10.3-7(b)]와 [그림 10.3-7(d)]는 같다. 즉,

❶ pop {R1 - R4}, LDMFD R13!, {R1 - R4}, LDM R13!, {R1 - R4}

❷ push {R1 - R4}, STMFD R13!, {R1 - R4}, STM R13!, {R1 - R4}

자주 사용되는 명령어들이므로 동일한 표현들에 대해서도 기억해 두도록 하자. [그림 10.3-7]로부터 알 수 있듯이 stack을 FD(Full Descending) 방법으로 운용하기 위해서는 push/pop 명령을 사용하거나 또는 STMFD/LDM instruction을 사용해야 한다는 것을 알 수 있다. task 전환을 위해서 PendSV exception을 발생하여 수행되는 ISR에서는 다음과 같이 2가지 작업을 수행해 주어야 한다.

❶ 낮은 우선권을 가진 task에 대한 모든 context를 그 task의 stack에 저장한다. 즉, 해당 TCB의 .OSTCBStkPtr field가 가리키는 stack에 저장한다.
❷ 가장 높은 우선권을 가진 task에 대한 모든 context를 그 task에 대한 TCB의 .OSTCBStkPtr field가 가리키는 stack으로부터 core register들로 loading한다.

이제부터 학습한 assembly coding 방법에 근거하여 os_cpu_a.asm 파일에 있는 PendSV exception handler인 OS_CPU_PendSVHandler에 대해서 분석해 보도록 할 것이다. 그리고 나서, Chapter 11.에서 다시 한 번 좀 더 상세하게 설명할 것이므로 여기서는 전반적인 흐름을 이해하기 바란다. [그림 10.3-8]은 첫 번째 작업(즉, ❶번)에 대한 내용을 assembly code와 도식적으로 표현한 것이다. 그림으로부터 알 수 있듯이 PendSV exception이 발생하면, context switching 작업을 완료할 때까지 NMI와 hard fault exception을 제외한 모든 exception들이 더 이상 발생하지 않도록 CPSID I instruction을 사용하여 [그림 10.3-2]에서 보여준 PRIMASK register에 "1"을 설정한다. 또한, PendSV exception이 발생하면, [그림 10.3-2]에서 Auto로 표시한 stack frame이 지정한 PSP 즉, 현재 Process Stack Pointer가 가리키는 번지에 ①번과 같이 자동으로 번지 값을 감소시키며 저장된다. 즉, 저장된 이후에 PSP에는 자동으로 0x20만큼 감소한 번지 값이 저장된다. 이제, 수동으로 R4~R11을 저장하기 위해서 [그림 10.3-7(e)]에서 보여준 stm command를 사용한다. 이때, stm command는 FD가 아닌데 주의하자. 그러므로, 우선, 저장할 R4~R11를 위한 공간을 확보해야 하므로 8×4=32bytes=0x20bytes 공간을 PSP에서 빼준 뒤에 stm command로 저장하면 된다. 그리고, ④번에서 표시한 저장된 context의 top address를 가지고 있는 R0을 이제는 switching out될 낮은 우선권을 갖는 TCB의 .OSTCBStkPtr field에 저장해 준다.

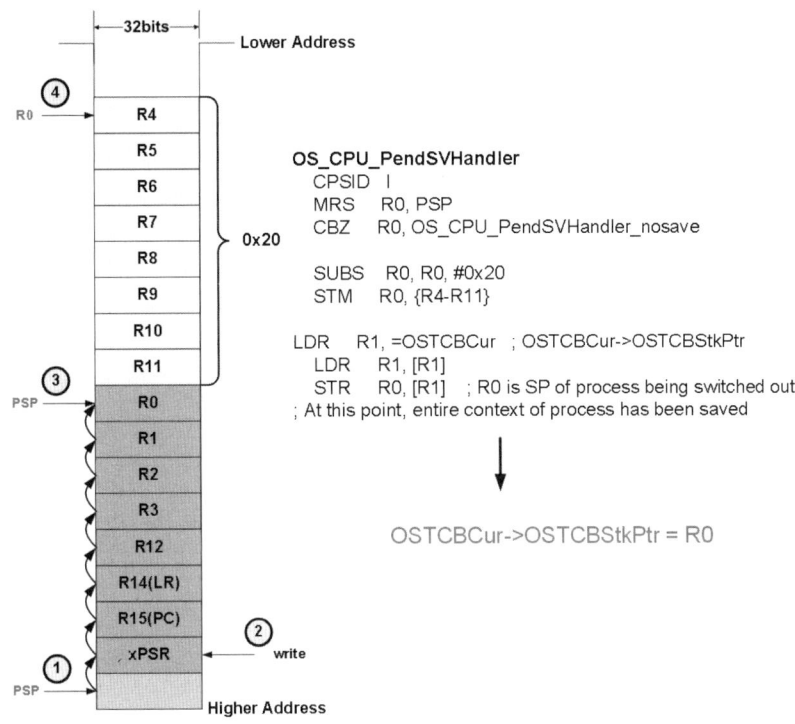

[그림 10.3-8] PendSV ISR의 이전 task 처리 과정.

이때 주의할 것은 TCB의 .OSTCBStkPtr field에 저장하기 위해서 다음과 같이 **간접 addressing**을 수행한다는 것이다.

```
LDR     R1, =OSTCBCur               ; OSTCBCur->OSTCBStkPtr = SP;
LDR     R1, [R1]
STR     R0, [R1]                    ; R0 is SP of process being switched out
```

[그림 10.3-9]는 **두 번째** 작업(즉, ❷번)에 대한 내용을 assembly code와 도식적으로 표현한 것이다. 정리하면 다음과 같다.

Ⓐ부분은 OS_Sched() 함수에서 현재 task의 priority를 갖고 있는 전역 변수 OSPrioCur에 가장 높은 우선권을 갖는 task의 priority를 갖고 있는 전역 변수 OSPrioHighRdy 값으로 대체해 주는 code이다. 즉, 현재 task를 가장 높은 우선권을 갖는 task로 대체하기 위한 첫 번째 과정이다.

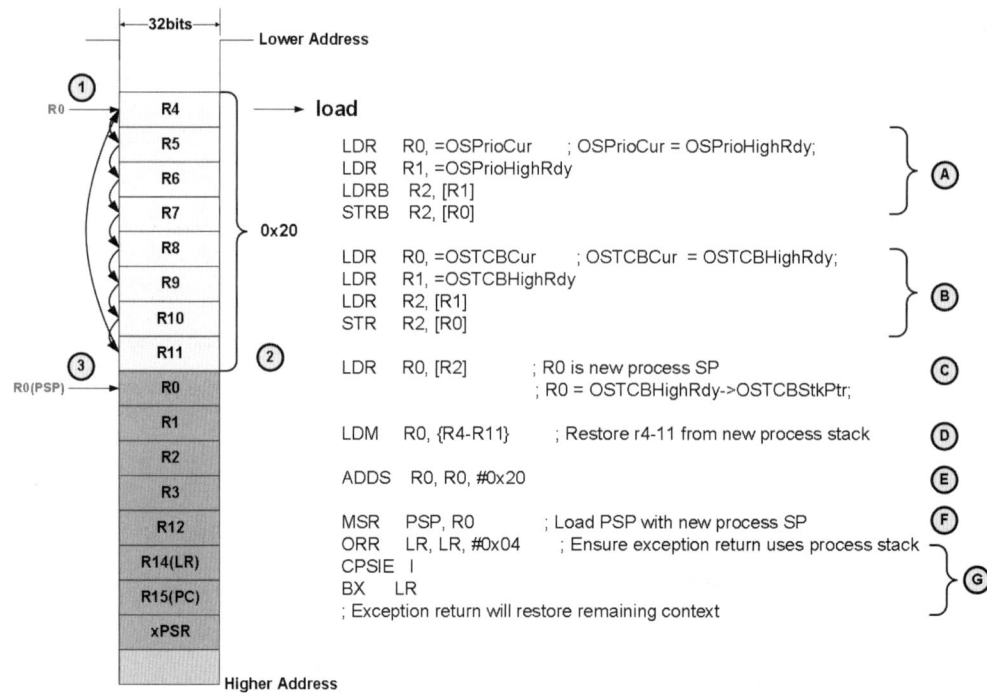

[그림 10.3-9] PendSV ISR의 가장 높은 우선권 task 처리 과정.

ⓑ부분은 현재 task의 TCB pointer를 가장 높은 우선권을 갖는 task의 TCB pointer로 바꿔주는 code이다. 그런데, 여기서도 TCB 구조체의 첫 번째 member인 .OSTCBStkPtr에 접근하기 위해서 간접 addressing을 사용하고 있는데 주의하자.

ⓒ번과 같이 TCB 구조체의 첫 번째 원소의 내용 즉, 가장 높은 우선권을 갖는 task의 context를 저장하고 있는 stack의 address를 저장하고 있는 .OSTCBStkPtr의 값을 R0에 저장한다. 결국, 하나의 전역 변수 OSPrioCur의 멤버인 .OSTCBStkPtr에 낮은 우선권을 갖는 task에 할당된 stack의 시작 번지를 높은 우선권을 갖는 task에 할당된 stack의 시작 번지로 바꾸는 것을 볼 수 있다. 이것이 [그림 10.3-9]에서 표시한 ①번의 R0이다. 이제, ⓓ번을 수행하면, [그림 10.3-7(f)]에 의거해서 R0 register 값을 base address로 하여 0x20 bytes 크기 즉, 8개 register들의 값이 각각 R4부터 R11까지 core register들에 loading 된다. 그런데, symbol !이 없으므로 R0 값은 자동으로 갱신되지 않는다. 그러므로, ⓔ번과 같이 R0에 0x20을 더해주어야 한다. 물론, 이것은 ⓓ번에서 symbol !을 사용하여 LDM R0!, {R4-R11}로 명령하면, ⓔ번은 필요 없게 된다. 이처럼 R4~R11까지는 **수동**으로 stack에서 core register들로 loading해 주어야 하지만, [그림 10.3-2]의 ②번에서 Auto

로 표시한 부분에 해당하는 **stack frame은 자동**으로 해당 core register로 loading해 준다. 이와 같이 **자동으로 loading**해 주기 위해서는 [그림 10.3-9]에서 ③번으로 표시한 stack frame의 첫 번째 요소인 R0의 값을 저장하고 있는 memory의 위치를 PSP에 저장해 주어야 한다.

이제, ⓖ부분에서 BX LR이 수행되어 우선권이 높은 task routine으로 들어가면 **자동으로** 설정한 PSP에 0x20번지 값을 **또 다시** 더한 즉, PSP+0x20까지 증가하면서 R0~R3, R12, R14, R15, xPSR 값을 **loading**해 준다. 왜냐하면, 결국, 우선권이 높은 task routine으로 진입하기 위해서 PendSV exception에서 빠져나가므로 즉, 임의의 ISR에서 빠져나가므로 **자동**으로 지정한 PSP가 가리키는 stack에 저장된 데이터들을 순서대로 R0~R3, R12, R14, R15, xPSR 값으로 loading해 주는 것이다. 이러한 작업이 원만히 이루어지기 위해서 임의의 task를 생성할 때에 할당되는 stack은 OSTaskStkInit() **함수**를 통하여 다음과 같이 stack pointer가 순서대로 FD(Full Descending) 방식으로 감소하면서 16개의 default register 값들로 초기화 된다.

```
OS_STK *OSTaskStkInit(void (*task)(void *p_arg), void *p_arg, OS_STK *ptos,
                INT16U opt) {
  OS_STK *stk;
  (void)opt;
  stk      = ptos;

  *(stk)   = (INT32U)0x01000000uL;  // xPSR
  *(--stk) = (INT32U)task;          // Entry Point
  *(--stk) = (INT32U)OS_TaskReturn; // R14 (LR)
  *(--stk) = (INT32U)0x12121212uL;  // R12
  *(--stk) = (INT32U)0x03030303uL;  // R3
  *(--stk) = (INT32U)0x02020202uL;  // R2
  *(--stk) = (INT32U)0x01010101uL;  // R1
  *(--stk) = (INT32U)p_arg;         // R0 : argument
  *(--stk) = (INT32U)0x11111111uL;  // R11
  *(--stk) = (INT32U)0x10101010uL;  // R10
  *(--stk) = (INT32U)0x09090909uL;  // R9
  *(--stk) = (INT32U)0x08080808uL;  // R8
  *(--stk) = (INT32U)0x07070707uL;  // R7
  *(--stk) = (INT32U)0x06060606uL;  // R6
  *(--stk) = (INT32U)0x05050505uL;  // R5
  *(--stk) = (INT32U)0x04040404uL;  // R4
```

```
    return (stk);
}
```

어쨌든, PSP의 값을 바꾸기 위해서는 [그림 10.3-1]에서 보여준 MRS instruction과 MSR instruction을 ⒻⒻ번과 같이 사용해 주어야 한다. 여기서, BX LR은 발생한 PendSV exception에서 return하기 위한 code이다. Handler mode에서 processor가 빠져나가기 위해서는 interrupt된 program 즉, 호출자가 정상적으로 다시 실행될 수 있도록 하기 위해서 system 상태를 복원하기 위한 종료 작업이 요구된다. 이와 같은 exception return sequence를 발생시킬 수 있는 방법으로는 3가지가 있는데, 이들은 모두 handler 시작에서 LR에 저장했던 EXC_RETURN 값을 사용한다. 어쨌든, 3가지 방법들이란, 다음과 같은 명령 중에 하나에 의해서 EXC_RETURN이라고 불리는 0xFxxx_xxxx의 값이 PC에 loading되는 것을 의미한다.

❶ POP/LDM instructions가 PC에 loading하는 경우.
❷ destination으로서 LDR이 PC와 함께 사용될 때.
❸ 임의의 register를 가지는 BX.

위와 같이 3가지 방법들이 존재하는 이유는 Cortex-M family가 다른 processor와는 다르게 exception return에 대한 instruction이 없기 때문이다. 즉, [표 10.3-2]에 보여준 것과 같이 지정된 EXC_RETURN 값이 PC에 loading될 때, exception return이 발생하게 되는 것이다.

EXC_RETURN	Cortex-M3/M4		Cortex-M4F		
	Return to	Return stack	Return to	Return stack	Frame Type
0xFFFF_FFF1	Handler	Main	Handler	Main	Basic
0xFFFF_FFF9	Thread	Main	Thread	Main	Basic
0xFFFF_FFFD	Thread	Process	Thread	Process	Basic
0xFFFF_FFE1			Handler	Main	Extended
0xFFFF_FFE9			Thread	Main	Extended
0xFFFF_FFED			Thread	Process	Extended

[표 10.3-2] EXC_RETURN 값에 따른 exception return의 종류.

구체적으로 32-bit **EXC_RETURN**의 bit field는 다음과 같이 구성되어 있다.

❶ Bits [31 : 28] : PC에 loading된 값이 EXC_RETURN이라는 것을 식별하기 위해서 0xF 를 가진다.

❷ Bits [27 : 5] : 모두 "1"의 값을 가져야 하며, reserved되어 있다.

❸ Bits [4] :
 − FP가 없는 경우 : "1"의 값을 가져야 하며, reserved되어 있다.
 − FP가 있는 경우 : 발생한 exception을 위한 stack frame은 FP 상태 정보를 위해 할당된 공간이 있다면, "0"의 값을 가지고, 그렇지 않다면, "1"의 값을 가진다.

❹ Bits [3 : 0] : FP의 존재 유/무에 따라서 요구되는 exception return 사양을 정의한다. 그러므로 4번 bit와 함께 생각해야 한다. [표 10.3-2]에서 언급한 **return stack**은 processor가 exception return을 수행할 때, 필요한 정보를 유지하는 stack과 return 이 완료된 이후 사용할 stack을 의미한다.
 − 3번 bit : [표 10.3-2]에서 **Return to** 열(column)의 구성 항목은 다음과 같이 결정한다.
  ⓐ "0"의 값을 갖는 경우 : Handler mode.
  ⓑ "1"의 값을 갖는 경우 : Thread Mode.
 − 2번 bit : [표 10.3-2]에서 **Return stack** 열(column)의 구성 항목은 다음과 같이 결정한다.
  ⓐ "0"의 값을 갖는 경우 : Main Stack(MSP).
  ⓑ "1"의 값을 갖는 경우 : Process Stack(PSP).
 − 1번 bit : Reserved.
 − 0번 bit : 항상, "1"의 값을 가진다.

어쨌든, PendSV exception에서 task로 return해야 하므로 **return stack**은 Process Stack 즉, PSP가 되어야 할 것이다. 사실, [그림 10.3-9]의 ③번에서 이미 PSP(Process Stack Pointer)을 사용하는 것을 보여 주었다. 이처럼 PSP을 사용하기 위해서는 **EXC_RETURN**의 2번째 bit 값은 "1"이어야 한다. 그러므로, ⓖ부분에서 다음과 같은 code 가 사용된 것이다. 단, ORR instruction의 syntax는 ORR Rd, Rn ; Rd = Rd | Rn이다.

```
    ORR      LR, LR, #0x04        ; Ensure exception return uses process stack(PSP)
```

한 가지 주의할 것은 [표 10.3-2]로부터 알 수 있듯이 FPU를 사용하지 않는 경우에는 EXC_RETURN의 값은 0xFFFF_FFFx인 것을 알 수 있다. 이 책에서는 FPU를 사용하지 않을 것이므로 ORR LR, LR, #0x04보다는 ORR LR, LR, #0xF4가 보다 올바른 표현이지만, 이 내용은 11장에서 보다 상세히 다룰 것이므로 **우선은** #0x04로 가정하도록 하자. 마지막으로 앞서 PendSV exception의 ISR 시작에서 다른 exception들의 발생을 막기 위해서 **CPSID I** instruction을 사용하였다면, 이제는 exception들이 발생할 수 있도록 enabling 하기 위해서 **CPSIE I** instruction을 사용해 주어야 할 것이다. 그리고 나서, PendSV exception에서 return한다. 지금까지 task 사이의 전환 작업 즉, **task context switching 과정**에 대해서 자세히 학습하였다. 아마도, 학습 과정이 그리 쉽지는 않았을 것이라고 생각한다. 좀 더 힘을 내서 추가적인 내용을 학습하고, 간단한 예제를 통해서 여러분이 지금까지 이해한 내용을 확인해 보는 시간을 갖도록 하겠다.

10.4 Hook 함수와 uC/OS-II 간단한 예제 실습.

PendSV exception을 발생하여 수행되는 ISR에 task 전환을 위해서 필요한 2가지 작업을 수행해 주면, 임의의 task에 대한 context switching을 수행하는 데 충분하다. 그러나, FPU를 고려해야 하는 경우 등과 같이 uC/OS-II에서는 전환될 가장 높은 우선권을 가지는 task를 새롭게 실행하기 **전에** 사용자가 추가하고 싶은 작업이 있다면 추가할 수 있도록 Task Switch Hook 기능을 수행하는 OSTaskSwHook() 함수를 제공한다. 사실, 이 Hook 라는 단어는 갈고리라는 의미로 뭔가 정해진 흐름의 시작부터 끝까지 **어디에서든 추가적인 작업을 수행**하는 행위를 의미하는 것으로서 software에서 상당히 광범위하게 사용된다. 현재 [그림 10.3-8]에서 보여준 이전 task context에 대한 저장을 완료하고, 바로 hook 함수인 OSTaskSwHook() 함수를 호출하고 있다. 그런데, ISR에서 임의의 함수를 호출하기 위해서 branch한다면, 다음과 같이 현재 진행 중인 ISR을 위한 LR을 함수 호출 전에 stack에 저장하고, 그 함수로부터 return하면, 다시 LR을 복원해 주는 push/pop instruction이 필요하다.

```
PUSH {R14}                        ; Save LR exc_return value
LDR  R0, =OSTaskSwHook            ; OSTaskSwHook();
BLX  R0
POP  {R14}
```

왜냐하면, Cortex-M family의 경우에 **LR register는 하나 밖에 없고**, OSTaskSwHook() 함수로의 진입은 interrupt 발생이 아니므로 자동으로 stack frame을 저장하고, 복원해 주지 않기 때문이다. 지금까지 설명한 task context switching 과정을 정리하면 [그림 10.4-1]과 같다. Windows OS를 포함한 대부분의 OS가 그러하듯이 task context switching 작업은 가장 낮은 interrupt level에서 수행한다. 그러므로, **8.1. 단원**에서도 언급하였듯이 Cortex-M 전용 interrupt controller인 NVIC는 16개의 기본적인 exception들과 MCU가 포함하는 모든 interrupt들의 합이 최대 256개인데, PendSV exception의 우선순위를 이중에서 제일 낮은 interrupt level로 설정하여 준다. 이와 같은 일련의 과정은 OSStart() 함수 안에 있는 **OSStartHighRdy()** 함수에 의해서 수행되며, 다음과 같은 assembly 언어로 작성되어 있다.

```
OSStartHighRdy
    CPSID   I                          ; disable interrupts at processor level
    LDR     R0, =NVIC_SYSPRI14         ; Set the PendSV exception priority for 254
    LDR     R1, =NVIC_PENDSV_PRI       ; SHPR3 Register[16~23]
    STRB    R1, [R0]                                                            ▶ ①

    MOVS    R0, #0            ; Set the PSP to 0 for initial context switch call
    MSR     PSP, R0                                                             ▶ ②

    LDR     R0, =OS_CPU_ExceptStkBase  ;Initialize the MSP to the OS_CPU_ExceptStkBase
    LDR     R1, [R0]          ; &OS_CPU_ExceptStk[OS_CPU_EXCEPT_STK_SIZE - 1u]
    MSR     MSP, R1                                                             ▶ ③

    LDR     R0, =OSRunning             ; OSRunning = TRUE
    MOVS    R1, #1
    STRB    R1, [R0]                                                            ▶ ④
    LDR     R0, =NVIC_INT_CTRL ;Trigger the PendSV exception (causes context switch)
    LDR     R1, =NVIC_PENDSVSET
    STR     R1, [R0]                                                            ▶ ⑤
```

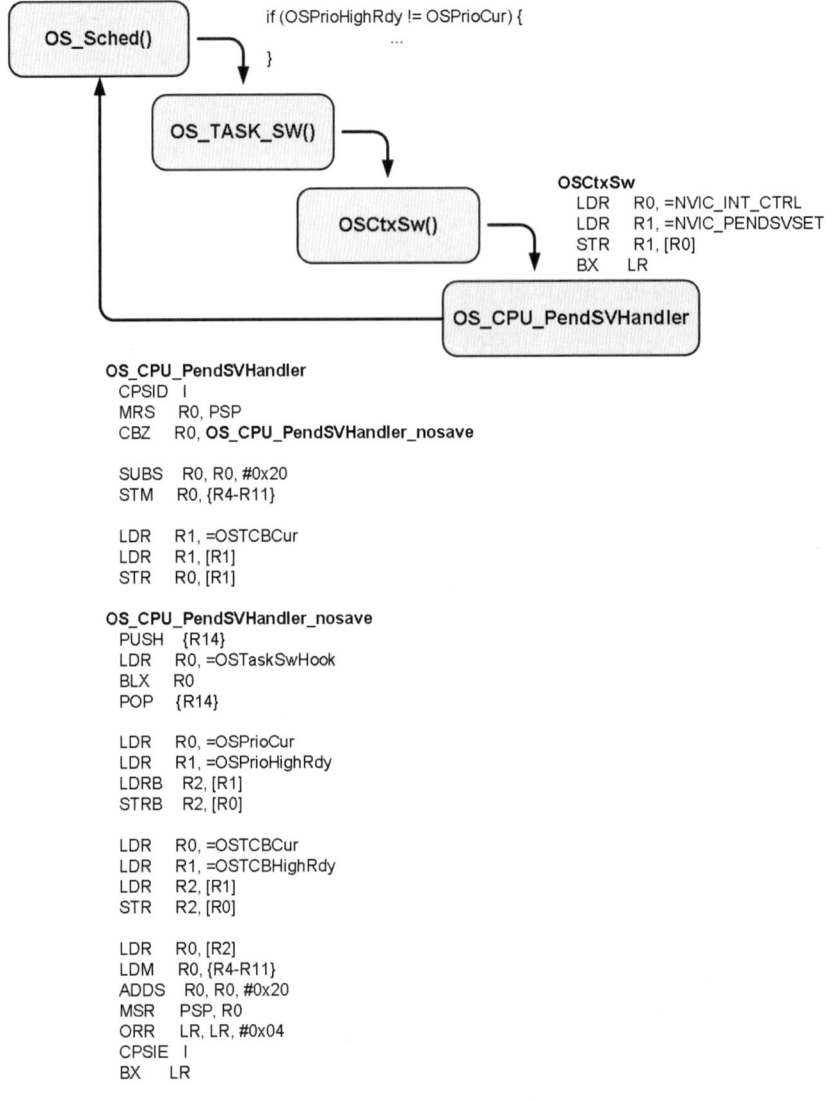

[그림 10.4-1] task context switching 과정.

```
        CPSIE  I                          ; Enable interrupts at processor level
    OSStartHang
        B      OSStartHang                ; Should never get here      ▶ ⑥
```

그러므로, OSStartHighRdy() 함수가 실행되기 **전에는** 어떠한 interrupt들도 발생하면 안된다. 왜냐하면, 임의의 발생한 interrupt의 ISR에 있는 OSIntExit() 함수는 OSIntCtxSw assembly routine을 호출하는 데, 이 routine은 OSCtxSw routine과 동일하게 PendSV exception을 발생시키고, 결국, 현재 task에 대한 PSP가 아직 할당되지 않은 상태에서 context가 저장되는 심각한 문제가 발생하게 되기 때문이다. 간혹, Googling을 통하여 얻은 uC/OS-II 예제 파일을 보면, **OSStartHighRdy** routine에 위와 같이 CPSID I 명령이 빠져 있는 경우를 볼 수 있는데, 반드시, 위와 같이 추가되어야 한다. 그래야, 마지막에 있는 CPSIE I와 pairs를 이룰 수 있고, 무엇보다 OSStartHighRdy() 함수가 호출되었을 때는 모든 interrupt들이 disabling되어 있어야 하기 때문이다. 하나 더 기억할 것은 여기서 언급한 ISR은 uC/OS-II 형식에 맞게 OSIntEnter() 함수와 OSIntExit() 함수를 추가한 것을 의미하므로 단순히 CubeMX에서 생성된 ISR과는 다르다. 지금부터 OSStartHighRdy() 함수의 내용을 살펴보도록 하겠다.

①번은 PendSV exception의 우선권을 가장 낮은 interrup level인 255로 낮추기 위해서 관련 **SHPR3** register의 16~23 bit field에 **0xFF**를 할당하였다.

②번은 task level에서 사용할 process stack pointer 즉, PSP의 초기 번지 값으로 "0"을 할당한 것을 알 수 있다. 앞으로 임의의 context를 저장할 해당 task의 stack 번지 값을 저장할 것이다.

③번을 알기 위해서는 C/C++ 언어와 assembly 언어 사이에 데이터를 교환 방법에 대해서 알아야 할 것이다. 그러기 위해서 [그림 10.1-4]에서 준비한 **Ch10Lab1Prj** project를 사용할 것이다. [그림 10.4-2]는 SJ_MCUBook_M4 보드에 **Ch10Lab1Prj** image를 debug mode에서 실행하기 위하여 🔍 (Ctrl+F5) icon을 click한 모습이다. 글씨가 작아서 안 보이는 경우에는 돋보기로 확대해 볼 것을 추천한다. 방금, 프린트하여 10배 **루페**(loupe)로 확인하니 글씨가 식별 가능할 정도로 보였기 때문이다. 단, 식별이 되지 않는 그림들은 모두 naver cafe **임종수 연구소**에 문의하기 바란다. [그림 10.4-2]의 Ⓐ번에서 표시한 것과 같이 5개의 전역 변수들을 정의하였다. 그리고, 이들을 assembly file에서 사용할 수 있도록 Ⓑ번과 같이 **extern** keyword로 **importing** 하였다. 이제, Ⓒ번처럼 Core의 범용 registers R0~R5까지 **ldr** command로 loading 하면, Ⓓ번과 같은 결과를 얻는다. 앞서 설명한 것과 같이 assembly code에서 "= **변수명**"은 결국, C언어에서 해당 변수에 할당한 값이 저장되어 있는 SRAM의 address를 의미하는 **간접 address**라고 한 것을 기억하기 바란다.

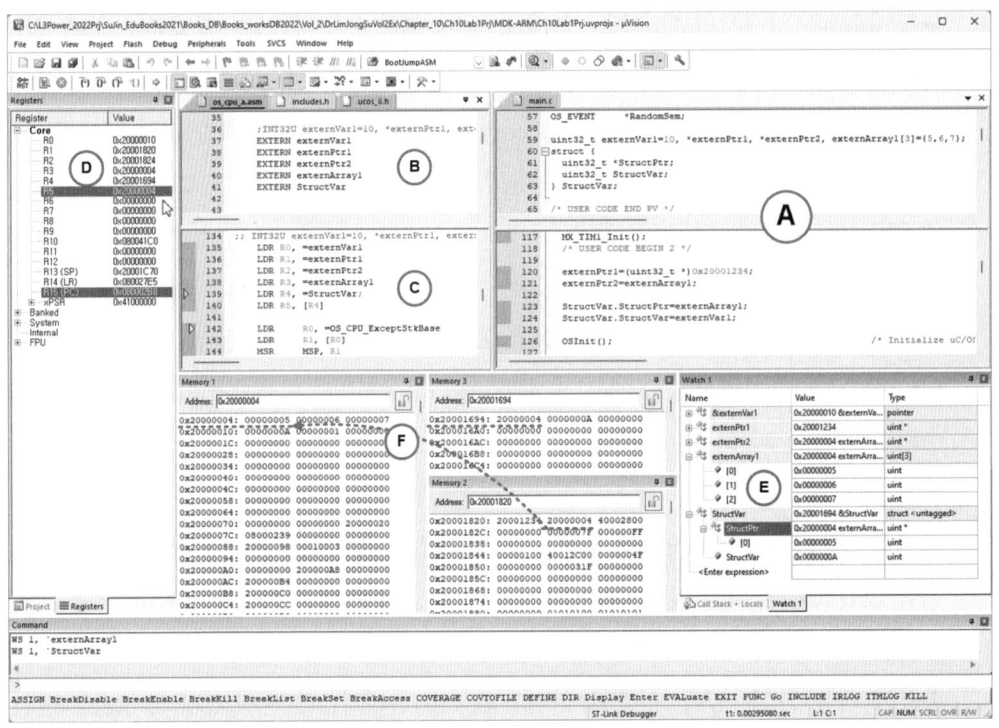

[그림 10.4-2] C/C++ 언어와 assembly 언어 사이에 데이터 교환 방법.

이것은 "**변수**"이기 때문에 [그림 9.1-12]에서도 설명하였듯이 실질적인 데이터가 ROM 영역에서 SRAM 영역으로 복사되어야 하므로 SRAM 영역의 어디에 변수가 저장될 지를 알려주는 간접 address가 **추가적으로 필요하기 때문**이다. 그러므로, R0 register에는 C 언어상에서 externVar1 **변수**에 할당한 10이 저장되어 있는 SRAM 번지인 0x2000_0010이 저장되고, R1에는 C언어의 externPtr1 **pointer형 변수**에 할당된 pointer 형 번지인 0x2000_1234가 저장되어 있는 SRAM 번지인 0x2000_1820이 저장되는 것이다. 그런데, 좀 더 주의 깊게 살펴보면, R2에는 C언어에서 할당한 배열 externArray1의 시작 번지인 0x2000_0004가 저장되어 있는 SRAM의 번지인 0x2000_1824가 저장된 것을 볼 수 있다. 그 이유는 C언어에서 externPtr2 변수에 externArray1의 시작 번지를 할당하였기 때문이다. 그러므로, R3에는 C 언어에서 배열을 나타내는 변수의 이름 즉, externArray1은 그 **배열의 시작 번지**를 의미하므로 바로, externArray1의 시작 번지인 0x2000_0004가 저장된 것이다. 마지막으로 R4는 C언어의 구조체 변수에 해당하므로 첫 번째 member가 SRAM에 저장되어 있는 위치인 0x2000_1694가 저장된다. 그런데, 첫 번째 member가

externArray1의 시작 번지이므로 0x2000_0004가 저장되어 있는 것이다. 이제, 다시 ③번 code 부분으로 가서 보면, OS_CPU_ExceptStkBase 변수가 나오는데, 해당 C언어 부분은 OSInitHookBegin() 함수 안에 다음과 같이 INT32U pointer data type 변수로 선언되어 있다. 단, INT32U는 uint32_t에 해당한다.

```
#define  OS_CPU_EXT   extern
typedef unsigned int   OS_STK; // Each stack entry is 32-bit wide
OS_CPU_EXT  OS_STK   OS_CPU_ExceptStk[OS_CPU_EXCEPT_STK_SIZE];

#if OS_CPU_HOOKS_EN > 0u
void OSInitHookBegin(void) {
  INT32U    size;
  OS_STK   *pstk;
  // Clear exception stack for stack checking.
  pstk = &OS_CPU_ExceptStk[0];
  size = OS_CPU_EXCEPT_STK_SIZE;
  while (size > 0u) {
     size--;
     *pstk++ = (OS_STK)0;
  }
  OS_CPU_ExceptStkBase = &OS_CPU_ExceptStk[OS_CPU_EXCEPT_STK_SIZE - 1u];
#if OS_TMR_EN > 0u
  OSTmrCtr = 0u;
#endif
}
#endif
```

그러므로, [그림 10.4-2]의 externPtr2에 해당하는 것을 알 수 있다. 즉, R0에는 C언어의 OS_CPU_ExceptStkBase pointer형 변수에 할당된 pointer 형 번지가 저장되어 있는 SRAM 번지가 저장되어 있을 것이다. 그러므로, LDR R1, [R0]와 같이 명령하여 C언어에서 OS_CPU_ExceptStkBase pointer형 변수에 할당된 번지 값을 얻어온다. 이제, [그림 10.4-3]의 ⑦번과 같이 MSR MSP, R1 명령을 수행하기 전과 ⑧번에서 보여준 후를 비교하면, MSP에 128×4=512[bytes] 크기를 갖는 배열 OS_CPU_ExceptStk의 top address가 할당된 것을 볼 수 있다. 이제부터 ⑨번과 같이 Full Descending 방법으로 exception이 발생할 때마다 NVIC가 자동으로 stack frame을 설정한 OS_CPU_ExceptStk array에 push/pop 하게 된다.

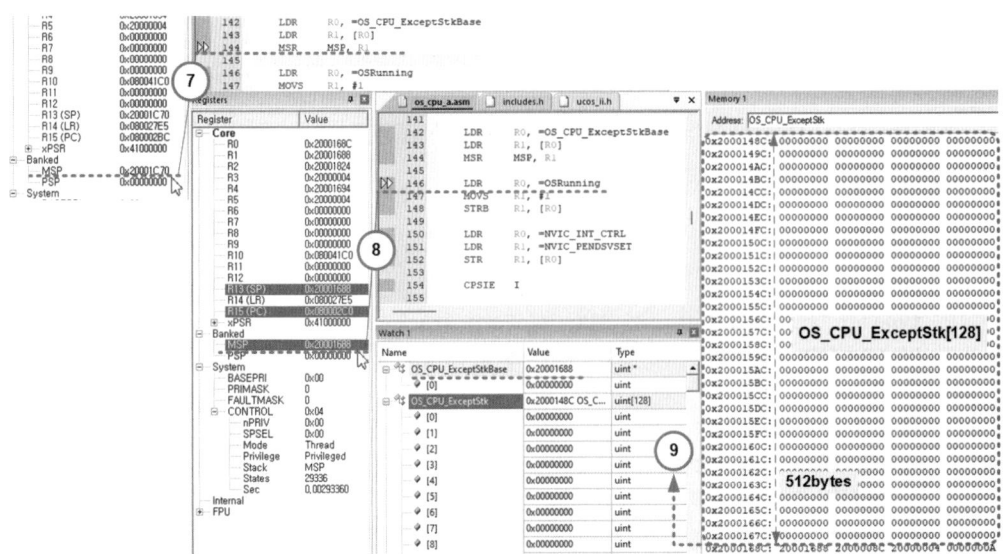

[그림 10.4-3] exception handlers를 위한 stack 확보 방법.

좀 더 자세히 설명하기 위해서 앞서 보여준 OSInitHookBegin() 함수의 내용을 보면, 다음과 같이 OS_CPU_ExceptStkBase pointer형 변수가 할당된 것을 볼 수 있다.

```
OS_CPU_ExceptStkBase = &OS_CPU_ExceptStk[OS_CPU_EXCEPT_STK_SIZE - 1u];
```

단, OS_CPU_EXCEPT_STK_SIZE = 128이다. 그러므로, [그림 10.4-3]의 memory window에서 보인 것과 같이 0x2000_1688-127×4 = 0x2000_148C 즉, main stack으로 사용될 배열 OS_CPU_ExceptStk의 시작번지인 것을 알 수 있다. 또한, [그림 10.3-7(a)]에서 보여준 FD(Full Descending) 방식 즉, 번지 값을 감소시키며 할당하기 위하여 &OS_CPU_ExceptStk[0]이 아닌 &OS_CPU_ExceptStk[OS_CPU_EXCEPT_STK_SIZE - 1] 즉, array의 top address를 pointer 형 변수 OS_CPU_ExceptStkBase에 할당한 것에 주의하기 바란다. 물론, interrupt를 포함한 exception들이 중첩을 많이 하여 512bytes를 넘어간다면, stack overflow가 발생하게 될 것이다. 여기서 분명히, 알 수 있듯이 우리가 배열을 정의하는 것은 그 정의한 크기만큼 연속적인 memory 공간을 잡는 것을 의미한다. 만일, 그 정의한 배열이 전역 변수이면, "0"으로 초기화하는 것이고, 지역 변수이면, 그렇지 않다는 것이다. 또한, 전역 변수이면, linking 과정에서 공간을 확보하는 것이고, 지역 변수이면, processor가 실행하는 동안 필요할 때마다 동적으로 미리 확보한 main stack 또는

process stack으로부터 확보된다는 것이다. 그러므로, 전역 변수이면, 지정한 RAM 영역이 부족하여 공간을 확보하기 어렵다면, linking 과정에서 error를 발생시켜서 알 수 있지만, 지역 변수의 경우에는 processor가 실행을 해 봐야 확보한 stack의 크기를 넘는 지 알 수 있으므로, 이때에 발생하는 stack overflow 문제는 쉽게 잡기가 어려운 것이다. 이 문제에 대해서는 Chapter 11.에서도 계속해서 다룰 것이다. 계속해서 OSStartHighRdy() 함수의 assembly code routine에서 ④번은 OS가 동작 중이라는 것을 알려주기 위해서 OSRunning=1 즉, TRUE를 할당하고 있다. 그리고, ⑤번과 CPSIE I을 수행하면, PendSV exception이 발생하고, [그림 10.3-9]와 같이 ISR을 수행하여 가장 높은 우선권을 갖는 task를 실행하게 한다. 즉, ⑥번 code 부분에는 결코 도착하지도 않고, 도착해서도 안 된다. 그런데, 만일, ⑥번 code 부분이 없다면, OSStartHighRdy() 함수를 호출하는 OSStart() 함수에서 빠져 나가게 되고, 이것은 결국, main() 함수를 빠져나갈 수 있게 되고, main() 함수에서 빠져나간다는 것은 그 image 실행을 종료한다는 의미가 된다. 그러므로, OS는 결코, main() 함수에서 빠져나가면 안 된다는 데 주의하기 바란다. 이제, exception handler를 위한 stack을 준비하였으니, 제대로 동작하는 지 확인해 보도록 하자. 그전에 한 가지 알아두어야 하는 것이 있다. 현재, SJ_MCUBook_M4 보드에서 사용되고 있는 STM32F302는 Cortex-M4 기반의 FPU(Floating Point Unit)를 포함하고 있다. 만일, FPU를 사용하지 않는다면, stack frame의 구조는 [그림 10.3-2]에 보여준 것과 같이 R0~R3, R12, R14, R15, xPSR 이렇게 총 8개의 register 값들이 자동으로 설정한 exception handler를 위한 stack인 OS_CPU_ExceptStk[128]에 저장될 것이다. 그러나, FPU를 사용하게 된다면, [그림 10.4-4(b)]에 보여준 것과 같이 stack frame의 크기가 18 words 늘어난 104bytes=0x68bytes=26words가 된다. 참고적으로 **FPU stack frame은 double word 정렬**되어야 한다. 그러므로, FPU를 사용한다면, 현재 설정한 stack의 크기인 128 words가 적당한지 따져봐야 할 것이다. 만일, FPU를 사용하지 않으려면, [그림 10.4-5]에서 보여준 것처럼 Floating Point Hardware : 에서 Not Used를 선택하면 된다. 그런데, 대부분의 MCU에서 FPU가 없으면 좀 더 저렴한데, 구태여 FPU가 포함된 MCU를 선택해서 사용하지 않는 경우는 없을 것이라고 생각한다. 그러나, 여기서는 학습의 목표에 맞게 **Floating Point Hardware :** 에서 Not Used를 선택하고 실험을 계속해서 수행하도록 하겠다. [그림 10.4-6]과 같이 PendSV exception을 발생시키기 전인 **153번째 라인**까지 실행시켜본다.

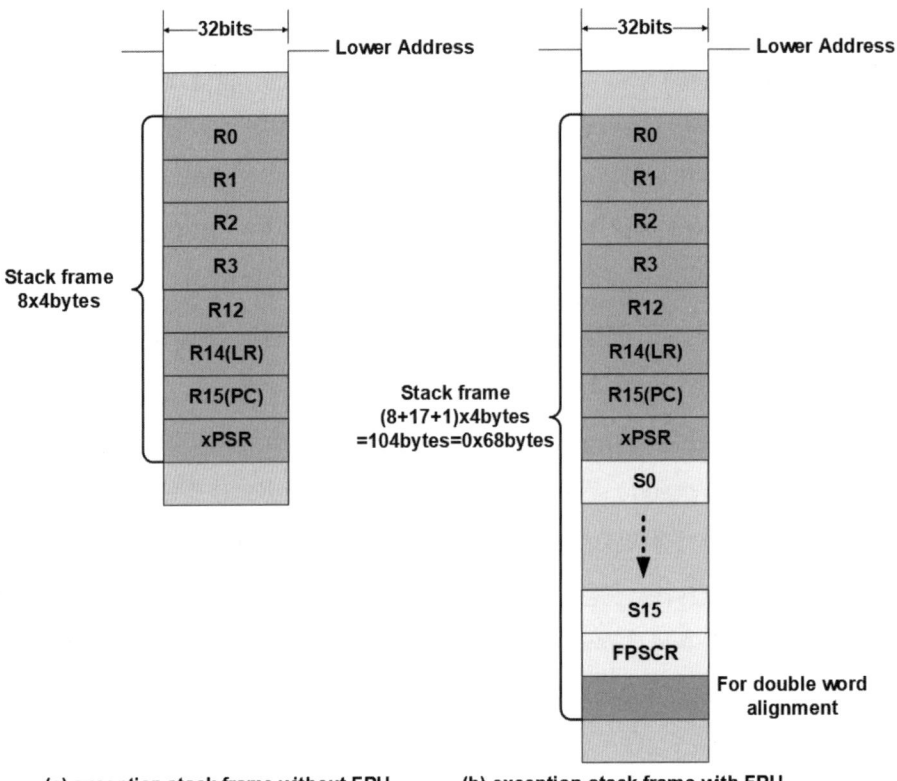

[그림 10.4-4] FPU의 유/무에 따른 stack frame 구성.

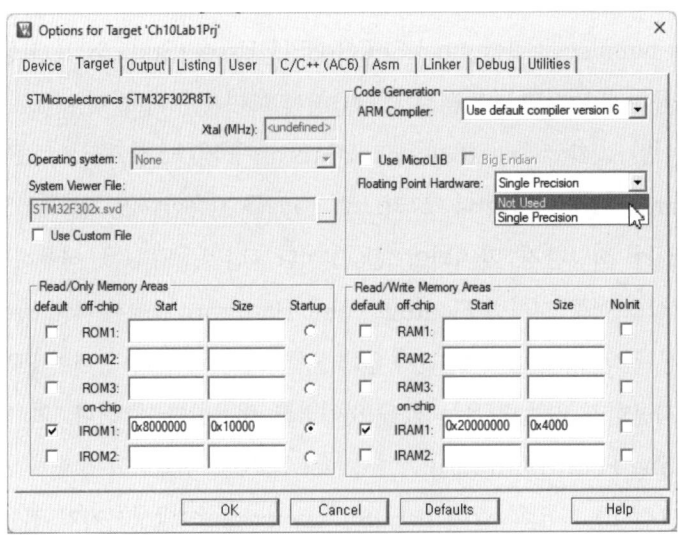

[그림 10.4-5] FPU 설정 방법.

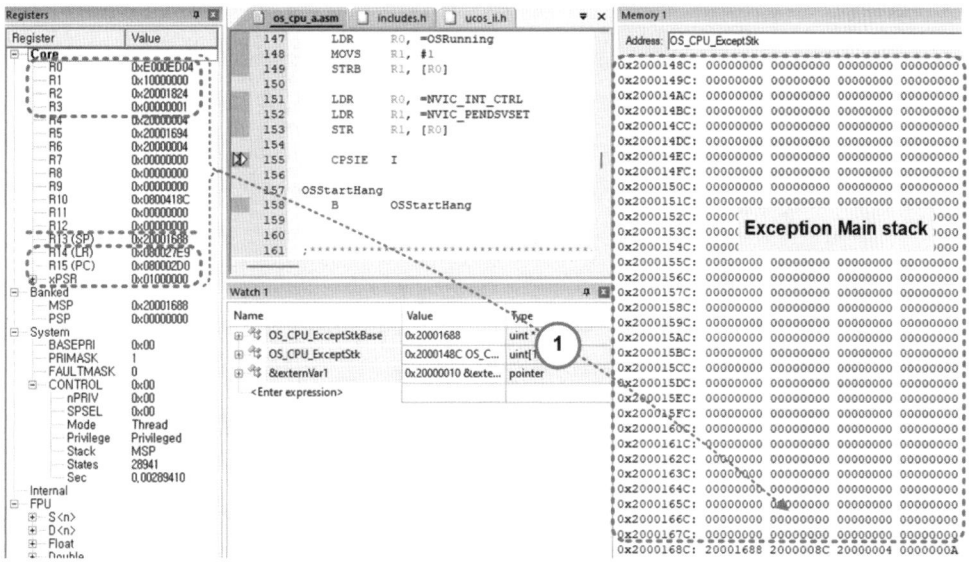

[그림 10.4-6] PendSV exception이 발생하기 전 Main Stack 현황.

PendSV exception이 발생하면, ①번에서 표시한 것과 같이 8개의 stack frame을 구성하는 register들이 설정한 exception main stack에 순서대로 자동으로 저장될 것이다. 우선, [그림 10.4-7]의 ②번과 같이 PendSV exception handler인 **OS_CPU_PendSVHandler** routine의 첫 번째 명령어인 **226번째 line**에 breakpoint를 설정하고, Run(F5) icon을 click하여 준다. 이때 만일, 설정한 breakpoint에 멈추지 않고, **OSStartHang**으로 빠진다면, 아마도, CubeMX에서 생성한 **MDK-ARM** folder에 있는 **startup_stm32f302x8.s** bootstrap 파일을 **수정하지 않아서** 발생한 것인지 모른다. 제공한 **Ch10Lab1Prj** folder의 **MDK-ARM** folder 안에 있는 **startup_stm32f302x8.s** 파일을 참조하여 PendSV exception의 Handler로 **OS_CPU_PendSVHandler**를 등록하기 바란다. 이제, ②번처럼 PC(Program Counter)가 **226번째** line을 가리키면, [그림 10.4-7]의 ③번에서 보여준 것처럼 8개 word들로 구성된 **stack frame** 즉, R0-R3, R12, LR, PC, 그리고 xPSR가 FD(Full Descending) 순서대로 자동으로 저장되는 것을 확인 할 수 있다. 또한, ④번과 같이 Watch 1 window에서 OS_CPU_ExceptStk[128] 배열의 원소로도 확인 할 수 있다. 이때, 주의 할 것은 현재 진행하고 있는 OS_CPU_PendSVHandler routine은 PendSV **exception**이 **발생**하여 실행하는 것이므로 core의 동작 mode는 ⑤번에서 보여준 것과 같이 **handler** mode이다.

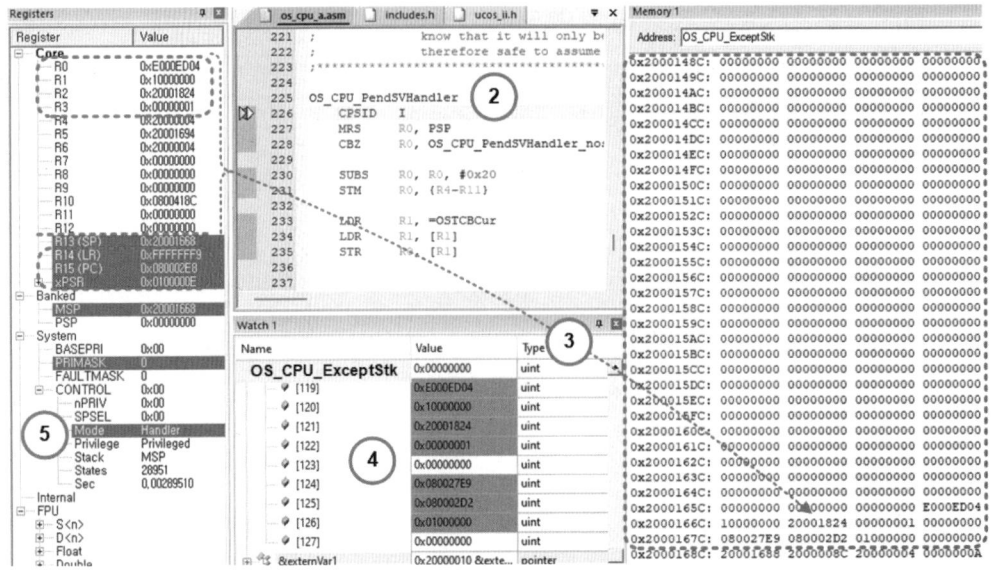

[그림 10.4-7] PendSV exception 발생 후 Main Stack 현황.

또 한 가지 주의할 것은 앞서 충분히 언급하였듯이 [그림 10.4-6]과 [그림 10.4-7]은 uC/OS-II가 **처음** task scheduling을 수행한 경우에 해당한다. 그러므로, 현재 사용하는 stack이 **모두 MSP**로 되어 있는 것이다. 즉, PendSV exception이 발생하기 전에 MSP를 사용하고 있었으므로 [그림 10.4-7]과 같이 MSP에 stack frame이 저장된 것이다. 만일, exception이 발생하기 전에 PSP를 사용하고 있었다면, stack frame은 PSP에 저장될 것이다. 이처럼 Cortex-M core는 2개의 동작 mode 즉, handler mode와 thread mode 각각에 대해서 서로 다른 stack을 가지고 있으며, 이들을 관리하기 위해서 **2개의 stack pointer** MSP와 PSP를 가지고 있다. 이와 같이 processor 동작 mode, security state 또는 processor 상태에 따라서 사용하는 register가 **바뀌는 다수의 register**들을 가지는 register를 **banked register**라고 하는데, Cortex-M core**만** banked register로 오로지 **stack pointer**인 MSP와 PSP**만** 가진다. 다른 ARM core는 여러 banked register를 가지고 있다. 즉, R13(MSP/PSP)은 각각의 동작 mode에 따라서 각각 존재하지만, R0~R12, R14, R15는 모든 동작 mode에 대해서 **공유하여 사용**하므로 banked register가 아니다. 또한, 근본적으로 임의의 task를 구현하는데 사용되는 C 언어는 stack에 기반을 두고 동작하는 언어이다. 그러므로, 하나의 Chapter가 너무 길어지고, 쉬어가는 시간이 필요할 것 같으므로 Chapter를 바꾸어 Task에 할당된 Stack을 관리하는 방법과 동적으로 메모리를

효율적으로 사용할 수 있는 heap에 대해서도 학습하도록 하겠다. 그리고 나서, 본격적으로 uCOS-II RTOS에 여러 task들을 등록하여 kernel object들에 따른 task 사이의 동작 흐름을 제어하는 다양한 예제를 다루도록 할 것이다.

【연구 과제】

uC/OS-II RTOS의 특징 중에서 하나가 현재 생성된 task들의 개수와 가장 높은 우선순위에 상관없이 항상 task 사이의 전환에 걸리는 시간은 항상 일정하다는 것이다. 이를 위해서 사용되는 OS_Sched() 함수의 내용을 보면, 다음과 같이 16×16 즉, 전체 256개의 원소로 구성된 전역 변수 OSUnMapTbl[]을 사용하여 현재 등록된 task들 중에서 가장 높은 우선권을 갖는 task의 priority number를 항상 일정하게 찾아낸다.

```
INT8U const OSUnMapTbl[] = {
  0, 0, 1, 0, 2, 0, 1, 0, 3, 0, 1, 0, 2, 0, 1, 0,    // 0x00 to 0x0F
  4, 0, 1, 0, 2, 0, 1, 0, 3, 0, 1, 0, 2, 0, 1, 0,    // 0x10 to 0x1F
  5, 0, 1, 0, 2, 0, 1, 0, 3, 0, 1, 0, 2, 0, 1, 0,    // 0x20 to 0x2F
  4, 0, 1, 0, 2, 0, 1, 0, 3, 0, 1, 0, 2, 0, 1, 0,    // 0x30 to 0x3F
  6, 0, 1, 0, 2, 0, 1, 0, 3, 0, 1, 0, 2, 0, 1, 0,    // 0x40 to 0x4F
  4, 0, 1, 0, 2, 0, 1, 0, 3, 0, 1, 0, 2, 0, 1, 0,    // 0x50 to 0x5F
  5, 0, 1, 0, 2, 0, 1, 0, 3, 0, 1, 0, 2, 0, 1, 0,    // 0x60 to 0x6F
  4, 0, 1, 0, 2, 0, 1, 0, 3, 0, 1, 0, 2, 0, 1, 0,    // 0x70 to 0x7F
  7, 0, 1, 0, 2, 0, 1, 0, 3, 0, 1, 0, 2, 0, 1, 0,    // 0x80 to 0x8F
  4, 0, 1, 0, 2, 0, 1, 0, 3, 0, 1, 0, 2, 0, 1, 0,    // 0x90 to 0x9F
  5, 0, 1, 0, 2, 0, 1, 0, 3, 0, 1, 0, 2, 0, 1, 0,    // 0xA0 to 0xAF
  4, 0, 1, 0, 2, 0, 1, 0, 3, 0, 1, 0, 2, 0, 1, 0,    // 0xB0 to 0xBF
  6, 0, 1, 0, 2, 0, 1, 0, 3, 0, 1, 0, 2, 0, 1, 0,    // 0xC0 to 0xCF
  4, 0, 1, 0, 2, 0, 1, 0, 3, 0, 1, 0, 2, 0, 1, 0,    // 0xD0 to 0xDF
  5, 0, 1, 0, 2, 0, 1, 0, 3, 0, 1, 0, 2, 0, 1, 0,    // 0xE0 to 0xEF
  4, 0, 1, 0, 2, 0, 1, 0, 3, 0, 1, 0, 2, 0, 1, 0     // 0xF0 to 0xFF
};
```

그런데, 이 행렬은 일정한 규칙이 있어서 다음과 같이 함수로 표현해도 된다.

```
static uint8_t OSUnMapFunc(uint8_t x) {
    xxxxxxxx;         // <- 이곳에는 뭐라고 coding해야 할지 연구해 보기 바란다.
    switch(x) {
    case 1 :
      return (0);
    case 2 :
      return (1);
    case 4 :
      return (2);
    case 8 :
```

```
      return (3);
    case 16 :
      return (4);
    case 32 :
      return (5);
    case 64 :
      return (6);
    default :          // 128
      return(7);
    }
  }
```

처음 uC/OS-II를 학습하다가 위에 주어진 16×16 즉, 전체 256개의 원소를 보고 규칙을 찾아내어 위와 같이 **OSUnMapFunc()** **함수**로 만들었다. 그래서, uC/OS-II 개발자인 Jean J. Labrosse에게 알려주려고 하였다가 차일피일 미루다가 잊어버린 것으로 기억한다. 여러분도 도전해 보기 바란다.

CHAPTER 11

uC/OS-II OS와 Kernel Object의 구조와 종류

Chapter 10.에서 RTOS에 대한 개념과 동작 원리에 대해서 학습하고, multi-tasking을 위한 task 전환하는 방법에 대해서 전반적으로 학습하였다. 1[ms]와 같은 일정한 시간 간격을 Core timer인 Systick timer가 발생시켜서 task 전환이 필요한 경우에 delay로 사용할 수 있도록 하였다. 즉, **OSTimeDly()** 함수에 의해서 **Task delay**가 발생하면, 그때마다 현재 실행 중인 task를 제외한 다른 가장 높은 우선순위를 갖는 task를 선택하여 실행할 수 있도록 전환해 주는 task context switching 작업을 수행하도록 한다. 이때, 그 **task 전환을 구체적으로 수행하는 행동의 주체인 PendSV exception**을 발생시켜서 task 전환 작업을 완료하며, 이 작업을 구현한 assembly code에 대해서 학습하였다. uC/OS-II에서는 지원하지 않지만, 동일한 우선순위를 갖는 task들 사이에 Round Robin 방식으로 Quantum time을 할당할 때에도 Systick timer exception을 사용하여 **주기적인 task 전환**이 발생하도록 하는데, 이때에도 task 전환에 대한 구체적인 작업은 PendSV exception 발생에 따른 handler routine에서 수행하게 된다. 무엇보다도 C 언어가 아닌 assembly 언어로 작성해야 하는 이유도 학습하였다. 또한, Kernel Object의 종류와 개념에 대해서 학습하였고, task 전환 과정에 대한 학습과 이를 assembly code로 구현하는 방법에 대해서 학습하였다.

이를 위해서 우리는 Cortex-M core 중심의 KEIL assembler를 기준으로 하는 assembly coding 기법을 학습하였다. 이번 Chapter 11.에서는 Task 전환에서 제일 중요한 각각의 task가 전용으로 소유라는 stack과 heap에 대한 상세한 내용을 학습하고, 이어서 task들을 운용하는 과정에서 interrupt가 발생한 경우에 대한 흐름도 학습하게 될 것이다. 또한, Kernel Object들에 대해서 상세히 학습하게 될 것이다. 즉, thread들 사이에 message(또는 데이터)를 전달하기 위한 Message Queue 또는 Message mailbox와 여러 thread들이 공유 자원을 충돌 즉, race condition이 발생하지 않도록 접근하는 Semaphore와 Mutex에 대해서 학습하고 이들과 관련된 함수들도 학습하게 될 것이다. Chapter 10.과 Chapter 11.에서 학습한 내용을 근거로 Chapter 12.에서는 다양한 예제들을 통하여 실습하는 시간을 갖게 될 것이다. 이전 Chapter 10.과 같이 많은 이론적인 내용들이 포함되어 있으므로 여러분의 많은 인내심과 끈기를 요구한다.

■ 학습 목표 :
- 각각의 Task에 stack 또는 heap을 할당하는 방법에 대한 학습.
- 각각의 Task에 할당된 stack, heap, 그리고, 초기화된 전역변수 관리 방법.
- Task 전환에 따른 stack의 관리 방법과 관련 code 구현.
- Task들 운영 과정에서 interrupt가 발생하는 경우에 전환 방법 학습.
- Kernel Object의 개념과 종류.

11.1 OS 사용에 따른 stack과 heap의 관리 방법.

이번 단원에서는 OS(Operating System)에서 stack의 역할과 관계에 대해서 좀 더 자세히 살펴보도록 할 것이다. 그러기 위해서는 학습에 필요한 project file을 만들어야 할 것이다. 우선, Chapter 10에서 개발한 Ch10Lab1Prj project의 이름을 Ch11Lab1Prj으로 바꾸고, CubeMX 파일도 Ch11Lab1Prj.ioc으로 바꾼다. 그리고, MDK-ARM folder를 삭제하고, 다시, Ch11Lab1Prj.ioc 파일을 실행하여 내용의 변화 없이 GENERATE CODE button을 click하여 MDK-ARM folder를 새롭게 생성하여 준다. 그리고 나서, build를 수행하여 주고, error가 없다면, Options for Target... icon 을 click하여 Debug tab을 선택한다. 여기서, Run to main() option을 uncheck 하여 준다. 이어서, SJ_MCUBook_M4 보드와 연결하고, (Ctrl+F5) icon을 click하여 실행하여 준다. [그림 11.1-1]에서 보여준 것처럼 처음 reset vector로 진입하면, 초기 reset routine에서 MSP는 linker가 결정하는데, 현재 0x2000_1E98인 것을 알 수 있다.

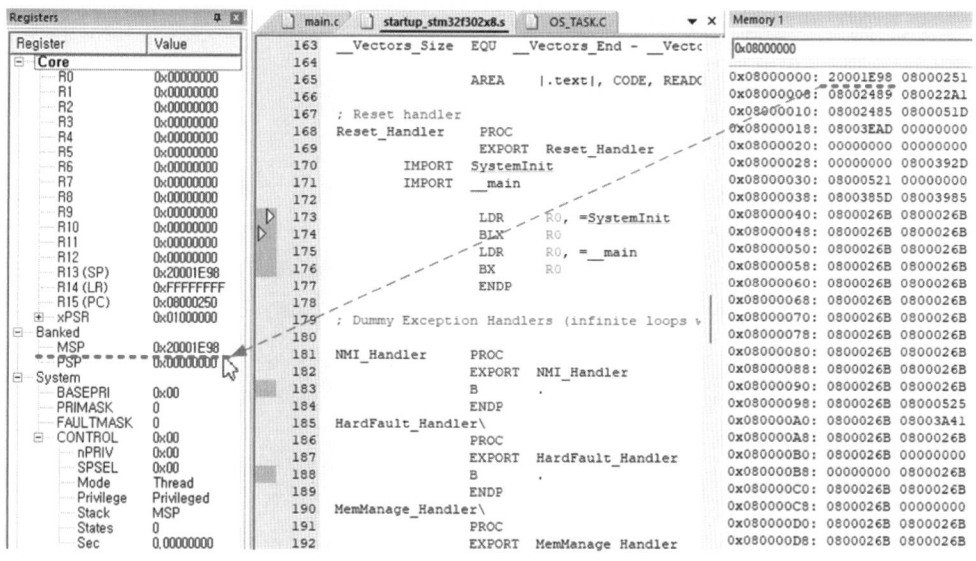

[그림 11.1-1] MSP(Main Stack Pointer)에 대한 개념 이해.

물론, OS가 필요 없다면, MSP 하나만 사용해도 될 것이다. 그러나, OS를 사용하는 경우, [그림 11.1-1]에서 보여준 것과 같은 handler를 위한 Main Stack 공간, 그리고, 각각의

task를 위한 독립적인 Process Stack들이 필요하게 된다. 이들 stack들은 사용할 수 있는 RAM에서 서로 간에 독립적인 영역을 점유해야 하므로 **배열 형태를 가지는 초기화가 필요 없는 전역 변수로 정의하여** linker가 할당하도록 해야 할 것이다. [그림 11.1-1]의 경우, 실행 image가 생성되어 debug mode에 있는 것으로 보아서 error 없이 linker의 할당이 완료 되었다는 의미이며, 이제, 초기 reset routine에서 MSP인 0x2000_1E98은 main() 함수를 위한 stack pointer로 사용할 것이다. 그런데, 여기서 몇 가지 의문이 생길 수 있다. 앞서 언급한 것과 같이 **각각의 task에 독립적으로 할당된 stack은 초기화하지 않은 전역 변수로 선언된 배열**이라고 하였다. 그렇다면, 9.1. 단원에서 설명한 것과 같이 **ZI section에 할당**될 것이다. 이것은 임의의 exception이 발생하였을 때, 수행되는 ISR에 공용으로 사용될 stack 즉, main stack도 잠시 후에 자세히 설명하겠지만, 마찬가지로 초기화하지 않은 전역 변수로 선언된 배열이므로 ZI section에 할당된다. 그렇다면, [그림 11.1-1]에서 보여준 초기 reset MSP인 0x2000_1E98은 무엇을 의미하는 것인지 궁금할 것이다. 지금부터 실험을 통해서 답변에 도달해 보도록 하자. [그림 11.1-2]의 오른쪽에 보여준 debugging 화면과 같이 우선, bootstrap startup_stm32f302x8.s file의 **349번째** line에 있는 명령어에 breakpoint를 설정하고, ⑤번과 같이 Disassembly window를 열어준다.

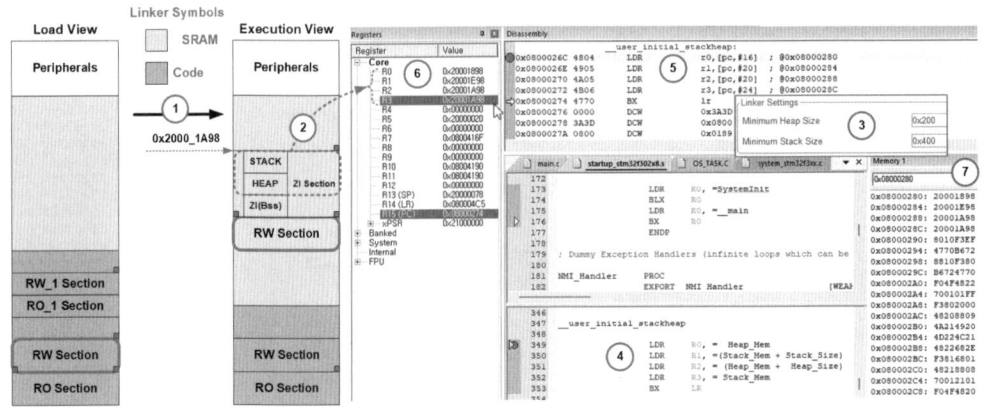

[그림 11.1-2] OS 관점에서 stack 분석 - 1.

그리고, 176번째 line에 있는 명령어까지 실행을 한 이후에 F10 key로 다음 명령을 수행하도록 하면, ⑤번과 같이 Disassembly window에 현재 PC(Program Counter)를 알려주는 노란색 화살표가 보일 것이다. Linker는 [그림 11.1-2]의 ③번에서 보여준 CubeMX에 설정한 stack과 heap의 크기로 ④번에서 설정한 **순서대로** ②번과 같이 MCU의 내부 SRAM에 영역을 할당한다. 이와 같은 stack과 heap의 형성과정에 대한 내용은 반드시, [그림 8.1-1]에서 학습한 전체 bootloader memory map과 연관 지어서 해석해야 한다. 이제, 좀 더 자세히 살펴보기 위해서 **Ch11Lab1Prj** folder에 생성된 map file 즉, **Ch11Lab1Prj.map**의 부분을 다음과 같이 발췌하여 보았다. 단, 512=0x200이고, 1024=0x400이다.

```
                       ... 중간 생략 ...
    .bss         0x20000020   Section    96    libspace.o(.bss)
    Heap_Mem     0x20001898   Data      512    startup_stm32f302x8.o(HEAP)
    HEAP         0x20001898   Section   512    startup_stm32f302x8.o(HEAP)
    Stack_Mem    0x20001a98   Data     1024    startup_stm32f302x8.o(STACK)
    STACK        0x20001a98   Section  1024    startup_stm32f302x8.o(STACK)
    __initial_sp 0x20001e98   Data        0    startup_stm32f302x8.o(STACK)
                       ... 중간 생략 ...
```

위에 주어진 map file을 근거로 [그림 11.1-2]를 다시 그려보면, [그림 11.1-3]과 같다.

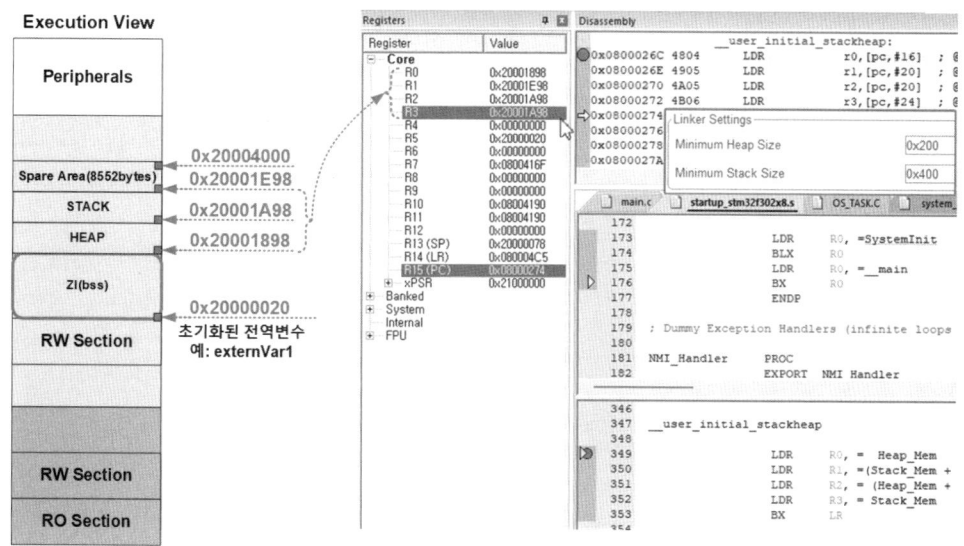

[그림 11.1-3] OS 관점에서 stack 분석 - 2.

[그림 11.1-3]의 내부 memory map을 보면, 16[Kbytes](즉, 0x4000bytes) 내부 memory를 가지고 있는 STM32F302R8 관점에서 0x4000-0x1E98=8552bytes는 사용하지 않고,

남는 공간이 된다. 잠시 후 각각의 task들이 어떻게 자신에게 할당된 stack을 운용하는 지 자세히 설명하겠지만, 이처럼 남는 공간을 가져가는 것은 나중에 다양한 용도, 예를 들면, software update를 위해서 사용할 수도 있지만, 내부 memory로 16[Kbytes] 밖에 없는 MCU에서 8[Kbytes] 이상을 남겨둔다는 것은 합리적이지 않은 것처럼 보인다. 그보다는 각각의 task가 좀 더 여유 있게 움직일 수 있도록 ZI section을 넓혀 주는 것이 보다 합리적일 것이다. 어쨌든, [그림 11.1-2]의 ⑤번에서 보여준 곳까지 진행한 이후에 **일단**, [그림 11.1-4]의 ⑨번과 같이 **95번째 line**에 breakpoint를 설정해 주어야 한다.

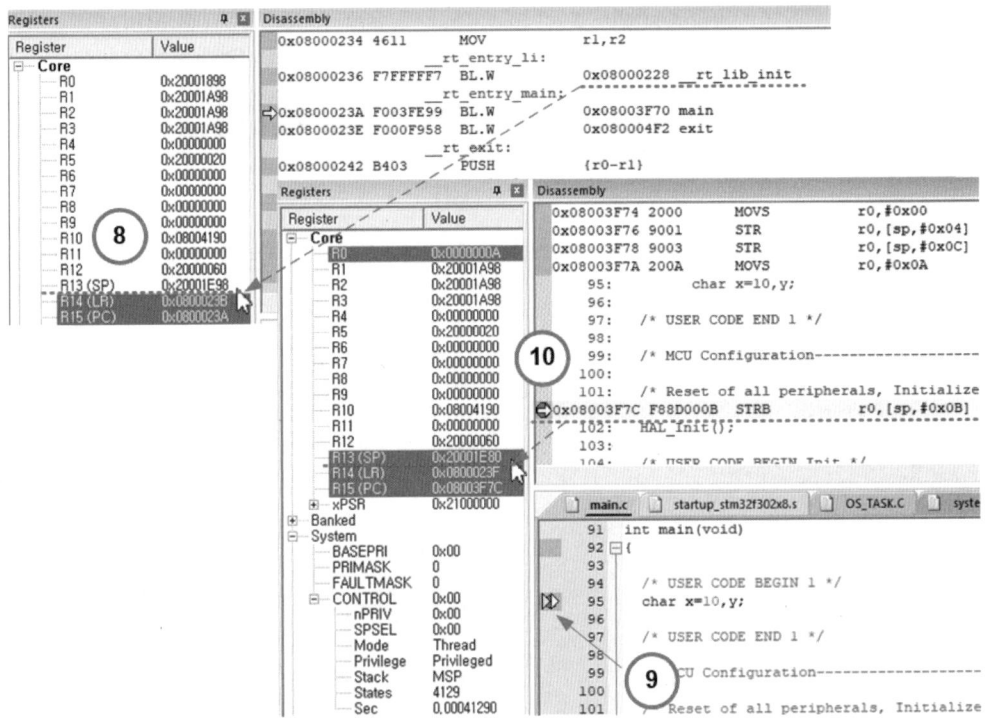

[그림 11.1-4] OS 관점에서 stack 분석 - 3.

그리고 나서, **계속해서 F10 key를 click하며 진행**해 보면, [그림 11.1-4]의 ⑧번에서 보여준 것과 같이 여러 runtime libraries를 거치게 된다. 이때에 MSP는 top address인 0x2000_1E98번지인 것을 알 수 있다. 이제, main() 함수로 들어가기 위해서 F10 key를 click하면, ⑨번에서 보여준 즉, **95번째 line**에 설정한 breakpoint에서 멈추게 된다. 만일, 미리, 설정하지 않으면, Disassembly window에서 main() 함수를 모두 실행하게 된다. 물론, 현재 Disassembly window에서 보여주는 PC(Program Counter)에서 **F11** key로 step in하며 debugging 할 수도 있다. 어쨌든, main() 함수로 들어오게 되면, [그림 11.1-4]의 ⑩번이 의미하듯이 main() 함수에 할당된 stack은 main stack이고, 이때의 stack은 [그림 11.1-2]의 ④번에서 지정한 stack이다. 결국, 이 stack은 main() 함수에서 정의한 지역 변수들과 새로운 task가 선택되어 그 task에 할당된 stack pointer로 변경될 때까지 요구한 모든 지역 변수들을 **저장하기 위한 공간으로만** 사용된다는 것을 알 수 있다. 말이 좀 애매할 수 있는데, 결국은 [그림 11.1-2]의 ④번에서 지정한 0x400 크기의 stack은 main() 함수뿐만 아니라 임의의 task가 선택되어 그 task에 할당된 stack pointer로 변경될 때까지 main() 함수에 의해서 호출되는 모든 연속적인 하위 함수들이 요구하는 지역 변수들과 어쩌면, 함수 이름들과 매개변수들을 모두 저장하는 데 사용된다. 그러므로, **task 기반의 OS를 사용하는 경우, 각각의 task는 ZI section에 이미 할당된 자신만의 stack을 사용하므로 [그림 11.1-2]의 ④번에서 지정한 stack과는 무관하다는** 것을 알 수 있다. 그런데, 만일, [그림 11.1-5]의 ⑪번에서 보여준 것과 같이 main() 함수에서 4[Kbytes] 지역 변수를 할당한다면, stack 영역에 할당된 0x400 = 1[Kbytes]를 넘어가서 ⑫번에서 보여준 것과 같이 ZI section까지 overwriting하는 결과를 만든다.

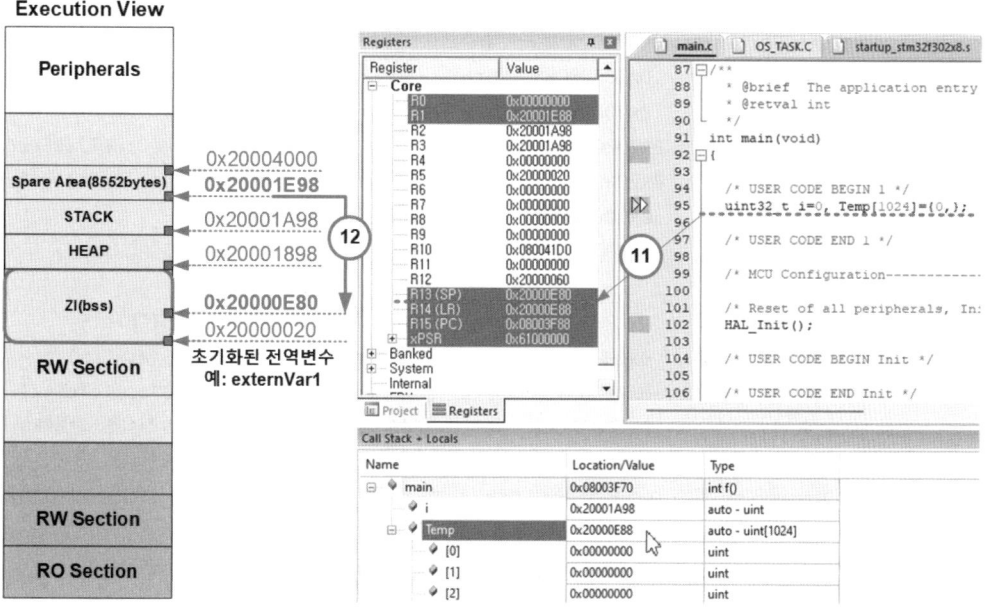

[그림 11.1-5] OS 관점에서 stack 분석 - 4.

이때 주의 할 것은 지역 변수는 실행 중에 할당되므로 어떠한 error도 발생하지 않는다. 즉, error도 없이 우리는 방금, heap 영역과 ZI 영역을 **오염시킨 것이다. 이것을 기억해야 한다.** 역시, 잠시 후에 자세히 학습하겠지만, 물론, **OSStart()** 함수로 task 기반의 실행이 수행되면, 생성된 task는 ZI section안에 자신만을 위해서 미리 할당된 stack 영역을 다시금 overwriting하여 사용하고, 무엇보다도 OSStart() 함수에서 main() 함수로 return하지 않으므로 ZI section을 침범하였다고 해서 각각의 task가 독립적으로 소유하는 stack에 문제가 될 것은 없어 보인다. 그런데, 만일, RW section까지 침범한다면, 문제가 달라진다. RW section은 초기화된 즉, 여러분이 할당한 초기 값을 갖는 전역 변수들이므로 이 데이터의 값이 overwriting되면, 오작동을 할 수 밖에 없기 때문에 주의해야 한다. 정리하면, 전역 변수들은 linker가 해당 image를 processor가 실행하기 **전에** 미리 RAM 안에 할당을 하는데, 이때, 초기화 되지 않은 전역 변수들은 ZI section안에 할당이 되고, 이 할당된 위치 즉, address들을 *.map file안에 기록해 준다. 결국, 각각의 task를 위한 process stack과 exception handler를 위한 main stack은 모두 초기화되지 않은 전역 변수 배열이므로 *.map file로부터 Linker가 정확히 ZI section 안의 어디에 할당하였는지 다음과 같이 확인 할 수 있다.

```
                        ... 중간 생략 ...
    SystemCoreClock      0x20000000   Data    4 system_stm32f3xx.o(.data.SystemCoreClock)
    externArray1         0x20000004   Data   12 main.o(.data.externArray1)
    externVar1           0x20000010   Data    4 main.o(.data.externVar1)
    uwTickFreq           0x20000014   Data    1 stm32f3xx_hal.o(.data.uwTickFreq)
    uwTickPrio           0x20000018   Data    4 stm32f3xx_hal.o(.data.uwTickPrio)
    __libspace_start     0x20000020   Data   96 libspace.o(.bss)
    OSCPUUsage           0x20000080   Data    1 os_core.o(.bss.OSCPUUsage)
                        ... 중간 생략 ...
    OSTCBTbl             0x200001e0   Data  676 os_core.o(.bss.OSTCBTbl)
    OSTaskCtr            0x20000484   Data    1 os_core.o(.bss.OSTaskCtr)
    OSTaskIdleStk        0x20000488   Data 2048 os_core.o(.bss.OSTaskIdleStk)
    OSTaskStatStk        0x20000c88   Data 2048 os_core.o(.bss.OSTaskStatStk)
    OSTime               0x20001488   Data    4 os_core.o(.bss.OSTime)
    OS_CPU_ExceptStk     0x2000148c   Data  512 os_cpu_c.o(.bss.OS_CPU_ExceptStk)
    OS_CPU_ExceptStkBase 0x2000168c   Data    4 os_cpu_c.o(.bss.OS_CPU_ExceptStkBase)
    RandomSem            0x20001690   Data    4 main.o(.bss.RandomSem)
    StructVar            0x20001694   Data    8 main.o(.bss.StructVar)
    TaskData             0x2000169c   Data    2 main.o(.bss.TaskData)
```

```
TaskStartStk              0x200016a0   Data    128   main.o(.bss.TaskStartStk)
TaskStk                   0x20001720   Data    256   main.o(.bss.TaskStk)
externPtr1                0x20001820   Data      4   main.o(.bss.externPtr1)
```
... 중간 생략 ...

현재, 개발하고 있는 uC/OS-II 기반의 Ch11Lab1Prj project는 동일한 Task 2개와 TaskStart 1개, 이렇게 3개의 task들을 생성하였다. 그런데, 동일한 Task 2개는 main.c 파일에 다음과 같이 정의되어 있듯이 2차원 배열 TaskStk[2][32]로부터 각각 32× 4=128bytes의 크기로 자신만의 stack 공간을 **독립적으로 할당**받고 있다.

```
OS_STK         TaskStk[N_TASKS][TASK_STK_SIZE];        // Tasks stacks
```

그래서, **TaskStk**은 128×2=512bytes의 크기를 갖는 것이다. 또한, 기본적으로 **OSInit() 함수** 안에 있는 OS_InitTaskIdle() 함수에 의해서 생성되는 idle task와 선택 사항인 통계 task까지 합치면, 총 5개의 task들이 존재하게 된다. 또한, exception handler들이 공용으로 사용할 main stack인 OS_CPU_ExceptStk도 0x2000_148C 번지에 할당된 것을 볼 수 있으며, 이들은 모두 [그림 9.1-11]에서 설명한 *.elf 실행 image를 형성하는 section 구조에서 .bss section에 할당되며, 구체적으로 [그림 11.1-5]에서 0x2000_0020번지부터 0x2000_1898번지까지 할당된 것을 확인할 수 있다. 그런데, 잠시 후에 학습하게 되겠지만, 동일한 Task 2개와 TaskStart task들을 위한 stack과 exception handler를 위한 stack이 거의 **연속적으로 할당**된 것을 볼 수 있다. 이렇게 되면, 임의의 task에서 stack overflow가 발생하면, 바로 다른 task의 top address를 침범한다는 의미가 된다. 즉, 다른 task의 지역 변수들을 overwriting하게 되므로 문제가 된다. 물론, 다른 ZI section 안에 있는 임의의 전역 변수들도 모두 중요하지만, task stack overflow가 발생할 수 있다는 것에 대해서는 특별히, 기억해 두기 바란다. 그리고, idle task와 통계 task는 다른 3개의 일반 task들과 따로 떨어져 있는 것도 확인할 수 있는데, 그 이유는 정의된 순서와 관계있다는 것도 쉽게 유추할 수 있을 것이다. [그림 11.1-5]에서 사용하지 않는 **Spare Area** 즉, 8552bytes는 0x2168 bytes에 해당한다. 그렇다면, [그림 11.1-2]의 ③번에서 보여준 stack의 크기 0x400 bytes는 다음과 같이 0x2168 bytes만큼 더 크게 할 수 있다. 즉, CubeMX에서 [그림 11.1-2]의 ③번에서 보여준 stack의 크기를 0x400 + 0x2168 = 0x2568bytes로 바꾸고, **GENERATE CODE** button을 click하여 startup_stm32f302x8.s 파일을 열어보면,

다음과 같이 수정되어 있을 것이다.

```
Stack_Size          EQU     0x2568      ; 0x400+0x2168 = 0x2568

                    AREA    STACK, NOINIT, READWRITE, ALIGN=3
Stack_Mem           SPACE   Stack_Size
__initial_sp
                            ... 중간 생략 ...
```

위와 같이 stack의 크기를 바꾸고, compile & linking을 수행하면, 다음과 같은 *.map file을 얻을 수 있다. 앞서 stack의 크기가 0x400인 경우와 비교해 보기 바란다. 단, 9576=0x2568이다.

```
                            ... 중간 생략 ...

.bss            0x20000020  Section   96    libspace.o(.bss)
Heap_Mem        0x20001898  Data     512    startup_stm32f302x8.o(HEAP)
HEAP            0x20001898  Section  512    startup_stm32f302x8.o(HEAP)
Stack_Mem       0x20001a98  Data    9576    startup_stm32f302x8.o(STACK)
STACK           0x20001a98  Section 9576    startup_stm32f302x8.o(STACK)
__initial_sp    0x20004000  Data       0    startup_stm32f302x8.o(STACK)
                            ... 중간 생략 ...
```

최초 main() 함수를 위한 stack pointer는 MSP = 0x2000_4000라는 것을 알 수 있다. STM32F302R8의 내부 SRAM 크기가 16[Kbytes] 즉, 0x4000이므로 정확히 내부 memory 16[Kbytes]를 **모두 사용**한 것을 알 수 있다. 만일, Stack_Size을 0x2168 보다 조금만 더 크게 증가시키면, 바로 **linker error**를 만나게 될 것이다. 즉, 다음과 같이 *.map 파일의 맨 아래 정보를 보면, 사용한 전체 RW 크기가 16[KBytes]로서 내부 SRAM 크기 16[Kbytes]와 정확히 같다.

```
==============================================================================
    Total RO  Size (Code + RO Data)               16848 (  16.45kB)
    Total RW  Size (RW Data + ZI Data)            16384 (  16.00kB)
    Total ROM Size (Code + RO Data + RW Data)     16876 (  16.48kB)
==============================================================================
```

그런데, 여기서 한 가지 관리하지 않고 넘어가는 것이 하나 있는데, 그것은 [그림 11.1-2]의 ③번에 보여준 heap에 할당된 512[bytes] 즉, 0x200이다. heap은 **기본적으로 address 방향을 stack과 반대로 관리**하는 것이 일반적이다. [그림 11.1-5]에서 보여준 것과 같이 heap 위에는 앞서 설명한 main() 함수와 관련된 지역 변수만을 저장하기 위한 stack만 존재한다. 그러므로, 일단, **OSStart() 함수에 의해서 multi-tasking이 수행**된다면, 앞서 설명한 것과 같이 얼마든지 overwriting해도 되는 영역이므로 각각의 task에서 **공유 자원으로 사용하기에 적합**하다는 것을 알 수 있다. 예를 들면, UART Rx interrupt가 발생하여 호출된 Rx ISR에서 들어온 데이터를 Rx buffer에 저장하려 할 때, 또는, Tx interrupt를 발생하기 전에 Tx buffer에 데이터를 저장하려 할 때, **Rx와 Tx buffer를 위한 공간으로 heap을 사용**할 수 있을 것이다. 그 밖에도 memory 재사용을 위한 공간으로 사용할 수도 있을 것이다. 어쨌든, 만일, 내부 memory 크기인 0x4000을 넘어가게 되면, 잘못된 address를 access하였으므로 bus fault error가 발생하고, 그에 따른 exception이 발생하게 되므로 최종적으로 system이 멈추게 된다. 솔직히, 잘못 coding한 경우에 system이 멈추는 것이 그나마 장시간에 잠깐 오동작하고, 다시 재대로 동작하는 것을 수정하는 것보다 훨씬 쉬운 것이 사실이다. 무엇보다 일반적으로 heap 영역을 사용하는 알고리즘, 예를 들면, memory pool을 사용하게 되면, 정확히 필요한 크기를 사용할 수 있는 공간에서 계획적으로 가져다 쓰는 것이므로 0x2000 범위를 넘어갈 이유도 없다. 즉, main() 함수 안에 while(1) 무한 loop를 사용하는 기존의 super-loop 구조보다 OS(Operating System)을 사용하는 구조에서는 **heap에 대한 필요성이 더 중요**해 진다. 여기서는 간단히, 대부분의 개발 tool들이 제공하는 stdlib.h library에서 제공되는 **malloc()** 함수를 사용하는 방법만 살펴보도록 할 것이다. 우선, 알아 둘 것은 malloc() 함수는 표준 library로 KEIL 또는 IAR과 같은 개발 tool 업체에서 제공하거나 또는 RTOS에서도 제공하지만, 내부적으로 구현한 방법이 서로 다르므로 요구하는 RO section과 RW section의 크기가 다른데 주의하기 바란다. 또한, stack의 크기로 지정한 0x400 보다 크게 잡아서 heap 영역을 넘어갔는데도 정상적으로 동작하는 것을 보았는데, malloc() 함수를 사용하는 경우에는 이처럼 stack이 malloc() 함수가 할당받은 heap 영역을 침범하면 linker error가 아닌 **bus fault exception이 발생**한다. 또한, 전체 heap의 크기로 지정한 0x200 즉, 512bytes 보다 더 큰 영역을 요구하면 malloc() 함수는 NULL을 return한다는데 주의하기 바란다. 여기서 여러분이 주의할 것이 있다. 실질적으로 malloc() 함수를 이용하여 요구한 heap 크기에 대한 정보를 linker는 관여하지 않는다는 것이다. 즉, malloc() 함수를 이용하여 0x200 보다 더 작은 heap 영역을 요구하던지, 0x200 보다 더 큰 영역을 요구하던지 상관없이 *.map file은 동일하다는 것을 알 수 있다. [그림 11.1-6]은 전체 heap의 크기로 0x200(512[bytes])을 지정하고, 그 중에서 malloc() 함수를 이용하여 64×4=256[bytes]를 요구한 경우이다.

[그림 11.1-6] heap 사용 방법 - 1.

그런데, 요구한 256[bytes]가 heap의 start address인 0x2000_1898번지부터 할당된 것이 아니라 ⑬번에서 보여준 것과 같이 6 words 이후인 0x2000_18B0번지부터 할당된 것을 알 수 있으며, 게다가, ⑭번에서 보여준 것과 같이 256bytes 할당한 이후 추가적으로 2 words를 더 사용하는 것을 확인 할 수 있다. 결론적으로 256bytes를 요구하였더니, 전체 8 words = 32 bytes를 **malloc() 함수가 추가적으로 사용**하여 ⑮번에서 보여준 번지에 첫 번째 데이터가 저장되는 것을 알 수 있다. 그러므로, 전체 heap의 크기로 0x200 즉, 512bytes를 할당하였어도, 512bytes 전체를 heap의 영역으로 사용할 수 없다는 데 주의하기 바란다. 즉, malloc() 함수를 이용하여 지정한 전체 heap의 크기인 128×4=512bytes를 요구하도록 다음과 같이 coding하게 되면,

```
HeapPtr=(uint32_t *)malloc(128*sizeof(uint32_t));
for(i=0;i<128;i++) {
```

```
    HeapPtr[i]=i+1;
}
```

[그림 11.1-7]의 ⑰번에서 보여준 것과 같이 malloc() 함수는 요청한 크기의 heap을 할당할 수 없으므로 결국, NULL을 반환한다.

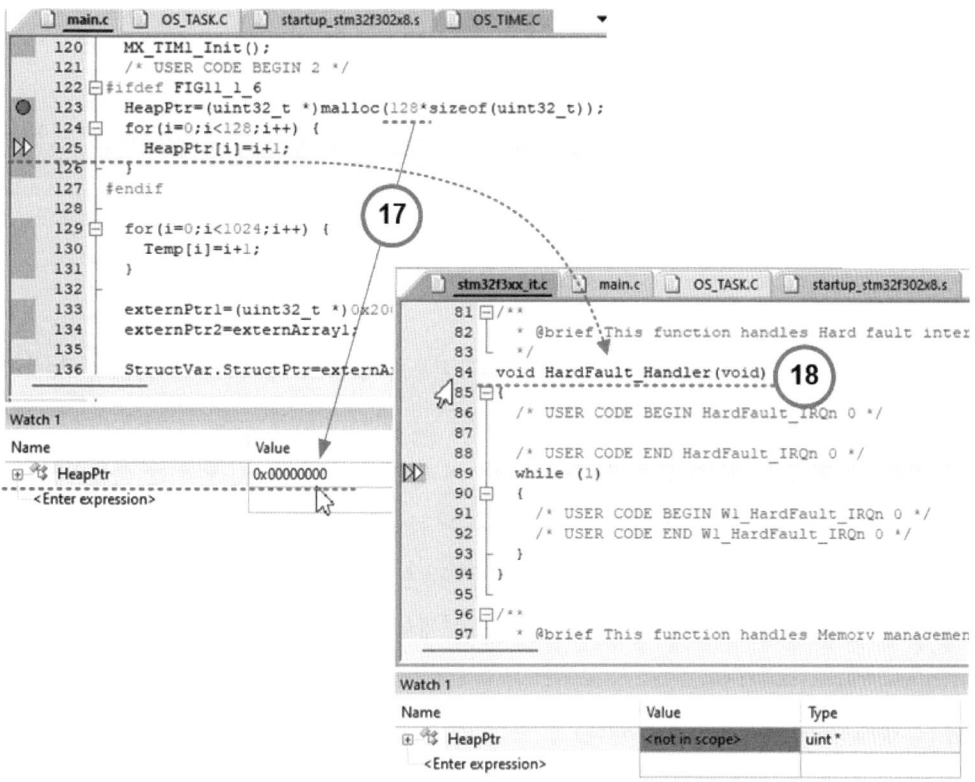

[그림 11.1-7] heap 사용 방법 - 2.

그런데, 이처럼 heap 영역을 할당 받지 못한 상태에서 ⑱번과 같이 데이터를 저장하려고 시도하면, 앞서 언급한 것과 같이 **bus fault exception**이 **발생**하고, 이것이 결국은 HardFault exception을 유발하게 된다. 이 상태에서 여러분의 제품은 그냥 멈춘 상태로 보이게 될 것이다. 그러므로, malloc() 함수를 사용하는 경우, 반드시, 반환 값을 확인해야 한다는 것을 명심하기 바란다. 또한, [그림 11.1-6]에서 첫 번째 데이터의 번지를 가리키는 ⑮번과 마지막 데이터의 번지를 가리키는 ⑯번으로부터 **heap은 address의 증가 방향이 stack과 반대로** 낮은 번지에서 높은 번지로 진행해 나가는 것을 알 수 있다. 그러므로,

stack과 달리 ZI section과 충돌이 발생하지 않는다. 참고적으로 uC/OS-II를 포함한 대부분의 RTOS에서는 memory pool을 이용한 heap 관련 함수들을 제공한다. [그림 11.1-8]은 malloc() 함수를 사용하는 경우에 추가적으로 요구되는 RO section과 RW section의 크기를 비교한 것이다.

```
//HeapPtr=(uint32_t *)malloc(64*sizeof(uint32_t));
for(i=0;i<128;i++) {
  HeapPtr[i]=i+1;  // uint32_t HeapPtr[64]={0,};
}

Total RO  Size (Code + RO Data)          16900(16.50kB)
Total RW  Size (RW Data + ZI Data)       16384(16.00kB)
Total ROM Size (Code + RO Data + RW Data) 16928(16.53kB)
```

```
HeapPtr=(uint32_t *)malloc(64*sizeof(uint32_t));
for(i=0;i<128;i++) {
  HeapPtr[i]=i+1;  // uint32_t *HeapPtr[64]=NULL;
}

Total RO  Size (Code + RO Data)          17472(17.06kB)
Total RW  Size (RW Data + ZI Data)       16384(16.00kB)
Total ROM Size (Code + RO Data + RW Data) 17500(17.09kB)
```

(a) malloc() 함수를 사용하지 않은 경우.　　　(b) malloc() 함수를 사용하는 경우.

[그림 11.1-8] heap 사용 방법 - 3.

결국, malloc() 함수를 사용하게 되면, 추가적으로 17472-16900=572[bytes] **flash 영역**이 더 요구되는데, 이 정도는 과감하게 사용해 주는 것이 인생에 도움이 될 것이라고 생각한다. 물론, malloc() 함수가 요구하는 memory 크기 보다는 malloc() 함수를 사용함으로 인해서 발생하는 **수행속도의 저하**를 더 고민하는 분들이 있을 수 있다. 그러나, 원칙적으로 malloc() 함수를 이용하여 heap을 요구하는 것은 다음에 보여준 것과 같이 task관련 함수의 도입부에 있는 "//Task 초기화 관련 code."에서만 수행되어야 한다.

```
void  TaskStart(void *pdata) {
   INT32U *HeapPtr;

   // Task 초기화 관련 code.
   필요한 주변 장치 초기화 routine;
   HeapPtr=(INT32U *)malloc(64*sizeof(INT32U));
   if (HeapPtr == NULL) {
      Tmp=0;
   }
   TaskStartCreateTasks();
   for (;;) {
      // 수행할 task 관련 code.
      OSCtxSwCtr = 0;
      OSTimeDly(OS_TICKS_PER_SEC); // Wait one second
      if (OSTime >= 3100) {
```

```
            free(HeapPtr);
        }
    }
}
```

즉, 실질적으로 task가 처리해야 하는 code가 수행되는 **무한 loop 안에서 반복적으로** malloc() 함수를 사용한다는 것은 올바르지 못한 coding이며, 이것은 malloc() 함수뿐만 아니라 어떤 함수를 사용해도 core에 엄청난 부담을 주게 될 것이다. 정리하면, heap 관련 malloc() 함수는 각각의 **task 도입부에서 한 번만** 사용해야하므로 결국은 memory 파편화가 발생하지 않아서 요청한 heap 할당을 수행하는데, 그리 많은 시간이 소비되지 않는다. 그러나, 역시, 가장 중요한 것은 각각의 task가 수행할 업무에 따른 올바른 stack 크기 할당과 그에 따른 heap 영역의 할당이다. 무엇보다 [그림 11.1-6]에서 보여준 main() 함수가 사용하는 stack 영역과 spare area를 합리적으로 작게 잡는 것이 중요하겠다. 지금까지 PendSV exception을 이용한 context switching 과정에서 필요한 stack과 heap에 대한 내용을 자세히 학습하였다. 이제, stack과 heap에 대해서 상세히 학습하였으니, [그림 10.4-7]에서 학습한 내용을 좀 더 자세히 계속해서 진행해 나가도록 하겠다.

11.2 Task 전환에 따른 Stack 관리 방법.

우선, PSP(Process Stack Pointer)와 생성한 task인 TaskStart()와의 관계를 살펴보도록 하자. 현재, Ch11Lab1Prj project에서 처음 생성한 task인 TaskStart()는 추후에 생성될 모든 task들을 관리할 것이므로 **가장 높은 우선권인** 0을 부여한다. 그러므로, PendSV exception에서 return하면, TaskStart()을 실행하게 될 것이다. 어쨌든, [그림 10.4-7]에서 보여준 것처럼 **226번째 line**까지 실행하여 본다. 이제, 이곳부터 계속해서 순서대로 진행해 나가면서 설명하도록 하겠다. 그러기 위해서, SJ_MCUBook_M4 보드를 연결하고, **Ch11Lab1Prj** project에서 stack 크기를 다음과 같이 0x400 값으로 설정해 준다.

```
    Stack_Size          EQU     0x400
```

그리고, 다음과 같이 main.c 파일에서 #define FIG11_1_6을 주석 처리해 준다.

```
//#define FIG11_1_6
```

이제, build를 수행하고, ◎ (Ctrl+F5) icon을 click하여 실행하여 준다. [그림 11.2-1]의 ①번과 같이 Ports folder에 있는 os_cpu_a.asm 파일에서 **226번째 line**에 breakpoint를 설정하여 주고, 이어서 ④번과 같이 **254번째 line**에도 breakpoint를 설정해 준다.

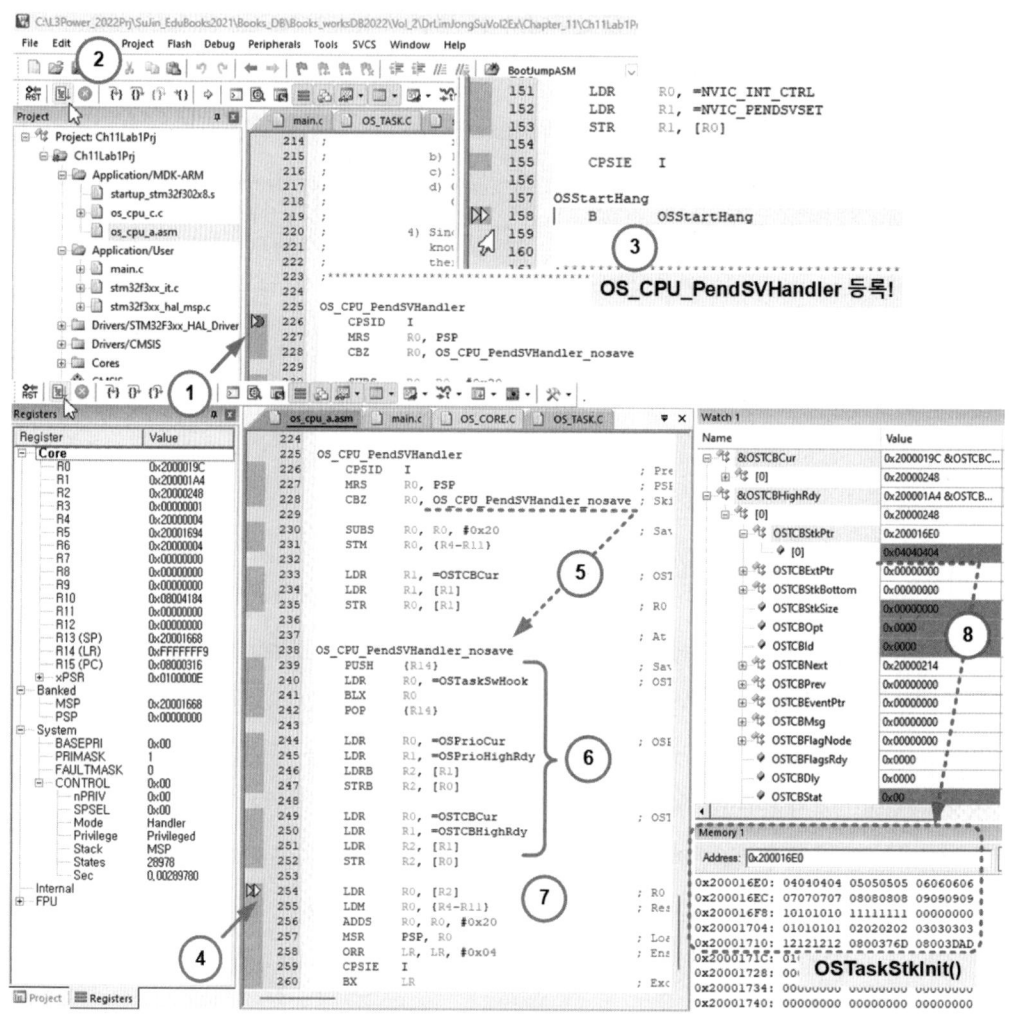

[그림 11.2-1] Process Stack Pointer(PSP)와 생성한 task의 관계 - 1.

그리고, ②번과 같이 🏃 Run(F5) icon을 click하여 준다. 이때 만일, 설정한 breakpoint에

멈추지 않고, ③번처럼 OSStartHang으로 빠진다면, Chapter 10.에서 설명한 것과 같이 아마도, CubeMX에서 생성한 MDK-ARM folder에 있는 **startup_stm32f302x8.s** 파일을 **수정하지 않아서** 발생한 것인지 모른다. 제공한 **Ch11Lab1Prj** folder의 MDK-ARM folder 안에 있는 **startup_stm32f302x8.s** 파일을 참조하여 PendSV exception의 Handler로 OS_CPU_PendSVHandler을 **등록**하기 바란다. 이와 같은 문제가 없다면, ①번에 설정한 breakpoint에 멈출 것이다. 자! 이제부터 10.3 단원과 10.4 단원에서 간단히(?) 설명한 **os_cpu_a.asm** assembly 파일에 있는 PendSV exception의 handler routine 즉, OS_CPU_PendSVHandler에 대한 내용을 좀 더 자세히 살펴보도록 할 것이다. 만일, Chapter 10.에서 설명한 assembly 언어에 대해 기억이 나지 않는 분들이 있다면, 다시 한 번 읽어보고 학습에 임하기 바란다. 우선, [그림 11.2-1]의 ⑤번에서 보여준 code를 보니, **MRS** 명령어를 사용하여 PSP 즉, 현재 Process Stack Pointer의 값을 R0에 저장하고, **CBZ** 명령어를 사용하여 그 R0의 값이 0이면, OS_CPU_PendSVHandler_nosave label로 branch 즉, 분기하라는 명령이다. 여기서, **CBZ**(Conditional Branch On Zero) 명령어는 주어진 register의 값을 "0"과 비교하여 "0"인 경우에 분기한다. "0"이 아닌 경우에 분기하도록 하는 **CBNZ** instruction도 있다. 단, 모든 분기는 **진행 방향으로만 설정**할 수 있다는데 주의하자. 여기서 잠시 여러분의 assembly 감각을 높이기 위해서 다음의 예제 code를 확인해 보도록 하자.

```
i = 5;
while (i != 0 ){
  func1(); // call a function
  i--;
}
```

이것은 다음과 같이 compiling될 수 있다.

```
       MOV R0, #5          ; Set loop counter
loop1  CBZ R0,loop1exit    ; if loop counter = 0 then exit the loop
       BL  func1           ; call a function
       SUB R0, #1          ; loop counter decrement
       B   loop1           ; next loop
loop1exit
```

어떤가? 뭔가 assembly 언어에 대한 친근감이 생길 것이다. 그 친근감을 이용해서 ⑤번 **227번째 line**을 해석해 보니, 현재 **Registers** window에 PSP=0x0000_0000이므로 결국, OS_CPU_PendSVHandler_nosave label로 branch할 것이다. 계속해서 **F11 key**를 click 하다보면, ⑥번의 code routine 즉, OSTaskSwHook() 함수를 호출하므로 그 함수 안에 들어갔다가 뭔가 작업 한 것이 없으니 그냥 나와서 ⓞSStart() 함수에서 OSStartHighRdy() 함수를 호출하기 전에 설정한 현재 task의 priority OSPrioCur 값에 가장 높은 priority OSPrioHighRdy을 저장해 주고, 현재 task의 OSTCBCur pointer값을 가장 높은 priority 를 갖는 task의 TCB pointer로 바꾸어 준다. 그리고, ⑦번과 같이 저장한 가장 높은 task를 실행하기 위해서 즉, context switching을 수행하기 위해서 가장 높은 task에 할당된 ⑧번 에서 보여준 stack의 첫 번째 번지부터 저장되어 있는 8개 stack frame 즉, [그림 10.3-2] 의 ②번에서 보여준 R4부터 R11까지의 값들을 모두 R4부터 R11까지의 **현재** 범용 register 들에 [그림 11.2-2]의 ⑩번과 같이 저장(loading)해 준다.

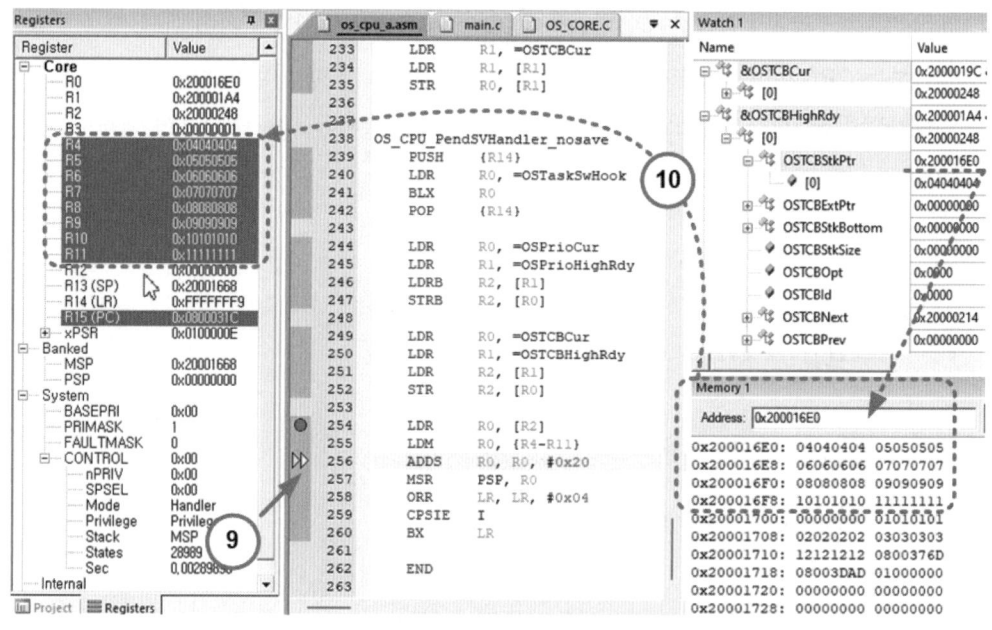

[그림 11.2-2] Process Stack Pointer(PSP)와 생성한 task의 관계 - 2.

⑨번은 이를 위해서 256번째 line까지 실행한 것을 보여 주고 있다. 10.3. 단원에서도 설명 한 것처럼 임의의 task를 OSTaskCreate() 함수를 이용하여 처음 생성하면, 생성된 task에

할당될 stack은 OSTaskStkInit() 함수에 의해서 다음과 같이 초기화되며, 그 결과를 [그림 11.2-2]의 Memory 1 window를 통하여 확인할 수 있다.

```c
OSTaskCreate(TaskStart, (void *)0, &TaskStartStk[TASK_STK_SIZE-1], 0);
OS_STK *OSTaskStkInit (void (*task)(void *p_arg), void *p_arg,
                  OS_STK *ptos, INT16U opt) {
  OS_STK *stk;
  (void)opt;                          // 'opt' is not used, prevent warning
  stk       = ptos;                   // Load stack pointer
   // Registers stacked as if auto-saved on exception
   *(stk)    = (INT32U)0x01000000uL;  // xPSR
   *(--stk)  = (INT32U)task;          // Entry Point
   *(--stk)  = (INT32U)OS_TaskReturn; // R14 (LR)
   *(--stk)  = (INT32U)0x12121212uL;  // R12
   *(--stk)  = (INT32U)0x03030303uL;  // R3
   *(--stk)  = (INT32U)0x02020202uL;  // R2
   *(--stk)  = (INT32U)0x01010101uL;  // R1
   *(--stk)  = (INT32U)p_arg;         // R0 : argument
   // Remaining registers saved on process stack
   *(--stk)  = (INT32U)0x11111111uL;  // R11
   *(--stk)  = (INT32U)0x10101010uL;  // R10
   *(--stk)  = (INT32U)0x09090909uL;  // R9
   *(--stk)  = (INT32U)0x08080808uL;  // R8
   *(--stk)  = (INT32U)0x07070707uL;  // R7
   *(--stk)  = (INT32U)0x06060606uL;  // R6
   *(--stk)  = (INT32U)0x05050505uL;  // R5
   *(--stk)  = (INT32U)0x04040404uL;  // R4

   return (stk);
}
```

단, task TaskStart에 할당된 stack인 전역 변수 배열 TaskStartStk[TASK_STK_SIZE]의 마지막 번지 값을 전달하기 위해서 &TaskStartStk[TASK_STK_SIZE-1]을 사용한 것에 주의하기 바란다. 왜냐하면, FD 방식으로 addressing하기 위해서이다. 그런데, 할당받은 stack은 기본적으로 모든 16개의 stack frame들을 바로 저장하는 것을 볼 수 있다. 이중에서 특별히, R15(PC)에 현재 stack의 소유주인 TaskStart task의 시작번지 즉, TaskStart() 함수의 시작번지가 저장된 것을 기억해 두기 바란다. 이제, [그림 11.2-3]에서 보여준 것처럼 258번째 line까지 실행하면, ⑪번과 같이 PSP의 값이 0x20001700이 된다.

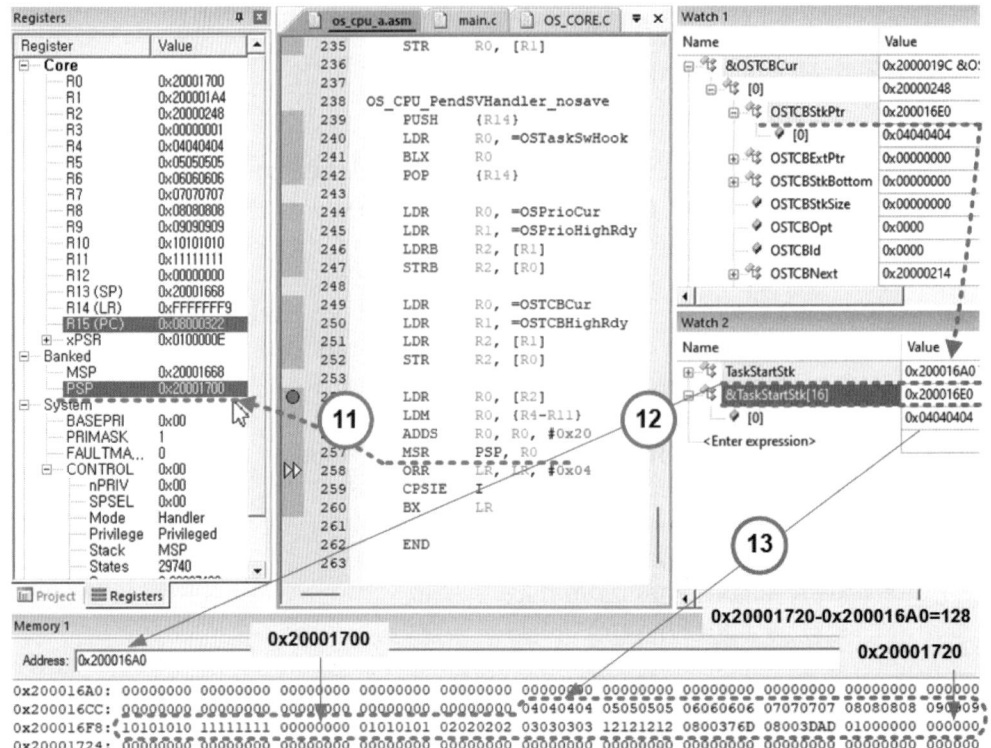

[그림 11.2-3] Process Stack Pointer(PSP)와 생성한 task의 관계 - 3.

이 값은 ⑫번처럼 TaskStart에 할당한 stack인 TaskStartStk[TASK_STK_SIZE]의 시작 번지 0x200016A0에 전체 크기 128bytes=0x80bytes를 더한 0x20001720에서 앞서 살펴본 **OSTaskStkInit()** 함수가 기본적으로 16개의 stack frame에 해당하는 0x40을 FD 방식으로 감소시킨 0x20001720-0x40=0x200016E0번지를 가질 때에 PendSV가 발생하여 수동으로 R4~R11까지 0x20 증가시켜서 얻은 0x200016E0+0x20=0x20001700을 의미한다. ⑬번은 R4의 값을 보여주고 있다. 이제, [그림 11.2-4]와 같이 **260번째 line인 BX LR** 명령어를 수행하면, R14(PC)에 등록한 TaskStart 함수가 호출되는 것이다. 우리는 Chapter 10.에서 다음의 code가 갖는 의미를 충분히 학습하였다.

```
ORR     LR, LR, #0x04                ; Ensure exception return uses process stack
```

이 code를 수행하면, LR의 값이 다음과 같이 바뀌게 된다.

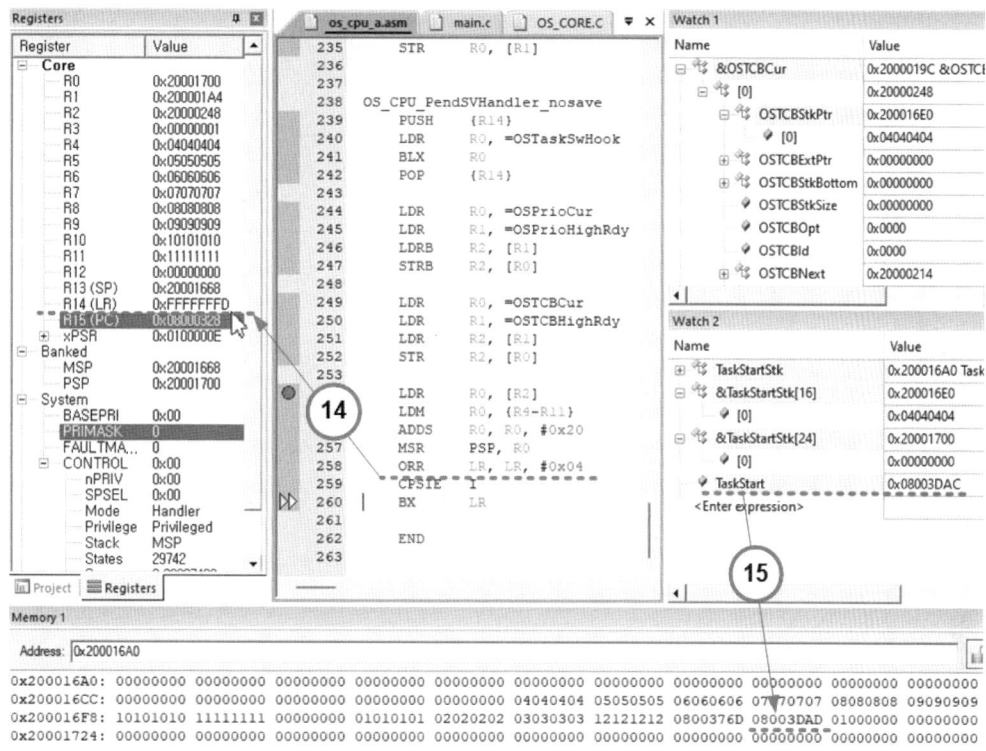

[그림 11.2-4] Process Stack Pointer(PSP)와 생성한 task의 관계 - 4.

LR : 0xFFFF_FFF9 → LR : 0xFFFF_FFFD

이것은 PendSV와 같은 exception handler에서 return 하면, [표 10.3-2]에 나열한 것과 같이 processor의 mode는 Thread mode로 하고, PSP stack을 사용하라는 의미이다. 만일, 그대로 0xFFFF_FFF9를 사용한다면, exception에서 return 하는 경우, processor의 mode는 Thread mode로 하고, MSP stack을 사용하게 될 것이다. 여기서 잠시, Cortex-M core의 분기 명령에 대해서 정리하면 다음과 같다. BL instruction은 Intel CPU의 경우에는 call instruction에 해당한다. 그러므로 함수를 호출하고, 다시 되돌아오는 데 사용된다. subroutine을 호출하기 위해서 branch와 LR을 사용하는 BL instruction의 syntax는 다음과 같다.

Syntax :
BL destination

여기서, destination은 program relative expression이 될 수 있다. 즉, destination address를 포함하는 범용 register를 destination 자리에 사용할 수 없다. 이 경우에는 **BX** instruction 또는 **BLX** instruction을 사용해야 한다. BL instruction은 다음과 같은 동작을 수행한다.

❶ LR(Link Register)안에 return address를 loading한다.
❷ subroutine의 address로 PC를 조정한다.

구체적으로 assembly code에서 사용되는 분기 명령들을 정리하면, 다음과 같다. 단, @은 address를 의미하는 symbol로 사용하였는데, 보편적으로 사용되는 symbol이다.

❶ B label
　Syntax : Simple Branch
　㉠ B⟨c⟩ ⟨label⟩　　⇒ 의미 : PC ← label
　Note : label 주소로 분기.

❷ BL label
　Syntax : Branch **with Link**
　㉠ BL⟨c⟩ ⟨label⟩　⇒ 의미 : LR ← return @, PC ← label
　Note : lr register에 return @ 저장, 이때, return @는 bit[0]=1이고, PC+4의 현재
　　　　값을 의미한다.

❸ BX reg
　Syntax : Branch and e**X**change by register
　㉠ BX⟨c⟩ ⟨Rm⟩　　⇒ 의미 : PC ← Rm
　Note : register에서 지정한 주소로 분기. 이 명령어는 Rm이 LR의 내용을 가지고 있을
　　　　때, procedure의 return을 허락한다. 여기서, "**X**"는 e**X**change를 의미하며, 주
　　　　의할 것은 Rm이 결코, 다음 PC의 값을 자동으로 저장하지 않는다는 것이다.

❹ BLX reg (16-bit instruction)
　Syntax : Branch and e**X**change **with register Link**
　㉠ BLX⟨c⟩ ⟨Rm⟩　⇒ 의미 : LR ← return @, PC ← Rm

Note : register에서 지정한 주소로 분기하고, return address를 LR에 저장. 주로 jump tables 또는 function pointers의 관리에 사용하며, X는 exchange를 의미한다.

주의할 것은 BX와 BLX에서 register의 LSB는 항상 그 값이 "1"이어야 하며, register에 저장된 주소가 아닌 **BX/BLX immediate** 형태로 사용하면 안 된다. 또한, BX/BLX와 같이 X는 operand가 register라는 것을 의미한다. 일반적으로 subroutine code가 실행된 이후에 return하기 위해서는 **BX LR** instruction을 이용하며, 범용 register R0~R3은 **입력 매개변수들을** subroutines에 전달하기 위해서 사용된다. 특별히, register R0과 R1은 호출자에게 되돌려주는 결과 값을 전달하기 위해서도 사용된다. 그래서, **자동으로 register들을 저장할 때에 중요한 역할을 수행하는 R0부터 R3까지 특별 관리하는 것이다.** [그림 11.2-5]는 [그림 11.2-4]에서 BX LR 명령을 수행하여 PendSV exception에서 return하고, 등록한 TaskStart() task를 호출한 결과화면이다.

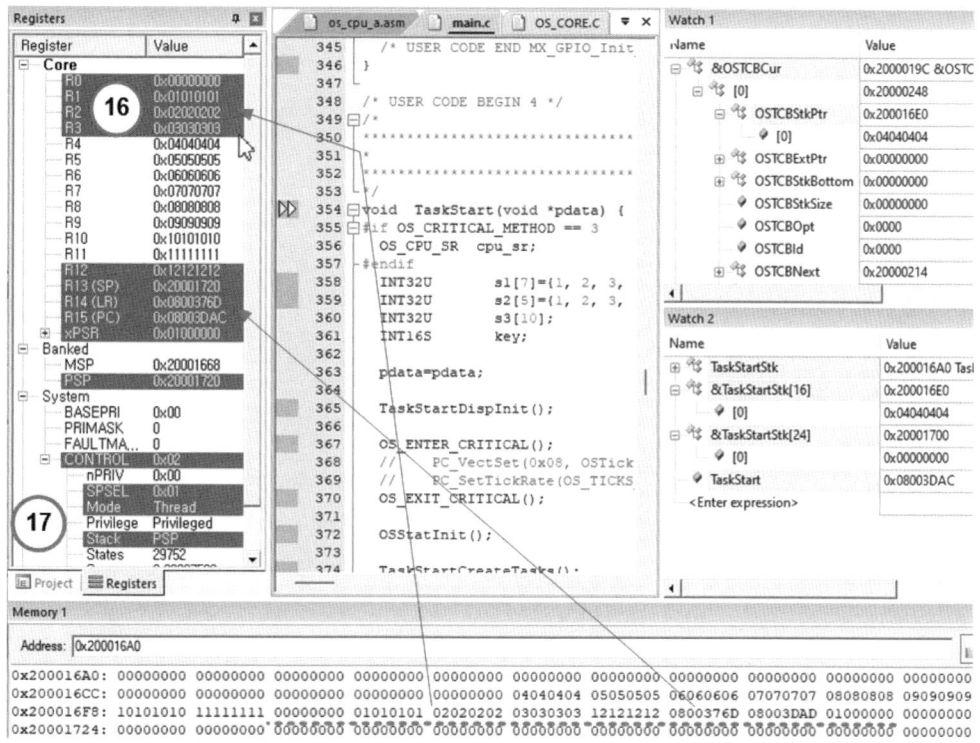

[그림 11.2-5] Process Stack Pointer(PSP)와 생성한 task의 관계 - 5.

[그림 11.2-5]의 ⑰번으로부터 알 수 있듯이 현재 task인 TaskStart()는 우리가 설정한 대로 processor의 mode가 **Thread mode**이고, **PSP stack을 사용**하고 있다. 또한, **현재 stack**인 PSP=0x2000_1720의 값은 ⑯번과 같이 8 words의 stack frame이 각각 관련 core register로 pop되고, PSP의 값을 0x20만큼 자동으로 더 해진 값이다. [그림 11.2-6]에서는 ⑱번과 같이 task에서 생성한 지역 변수들로 인해서 PSP의 값이 0x2000_16B0으로 감소한 것을 보여주고 있다.

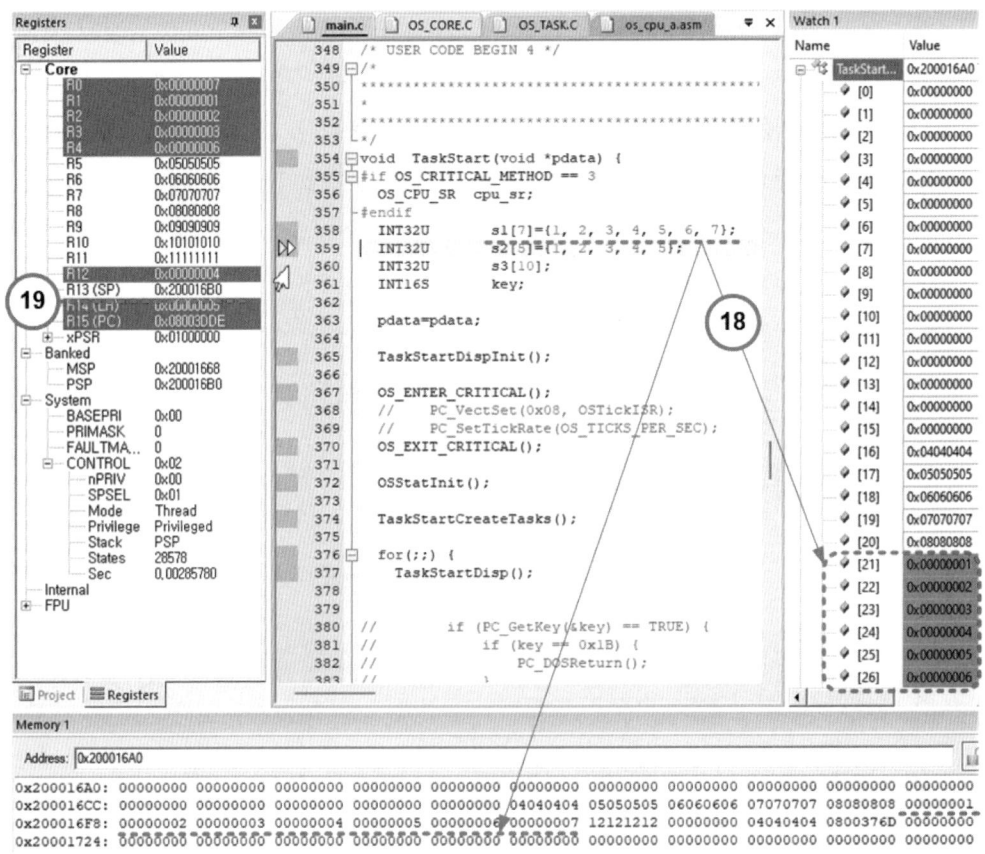

[그림 11.2-6] Process Stack Pointer(PSP)와 생성한 task의 관계 - 6.

그런데, 사실, array s1의 크기인 7×4=28, array s2의 크기인 5×4=20, 총 48=0x30만큼 pushing하여 0x2000_1720-0x30=0x2000_**16F0**이 되므로 PSP의 값은 0x2000_**16F0**이 되어야 한다. 그런데, 0x2000_16B0으로 감소한 것을 보여주고 있다. 무엇보다도 Watch window와 Memory window에서 확인해 보면, &TaskStartStk[21]=0x2000_**16F4**인 것

을 알 수 있다. 뭔가 이전 버전과 달리 AC6로 바뀌면서 16개 stack frame 크기(0x40)를 기본적으로 포함시키는 것 같다. 어쨌든, 값이 할당되어 **정의**(definition)된 변수들은 memory에 직접적인 공간을 차지하지만, 값이 할당되지 않은 즉, **선언**(declaration)만 된 array s3과 변수 **key**는 memory에 어떠한 공간도 차지하지 않는 것을 알 수 있다. 또한, [그림 11.2-7]의 ⑳번처럼 할당받은 stack의 128bytes를 넘어가는 지역 변수들을 정의하는 경우에는 함수로 진입할 때, 벌써 지역 변수에 대한 stack 공간을 확보하기 위해서 PSP=0x20001638로 감소하게 된다.

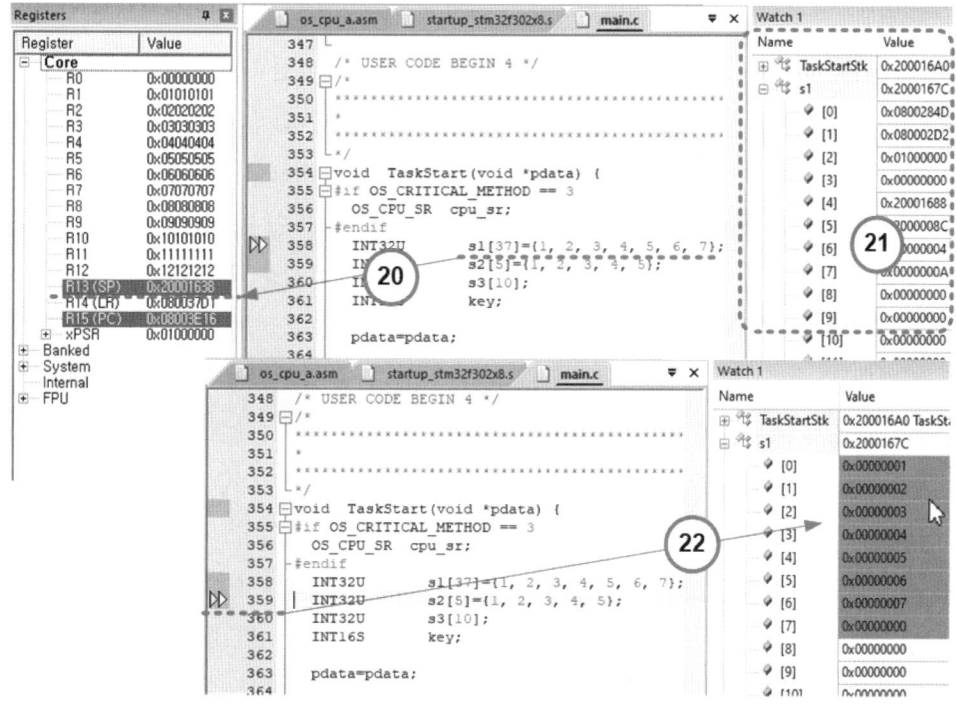

[그림 11.2-7] Process Stack Pointer(PSP)와 생성한 task의 관계 - 7.

그런데, 우리가 할당 받은 stack 영역은 ㉑번에 보여준 것처럼 0x2000_16A0번지부터 0x2000_1720번지까지이다. 즉, PSP=0x2000_1638은 **stack overflow**가 발생했다는 것을 의미한다는 데 주의하기 바란다. 그럼에도 불구하고, ㉒번과 같이 **359번째 라인**까지 진행하면, ㉑번에 있던 데이터가 s1 배열의 값으로 **overwrite**되어 **오동작**을 하게 된다. 이와 같이 task에 할당한 stack의 overflow 문제가 발생하지 않도록 **항상 주의해야** 한다. 정리하면, **임의의 task도 하나의 함수**이다. 단지, 이들은 일반 함수와 달리 **자신만의 고유한 stack**

을 소유하고 있다는 것이 다르다. 또한, 기본적으로 context switching을 위한 8×2×4 = 64bytes = 0x40bytes 보다 **많은 stack을 가져야** overflow가 발생하지 않는다. 예를 들어서, 2개의 task #A와 task #B가 있고, 이들은 모두 동일하게 64bytes stack을 각각 할당 받았다고 가정해 보자. 이제, task #A에서 task #B로 switching하려고 하는데, task #A가 [그림 11.2-7]과 같이 지역 변수들을 가지게 되면, 자신에게 할당한 stack 영역을 넘어가게 되고, 이때, 넘어간 영역이 task #B의 64 bytes 공간을 침범한다면, task #B의 xPSR, R15(PC), R14(LR), R12, … 등이 task #A의 지역 변수들로 overwriting되어 결국, task #B의 R15(PC)가 오염될 수 있어서, task #B로 switching 할 수 없게 될 수 있다. 어쨌든, 오염된 R15(PC) 값에 있는 명령어를 실행하려고 할 것이고, 이것은 Cortex-M instruction set이 아닐 테니, 잘못된 명령어 실행으로 인한 **Usage Fault exception**이 발생하게 될 것이다. 그런데, 대부분의 bootstrap code는 Usage Fault exception에 대한 handler를 등록하지 않는 경우가 많다. 그러므로, 최종적으로 **Hardfault exception**이 발생하고, 그곳에서 program counter가 멈춰 있는 것을 확인 할 수 있게 된다. 다시 말해서 제품이 갑자기 멈춘다는 의미이다. 어쨌든, 이와 같은 문제를 **극히 제한된 내부 memory를 사용하는 MCU에서 해결**하기 위해서는 계획적으로 stack을 할당하여 사용하거나 또는 가능하면 지역 변수와 같이 실행 중에 동적으로 memory 영역 즉, stack 영역을 요구하는 것 보다는 linking 시에 처음부터 memory를 요구하는 전역 변수로만 coding하면, linking 시에 현재 사용하는 MCU의 내부 memory 또는 연결한 외부 RAM을 초과하는 경우, **linker error**가 발생하여 그 원인을 찾기가 그나마 쉽다. 그러나, 임의의 함수에서 모두 전역 변수만 사용한다는 것은 결국, 함수에서 빠져나가 다시는 호출하지 않아도 해당 변수에 할당된 공간은 다른 함수에서 사용하지 못하는 공간이 되어 버리므로 일반적으로 **memory 관리 입장**에서 피해야 한다. 그런데, 이렇게 한 번 생각해 보자! 만일, 처음부터 전역 변수로 공용 memory 공간을 만들고, 여기서 임의의 함수가 필요한 지역 변수를 할당해 준 뒤에 더 이상 필요 없는 경우, 다시 다른 함수가 사용할 수 있도록 **공유 자원**으로 관리할 수 있다면, 의외로 stack overflow 문제를 linker error 문제로 국한 시킬 수 있는 **좋은 방법**이 될 것이다. 이때 공유할 전역 변수 공간을 **heap**이라 하여 관리할 수도 있고, **memory pool**이라 하여 관리할 수도 있고, 그 외 여러 idea를 동원하여 새로운 알고리즘을 만들어 관리할 수도 있다. 단, 앞서 언급한 것과 같이 임의의 task에 대한 관련 context가 상위 address에서 하위 address로 xPSR, R15(PC), R14(LR), R12, … 등이 pushing되는데, 문제는 xPSR, PC,

LR 등등의 register들은 **수동**으로 저장한 R4, R5, … 등등 보다 task가 switching하는 데 아주 중요하므로 이양이면, stack overflow가 발생하여 다른 stack을 오염을 시키더라도 R4, R5, … 순으로 오염시키는 것이 그나마 task switching에 작게 영향을 줄 것이므로 유리할 것이다. 그러므로, 생성할 공유될 전역 공간은 **stack의 address 증가 방향과 반대로 하는 것**이 훨씬 유리할 것이다. 물론, 이때에는 heap, memory pool 등등의 크기를 어떻게 잡고, 이들을 할당하고, 해제하는 추가적인 code가 필요하다는 문제도 발생하게 되는 것은 어쩔 수 없다. 이처럼 동적으로 memory를 할당하고, 해제하며 관리하는 방법으로 대부분의 OS에서는 **자신만의** malloc() 함수와 free() 함수를 제공한다. 어쨌든, 다시 한 번 강조하지만, 일단, **stack overflow**가 발생하면, 어디서 문제가 발생하였는지 파악하기가 쉽지 않으므로 주의하도록 하자. 참고적으로 stack overflow를 검사하기 위해서 task를 생성할 때, 생성할 task에 할당될 stack에 **고유한 watermark pattern**을 추가하는 방법이 있다. 이렇게 되면, 각각의 task의 stack 사용 상황을 쉽게 조사할 수 있게 되므로 stack overflow를 발견하기 쉽게 된다. 물론, task를 생성할 때에는 자신만의 고유한 watermark pattern을 stack에 writing해 주어야 하므로 시간이 더 들것이다. 그러나, context switching 할 때, stack overflow를 검사하는 방식보다 훨씬 유리한 방법이다. 왜냐하면, context switching은 상대적으로 task 생성 회수 보다 훨씬 많이 발생하기 때문이다. 사실, 어떤 방법을 사용하던지, 최종 제품을 만들 때는 stack overflow 관련 기능을 disabling 할 것이므로 문제가 되지는 않지만, 주의할 것은 해당 기능을 disabling 하였다면, 어쨌거나 다시 한 번 기능 검증은 해야 한다는 것이다. [그림 11.2-8]은 [그림 10.4-1]에 보여준 것처럼 **OS_Sched() 함수**에 의해서 task context switching이 발생한 것을 보여준 것이다. 구체적으로 **TaskStart** task에서 내부적으로 호출한 OSTimeDly() 함수에 있는 OS_Sched() 함수가 OS_TASK_SW() macro를 통하여 OSCtxSw assembly routine을 호출한 것이다. 이때에는 [그림 10.4-6]과 [그림 10.4-7]에서 사용한 MSP가 아닌 **PSP를 사용**하여 stack frame을 저장하는 것을 볼 수 있다. 즉, exception이 발생하기 전에는 ①번과 같이 현재 사용하는 stack이 PSP이다. 그러므로, ②번처럼 PendSV exception이 발생하면, ③번과 같이 PSP가 가리키는 stack에 **자동으로 stack frame**을 pushing한다. 결국, PSP는 0x20 만큼 빼진 ④번에서 보여준 0x2000_1660이 되는 것을 알 수 있다. 또한, 현재 PendSV exception handler mode이므로 mode가 Handler mode로 바뀌고, stack은 ⑤번과 같이 MSP가 사용되고 있다.

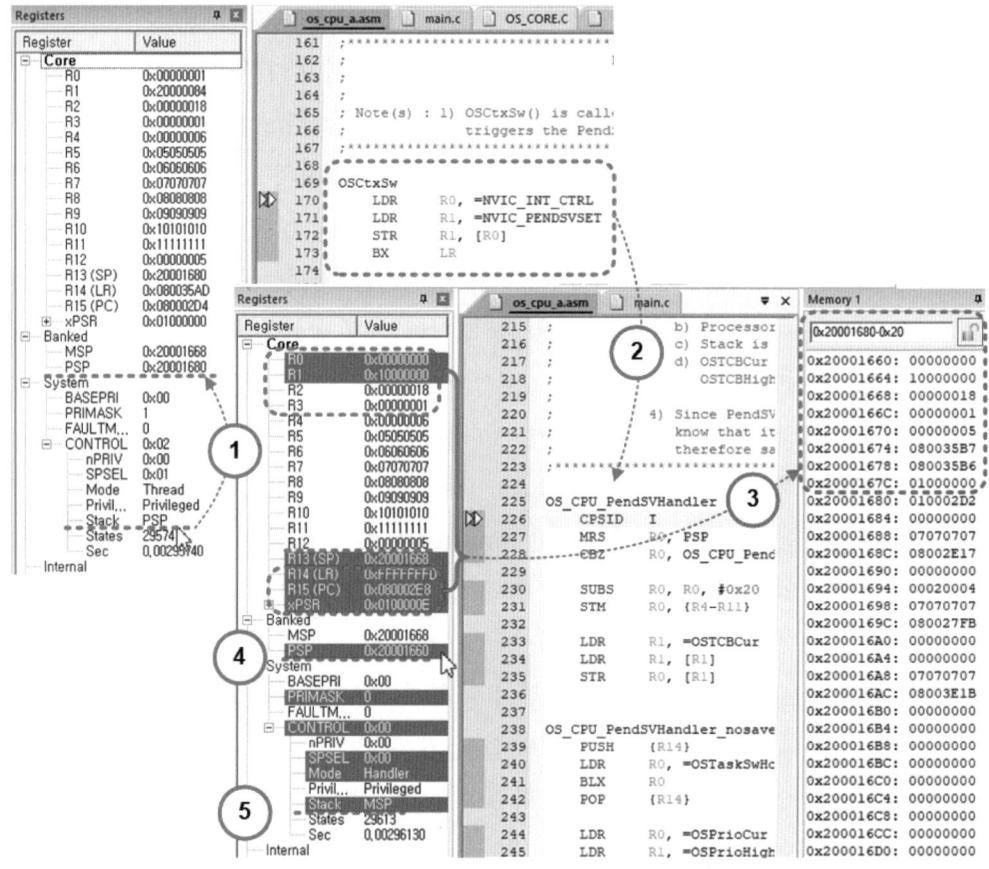

[그림 11.2-8] OS_Sched() 함수에 의한 task context switching과 PSP의 관계 - 1.

이 문제를 좀 더 자세히 살펴보면, [그림 11.2-9]와 같다. 예를 들어서, ⑥번에서 보여준 것과 같이 task1을 생성할 때, ⑦번에서 보여준 것과 같이 task1을 위해서 할당한 stack 공간의 top address &TaskStartStk[TASK_STK_SIZE - 1]을 함께 사용하여 task1을 생성한다. 그러면, ⑧번에서 보여준 것과 같이 stack의 top address에 task1의 **초기 context**를 순서대로 저장하여 준다. 이제, 생성한 task1이 우선권이 가장 높아서 실행해야 한다면, task1로 context switching이 발생하게 된다. 즉, ⑨번에서 보여준 것과 같이 R4~R11을 해당 core registers로 popping하고, R0이 저장된 stack의 address를 PSP에 설정해 준 뒤에 이 stack을 앞서 설명한 ORR LR, LR, #0xF4 명령을 수행하여 return stack으로 설정해 주면, context switching을 수행하기 위해서 발생한 pendSV exception에서 return 할 때, **자동으로** ⑩번에서 보여준 것과 같이 popping이 발생하여 **PSP는 xPSR을 가리키게 된다**. 결국, PSP는 할당 받은 stack의 top address를 가리키게 된다.

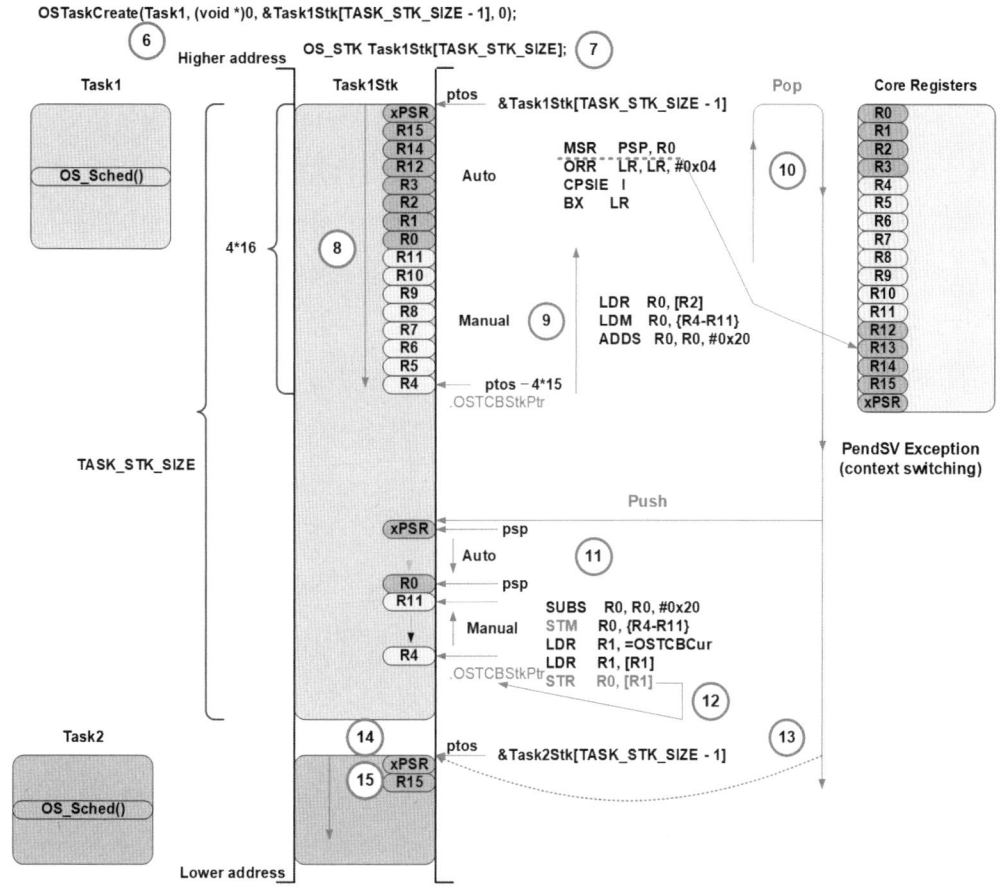

[그림 11.2-9] OS_Sched() 함수에 의한 task context switching과 PSP의 관계 - 2.

이제, task1, 결국은 task1이라는 함수에서 정의한 지역변수들이 PSP를 기반으로 저장되기 시작한다. 즉, stack에 저장되어 있던 16개의 register들은 이미 모두 loading 되었고, 할당 받은 stack의 top address를 PSP가 가리키므로 기존에 xPSR ~R4까지 저장되어 있던 공간을 overwriting하면서 저장하기 시작한다. 그러다가, 중간에 다른 task가 우선권이 높고, task context switching이 요청되면, pendSV exception이 발생할 것이고, 이때, 진행하던 psp가 가리키는 stack 위치에 ⑪번에서 보여준 것과 같이 8개의 core registers로 구성된 stack frame을 **자동**으로 저장하고, 나머지 8개를 **수동**으로 저장하여 준다. 그리고 나서, STR R0, [R1] 명령에 의해서 R4를 저장한 stack의 address를 .OSTCBStkPtr TCB field에 저장한다. 앞서 여러 번 언급한 것과 같이 TCB 구조체의 **첫 번째** member가 .OSTCBStkPtr field이므로 추후에 다시 task1을 실행하기 위해서 context switching을 수행하게 될 때, 방금 전 ⑨번에서 설명한 것과 같이 .OSTCBStkPtr field 기준으로 R4~R11을 **수동**으로 popping하고, ⑩번과 같이 stack frame을 **자동**으로 popping하면 된다. 그러면, task1 입장에서 보면, stack이 그림에서 보여준 것과 같이 끊어짐이 없이 연속이 되므로 task1은 중간에 다른 task로 switching 되었다가 자신에게 되돌아 온 것을 알 수 없게 되는 것이다. 그런데, 이와 같은 모든 동작이 정상적으로 수행되기 위해서는 task1이 생성될 때, ⑦번에서 지정한 TaskStartStk[TASK_STK_SIZE] 배열보다 많은 공간을 요구하게 된다면, ⑭번과 같이 자신의 stack 공간을 넘어가게 될 것이고, 심지어 ⑮번에서 보여준 것과 같이 task2의 stack 공간을 침범할 수 있게 된다. 중요한 것은 ⑦번과 같이 지정한 stack 공간인 TaskStartStk[TASK_STK_SIZE] 배열은 TASK_STK_SIZE×4 bytes의 **연속적인 공간을 할당**한 것뿐 경계를 넘어가는 것에 대한 **다른 대안은 없다는 데 주의**하기 바란다. 결국, task2의 stack 공간을 넘어가게 되면, 만일, task2가 생성되어 아직, 실행한 적이 없다면, xPSR부터 overwriting되기 시작할 것이고, task2가 실행한 적이 있다면, task2를 위한 지역 변수들부터 overwriting되기 시작하게 될 것이다. 문제는 이처럼 overwriting된 데이터로 인한 오작동이 실행 중에 **간혹** 나타날 수 있는데, 나타나는 현상도 overwriting된 데이터가 무엇이냐에 따라서 바뀌게 되므로 일단, stack overflow로 인한 오작동이 발생하면, 원인을 찾는 것이 그리 쉽지 않다는 데 주의하기 바란다. 결국, 이와 같은 stack overflow 문제가 발생하지 않도록 하기 위해서는 MCU 전체의 memory 크기에 따른 **memory 사용량을 도표로 정리**해야 하는데, 이와 같은 도표를 **footprint**라고 하며, 반드시 작성해야하는 내용이다. 지금까지는 task context switching 관점에서 살펴보았다. 이번에는 task가 수행되는 동안 interrupt가 발생하게 되면 어떻게 될 것인지 학습해 보도록 하겠다.

11.3 Task와 Interrupt 사이의 전환 방법.

task가 수행되는 동안 interrupt가 발생한 경우에 대해서 학습하기 위해서 우선, [그림 11.3-1]은 함수들 사이의 호출과 task들 사이의 switching 호출 관계를 도식적으로 표현한 것이다. 그리고, [그림 11.3-2]는 task들 사이의 switching과 task와 ISRs 사이의 호출 관계를 도식적으로 표현한 것이다.

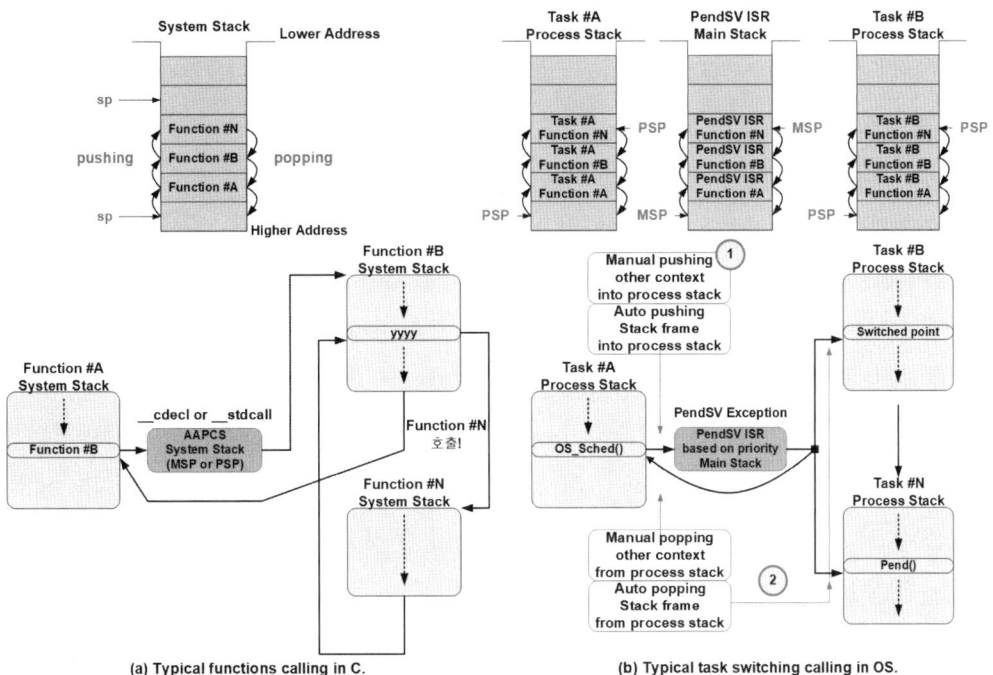

[그림 11.3-1] 함수 간 호출, task 간 switching 사이의 호출 관계.

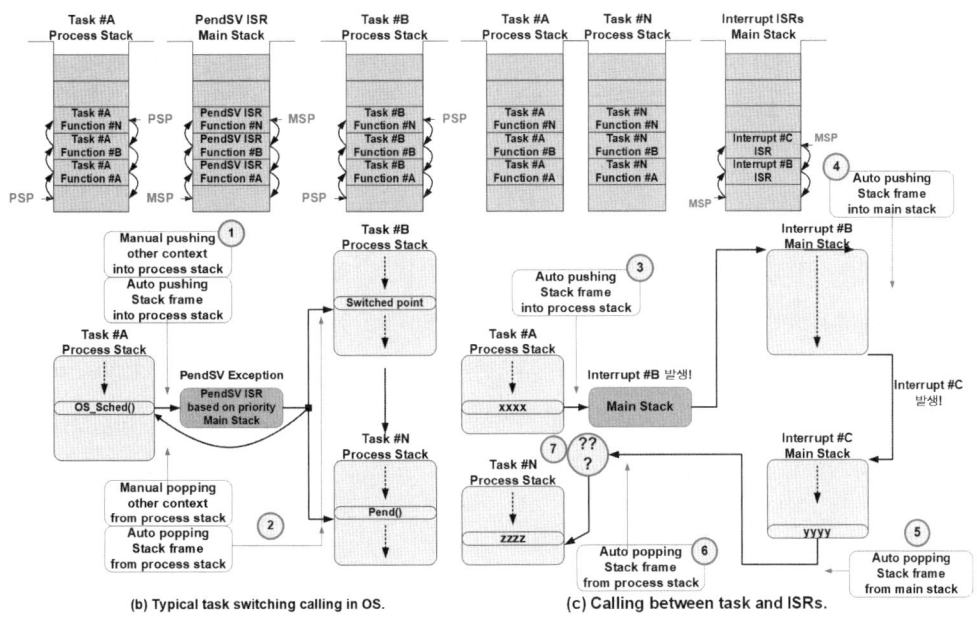

[그림 11.3-2] task간 switching, 그리고, task와 ISRs 사이의 호출 관계.

11 uC/OS-II OS와 Kernel Object의 구조와 종류 | 557

[그림 11.3-1(a)]에서 system stack이란 Main stack 또는 Process stack 중에서 어느 하나가 될 수 있다. ARM architecture의 경우, 함수들 사이의 호출은 **AAPCS**(Procedure Call Standard for the ARM Architecture)라는 **규약**에 근거하여 수행된다. 단, AAPCS에 대한 **전문적인 학습을 원한다면**, 2014년에 출간한 임종수의 Cortex-M3/M4 완벽 가이드 (**기초편**)의 Chapter 7.을 참조하기 바란다. 앞서 설명한 것처럼 범용 registers R0~R3 4개의 32-bit register들만을 이용하여 임의의 함수에 대한 입력 매개변수들을 모두 저장할 수 없는 경우, 또는 입력 매개변수 중에서 어느 하나가 volatile로 선언되어 있는 경우에는 push 명령어를 이용하여 system stack에 저장한다. 물론, 현재 사용하는 stack이 Process Stack인 경우, PSP를 기준으로 pushing한다. 결국, **함수들 사이의 호출에서는** [그림 11.3-1(a)]의 위에 보여준 것과 같이 정해진 하나의 **stack**이 연속적으로 사용되고 있는 것을 볼 수 있다. 함수 호출에 대한 모든 정보는 stack에 저장되며, A 함수가 B 함수를 호출하고, B 함수가 C 함수를 호출하는 경우, return은 C 함수에서 B 함수로 그리고, B 함수에서 A 함수로 연속적으로 발생하므로 결국, stack을 따라서 연속적으로 pushing과 popping 동작을 수행하면서 함수들에 대한 호출이 수행되는 것이다. 그러나, [그림 11.3-1(b)]에서 보여준 것과 같이 task들 사이의 switching은 다르다는 것을 알 수 있다. 우선, 각각의 task 는 독립적인 **stack**을 가지고 있다. 이제, Task #A를 따라 실행하다가 임의의 sub 함수를 호출하는 것이 아니라 갑자기 실행 도중에 다른 stack을 가지고 있는 Task #B로 switching 하기 위해서는 나중에 다시 Task #A로 복귀 할 때, Task #A는 **도중에 switching 당한 것을 모르게** switching된 곳의 다음 명령어부터 이전과 동일한 상황으로 실행을 계속 할 수 있도록 Task #B로 switching 되기 전에 필요한 모든 정보를 Task #A에 저장해 주어야 할 것이다. 이 필요한 모든 정보가 ①번으로 표시한 부분으로서 이들은 Task #A가 소유한 process stack에 저장된다. 이제, PendSV exception이 발생하고, 해당 ISR을 위한 main stack이 사용될 것이며, ISR에서 return하면, 가장 높은 우선권을 갖는 Task, 예를 들면, Task #B가 소유한 process stack에 저장한 정보를 core registers로 loading하고, 실행을 계속하면 될 것이다. 이때, [그림 11.3-1(b)]에서 표시한 것과 같이 가장 높은 우선권을 갖는 task로는 Task #B 뿐만 아니라 Task #A 자신이 될 수도 있고, Task #N이 될 수도 있다. 어쨌든, 어떠한 task가 선택되더라도 ②번으로 표시한 부분처럼 자신이 소유한 stack으로부터 복원에 필요한 정보를 core registers에 loading하여 실행해야 한다. 여기까지는 지금까지 충분히 학습한 내용이다. 그런데, [그림 11.3-2(c)]에서 보여준 것과 같이 임의의 task

#A를 수행하는 도중에 interrupt가 발생하여 해당 ISR을 수행하고, ISR에서 return 할 때, 만일, pending 상태에 있던 task #N이 timeout 되어 있고, priority가 Task #A 보다 높다면, task #N이 수행할 수 있도록 ⑥번의 작업이 이루어져야 할 것이다. 결국, ISR에서 **return 할 때에도 OS_Sched() 함수를 수행하여 가장 우선순위가 높은 task로 전환 해 주어야 한다**는 의미가 되는데, 문제는 interrupt level에서 OS_Sched() 함수를 수행할 수 없다는 것이다. 왜냐하면, 이 함수는 PendSV exception을 발생시키는 데, 비록, MCU의 주변 장치에서 발생시키는 일반 interrupt 보다 우선순위가 가장 낮도록 설정해 주었더라도 결국은 interrupt이므로 Vol.1의 개정판 14.3. 단원에서 설명한 것과 같이 blocking되어 system이 멈추게 된다. 그러므로, ISR 수준의 scheduling은 다음과 같이 **OSIntEnter() 함수와 OSIntExit() 함수를 함께 사용**해 주어야 한다.

```
void EXTI0_IRQHandler(void) {   // From startup_stm32f302x8.s
  #if OS_CRITICAL_METHOD == 3   // Allocate storage for CPU status register
    OS_CPU_SR  cpu_sr;
  #endif

  OS_ENTER_CRITICAL();    // Tell the OS that we are starting an ISR
  OSIntEnter();
  OS_EXIT_CRITICAL();

    ... ISR 업무 처리 ...

  OSIntExit();            // Tell the OS that we are leaving the ISR
}
```

여기서, OSIntEnter() 함수의 내용은 다음과 같다.

```
void OSIntEnter(void) {
  if (OSRunning == TRUE) {
    if (OSIntNesting < 255) {
      OSIntNesting++;       // Increment ISR nesting level
    }
  }
}
```

즉, 임의의 ISR의 초입부에 사용하는 OSIntEnter() 함수는 단순히, OSIntNesting 전역 변수를 이용하여 현재, 진입한 ISR이 **얼마나 많이** interrupt 중첩된 ISR인지 확인한다. 그리고, ISR의 끝부분에는 다음에 보여준 OSIntExit() 함수를 사용해야 한다.

```
void OS_Sched (void)
{
    INT8U   y;

    OS_ENTER_CRITICAL();
    if ((OSIntNesting == 0) && (OSLockNesting == 0)) {
        y           = OSUnMapTbl[OSRdyGrp];
        OSPrioHighRdy=(INT8U)((y<<3)+OSUnMapTbl[OSRdyTbl[y]]);
        if (OSPrioHighRdy != OSPrioCur) {
            OSTCBHighRdy = OSTCBPrioTbl[OSPrioHighRdy];
            OSCtxSwCtr++;
            OS_TASK_SW();
        }
    }
    OS_EXIT_CRITICAL();
}
```

```
void  OSIntExit (void)
{
    if (OSRunning == TRUE) {
        OS_ENTER_CRITICAL();
        if (OSIntNesting > 0) {
            OSIntNesting--;
        }
        if ((OSIntNesting == 0) && (OSLockNesting == 0)) {
            OSIntExitY  = OSUnMapTbl[OSRdyGrp];
            OSPrioHighRdy=(INT8U)(OSIntExitY<<3)+OSUnMapTbl[OSRdyTbl[OSIntExitY]]);
            if (OSPrioHighRdy != OSPrioCur) {
                OSTCBHighRdy  = OSTCBPrioTbl[OSPrioHighRdy];
                OSCtxSwCtr++;
                OSIntCtxSw();
            }
        }
        OS_EXIT_CRITICAL();
    }
}
```

이해를 돕고자, OS_Sched() 함수와 함께 보여주었다. 단지, 차이점은 **중첩되지 않은 최후의 ISR**인 경우에만 PendSV exception을 발생시켜서 task context switching을 하도록 하고 있다. 좀 더 자세히 설명하면, OS_ENTER_CRITICAL() macro는 PRIMASK에 "1"을 writing하여 NMI와 Hardfault exception을 제외한 나머지 exception들의 발생을 막는다. 여기서 막는다는 것은 exception이 발생하면, 해당 pending register에 적어도 하나는 기록해 준다는 의미이다. 또한, 내용 전개를 위해서 PendSV exception과 밀접한 관련을 갖고 있는 [그림 11.3-3]에 보여준 ICSR(Interrupt Control and State Register)는 NMI, PendSV 그리고 SysTick exception들을 software로 제어할 수 있도록 하고, exception 상태 정보를 제공한다. 구체적으로 ICSR의 bit field는 다음과 같이 구성되어 있다.

❶ Bits [31] : NMIPENDSET, RW

"1"로 writing하면, NMI exception을 active로 만들고, reading하면, 그 exception의 상태를 알려준다.

❷ Bits [28] : PENDSVSET, RW

"1"로 writing하면, PendSV exception을 active로 만들고, reading하면, 그 exception의 상태를 알려준다. 일반적으로 임의의 context switching을 요구하기 위해서 이 bit에 "1"을 writing한다.

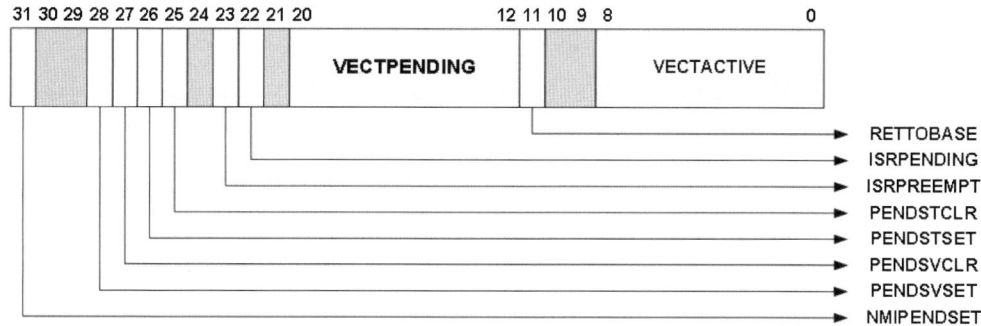

[그림 11.3-3] ICSR(Interrupt Control and State Register) register bit 구성.

❸ Bits [27] : PENDSVCLR, WO

"1"로 writing하면, PendSV exception의 pending 상태를 제거한다.

❹ Bits [26] : PENDSTSET, RW

"1"로 writing하면, SysTick exception을 pending으로 조정하고, reading하면, 그 exception의 현재 상태를 알려준다.

❺ Bits [25] : PENDSTCLR, WO

"1"로 writing하면, SysTick exception의 pending 상태를 제거해 준다.

❻ Bits [23] : ISRPREEMPT, RO

debug halt 상태에서 빠져나올 때, 임의의 pending exception이 servicing 될 것인지를 알려준다. "1"이면 servicing된다.

❼ Bits [22] : ISRPENDING, RO

NVIC에 의해서 생성된 외부 interrupt가 pending 상태인지 알려준다. "1"이면 pending 상태이다.

❽ Bits [20:12] : VECTPEDNING, RO

pending 상태에 있는 exception 중에서 가장 높은 우선권을 가진 **exception**의 number를 알려준다. "0"이면, pending exception이 없다는 의미이다.

❾ Bits [11] : RETTOBASE, RO

Handler mode에서 IPSR의 현재 값에 의해서 가리켜진 exception과 다른 active exception의 존재 유/무를 알려준다. "1"이면, IPSR에 의해서 보여준 임의의 exception

과 다른 active exception이 없다는 의미이다. 단, thread mode에서는 의미가 없다는 데 주의하자.

❿ Bits [8:0] : VECTACTIVE, RO

현재, 실행하는 exception의 number를 알려준다. "0"이면, processor가 Thread mode에 있다는 것을 의미한다.

이제, 중첩되지 않은 최후의 ISR인 경우, 즉, OSIntNesting=0인 경우에 OSIntCtxSw() macro를 호출하게 되는데, OSIntCtxSw() macro는 OS_Sched() 함수의 OS_TASK_SW() macro와 **동일하게** PendSV exception을 발생시킨다. 현재, PRIMASK=1이므로, 발생한 PendSV exception은 해당 handler routine으로 분기하지 못하고, pending 상태에 있게 된다. 이 내용을 실험하기 위해서 **Ch11Lab1Prj_INT** project를 새로 만들었다. 그리고, startup_stm32f302x8.s 파일에 나와 있는 vector table로부터 **EXTI0_IRQHandler** interrupt의 exception number는 22=0x16인 것을 확인 할 수 있다. 즉, ICSR register의 VECTACTIVE=0x16인 것을 알 수 있다. main.c 파일의 TaskStart task 관련 code를 보면 알 수 있겠지만, 손쉽게 실험하기 위해서 CubeMX를 바꾸지 않고, software적으로 **EXTI0_IRQHandler** interrupt를 발생시키기 위해서 다음과 같은 code routine이 추가되었다.

```
#ifdef INT_TEST
  // IRQ#6 enabling : EXTI0_IRQHandler enabling
  (*((volatile INT32U *)0xE000E100)) = 0x00000040;
  //STIR IRQ#6 generation : EXTI0_IRQHandler generation
  (*((volatile INT32U *)0xE000EF00)) = 0x00000006;
#endif
```

이제, SJ_MCUBook_M4 보드를 연결하고, ⓠ (Ctrl+F5) icon을 click하여 실행해 준다. 그리고, [그림 11.3-4]의 ⑧번과 같이 367번째 line까지 실행하여 준다. 그리고, ⑨번과 같이 EXTI0_IRQHandler() 함수의 534번째 line에 breakpoint를 설정하고, ▶ Run(F5) icon을 click하여 주면, software 적으로 IRQ#6이 발생하여 ⑨번에 설정한 breakpoint에서 멈출 것이다. 이제, F11 버튼을 click하여 OSIntExit() 함수 안으로 들어가서 ⑩번에 보여준 것과 같이 187번째 line까지 실행해 준다.

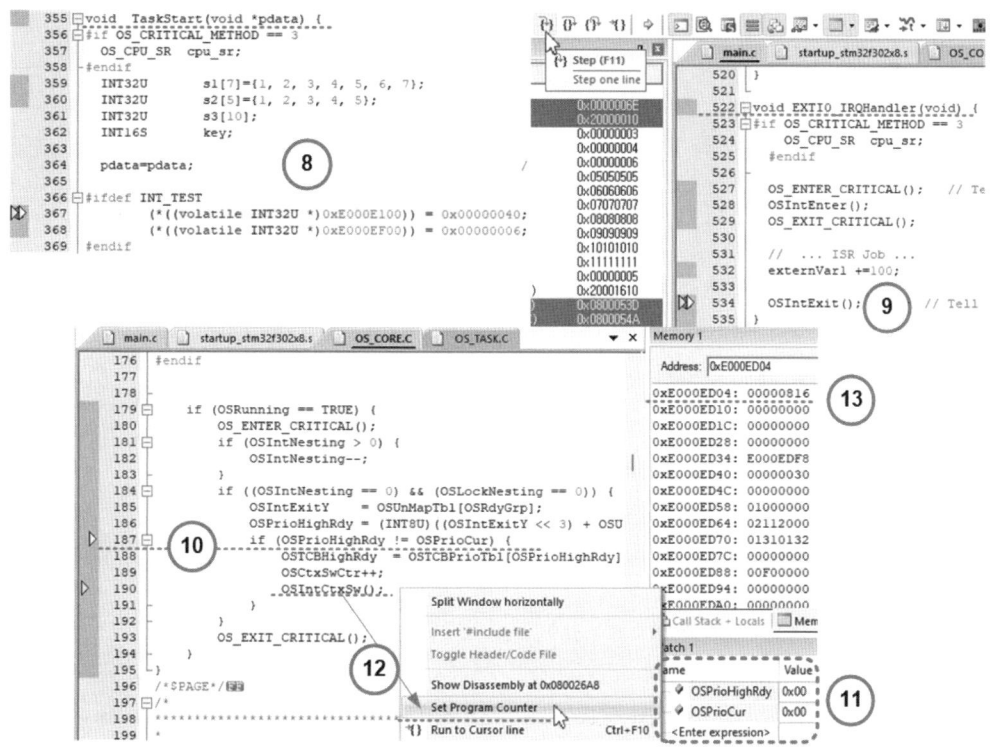

[그림 11.3-4] OSIntExit()에서 OSIntCtxSw() macro에 따른 ICSR bit 구성과 PendSV exception - 1.

이때, 조건문에 사용된 전역변수의 값들을 ⑪번에서 확인해 보니 동일하다. 그러므로, **강제로 OSIntCtxSw() 함수에 도달할 수 있도록 190번째 line**을 mouse로 선택하고, 오른쪽 mouse 버튼을 click하여 ⑫번과 같이 popup menu를 나타나게 한다. 그리고, **Set Program Counter** menu를 선택하여 PC의 값을 강제로 **190번째** line으로 바꾼다. 이때에 ICSR register의 값을 확인해 보니, ⑬번과 같이 0x0000_0816이다. 우리가 예상했던 값이다. 다시 F10 버튼을 click하여 [그림 11.3-5]의 ⑭번처럼 실행을 진행하면, ICSR register의 값이 **0x1000_E816**으로 바뀐 것을 확인할 수 있다. 이것은 ⑮번에 보여준 것처럼 **28번째** bit 값이 "1"이고, 20~12 번째 bits 값이 14로서 PendSV exception이 pending 상태라는 것을 알려 주고 있다. 또한, 현재 실행하는 exception number를 알려주는 bits 8~0에는 0x16이 되어 있다. 계속해서 OS_EXIT_CRITICAL() macro를 통과하면, PRIMASK = 0이 되므로 pending 되어 있던, PendSV exception의 handler routine으로 분기할 것이고, 결국, **pending 되어 있던, PendSV exception의 handler routine으로 분기**하게 되어 우선순위가 제일 높은 task로 전환하게 되는 것이다.

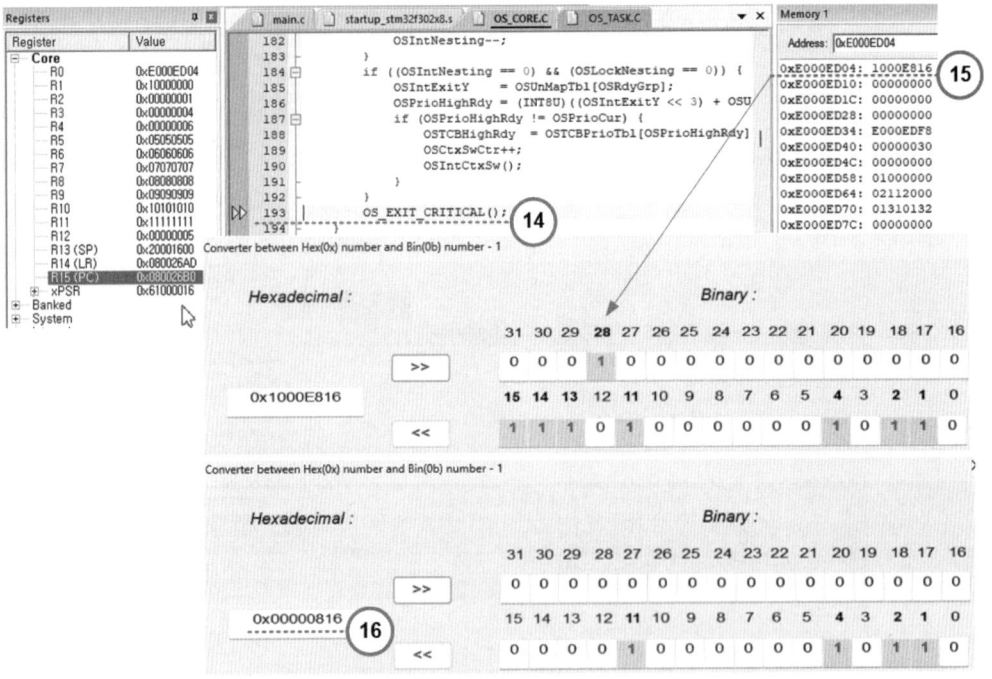

[그림 11.3-5] OSIntExit()에서 **OSIntCtxSw()** macro에 따른 ICSR bit 구성과 PendSV exception - 2.

즉, [그림 11.3-2(c)]의 ⑦번에서 가장 높은 task로 context switching할 수 있게 되는 것이다. 지금까지 우리는 Task의 생성과 Task 전환에 따른 context switching 방법에 대해서 학습하였다. **Ch11Lab1Prj** project에서는 TaskStart task만 생성하였다. 그러므로, OSStart() 함수로 우선순위에 따라서 task를 실행시키면, [그림 11.3-6]의 ①번에 나열한 것과 같이 **TaskStart**와 OSInit() 함수에 의해서 생성되는 **통계 task**(OS_TaskStat()), 그리고, **idle task**(OS_TaskIdle()), 이렇게 **3개의 task**들만 수행되어야 할 것이다. 또한, 전체 task를 다음과 같이 13개로 제한 한 것을 볼 수 있다.

```
#define OS_LOWEST_PRIO    12    // Defines the lowest priority that can be assigned.
                                // It MUST NEVER be higher than 63!
```

물론, 최대 64개까지 늘릴 수 있다. 어쨌든, **TaskStart** task안에 있는 OSStatInit() **함수** 안에서 호출되는 OSTimeDly(2) 함수는 2[ms] delay 동안 다른 task로 전환 할 수 있도록 OS_Sched() 함수를 호출하는데, 문제는 현재 2[ms]를 측정할 System tick timer에 대한 handler를 등록하지 않아서 **OSStatInit() 함수** 안에서 빠져나올 수 없다는 것이다.

[그림 11.3-6] System tick timer에 대한 handler 등록 방법 - 1.

System tick timer는 system timer 또는 core timer라고도 불리는데, 이것은 OS에서 task scheduling을 수행하는 경우에 기본적인 시간 단위를 제공하는 timer이며, NVIC의 부분으로서 구현된다. 또한, [그림 11.3-6]의 ③번과 같이 여러분은 **이미** CubeMX에서 system timer를 enable해 주었다. CubeMX가 생성하는 C framework에서 제공하는 HAL_Init() 함수에 대한 주석을 보면, System tick timer가 1[ms] 단위로 interrupt를 발생시키도록 구성하였으며, 이것을 사용하도록 명시되어 있다. uCOS_II folder의 Ports folder 안에 보면, os_cpu_c.c 파일이 있고, 여기에 System tick timer에 대한 handler 함수인 OS_CPU_SysTickHandler() 함수가 있다. 그러므로, [그림 11.3-7]의 ④번과 같이 bootstrap code인 **startup_stm32f302x8.s** assembly routine에 앞서 PendSV exception의 handler 함수인 OS_CPU_PendSVHandler을 등록하듯이 ⑤번처럼 **System tick timer**에 대한 handler 함수인 OS_CPU_SysTickHandler() 함수를 등록하여 준다.

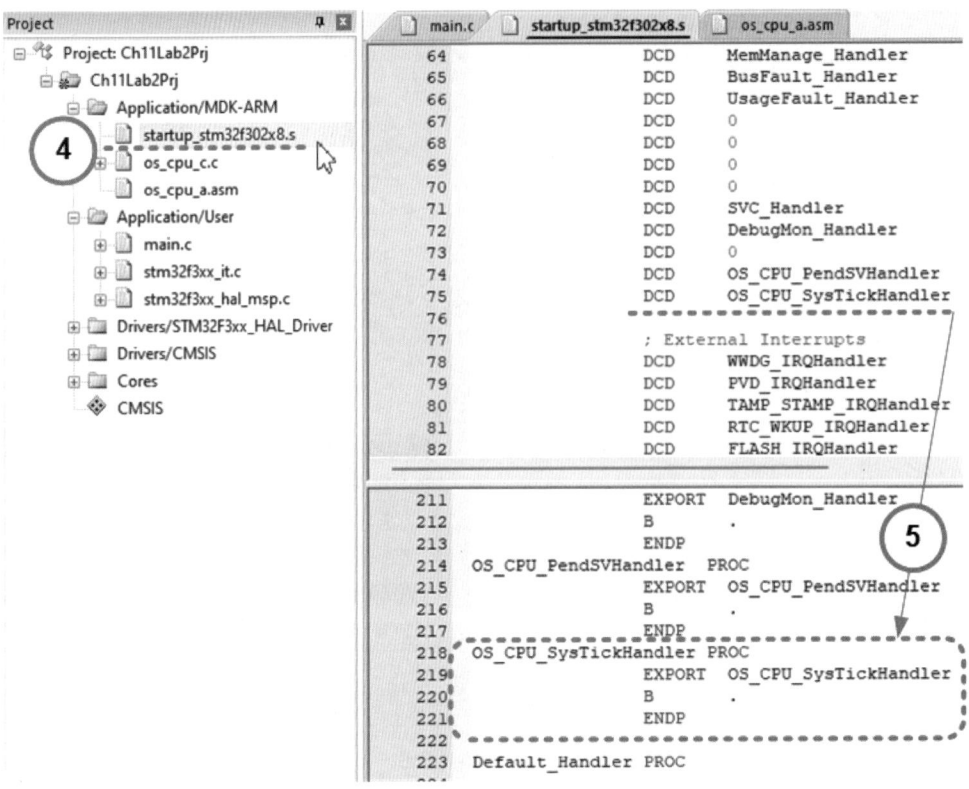

[그림 11.3-7] System tick timer에 대한 handler 등록 방법 - 2.

[그림 11.3-7]에서 보듯이 이번 예제를 위해서 Ch11Lab1Prj project를 수정하고, 정리하여 새롭게 Ch11Lab2Prj project를 만들어서 build하였다. 그리고, [그림 11.3-8]의 ⑦번과 같이 TaskStart의 main while-loop의 첫 번째 명령어인 352번째 line에 breakpoint를 설정하고 진행하면, ⑥번과 같이 TaskStartCreateTasks() 함수에 의해서 새로운 task 2개 가 추가되고 정상적으로 진행하는 것을 확인 할 수 있을 것이다. 한 가지 더 기억해 둘 것은 [그림 10.4-4(b)]에서 보여준 FPU에 대한 stack frame에 대한 처리 routine이 없으므로 [표 10.3-2]에서 EXC_RETURN 값은 0xFFFF_FFFx이 되어야 한다는 것을 기억해 두도록 하자. 그러므로, ⑧번과 같이 os_cpu_a.asm 파일을 다음과 같이 수정해 주어야 한다.

```
ORR     LR, LR, #0xF4           ; Ensure exception return uses process stack
```

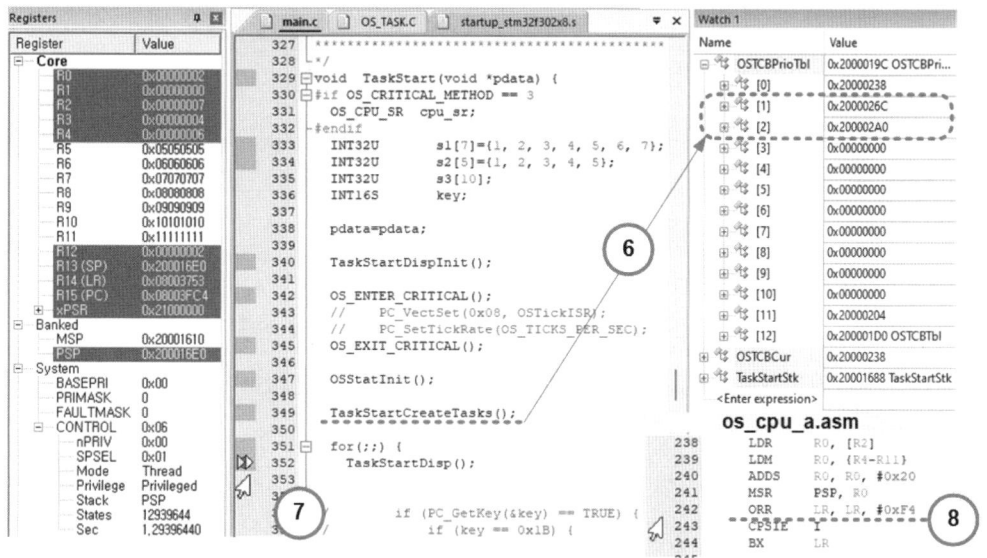

[그림 11.3-8] System tick timer에 대한 handler 등록 방법 - 3.

지금까지 task 사이의 전환, 그리고, task와 interrupt 발생에 따른 전환 과정에 대해서 상세히 학습하였다. 이제, task 사이에 정보를 교환하거나 또는 한정된 공유 자원을 task들 사이에 충돌 없이 활용하기 위해서 사용되는 kernel object에 대해서 학습하도록 하겠다.

11.4 Kernel object의 개념과 종류.

이번 단원에서는 모든 OS(Operating System)가 제공하는 kernel object를 uC/OS-II 관점에서 어떠한 것들이 있고, 이들이 어떠한 구조를 가지고 있는지 **개념위주로 학습**하도록 할 것이다. 본격적인 활용 방법은 Chapter 12.에서 다양한 예제와 함께 설명하도록 할 것이다. Kernel Object 중에서 **Mutex(Mutual Exclusion Semaphore)**는 공유 자원에 대한 배타적인 접근을 얻기 위해서 task들에 의해서 사용된다. 구체적으로 mutex는 앞서 학습한 semaphore들에 **priority inversion 문제**를 해결해 주는 부가적인 기능을 첨가한 **binary semaphore**이다. priority inversion이란 높은 우선순위의 task가 필요로 하는 **공유 자원**을 보다 낮은 우선순위의 task가 **이미** 소유하고 있을 때, 그 낮은 우선순위의 task가 **계속해서** 빠른 시간 안에 공유 자원에 대한 사용을 마칠 수 있도록 그 공유 자원을 요구하는 모든

task들 보다 **순간적으로** 높은 우선순위(이것을 PIP라고 함)를 **할당 받는** 것을 의미한다. uC/OS-II mutex는 다음과 같은 3개의 요소들로 구성된다.

❶ Flag :
Mutex를 사용할 수 있는지를 알려준다.

❷ PIP(Priority Inheritance Priority) :
보다 높은 우선권을 갖는 task가 mutex에 대한 접근을 얻고자 시도할 때, 현재 그 mutex를 소유하고 있는 task에게 할당할 제일 높은 우선권. Mutex object를 생성할 때에 할당한다.

❸ Task list :
Mutex를 기다리고 있는 task들의 list.

구체적으로 uC/OS-II는 mutex에 접근하기 위해서 다음과 같은 6개의 service 함수들을 제공한다. 단, 이들 함수들을 사용하기 위해서는 OS_MUTEX_EN > 0로 **지정**해야 한다. 그래야 compile을 수행하여 최종 실행 image에 추가하기 때문이다.

❶ OSMutexAccept(),   ❷ OSMutexCreate(),   ❸ OSMutexDel(),
❹ OSMutexPend(),   ❺ OSMutexPost(),   ❻ OSMutexQuery()

[그림 11.4-1]은 task과 mutex 사이의 관계를 보여준 것이다.

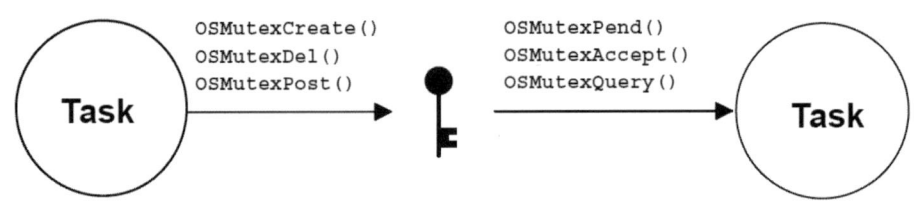

[그림 11.4-1] task와 mutex 사이의 관계.
참고 - Jean J. Labrosse의 MicroC/OS-II 2nd 서적에 수록된 그림입니다.

또한, [그림 11.4-2]는 또 다른 kernel object인 semaphore 생성을 위한 OSSemCreate() 함수, Mutex 생성을 위한 OSMutexCreate() 함수와 **하나의** Message Mailbox 생성을 위

한 OSMboxCreate() 함수, 그리고, [그림 11.4-3]은 **다수의** Message들 전송에 사용될 Queue 생성을 위한 OSQCreate() 함수가 해당 object를 초기화하고, 생성된 경우의 ECB(Event Control Block) 즉, OS_EVENT 구조체를 보여주고 있다.

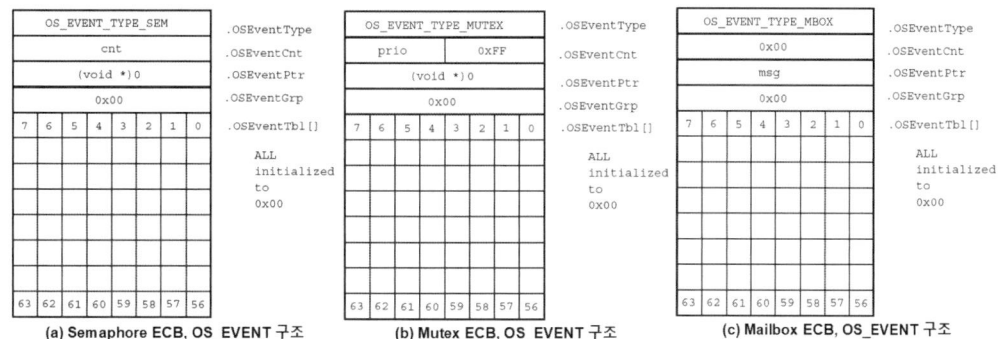

[그림 11.4-2] Semaphore, mutex와 mailbox에 대한 OS_EVENT 구조.
참고 - Jean J. Labrosse의 MicroC/OS-II 2nd 서적에 수록된 그림입니다.

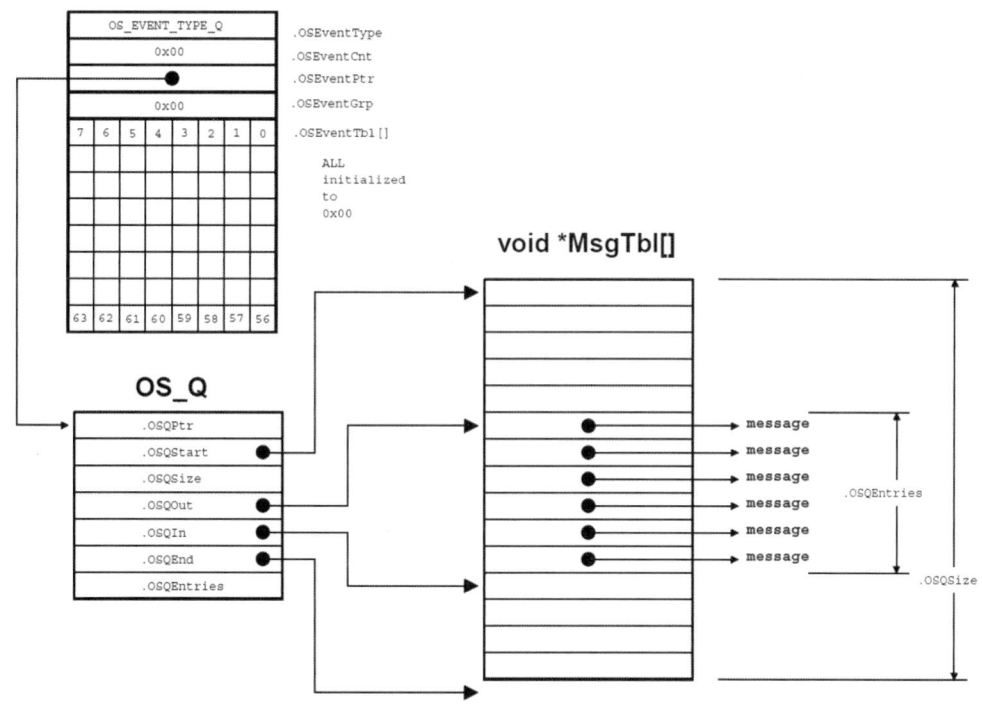

[그림 11.4-3] Message Q에 대한 OS_EVENT 구조.
참고 - Jean J. Labrosse의 MicroC/OS-II 2nd 서적에 수록된 그림입니다.

uC/OS-II에서는 ECB 뿐만 아니라 Event Flag Group의 첫 번째 byte가 항상 다음에 나열한 kernel object의 종류에 대한 정보를 저장하고 있다.

```
// OS_EVENT types : kernel object의 종류
#define  OS_EVENT_TYPE_UNUSED     0
#define  OS_EVENT_TYPE_MBOX       1
#define  OS_EVENT_TYPE_Q          2
#define  OS_EVENT_TYPE_SEM        3
#define  OS_EVENT_TYPE_MUTEX      4
#define  OS_EVENT_TYPE_FLAG       5
```

이제, 임의의 kernel object를 생성하는 함수가 종류에 대한 정보를 저장하여 주면, 추후 이 kernel object를 사용할 함수가 자신이 처리할 수 있는 적절한 object를 전달받았는지 확인할 수 있게 되는 것이다. 이들 Semaphore, Mutex, Mailbox, 그리고, Message Queue의 Event object를 삭제하는 해당 함수들은 내부적으로 관련 event를 기다리고 있는 task들이 있는지 다음과 같이 점검하는 routine이 있다는 것에 주의하기 바란다.

```
// Semaphore 삭제함수
OS_EVENT  *OSSemDel(OS_EVENT *pevent, INT8U opt, INT8U *err) {
#if OS_CRITICAL_METHOD == 3          // Allocate storage for CPU status register
  OS_CPU_SR   cpu_sr;
#endif
                         ... 중간 생략 ..
  }
#endif
  OS_ENTER_CRITICAL();
  if (pevent->OSEventGrp != 0x00) {  // See if any tasks waiting on semaphore
    tasks_waiting = TRUE;            // Yes
  } else {
    tasks_waiting = FALSE;           // No
  }
                         ... 중간 생략 ..
```

어쨌든, 관련 event를 대기하는 task들이 있으면, tasks_waiting = TRUE가 되는 것은 동일하며, 해당 object가 삭제되지 않고, Error를 통보한다. [그림 11.4-4]는 message mailbox 또는 간략히, mailbox에 대한 task들과 ISR 사이의 관계를 보여준 것이다.

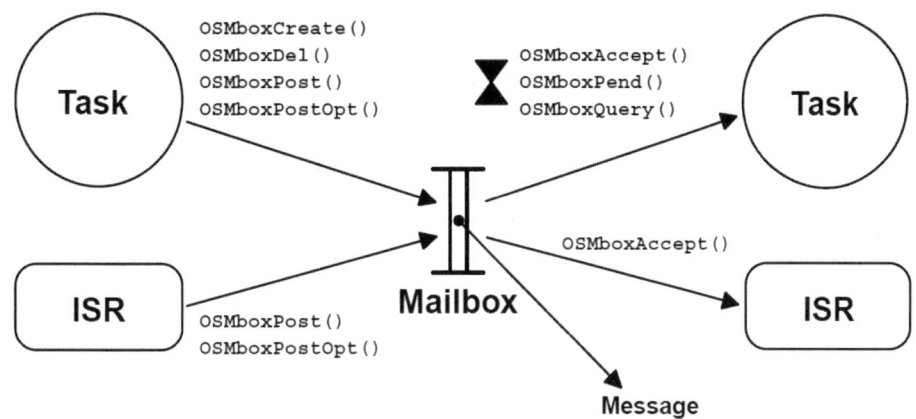

[그림 11.4-4] task, ISR과 mailbox 사이의 관계.
참고 - Jean J. Labrosse의 MicroC/OS-II 2nd 서적에 수록된 그림입니다.

uC/OS-II에서 제공하는 mailbox는 task 또는 ISR에서 다른 task로 <u>하나의</u> **pointer 변수**를 전송하는 데 사용한다. 이때 사용하는 pointer는 일반적으로 message를 포함하는 application 의존적인 data 구조체를 가리키도록 초기화된다. 정리하면, mailbox의 내용은 message를 가리키는 pointer이며, 이 message는 application에 따라서 적절히 정의하여 사용하면 된다. mailbox는 다음과 같이 2가지 상태를 가질 수 있으며, **하나의 pointer 변수만** 가질 수 있다는 것에 다시 한 번 주의하기 바란다.

❶ mailbox full :
  NULL이 아닌 pointer를 갖고 있는 경우.

❷ mailbox empty :
  NULL pointer를 갖고 있는 경우.

만일, event의 발생을 알리기 위해서 즉, 어떠한 message를 전송하기 위해서 mailbox를 이용한다면, 일반적으로 event가 발생하지 않은 것을 알리기 위해서 NULL pointer로 초기화한다. 그러나, 어떠한 공유 자원에 접근하기 위해서 mailbox를 사용한다면, mailbox를 앞서 학습한 binary semaphore처럼 사용하기 위해서 non-NULL pointer로 mailbox를 초기화해야 한다. 그러므로, mailbox를 사용하여 message 전달과 binary semaphore 기능을 **동시에 사용**할 수 있다. 또한, OSTimeDly() 함수와 같이 시간 지연을 수행할 수 있고,

dummy message를 이용하여 OSTimeDlyResume() 함수의 역할을 수행할 수도 있다는데 주의하자. uC/OS-II는 mailbox를 위해서 다음과 같은 7개의 service 함수들을 제공한다. 단, 이들 함수들을 사용하기 위해서는 **OS_MBOX_EN > 0로 지정**해야 한다.

❶ OSMboxAccept() :
 호출 task를 대기 상태로 만들지 않고, message를 받게 한다. 단순히, mailbox를 비우기 위해서도 사용한다.
❷ OSMboxCreate(), ❸ OSMboxDel(),
❹ OSMboxPend() :
 mailbox에 message가 도착하거나 timeout이 발생할 때까지 **호출자를 대기 상태로 만든다.**
❺ OSMboxPost() :
 mailbox로 message를 전송하는 함수.
❻ OSMboxPostOpt() :
 OSMboxPost() 기능과 추가적으로 mailbox에 대기 중인 **모든** task들에게 message를 **broadcasting** 할 수 있는 기능도 제공.
❼ OSMboxQuery()

기본적으로 임의의 application은 원하는 개수의 mailbox들을 가질 수 있지만, OS_CFG.h file에서 **OS_MAX_EVENTS**로 제한한다. [그림 11.4-5]는 또 다른 kernel object인 **message queue** 또는 간략히, queue에 대한 task와 ISR 사이의 관계를 보여준 것이다. 단, N은 message queue에 보관할 수 있는 **message들의 최대 개수**를 의미한다. uC/OS-II에서 task 또는 ISR에서 다른 task로 하나의 **pointer 변수**를 전송하고 싶을 때는 **mailbox를 사용**하고, 다수의 **pointer 변수**들을 전송하고 싶을 때는 **queue를 사용**한다. 여기서 언급한 pointer 변수는 앞서 언급한 것과 같이 일반적으로 message를 포함하는 **application 의존적인 data 구조체를 가리키도록 초기화**된다. 정리하면, 여러 개의 message들을 가진 mailbox들이 queue에 해당한다. 즉, queue는 mailbox들을 원소로 하는 배열과 같다. 단지, 각각의 mailbox에 있던 대기 list를 하나의 대기 list로 통합한 것**만** 다르다.

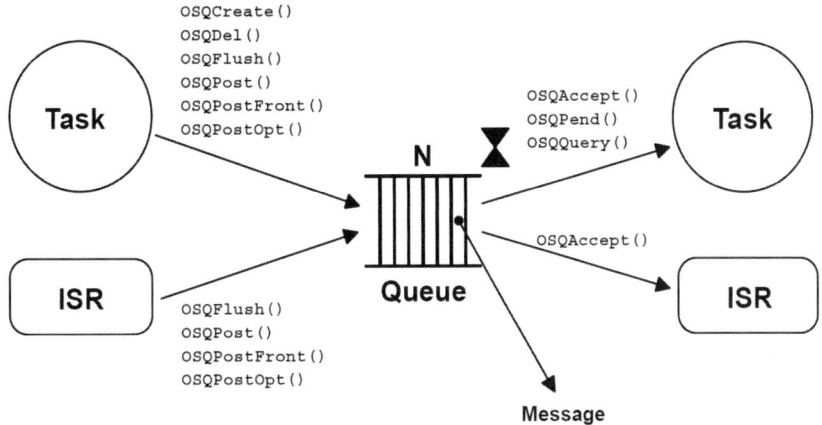

[그림 11.4-5] task, ISR과 Queue 사이의 관계.
참고 - Jean J. Labrosse의 MicroC/OS-II 2nd 서적에 수록된 그림입니다.

uC/OS-II는 message queue를 위해서 다음과 같은 9개의 service 함수들을 제공한다. 단, 이들 함수들을 사용하기 위해서는 OS_Q_EN > 0로 지정해야 한다.

❶ OSQAccept(), ❷ OSQCreate(), ❸ OSQDel(), ❹ OSQPend(),
❺ OSQPost() :

FIFO 방식으로 message queue에 message를 저장해 주는 함수이다. 구체적으로 삽입할 다음 entry에 대한 pointer로서 .OSQIn을 이용한다. 즉,

... 중간 생략 ...

```
*pq->OSQIn++ = msg;
pq->OSQEntries++;
if (pq->OSQIn == pq->OSQEnd) {
   pq->OSQIn = pq->OSQStart;      // OSQIn은 OSQStart와 같게.
}
```
... 중간 생략 ...

현재, queue의 .OSQIn 값을 바꾸어 주었으므로 조건문에서 .OSQIn 값이 .OSQEnd의 값과 같은지 비교하고 있다. 만일, 같으면, Circular buffer 또는 Ring Buffer 사용하고 있으므로 .OSQIn 값을 .OSQStart와 같게 한다.

❻ OSQPostFront() :

LIFO 방식으로 message queue에 message를 저장해 주는 함수이다. 구체적으로 삽입할 다음 entry에 대한 pointer로서 .OSQIn 대신 .OSQOut을 이용한다. 즉,

... 중간 생략 ...
```
if (pq->OSQOut == pq->OSQStart) {
    pq->OSQOut = pq->OSQEnd;        // OSQOut은 OSQEnd와 같게.
}
pq->OSQOut--;
*pq->OSQOut = msg;
pq->OSQEntries++;
```
... 중간 생략 ...

OSQPostFront() 함수를 통해서 마지막에 삽입된 message pointer가 다음 OSQPend() 함수 호출 때에 먼저 꺼내져서 결국, LIFO queue를 구현하게 되는 것이다.

❼ OSQPostOpt() :

OSQPost() 함수와 OSQPostFront() 함수를 하나로 대치할 수 있는 함수이다. 또한, 추가적으로 queue에 대기 중인 **모든** task들에게 message를 **broadcasting** 할 수 있는 기능도 제공한다.

❽ OSQFlush() :

message queue안의 message들을 모두 제거하고, 막 생성된 초기 queue 상태로 만들어 주는 함수이다.

❾ OSQQuery()

[그림 11.4-6]은 message queue에서 사용되는 2개의 data 구조체 즉, OS_EVENT과 OS_Q, 그리고, OS_Q data type을 원소로 갖는 배열 OSQTbl[OS_MAX_QS]을 한 번에 보여준 것이다. 일단, 대기 list 때문에 .OSEventTbl[] field와 .OSEventGrp field가 필요하고, 앞서 학습한 semaphore, mutex, 그리고 mailbox에서 사용한 **code를 재사용**하기 위해서라도 ECB 즉, OS_EVENT 구조체를 사용하는 것이 유리하다. 일단, ECB의 .OSEventPtr field를 통하여 ②번으로 표시한 queue control block이 연결되는 것을 알 수 있다. 그리고, ③번은 message queue를 의미하는데, 실질적으로 ④번에서 보여준 것과 같이 **circular buffer**인데 주의하기 바란다.

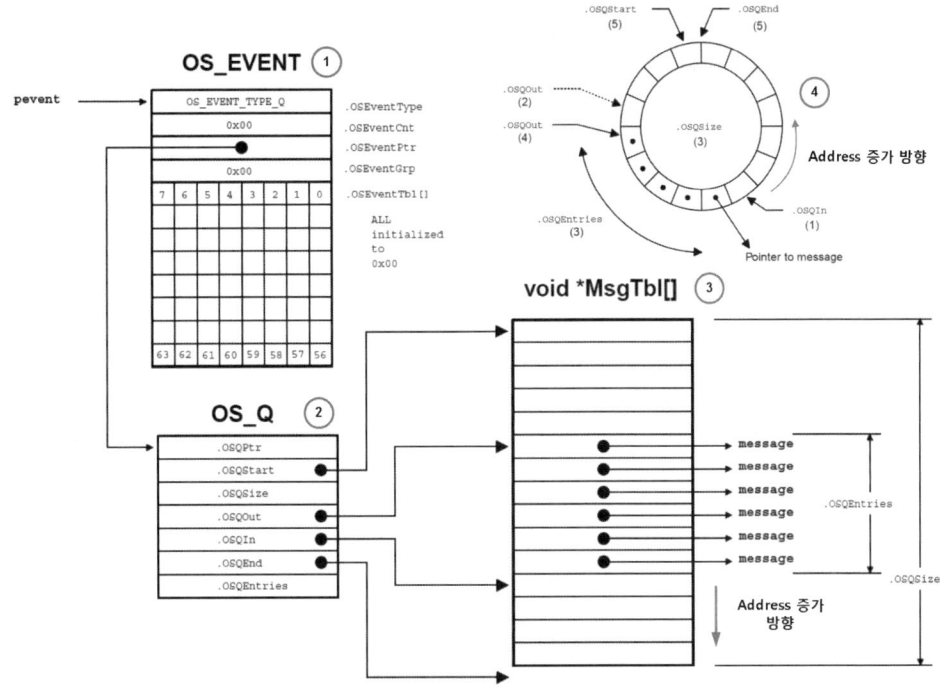

[그림 11.4-6] message queue에서 사용되는 data 구조체.
참고 - Jean J. Labrosse의 MicroC/OS-II 2nd 서적에 수록된 그림입니다.

message에 대한 구체적인 data type은 application 의존적이므로 다음과 같이 **void 형 pointer 배열을 할당**하여 사용한다.

```
void *MyArrayOfMsg[SIZE];
```

정리하면, message queue를 사용하기 위해서는 [그림 11.4-6]에서 보여준 2개의 data 구조체 OS_EVENT과 OS_Q, 그리고, 하나의 OS_Q data type을 원소로 갖는 OSQTbl[OS_MAX_QS] 배열이 필요하다. 임의의 queue를 생성하기 위해서 OSQCreate() 함수를 호출할 때는 다음과 같이 2개의 매개변수들을 전달해 주어야 한다.

❶ messages를 저장할 array에 대한 pointer :
즉, MyArrayOfMsg[] array의 시작 address.
❷ 그 array에 대한 크기 :

즉, MyArrayOfMsg[] array의 크기.

물론, message queue를 초기화 할 때에 queue는 아무 message도 저장하고 있지 않은 비어 있는 상태이어야 한다. 참고적으로 message queue와 mail queue로 구분하여 사용하는 RTOS가 있다. 예를 들면, KEIL Inc.에서 제공하는 MDK CMSIS-RTOS인 **RTX**의 경우, task 또는 ISR에 integer 또는 pointer 값이 전송되는 경우, 각각을 message라고 하며, 이들을 queue로 관리하므로 message queue라고 한다. 그런데, task 또는 ISR에 memory block이 전송되는 경우, 각각을 mail이라고 하며, 이들을 queue로 관리하므로 mail queue라고 한다는 데 주의하기 바란다. 또한, uC/OS-II에서는 memory 관리를 위해서 partition의 정보를 유지/관리하는 목적으로 MCB(Memory Control Block)이라는 구조체를 사용하며, 각 partition은 각자 자신의 MCB를 갖는다.

```
typedef struct {
    void *OSMemAddr;
    void *OSMemFreeList;
    INT32U OSMemBlkSize;
    INT32U OSMemNBlks;
    INT32U OSMemNFree;
} OS_MEM;
```

일반적으로 processor 마다 서로 다른 word length를 가지고 있다. 즉, 32bits processor의 경우에는 1 word의 길이가 32 bits이고, 16bits processor의 경우에는 16 bits이다. 결국, 해당 processor를 지원하는 compiler는 1 word를 표현하는 **int** data type을 자신이 지원하는 processor에 맞게 32 bits로 정의할 수도 있고, 16 bits로 정의할 수도 있다. 이것은 short, int, long data type이 본질적으로 임의의 processor 사이에 **이식성이 없다는** 의미가 된다. 그러나, **stdint.h** header file에서 제공하는 data types 즉, int8_t, uint32_t 등을 사용하면, **processor에 상관없이 항상** 해당 bits 크기를 가진다. 예를 들면, uC/OS-II를 32-bit Cortex-M3에 사용하고자 한다면, os_cpu.h file에서 data types를 다음과 같이 선언해야 할 것이다.

```
typedef unsigned char    BOOLEAN;
typedef unsigned char    INT8U;      // Unsigned 8 bit quantity
```

```
typedef signed     char    INT8S;     // Signed    8 bit quantity
typedef unsigned   short   INT16U;    // Unsigned 16 bit quantity
typedef signed     short   INT16S;    // Signed   16 bit quantity
typedef unsigned   int     INT32U;    // Unsigned 32 bit quantity
typedef signed     int     INT32S;    // Signed   32 bit quantity
```

그러므로, 임의의 task를 위한 stack의 data type을 다음과 같이 선언해 주어야 한다.

```
typedef unsigned int    OS_STK;     // Each stack entry is 32-bit wide

typedef unsigned int    OS_CPU_SR;  // Define size of CPU status register
```

지금까지 자주 볼 수 있었던 OS_CPU_SR은 CPU의 상태 register로서 Cortex-M core의 경우, 32bits 폭을 가지는 xPSR register를 의미한다. 그러므로, 32bits 폭을 가지는 data type인 unsigned int 즉, INT32U로 선언한 것이다. **이제, 사용자가 작성하는 task의 모든 stack 공간은 OS_STK 형으로 정의해야 한다.** 지금까지 RTOS 뿐만 아니라 일반 OS가 제공하는 다양한 kernel object들에 대해서 학습하였다. 이제, Chapter 12.에서는 이들 kernel object를 사용하는 다양한 예제들과 함께 실습을 하고, 무엇보다도 **무료 버전인 FreeRTOS**를 사용하는 방법도 학습해 보도록 하자.

CHAPTER

12

uC/OS-II와 FreeRTOS 사용 방법

Chapter 10.과 Chapter 11.을 통하여 uC/OS-II RTOS을 학습하면서 OS(Operating System)에 대한 많은 내용들을 이해할 수 있었다. task, thread와 process에 대해서 학습하였으며, 현재 실행하는 task를 waiting state로 이동시키고, ready 상태에 있는 task들 중에서 가장 높은 우선순위를 갖는 task로 전환하는 과정과 그 과정을 C 언어와 assembly 언어로 모두 구현하는 방법을 학습하였다. 또한, 제한된 공유 자원을 여러 task들 사이에 충돌이 발생하지 않고, 공유할 수 있도록 mutex와 semaphore에 대해 학습하였고, task 사이에 정보를 교환할 수 있도록 message mailbox와 message queue에 대해서 학습하였다. 무엇보다도 각각의 task가 고유하게 소유하는 stack을 관리하는 방법과 memory pool을 만들어서 동적으로 memory를 공유하는 heap에 대해서도 자세히 학습하였다. 또한, 여러 task들이 우선순위에 맞게 동작하는 동안 interrupt가 발생하였을 때의 실행 흐름에 대해서도 학습하였다. 그 밖에 hooking 기능을 포함한 많은 내용을 학습하였다. 이번 Chapter에서는 이들 학습한 내용에 대한 다양한 예제들을 만들어서 실전 경험을 쌓아가고, 현재 많은 제품에 적용되어 사용되고 있는 **무료 RTOS인 FreeRTOS 사용 방법**에 대해서도 학습하게 될 것이다. 앞서 2개의 Chapter들을 열심히 그리고, 최선을 다하여 학습하였다면, 이번 Chapter에서 펼쳐지는 내용을 통하여 그 보답을 **충분히** 받게 될 것이라고 믿는다.

■ 학습 목표 :

- Multi-task와 single task에 대한 비교와 학습.
- Mutex의 사용방법과 Priority Inversion에 대한 실습.
- Semaphore를 이용한 공유 자원 접근 관련 실습.
- Message mailbox와 Message Queue에 대한 실습.
- FreeRTOS에 대한 소개와 사용 방법 학습.

12.1 uC/OS-II와 다양한 Kernel object 사용 방법.

본격적인 실습에 앞서서 간단히 주의할 사항에 대해서 정리하고 넘어가도록 하겠다. 임의의 processor에 uC/OS-II를 porting하려는 경우, Cortex-M family 기준이지만, 일반적으로 Ports folder에 있는 OS_cpu_c.c file에 있는 다음의 3개 함수들을 수정 및 추가해 주어야 한다.

❶ void OSInitHookBegin(void) :

exception이 발생하였을 때, 해당 exception handler가 사용할 Main Stack을 확보해 준다. 구체적으로 이 함수는 OSInit() 함수에서 제일 먼저 호출된다. 일반적으로 **processor 주변 장치들에 대한 초기화 관련 code를 첨가**한다. 물론, OSInit() 함수의 제일 마지막에 호출되는 OSInitHookEnd() 함수 안에 사용하는 processor의 주변 장치 초기화 관련 code를 첨가할 수도 있다. 그러나, 우리는 CubeMX에서 제공하는 주변 장치 초기화 routine 이후에 OSInit() 함수를 호출할 것이다.

❷ OS_STK *OSTaskStkInit(void (*task)(void *p_arg), void *p_arg, OS_STK *ptos, INT16U opt) :

OSTaskCreate() 또는 OSTaskCreateExt() 함수에 의해서 task가 생성될 때, 생성될 task에 할당된 stack의 top address부터 **stack frame을 포함한 context로 초기화**한다. 구체적으로 지정한 stack의 top address부터 context 즉, 모든 16개 core register들을 위한 초기 값을 **순서대로** top address부터 저장하는 데, 이것은 입력 매개변수 ptos가 저장하고 있는 stack으로 사용할 전역 변수 배열의 address부터 배열의 끝까지 **생성할 task를 위해** 할당한 공간의 top address부터 **연속적으로 순서대로** 저장한다는 것을 의미한다. 또한, 여기서 언급한 **순서대로**는 사용하는 processor에 임의의 interrupt가 발생하였을 때, ISR에 진입하기 위해 설정한 stack에 core register들이 저장되는 순서를 의미한다. 결국, OSTaskStkInit() 함수에 의한 stack 초기화는 사용하는 processor에 의존적이며, interrupt가 발생하였을 때, 관련 core register들을 저장할 수 있는 공간을 준비하는 것을 의미하며, 모든 core register들을 저장하고, 마지막 register를 저장한 곳의 address를 return 해 준다. 그리고 나서, pendSV exception에 의한 task context switching이 발생하면, core register 16개의 값들이 저장한 초기 값들을 갱신할 것이다.

❸ void OS_CPU_SysTickHandler(void) :
systick exception이 발생하였을 때, 수행할 handler routine이다.

앞서 설명한 것과 같이 Cortex-M family는 exception이 발생하면, 자동으로 8 words로 구성된 **stack frame**을 지정한 stack에 자동으로 pushing과 popping 한다고 하였다. 그러나, 이것은 Cortex-M family의 경우이고, 다른 processor는 고유한 자신만의 특징을 가지고 있다. 예를 들어서, Intel 80x86은 PUSHA 명령을 지원하는데, 이 명령은 register 8개를 한번에 stack에 저장한다. 어쨌든, 각 processor 마다 저장해야 할 registers와 저장 순서를 반드시 지켜주어야 한다는 데 주의하자. 또한, OS_STK *OSTaskStkInit() 함수의 3번째 인자가 stack에 마지막으로 저장된 값의 address를 가리켜야하는 지, 아니면, stack에 마지막으로 저장된 값의 **다음** address를 가리켜야하는 지는 사용하려는 processor 마다 다를 수 있다. 현재, Cortex-M family는 [그림 10.3-7(a)]에서 보여준 것과 같이 stack에 마지막으로 저장된 값의 **다음 address인 빈 공간**을 가리켜야 한다. 그러나, Intel 80x86 processor의 경우에는 stack에 마지막으로 저장된 값의 address를 가리켜야 한다. 일반적으로 compiler는 register를 통하여 함수 매개변수를 넘겨준다. 그러므로, 사용하려는 compiler manual을 참조하여 어느 register에 pdata를 저장해야 하는지 알아보아야 한다. 앞서 설명한 것과 같이 ARM processor는 **AAPCS 규약**을 따르므로 관련 compiler도 AAPCS 규약을 따르도록 되어있다는데 주의하자. uC/OS-II를 포함해서 일반적으로 임의의 task는 다음과 같이 **무한 loop를 포함한 일반 C 함수**이다.

```
void MyTask(void *pdata) {
    // Task 초기화 관련 code.
    for(;;) {
        // 수행할 task 관련 code.
    }
}
```

10.4. 단원에서 설명하였듯이 uC/OS-II는 여러 hook() 함수들을 제공한다. 개발자는 이들 hook 관련 함수들을 이용하여 제공되는 **해당 함수들의 기능을 확장**할 수 있다. 특별히, OS_TaskStat() 함수는 **매초마다** OSTaskStatHook() 함수를 호출한다. 그러므로, 개발자는 OSTaskStatHook() 함수에 각각의 task에 대한 실행 시간, CPU 점유율, 각 task의

실행 횟수 등등을 표시하고 추적하도록 coding 할 수 있다. idle task는 모든 task가 대기 상태에 있을 때만 실행된다. 그러므로, 일정 시간이 지나도 계속해서 idle task에 있게 되면, 대부분의 MCU가 지원하는 **저전력 mode**로 들어 갈 수 있는 명령을 사용하여 power를 saving 할 수 있도록 만들 수 있다. 그리고 나서, wakeup 관련 interrupt 또는 command에 의해서 저전력 mode에서 빠져나오도록 한다.

12.1.1. Multi-task와 단일 task의 차이점.

[그림 10.1-1]에서도 설명한 것과 같이 RTOS는 내부에 무한 loop를 포함하는 독립적인 자신만의 stack을 갖고 동작하는 task(또는 thread)들을 우선순위에 맞게 그리고, 동일한 우선순위를 갖는다면, 동일한 quantum time 동안 CPU 자원을 이용할 수 있도록 scheduling 해 주는 역할을 수행한다. [그림 12.1.1-1]은 이번에 실습할 **Ch12Lab1Prj** project의 동작 방식을 좀 더 상세하게 표시한 것이다.

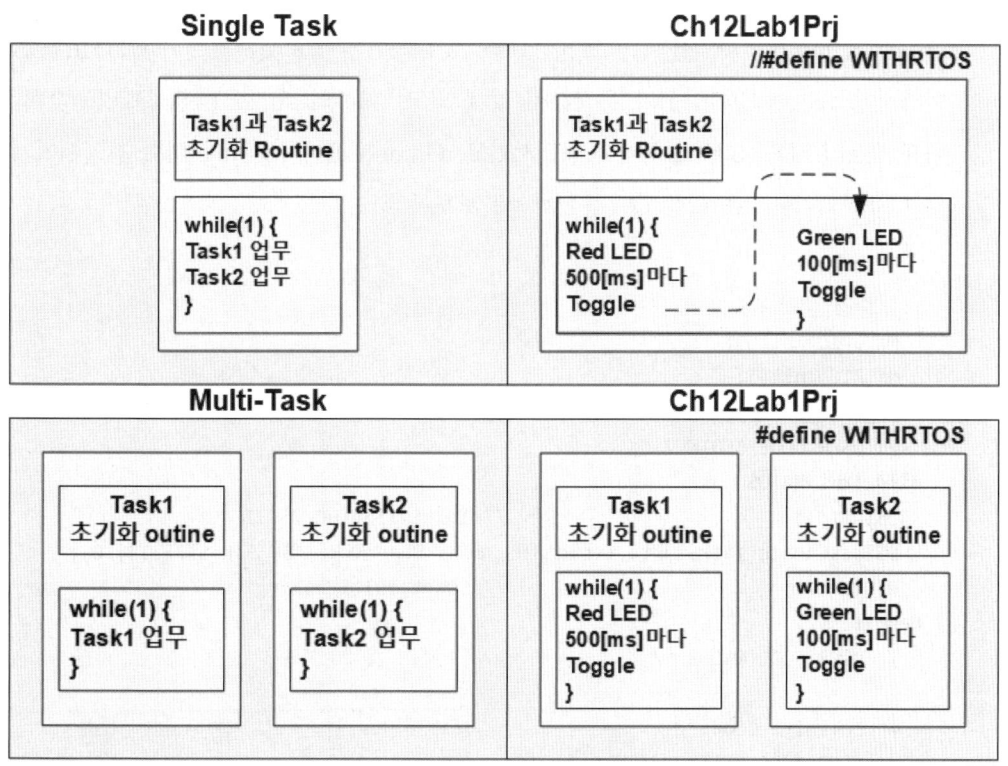

[그림 12.1.1-1] single task와 multi-task의 비교.

[그림 12.1.1-1]에서는 Task1과 Task2의 업무로 단순히, 각각 Red LED와 Green LED를 점멸하는 것을 예제로 설정하였다. main.c 파일에서 각각의 task 관련 source code를 보면 알 수 있듯이 Task1은 500[ms] 마다 Red LED를 점멸하고, Task2는 100[ms] 마다 Green LED를 점멸을 시키기 위해서 OSTimeDly() 함수를 사용하였다. 그러나, 실제 제품을 개발하는 경우에는 OSTimeDly() 함수를 사용하지 않는 것이 좋다. 왜냐하면, OSTimeDly() 함수를 사용하는 경우에 자칫 **idle task를 실행하여 CPU 자원을 낭비하는 경우가 발생**할 수도 있기 때문이다. 물론, 앞서 언급한 것과 같이 저전력 mode로 들어가기 위한 목적이라면 상관없을 것이다. 어쨌든, task 사이의 전환은 Kernel Object의 해당 Pend() 함수를 사용하거나 또는 동일한 우선순위를 갖는 경우에 Round Robin 방식의 task 전환을 사용하는 것이 보다 효율적이다. 단, uC/OS-II는 동일한 우선순위를 갖는 task들을 지원하지 않으므로 Round Robin 방식은 **12.2. 단원**에서 학습할 FreeRTOS을 사용해야 한다. 간혹, 여러분 중에서 OSTimeDly() 함수 대신에 HAL_Delay() 함수를 사용하려고 한다면, **10.2. 단원**을 다시 학습해야 할 것이다. 왜냐하면, OSTimeDly() 함수는 scheduling 기능을 포함한 delay이고, HAL_Delay() 함수는 단순히 delay 함수이기 때문이다. 이제, **Ch12Lab1Prj** project의 main.c 파일을 살펴보면, [그림 12.1.1-1]에서 보여주었듯이 **WITHRTOS를 정의**하지 않으면, uC/OS-II가 동작하지 않게 되고, 기존의 super task 구조를 갖게 된다. 이제, Red LED를 500[ms] 마다 점멸시키고, Green LED는 100[ms]마다 점멸시키기 위해서 다음과 같이 coding한 경우를 생각해 보도록 하자.

```
    ... 중간 생략 ...
    MX_GPIO_Init();
    MX_RTC_Init();
    MX_TIM1_Init();
    /* USER CODE BEGIN 2 */
#ifdef WITHRTOS
    OSInit();                        // Initialize uC/OS-II
    OSTaskCreate(TaskStart, (void *)0, &TaskStartStk[TASK_STK_SIZE-1], 0);
    OSStart();                       // Start multitasking
#endif
    /* USER CODE END 2 */

    /* Infinite loop */
    /* USER CODE BEGIN WHILE */
    while(1)
```

```
    {
      HAL_GPIO_TogglePin(GPIOB,GPIO_PIN_0);    // LED RED
      HAL_Delay(500);
      HAL_GPIO_TogglePin(GPIOA,GPIO_PIN_5);    // LED Blue
      HAL_Delay(100);
      /* USER CODE END WHILE */

      /* USER CODE BEGIN 3 */
    }
    ... 중간 생략 ...
```

위와 같이 coding하고, 이어서 bootstrap code인 startup_stm32f302x8.s 파일에서 Systick exception에 대한 handler 이름을 OS_CPU_SysTickHandler에서 CubeMX가 생성해 준 원래 이름인 **SysTick_Handler**으로 바꾸어 주어야 한다. 왜냐하면, LED 점멸 간격을 조정하기 위해서 HAL_Delay() 함수를 사용하고 있기 때문이다. 그리고, build를 수행하고, LED가 올바로 동작하도록 [그림 8.2-1]에서 보여준 것과 같이 jumper wire들을 **연결**해 준다. SJ_MCUBook_M4 보드를 연결하여 주고, 실행하여 주면, Red LED와 Green LED가 [그림 12.1.1-2]에서 보여준 scope 화면처럼 점멸하게 될 것이다.

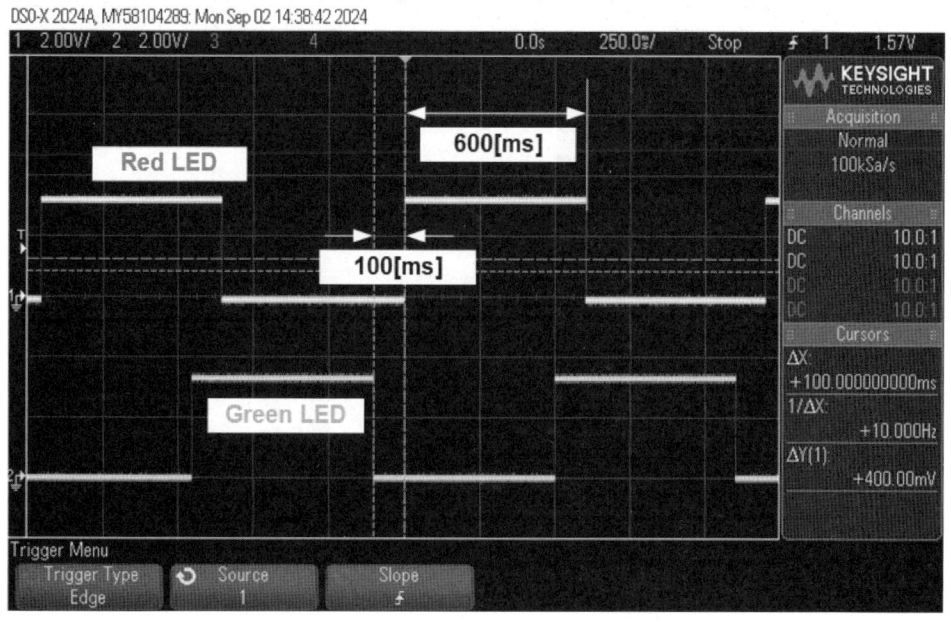

[그림 12.1.1-2] RTOS uC/OS-II가 사용되지 않은 경우.

처음 우리가 원하는 Red LED 500[ms] 마다 점멸, Green LED 100[ms] 마다 점멸과 다른 결과가 발생하였다. 그러나, 이 결과는 작성한 code를 조금만 더 살펴봐도 당연한 결과인 것을 알 수 있을 것이다. 이제, Task1과 Task2로 분리하여 독립적으로 실행하기 위해서 WITHRTOS를 정의하고, Systick exception에 대한 handler 이름을 SysTick_Handler에서 다시 **OS_CPU_SysTickHandler**로 바꾸어 준다. 그리고 나서, build를 수행하고, 실행하여 주면, [그림 12.1.1-3]에서 보여준 것과 같이 Red LED는 500[ms], Green LED는 100[ms] 마다 **예상했던 것과 같이** 점멸하는 것을 확인 할 수 있다.

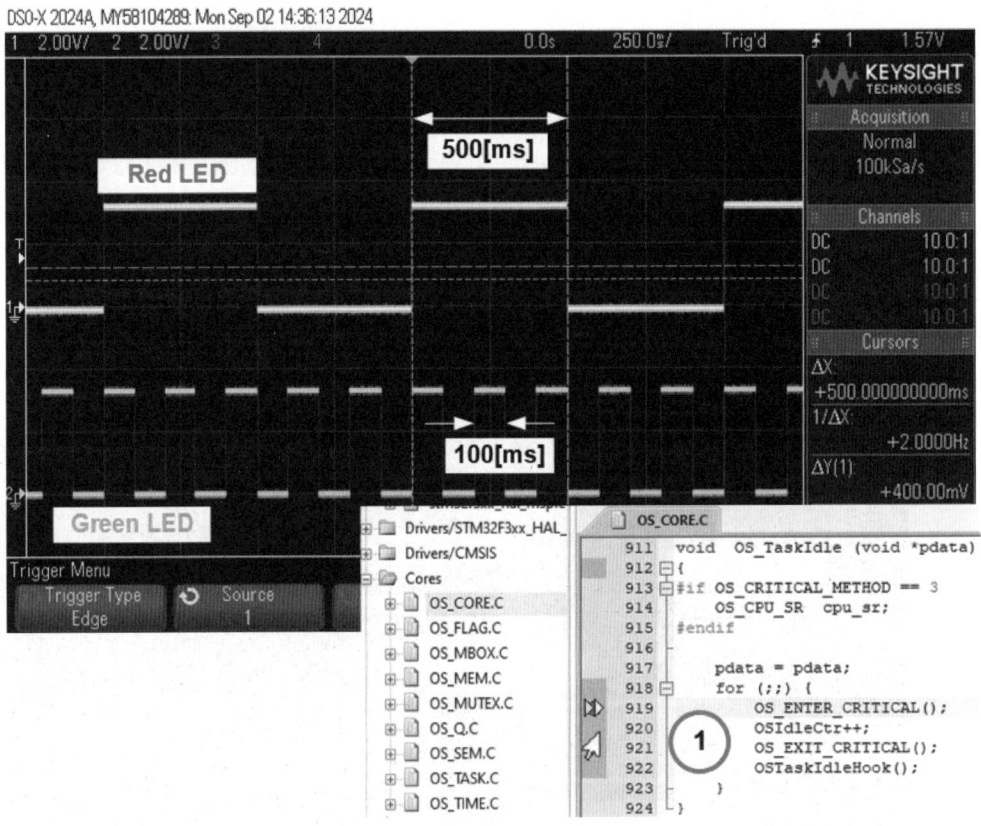

[그림 12.1.1-3] RTOS uC/OS-II가 사용된 경우.

그리고, Task1과 Task2 모두 OSTimeDly() 함수를 사용하였으므로 ①번에 보여준 것처럼 **OS_TaskIdle** 즉, idle task도 실행하는 것을 볼 수 있다. [그림 12.1.1-4]는 OSTimeDly() 함수를 고려한 **Ch12Lab1Prj** project의 동작 흐름을 도식적으로 보여준 것이다.

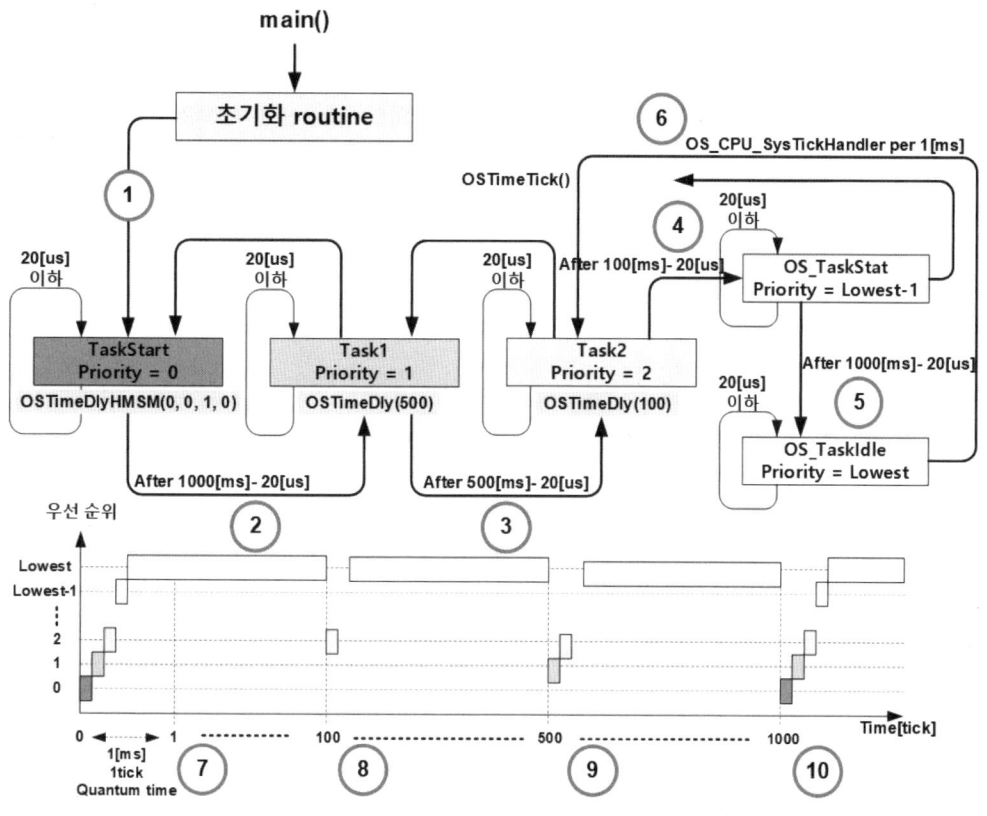

[그림 12.1.1-3] RTOS uC/OS-II가 사용된 경우.

우선, 기억해 둘 것은 uC/OS-II의 경우에는 우선순위 값이 작을수록 우선순위가 높고, FreeRTOS의 경우에는 **그 반대로** 우선순위 값이 클수록 우선순위가 높다. 처음 main() 함수에서 각각의 task에 대한 **공통적인** 초기화 작업을 수행하고, 전체 task를 관리할 우선순위가 가장 높은 TaskStart를 실행하여 준다. 이제, TaskStart task**만을 위한** 초기화 routine을 실행하여 주는데, 여기서 2개의 Task1과 Task2를 생성하여 준다. 그리고 나서, TaskStart **task가 수행할 업무인 무한 loop를 반복 수행**하는데, 그 내용이 1[초] 동안 TaskStart task를 **Waiting** 상태로 만들어 주는 OSTimeDlyHMSM(0, 0, 1, 0) 함수를 호출하는 것이다. OSTimeDlyHMSM() 함수는 OSTimeDly() 함수와 동일하게 TCB 구조체의 멤버인 **OSTCBDly**에 지정 delay 값을 설정하고, OS_Sched() 함수를 호출하여 현재 task를 제외한 제일 높은 우선순위를 갖는 task로 전환한다. 여기서 여러분이 주목할 것은 Systick timer exception이 1[ms] 마다 발생하고, 이 exception을 처리해 주는 handler인

OS_CPU_SysTickHandler() 함수가 OSIntCtxSw() routine을 호출하여 task 전환을 시도한다는 것이다. 즉, 1[ms] 마다 매번 task 전환 즉, task scheduling이 시도되고, 이 1[ms]가 바로 tick rate이며, 사용하는 OS가 임의의 task에게 기본적으로 CPU 자원을 사용할 수 있도록 허락하는 시간인 Quantum time 또는 time slice라는 것이다. 그런데, 할당받은 1[ms]를 모두 소비하기도 전에 무한 loop에서 OSTimeDlyHMSM() 함수를 만나서 다른 task로 전환이 시도되는 것이다. 일반적으로 Super loop 구조에서도 하나의 반복 loop를 수행하는데 수십 [us] 안에 완료하듯이 각각의 task도 수십 us 안에 업무가 완료되는 것이 일반적이다. 그런데, 이번에는 무한 loop에서 바로 OSTimeDlyHMSM() 함수를 만나기 때문에 scope로 측정해 보면, task 전환에 소요되는 16개 stack frame pushing과 popping을 위한 **고정된 시간**이 소요되는 것이 전부이므로 5[us] 이하도 측정된다. 물론, 더 빠른 system clock을 사용하는 경우에는 이보다 더 작은 시간을 소비할 것이다. 어쨌든 ②번에서 보여준 것과 같이 1000[ms]-20[us] **이후에 바로 다음**으로 높은 우선순위를 갖는 Task1으로 전환된다. 그런데, 여기서도 Task1의 source code를 보면 알겠지만, Red LED를 toggling하기 위한 HAL_GPIO_TogglePin() 함수를 호출하는 것이 전부이고, 바로 OSTimeDly(500) 함수를 호출한다. 그러므로, 넉넉히 20[us] 정도 걸린다고 가정하면, **대략 500[ms]-20[us] 이후에 바로 다음** Task2로 전환될 것이다. 이때에도 Green LED를 점멸하는 것이 전부이므로 **대략 100[ms]-20[us] 이후에** 현재 waiting state에 있지 않는 Ready State에 있는 task로 전환될 것이다. OSInit() 함수에 의해서 생성되는 기본적인 2개의 task들 즉, OS_TaskStat task와 OS_TaskIdle task를 호출하게 되는데, 이중에서 보다 높은 우선순위를 갖는 OS_TaskStat task를 호출하게 된다. 그런데, 이 task는 1[초]에 한 번 호출되어 CPU와 task들에 대한 memory 사용 현황 등에 대한 **통계 자료를 수집하는 역할**을 수행하는데, 여기서는 해당 기능들을 위한 준비만 하였고, ⑤번에서 보여준 것처럼 바로, Ready state에 있는 OS_TaskIdle task를 호출하게 되어 있다. OS_TaskIdle task의 함수 내용을 보면, 다음과 같이 1[초] 동안 idle task에 머문 시간을 측정하기 위한 전역 변수 **OSIdleCtr**만 core clock에 맞추어 증가되고, task 전환을 위한 routine이 없다.

```
void OS_TaskIdle (void *pdata) {
    pdata = pdata;            // Prevent compiler warning for not using 'pdata'
    for (;;) {
        OS_ENTER_CRITICAL();
        OSIdleCtr++;
```

```
            OS_EXIT_CRITICAL();
            OSTaskIdleHook();           // Call user definable HOOK
        }
    }
```

그러므로, ⑥번에서 보여준 것과 같이 최대 tick rate인 1[ms] 동안 idle task에 머물고 있다가 Systick timer exception이 발생하게 되었을 때에 task 전환을 시도 한다. 그런데, 우선순위가 높은 task들의 OSTCBDly 값을 1 **감소**시켰을 때에 0이 되는 task가 없으면, 다시 idle task를 실행하고 있게 된다. 이와 같은 시간과 task 흐름에 대해서 정리해 보면, ⑦번에서 보여준 것과 같이 1 tick 구간에 5개의 모든 task들이 자신의 주요 업무인 각각의 무한 loop를 우선순위가 높은 순서대로 수행하고, 최종적으로 idle task가 실행하게 된다. 1[ms] tick rate마다 task 전환을 위한 OSTCBDly 값을 1 **감소**시키고, 0이 되는 task를 찾다가 마침내 ⑧번처럼 100[ms] 되었을 때에 Task2의 OSTCBDly 값이 0이 되어 실행되지만, 바로 OSTimeDly(100)을 만나서 다시 최종적으로 idle task를 실행하게 된다. 어쨌든, 100[ms] 뒤에 Task2의 주요 업무인 무한 loop를 실행하였고, 이때에 Green LED를 점멸하는 함수를 호출하였으므로 결국, Task2는 100[ms] 마다 Green LED를 점멸하게 되는 것이다. 이와 같은 방식으로 ⑨번에서는 Task1과 Task2를 실행하고, 최종적으로 다시 idle task를 실행하고, ⑩번에서는 TaskStart, Task1, 그리고, Task2를 실행하고, 통계 task와 idle task를 순서대로 실행하게 되는 것이다. 이 흐름을 잘 이해하고, 기억해 두기 바란다. 왜냐하면, 여러분이 Chapter 10.**부터** 지금까지 고생하며 학습한 결과물이기 때문이다. 이번에는 또 다른 결과를 만들기 위해서 kernel object 중에서 하나인 semaphore에 대한 예제를 살펴보도록 하겠다.

12.1.2. Mutex를 이용한 공유자원 접근과 Priority Inversion.

11.4. **단원**에서 학습한 Kernel Object 중에서 **Mutual Exclusion Semaphore** 또는 단순히 **Mutex**는 공유 자원에 대한 배타적인 접근을 얻기 위해서 task들에 의해서 사용된다고 하였다. Mutex는 그 이름에도 나와 있듯이 semaphore의 기능에 **priority inversion** 기능을 추가한 **binary semaphore**에 해당한다. 이번 단원에서 설명할 Mutex와 관련된 함수들의 특징과 기능들은 다른 kernel object를 지원하는 함수들에도 **비슷하게 적용**되므로 제공되는 예제를 통하여 상세히 학습해 보도록 하자. priority inversion은 낮은 우선순위를 갖는

task가 **이미** 소유하고 있는 공유 자원을 임의의 높은 우선순위를 갖는 task에 의해서 요구될 때에 발생한다. 이때에는 낮은 우선순위를 갖는 task가 공유자원을 이용하여 필요한 업무를 완료할 때까지 **순간적으로** 우선순위를 다른 모든 task들 보다 높은 우선순위를 갖도록 바뀌게 바꾸어 준다. 이와 같은 priority inversion 기능을 지원하는 mutex에 대한 예제는 **Ch12Lab2Prj** project를 참조하면 된다. 공유 자원에 접근하기 위해서는 **우선**, 다음의 code에 보여준 ①번과 같이 mutex kernel object의 instance인 ResourceMutex를 정의하고, ②번과 같이 생성해 주고, 이후에 요청해야 한다.

```
OS_EVENT    *ResourceMutex;                                       ▶ ①
... 중간 생략 ...
int main(void) {
... 중간 생략 ...
OSInit();    // Initialize uC/OS-II
ResourceMutex=OSMutexCreate(0,&err);                              ▶ ②
... 중간 생략 ...
```

②번에서 OSMutexCreate() 함수의 첫 번째 입력 매개 변수로 지정한 0은 PIP(Priority Inheritance Priority)이다. 즉, 사용할 모든 task 보다 높은 우선순위의 값을 할당하여 priority inversion이 필요할 때에 해당 task의 우선순위 값으로 사용할 것이다. 예를 들면, 다음과 같이 3개의 task들을 생성할 것이다.

```
OSTaskCreate(Task1, (void *)0, &Task1Stk[TASK_STK_SIZE-1], 1);
OSTaskCreate(Task2, (void *)0, &Task2Stk[TASK_STK_SIZE-1], 2);
OSTaskCreate(Task3, (void *)0, &Task3Stk[TASK_STK_SIZE-1], 3);
```

이제, Task3가 공유 자원을 획득한 상태에서 보다 높은 우선순위를 갖는 Task1이 해당 공유 자원을 요청하면, Task3의 우선순위 값이 3에서 순간적으로 제일 높은 0으로 바뀌게 된다. 이처럼 **어떠한 Kernel Object를 요청할 때**에는 OS_*KernelObject이름*_Pend() 함수를 사용하게 되는데, 함수의 prototype은 다음과 같다.

```
void  OSMutexPend(OS_EVENT *pevent, INT16U timeout, INT8U *err)
```

첫 번째 매개변수는 생성한 Mutex instance이고, timeout은 OSMutexPend() 함수를 이

용하여 지정한 mutex를 요청하였는데, 이미 우선순위가 높은 task가 소유하여 사용할 수 없게 되면, 요청한 task는 [그림 10.1-5]에서 보여준 task 상태도에서 **Waiting 상태**가 된다. 이때에 OSMutexPend() 함수의 source code를 살펴보면, OS_EventTaskWait() 함수가 실질적으로 요청한 task를 waiting 상태에 놓게 되는데, 바로 OS_Sched() 함수를 실행하여 task 전환을 수행하는 것을 알 수 있다. 그리고, 지정한 timeout이 지나가면, 다시 **Ready** 상태가 된다. 만일, timeout으로 0을 지정하면, 요청한 mutex를 획득할 때까지 **무한정** 기다리게 된다는 데 주의하자. 다음은 Task1에 대한 source code이다.

```
void Task1(void *pdata) {
  INT8U err;
  pdata=pdata;
  gTask1HitCnt=0;
  gT1MSCnt=0;                                              ▶ ③
  while(1) {                                               ▶ ④
    if(bFlg1) {
      gTask1HitCnt++;
      OSMutexPend(ResourceMutex, 0, &err);                 ▶ ⑤
      // ------- Access common resource : LED RED ------
      HAL_GPIO_WritePin(GPIOB, GPIO_PIN_0, GPIO_PIN_RESET); ▶ ⑥
      OSMutexPost(ResourceMutex);                          ▶ ⑦
      if(gTask1HitCnt>=500) {
        gTask1HitCnt=0;
        bFlg1=false;
      }
    }
    OSTimeDly(1);                                          ▶ ⑧
  }
}
```

우선, 각각의 task는 처음 실행될 때에 ③번에서 보여준 무한 loop 이전의 **초기화 code routine을 한 번만 수행**한다. 그리고, task의 주요 업무를 수행하기 위해서 ④번의 무한 loop를 수행하는데, bFlg1의 값이 true인 경우에, 공유 자원에 접근하기 위해서 임의의 kernel object, 여기서는 mutex를 요청하게 된다. ⑤번과 같이 OSMutexPend() 함수로 mutex instance인 ResourceMutex를 요청하는데, timeout의 값이 0이므로 무한히 Waiting 상태에서 ResourceMutex를 요청하게 된다. 여기서 **공유 자원은** ⑥번에서 **보여준 것처럼 Red LED**이다. 이때, ResourceMutex를 소유하고 있던 우선순위가 높은 task가 사용을 완료하고, ⑦번처럼 OS_*KernelObject이름*_Post() 함수를 호출하면, 다른 task가 사용할 수 있도록 된다. 일반적으로 Mutex와 같은 kernel object가 해당 Post() 함수에 의해서 **사용할 수 있는 상태로 변환된 경우**에는 신호를 받은 즉, **signaled**(간혹, **released**라고도 함) **상태**라고 부른다. 이와 같은 표현은 Windows OS를 포함하는 **대부분의 운영 체제**에서 한정된 자원을 다루는 device driver 또는 system 관련 program을 개발하는 경우에 자주 사용된다. 예를 들면, COM port와 같은 공유 자원을 사용하려고 해당 event object와 관련 함수들을 사용 할 때에도 **동일한 의미로 사용된다는데 주의하기 바란다**. 참고적으로 SJ_MCUPro Windows program도 COM port를 사용할 때에 관련 event object에 지원되는 함수를 사용하여 race condition이 발생하지 않도록 하였다. 단, **지정한 timeout이 완료**되어 다른 task가 Mutex를 소유할 수 있는 경우에는 signaled 상태라고 하지 않는다. 왜냐하면, OS_*KernelObject이름*_Pend() 함수로 공유자원을 요청하였는데, 지정한 timeout까지 결국, 사용할 수 없게 되어서 포기하고 넘어가는 경우이기 때문에 Kernel Object는 아직 signaled state라고 말할 수 없는 것이다. mutex와 같은 임의의 kernel object를 signaled 상태로 만들어주는 함수로는 Post() 또는 Release() 함수이며, 이들 함수들에 의해서 kernel object를 기다리는 다른 Pend() 함수의 요청을 승인할 수 있기 때문이다. 이처럼 승인이 되면, 실행이 가로막혀 있던 ⑥번의 critical section 즉, 공유 자원인 Red LED에 접근하는 code를 수행할 수 있게 되는 것이다. 또한, 다른 task가 소유하여 사용할 수 없는 경우에는 **nonsignaled** 상태라고 한다. [그림 12.1.2-1]은 **Ch12Lab2Prj** project의 main.c file에서 생성한 3개의 task들에 대한 동작 흐름을 도식적으로 표현한 것이다. 우선, 동작을 확인하기 위해서 SJ_MCUBook_M4 보드를 연결하고, Ch12Lab2Prj project를 build하여 준다. error가 없으면, 🔍 (Ctrl+F5) icon을 click하여 준다. 그리고 나서, ▶ Run(F5) icon을 click하여 주면, 500[ms] 마다 Red LED가 점멸하는 것을 볼 수 있을 것이다. 우선, Task1과 Task2의 while(1) loop를 보면, bFlg1의 초기 값이 **false**이므로 OSTimeDly(1) 함수에 의해서 task 전환이 발생하여 최종적으로 ①번에서 보여준 것처럼 Task3가 실행하게 된다. ②번에서 보면, mutex instance ResourceMutex을 요청하여 공유 자원 Red LED에 접근하고, GPIO_PIN_SET으로 설정하여 LED를 turn on한다. 그리고, 500[ms] 기다리게 되는데, 이때, 1[ms] 마다 발생하는 Systick timer exception에 의해서 handler routine인 OS_CPU_SysTickHandler()이 호출되고, 이 함수는 OSTimeTick() 함수를 호출하여 task 전환을 시도한다.

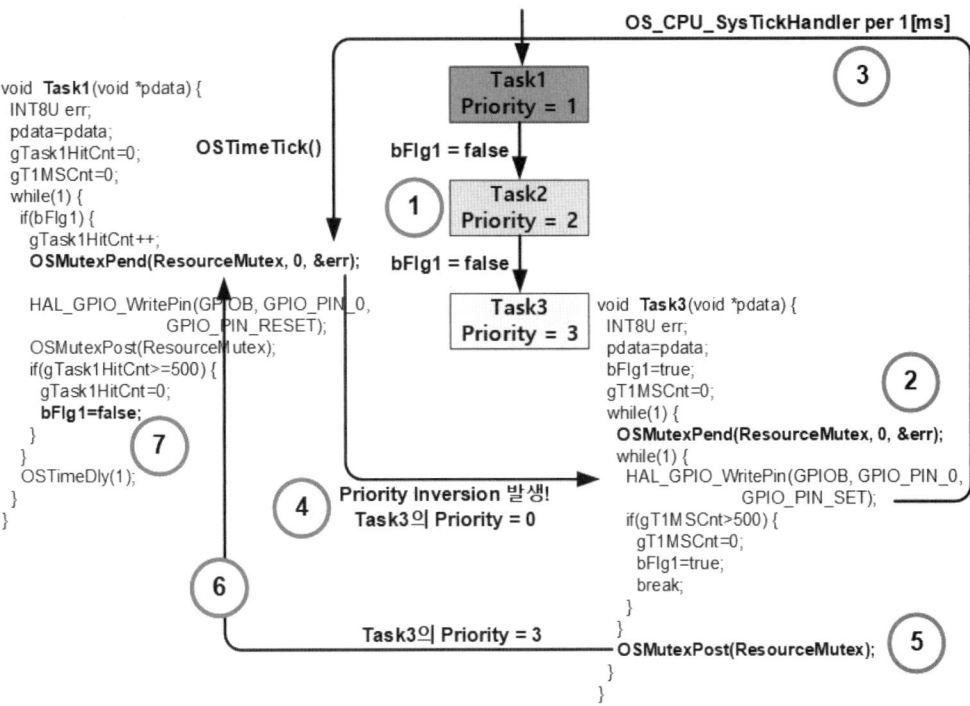

[그림 12.1.2-1] Ch12Lab2Prj project에서 생성한 3개의 task들에 대한 동작 흐름.

이때에 Task1은 Task3 보다 우선순위가 높으므로 전환이 되어야 하는데, 낮은 우선순위의 Task3이 요청한 공유자원을 이미 소유하고 있으므로 ④번과 같이 Task1로 전환이 이루어지지 않고, Task3의 우선순위를 Mutex를 생성할 때에 할당한 PIP의 값인 0으로 바꾸어 주고, task 전환을 시도하므로 결국, Task3으로 다시 되돌아오게 된다. 그리고, 더 이상의 task 전환 시도 없이 얌전히 Task3에 있는 다음의 while(1) loop를 500[ms] 동안 시도한다.

```
while(1) {
  HAL_GPIO_WritePin(GPIOB, GPIO_PIN_0, GPIO_PIN_SET);
  if(gT1MSCnt>500) {
    gT1MSCnt=0;
    bFlg1=true;
    break;
  }
}
```

이제, gT1MSCnt의 값이 500보다 크게 되면, 즉, 500[ms]가 지나면, while(1) loop을 빠져

나가서 ⑤번과 같이 OSMutexPost(ResourceMutex)를 호출하게 된다. Mutex와 관련된 Post() 함수는 단순히 mutex instance ResourceMutex를 다른 task가 사용할 수 있도록 signal을 보내주는 것과 동시에 priority inversion으로 우선순위가 바뀐 Task3의 우선순위 값을 원래 값인 **3으로 복원**해 주는 역할도 수행한다. 그리고, OS_Sched()을 호출하여 task 전환을 시도한다. 그러면, ⑥번과 같이 mutex instance ResourceMutex를 요청한 댓가로 Waiting 상태에 있던 Task1과 Task2 중에서 우선순위가 제일 높은 Task1의 return address로 가서 Red LED를 끄게 된다. 이제, Task1의 OSTimeDly(1) 함수로 1[ms] 마다 task 전환 시도가 발생하지만, 제일 높은 우선순위를 가지고 있으므로 500[ms] 동안 Red LED를 turn off 상태로 유지하게 한다. 그리고 나서, ⑦번과 같이 다시, bFlg1의 값을 false로 하여 처음 ①번의 상태로 가서 반복하게 하는 것이다. 다시금, ⚫ (Ctrl+F5) icon을 click하여 주고, 한 번 더 ⚫ (Ctrl+F5) icon을 click하여 준다. 그리고 나서, [그림 12.1.2-2]에서 보여준 것처럼 345, 367, 383, 그리고 387번째 line에 breakpoint를 설정하여 준다.

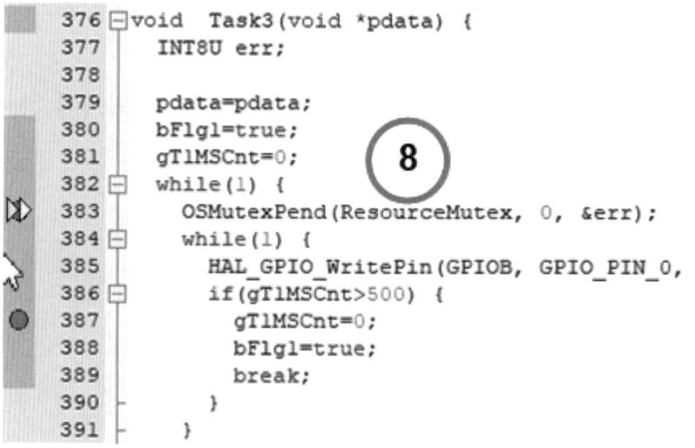

```
376  void  Task3(void *pdata) {
377    INT8U err;
378
379    pdata=pdata;
380    bFlg1=true;
381    gT1MSCnt=0;
382    while(1) {
383      OSMutexPend(ResourceMutex, 0, &err);
384      while(1) {
385        HAL_GPIO_WritePin(GPIOB, GPIO_PIN_0,
386        if(gT1MSCnt>500) {
387          gT1MSCnt=0;
388          bFlg1=true;
389          break;
390        }
391      }
```

⑧

[그림 12.1.2-2] Ch12Lab2Prj project에서 생성한 3개의 task들에 대한 동작 흐름 분석을 위한 debugging - 1.

이제, 📄 Run(F5) icon을 click하여 주면, ⑧번과 같이 Task3의 **383번째** line에서 멈출 것이다. 여기서, 다시 📄 Run(F5) icon을 click하여 주면, **387번째** line에 설정한 breakpoint에서 멈추지 않고, [그림 12.1-2-3]의 ⑨번과 같이 Task1의 **345번째** line에 설정한 breakpoint에서 멈추는 것을 확인 할 수 있을 것이다.

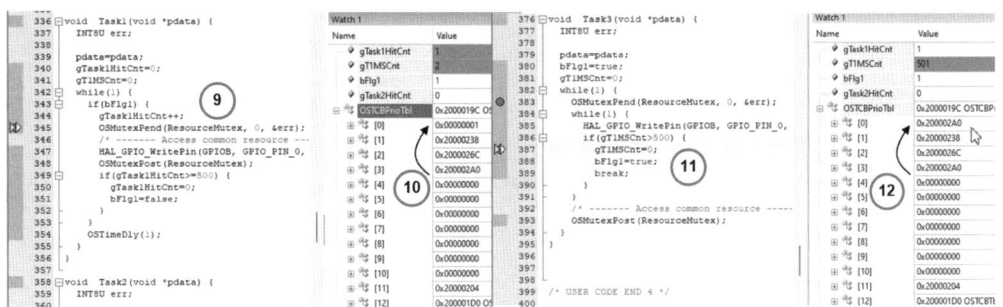

[그림 12.1.2-3] Ch12Lab2Prj project에서 생성한 3개의 task들에 대한 동작 흐름 분석을 위한 debugging - 2.

글씨가 너무 작아서 루페를 사용해야 할 것이다. 이때 Watch 1 window에서 현재 task들에 대한 정보를 확인해 보니, ⑩번처럼 우선순위 0번은 Mutex 생성할 때에 OSMutexCreate() 함수에서 할당한 1번지가 그대로 보이는데, 여기서, F10을 click하니까 ⑪번처럼 Task3로 전환되고, priority inversion이 발생하여 ⑫번처럼 우선순위 0번을 우선순위 3번을 가지고 있는 Task3이 할당받은 것을 알 수 있다. 그러므로, 500[ms] 이후 **387번째** line에 도달할 때까지 1[ms] 마다 Systick exception에 의한 task 전환이 발생해도 계속해서 Task3에 존재하게 되는 것이다. 이제, [그림 12.1.2-4]의 ⑬번과 같이 F10을 연속으로 click하여 **393번째** line까지 실행하고, 이어서 F10을 click하여 주면, ⑭번과 같이 Task1로 전환되고, return address인 **345번째** line에서 멈추는 것을 확인 할 수 있다. 이때, ⑮번처럼 Watch 1 window를 확인해 보면, ⑬번에서 실행한 OSMutexPost(ResourceMutex) 함수로 인해서 Task3가 원래 자신의 우선순위 값인 3으로 복원되었고, Mutex를 생성할 때 예약한 제일 높은 우선순위 0번은 처음 할당한 1번지로 복원된 것을 확인 할 수 있다. 이제, Run(F5) icon을 click하여 주면, Task1의 OSTimeDly(1)으로 인해서 Task2가 실행되고, 이어서 Task2에서는 1[ms] 마다 발생하는 Systick exception에 의해서 다시, Task1이 실행되다가 500[ms]가 지나면, ⑯번과 같이 bFlg1의 값은 false로 되어 다시 처음으로 되돌아가는 것이다. 사실, 전반적으로 찬찬히 따라해 보면서 학습하면 그렇게 어려운 내용은 아니라고 생각한다. 참고적으로 mutex를 OSMutexCreate() 함수로 생성할 때에 mutex의 초기 값은 항상 공유 자원을 사용할 수 있는 signaled 상태이다. 또한, OSMutexCreate() 함수와 같이 kernel object를 생성하는 함수들은 생성한 ECB object의 pointer를 반환하는데, 이것은 해당 object의 handle로서 사용된다. 만일, 더 이상 사용할 kernel object가 없다면, NULL pointer를 반환하므로 주의하기 바란다.

[그림 12.1.2-4] Ch12Lab2Prj project에서 생성한 3개의 task들에 대한 동작 흐름 분석을 위한 debugging - 3.

그리고, mutex를 소유하고 있는 task를 OSTimeDly() 함수를 이용하여 Waiting 상태로 만들면 안 된다. 왜냐하면, 가능하면 빨리 공유 자원을 다른 task들이 사용할 수 있도록 풀어 주어야 하기 때문이다. 또한, OS_*KernelObject*이름_Del() 함수를 사용하면, 생성한 kernel object를 삭제해 줄 수 있는데, 이 함수를 사용할 때에는 **먼저, 해당 object를 요청한 task들부터 모두 지워야 한다**. 왜냐하면, 삭제된 object를 task가 요청하면 안 되기 때문이다. 성공적으로 object를 지운 경우에는 Del() 함수가 NULL pointer를 반환해 준다. 이 밖에도 **OS_*KernelObject*이름_Accept() 함수**가 있는데, 이 함수는 해당 object를 사용할 수 있으면 획득하고, 사용할 수 없으면, Waiting 상태로 가지 않고, 계속해서 실행한다. 그러므로, 이 함수를 사용할 때에는 반환 값을 조사하여 그 값이 **1이면, 해당 object를 획득**

하였다는 의미이고, 0이면, 획득하지 못하였다는 의미이다. 또한, OS_*KernelObject이름*_Query() 함수는 지정한 object에 대한 ECB의 중요 데이터를 OS_MUTEX_DATA data type의 변수에 반환해 준다.

12.1.3. Semaphore를 이용한 공유자원 접근 방법.

Mutex가 하나의 공유자원을 여러 task들이 race condition과 같은 충돌 없이 공유하는 방법이라면, Semaphore는 여러 자원을 여러 task들이 충돌 없이 공유하는 방법을 의미한다. 현재, SJ_MCUBook_M4 보드에는 Red LED와 Green LED, 2개의 LED들이 있다. 이제, 이것을 3개의 task들이 Semaphore를 이용하여 공유하는 방법을 학습하도록 할 것이다. 그런데, uC/OS-III와 12.2. 단원에서 설명할 FreeRTOS는 동일한 우선순위를 갖는 task들을 생성할 수 있고, 이들을 Round Robin 방법으로 순서대로 실행할 수 있지만, uC/OS-II는 앞서 여러 번 언급한 것과 같이 **동일한 우선순위를 갖는 task들을 사용할 수 없다.** 그러므로, **Ch12Lab3Prj** project에서는 Semaphore를 이용하여 Red LED는 Task1이 전용으로 사용하고, Green LED는 Task2가 전용으로 사용하는 방식을 사용하였다. 다음은 관련 예제 code이다.

```
... 중간 생략 ...
/* USER CODE BEGIN PV */
OS_STK          Task1Stk[TASK_STK_SIZE]; // Task1 stack
OS_STK          Task2Stk[TASK_STK_SIZE]; // Task2 stack
OS_STK          Task3Stk[TASK_STK_SIZE]; // Task3 stack
char            TaskData[N_TASKS];       // Parameters to pass to each task

OS_EVENT        *ResSemaphore;                                              ▶ ①
uint32_t gT1MSCnt=0, gT2MSCnt=0, gT3MSCnt=0;
uint32_t gTask1HitCnt=0, gTask2HitCnt=0, gTask3HitCnt=0;
/* USER CODE END PV */
... 중간 생략 ...
MX_TIM1_Init();
/* USER CODE BEGIN 2 */
HAL_TIM_Base_Start_IT(&htim1);
#ifdef WITHRTOS
OSInit();       // Initialize uC/OS-II
// 2 shared resource are available(i.e., Red LED, Green LED)
ResSemaphore=OSSemCreate(2);                                                ▶ ②
```

```
  OSTaskCreate(Task1, (void *)0, &Task1Stk[TASK_STK_SIZE-1], 1);
  OSTaskCreate(Task2, (void *)0, &Task2Stk[TASK_STK_SIZE-1], 2);
  OSTaskCreate(Task3, (void *)0, &Task3Stk[TASK_STK_SIZE-1], 3);
  OSStart();// Start multitasking
#endif
/* USER CODE END 2 */
... 중간 생략 ...
/* USER CODE BEGIN 4 */
void HAL_TIM_PeriodElapsedCallback(TIM_HandleTypeDef *htim) {          ▶ ③
  if(htim->Instance == TIM1) {   // Whenever TIM1 UI is happened every 1[ms]
    gT1MSCnt++;                                                        ▶ ④
    gT2MSCnt++;
    gT3MSCnt++;
  }
}
void  Task1(void *pdata) {
  INT8U err;
  pdata=pdata;
  gTask1HitCnt=0;
  gT1MSCnt=0;
  while(1) {
    gTask1HitCnt++;
    OSSemPend(ResSemaphore, 0, &err); // Acquire semaphore to use RED LED  ▶ ⑤
    while(1) {
      if(gT1MSCnt>500) {
        gT1MSCnt=0;
        HAL_GPIO_TogglePin(GPIOB, GPIO_PIN_0);    // LED RED
      }
      OSTimeDly(1);                                                    ▶ ⑥
    }
    //OSSemPost(ResSemaphore);                    // Release semaphore ▶ ⑦
  }
}
void  Task2(void *pdata) {
  INT8U err;
  pdata=pdata;
  gTask2HitCnt=0;
  gT2MSCnt=0;
  while(1) {
    gTask2HitCnt++;
    OSSemPend(ResSemaphore, 0, &err); // Acquire semaphore to use RED LED  ▶ ⑧
    while(1) {
      if(gT2MSCnt>200) {
```

```
          gT2MSCnt=0;
          HAL_GPIO_TogglePin(GPIOA, GPIO_PIN_5);    // LED Green
        }
        OSTimeDly(1);                                                          ▶ ⑨
      }
      //OSSemPost(ResSemaphore);                    // Release semaphore       ▶ ⑩
    }
  }
  void  Task3(void *pdata) {
    INT8U err;
    gTask3HitCnt=0;
    gT3MSCnt=0;
    while(1) {
      gTask3HitCnt++;
      OSSemPend(ResSemaphore, 0, &err);  // Acquire semaphore to use RED LED  ▶ ⑪
      if(gT3MSCnt>100) {
        gT3MSCnt=0;
        HAL_GPIO_WritePin(GPIOA, GPIO_PIN_5, GPIO_PIN_RESET);// LED Green    ▶ ⑫
      }
      OSSemPost(ResSemaphore);                      // Release semaphore
      //OSTimeDly(100);
    }
  }
```

아마도, 12.1.2. 단원에서 학습한 Mutex와 관련된 함수들의 이름과 그 사용 방법이 유사하다는 것을 느낄 수 있을 것이다. 우선, Semaphore를 요청하는 OSSemPend() 함수와 12.1.2. 단원에서 학습한 Mutex를 요청하는 OSMutexPend() 함수의 source code를 비교하면 쉽게 알 수 있듯이 Semaphore는 priority inversion을 처리하기 위한 code routine이 없다는 데 주의하기 바란다. 또한, 앞서 학습한 Mutex에서 언급한 Create() 함수, Pend() 함수, 그리고, Post() 함수가 사용되고 있는 것도 볼 수 있을 것이다. 구체적으로 Semaphore를 사용하기 위해서 ①번 line처럼 Mutex를 정의하듯이 Semaphore kernel object를 정의하였다. 그리고, ②번 line처럼 **OSSemCreate(2) 함수**를 이용하여 semaphore를 생성하는데, 이때, 입력 매개변수로 지정한 2는 공유자원의 개수 즉, semaphore의 초기 값이다. 만일, free ECB에 지정한 semaphore를 추가할 여유가 없다면, 0을 반환하고, 그렇지 않으면, 생성한 semaphore와 관련 ECB의 pointer를 반환해 준다. 즉, os_cfg.h 파일에서 다음과 같이 정의한 OS_MAX_EVENTS 값이 task들에서 사용할 수 있는 kernel objects 전체의 개수이다.

```
// Max. number of event control blocks in your application. It MUST be > 0
#define OS_MAX_EVENTS             2
```

그러므로, 현재, semaphore, mutex, mailbox, 그리고, message queue는 2개 이하로 사용해야 한다. 처음 호출되는 OSInit() 함수에서 모든 ECB들이 사용할 free ECB linked list가 생성된다. 이제, 임의의 kernel object를 생성하면, free ECB list에서 제거되고, Creat() 함수에서 지정한 입력 매개변수 값들에 근거하여 초기화된다. 그리고, 추후에 해당 Del() 함수로 삭제를 하면, 다시 free ECB list로 반환된다. **임의의 ECB에 의해서 다음과 같은 4가지 동작이 수행될 수 있다.** 만일, 여러분이 Windows OS뿐만 아니라 Linux OS 등과 같은 OS에서 device driver 또는 application program과 device driver 중간의 역할을 수행하는 system program에 관심이 있다면, 다음에 정리한 **event의 역할**과 앞서 언급한 signal과 released 용어에 대해서 잘 이해해 두어야 할 것이다.

❶ ECB 초기화.
❷ 임의의 task를 Ready 상태로 만드는 것.
❸ task가 event를 기다리는 Waiting 상태로 만드는 것.
❹ event를 기다리는 동안 timeout이 발생한 경우에 task를 Ready 상태로 만드는 것.

계속해서 ③번의 callback 함수 HAL_TIM_PeriodElapsedCallback()은 Timer 1이 1[ms]마다 호출하며, ④번에서 보여준 것과 같이 전역 변수 **gT1MSCnt, gT2MSCnt**, 그리고, **gT3MSCnt**의 값을 1씩 증가시켜준다. ⑤번은 Task1의 역할을 보여주고 있는데, 현재, ②번에서 공유자원 2개를 사용할 수 있다고 하였으니, OSSemPend(ResSemaphore, 0, &err)으로 요청한 semaphore는 획득할 수 있으므로 바로 그 다음 while(1) loop로 진입할 것이다. 그리고, 500[ms] 이상이 되면, Red LED를 HAL_GPIO_TogglePin() 함수로 점멸하도록 하였다. 그런데, 동일한 우선순위에 따른 round robin을 사용할 수 없으므로 하위 우선순위를 갖는 Task2를 실행하기 위해서 ⑥번처럼 OSTimeDly(1) 함수를 호출하여 준다. 그러면, 바로 Task2가 실행될 것이고, while(1) loop를 빠져나갈 수 없으니 ⑦번의 OSSemPost() 함수는 의미가 없어진다. Task2의 동작 상황도 Task1과 동일하며, 단지, Green LED를 점멸하는 것만 다르다. 이제, ②번에서 Semaphore를 생성할 때에 허락한 공유 자원 2개를 Task1과 Task2가 나누어 갖고, Post() 함수를 호출하여 풀어주지 않았으므로 ⑨번과 같이 OSTimeDly(1) 함수를 호출하면, 바로 Task3로 넘어가지만, ⑪번에서 보여준 OSSemPend(ResSemaphore, 0, &err) 함수에서 사용할 수 있는 semaphore가 없어서 그 다음 line들을 수행할 수 없게 된다. 만일, 수행할 수 있다면, Green LED는 ⑫번에 의해서 꺼진 상태를 유지할 것이다. [그림 12.1.3-1]은 SJ_MCUBook_M4 보드를 연결하고, **Ch12Lab3Prj** project를 @ (Ctrl+F5) icon을 click하여 실행한 화면이다.

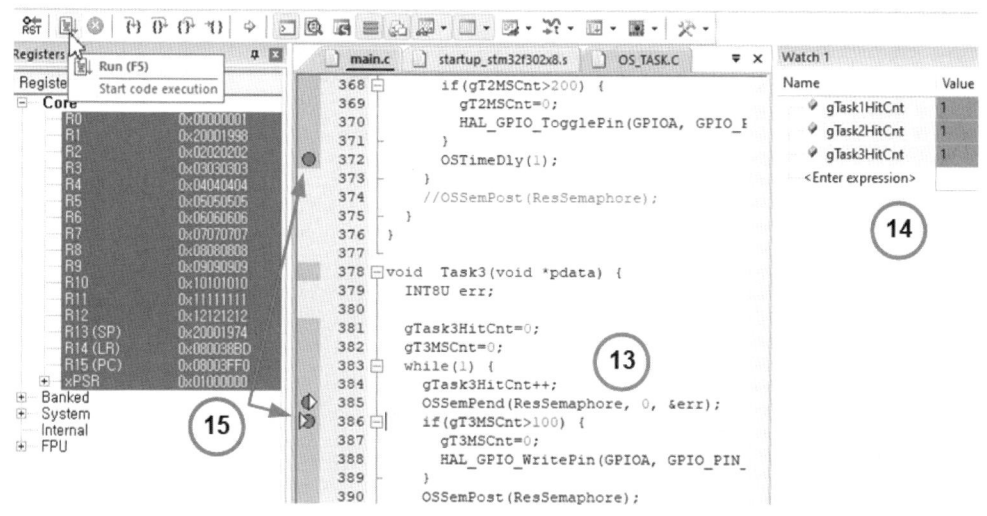

[그림 12.1.3-1] Ch12Lab3Prj project를 실행한 화면 - 1.

우선, 386번째 line에만 breakpoint를 설정하고, Run(F5) icon을 click하여 주면, 설정한 우선순위에 따라서 Task1과 Task2를 실행하고, 이어서 Task3을 실행하려고 진입하여 ⑬번과 같이 **386번째** line의 breakpoint에서 실행이 멈춘다. 이때, ⑭번과 같이 Watch 1 window를 보면, gTask1HitCnt과 gTask2HitCnt이 1로 증가한 것으로 보아서 Task1과 Task2의 무한 loop를 거친 것을 확인 할 수 있다. 다시, **372번째** line과 **386번째** line에 breakpoint를 설정하고, Run(F5) icon을 click하여 주면, 이미, 2개의 semaphore들을 Task1과 Task2가 획득하여 Task3의 **385번째** line에 있는 OSSemPend() 함수가 요청해도 획득할 수 없으므로 Task3를 Waiting 상태로 넣고, 1[ms] 마다 발생하는 Systick timer exception의 handler OS_CPU_SysTickHandler()에 있는 OSTimeTick() 함수에 의해서 task 전환이 발생하여 Task1이 실행한 OSTimeDly(1)이 timeout되어 Task1이

Ready 상태이면, 바로 실행하게 되고, 이어서 Task2도 Ready 상태가 되면, 실행하여 [그림 12.1.3-2]의 ⑯번과 같이 372번째 line에 설정한 breakpoint에서 멈추게 된다.

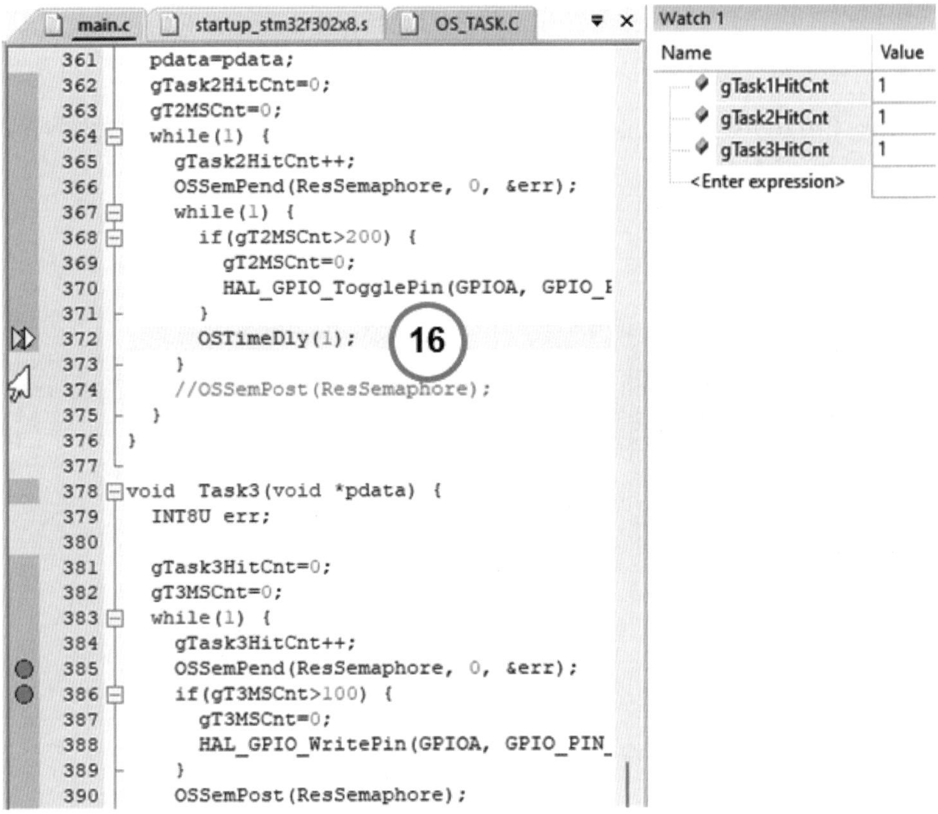

[그림 12.1.3-2] Ch12Lab3Prj project를 실행한 화면 - 2.

이제, 다시, Run(F5) icon을 click하여 주면, Task3은 더 이상 진입하지 않게 되는데, 그 이유는 앞서 요청한 semaphore를 획득하지 못하였고, timeout으로 무한정 기다린다고 하였으니, 요청한 semaphore가 풀릴 때까지 계속해서 Waiting 상태가 되어서 task 전환 대상이 되지 않기 때문에 Task2의 OSTimeDly(1) 함수가 호출되어도 처음에만 ⑬번과 같이 진입하고, 그 이후에는 진입하지 않게 되는 것이다. 여러분이 항상 기억해야 될 것은 task 전환을 수행하는 OS_Sched() 함수와 OSIntExit() 함수의 source code를 보면 알 수 있듯이 [그림 10.1-5]에 있는 task의 상태 중에서 task가 Reay 상태에 있을 task들 중에서만 **우선순위를 따져서 전환을 수행하는 것이다.** Waiting 상태에 있는 task는 task 전환 대상이 아닌데 주의하기 바란다. 이제, 모든 breakpoint를 제거하고, Run(F5) icon을 click하여 주면, Red LED는 500[ms] 마다 점멸하고, Green LED는 200[ms] 마다 점멸하는 것을 확인 할 수 있을 것이다. 그런데, 만약, 다음과 같이 semaphore를 생성할 때에 공유자원이 1개만 있다고 하면, Task2도 Task3과 같은 처지가 되어서 Task1만 실행하여 Red LED만 500[ms]마다 점멸하게 된다는데 주의하기 바란다.

```
ResSemaphore=OSSemCreate(1);
```

12.1.4. Message Mailbox를 이용한 task간 정보 전송 방법.

아마도, SJ_MCUPro와 같은 Windows program에 대한 개발 경험이 있는 분들은 다양한 종류의 message 관련 함수들에 익숙할 것이다. 이때에도 message는 발생한 event를 지정한 ID를 갖는 resource의 message handler 함수에 event 정보를 전송하는 목적으로 사용되는데, 마찬가지로 임의의 task에서 다른 task에게 정보를 전송할 때에도 message를 사용하게 된다. 11.4. 단원에서도 언급하였듯이 uC/OS-II에서 제공하는 message mailbox는 task 또는 ISR에서 다른 task로 **하나의 pointer 변수**를 전송하는 데 사용한다. 이때 사용하는 pointer는 일반적으로 message를 포함하는 **application 의존적인 data 구조체를 가리키도록 초기화**된다. **Ch12Lab4Prj** project는 message mailbox 활용 방법을 설명하기 위한 예제로서 **Ch12Lab3Prj** project를 조금 변경한 것이다. 우선, 동작 상황을 확인하기 위하여 SJ_MCUBook_M4 보드를 연결하고, project를 build하여 준다. 그리고, (Ctrl+F5) icon을 click하여 주고, [그림 12.1.4-1]의 ①번과 같이 **125번째** line에 breakpoint를 설정해 준다. 그리고 나서, Run(F5) icon을 click하여 주어서 **125번째** line까지 실행하게 한다. 이후에 Watch 1 window에 보여준 것과 같이 kernel object semaphore 1개와 message mailbox 2개를 조사할 수 있도록 추가해 준다. F10을 click하여 가면서 **130번째** line까지 실행해 본다. 그러면, 순서대로 MCU 내부 SRAM 영역인 0x2000_0000 번지 이상의 어딘가에 semaphore ResSemaphore이 생성되어 해당 번지 값이 반환될 것이다. 이때, 생성된 ResSemaphore ECB의 member인 **OSEventType**의 값을 보면, 3인 것을 알 수 있는데, 이 값은 ②번에서 보여준 것과 같이 uCOS_II.h file에 semaphore를 표시하는 OS_EVENT_TYPE_SEM인 것을 알 수 있다. 이어서 message mailbox **AckMbox**도 생성되어 해당 번지 값을 반환할 것이다.

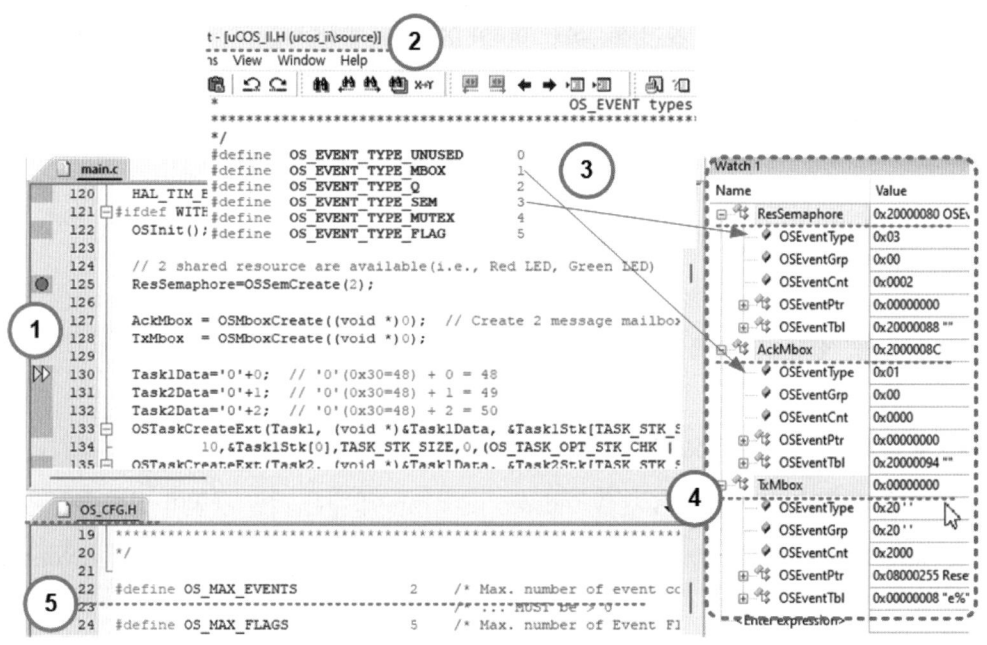

[그림 12.1.4-1] Ch12Lab4Prj project와 message mailbox 실습 - 1.

이때에 OSEventType의 값을 보면, 1인 것을 알 수 있고, OS_EVENT_TYPE_MBOX을 의미한다. 그런데, 3번째 kernel object message mailbox **TxMbox**의 경우에 반환 값이 ④번처럼 0인 것을 알 수 있는데, 이것은 앞서 설명한 것과 같이 지정한 message mailbox 를 생성할 free ECB가 없어서 0을 반환한 것이다. 결국, message mailbox **TxMbox**은 생성되지 않았으므로 사용할 수 없다. 그럼에도 불구하고, 정상적으로 생성되었다고 생각하고 coding을 수행하면 **오동작**을 하게 되는 것이다. 이때, build 과정에서 어떠한 error 또는 경고 message가 생성되지 않으므로 kernel object를 생성할 때에는 정상적으로 생성되었는지 판별하는 code routine을 추가해 주어야 할 것이다. 이 문제는 앞서 언급한 것과 같이 os_cfg.h 파일에 ⑤번과 같이 사용할 수 있는 ECB를 2개로 한정하였기 때문에 발생한 것이다. 그러므로, 다음과 같이 OS_MAX_EVENTS의 값을 10으로 **바꾸어** 주고, 다시 build를 수행한 다음에 ⚐ (Ctrl+F5) icon을 click하여 준다.

```
// Max. number of event control blocks in your application. It MUST be > 0
#define OS_MAX_EVENTS           10
```

그리고 나서, ▣ Run(F5) icon을 click하여 주면, Red LED는 500[ms] 마다 점멸하고, Green LED는 200[ms] 마다 점멸하는 것을 볼 수 있을 것이다. 이제, Red LED가 500[ms]를 10번 즉, 5[초] 동안 점멸하면, Green LED가 5[초] 동안 꺼질 것이다. 그리고 나서, 다시 200[ms] 마다 2번 점멸하다가 다시 5[초] 동안 꺼지고, 이후에 다시 200[ms] 마다 2번 점멸하는 방식을 반복할 것이다. 물론, Red LED는 처음부터 동일하게 500[ms] 마다 계속해서 점멸할 것이다. 다음은 3개의 task들에 대한 code routine이다. code에 대한 **설명을 읽기 전에** 우선, code를 보고, Red LED와 Green LED의 동작에 대해서 앞서 설명한 것과 같이 분석할 수 있는지 확인해 보기 바란다. 물론, 아직, message mailbox를 위한 Pend() 함수와 Post() 함수 즉, OSMboxPost() 함수와 OSMboxPend() 함수에 대해서 설명하지 않았지만, 해당 함수의 source code를 보면, 쉽게 OSMboxPost() 함수는 mailbox로 message를 **전송**하는 함수이고, OSMboxPend() 함수는 message가 mailbox에 **수신**될 때까지 기다리는 함수인 것을 **느낌**으로 **알 수 있을** 것이다. 만만치 않은 code이므로 잘 모르겠으면, **백지에 볼펜으로** time diagram을 그려가며 확인해 보기 바란다.

```
void   Task1(void *pdata) {
  INT8U err;
  char     txmsg;
  char    *Ackmsg;
  txmsg=*(char *)pdata;                                              ▶ ①

  pdata=pdata;
  gTask1HitCnt=0;
  gT1MSCnt=0;
  while(1) {
    OSSemPend(ResSemaphore, 0, &err);   // Acquire semaphore to use RED LED
    while(1) {
      if(gT1MSCnt>500) {                                             ▶ ②
        gTask1HitCnt++;
        gT1MSCnt=0;
        HAL_GPIO_TogglePin(GPIOB, GPIO_PIN_0);    // LED RED
      }
      if(gTask1HitCnt>10) {    // After 5[s]                         ▶ ③
        gTask1HitCnt=0;
        OSMboxPost(TxMbox, (void *)&txmsg);  // Send message to Task2 ▶ ④
        // Wait for acknowledgement from Task2
        Ackmsg=(char *)OSMboxPend(AckMbox, 0, &err);                 ▶ ⑤
```

```
      }
      OSTimeDly(1);
    }
    //OSSemPost(ResSemaphore);                    // Release semaphore

  }
}

void Task2(void *pdata) {
  INT8U err;
  char    *prxmsg=NULL, rxmsg=0;                                          ▶ ⑥

  pdata=pdata;
  gTask2HitCnt=0;
  gT2MSCnt=0;
  while(1) {
    OSSemPend(ResSemaphore, 0, &err);   // Acquire semaphore to use RED LED
      while(1) {
        if(gT2MSCnt>200) {                                                ▶ ⑦
          gTask2HitCnt++;
          gT2MSCnt=0;
          HAL_GPIO_TogglePin(GPIOA, GPIO_PIN_5);     // LED Green
        }
        // Wait for message from Task1
        prxmsg = (char *)OSMboxPend(TxMbox, 1, &err);                     ▶ ⑧
        rxmsg = *prxmsg;
        if(rxmsg==0x30) { // 0x30=48='0'                                  ▶ ⑨
          rxmsg=0;
          OSMboxPost(AckMbox, (void *)1);// Acknowledge reception of msg  ▶ ⑩
          OSSemPost(ResSemaphore);    // Release semaphore                ▶ ⑪
          break;                                                          ▶ ⑫
        }
      }
    OSTimeDly(5000);  // 5[s]                                             ▶ ⑬
  }
}

void Task3(void *pdata) {
  INT8U err;
  gTask3HitCnt=0;

  while(1) {
    gTask3HitCnt++;
```

```
            OSSemPend(ResSemaphore, 0, &err); // Acquire semaphore to use RED LED ▶ ⑭
            HAL_GPIO_WritePin(GPIOA, GPIO_PIN_5, GPIO_PIN_RESET); // LED Green
            OSSemPost(ResSemaphore);                      // Release semaphore      ▶ ⑮
            //OSTimeDly(100);                                                       ▶ ⑯
        }
    }
```

사실, Red LED가 500[ms] 마다 점멸하고, Green LED가 5[초] 동안 꺼져 있는 것은 알 수 있겠는데, 왜? 2번만 Green LED가 점멸하는지 이해하는 것은 다소 시간이 필요할 수도 있을 것이다. 우선, ①번 line은 전송할 message를 Task1의 입력 매개변수로 전달 받은 데이터를 사용하겠다는 의미이다. 이번에는 3개의 task들을 생성하기 위해서 기존의 task 생성 기능에 task에 대한 stack 및 여러 정보를 취합하여 그 결과를 통계 task에게 전달하여서 각각의 task가 자신에게 할당된 stack의 범위를 넘어서 overflow가 발생하는지 확인할 수 있는 기능을 포함한 다양한 기능을 사용할 수 있도록 하는 OSTaskCreateExt() 함수를 사용하였다. 그러나, 여기서는 RTOS의 본질적인 기능에만 집중하기 위하여 해당 기능들이 정상적으로 지원되지 않는데 주의하자. Googling을 통하여 다른 uC/OS-II 버전을 찾아보면, 이들 기능들이 모두 정상적으로 동작하는 것을 얻을 수 있을 것이다.

```
    /* USER CODE BEGIN 2 */
    HAL_TIM_Base_Start_IT(&htim1);
    #ifdef WITHRTOS
    OSInit();        // Initialize uC/OS-II
    // 2 shared resource are available(i.e., Red LED, Green LED)
    ResSemaphore=OSSemCreate(2);
    AckMbox = OSMboxCreate((void *)0);   // Creating 2 message mailboxes
    TxMbox  = OSMboxCreate((void *)0);

    Task1Data='0'+0;  // '0'(0x30=48) + 0 = 48                              ▶ ⑰
    Task2Data='0'+1;  // '0'(0x30=48) + 1 = 49
    Task2Data='0'+2;  // '0'(0x30=48) + 2 = 50
    OSTaskCreateExt(Task1, (void *)&Task1Data, &Task1Stk[TASK_STK_SIZE-1], 1,
      10,&Task1Stk[0],TASK_STK_SIZE,0,(OS_TASK_OPT_STK_CHK |S_TASK_OPT_STK_CLR));
    OSTaskCreateExt(Task2, (void *)&Task2Data, &Task2Stk[TASK_STK_SIZE-1], 2,
      20,&Task2Stk[0],TASK_STK_SIZE,0,(OS_TASK_OPT_STK_CHK |OS_TASK_OPT_STK_CLR));
    OSTaskCreateExt(Task3, (void *)&Task3Data, &Task3Stk[TASK_STK_SIZE-1], 3,
      30,&Task3Stk[0],TASK_STK_SIZE,0,(OS_TASK_OPT_STK_CHK |OS_TASK_OPT_STK_CLR));
```

```
OSStart();// Start multitasking
#endif
/* USER CODE END 2 */
```

⑰번은 각각의 task에게 전달할 입력 매개변수들을 설정하고 있다. Task1의 입력 매개변수는 0x30=48 1byte인 것을 알 수 있다. 이 값이 ①번 line의 **txmsg**에 저장되어 ④번의 OSMboxPost(TxMbox, (void *)&txmsg) 함수를 통하여 mailbox로 전송된다. 일단, 생성한 semaphore의 역할은 이전과 동일하므로 설명을 생략하도록 하겠다. ②번에 의해서 500[ms] 마다 Red LED가 점멸을 하여 ③번과 같이 10번을 점멸하여 5[초]가 흘러갔으면, message mailbox **TxMbox**를 이용하여 0x30 message를 mailbox로 전송하여 주는데, 이전에 이 message를 기다리는 task가 없으므로 task 전환 시도를 하지 않고, 바로 OSMboxPost() 함수를 나오게 된다. 물론, 전환 시도를 해도 Task1이 제일 우선순위가 높기 때문에 의미는 없다. 어쨌든, ⑤번의 OSMboxPend(AckMbox, 0, &err) 함수에서 또 다른 message mailbox AckMbox 기다리게 되는데, 현재 mailbox에 들어온 것이 없으므로 Task1을 Waiting 상태로 바꾸고, OS_Sched() 함수로 task 전환을 시도하여 Task2로 넘어온다. Task2에서는 ⑥번과 같이 rxmsg 변수로 message를 받을 준비를 하고, ⑦번과 같이 Green LED를 200[ms] 마다 점멸하여 준다. 그리고, ⑧번에서 TxMBox message를 기다리는데, **이미**, Task1의 ④번 라인에서 전송하였으므로, 수신하여 message pointer를 prxmsg에 전달하고, 이것을 ⑨번과 같이 rxmsg 내용을 확인하여 0x30이면, message를 잘 받았다고, Ack message로 1을 ⑩번처럼 AckMBox message mailbox로 보내준다. 그리고, Task2가 점유하고 있던 공유자원 Green LED를 ⑪번과 같이 풀어준다. 이때 이 semaphore는 Task3가 이미 Pend() 함수로 요청하여 기다리고 있으므로 바로 task 전환이 발생하여 Task3의 ⑭번으로 넘어간다. 그리고, Green LED를 꺼버린다. 이어서 다시 Green LED 공유자원을 다른 task가 사용할 수 있도록 풀어주는데, 어짜피, Task3은 제일 낮은 우선순위를 갖고 있으므로 ⑯번과 같이 OSTimeDly() 함수를 호출하여 task 전환을 시도하지 않아도 1[ms] 마다 발생하는 Systick timer exception에 의해서 task 전환이 발생하게 된다. 이때에 우선순위가 제일 높은 Task1로 전환하게 되고, AckMbox message를 ⑤번에서 기다리고 있었으므로 이곳으로 전환된다. 그리고 나서, OSTimeDly(1)를 호출하여 Task2로 전환되면, ⑫번으로 넘어오게 되고, break문에 의해서 첫 번째 Task2의 While(1) loop를 빠져나가게 된다. 그리고, ⑬번에서 보여 준 OSTimeDly(5000)을 만나서

5초를 기다리게 되고, 그 동안 Task3이 Green LED를 turn off한 상태로 유지하게 된다. 그런데, ③번에서 보면, 사실, 10번이 아니고, 11번 즉, gTask1HitCnt는 0부터 시작하므로 총 5500[ms]이다. 그러므로, [그림 12.1.4-2]에서 보여준 것과 같이 Red LED는 11번 점멸하게 되고, Green LED는 그동안 5[초] 동안 꺼진 상태를 유지하다가 마지막 500[ms] 안에서 Green LED를 200[ms] 마다 점멸하게 되는 것이다.

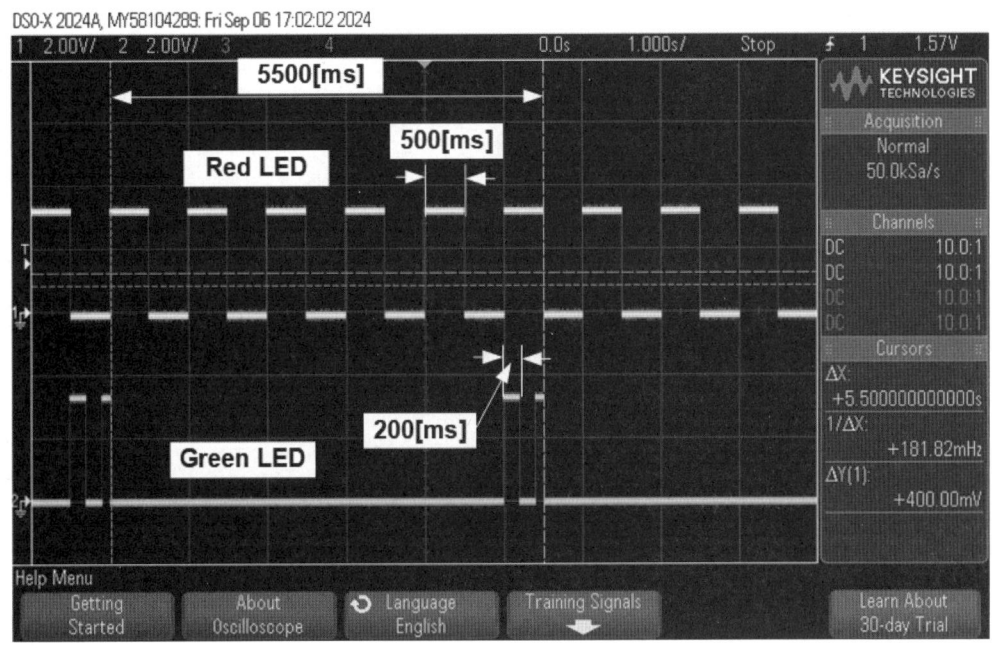

[그림 12.1.4-2] Ch12Lab4Prj project와 message mailbox 실습 - 2.

그런데, 200[ms] 마다 점멸하므로 결국, 200[ms] 동안 켜지고, 100[ms] 동안 켜지므로 green LED가 2번 점멸하는 것을 보게 되는 것이다. 그러므로, ③번 code를 다음과 같이 10을 포함하도록 고쳐주면, Red LED가 5000[ms] 동안 정확히 10번 점멸하게 되므로 Green LED가 이전과 같이 2번 점멸하지 않게 될 것이다.

```
if(gTask1HitCnt>=10) {    // After 5[s]                              ▶ ③
```

그런데, 위와 같이 수정하고, build하여 SJ_MCUBook_M4 보드에서 실행하면, 순간적으로 Green LED가 점멸하는 것을 볼 수 있을 것이다. [그림 12.1.4-3]은 그 점멸이 발생하는 순간을 scope 화면으로 잡은 것이다. 결국, 예상하지 못한 10[ms] 동안 Green LED가 점멸하는 것을 볼 수 있다. 이처럼 10[ms] 동안 green LED 점멸이 순간적으로 발생하는 이유에 대해서는 **이번 Chapter**의 과제로 남겨 놓기로 하겠다.

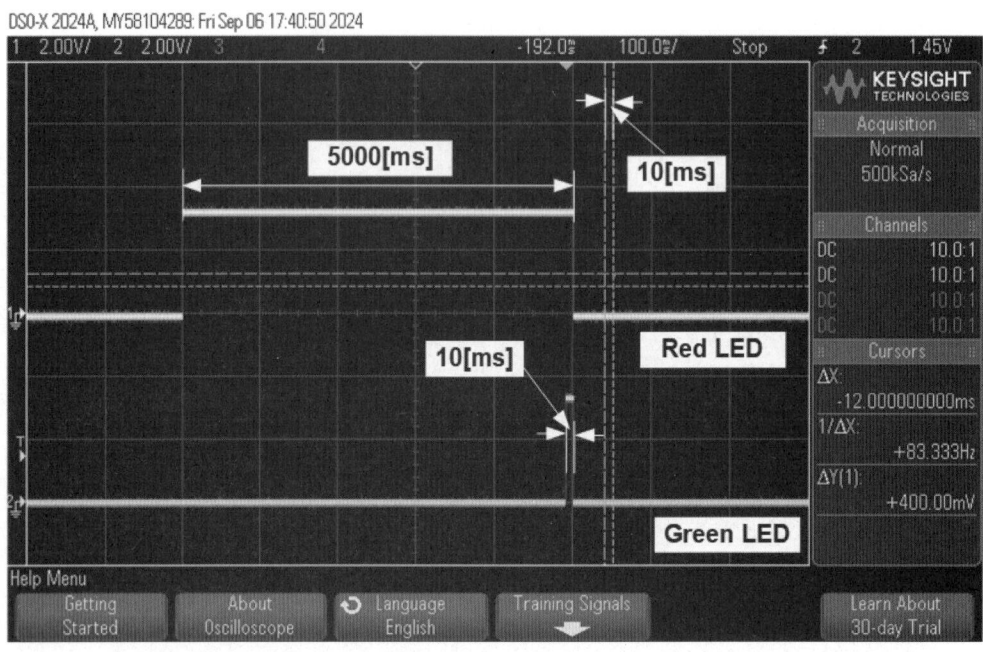

[그림 12.1.4-3] Ch12Lab4Prj project와 message mailbox 실습 - 3.

이제, task 사이에 하나의 message를 전송할 때에 사용하는 mailbox를 학습하였으니 이번에는 다수의 message들을 전송할 때에는 사용하는 message queue에 대해서 학습해 보도록 하겠다.

12.1.5. Message Queue를 이용한 task간 정보 전송 방법.

11.4. 단원의 [그림 11.4-4]와 [그림 11.4-5]로부터 message mailbox와 message queue에 대한 동작 특성과 관련 함수들을 볼 수 있다. 다수의 message들을 queue에 저장하는 message queue는 하나의 message를 mailbox에 저장하는 message mailbox와 비교하여 다음과 같은 특징들을 갖는다.

❶ OSQFlash() 함수 :
Queue에 저장되어 있는 모든 message들을 지워준다.

❷ OSQPost() 함수 : FIFO(first in first out) 방식, 전형적인 queue 방식
[그림 10.1-3]에서 설명한 queue의 데이터 접근 방식, 즉, 가장 먼저 queue에 삽입된 원소가 가장 먼저 read되는 FIFO(first in first out) 구조로 사용할 수 있도록 message들을 queue에 저장해 준다.

❸ OSQPostFront() 함수 : LIFO(Last in first out) 방식, 전형적인 stack 방식
지금 보내는 message가 제일 먼저 읽혀지도록 queue의 끝이 아닌 앞(front)에 저장해 준다.

결국, OSQPostFront() 함수를 사용하여 **message에 우선순위를 부여**할 수 있다는 의미가 된다. 항상, 주의할 것은 앞서 mutex를 설명할 때에도 언급하였듯이 kernel object를 삭제할 때에는 해당 object를 요청하는 task가 존재하면 안 된다는 것이다. 그러므로, kernel object를 삭제할 때에는 **먼저**, 해당 object를 사용하는 task는 OSTaskDel() 함수로 삭제해야 한다는 데 주의하기 바란다. 이번 예제 **Ch12Lab5Prj** project는 [그림 12.1.5-1]에서 보여주듯이 **9.2.2. 단원**에서 소개한 수진에서 개발한 연기 측정기와 이산화탄소(CO2) 측정기, 그리고, 메탄가스(CH4) 측정기를 RS-485 통신과 Modbus 규격으로 TFT-LCD 표시부를 제어하는 SJ_MCUBook_M4 보드에 연결한 **스마트 팜** 연구동에 적용한 사례를 message queue와 message mailbox 기능 중심으로 다시 정리한 것이다.

(a) 연구용 스마트 팜.   (b) 연기, 온도, 습도, CO2, CH4 측정기와 SJ_MCUBook_M4 설치도.

[그림 12.1.5-1] message queue와 mailbox를 활용한 스마트 팜 제어 설치도.

[그림 12.1.5-2]는 연기 측정기, CO2 측정기, 그리고, CH4 측정기와 SJ_MCUBook_M4 보드 사이의 연결도를 보여준 것이다. 그리고, TFT-LCD 데이터 표시부를 보여준 것으로서 ①번과 같이 SJ_MCUBook_M4 보드가 일정한 시간 간격으로 6개의 측정기에 데이터를 요구하는 message를 각각 전송해 준다.

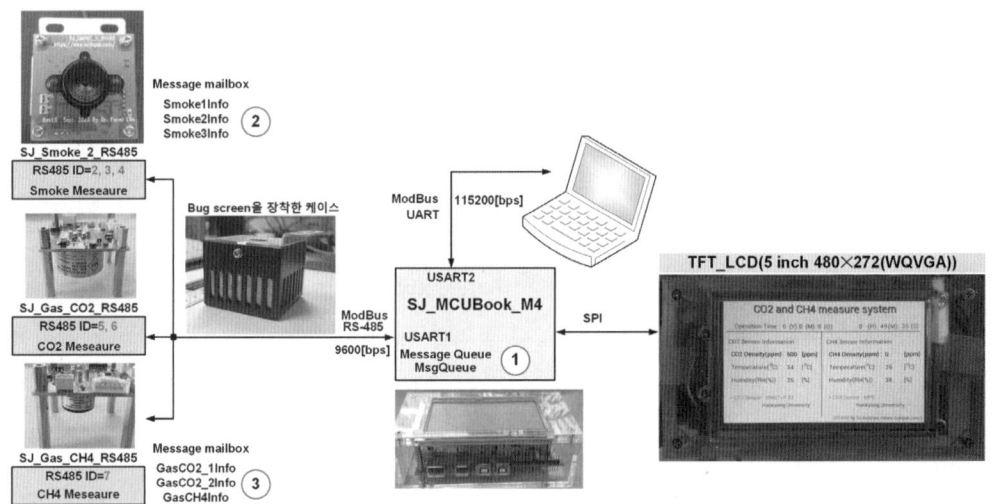

[그림 12.1.5-2] 각종 측정기들을 이용한 스마트 팜 정보 표시 구성도.

message를 수신한 측정기는 ②번과 ③번에서 표시한 message mailbox를 이용하여 자신의 데이터를 되돌려준다. 그러면, SJ_MCUBook_M4 보드는 수신된 message에 있는 데이터를 단순히, CO2와 CH4 농도는 ppm 단위로 TFT-LCD에 표시하고, 화면을 옆으로 밀면, 3개의 연기 측정기가 보내준 데이터를 기반으로 0~100% 범위에서 연기 농도와 온도, 그리고 상대습도를 역시, TFT-LCD에 1[초] 단위로 표시해 준다. 다음은 **Ch12Lab5Prj** project의 관련 code이다.

```
/* USER CODE BEGIN PV */
OS_STK      Task1Stk[TASK_STK_SIZE]; // Task1 stack       ▶ ①
OS_STK      Task2Stk[TASK_STK_SIZE]; // Task2 stack
OS_STK      Task3Stk[TASK_STK_SIZE]; // Task3 stack
OS_STK      Task4Stk[TASK_STK_SIZE]; // Task4 stack
OS_STK      Task5Stk[TASK_STK_SIZE]; // Task5 stack
OS_STK      Task6Stk[TASK_STK_SIZE]; // Task6 stack
OS_STK      Task7Stk[TASK_STK_SIZE]; // Task7 stack
```

```
OS_EVENT    *MsgQueue;                          // Message queue pointer        ▶ ②
void        *MsgQueueTbl[MSG_QUEUE_SIZE];       // Storage for messages

OS_EVENT    *Smoke1Info;                        // Message mailbox1             ▶ ③
OS_EVENT    *Smoke2Info;                        // Message mailbox2
OS_EVENT    *Smoke3Info;                        // Message mailbox3
OS_EVENT    *GasCO2_1Info;                      // Message mailbox4
OS_EVENT    *GasCO2_2Info;                      // Message mailbox5
OS_EVENT    *GasCH4Info;                        // Message mailbox6
/* USER CODE END PV */
```

①번처럼 필요한 task는 총 7개이므로 그에 따른 **stack**을 정의해 준다. 그리고, kernel object로는 ②번과 같이 message queue **MsgQueue** 1개와 message mailbox 총 6개인 Smoke1Info, Smoke2Info, ... , GasCH4Info까지 정의해 준다. 그리고, message queue에서 message를 저장하는데 사용할 queue로는 MsgQueueTbl[MSG_QUEUE_SIZE]을 정의하였다. 이제, 다음과 같이 정의한 kernel object들과 task들을 생성해 준다.

```
INT8U err[7]={1,1,1,1,1,1,1};
/* USER CODE BEGIN 2 */
#ifdef WITHRTOS
OSInit();       // Initialize uC/OS-II

// message queue와 6개의 message mailbox 생성.
MsgQueue=OSQCreate(&MsgQueueTbl[0], MSG_QUEUE_SIZE); // Creating message queue
Smoke1Info=OSMboxCreate((void *)0);   // Create message1 mailboxe
Smoke2Info=OSMboxCreate((void *)0);   // Create message2 mailboxe
Smoke3Info=OSMboxCreate((void *)0);   // Create message3 mailboxe
GasCO2_1Info=OSMboxCreate((void *)0); // Create message4 mailboxe
GasCO2_2Info=OSMboxCreate((void *)0); // Create message5 mailboxe
GasCH4Info=OSMboxCreate((void *)0);   // Create message6 mailboxe
// 필요한 7개의 task들 생성.
err[0]=OSTaskCreate(SJ_PowerAnalyzer_Task1,(void *)0,&Task1Stk[TASK_STK_SIZE-1],1);
err[1]=OSTaskCreate(SJ_Smoke_2_RS485_Task2,(void *)0,&Task2Stk[TASK_STK_SIZE-1],2);
err[2]=OSTaskCreate(SJ_Smoke_2_RS485_Task3,(void *)0,&Task3Stk[TASK_STK_SIZE-1],3);
err[3]=OSTaskCreate(SJ_Smoke_2_RS485_Task4,(void *)0,&Task4Stk[TASK_STK_SIZE-1],4);
err[4]=OSTaskCreate(SJ_Gas_CO2_RS485_Task5,(void *)0,&Task5Stk[TASK_STK_SIZE-1],5);
err[5]=OSTaskCreate(SJ_Gas_CO2_RS485_Task6,(void *)0,&Task6Stk[TASK_STK_SIZE-1],6);
err[6]=OSTaskCreate(SJ_Gas_CH4_RS485_Task7,(void *)0,&Task7Stk[TASK_STK_SIZE-1],7);
```

```
    OSStart();// Start multitasking
    #endif
    /* USER CODE END 2 */
```

[그림 12.1.5-2]에서 보여준 구성도로부터 알 수 있듯이 SJ_MCUBook_M4 보드에 **Ch12Lab5Prj** project를 실행해 주어야 할 것이다. 또한, **SJ_PowerAnalyzer_Task1()** task에 수행할 업무를 작성해 주면 되는데, 다음과 같이 **TxQMsg[6]** 배열에 있는 데이터 각각을 message queue에 저장하고, 다른 task들에게 전송하여 준다.

```
void  SJ_PowerAnalyzer_Task1(void *pdata) {
  INT8U err;
  char i=0, TxQMsg[6]={2, 3, 4, 5, 6, 7}, *pTxQMsg=TxQMsg;
  char     SensorResps[6]={0, };

  while(1) {
    for(i=2;i<8;i++) {
      OSQPost(MsgQueue, (void *)pTxQMsg);                            ▶ ④
      pTxQMsg++;
    }
    pTxQMsg=TxQMsg;
    OSTimeDly(1);                                                    ▶ ⑤
    SensorResps[0]=*((char *)OSMboxPend(Smoke1Info, 0, &err));// Wait for Task2
    SensorResps[1]=*((char *)OSMboxPend(Smoke2Info, 0, &err));// Wait for Task3
    SensorResps[2]=*((char *)OSMboxPend(Smoke3Info, 0, &err));// Wait for Task4
    SensorResps[3]=*((char *)OSMboxPend(GasCO2_1Info,0,&err));// Waitfor Task5
    SensorResps[4]=*((char *)OSMboxPend(GasCO2_2Info,0,&err));// Waitfor Task6
    SensorResps[5]=*((char *)OSMboxPend(GasCH4Info, 0, &err));// Wait for Task7
    //OSQFlush(MsgQueue);
  }
}
```

④번과 같이 OSQPost() 함수로 message들을 MsgQueueTbl[] queue에 저장하여 준다. 현재, MsgQueue message queue를 요청한 task들이 없으므로 task 전환이 발생하지 않게 되고, ⑤번의 OSTimeDly(1); 함수에 의해서 다음 우선순위를 갖는 task로 전환이 시도된다. 여기서 여러분이 기억해야 될 것은 현재 uC/OS-II는 동일한 우선순위에 따른 round robin 순서로 quantum time 마다 task 전환이 발생하지 않지만, 잠시 후에 학습할 FreeRTOS를 포함한 거의 모든 RTOS는 동일 우선순위와 그에 따른 round robin 기능을

제공한다. 이때 일반적으로 사용하는 quantum time은 앞서 언급한 것과 같이 1[ms]이다. 우리가 OS를 사용하지 않고, 단순히 super-loop 구조로 coding을 하였어도 결국 반복 주기는 수십 [us]가 되어야 한다. 이 얘기는 결국, 각각의 task가 포함하고 있는 무한 loop도 반복 주기가 수십 [us]가 되어야 하며, 아무리 길어도 1[ms] 이내에 다른 task에게 CPU 자원을 양보하도록 coding하는 것이 **보편타당**하다는데 주의하자. ⑤번에서 호출한 OSTimeDly(1)은 1[ms] 이후에 다시 **SJ_PowerAnalyzer_Task1** task가 task 전환 경쟁 후보가 되겠다는 의미가 되는데, 이 함수를 호출할 때까지 수행한 명령어들의 소비 시간은 대략 10[us] 정도 된다. 이후 6개의 task들을 호출할 때, 각각의 task들이 정상적으로 20[us] 안에 자신의 무한 loop 한번을 수행할 수 있다면, 전체 6×20=120[us]에 고정된 길이의 task 전환 명령어 수행 시간을 합치면, 150[us] 이내에 6개의 task들에 대한 업무처리를 마칠 수 있으므로 ⑤번과 같이 OSTimeDly(1) 1[ms] 후에 **SJ_PowerAnalyzer_Task1** task가 다시 CPU를 점유해도 문제가 없을 것이다. ⑤번 이후는 모두 각각의 task가 수신한 message queue에 대한 응답으로 자신의 데이터를 message mailbox로 전송해 주는 것을 무한정 기다리는 OSMboxPend() 함수이다. 일반적으로 임의의 kernel object에 대한 요청을 무한정 기다리도록 timeout을 설정하는 경우는 많지 않다. 여기서는 단지, 동작 흐름을 예제로 보여주기 위한 것이다. 어쨌든, 각각의 task는 다음에 보여준 code routine과 유사하게 동작한다.

```
void Smoke_Density_Measure(uint32_t x, uint32_t *pSmkDen) {
  *pSmkDen=x;
}
void SJ_Smoke_2_RS485_Task2(void *pdata) {
  INT8U err;
  unsigned char txmsg, QMsg=0, *pQMsg;
  uint32_t SmokeDensity=0;    // Smoke Density Output = 0~100% at real time

  while(1) {
    Smoke_Density_Measure(10, &SmokeDensity);   // 연기 농도 측정결과값
    txmsg=SmokeDensity;
    pQMsg=(INT8U *)OSQPend(MsgQueue, 0, &err);       // Wait Q message#1    ▶ ⑥
    QMsg=*pQMsg;
    if(QMsg==2) {   // RS-485 ID=2
      OSMboxPost(Smoke1Info, (void *)&txmsg);                               ▶ ⑦
    }
```

```
            OSTimeDly(1);                                              ▶ ⑧
        }
    }
```

즉, ④번에서 전송한 첫 번째 message 2와 일치하는 SJ_Smoke_2_RS485_Task2 task가 ⑥번처럼 수신하면, ⑦번과 같이 측정한 연기 농도 값 10을 Smoke1Info message로 하여 mailbox에 저장하고, 전송한다. 그리고, ⑧번과 같이 task 전환을 시도하게 되는 구조이다. 나머지 5개의 task들도 유사한 구조를 가진다. [그림 12.1.5-3]은 SJ_MCUBook_M4 보드를 연결하고, Ch12Lab5Prj project를 build한 이후에 ◉ (Ctrl+F5) icon을 click하여 실행해 준 것이다.

[그림 12.1.5-3] Ch12Lab5Prj project를 이용한 message queue와 message mailbox 실습 - 1.

그리고, ①번처럼 132번째 line에 breakpoint를 설정하고, 각각의 kernel object instance가 올바로 생성되었는지 Watch 1 window로 확인하기 위해서 Run(F5) icon을 click하여 준 것이다. 그리고 나서, ②번과 같이 149번째 line에 breakpoint를 설정하고, 다시 Run(F5) icon을 click하여 주면, ③번과 같이 생성되지 않았던 kernel object들이 ④번과 같이 SRAM에 생성된 것을 확인할 수 있고, ⑤번과 같이 task들도 모두 정상적으로 생성된 것을 알 수 있다. [그림 12.1.5-4]의 ⑥번처럼 우선순위가 가장 높은 SJ_MCUBook_M4 보드의 주요 업무인 SJ_PowerAnalyzer_Task1에서 367번째 line에 breakpoint를 설정하고, Run(F5) icon을 click하여 준다.

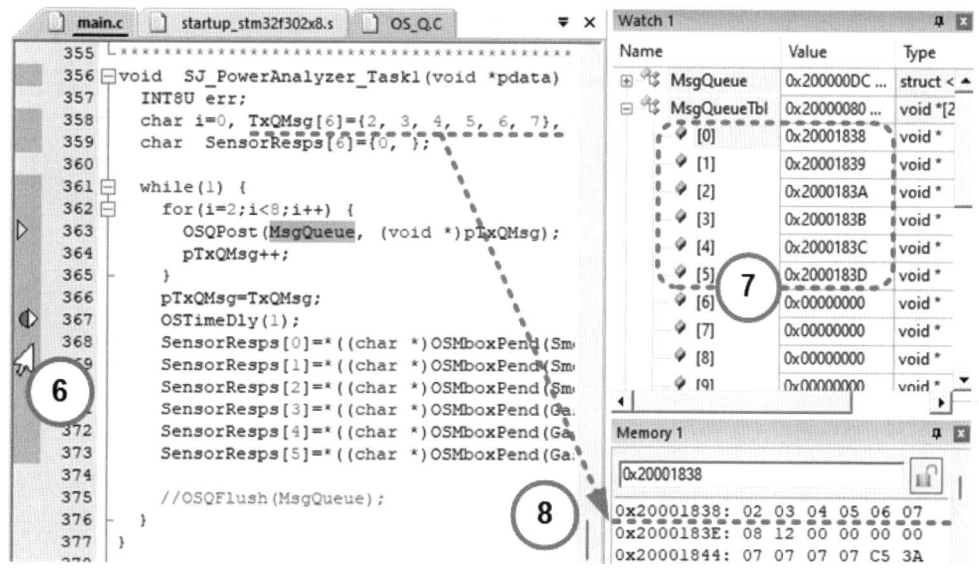

[그림 12.1.5-4] Ch12Lab5Prj project를 이용한 message queue와 message mailbox 실습 - 2.

그러면, ⑦번과 같이 지정한 message queue MsgQueueTbl[]에 6개의 message들이 저장된 것을 확인 할 수 있고, 그 저장된 message는 배열 TxQMsg[6]을 구성하는 각각의 byte 값이다. ⑧번의 Memory 1 window를 통하여 확인할 수 있다. 이제, [그림 12.1.5-5]의 ⑨번과 같이 ⑥번에서 설정한 breakpoint 바로 다음 line인 368번째 line과 연기 측정기 task2인 SJ_Smoke_2_RS485_Task2의 391번째 line에 breakpoint를 설정하고, Run(F5) icon을 click하여 주면, 우리 예상대로 368번째 line에서 멈추지 않고, 391번째 line에서 실행이 멈추는 것을 볼 수 있다.

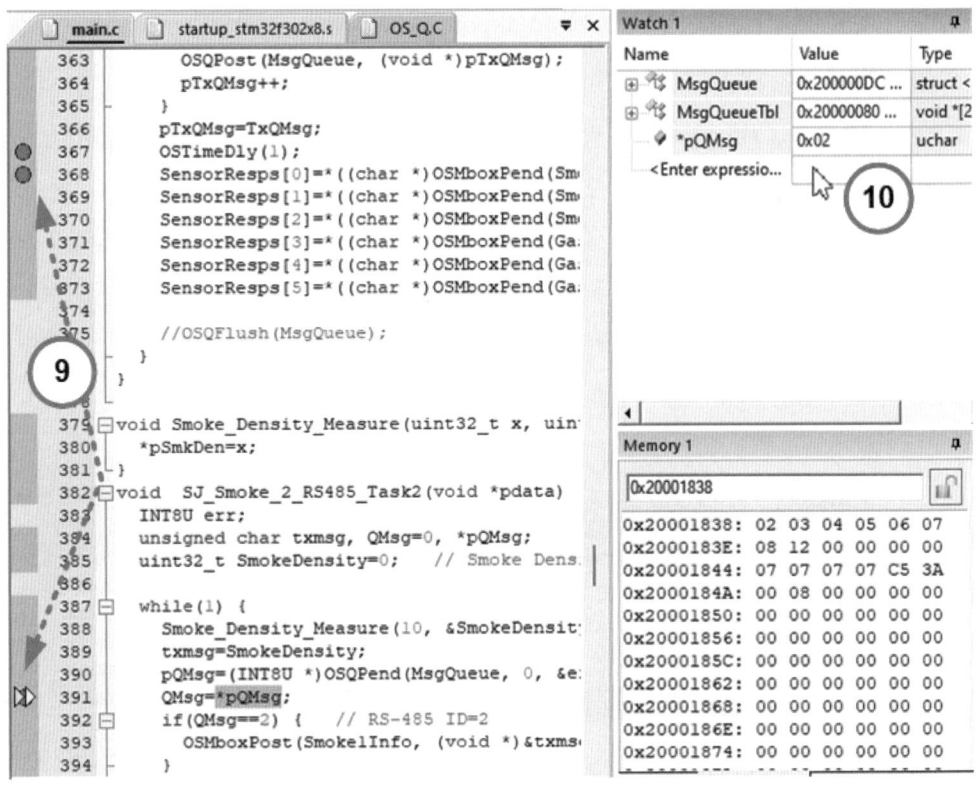

[그림 12.1.5-5] Ch12Lab5Prj project를 이용한 message queue와 message mailbox 실습 - 3.

이제, ⑩번처럼 SJ_Smoke_2_RS485_Task2의 RS-485 ID인 2와 일치하는 message 2를 확인하고, 측정한 연기 농도 결과 값을 message mailbox에 저장하여 전송하여 준다. 그리고, task를 전환하기 위해서 OSTimeDly(1)을 호출한다. 같은 방식으로 나머지 5개 측정기들도 모두 실행하고, 다시 우선순위가 제일 높은 main task인 SJ_PowerAnalyzer_Task1으로 돌아오는지 확인하기 위하여 [그림 12.1.5-6]의 ⑪번과 같이 **373번째** line에 breakpoint를 설정해 준다. 그리고, ▶ Run(F5) icon을 click하여 주면, 설정한 **373번째** line에서 실행이 멈추고, 그때에 각각의 task들이 전송한 message들을 확인해 보면, ⑫번에서 보여준 것과 같이 각각의 측정기 측정한 결과 값들인 것을 확인 할 수 있다. 사실, **Ch12Lab5Prj** project는 [그림 12.1.5-2]에서 보여준 구성도에 대한 전반적인 동작 흐름을 보여준 것이고, 실질적으로 완성된 제품을 만들기 위해서는 각각의 task가 자신의 역할을 충실히 수행할 수 있도록 code routine을 추가해야 할 것이다.

[그림 12.1.5-6] Ch12Lab5Prj project를 이용한 message queue와 message mailbox 실습 – 4.

그런데, 만일, SJ_Smoke_2_RS485_Task3이 어떠한 이유로 message mailbox로 응답을 하지 않게 되면, 현재, 구조는 다음과 같이 **무한히** Smoke2Info message mailbox를 기다리는 구조이므로 여기서 더 이상 실행을 진행할 수 없게 된다.

```
SensorResps[1]=*((char *)OSMboxPend(Smoke2Info, 0, &err));    // Wait for Task3
```

이 현상을 보다 자세히 살펴보기 위해서 다음과 같이 SJ_Smoke_2_RS485_Task3 task에서 Smoke2Info message를 전송하는 OSMboxPost() 함수를 주석 처리해 준다. 즉, message queue에서 보낸 message는 받고 응답을 하지 않도록 하게 coding 해 준다.

```
void  SJ_Smoke_2_RS485_Task3(void *pdata) {
  INT8U err;
  unsigned char txmsg, QMsg=0, *pQMsg;
  uint32_t SmokeDensity=0;    // Smoke Density Output = 0~100% at real time

  while(1) {
    Smoke_Density_Measure(20, &SmokeDensity);
```

```
            txmsg=SmokeDensity;
            pQMsg=(INT8U *)OSQPend(MsgQueue, 0, &err);      // Wait Q message#2
            QMsg=*pQMsg;
            if(QMsg==3) {  // RS-485 ID=3
            //   OSMboxPost(Smoke2Info, (void *)&txmsg);
            }
            OSTimeDly(1);
        }
    }
```

그리고 나서, build를 수행하고, [그림 12.1.5-7]의 ①번에서 보여준 것과 같이 **367번째 line**에 breakpoint를 설정하고, ▶ Run(F5) icon을 click하여 주면, Watch 1 window에서 설정한 **OSTCBPrioTbl[]** 배열로부터 현재 task인 SJ_PowerAnalyzer_Task1의 상태를 ②번과 같이 확인 할 수 있다.

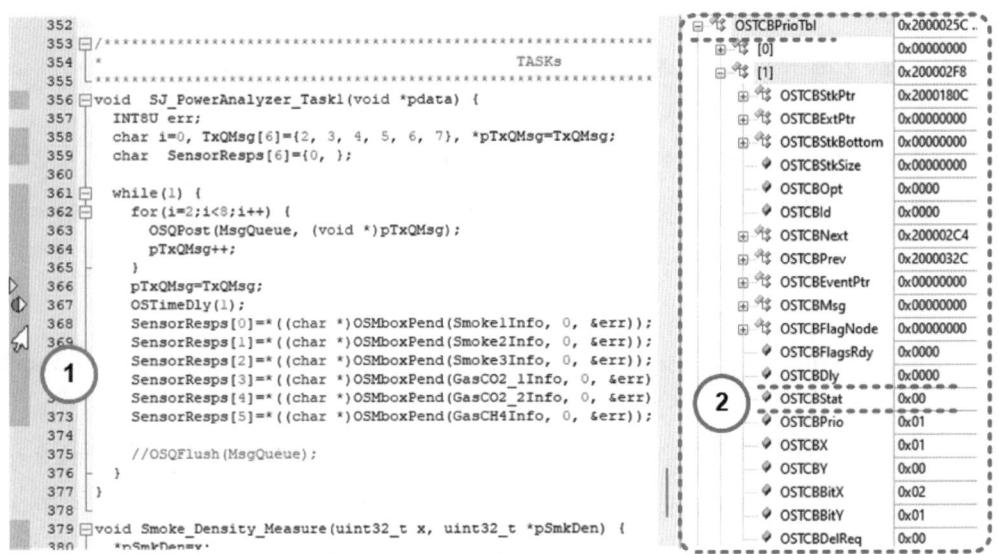

[그림 12.1.5-7] RTOS 동작 중에 task 상태의 변화와 동작 흐름 – 1.

특별히, ②번에서 강조한 os_tcb.**OSTCBDly**과 os_tcb.**OSTCBStat** member에 주목하기 바란다. [그림 12.1.5-8]의 ③번과 같이 **368번째 line**과 **388번째 line**에 모두 breakpoint를 설정하고, ▶ Run(F5) icon을 click하여 주면, **388번째 line**에서 멈추고, 그때에 SJ_PowerAnalyzer_Task1의 os_tcb.**OSTCBDly**과 os_tcb.**OSTCBStat** member 값을

확인해 보면, ①번에서 호출한 OSTimeDly(1) 함수로 인해서 os_tcb.OSTCBDly = 1이 된 것을 확인 할 수 있고, 그 때에 task 상태는 [그림 10.1-5]에서 보여준 상태 중에서 Waiting 상태가 아닌 Ready 상태를 유지하므로 os_tcb.OSTCBStat = 0인 것을 확인 할 수 있다.

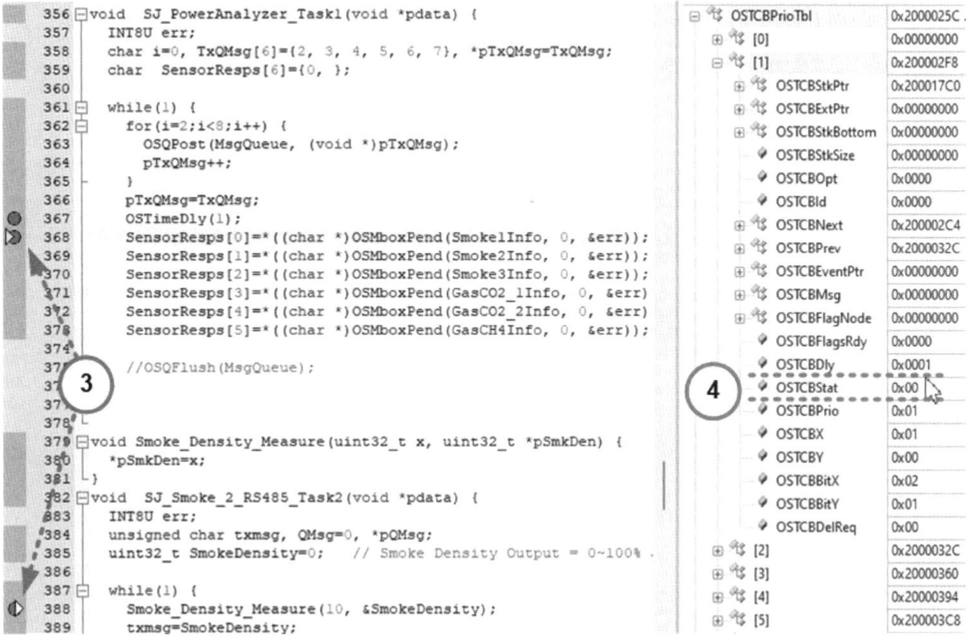

[그림 12.1.5-8] RTOS 동작 중에 task 상태의 변화와 동작 흐름 - 2.

즉, OSTimeDly(1) 함수에 의해서 task가 기다리는 경우에 상태는 Ready 상태 값 그대로인 데 주의하자. 사실, **각각의 task 상태**는 ..~~WuCOS_II₩~~Source folder에 있는 uCOS_II.H 파일에 다음과 같이 정의되어 있다.

```
#define   OS_STAT_RDY        0x00     // Ready to run
#define   OS_STAT_SEM        0x01     // Pending on semaphore
#define   OS_STAT_MBOX       0x02     // Pending on mailbox
#define   OS_STAT_Q          0x04     // Pending on queue
#define   OS_STAT_SUSPEND    0x08     // Task is suspended
#define   OS_STAT_MUTEX      0x10     // Pending on mutual exclusion semaphore
#define   OS_STAT_FLAG       0x20     // Pending on event flag group
```

즉, Ready 상태일 때에만 0을 갖고 Waiting 상태일 때에는 Waiting을 유발한 kernel object에 따라서 Waiting 상태의 값이 다른 것을 볼 수 있다. 이처럼 Ready 또는 Waiting

상태일 때만 TCB 구조체에서 의미를 갖는다. 왜냐하면, OSTaskDel() 함수로 task를 삭제하게 되면, task에 할당한 TCB 구조체의 SRAM 번지를 0번지로 무효화 해 버리므로 의미가 없기 때문에 Dormant 상태는 상태 값을 가질 필요가 없고, Running 상태는 현재 실행하고 있는 유일한 task이므로 역시, 상태 값은 Ready로 그대로 유지하면 된다. [그림 12.1.5-8]에서 보여준 것처럼 388번째 line에서 실행이 멈추어 있는 상황에서 ▥ Run(F5) icon을 click하여 주면, [그림 12.1.5-9]의 ⑤번과 같이 368번째 line에서 실행이 멈추게 된다.

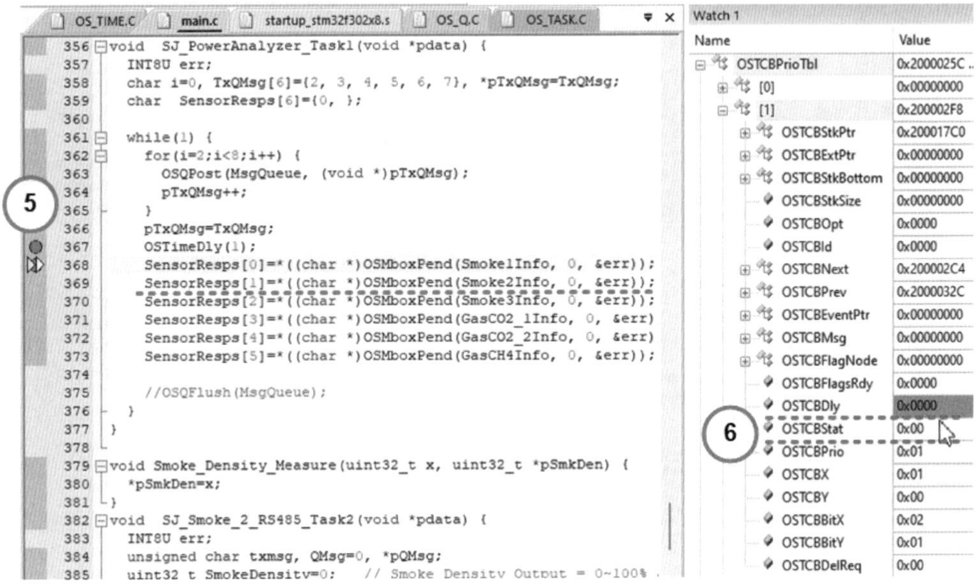

[그림 12.1.5-9] RTOS 동작 중에 task 상태의 변화와 동작 흐름 - 3.

그때에 os_tcb.OSTCBDly의 값은 1[ms] 마다 발생하는 Systick timer exception의 handler 함수에 있는 OSTimeTick에 의해서 1이 감소되고, ⑥번에서 보여준 것과 같이 0이 된 것을 확인 할 수 있다. 이때에 task 상태는 Ready 상태이므로 os_tcb.OSTCBStat = 0인 것을 확인 할 수 있다. 이제, F10을 click하여 369번째 line인 다음을 수행하려고 하면, 앞서 SJ_Smoke_2_RS485_Task3에서 Smoke2Info message mailbox 전송을 수행하는 OSMboxPost() 함수를 주석 처리하였으므로 Smoke2Info message를 수신하지 못하고, [그림 12.1.5-10]의 ⑦번과 같이 idle task로 들어가게 되고, Waiting 상태가 될 것이다.

```
SensorResps[1]=*((char *)OSMboxPend(Smoke2Info, 0, &err));    // Wait for Task3
```

[그림 12.1.5-10] RTOS 동작 중에 task 상태의 변화와 동작 흐름 - 4.

이때에 SJ_PowerAnalyzer_Task1의 상태는 ⑧번과 같이 0x02이다. 이 값은 다음과 같이 mailbox로 인한 pending 즉, Waiting 상태인 것을 의미한다.

```
#define  OS_STAT_MBOX        0x02       // Pending on mailbox
```

지금까지 uC/OS-II를 통하여 RTOS(Real Time Operating System)에 대한 가장 기본이 되는 개념부터 다양한 kernel object들을 활용하는 방법까지 C 언어뿐만 아니라 assembly 언어도 학습하며, 대부분의 내용을 구현해 가며 **철저히 학습**하였다. 이제, 여러분이 학습한 내용을 바탕으로 2023년 기준 Embedded Linux와 함께 가장 많이 사용되는 **무료 RTOS**인 **FreeRTOS**에 대해서 학습해 보도록 하겠다.

12.2 FreeRTOS 소개와 AC6로 compiler 방법.

FreeRTOS는 2000년대 초반 Real Time Engineers Ltd.라는 회사에서 개발하였고, 이후 2017년 AWS(Amazon Web Service)가 인수하여 **무료로 배포**하고 있다. website는 다음과

같으며, [그림 12.2-1]에서 보여준 것과 같이 Download button을 click하여 최신 버전을 **무료로** download 받을 수 있다.

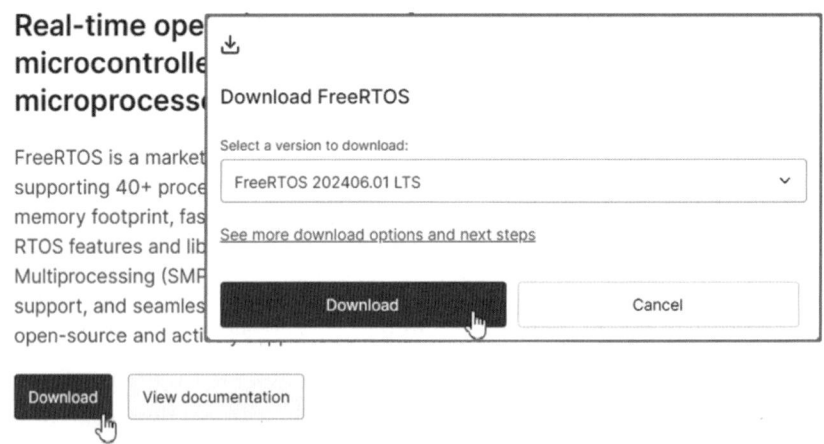

[그림 12.2-1] FreeRTOS website에서 무료로 download 받아서 사용 가능.

또한, View documentation button을 click하고, web page의 아래로 내려가서 오른쪽 면을 보면, [그림 12.2-2]와 같이 2개의 FreeRTOS 공식 *.pdf 문서를 볼 수 있는데, 이들을 download 받기 바란다. FreeRTOS website에서 porting된 다양한 MCU와 관련 예제 code들을 볼 수 있는데, STM32에서는 CubeMX를 사용하여 보다 쉽게 FreeRTOS를 사용할 수 있다. Ch12Lab6Prj project는 FreeRTOS에 대한 예제로서 Chapter 10부터 지금까지 열심히 학습한 분들이라면, 쉽게 사용할 수 있을 것이다. Ch12Lab6Prj project는 uC/OS-II를 사용하여 2개의 LED를 제어한 Ch12Lab1Prj project를 FreeRTOS에 그대로 적용해 본 것이다.

[그림 12.2-2] FreeRTOS 관련 공식 문서들.

우선, [그림 12.2-3]의 ①번과 같이 Ch12Lab6Prj project를 위한 Ch12Lab6Prj folder를 만들어 준다.

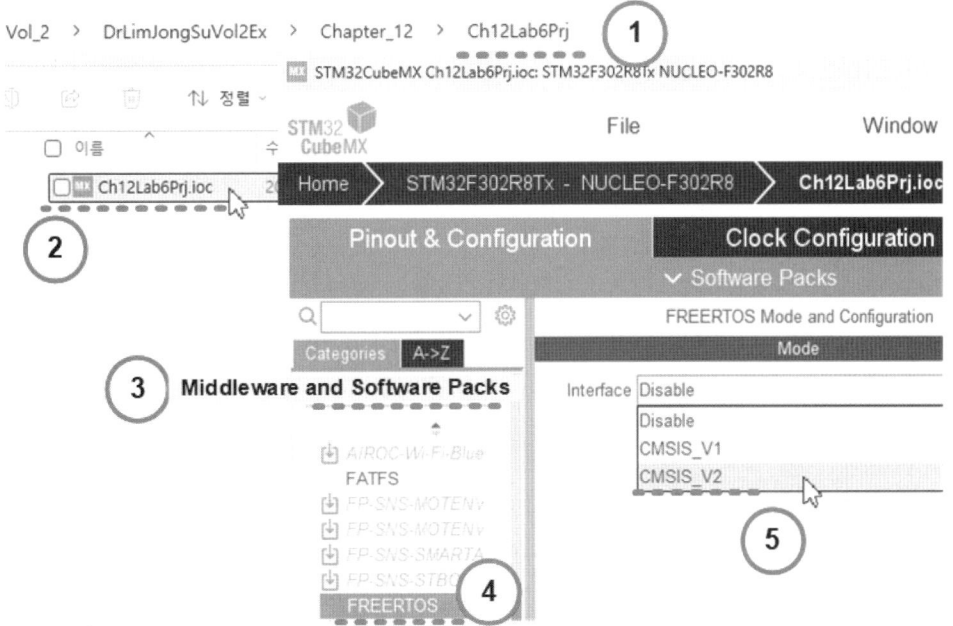

[그림 12.2-3] FreeRTOS 예제 : Ch12Lab6Prj project - 1.

그리고, Ch12Lab1Prj.ioc 파일의 이름을 ②번과 같이 Ch12Lab6Prj.ioc으로 바꾸어 주고, double click하여 CubeMX를 호출한다. 이어서 ③번과 같이 Middleware and Software

Packs tab을 click하여 나열된 항목 중에서 ④번과 같이 **FREERTOS** item을 선택한다. 그리고, ⑤번에서 Interface로 CMSIS_V2를 선택해 준다. 여기서 언급한 CMSIS(Cortex Microcontroller Software Interface Standard)는 서로 다른 MCU들과 software 개발 도구들에 의존적으로 개발된 software들이 상호 호환성과 재사용성을 최대한 가지도록 하는 것으로 Cortex-M core에 기반을 둔 MCU 개발 업체와 관련 개발 도구 즉, KEIL, GNU 그리고 IAR과 **독립적인 HAL(Hardware Abstraction Layer)를 구성하는 것에 해당**한다. 좀 더 자세한 내용은 **임종수의 Cortex-M3M4 완벽 가이드(기초편)**에서 **부록 6.**의 CMSIS 소개를 참조하면 된다. ⑤번에서 Interface로 CMSIS_V2를 선택해 주면, [그림 12.2-4]의 ⑥번과 같이 **Config parameters** tab의 항목들이 나열될 것이다. 아마도, Chapter 10.부터 지금까지 최선을 다하여 달려왔으면 이들 항목들 각각의 이름만 읽어봐도 무슨 의미인지 알 수 있을 것이다. 이제, ⑦번처럼 **Include parameters** tab을 click하여 관련 항목들을 보면, task와 관련된 여러 함수들이 나열되는데, 역시, 항목의 이름을 읽어보면, 대충 함수의 역할을 짐작 할 수 있을 것이다. 만일, 정확한 함수에 대한 정보를 얻고 싶은 경우에는 예를 들면, vTaskPrioritySet() 함수에 대한 정확한 정보를 얻고 싶으면, [그림 12.2-2]에서 보여준 FreeRTOS_Reference_Manual_V10.0.0.pdf 파일을 열어서 검색해 보면 [그림 12.2-5]와 같이 정보를 얻을 수 있다. 또한, 이미 익숙한 kernel object들 즉, Mutex, Semaphore, 그리고, Events에 대한 tab이 제공되고 있다. 우리는 여기서 **Ch12Lab1Prj** project처럼 새로운 Task1과 Task2를 만들기 위해서 ⑧번이 가리키는 **Tasks and Queues** tab을 선택하여 준다. 그러면, [그림 12.2-6]의 ⑨번과 같이 기본적인 task 즉, default task인 **defaultTask**이 설정되어 있는 것을 볼 수 있다. 우리는 여기에 2개의 task들 즉, Task1과 Task2를 새롭게 생성할 것이므로 ⑩번과 같이 **Add** button을 click하여 준다. 그러면, ⑪번과 같이 **New Task** dialogbox가 나타난다. 여기서, ⑫번과 같이 Task Name을 Task1로 고치고, Priority는 default task와 동일한 **osPriorityNormal**로 설정해 준다. 이처럼 FreeRTOS는 **동일한 우선순위를 갖는 task들을 생성**할 수 있고, 이들은 round robin 방식으로 선택된다. 그리고, stack 크기는 128로 지정하면, Stack Size가 **word**라고 하니, 128×4=512bytes이다. 그리고, 그 stack의 이름을 **Task1Stk**이라고 하였는데, ⑫번에 점선의 밑줄로 강조하였듯이 이 stack을 FreeRTOS가 지원하는 동적 할당 함수를 이용하여 할당할 것인지 아니면, ⑬번과 같이 uC/OS-II에서 우리가 사용해온 **정적 방식**으로 할당할 것인지 선택하도록 되어있다.

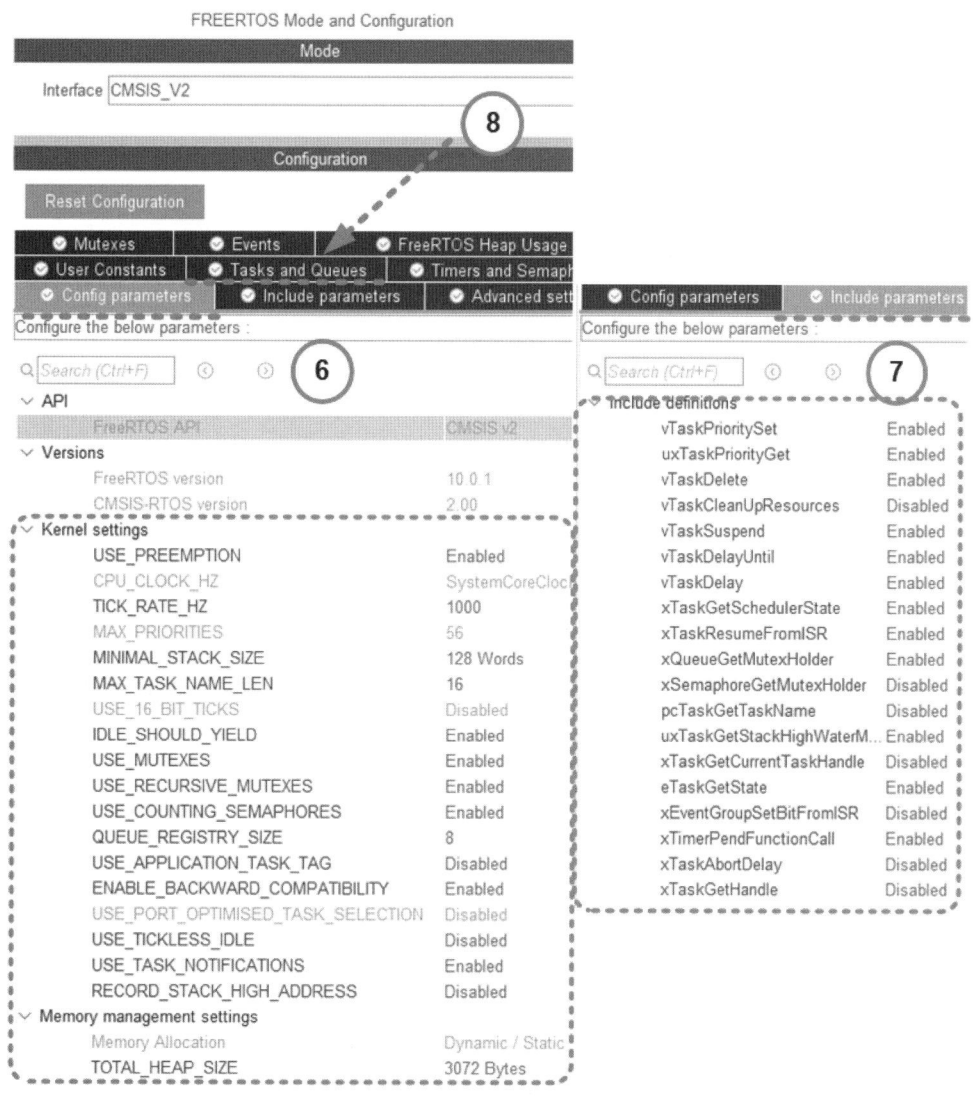

[그림 12.2-4] FreeRTOS 예제 : Ch12Lab6Prj project - 2.

11.1. 단원에서도 언급하였듯이 각각의 task가 stack을 소유하는 RTOS 환경에서는 MCU의 한정된 SRAM 공간을 효율적으로 사용하기 위해서 **heap을 사용할 것을 추천**하였다. 어쨌든, 생성되는 code의 style을 학습하기 위해서 Task1은 heap 즉, **Dynamic**을 선택하고, Task2는 **Static**을 선택하였다. 그리고, [그림 12.2-7]의 ⑭번과 같이 GENERATE CODE button을 click하여 주면, ⑮번과 같은 dialogbox가 나타날 것이다.

2.24 vTaskPrioritySet()

```
#include "FreeRTOS.h"
#include "task.h"

void vTaskPrioritySet( TaskHandle_t pxTask, UBaseType_t uxNewPriority );
```

Listing 82 vTaskPrioritySet() function prototype

Summary

Changes the priority of a task.

Parameters

pxTask   The handle of the task being modified (the subject task).

[그림 12.2-5] 모든 FreeRTOS 함수는 FreeRTOS_Reference_Manual_V10.0.0.pdf 파일에서 참조할 것.

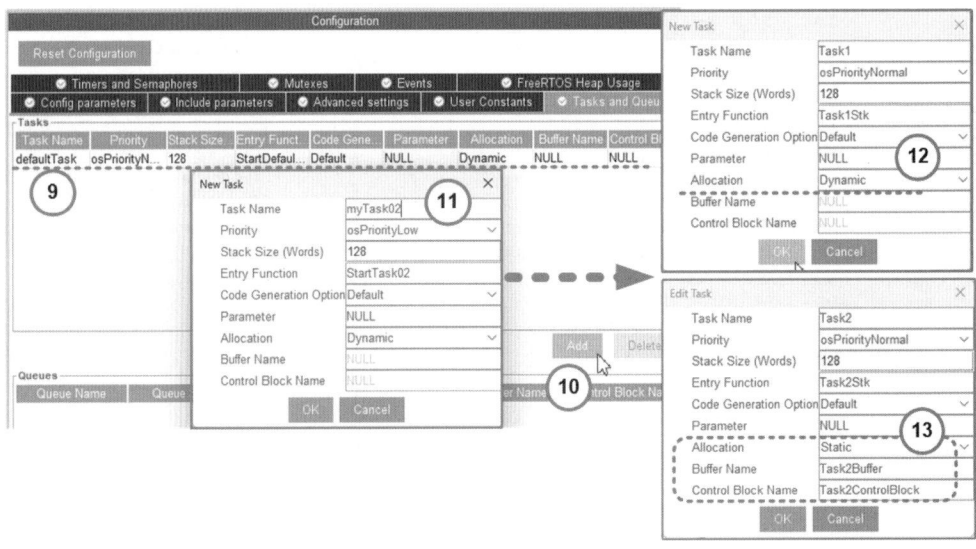

[그림 12.2-6] FreeRTOS 예제 : **Ch12Lab6Prj** project - 3.

내용을 읽어보니, uC/OS-II에서 1[ms] 마다 발생하도록 만든 Systick timer를 HAL timebase source로 사용하지 말고, MCU 내부 timer를 사용할 것을 **강력하게 추천**한다는 의미이다.

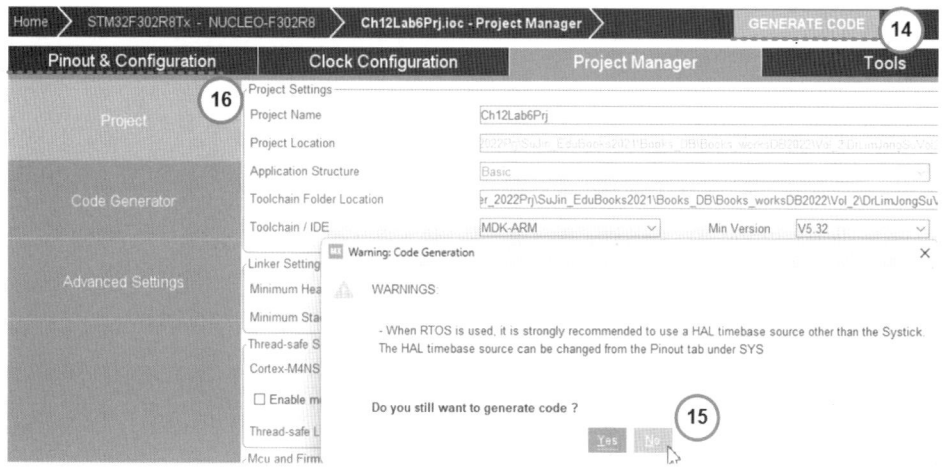

[그림 12.2-7] FreeRTOS 예제 : Ch12Lab6Prj project - 4.

그리고, ⑯번의 Pinout & Configuration을 선택하여 나열되는 items 중에서 System Core item에서 SYS item을 선택하여 Timebase Source에 MCU 주변 장치의 timer들 중에서 어느 하나를 선택해서 지정해 줄 것을 의미하고 있다. 아마도, STM32에서 제공하는 HAL 함수들을 원활히 사용하기 위해서는 추천하는 내용을 따르는 것이 옳다고 생각한다. 그러므로, ⑮번과 같이 No button을 click해 주고, [그림 12.2-8]의 ⑰번과 같이 TIM6를 선택하여 준다.

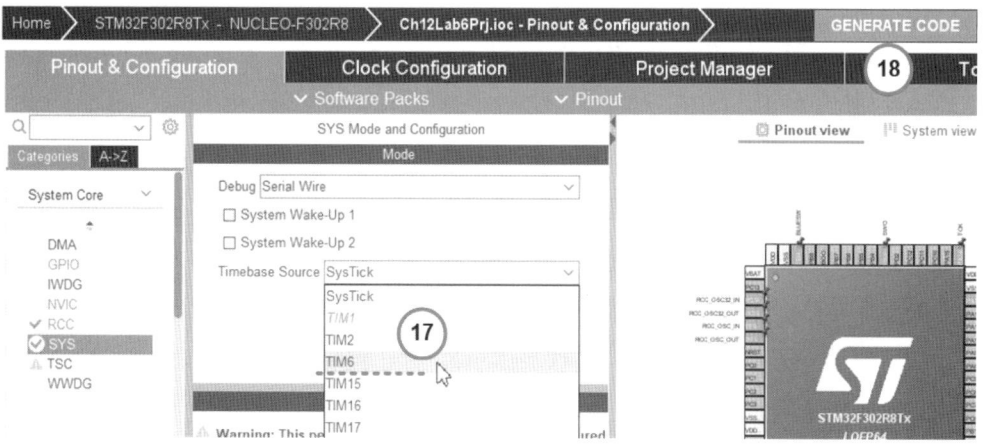

[그림 12.2-8] FreeRTOS 예제 : Ch12Lab6Prj project - 5.

그리고 나서, 다시 ⑱번과 같이 GENERATE CODE button을 click하여 주면, 관련

FreeRTOS를 포함하고, 지정한 3개의 task들을 포함한 C framework가 생성될 것이다. 이제, [그림 12.2-9]의 ①번과 같이 MDK-ARM folder에서 **Ch12Lab6Prj.uvprojx** 파일을 double click하여 uVision을 호출하고, ②번과 같이 Options for Target dialogbox에서 항상 그렇게 하듯이 C/C++(AC6) tab에서 최적화 level을 -O0으로 설정해 주고, ③번과 같이 **Rebuild** icon을 click하여 build를 수행해 준다.

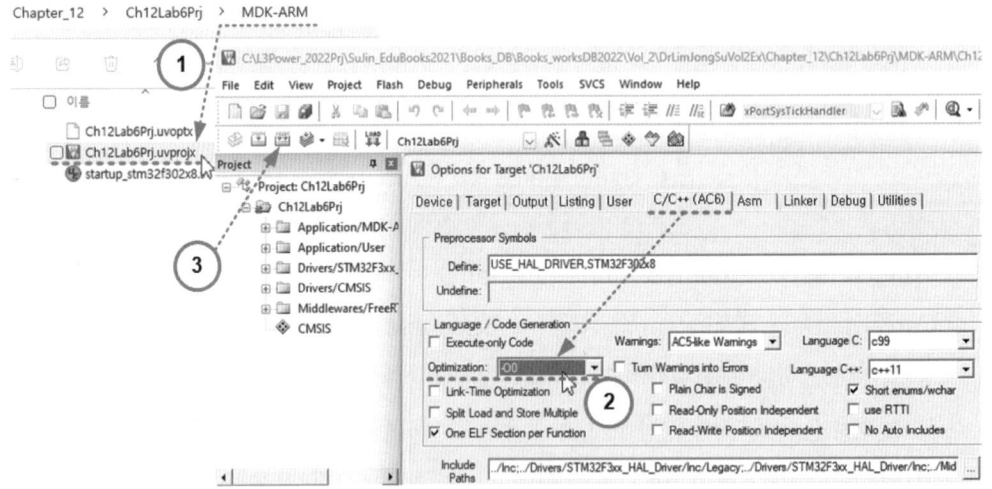

[그림 12.2-9] FreeRTOS 예제 : **Ch12Lab6Prj** project - 6.

그런데, 그 결과가 어처구니 없게도(?) error만 159개를 발생시켰다. 솔직히, 지금까지 CubeMX에서 click만하고, 자동으로 생성된 C framework를 build한 것이 전부이고, 뭔가 손을 댄 곳이 없는데도 error가 엄청나게 발생하였다. 만일, 여러분이 [그림 12.2-10]의 ④번에서 보여준 것과 같이 AC5 license를 가지고 있다면, ⑤번처럼 build하였을 때에 error가 발생하지 않을 것이다. 사실, 이 내용은 이미, **8.1.** 단원에서 **BootJumpASM() 함수**를 설명할 때에도 언급하였듯이 ARMv8-M core까지 지원하도록 개발한 AC6은 기존의 AC5와 비교하여 C 언어에서 assembly 언어로 coding 할 수 있도록 하는 inline assembly syntax(문법)에 변화가 많아서 상호 호환이 되지 않는다. 그런데, 이 문제로 많은 시간 Googling을 하며 관련 자료를 찾아도 보고, 얻은 결론은 CubeMX에서 생성되는 C framework를 KEIL의 uVision에서 사용하는 AC6에서 build 되도록 적극적으로 처리해 줄 주체가 없다는 것이다. 그러므로 다음과 같은 우회 도로를 사용해 보도록 하겠다.

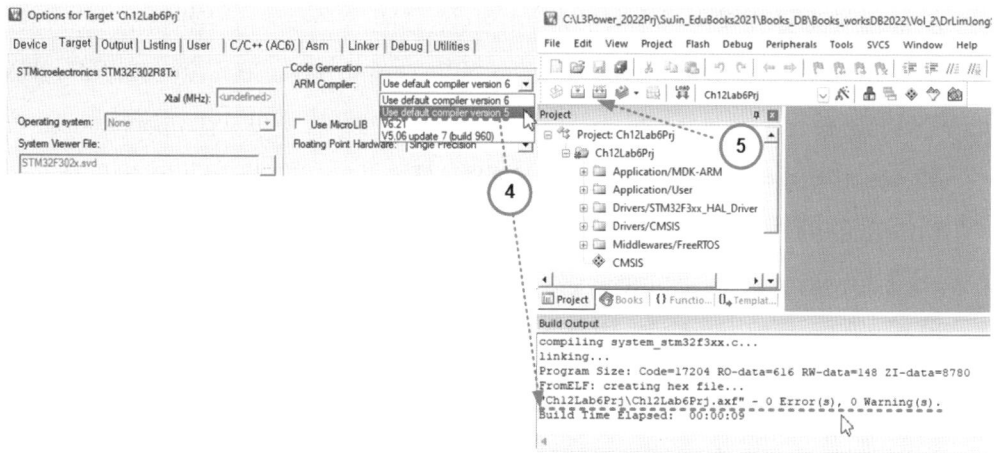

[그림 12.2-10] FreeRTOS 예제 : **Ch12Lab6Prj** project - 7.

우선, AC6로 build 하였을 때에 발생한 엄청난 error들, 이처럼 error가 발생하면 많거나 적거나 화를 내지 말고, 침착한 마음으로 **항상, 제일 처음 error를 발생시킨 원인부터 찾아보는 것이 debugging의 순서**이다. [그림 12.2-11]의 ⑥번과 같이 첫 번째 error를 선택하여 mouse로 double click하면, ⑦번처럼 해당 source 파일의 원인이 되는 곳을 알려준다.

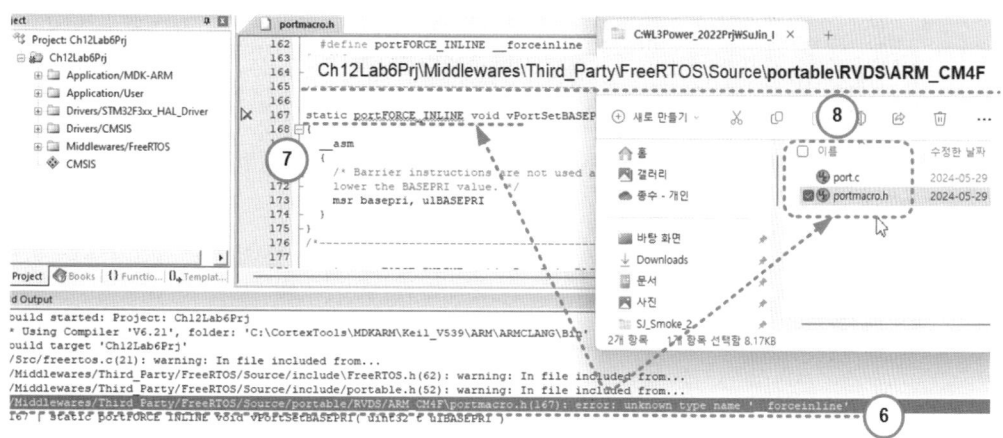

[그림 12.2-11] FreeRTOS 예제 : **Ch12Lab6Prj** project - 8.

첫 번째 error를 발생시킨 파일이 ⑧번에서 보여준 것처럼 **porting** 관련 파일들이고, error의 원인도 예상했던 것과 같이 ⑦번에서 보여준 것처럼 inline assembly code routine 부분이다. 결국, 직접 해당 assembly code를 AC6에 맞게 고쳐서 사용해야 하는데, 문제는 다른

STM32 MCU를 선택할 때마다 수정해야 한다는 것은 불가능하고, 올바르게 수정하였는지도 모르기 때문에 이 방법은 맞지 않다고 생각한다. 그래서, FreeRTOS website에도 많은 자료들이 있지만, 전 세계적으로 소프트웨어 공유 등 개발자 친화적인 open source 성지인 Microsoft 산하의 Git platform을 참조해보도록 하겠다. 그런데, 2018년부터 Microsoft가 Github를 인수하였지만, 개인적으로 Google의 **Chrome** web browser가 Microsoft의 Edge browser 보다 Github에서 자료에 접근하는 것이 좀 더 명확해(?) 보여서 Chrome web browser를 사용한다. 어쨌든, [그림 12.2-12]의 ⑨번처럼 Chrome의 website address를 지정하는 곳에 **github.com**를 typing해 주고 나서, enter를 click하면, github website가 나타난다.

[그림 12.2-12] FreeRTOS 예제 : **Ch12Lab6Prj** project - 9.

그리고, 여기서 ⑩번과 같이 검색어로 **freeRTOS**를 지정하고, enter를 click하면, ⑪번처럼 FreeRTOS 공식 github가 나타난다. ⑪번에서 보여준 **FreeERTOS/FreeRTOS-Kernel**을 click하여 주면, ⑫번과 같이 여러 공유 자료가 나타나는데, **portable**을 click하여 준다. 그리고 나서, [그림 12.2-13]의 ⑬번처럼 AC6 compiler인 **ARMClang compiler**에 대해서

알아보기 위해 ARMClang을 click하여 준다.

[그림 12.2-13] FreeRTOS 예제 : Ch12Lab6Prj project - 10.

그러면, ⑭번과 같이 ARMClang compiler를 사용하기 위해서는 GCC folder에 있는 port file들을 사용하라고 되어 있다. 그러므로, 다시 FreeRTOS-Kernel/portable/ folder에서 ⑮번과 같이 GCC folder를 click하여 준다. 그러면, 다양한 ARM core에 porting할 수 있는 파일들을 포함하고 있는 folder들이 나열되는데, ⑯번과 같이 SJ_MCUBook_M4 보드에 탑재된 STM32F302의 core인 Cortex_M4F folder를 선택하여 준다. 그리고, ⑰번에 보여준 port.c와 portmacro.h 파일 2개를 다음의 위치로 download 받는다.

..\Ch12Lab6Prj\Middlewares\Third_Party\FreeRTOS\Source\portable**GCC\ARM_CM4F**

물론, GCC folder와 ARM_CM4F folder는 새로 만들어 주어야 한다. 즉, [그림 12.2-14]

의 ⑱번과 같이 새로 만든 ARM_CM4F folder에 download 받은 port.c와 portmacro.h 파일을 저장해 준다.

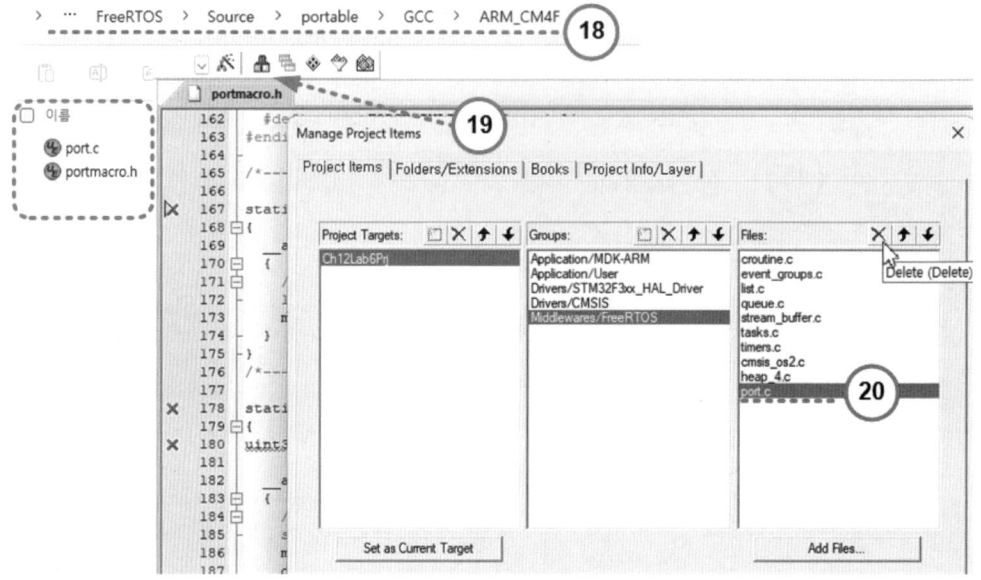

[그림 12.2-14] FreeRTOS 예제 : Ch12Lab6Prj project - 11.

그리고 나서, ⑲번처럼 🔧 File Extensions, Books and Environment... icon을 click하여 Manage Project Items dialogbox의 Groups:에서 Middlewares/FreeRTOS를 선택하고, ⑳번처럼 port.c를 선택하여 Delete icon을 click하여 삭제해 준다. 왜냐하면, 이 파일은 앞서 언급한 것과 같이 ..\portable\RVDS\ARM_CM4F에 저장되어 있기 때문이다. 그리고 나서, ..\portable\GCC\ARM_CM4F folder에 새로 저장한 port.c 파일을 추가해 준다. 즉, [그림 12.2-15]의 ㉑번과 같이 Add Files... button을 click하여 나타나는 Add Files dialogbox에서 ㉒번처럼 port.c 파일을 선택하고, Add button click하여 준다. 그리고, ㉓번과 같이 OK button을 click하여 Manage Project Items dialogbox를 닫아주고, ㉔번처럼 Options for Target... icon을 click하여 준다. 그리고, download 받은 portmacro.h 파일을 포함시키기 위해서 [그림 12.2-16]의 ㉕번과 같이 Include Paths에서 … button을 click하여 ㉖번처럼 경로를 수정해 준다. 그리고 나서, [그림 12.2-17]의 ㉗번처럼 Project menu에서 Clean Targets menu를 선택하고, 이어서 rebuild icon을 click하여 build를 수행하여 준다.

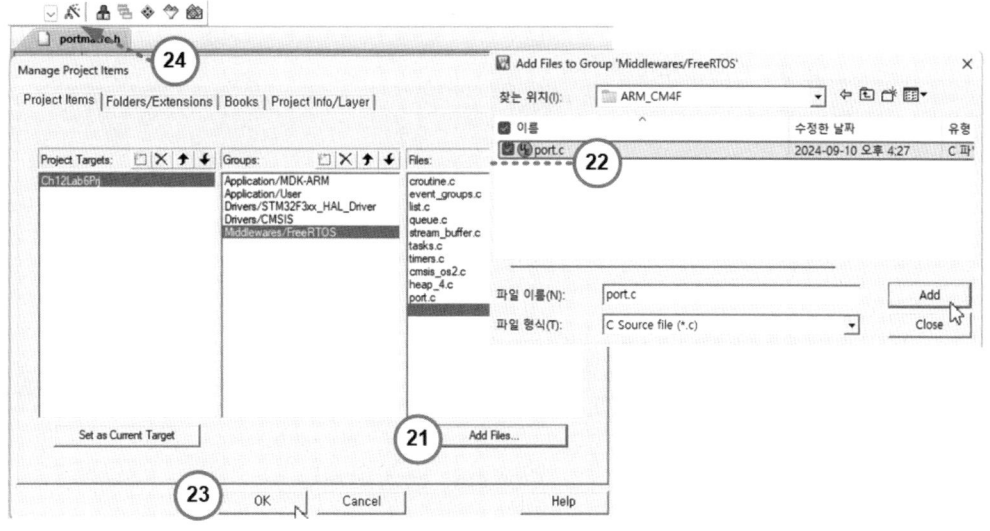

[그림 12.2-15] FreeRTOS 예제 : Ch12Lab6Prj project - 12.

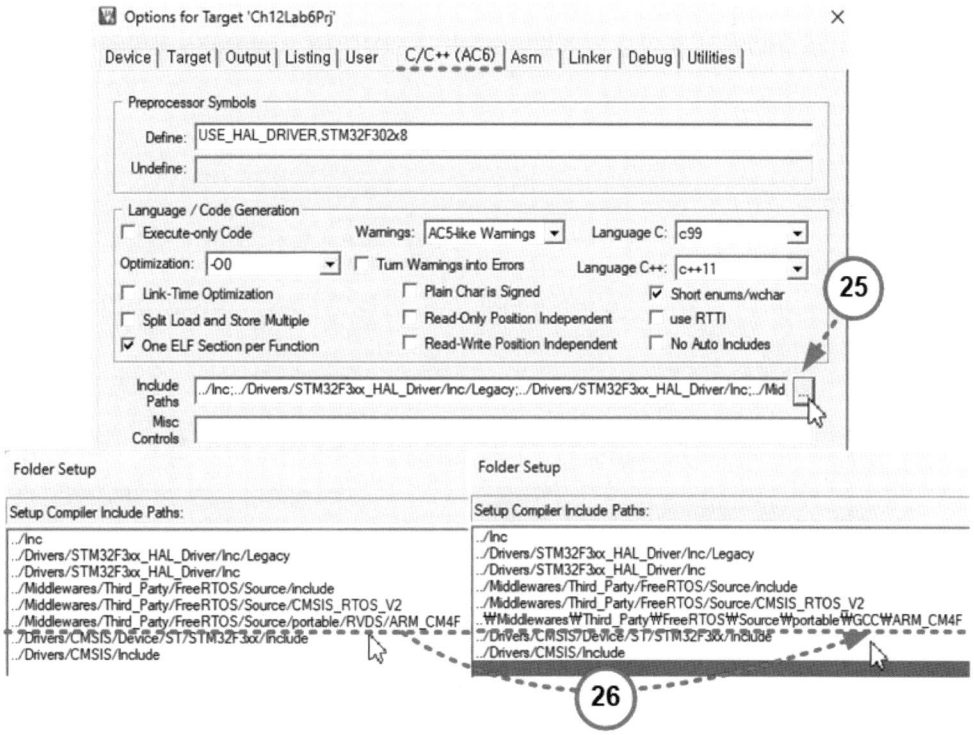

[그림 12.2-16] FreeRTOS 예제 : Ch12Lab6Prj project - 13.

12 uC/OS-II와 FreeRTOS 사용 방법 | 635

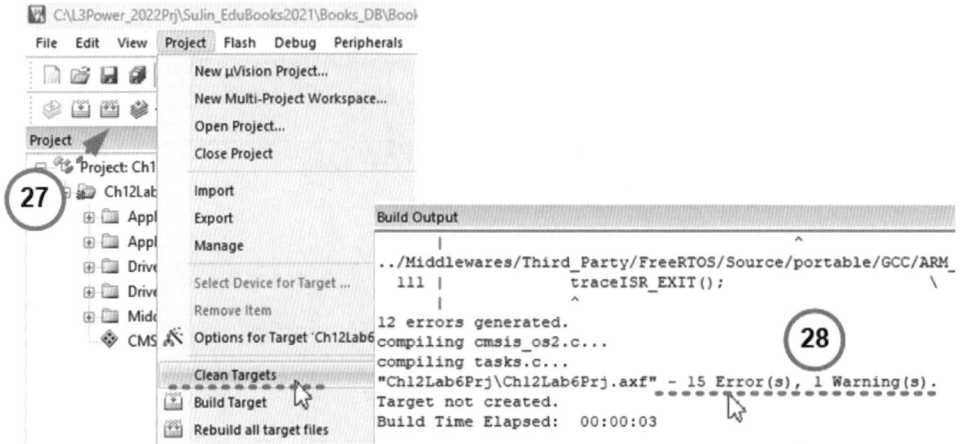

[그림 12.2-17] FreeRTOS 예제 : Ch12Lab6Prj project - 14.

그러면, ㉘번과 같이 15개의 error가 발생한 것을 볼 수 있다. 이전과 비교하여 많이 줄어들었다. 어쨌든, **첫 번째 error를 찾아서** double click하여 주면, error의 원인이 [그림 12.2-18]의 ㉙번에서 보여준 것처럼 traceISR_ENTER() macro가 정의되어 있지 않다는 것이다.

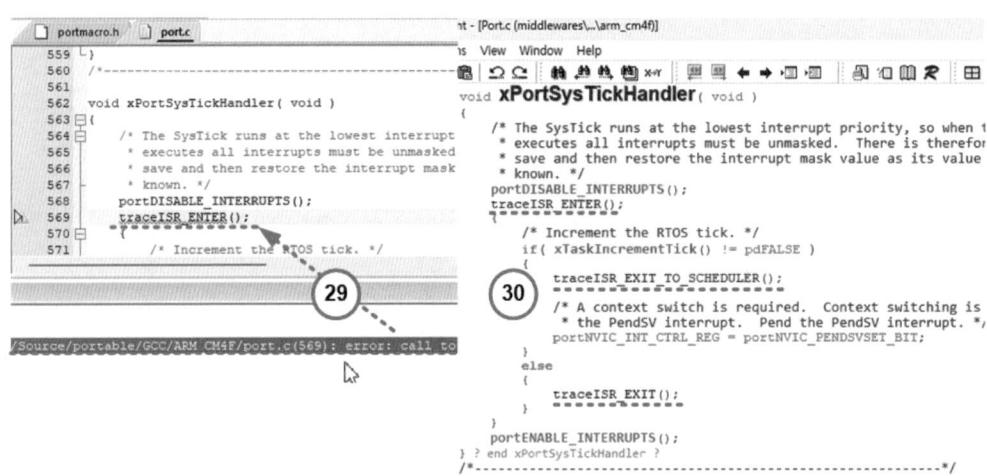

[그림 12.2-18] FreeRTOS 예제 : Ch12Lab6Prj project - 15.

게다가 ㉚번에서 보여준 것과 같이 trace를 접두사로 하는 macro들이 모두 어디에도 정의되어 있지 않다. 이들 macro는 FreeRTOS에서 사용되는 분석 도구로서 모두 생략해도 된다. 그러므로, ㉚번에서 보여준 3개의 macro들을 [그림 12.2-19]의 ㉛번처럼 모두 주석처리해 주고, 해당 macro를 사용하고 있는 Portmacro.h 파일에서는 ㉜번과 같이 삭제를 해주고, rebuild를 수행해 주면, 경고 1개만 발생하고 **더 이상 error가 발생하지 않을 것**이다.

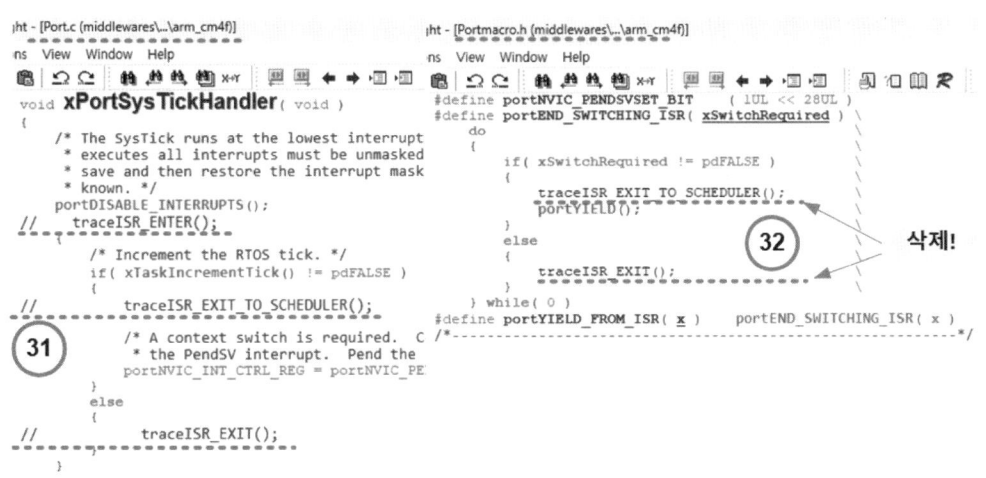

[그림 12.2-19] FreeRTOS 예제 : Ch12Lab6Prj project - 16.

이제, build를 성공하였으니, CubeMX가 FreeRTOS를 포함하여 생성해준 C framework의 구조를 확인하기 위해서 **Ch12Lab6Prj** project를 살펴보도록 하겠다. 잠시 쉬는 의미에서 단원을 바꾸어 학습을 계속 하도록 하겠다.

12.3 FreeRTOS에 Task 등록과 사용 방법.

CubeMX가 FreeRTOS를 포함하여 생성한 C framework 구조를 분석해 보면, [그림 12.3-1]과 같은 구조를 갖는다. 사실, uC/OS-II에서 학습한 구조와 유사한 것을 알 수 있다. 예를 들면, **Middlewares** folder를 **uCOS_II** folder로 생각하면 될 것이다. 어쨌든, stm32f3xx_hal_timebase_tim.c 파일의 내용을 보면 알 수 있겠지만, FreeRTOS에서 사용할 timebase timer에 대한 설정관련 routine이고, freertos.c 파일은 FreeRTOS를 운영하는데 필요한 함수들과 macro, 그리고, 변수들을 정리하여 넣는 곳이다.

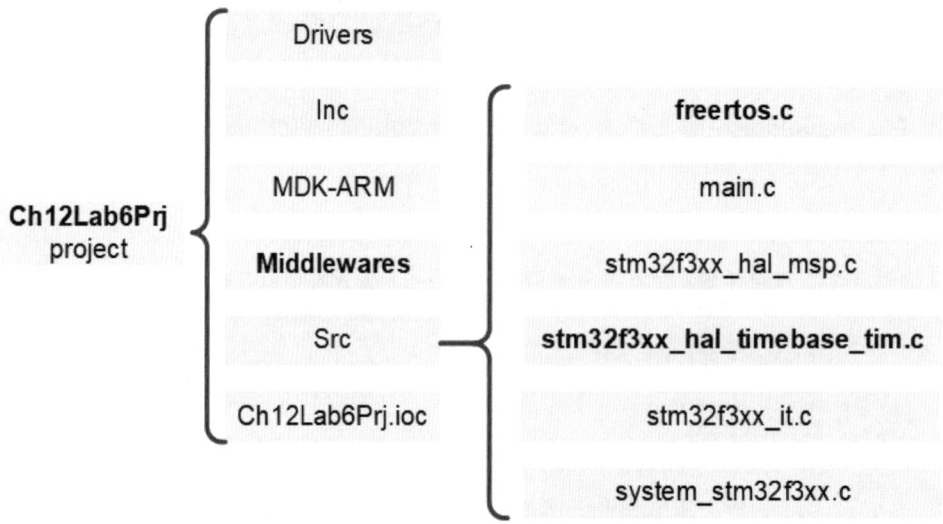

[그림 12.3-1] Ch12Lab6Prj project 구조와 실습 - 1.

우선, Main.c 파일의 내용을 살펴보니, 다음과 같이 임의의 task를 생성할 때에 필요한 입력 매개변수들을 구조체화하여 초기화한 것을 볼 수 있다.

```
/* Definitions for defaultTask */
osThreadId_t defaultTaskHandle;
const osThreadAttr_t defaultTask_attributes = {
  .name = "defaultTask",
  .stack_size = 128 * 4,
  .priority = (osPriority_t) osPriorityNormal,
};
/* Definitions for Task1 */
osThreadId_t Task1Handle;
const osThreadAttr_t Task1_attributes = {
  .name = "Task1",                                          ▶ ①
  .stack_size = 128 * 4,                                    ▶ ②
  .priority = (osPriority_t) osPriorityNormal,
};
/* Definitions for Task2 */
osThreadId_t Task2Handle;
uint32_t Task2Buffer[ 128 ];
osStaticThreadDef_t Task2ControlBlock;
const osThreadAttr_t Task2_attributes = {
  .name = "Task2",
  .cb_mem = &Task2ControlBlock,                             ▶ ③
```

```
    .cb_size = sizeof(Task2ControlBlock),
    .stack_mem = &Task2Buffer[0],
    .stack_size = sizeof(Task2Buffer),
    .priority = (osPriority_t) osPriorityNormal,
};
/* USER CODE BEGIN PV */
```

①번과 같이 각각의 Task ID로 uC/OS-II처럼 숫자가 아닌 문자열을 할당하는 것과 ②번처럼 stack을 Dynamic하게 할당하겠다고 설정한 경우에는 단순히 stack 크기만 잡아주면 된다는 것이다. 그리고, uC/OS-II처럼 정적으로(Static) 생성하려는 경우에는 ③번과 같이 지정해 주면 된다. 다음은 main() 함수에 대한 내용이다.

```
MX_TIM1_Init();
/* USER CODE BEGIN 2 */

/* USER CODE END 2 */

/* Init scheduler */
osKernelInitialize();                                              ▶ ④
/* USER CODE BEGIN RTOS_MUTEX */                                   ▶ ⑤
  /* add mutexes, ... */
  /* USER CODE END RTOS_MUTEX */
  /* USER CODE BEGIN RTOS_SEMAPHORES */
  /* add semaphores, ... */
  /* USER CODE END RTOS_SEMAPHORES */
  /* USER CODE BEGIN RTOS_TIMERS */
  /* start timers, add new ones, ... */
  /* USER CODE END RTOS_TIMERS */
  /* USER CODE BEGIN RTOS_QUEUES */
  /* add queues, ... */
  /* USER CODE END RTOS_QUEUES */

  /* Create the thread(s) */
  /* creation of defaultTask */
  defaultTaskHandle = osThreadNew(StartDefaultTask, NULL,          ▶ ⑥
                        &defaultTask_attributes);
  /* creation of Task1 */
  Task1Handle = osThreadNew(Task1Stk, NULL, &Task1_attributes);    ▶ ⑦
  /* creation of Task2 */
  Task2Handle = osThreadNew(Task2Stk, NULL, &Task2_attributes);    ▶ ⑧
```

```
  /* USER CODE BEGIN RTOS_THREADS */
  /* add threads, ... */
  /* USER CODE END RTOS_THREADS */
  /* USER CODE BEGIN RTOS_EVENTS */
  /* add events, ... */
  /* USER CODE END RTOS_EVENTS */
  /* Start scheduler */
  osKernelStart();                                                        ▶ ⑨
  /* We should never get here as control is now taken by the scheduler */
  /* Infinite loop */
  /* USER CODE BEGIN WHILE */
  while (1)                                                               ▶ ⑩
```

역시, ④번과 같이 OS를 초기화한다. 그리고 ⑤번과 같이 필요한 kernel object를 생성하여 준다. 이후에는 ⑥번과 ⑦번, ⑧번처럼 3개의 task들을 생성하여 주면 된다. 이미, task 생성에 필요한 입력 매개변수들은 구조체화하여 초기화하였으므로 대입하여 주면 된다. 필요한 모든 task들을 생성하였으면, ⑨번과 같이 scheduler를 실행하면 된다. 이렇게 되면, 주석에도 나와 있듯이 ⑩번의 while(1)-loop에 도달하지 않게 된다. Ch12Lab1Prj project처럼 Red LED와 Green LED를 점멸하기 위해서 다음과 같이 Task1과 Task2를 coding하여 준다.

```
  /* USER CODE END Header_Task1Stk */
  void Task1Stk(void *argument) {
    /* USER CODE BEGIN Task1Stk */
    /* Infinite loop */
    for(;;) {
      osDelay(500);                                                       ▶ ⑪
      HAL_GPIO_TogglePin(GPIOB,GPIO_PIN_0);      // LED RED
    }
    /* USER CODE END Task1Stk */
  }

  /* USER CODE BEGIN Header_Task2Stk */
  /**
  * @brief Function implementing the Task2 thread.
  * @param argument: Not used
  * @retval None
  */
  /* USER CODE END Header_Task2Stk */
```

```c
void Task2Stk(void *argument) {
  /* USER CODE BEGIN Task2Stk */
  /* Infinite loop */
  for(;;) {
    osDelay(100);                                    ▶ ⑫
    HAL_GPIO_TogglePin(GPIOA, GPIO_PIN_5);    // LED Green
  }
  /* USER CODE END Task2Stk */
}
```

위와 같이 coding하고, build를 수행해 준다. 그리고, SJ_MCUBook_M4 보드를 연결하고, ⓠ (Ctrl+F5) icon을 click하여 준다. 그리고 나서, 🗐 Run(F5) icon을 click하여 주면, 500[ms] 마다 Red LED가 점멸하고, 100[ms] 마다 Green LED가 점멸하는 것을 확인 할 수 있을 것이다. 또한, 현재 3개의 task들은 **모두 동일한 우선순위 osPriorityNormal**로 설정되어 있다. 그런데, FreeRTOS는 uC/OS-II와 다르게 동일한 우선순위를 갖는 task들에 대해서 Round Robin 방식으로 설정한 timer의 tick 주기 마다 task를 선택해 줄 것이다. 즉, [그림 12.2-4]에서 **Kernel settings**에 있는 TICK_RATE_HZ로 1000을 지정하였으므로 1[KHz]에 해당하는 1[ms]가 tick rate가 되므로 1[ms] 마다 task들을 균등하게 선택하여 실행해 줄 것이다. 그러므로, ⑪번과 ⑫번에 있는 osDelay() 함수를 주석처리해도 1[ms]마다 Red LED와 Green LED가 점멸하게 될 것이다. [그림 12.3-2]는 scope로 Red LED와 Green LED를 측정한 것이다. 1[ms] 마다 **정확히 말하면, Task1이 할당 받은 Quantum time 1[ms] 동안** Red LED를 자신의 무한 loop에서 점멸을 하게 된다. 그런데, Task1의 전체 업무가 GPIO로 Red LED 점멸하는 것이 전부이므로 [그림 12.3-3]에서 보여 준 것과 같이 대략 580[ns] 걸리게 되므로 1[ms] 동안 1000000/580≅1724번 Red LED를 점멸하게 될 것이다. 그러므로, 육안으로 Red LED를 확인해 보면, 꺼져 있는 것으로 보이는 것이다. 같은 방식으로 Green LED도 점멸을 하게 되는데, 이들은 서로 Round Robin 방식으로 1[ms] 마다 선택되므로 [그림 12.3-2]에서 보는 것과 같이 함께 점멸하는 경우는 발생하지 않는다. 지금까지 uC/OS-II를 기준으로 RTOS에 대한 철저한 학습과 직접 모든 이론과 내용들을 C 언어와 assembly 언어를 사용하여 구현하였다. 그리고, FreeRTOS에 대한 내용도 학습하였다. 여러분이 기억해야 할 것은 RTOS와 같은 경량급 OS에 있는 모든 개념과 내용들이 그대로 Windows OS 또는 Linux OS에도 사용된다는 것이다.

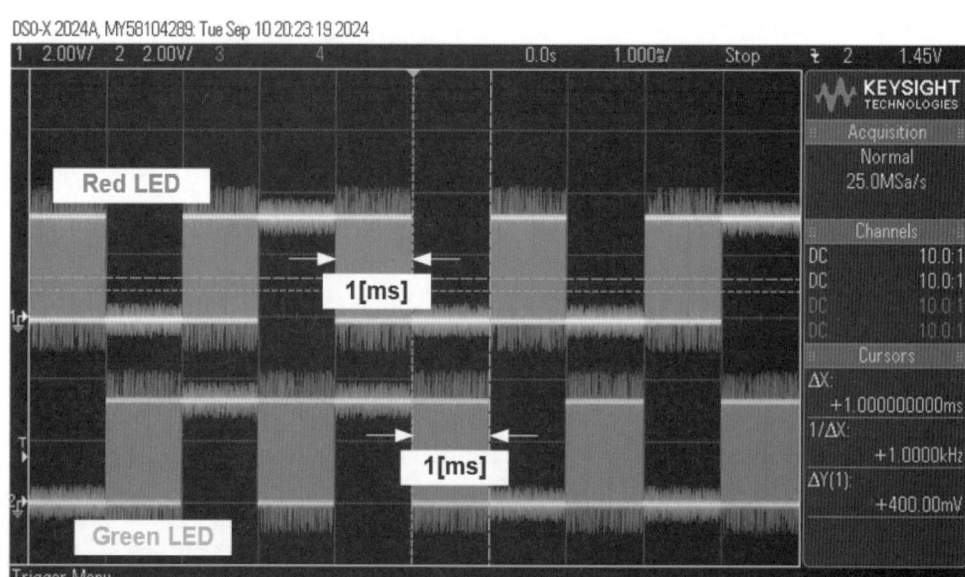

[그림 12.3-2] Ch12Lab6Prj project 구조와 실습 - 2.

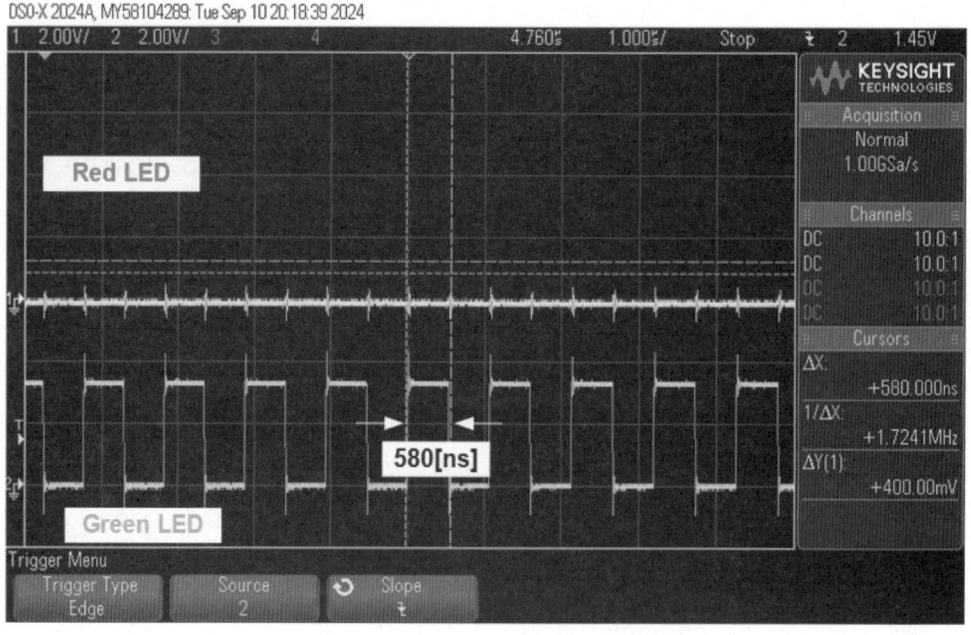

[그림 12.3-3] Ch12Lab6Prj project 구조와 실습 - 3.

단지, 이들 OS는 다양한 주변 장치들을 사용자가 쉽게 접근할 수 있도록 해당 device driver

들이 미리 장착되고, 이들을 관리하는 장치 관리자가 따로 있다는 것과 MMU(Memory Management Unit)을 사용한 Virtual Address를 사용한다는 것이 다를 뿐이다. 그러므로, Linux OS 또는 Windows OS를 위한 device driver 또는 System program을 개발하려는 분들에게도 Chapter 10.**부터** Chapter 12.**까지** 설명한 내용들이 많은 도움이 될 것이다. 지금까지 어느 책들보다도 어렵고, 혹독한 책을 끈기와 인내심을 가지고 읽고, 실습하며, 이해하려고 노력한 여러분들에게 행운이 함께 하길 바란다.

【연구 과제】

Ch12Lab4Prj project에서 Green LED가 2번 점멸하지 않도록 다음과 같이 10을 포함하도록 고쳐주었다.

```
if(gTask1HitCnt>=10) {    // After 5[s]                              ▶ ③
```

그 결과 다음의 scope 화면과 같이 Red LED가 5000[ms] 동안 정확히 10번 점멸하게 되었다.

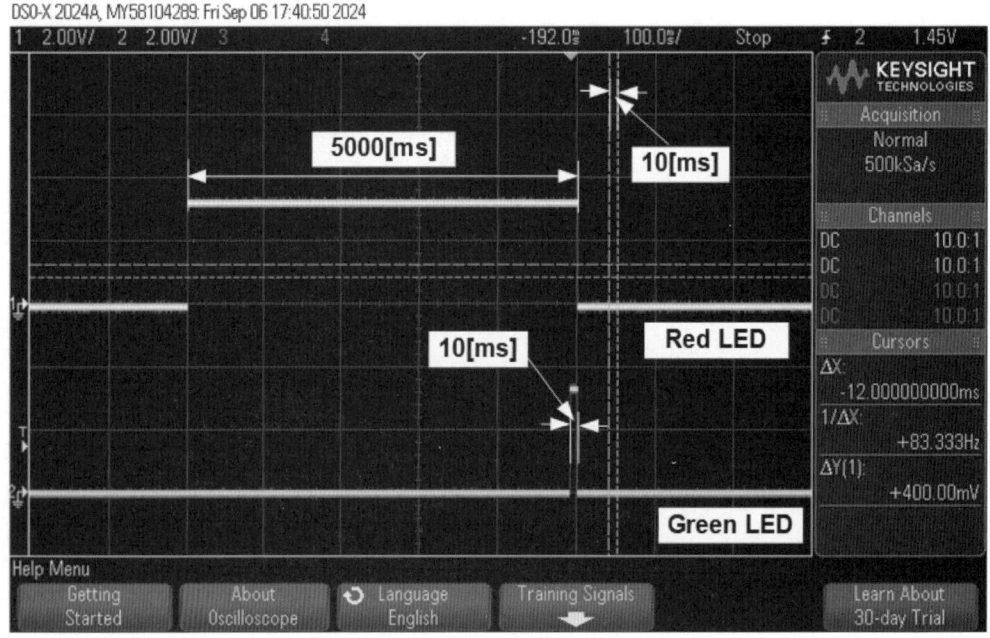

[그림 12.1.4-3] Ch12Lab4Prj project와 message mailbox 실습 - 3.

그런데, 예상하지 못한 10[ms] 동안 Green LED가 점멸하는 것을 볼 수 있다. 이처럼 10[ms] 동안 green LED 점멸이 순간적으로 발생하는 이유를 분석하고, 발생하지 않도록 **Ch12Lab4Prj** project를 수정해 보기 바란다.

부 록

01

SJ_MCUPro 사용 설명서

수진(SuJin)에서 개발한 Windows program인 **SJ_MCUPro** 버전과 **SJ_MCUFree** 버전에 대한 소개를 하고, 이들 program을 여러분의 PC에 설치하는 방법과 사용시 주의 사항을 정리하도록 하겠다.

1.1 SJ_MCUPro 버전과 SJ_MCUFree 버전 소개.

Vol.1.에서는 각각의 Chapter 마다 해당 Windows Program을 개발하여 따로 사용하게 하였다. 이번 Vol.2.에서는 다음과 같이 2가지 종류의 Windows Program으로 분류하여 사용하였다. 이와 같은 분류는 향후, 출간될 Vol.1.**의 개정판**과 Vol.3.에서도 동일하게 적용된다.

❶ SJ_MCUPro : 유료 버전,   ❷ SJ_MCUFree : 무료 버전

[그림 A1.1-1]은 2개의 windows program을 실행시킨 모습이다.

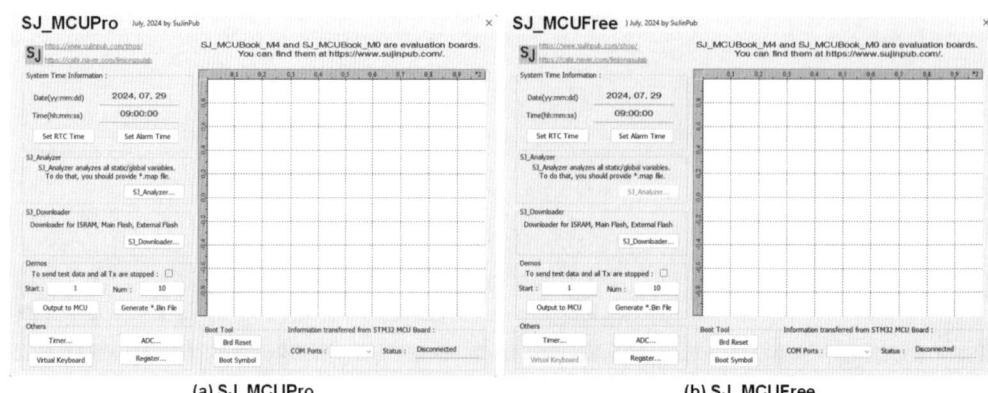

(a) SJ_MCUPro   (b) SJ_MCUFree

[그림 A1.1-1] SJ_MCUPro와 SJ_MCUFree program을 실행시킨 모습.

그리고, [표 A1.1-1]은 2개의 program에 대한 기능상의 차이점을 정리한 것이다.

	SJ_MCUPro	SJ_MCUFree
Window Titlebar	SJ_MCUPro	SJ_MCUFree
License 방식	license file	없음
버전 관리	유료 버전	무료 버전
SJ_Analyzer... 기능	사용 가능	사용 불가
SJ_Downloader... 기능	*.hex 파일을 *.bin 파일로 변환과 생성	*.hex 파일을 *.bin 파일로 생성 불가
Timer... dialogbox	다수 생성 후 사용 가능	1개만 사용 가능
ADC... dialogbox	다수 생성 후 사용 가능	1개만 사용 가능
Register... dialogbox	다수 생성 후 사용 가능	1개만 사용 가능
Virtual Keyboard 기능	사용 가능	사용 불가

[표 A1.1-1] SJ_MCUPro와 SJ_MCUFree program의 기능상의 차이점 정리.

아마도, 2개 버전의 가장 큰 차이점은 유료 버전인 SJ_MCUPro만 SJ_Analyzer... 기능이 제공되는 것이다. 2024년 10월 현재 SJ_MCUPro이 제공하는 SJ_Analyzer... 기능의 안정화 작업이 아직 완료되지 않았다. 그러므로, 우선, Vol.2와 함께 무료 버전인 SJ_MCUFree

만 먼저 출시 될 것이다. SJ_Analyzer 기능에 대한 소개는 [그림 7.2-16]부터 참조하면 되고, 정식 출시될 때에 자세한 사용 설명서를 배포할 계획이다. 또한, 이들 program은 계속해서 갱신될 것이며, naver cafe 임종수 연구소를 통하여 **항상, 최신 소식**을 접할 수 있을 것이다. 그러므로, SJ_MCUPro 버전과 SJ_MCUFree 버전을 download 받을 수 있는 정확한 위치도 naver cafe 임종수 연구소를 통하여 확인 할 수 있을 것이다.

1.2 SJ_MCUPro/SJ_MCUFree 버전 설치와 사용 방법.

SJ_MCUFree는 SJ_MCUPro를 개발하고, 일부 기능들을 license file과 연동하도록 만든 것이다. 그러므로, 2개 program에 대한 설치 방법은 동일하며, **Vol.1.의 2.5.2. 단원**을 참조하면, Timer… dialogbox, ADC… dialogbox, 그리고, Register… dialogbox 기능에 대한 자세한 설명과 함께 program install 방법이 자세히 설명되어 있다. 그러므로, 여기서는 단순히, SJ_MCUPro program 설치 방법만 간단히 정리해 주도록 하겠다. 우선, SJ_MCUPro program은 Visual C++를 이용하여 MFC 기반으로 개발하였다. 그러므로, 관련 library를 install 해 주어야 하는데, 이들 파일들은 MS에서 **무료로 배포**하는 정식 소프트웨어 인 것을 밝혀 둔다. 먼저, [그림 A1.2-1]에서 보여준 것과 같이 다음에 제시한 2개의 files를 C:\Windows\System32 folder에 저장해 주어야 한다. 단, 사용하는 운용 체계가 Windows OS 64bits의 경우에는 C:\Windows\SysWOW64 folder에도 **추가적으로 반드시 저장**해 주어야 한다.

❶ mfc120ud.dll, ❷ msvcr120d.dll

이때, 관리자 모드에서만 2개의 dll files를 System32 folder에 저장할 수 있다고 물어보면, OK를 click하여 **반드시**, [그림 A1.2-1]의 오른쪽에 보여준 System32 folder에 2개의 dll files를 저장해 주어야 한다. 그리고 나서, C:\Windows\SysWOW64 folder가 있다면, 이곳에도 동일하게 2개의 dll files를 저장해 주어야 한다. 그리고 나서, **Visual C++ 2013 재배포 가능 패키지**를 여러분의 PC에 설치해야 한다. 만일, VisualC++ 2013 재배포 가능 패키지를 설치하지 않고, SJ_MCUPro program을 double click하여 실행하려고 시도 한다면, [그림 A1.2-2]와 같은 error message를 만나게 된다는 데 주의하자.

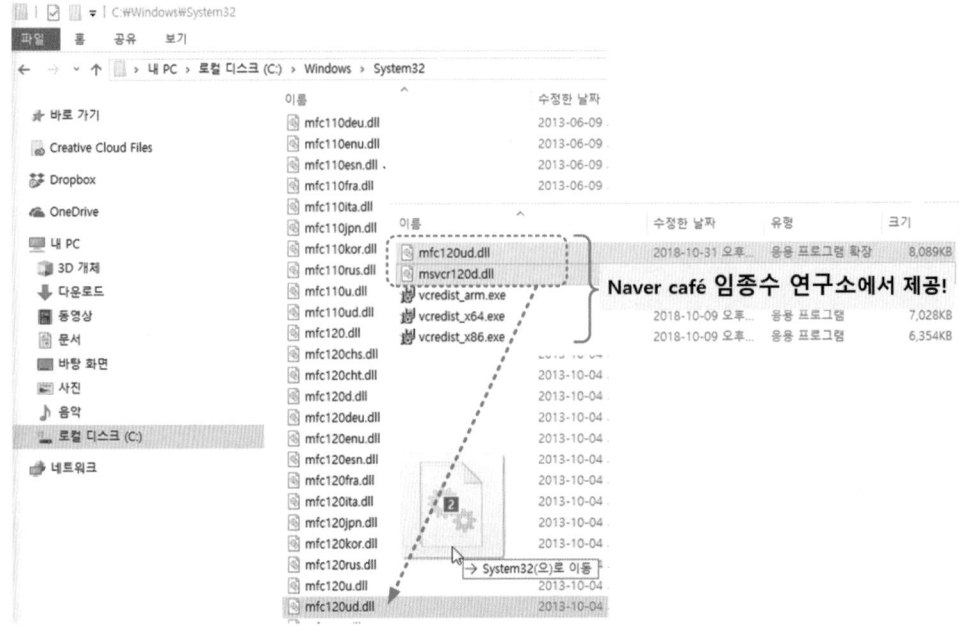

[그림 A1.2-1] SJ_MCUPro Windows Program 설치 방법 - 1.

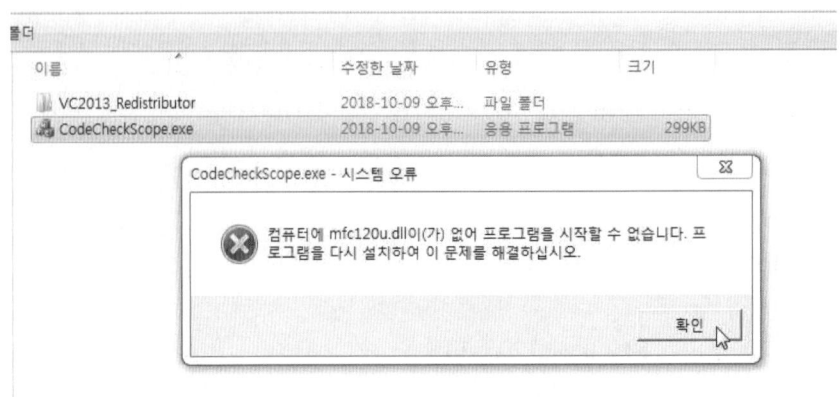

[그림 A1.2-2] SJ_MCUPro Windows Program 설치 방법- 2.

그러므로, [그림 A1.2-3]의 ①번에서 보여준 것과 같이 여러분의 PC에서 **제어판의 시스템**을 선택하면 나오는 정보가 만일, 32비트 운영체제이면, ③번과 같이 vcredist_x86을 선택하고, **64비트 운영체제**이면, ③번에서 vcredist_x64를 선택하여 double click하여 주면 된다.

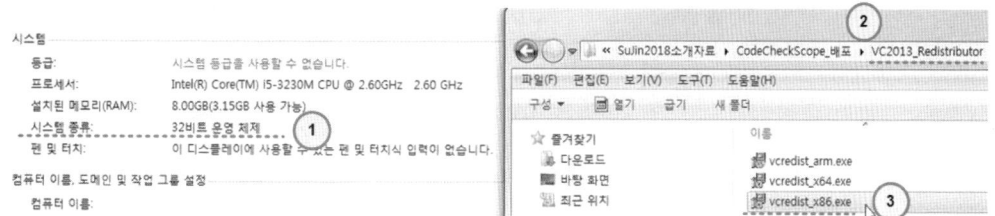

[그림 A1.2-3] SJ_MCUPro Windows Program 설치 방법 - 3.

예를 들어서, 여러분의 PC가 32비트 운영체제이면, [그림 A1.2-3]의 ③번과 같이 **vcredist_x86**을 double click하여 준다. 그러면, [그림 A1.2-4]와 같은 Visual C++ 2013 재배포 package에 대한 동의를 묻는 dialogbox가 나타날 것이고, **동의함**을 선택한 이후에 **설치** 버튼을 click하여 주면 된다.

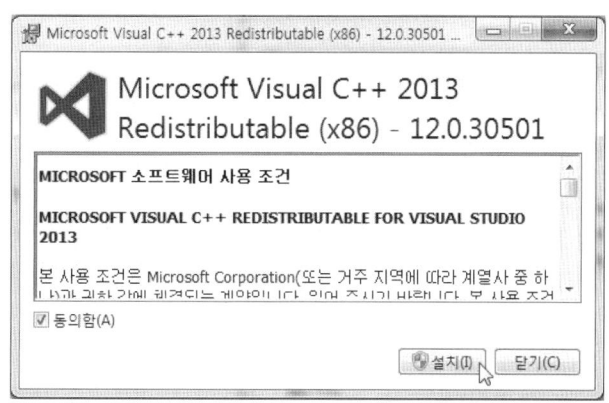

[그림 A1.2-4] SJ_MCUPro Windows Program 설치 방법 - 4.

물론, 사용하는 Windows OS에 따라서 다르겠지만, 갑자기 화면이 회색이 되고, **다음 프로그램이 이 컴퓨터를 변경할 수 있도록 허용하겠는지?** 묻는 dialogbox가 나타난다면, **예(Y)** 를 선택하여 주시기 바란다. 그러면, 설치를 시작할 것이다. 그리고, 모두 설치되면, [그림 A1.2-5]와 같이 **설치 완료** message를 포함하는 dialogbox가 나타날 것이다. 이제, 여러분의 PC는 SJ_MCUPro Windows Program을 사용할 수 있는 준비를 마친 것이다. 한 가지 얘기하고 싶은 것은 처음 SJ_MCUPro program을 실행하면, 바로 SJ_MCUPro window 화면이 나타나지 않고, 대략 5초 정도 ┘과 같이 생성될 Window 윤곽만 보이다가 그리고 나서 SJ_MCUPro window가 나타난다는 것이다.

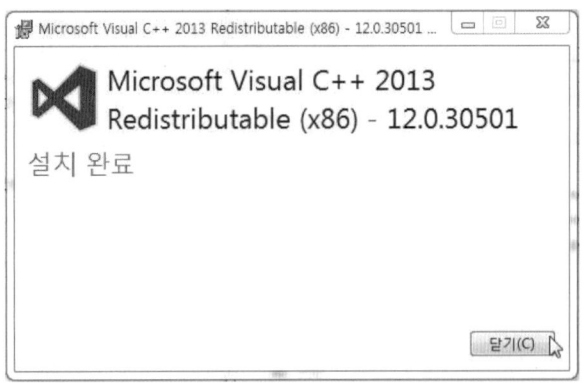

[그림 A1.2-5] SJ_MCUPro Windows Program 설치 방법 - 5.

이와 같은 현상이 발생하는 이유는 처음 SJ_MCUPro program을 실행하게 되면, 현재 여러분이 사용하는 PC에 **유선**으로 연결된 COM port들 뿐만 아니라 Bluetooth 연결을 통한 **무선** COM port들도 **모두 검색**하여 SJ_MCUPro window의 오른쪽 하단에 있는 **COM Ports :** 옆의 Listbox에 **자동으로 추가**해 주기 때문이다. 이때, 무선 Bluetooth COM port를 찾는데 다소 시간이 걸려서 발생하는 문제이다. 그러므로, Bluetooth를 끊어 주어면, 바로 SJ_MCUPro Window가 나타날 것이다. 즉, [그림 A1.2-6]의 ①번과 같이 **Bluetooth 장치 표시(D)**를 선택하여 ②번과 같이 **Bluetooth를 꺼주어야 한다.** 그러면, SJ_MCUPro program을 실행하면, 바로 SJ_MCUPro window가 보일 것이다.

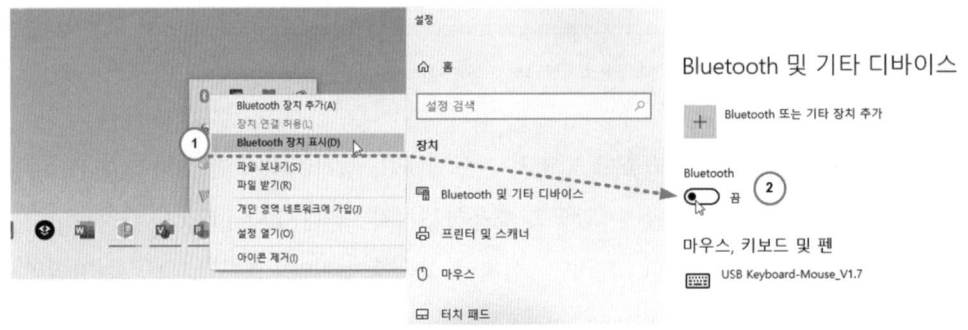

[그림 A1.2-6] SJ_MCUPro Windows Program 설치 방법 - 5.

사실, 이 현상이 발생하지 않도록 하기 위해서는 여러분의 PC에서 제공하는 Bluetooth 무선 COM port만 검색하지 않도록 하면 되는데, 처음 SJ_MCUPro를 실행할 때에 **한 번만** 무선

COM port를 찾는 과정에서 발생하는 현상이고, **향후 무선 COM port를 사용할 수도 있으므로** 구태여 이 현상을 처리하기 위해서 무선 COM port를 제거하는 작업을 하지 않은 것이다.

부록
02

SJ_MCUBook_M0/M4 보드 회로도와 설명서

SJ_MCUBook_M4 보드와 SJ_MCUBook_M0 보드는 Vol.2.를 학습하는데 필요한 **교육용 보드로 개발한 것이 아니다**. 보드에 대한 부품 구성도와 회로 구성을 살펴보면 알 수 있겠지만, 처음 STM32 MCU를 사용하여 제품을 개발할 때에 **개발용 보드** 또는 제품 **샘플용 보드**로 활용할 수 있도록 개발하였다. 무엇보다도 주문 수량에 따라서 SJ_MCUBook_M4 보드와 SJ_MCUBook_M0 보드에 **탑재된 MCU를 여러분이 원하는 MCU로 바꾸어서 조립 후에 판매 가능**하다. 물론, 이때에 보드를 개발한 SuJin과 MCU package를 고려하여 협의 후에 선택해야 할 것이다.

2.1 SJ_MCUBook_M4 보드 특징과 사용 방법.

[그림 A2.1-1]은 SJ_MCUBook_M4 보드의 **전체 구성도**(Block Diagram)이다.

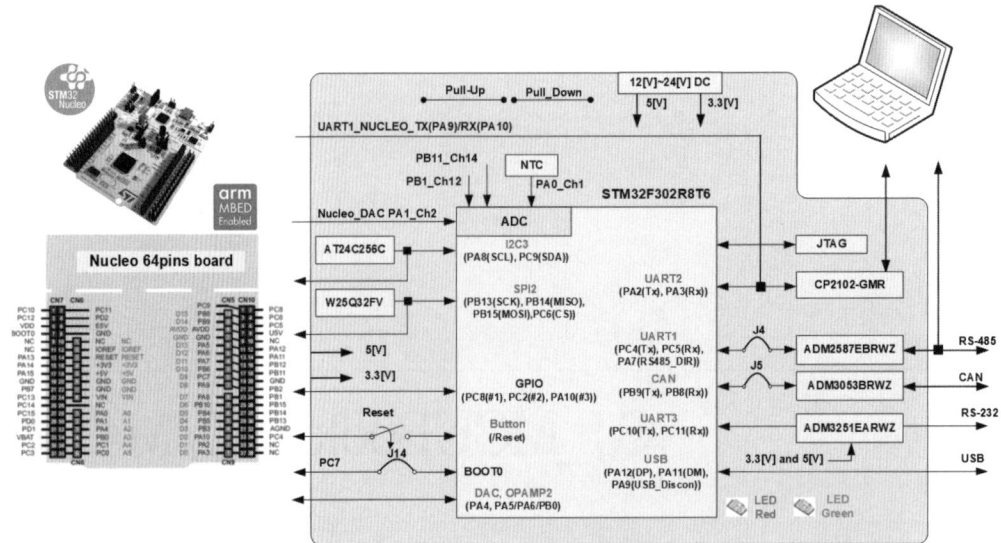

[그림 A2.1-1] SJ_MCUBook_M4 보드의 전체 구성도.

그리고, [그림 A2.1-2]는 사용하는 전원 관련 구성도이다.

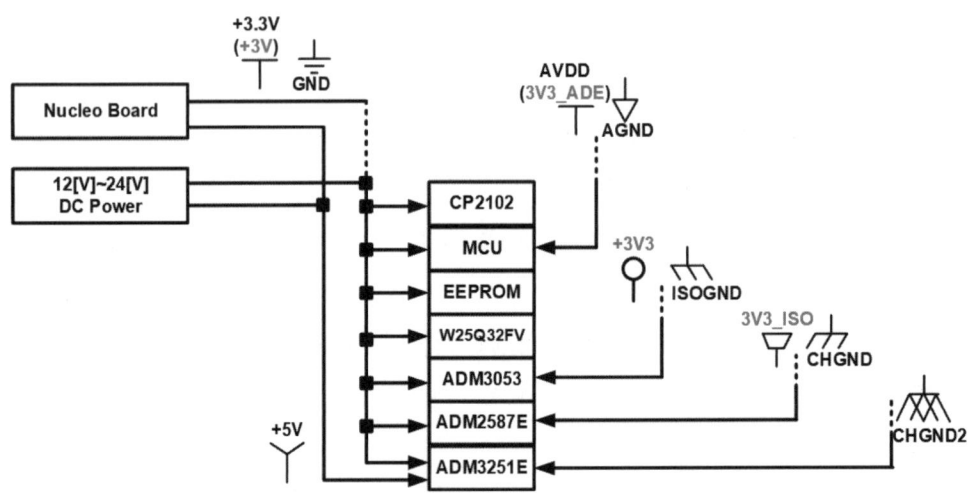

[그림 A2.1-2] SJ_MCUBook_M4 보드의 전원 관련 구성도.

특징적인 것은 대전력 보드에 대한 제어 보드로 사용할 수 있도록 RS-232, RS-485, 그리고, CAN interface 모두 절연 기능(Isolation)을 지원하는 transceiver를 사용하였다는 것이다. [그림 A2.1-3]은 SJ_MCUBook_M4 보드의 주요 부품 구성과 크기 정보를 보여주고 있다.

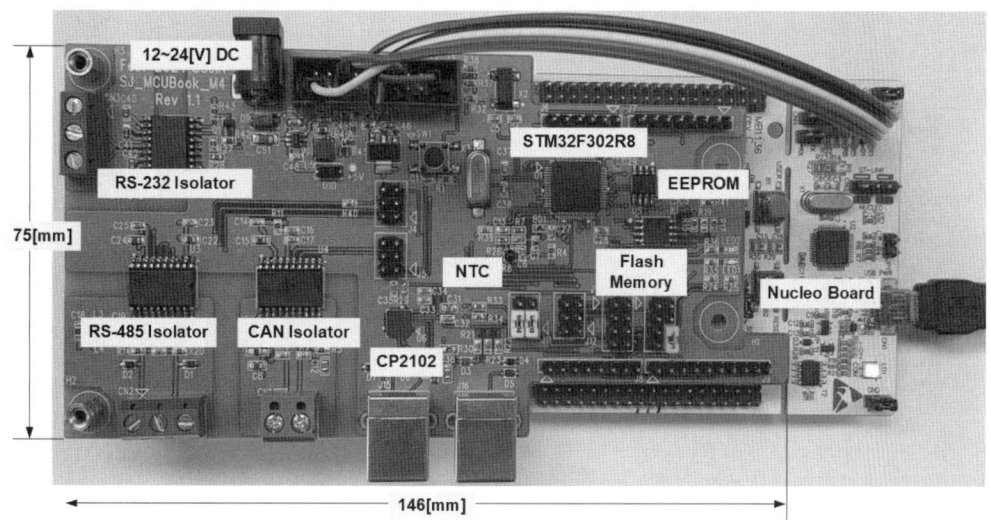

[그림 A2.1-3] SJ_MCUBook_M4 보드의 주요 부품 구성과 크기 정보.

현재, SJ_MCUBook_M4 보드는 64pin Nucleo 보드와 연결되어 있으며, 연결한 Nucleo 보드의 emulator를 SJ_MCUBook_M4 보드에 있는 STM32F302R8을 위해 사용하도록 연결한 것이다. 이에 대한 보다 자세한 내용은 Vol.1의 16.4.1. 단원에서 설명한 내용을 참조하면 된다. 물론, 원하는 MCU가 탑재된 64pin Nucleo 보드를 연결하고, 필요한 SJ_MCUBook_M4 보드의 **주변 장치만을 연결하여 사용**할 수도 있다. [그림 A2.1-4]는 SJ_MCUBook_M4 보드와 Nucleo 보드가 Arduino UNO connector로 연결된 상태에서의 옆모습이다. 또한, [그림 A2.1-5]는 9.1. 단원에서도 언급한 SJ_MCUBook_M4 보드에 ST-LINK/V2와 절연기능이 추가된 ST-LINK/V2 ISOL emulator를 연결한 모습이다. 물론, 이때에는 외부에서 12~24[V] DC 전원을 연결해 준 경우이다. SJ_MCUBook_M4 회로도는 다음과 같다. 단, **탑재된 STM32F302R8 대신에 원하는 다른 동일 package를 갖는 64pin MCU를 탑재하고 싶은 경우에는 협의 하에 원하는 MCU로 바꾸어 조립해서 판매 가능**하다. 또한, 첨부한 회로도가 선명하지 않으므로 naver cafe **임종수 연구소**에서 제공하는 관련 회로도를 download 받아서 사용하기 바란다.

[그림 A2.1-4] SJ_MCUBook_M4 보드와 Nucleo 보드의 연결된 모습.

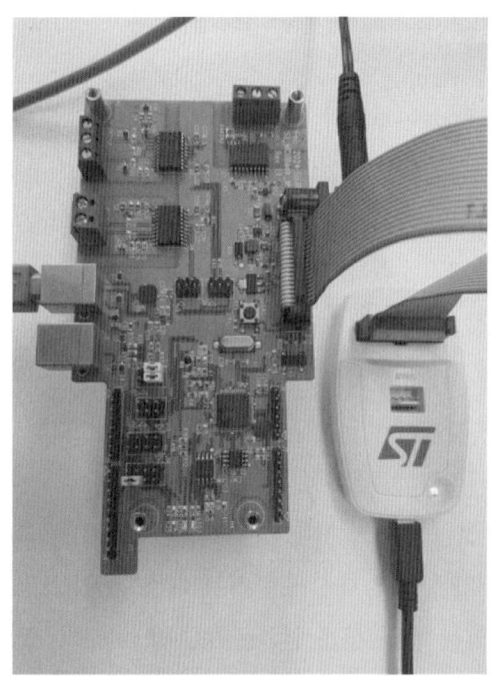
(a) SJ_MCUBook_M4와 ST-LINK/V2

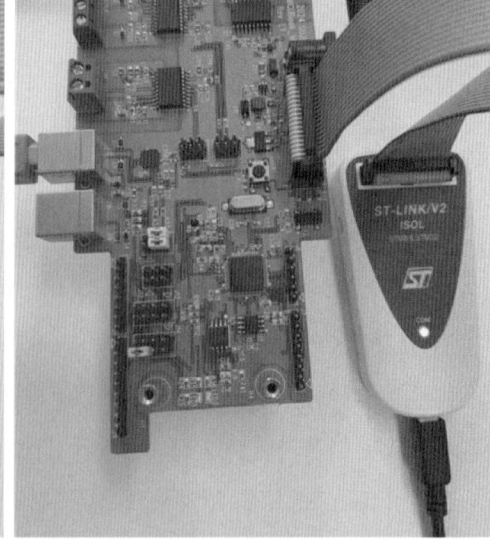
(b) SJ_MCUBook_M4와 ST-LINK/V2 ISOL

[그림 A2.1-5] SJ_MCUBook_M4 보드와 ST-LINK/V2, ST-LINK/V2 ISOL emulator 연결 모습.

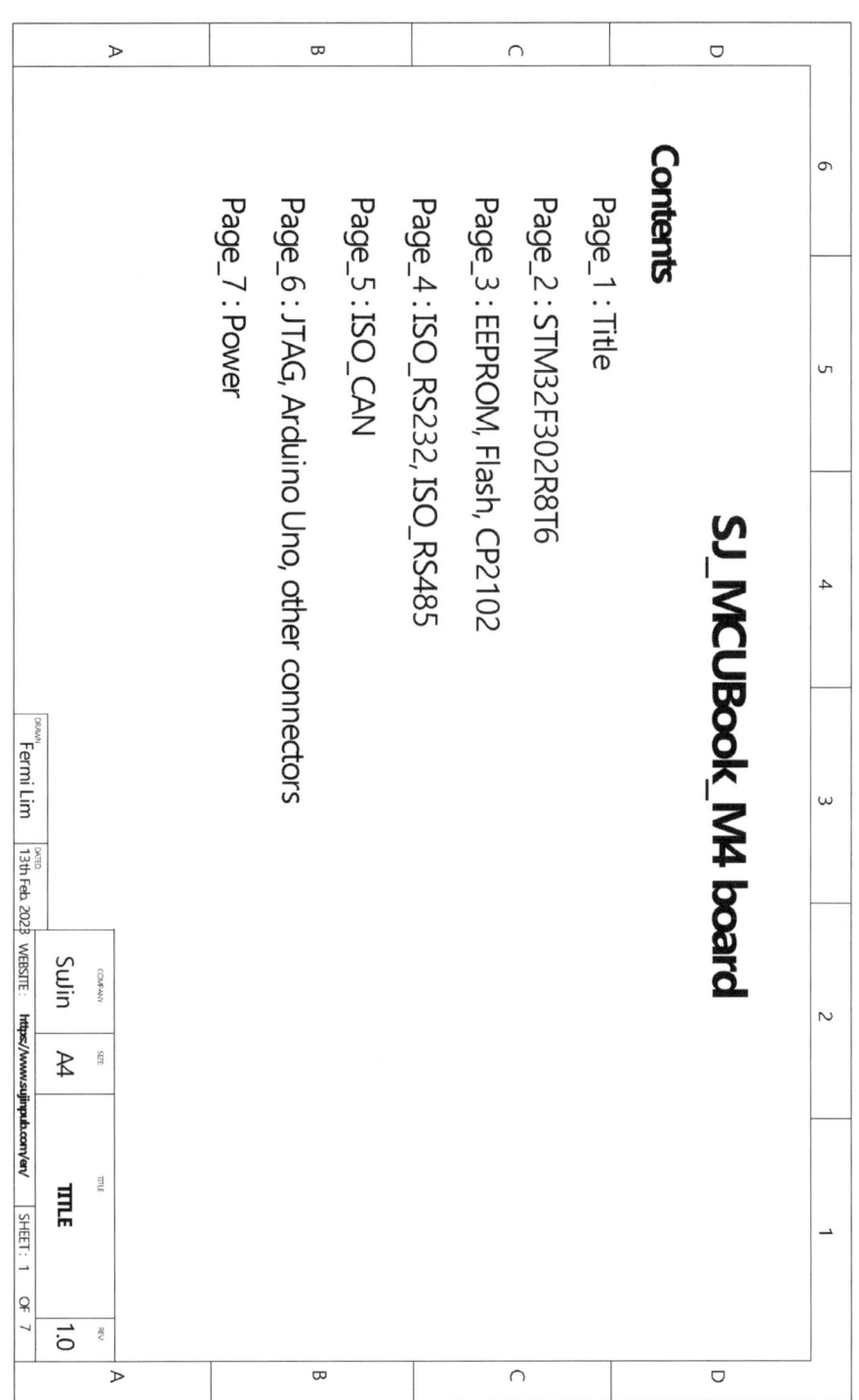

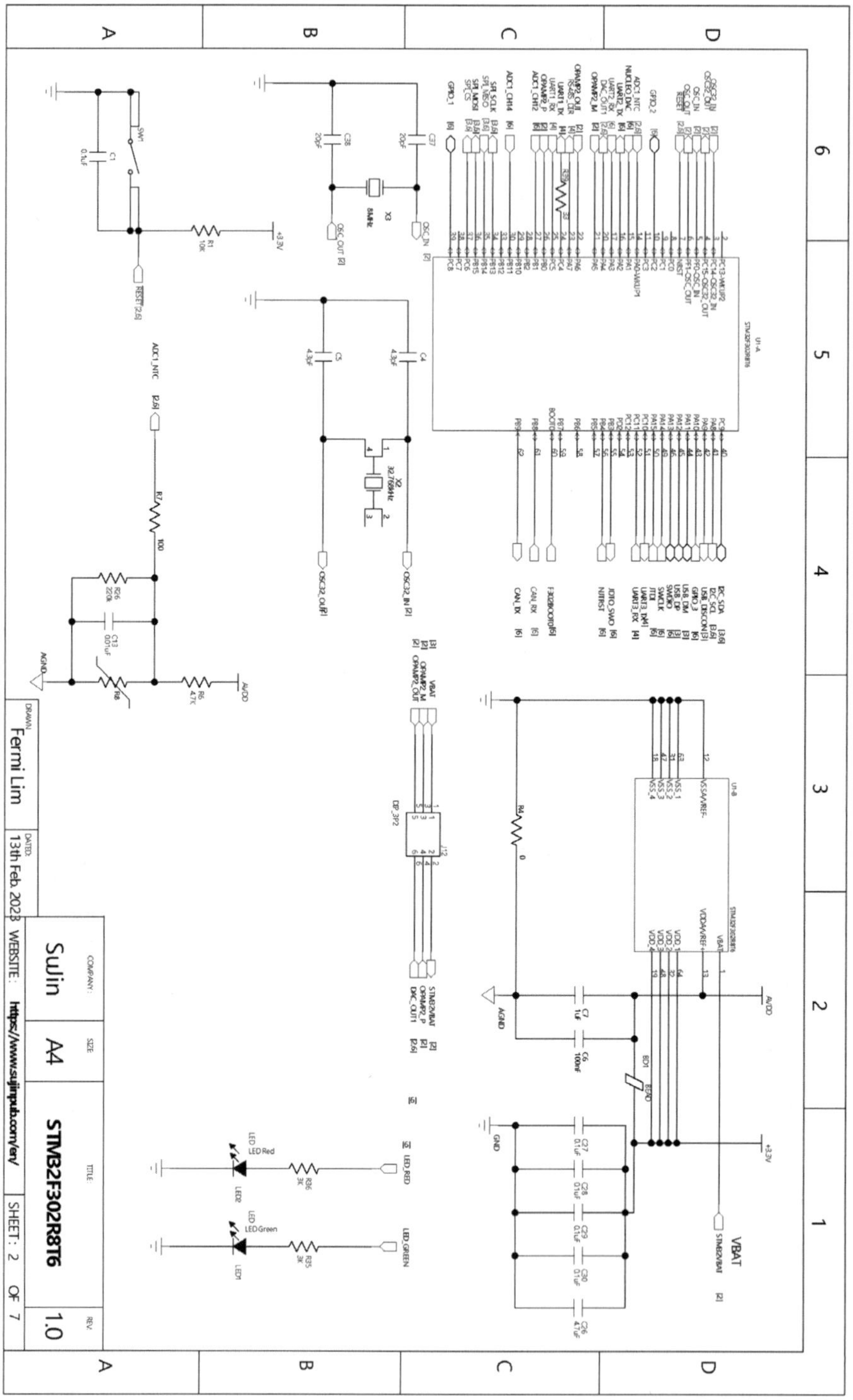
DRAWN: Fermi Lim
DATED: 13th Feb. 2023
COMPANY: SuJin
SIZE: A4
TITLE: STM32F302R8T6
REV: 1.0
WEBSITE: https://www.sujinpub.com/en/
SHEET: 2 OF 7

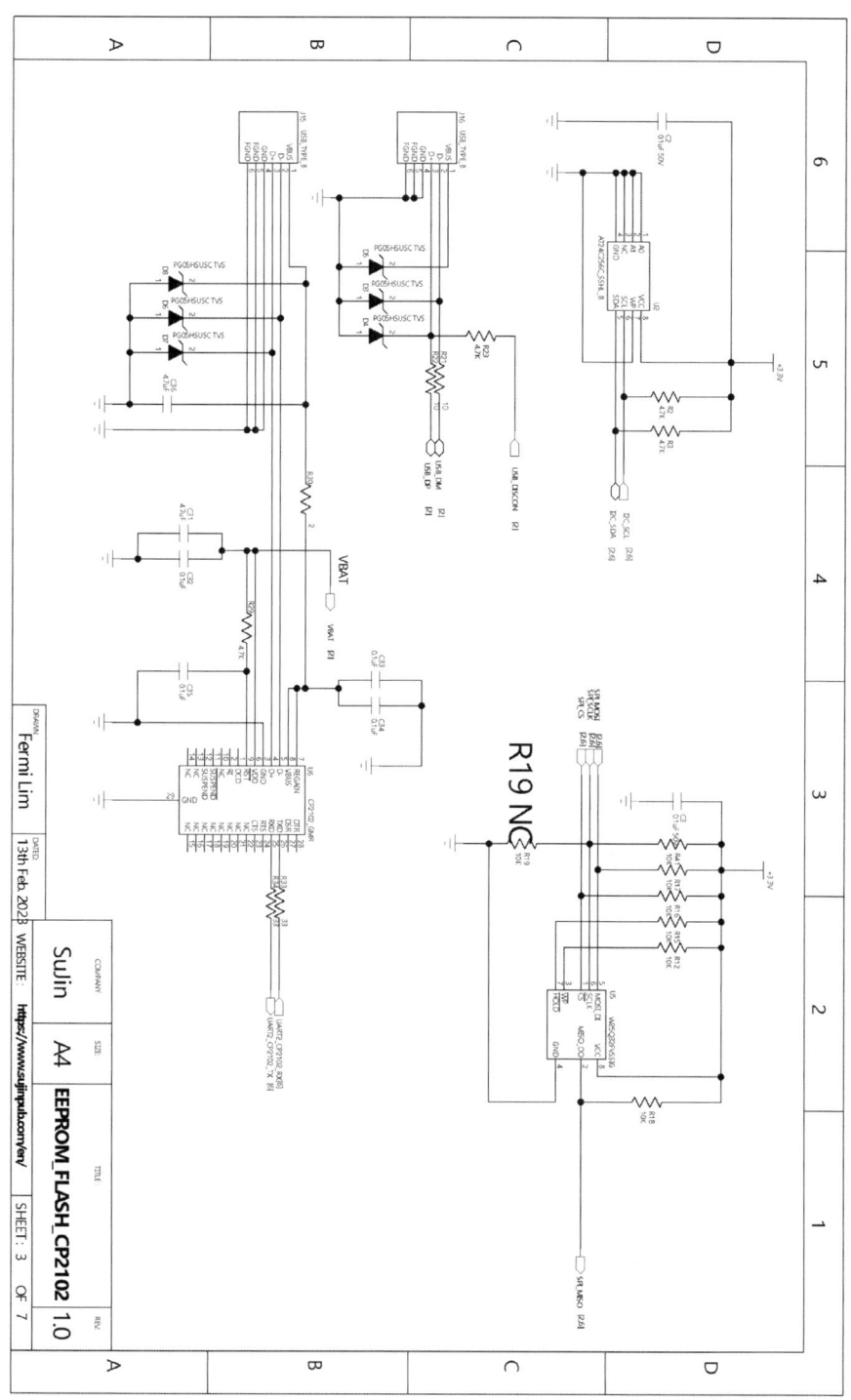

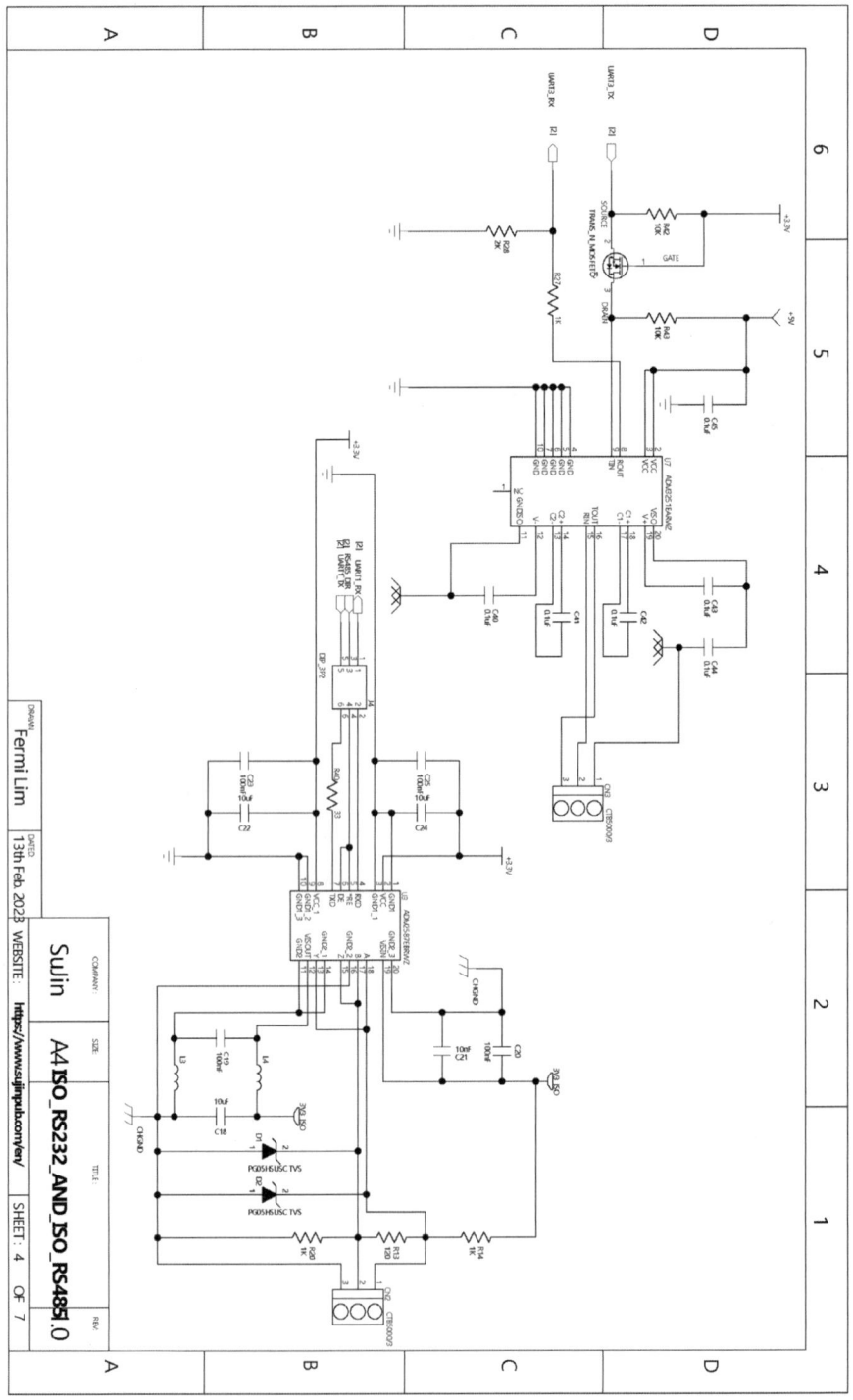

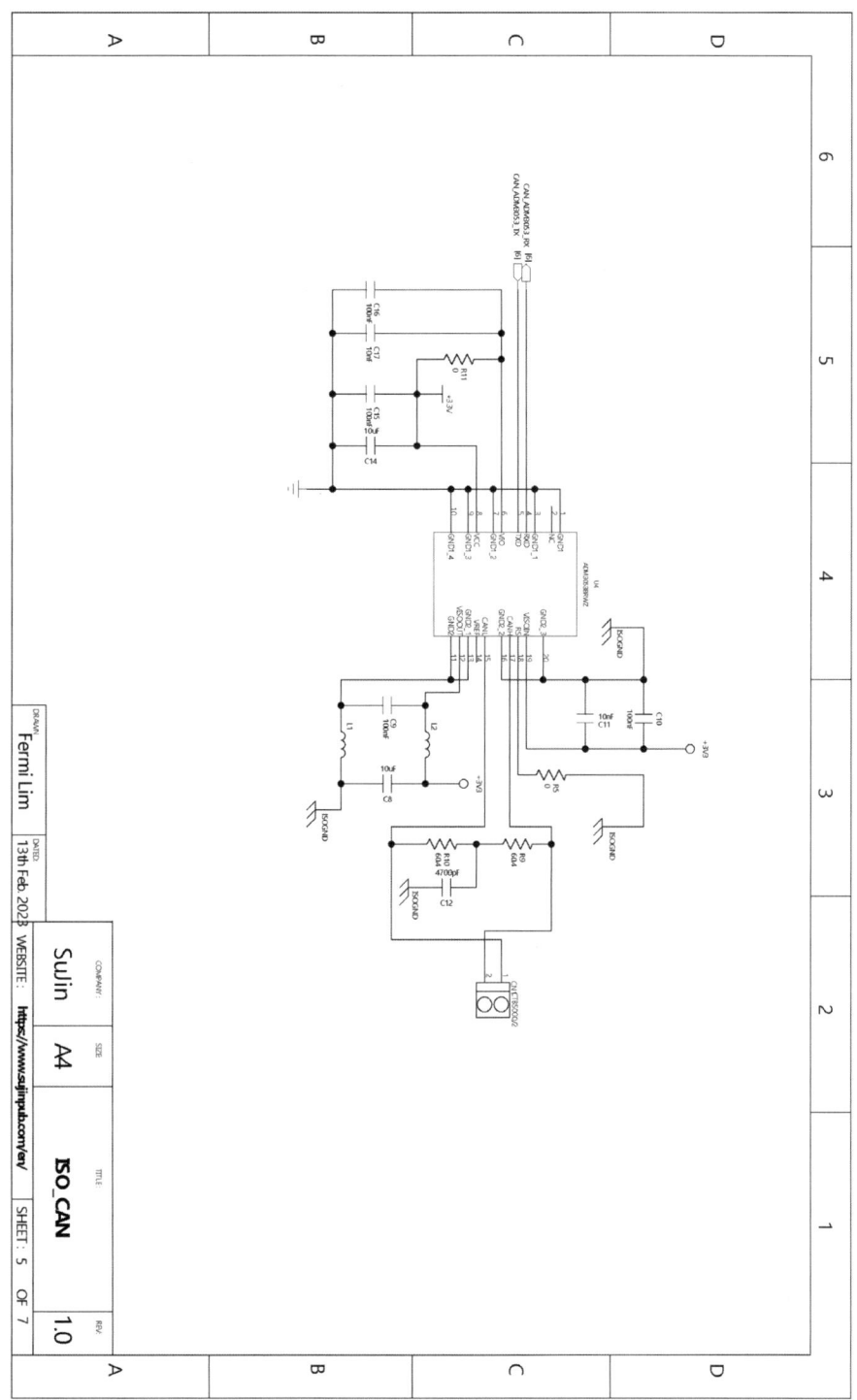

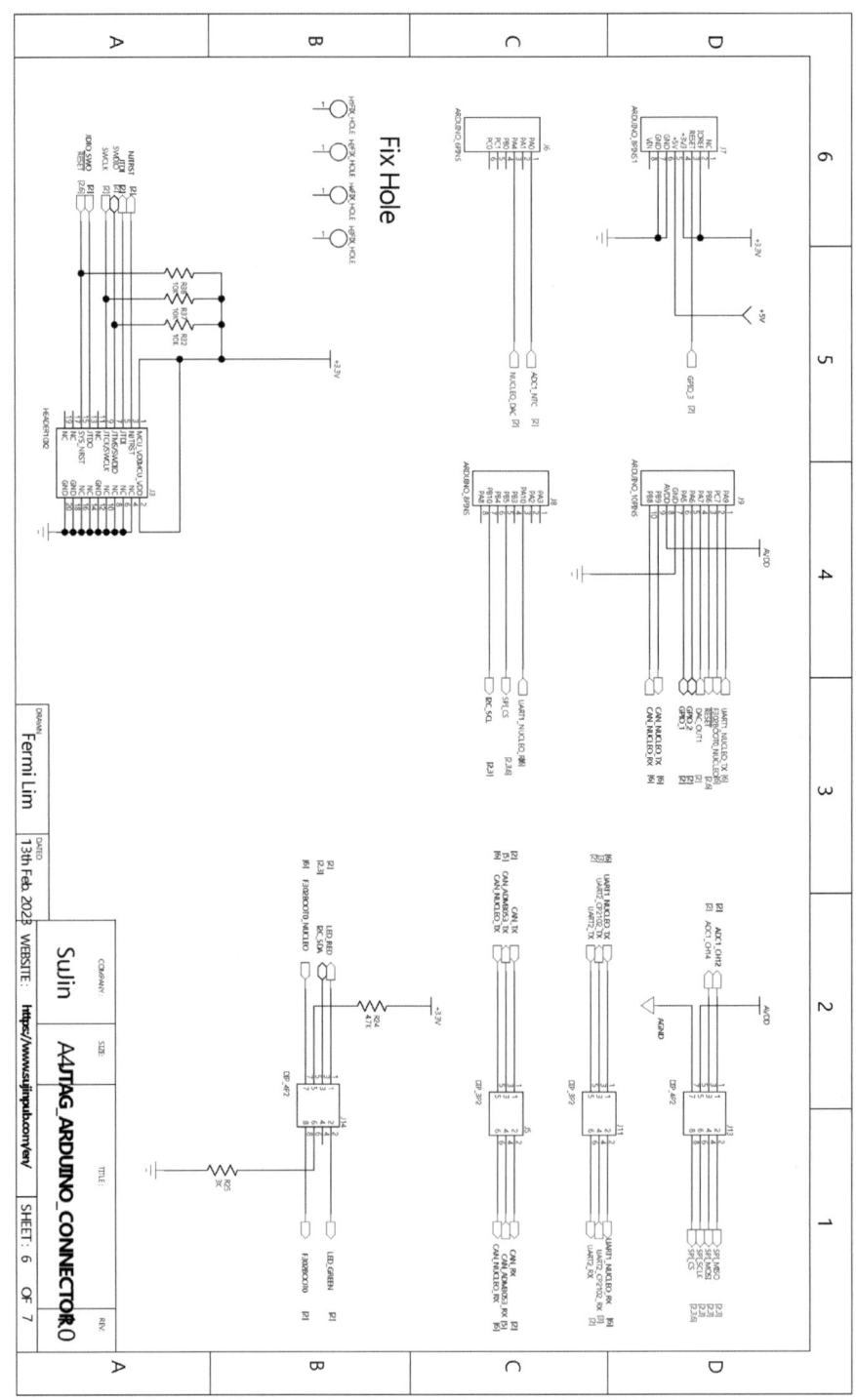

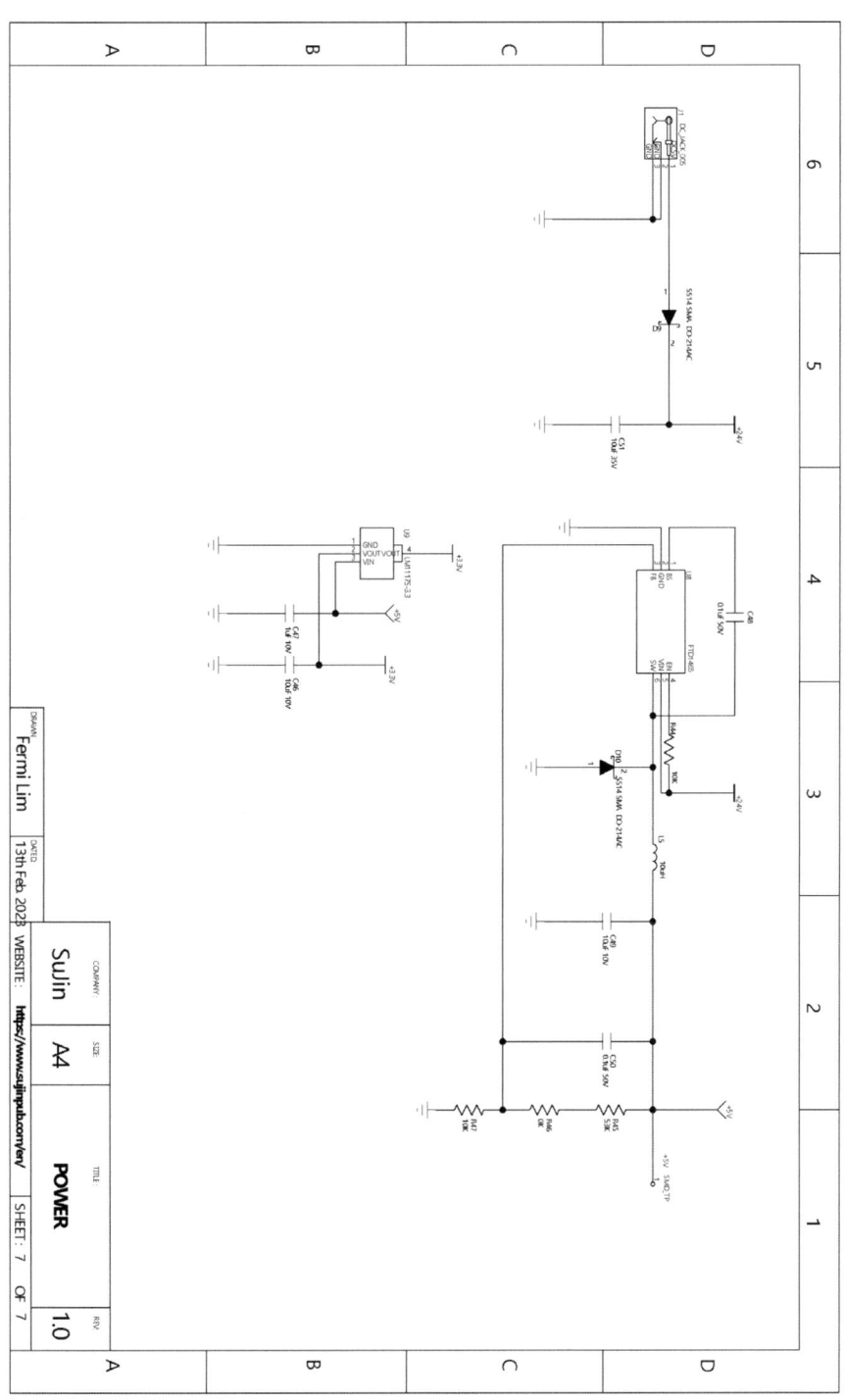

2.2 SJ_MCUBook_M0 보드 특징과 사용 방법.

[그림 A2.2-1]은 SJ_MCUBook_M0 보드의 전체 구성도이고, 전원은 3.3[V] 단일 전원을 사용한다.

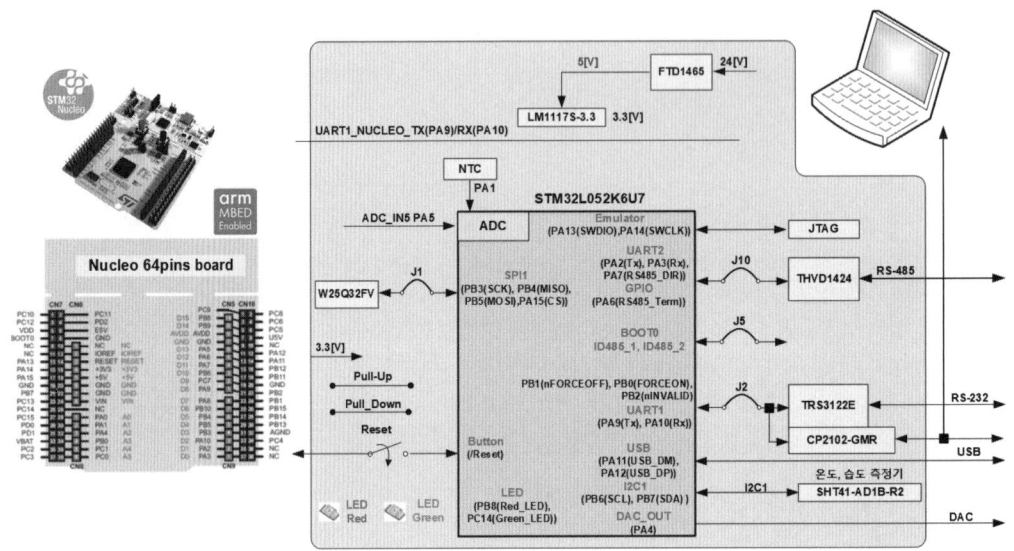

[그림 A2.2-1] SJ_MCUBook_M0 보드의 전체 구성도.

구체적으로 연결한 Nucleo 보드에서 3.3[V] 전원을 공급받아서 사용 할 수도 있고, 12 ~ 24[V] DC 외부 전원을 연결하여 공급할 수도 있다. 특징적인 것은 SJ_MCUBook_M4 보드와 다르게 RS-232와 RS-485 interface를 위한 transceiver들이 **isolation을 제공하지 않는다**는 것이다. 또한, CAN transceiver를 제공하지 않는다. 그러나, 온도와 습도를 정밀하게 측정할 수 있는 SHT41-AD1B-R2가 I2C interface로 EEPROM 대신에 연결되어 있다. 저전력 소비에 적합하도록 만든 보드이며, 역시, 탑재된 STM32L052K6U7 대신에 원하는 다른 동일 package를 갖는 32pin MCU를 탑재하고 싶은 경우에는 **협의 하에** 원하는 MCU로 바꾸어 조립 후에 판매 가능하다. 또한, 첨부한 회로도가 선명하지 않으므로 naver cafe **임종수 연구소**에서 제공하는 관련 회로도를 download 받아서 사용하기 바란다.

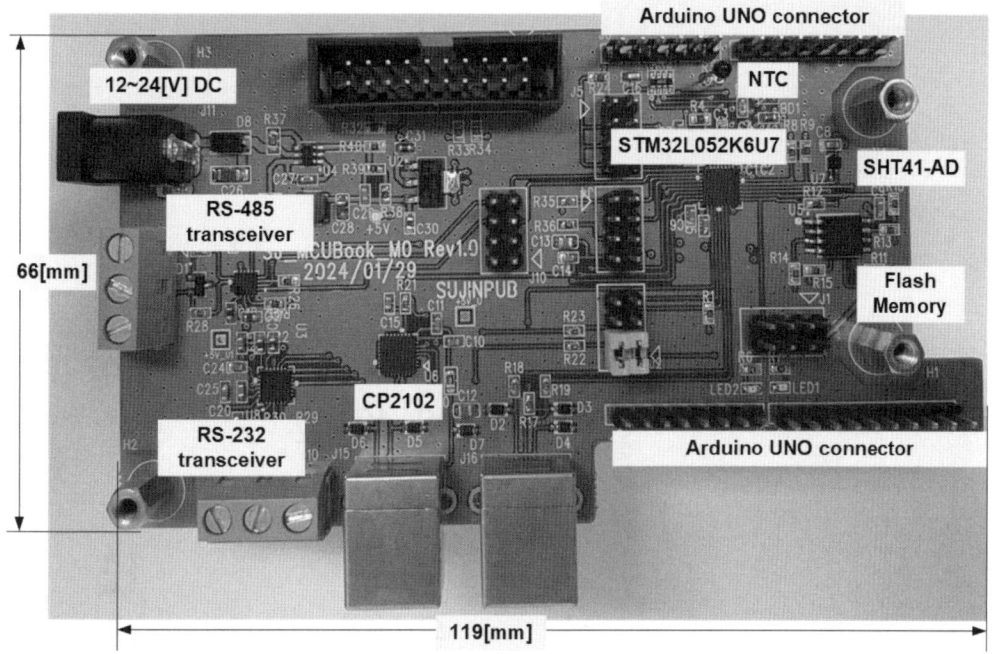

[그림 A2.2-2] SJ_MCUBook_M0 보드의 주요 부품 구성과 크기 정보.

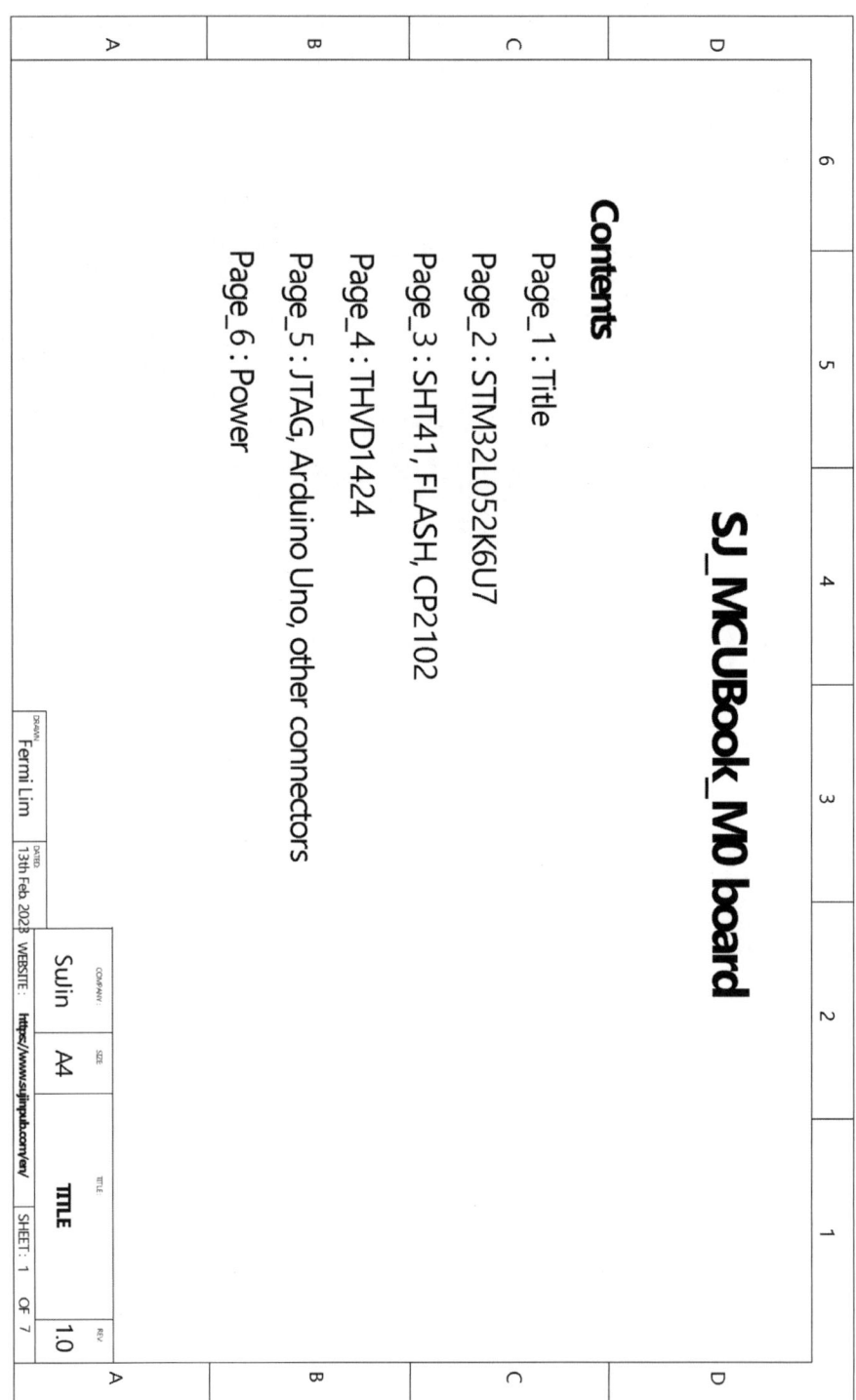

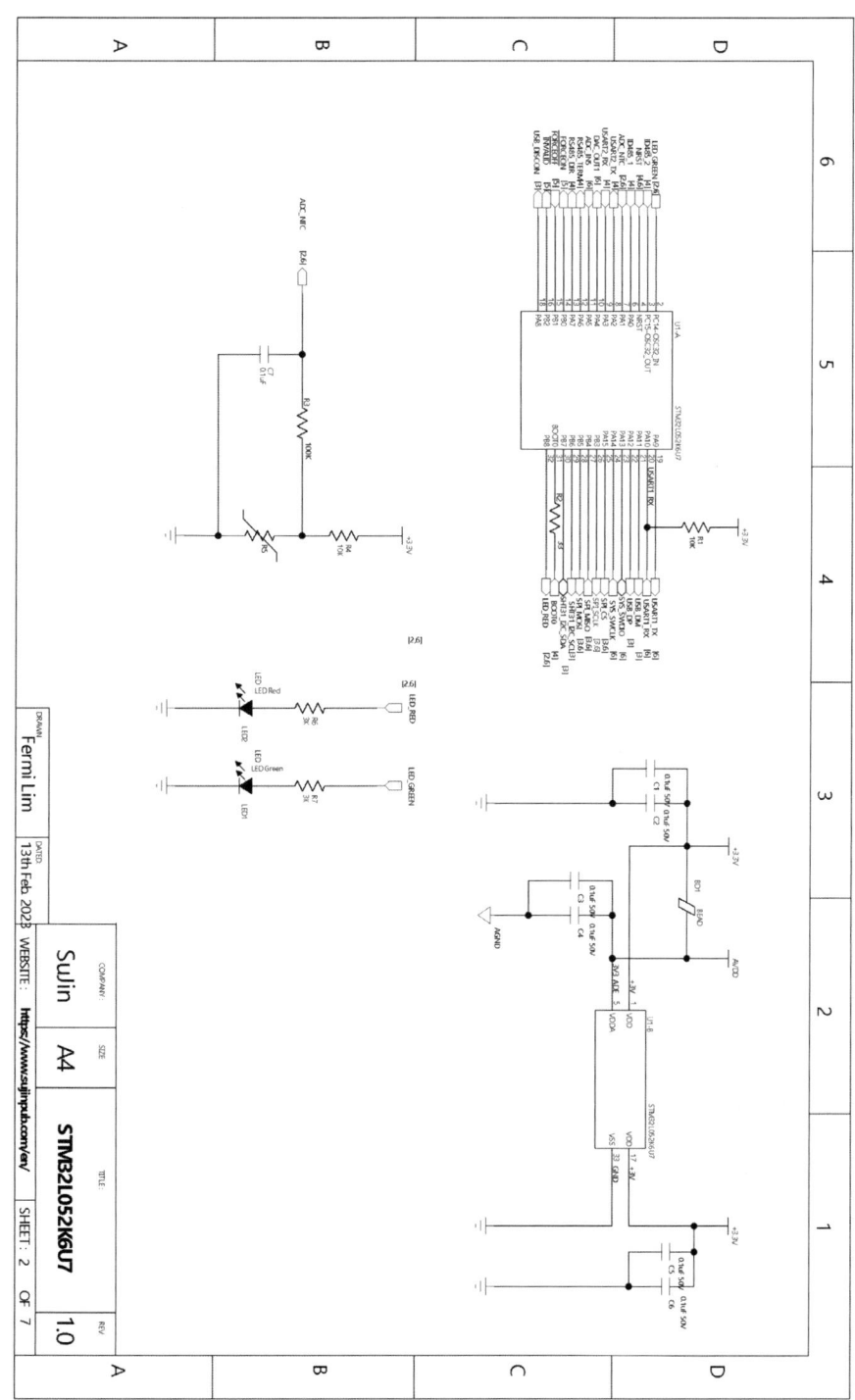

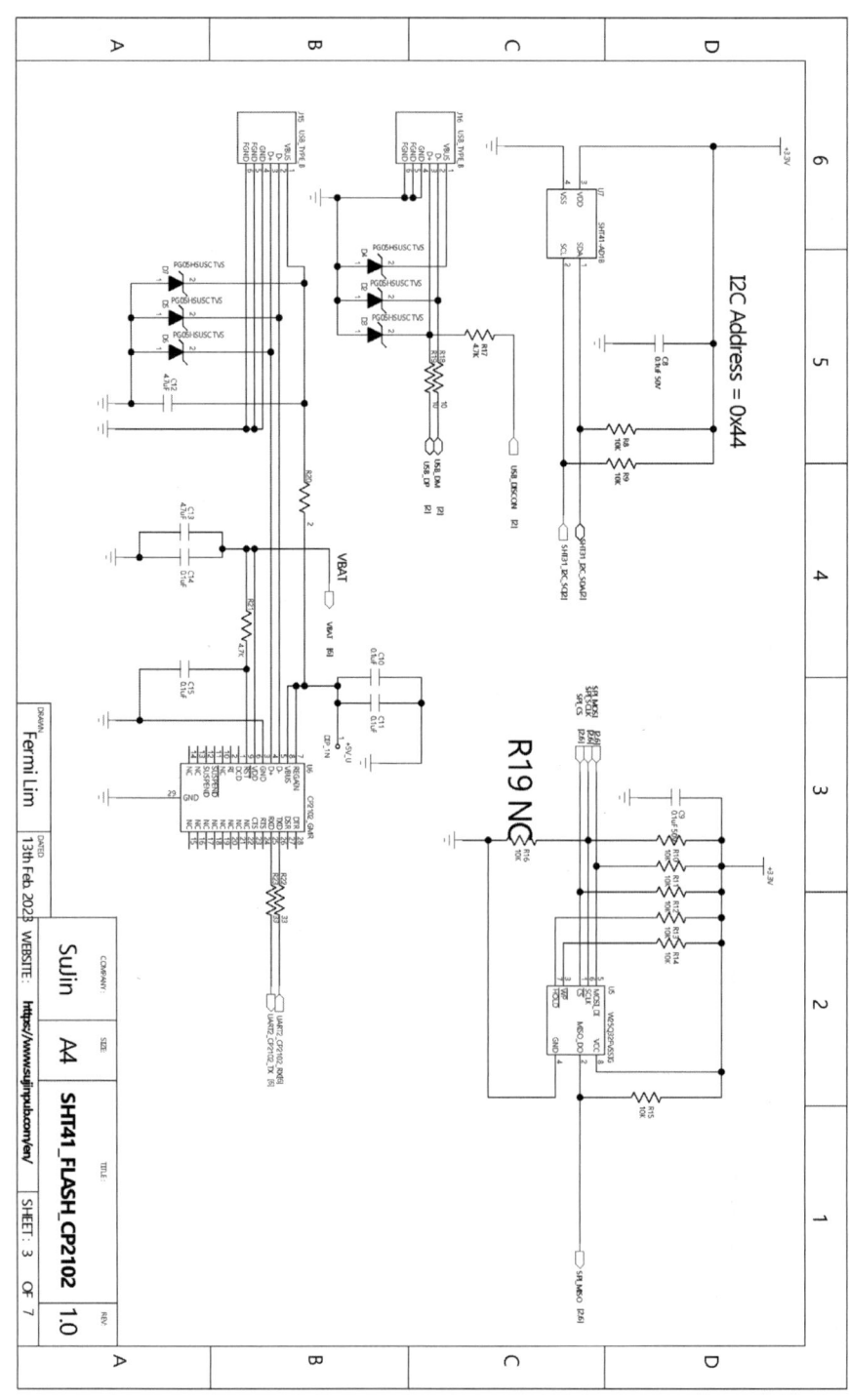

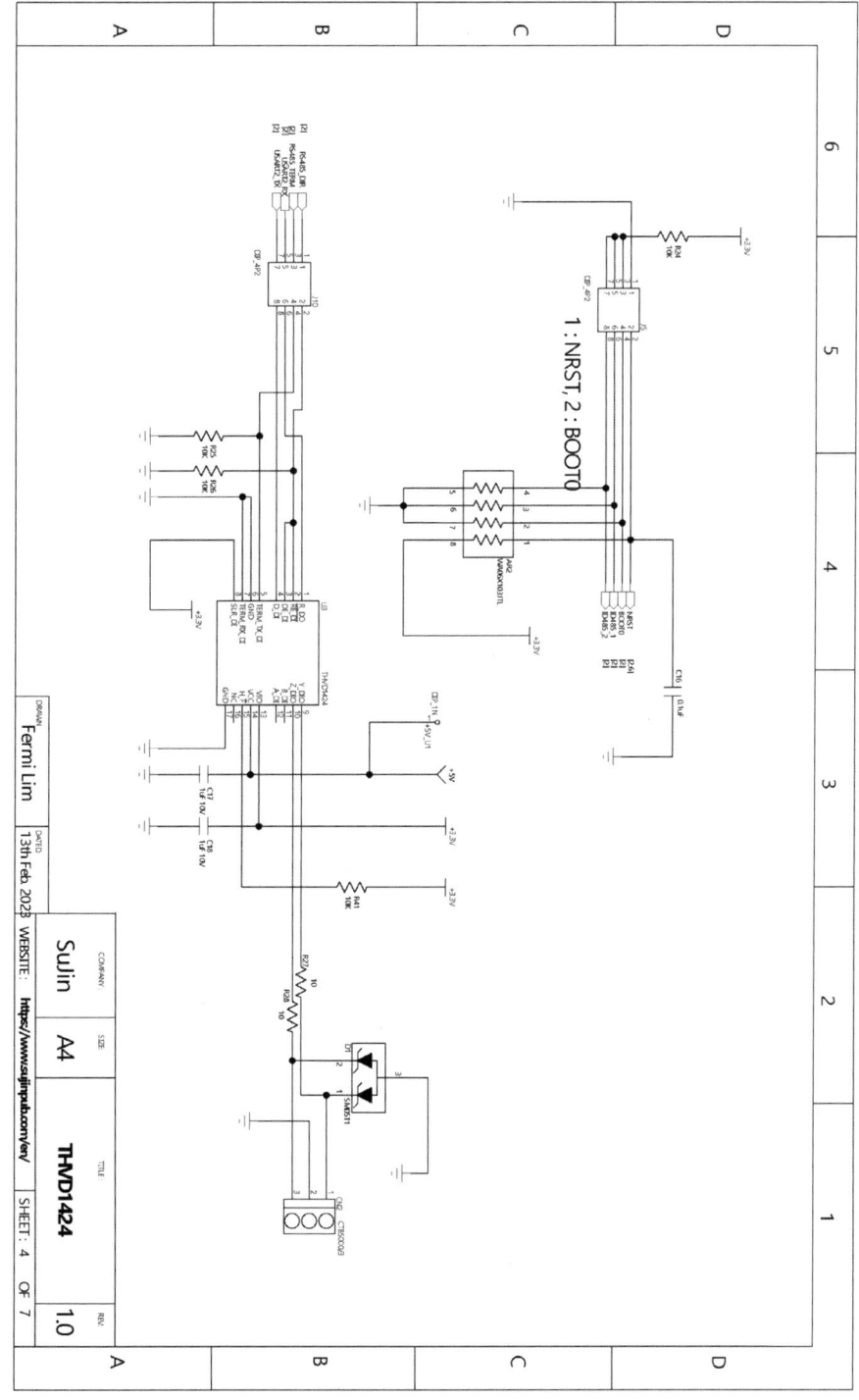

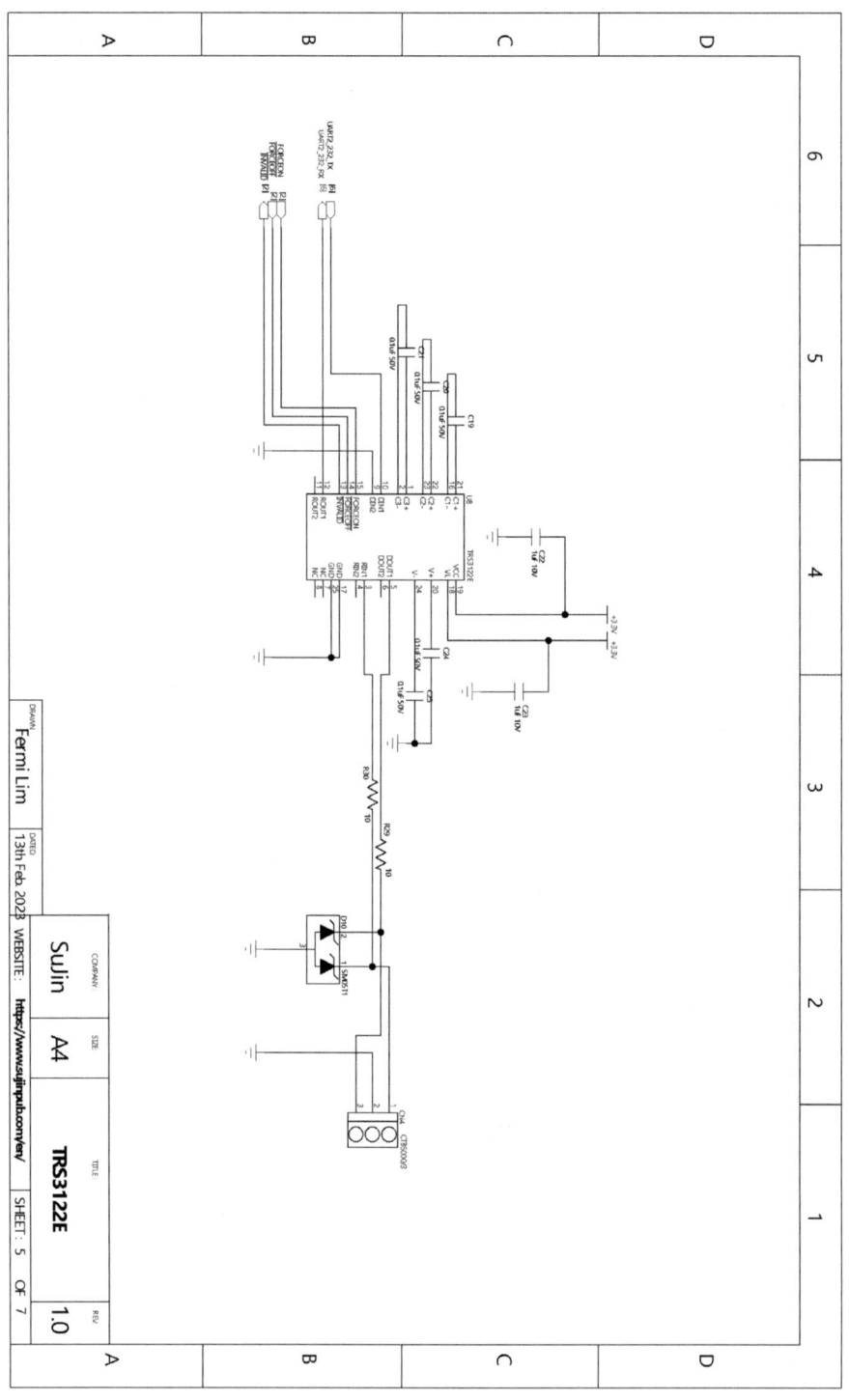

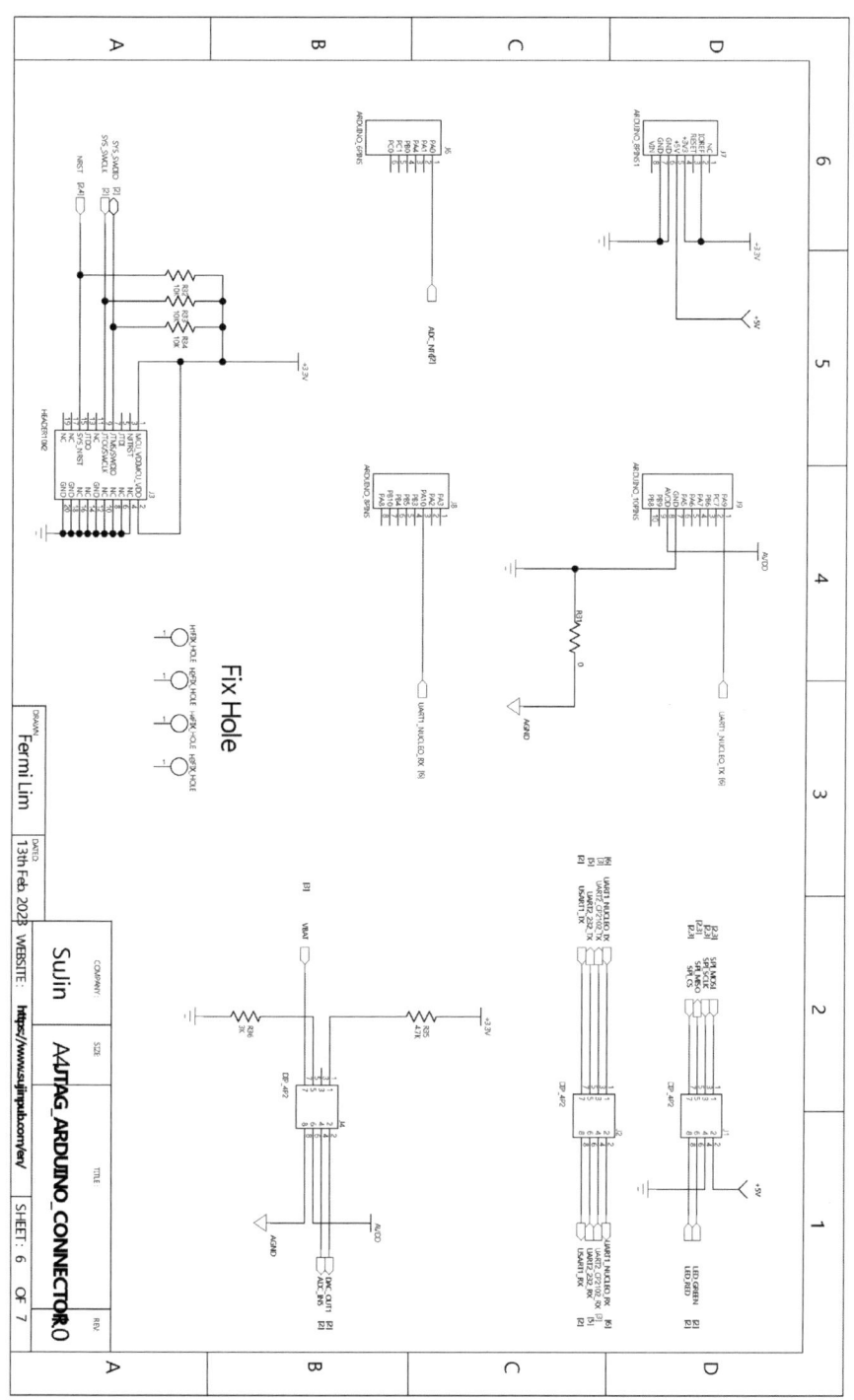

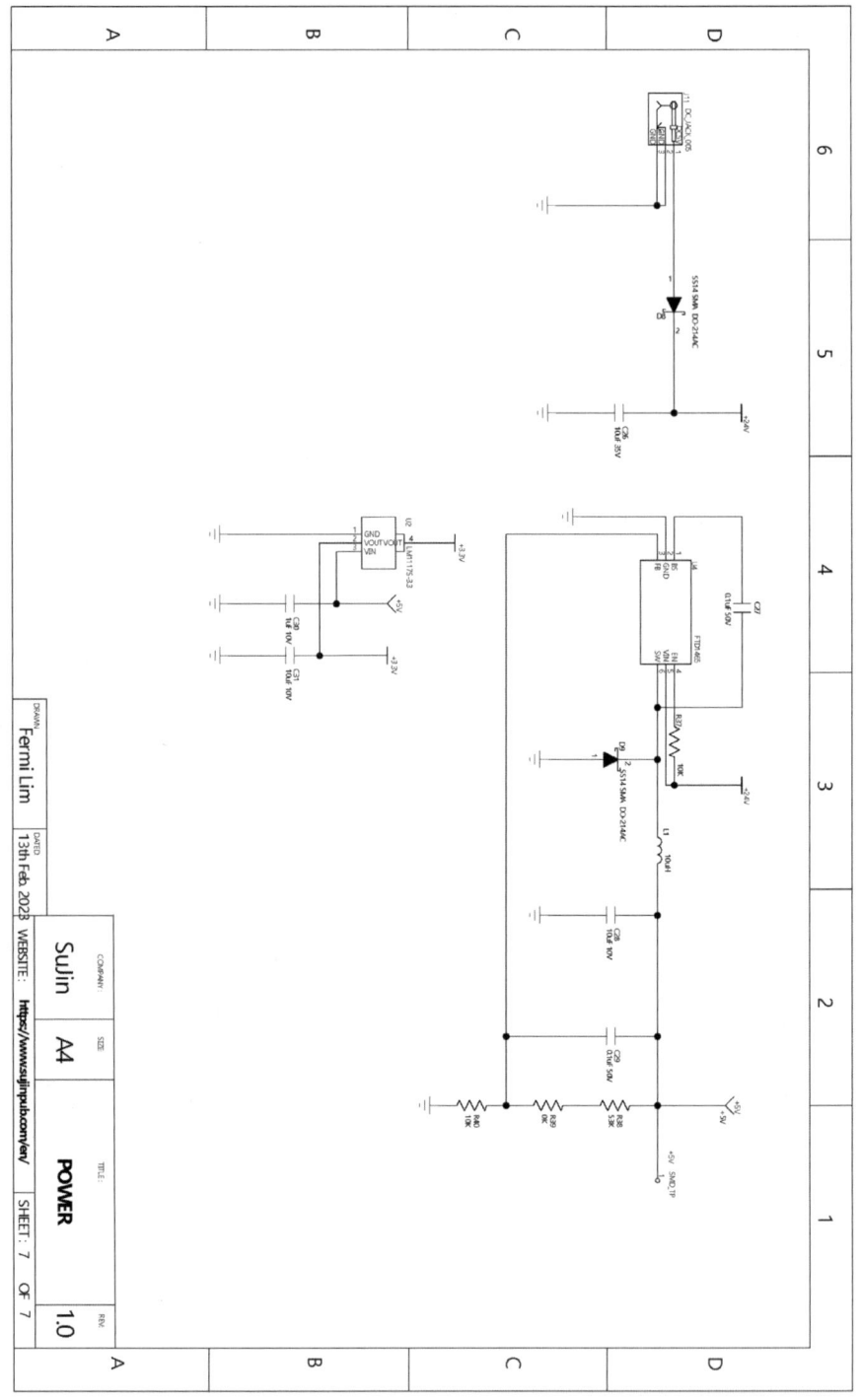

부록
03

KEIL MDK-ARM 사용시 주의 사항

이번 Chapter에서는 Vol.2 내용 전개 과정에서 필요한 KEIL Inc.의 MDK-ARM을 사용할 때에 주의 사항 2가지를 정리한 것이다.

3.1 새로 설치한 MDK-ARM에서 ARM Compiler 5 설치 방법.

2024년 4월에 Vol.1.의 2.4. 단원에 있는 [그림 2.4-1]에서 알려준 website에 가서 새로운 KEIL Inc.의 MDK-ARM 버전 5.38을 download 받아서 설치하였다. 그리고, [그림 A3.1-1]에서 보여준 것과 같이 **Ch6Lab4** 예제 project를 실행하려고 하였는데, build가 되지 않고, ①번과 같이 error가 출력되는 것이었다. Error 내용을 읽어보니, Ch6Lab4 project는 사용할 수 없는 Compiler Version 5를 이용하려고 해서 발생한 것이라고 한다. 그래서, install된 ARM Compiler Version을 확인해 보라고 한다.

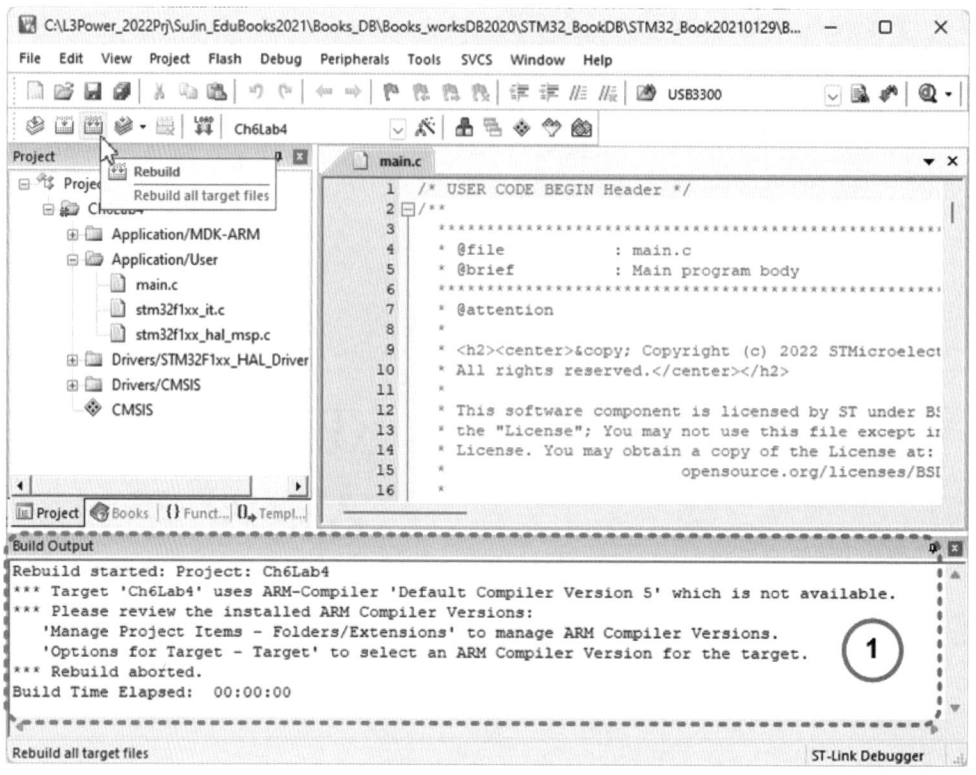

[그림 A3.1-1] MDK-ARM ARM Compiler 5 설치 방법 - 1.

그래서 확인해 보니, [그림 A3.1-2]의 ②번과 같이 Compiler Version 5는 없고, 대신 Compiler Version 6, 구체적으로 V6.21이 설치된 것을 확인 할 수 있다. 물론, 여기서, V6.21 또는 Use default compiler version 6를 선택하고, 다시 build하면 정상적으로 build가 완료되는 것을 확인 할 수 있을 것이다. 특징적인 것은 V6.21을 선택하면, C/C++ tab의 이름에 C/C++(AC6)라고 AC6라는 문자열이 추가되는 것을 볼 수 있다. AC6 즉, ARM Compiler 6이 동작한다는 것이다. AC6은 1.1. 단원에서 Cortex-M Core 분류 과정에서 M0, M0+ core는 V6에 속하고, M3, M4, M7 core는 V7에 속한다고 하였다. 그리고, M23, M33 core는 V8에 속한다고 하였는데, 또한, 2023년 기준 M35P core도 V8에 속하고, M52, M55, M85 core는 V8.1에 속한다. 이처럼 계속해서 발표되는 새로운 Core를 사용하기 위해서는 즉, V8부터는 AC6 compiler를 사용해야 한다. 그러나, **양산 과정**에서 MCU의 C code는 그대로 유지하고, compiler만 바꾸어 다시 build하는 것을 용납하지 않는 것이 일반적이다.

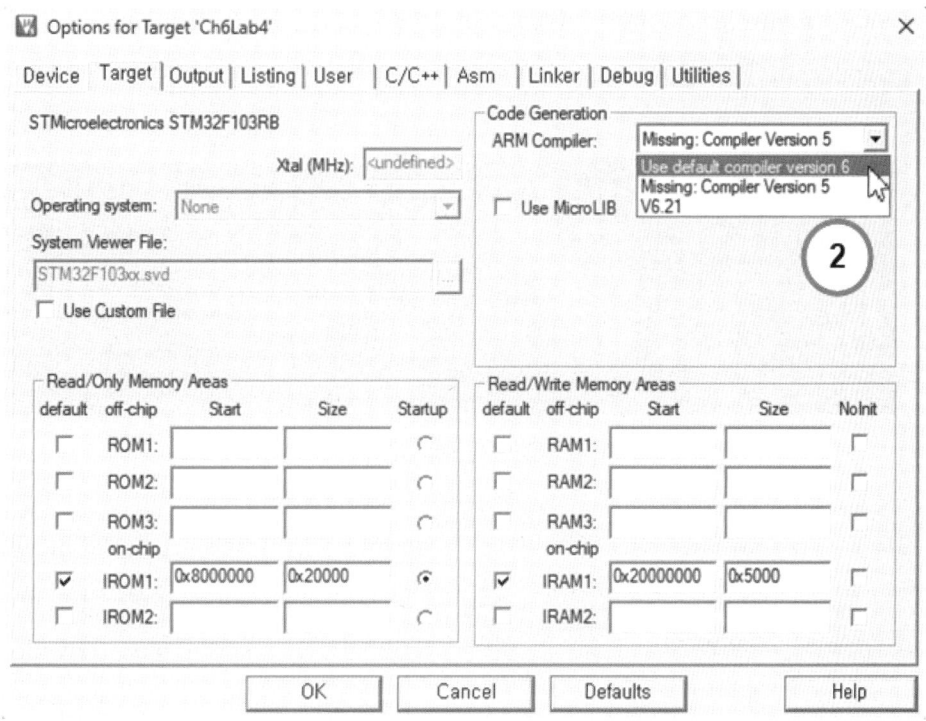

[그림 A3.1-2] MDK-ARM ARM Compiler 5 설치 방법 - 2.

왜냐하면, AC6로 build되어 나온 binary file과 이전 AC5로 build하여 나온 것이 일치하지 않기 때문이다. 이때에는 무조건 모든 양산 과정에서의 시험을 전부 다시 해야 하며, 소프트웨어 갱신을 위한 관련 부서, 그리고, 고객사와 협의도 이루어 져야하는 아무 복잡한 과정을 거쳐야 한다. 게다가 군사 무기의 경우에는 이와 같은 compiler 변경은 협의 자체가 되지도 않는다. 결국, 단순히, **이전 compiler가 없어서 새로운 compiler를 사용한다는 것은 있을 수 없는 일이다.** 왜냐하면, 새로운 compiler를 적용하여 문제가 발생하면 책임을 져야하기 때문에 구태여 위험을 감수할 필요가 없기 때문이다. 단, 이제부터 설명하는 내용은 KEIL Inc.에서 **MDK-ARM을 정식 구매하여 사용하시는 분들만을 위한 내용**인데 주의하자. 어쨌든, 양산 과정에서 사용한 Compiler 버전을 확인해 보니, 예를 들어서, **ARM Compiler 5.06 update 7(build 960)**이었다고 하자. 그렇다면 **이 버전을 그대로 사용**해야 한다. 그러기 위해서는 다음의 website에 들어간다.

https://developer.arm.com/documentation/ka005198/latest/

그리고, mouse로 계속해서 아래로 scroll하여 [그림 A3.1-3]의 ③번과 같이 원하는 compiler 버전을 찾는다.

[그림 A3.1-3] MDK-ARM ARM Compiler 5 설치 방법 - 3.

그리고, 다시 mouse로 click하여 들어가면, download 받기 위해서 login하라고 한다. 그러면, 열심히 login을 하여주면, [그림 A3.1-4]와 같이 download 받을 수 있는 화면이 나오는데, 이때, ④번과 같이 Linux가 아닌 **Win32** 버전을 선택해야 하고, **Download Now** button을 click하여 준다.

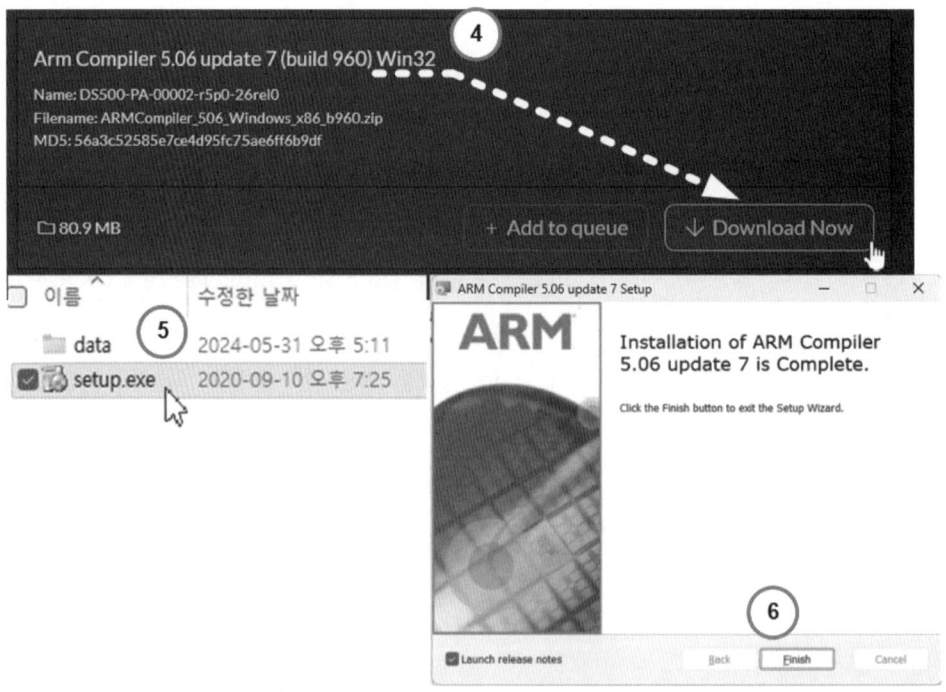

[그림 A3.1-4] MDK-ARM ARM Compiler 5 설치 방법 - 4.

표시한 압축 파일을 받았으면, 압축을 풀어주고, ⑤번과 같이 **setup.exe**를 실행해 준다. 그러면, ⑥번과 같이 설치를 완료할 것이다. 설치가 완료되었으면, [그림 A3.1-1]의 ①번에서 언급한 것과 같이 [그림 A3.1-5]의 ⑦번처럼 **Manage Project Items** icon을 click하여 준다.

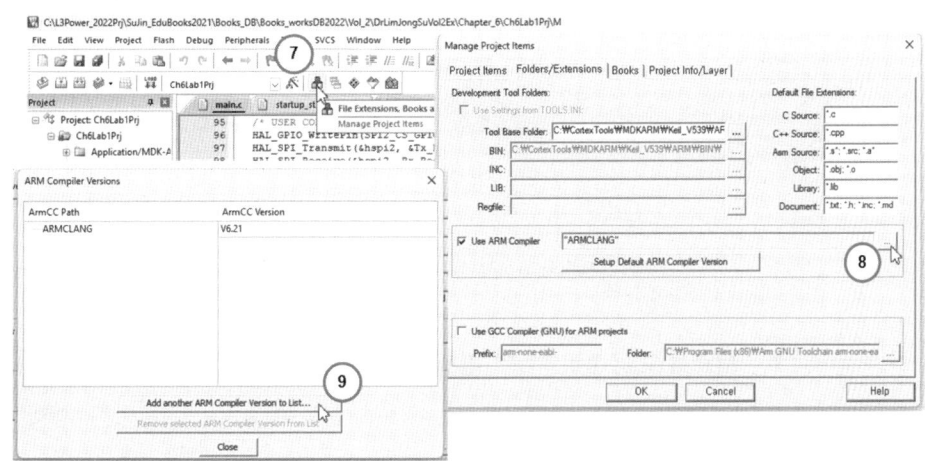

[그림 A3.1-5] MDK-ARM ARM Compiler 5 설치 방법 – 5.

그리고, **Manage Project Items** dialogbox에서 ⑧번에 보여준 … button을 click하여 준다. 그러면, 현재 추가된 ARM compiler version들이 나열되는데, 현재, V6.21만 설치된 것을 확인할 수 있다. 이제, ⑥번에서 설치 완료한 새로운 ARM compiler version 5.06 **update 7(build 960)**을 등록하기 위해서 ⑨번 button을 click하여 준다. [그림 A3.1-6]의 ⑩번과 같이 ARM compiler version 5.06 update 7(build 960)이 설치된 folder를 선택하여 **확인** button을 click하여 준다. 그리고, **Manage Project Items** dialogbox를 닫고, **Options for Target** icon을 click하여 설치된 ARM Compiler를 확인해 보면, ⑪번과 같이 5.06 update 7(build 960)이 설치된 것을 확인할 수 있다. 이제, Use default compiler version 5를 선택하거나 또는 5.06 update 7(build 960)을 선택하고 build해 주면 된다. 간혹, 자동차 관련 인증을 받은 compiler를 고액에 구매하여 사용하는데, 새로운 버전으로 갱신하는 경우에 역시, 자동차 관련 인증을 받은 compiler인지 궁금한 분들이 있다.

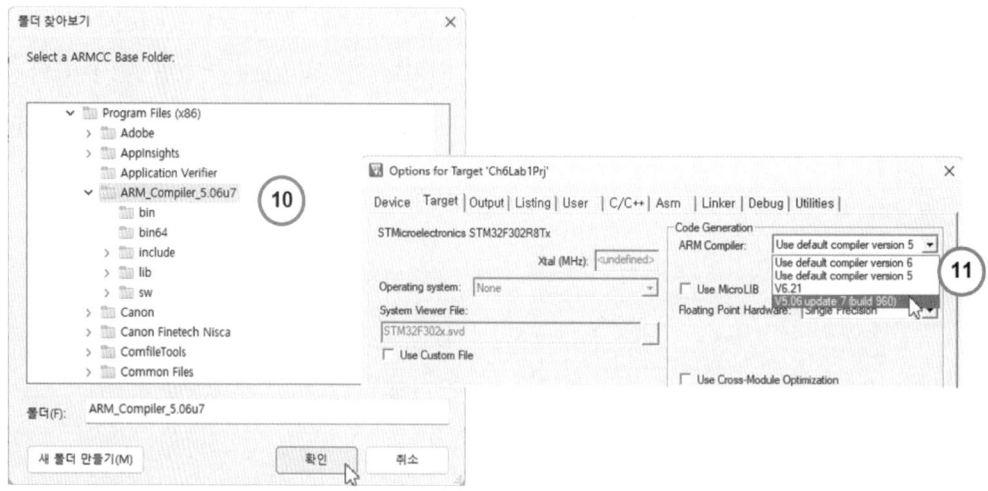

[그림 A3.1-6] MDK-ARM ARM Compiler 5 설치 방법 - 6.

물론, 이때에는 **MDSTECH Inc.**의 **이 경원** MDKARM 영업 담당자(031-627-3147)에게 문의하는 것이 가장 확실하지만, [그림 A3.1-3]에서 보여준 compiler들을 자세히 살펴보면, [그림 A3.1-7]과 같이 **Functional Safety**라고 지정된 ARM compiler 예를 들면, V6.6, V6.16, 그리고, V5.04와 V5.06만 **자동차 안정 인증을 받은 버전**이다.

Toolchain	Support status
Arm Compiler for Embedded (formerly Arm Compiler 6)	Active maintenance (latest release only)
Arm Compiler for Embedded FuSa 6.16LTS	Active maintenance
Arm Compiler for Functional Safety 6.6	Extended maintenance
Arm Compiler 5.06 for Functional Safety	Extended maintenance
Arm Compiler 5.04 for Functional Safety	Legacy
Arm Compiler 5	Legacy

[그림 A3.1-7] MDK-ARM ARM Compiler 5 설치 방법 - 7.

이제 여러분이 구매한 버전이 자동차 안정 인증용 license이면, 해당 compiler를 download 받아서 사용하면 된다.

3.2 Debug에서 설정한 Run to main()로 가지 않는 경우.

예를 들어서 Vol.1.의 Chapter 9에 있는 **Ch9Lab2** project는 default로 IAR Inc.의 **EWARM** 만 설정되어 있는데, KEIL Inc.의 MDKARM을 사용하기 위해서 **Ch9Lab2.ioc**을 CubeMX로 열어서 [그림 A3.2-1]의 ①번과 같이 MDK-ARM 관련 framework를 생성한 경우를 가정해 보도록 하자.

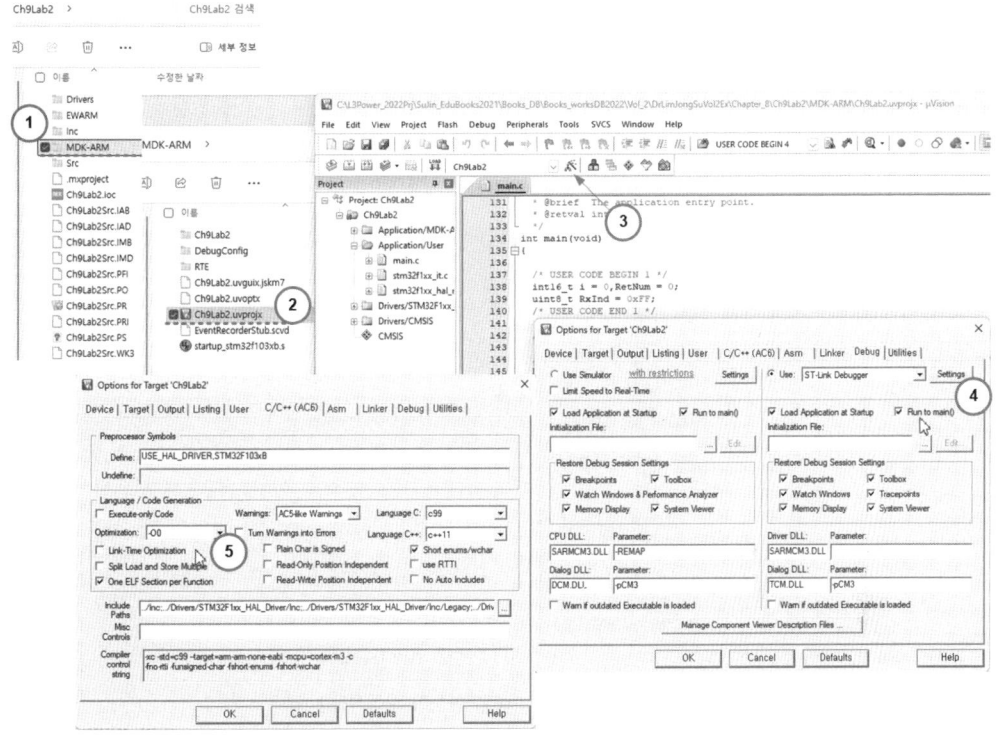

[그림 A3.2-1] Run to main() 설정이 오동작하는 경우 - 1.

생성된 **MDK-ARM** folder 안으로 들어가서 ②번과 같이 **Ch9Lab2.uvprojx** uVision project file을 double click하여 주면, ③번과 같이 uVision window가 나타난다. 이제, ③번 화살표가 가리키는 것과 같이 **Options for Target...** icon을 click하여 Options dialogbox를 호출한다. 그리고 ④번과 같이 **Debug** tab에서 **Run to main()** checkbox를 선택하여 debug mode로 들어갈 때에 main() 함수까지 PC(Program Counter)가 진행하도록 설정한다. 물론, 이때에 우리가 만든 code를 원문 그대로 유지하기 위해서 ⑤번과 같이

C/C++(AC6) tab에서 Optimization : 으로 -O0을 선택하였다. 그리고, STM32F103RB Nucleo 보드를 연결하고, 🔍 (Ctrl+F5) icon을 click하여 주면, [그림 A3.2-2]의 ⑥번에서 보여준 것과 같이 지정한 main() 함수까지 PC가 진행하지 않고, STM32F103RB bootstrap assembly code의 **132번째 line** 즉, Ch9Lab2 실행 이미지에 대한 vector table의 첫 번째 exception인 Reset_Handler의 첫 번째 명령어 앞에서 멈추는 것을 볼 수 있다.

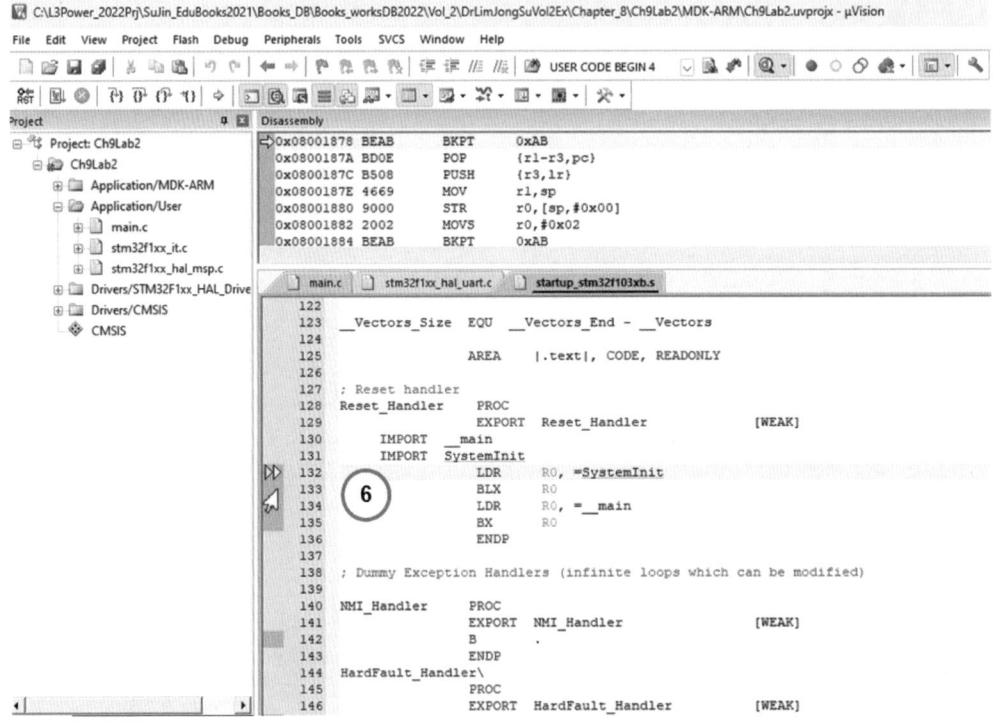

[그림 A3.2-2] Run to main() 설정이 오동작하는 경우 - 2.

분명히, [그림 A3.2-1]의 ④번에서 Run to main() checkbox를 지정해 주었는데, 게다가 이 현상이 항상 발생하는 것도 아니고, **간혹** 이와 같은 경우가 발생하는 것을 경험할 수 있다. 이제, [그림 A3.2-3]의 ⑦번과 같이 main() 함수의 첫 번째 명령어인 **138번째 line**에 breakpoint를 설정하고, 🔲 Run(F5) icon을 계속해서 click하여 주면, ⑦번과 같이 PC가 설정한 breakpoint에 도달하는 것을 확인 할 수 있다. 이와 같은 현상이 발생하는 이유는 2014년 출간된 "임종수의 Cortex-M3/M4 완벽 가이드(기초편)"의 325 페이지를 참조하면 된다.

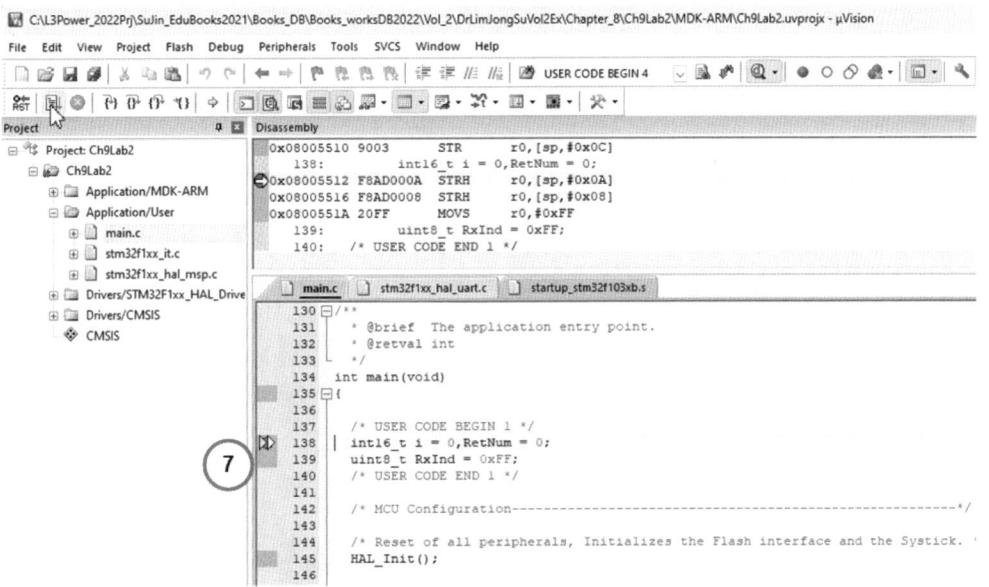

[그림 A3.2-3] Run to main() 설정이 오동작하는 경우 - 3.

이 책은 현재 절판되었지만, 많은 도서관에는 비치되어 있으니 쉽게 참조할 수 있을 것이라고 본다. 처음으로 영국의 ARM Inc.의 website에 비영어권 한국어 도서로 등록되었던 서적이다. 어쨌든, 325 페이지 중간쯤에 보면, **여러분이 주의할 것은 문제를 단지,...** 라는 글귀가 나오는 것을 찾을 수 있을 것이다. 그 부분을 읽어보면, 결국, C 언어의 시작함수로 **JongSu_Start()** 함수가 아닌 main() 함수를 사용하기 위해서는 **MicroLib** library가 필요하다는 것을 확인할 수 있다. 또한, C 언어의 시작함수로 main() 함수가 아닌 임의의 함수 예를 들면, JongSu_Start() 함수를 사용하는 방법을 자세히 설명하였다. 결국, main() 함수를 사용하는 경우에는 **자동으로 MicroLib** library가 호출되어야 하는데, 이것이 **간혹** 호출되지 않게 되면, [그림 A3.2-2]의 ⑥번과 같이 사용하는 MCU의 bootstrap assembly code에서 Reset_Handler의 첫 번째 명령어 앞에서 멈추게 된다. 여기서 언급한 "**간혹**"이라는 단어가 필요한 이유에 대해서는 MDKARM과 관련된 것으로 필자가 설명할 내용은 아니라고 생각한다. 어쨌든, [그림 A3.2-4]의 ⑧번과 같이 **Use MicroLIB**를 선택하고, 다시, **Project** menu에서 **Clean Targets** menu를 선택하여 필요 없는 파일들을 모두 지워준다. 그리고 나서, Rebuild icon을 click하여 실행 이미지를 만들고, error가 없는 것을 확인한 이후에 (Ctrl+F5) icon을 click하여 주면, ⑨번에서 보여준 것과 같이 **지정한 main() 함수까지 PC가 진행**한 것을 확인 할 수 있을 것이다.

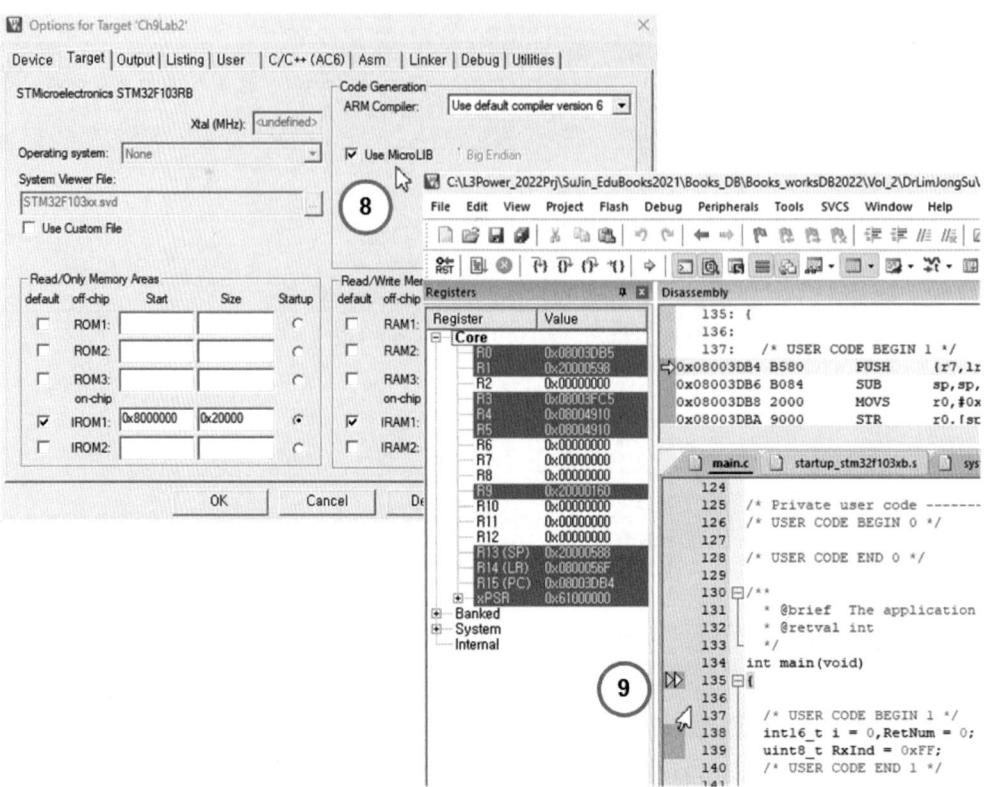

[그림 A3.2-4] Run to main() 설정이 오동작하는 경우 - 4.

찾아보기

[Symbols]
! 502
501
; 502
= 501
@ 548

[.]
.bss section 134
.data section 134
.text section 134

[__]
__ARMCOMPILER_VERSION 389
__ICCARM__ 388

[A]
Address Translation Table 기법 231
ADuCM355 178
AHB bus 502
AIRCR 21, 441
    SYSRESETREQ bit 21
AMBA 502
AN2606 15
AN3154 19
AN3155 16, 17, 31
AN3156 19
AN4045 19
AN4221 18
AN4286 18
AN5405 19

APB bus 502
Arduino UNO 357
ARM EXecutable Format(*.axf) 124, 404
ARM mode 97, 498
ARMClang compiler 633
assembly 분기 명령들 548
atomic 특성 465

[B]
banked register 522
base address 503
Binary file 58, 59
Binary mode 59
Binary semaphore 492, 589
BL instruction 497, 547, 548
Block 단위 207
Block Erase 명령 238
BLX instruction 497, 548
Boot ROM 영역 15
booting 관련 시나리오 440
bootloader 13, 26
bootloader Identifier(ID) 32
bus fault exception 539
BX instruction 548

[C]
CAN(Controller Area Network) 266
CAN bootloader 19
CAnalyzer 266
Carriage Return 59
CBNZ instruction 543
CBZ instruction 543
CFI compatible instruction 208
Chip Erase command 238
Chip ID 74

Circular Buffer 574
CISC 구조 502
Client view 영역 164
CLKSOURCE 485
clock tick 개념 483
cmd(Command Window) 사용 방법 115
CMSIS library 100, 626
COFF(Common Object File Format) 123, 404
Concurrent programming 460
Console application program 112
Core timer 565
Core_cm3.h 100
Core_cm4.h 383
Cortex-M core 분기 명령 547
COUNTFLAG 484
Counting semaphore 492
CPSID I instruction 506
CPSIE I instruction 512
CRC(Cyclical Redundancy Check) 452
Critical Section 464
CSR register 20

[D]

Debugger script file(*.ini) 403
Decoding 93
Delayed 상태 488
Deterministic 개념 463, 470
DFU(Do Firmware Upgrade) 19
Dual SPI 209, 217
Dual-Core Lines 24
Dummy message 572
DWARF 방식 124

[E]

ECB(Event Control Block) 488
ELF format file 구조 112, 123, 404, 428
EOF(End of File) 59
Erase instruction 238
Erase Security Register instruction 243
Erase/Program Resume instruction 241
Erase/Program Suspend instruction 240
Event 상태 488
Exception return sequence 510
EXC_RETURN bit 구성 510, 511
Execution View 429, 430
External Reset 20

[F]

Fast Read Dual I/O instruction 233
Fast Read Dual Output instruction 231
Fast Read instruction 231
Fast Read Quad I/O instruction 235
Fast Read Quad Output instruction 233
fgetc() 함수 60
fgets() 함수 60
FIFO(first in first out) 구조 467
filling issue 504
Flash Memory 335
    Information block 182
    Latency 174
    Main block 182
    read access time 174
    wait state의 개수 174
FLASH_CR register
    OBL_LAUNCH bit 22
FLASH_EraseInitTypeDef 구조체 187
FFLITF(Flash Memory Interface) 22, 172
FMC(Flexible Memory Controller) 199, 203, 212

footprint 의미 556
fopen() 함수 59
FPGA(Field Programmable Gate Array) 107
fprintf() 함수 60
FPU(Floating Point Unit) 519
fputc() 함수 60
fputs() 함수 60
fread() 함수 60
fromelf.exe 112
fscanf() 함수 60
FSMC(Flexible Static Memory Controller) 199, 203, 212
fwrite() 함수 60

[G]
Git platform 632
GPIOx_CRL register 216

[H]
HAL_FLASHEx_Erase() 함수 187
HAL_FLASH_Lock() 함수 186, 352
HAL_FLASH_Program() 함수 185, 352
HAL_FLASH_Unlock() 함수 186, 352
HAL_SPI_DMAResume() 함수 331
HAL_SPI_DMAStop() 함수 331
handler mode 379
hard real-time system 463
Hardfault exception 552
heap 개념 552
heap의 필요성 537
hex file 124
High Density device 26, 182
Hook 개념 512

[I]
I2C bootloader 18
IABRs 381
IAP(In-Application Programming) 417
ICD(In Circuit Debugger) 124
ICERs 381, 383
ICPRs 381
ICSR(Interrupt Control and State Register) bit 구성 500, 560, 561
ICTRs 381
immediate value 501
INCREMENTAL Option 405
indirect value 501
inline assembly coding 499
input section 428
Intel hex file 124
interrupt blocking 현상 332
INTLINESNUM 381
ISERs 381
isolated(절연형) 부품 357
ISP(In-System Programming) 417
ISPRs 381
IWDG reset 21

[J]
JEDEC ID instruction 242

[K]
kernel object 464, 478
key sequence 117
Known limitations 89

[L]
latency time 446
ldm instruction 501

ldr instruction 500, 501, 504
Line Feed(0xA) 59
literal pool 501
little Endian 방식 189
LOAD command 404
Load View 429, 430
Low Density device 183
Low-Power management reset 21
LR(Link Register, R14) 497

[M]

mail queue 576
Main Flash Memory 15
malloc() 함수 537
Manufacturer/DeviceID instruction 242
MCB(Memory Control Block) 576
Medium Density device 183
memcpy() 함수 450
memory pool 465, 552
memset() 함수 450
message mailbox 571
message queue 576
metadata block 61
Modbus 통신 규격 442
mov instruction 501
MPU 23
MRS(Move to Register from Special) 386
MSR(Move to Special Register) 374, 386
Multi I/O SPI Flash device 209
multi-thread 개념 460
Multitasking 개념 470
mutex 492
mvn instruction 502

[N]

Non-volatile bits 219
nonsignaled 상태 592
NVIC_SystemReset() 함수 441
NVIC_Type 384
NXP 4300 MCU 386

[O]

Octal Word Read Quad I/O instruction 235
Option byte loader reset 22
ORR instruction 511
OSEventType 603
OSInitHookBegin() 함수 517, 581
OSInitHookEnd() 함수 581
OSIntCtxSw() 함수 495
OSIntEnter() 함수 480
OSIntExit() 함수 480
OSPrioHighRdy 481
OSQFlash() 함수 611
OSQPost() 함수 611
OSQPostFront() 함수 611
OSSemAccept() 함수 494
OSStart() 함수 473, 513
OSStartHighRdy() 함수 513
OSTaskCreateExt() 함수 607
OSTaskDel() 함수 482
OSTaskDelReq() 함수 482
OSTaskResume() 함수 482
OSTaskStkInit() 함수 509, 581
OSTaskSuspend() 함수 482
OSTaskSwHook() 함수 512
OSTCBDelReq flag 482
OSTCBDly field 488
OSTCBStkPtr field 498
OSTimeDly() 함수 480, 483
OSTimeDlyResume() 함수 487

OSTimeTick() 함수 488
OSUnMapTbl[] 480, 524
OS_CPU_PendSVHandler 506
OS_CPU_SysTickHandler() 함수 483, 582
OS_DEL_ALWAYS 492
OS_ENTER_CRITICAL() 함수 488
OS_EVENT 구조체 488, 489
OS_EventTaskRdy() 함수 489, 490
OS_EventTaskWait() 함수 490, 493
OS_EventTO() 함수 490
OS_EventWaitListInit() 함수 489
OS_EVENT_TYPE_MBOX 604
OS_EVENT_TYPE_SEM 603
OS_KernelObject이름_Accept() 함수 596
OS_KernelObject이름_Del() 함수 596
OS_KernelObject이름_Query() 함수 597
OS_MAX_EVENTS 572, 599, 604
OS_MBOX_EN 572
OS_MUTEX_EN 568
OS_NO_ERR 의미 492
OS_Q_EN 573
OS_Sched() 함수 480, 496
OS_SEM_EN 491
OS_STAT_SEM 493
OS_TASK_DEL_REQ 482
OS_TASK_SW() macro 496
OTP(One Time Program) 228
output section 428

[P]

Page Program instruction 236
page 단위 207
PC(Program Counter, R15) 497
PE format 61
PendSV exception 495, 496, 500, 527

PID(Product ID) 74
PIP(Priority Inheritance Priority) 568, 590
pop instruction 467, 501
Portable 개념 469
post indexing 502, 503
Power Down instruction 241
Power reset 22
pre indexing 502, 503
preemptive real-time kernel 개념 470
priority inversion 567, 589
Privilege State 379
process 개념 460
Program Security Register instruction 245
project 개념 376
propagation delay time 215
PSP(Process Stack Pointer) 541
push instruction 467, 501

[Q]

Quad Peripheral Interface 217
Quad SPI 209, 217
Quantum time 개념 460, 471, 495, 588
Queue put(write) 의미 467
Queue 개념 467

[R]

race condition 464, 492
RAM-based system 구조 447
RCC(RTC domain control register) 22
RCC_BDCR
    BDRST bit 22
RDP(Read protection) 54
Read Data instruction 230
Read Security Register instruction 245
Read Unique ID instruction 242

region   429
Release Powerdown/Device ID instruction   241
released 상태   592
reset handler   26
RISC 구조   502
RO(Read Only) section   134
ROMable 개념   469
RTC domain reset   22
RW(Read/Write) section   134

[S]

Scalable 개념   469
SCB(System Control Block)   100, 378
sector 단위   207
Sector(4[KB]) Erase   238
Security Register   221
Semaphore   464
semaphore count   490
Sequencer   178
Set Read Parameters instruction   231
shadow pointer   386
signaled 상태   592
SJ_Analyzer 기능   335
SJ_M0 실전 보드   357
SJ_M4 실전 보드   357
soft real-time system   463
solution 개념   376
SPI bootloader   18
SPI mode 0   217
SPI mode 3   217
stack overflow 발생 예제   551
Stack pop(read) 의미   467
Stack push(write) 의미   467
Stack 개념   467

Standard SPI   209, 217
Standby Mode   20
status register   219
stm instruction   501
STM32CubeProgrammer   171
STM32F3 family   21
STM32F7 family   7, 21
STM32H723/733   25
STM32H725/735   25
STM32H730   25
STM32H742   25
STM32H743/753   25
STM32H745/755   25
STM32H747/757   24
STM32H750   25
STM32H7A3/7B3   25
STM32H7B0   25
STM32H7R3/7S3   23
STM32H7R7/7S7   24
STM32L4 family   21
STM32L476Rx   372
str instruction   500, 501, 504
Super loop   459
SW(Software) reset   21
SYSRESETREQ bit   21, 441
System Memory   15
System Reset   20, 21, 441
system tick 개념   463
System 환경 변수   114
SysTick exception   484
Systick Exception ENABLE   485
SYST_CSR   484, 485
SYST_CVR   484
SYST_RVR   484

[T]

Task context switching 498
task dormant 상태 471
task 개념 460
task들의 list 490
TCB(Task Control Block) 개념 470
Text file 58
text mode 59
thread mode 379
thread 개념 460
Thumb mode 498
Thumb-2 mode 97
tick rate 588
TICKINT 485
TICK_RATE_HZ 641
time slice 588
Trace32 124

[U]

Unprivilege state 379
Usage Fault exception 498, 552
USART bootloader 17
USB bootloader 19
User Option Bytes
　nRST_STDBY bit 21
　nRST_STOP bit 22
uVision debugger 404
U_ID(Unique device ID) 74

[V]

Value line 26
volatile bit 219
VTOR(Vector Table Offset Register) 378

[W]

wait state 447
waiting 상태 488
Warm Reset 21
watermark pattern 553
WEL(Write Enable Latch) 215
Windows Registry 161
workspace 개념 376
WWDG reset 21

[X]

XIP(eXecute In Place) 212, 218, 231, 452
XL Density device 182

[Z]

ZI section 430
ZI(Zero Initialized) section 134

[ㄱ]

공유 자원 552
공유자원(shared resources) 492

[ㄴ]

내구성(Endurance) 181

[ㄷ]

동기화(Synchronization) 181

[ㅂ]

번지 decoding 93
데이터 보존성(Data Retention) 181

[ㅅ]

사용자 환경 변수 114
선점형(preemptive) 464
실시간(real-time) 의미 463

[ㅇ]

연산자 우선순위　542
익명 memory　641

[ㅈ]

자동 변수　427
전역 변수　303, 436
전처리기(preprocessor)　468
정의(definition)　305, 378
줄바꿈　279
지역 변수　430

[ㅍ]

포인터의 초기화　380

[ㅇ]

유효한 memory 영역　80

[ㅈ]

자원(Resource)의 개념　463

[ㅎ]

환경 변수 설정　113